Habersack
Deutsche Gesetze

Ergänzungsband

Herausgegeben von
Prof. Dr. Mathias Habersack
Ludwig-Maximilians-Universität München

Stand: 8. Februar 2023
(74. Ergänzungslieferung)

C.H.BECK

Dieses Titelblatt stammt aus der 74. Ergänzungslieferung Februar 2023
Die Ergänzungslieferung Februar 2023 schließt an die
Ergänzungslieferung November 2022 an
ISBN 978 3 406 79925 9

Redaktioneller Hinweis: Paragraphenüberschriften in eckigen Klammern sind nichtamtlich. Sie sind ebenso wie die Fußnoten urheber- und wettbewerbsrechtlich geschützt.

www.beck.de

ISBN 978 3 406 48859 7 (Grundwerk zur Fortsetzung für 12 Monate)
ISBN 978 3 406 61800 0 (Grundwerk ohne Fortsetzung)

Wilhelmstraße 9, 80801 München
Druck: Druckerei C. H. Beck Nördlingen
(Adresse wie Verlag)

CO_2 neutral
chbeck.de/nachhaltig

Gedruckt auf säurefreiem, alterungsbeständigem Papier
(hergestellt aus chlorfrei gebleichtem Zellstoff)

Habersack
Deutsche Gesetze

Ergänzungsband
Geleitwort
zur 74. Ergänzungslieferung Februar 2023

Die 74. Ergänzungslieferung bringt Ihre Textsammlung „Habersack, Deutsche Gesetze, Ergänzungsband" auf den Stand der Gesetzgebung vom 8. Februar 2023.

Berücksichtigung fanden zunächst die neuen unterhaltsrechtlichen Leitlinien der Oberlandesgerichte unter den Nrn. **47** ff.
Das Gesetz zur Abschaffung des Güterrechtsregisters und zur Änderung des COVID-19-Insolvenzaussetzungsgesetzes vom 31.10.2022 (BGBl. I S. 1966) änderte das LPartG (Nr. **43**) und die JAktAV (Nr. **95e**).

Das BKGG (Nr. **45b**) erfuhr Änderungen durch das Inflationsausgleichsgesetz vom 8.12.2022 (BGBl. I S. 2230), das Jahressteuergesetz 2022 vom 16.12.2022 (BGBl. I S. 2294) und das Bürgergeld-Gesetz vom 16.12.2022 (BGBl. I S. 23). Letzteres änderte auch das BEEG (Nr. **45e**) und das SGB VIII (Nr. **46**). Das BEEG (Nr. **45e**) wiederum wurde auch durch das Gesetz zur weiteren Umsetzung der Richtlinie (EU) 2019/ 1158 des Europäischen Parlaments und des Rates vom 20. Juni 2019 zur Vereinbarkeit von Beruf und Privatleben für Eltern und pflegende Angehörige und zur Aufhebung der Richtlinie 2010/18/EU des Rates vom 19.12.2022 (BGBl. I S. 2) geändert. Das SGB VIII (Nr. **46**) erfuhr zudem Änderungen durch das Gesetz zur Änderung des Bundeszentralregistergesetzes und des Strafgesetzbuches vom 4.12.2022 (BGBl. I S. 2146) und durch das Gesetz zur Abschaffung der Kostenheranziehung von jungen Menschen in der Kinder- und Jugendhilfe vom 21.12.2022 (BGBl. I S. 2824, ber. 2023 Nr. 19)

Die HRV (Nr. **50e**) wurde durch die Verordnung über die Einrichtung und Führung des Gesellschaftsregisters und zur Änderung der Handelsregisterverordnung vom 16.12.2022 (BGBl. I S. 2422) geändert. Das Zweite Gesetz zur effektiveren Durchsetzung von Sanktionen (Sanktionsdurchsetzungsgesetz II) vom 19.12.2022 (BGBl. I S. 2606) änderte das WpHG (Nr. **58**) und das GwG (Nr. **88a**). Das Achte SGB IV-Änderungsgesetz vom 20.12.2022 (BGBl. I S. 275) brachte eine Änderung im AAG (Nr. **80a**). Das Gesetz zur Umsetzung der Bestimmungen der Umwandlungsrichtlinie über die Mitbestimmung der Arbeitnehmer bei grenzüberschreitenden Umwandlungen, Verschmelzungen und Spaltungen vom 4.1.2023 (BGBl. I Nr. 10) änderte das AÜG (Nr. **84a**). Das BtMG (Nr. **86**) erfuhr Änderungen durch die 33. Verordnung zur Änderung betäubungsmittelrechtlicher Vorschriften vom 16.12.2022 (BAnz AT 20.12.2022 V1).

Das Gesetz zur Durchführung der Verordnungen (EU) 2018/1860, 2018/1861 und 2018/1862 über die Einrichtung, den Betrieb und die Nutzung des Schengener Informationssystems der dritten Generation sowie zur Änderung des Aufstiegsfortbildungsförderungsgesetzes und des BDBOS-Gesetzes (SIS-III-Gesetz) vom 19.12.2022 (BGBl. I S. 2632) änderte das IRG (Nr. **90h**).

Geleitwort

Unter der Nr. **104b** wurde ein Auszug aus dem Gesetz zur Regelung der außergerichtlichen Streitbeilegung durch Schiedsstellen und anerkannte Gütestellen im Land Brandenburg (Brandenburgisches Schiedsstellen- und Gütestellengesetz – BbgSchGG) vom 16.12.2022 (GVBl. I Nr. 31) eingestellt.

Weitere Änderungen betrafen das EStG (Nr. **45a**), die AO (Nr. **88b**), die BORA (Nr. **98/1**), das JustG NRW (Nr. **104d**), die GVGA (Nr. **109**) und die GVO (Nr. **109a**).

München, im Februar 2023

stelle, Kosten der Einrichtungen, Geräte, Maschinen und maschinellen Anlagen der Baustelle, Fracht-, Fuhr- und Ladekosten, Sozialkassenbeiträge und Sonderkosten, die bei wirtschaftlicher Betriebsführung entstehen, mit angemessenen Zuschlägen für Gemeinkosten und Gewinn (einschließlich allgemeinem Unternehmerwagnis) zuzüglich Umsatzsteuer vergütet.

(2) Verlangt der Auftraggeber, dass die Stundenlohnarbeiten durch einen Polier oder eine andere Aufsichtsperson beaufsichtigt werden, oder ist die Aufsicht nach den einschlägigen Unfallverhütungsvorschriften notwendig, so gilt Absatz 1 entsprechend.

(3) [1] Dem Auftraggeber ist die Ausführung von Stundenlohnarbeiten vor Beginn anzuzeigen. [2] Über die geleisteten Arbeitsstunden und den dabei erforderlichen, besonders zu vergütenden Aufwand für den Verbrauch von Stoffen, für Vorhaltung von Einrichtungen, Geräten, Maschinen und maschinellen Anlagen, für Frachten, Fuhr- und Ladeleistungen sowie etwaige Sonderkosten sind, wenn nichts anderes vereinbart ist, je nach der Verkehrssitte werktäglich oder wöchentlich Listen (Stundenlohnzettel) einzureichen. [3] Der Auftraggeber hat die von ihm bescheinigten Stundenlohnzettel unverzüglich, spätestens jedoch innerhalb von 6 Werktagen nach Zugang, zurückzugeben. [4] Dabei kann er Einwendungen auf den Stundenlohnzetteln oder gesondert schriftlich erheben. [5] Nicht fristgemäß zurückgegebene Stundenlohnzettel gelten als anerkannt.

(4) [1] Stundenlohnrechnungen sind alsbald nach Abschluss der Stundenlohnarbeiten, längstens jedoch in Abständen von 4 Wochen, einzureichen. [2] Für die Zahlung gilt § 16.

(5) Wenn Stundenlohnarbeiten zwar vereinbart waren, über den Umfang der Stundenlohnleistungen aber mangels rechtzeitiger Vorlage der Stundenlohnzettel Zweifel bestehen, so kann der Auftraggeber verlangen, dass für die nachweisbar ausgeführten Leistungen eine Vergütung vereinbart wird, die nach Maßgabe von Absatz 1 Nummer 2 für einen wirtschaftlich vertretbaren Aufwand an Arbeitszeit und Verbrauch von Stoffen, für Vorhaltung von Einrichtungen, Geräten, Maschinen und maschinellen Anlagen, für Frachten, Fuhr- und Ladeleistungen sowie etwaige Sonderkosten ermittelt wird.

§ 16[1) 2)] Zahlung. (1)

1. [1] Abschlagszahlungen sind auf Antrag in möglichst kurzen Zeitabständen oder zu den vereinbarten Zeitpunkten zu gewähren, und zwar in Höhe des Wertes der jeweils nachgewiesenen vertragsgemäßen Leistungen einschließlich des ausgewiesenen, darauf entfallenden Umsatzsteuerbetrages. [2] Die Leistungen sind durch eine prüfbare Aufstellung nachzuweisen, die eine rasche und sichere Beurteilung der Leistungen ermöglichen muss. [3] Als Leistungen gelten hierbei auch die für die geforderte Leistung eigens angefertigten und bereitgestellten Bauteile sowie die auf der Baustelle angelieferten Stoffe und Bauteile, wenn dem Auftraggeber nach seiner Wahl das Eigentum an ihnen übertragen ist oder entsprechende Sicherheit gegeben wird.
2. [1] Gegenforderungen können einbehalten werden. [2] Andere Einbehalte sind nur in den im Vertrag und in den gesetzlichen Bestimmungen vorgesehenen Fällen zulässig.

---

1) § 16 neu gef. mWv 26.6.2012 durch Bek. v. 26.6.2012 (BAnz AT 13.07.2012 B3).

2) Siehe hierzu auch die Anlage zur Bek. v. 26.6.2012 (BAnz AT 13.07.2012 B3) (Hinweise zu § 16 VOB/B v. 26.6.2012 (BAnz AT 13.07.2012 B3)).

3. Ansprüche auf Abschlagszahlungen werden binnen 21 Tagen nach Zugang der Aufstellung fällig.
4. Die Abschlagszahlungen sind ohne Einfluss auf die Haftung des Auftragnehmers; sie gelten nicht als Abnahme von Teilen der Leistung.

(2)

1. [1] Vorauszahlungen können auch nach Vertragsabschluss vereinbart werden; hierfür ist auf Verlangen des Auftraggebers ausreichende Sicherheit zu leisten. [2] Diese Vorauszahlungen sind, sofern nichts anderes vereinbart wird, mit 3 v.H. über dem Basiszinssatz[1)] des § 247 BGB zu verzinsen.
2. Vorauszahlungen sind auf die nächstfälligen Zahlungen anzurechnen, soweit damit Leistungen abzugelten sind, für welche die Vorauszahlungen gewährt worden sind.

(3)

1. [1] Der Anspruch auf Schlusszahlung wird alsbald nach Prüfung und Feststellung fällig, spätestens innerhalb von 30 Tagen nach Zugang der Schlussrechnung. [2] Die Frist verlängert sich auf höchstens 60 Tage, wenn sie aufgrund der besonderen Natur oder Merkmale der Vereinbarung sachlich gerechtfertigt ist und ausdrücklich vereinbart wurde. [3] Werden Einwendungen gegen die Prüfbarkeit unter Angabe der Gründe nicht bis zum Ablauf der jeweiligen Frist erhoben, kann der Auftraggeber sich nicht mehr auf die fehlende Prüfbarkeit berufen. [4] Die Prüfung der Schlussrechnung ist nach Möglichkeit zu beschleunigen. [5] Verzögert sie sich, so ist das unbestrittene Guthaben als Abschlagszahlung sofort zu zahlen.
2. Die vorbehaltlose Annahme der Schlusszahlung schließt Nachforderungen aus, wenn der Auftragnehmer über die Schlusszahlung schriftlich unterrichtet und auf die Ausschlusswirkung hingewiesen wurde.
3. Einer Schlusszahlung steht es gleich, wenn der Auftraggeber unter Hinweis auf geleistete Zahlungen weitere Zahlungen endgültig und schriftlich ablehnt.
4. Auch früher gestellte, aber unerledigte Forderungen werden ausgeschlossen, wenn sie nicht nochmals vorbehalten werden.
5. [1] Ein Vorbehalt ist innerhalb von 28 Tagen nach Zugang der Mitteilung nach den Nummern 2 und 3 über die Schlusszahlung zu erklären. [2] Er wird hinfällig, wenn nicht innerhalb von weiteren 28 Tagen – beginnend am Tag nach Ablauf der in Satz 1 genannten 28 Tage – eine prüfbare Rechnung über die vorbehaltenen Forderungen eingereicht oder, wenn das nicht möglich ist, der Vorbehalt eingehend begründet wird.
6. Die Ausschlussfristen gelten nicht für ein Verlangen nach Richtigstellung der Schlussrechnung und -zahlung wegen Aufmaß-, Rechen- und Übertragungsfehlern.

(Fortsetzung nächstes Blatt)

---

1) Gem. Bek. der Dt. Bundesbank v. 27.12.2022 (BAnz AT 28.12.2022 B5) beträgt der Basiszinssatz ab 1.1.2023 **1,62 %**. Basinszinssatz seit 1.1.2002 abgedruckt in Anm. zu § 247 BGB **(Habersack, Deutsche Gesetze Nr. 20)**.

43. Gesetz über die Eingetragene Lebenspartnerschaft (Lebenspartnerschaftsgesetz – LPartG)[1) 2)]

Vom 16. Februar 2001
(BGBl. I S. 266)

FNA 400-15

Lfd. Nr.	Änderndes Gesetz	Datum	Fundstelle	Betroffen	Hinweis
1.	Art. 11 GewaltschutzG-EinführungsG	11.12.2001	BGBl. I S. 3513	§ 14	geänd. mWv 1.1.2002
2.	Art. 1 und 7 Abs. 2 G zur Überarbeitung des Lebenspartnerschaftsrechts	15.12.2004	BGBl. I S. 3396	§§ 1, 5, 6, 7, 8, 9, 10, 12, 15, 16	geänd. mWv 1.1.2005
				§ 20, Abschnitt 5 (§ 21)	eingef. mWv 1.1.2005
3.	Art. 3 G zur Änd. des Ehe- und Lebenspartnerschaftsnamensrechts	6.2.2005	BGBl. I S. 203	§ 3	geänd. mWv 12.2.2005
4.	Art. 2 Abs. 18 PersonenstandsrechtsreformG	19.2.2007	BGBl. I S. 122	§§ 1, 3, 9	geänd. mWv 1.1.2009
				§ 22, Abschnitt 6 (§ 23)	eingef. mWv 1.1.2009
5.	Art. 2 G zur Änd. des Unterhaltsrechts	21.12.2007	BGBl. I S. 3189	§§ 5, 12, 16	geänd. mWv 1.1.2008
6.	Art. 52 FGG-ReformG	17.12.2008	BGBl. I S. 2586	§§ 10, 15, 18	geänd. mWv 1.9.2009
7.	Art. 12 G zur Strukturreform des Versorgungsausgleichs	3.4.2009	BGBl. I S. 700	§ 20	geänd. mWv 1.9.2009
8.	Art. 7 G zur Änd. des Zugewinnausgleichs- und Vormundschaftsrechts	6.7.2009	BGBl. I S. 1696	§§ 13, 17	geänd. mWv 1.9.2009
				§§ 18, 19	aufgeh. mWv 1.9.2009
9.	BVerfG, Urteil – 1 BvL 1/11, 1 BvR 3247/09 –	19.2.2013	BGBl. I S. 428	§ 9	
10.	Art. 8 Personenstandsrechts-ÄnderungsG	7.5.2013	BGBl. I S. 1122	§ 3	geänd. mWv 1.11.2013
11.	Art. 2 G zur Umsetzung der Entscheidung des Bundesverfassungsgerichts zur Sukzessivadoption durch Lebenspartner	20.6.2014	BGBl. I S. 786	§ 9	geänd. mWv 27.6.2014
12.	Art. 181 Zehnte ZuständigkeitsanpassungsVO	31.8.2015	BGBl. I S. 1474	§ 23	geänd. mWv 8.9.2015

[1)] Verkündet als Art. 1 G zur Beendigung der Diskriminierung gleichgeschlechtlicher Gemeinschaften: Lebenspartnerschaften v. 16.2.2001 (BGBl. I S. 266); Inkrafttreten gem. Art. 5 dieses G am 1.8.2001.

[2)] Zum LebenspartnerschaftsG haben die Länder ua folgende Vorschriften erlassen:
- **Berlin:** G zur Ausführung des LebenspartnerschaftsG v. 10.7.2001 (GVBl. S. 222), geänd. durch G v. 15.10.2001 (GVBl. S. 540)
- **Saarland:** Saarländisches AusführungsG zum LebenspartnerschaftsG (AGLPartG) v. 13.6.2001 (Amtsbl. S. 1222)

Lfd. Nr.	Änderndes Gesetz	Datum	Fund-stelle	Betroffen	Hinweis
13.	Art. 19 G zur Bereinigung des Rechts der Lebenspartner	20.11. 2015	BGBl. I S. 2010	§§ 1,10 § 23	geänd. mWv 26.11.2015 neu gef. mWv 26.11.2015
14.	Art. 8 G zur Bekämpfung von Kinderehen	17.7.2017	BGBl. I S. 2429	§§ 9, 15	geänd. mWv 22.7.2017
15.	Art. 2 Abs. 1 G zur Einführung des Rechts auf Eheschließung für Personen gleichen Geschlechts	20.7.2017	BGBl. I S. 2787	Abschnitt 6 und 7 Abschnitt 5 (§ 20a)	geänd. mWv 1.10.2017 eingef. mWv 1.10.2017
16.	Art. 3 G zur Umsetzung des G zur Einführung des Rechts auf Eheschließung für Personen gleichen Geschlechts	18.12. 2018	BGBl. I S. 2639	§ 23 §§ 1, 20a, 21	geänd. mWv 22.12.2018 neu gef. mWv 22.12.2018
17.	Art. 7 Abs. 6 G zur Abschaffung des Güterrechtsregisters und zur Änd. des COVID-19-Insolvenzaussetzungs G	31.10. 2022	BGBl. I S. 1966	§ 7	geänd. mWv 1.1.2023

Abschnitt 1. Begründung der Lebenspartnerschaft

§ 1[1)] Lebenspartnerschaft. [1] Nach dem 30. September 2017 können Lebenspartnerschaften zwischen zwei Personen gleichen Geschlechts nicht mehr begründet werden. [2] Dieses Gesetz gilt für

1. vor dem 1. Oktober 2017 in der Bundesrepublik Deutschland begründete Lebenspartnerschaften und
2. im Ausland begründete Lebenspartnerschaften, soweit auf sie deutsches Recht anwendbar ist.

Abschnitt 2. Wirkungen der Lebenspartnerschaft

§ 2 Partnerschaftliche Lebensgemeinschaft. [1] Die Lebenspartner sind einander zu Fürsorge und Unterstützung sowie zur gemeinsamen Lebensgestaltung verpflichtet. [2] Sie tragen füreinander Verantwortung.

§ 3[2)] Lebenspartnerschaftsname. (1) [1] Die Lebenspartner können einen gemeinsamen Namen (Lebenspartnerschaftsnamen) bestimmen. [2] Zu ihrem Lebenspartnerschaftsnamen können die Lebenspartner durch Erklärung gegenüber dem Standesamt den Geburtsnamen oder den zur Zeit der Erklärung über die Bestimmung des Lebenspartnerschaftsnamens geführten Namen eines der Lebenspartner bestimmen. [3] Die Erklärung über die Bestimmung des Lebenspartnerschaftsnamens soll bei der Begründung der Lebenspartnerschaft erfolgen. [4] Wird die Erklärung später abgegeben, muss sie öffentlich beglaubigt werden.

(2) [1] Ein Lebenspartner, dessen Name nicht Lebenspartnerschaftsname wird, kann durch Erklärung gegenüber dem Standesamt dem Lebenspartnerschaftsnamen seinen Geburtsnamen oder den zur Zeit der Erklärung über die Bestimmung des Lebenspartnerschaftsnamens geführten Namen voranstellen oder anfügen. [2] Dies gilt nicht, wenn der Lebenspartnerschaftsname aus mehreren Namen besteht. [3] Besteht der Name eines Lebenspartners aus mehreren Namen, so kann nur einer dieser Namen hinzugefügt werden. [4] Die Erklärung kann gegenüber dem Standesamt widerrufen werden; in diesem Fall ist eine erneute Erklärung nach Satz 1 nicht zulässig. [5] Die Erklärung, wenn sie nicht bei der Begründung der Lebenspartnerschaft gegenüber einem deutschen Standesamt abgegeben wird, und der Widerruf müssen öffentlich beglaubigt werden.

(3) [1] Ein Lebenspartner behält den Lebenspartnerschaftsnamen auch nach der Beendigung der Lebenspartnerschaft. [2] Er kann durch Erklärung gegenüber dem Standesamt seinen Geburtsnamen oder den Namen wieder annehmen, den er bis zur Bestimmung des Lebenspartnerschaftsnamens geführt hat, oder dem Lebenspartnerschaftsnamen seinen Geburtsnamen oder den bis zur Bestimmung des Lebenspartnerschaftsnamens geführten Namen voranstellen oder anfügen. [3] Absatz 2 gilt entsprechend.

(4) Geburtsname ist der Name, der in die Geburtsurkunde eines Lebenspartners zum Zeitpunkt der Erklärung gegenüber dem Standesamt einzutragen ist.

---

1) § 1 neu gef. mWv 22.12.2018 durch G v. 18.12.2018 (BGBl. I S. 2639).

2) § 3 Abs. 5 angef. mWv 12.2.2005 und aufgeh. mWv 12.2.2010 durch G v. 6.2.2005 (BGBl. I S. 203); Abs. 1–4 neu gef. mWv 1.1.2009 durch G v. 19.2.2007 (BGBl. I S. 122); Abs. 2 Satz 5 neu gef. mWv 1.11.2013 durch G v. 7.5.2013 (BGBl. I S. 1122).

§ 4 Umfang der Sorgfaltspflicht. Die Lebenspartner haben bei der Erfüllung der sich aus dem lebenspartnerschaftlichen Verhältnis ergebenden Verpflichtungen einander nur für diejenige Sorgfalt einzustehen, welche sie in eigenen Angelegenheiten anzuwenden pflegen.

§ 5[1] Verpflichtung zum Lebenspartnerschaftsunterhalt. [1]Die Lebenspartner sind einander verpflichtet, durch ihre Arbeit und mit ihrem Vermögen die partnerschaftliche Lebensgemeinschaft angemessen zu unterhalten. [2]§ 1360 Satz 2, die §§ 1360a, 1360b und 1609 des Bürgerlichen Gesetzbuchs[2] gelten entsprechend.

§ 6[3] Güterstand. [1]Die Lebenspartner leben im Güterstand der Zugewinngemeinschaft, wenn sie nicht durch Lebenspartnerschaftsvertrag (§ 7) etwas anderes vereinbaren. [2]§ 1363 Abs. 2 und die §§ 1364 bis 1390 des Bürgerlichen Gesetzbuchs[2] gelten entsprechend.

§ 7[4] Lebenspartnerschaftsvertrag. [1]Die Lebenspartner können ihre güterrechtlichen Verhältnisse durch Vertrag (Lebenspartnerschaftsvertrag) regeln. [2]Die §§ 1409 bis 1519 des Bürgerlichen Gesetzbuchs[2] gelten entsprechend.

§ 8[5] Sonstige vermögensrechtliche Wirkungen. (1) [1]Zugunsten der Gläubiger eines der Lebenspartner wird vermutet, dass die im Besitz eines Lebenspartners oder beider Lebenspartner befindlichen beweglichen Sachen dem Schuldner gehören. [2]Im Übrigen gilt § 1362 Abs. 1 Satz 2 und 3 und Abs. 2 des Bürgerlichen Gesetzbuchs[2] entsprechend.

(2) § 1357 des Bürgerlichen Gesetzbuchs gilt entsprechend.

§ 9[6] Regelungen in Bezug auf Kinder eines Lebenspartners. (1) [1]Führt der allein sorgeberechtigte Elternteil eine Lebenspartnerschaft, hat sein Lebenspartner im Einvernehmen mit dem sorgeberechtigten Elternteil die Befugnis zur Mitentscheidung in Angelegenheiten des täglichen Lebens des Kindes. [2]§ 1629 Abs. 2 Satz 1 des Bürgerlichen Gesetzbuchs[2] gilt entsprechend.

(2) Bei Gefahr im Verzug ist der Lebenspartner dazu berechtigt, alle Rechtshandlungen vorzunehmen, die zum Wohl des Kindes notwendig sind; der sorgeberechtigte Elternteil ist unverzüglich zu unterrichten.

(3) Das Familiengericht kann die Befugnisse nach Absatz 1 einschränken oder ausschließen, wenn dies zum Wohl des Kindes erforderlich ist.

(4) Die Befugnisse nach Absatz 1 bestehen nicht, wenn die Lebenspartner nicht nur vorübergehend getrennt leben.

(5) [1]Der Elternteil, dem die elterliche Sorge für ein unverheiratetes Kind allein oder gemeinsam mit dem anderen Elternteil zusteht, und sein Lebenspartner können dem Kind, das sie in ihren gemeinsamen Haushalt aufgenom-

[1] § 5 neu gef. mWv 1.1.2005 durch G v. 15.12.2004 (BGBl. I S. 3396); Satz 2 neu gef. mWv 1.1.2008 durch G v. 21.12.2007 (BGBl. I S. 3189).

[2] **Habersack, Deutsche Gesetze Nr. 20.**

[3] § 6 neu gef. mWv 1.1.2005 durch G v. 15.12.2004 (BGBl. I S. 3396).

[4] § 7 neu gef. mWv 1.1.2005 durch G v. 15.12.2004 (BGBl. I S. 3396); Satz 2 geänd. mWv 1.1.2023 durch G v. 31.10.2022 (BGBl. I S. 1966).

[5] § 8 Abs. 2 neu gef. mWv 1.1.2005 durch G v. 15.12.2004 (BGBl. I S. 3396).

[6] § 9 Überschrift neu gef., Abs. 5–7 angef. mWv 1.1.2005 durch G v. 15.12.2004 (BGBl. I S. 3396); Abs. 5 Satz 1 geänd. mWv 1.1.2009 durch G v. 19.2.2007 (BGBl. I S. 122); Abs. 7 Satz 2 geänd. mWv 27.6. 2014 durch G v. 20.6.2014 (BGBl. I S. 786); Abs. 6 Satz 2 neu gef. mWv 22.7.2017 durch G v. 17.7.2017 (BGBl. I S. 2429).

45a. Einkommensteuergesetz (EStG)

In der Fassung der Bekanntmachung vom 8. Oktober 2009[1)]
(BGBl. I S. 3366, ber. S. 3862)

FNA 611-1

zuletzt geänd. durch Art. 8 Abs. 3 G zur Umsetzung der RL (EU) 2021/514 v. 20.12.2022 (BGBl. I S. 2730)

– Auszug –

IV. Tarif

§ 31[2)] Familienleistungsausgleich. [1]Die steuerliche Freistellung eines Einkommensbetrags in Höhe des Existenzminimums eines Kindes einschließlich der Bedarfe für Betreuung und Erziehung oder Ausbildung wird im gesamten Veranlagungszeitraum entweder durch die Freibeträge nach § 32 Absatz 6 oder durch Kindergeld nach Abschnitt X bewirkt. [2]Soweit das Kindergeld dafür nicht erforderlich ist, dient es der Förderung der Familie. [3]Im laufenden Kalenderjahr wird Kindergeld als Steuervergütung monatlich gezahlt. [4]Bewirkt der Anspruch auf Kindergeld für den gesamten Veranlagungszeitraum die nach Satz 1 gebotene steuerliche Freistellung nicht vollständig und werden deshalb bei der Veranlagung zur Einkommensteuer die Freibeträge nach § 32 Absatz 6 vom Einkommen abgezogen, erhöht sich die unter Abzug dieser Freibeträge ermittelte tarifliche Einkommensteuer um den Anspruch auf Kindergeld für den gesamten Veranlagungszeitraum; bei nicht zusammenveranlagten Eltern wird der Kindergeldanspruch im Umfang des Kinderfreibetrags angesetzt. [5]Bei der Prüfung der Steuerfreistellung und der Hinzurechnung nach Satz 4 bleibt der Anspruch auf Kindergeld für Kalendermonate unberücksichtigt, in denen durch Bescheid der Familienkasse ein Anspruch auf Kindergeld festgesetzt, aber wegen § 70 Absatz 1 Satz 2 nicht ausgezahlt wurde. [6]Satz 4 gilt entsprechend für mit dem Kindergeld vergleichbare Leistungen nach § 65. [7]Besteht nach ausländischem Recht Anspruch auf Leistungen für Kinder, wird dieser insoweit nicht berücksichtigt, als er das inländische Kindergeld übersteigt.

§ 32[3)] Kinder, Freibeträge für Kinder. (1) Kinder sind

1. im ersten Grad mit dem Steuerpflichtigen verwandte Kinder,

---

[1)] Neubekanntmachung des EStG idF der Bek. v. 19.10.2002 (BGBl. I S. 4210; 2003 I S. 179) in der ab 1.9.2009 geltenden Fassung.

[2)] § 31 Satz 5 eingef., bish. Sätze 5 und 6 werden Sätze 6 und 7 mWv 18.7.2019 durch G v. 11.7.2019 (BGBl. I S. 1066).

[3)] § 32 Abs. 6 Satz 1 geänd. mWv 31.12.2009 durch G v. 22.12.2009 (BGBl. I S. 3950); Abs. 4 Sätze 2 und 3 neu gef., Sätze 4–10 aufgeh., Abs. 5 Satz 3 geänd., Abs. 6 Satz 7 neu gef., Sätze 8–11 angef. mWv 1.1.2012 durch G v. 1.11.2011 (BGBl. I S. 2131); Abs. 4 Satz 2 geänd. mWv 1.1.2012 durch G v. 26.6. 2013 (BGBl. I S. 1809); Abs. 6 Satz 7 geänd. mWv 31.7.2014 durch G v. 25.7.2014 (BGBl. I S. 1266); Abs. 4 Satz 1 Nr. 2 Buchst. b geänd. mWv 1.1.2015 durch G v. 22.12.2014 (BGBl. I S. 2417); Abs. 6 Satz 1 geänd. mWv 23.7.2015 und mWv 1.1.2016 durch G v. 16.7.2015 (BGBl. I S. 1202); Abs. 6 Satz 1 geänd. mWv 1.1.2017 und mWv 1.1.2018 durch G v. 20.12.2016 (BGBl. I S. 3000); Abs. 6 Satz 1 geänd. mWv 1.1.2019 und mWv 1.1.2020 durch G v. 29.11.2018 (BGBl. I S. 2210); Abs. 6 Satz 1 geänd. mWv 1.1.2021 durch G v. 1.12.2020 (BGBl. I S. 2616); Abs. 6 Satz 6 neu gef. mWv 9.6.2021 durch G v. 2.6. 2021 (BGBl. I S. 1259); Abs. 6 Satz 1 geänd. mWv 1.1.2022, mWv 1.1.2023 und mWv 1.1.2024 durch G v. 8.12.2022 (BGBl. I S. 2230); Abs. 4 Satz 1 Nr. 2 Buchst. d neu gef. mWv 21.12.2022, Abs. 6 Sätze 12–14 angef. mWv 1.1.2023 durch G v. 16.12.2022 (BGBl. I S. 2294).

2. Pflegekinder (Personen, mit denen der Steuerpflichtige durch ein familienähnliches, auf längere Dauer berechnetes Band verbunden ist, sofern er sie nicht zu Erwerbszwecken in seinen Haushalt aufgenommen hat und das Obhuts- und Pflegeverhältnis zu den Eltern nicht mehr besteht).

(2) [1]Besteht bei einem angenommenen Kind das Kindschaftsverhältnis zu den leiblichen Eltern weiter, ist es vorrangig als angenommenes Kind zu berücksichtigen. [2]Ist ein im ersten Grad mit dem Steuerpflichtigen verwandtes Kind zugleich ein Pflegekind, ist es vorrangig als Pflegekind zu berücksichtigen.

(3) Ein Kind wird in dem Kalendermonat, in dem es lebend geboren wurde, und in jedem folgenden Kalendermonat, zu dessen Beginn es das 18. Lebensjahr noch nicht vollendet hat, berücksichtigt.

(4) [1]Ein Kind, das das 18. Lebensjahr vollendet hat, wird berücksichtigt, wenn es

1. noch nicht das 21. Lebensjahr vollendet hat, nicht in einem Beschäftigungsverhältnis steht und bei einer Agentur für Arbeit im Inland als Arbeitsuchender gemeldet ist oder
2. noch nicht das 25. Lebensjahr vollendet hat und
   a) für einen Beruf ausgebildet wird oder
   b) sich in einer Übergangszeit von höchstens vier Monaten befindet, die zwischen zwei Ausbildungsabschnitten oder zwischen einem Ausbildungsabschnitt und der Ableistung des gesetzlichen Wehr- oder Zivildienstes, einer vom Wehr- oder Zivildienst befreienden Tätigkeit als Entwicklungshelfer oder als Dienstleistender im Ausland nach § 14b des Zivildienstgesetzes[1] oder der Ableistung des freiwilligen Wehrdienstes nach § 58b des Soldatengesetzes oder der Ableistung eines freiwilligen Dienstes im Sinne des Buchstaben d liegt, oder
   c) eine Berufsausbildung mangels Ausbildungsplatzes nicht beginnen oder fortsetzen kann oder
   d) einen der folgenden freiwilligen Dienste leistet:
      aa) ein freiwilliges soziales Jahr im Sinne des Jugendfreiwilligendienstegesetzes[2],
      bb) ein freiwilliges ökologisches Jahr im Sinne des Jugendfreiwilligendienstegesetzes,
      cc) einen Bundesfreiwilligendienst im Sinne des Bundesfreiwilligendienstgesetzes[3],
      dd) eine Freiwilligentätigkeit im Rahmen des Europäischen Solidaritätskorps im Sinne der Verordnung (EU) 2021/888 des Europäischen Parlaments und des Rates vom 20. Mai 2021 zur Aufstellung des Programms für das Europäische Solidaritätskorps und zur Aufhebung der Verordnungen (EU) 2018/1475 und (EU) Nr. 375/2014 (ABl. L 202 vom 8.6.2021, S. 32),
      ee) einen anderen Dienst im Ausland im Sinne von § 5 des Bundesfreiwilligendienstgesetzes,

[1] **Sartorius Nr. 625.**
[2] **Sartorius Nr. 390.**
[3] **Sartorius Nr. 627.**

ff) einen entwicklungspolitischen Freiwilligendienst „weltwärts" im Sinne der Förderleitlinie des Bundesministeriums für wirtschaftliche Zusammenarbeit und Entwicklung vom 1. Januar 2016,

gg) einen Freiwilligendienst aller Generationen im Sinne von § 2 Absatz 1a des Siebten Buches Sozialgesetzbuch oder

hh) einen Internationalen Jugendfreiwilligendienst im Sinne der Richtlinie des Bundesministeriums für Familie, Senioren, Frauen und Jugend vom 4. Januar 2021 (GMBl S. 77) oder

3. wegen körperlicher, geistiger oder seelischer Behinderung außerstande ist, sich selbst zu unterhalten; Voraussetzung ist, dass die Behinderung vor Vollendung des 25. Lebensjahres eingetreten ist.

[2] Nach Abschluss einer erstmaligen Berufsausbildung oder eines Erststudiums wird ein Kind in den Fällen des Satzes 1 Nummer 2 nur berücksichtigt, wenn das Kind keiner Erwerbstätigkeit nachgeht. [3] Eine Erwerbstätigkeit mit bis zu 20 Stunden regelmäßiger wöchentlicher Arbeitszeit, ein Ausbildungsdienstverhältnis oder ein geringfügiges Beschäftigungsverhältnis im Sinne der §§ 8 und 8a des Vierten Buches Sozialgesetzbuch sind unschädlich.

(5) [1] In den Fällen des Absatzes 4 Satz 1 Nummer 1 oder Nummer 2 Buchstabe a und b wird ein Kind, das

1. den gesetzlichen Grundwehrdienst oder Zivildienst geleistet hat oder
2. sich anstelle des gesetzlichen Grundwehrdienstes freiwillig für die Dauer von nicht mehr als drei Jahren zum Wehrdienst verpflichtet hat oder
3. eine vom gesetzlichen Grundwehrdienst oder Zivildienst befreiende Tätigkeit als Entwicklungshelfer im Sinne des § 1 Absatz 1 des Entwicklungshelfer-Gesetzes ausgeübt hat,

für einen der Dauer dieser Dienste oder der Tätigkeit entsprechenden Zeitraum, höchstens für die Dauer des inländischen gesetzlichen Grundwehrdienstes oder bei anerkannten Kriegsdienstverweigerern für die Dauer des inländischen gesetzlichen Zivildienstes über das 21. oder 25. Lebensjahr hinaus berücksichtigt. [2] Wird der gesetzliche Grundwehrdienst oder Zivildienst in einem Mitgliedstaat der Europäischen Union oder einem Staat, auf den das Abkommen über den Europäischen Wirtschaftsraum Anwendung findet, geleistet, so ist die Dauer dieses Dienstes maßgebend. [3] Absatz 4 Satz 2 und 3 gilt entsprechend.

(6) [1] Bei der Veranlagung zur Einkommensteuer wird für jedes zu berücksichtigende Kind des Steuerpflichtigen ein Freibetrag von ***[bis 31.12.2023:** 3012**][ab 1.1.2024:** 3192**]*** Euro für das sächliche Existenzminimum des Kindes (Kinderfreibetrag) sowie ein Freibetrag von 1464 Euro für den Betreuungs- und Erziehungs- oder Ausbildungsbedarf des Kindes vom Einkommen abgezogen. [2] Bei Ehegatten, die nach den §§ 26, 26b zusammen zur Einkommensteuer veranlagt werden, verdoppeln sich die Beträge nach Satz 1, wenn das Kind zu beiden Ehegatten in einem Kindschaftsverhältnis steht. [3] Die Beträge nach Satz 2 stehen dem Steuerpflichtigen auch dann zu, wenn

1. der andere Elternteil verstorben oder nicht unbeschränkt einkommensteuerpflichtig ist oder
2. der Steuerpflichtige allein das Kind angenommen hat oder das Kind nur zu ihm in einem Pflegekindschaftsverhältnis steht.

[4] Für ein nicht nach § 1 Absatz 1 oder 2 unbeschränkt einkommensteuerpflichtiges Kind können die Beträge nach den Sätzen 1 bis 3 nur abgezogen werden, soweit sie nach den Verhältnissen seines Wohnsitzstaates notwendig und angemessen sind.

[5] Für jeden Kalendermonat, in dem die Voraussetzungen für einen Freibetrag nach den Sätzen 1 bis 4 nicht vorliegen, ermäßigen sich die dort genannten Beträge um ein Zwölftel. [6] Abweichend von Satz 1 wird bei einem unbeschränkt einkommensteuerpflichtigen Elternpaar, bei dem die Voraussetzungen des § 26 Absatz 1 Satz 1 nicht vorliegen, auf Antrag eines Elternteils der dem anderen Elternteil zustehende Kinderfreibetrag auf ihn übertragen, wenn er, nicht jedoch der andere Elternteil, seiner Unterhaltspflicht gegenüber dem Kind für das Kalenderjahr im Wesentlichen nachkommt oder der andere Elternteil mangels Leistungsfähigkeit nicht unterhaltspflichtig ist; die Übertragung des Kinderfreibetrags führt stets auch zur Übertragung des Freibetrags für den Betreuungs- und Erziehungs- oder Ausbildungsbedarf. [7] Eine Übertragung nach Satz 6 scheidet für Zeiträume aus, für die Unterhaltsleistungen nach dem Unterhaltsvorschussgesetz[1)] gezahlt werden. [8] Bei minderjährigen Kindern wird der dem Elternteil, in dessen Wohnung das Kind nicht gemeldet ist, zustehende Freibetrag für den Betreuungs- und Erziehungs- oder Ausbildungsbedarf auf Antrag des anderen Elternteils auf diesen übertragen, wenn bei dem Elternpaar die Voraussetzungen des § 26 Absatz 1 Satz 1 nicht vorliegen. [9] Eine Übertragung nach Satz 8 scheidet aus, wenn der Übertragung widersprochen wird, weil der Elternteil, bei dem das Kind nicht gemeldet ist, Kinderbetreuungskosten trägt oder das Kind regelmäßig in einem nicht unwesentlichen Umfang betreut. [10] Die den Eltern nach den Sätzen 1 bis 9 zustehenden Freibeträge können auf Antrag auch auf einen Stiefelternteil oder Großelternteil übertragen werden, wenn dieser das Kind in seinen Haushalt aufgenommen hat oder dieser einer Unterhaltspflicht gegenüber dem Kind unterliegt. [11] Die Übertragung nach Satz 10 kann auch mit Zustimmung des berechtigten Elternteils erfolgen, die nur für künftige Kalenderjahre widerrufen werden kann. [12] Voraussetzung für die Berücksichtigung des Kinderfreibetrags sowie des Freibetrags für den Betreuungs- und Erziehungs- oder Ausbildungsbedarf des Kindes ist die Identifizierung des Kindes durch die an dieses Kind vergebene Identifikationsnummer (§ 139b der Abgabenordnung). [13] Ist das Kind nicht nach einem Steuergesetz steuerpflichtig (§ 139a Absatz 2 der Abgabenordnung), ist es in anderer geeigneter Weise zu identifizieren. [14] Die nachträgliche Identifizierung oder nachträgliche Vergabe der Identifikationsnummer wirkt auf Monate zurück, in denen die übrigen Voraussetzungen für die Gewährung des Kinderfreibetrags sowie des Freibetrags für den Betreuungs- und Erziehungs- oder Ausbildungsbedarf des Kindes vorliegen.

X. Kindergeld

§ 62[2)] Anspruchsberechtigte. (1) [1] Für Kinder im Sinne des § 63 hat Anspruch auf Kindergeld nach diesem Gesetz, wer

1. im Inland einen Wohnsitz oder seinen gewöhnlichen Aufenthalt hat oder
2. ohne Wohnsitz oder gewöhnlichen Aufenthalt im Inland
   a) nach § 1 Absatz 2 unbeschränkt einkommensteuerpflichtig ist oder
   b) nach § 1 Absatz 3 als unbeschränkt einkommensteuerpflichtig behandelt wird.

[1)] Nr. **45d**.

[2)] § 62 Abs. 1 Sätze 2 und 3 angef. mWv 9.12.2014 durch G v. 2.12.2014 (BGBl. I S. 1922); Abs. 1a eingef. mWv 18.7.2019 durch G v. 11.7.2019 (BGBl. I S. 1066); Abs. 2 Nr. 2 Buchst. c und Nr. 3 Buchst. b geänd., Nr. 4 angef. mWv 1.1.2020, Abs. 2 neu gef. mWv 1.3.2020 durch G v. 12.12.2019 (BGBl. I S. 2451); Abs. 2 Nr. 2 Buchst. c geänd. mWv 1.6.2022 durch G v. 23.5.2022 (BGBl. I S. 760).

[2] Voraussetzung für den Anspruch nach Satz 1 ist, dass der Berechtigte durch die an ihn vergebene Identifikationsnummer (§ 139b der Abgabenordnung) identifiziert wird. [3] Die nachträgliche Vergabe der Identifikationsnummer wirkt auf Monate zurück, in denen die Voraussetzungen des Satzes 1 vorliegen.

(1a) [1] Begründet ein Staatsangehöriger eines anderen Mitgliedstaates der Europäischen Union oder eines Staates, auf den das Abkommen über den Europäischen Wirtschaftsraum Anwendung findet, im Inland einen Wohnsitz oder gewöhnlichen Aufenthalt, so hat er für die ersten drei Monate ab Begründung des Wohnsitzes oder des gewöhnlichen Aufenthalts keinen Anspruch auf Kindergeld. [2] Dies gilt nicht, wenn er nachweist, dass er inländische Einkünfte im Sinne des § 2 Absatz 1 Satz 1 Nummer 1 bis 4 mit Ausnahme von Einkünften nach § 19 Absatz 1 Satz 1 Nummer 2 erzielt. [3] Nach Ablauf des in Satz 1 genannten Zeitraums hat er Anspruch auf Kindergeld, es sei denn, die Voraussetzungen des § 2 Absatz 2 oder Absatz 3 des Freizügigkeitsgesetzes/EU[1)] liegen nicht vor oder es sind nur die Voraussetzungen des § 2 Absatz 2 Nummer 1a des Freizügigkeitsgesetzes/EU erfüllt, ohne dass vorher eine andere der in § 2 Absatz 2 des Freizügigkeitsgesetzes/EU genannten Voraussetzungen erfüllt war. [4] Die Prüfung, ob die Voraussetzungen für einen Anspruch auf Kindergeld gemäß Satz 2 vorliegen oder gemäß Satz 3 nicht gegeben sind, führt die Familienkasse in eigener Zuständigkeit durch. [5] Lehnt die Familienkasse eine Kindergeldfestsetzung in diesem Fall ab, hat sie ihre Entscheidung der zuständigen Ausländerbehörde mitzuteilen. [6] Wurde das Vorliegen der Anspruchsvoraussetzungen durch die Verwendung gefälschter oder verfälschter Dokumente oder durch Vorspiegelung falscher Tatsachen vorgetäuscht, hat die Familienkasse die zuständige Ausländerbehörde unverzüglich zu unterrichten.

(2) Ein nicht freizügigkeitsberechtigter Ausländer erhält Kindergeld nur, wenn er

1. eine Niederlassungserlaubnis oder eine Erlaubnis zum Daueraufenthalt-EU besitzt,
2. eine Blaue Karte EU, eine ICT-Karte, eine Mobiler-ICT-Karte oder eine Aufenthaltserlaubnis besitzt, die für einen Zeitraum von mindestens sechs Monaten zur Ausubung einer Erwerbstatigkeit berechtigen oder berechtigt haben oder diese erlauben, es sei denn, die Aufenthaltserlaubnis wurde
   a) nach § 16e des Aufenthaltsgesetzes[2)] zu Ausbildungszwecken, nach § 19c Absatz 1 des Aufenthaltsgesetzes zum Zweck der Beschäftigung als Au-Pair oder zum Zweck der Saisonbeschäftigung, nach § 19e des Aufenthaltsgesetzes zum Zweck der Teilnahme an einem Europäischen Freiwilligendienst oder nach § 20 Absatz 1 und 2 des Aufenthaltsgesetzes zur Arbeitsplatzsuche erteilt,
   b) nach § 16b des Aufenthaltsgesetzes zum Zweck eines Studiums, nach § 16d des Aufenthaltsgesetzes für Maßnahmen zur Anerkennung ausländischer Berufsqualifikationen oder nach § 20 Absatz 3 des Aufenthaltsgesetzes zur Arbeitsplatzsuche erteilt und er ist weder erwerbstätig noch nimmt er Elternzeit nach § 15 des Bundeselterngeld- und Elternzeitgesetzes[3)] oder laufende Geldleistungen nach dem Dritten Buch Sozialgesetzbuch in Anspruch,

---

[1)] **Sartorius Nr. 560.**
[2)] **Sartorius Nr. 565.**
[3)] Nr. **45e.**

c) nach § 23 Absatz 1 des Aufenthaltsgesetzes wegen eines Krieges in seinem Heimatland oder nach den § 23a oder § 25 Absatz 3 bis 5 des Aufenthaltsgesetzes erteilt,

3. eine in Nummer 2 Buchstabe c genannte Aufenthaltserlaubnis besitzt und im Bundesgebiet berechtigt erwerbstätig ist oder Elternzeit nach § 15 des Bundeselterngeld- und Elternzeitgesetzes oder laufende Geldleistungen nach dem Dritten Buch Sozialgesetzbuch in Anspruch nimmt,
4. eine in Nummer 2 Buchstabe c genannte Aufenthaltserlaubnis besitzt und sich seit mindestens 15 Monaten erlaubt, gestattet oder geduldet im Bundesgebiet aufhält oder
5. eine Beschäftigungsduldung gemäß § 60d in Verbindung mit § 60a Absatz 2 Satz 3 des Aufenthaltsgesetzes besitzt.

§ 63[1)] Kinder. (1) [1] Als Kinder werden berücksichtigt
1. Kinder im Sinne des § 32 Absatz 1,
2. vom Berechtigten in seinen Haushalt aufgenommene Kinder seines Ehegatten,
3. vom Berechtigten in seinen Haushalt aufgenommene Enkel.

[2] § 32 Absatz 3 bis 5 gilt entsprechend. [3] Voraussetzung für die Berücksichtigung ist die Identifizierung des Kindes durch die an dieses Kind vergebene Identifikationsnummer (§ 139b der Abgabenordnung). [4] Ist das Kind nicht nach einem Steuergesetz steuerpflichtig (§ 139a Absatz 2 der Abgabenordnung), ist es in anderer geeigneter Weise zu identifizieren. [5] Die nachträgliche Identifizierung oder nachträgliche Vergabe der Identifikationsnummer wirkt auf Monate zurück, in denen die Voraussetzungen der Sätze 1 bis 4 vorliegen. [6] Kinder, die weder einen Wohnsitz noch ihren gewöhnlichen Aufenthalt im Inland, in einem Mitgliedstaat der Europäischen Union oder in einem Staat, auf den das Abkommen über den Europäischen Wirtschaftsraum Anwendung findet, haben, werden nicht berücksichtigt, es sei denn, sie leben im Haushalt eines Berechtigten im Sinne des § 62 Absatz 1 Satz 1 Nummer 2 Buchstabe a. [7] Kinder im Sinne von § 2 Absatz 4 Satz 2 des Bundeskindergeldgesetzes[2)] werden nicht berücksichtigt.

(2) Die Bundesregierung wird ermächtigt, durch Rechtsverordnung, die nicht der Zustimmung des Bundesrates bedarf, zu bestimmen, dass einem Berechtigten, der im Inland erwerbstätig ist oder sonst seine hauptsächlichen Einkünfte erzielt, für seine in Absatz 1 Satz 3 erster Halbsatz bezeichneten Kinder Kindergeld ganz oder teilweise zu leisten ist, soweit dies mit Rücksicht auf die durchschnittlichen Lebenshaltungskosten für Kinder in deren Wohnsitzstaat und auf die dort gewährten dem Kindergeld vergleichbaren Leistungen geboten ist.

§ 64 Zusammentreffen mehrerer Ansprüche. (1) Für jedes Kind wird nur einem Berechtigten Kindergeld gezahlt.

(2) [1] Bei mehreren Berechtigten wird das Kindergeld demjenigen gezahlt, der das Kind in seinen Haushalt aufgenommen hat. [2] Ist ein Kind in den gemeinsamen Haushalt von Eltern, einem Elternteil und dessen Ehegatten, Pflegeeltern oder Großeltern aufgenommen worden, so bestimmen diese untereinander den Berechtigten. [3] Wird eine Bestimmung nicht getroffen, so bestimmt das Familiengericht auf Antrag den Berechtigten. [4] Den Antrag kann stellen, wer ein berechtigtes

---

[1)] § 63 Abs. 1 Sätze 3 bis 5 eingef., bish. Sätze 3 und 4 werden Sätze 6 und 7, Satz 6 geänd. mWv 9.12. 2014 durch G v. 2.12.2014 (BGBl. I S. 1922).
[2)] Nr. **45b**.

Interesse an der Zahlung des Kindergeldes hat. [5] Lebt ein Kind im gemeinsamen Haushalt von Eltern und Großeltern, so wird das Kindergeld vorrangig einem Elternteil gezahlt; es wird an einen Großelternteil gezahlt, wenn der Elternteil gegenüber der zuständigen Stelle auf seinen Vorrang schriftlich verzichtet hat.

(3) [1] Ist das Kind nicht in den Haushalt eines Berechtigten aufgenommen, so erhält das Kindergeld derjenige, der dem Kind eine Unterhaltsrente zahlt. [2] Zahlen mehrere Berechtigte dem Kind Unterhaltsrenten, so erhält das Kindergeld derjenige, der dem Kind die höchste Unterhaltsrente zahlt. [3] Werden gleich hohe Unterhaltsrenten gezahlt oder zahlt keiner der Berechtigten dem Kind Unterhalt, so bestimmen die Berechtigten untereinander, wer das Kindergeld erhalten soll. [4] Wird eine Bestimmung nicht getroffen, so gilt Absatz 2 Satz 3 und 4 entsprechend.

§ 65[1)] Andere Leistungen für Kinder. [1] Kindergeld wird nicht für ein Kind gezahlt, für das eine der folgenden Leistungen zu zahlen ist oder bei entsprechender Antragstellung zu zahlen wäre:

1. Leistungen für Kinder, die im Ausland gewährt werden und dem Kindergeld oder der Kinderzulage aus der gesetzlichen Unfallversicherung nach § 217 Absatz 3 des Siebten Buches Sozialgesetzbuch in der bis zum 30. Juni 2020 geltenden Fassung oder dem Kinderzuschuss aus der gesetzlichen Rentenversicherung nach § 270 des Sechsten Buches Sozialgesetzbuch in der bis zum 16. November 2016 geltenden Fassung vergleichbar sind,
2. Leistungen für Kinder, die von einer zwischen- oder überstaatlichen Einrichtung gewährt werden und dem Kindergeld vergleichbar sind.

[2] Soweit es für die Anwendung von Vorschriften dieses Gesetzes auf den Erhalt von Kindergeld ankommt, stehen die Leistungen nach Satz 1 dem Kindergeld gleich. [3] Steht ein Berechtigter in einem Versicherungspflichtverhältnis zur Bundesagentur für Arbeit nach § 24 des Dritten Buches Sozialgesetzbuch oder ist er versicherungsfrei nach § 28 Absatz 1 Nummer 1 des Dritten Buches Sozialgesetzbuch oder steht er im Inland in einem öffentlich-rechtlichen Dienst- oder Amtsverhältnis, so wird sein Anspruch auf Kindergeld für ein Kind nicht nach Satz 1 Nummer 2 mit Rücksicht darauf ausgeschlossen, dass sein Ehegatte als Beamter, Ruhestandsbeamter oder sonstiger Bediensteter der Europäischen Union für das Kind Anspruch auf Kinderzulage hat.

§ 66[2)] Höhe des Kindergeldes, Zahlungszeitraum. (1) Das Kindergeld beträgt monatlich für jedes Kind 250 Euro.

(2) Das Kindergeld wird monatlich vom Beginn des Monats an gezahlt, in dem die Anspruchsvoraussetzungen erfüllt sind, bis zum Ende des Monats, in dem die Anspruchsvoraussetzungen wegfallen.

[1)] § 65 Abs. 1 Satz 3 geänd. mWv 30.6.2013 durch G v. 26.6.2013 (BGBl. I S. 1809); Abs. 2 aufgeh., Satz 1 neu gef., Satz 3 geänd. mWv 21.12.2022 durch G v. 16.12.2022 (BGBl. I S. 2294).

[2)] § 66 Abs. 1 Satz 1 neu gef. mWv 31.12.2009 durch G v. 22.12.2009 (BGBl. I S. 3950); Abs. 1 neu gef. mWv 23.7.2015 und mWv 1.1.2016 durch G v. 16.7.2015 (BGBl. I S. 1202); Abs. 1 neu gef. mWv 1.1.2017 und mWv 1.1.2018 durch G v. 20.12.2016 (BGBl. I S. 3000); Abs. 3 angef. mWv 1.1.2018 durch G v. 23.6.2017 (BGBl. I S. 1682); Abs. 1 neu gef. mWv 1.7.2019 durch G v. 29.11.2018 (BGBl. I S. 2210); Abs. 3 aufgeh. mWv 18.7.2019 durch G v. 11.7.2019 (BGBl. I S. 1066); Abs. 1 Sätze 2–4 angef. mWv 1.7.2020 durch G v. 29.6.2020 (BGBl. I S. 1512); Abs. 1 neu gef. mWv 1.1.2021 durch G v. 1.12.2020 (BGBl. I S. 2616); Abs. 1 Sätze 2–4 angef. mWv 18.3.2021 durch G v. 10.3.2021 (BGBl. I S. 330); Abs. 1 Sätze 2 und 3 geänd. mWv 28.5.2022 durch G v. 23.5.2022 (BGBl. I S. 749); Abs. 1 neu gef. mWv 1.1.2023 durch G v. 8.12.2022 (BGBl. I S. 2230).

§ 67[1] Antrag. [1]Das Kindergeld ist bei der zuständigen Familienkasse schriftlich zu beantragen; eine elektronische Antragstellung nach amtlich vorgeschriebenem Datensatz über die amtlich vorgeschriebene Schnittstelle ist zulässig, soweit der Zugang eröffnet wurde. [2]Den Antrag kann außer dem Berechtigten auch stellen, wer ein berechtigtes Interesse an der Leistung des Kindergeldes hat. [3]In Fällen des Satzes 2 ist § 62 Absatz 1 Satz 2 bis 3 anzuwenden. [4]Der Berechtigte ist zu diesem Zweck verpflichtet, demjenigen, der ein berechtigtes Interesse an der Leistung des Kindergeldes hat, seine an ihn vergebene Identifikationsnummer (§ 139b der Abgabenordnung) mitzuteilen. [5]Kommt der Berechtigte dieser Verpflichtung nicht nach, teilt die zuständige Familienkasse demjenigen, der ein berechtigtes Interesse an der Leistung des Kindergeldes hat, auf seine Anfrage die Identifikationsnummer des Berechtigten mit.

§ 68[2] Besondere Mitwirkungspflichten und Offenbarungsbefugnis.

(1) [1]Wer Kindergeld beantragt oder erhält, hat Änderungen in den Verhältnissen, die für die Leistung erheblich sind oder über die im Zusammenhang mit der Leistung Erklärungen abgegeben worden sind, unverzüglich der zuständigen Familienkasse mitzuteilen. [2]Ein Kind, das das 18. Lebensjahr vollendet hat, ist auf Verlangen der Familienkasse verpflichtet, an der Aufklärung des für die Kindergeldzahlung maßgebenden Sachverhalts mitzuwirken; § 101 der Abgabenordnung findet insoweit keine Anwendung.

(2) (weggefallen)

(3) Auf Antrag des Berechtigten erteilt die das Kindergeld auszahlende Stelle eine Bescheinigung über das für das Kalenderjahr ausgezahlte Kindergeld.

(4) [1]Die Familienkassen dürfen den Stellen, die die Bezüge im öffentlichen Dienst anweisen, den für die jeweilige Kindergeldzahlung maßgebenden Sachverhalt durch automatisierte Abrufverfahren bereitstellen oder Auskunft über diesen Sachverhalt erteilen. [2]Das Bundesministerium der Finanzen wird ermächtigt, durch Rechtsverordnung ohne Zustimmung des Bundesrates zur Durchführung von automatisierten Abrufen nach Satz 1 die Voraussetzungen, unter denen ein Datenabruf erfolgen darf, festzulegen.

(5) [1]Zur Erfüllung der in § 31a Absatz 2 der Abgabenordnung[3] genannten Mitteilungspflichten dürfen die Familienkassen den Leistungsträgern, die für Leistungen der Arbeitsförderung nach § 19 Absatz 2, für Leistungen der Grundsicherung für Arbeitsuchende nach § 19a Absatz 2, für Kindergeld, Kinderzuschlag, Leistungen für Bildung und Teilhabe und Elterngeld nach § 25 Absatz 3 oder für Leistungen der Sozialhilfe nach § 28 Absatz 2 des Ersten Buches Sozialgesetzbuch zuständig sind, und den nach § 9 Absatz 1 Satz 2 des Unterhaltsvorschussgesetzes[4] zuständigen Stellen den für die jeweilige Kindergeldzahlung maßgebenden Sachverhalt durch automatisierte Abrufverfahren bereitstellen. [2]Das Bundesministerium der Finanzen wird ermächtigt, durch Rechtsverordnung mit Zustimmung des Bundesrates zur Durchführung von automatisierten Abrufen nach Satz 1 die Voraussetzungen, unter denen ein Datenabruf erfolgen darf, festzulegen.

---

[1] § 67 Sätze 3–5 angef. mWv 9.12.2014 durch G v. 2.12.2014 (BGBl. I S. 1922); Satz 1 neu gef. mWv 10.12.2020 durch G v. 3.12.2020 (BGBl. I S. 2668).

[2] § 68 Abs. 4 neu gef. mWv 14.12.2016 durch G v. 8.12.2016 (BGBl. I S. 2835); Überschrift geänd., Abs. 5–7 angef. mWv 18.7.2019 durch G v. 11.7.2019 (BGBl. I S. 1066); Abs. 4 Satz 1 geänd. mWv 26.11.2019 durch G v. 20.11.2019 (BGBl. I S. 1626).

[3] Nr. **88b**.

[4] Nr. **45d**.

(6) [1]Zur Prüfung und Bemessung der in Artikel 3 Absatz 1 Buchstabe j in Verbindung mit Artikel 1 Buchstabe z der Verordnung (EG) Nr. 883/2004 des Europäischen Parlaments und des Rates vom 29. April 2004 zur Koordinierung der Systeme der sozialen Sicherheit (ABl. L 166 vom 30.4.2004, S. 1), die zuletzt durch die Verordnung (EU) 2017/492 (ABl. L 76 vom 22.3.2017, S. 13) geändert worden ist, genannten Familienleistungen dürfen die Familienkassen den zuständigen öffentlichen Stellen eines Mitgliedstaates der Europäischen Union den für die jeweilige Kindergeldzahlung maßgebenden Sachverhalt durch automatisierte Abrufverfahren bereitstellen. [2]Das Bundesministerium der Finanzen wird ermächtigt, durch Rechtsverordnung ohne Zustimmung des Bundesrates zur Durchführung von automatisierten Abrufen nach Satz 1 die Voraussetzungen, unter denen ein Datenabruf erfolgen darf, festzulegen.

(7) [1]Die Datenstelle der Rentenversicherung darf den Familienkassen in einem automatisierten Abrufverfahren die zur Überprüfung des Anspruchs auf Kindergeld nach § 62 Absatz 1a und 2 erforderlichen Daten übermitteln; § 79 Absatz 2 bis 4 des Zehnten Buches Sozialgesetzbuch gilt entsprechend. [2]Die Träger der Leistungen nach dem Zweiten und Dritten Buch Sozialgesetzbuch dürfen den Familienkassen in einem automatisierten Abrufverfahren die zur Überprüfung des Anspruchs auf Kindergeld nach § 62 erforderlichen Daten übermitteln. [3]Das Bundesministerium für Arbeit und Soziales wird ermächtigt, durch Rechtsverordnung mit Zustimmung des Bundesrates die Voraussetzungen für das Abrufverfahren und Regelungen zu den Kosten des Verfahrens nach Satz 2 festzulegen.

§ 69[1)] Datenübermittlung an die Familienkassen. [1]Erfährt das Bundeszentralamt für Steuern, dass ein Kind, für das Kindergeld gezahlt wird, verzogen ist oder von Amts wegen von der Meldebehörde abgemeldet wurde, hat es der zuständigen Familienkasse unverzüglich die in § 139b Absatz 3 Nummer 1, 3, 5, 8 und 14 der Abgabenordnung genannten Daten zum Zweck der Prüfung der Rechtmäßigkeit des Bezugs von Kindergeld zu übermitteln. [2]Die beim Bundeszentralamt für Steuern gespeicherten Daten für ein Kind, für das Kindergeld gezahlt wird, werden auf Anfrage auch den Finanzämtern zur Prüfung der Rechtmäßigkeit der Berücksichtigung der Freibeträge nach § 32 Absatz 6 zur Verfügung gestellt. [3]Erteilt das Bundeszentralamt für Steuern auf Grund der Geburt eines Kindes eine neue Identifikationsnummer nach § 139b der Abgabenordnung, übermittelt es der zuständigen Familienkasse zum Zweck der Prüfung des Bezugs von Kindergeld unverzüglich

1. die in § 139b Absatz 3 Nummer 1, 3, 5, 8 und 10 der Abgabenordnung genannten Daten des Kindes sowie
2. soweit vorhanden, die in § 139b Absatz 3 Nummer 1, 3, 5, 8 und 10 und Absatz 3a der Abgabenordnung genannten Daten der Personen, bei denen für dieses Kind nach § 39e Absatz 1 ein Kinderfreibetrag berücksichtigt wird.

§ 70[2)] Festsetzung und Zahlung des Kindergeldes. (1) [1]Das Kindergeld nach § 62 wird von den Familienkassen durch Bescheid festgesetzt und ausgezahlt. [2]Die Auszahlung von festgesetztem Kindergeld erfolgt rückwirkend nur für die letzten sechs Monate vor Beginn des Monats, in dem der Antrag auf Kindergeld

[1)] § 69 eingef. mWv 1.1.2018 durch G v. 23.6.2017 (BGBl. I S. 1682); Satz 1 geänd., Sätze 2 und 3 angef. mWv 1.1.2023 durch G v. 16.12.2022 (BGBl. I S. 2294).

[2)] § 70 Abs. 4 aufgeh. mWv 1.1.2012 durch G v. 1.11.2011 (BGBl. I S. 2131); Abs. 3 neu gef. mWv 1.1.2015 durch G v. 22.12.2014 (BGBl. I S. 2417); Abs. 1 Sätze 2 und 3 angef. mWv 18.7.2019 durch G v. 11.7.2019 (BGBl. I S. 1066).

eingegangen ist. [3]Der Anspruch auf Kindergeld nach § 62 bleibt von dieser Auszahlungsbeschränkung unberührt.

(2) [1]Soweit in den Verhältnissen, die für den Anspruch auf Kindergeld erheblich sind, Änderungen eintreten, ist die Festsetzung des Kindergeldes mit Wirkung vom Zeitpunkt der Änderung der Verhältnisse aufzuheben oder zu ändern. [2]Ist die Änderung einer Kindergeldfestsetzung nur wegen einer Anhebung der in § 66 Absatz 1 genannten Kindergeldbeträge erforderlich, kann von der Erteilung eines schriftlichen Änderungsbescheides abgesehen werden.

(3) [1]Materielle Fehler der letzten Festsetzung können durch Aufhebung oder Änderung der Festsetzung mit Wirkung ab dem auf die Bekanntgabe der Aufhebung oder Änderung der Festsetzung folgenden Monat beseitigt werden. [2]Bei der Aufhebung oder Änderung der Festsetzung nach Satz 1 ist § 176 der Abgabenordnung entsprechend anzuwenden; dies gilt nicht für Monate, die nach der Verkündung der maßgeblichen Entscheidung eines obersten Bundesgerichts beginnen.

§ 71[1)] Vorläufige Einstellung der Zahlung des Kindergeldes. (1) Die Familienkasse kann die Zahlung des Kindergeldes ohne Erteilung eines Bescheides vorläufig einstellen, wenn

1. sie Kenntnis von Tatsachen erhält, die kraft Gesetzes zum Ruhen oder zum Wegfall des Anspruchs führen, und
2. die Festsetzung, aus der sich der Anspruch ergibt, deshalb mit Wirkung für die Vergangenheit aufzuheben ist.

(2) [1]Soweit die Kenntnis der Familienkasse nicht auf Angaben des Berechtigten beruht, der das Kindergeld erhält, sind dem Berechtigten unverzüglich die vorläufige Einstellung der Zahlung des Kindergeldes sowie die dafür maßgeblichen Gründe mitzuteilen. [2]Ihm ist Gelegenheit zu geben, sich zu äußern.

(3) Die Familienkasse hat die vorläufig eingestellte Zahlung des Kindergeldes unverzüglich nachzuholen, soweit die Festsetzung, aus der sich der Anspruch ergibt, zwei Monate nach der vorläufigen Einstellung der Zahlung nicht mit Wirkung für die Vergangenheit aufgehoben oder geändert wird.

[§ 72 bis 31.12.2023:]

§ 72[2)] Festsetzung und Zahlung des Kindergeldes an Angehörige des öffentlichen Dienstes. (1) [1]Steht Personen, die

1. in einem öffentlich-rechtlichen Dienst-, Amts- oder Ausbildungsverhältnis stehen, mit Ausnahme der Ehrenbeamten,
2. Versorgungsbezüge nach beamten- oder soldatenrechtlichen Vorschriften oder Grundsätzen erhalten oder
3. Arbeitnehmer einer Körperschaft, einer Anstalt oder einer Stiftung des öffentlichen Rechts sind, einschließlich der zu ihrer Berufsausbildung Beschäftigten,

---

[1)] § 71 neu gef. mWv 18.7.2019 durch G v. 11.7.2019 (BGBl. I S. 1066).

[2)] § 72 Abs. 1 neu gef. mWv 14.12.2016, Abs. 7 Satz 2 geänd. mWv 1.1.2019, Abs. 2 aufgeh., Abs. 3 einl. Satzteil, Nr. 1 und 2 geänd., Nr. 3 angef., Abs. 4 geänd., Abs. 8 Satz 3 angef. mWv 1.1.2022 durch G v. 8.12.2016 (BGBl. I S. 2835); Abs. 1 Satz 7 angef. mWv 1.1.2019 durch G v. 11.12.2018 (BGBl. I S. 2338); Abs. 1 Sätze 6 und 7 geänd., Abs. 3 Nr. 3 neu gef., Abs. 8 Satz 3 aufgeh. mWv 1.3.2023 durch G v. 16.12.2022 (BGBl. I S. 2294); Abs. 3 Nr. 3 neu gef., Abs. 8 Satz 3 angef. mWv 1.3.2023 durch G v. 16.12.2022 (BGBl. I S. 2352).

Kindergeld nach Maßgabe dieses Gesetzes zu, wird es von den Körperschaften, Anstalten oder Stiftungen des öffentlichen Rechts als Familienkassen festgesetzt und ausgezahlt. [2] Das Bundeszentralamt für Steuern erteilt den Familienkassen ein Merkmal zu ihrer Identifizierung (Familienkassenschlüssel). [3] Satz 1 ist nicht anzuwenden, wenn die Körperschaften, Anstalten oder Stiftungen des öffentlichen Rechts gegenüber dem Bundeszentralamt für Steuern auf ihre Zuständigkeit zur Festsetzung und Auszahlung des Kindergeldes schriftlich oder elektronisch verzichtet haben und dieser Verzicht vom Bundeszentralamt für Steuern schriftlich oder elektronisch bestätigt worden ist. [4] Die Bestätigung des Bundeszentralamts für Steuern darf erst erfolgen, wenn die haushalterischen Voraussetzungen für die Übernahme der Festsetzung und Auszahlung des Kindergeldes durch die Bundesagentur für Arbeit vorliegen. [5] Das Bundeszentralamt für Steuern veröffentlicht die Namen und die Anschriften der Körperschaften, Anstalten oder Stiftungen des öffentlichen Rechts, die nach Satz 3 auf die Zuständigkeit verzichtet haben, sowie den jeweiligen Zeitpunkt, zu dem der Verzicht wirksam geworden ist, im Bundessteuerblatt. [6] Hat eine Körperschaft, Anstalt oder Stiftung des öffentlichen Rechts die Festsetzung des Kindergeldes auf eine Landesfamilienkasse im Sinne des § 5 Absatz 1 Nummer 11 Satz 6 und 7 des Finanzverwaltungsgesetzes übertragen, kann ein Verzicht nach Satz 3 nur durch die Landesfamilienkasse im Einvernehmen mit der auftraggebenden Körperschaft, Anstalt oder Stiftung wirksam erklärt werden. [7] Satz 1 ist nicht anzuwenden, wenn die Körperschaften, Anstalten oder Stiftungen des öffentlichen Rechts nach dem 31. Dezember 2018 errichtet wurden; das Bundeszentralamt für Steuern kann auf Antrag eine Ausnahmegenehmigung erteilen, wenn das Kindergeld durch eine Landesfamilienkasse im Sinne des § 5 Absatz 1 Nummer 11 Satz 6 bis 8 des Finanzverwaltungsgesetzes festgesetzt und ausgezahlt wird und kein Verzicht nach Satz 3 vorliegt.

(2) *(aufgehoben)*

(3) Absatz 1 gilt nicht für Personen, die ihre Bezüge oder ihr Arbeitsentgelt

1. von einem Dienstherrn oder Arbeitgeber im Bereich der Religionsgesellschaften des öffentlichen Rechts,
2. von einem Spitzenverband der Freien Wohlfahrtspflege, einem diesem unmittelbar oder mittelbar angeschlossenen Mitgliedsverband oder einer einem solchen Verband angeschlossenen Einrichtung oder Anstalt oder
3. von einem Dienstherrn oder Arbeitgeber im Bereich des Bundes mit Ausnahme des Bundesnachrichtendienstes

erhalten.

(4) Absatz 1 gilt nicht für Personen, die voraussichtlich nicht länger als sechs Monate in den Kreis der in Absatz 1 Satz 1 Nummer 1 bis 3 Bezeichneten eintreten.

(5) Obliegt mehreren Rechtsträgern die Zahlung von Bezügen oder Arbeitsentgelt (Absatz 1 Satz 1) gegenüber einem Berechtigten, so ist für die Durchführung dieses Gesetzes zuständig:

1. bei Zusammentreffen von Versorgungsbezügen mit anderen Bezügen oder Arbeitsentgelt der Rechtsträger, dem die Zahlung der anderen Bezüge oder des Arbeitsentgelts obliegt;
2. bei Zusammentreffen mehrerer Versorgungsbezüge der Rechtsträger, dem die Zahlung der neuen Versorgungsbezüge im Sinne der beamtenrechtlichen Ruhensvorschriften obliegt;

3. bei Zusammentreffen von Arbeitsentgelt (Absatz 1 Satz 1 Nummer 3) mit Bezügen aus einem der in Absatz 1 Satz 1 Nummer 1 bezeichneten Rechtsverhältnisse der Rechtsträger, dem die Zahlung dieser Bezüge obliegt;
4. bei Zusammentreffen mehrerer Arbeitsentgelte (Absatz 1 Satz 1 Nummer 3) der Rechtsträger, dem die Zahlung des höheren Arbeitsentgelts obliegt oder – falls die Arbeitsentgelte gleich hoch sind – der Rechtsträger, zu dem das zuerst begründete Arbeitsverhältnis besteht.

(6) [1] Scheidet ein Berechtigter im Laufe eines Monats aus dem Kreis der in Absatz 1 Satz 1 Nummer 1 bis 3 Bezeichneten aus oder tritt er im Laufe eines Monats in diesen Kreis ein, so wird das Kindergeld für diesen Monat von der Stelle gezahlt, die bis zum Ausscheiden oder Eintritt des Berechtigten zuständig war. [2] Dies gilt nicht, soweit die Zahlung von Kindergeld für ein Kind in Betracht kommt, das erst nach dem Ausscheiden oder Eintritt bei dem Berechtigten nach § 63 zu berücksichtigen ist. [3] Ist in einem Fall des Satzes 1 das Kindergeld bereits für einen folgenden Monat gezahlt worden, so muss der für diesen Monat Berechtigte die Zahlung gegen sich gelten lassen.

(7) [1] In den Abrechnungen der Bezüge und des Arbeitsentgelts ist das Kindergeld gesondert auszuweisen, wenn es zusammen mit den Bezügen oder dem Arbeitsentgelt ausgezahlt wird. [2] Der Rechtsträger hat die Summe des von ihm für alle Berechtigten ausgezahlten Kindergeldes dem Betrag, den er insgesamt an Lohnsteuer einzubehalten hat, zu entnehmen und unter Angabe des in Absatz 1 genannten Familienkassenschlüssels bei der nächsten Lohnsteuer-Anmeldung gesondert abzusetzen. [3] Übersteigt das insgesamt ausgezahlte Kindergeld den Betrag, der insgesamt an Lohnsteuer abzuführen ist, so wird der übersteigende Betrag dem Rechtsträger auf Antrag von dem Finanzamt, an das die Lohnsteuer abzuführen ist, aus den Einnahmen der Lohnsteuer ersetzt.

(8) [1] Abweichend von Absatz 1 Satz 1 werden Kindergeldansprüche auf Grund über- oder zwischenstaatlicher Rechtsvorschriften durch die Familienkassen der Bundesagentur für Arbeit festgesetzt und ausgezahlt. [2] Dies gilt auch für Fälle, in denen Kindergeldansprüche sowohl nach Maßgabe dieses Gesetzes als auch auf Grund über- oder zwischenstaatlicher Rechtsvorschriften bestehen. [3] Die Sätze 1 und 2 sind auf Kindergeldansprüche von Angehörigen des Bundesnachrichtendienstes nicht anzuwenden.

[§ 72 ab 1.1.2024:]

§ 72[1)] *(aufgehoben)*

§ 73 (weggefallen)

§ 74 Zahlung des Kindergeldes in Sonderfällen. (1) [1] Das für ein Kind festgesetzte Kindergeld nach § 66 Absatz 1 kann an das Kind ausgezahlt werden, wenn der Kindergeldberechtigte ihm gegenüber seiner gesetzlichen Unterhaltspflicht nicht nachkommt. [2] Kindergeld kann an Kinder, die bei der Festsetzung des Kindergeldes berücksichtigt werden, bis zur Höhe des Betrags, der sich bei entsprechender Anwendung des § 76 ergibt, ausgezahlt werden. [3] Dies gilt auch, wenn der Kindergeldberechtigte mangels Leistungsfähigkeit nicht unterhaltspflichtig ist oder nur Unterhalt in Höhe eines Betrags zu leisten braucht, der geringer ist als das für die Auszahlung in Betracht kommende Kindergeld. [4] Die Auszahlung kann auch an die Person oder Stelle erfolgen, die dem Kind Unterhalt gewährt.

---

1) § 72 aufgeh. mWv 1.1.2024 durch G v. 16.12.2022 (BGBl. I S. 2294).

(2) Für Erstattungsansprüche der Träger von Sozialleistungen gegen die Familienkasse gelten die §§ 102 bis 109 und 111 bis 113 des Zehnten Buches Sozialgesetzbuch entsprechend.

§ 75[1] Aufrechnung. (1) Mit Ansprüchen auf Erstattung von Kindergeld kann die Familienkasse gegen Ansprüche auf Kindergeld bis zu deren Hälfte aufrechnen, wenn der Leistungsberechtigte nicht nachweist, dass er dadurch hilfebedürftig im Sinne der Vorschriften des Zwölften Buches Sozialgesetzbuch über die Hilfe zum Lebensunterhalt oder im Sinne der Vorschriften des Zweiten Buches Sozialgesetzbuch über die Leistungen zur Sicherung des Lebensunterhalts wird.

(2) Absatz 1 gilt für die Aufrechnung eines Anspruchs auf Erstattung von Kindergeld gegen einen späteren Kindergeldanspruch eines mit dem Erstattungspflichtigen in Haushaltsgemeinschaft lebenden Berechtigten entsprechend, soweit es sich um laufendes Kindergeld für ein Kind handelt, das bei beiden berücksichtigt werden kann oder konnte.

§ 76 Pfändung. [1]Der Anspruch auf Kindergeld kann nur wegen gesetzlicher Unterhaltsansprüche eines Kindes, das bei der Festsetzung des Kindergeldes berücksichtigt wird, gepfändet werden. [2]Für die Höhe des pfändbaren Betrags gilt:

1. [1]Gehört das unterhaltsberechtigte Kind zum Kreis der Kinder, für die dem Leistungsberechtigten Kindergeld gezahlt wird, so ist eine Pfändung bis zu dem Betrag möglich, der bei gleichmäßiger Verteilung des Kindergeldes auf jedes dieser Kinder entfällt. [2]Ist das Kindergeld durch die Berücksichtigung eines weiteren Kindes erhöht, für das einer dritten Person Kindergeld oder dieser oder dem Leistungsberechtigten eine andere Geldleistung für Kinder zusteht, so bleibt der Erhöhungsbetrag bei der Bestimmung des pfändbaren Betrags des Kindergeldes nach Satz 1 außer Betracht;
2. der Erhöhungsbetrag nach Nummer 1 Satz 2 ist zugunsten jedes bei der Festsetzung des Kindergeldes berücksichtigten unterhaltsberechtigten Kindes zu dem Anteil pfändbar, der sich bei gleichmäßiger Verteilung auf alle Kinder, die bei der Festsetzung des Kindergeldes zugunsten des Leistungsberechtigten berücksichtigt werden, ergibt.

§ 76a[2] *(aufgehoben)*

§ 77 Erstattung von Kosten im Vorverfahren. (1) [1]Soweit der Einspruch gegen die Kindergeldfestsetzung erfolgreich ist, hat die Familienkasse demjenigen, der den Einspruch erhoben hat, die zur zweckentsprechenden Rechtsverfolgung oder Rechtsverteidigung notwendigen Aufwendungen zu erstatten. [2]Dies gilt auch, wenn der Einspruch nur deshalb keinen Erfolg hat, weil die Verletzung einer Verfahrens- oder Formvorschrift nach § 126 der Abgabenordnung unbeachtlich ist. [3]Aufwendungen, die durch das Verschulden eines Erstattungsberechtigten entstanden sind, hat dieser selbst zu tragen; das Verschulden eines Vertreters ist dem Vertretenen zuzurechnen.

(2) Die Gebühren und Auslagen eines Bevollmächtigten oder Beistandes, der nach den Vorschriften des Steuerberatungsgesetzes zur geschäftsmäßigen Hilfeleistung in Steuersachen befugt ist, sind erstattungsfähig, wenn dessen Zuziehung notwendig war.

---

[1] § 75 Abs. 1 geänd. mWv 1.1.2015 durch G v. 22.12.2014 (BGBl. I S. 2417).
[2] § 76a aufgeh. mWv 1.1.2012 durch G v. 7.7.2009 (BGBl. I S. 1707).

(3) [1] Die Familienkasse setzt auf Antrag den Betrag der zu erstattenden Aufwendungen fest. [2] Die Kostenentscheidung bestimmt auch, ob die Zuziehung eines Bevollmächtigten oder Beistandes im Sinne des Absatzes 2 notwendig war.

§ 78 Übergangsregelungen. (1) bis (4) (weggefallen)

(5) [1] Abweichend von § 64 Absatz 2 und 3 steht Berechtigten, die für Dezember 1990 für ihre Kinder Kindergeld in dem in Artikel 3 des Einigungsvertrages genannten Gebiet bezogen haben, das Kindergeld für diese Kinder auch für die folgende Zeit zu, solange sie ihren Wohnsitz oder gewöhnlichen Aufenthalt in diesem Gebiet beibehalten und die Kinder die Voraussetzungen ihrer Berücksichtigung weiterhin erfüllen. [2] § 64 Absatz 2 und 3 ist insoweit erst für die Zeit vom Beginn des Monats an anzuwenden, in dem ein hierauf gerichteter Antrag bei der zuständigen Stelle eingegangen ist; der hiernach Berechtigte muss die nach Satz 1 geleisteten Zahlungen gegen sich gelten lassen.

45b. Bundeskindergeldgesetz (BKGG)

In der Fassung der Bekanntmachung vom 28. Januar 2009[1)]
(BGBl. I S. 142, ber. S. 3177)

FNA 85-4

Lfd. Nr.	Änderndes Gesetz	Datum	Fundstelle	Betroffen	Hinweis
1.	§ 62 Abs. 17 BeamtenstatusG	17.6.2008	BGBl. I S. 1010	§ 1	geänd. mWv 1.4.2009
2.	Art. 104 FGG-ReformG	17.12. 2008	BGBl. I S. 2586	§ 3	geänd. mWv 1.9.2009
3.	Art. 15 Abs. 95 DienstrechtsneuordnungsG	5.2.2009	BGBl. I S. 160	§ 1	geänd. mWv 12.2.2009
4.	Art. 3 G zur Sicherung von Beschäftigung und Stabilität in Deutschland	2.3.2009	BGBl. I S. 416	§ 6	geänd. mWv 6.3.2009
5.	Art. 13 BürgerentlastungsG Krankenversicherung	16.7.2009	BGBl. I S. 1959	§§ 2, 6a, 20	geänd. mWv 23.7.2009
6.	Art. 8 WachstumsbeschleunigungsG	22.12. 2009	BGBl. I S. 3950	§ 6	geänd. mWv 1.1.2010
7.	Art. 5 G zur Ermittlung von Regelbedarfen und zur Änd. des Zweiten und Zwölften Buches Sozialgesetzbuch	24.3.2011	BGBl. I S. 453	§§ 3, 5, 6a, 7, 8, 9, 11, 13, 14, 16, 20 §§ 6b, 7a	geänd. mWv 1.1.2011 eingef. mWv 1.1.2011
8.	Art. 6 Abs. 11 G zur Änd. des BundesversorgungsG und anderer Vorschriften	20.6.2011	BGBl. I S. 1114	§ 20	geänd. mWv 1.1.2011
9.	Art. 12 SteuervereinfachungsG 2011	1.11.2011	BGBl. I S. 2131	§§ 1, 2	geänd. mWv 1.1.2012
10.	Art. 9 Beitreibungsrichtlinie-UmsetzungsG	7.12.2011	BGBl. I S. 2592	§§ 2, 6a, 20 § 10	geänd. mWv 1.1.2011 geänd. mWv 1.1.2012
11.	Art. 2 UnterhaltsvorschussentbürokratisierungsG	3.5.2013	BGBl. I S. 1108	§§ 5, 6a	geänd. mWv 1.7.2013
12.	Art. 3 G zur Änd. des Zweiten Buches Sozialgesetzbuch und anderer G	7.5.2013	BGBl. I S. 1167	§ 6b	geänd. mWv 1.8.2013
13.	Art. 15 Amtshilferichtlinie-UmsetzungsG	26.6.2013	BGBl. I S. 1809	§§ 2, 20	geänd. mWv 1.1.2012
14.	Art. 7 G zur Anpassung steuerlicher Regelungen an die Rechtsprechung des Bundesverfassungsgerichts	18.7.2014	BGBl. I S. 1042	§§ 1, 2, 3, 4, 6a, 10	geänd. mWv 24.7.2014
15.	Art. 21 G zur Anpassung des nationalen Steuerrechts an den Beitritt Kroatiens zur EU und zur Änd. weiterer steuerlicher Vorschriften	25.7.2014	BGBl. I S. 1266	§§ 2, 20	geänd. mWv 31.7.2014

[1)] Neubekanntmachung des BundeskindergeldG idF der Bek. v. 17.7.2007 (BGBl. I S. 1450) in der ab 1.1.2009 geltenden Fassung.

Lfd. Nr.	Änderndes Gesetz	Datum	Fundstelle	Betroffen	Hinweis
16.	Art. 14 G zur Anpassung der Abgabenordnung an den Zollkodex der Union und zur Änd. weiterer steuerlicher Vorschriften	22.12. 2014	BGBl. I S. 2417	§ 2	geänd. mWv 1.1.2015
17.	Art. 5, 6 und 7 G zur Anhebung des Grundfreibetrags, des Kinderfreibetrags, des Kindergeldes und des Kinderzuschlags	16.7.2015	BGBl. I S. 1202	§ 6	geänd. mWv 1.1.2015
				§ 6	geänd. mWv 1.1.2016
				§ 6a	geänd. mWv 1.7.2016
18.	Art. 3 Abs. 11 Neuntes G zur Änd. des SGB II – Rechtsvereinfachung – sowie zur vorübergehenden Aussetzung der Insolvenzantragspflicht	26.7.2016	BGBl. I S. 1824	§ 11	geänd. mWv 1.8.2016
19.	Art. 12, 13 G zur Umsetzung der Änd. der EU-AmtshilfeRL und von weiteren Maßnahmen gegen Gewinnkürzungen und -verlagerungen	20.12. 2016	BGBl. I S. 3000	§§ 6, 6a, 6b	geänd. mWv 1.1.2017
				§ 6	geänd. mWv 1.1.2018
20.	Art. 157 G zum Abbau verzichtbarer Anordnungen der Schriftform im Verwaltungsrecht des Bundes	29.3.2017	BGBl. I S. 626	§ 14	geänd. mWv 5.4.2017
21.	Art. 8 Steuerumgehungsbekämpfungs G	23.6.2017	BGBl. I S. 1682	§§ 6, 20	geänd. mWv 1.1.2018
22.	Art. 6, 7 Familienentlastungs G	29.11. 2018	BGBl. I S. 2210	§ 2	geänd. mWv 1.1.2019
				§ 6	geänd. mWv 1.7.2019
23.	Art. 1, 2 Starke-Familien-G	29.4.2019	BGBl. I S. 530	§§ 5, 6, 9, 11, 19, 20, 22	geänd. mWv 1.7.2019
				§§ 6a	neu gef. mWv 1.7.2019
				§ 6b	geänd. mWv 1.8.2019
				§§ 5, 6a, 19, 20, 22	geänd. mWv 1.1.2020
24.	Art. 15 G gegen illegale Beschäftigung und Sozialleistungsmissbrauch	11.7.2019	BGBl. I S. 1066	§ 2	geänd. mWv 18.7.2019
				§ 7b	eingef. mWv 18.7.2019
25.	Art. 33, 34 G zur weiteren steuerl. Förderung der Elektromobilität und zur Änd. weiterer steuerlicher Vorschriften	12.12. 2019	BGBl. I S. 2451	§§ 1, 20	geänd. mWv 1.1.2020
				§§ 1, 20	geänd. mWv 1.3.2020
26.	Art. 6 Sozialschutz-Paket	27.3.2020	BGBl. I S. 575	§ 20	geänd. mWv 28.3.2020
27.	Art. 18 Sozialschutz-Paket II	20.5.2020	BGBl. I S. 1055	§ 20	geänd. mWv 29.5.2020

Lfd. Nr.	Änderndes Gesetz	Datum	Fundstelle	Betroffen	Hinweis
28.	Art. 9 Zweites Corona-SteuerhilfeG	29.6.2020	BGBl. I S. 1512	§ 6	geänd. mWv 1.7.2020
29.	Art. 12 Krankenhaus-zukunftsG	23.10. 2020	BGBl. I S. 2208	§ 20	geänd. mWv 29.10.2020
30.	Art. 5 Zweites Familienent-lastungsG	1.12.2020	BGBl. I S. 2616	§§ 5, 6, 6a, 8, 13, 20, 22	geänd. mWv 1.1.2021
31.	Art. 8 G zur Ermittlung der Regelbedarfe und zur Änd. des Zwölften Buches Sozialgesetzbuch sowie weiterer Gesetze	9.12.2020	BGBl. I S. 2855	§ 20	geänd. mWv 1.1.2021
32.	Art. 4 Drittes Corona-SteuerhilfeG	10.3.2021	BGBl. I S. 330	§ 6	geänd. mWv 18.3.2021
33.	Art. 4 Sozialschutz-Paket III	10.3.2021	BGBl. I S. 335	§ 20	geänd. mWv 1.4.2021
34.	Art. 2 Kitafinanzhilfenände-rungsG	25.6.2021	BGBl. I S. 2020	§§ 6a, 19	geänd. mWv 30.6.2021
				§ 6c	eingef. mWv 30.6.2021
				§ 6d	eingef. mWv 1.7.2021
35.	Art. 14 G zur Änd. des InfektionsschutzG und weiterer Gesetze anlässlich der Aufhebung der Feststellung der epidemischen Lage von nationaler Tragweite	22.11. 2021	BGBl. I S. 4906	§ 20	geänd. mWv 24.11.2021
36.	Art. 3 SteuerentlastungsG 2022	23.5.2022	BGBl. I S. 749	§ 6	geänd. mWv 28.5.2022
37.	Art. 5 G zur Regelung eines Sofortzuschlages und einer Einmalzahlung in den sozialen Mindestsicherungssystemen sowie zur Änd. des FinanzausgleichsG und weiterer G	23.5.2022	BGBl. I S. 760	§§ 1, 6a, 20	geänd. mWv 1.6.2022
				§ 22	aufgeh. mit Ablauf des 31.5. 2022
38.	Art. 6 InflationsausgleichsG	8.12.2022	BGBl. I S. 2230	§§ 6, 20	geänd. mWv 1.1.2023
39.	Art. 35 JahressteuerG 2022	16.12. 2022	BGBl. I S. 2294	§§ 2, 4	geänd. mWv 21.12.2022
40.	Art. 10 Bürgergeld-G	16.12. 2022	BGBl. I S. 2328	§§ 6a, 20	geänd. mWv 1.1.2023

Zum BKGG haben die Länder ua folgende Ausführungsvorschriften erlassen:

- **Baden-Württemberg:** G zur Ausführung des SGB II und zur Ausführung der Aufgaben nach § 6b des BundeskindergeldG (AGSGB II) v. 14.12.2004 (GBl. S. 907), zuletzt geänd. durch G v. 6.2.2018 (GBl. S. 6)
- **Niedersachsen:** G zur Ausführung des Zweiten Buchs des Sozialgesetzbuchs und des § 6b des BundeskindergeldG v. 16.9.2004 (Nds. GVBl. S. 358), zuletzt geänd. durch G v. 23.9.2022 (Nds. GVBl. S. 596)
- **Rheinland-Pfalz:** LandesG zur Ausführung des Zweiten Buches Sozialgesetzbuch und des § 6b des BundeskindergeldG v. 22.12.2004 (GVBl. S. 569), zuletzt geänd. durch G v. 18.12.2017 (GVBl. S. 331)
- **Saarland:** G zur Ausführung des Zweiten Buches Sozialgesetzbuch und des BundeskindergeldG (AGSGB II/BKGG) v. 17.6.2015 (Amtsbl. I S. 538), zuletzt geänd. durch G v. 16.2.2022 (Amtsbl. I S. 560)
- **Sachsen-Anhalt:** G zur Ausführung des Zweiten Buches Sozialgesetzbuch und des BundeskindergeldG v. 20.1.2012 (GVBl. LSA S. 36, ber. S. 120), zuletzt geänd. durch G v. 23.5.2022 (GVBl. LSA S. 127)

– **Schleswig-Holstein:** G zur Ausführung des Zweiten Buches Sozialgesetzbuch und des § 6b BundeskindergeldG v. 27.5.2011 (GVOBl. Schl.-H. S. 146), zuletzt geänd. durch VO v. 16.1.2019 (GVOBl. Schl.-H. S. 30)

Erster Abschnitt. Leistungen

§ 1[1)] Anspruchsberechtigte. (1) Kindergeld nach diesem Gesetz für seine Kinder erhält, wer nach § 1 Absatz 1 und 2 des Einkommensteuergesetzes[2)] nicht unbeschränkt steuerpflichtig ist und auch nicht nach § 1 Absatz 3 des Einkommensteuergesetzes als unbeschränkt steuerpflichtig behandelt wird und

1. in einem Versicherungspflichtverhältnis zur Bundesagentur für Arbeit nach dem Dritten Buch Sozialgesetzbuch steht oder versicherungsfrei nach § 28 Absatz 1 Nummer 1 des Dritten Buches Sozialgesetzbuch ist oder

---

[1)] § 1 Abs. 1 Nr. 3 neu gef. mWv 1.4.2009 durch G v. 17.6.2008 (BGBl. I S. 1010); Abs. 1 Nr. 3 geänd. mWv 12.2.2009 durch G v. 5.2.2009 (BGBl. I S. 160); Abs. 1 Nr. 3 geänd. mWv 1.1.2012 durch G v. 1.11.2011 (BGBl. I S. 2131); Abs. 1 Nr. 4 geänd. mWv 24.7.2014 durch G v. 18.7.2014 (BGBl. I S. 1042); Abs. 3 Nr. 2 Buchst. c geänd., Worlaut vor Nr. 3 aufgeh., Nr. 3 Buchst. b geänd., Wortlaut nach Nr. 3 Buchst. b eingef., Nr. 4 angef. mWv 1.1.2020, Abs. 3 neu gef. mWv 1.3.2020 durch G v. 12.12.2019 (BGBl. I S. 2451); Abs. 3 Nr. 2 Buchst. c geänd. mWv 1.6.2022 durch G v. 23.5.2022 (BGBl. I S. 760).

[2)] § 1 Abs. 1–3 EStG idF der Bek. v. 8.10.2009 (BGBl. I S. 3366, ber. S. 3862), zuletzt geänd. durch G v. 20.12.2022 (BGBl. I S. 2730):

„**§ 1 Steuerpflicht.** (1) [1] Natürliche Personen, die im Inland einen Wohnsitz oder ihren gewöhnlichen Aufenthalt haben, sind unbeschränkt einkommensteuerpflichtig.

[Fassung bis VZ 2015:]

[2] Zum Inland im Sinne dieses Gesetzes gehört auch der der Bundesrepublik Deutschland zustehende Anteil

1. am Festlandsockel, soweit dort Naturschätze des Meeresgrundes und des Meeresuntergrundes erforscht oder ausgebeutet werden, und
2. an der ausschließlichen Wirtschaftszone, soweit dort Energieerzeugungsanlagen errichtet oder betrieben werden, die erneuerbare Energien nutzen.

[Fassung ab VZ 2016:]

[2] Zum Inland im Sinne dieses Gesetzes gehört auch der der Bundesrepublik Deutschland zustehende Anteil

1. an der ausschließlichen Wirtschaftszone, soweit dort
   a) die lebenden und nicht lebenden natürlichen Ressourcen der Gewässer über dem Meeresboden, des Meeresbodens und seines Untergrunds erforscht, ausgebeutet, erhalten oder bewirtschaftet werden,
   b) andere Tätigkeiten zur wirtschaftlichen Erforschung oder Ausbeutung der ausschließlichen Wirtschaftszone ausgeübt werden, wie beispielsweise die Energieerzeugung aus Wasser, Strömung und Wind oder
   c) künstliche Inseln errichtet oder genutzt werden und Anlagen und Bauwerke für die in den Buchstaben a und b genannten Zwecke errichtet oder genutzt werden, und
2. am Festlandsockel, soweit dort
   a) dessen natürliche Ressourcen erforscht oder ausgebeutet werden; natürliche Ressourcen in diesem Sinne sind die mineralischen und sonstigen nicht lebenden Ressourcen des Meeresbodens und seines Untergrunds sowie die zu den sesshaften Arten gehörenden Lebewesen, die im nutzbaren Stadium entweder unbeweglich auf oder unter dem Meeresboden verbleiben oder sich nur in ständigem körperlichen Kontakt mit dem Meeresboden oder seinem Untergrund fortbewegen können; oder
   b) künstliche Inseln errichtet oder genutzt werden und Anlagen und Bauwerke für die in Buchstabe a genannten Zwecke errichtet oder genutzt werden.

→

2. als Entwicklungshelfer Unterhaltsleistungen im Sinne des § 4 Absatz 1 Nummer 1 des Entwicklungshelfer-Gesetzes erhält oder als Missionar der Missionswerke und -gesellschaften, die Mitglieder oder Vereinbarungspartner des Evangelischen Missionswerkes Hamburg, der Arbeitsgemeinschaft Evangelikaler Missionen e.V., des Deutschen katholischen Missionsrates oder der Arbeitsgemeinschaft pfingstlich-charismatischer Missionen sind, tätig ist oder
3. eine nach § 123a des Beamtenrechtsrahmengesetzes[1] oder § 29 des Bundesbeamtengesetzes[2] oder nach § 20 des Beamtenstatusgesetzes[3] bei einer Einrichtung außerhalb Deutschlands zugewiesene Tätigkeit ausübt oder
4. als Ehegatte oder Lebenspartner eines Mitglieds der Truppe oder des zivilen Gefolges eines NATO-Mitgliedstaates die Staatsangehörigkeit eines EU/EWR-Mitgliedstaates besitzt und in Deutschland seinen Wohnsitz oder gewöhnlichen Aufenthalt hat.

(2) [1] Kindergeld für sich selbst erhält, wer
1. in Deutschland einen Wohnsitz oder seinen gewöhnlichen Aufenthalt hat,
2. Vollwaise ist oder den Aufenthalt seiner Eltern nicht kennt und
3. nicht bei einer anderen Person als Kind zu berücksichtigen ist.

[2] § 2 Absatz 2 und 3 sowie die §§ 4 und 5 sind entsprechend anzuwenden. [3] Im Fall des § 2 Absatz 2 Satz 1 Nummer 3 wird Kindergeld längstens bis zur Vollendung des 25. Lebensjahres[4] gewährt.

(3) [1] Ein nicht freizügigkeitsberechtigter Ausländer erhält Kindergeld nur, wenn er
1. eine Niederlassungserlaubnis oder eine Erlaubnis zum Daueraufenthalt-EU besitzt,

---

(Fortsetzung der Anm. von voriger Seite)

(2) [1] Unbeschränkt einkommensteuerpflichtig sind auch deutsche Staatsangehörige, die
1. im Inland weder einen Wohnsitz noch ihren gewöhnlichen Aufenthalt haben und
2. zu einer inländischen juristischen Person des öffentlichen Rechts in einem Dienstverhältnis stehen und dafür Arbeitslohn aus einer inländischen öffentlichen Kasse beziehen,

sowie zu ihrem Haushalt gehörende Angehörige, die die deutsche Staatsangehörigkeit besitzen oder keine Einkünfte oder nur Einkünfte beziehen, die ausschließlich im Inland einkommensteuerpflichtig sind. [2] Dies gilt nur für natürliche Personen, die in dem Staat, in dem sie ihren Wohnsitz oder ihren gewöhnlichen Aufenthalt haben, lediglich in einem der beschränkten Einkommensteuerpflicht ähnlichen Umfang zu einer Steuer vom Einkommen herangezogen werden.

(3) [1] Auf Antrag werden auch natürliche Personen als unbeschränkt einkommensteuerpflichtig behandelt, die im Inland weder einen Wohnsitz noch ihren gewöhnlichen Aufenthalt haben, soweit sie inländische Einkünfte im Sinne des § 49 haben. [2] Dies gilt nur, wenn ihre Einkünfte im Kalenderjahr mindestens zu 90 Prozent der deutschen Einkommensteuer unterliegen oder die nicht der deutschen Einkommensteuer unterliegenden Einkünfte den Grundfreibetrag nach § 32a Absatz 1 Satz 2 Nummer 1 nicht übersteigen; dieser Betrag ist zu kürzen, soweit es nach den Verhältnissen im Wohnsitzstaat des Steuerpflichtigen notwendig und angemessen ist. [3] Inländische Einkünfte, die nach einem Abkommen zur Vermeidung der Doppelbesteuerung nur der Höhe nach beschränkt besteuert werden dürfen, gelten hierbei als nicht der deutschen Einkommensteuer unterliegend. [4] Unberücksichtigt bleiben bei der Ermittlung der Einkünfte nach Satz 2 nicht der deutschen Einkommensteuer unterliegende Einkünfte, die im Ausland nicht besteuert werden, soweit vergleichbare Einkünfte im Inland steuerfrei sind. [5] Weitere Voraussetzung ist, dass die Höhe der nicht der deutschen Einkommensteuer unterliegenden Einkünfte durch eine Bescheinigung der zuständigen ausländischen Steuerbehörde nachgewiesen wird. [6] Der Steuerabzug nach § 50a ist ungeachtet der Sätze 1 bis 4 vorzunehmen."

[1] **Sartorius Nr. 150a.**

[2] **Sartorius Nr. 160.**

[3] **Sartorius Nr. 150.**

[4] Siehe hierzu die Übergangsvorschrift in § 20 Abs. 8.

2. eine Blaue Karte EU, eine ICT-Karte, eine Mobiler-ICT-Karte oder eine Aufenthaltserlaubnis besitzt, die für einen Zeitraum von mindestens sechs Monaten zur Ausübung einer Erwerbstätigkeit berechtigen oder berechtigt haben oder diese erlauben, es sei denn, die Aufenthaltserlaubnis wurde
   a) nach § 16e des Aufenthaltsgesetzes[1] zu Ausbildungszwecken, nach § 19c Absatz 1 des Aufenthaltsgesetzes zum Zweck der Beschäftigung als Au-Pair oder zum Zweck der Saisonbeschäftigung, nach § 19e des Aufenthaltsgesetzes zum Zweck der Teilnahme an einem Europäischen Freiwilligendienst oder nach § 20 Absatz 1 und 2 des Aufenthaltsgesetzes zur Arbeitsplatzsuche erteilt,
   b) nach § 16b des Aufenthaltsgesetzes zum Zweck eines Studiums, nach § 16d des Aufenthaltsgesetzes für Maßnahmen zur Anerkennung ausländischer Berufsqualifikationen oder nach § 20 Absatz 3 des Aufenthaltsgesetzes zur Arbeitsplatzsuche erteilt und er ist weder erwerbstätig noch nimmt er Elternzeit nach § 15 des Bundeselterngeld- und Elternzeitgesetzes[2] oder laufende Geldleistungen nach dem Dritten Buch Sozialgesetzbuch in Anspruch,
   c) nach § 23 Absatz 1 des Aufenthaltsgesetzes wegen eines Krieges in seinem Heimatland oder nach den § 23a oder § 25 Absatz 3 bis 5 des Aufenthaltsgesetzes erteilt,
3. eine in Nummer 2 Buchstabe c genannte Aufenthaltserlaubnis besitzt und im Bundesgebiet berechtigt erwerbstätig ist oder Elternzeit nach § 15 des Bundeselterngeld- und Elternzeitgesetzes oder laufende Geldleistungen nach dem Dritten Buch Sozialgesetzbuch in Anspruch nimmt,
4. eine in Nummer 2 Buchstabe c genannte Aufenthaltserlaubnis besitzt und sich seit mindestens 15 Monaten erlaubt, gestattet oder geduldet im Bundesgebiet aufhält oder
5. eine Beschäftigungsduldung gemäß § 60d in Verbindung mit § 60a Absatz 2 Satz 3 des Aufenthaltsgesetzes besitzt.

[2] Abweichend von Satz 1 Nummer 3 erste Alternative erhält ein minderjähriger nicht freizügigkeitsberechtigter Ausländer unabhängig von einer Erwerbstätigkeit Kindergeld.

§ 2[3] Kinder. (1) Als Kinder werden auch berücksichtigt
1. vom Berechtigten in seinen Haushalt aufgenommene Kinder seines Ehegatten oder Lebenspartners,
2. Pflegekinder (Personen, mit denen der Berechtigte durch ein familienähnliches, auf Dauer berechnetes Band verbunden ist, sofern er sie nicht zu Erwerbszwecken in seinen Haushalt aufgenommen hat und das Obhuts- und Pflegeverhältnis zu den Eltern nicht mehr besteht),
3. vom Berechtigten in seinen Haushalt aufgenommene Enkel.

---

[1] **Sartorius Nr. 565.**
[2] Nr. **45e**.
[3] § 2 Abs. 2 Sätze 2 und 3 neu gef., Sätze 4–10 aufgeh., Abs. 3 Satz 3 geänd. mWv 1.1.2012 durch G v. 1.11.2011 (BGBl. I S. 2131); Abs. 2 Satz 2 geänd. mWv 1.1.2012 durch G v. 26.6.2013 (BGBl. I S. 1809); Abs. 1 Nr. 1 geänd. mWv 24.7.2014 durch G v. 18.7.2014 (BGBl. I S. 1042); Abs. 2 Satz 1 Nr. 2 Buchst. b geänd. mWv 1.1.2015 durch G v. 22.12.2014 (BGBl. I S. 2417); Abs. 2 Satz 1 Nr. 2 Buchst. d neu gef. mWv 21.12.2022 durch G v. 16.12.2022 (BGBl. I S. 2294).

(2) [1]Ein Kind, das das 18. Lebensjahr vollendet hat, wird berücksichtigt, wenn es

1. noch nicht das 21. Lebensjahr vollendet hat, nicht in einem Beschäftigungsverhältnis steht und bei einer Agentur für Arbeit im Inland als Arbeitsuchender gemeldet ist oder
2. noch nicht das 25. Lebensjahr[1)] vollendet hat und
   a) für einen Beruf ausgebildet wird oder
   b) sich in einer Übergangszeit von höchstens vier Monaten befindet, die zwischen zwei Ausbildungsabschnitten oder zwischen einem Ausbildungsabschnitt und der Ableistung des gesetzlichen Wehr- oder Zivildienstes, einer vom Wehr- oder Zivildienst befreienden Tätigkeit als Entwicklungshelfer oder als Dienstleistender im Ausland nach § 14b des Zivildienstgesetzes[2)] oder der Ableistung des freiwilligen Wehrdienstes nach § 58b des Soldatengesetzes oder der Ableistung eines freiwilligen Dienstes im Sinne des Buchstaben d liegt, oder
   c) eine Berufsausbildung mangels Ausbildungsplatzes nicht beginnen oder fortsetzen kann oder
   d) einen der folgenden freiwilligen Dienste leistet:
      aa) ein freiwilliges soziales Jahr im Sinne des Jugendfreiwilligendienstegesetzes[3)],
      bb) ein freiwilliges ökologisches Jahr im Sinne des Jugendfreiwilligendienstegesetzes,
      cc) einen Bundesfreiwilligendienst im Sinne des Bundesfreiwilligendienstgesetzes[4)],
      dd) eine Freiwilligentätigkeit im Rahmen des Europäischen Solidaritätskorps im Sinne der Verordnung (EU) 2021/888 des Europäischen Parlaments und des Rates vom 20. Mai 2021 zur Aufstellung des Programms für das Europäische Solidaritätskorps und zur Aufhebung der Verordnungen (EU) 2018/1475 und (EU) Nr. 375/2014 (ABl. L 202 vom 8.6.2021, S. 32),
      ee) einen anderen Dienst im Ausland im Sinne von § 5 des Bundesfreiwilligendienstgesetzes,
      ff) einen entwicklungspolitischen Freiwilligendienst „weltwärts" im Sinne der Förderleitlinie des Bundesministeriums für wirtschaftliche Zusammenarbeit und Entwicklung vom 1. Januar 2016,
      gg) einen Freiwilligendienst aller Generationen im Sinne von § 2 Absatz 1a des Siebten Buches Sozialgesetzbuch oder
      hh) einen Internationalen Jugendfreiwilligendienst im Sinne der Richtlinie des Bundesministeriums für Familie, Senioren, Frauen und Jugend vom 4. Januar 2021 (GMBl S. 77) oder
3. wegen körperlicher, geistiger oder seelischer Behinderung außerstande ist, sich selbst zu unterhalten; Voraussetzung ist, dass die Behinderung vor Vollendung des 25. Lebensjahres eingetreten ist.

[1)] Siehe hierzu die Übergangsvorschrift in § 20 Abs. 8.
[2)] **Sartorius Nr. 625.**
[3)] **Sartorius Nr. 390.**
[4)] **Sartorius Nr. 627.**

[2] Nach Abschluss einer erstmaligen Berufsausbildung oder eines Erststudiums wird ein Kind in den Fällen des Satzes 1 Nummer 2 nur berücksichtigt, wenn das Kind keiner Erwerbstätigkeit nachgeht. [3] Eine Erwerbstätigkeit mit bis zu 20 Stunden regelmäßiger wöchentlicher Arbeitszeit, ein Ausbildungsdienstverhältnis oder ein geringfügiges Beschäftigungsverhältnis im Sinne der §§ 8 und 8a des Vierten Buches Sozialgesetzbuch sind unschädlich.

(3) [1] In den Fällen des Absatzes 2 Satz 1 Nummer 1 oder Nummer 2 Buchstabe a und b wird ein Kind, das

1. den gesetzlichen Grundwehrdienst oder Zivildienst geleistet hat oder
2. sich an Stelle des gesetzlichen Grundwehrdienstes freiwillig für die Dauer von nicht mehr als drei Jahren zum Wehrdienst verpflichtet hat oder
3. eine vom gesetzlichen Grundwehrdienst oder Zivildienst befreiende Tätigkeit als Entwicklungshelfer im Sinne des § 1 Absatz 1 des Entwicklungshelfer-Gesetzes ausgeübt hat,

für einen der Dauer dieser Dienste oder der Tätigkeit entsprechenden Zeitraum, höchstens für die Dauer des inländischen gesetzlichen Grundwehrdienstes, bei anerkannten Kriegsdienstverweigerern für die Dauer des inländischen gesetzlichen Zivildienstes über das 21. oder 25. Lebensjahr[1)] hinaus berücksichtigt. [2] Wird der gesetzliche Grundwehrdienst oder Zivildienst in einem Mitgliedstaat der Europäischen Union oder einem Staat, auf den das Abkommen über den Europäischen Wirtschaftsraum Anwendung findet, geleistet, so ist die Dauer dieses Dienstes maßgebend. [3] Absatz 2 Satz 2 und 3 gilt entsprechend.

(4) [1] Kinder, für die einer anderen Person nach dem Einkommensteuergesetz[2)] Kindergeld oder ein Kinderfreibetrag zusteht, werden nicht berücksichtigt. [2] Dies gilt nicht für Kinder, die in den Haushalt des Anspruchsberechtigten nach § 1 aufgenommen worden sind oder für die dieser die höhere Unterhaltsrente zahlt, wenn sie weder in seinen Haushalt noch in den Haushalt eines nach § 62 des Einkommensteuergesetzes[3)] Anspruchsberechtigten aufgenommen sind.

(5) [1] Kinder, die weder einen Wohnsitz noch ihren gewöhnlichen Aufenthalt in Deutschland haben, werden nicht berücksichtigt. [2] Dies gilt nicht gegenüber Berechtigten nach § 1 Absatz 1 Nummer 2 und 3, wenn sie die Kinder in ihren Haushalt aufgenommen haben.

(6) Die Bundesregierung wird ermächtigt, durch Rechtsverordnung, die nicht der Zustimmung des Bundesrates bedarf, zu bestimmen, dass einem Berechtigten, der in Deutschland erwerbstätig ist oder sonst seine hauptsächlichen Einkünfte erzielt, für seine in Absatz 5 Satz 1 bezeichneten Kinder Kindergeld ganz oder teilweise zu leisten ist, soweit dies mit Rücksicht auf die durchschnittlichen Lebenshaltungskosten für Kinder in deren Wohnland und auf die dort gewährten dem Kindergeld vergleichbaren Leistungen geboten ist.

§ 3[4)] Zusammentreffen mehrerer Ansprüche. (1) Für jedes Kind werden nur einer Person Kindergeld, Kinderzuschlag und Leistungen für Bildung und Teilhabe gewährt.

[1)] Siehe hierzu die Übergangsvorschrift in § 20 Abs. 8.

[2)] Auszugsweise abgedruckt unter Nr. **45a**.

[3)] Nr. **45a**.

[4)] § 3 Abs. 2 Satz 3 geänd. mWv 1.9.2009 durch G v. 17.12.2008 (BGBl. I S. 2586); Abs. 1, Abs. 2 Sätze 1 und 5 geänd. mWv 1.1.2011 durch G v. 24.3.2011 (BGBl. I S. 453); Abs. 2 Satz 2 neu gef. mWv 24.7.2014 durch G v. 18.7.2014 (BGBl. I S. 1042).

(2) [1]Erfüllen für ein Kind mehrere Personen die Anspruchsvoraussetzungen, so werden das Kindergeld, der Kinderzuschlag und die Leistungen für Bildung und Teilhabe derjenigen Person gewährt, die das Kind in ihren Haushalt aufgenommen hat. [2]Ist ein Kind in den gemeinsamen Haushalt von Eltern, von einem Elternteil und dessen Ehegatten oder Lebenspartner, von Pflegeeltern oder Großeltern aufgenommen worden, bestimmen diese untereinander den Berechtigten. [3]Wird eine Bestimmung nicht getroffen, bestimmt das Familiengericht auf Antrag den Berechtigten. [4]Antragsberechtigt ist, wer ein berechtigtes Interesse an der Leistung des Kindergeldes hat. [5]Lebt ein Kind im gemeinsamen Haushalt von Eltern und Großeltern, werden das Kindergeld, der Kinderzuschlag und die Leistungen für Bildung und Teilhabe vorrangig einem Elternteil gewährt; sie werden an einen Großelternteil gewährt, wenn der Elternteil gegenüber der zuständigen Stelle auf seinen Vorrang schriftlich verzichtet hat.

(3) [1]Ist das Kind nicht in den Haushalt einer der Personen aufgenommen, die die Anspruchsvoraussetzungen erfüllen, wird das Kindergeld derjenigen Person gewährt, die dem Kind eine Unterhaltsrente zahlt. [2]Zahlen mehrere anspruchsberechtigte Personen dem Kind Unterhaltsrenten, wird das Kindergeld derjenigen Person gewährt, die dem Kind laufend die höchste Unterhaltsrente zahlt. [3]Werden gleich hohe Unterhaltsrenten gezahlt oder zahlt keiner der Berechtigten dem Kind Unterhalt, so bestimmen die Berechtigten untereinander, wer das Kindergeld erhalten soll. [4]Wird eine Bestimmung nicht getroffen, so gilt Absatz 2 Satz 3 und 4 entsprechend.

§ 4[1)] Andere Leistungen für Kinder. [1]Kindergeld wird nicht für ein Kind gezahlt, für das eine der folgenden Leistungen zu zahlen ist oder bei entsprechender Antragstellung zu zahlen wäre:

1. Leistungen für Kinder, die im Ausland gewährt werden und dem Kindergeld oder der Kinderzulage aus der gesetzlichen Unfallversicherung nach § 217 Absatz 3 des Siebten Buches Sozialgesetzbuch in der bis zum 30. Juni 2020 geltenden Fassung oder dem Kinderzuschuss aus der gesetzlichen Rentenversicherung nach § 270 des Sechsten Buches Sozialgesetzbuch in der bis zum 16. November 2016 geltenden Fassung vergleichbar sind,
2. Leistungen für Kinder, die von einer zwischen- oder überstaatlichen Einrichtung gewährt werden und dem Kindergeld vergleichbar sind.

[2]Steht ein Berechtigter in einem Versicherungspflichtverhältnis zur Bundesagentur für Arbeit nach dem Dritten Buch Sozialgesetzbuch oder ist er versicherungsfrei nach § 28 Absatz 1 Nummer 1 des Dritten Buches Sozialgesetzbuch oder steht er in Deutschland in einem öffentlich-rechtlichen Dienst- oder Amtsverhältnis, so wird sein Anspruch auf Kindergeld für ein Kind nicht nach Satz 1 Nummer 2 mit Rücksicht darauf ausgeschlossen, dass sein Ehegatte oder Lebenspartner als Beamter, Ruhestandsbeamter oder sonstiger Bediensteter der Europäischen Gemeinschaften für das Kind Anspruch auf Kinderzulage hat.

§ 5[2)] Beginn und Ende des Anspruchs. (1) Das Kindergeld, der Kinderzuschlag und die Leistungen für Bildung und Teilhabe werden vom Beginn des

---

[1)] § 4 Abs. 1 Satz 2 geänd. mWv 24.7.2014 durch G v. 18.7.2014 (BGBl. I S. 1042); Abs. 2 aufgeh., Satz 1 neu gef., Satz 2 geänd. mWv 21.12.2022 durch G v. 16.12.2022 (BGBl. I S. 2294).

[2)] § 5 Abs. 1 und 2 geänd. mWv 1.1.2011 durch G v. 24.3.2011 (BGBl. I S. 453); Abs. 2 geänd. mWv 1.7.2013 durch G v. 3.5.2013 (BGBl. I S. 1108); Abs. 2 neu gef., Abs. 3 angef. mWv 1.7.2019, Abs. 3 Satz 2 geänd. mWv 1.1.2020 durch G v. 29.4.2019 (BGBl. I S. 530); Abs. 3 Satz 2 aufgeh., bish. Satz 3 wird Satz 2 mWv 1.1.2021 durch G v. 1.12.2020 (BGBl. I S. 2616).

Monats an gewährt, in dem die Anspruchsvoraussetzungen erfüllt sind; sie werden bis zum Ende des Monats gewährt, in dem die Anspruchsvoraussetzungen wegfallen.

(2) Das Kindergeld wird rückwirkend nur für die letzten sechs Monate vor Beginn des Monats gezahlt, in dem der Antrag auf Kindergeld eingegangen ist.

(3) [1] Der Kinderzuschlag wird nicht für Zeiten vor der Antragstellung gewährt. [2] § 28 des Zehnten Buches Sozialgesetzbuch gilt mit der Maßgabe, dass der Antrag unverzüglich nach Ablauf des Monats, in dem die Ablehnung oder Erstattung der anderen Leistungen bindend geworden ist, nachzuholen ist.

§ 6[1) 2)] Höhe des Kindergeldes. (1) Das Kindergeld beträgt monatlich für jedes Kind 250 Euro.

(2) *(aufgehoben)*

(3) [1] Darüber hinaus wird für jedes Kind, für das für den Monat Mai 2021 ein Anspruch auf Kindergeld besteht, für den Monat Juli 2022 ein Einmalbetrag in Höhe von 100 Euro gezahlt. [2] Ein Anspruch in Höhe des Einmalbetrags von 100 Euro für das Kalenderjahr 2022 besteht auch für ein Kind, für das nicht für den Monat Juli 2022, jedoch für mindestens einen anderen Kalendermonat im Kalenderjahr 2022 ein Anspruch auf Kindergeld besteht.

[1)] § 6 Abs. 3 angef. mWv 6.3.2009 durch G v. 2.3.2009 (BGBl. I S. 416); Abs. 1 neu gef., Abs. 2 geänd. mWv 1.1.2010 durch G v. 22.12.2009 (BGBl. I S. 3950); Abs. 1 neu gef., Abs. 2 geänd. mWv 1.1.2015 und mWv 1.1.2016 durch G v. 16.7.2015 (BGBl. I S. 1202); Abs. 1 neu gef., Abs. 2 geänd. mWv 1.1. 2017 und Abs. 1 neu gef., Abs. 2 geänd. mWv 1.1.2018 durch G v. 20.12.2016 (BGBl. I S. 3000); Abs. 3 neu gef. mWv 1.1.2018 durch G v. 23.6.2017 (BGBl. I S. 1682); Abs. 1 neu gef., Abs. 2 geänd. mWv 1.7. 2019 durch G v. 29.11.2018 (BGBl. I S. 2210); Abs. 3 aufgeh. mWv 1.7.2019 durch G v. 29.4.2019 (BGBl. I S. 530); Abs. 3 angef. mWv 1.7.2020 durch G v. 29.6.2020 (BGBl. I S. 1512); Abs. 1 neu gef., Abs. 2 geänd. mWv 1.1.2021 durch G v. 1.12.2020 (BGBl. I S. 2616); Abs. 3 neu gef. mWv 18.3.2021 durch G v. 10.3.2021 (BGBl. I S. 330); Abs. 3 Sätze 1 und 2 geänd. mWv 28.5.2022 durch G v. 23.5.2022 (BGBl. I S. 749); Abs. 1 neu gef. Abs. 2 aufgeh. mWv 1.1.2023 durch G v. 8.12.2022 (BGBl. I S. 2230).

[2)] Beachte auch die seit 1.1.1975 geltende Übergangsregelung bei Außerkrafttreten zwischenstaatlicher Abkommen des Art. 46 EG-EStRG v. 21.12.1974 (BGBl. I S. 3656, ber. 1975 S. 1778), zuletzt geänd. durch G v. 8.12.2010 (BGBl. I S. 1864):

„**Art. 46 Übergangsregelung bei Außerkrafttreten zwischenstaatlicher Abkommen.** (1) Kindergeld, das auf Grund von Abkommen der Bundesrepublik Deutschland mit Griechenland, Jugoslawien, Portugal, Spanien und der Türkei geleistet wird, beträgt monatlich

für das erste Kind	*10 Deutsche Mark*)*,
für das zweite Kind	*25 Deutsche Mark*)*,
für das dritte und vierte Kind je	*60 Deutsche Mark*)*,
für jedes weitere Kind	*70 Deutsche Mark*)*.

(2) [1] Das Bundesministerium für Arbeit und Soziales wird ermächtigt, im Einvernehmen mit dem Bundesministerium für Familie, Senioren, Frauen und Jugend und dem Bundesministerium der Finanzen ohne Zustimmung des Bundesrates durch Rechtsverordnung zu bestimmen, daß Vorschriften über die Gewährung von Kindergeld, die in einem zwischenstaatlichen Abkommen über Soziale Sicherheit enthalten sind, weiterhin anwendbar bleiben, wenn sie durch Kündigung des Abkommens außer Kraft getreten sind. [2] Die Höhe des Kindergeldes beträgt monatlich

für das zweite Kind	*25 Deutsche Mark*)*,
für das dritte und vierte Kind je	*60 Deutsche Mark*)*,
für jedes weitere Kind	*70 Deutsche Mark*)*.

[3] Soweit dies mit Rücksicht auf die durchschnittlichen Lebenshaltungskosten für Kinder in deren Wohnland und auf die dort gewährten, dem Kindergeld vergleichbaren Leistungen geboten ist, kann Kindergeld auch für das erste Kind bis zu einer Höhe von *10 Deutsche Mark*)* monatlich gezahlt werden."

*) Der Betrag wurde amtlich noch nicht auf Euro umgestellt; 1 Euro = 1,95583 DM.

§ 6a[1)] Kinderzuschlag. (1) Personen erhalten für in ihrem Haushalt lebende unverheiratete oder nicht verpartnerte Kinder, die noch nicht das 25. Lebensjahr vollendet haben, einen Kinderzuschlag, wenn

1. sie für diese Kinder nach diesem Gesetz oder nach dem X. Abschnitt des Einkommensteuergesetzes[2)] Anspruch auf Kindergeld oder Anspruch auf andere Leistungen im Sinne von § 4 haben,
2. sie mit Ausnahme des Wohngeldes, des Kindergeldes und des Kinderzuschlags über Einkommen im Sinne des § 11 Absatz 1 Satz 1 und 2 des Zweiten Buches Sozialgesetzbuch in Höhe von mindestens 900 Euro oder, wenn sie alleinerziehend sind, in Höhe von mindestens 600 Euro verfügen, wobei Beträge nach § 11b des Zweiten Buches Sozialgesetzbuch nicht abzusetzen sind, und
3. bei Bezug des Kinderzuschlags keine Hilfebedürftigkeit im Sinne des § 9 des Zweiten Buches Sozialgesetzbuch besteht, wobei die Bedarfe nach § 28 des Zweiten Buches Sozialgesetzbuch außer Betracht bleiben. Bei der Prüfung der Hilfebedürftigkeit ist das für den Antragsmonat bewilligte Wohngeld zu berücksichtigen. Wird kein Wohngeld bezogen und könnte mit Wohngeld und Kinderzuschlag Hilfebedürftigkeit vermieden werden, ist bei der Prüfung Wohngeld in der Höhe anzusetzen, in der es voraussichtlich für den Antragsmonat zu bewilligen wäre.

(1a) Ein Anspruch auf Kinderzuschlag besteht abweichend von Absatz 1 Nummer 3, wenn

1. bei Bezug von Kinderzuschlag Hilfebedürftigkeit besteht, der Bedarfsgemeinschaft zur Vermeidung von Hilfebedürftigkeit aber mit ihrem Einkommen, dem Kinderzuschlag und dem Wohngeld höchstens 100 Euro fehlen,
2. sich bei der Ermittlung des Einkommens der Eltern nach § 11b Absatz 2 bis 3 des Zweiten Buches Sozialgesetzbuch wegen Einkommen aus Erwerbstätigkeit Absetzbeträge in Höhe von mindestens 100 Euro ergeben und
3. kein Mitglied der Bedarfsgemeinschaft Leistungen nach dem Zweiten oder nach dem Zwölften Buch Sozialgesetzbuch erhält oder beantragt hat.

(2) [1] Der monatliche Höchstbetrag des Kinderzuschlags deckt zusammen mit dem für ein erstes Kind nach § 66 des Einkommensteuergesetzes[3)] zu zahlenden Kindergeld ein Zwölftel des steuerfrei zu stellenden sächlichen Existenzminimums eines Kindes für das jeweilige Kalenderjahr mit Ausnahme des Anteils für Bildung und Teilhabe. [2] Steht dieses Existenzminimum eines Kindes zu Beginn eines Jahres nicht fest, ist insoweit der für das Jahr geltende Betrag für den Mindestunterhalt eines Kindes in der zweiten Altersstufe nach der Mindestunterhaltsverordnung maßgeblich. [3] Als Höchstbetrag des Kinderzuschlags in dem jeweiligen Kalenderjahr gilt der Betrag, der sich zu Beginn des Jahres nach den Sätzen 1 und 2 ergibt, mindestens jedoch ein Betrag in Höhe des Vorjahres. [4] Der Betrag nach Satz 3 erhöht sich ab 1. Juli 2022 um einen Sofortzuschlag in Höhe von 20 Euro.

[1)] § 6a neu gef. mWv 1.7.2019, Abs. 1 Nr. 2 geänd., Nr. 3 aufgeh., bish. Nr. 4 wird Nr. 3 und neu gef., Abs. 1a eingef., Abs. 6 Satz 3 geänd. mWv 1.1.2020 durch G v. 29.4.2019 (BGBl. I S. 530); Abs. 1 Nr. 3 neu gef. mWv 1.1.2021 durch G v. 1.12.2020 (BGBl. I S. 2616); Abs. 3 Satz 4 geänd. mWv 30.6.2021 durch G v. 25.6.2021 (BGBl. I S. 2020); Abs. 2 Satz 4 angef. mWv 1.6.2022 durch G v. 23.5.2022 (BGBl. I S. 760); Abs. 1 Nr. 2 und Abs. 1a Nr. 2 geänd., Abs. 3 Satz 5, Abs. 5 Satz 1 neu gef., Satz 3 eingef., bish. Satz 3 wird Satz 4, bish. Satz 4 aufgeh., Abs. 6 Satz 1 neu gef., Satz 2 geänd., Satz 5 angef. mWv 1.1.2023 durch G v. 16.12.2022 (BGBl. I S. 2328).

[2)] Auszugsweise abgedruckt unter Nr. **45a**.

[3)] Nr. **45a**.

(3) [1] Ausgehend vom Höchstbetrag mindert sich der jeweilige Kinderzuschlag, wenn das Kind nach den §§ 11 bis 12 des Zweiten Buches Sozialgesetzbuch zu berücksichtigendes Einkommen oder Vermögen hat. [2] Bei der Berücksichtigung des Einkommens bleiben das Wohngeld, das Kindergeld und der Kinderzuschlag außer Betracht. [3] Der Kinderzuschlag wird um 45 Prozent des zu berücksichtigenden Einkommens des Kindes monatlich gemindert. [4] Ein Anspruch auf Zahlung des Kinderzuschlags für ein Kind besteht nicht, wenn zumutbare Anstrengungen unterlassen wurden, Ansprüche auf Einkommen des Kindes geltend zu machen. [5] § 12 des Zweiten Buches Sozialgesetzbuch ist mit der Maßgabe anzuwenden, dass Vermögen nur berücksichtigt wird, wenn es erheblich ist. [6] Ist das zu berücksichtigende Vermögen höher als der nach den Sätzen 1 bis 5 verbleibende monatliche Anspruch auf Kinderzuschlag, so dass es den Kinderzuschlag für den ersten Monat des Bewilligungszeitraums vollständig mindert, entfällt der Anspruch auf Kinderzuschlag. [7] Ist das zu berücksichtigende Vermögen niedriger als der monatliche Anspruch auf Kinderzuschlag, ist der Kinderzuschlag im ersten Monat des Bewilligungszeitraums um einen Betrag in Höhe des zu berücksichtigenden Vermögens zu mindern und ab dem folgenden Monat Kinderzuschlag ohne Minderung wegen des Vermögens zu zahlen.

(4) Die Summe der einzelnen Kinderzuschläge nach den Absätzen 2 und 3 bildet den Gesamtkinderzuschlag.

(5) [1] Der Gesamtkinderzuschlag wird in voller Höhe gewährt, wenn das nach den §§ 11 bis 11b des Zweiten Buches Sozialgesetzbuch mit Ausnahme des Wohngeldes und des Kinderzuschlags zu berücksichtigende Einkommen der Eltern einen Betrag in Höhe der bei der Berechnung des Bürgergeldes zu berücksichtigenden Bedarfe der Eltern (Gesamtbedarf der Eltern) nicht übersteigt und kein zu berücksichtigendes Vermögen der Eltern nach § 12 des Zweiten Buches Sozialgesetzbuch vorhanden ist. [2] Als Einkommen oder Vermögen der Eltern gilt dabei dasjenige der Mitglieder der Bedarfsgemeinschaft mit Ausnahme des Einkommens oder Vermögens der in dem Haushalt lebenden Kinder. [3] Absatz 3 Satz 5 gilt entsprechend. [4] Zur Feststellung des Gesamtbedarfs der Eltern sind die Bedarfe für Unterkunft und Heizung in dem Verhältnis aufzuteilen, das sich aus den im 12. Bericht der Bundesregierung über die Höhe des Existenzminimums von Erwachsenen und Kindern festgestellten entsprechenden Bedarfen für Alleinstehende, Ehepaare, Lebenspartnerschaften und Kinder ergibt.

(6) [1] Der Gesamtkinderzuschlag wird um das zu berücksichtigende Einkommen der Eltern gemindert, soweit es deren Bedarf übersteigt. [2] Wenn das zu berücksichtigende Einkommen der Eltern nicht nur aus Erwerbseinkünften besteht, ist davon auszugehen, dass die Überschreitung des Gesamtbedarfs der Eltern durch die Erwerbseinkünfte verursacht wird, wenn nicht die Summe der anderen Einkommensteile für sich genommen diesen maßgebenden Betrag übersteigt. [3] Der Gesamtkinderzuschlag wird um 45 Prozent des Betrags, um den die monatlichen Erwerbseinkünfte den maßgebenden Betrag übersteigen, monatlich gemindert. [4] Anderes Einkommen oder Vermögen der Eltern mindern den Gesamtkinderzuschlag in voller Höhe. [5] Bei der Berücksichtigung des Vermögens gilt Absatz 3 Satz 6 und 7 entsprechend.

(7) [1] Über den Gesamtkinderzuschlag ist jeweils für sechs Monate zu entscheiden (Bewilligungszeitraum). [2] Der Bewilligungszeitraum beginnt mit dem Monat, in dem der Antrag gestellt wird, jedoch frühestens nach Ende eines laufenden Bewilligungszeitraums. [3] Änderungen in den tatsächlichen oder rechtlichen Verhältnissen während des laufenden Bewilligungszeitraums sind abweichend von § 48 des Zehnten Buches Sozialgesetzbuch nicht zu berücksichtigen, es sei denn,

die Zusammensetzung der Bedarfsgemeinschaft oder der Höchstbetrag des Kinderzuschlags ändert sich. [4] Wird ein neuer Antrag gestellt, unverzüglich nachdem der Verwaltungsakt nach § 48 des Zehnten Buches Sozialgesetzbuch wegen einer Änderung der Bedarfsgemeinschaft aufgehoben worden ist, so beginnt ein neuer Bewilligungszeitraum unmittelbar nach dem Monat, in dem sich die Bedarfsgemeinschaft geändert hat.

(8) [1] Für die Ermittlung des monatlich zu berücksichtigenden Einkommens ist der Durchschnitt des Einkommens aus den sechs Monaten vor Beginn des Bewilligungszeitraums maßgeblich. [2] Bei Personen, die den selbst genutzten Wohnraum mieten, sind als monatliche Bedarfe für Unterkunft und Heizung die laufenden Bedarfe für den ersten Monat des Bewilligungszeitraums zugrunde zu legen. [3] Bei Personen, die an dem selbst genutzten Wohnraum Eigentum haben, sind als monatliche Bedarfe für Unterkunft und Heizung die Bedarfe aus den durchschnittlichen Monatswerten des Kalenderjahres vor Beginn des Bewilligungszeitraums zugrunde zu legen. [4] Liegen die entsprechenden Monatswerte für den Wohnraum nicht vor, soll abweichend von Satz 3 ein Durchschnitt aus den letzten vorliegenden Monatswerten für den Wohnraum zugrunde gelegt werden, nicht jedoch aus mehr als zwölf Monatswerten. [5] Im Übrigen sind die tatsächlichen und rechtlichen Verhältnisse zu Beginn des Bewilligungszeitraums maßgeblich.

§ 6b[1) 2)] Leistungen für Bildung und Teilhabe. (1) [1] Personen erhalten Leistungen für Bildung und Teilhabe für ein Kind, wenn sie für dieses Kind nach diesem Gesetz oder nach dem X. Abschnitt des Einkommensteuergesetzes[3)] Anspruch auf Kindergeld oder Anspruch auf andere Leistungen im Sinne von § 4 haben und wenn

1. das Kind mit ihnen in einem Haushalt lebt und sie für ein Kind Kinderzuschlag nach § 6a beziehen oder
2. im Falle der Bewilligung von Wohngeld sie und das Kind, für das sie Kindergeld beziehen, zu berücksichtigende Haushaltsmitglieder sind.

[2] Satz 1 gilt entsprechend, wenn das Kind, nicht jedoch die berechtigte Person zu berücksichtigendes Haushaltsmitglied im Sinne von Satz 1 Nummer 2 ist und die berechtigte Person Leistungen nach dem Zweiten oder Zwölften Buch Sozialgesetzbuch bezieht. [3] Wird das Kindergeld nach § 74 Absatz 1 des Einkommensteuergesetzes[4)] oder nach § 48 Absatz 1 des Ersten Buches Sozialgesetzbuch ausgezahlt, stehen die Leistungen für Bildung und Teilhabe dem Kind oder der Person zu, die dem Kind Unterhalt gewährt.

(2) [1] Die Leistungen für Bildung und Teilhabe entsprechen den Leistungen zur Deckung der Bedarfe nach § 28 Absatz 2 bis 7 des Zweiten Buches Sozialgesetzbuch. [2] § 28 Absatz 1 Satz 2 des Zweiten Buches Sozialgesetzbuch gilt entsprechend. [3] Für die Bemessung der Leistungen für die Schülerbeförderung nach § 28 Absatz 4 des Zweiten Buches Sozialgesetzbuch sind die erforderlichen tatsächlichen Aufwendungen zu berücksichtigen, soweit sie nicht von Dritten übernom-

---

[1)] § 6b eingef. mWv 1.1.2011 durch G v. 24.3.2011 (BGBl. I S. 453); Abs. 2 Satz 3 neu gef., Satz 4 eingef., bish. Sätze 4–6 werden Sätze 5–7, Abs. 2a eingef., Abs. 3 geänd. mWv 1.8.2013 durch G v. 7.5. 2013 (BGBl. I S. 1167); Abs. 3 geänd. mWv 1.1.2017 durch G v. 20.12.2016 (BGBl. I S. 3000); Abs. 2 Satz 3 geänd., Sätze 4 und 5 aufgeh., bish. Sätz 6 und 7 werden Sätze 4 und 5 mWv 1.8.2019 durch G v. 29.4.2019 (BGBl. I S. 530).

[2)] Siehe hierzu ua die Schl.-H. Flüchtlingsbundesmittel-VerteilungsVO 2022 v. 5.10.2022 (GVOBl. Schl.-H. S. 865).

[3)] Auszugsweise abgedruckt unter Nr. **45a**.

[4)] Nr. **45a**.

men werden. [4]Die Leistungen nach Satz 1 gelten nicht als Einkommen oder Vermögen im Sinne dieses Gesetzes. [5]§ 19 Absatz 3 des Zweiten Buches Sozialgesetzbuch findet keine Anwendung.

(2a) Ansprüche auf Leistungen für Bildung und Teilhabe verjähren in zwölf Monaten nach Ablauf des Kalendermonats, in dem sie entstanden sind.

(3) Für die Erbringung der Leistungen für Bildung und Teilhabe gelten die §§ 29, 30 und 40 Absatz 6 des Zweiten Buches Sozialgesetzbuch entsprechend.

§ 6c[1)] Unterhaltspflichten. Unterhaltspflichten werden durch den Kinderzuschlag nicht berührt.

§ 6d[2)] Kinderfreizeitbonus aus Anlass der COVID-19-Pandemie für Familien mit Kinderzuschlag, Wohngeld oder Sozialhilfe. (1) [1]Personen erhalten eine Einmalzahlung in Höhe von 100 Euro für ein Kind, welches das 18. Lebensjahr noch nicht vollendet hat und für das sie für den Monat August 2021 Kindergeld nach diesem Gesetz oder nach dem X. Abschnitt des Einkommensteuergesetzes[3)] oder andere Leistungen im Sinne von § 4 beziehen, wenn

1. sie für dieses Kind für den Monat August 2021 Kinderzuschlag nach § 6a beziehen,
2. sie und dieses Kind oder nur dieses Kind zu berücksichtigende Haushaltsmitglieder im Sinne der §§ 5 und 6 Absatz 1 des Wohngeldgesetzes[4)] sind und die Wohngeldbewilligung den Monat August 2021 umfasst oder
3. dieses Kind für den Monat August 2021 Leistungen nach dem Dritten Kapitel des Zwölften Buches Sozialgesetzbuch bezieht.

[2]Eines gesonderten Antrags bedarf es in den Fällen des Satzes 1 Nummer 1 nicht. [4]In den Fällen des Satzes 1 Nummer 2 und 3 bedarf es eines Antrags; § 9 Absatz 1 Satz 2 ist entsprechend anzuwenden.

(2) [1]Die Einmalzahlung nach Absatz 1 Satz 1 ist bei Sozialleistungen, deren Zahlung von anderen Einkommen abhängig ist, nicht als Einkommen zu berücksichtigen. [2]Der Anspruch auf die Einmalzahlung nach Absatz 1 Satz 1 ist unpfändbar. [3]§ 6c gilt entsprechend.

Zweiter Abschnitt. Organisation und Verfahren

§ 7[5)] Zuständigkeit. (1) Die Bundesagentur für Arbeit (Bundesagentur) führt dieses Gesetz nach fachlichen Weisungen des Bundesministeriums für Familie, Senioren, Frauen und Jugend durch.

(2) Die Bundesagentur führt bei der Durchführung dieses Gesetzes die Bezeichnung „Familienkasse".

(3) Abweichend von Absatz 1 führen die Länder § 6b als eigene Angelegenheit aus.

§ 7a[6)] Datenübermittlung. Die Träger der Leistungen nach § 6b und die Träger der Grundsicherung für Arbeitsuchende teilen sich alle Tatsachen mit, die

---

1) § 6c eingef. mWv 30.6.2021 durch G v. 25.6.2021 (BGBl. I S. 2020).
2) § 6d eingef. mWv 1.7.2021 durch G v. 25.6.2021 (BGBl. I S. 2020).
3) Auszugsweise abgedruckt unter Nr. **45a**.
4) **Sartorius Nr. 385.**
5) § 7 Überschrift neu gef., Abs. 3 angef. mWv 1.1.2011 durch G v. 24.3.2011 (BGBl. I S. 453).
6) § 7a eingef. mWv 1.1.2011 durch G v. 24.3.2011 (BGBl. I S. 453).

für die Erbringung und Abrechnung der Leistungen nach § 6b dieses Gesetzes und § 28 des Zweiten Buches Sozialgesetzbuch erforderlich sind.

§ 7b[1] **Automatisiertes Abrufverfahren.** Macht das Bundesministerium der Finanzen von seiner Ermächtigung nach § 68 Absatz 6 Satz 2 des Einkommensteuergesetzes[2] Gebrauch und erlässt eine Rechtsverordnung zur Durchführung von automatisierten Abrufen nach § 68 Absatz 6 Satz 1 des Einkommensteuergesetzes, so ist die Rechtsverordnung im Geltungsbereich dieses Gesetzes entsprechend anzuwenden.

§ 8[3] **Aufbringung der Mittel.** (1) Die Aufwendungen der Bundesagentur für die Durchführung dieses Gesetzes trägt der Bund.

(2) Der Bund stellt der Bundesagentur nach Bedarf die Mittel bereit, die sie für die Zahlung des Kindergeldes und des Kinderzuschlags benötigt.

(3) [1]Der Bund erstattet die Verwaltungskosten, die der Bundesagentur aus der Durchführung dieses Gesetzes entstehen. [2]Näheres wird durch Verwaltungsvereinbarung geregelt.

(4) Abweichend von den Absätzen 1 bis 3 tragen die Länder die Ausgaben für die Leistungen nach § 6b und ihre Durchführung.

§ 9[4] **Antrag.** (1) [1]Das Kindergeld und der Kinderzuschlag sind schriftlich zu beantragen. [2]Der Antrag soll bei der nach § 13 zuständigen Familienkasse gestellt werden. [3]Den Antrag kann außer dem Berechtigten auch stellen, wer ein berechtigtes Interesse an der Leistung des Kindergeldes hat.

(2) [1]Vollendet ein Kind das 18. Lebensjahr, so wird es für den Anspruch auf Kindergeld nur dann weiterhin berücksichtigt, wenn der oder die Berechtigte anzeigt, dass die Voraussetzungen des § 2 Absatz 2 vorliegen. [2]Absatz 1 gilt entsprechend.

(3) [1]Die Leistungen für Bildung und Teilhabe sind bei der zuständigen Stelle zu beantragen. [2]Absatz 1 Satz 3 gilt entsprechend.

§ 10[5] **Auskunftspflicht.** (1) [1]§ 60 Absatz 1 des Ersten Buches Sozialgesetzbuch gilt auch für die bei dem Antragsteller oder Berechtigten berücksichtigten Kinder, für den nicht dauernd getrennt lebenden Ehegatten des Antragstellers oder Berechtigten und für die sonstigen Personen, bei denen die bezeichneten Kinder berücksichtigt werden. [2]§ 60 Absatz 4 des Zweiten Buches Sozialgesetzbuch gilt entsprechend.

(2) Soweit es zur Durchführung der §§ 2 und 6a erforderlich ist, hat der jeweilige Arbeitgeber der in diesen Vorschriften bezeichneten Personen auf Verlangen der zuständigen Stelle eine Bescheinigung über den Arbeitslohn, die einbehaltenen Steuern und Sozialabgaben auszustellen.

(3) Die Familienkassen können den nach Absatz 2 Verpflichteten eine angemessene Frist zur Erfüllung der Pflicht setzen.

---

[1] § 7b eingef. mWv 18.7.2019 durch G v. 11.7.2019 (BGBl. I S. 1066).

[2] Nr. **45a**.

[3] § 8 Überschrift geänd., Abs. 4 angef. mWv 1.1.2011 durch G v. 24.3.2011 (BGBl. I S. 453); Abs. 2 und Abs. 3 Satz 1 geänd., Satz 2 angef. mWv 1.1.2021 durch G v. 1.12.2020 (BGBl. I S. 2616).

[4] § 9 Abs. 3 angef. mWv 1.1.2011 durch G v. 24.3.2011 (BGBl. I S. 453); Abs. 3 Satz 1 geänd. mWv 1.7.2019 durch G v. 29.4.2019 (BGBl. I S. 530.

[5] § 10 Abs. 2 geänd. mWv 1.1.2012 durch G v. 7.12.2011 (BGBl. I S. 2592); Abs. 1 Satz 2 angef. mWv 24.7.2014 durch G v. 18.7.2014 (BGBl. I S. 1042).

§ 11[1)] Gewährung des Kindergeldes und des Kinderzuschlags. (1) Das Kindergeld und der Kinderzuschlag werden monatlich gewährt.

(2) Auszuzahlende Beträge sind auf Euro *abzurunden*[2)], und zwar unter 50 Cent nach unten, sonst nach oben.

(3) § 45 Absatz 3 des Zehnten Buches Sozialgesetzbuch findet keine Anwendung.

(4) Ein rechtswidriger nicht begünstigender Verwaltungsakt ist abweichend von § 44 Absatz 1 des Zehnten Buches Sozialgesetzbuch für die Zukunft zurückzunehmen; er kann ganz oder teilweise auch für die Vergangenheit zurückgenommen werden.

(5) Wird ein Verwaltungsakt über die Bewilligung von Kinderzuschlag aufgehoben, sind bereits erbrachte Leistungen abweichend von § 50 Absatz 1 des Zehnten Buches Sozialgesetzbuch nicht zu erstatten, soweit der Bezug von Kinderzuschlag den Anspruch auf Leistungen nach dem Zweiten Buch Sozialgesetzbuch ausschließt oder mindert.

(6) Entsprechend anwendbar sind die Vorschriften des Dritten Buches Sozialgesetzbuch über

1. die Aufhebung von Verwaltungsakten (§ 330 Absatz 2, 3 Satz 1) sowie
2. die vorläufige Zahlungseinstellung nach § 331 mit der Maßgabe, dass die Familienkasse auch zur teilweisen Zahlungseinstellung berechtigt ist, wenn sie von Tatsachen Kenntnis erhält, die zu einem geringeren Leistungsanspruch führen.

§ 12 Aufrechnung. § 51 des Ersten Buches Sozialgesetzbuch gilt für die Aufrechnung eines Anspruchs auf Erstattung von Kindergeld und Kinderzuschlag gegen einen späteren Anspruch auf Kindergeld und Kinderzuschlag eines oder einer mit dem Erstattungspflichtigen in Haushaltsgemeinschaft lebenden Berechtigten entsprechend, soweit es sich um laufendes Kindergeld oder laufenden Kinderzuschlag für ein Kind handelt, das bei beiden berücksichtigt werden konnte.

§ 13[3)] Zuständige Stelle. (1) [1] Für die Entgegennahme des Antrags und die Entscheidungen über den Anspruch ist die Familienkasse (§ 7 Absatz 2) zuständig, in deren Bezirk der Berechtigte seinen Wohnsitz hat. [2] Hat der Berechtigte keinen Wohnsitz im Geltungsbereich dieses Gesetzes, ist die Familienkasse zuständig, in deren Bezirk er seinen gewöhnlichen Aufenthalt hat. [3] Hat der Berechtigte im Geltungsbereich dieses Gesetzes weder einen Wohnsitz noch einen gewöhnlichen Aufenthalt, ist die Familienkasse zuständig, in deren Bezirk er erwerbstätig ist. [4] In den übrigen Fällen ist die Familienkasse Bayern Nord zuständig.

(2) Die Entscheidungen über den Anspruch trifft die Leitung der Familienkasse.

(3) Der Vorstand der Bundesagentur kann für bestimmte Bezirke oder Gruppen von Berechtigten die Entscheidungen über den Anspruch auf Kindergeld und Kinderzuschlag einheitlich einer anderen Familienkasse übertragen.

---

1) § 11 Überschrift und Abs. 1 geänd. mWv 1.1.2011 durch G v. 24.3.2011 (BGBl. I S. 453); Abs. 5 und 6 angef. mWv 1.8.2016 durch G v. 26.7.2016 (BGBl. I S. 1824); Abs. 5 aufgeh., bish. Abs. 6 wird Abs. 5, neuer Abs. 6 angef. mWv 1.7.2019 durch G v. 29.4.2019 (BGBl. I S. 530).

2) Richtig wohl: „zu runden".

3) § 13 Überschrift geänd., Abs. 4 angef. mWv 1.1.2011 durch G v. 24.3.2011 (BGBl. I S. 453); Abs. 1 Satz 4, Abs. 3 geänd. mWv 1.1.2021 durch G v. 1.12.2020 (BGBl. I S. 2616).

(4) Für die Leistungen nach § 6b bestimmen abweichend von den Absätzen 1 und 2 die Landesregierungen oder die von ihnen beauftragten Stellen die für die Durchführung zuständigen Behörden.

§ 14[1)] Bescheid. [1] Wird der Antrag auf Kindergeld, Kinderzuschlag oder Leistungen für Bildung und Teilhabe abgelehnt, ist ein Bescheid zu erteilen. [2] Das Gleiche gilt, wenn das Kindergeld, Kinderzuschlag oder Leistungen für Bildung und Teilhabe entzogen werden.

§ 15 Rechtsweg. Für Streitigkeiten nach diesem Gesetz sind die Gerichte der Sozialgerichtsbarkeit zuständig.

Dritter Abschnitt. Bußgeldvorschriften

§ 16[2)] Ordnungswidrigkeiten. (1) Ordnungswidrig handelt, wer vorsätzlich oder leichtfertig

1. entgegen § 60 Absatz 1 Satz 1 Nummer 1 oder Nummer 3 des Ersten Buches Sozialgesetzbuch in Verbindung mit § 10 Absatz 1 auf Verlangen nicht die leistungserheblichen Tatsachen angibt oder Beweisurkunden vorlegt,
2. entgegen § 60 Absatz 1 Satz 1 Nummer 2 des Ersten Buches Sozialgesetzbuch eine Änderung in den Verhältnissen, die für einen Anspruch auf Kindergeld, Kinderzuschlag oder Leistungen für Bildung und Teilhabe erheblich ist, nicht, nicht richtig, nicht vollständig oder nicht rechtzeitig mitteilt oder
3. entgegen § 10 Absatz 2 oder Absatz 3 auf Verlangen eine Bescheinigung nicht, nicht richtig, nicht vollständig oder nicht rechtzeitig ausstellt.

(2) Die Ordnungswidrigkeit kann mit einer Geldbuße geahndet werden.

(3) § 66 des Zehnten Buches Sozialgesetzbuch gilt entsprechend.

(4) Verwaltungsbehörden im Sinne des § 36 Absatz 1 Nummer 1 des Gesetzes über Ordnungswidrigkeiten[3)] sind die nach § 409 der Abgabenordnung[4)] bei Steuerordnungswidrigkeiten wegen des Kindergeldes nach dem X. Abschnitt des Einkommensteuergesetzes[5)] zuständigen Verwaltungsbehörden.

Vierter Abschnitt. Übergangs- und Schlussvorschriften

§ 17 Recht der Europäischen Gemeinschaft. [1] Soweit in diesem Gesetz Ansprüche Deutschen vorbehalten sind, haben Angehörige der anderen Mitgliedstaaten der Europäischen Union, Flüchtlinge und Staatenlose nach Maßgabe des Vertrages zur Gründung der Europäischen Gemeinschaft und der auf seiner Grundlage erlassenen Verordnungen die gleichen Rechte. [2] Auch im Übrigen bleiben die Bestimmungen der genannten Verordnungen unberührt.

§ 18 Anwendung des Sozialgesetzbuches. Soweit dieses Gesetz keine ausdrückliche Regelung trifft, ist bei der Ausführung das Sozialgesetzbuch anzuwenden.

[1)] § 14 Sätze 1 und 2 geänd. mWv 1.1.2011 durch G v. 24.3.2011 (BGBl. I S. 453); Satz 1 geänd. mWv 5.4.2017 durch G v. 29.3.2017 (BGBl. I S. 626).

[2)] § 16 Abs. 1 Nr. 2 geänd. mWv 1.1.2011 durch G v. 24.3.2011 (BGBl. I S. 453).

[3)] **Habersack, Deutsche Gesetze Nr. 94.**

[4)] Nr. **88b**.

[5)] Auszugsweise abgedruckt unter Nr. **45a**.

§ 19[1)] Übergangsvorschriften. (1) Ist für die Nachzahlung und Rückforderung von Kindergeld und Zuschlag zum Kindergeld für Berechtigte mit geringem Einkommen der Anspruch eines Jahres vor 1996 maßgeblich, finden die §§ 10, 11 und 11a in der bis zum 31. Dezember 1995 geltenden Fassung Anwendung.

(2) Verfahren, die am 1. Januar 1996 anhängig sind, werden nach den Vorschriften des Sozialgesetzbuches und des Bundeskindergeldgesetzes in der bis zum 31. Dezember 1995 geltenden Fassung zu Ende geführt, soweit in § 78 des Einkommensteuergesetzes[2)] nichts anderes bestimmt ist.

(3) Wird Kinderzuschlag vor dem 1. Juli 2019 bewilligt, finden die Regelungen des Bundeskindergeldgesetzes in der bis zum 30. Juni 2019 geltenden Fassung weiter Anwendung, mit Ausnahme der Regelung zum monatlichen Höchstbetrag des Kinderzuschlags nach § 20 Absatz 3.

(4) § 6c lässt Unterhaltsleistungen, die vor dem 30. Juni 2021 fällig geworden sind, unberührt.

§ 20[3)] Anwendungsvorschrift. (1) [1] § 1 Absatz 3 in der am 19. Dezember 2006 geltenden Fassung ist in Fällen, in denen eine Entscheidung über den Anspruch auf Kindergeld für Monate in dem Zeitraum zwischen dem 1. Januar 1994 und dem 18. Dezember 2006 noch nicht bestandskräftig geworden ist, anzuwenden, wenn dies für den Antragsteller günstiger ist. [2] In diesem Fall werden die Aufenthaltsgenehmigungen nach dem Ausländergesetz den Aufenthaltstiteln nach dem Aufenthaltsgesetz[4)] entsprechend den Fortgeltungsregelungen in § 101 des Aufenthaltsgesetzes gleichgestellt.

(2) *(aufgehoben)*

(3) Abweichend von § 6a Absatz 2 beträgt für die Zeit vom 1. Juli 2019 bis zum 31. Dezember 2020 der monatliche Höchstbetrag des Kinderzuschlags für jedes zu berücksichtigende Kind 185 Euro.

(3a) Abweichend von § 6a Absatz 2 beträgt der monatliche Höchstbetrag des Kinderzuschlags im Kalenderjahr 2023 für jedes zu berücksichtigende Kind 250 Euro.

[1)] § 19 Abs. 3 angef. mWv 1.7.2019; Abs. 3 geänd. mWv 1.1.2020 durch G v. 29.4.2019 (BGBl. I S. 530); Abs. 4 angef. mWv 30.6.2021 durch G v. 25.6.2021 (BGBl. I S. 2020).

[2)] Nr. **45a.**

[3)] § 20 Abs. 5 Satz 3 angef., Abs. 5a eingef. mWv 23.7.2009 durch G v. 16.7.2009 (BGBl. I S. 1959); Abs. 8 angef. mWv 1.1.2011 durch G v. 24.3.2011 (BGBl. I S. 453); Abs. 8 Satz 3 neu gef., Satz 4 eingef., bish. Satz 4 wird Satz 5 mWv 1.1.2011 durch G v. 20.6.2011 (BGBl. I S. 1114); Abs. 5 Satz 4 angef. mWv 1.1.2011 durch G v. 7.12.2011 (BGBl. I S. 2592); Abs. 9 angef. mWv 1.1.2012 durch G v. 26.6.2013 (BGBl. I S. 1809); Abs. 5 Satz 1 geänd., Satz 5 angef. mWv 31.7.2014 durch G v. 25.7.2014 (BGBl. I S. 1266); Abs. 10 angef. mWv 1.1.2018 durch G v. 23.6.2017 (BGBl. I S. 1682); Abs. 2 und 3 neu gef., Abs. 5 Sätze 1-4 aufgeh., bish. Satz 5 wird alleiniger Wortlaut, Abs. 7 und 8 aufgeh, bish. Abs. 9 und 10 werden Abs. 7 und 8 mWv 1.7.2019, Abs. 2 eingef., bish. Abs. 2-8 werden Abs. 3-9 mWv 1.1.2020 durch G v. 29.4.2019 (BGBl. I S. 530); Abs. 10 angef. mWv 1.1.2020 und neu gef. mWv 1.3.2020 durch G v. 12.12.2019 (BGBl. I S. 2451); Abs. 4 geänd., Abs. 5–7 eingef., bish. Abs. 5–10 werden Abs. 8–13 mWv 28.3.2020 durch G v. 27.3.2020 (BGBl. I S. 575); Abs. 7a eingef. mWv 29.5.2020 durch G v. 20.5.2020 (BGBl. I S. 1055); Abs. 6a eingef. mWv 29.10.2020 durch G v. 23.10.2020 (BGBl. I S. 2208); Abs. 2 geänd. mWv 1.1.2021 durch G v. 1.12.2020 (BGBl. I S. 2616); Abs. 6a neu gef. mWv 1.1.2021 durch G v. 9.12.2020 (BGBl. I S. 2855); Abs. 6a Satz 1 geänd., Satz 3 aufgeh. mWv 1.4.2021 durch G v. 10.3.2021 (BGBl. I S. 335); Abs. 6a Satz 1 geänd., Satz 3 angef. mWv 24.11.2021 durch G v. 22.11.2021 (BGBl. I S. 4906); Abs. 13 Satz 3 angef. mWv 1.6.2022 durch G v. 23.5.2022 (BGBl. I S. 760); Abs. 3a eingef. mWv 1.1.2023 durch G v. 8.12.2022 (BGBl. I S. 2230); Abs. 2 und 7a aufgeh. mWv 1.1.2023 durch G v. 16.12.2022 (BGBl. I S. 2328).

[4)] **Sartorius Nr. 565.**

(4) Wird einer Person Kinderzuschlag für einen nach dem 30. Juni 2019 und vor dem 1. Juli 2021 beginnenden Bewilligungszeitraum bewilligt und wird ihr der Verwaltungsakt erst nach Ablauf des ersten Monats des Bewilligungszeitraums bekannt gegeben, endet dieser Bewilligungszeitraum abweichend von § 6a Absatz 7 Satz 1 am Ende des fünften Monats nach dem Monat der Bekanntgabe des Verwaltungsaktes.

(5) [1] Abweichend von § 6a Absatz 7 Satz 1 wird in Fällen, in denen der höchstmögliche Gesamtkinderzuschlag bezogen wird und der sechsmonatige Bewilligungszeitraum in der Zeit vom 1. April 2020 bis zum 30. September 2020 endet, der Bewilligungszeitraum von Amts wegen einmalig um weitere sechs Monate verlängert. [2] Satz 1 gilt entsprechend, wenn der ursprüngliche Bewilligungszeitraum in Anwendung des § 20 Absatz 4 mehr als sechs Monate umfasst.

(6) [1] Abweichend von § 6a Absatz 8 Satz 1 ist für Anträge, die in der Zeit vom 1. April 2020 bis zum 30. September 2020 eingehen, bei der Ermittlung des monatlich zu berücksichtigenden Einkommens der Eltern nur das Einkommen aus dem letzten Monat vor Beginn des Bewilligungszeitraums maßgeblich. [2] In diesen Fällen wird abweichend von § 6a Absatz 3 Satz 1 und Absatz 5 Satz 1 Vermögen nach § 12 des Zweiten Buches Sozialgesetzbuch nicht berücksichtigt. [3] Satz 2 gilt nicht, wenn das Vermögen erheblich ist; es wird vermutet, dass kein erhebliches Vermögen vorhanden ist, wenn die Antragstellerin oder der Antragsteller dies im Antrag erklärt.

(6a) [1] Abweichend von § 6a Absatz 3 Satz 1 und Absatz 5 Satz 1 wird für Bewilligungszeiträume, die in der Zeit vom 1. Oktober 2020 bis 31. März 2022 beginnen, Vermögen nach § 12 des Zweiten Buches Sozialgesetzbuch nicht berücksichtigt. [2] Satz 1 gilt nicht, wenn das Vermögen erheblich ist; es wird vermutet, dass kein erhebliches Vermögen vorhanden ist, wenn die Antragstellerin oder der Antragsteller dies im Antrag erklärt. [3] Macht die Bundesregierung von ihrer Verordnungsermächtigung nach § 67 Absatz 5 des Zweiten Buches Sozialgesetzbuch Gebrauch und verlängert den in § 67 Absatz 1 des Zweiten Buches Sozialgesetzbuch genannten Zeitraum, ändert sich das in Satz 1 genannte Datum, bis zu dem die Regelung Anwendung findet, entsprechend.

(7) [1] In Fällen, in denen der Bewilligungszeitraum vor dem 1. April 2020 begonnen hat, kann im April oder Mai 2020 einmalig während des laufenden Bewilligungszeitraums ein Antrag auf Überprüfung gestellt werden. [2] Bei der Überprüfung ist abweichend von § 6a Absatz 8 Satz 1 als monatlich zu berücksichtigendes Einkommen der Eltern nur das Einkommen aus dem Monat vor dem Überprüfungsantrag zugrunde zu legen. [3] Im Übrigen sind die bereits für den laufenden Bewilligungszeitraum nach Absatz 8 ermittelten tatsächlichen und rechtlichen Verhältnisse zugrunde zu legen. [4] Die Voraussetzung nach § 6a Absatz 1 Nummer 3, dass bei Bezug des Kinderzuschlags keine Hilfebedürftigkeit besteht, ist nicht anzuwenden. [5] Ergibt die Überprüfung einen höheren Kinderzuschlag, wird für die restlichen Monate des Bewilligungszeitraums Kinderzuschlag in der neuen Höhe bewilligt; anderenfalls ist der Antrag abzulehnen. [6] Ist ein Bewilligungsbescheid für einen Bewilligungszeitraum, der vor dem 1. April 2020 beginnt, noch nicht ergangen, gelten die Sätze 1 bis 5 entsprechend. [7] In den Fällen nach den Sätzen 1 bis 6 ist die Verlängerungsregelung nach Absatz 5 nicht anzuwenden.

(8) [1] § 1 Absatz 2 Satz 3 und § 2 Absatz 2 und 3 in der Fassung des Artikels 3 des Gesetzes vom 19. Juli 2006 (BGBl. I S. 1652) ist für Kinder, die im Kalenderjahr 2006 das 24. Lebensjahr vollendeten, mit der Maßgabe anzuwenden, dass jeweils an die Stelle der Angabe „25. Lebensjahres“ die Angabe „26. Lebensjahres“ und an

die Stelle der Angabe „25. Lebensjahr“ die Angabe „26. Lebensjahr“ tritt; für Kinder, die im Kalenderjahr 2006 das 25. oder 26. Lebensjahr vollendeten, sind § 1 Absatz 2 Satz 3 und § 2 Absatz 2 und 3 weiterhin in der bis zum 31. Dezember 2006 geltenden Fassung anzuwenden. [2] § 1 Absatz 2 Satz 3 und § 2 Absatz 2 und 3 in der Fassung des Artikels 3 des Gesetzes vom 19. Juli 2006 (BGBl. I S. 1652) sind erstmals für Kinder anzuwenden, die im Kalenderjahr 2007 wegen einer vor Vollendung des 25. Lebensjahres eingetretenen körperlichen, geistigen oder seelischen Behinderung außerstande sind, sich selbst zu unterhalten; für Kinder, die wegen einer vor dem 1. Januar 2007 in der Zeit ab der Vollendung des 25. Lebensjahres und vor Vollendung des 27. Lebensjahres eingetretenen körperlichen, geistigen oder seelischen Behinderung außerstande sind, sich selbst zu unterhalten, ist § 2 Absatz 2 Satz 1 Nummer 3 weiterhin in der bis zum 31. Dezember 2006 geltenden Fassung anzuwenden. [3] § 2 Absatz 3 Satz 1 in der Fassung des Artikels 3 des Gesetzes vom 19. Juli 2006 (BGBl. I S. 1652) ist für Kinder, die im Kalenderjahr 2006 das 24. Lebensjahr vollendeten, mit der Maßgabe anzuwenden, dass an die Stelle der Angabe „über das 21. oder 25. Lebensjahr hinaus“ die Angabe „über das 21. oder 26. Lebensjahr hinaus“ tritt; für Kinder, die im Kalenderjahr 2006 das 25., 26. oder 27. Lebensjahr vollendeten, ist § 2 Absatz 3 Satz 1 weiterhin in der bis zum 31. Dezember 2006 geltenden Fassung anzuwenden.

(9) § 2 Absatz 2 Satz 1 Nummer 2 Buchstabe d in der am 31. Juli 2014 geltenden Fassung ist auf Freiwilligendienste im Sinne der Verordnung (EU) Nr. 1288/2013 des Europäischen Parlaments und des Rates vom 11. Dezember 2013 zur Einrichtung von „Erasmus+“, dem Programm der Union für allgemeine und berufliche Bildung, Jugend und Sport, und zur Aufhebung der Beschlüsse Nr. 1719/2006/EG, Nr. 1720/2006/EG und Nr. 1298/2008/EG (ABl. L 347 vom 20.12.2013, S. 50), die ab dem 1. Januar 2014 begonnen wurden, ab dem 1. Januar 2014 anzuwenden.

(9a) § 2 Absatz 2 Satz 2 in der Fassung des Artikels 13 des Gesetzes vom 16. Juli 2009 (BGBl. I S. 1959) ist ab dem 1. Januar 2010 anzuwenden.

(10) § 2 Absatz 2 Satz 4 in der Fassung des Artikels 2 Absatz 8 des Gesetzes vom 16. Mai 2008 (BGBl. I S. 842) ist erstmals ab dem 1. Januar 2009 anzuwenden.

(11) § 2 Absatz 3 ist letztmals bis zum 31. Dezember 2018 anzuwenden; Voraussetzung ist in diesen Fällen, dass das Kind den Dienst oder die Tätigkeit vor dem 1. Juli 2011 angetreten hat.

(12) § 6 Absatz 3 in der am 1. Januar 2018 geltenden Fassung ist auf Anträge anzuwenden, die nach dem 31. Dezember 2017 eingehen.

(13) [1] § 1 Absatz 3 Satz 1 Nummer 1 bis 4 in der Fassung des Artikels 34 des Gesetzes vom 12. Dezember 2019 (BGBl. I S. 2451) ist für Entscheidungen anzuwenden, die Zeiträume betreffen, die nach dem letzten Tag des sechsten auf die Verkündung des Fachkräfteeinwanderungsgesetzes folgenden Kalendermonats beginnen. [2] § 1 Absatz 3 Satz 1 Nummer 5 in der Fassung des Artikels 34 des Gesetzes vom 12. Dezember 2019 (BGBl. I S. 2451) ist für Entscheidungen anzuwenden, die Zeiträume betreffen, die nach dem 31. Dezember 2019 beginnen. [3] § 1 Absatz 3 Nummer 2 Buchstabe c in der Fassung des Artikels 5 Nummer 1 des Gesetzes vom 23. Mai 2022 (BGBl. I S. 760) ist für Entscheidungen anzuwenden, die Zeiträume betreffen, die nach dem 31. Mai 2022 beginnen.

§ 21 Sondervorschrift zur Steuerfreistellung des Existenzminimums eines Kindes in den Veranlagungszeiträumen 1983 bis 1995 durch Kindergeld. [1] In Fällen, in denen die Entscheidung über die Höhe des Kindergeldanspruchs für Monate in dem Zeitraum zwischen dem 1. Januar 1983 und dem

31. Dezember 1995 noch nicht bestandskräftig geworden ist, kommt eine von den §§ 10 und 11 in der jeweils geltenden Fassung abweichende Bewilligung von Kindergeld nur in Betracht, wenn die Einkommensteuer formell bestandskräftig und hinsichtlich der Höhe der Kinderfreibeträge nicht vorläufig festgesetzt sowie das Existenzminimum des Kindes nicht unter der Maßgabe des § 53 des Einkommensteuergesetzes steuerfrei belassen worden ist. [2] Dies ist vom Kindergeldberechtigten durch eine Bescheinigung des zuständigen Finanzamtes nachzuweisen. [3] Nach Vorlage dieser Bescheinigung hat die Familienkasse den vom Finanzamt ermittelten Unterschiedsbetrag zwischen der festgesetzten Einkommensteuer und der Einkommensteuer, die nach § 53 Satz 6 des Einkommensteuergesetzes festzusetzen gewesen wäre, wenn die Voraussetzungen nach § 53 Satz 1 und 2 des Einkommensteuergesetzes vorgelegen hätten, als zusätzliches Kindergeld zu zahlen.

§ 22[1] *(aufgehoben)*

[1] § 22 aufgeh. mWv 1.6.2022 durch G v. 23.5.2022 (BGBl. I S. 760).

45e. Gesetz zum Elterngeld und zur Elternzeit (Bundeselterngeld- und Elternzeitgesetz – BEEG)

In der Fassung der Bekanntmachung vom 27. Januar 2015[1)]
(BGBl. I S. 33)

FNA 85-5

Lfd. Nr.	Änderndes Gesetz	Datum	Fundstelle	Betroffen	Hinweis
1.	BVerfG, Urteil v. 21.7.2015 – 1 BvF 2/13 –	21.7.2015	BGBl. I S. 1565	§§ 4a, 4b, 4c, 4d	unvereinbar mit Art. 72 Abs. 2 GG und nichtig
2.	Art. 1k Heil- und Hilfsmittelversorgungs G[2)]	4.4.2017	BGBl. I S. 778	§ 4	geänd. mWv 11.4.2017
3.	Art. 6 Abs. 9 G zur Neuregelung des Mutterschutzrechts[3)]	23.5.2017	BGBl. I S. 1228	§§ 2b, 3, 4, 15, 16	geänd. mWv 1.1.2018
4.	Art. 118 Zweites Datenschutz-Anpassungs- und UmsetzungsG EU[4)]	20.11. 2019	BGBl. I S. 1626	§ 24a § 24b	geänd. mWv 26.11.2019 eingef. mWv 26.11.2019
5.	Art. 35, 36 G zur weiteren steuerl. Förderung der Elektromobilität und zur Änd. weiterer steuerl. Vorschriften	12.12. 2019	BGBl. I S. 2451	§§ 1, 27 §§ 1, 27	geänd. mWv 1.1.2020 geänd. mWv 1.3.2020
6.	Art. 1 G für Maßnahmen im Elterngeld aus Anlass der COVID-19-Pandemie	20.5.2020	BGBl. I S. 1061	§§ 2b, 28 § 27 §§ 2c, 2d	geänd. mWv 1.3.2020 eingef. mWv 1.3.2020 geänd. mWv 29.5.2020
7.	Art. 6 G zur Digitalisierung von Verwaltungsverfahren bei der Gewährung von Familienleistungen	3.12.2020	BGBl. I S. 2668	§§ 9, 14, 28 § 25	geänd. mWv 1.1.2021 neu gef. mWv 1.1.2021

1) Neubekanntmachung des Bundeselterngeld- und ElternzeitG v. 5.12.2006 (BGBl. I S. 2748) in der ab 1.1.2015 geltenden Fassung; beachte die Übergangsvorschriften in § 27.

2) **Amtl. Anm.:** Dieses Gesetz dient der Umsetzung der Richtlinie 2013/55/EU des Europäischen Parlaments und des Rates vom 20. November 2013 zur Änderung der Richtlinie 2005/36/EG über die Anerkennung von Berufsqualifikationen und der Verordnung (EU) Nr. 1024/2012 über die Verwaltungszusammenarbeit mit Hilfe des Binnenmarkt-Informationssystems („IMI-Verordnung") (ABl. L 354 vom 28.12.2013, S. 132).

3) **Amtl. Anm.:** Dieses Gesetz dient der Umsetzung der Richtlinie 92/85/EWG des Rates vom 19. Oktober 1992 über die Durchführung von Maßnahmen zur Verbesserung der Sicherheit und des Gesundheitsschutzes von schwangeren Arbeitnehmerinnen, Wöchnerinnen und stillenden Arbeitnehmerinnen am Arbeitsplatz (zehnte Einzelrichtlinie im Sinne des Artikels 16 Absatz 1 der Richtlinie 89/391/EWG) (ABl. L 348 vom 28.11.1992, S. 1), die zuletzt durch die Richtlinie 2014/27/EU (ABl. L 65 vom 5.3.2014, S. 1) geändert worden ist.

4) **Amtl. Anm.:** Dieses Gesetz dient der Umsetzung der Richtlinie (EU) 2016/680 des Europäischen Parlaments und des Rates vom 27. April 2016 zum Schutz natürlicher Personen bei der Verarbeitung personenbezogener Daten durch die zuständigen Behörden zum Zweck der Verhütung, Ermittlung, Aufdeckung oder Verfolgung von Straftaten oder der Strafvollstreckung sowie zum freien Datenverkehr und zur Aufhebung des Rahmenbeschlusses 2008/977/JI des Rates (ABl. L 119 vom 4.5.2016, S. 89; L 127 vom 23.5.2018, S. 9).

Lfd. Nr.	Änderndes Gesetz	Datum	Fundstelle	Betroffen	Hinweis
8.	Art. 3 BeschäftigungssicherungsG	3.12.2020	BGBl. I S. 2691	§§ 2b, 27	geänd. mWv 1.1.2021
9.	Art. 23 JahressteuerG 2020	21.12. 2020	BGBl. I S. 3096	§ 2e	geänd. mWv 1.1.2024
10.	Art. 1 Zweites ÄndG	15.2.2021	BGBl. I S. 239	§ 27	geänd. mWv 28.5.2020
				§§ 1, 2, 2b, 2c, 3, Abschnitt 2 Überschrift, §§ 7, 8, 10, 11, 12, 14, Abschnitt 3 Überschrift, §§ 15, 18, 20, Abschnitt 4 Überschrift, §§ 22, 26, 27, 28	geänd. mWv 1.9.2021
				Abschnitt 2	aufgeh. mWv 1.9.2021
				§§ 4, 4a, 4b, 4c, 4d, 5, 6	neu gef. mWv 1.9.2021
				§ 12	geänd. mWv 1.1.2023
11.	Art. 5 Covid-19-G zur Verlängerung des Sozialdienstleister-EinsatzG und weiterer Regelungen	18.3.2022	BGBl. I S. 473	§§ 2b, 27	geänd. mWv 19.3.2022
12.	Art. 12 G zur Regelung eines Sofortzuschlages und einer Einmalzahlung in den sozialen Mindestsicherungssystemen sowie zur Änd. des FinanzausgleichsG und weiterer G	23.5.2022	BGBl. I S. 760	§§ 1, 28	geänd. mWv 1.6.2022
13.	Art. 12 Abs. 7 BürgergeldG	16.12. 2022	BGBl. I S. 2328	§ 10	geänd. mWv 1.1.2023
14.	Art. 1 G zur weiteren Umsetzung der RL (EU) 2019/1158	19.12. 2022	BGBl. I S. 2510	§ 15	geänd. mWv 24.12.2022

Zum Bundeselterngeld- und ElternzeitG haben die Länder ua folgende Vorschriften erlassen:

- **Baden-Württemberg:** VO über die Zuständigkeiten nach dem Bundeselterngeld- und ElternzeitG v. 14.2.2007 (GBl. S. 139), zuletzt geänd. durch VO v. 28.6.2016 (GBl. S. 382)
- **Brandenburg:** VO über die Zuständigkeiten zur Durchführung des Bundeselterngeld- und ElternzeitG v. 5.1.2007 (GVBl. II S. 11), zuletzt geänd. durch VO v. 11.9.2013 (GVBl. II Nr. 71)
- **Hessen:** VO über Zuständigkeiten nach dem Bundeselterngeld- und ElternzeitG v. 2.1.2007 (GVBl. I S. 2), zuletzt geänd. durch VO v. 11.12.2012 (GVBl. S. 681)
- **Nordrhein-Westfalen:** VO zur Regelung von Zuständigkeiten nach dem Bundeselterngeld- und ElternzeitG und nach dem BundeskindergeldG v. 5.12.2006 (GV. NRW. S. 599), zuletzt geänd. durch VO v. 9.7.2013 (GV. NRW. S. 456)
- **Rheinland-Pfalz:** LandesVO über Zuständigkeiten nach dem Achten Buch Sozialgesetzbuch, dem JugendschutzG, dem UnterhaltsvorschussG, dem BundeserziehungsgeldG, dem Bundeselterngeld- und ElternzeitG und dem AdoptionsvermittlungsG v. 23.12.2004 (GVBl. 2005 S. 13), zuletzt geänd. durch G v. 26.6.2020 (GVBl. S. 287)
- **Saarland:** VO über die Zuständigkeit nach dem Bundeselterngeld- und ElternzeitG v. 10.8.2017 (Amtsbl. I S. 730)
- **Sachsen-Anhalt:** AusführungsG des Landes Sachsen-Anhalt zum Bundeselterngeld- und ElternzeitG v. 5.11.2009 (GVBl. LSA S. 514)
- **Schleswig-Holstein:** LandesVO über die zuständige Behörde nach dem Bundeselterngeld- und ElternzeitG v. 7.11.2017 (GVOBl. Schl.-H. S. 508)
- **Thüringen:** Thüringer VO über Zuständigkeiten nach dem Bundeselterngeld- und ElternzeitG v. 13.2.2007 (GVBl. S. 14)

Elterngeld hat, nicht erzielt, so kommt es abweichend von Absatz 2 allein auf die Entscheidung des sorgeberechtigten Elternteils an.

§ 6[1)] Auszahlung. Elterngeld wird im Laufe des Lebensmonats gezahlt, für den es bestimmt ist.

§ 7[2)] Antragstellung. (1) [1]Elterngeld ist schriftlich zu beantragen. [2]Es wird rückwirkend nur für die letzten drei Lebensmonate vor Beginn des Lebensmonats geleistet, in dem der Antrag auf Elterngeld eingegangen ist. [3]Im Antrag ist anzugeben, für welche Lebensmonate Basiselterngeld, für welche Lebensmonate Elterngeld Plus oder für welche Lebensmonate Partnerschaftsbonus beantragt wird.

(2) [1]Die im Antrag getroffenen Entscheidungen können bis zum Ende des Bezugszeitraums geändert werden. [2]Eine Änderung kann rückwirkend nur für die letzten drei Lebensmonate vor Beginn des Lebensmonats verlangt werden, in dem der Änderungsantrag eingegangen ist. [3]Sie ist außer in den Fällen besonderer Härte unzulässig, soweit Monatsbeträge bereits ausgezahlt sind. [4]Abweichend von den Sätzen 2 und 3 kann für einen Lebensmonat, in dem bereits Elterngeld Plus bezogen wurde, nachträglich Basiselterngeld beantragt werden. [5]Im Übrigen finden die für die Antragstellung geltenden Vorschriften auch auf den Änderungsantrag Anwendung.

(3) [1]Der Antrag ist, außer im Fall des § 4c und der Antragstellung durch eine allein sorgeberechtigte Person, zu unterschreiben von der Person, die ihn stellt, und zur Bestätigung der Kenntnisnahme auch von der anderen berechtigten Person. [2]Die andere berechtigte Person kann gleichzeitig

1. einen Antrag auf Elterngeld stellen oder
2. der Behörde anzeigen, wie viele Monatsbeträge sie beansprucht, wenn mit ihrem Anspruch die Höchstgrenzen nach § 4 Absatz 3 in Verbindung mit § 4b überschritten würden.

[3]Liegt der Behörde von der anderen berechtigten Person weder ein Antrag auf Elterngeld noch eine Anzeige nach Satz 2 vor, so werden sämtliche Monatsbeträge der berechtigten Person ausgezahlt, die den Antrag gestellt hat; die andere berechtigte Person kann bei einem späteren Antrag abweichend von § 5 Absatz 2 nur die unter Berücksichtigung von § 4 Absatz 3 in Verbindung mit § 4b vom Gesamtanspruch verbleibenden Monatsbeträge erhalten.

§ 8[3)] Auskunftspflicht, Nebenbestimmungen. (1) Soweit im Antrag auf Elterngeld Angaben zum voraussichtlichen Einkommen aus Erwerbstätigkeit gemacht wurden, ist nach Ablauf des Bezugszeitraums für diese Zeit das tatsächliche Einkommen aus Erwerbstätigkeit nachzuweisen.

(1a) [1]Die Mitwirkungspflichten nach § 60 des Ersten Buches Sozialgesetzbuch gelten

1. im Falle des § 1 Absatz 8 Satz 2 auch für die andere Person im Sinne des § 1 Absatz 8 Satz 2 und

[1)] § 6 neu gef. mWv 1.9.2021 durch G v. 15.2.2021 (BGBl. I S. 239).

[2)] § 7 Abs. 1 Satz 1 geänd., Sätze 2 und 3 neu gef., Abs. 2 Sätze 2 und 4 geänd., Abs. 3 neu gef. mWv 1.9.2021 durch G v. 15.2.2021 (BGBl. I S. 239).

[3)] § 8 Abs. 1, 1a Satz 1 Nr. 2 geänd., Abs. 2 Satz 2 neu gef., Abs. 3 Satz 1 Nr. 1–3 geänd., Nr. 4 und Satz 2 aufgeh. mWv 1.9.2021 durch G v. 15.2.2021 (BGBl. I S. 239).

2. im Falle des § 4b oder des § 4b in Verbindung mit § 4d Satz 1 für beide Personen, die den Partnerschaftsbonus beantragt haben.

[2] § 65 Absatz 1 und 3 des Ersten Buches Sozialgesetzbuch gilt entsprechend.

(2) [1] Elterngeld wird in den Fällen, in denen die berechtigte Person nach ihren Angaben im Antrag im Bezugszeitraum voraussichtlich kein Einkommen aus Erwerbstätigkeit haben wird, unter dem Vorbehalt des Widerrufs für den Fall gezahlt, dass sie entgegen ihren Angaben im Antrag Einkommen aus Erwerbstätigkeit hat. [2] In den Fällen, in denen zum Zeitpunkt der Antragstellung der Steuerbescheid für den letzten abgeschlossenen steuerlichen Veranlagungszeitraum vor der Geburt des Kindes nicht vorliegt und nach den Angaben im Antrag die Beträge nach § 1 Absatz 8 voraussichtlich nicht überschritten werden, wird das Elterngeld unter dem Vorbehalt des Widerrufs für den Fall gezahlt, dass entgegen den Angaben im Antrag die Beträge nach § 1 Absatz 8 überschritten werden.

(3) Das Elterngeld wird bis zum Nachweis der jeweils erforderlichen Angaben vorläufig unter Berücksichtigung der glaubhaft gemachten Angaben gezahlt, wenn

1. zum Zeitpunkt der Antragstellung der Steuerbescheid für den letzten abgeschlossenen Veranlagungszeitraum vor der Geburt des Kindes nicht vorliegt und noch nicht angegeben werden kann, ob die Beträge nach § 1 Absatz 8 überschritten werden,
2. das Einkommen aus Erwerbstätigkeit vor der Geburt nicht ermittelt werden kann oder
3. die berechtigte Person nach den Angaben im Antrag auf Elterngeld im Bezugszeitraum voraussichtlich Einkommen aus Erwerbstätigkeit hat.

§ 9[1)] Einkommens- und Arbeitszeitnachweis, Auskunftspflicht des Arbeitgebers. (1) [1] Soweit es zum Nachweis des Einkommens aus Erwerbstätigkeit oder der wöchentlichen Arbeitszeit erforderlich ist, hat der Arbeitgeber der nach § 12 zuständigen Behörde für bei ihm Beschäftigte das Arbeitsentgelt, die für die Ermittlung der nach den §§ 2e und 2f erforderlichen Abzugsmerkmale für Steuern und Sozialabgaben sowie die Arbeitszeit auf Verlangen zu bescheinigen; das Gleiche gilt für ehemalige Arbeitgeber. [2] Für die in Heimarbeit Beschäftigten und die ihnen Gleichgestellten (§ 1 Absatz 1 und 2 des Heimarbeitsgesetzes) tritt an die Stelle des Arbeitgebers der Auftraggeber oder Zwischenmeister.

(2) [1] Für den Nachweis des Einkommens aus Erwerbstätigkeit kann die nach § 12 Absatz 1 zuständige Behörde auch das in § 108a Absatz 1 des Vierten Buches Sozialgesetzbuch vorgesehene Verfahren zur elektronischen Abfrage und Übermittlung von Entgeltbescheinigungsdaten nutzen. [2] Sie darf dieses Verfahren nur nutzen, wenn die betroffene Arbeitnehmerin oder der betroffene Arbeitnehmer zuvor in dessen Nutzung eingewilligt hat. [3] Wenn der betroffene Arbeitgeber ein systemgeprüftes Entgeltabrechnungsprogramm nutzt, ist er verpflichtet, die jeweiligen Entgeltbescheinigungsdaten mit dem in § 108a Absatz 1 des Vierten Buches Sozialgesetzbuch vorgesehenen Verfahren zu übermitteln.

§ 10[2)] Verhältnis zu anderen Sozialleistungen. (1) Das Elterngeld und vergleichbare Leistungen der Länder sowie die nach § 3 auf die Leistung angerechneten Einnahmen oder Leistungen bleiben bei Sozialleistungen, deren Zahlung

---

[1)] § 9 Abs. 2 angef. mWv 10.12.2020 durch G v. 3.12.2020 (BGBl. I S. 2668).

[2)] § 10 Abs. 1, 2 und 5 Satz 1 geänd. mWv 1.9.2021 durch G v. 15.2.2021 (BGBl. I S. 239); Abs. 5 Satz 4 angef. mWv 1.1.2023 durch G v. 16.12.2022 (BGBl. I S. 2328).

von anderen Einkommen abhängig ist, bis zu einer Höhe von insgesamt 300 Euro im Monat als Einkommen unberücksichtigt.

(2) Das Elterngeld und vergleichbare Leistungen der Länder sowie die nach § 3 auf die Leistung angerechneten Einnahmen oder Leistungen dürfen bis zu einer Höhe von insgesamt 300 Euro nicht dafür herangezogen werden, um auf Rechtsvorschriften beruhende Leistungen anderer, auf die kein Anspruch besteht, zu versagen.

(3) Soweit die berechtigte Person Elterngeld Plus bezieht, bleibt das Elterngeld nur bis zur Hälfte des Anrechnungsfreibetrags, der nach Abzug der anderen nach Absatz 1 nicht zu berücksichtigenden Einnahmen für das Elterngeld verbleibt, als Einkommen unberücksichtigt und darf nur bis zu dieser Höhe nicht dafür herangezogen werden, um auf Rechtsvorschriften beruhende Leistungen anderer, auf die kein Anspruch besteht, zu versagen.

(4) Die nach den Absätzen 1 bis 3 nicht zu berücksichtigenden oder nicht heranzuziehenden Beträge vervielfachen sich bei Mehrlingsgeburten mit der Zahl der geborenen Kinder.

(5) [1]Die Absätze 1 bis 4 gelten nicht bei Leistungen nach dem Zweiten Buch Sozialgesetzbuch, dem Zwölften Buch Sozialgesetzbuch, § 6a des Bundeskindergeldgesetzes[1)] und dem Asylbewerberleistungsgesetz. [2]Bei den in Satz 1 bezeichneten Leistungen bleiben das Elterngeld und vergleichbare Leistungen der Länder sowie die nach § 3 auf das Elterngeld angerechneten Einnahmen in Höhe des nach § 2 Absatz 1 berücksichtigten Einkommens aus Erwerbstätigkeit vor der Geburt bis zu 300 Euro im Monat als Einkommen unberücksichtigt. [3]Soweit die berechtigte Person Elterngeld Plus bezieht, verringern sich die Beträge nach Satz 2 um die Hälfte. [4]Abweichend von Satz 2 bleibt Mutterschaftsgeld gemäß § 19 des Mutterschutzgesetzes[2)] in voller Höhe unberücksichtigt.

(6) Die Absätze 1 bis 4 gelten entsprechend, soweit für eine Sozialleistung ein Kostenbeitrag erhoben werden kann, der einkommensabhängig ist.

§ 11[3)] Unterhaltspflichten. [1]Unterhaltsverpflichtungen werden durch die Zahlung des Elterngeldes und vergleichbarer Leistungen der Länder nur insoweit berührt, als die Zahlung 300 Euro monatlich übersteigt. [2]Soweit die berechtigte Person Elterngeld Plus bezieht, werden die Unterhaltspflichten insoweit berührt, als die Zahlung 150 Euro übersteigt. [3]Die in den Sätzen 1 und 2 genannten Beträge vervielfachen sich bei Mehrlingsgeburten mit der Zahl der geborenen Kinder. [4]Die Sätze 1 bis 3 gelten nicht in den Fällen des § 1361 Absatz 3, der §§ 1579, 1603 Absatz 2 und des § 1611 Absatz 1 des Bürgerlichen Gesetzbuchs[4)].

§ 12[5)] Zuständigkeit; Bewirtschaftung der Mittel. (1) [1]Die Landesregierungen oder die von ihnen beauftragten Stellen bestimmen die für die Ausführung dieses Gesetzes zuständigen Behörden. [2]Zuständig ist die von den Ländern für die Durchführung dieses Gesetzes bestimmte Behörde des Bezirks, in dem das Kind, für das Elterngeld beansprucht wird, zum Zeitpunkt der ersten Antragstellung seinen inländischen Wohnsitz hat. [3]Hat das Kind, für das Elterngeld beansprucht wird, in den Fällen des § 1 Absatz 2 zum Zeitpunkt der ersten Antragstellung

---

1) Nr. **45b**.

2) Nr. **79**.

3) § 11 Satz 1 geänd. mWv 1.9.2021 durch G v. 15.2.2021 (BGBl. I S. 239).

4) **Habersack, Deutsche Gesetze Nr. 20.**

5) § 12 Überschrift geänd., Abs. 1 Sätze 2 und 3 neu gef., Abs. 2 eingef., bish. Abs 2 wird Abs. 3 mWv 1.9.2021, Abs. 3 neu gef. mWv 1.1.2023 durch G v. 15.2.2021 (BGBl. I S. 239).

keinen inländischen Wohnsitz, so ist die von den Ländern für die Durchführung dieses Gesetzes bestimmte Behörde des Bezirks zuständig, in dem die berechtigte Person ihren letzten inländischen Wohnsitz hatte; hilfsweise ist die Behörde des Bezirks zuständig, in dem der entsendende Dienstherr oder Arbeitgeber der berechtigten Person oder der Arbeitgeber des Ehegatten oder der Ehegattin der berechtigten Person den inländischen Sitz hat.

(2) Den nach Absatz 1 zuständigen Behörden obliegt auch die Beratung zur Elternzeit.

(3) [1]Der Bund trägt die Ausgaben für das Elterngeld. [2]Die damit zusammenhängenden Einnahmen sind an den Bund abzuführen. [3]Für die Ausgaben und die mit ihnen zusammenhängenden Einnahmen sind die Vorschriften über das Haushaltsrecht des Bundes einschließlich der Verwaltungsvorschriften anzuwenden.

§ 13 Rechtsweg. (1) [1]Über öffentlich-rechtliche Streitigkeiten in Angelegenheiten der §§ 1 bis 12 entscheiden die Gerichte der Sozialgerichtsbarkeit. [2]§ 85 Absatz 2 Nummer 2 des Sozialgerichtsgesetzes gilt mit der Maßgabe, dass die zuständige Stelle nach § 12 bestimmt wird.

(2) Widerspruch und Anfechtungsklage haben keine aufschiebende Wirkung.

§ 14[1)] Bußgeldvorschriften. (1) Ordnungswidrig handelt, wer vorsätzlich oder fahrlässig

1. entgegen § 8 Absatz 1 einen Nachweis nicht, nicht richtig, nicht vollständig oder nicht rechtzeitig erbringt,
2. entgegen § 9 Absatz 1 eine dort genannte Angabe nicht, nicht richtig, nicht vollständig oder nicht rechtzeitig bescheinigt,
3. entgegen § 60 Absatz 1 Satz 1 Nummer 1 des Ersten Buches Sozialgesetzbuch, auch in Verbindung mit § 8 Absatz 1a Satz 1, eine Angabe nicht, nicht richtig, nicht vollständig oder nicht rechtzeitig macht,
4. entgegen § 60 Absatz 1 Satz 1 Nummer 2 des Ersten Buches Sozialgesetzbuch, auch in Verbindung mit § 8 Absatz 1a Satz 1, eine Mitteilung nicht, nicht richtig, nicht vollständig oder nicht rechtzeitig macht oder
5. entgegen § 60 Absatz 1 Satz 1 Nummer 3 des Ersten Buches Sozialgesetzbuch, auch in Verbindung mit § 8 Absatz 1a Satz 1, eine Beweisurkunde nicht, nicht richtig, nicht vollständig oder nicht rechtzeitig vorlegt.

(2) Die Ordnungswidrigkeit kann mit einer Geldbuße von bis zu zweitausend Euro geahndet werden.

(3) Verwaltungsbehörden im Sinne des § 36 Absatz 1 Nummer 1 des Gesetzes über Ordnungswidrigkeiten[2)] sind die in § 12 Absatz 1 genannten Behörden.

Abschnitt 3.[3)] Elternzeit für Arbeitnehmerinnen und Arbeitnehmer

§ 15[4)] Anspruch auf Elternzeit. (1) [1]Arbeitnehmerinnen und Arbeitnehmer haben Anspruch auf Elternzeit, wenn sie

---

[1)] § 14 Abs. 1 Nr. 2 geänd. mWv 10.12.2020 durch G v. 3.12.2020 (BGBl. I S. 2668); Abs. 3 geänd. mWv 1.9.2021 durch G v. 15.2.2021 (BGBl. I S. 239).

[2)] **Habersack, Deutsche Gesetze Nr. 94.**

[3)] Bish. Abschnitt 4 wird Abschnitt 3 mWv 1.9.2021 durch G v. 15.2.2021 (BGBl. I S. 239).

[4)] § 15 Abs. 2 Satz 3, Abs. 7 Satz 4 geänd. mWv 1.1.2018 durch G v. 23.5.2017 (BGBl. I S. 1228); Abs. 4 Sätze 1 und 2, Abs. 7 Satz 1 Nr. 3 neu gef. mWv 1.9.2021 durch G v. 15.2.2021 (BGBl. I S. 239); Abs. 5 und 7 Satz 4 neu gef. mWv 24.12.2022 durch G v. 19.12.2022 (BGBl. I S. 2510).

1. a) mit ihrem Kind,
   b) mit einem Kind, für das sie die Anspruchsvoraussetzungen nach § 1 Absatz 3 oder 4 erfüllen, oder
   c) mit einem Kind, das sie in Vollzeitpflege nach § 33 des Achten Buches Sozialgesetzbuch[1] aufgenommen haben,

   in einem Haushalt leben und
2. dieses Kind selbst betreuen und erziehen.

[2] Nicht sorgeberechtigte Elternteile und Personen, die nach Satz 1 Nummer 1 Buchstabe b und c Elternzeit nehmen können, bedürfen der Zustimmung des sorgeberechtigten Elternteils.

(1a) [1] Anspruch auf Elternzeit haben Arbeitnehmerinnen und Arbeitnehmer auch, wenn sie mit ihrem Enkelkind in einem Haushalt leben und dieses Kind selbst betreuen und erziehen und

1. ein Elternteil des Kindes minderjährig ist oder
2. ein Elternteil des Kindes sich in einer Ausbildung befindet, die vor Vollendung des 18. Lebensjahres begonnen wurde und die Arbeitskraft des Elternteils im Allgemeinen voll in Anspruch nimmt.

[2] Der Anspruch besteht nur für Zeiten, in denen keiner der Elternteile des Kindes selbst Elternzeit beansprucht.

(2) [1] Der Anspruch auf Elternzeit besteht bis zur Vollendung des dritten Lebensjahres eines Kindes. [2] Ein Anteil von bis zu 24 Monaten kann zwischen dem dritten Geburtstag und dem vollendeten achten Lebensjahr des Kindes in Anspruch genommen werden. [3] Die Zeit der Mutterschutzfrist nach § 3 Absatz 2 und 3 des Mutterschutzgesetzes[2] wird für die Elternzeit der Mutter auf die Begrenzung nach den Sätzen 1 und 2 angerechnet. [4] Bei mehreren Kindern besteht der Anspruch auf Elternzeit für jedes Kind, auch wenn sich die Zeiträume im Sinne der Sätze 1 und 2 überschneiden. [5] Bei einem angenommenen Kind und bei einem Kind in Vollzeit- oder Adoptionspflege kann Elternzeit von insgesamt bis zu drei Jahren ab der Aufnahme bei der berechtigten Person, längstens bis zur Vollendung des achten Lebensjahres des Kindes genommen werden; die Sätze 2 und 4 sind entsprechend anwendbar, soweit sie die zeitliche Aufteilung regeln. [6] Der Anspruch kann nicht durch Vertrag ausgeschlossen oder beschränkt werden.

(3) [1] Die Elternzeit kann, auch anteilig, von jedem Elternteil allein oder von beiden Elternteilen gemeinsam genommen werden. [2] Satz 1 gilt in den Fällen des Absatzes 1 Satz 1 Nummer 1 Buchstabe b und c entsprechend.

(4) [1] Der Arbeitnehmer oder die Arbeitnehmerin darf während der Elternzeit nicht mehr als 32 Wochenstunden im Durchschnitt des Monats erwerbstätig sein. [2] Eine im Sinne des § 23 des Achten Buches Sozialgesetzbuch geeignete Tagespflegeperson darf bis zu fünf Kinder in Tagespflege betreuen, auch wenn die wöchentliche Betreuungszeit 32 Stunden übersteigt. [3] Teilzeitarbeit bei einem anderen Arbeitgeber oder selbstständige Tätigkeit nach Satz 1 bedürfen der Zustimmung des Arbeitgebers. [4] Dieser kann sie nur innerhalb von vier Wochen aus dringenden betrieblichen Gründen schriftlich ablehnen.

(5) [1] Der Arbeitnehmer oder die Arbeitnehmerin kann eine Verringerung der Arbeitszeit und ihre Verteilung beantragen. [2] Der Antrag kann mit der schriftlichen Mitteilung nach Absatz 7 Satz 1 Nummer 5 verbunden werden. [3] Über den Antrag

---

[1] Nr. **46**.
[2] Nr. **79**.

sollen sich der Arbeitgeber und der Arbeitnehmer oder die Arbeitnehmerin innerhalb von vier Wochen einigen. [4]Lehnt der Arbeitgeber den Antrag ab, so hat er dies dem Arbeitnehmer oder der Arbeitnehmerin innerhalb der Frist nach Satz 3 mit einer Begründung mitzuteilen. [5]Unberührt bleibt das Recht, sowohl die vor der Elternzeit bestehende Teilzeitarbeit unverändert während der Elternzeit fortzusetzen, soweit Absatz 4 beachtet ist, als auch nach der Elternzeit zu der Arbeitszeit zurückzukehren, die vor Beginn der Elternzeit vereinbart war.

(6) Der Arbeitnehmer oder die Arbeitnehmerin kann gegenüber dem Arbeitgeber, soweit eine Einigung nach Absatz 5 nicht möglich ist, unter den Voraussetzungen des Absatzes 7 während der Gesamtdauer der Elternzeit zweimal eine Verringerung seiner oder ihrer Arbeitszeit beanspruchen.

(7) [1]Für den Anspruch auf Verringerung der Arbeitszeit gelten folgende Voraussetzungen:

1. Der Arbeitgeber beschäftigt, unabhängig von der Anzahl der Personen in Berufsbildung, in der Regel mehr als 15 Arbeitnehmer und Arbeitnehmerinnen,
2. das Arbeitsverhältnis in demselben Betrieb oder Unternehmen besteht ohne Unterbrechung länger als sechs Monate,
3. die vertraglich vereinbarte regelmäßige Arbeitszeit soll für mindestens zwei Monate auf einen Umfang von nicht weniger als 15 und nicht mehr als 32 Wochenstunden im Durchschnitt des Monats verringert werden,
4. dem Anspruch stehen keine dringenden betrieblichen Gründe entgegen und
5. der Anspruch auf Teilzeit wurde dem Arbeitgeber
   a) für den Zeitraum bis zum vollendeten dritten Lebensjahr des Kindes sieben Wochen und
   b) für den Zeitraum zwischen dem dritten Geburtstag und dem vollendeten achten Lebensjahr des Kindes 13 Wochen

   vor Beginn der Teilzeittätigkeit schriftlich mitgeteilt.

[2]Der Antrag muss den Beginn und den Umfang der verringerten Arbeitszeit enthalten. [3]Die gewünschte Verteilung der verringerten Arbeitszeit soll im Antrag angegeben werden. [4]Falls der Arbeitgeber die beanspruchte Verringerung oder Verteilung der Arbeitszeit ablehnt, muss die Ablehnung innerhalb der in Satz 5 genannten Frist und mit schriftlicher Begründung erfolgen. [5]Hat ein Arbeitgeber die Verringerung der Arbeitszeit

1. in einer Elternzeit zwischen der Geburt und dem vollendeten dritten Lebensjahr des Kindes nicht spätestens vier Wochen nach Zugang des Antrags oder
2. in einer Elternzeit zwischen dem dritten Geburtstag und dem vollendeten achten Lebensjahr des Kindes nicht spätestens acht Wochen nach Zugang des Antrags

schriftlich abgelehnt, gilt die Zustimmung als erteilt und die Verringerung der Arbeitszeit entsprechend den Wünschen der Arbeitnehmerin oder des Arbeitnehmers als festgelegt. [6]Haben Arbeitgeber und Arbeitnehmerin oder Arbeitnehmer über die Verteilung der Arbeitszeit kein Einvernehmen nach Absatz 5 Satz 2 erzielt

(Fortsetzung nächstes Blatt)

Lfd. Nr.	Änderndes Gesetz	Datum	Fundstelle	Betroffen	Hinweis
22.	Art. 16a Abs. 6 Medizinprodukte-EU-AnpassungsG[1)]	28.4.2020	BGBl. I S. 960, geänd. 2020, S. 1018	§ 35a	geänd. mWv 26.5.2020
23.	Art. 3 Abs. 5 59. G zur Änd. des Strafgesetzbuches	9.10.2020	BGBl. I S. 2075	§ 72a	geänd. mWv 1.1.2021
24.	Art. 4 Abs. 6 Adoptionshilfe-G	12.2.2021	BGBl. I S. 226	§ 102	geänd. mWv 1.4.2021
25.	Art. 12 Vormundschafts- und Betreuungsrechts-ReformG	4.5.2021	BGBl. I S. 882	Inhaltsübersicht, §§ 2, 50, bish. 58a, 72a, 76, 85, 87c, 87d	geänd. mWv 1.1.2023
				§§ 53, 54, 55, 56, 57	neu gef. mWv 1.1.2023
				§ 53a	eingef. mWv 1.1.2023
				bish. § 58	aufgeh. mWv 1.1.2023
26.	Art. 1 Kinder- und JugendstärkungsG	3.6.2021	BGBl. I S. 1444	Inhaltsübersicht, §§ 1, 2, 4, 7, 8, 8a, 8b, 9, 11, 13, 16, 19, 22, 22a, 23, 24, 27, 35a, 36, 36a, 41, 42, 43, 45, 47, 50, 52, 58a, 62, 64, 65, 71, 72a, 77, 78, 78a, 78b, 79, 79a, 80, 81, 83, 87a, 87c, 90, 92, 94, 98, 99, 100, 101, 102, 103, 104, Elftes Kapitel Überschrift	geänd. mWv 10.6.2021
				§§ 20, 37, 38, 46	neu gef. mWv 10.6.2021
				§§ 4a, 9a, 10a, 13a, 36b, 37a, 37b, 37c, 41a, 45a, 107	eingef. mWv 10.6.2021
				§§ 99, 102	geänd. mWv 1.1.2022
				§ 99	geänd. mWv 1.1.2023
				§ 10b	eingef. mWv 1.1.2024
				§§ 10, 10a	geänd. mWv 1.1.2028
				§ 10b	aufgeh. mit Ablauf des 31.12. 2027

[1)] **Amtl. Anm.:** Dieses Gesetz dient der Anpassung des nationalen Medizinprodukterechts an die Verordnung (EU) 2017/745 des Europäischen Parlaments und des Rates vom 5. April 2017 über Medizinprodukte, zur Änderung der Richtlinie 2001/83/EG, der Verordnung (EG) Nr. 178/2002 und der Verordnung (EG) Nr. 1223/2009 und zur Aufhebung der Richtlinien 90/385/EWG und 93/42/EWG des Rates (ABl. L 117 vom 5.5.2017, S. 1; L 117 vom 3.5.2019, S. 9; L 334 vom 27.12.2019, S. 165) und die Verordnung (EU) 2017/746 des Europäischen Parlaments und des Rates vom 5. April 2017 über In-vitro-Diagnostika und zur Aufhebung der Richtlinie 98/79/EG und des Beschlusses 2010/227/EU der Kommission (ABl. L 117 vom 5.5.2017, S. 176; L 117 vom 3.5.2019, S. 11; L 334 vom 27.12.2019, S. 167).

Lfd. Nr.	Änderndes Gesetz	Datum	Fundstelle	Betroffen	Hinweis
27.	Art. 8 Abs. 4 G zur Bekämpfung sexualisierter Gewalt gegen Kinder	16.6.2021	BGBl. I S. 1810	§ 72a	geänd. mWv 1.7.2021
28.	Art. 8 G zur Durchführung der VO (EU) 2019/1111 sowie zur Änd. sonstiger Vorschriften	10.8.2021	BGBl. I S. 3424	§ 38	geänd. mWv 1.8.2022
29.	Art. 42 G über die Entschädigung der Soldatinnen und Soldaten und zur Neuordnung des Soldatenversorgungsrechts	20.8.2021	BGBl. I S. 3932	Inhaltsübersicht, § 93	geänd. mWv 1.1.2025
				§ 107	aufgeh. mit Ablauf des 31.12. 2024
30.	Art. 1, 2 GanztagsförderungsG	2.10.2021	BGBl. I S. 4602	§§ 98, 99, 101, 102	geänd. mWv 1.7.2022
				Inhaltsübersicht	geänd. mWv 1.1.2023
				§ 24a	eingef. mWv 1.1.2023
				§§ 7, 24	geänd. mWv 1.8.2026
				§ 24	geänd. mWv 1.8.2029
31.	Art. 32 G zum Ausbau des elektronischen Rechtsverkehrs mit den Gerichten und zur Änd. weiterer Vorschriften[1]	5.10.2021	BGBl. I S. 4607	§ 60	geänd. mWv 1.1.2022
32.	Art. 12 G zur Durchführung der der EU-Verordnungen über grenzüberschreitende Zustellungen und grenzüberschreitende Beweisaufnahmen in Zivil- oder Handelssachen sowie zur Änd. sonstiger Vorschriften	24.6.2022	BGBl. I S. 959	§§ 61, 68	geänd. mWv 1.1.2023
33.	Art. 3 G zur Änd. des BundeszentralregisterG und des Strafgesetzbuches	4.12.2022	BGBl. I S. 2146	§ 72a	geänd. mWv 9.12.2022
34.	Art. 12 Abs. 24 Bürgergeld-G	16.12. 2022	BGBl. I S. 2328	§ 10	geänd. mWv 1.1.2023
35.	Art. 1 G zur Abschaffung der Kostenheranziehung von jungen Menschen in der Kinder- und Jugendhilfe	21.12. 2022	BGBl. I S. 2824, ber. 2023 Nr. 19	Inhaltsübersicht, §§ 92, 93, 94, 95, 97a, 108	geänd. mWv 1.1.2023

[1] **Amtl. Anm.:** Notifiziert gemäß der Richtlinie (EU) 2015/1535 des Europäischen Parlaments und des Rates vom 9. September 2015 über ein Informationsverfahren auf dem Gebiet der technischen Vorschriften und der Vorschriften für die Dienste der Informationsgesellschaft (ABl. L 241 vom 17.9.2015, S. 1).

Zum SGB VIII haben die Länder ua folgende Ausführungsvorschriften erlassen:

– § 93**Baden-Württemberg:** Kinder- und JugendhilfeG für Baden-Württemberg idF der Bek. v. 14.4.2005 (GBl. S. 376), zuletzt geänd. durch G v. 21.12.2022 (GBl. S. 673);
– **Bayern:** G zur Ausführung der Sozialgesetze (AGSG) v. 8.12.2006 (GVBl. S. 942), zuletzt geänd. durch G v. 23.12.2022 (GVBl. S. 718);
– **Berlin:** G zur Ausführung des Kinder- und JugendhilfeG (AG KJHG) v. 27.4.2001 (GVBl. S. 134), zuletzt geänd. durch G v. 27.8.2021 (GVBl. S. 995);
– **Brandenburg:** Erstes G zur Ausführung des Achten Buches des Sozialgesetzbuches – Kinder- und Jugendhilfe (AGKJHG-Org) idF der Bek. v. 26.6.1997 (GVBl. I S. 87), zuletzt geänd. durch G v. 16.12.2022 (GVBl. I Nr. 33) und Zweites G zur Ausführung des Achten Buches des Sozialgesetzbuches – Kinder- und Jugendhilfe – KindertagesstättenG (KitaG) idF der Bek. v. 27.6.2004 (GVBl. I S. 384), zuletzt geänd. durch G v. 16.12.2022 (GVBl. I Nr. 34);
– **Bremen:** Erstes G zur Ausführung des Achten Buches Sozialgesetzbuch – G zur Ausführung des Kinder- und JugendhilfeG im Lande Bremen (BremAGKJHG) v. 17.9.1991 (Brem.GBl. S. 318), zuletzt geänd. durch G v. 18.10.2022 (Brem.GBl. S. 722);
– **Hamburg:** Hamburgisches G zur Ausführung des Achten Buches Sozialgesetzbuch – Kinder- und Jugendhilfe – (AG SGB VIII) v. 25.6.1997 (HmbGVBl. S. 273), zuletzt geänd. durch G v. 20.12.2022 (HmbGVBl. S. 659);
– **Hessen:** Hessisches Kinder- und Jugendhilfegesetzbuch (HKJGB) v. 18.12.2006 (GVBl. I S. 698), zuletzt geänd. durch G v. 9.12.2022 (GVBl. S. 759);
– **Mecklenburg-Vorpommern:** LandesjugendhilfeorganisationsG (KJHG-Org M-V) v. 23.2.1993 (GVOBl. M-V S. 158), zuletzt geänd. durch G v. 22.6.2012 (GVOBl. M-V S. 208);
– **Niedersachsen:** G zur Ausführung des Kinder- und JugendhilfeG (AG KJHG) v. 5.2.1993 (Nds. GVBl. S. 45), zuletzt geänd. durch G v. 23.3.2022 (Nds. GVBl. S. 204);
– **Nordrhein-Westfalen:** Erstes G zur Ausführung des Kinder- und JugendhilfeG – AG-KJHG – v. 12.12.1990 (GV. NRW. S. 664), zuletzt geänd. durch G v. 1.2.2022 (GV. NRW. S. 122), Drittes G zur Ausführung des Kinder- und JugendhilfeG; G zur Förderung der Jugendarbeit, der Jugendsozialarbeit und des erzieherischen Kinder- und Jugendschutzes – Kinder- und JugendförderungsG – (3. AG-KJHG – KJFöG) v. 12.10.2004 (GV. NRW. S. 572), zuletzt geänd. durch G v. 26.2.2019 (GV. NRW. S. 151) und Fünftes G zur Ausführung des Kinder- und Jugendhilfegesetzes (5. AG-KJHG) v. 8.12.2015 (GV. NRW. S. 832), geänd. durch G v. 1.2.2022 (GV. NRW. S. 122)
– **Rheinland-Pfalz:** LandesG zur Ausführung des Kinder- und JugendhilfeG (AGKJHG) v. 21.12.1993 (GVBl. S. 632), zuletzt geänd. durch G v. 3.9.2019 (GVBl. S. 213);
– **Saarland:** Erstes G zur Ausführung des Kinder- und JugendhilfeG (AG KJHG) v. 9.7.1993 (Amtsbl. S. 807), zuletzt geänd. durch G v. 14.9.2022 (Amtsbl. I S. 1264);
– **Sachsen:** LandesjugendhilfeG idF der Bek. v. 4.9.2008 (SächsGVBl. S. 578), zuletzt geänd. durch G v. 11.5.2019 (SächsGVBl. S. 358); Sächsisches G zur Ausführung des Sozialgesetzbuches (SächsAGSGB) v. 6.6.2002 (SächsGVBl. S. 169), zuletzt geänd. durch G v. 20.12.2022 (SächsGVBl. S. 743);
– **Sachsen-Anhalt:** Kinder- und JugendhilfeG des Landes Sachsen-Anhalt (KJHG-LSA) v. 5.5.2000 (GVBl. LSA S. 236), zuletzt geänd. durch G v. 7.7.2020 (GVBl. LSA S. 372);
– **Schleswig-Holstein:** JugendförderungsG (JuFöG) v. 5.2.1992 (GVOBl. Schl.-H. S. 158, ber. 226), zuletzt geänd. durch G v. 29.4.2022 (GVOBl. Schl.-H. S. 616);
– **Thüringen:** Thüringer Kinder- und Jugendhilfe-AusführungsG (ThürKJHAG) idF der Bek. v. 5.2.2009 (GVBl. S. 1), zuletzt geänd. durch G v. 30.6.2020 (GVBl. S. 345) und Thüringer KindergartenG (ThürKigaG) v. 18.12.2017 (GVBl. S. 276), zuletzt geänd. durch G v. 31.7.2021 (GVBl. S. 387).

Zu abweichendem Landesrecht siehe ua:

– **Bayern:** Abweichungen im G zur Ausführung der Sozialgesetze v. 8.12.2006 (GVBl. S. 942), zuletzt geänd. durch G v. 23.12.2022 (GVBl. S. 718) mWv 16.7.2013; vgl. Hinweis v. 21.1.2014 (BGBl. I S. 47b) v. 21.1.2014 (BGBl. I S. 47),
Hessen: Abweichungen im Hessischen Kinder- und Jugendhilfegesetzbuch v. 18.12.2006 (GVBl. I S. 698), zuletzt geänd. durch G v. 9.12.2022 (GVBl. S. 759) mWv 28.12.2017; vgl. Hinweis v. 28.9.2018 (BGBl. I S. 1390) v. 28.9.2018 (BGBl. I S. 1390).

Inhaltsübersicht[1]

Erstes Kapitel. Allgemeine Vorschriften

Zweites Kapitel. Leistungen der Jugendhilfe

Erster Abschnitt. Jugendarbeit, Jugendsozialarbeit, erzieherischer Kinder- und Jugendschutz

Zweiter Abschnitt. Förderung der Erziehung in der Familie

Dritter Abschnitt. Förderung von Kindern in Tageseinrichtungen und in Kindertagespflege

Vierter Abschnitt. Hilfe zur Erziehung, Eingliederungshilfe für seelisch behinderte Kinder und Jugendliche, Hilfe für junge Volljährige

Erster Unterabschnitt. Hilfe zur Erziehung

[1] Inhaltsübersicht geänd. mWv 19.5.2013 durch G v. 16.4.2013 (BGBl. I S. 795); geänd. mWv 1.1. 2014 durch G v. 29.8.2013 (BGBl. I S. 3464); geänd. mWv 1.11.2015 durch G v. 28.10.2015 (BGBl. I S. 1802); geänd. mWv 1.1.2024 durch G v. 12.12.2019 (BGBl. I S. 2652); geänd. mWv 1.1.2023 durch G v. 4.5.2021 (BGBl. I S. 882); geänd. mWv 10.6.2021 durch G v. 3.6.2021 (BGBl. I S. 1444); geänd. mWv 1.1.2025 durch G v. 20.8.2021 (BGBl. I S. 3932); geänd. mWv 1.1.2023 durch G v. 2.10.2021 (BGBl. I S. 4602); geänd. mWv 1.1.2023 durch G v. 21.12.2022 (BGBl. I S. 2824).

Erstes Kapitel. Allgemeine Vorschriften

§ 1[1)] **Recht auf Erziehung, Elternverantwortung, Jugendhilfe.** (1) Jeder junge Mensch hat ein Recht auf Förderung seiner Entwicklung und auf Erziehung zu einer selbstbestimmten, eigenverantwortlichen und gemeinschaftsfähigen Persönlichkeit.

(2) [1] Pflege und Erziehung der Kinder sind das natürliche Recht der Eltern und die zuvörderst ihnen obliegende Pflicht. [2] Über ihre Betätigung wacht die staatliche Gemeinschaft.

(3) Jugendhilfe soll zur Verwirklichung des Rechts nach Absatz 1 insbesondere

1. junge Menschen in ihrer individuellen und sozialen Entwicklung fördern und dazu beitragen, Benachteiligungen zu vermeiden oder abzubauen,
2. jungen Menschen ermöglichen oder erleichtern, entsprechend ihrem Alter und ihrer individuellen Fähigkeiten in allen sie betreffenden Lebensbereichen selbstbestimmt zu interagieren und damit gleichberechtigt am Leben in der Gesellschaft teilhaben zu können,
3. Eltern und andere Erziehungsberechtigte bei der Erziehung beraten und unterstützen,
4. Kinder und Jugendliche vor Gefahren für ihr Wohl schützen,
5. dazu beitragen, positive Lebensbedingungen für junge Menschen und ihre Familien sowie eine kinder- und familienfreundliche Umwelt zu erhalten oder zu schaffen.

§ 2[2)] **Aufgaben der Jugendhilfe.** (1) Die Jugendhilfe umfasst Leistungen und andere Aufgaben zugunsten junger Menschen und Familien.

(2) Leistungen der Jugendhilfe sind:

1. Angebote der Jugendarbeit, der Jugendsozialarbeit, der Schulsozialarbeit und des erzieherischen Kinder- und Jugendschutzes (§§ 11 bis 14),
2. Angebote zur Förderung der Erziehung in der Familie (§§ 16 bis 21),
3. Angebote zur Förderung von Kindern in Tageseinrichtungen und in Kindertagespflege (§§ 22 bis 25),
4. Hilfe zur Erziehung und ergänzende Leistungen (§§ 27 bis 35, 36, 37, 39, 40),
5. Hilfe für seelisch behinderte Kinder und Jugendliche und ergänzende Leistungen (§§ 35a bis 37, 39, 40),
6. Hilfe für junge Volljährige und Nachbetreuung (den §§ 41 und 41a).

(3) Andere Aufgaben der Jugendhilfe sind

1. die Inobhutnahme von Kindern und Jugendlichen (§ 42),
2. die vorläufige Inobhutnahme von ausländischen Kindern und Jugendlichen nach unbegleiteter Einreise (§ 42a),
3. die Erteilung, der Widerruf und die Zurücknahme der Pflegeerlaubnis (§§ 43, 44),

---

[1)] § 1 Abs. 1 geänd., Abs. 3 Nr. 2 eingef., die bish. Nr. 2–4 werden Nr. 3–5 mWv 10.6.2021 durch G v. 3.6.2021 (BGBl. I S. 1444).

[2)] § 2 Abs. 3 Nr. 2 eingef. mWv 1.11.2015 durch G v. 28.10.2015 (BGBl. I S. 1802); Abs. 3 Nr. 9 geänd., Nr. 10 und 11 neu gef. mWv 1.1.2023 durch G v. 4.5.2021 (BGBl. I S. 882); Abs. 2 Nr. 1, 3 und 6 geänd. mWv 10.6.2021 durch G v. 3.6.2021 (BGBl. I S. 1444).

4. die Erteilung, der Widerruf und die Zurücknahme der Erlaubnis für den Betrieb einer Einrichtung sowie die Erteilung nachträglicher Auflagen und die damit verbundenen Aufgaben (§§ 45 bis 47, 48a),
5. die Tätigkeitsuntersagung (§§ 48, 48a),
6. die Mitwirkung in Verfahren vor den Familiengerichten (§ 50),
7. die Beratung und Belehrung in Verfahren zur Annahme als Kind (§ 51),
8. die Mitwirkung in Verfahren nach dem Jugendgerichtsgesetz[1] (§ 52),
9. die Beratung und Unterstützung von Müttern bei Vaterschaftsfeststellung und Geltendmachung von Unterhaltsansprüchen sowie von Pflegern und Vormündern (§§ 52a, 53a),
10. die Erteilung, der Widerruf und die Zurücknahme der Anerkennung als Vormundschaftsverein (§ 54),
11. Beistandschaft, Pflegschaft und Vormundschaft des Jugendamts (§§ 55 bis 57),
12. Beurkundung (§ 59),
13. die Aufnahme von vollstreckbaren Urkunden (§ 60).

§ 3 Freie und öffentliche Jugendhilfe. (1) Die Jugendhilfe ist gekennzeichnet durch die Vielfalt von Trägern unterschiedlicher Wertorientierungen und die Vielfalt von Inhalten, Methoden und Arbeitsformen.

(2) [1] Leistungen der Jugendhilfe werden von Trägern der freien Jugendhilfe und von Trägern der öffentlichen Jugendhilfe erbracht. [2] Leistungsverpflichtungen, die durch dieses Buch begründet werden, richten sich an die Träger der öffentlichen Jugendhilfe.

(3) [1] Andere Aufgaben der Jugendhilfe werden von Trägern der öffentlichen Jugendhilfe wahrgenommen. [2] Soweit dies ausdrücklich bestimmt ist, können Träger der freien Jugendhilfe diese Aufgaben wahrnehmen oder mit ihrer Ausführung betraut werden.

§ 4[2] Zusammenarbeit der öffentlichen Jugendhilfe mit der freien Jugendhilfe. (1) [1] Die öffentliche Jugendhilfe soll mit der freien Jugendhilfe zum Wohl junger Menschen und ihrer Familien partnerschaftlich zusammenarbeiten. [2] Sie hat dabei die Selbständigkeit der freien Jugendhilfe in Zielsetzung und Durchführung ihrer Aufgaben sowie in der Gestaltung ihrer Organisationsstruktur zu achten.

(2) Soweit geeignete Einrichtungen, Dienste und Veranstaltungen von anerkannten Trägern der freien Jugendhilfe betrieben werden oder rechtzeitig geschaffen werden können, soll die öffentliche Jugendhilfe von eigenen Maßnahmen absehen.

(3) Die öffentliche Jugendhilfe soll die freie Jugendhilfe nach Maßgabe dieses Buches fördern und dabei die Beteiligung von Kindern, Jugendlichen und Eltern stärken.

§ 4a[3] Selbstorganisierte Zusammenschlüsse zur Selbstvertretung.

(1) [1] Selbstorganisierte Zusammenschlüsse nach diesem Buch sind solche, in denen sich nicht in berufsständische Organisationen der Kinder- und Jugendhilfe eingebundene Personen, insbesondere Leistungsberechtigte und Leistungsempfänger nach diesem Buch sowie ehrenamtlich in der Kinder- und Jugendhilfe tätige

---

[1] **Habersack, Deutsche Gesetze Nr. 89.**
[2] § 4 Abs. 3 geänd. mWv 10.6.2021 durch G v. 3.6.2021 (BGBl. I S. 1444).
[3] § 4a eingef. mWv 10.6.2021 durch G v. 3.6.2021 (BGBl. I S. 1444).

Personen, nicht nur vorübergehend mit dem Ziel zusammenschließen, Adressatinnen und Adressaten der Kinder- und Jugendhilfe zu unterstützen, zu begleiten und zu fördern, sowie Selbsthilfekontaktstellen. [2]Sie umfassen Selbstvertretungen sowohl innerhalb von Einrichtungen und Institutionen als auch im Rahmen gesellschaftlichen Engagements zur Wahrnehmung eigener Interessen sowie die verschiedenen Formen der Selbsthilfe.

(2) Die öffentliche Jugendhilfe arbeitet mit den selbstorganisierten Zusammenschlüssen zusammen, insbesondere zur Lösung von Problemen im Gemeinwesen oder innerhalb von Einrichtungen zur Beteiligung in diese betreffenden Angelegenheiten, und wirkt auf eine partnerschaftliche Zusammenarbeit mit diesen innerhalb der freien Jugendhilfe hin.

(3) Die öffentliche Jugendhilfe soll die selbstorganisierten Zusammenschlüsse nach Maßgabe dieses Buches anregen und fördern.

§ 5 Wunsch- und Wahlrecht. (1) [1]Die Leistungsberechtigten haben das Recht, zwischen Einrichtungen und Diensten verschiedener Träger zu wählen und Wünsche hinsichtlich der Gestaltung der Hilfe zu äußern. [2]Sie sind auf dieses Recht hinzuweisen.

(2) [1]Der Wahl und den Wünschen soll entsprochen werden, sofern dies nicht mit unverhältnismäßigen Mehrkosten verbunden ist. [2]Wünscht der Leistungsberechtigte die Erbringung einer in § 78a genannten Leistung in einer Einrichtung, mit deren Träger keine Vereinbarungen nach § 78b bestehen, so soll der Wahl nur entsprochen werden, wenn die Erbringung der Leistung in dieser Einrichtung im Einzelfall oder nach Maßgabe des Hilfeplanes (§ 36) geboten ist.

§ 6 Geltungsbereich. (1) [1]Leistungen nach diesem Buch werden jungen Menschen, Müttern, Vätern und Personensorgeberechtigten von Kindern und Jugendlichen gewährt, die ihren tatsächlichen Aufenthalt im Inland haben. [2]Für die Erfüllung anderer Aufgaben gilt Satz 1 entsprechend. [3]Umgangsberechtigte haben unabhängig von ihrem tatsächlichen Aufenthalt Anspruch auf Beratung und Unterstützung bei der Ausübung des Umgangsrechts, wenn das Kind oder der Jugendliche seinen gewöhnlichen Aufenthalt im Inland hat.

(2) [1]Ausländer können Leistungen nach diesem Buch nur beanspruchen, wenn sie rechtmäßig oder auf Grund einer ausländerrechtlichen Duldung ihren gewöhnlichen Aufenthalt im Inland haben. [2]Absatz 1 Satz 2 bleibt unberührt.

(3) Deutschen können Leistungen nach diesem Buch auch gewährt werden, wenn sie ihren Aufenthalt im Ausland haben und soweit sie nicht Hilfe vom Aufenthaltsland erhalten.

(4) Regelungen des über- und zwischenstaatlichen Rechts bleiben unberührt.

§ 7[1)] Begriffsbestimmungen. (1) Im Sinne dieses Buches ist

1. Kind, wer noch nicht 14 Jahre alt ist, soweit nicht die Absätze 2 bis 4 etwas anderes bestimmen,
2. Jugendlicher, wer 14, aber noch nicht 18 Jahre alt ist,
3. junger Volljähriger, wer 18, aber noch nicht 27 Jahre alt ist,
4. junger Mensch, wer noch nicht 27 Jahre alt ist,

[1)] § 7 Abs. 3 neu gef. mWv 1.11.2015 durch G v. 28.10.2015 (BGBl. I S. 1802); Abs. 2 eingef., bish. Abs. 2–4 werden Abs. 3–5 mWv 10.6.2021 durch G v. 3.6.2021 (BGBl. I S. 1444); Abs. 4 geänd. mWv 1.8.2026 durch G v. 2.10.2021 (BGBl. I S. 4602).

5. Personensorgeberechtigter, wem allein oder gemeinsam mit einer anderen Person nach den Vorschriften des Bürgerlichen Gesetzbuchs[1)] die Personensorge zusteht,
6. Erziehungsberechtigter, der Personensorgeberechtigte und jede sonstige Person über 18 Jahre, soweit sie auf Grund einer Vereinbarung mit dem Personensorgeberechtigten nicht nur vorübergehend und nicht nur für einzelne Verrichtungen Aufgaben der Personensorge wahrnimmt.

(2) [1]Kinder, Jugendliche, junge Volljährige und junge Menschen mit Behinderungen im Sinne dieses Buches sind Menschen, die körperliche, seelische, geistige oder Sinnesbeeinträchtigungen haben, die sie in Wechselwirkung mit einstellungs- und umweltbedingten Barrieren an der gleichberechtigten Teilhabe an der Gesellschaft mit hoher Wahrscheinlichkeit länger als sechs Monate hindern können. [2]Eine Beeinträchtigung nach Satz 1 liegt vor, wenn der Körper- und Gesundheitszustand von dem für das Lebensalter typischen Zustand abweicht. [3]Kinder, Jugendliche, junge Volljährige und junge Menschen sind von Behinderung bedroht, wenn eine Beeinträchtigung nach Satz 1 zu erwarten ist.

(3) Kind im Sinne des § 1 Absatz 2 ist, wer noch nicht 18 Jahre alt ist.

(4) Werktage im Sinne ***[ab 1.8.2026:** des § 24 Absatz 4 und**]*** der §§ 42a bis 42c sind die Wochentage Montag bis Freitag; ausgenommen sind gesetzliche Feiertage.

(5) Die Bestimmungen dieses Buches, die sich auf die Annahme als Kind beziehen, gelten nur für Personen, die das 18. Lebensjahr noch nicht vollendet haben.

§ 8[2)] Beteiligung von Kindern und Jugendlichen. (1) [1]Kinder und Jugendliche sind entsprechend ihrem Entwicklungsstand an allen sie betreffenden Entscheidungen der öffentlichen Jugendhilfe zu beteiligen. [2]Sie sind in geeigneter Weise auf ihre Rechte im Verwaltungsverfahren sowie im Verfahren vor dem Familiengericht und dem Verwaltungsgericht hinzuweisen.

(2) Kinder und Jugendliche haben das Recht, sich in allen Angelegenheiten der Erziehung und Entwicklung an das Jugendamt zu wenden.

(3) [1]Kinder und Jugendliche haben Anspruch auf Beratung ohne Kenntnis des Personensorgeberechtigten, solange durch die Mitteilung an den Personensorgeberechtigten der Beratungszweck vereitelt würde. [2]§ 36 des Ersten Buches bleibt unberührt. [3]Die Beratung kann auch durch einen Träger der freien Jugendhilfe erbracht werden; § 36a Absatz 2 Satz 1 bis 3 gilt entsprechend.

(4) Beteiligung und Beratung von Kindern und Jugendlichen nach diesem Buch erfolgen in einer für sie verständlichen, nachvollziehbaren und wahrnehmbaren Form.

§ 8a[3)] Schutzauftrag bei Kindeswohlgefährdung. (1) [1]Werden dem Jugendamt gewichtige Anhaltspunkte für die Gefährdung des Wohls eines Kindes oder Jugendlichen bekannt, so hat es das Gefährdungsrisiko im Zusammenwirken mehrerer Fachkräfte einzuschätzen. [2]Soweit der wirksame Schutz dieses Kindes oder dieses Jugendlichen nicht in Frage gestellt wird, hat das Jugendamt die Erziehungsberechtigten sowie das Kind oder den Jugendlichen in die Gefähr-

---

[1)] **Habersack, Deutsche Gesetze Nr. 20.**

[2)] § 8 Abs. 3 Satz 1 geänd., Satz 3 und Abs. 4 angef. mWv 10.6.2021 durch G v. 3.6.2021 (BGBl. I S. 1444).

[3)] § 8a Abs. 1 Satz 2 und Abs. 4 Satz 2 neu gef., Satz 3 angef., Abs. 5 eingef., bish. Abs. 5 wird Abs. 6 mWv 10.6.2021 durch G v. 3.6.2021 (BGBl. I S. 1444).

dungseinschätzung einzubeziehen und, sofern dies nach fachlicher Einschätzung erforderlich ist,

1. sich dabei einen unmittelbaren Eindruck von dem Kind und von seiner persönlichen Umgebung zu verschaffen sowie
2. Personen, die gemäß § 4 Absatz 3 des Gesetzes zur Kooperation und Information im Kinderschutz[1)] dem Jugendamt Daten übermittelt haben, in geeigneter Weise an der Gefährdungseinschätzung zu beteiligen.

[3] Hält das Jugendamt zur Abwendung der Gefährdung die Gewährung von Hilfen für geeignet und notwendig, so hat es diese den Erziehungsberechtigten anzubieten.

(2) [1] Hält das Jugendamt das Tätigwerden des Familiengerichts für erforderlich, so hat es das Gericht anzurufen; dies gilt auch, wenn die Erziehungsberechtigten nicht bereit oder in der Lage sind, bei der Abschätzung des Gefährdungsrisikos mitzuwirken. [2] Besteht eine dringende Gefahr und kann die Entscheidung des Gerichts nicht abgewartet werden, so ist das Jugendamt verpflichtet, das Kind oder den Jugendlichen in Obhut zu nehmen.

(3) [1] Soweit zur Abwendung der Gefährdung das Tätigwerden anderer Leistungsträger, der Einrichtungen der Gesundheitshilfe oder der Polizei notwendig ist, hat das Jugendamt auf die Inanspruchnahme durch die Erziehungsberechtigten hinzuwirken. [2] Ist ein sofortiges Tätigwerden erforderlich und wirken die Personensorgeberechtigten oder die Erziehungsberechtigten nicht mit, so schaltet das Jugendamt die anderen zur Abwendung der Gefährdung zuständigen Stellen selbst ein.

(4) [1] In Vereinbarungen mit den Trägern von Einrichtungen und Diensten, die Leistungen nach diesem Buch erbringen, ist sicherzustellen, dass

1. deren Fachkräfte bei Bekanntwerden gewichtiger Anhaltspunkte für die Gefährdung eines von ihnen betreuten Kindes oder Jugendlichen eine Gefährdungseinschätzung vornehmen,
2. bei der Gefährdungseinschätzung eine insoweit erfahrene Fachkraft beratend hinzugezogen wird sowie
3. die Erziehungsberechtigten sowie das Kind oder der Jugendliche in die Gefährdungseinschätzung einbezogen werden, soweit hierdurch der wirksame Schutz des Kindes oder Jugendlichen nicht in Frage gestellt wird.

[2] In den Vereinbarungen sind die Kriterien für die Qualifikation der beratend hinzuzuziehenden insoweit erfahrenen Fachkraft zu regeln, die insbesondere auch den spezifischen Schutzbedürfnissen von Kindern und Jugendlichen mit Behinderungen Rechnung tragen. [3] Daneben ist in die Vereinbarungen insbesondere die Verpflichtung aufzunehmen, dass die Fachkräfte der Träger bei den Erziehungsberechtigten auf die Inanspruchnahme von Hilfen hinwirken, wenn sie diese für erforderlich halten, und das Jugendamt informieren, falls die Gefährdung nicht anders abgewendet werden kann.

(5) [1] In Vereinbarungen mit Kindertagespflegepersonen, die Leistungen nach diesem Buch erbringen, ist sicherzustellen, dass diese bei Bekanntwerden gewichtiger Anhaltspunkte für die Gefährdung eines von ihnen betreuten Kindes eine Gefährdungseinschätzung vornehmen und dabei eine insoweit erfahrene Fachkraft beratend hinzuziehen. [2] Die Erziehungsberechtigten sowie das Kind sind in die

---

[1)] Nr. **46a**.

Gefährdungseinschätzung einzubeziehen, soweit hierdurch der wirksame Schutz des Kindes nicht in Frage gestellt wird. [3] Absatz 4 Satz 2 und 3 gilt entsprechend.

(6) [1] Werden einem örtlichen Träger gewichtige Anhaltspunkte für die Gefährdung des Wohls eines Kindes oder eines Jugendlichen bekannt, so sind dem für die Gewährung von Leistungen zuständigen örtlichen Träger die Daten mitzuteilen, deren Kenntnis zur Wahrnehmung des Schutzauftrags bei Kindeswohlgefährdung nach § 8a erforderlich ist. [2] Die Mitteilung soll im Rahmen eines Gespräches zwischen den Fachkräften der beiden örtlichen Träger erfolgen, an dem die Personensorgeberechtigten sowie das Kind oder der Jugendliche beteiligt werden sollen, soweit hierdurch der wirksame Schutz des Kindes oder des Jugendlichen nicht in Frage gestellt wird.

§ 8b[1)] Fachliche Beratung und Begleitung zum Schutz von Kindern und Jugendlichen. (1) Personen, die beruflich in Kontakt mit Kindern oder Jugendlichen stehen, haben bei der Einschätzung einer Kindeswohlgefährdung im Einzelfall gegenüber dem örtlichen Träger der Jugendhilfe Anspruch auf Beratung durch eine insoweit erfahrene Fachkraft.

(2) Träger von Einrichtungen, in denen sich Kinder oder Jugendliche ganztägig oder für einen Teil des Tages aufhalten oder in denen sie Unterkunft erhalten, und die zuständigen Leistungsträger, haben gegenüber dem überörtlichen Träger der Jugendhilfe Anspruch auf Beratung bei der Entwicklung und Anwendung fachlicher Handlungsleitlinien

1. zur Sicherung des Kindeswohls und zum Schutz vor Gewalt sowie
2. zu Verfahren der Beteiligung von Kindern und Jugendlichen an strukturellen Entscheidungen in der Einrichtung sowie zu Beschwerdeverfahren in persönlichen Angelegenheiten.

(3) Bei der fachlichen Beratung nach den Absätzen 1 und 2 wird den spezifischen Schutzbedürfnissen von Kindern und Jugendlichen mit Behinderungen Rechnung getragen.

§ 9[2)] Grundrichtung der Erziehung, Gleichberechtigung von jungen Menschen. Bei der Ausgestaltung der Leistungen und der Erfüllung der Aufgaben sind

1. die von den Personensorgeberechtigten bestimmte Grundrichtung der Erziehung sowie die Rechte der Personensorgeberechtigten und des Kindes oder des Jugendlichen bei der Bestimmung der religiösen Erziehung zu beachten,
2. die wachsende Fähigkeit und das wachsende Bedürfnis des Kindes oder des Jugendlichen zu selbständigem, verantwortungsbewusstem Handeln sowie die jeweiligen besonderen sozialen und kulturellen Bedürfnisse und Eigenarten junger Menschen und ihrer Familien zu berücksichtigen,
3. die unterschiedlichen Lebenslagen von Mädchen, Jungen sowie transidenten, nichtbinären und intergeschlechtlichen jungen Menschen zu berücksichtigen, Benachteiligungen abzubauen und die Gleichberechtigung der Geschlechter zu fördern,
4. die gleichberechtigte Teilhabe von jungen Menschen mit und ohne Behinderungen umzusetzen und vorhandene Barrieren abzubauen.

[1)] § 8b Abs. 3 angef. mWv 10.6.2021 durch G v. 3.6.2021 (BGBl. I S. 1444).

[2)] § 9 Überschrift geänd., Nr. 3 neu gef., Nr. 4 angef. mWv 10.6.2021 durch G v. 3.6.2021 (BGBl. I S. 1444).

§ 9a[1)] Ombudsstellen. [1] In den Ländern wird sichergestellt, dass sich junge Menschen und ihre Familien zur Beratung in sowie Vermittlung und Klärung von Konflikten im Zusammenhang mit Aufgaben der Kinder- und Jugendhilfe nach § 2 und deren Wahrnehmung durch die öffentliche und freie Jugendhilfe an eine Ombudsstelle wenden können. [2] Die hierzu dem Bedarf von jungen Menschen und ihren Familien entsprechend errichteten Ombudsstellen arbeiten unabhängig und sind fachlich nicht weisungsgebunden. [3] § 17 Absatz 1 bis 2a des Ersten Buches gilt für die Beratung sowie die Vermittlung und Klärung von Konflikten durch die Ombudsstellen entsprechend. [4] Das Nähere regelt das Landesrecht.

§ 10[2)] Verhältnis zu anderen Leistungen und Verpflichtungen. (1) [1] Verpflichtungen anderer, insbesondere der Träger anderer Sozialleistungen und der Schulen, werden durch dieses Buch nicht berührt. [2] Auf Rechtsvorschriften beruhende Leistungen anderer dürfen nicht deshalb versagt werden, weil nach diesem Buch entsprechende Leistungen vorgesehen sind.

(2) [1] Unterhaltspflichtige Personen werden nach Maßgabe der §§ 90 bis 97b an den Kosten für Leistungen und vorläufige Maßnahmen nach diesem Buch beteiligt. [2] Soweit die Zahlung des Kostenbeitrags die Leistungsfähigkeit des Unterhaltspflichtigen mindert oder der Bedarf des jungen Menschen durch Leistungen und vorläufige Maßnahmen nach diesem Buch gedeckt ist, ist dies bei der Berechnung des Unterhalts zu berücksichtigen.

(3) [1] Die Leistungen nach diesem Buch gehen Leistungen nach dem Zweiten Buch vor. [2] Abweichend von Satz 1 gehen Leistungen nach § 3 Absatz 2, den §§ 14 bis 16g, 16k, § 19 Absatz 2 in Verbindung mit § 28 Absatz 6 des Zweiten Buches sowie Leistungen nach § 6b Absatz 2 des Bundeskindergeldgesetzes[3)] in Verbindung mit § 28 Absatz 6 des Zweiten Buches den Leistungen nach diesem Buch vor.

[Abs. 4 bis 31.12.2027:]

(4) [1] Die Leistungen nach diesem Buch gehen Leistungen nach dem Neunten und Zwölften Buch vor. [2] Abweichend von Satz 1 gehen Leistungen nach § 27a Absatz 1 in Verbindung mit § 34 Absatz 6 des Zwölften Buches und Leistungen der Eingliederungshilfe nach dem Neunten Buch für junge Menschen, die körperlich oder geistig behindert oder von einer solchen Behinderung bedroht sind, den Leistungen nach diesem Buch vor. [3] Landesrecht kann regeln, dass Leistungen der Frühförderung für Kinder unabhängig von der Art der Behinderung vorrangig von anderen Leistungsträgern gewährt werden.

[Abs. 4 ab 1.1.2028:]

(4) [1] Die Leistungen nach diesem Buch gehen Leistungen nach dem Neunten Buch vor. [2] Leistungen nach diesem Buch für junge Menschen mit seelischer Behinderung oder einer drohenden seelischen Behinderung werden auch für junge Menschen mit körperlicher oder geistiger Behinderung oder mit einer drohenden körperlichen oder geistigen Behinderung vorrangig vom Träger der öffentlichen Jugendhilfe gewährt. [3] Das Nähere über

---

1) § 9a eingef. mWv 10.6.2021 durch G v. 3.6.2021 (BGBl. I S. 1444).

2) § 10 Abs. 4 Sätze 1 und 2 geänd. mWv 1.1.2020 durch G v. 23.12.2016 (BGBl. I S. 3234, geänd. durch G v. 17.7.2017, BGBl. I S. 2541); Abs. 5 angef. mWv 1.1.2024 durch G v. 12.12.2019 (BGBl. I S. 2652); Abs. 4 neu gef., Abs. 5 eingef., bish. Abs. 5 wird Abs. 6 mWv 1.1.2028 durch G v. 3.6.2021 (BGBl. I S. 1444), wenn bis zum 1.1.2027 ein Bundesgesetz nach Art. 1 Nr. 12 § 10 Abs. 4 Satz 3 verkündet wurde; vgl. Art. 10 Abs. 3 dieses G; Abs. 3 Satz 2 geänd. mWv 1.1.2023 durch G v. 16.12.2022 (BGBl. I S. 2328).

3) Nr. **45b**.

1. den leistungsberechtigten Personenkreis,

2. Art und Umfang der Leistung,

3. die Kostenbeteiligung und

4. das Verfahren

bestimmt ein Bundesgesetz auf Grundlage einer prospektiven Gesetzesevaluation.

[Abs. 5 ab 1.1.2028:]

(5) [1] Die Leistungen nach diesem Buch gehen Leistungen nach dem Zwölften Buch vor. [2] Abweichend von Satz 1 gehen Leistungen nach § 27a Absatz 1 in Verbindung mit § 34 Absatz 6 des Zwölften Buches den Leistungen nach diesem Buch vor.

[Abs. 5 ab 1.1.2024:]

*(5) **[ab 1.1.2028: (6)]** Soweit Leistungen zum Lebensunterhalt nach § 39 erbracht werden, gehen sie den Leistungen zum Lebensunterhalt nach § 93 des Vierzehnten Buches vor.*

§ 10a[1)] Beratung. (1) Zur Wahrnehmung ihrer Rechte nach diesem Buch werden junge Menschen, Mütter, Väter, Personensorge- und Erziehungsberechtigte, die leistungsberechtigt sind oder Leistungen nach § 2 Absatz 2 erhalten sollen, in einer für sie verständlichen, nachvollziehbaren und wahrnehmbaren Form, auf ihren Wunsch auch im Beisein einer Person ihres Vertrauens, beraten.

(Fortsetzung nächstes Blatt)

[1)] § 10a eingef. mWv 10.6.2021 durch G v. 3.6.2021 (BGBl. I S. 1444), § 10a Abs. 3 tritt mWv 1.1. 2028 außer Kraft, vgl. Art. 10 Abs. 3 dieses G.

(4) Personen oder Stellen, an die Sozialdaten übermittelt worden sind, dürfen diese nur zu dem Zweck speichern und nutzen, zu dem sie ihnen nach Absatz 1 befugt übermittelt worden sind.

Fünftes Kapitel. Träger der Jugendhilfe, Zusammenarbeit, Gesamtverantwortung

Erster Abschnitt. Träger der öffentlichen Jugendhilfe

§ 69 Träger der öffentlichen Jugendhilfe, Jugendämter, Landesjugendämter. (1) Die Träger der öffentlichen Jugendhilfe werden durch Landesrecht bestimmt.

(2) (weggefallen)

(3) Für die Wahrnehmung der Aufgaben nach diesem Buch errichtet jeder örtliche Träger ein Jugendamt, jeder überörtliche Träger ein Landesjugendamt[1].

(4) Mehrere örtliche Träger und mehrere überörtliche Träger können, auch wenn sie verschiedenen Ländern angehören, zur Durchführung einzelner Aufgaben gemeinsame Einrichtungen und Dienste errichten.

§ 70[1] Organisation des Jugendamts und des Landesjugendamts. (1) Die Aufgaben des Jugendamts werden durch den Jugendhilfeausschuss und durch die Verwaltung des Jugendamts wahrgenommen.

(2) Die Geschäfte der laufenden Verwaltung im Bereich der öffentlichen Jugendhilfe werden vom Leiter der Verwaltung der Gebietskörperschaft oder in seinem Auftrag vom Leiter der Verwaltung des Jugendamts im Rahmen der Satzung und der Beschlüsse der Vertretungskörperschaft und des Jugendhilfeausschusses geführt.

(3) [1] Die Aufgaben des Landesjugendamts werden durch den Landesjugendhilfeausschuss und durch die Verwaltung des Landesjugendamts im Rahmen der Satzung und der dem Landesjugendamt zur Verfügung gestellten Mittel wahrgenommen. [2] Die Geschäfte der laufenden Verwaltung werden von dem Leiter der Verwaltung des Landesjugendamts im Rahmen der Satzung und der Beschlüsse des Landesjugendhilfeausschusses geführt.

§ 71[2] Jugendhilfeausschuss, Landesjugendhilfeausschuss. (1) Dem Jugendhilfeausschuss gehören als stimmberechtigte Mitglieder an

1. mit drei Fünfteln des Anteils der Stimmen Mitglieder der Vertretungskörperschaft des Trägers der öffentlichen Jugendhilfe oder von ihr gewählte Frauen und Männer, die in der Jugendhilfe erfahren sind,
2. mit zwei Fünfteln des Anteils der Stimmen Frauen und Männer, die auf Vorschlag der im Bereich des öffentlichen Trägers wirkenden und anerkannten Träger der freien Jugendhilfe von der Vertretungskörperschaft gewählt werden; Vorschläge der Jugendverbände und der Wohlfahrtsverbände sind angemessen zu berücksichtigen.

(2) Dem Jugendhilfeausschuss sollen als beratende Mitglieder selbstorganisierte Zusammenschlüsse nach § 4a angehören.

---

[1] Siehe hierzu ua den Hinweis der Freien Hansestadt Bremen auf von BundesR abweichendes LandesR v. 30.9.2016 (BGBl. I S. 2195).

[2] § 71 Abs. 2 eingef., bish. Abs. 2 und 3 werden Abs. 3 und 4, bish. Abs. 4 wird Abs. 5 und neu gef., bish. Abs. 5 wird Abs. 6 und neu gef. mWv 10.6.2021 durch G v. 3.6.2021 (BGBl. I S. 1444).

(3) Der Jugendhilfeausschuss befasst sich mit allen Angelegenheiten der Jugendhilfe, insbesondere mit

1. der Erörterung aktueller Problemlagen junger Menschen und ihrer Familien sowie mit Anregungen und Vorschlägen für die Weiterentwicklung der Jugendhilfe,
2. der Jugendhilfeplanung und
3. der Förderung der freien Jugendhilfe.

(4) [1] Er hat Beschlussrecht in Angelegenheiten der Jugendhilfe im Rahmen der von der Vertretungskörperschaft bereitgestellten Mittel, der von ihr erlassenen Satzung und der von ihr gefassten Beschlüsse. [2] Er soll vor jeder Beschlussfassung der Vertretungskörperschaft in Fragen der Jugendhilfe und vor der Berufung eines Leiters des Jugendamts gehört werden und hat das Recht, an die Vertretungskörperschaft Anträge zu stellen. [3] Er tritt nach Bedarf zusammen und ist auf Antrag von mindestens einem Fünftel der Stimmberechtigten einzuberufen. [4] Seine Sitzungen sind öffentlich, soweit nicht das Wohl der Allgemeinheit, berechtigte Interessen einzelner Personen oder schutzbedürftiger Gruppen entgegenstehen.

(5) [1] Dem Landesjugendhilfeausschuss gehören mit zwei Fünfteln des Anteils der Stimmen Frauen und Männer an, die auf Vorschlag der im Bereich des Landesjugendamts wirkenden und anerkannten Träger der freien Jugendhilfe von der obersten Landesjugendbehörde zu berufen sind. [2] Die übrigen Mitglieder werden durch Landesrecht bestimmt. Absatz 3 gilt entsprechend.

(6) [1] Das Nähere regelt das Landesrecht. [2] Es regelt die Zugehörigkeit weiterer beratender Mitglieder zum Jugendhilfeausschuss. [3] Es kann bestimmen, dass der Leiter der Verwaltung der Gebietskörperschaft oder der Leiter der Verwaltung des Jugendamts nach Absatz 1 Nummer 1 stimmberechtigt ist.

§ 72 Mitarbeiter, Fortbildung. (1) [1] Die Träger der öffentlichen Jugendhilfe sollen bei den Jugendämtern und Landesjugendämtern hauptberuflich nur Personen beschäftigen, die sich für die jeweilige Aufgabe nach ihrer Persönlichkeit eignen und eine dieser Aufgabe entsprechende Ausbildung erhalten haben (Fachkräfte) oder auf Grund besonderer Erfahrungen in der sozialen Arbeit in der Lage sind, die Aufgabe zu erfüllen. [2] Soweit die jeweilige Aufgabe dies erfordert, sind mit ihrer Wahrnehmung nur Fachkräfte oder Fachkräfte mit entsprechender Zusatzausbildung zu betrauen. [3] Fachkräfte verschiedener Fachrichtungen sollen zusammenwirken, soweit die jeweilige Aufgabe dies erfordert.

(2) Leitende Funktionen des Jugendamts oder des Landesjugendamts sollen in der Regel nur Fachkräften übertragen werden.

(3) Die Träger der öffentlichen Jugendhilfe haben Fortbildung und Praxisberatung der Mitarbeiter des Jugendamts und des Landesjugendamts sicherzustellen.

§ 72a[1] Tätigkeitsausschluss einschlägig vorbestrafter Personen. (1) [1] Die Träger der öffentlichen Jugendhilfe dürfen für die Wahrnehmung der Aufgaben in der Kinder- und Jugendhilfe keine Person beschäftigen oder vermitteln, die rechtskräftig wegen einer Straftat nach den §§ 171, 174 bis 174c, 176 bis 180a, 181a, 182

[1] § 72a Abs. 1 Satz 1 geänd. mWv 27.1.2015 durch G v. 21.1.2015 (BGBl. I S. 10); Abs. 1 Satz 1 geänd. mWv 15.10.2016 durch G v. 11.10.2016 (BGBl. I S. 2226); Abs. 1 Satz 1 geänd. mWv 10.11.2016 durch G v. 4.11.2016 (BGBl. I S. 2460); Abs. 1 Satz 1 geänd. mWv 1.1.2021 durch G v. 9.10.2020 (BGBl. I S. 2075); Abs. 2 geänd. mWv 1.1.2023 durch G v. 4.5.2021 (BGBl. I S. 882); Abs. 1 Satz 1 geänd., Abs. 5 neu gef. mWv 10.6.2021 durch G v. 3.6.2021 (BGBl. I S. 1444); Abs. 1 Satz 1 geänd. mWv 1.7.2021 durch G v. 16.6.2021 (BGBl. I S. 1810); Abs. 5 neu gef. mWv 9.12.2022 durch G v. 4.12.2022 (BGBl. I S. 2146).

bis 184g, 184i, 184j, 184k, 184l, 201a Absatz 3, den §§ 225, 232 bis 233a, 234, 235 oder 236 des Strafgesetzbuchs[1)] verurteilt worden ist. [2] Zu diesem Zweck sollen sie sich bei der Einstellung oder Vermittlung und in regelmäßigen Abständen von den betroffenen Personen ein Führungszeugnis nach § 30 Absatz 5 und § 30a Absatz 1 des Bundeszentralregistergesetzes[2)] vorlegen lassen.

(2) Die Träger der öffentlichen Jugendhilfe sollen durch Vereinbarungen mit den Trägern der freien Jugendhilfe sowie mit Vereinen im Sinne des § 54 sicherstellen, dass diese keine Person, die wegen einer Straftat nach Absatz 1 Satz 1 rechtskräftig verurteilt worden ist, hauptamtlich beschäftigen.

(3) [1] Die Träger der öffentlichen Jugendhilfe sollen sicherstellen, dass unter ihrer Verantwortung keine neben- oder ehrenamtlich tätige Person, die wegen einer Straftat nach Absatz 1 Satz 1 rechtskräftig verurteilt worden ist, in Wahrnehmung von Aufgaben der Kinder- und Jugendhilfe Kinder oder Jugendliche beaufsichtigt, betreut, erzieht oder ausbildet oder einen vergleichbaren Kontakt hat. [2] Hierzu sollen die Träger der öffentlichen Jugendhilfe über die Tätigkeiten entscheiden, die von den in Satz 1 genannten Personen auf Grund von Art, Intensität und Dauer des Kontakts dieser Personen mit Kindern und Jugendlichen nur nach Einsichtnahme in das Führungszeugnis nach Absatz 1 Satz 2 wahrgenommen werden dürfen.

(4) [1] Die Träger der öffentlichen Jugendhilfe sollen durch Vereinbarungen mit den Trägern der freien Jugendhilfe sowie mit Vereinen im Sinne des § 54 sicherstellen, dass unter deren Verantwortung keine neben- oder ehrenamtlich tätige Person, die wegen einer Straftat nach Absatz 1 Satz 1 rechtskräftig verurteilt worden ist, in Wahrnehmung von Aufgaben der Kinder- und Jugendhilfe Kinder oder Jugendliche beaufsichtigt, betreut, erzieht oder ausbildet oder einen vergleichbaren Kontakt hat. [2] Hierzu sollen die Träger der öffentlichen Jugendhilfe mit den Trägern der freien Jugendhilfe Vereinbarungen über die Tätigkeiten schließen, die von den in Satz 1 genannten Personen auf Grund von Art, Intensität und Dauer des Kontakts dieser Personen mit Kindern und Jugendlichen nur nach Einsichtnahme in das Führungszeugnis nach Absatz 1 Satz 2 wahrgenommen werden dürfen.

(5) [1] Die Träger der öffentlichen und freien Jugendhilfe dürfen von den nach den Absätzen 3 und 4 eingesehenen Daten nur folgende Daten erheben und speichern:

1. den Umstand der Einsichtnahme,
2. das Datum des Führungszeugnisses und
3. die Information, ob die das Führungszeugnis betreffende Person wegen einer der folgenden Straftaten rechtskräftig verurteilt worden ist:
   a) wegen einer in Absatz 1 Satz 1 genannten Straftat oder
   b) wegen einer nicht in Absatz 1 Satz 1 genannten Straftat, die die Person als ungeeignet im Umgang mit Kindern und Jugendlichen erscheinen lässt.

[2] Die Träger der öffentlichen und freien Jugendhilfe dürfen die gespeicherten Daten nur verarbeiten, soweit dies erforderlich ist, um die Eignung einer Person für diejenige Tätigkeit, die Anlass zu der Einsichtnahme in das Führungszeugnis gewesen ist, zu prüfen. [3] Die Daten sind vor dem Zugriff Unbefugter zu schützen. [4] Sie sind unverzüglich zu löschen, wenn die Person eine Tätigkeit nach Absatz 3 Satz 2 oder Absatz 4 Satz 2 nicht ausübt. [5] Die Daten sind spätestens sechs Monate nach der letztmaligen Ausübung einer solchen Tätigkeit zu löschen.

---

1) Habersack, Deutsche Gesetze Nr. 85.
2) Habersack, Deutsche Gesetze Nr. 92.

Zweiter Abschnitt. Zusammenarbeit mit der freien Jugendhilfe, ehrenamtliche Tätigkeit

§ 73 Ehrenamtliche Tätigkeit. In der Jugendhilfe ehrenamtlich tätige Personen sollen bei ihrer Tätigkeit angeleitet, beraten und unterstützt werden.

§ 74 Förderung der freien Jugendhilfe. (1) [1] Die Träger der öffentlichen Jugendhilfe sollen die freiwillige Tätigkeit auf dem Gebiet der Jugendhilfe anregen; sie sollen sie fördern, wenn der jeweilige Träger

1. die fachlichen Voraussetzungen für die geplante Maßnahme erfüllt und die Beachtung der Grundsätze und Maßstäbe der Qualitätsentwicklung und Qualitätssicherung nach § 79a gewährleistet,
2. die Gewähr für eine zweckentsprechende und wirtschaftliche Verwendung der Mittel bietet,
3. gemeinnützige Ziele verfolgt,
4. eine angemessene Eigenleistung erbringt und
5. die Gewähr für eine den Zielen des Grundgesetzes[1)] förderliche Arbeit bietet.

[2] Eine auf Dauer angelegte Förderung setzt in der Regel die Anerkennung als Träger der freien Jugendhilfe nach § 75 voraus.

(2) [1] Soweit von der freien Jugendhilfe Einrichtungen, Dienste und Veranstaltungen geschaffen werden, um die Gewährung von Leistungen nach diesem Buch zu ermöglichen, kann die Förderung von der Bereitschaft abhängig gemacht werden, diese Einrichtungen, Dienste und Veranstaltungen nach Maßgabe der Jugendhilfeplanung und unter Beachtung der in § 9 genannten Grundsätze anzubieten. [2] § 4 Absatz 1 bleibt unberührt.

(3) [1] Über die Art und Höhe der Förderung entscheidet der Träger der öffentlichen Jugendhilfe im Rahmen der verfügbaren Haushaltsmittel nach pflichtgemäßem Ermessen. [2] Entsprechendes gilt, wenn mehrere Antragsteller die Förderungsvoraussetzungen erfüllen und die von ihnen vorgesehenen Maßnahmen gleich geeignet sind, zur Befriedigung des Bedarfs jedoch nur eine Maßnahme notwendig ist. [3] Bei der Bemessung der Eigenleistung sind die unterschiedliche Finanzkraft und die sonstigen Verhältnisse zu berücksichtigen.

(4) Bei sonst gleich geeigneten Maßnahmen soll solchen der Vorzug gegeben werden, die stärker an den Interessen der Betroffenen orientiert sind und ihre Einflußnahme auf die Ausgestaltung der Maßnahme gewährleisten.

(5) [1] Bei der Förderung gleichartiger Maßnahmen mehrerer Träger sind unter Berücksichtigung ihrer Eigenleistungen gleiche Grundsätze und Maßstäbe anzulegen. [2] Werden gleichartige Maßnahmen von der freien und der öffentlichen Jugendhilfe durchgeführt, so sind bei der Förderung die Grundsätze und Maßstäbe anzuwenden, die für die Finanzierung der Maßnahmen der öffentlichen Jugendhilfe gelten.

(6) Die Förderung von anerkannten Trägern der Jugendhilfe soll auch Mittel für die Fortbildung der haupt-, neben- und ehrenamtlichen Mitarbeiter sowie im Bereich der Jugendarbeit Mittel für die Errichtung und Unterhaltung von Jugendfreizeit- und Jugendbildungsstätten einschließen.

[1)] **Habersack, Deutsche Gesetze Nr. 1.**

6. der Eingliederungshilfe für seelisch behinderte Kinder und Jugendliche durch geeignete Pflegepersonen sowie in Einrichtungen über Tag und Nacht und in sonstigen Wohnformen (§ 35a Absatz 2 Nummer 3 und 4),
7. der Inobhutnahme von Kindern und Jugendlichen (§ 42),
8. der Hilfe für junge Volljährige, soweit sie den in den Nummern 5 und 6 genannten Leistungen entspricht (§ 41).

(2) Zu folgenden teilstationären Leistungen werden Kostenbeiträge erhoben:
1. der Betreuung und Versorgung von Kindern in Notsituationen nach § 20,
2. Hilfe zur Erziehung in einer Tagesgruppe nach § 32 und anderen teilstationären Leistungen nach § 27,
3. Eingliederungshilfe für seelisch behinderte Kinder und Jugendliche in Tageseinrichtungen und anderen teilstationären Einrichtungen nach § 35a Absatz 2 Nummer 2 und
4. Hilfe für junge Volljährige, soweit sie den in den Nummern 2 und 3 genannten Leistungen entspricht (§ 41).

(3) Die Kosten umfassen auch die Aufwendungen für den notwendigen Unterhalt und die Krankenhilfe.

(4) Verwaltungskosten bleiben außer Betracht.

(5) Die Träger der öffentlichen Jugendhilfe tragen die Kosten der in den Absätzen 1 und 2 genannten Leistungen unabhängig von der Erhebung eines Kostenbeitrags.

§ 92[1] Ausgestaltung der Heranziehung. (1) Zu den Kosten der in § 91 Absatz 1 genannten Leistungen und vorläufigen Maßnahmen sind Elternteile aus ihrem Einkommen nach Maßgabe der §§ 93 und 94 heranzuziehen; leben sie mit dem jungen Menschen zusammen, so werden sie auch zu den Kosten der in § 91 Absatz 2 genannten Leistungen herangezogen.

(1a) Unabhängig von ihrem Einkommen sind nach Maßgabe von § 93 Absatz 1 Satz 3 und § 94 Absatz 3 heranzuziehen:
1. Kinder und Jugendliche zu den Kosten der in § 91 Absatz 1 Nummer 1 bis 7 genannten Leistungen und vorläufigen Maßnahmen,
2. junge Volljährige zu den Kosten der in § 91 Absatz 1 Nummer 1, 4 und 8 genannten Leistungen,
3. Leistungsberechtigte nach § 19 zu den Kosten der in § 91 Absatz 1 Nummer 2 genannten Leistungen,
4. Elternteile zu den Kosten der in § 91 Absatz 1 genannten Leistungen und vorläufigen Maßnahmen; leben sie mit dem jungen Menschen zusammen, so werden sie auch zu den Kosten der in § 91 Absatz 2 genannten Leistungen herangezogen.

(2) Die Heranziehung erfolgt durch Erhebung eines Kostenbeitrags, der durch Leistungsbescheid festgesetzt wird; Elternteile werden getrennt herangezogen.

(3) [1]Ein Kostenbeitrag kann bei Eltern ab dem Zeitpunkt erhoben werden, ab welchem dem Pflichtigen die Gewährung der Leistung mitgeteilt und er über die

[1] § 92 Abs. 4 Satz 2 geänd. mWv 3.12.2013 durch G v. 29.8.2013 (BGBl. I S. 3464); Abs. 1a geänd. mWv 10.6.2021 durch G v. 3.6.2021 (BGBl. I S. 1444); Abs. 1 eingef., bish. Abs. 1 wird Abs. 1a und einl. Satzteil geänd., Nr. 4 aufgeh., bish. Nr. 5 wird Nr. 4, bish. Abs. 1a aufgeh. Abs. 3 Satz 1 geänd. mWv 1.1. 2023 durch G v. 21.12.2022 (BGBl. I S. 2824).

Folgen für seine Unterhaltspflicht gegenüber dem jungen Menschen aufgeklärt wurde. [2] Ohne vorherige Mitteilung kann ein Kostenbeitrag für den Zeitraum erhoben werden, in welchem der Träger der öffentlichen Jugendhilfe aus rechtlichen oder tatsächlichen Gründen, die in den Verantwortungsbereich des Pflichtigen fallen, an der Geltendmachung gehindert war. [3] Entfallen diese Gründe, ist der Pflichtige unverzüglich zu unterrichten.

(4) [1] Ein Kostenbeitrag kann nur erhoben werden, soweit Unterhaltsansprüche vorrangig oder gleichrangig Berechtigter nicht geschmälert werden. [2] Von der Heranziehung der Eltern ist abzusehen, wenn das Kind, die Jugendliche, die junge Volljährige oder die Leistungsberechtigte nach § 19 schwanger ist oder der junge Mensch oder die nach § 19 leistungsberechtigte Person ein leibliches Kind bis zur Vollendung des sechsten Lebensjahres betreut.

(5) [1] Von der Heranziehung soll im Einzelfall ganz oder teilweise abgesehen werden, wenn sonst Ziel und Zweck der Leistung gefährdet würden oder sich aus der Heranziehung eine besondere Härte ergäbe. [2] Von der Heranziehung kann abgesehen werden, wenn anzunehmen ist, dass der damit verbundene Verwaltungsaufwand in keinem angemessenen Verhältnis zu dem Kostenbeitrag stehen wird.

§ 93[1)] Berechnung des Einkommens. (1) ***[Satz 1 bis 31.12.2023:]*** [1] Zum Einkommen gehören alle Einkünfte in Geld oder Geldeswert mit Ausnahme der Grundrente nach oder entsprechend dem Bundesversorgungsgesetz sowie der Renten und Beihilfen, die nach dem Bundesentschädigungsgesetz für einen Schaden an Leben sowie an Körper und Gesundheit gewährt werden bis zur Höhe der vergleichbaren Grundrente nach dem Bundesversorgungsgesetz. ***[Satz 1 vom 1.1. 2024 bis 31.12.2024:]*** *[1] Zum Einkommen gehören alle Einkünfte in Geld oder Geldeswert mit Ausnahme der Leistungen nach diesem Buch, der Leistungen nach dem Vierzehnten Buch und der Leistungen nach Gesetzen, die eine entsprechende Anwendung des Vierzehnten Buches vorsehen, und der Renten oder Beihilfen nach dem Bundesentschädigungsgesetz für Schaden an Leben sowie an Körper oder Gesundheit bis zur Höhe der vergleichbaren Leistungen nach dem Vierzehnten Buch.* ***[Satz 1 ab 1.1.2025:]*** *[1] Zum Einkommen gehören alle Einkünfte in Geld oder Geldeswert mit Ausnahme der Leistungen nach diesem Buch, der Leistungen nach dem Vierzehnten Buch und der Leistungen nach Gesetzen, die eine entsprechende Anwendung des Vierzehnten Buches vorsehen, der Leistungen nach dem Soldatenentschädigungsgesetz, der Renten oder Beihilfen nach dem Bundesentschädigungsgesetz für Schaden an Leben sowie an Körper oder Gesundheit bis zur Höhe der vergleichbaren Leistungen nach dem Vierzehnten Buch.* [2] Eine Entschädigung, die nach § 253 Absatz 2 des Bürgerlichen Gesetzbuchs[2)] wegen eines Schadens, der nicht Vermögensschaden ist, geleistet wird, ist nicht als Einkommen zu berücksichtigen. [3] Geldleistungen, die dem gleichen Zwecke wie die jeweilige Leistung der Jugendhilfe dienen, zählen nicht zum Einkommen und sind unabhängig von einem Kostenbeitrag einzusetzen; dies gilt nicht für

1. monatliche Leistungen nach § 56 des Dritten Buches bis zu einer Höhe des in § 61 Absatz 2 Satz 1 und § 62 Absatz 3 Satz 1 des Dritten Buches für sonstige Bedürfnisse genannten Betrages und

---

[1)] § 93 Abs. 1 Satz 4 geänd., Abs. 3 bish. Satz 2 wird Satz 4, bish. Sätze 3 und 4 werden Sätze 2 und 3, Abs. 4 angef. mWv 3.12.2013 durch G v. 29.8.2013 (BGBl. I S. 3464); Abs. 1 Satz 1 neu gef. mWv 1.1. 2024 durch G v. 12.12.2019 (BGBl. I S. 2652); Abs. 1 Satz 1 neu gef. mWv 1.1.2025 durch G v. 20.8. 2021 (BGBl. I S. 3932); Abs. 1 Satz 3 geänd. mWv 1.1.2023 durch G v. 21.12.2022 (BGBl. I S. 2824, ber. 2023 Nr. 19).

[2)] **Habersack, Deutsche Gesetze Nr. 20.**

2. monatliche Leistungen nach § 122 des Dritten Buches bis zu einer Höhe des in § 123 Satz 1 Nummer 2, § 124 Nummer 2 und § 125 des Dritten Buches genannten Betrages.

[4] Kindergeld und Leistungen, die auf Grund öffentlich-rechtlicher Vorschriften zu einem ausdrücklich genannten Zweck erbracht werden, sind nicht als Einkommen zu berücksichtigen.

(2) Von dem Einkommen sind abzusetzen

1. auf das Einkommen gezahlte Steuern und
2. Pflichtbeiträge zur Sozialversicherung einschließlich der Beiträge zur Arbeitsförderung sowie
3. nach Grund und Höhe angemessene Beiträge zu öffentlichen oder privaten Versicherungen oder ähnlichen Einrichtungen zur Absicherung der Risiken Alter, Krankheit, Pflegebedürftigkeit und Arbeitslosigkeit.

(3) [1] Von dem nach den Absätzen 1 und 2 errechneten Betrag sind Belastungen der kostenbeitragspflichtigen Person abzuziehen. [2] Der Abzug erfolgt durch eine Kürzung des nach den Absätzen 1 und 2 errechneten Betrages um pauschal 25 vom Hundert. [3] Sind die Belastungen höher als der pauschale Abzug, so können sie abgezogen werden, soweit sie nach Grund und Höhe angemessen sind und die Grundsätze einer wirtschaftlichen Lebensführung nicht verletzen. [4] In Betracht kommen insbesondere

1. Beiträge zu öffentlichen oder privaten Versicherungen oder ähnlichen Einrichtungen,
2. die mit der Erzielung des Einkommens verbundenen notwendigen Ausgaben,
3. Schuldverpflichtungen.

[5] Die kostenbeitragspflichtige Person muss die Belastungen nachweisen.

(4) [1] Maßgeblich ist das durchschnittliche Monatseinkommen, das die kostenbeitragspflichtige Person in dem Kalenderjahr erzielt hat, welches dem jeweiligen Kalenderjahr der Leistung oder Maßnahme vorangeht. [2] Auf Antrag der kostenbeitragspflichtigen Person wird dieses Einkommen nachträglich durch das durchschnittliche Monatseinkommen ersetzt, welches die Person in dem jeweiligen Kalenderjahr der Leistung oder Maßnahme erzielt hat. [3] Der Antrag kann innerhalb eines Jahres nach Ablauf dieses Kalenderjahres gestellt werden. [4] Macht die kostenbeitragspflichtige Person glaubhaft, dass die Heranziehung zu den Kosten aus dem Einkommen nach Satz 1 in einem bestimmten Zeitraum eine besondere Härte für sie ergäbe, wird vorläufig von den glaubhaft gemachten, dem Zeitraum entsprechenden Monatseinkommen ausgegangen; endgültig ist in diesem Fall das nach Ablauf des Kalenderjahres zu ermittelnde durchschnittliche Monatseinkommen dieses Jahres maßgeblich.

§ 94[1)] Umfang der Heranziehung. (1) [1] Die Kostenbeitragspflichtigen sind aus ihrem Einkommen in angemessenem Umfang zu den Kosten heranzuziehen. [2] Die Kostenbeiträge dürfen die tatsächlichen Aufwendungen nicht überschreiten.

---

1) § 94 Abs. 3 Sätze 1 und 2 geänd., Abs. 6 Sätze 2 und 3 angef. mWv 3.12.2013 durch G v. 29.8.2013 (BGBl. I S. 3464); Abs. 3 Sätze 3 und 4 angef., Abs. 6 Satz 1 geänd., Sätze 2 und 3 neu gef. mWv 10.6. 2021 durch G v. 3.6.2021 (BGBl. I S. 1444); Abs. 1 Sätze 3 und 4 aufgeh., Abs. 2 und Abs. 3 Satz 1 geänd., Satz 5 angef., Abs. 5 geänd., Abs. 6 aufgeh. mWv 1.1.2023 durch G v. 21.12.2022 (BGBl. I S. 2824).

(2) Für die Bestimmung des Umfangs sind bei jedem Elternteil die Höhe des nach § 93 ermittelten Einkommens und die Anzahl der Personen, die mindestens im gleichen Range wie der untergebrachte junge Mensch oder Leistungsberechtigte nach § 19 unterhaltsberechtigt sind, angemessen zu berücksichtigen.

(3) [1] Werden Leistungen über Tag und Nacht außerhalb des Elternhauses erbracht und bezieht einer der Elternteile Kindergeld für den jungen Menschen, so hat dieser unabhängig von einer Heranziehung nach Absatz 1 Satz 1 und 2 einen Kostenbeitrag in Höhe des Kindergeldes zu zahlen. [2] Zahlt der Elternteil den Kostenbeitrag nach Satz 1 nicht, so sind die Träger der öffentlichen Jugendhilfe insoweit berechtigt, das auf dieses Kind entfallende Kindergeld durch Geltendmachung eines Erstattungsanspruchs nach § 74 Absatz 2 des Einkommensteuergesetzes in Anspruch zu nehmen. [3] Bezieht der Elternteil Kindergeld nach § 1 Absatz 1 des Bundeskindergeldgesetzes, gilt Satz 2 entsprechend. [4] Bezieht der junge Mensch das Kindergeld selbst, gelten die Sätze 1 und 2 entsprechend. [5] Die Heranziehung der Elternteile erfolgt nachrangig zu der Heranziehung der jungen Menschen zu einem Kostenbeitrag in Höhe des Kindergeldes.

(4) Werden Leistungen über Tag und Nacht erbracht und hält sich der junge Mensch nicht nur im Rahmen von Umgangskontakten bei einem Kostenbeitragspflichtigen auf, so ist die tatsächliche Betreuungsleistung über Tag und Nacht auf den Kostenbeitrag anzurechnen.

(5) Für die Festsetzung der Kostenbeiträge von Eltern werden nach Einkommensgruppen gestaffelte Pauschalbeträge durch Rechtsverordnung[1)] des zuständigen Bundesministeriums mit Zustimmung des Bundesrates bestimmt.

Dritter Abschnitt. Überleitung von Ansprüchen

§ 95[2)] Überleitung von Ansprüchen. (1) [1] Hat eine in § 92 Absatz 1a genannte Person oder ein Ehegatte oder Lebenspartner des jungen Menschen oder Leistungsberechtigten nach § 19 für die Zeit, für die Jugendhilfe gewährt wird, einen Anspruch gegen einen anderen, so kann der Träger der öffentlichen Jugendhilfe durch schriftliche Anzeige an den anderen bewirken, dass dieser Anspruch bis zur Höhe seiner Aufwendungen auf ihn übergeht. [2] Dies gilt unter der Maßgabe, dass der andere weder Leistungsträger im Sinne des § 12 des Ersten Buches noch eine in § 92 Absatz 1a genannte Person noch eine andere gegenüber dem jungen Menschen oder Leistungsberechtigten nach § 19 dem Grunde nach zum Unterhalt verpflichtete Person ist.

(2) [1] Der Übergang darf nur insoweit bewirkt werden, als bei rechtzeitiger Leistung des anderen entweder Jugendhilfe nicht gewährt worden oder ein Kostenbeitrag zu leisten wäre. [2] Der Übergang ist nicht dadurch ausgeschlossen, dass der Anspruch nicht übertragen, verpfändet oder gepfändet werden kann.

(3) Die schriftliche Anzeige bewirkt den Übergang des Anspruchs für die Zeit, für die die Hilfe ohne Unterbrechung gewährt wird; als Unterbrechung gilt ein Zeitraum von mehr als zwei Monaten.

(4) Widerspruch und Anfechtungsklage gegen den Verwaltungsakt, der den Übergang des Anspruchs bewirkt, haben keine aufschiebende Wirkung.

§ 96 (weggefallen)

---

1) Siehe die KostenbeitragsVO v. 1.10.2005 (BGBl. I S. 2907), geänd. durch VO v. 5.12.2013 (BGBl. I S. 4040).

2) § 95 Abs. 1 neu gef. mWv 1.1.2023 durch G v. 21.12.2022 (BGBl. I S. 2824).

Vierter Abschnitt. Ergänzende Vorschriften

§ 97 Feststellung der Sozialleistungen. [1]Der erstattungsberechtigte Träger der öffentlichen Jugendhilfe kann die Feststellung einer Sozialleistung betreiben sowie Rechtsmittel einlegen. [2]Der Ablauf der Fristen, die ohne sein Verschulden verstrichen sind, wirkt nicht gegen ihn. [3]Dies gilt nicht für die Verfahrensfristen, soweit der Träger der öffentlichen Jugendhilfe das Verfahren selbst betreibt.

§ 97a[1)] Pflicht zur Auskunft. (1) [1]Soweit dies für die Berechnung oder den Erlass eines Kostenbeitrags oder die Übernahme eines Teilnahmebeitrags nach § 90 oder die Ermittlung eines Kostenbeitrags nach den §§ 92 bis 94 erforderlich ist, sind Eltern, Ehegatten und Lebenspartner junger Menschen sowie Leistungsberechtigter nach § 19 verpflichtet, dem örtlichen Träger über ihre Einkommensverhältnisse Auskunft zu geben. [2]Junge Volljährige und volljährige Leistungsberechtigte nach § 19 sind verpflichtet, dem örtlichen Träger über ihre Einkommensverhältnisse Auskunft zu geben. [3]Eltern, denen die Sorge für das Vermögen des Kindes oder des Jugendlichen zusteht, sind auch zur Auskunft über dessen Einkommen verpflichtet. [4]Ist die Sorge über das Vermögen des Kindes oder des Jugendlichen anderen Personen übertragen, so treten diese an die Stelle der Eltern.

(2) [1]Soweit dies für die Berechnung der laufenden Leistung nach § 39 Absatz 6 erforderlich ist, sind Pflegepersonen verpflichtet, dem örtlichen Träger darüber Auskunft zu geben, ob der junge Mensch im Rahmen des Familienleistungsausgleichs nach § 31 des Einkommensteuergesetzes[2)] berücksichtigt wird oder berücksichtigt werden könnte und ob er ältestes Kind in der Pflegefamilie ist. [2]Pflegepersonen, die mit dem jungen Menschen in gerader Linie verwandt sind, sind verpflichtet, dem örtlichen Träger über ihre Einkommens- und Vermögensverhältnisse Auskunft zu geben.

(3) [1]Die Pflicht zur Auskunft nach den Absätzen 1 und 2 umfasst auch die Verpflichtung, Name und Anschrift des Arbeitgebers zu nennen, über die Art des Beschäftigungsverhältnisses Auskunft zu geben sowie auf Verlangen Beweisurkunden vorzulegen oder ihrer Vorlage zuzustimmen. [2]Sofern landesrechtliche Regelungen nach § 90 Absatz 1 Satz 2 bestehen, in denen nach Einkommensgruppen gestaffelte Pauschalbeträge vorgeschrieben oder festgesetzt sind, ist hinsichtlich der Höhe des Einkommens die Auskunftspflicht und die Pflicht zur Vorlage von Beweisurkunden für die Berechnung des Kostenbeitrags nach § 90 Absatz 1 Nummer 3 auf die Angabe der Zugehörigkeit zu einer bestimmten Einkommensgruppe beschränkt.

(4) [1]Kommt eine der nach den Absätzen 1 und 2 zur Auskunft verpflichteten Personen ihrer Pflicht nicht nach oder bestehen tatsächliche Anhaltspunkte für die Unrichtigkeit ihrer Auskunft, so ist der Arbeitgeber dieser Person verpflichtet, dem örtlichen Träger über die Art des Beschäftigungsverhältnisses und den Arbeitsverdienst dieser Person Auskunft zu geben; Absatz 3 Satz 2 gilt entsprechend. [2]Der zur Auskunft verpflichteten Person ist vor einer Nachfrage beim Arbeitgeber eine angemessene Frist zur Erteilung der Auskunft zu setzen. [3]Sie ist darauf hinzuweisen, dass nach Fristablauf die erforderlichen Auskünfte beim Arbeitgeber eingeholt werden.

(5) [1]Die nach den Absätzen 1 und 2 zur Erteilung einer Auskunft Verpflichteten können die Auskunft verweigern, soweit sie sich selbst oder einen der in § 383

---

1) § 97a Abs. 1 Satz 2 geänd. mWv 1.1.2023 durch G v. 21.12.2022 (BGBl. I S. 2824).
2) Nr. **45a**.

Absatz 1 Nummer 1 bis 3 der Zivilprozessordnung[1)] bezeichneten Angehörigen der Gefahr aussetzen würden, wegen einer Straftat oder einer Ordnungswidrigkeit verfolgt zu werden. [2]Die Auskunftspflichtigen sind auf ihr Auskunftsverweigerungsrecht hinzuweisen.

§ 97b (weggefallen)

§ 97c Erhebung von Gebühren und Auslagen. Landesrecht kann abweichend von § 64 des Zehnten Buches die Erhebung von Gebühren und Auslagen regeln.

Neuntes Kapitel. Kinder- und Jugendhilfestatistik

§ 98[2)] Zweck und Umfang der Erhebung. (1) Zur Beurteilung der Auswirkungen der Bestimmungen dieses Buches und zu seiner Fortentwicklung sind laufende Erhebungen über

1. Kinder und tätige Personen in Tageseinrichtungen,
1a. Kinder in den Klassenstufen eins bis vier,
2. Kinder und tätige Personen in öffentlich geförderter Kindertagespflege,
3. Personen, die mit öffentlichen Mitteln geförderte Kindertagespflege gemeinsam oder auf Grund einer Erlaubnis nach § 43 Absatz 3 Satz 3 in Pflegestellen durchführen, und die von diesen betreuten Kinder,
4. die Empfänger
   a) der Hilfe zur Erziehung,
   b) der Hilfe für junge Volljährige und
   c) der Eingliederungshilfe für seelisch behinderte Kinder und Jugendliche,
5. Kinder und Jugendliche, zu deren Schutz vorläufige Maßnahmen getroffen worden sind,
6. Kinder und Jugendliche, die als Kind angenommen worden sind,
7. Kinder und Jugendliche, die unter Amtspflegschaft, Amtsvormundschaft oder Beistandschaft des Jugendamts stehen,
8. Kinder und Jugendliche, für die eine Pflegeerlaubnis erteilt worden ist,
9. Maßnahmen des Familiengerichts,
10. Angebote der Jugendarbeit nach § 11 sowie Fortbildungsmaßnahmen für ehrenamtliche Mitarbeiter anerkannter Träger der Jugendhilfe nach § 74 Absatz 6,
11. die Träger der Jugendhilfe, die dort tätigen Personen und deren Einrichtungen mit Ausnahme der Tageseinrichtungen,
12. die Ausgaben und Einnahmen der öffentlichen Jugendhilfe sowie
13. Gefährdungseinschätzungen nach § 8a

als Bundesstatistik durchzuführen.

[1)] **Habersack, Deutsche Gesetze Nr. 100.**

[2)] § 98 Abs. 1 Nr. 10 neu gef. mWv 1.1.2014 durch G v. 29.8.2013 (BGBl. I S. 3464); Abs. 1 Nr. 11 neu gef., Nr. 12 geänd. mWv 10.6.2021 durch G v. 3.6.2021 (BGBl. I S. 1444); Abs. 1 Nr. 1a eingef. mWv 1.7.2022 durch G v. 2.10.2021 (BGBl. I S. 4602).

differenzierter als auf Regierungsbezirksebene, im Fall der Stadtstaaten auf Bezirksebene, aufbereitet sind.

(2) Für ausschließlich statistische Zwecke dürfen den zur Durchführung statistischer Aufgaben zuständigen Stellen der Gemeinden und Gemeindeverbände für ihren Zuständigkeitsbereich Einzelangaben aus der Erhebung nach § 99 mit Ausnahme der Hilfsmerkmale übermittelt werden, soweit die Voraussetzungen nach § 16 Absatz 5 des Bundesstatistikgesetzes gegeben sind.

(3) Die Ergebnisse der Kinder- und Jugendhilfestatistiken gemäß den §§ 98 und 99 dürfen auf der Ebene der einzelnen Gemeinde oder des einzelnen Jugendamtsbezirkes veröffentlicht werden.

(4) Die statistischen Landesämter übermitteln die erhobenen Einzeldaten auf Anforderung an das Statistische Bundesamt.

Zehntes Kapitel. Straf- und Bußgeldvorschriften

§ 104[1] Bußgeldvorschriften. (1) Ordnungswidrig handelt, wer

1. ohne Erlaubnis nach § 43 Absatz 1 oder § 44 Absatz 1 Satz 1 ein Kind oder einen Jugendlichen betreut oder ihm Unterkunft gewährt,
2. entgegen § 45 Absatz 1 Satz 1, auch in Verbindung mit § 48a Absatz 1, ohne Erlaubnis eine Einrichtung oder eine sonstige Wohnform betreibt oder
3. entgegen § 47 eine Anzeige nicht, nicht richtig, nicht vollständig oder nicht rechtzeitig erstattet oder eine Meldung nicht, nicht richtig, nicht vollständig oder nicht rechtzeitig macht oder vorsätzlich oder fahrlässig seiner Verpflichtung zur Dokumentation oder Aufbewahrung derselben oder zum Nachweis der ordnungsgemäßen Buchführung auf entsprechendes Verlangen nicht nachkommt oder
4. entgegen § 97a Absatz 4 vorsätzlich oder fahrlässig als Arbeitgeber eine Auskunft nicht, nicht richtig oder nicht vollständig erteilt.

(2) Die Ordnungswidrigkeiten nach Absatz 1 Nummer 1, 3 und 4 können mit einer Geldbuße bis zu fünfhundert Euro, die Ordnungswidrigkeit nach Absatz 1 Nummer 2 kann mit einer Geldbuße bis zu fünfzehntausend Euro geahndet werden.

§ 105 Strafvorschriften. Mit Freiheitsstrafe bis zu einem Jahr oder mit Geldstrafe wird bestraft, wer

1. eine in § 104 Absatz 1 Nummer 1 oder 2 bezeichnete Handlung begeht und dadurch leichtfertig ein Kind oder einen Jugendlichen in seiner körperlichen, geistigen oder sittlichen Entwicklung schwer gefährdet oder
2. eine in § 104 Absatz 1 Nummer 1 oder 2 bezeichnete vorsätzliche Handlung beharrlich wiederholt.

[1] § 104 Abs. 1 Nr. 3 geänd. mWv 10.6.2021 durch G v. 3.6.2021 (BGBl. I S. 1444).

Elftes Kapitel.[1)] Übergangs- und Schlussvorschriften

§ 106[2)] Einschränkung eines Grundrechts. Durch § 42 Absatz 5 und § 42a Absatz 1 Satz 2 wird das Grundrecht auf Freiheit der Person (Artikel 2 Absatz 2 Satz 3 des Grundgesetzes[3)]) eingeschränkt.

[§ 107 vom 1.1.2024 bis 31.12.2024:]

§ 107[4)] Übergangsregelung aus Anlass des Gesetzes zur Regelung des Sozialen Entschädigungsrechts. *Für Personen, die Leistungen nach dem Soldatenversorgungsgesetz in der Fassung der Bekanntmachung vom 16. September 2009 (BGBl. I S. 3054), das zuletzt durch Artikel 19 des Gesetzes vom 4. August 2019 (BGBl. I S. 1147) geändert worden ist, in Verbindung mit dem Bundesversorgungsgesetz in der Fassung der Bekanntmachung vom 22. Januar 1982 (BGBl. I S. 21), das zuletzt durch Artikel 1 der Verordnung vom 13. Juni 2019 (BGBl. I S. 793) geändert worden ist, erhalten, gelten die Vorschriften des § 81 Nummer 1 und des § 93 Absatz 1 Satz 1 in der am 31. Dezember 2023 geltenden Fassung weiter.*

§ 108[5)] Übergangsregelung. (1) [1]Das Bundesministerium für Familie, Senioren, Frauen und Jugend begleitet und untersucht

1. bis zum Inkrafttreten von § 10b am 1. Januar 2024 sowie
2. bis zum Inkrafttreten von § 10 Absatz 4 Satz 1 und 2 am 1. Januar 2028

die Umsetzung der für die Ausführung dieser Regelungen jeweils notwendigen Maßnahmen in den Ländern. [2]Bei der Untersuchung nach Satz 1 Nummer 1 werden insbesondere auch die Erfahrungen der örtlichen Träger der öffentlichen Jugendhilfe einbezogen, die bereits vor dem 1. Januar 2024 Verfahrenslotsen entsprechend § 10b einsetzen. [3]Bei der Untersuchung nach Satz 1 Nummer 2 findet das Bundesgesetz nach § 10 Absatz 4 Satz 3 ab dem Zeitpunkt seiner Verkündung, die als Bedingung für das Inkrafttreten von § 10 Absatz 4 Satz 1 und 2 spätestens bis zum 1. Januar 2027 erfolgen muss, besondere Berücksichtigung.

(2) [1]Das Bundesministerium für Familie, Senioren, Frauen und Jugend untersucht in den Jahren 2022 bis 2024 die rechtlichen Wirkungen von § 10 Absatz 4 und legt dem Bundestag und dem Bundesrat bis zum 31. Dezember 2024 einen Bericht über das Ergebnis der Untersuchung vor. [2]Dabei sollen insbesondere die gesetzlichen Festlegungen des Achten und Neunten Buches

1. zur Bestimmung des leistungsberechtigten Personenkreises,
2. zur Bestimmung von Art und Umfang der Leistungen,
3. zur Ausgestaltung der Kostenbeteiligung bei diesen Leistungen und
4. zur Ausgestaltung des Verfahrens

untersucht werden mit dem Ziel, den leistungsberechtigten Personenkreis, Art und Umfang der Leistungen sowie den Umfang der Kostenbeteiligung für die hierzu Verpflichteten nach dem am 1. Januar 2023 für die Eingliederungshilfe

---

[1)] 11. Kapitel (§ 106) eingef. mWv 1.11.2015 durch G v. 28.10.2015 (BGBl. I S. 1802); Überschrift geänd. mWv 10.6.2021 durch G v. 3.6.2021 (BGBl. I S. 1444).

[2)] § 106 eingef. mWv 1.11.2015 durch G v. 28.10.2015 (BGBl. I S. 1802).

[3)] **Habersack, Deutsche Gesetze Nr. 1.**

[4)] § 107 angef. mWv 1.1.2024 durch G v. 12.12.2019 (BGBl. I S. 2652); aufgeh. mWv 1.1.2025 durch G v. 20.8.2021 (BGBl. I S. 3932).

[5)] Früherer § 107 angef. mWv 10.6.2021 durch G v. 3.6.2021 (BGBl. I S. 1444); bish. § 107 wird § 108 mWv 1.1.2023 durch G v. 21.12.2022 (BGBl. I S. 2824).

47. Düsseldorfer Tabelle[1) 2)]

(Stand: 1. Januar 2023)

A. Kindesunterhalt

	Nettoeinkommen des/der Barunterhaltspflichtigen (Anm. 3, 4)	Altersstufen in Jahren (§ 1612a Abs. 1 BGB[3)])				Prozentsatz	Bedarfskontrollbetrag (Anm. 6)
		0 – 5	6 – 11	12 – 17	ab 18		
		Alle Beträge in Euro					
1.	bis 1.900	437	502	588	628	100	1.120/1.370
2.	1.901 – 2.300	459	528	618	660	105	1.650
3.	2.301 – 2.700	481	553	647	691	110	1.750
4.	2.701 – 3.100	503	578	677	723	115	1.850
5.	3.101 – 3.500	525	603	706	754	120	1.950
6.	3.501 – 3.900	560	643	753	804	128	2.050
7.	3.901 – 4.300	595	683	800	855	136	2.150
8.	4.301 – 4.700	630	723	847	905	144	2.250
9.	4.701 – 5.100	665	764	894	955	152	2.350
10.	5.101 – 5.500	700	804	941	1.005	160	2450
11.	5.501 – 6.200	735	844	988	1.056	168	2.750
12.	6.201 – 7.000	770	884	988	1.106	176	3.150
13.	7.001 – 8.000	805	924	1.082	1.156	184	3.650
14.	8.001 – 9.500	840	964	1.129	1.206	192	4.250
15.	9.501 – 11.000	874	1.004	1.176	1.256	200	4.950

Anmerkungen:

1. *Die Tabelle hat keine Gesetzeskraft, sondern stellt eine Richtlinie dar.*
   Sie weist den monatlichen Unterhaltsbedarf aus, bezogen auf zwei Unterhaltsberechtigte, ohne Rücksicht auf den Rang. Der Bedarf ist nicht identisch mit dem Zahlbetrag; dieser ergibt sich unter Berücksichtigung der nachfolgenden Anmerkungen.
   Bei einer größeren/geringeren Anzahl Unterhaltsberechtigter können *Ab- oder Zuschläge* durch Einstufung in niedrigere/höhere Gruppen angemessen sein. Anmerkung 6 ist zu beachten. Zur Deckung des Mindestbedarfs aller Beteiligten – einschließlich des Ehegatten – ist gegebenenfalls eine Herabstufung bis in die unterste Tabellengruppe vorzunehmen. Reicht das verfügbare Einkommen auch dann nicht aus, setzt sich der Vorrang der Kinder im Sinne von Anm. 5 Abs. 1, § 1609 Nr. 1 BGB[3)], durch. Gegebenenfalls erfolgt zwischen den erstrangigen Unterhaltsberechtigten eine Mangelberechnung nach Abschnitt C.
2. Die Richtsätze der 1. Einkommensgruppe entsprechen dem Mindestbedarf gemäß der Fünften Verordnung zur Änderung der Mindestunterhaltsverord-

[1)] **Amtl. Anm.:** Die neue Tabelle nebst Anmerkungen beruht auf Koordinierungsgesprächen, die unter Beteiligung aller Oberlandesgerichte und der Unterhaltskommission des Deutschen Familiengerichtstages e.V. stattgefunden haben.

[2)] In der jeweils aktuellen Fassung kostenlos abrufbar unter www.olg-duesseldorf.nrw.de. Unterstreichungen im Original wurden zur besseren Lesbarkeit als *Kursivdruck* umgesetzt.

[3)] **Habersack, Deutsche Gesetze Nr. 20.**

nung vom 30.11.2022. Der Prozentsatz drückt die Steigerung des Richtsatzes der jeweiligen Einkommensgruppe gegenüber dem Mindestbedarf (= 1. Einkommensgruppe) aus. Die durch Multiplikation des gerundeten Mindestbedarfs mit dem Prozentsatz errechneten Beträge sind entsprechend § 1612a Absatz 2 Satz 2 BGB aufgerundet.
Bei volljährigen Kindern, die noch im Haushalt der Eltern oder eines Elternteils wohnen, bemisst sich der Unterhalt nach der 4. Altersstufe der Tabelle.

3. *Berufsbedingte Aufwendungen*, die sich von den privaten Lebenshaltungskosten nach objektiven Merkmalen eindeutig abgrenzen lassen, sind vom Einkommen abzuziehen, wobei bei entsprechenden Anhaltspunkten eine Pauschale von 5 % des Nettoeinkommens – mindestens 50 EUR, bei geringfügiger Teilzeitarbeit auch weniger, und höchstens 150 EUR monatlich – geschätzt werden kann. Bei Geltendmachung die Pauschale übersteigender Aufwendungen sind diese insgesamt nachzuweisen.
4. Berücksichtigungsfähige *Schulden* sind in der Regel vom Einkommen abzuziehen.
5. Der *notwendige Eigenbedarf (Selbstbehalt)*, § 1603 Abs. 2 BGB,
   – gegenüber minderjährigen unverheirateten Kindern,
   – gegenüber volljährigen unverheirateten Kindern bis zur Vollendung des 21. Lebensjahres, die im Haushalt der Eltern oder eines Elternteils leben und sich in der allgemeinen Schulausbildung befinden, beträgt

   für den nicht erwerbstätigen Unterhaltspflichtigen monatlich 1.120 EUR,
   für den erwerbstätigen Unterhaltspflichtigen monatlich 1.370 EUR.

   Hierin sind bis 520 EUR für Unterkunft einschließlich umlagefähiger Nebenkosten und Heizung (Warmmiete) enthalten.

   Der *angemessene Eigenbedarf*, § 1603 Abs. 1 BGB, beträgt
   mindestens monatlich 1.650 EUR.
   Hierin ist eine Warmmiete bis 650 EUR enthalten.

   Der notwendige bzw. der angemessene Eigenbedarf sollen erhöht werden, wenn die Wohnkosten (Warmmiete) 520 EUR (notwendiger Eigenbedarf) bzw. 650 EUR (angemessener Eigenbedarf) übersteigen und nicht unangemessen sind.
6. Der *Bedarfskontrollbetrag* des Unterhaltspflichtigen ab Gruppe 2 ist nicht identisch mit dem Eigenbedarf. Er soll eine ausgewogene Verteilung des Einkommens zwischen dem Unterhaltspflichtigen und den unterhaltsberechtigten Kindern gewährleisten. Wird er unter Berücksichtigung auch anderer Unterhaltspflichten unterschritten, ist der Tabellenbetrag der nächst niedrigeren Gruppe, deren Bedarfskontrollbetrag nicht unterschritten wird, anzusetzen.
7. Der angemessene Gesamtunterhaltsbedarf eines studierenden Kindes, das nicht bei seinen Eltern oder einem Elternteil wohnt, beträgt in der Regel monatlich 930 EUR. Hierin sind bis 410 EUR für Unterkunft einschließlich umlagefähiger Nebenkosten und Heizung (Warmmiete) enthalten. Dieser Bedarfssatz kann auch für ein Kind mit eigenem Haushalt angesetzt werden.
   Von dem Betrag von 930 EUR kann bei erhöhtem Bedarf oder mit Rücksicht auf die Lebensstellung der Eltern nach oben abgewichen werden.
8. Die *Ausbildungsvergütung* eines in der Berufsausbildung stehenden Kindes, das im Haushalt der Eltern oder eines Elternteils wohnt, ist vor ihrer Anrechnung

in der Regel um einen ausbildungsbedingten Mehrbedarf von monatlich 100 EUR zu kürzen.

9. In den Bedarfsbeträgen (Anmerkungen 1 und 7) sind keine *Beiträge zur Kranken- und Pflegeversicherung und keine Studiengebühren* enthalten.

10. Das auf das jeweilige Kind entfallende *Kindergeld* ist nach § 1612b BGB auf den Tabellenunterhalt (Bedarf) anzurechnen.

B. Ehegattenunterhalt

I. Monatliche Unterhaltsrichtsätze des berechtigten Ehegatten ohne unterhaltsberechtigte Kinder (§§ 1361, 1569, 1578, 1581 BGB[1]):

1. gegen einen *erwerbstätigen Unterhaltspflichtigen:*

a) wenn der Berechtigte kein Einkommen hat:	45 % des anrechenbaren Erwerbseinkommens zuzüglich 50 % der anrechenbaren sonstigen Einkünfte des Pflichtigen, nach oben begrenzt durch den vollen Unterhalt, gemessen an den zu berücksichtigenden ehelichen Verhältnissen;
b) wenn der Berechtigte ebenfalls Einkommen hat:	45 % der Differenz zwischen den anrechenbaren Erwerbseinkommen der Ehegatten, insgesamt begrenzt durch den vollen ehelichen Bedarf; für sonstige anrechenbare Einkünfte gilt der Halbteilungsgrundsatz;
c) wenn der Berechtigte erwerbstätig ist, obwohl ihn keine Erwerbsobliegenheit trifft:	gemäß § 1577 Abs. 2 BGB;

2. gegen einen *nicht erwerbstätigen Unterhaltspflichtigen* (z.B. Rentner):	wie zu 1a, b oder c, jedoch 50 %.

II. Monatliche Unterhaltsrichtsätze des berechtigten Ehegatten, wenn die ehelichen Lebensverhältnisse durch Unterhaltspflichten gegenüber Kindern geprägt werden:

Wie zu I., jedoch wird der Kindesunterhalt (Zahlbetrag; vgl. Anm. C und Anhang) vorab vom Nettoeinkommen abgezogen.

III. Monatlicher Eigenbedarf (Selbstbehalt) gegenüber dem getrenntlebenden und dem geschiedenen Berechtigten:

a) falls erwerbstätig	1.510 EUR
b) falls nicht erwerbstätig	1.385 EUR

Hierin sind bis 580 EUR für Unterkunft einschließlich umlagefähiger Nebenkosten und Heizung (Warmmiete) enthalten. Der Eigenbedarf soll erhöht werden, wenn die Wohnkosten (Warmmiete) 580 EUR übersteigen und nicht unangemessen sind.

---

[1] **Habersack, Deutsche Gesetze Nr. 20.**

IV. Existenzminimum des unterhaltsberechtigten Ehegatten einschließlich des trennungsbedingten Mehrbedarfs in der Regel:

a) falls erwerbstätig: 1.370 EUR

b) falls nicht erwerbstätig: 1.120 EUR

V. Monatlicher notwendiger Eigenbedarf von Ehegatten

1. Monatlicher notwendiger Eigenbedarf des von dem Unterhaltspflichtigen getrennt lebenden oder geschiedenen Ehegatten:

   a) gegenüber einem nachrangigen geschiedenen Ehegatten

      aa) falls erwerbstätig 1.510 EUR

      bb) falls nicht erwerbstätig 1.385 EUR

   b) gegenüber nicht privilegierten volljährigen Kindern 1.650 EUR

2. Monatlicher notwendiger Eigenbedarf des Ehegatten, der in einem gemeinsamen Haushalt mit dem Unterhaltspflichtigen lebt:

   a) gegenüber einem nachrangigen geschiedenen Ehegatten

      aa) falls erwerbstätig 1.208 EUR

      bb) falls nicht erwerbstätig 1.108 EUR

   b) gegenüber nicht privilegierten volljährigen Kindern 1.320 EUR

Anmerkung zu I. und II.:

Hinsichtlich *berufsbedingter Aufwendungen* und *berücksichtigungsfähiger Schulden* gelten Anmerkungen A. 3 und 4 – auch für den erwerbstätigen Unterhaltsberechtigten – entsprechend. Diejenigen berufsbedingten Aufwendungen, die sich nicht nach objektiven Merkmalen eindeutig von den privaten Lebenshaltungskosten abgrenzen lassen, sind pauschal im Erwerbstätigenbonus von 1/10 enthalten.

C. Mangelfälle

Reicht das Einkommen zur Deckung des Bedarfs des Unterhaltspflichtigen und der gleichrangigen Unterhaltsberechtigten nicht aus (sog. Mangelfälle), ist die nach Abzug des notwendigen Eigenbedarfs (Selbstbehalts) des Unterhaltspflichtigen verbleibende Verteilungsmasse auf die Unterhaltsberechtigten im Verhältnis ihrer jeweiligen Einsatzbeträge gleichmäßig zu verteilen.

Der Einsatzbetrag für den *Kindesunterhalt* entspricht dem Zahlbetrag des Unterhaltspflichtigen. Dies ist der nach Anrechnung des Kindergeldes oder von Einkünften auf den Unterhaltsbedarf verbleibende Restbedarf.

Beispiel: Bereinigtes Nettoeinkommen des Unterhaltspflichtigen (U): 1.750 EUR, Unterhalt für drei unterhaltsberechtigte Kinder im Alter von 18 Jahren (K1), 7 Jahren (K2) und 5 Jahren (K3), Schüler, die bei der nicht unterhaltsberechtigten, den Kindern nicht barunterhaltspflichtigen Elternteil (E) leben. E bezieht das Kindergeld.

Notwendiger Eigenbedarf des U:		1.370 EUR
Verteilungsmasse:	1.750 EUR – 1.370 EUR	= 380 EUR
Einsatzbeträge der Unterhaltsberechtigten:		
K 1:	(628 – 250)	378 EUR
K 2:	(502 – 125)	377 EUR

K 3:	(437 – 125)	312 EUR
Summe		= 1067 EUR
Unterhalt:		
K1:	378 x 380 : 1.067	= 134,62 EUR
K2:	377 x 380 : 1.067	= 134,26 EUR
K3:	312 x 380 : 1.067	= 111,12 EUR

D. Verwandtenunterhalt und Unterhalt nach § 1615l BGB[1)]

I. Angemessener Selbstbehalt gegenüber den Eltern:

Dem Unterhaltspflichtigen ist der angemessene Eigenbedarf zu belassen. Bei dessen Bemessung sind Zweck und Rechtsgedanken des Gesetzes zur Entlastung unterhaltspflichtiger Angehöriger in der Sozialhilfe und in der Eingliederungshilfe (Angehörigenentlastungsgesetz) vom 10. Dezember 2019 (BGBl I S. 2135) zu beachten.

II. Bedarf der Mutter und des Vaters eines nichtehelichen Kindes (§ 1615l BGB[1)]):

nach der Lebensstellung des betreuenden Elternteils,
in der Regel mindestens 1.120 EUR.

III. Angemessener Selbstbehalt gegenüber der Mutter und dem Vater eines nichtehelichen Kindes (§§ 1615l, 1603 Abs. 1 BGB[1)]):

a) falls erwerbstätig 1.510 EUR
b) falls nicht erwerbstätig 1.385 EUR

Hierin sind bis 580 EUR für Unterkunft einschließlich umlagefähiger Nebenkosten und Heizung (Warmmiete) enthalten. Der Selbstbehalt soll erhöht werden, wenn die Wohnkosten (Warmmiete) 580 EUR übersteigen und nicht unangemessen sind.

E. Übergangsregelung

Umrechnung dynamischer Titel über Kindesunterhalt nach § 36 Nr. 3 EGZPO[2)]: Ist Kindesunterhalt als Prozentsatz des jeweiligen Regelbetrages zu leisten, bleibt der Titel bestehen. Eine Abänderung ist nicht erforderlich. An die Stelle des bisherigen Prozentsatzes vom Regelbetrag tritt ein neuer Prozentsatz vom Mindestunterhalt (Stand: 01.01.2008). Dieser ist für die jeweils maßgebliche Altersstufe gesondert zu bestimmen und auf eine Stelle nach dem Komma zu begrenzen (§ 36 Nr. 3 EGZPO). Der Prozentsatz wird auf der Grundlage der zum 01.01.2008 bestehenden Verhältnisse einmalig berechnet, und bleibt auch bei späterem Wechsel in eine andere Altersstufe unverändert (BGH Urteil vom 18.04.12 – XII ZR 66/10 – FamRZ 2012, 1048). Der Bedarf ergibt sich aus der Multiplikation des neuen Prozentsatzes mit dem Mindestunterhalt der jeweiligen Altersstufe und ist auf volle Euro aufzurunden
(§ 1612a Abs. 2 S. 2 BGB[1)]). Der Zahlbetrag ergibt sich aus dem um das jeweils anteilige Kindergeld verminderten bzw. erhöhten Bedarf.

---

1) **Habersack, Deutsche Gesetze Nr. 20.**
2) **Habersack, Deutsche Gesetze Nr. 101.**

Wegen der sich nach § 36 Nr. 3 EGZPO ergebenden vier Fallgestaltungen wird auf die Beispielsberechnungen der Düsseldorfer Tabelle Stand 01.01.2017 verwiesen.

Anhang: Tabelle Zahlbeträge

Die folgende Tabelle enthält die sich nach Abzug des jeweiligen Kindergeldanteils (hälftiges Kindergeld bei Minderjährigen, volles Kindergeld bei Volljährigen) ergebenden Zahlbeträge. In 2023 beträgt das Kindergeld einheitlich je Kind 250,00 EUR.

Kindergeld: 250 EUR			0 - 5	6 - 11	12 - 17	ab 18	%
1.		bis 1.900	312	377	463	378	100
2.	1.901-	2.300	334	403	493	410	105
3.	2.301-	2.700	356	428	522	441	110
4.	2.701-	3.100	378	453	552	473	115
5.	3.101-	3.500	400	478	581	504	120
6.	3.501-	3.900	435	518	628	554	128
7.	3.901-	4.300	470	558	675	605	136
8.	4.301-	4.700	505	598	722	655	144
9.	4.701-	5.100	540	639	769	705	152
10.	5.101-	5.500	575	679	816	755	160
11.	5.501-	6.200	610	719	863	806	168
12.	6.201-	7.000	645	759	910	856	176
13.	7.001-	8.000	680	799	957	906	184
14.	8.001-	9.500	715	839	1.004	956	192
15.	9.501-	11.000	749	879	1.051	1.006	200

47/1. Oberlandesgericht Düsseldorf – Leitlinien zum Unterhalt[1)]

(Stand: 1. Januar 2023)

zur Ergänzung der Düsseldorfer Tabelle[2)] herausgegeben von den Senaten für Familiensachen des Oberlandesgerichts Düsseldorf

Unterhaltsrechtliches Einkommen

1. Geldeinnahmen

1.1

Auszugehen ist vom Jahresbruttoeinkommen einschließlich Weihnachts- und Urlaubsgeld sowie sonstiger Zuwendungen, wie z.B. Tantiemen und Gewinnbeteiligungen.

1.2

Einmalige höhere Zahlungen, wie z.B. Abfindungen oder Jubiläumszuwendungen, sind auf einen angemessenen Zeitraum zu verteilen (in der Regel mehrere Jahre).

Abfindungen aus Anlass der Beendigung eines Arbeitsverhältnisses sind grundsätzlich auch bei Aufnahme einer neuen Arbeitsstelle mit dauerhaft geringerem Einkommen bis zur Höchstgrenze des Bedarfs nach dem früheren Einkommen zu verwenden; ob eine Aufstockung bis zum bisherigen Einkommen zur vollständigen Aufrechterhaltung des bisherigen Lebensstandards geboten ist, beurteilt sich nach den Umständen des Einzelfalls, insbesondere der zu erwartenden weiteren Einkommensentwicklung.

Beim Ehegattenunterhalt bleibt eine Abfindung unberücksichtigt, soweit sie bereits güterrechtlich Berücksichtigung gefunden hat oder soweit sie zur Aufstockung nicht benötigt wird, weil ein Einkommen in gleicher Höhe bezogen wird.

1.3

Überstundenvergütungen werden in der Regel dem Einkommen voll zugerechnet, soweit sie berufsüblich sind oder nur in geringem Umfang anfallen oder wenn der Mindestunterhalt minderjähriger Kinder oder der entsprechende Unterhalt ihnen nach § 1603 Abs. 2 S. 2 BGB[3)] gleichgestellter Volljähriger nicht gedeckt ist. Sonst ist die Anrechnung unter Berücksichtigung des Einzelfalls nach Treu und Glauben zu beurteilen.

Dies gilt gleichermaßen für Einkünfte aus einer Nebentätigkeit, die neben einer vollschichtigen Erwerbstätigkeit ausgeübt wird. Zur Sicherstellung des Mindestunterhalts minderjähriger Kinder oder ihnen nach § 1603 Abs. 2 S. 2 BGB gleichgestellter volljähriger Kinder kann es dem Pflichtigen obliegen, Überstunden zu leisten und/oder eine Nebentätigkeit auszuüben, soweit dies – in den Grenzen der §§ 3 und 6 ArbZG[4)] – zumutbar ist.

---

1) In der jeweils aktuellen Fassung kostenlos abrufbar unter www.olg-duesseldorf.nrw.de.
2) Nr. **47**.
3) **Habersack, Deutsche Gesetze Nr. 20.**
4) Nr. **78**.

1.4

Auslösungen und Spesen sind nach den Umständen des Einzelfalls anzurechnen. Soweit solche Zuwendungen geeignet sind, laufende Lebenshaltungskosten zu ersparen, ist diese Ersparnis in der Regel mit 1/3 des Nettobetrags zu bewerten.

1.5

Bei Selbständigen ist für den laufenden und zukünftigen Unterhalt grundsätzlich vom durchschnittlichen Gewinn während eines längeren Zeitraums von in der Regel mindestens drei aufeinander folgenden Jahren, möglichst den letzten drei Jahren, auszugehen.

Für die Vergangenheit sind die in dem jeweiligen Kalenderjahr erzielten Einkünfte maßgebend. Durchschnittsberechnungen für einen längeren Zeitraum sind möglich.

Anstatt auf den Gewinn kann ausnahmsweise auf die Entnahmen abzüglich der Einlagen abgestellt werden, wenn eine zuverlässige Gewinnermittlung nicht möglich oder der Betriebsinhaber unterhaltsrechtlich zur Verwertung seines Vermögens verpflichtet ist.

Abschreibungen (Absetzung für Abnutzung: AfA) können insoweit anerkannt werden, als dem steuerlich zulässigen Abzug ein tatsächlicher Wertverlust entspricht. Wegen des Umfangs der Abschreibung kann auf die von der Finanzverwaltung herausgegebenen AfA-Tabellen abgestellt werden. Dies gilt in der Regel jedoch nicht für Gebäude. Zinsen für Kredite, mit denen die absetzbaren Wirtschaftsgüter finanziert werden, mindern den Gewinn. Wenn und soweit die Abschreibung unterhaltsrechtlich anerkannt wird, sind Tilgungsleistungen nicht zu berücksichtigen.

Steuern und Vorsorgeaufwendungen sind nach Nr. 10.1 zu berücksichtigen. Der Gewinn ist nicht um berufsbedingte Aufwendungen (Nr. 10.2.1) zu kürzen.

1.6

Einkünfte aus Vermietung und Verpachtung werden durch eine Überschussrechnung ermittelt. Dabei kann zur Ermittlung der durchschnittlichen Einkünfte auf einen Mehrjahreszeitraum abgestellt werden. AfA-Beträge für Gebäude sind in der Regel nicht abzusetzen. Für die Berücksichtigung von Tilgungsleistungen gilt Nr. 5. Absatz 3 entsprechend.

Kapitaleinkünfte sind unterhaltsrechtliches Einkommen.

1.7

Steuererstattungen und Steuernachzahlungen sind in der Regel in dem Jahr, in dem sie anfallen, zu berücksichtigen (In-Prinzip); bei Selbständigen kann zur Ermittlung eines repräsentativen Einkommens auf den Zeitraum der Veranlagung abgestellt werden (Für-Prinzip). Steuervorteile, die auf unterhaltsrechtlich nicht zu berücksichtigenden Aufwendungen beruhen, bleiben außer Betracht. Steuervorteile sind wahrzunehmen (vgl. Nr. 10.1.1).

1.8

Sonstige Einnahmen wie z.B. berufstypische Trinkgelder, Krankentagegeld sind Einkommen.

2. Sozialleistungen

2.1

Arbeitslosengeld (§ 136 SGB III) und sonstige Lohnersatzleistungen nach dem SGB III (Übergangs-, Ausbildungs-, Kurzarbeiter- und Insolvenzgeld) sowie Krankengeld sind Einkommen.

2.2

Arbeitslosengeld II und andere Leistungen nach dem SGB II sind Einkommen beim Verpflichteten. Beim Berechtigten sind Arbeitslosengeld II und Sozialgeld kein Einkommen, nicht subsidiäre Leistungen nach dem SGB II sind Einkommen, etwa Einstiegsgeld nach § 16b SGB II, Entschädigung für Mehraufwendungen nach § 16d SGB II.

Die Geltendmachung von Unterhalt durch den Hilfeempfänger kann treuwidrig sein, wenn er infolge des Ausschlusses des Anspruchsübergangs (vgl. § 33 Abs. 2 SGB II) insbesondere für die Vergangenheit durch das Arbeitslosengeld II oder das Sozialgeld und den Unterhalt mehr als seinen Bedarf erhalten würde.

2.3

Wohngeld ist Einkommen, soweit es nicht erhöhte Wohnkosten abdeckt.

2.4

BAföG-Leistungen (außer Vorausleistungen) sind Einkommen, auch soweit sie als Darlehen gewährt werden.

2.5

Elterngeld nach § 1 BEEG[1] ist Einkommen, soweit es über den Sockelbetrag von 300 EUR bzw. 150 EUR bei verlängertem Bezug hinausgeht. Der Sockelbetrag des Elterngeldes ist Einkommen, wenn einer der Ausnahmefälle des § 11 BEEG vorliegt.

2.6

Unfall- und Versorgungsrenten sowie Übergangsgelder aus der Unfall- bzw. Rentenversicherung sind Einkommen.

2.7

Leistungen aus der Pflegeversicherung, Blindengeld, Schwerbeschädigten- und Pflegezulagen nach Abzug eines Betrages für tatsächliche Mehraufwendungen sind Einkommen; bei Sozialleistungen nach § 1610a BGB[2] wird widerlegbar vermutet, dass sie durch Aufwendungen aufgezehrt werden.

2.8

Der Anteil des an die Pflegeperson weitergeleiteten Pflegegeldes, durch den ihre Bemühungen abgegolten werden, ist Einkommen. Bei Pflegegeld aus der Pflegeversicherung gilt dies nur nach Maßgabe des § 13 Abs. 6 SGB XI.

Pflegegeld nach § 64a SGB XII für eigene pflegebedürftige Kinder und nach § 39 SGB VIII[3] für die Aufnahme fremder Kinder ist mit seinem im Einzelfall zu bemessenden Vergütungsanteil Einkommen der Pflegeperson.

---

[1] Nr. **45e**.
[2] **Habersack, Deutsche Gesetze Nr. 20.**
[3] Nr. **46**.

2.9

Leistungen zur Grundsicherung nach den §§ 41 ff. SGB XII sind anders als beim Ehegattenunterhalt beim Verwandtenunterhalt als Einkommen des Beziehers zu berücksichtigen.

2.10

Sozialhilfeleistungen nach dem SGB XII sind kein Einkommen.

Hinsichtlich der Geltendmachung von Unterhalt durch den Hilfeempfänger gilt Nr. 2.2 Absatz 2 entsprechend.

2.11

Leistungen nach dem Unterhaltsvorschussgesetz[1] sind kein Einkommen.

3. Kindergeld

Kindergeld ist kein Einkommen der Eltern.

4. Geldwerte Zuwendungen des Arbeitgebers

Geldwerte Zuwendungen des Arbeitgebers aller Art, z.B. Firmenwagen, freie Kost und Logis, mietgünstige Wohnung, sind dem Einkommen hinzuzurechnen, soweit sie entsprechende Eigenaufwendungen ersparen. Die hierfür steuerlich in Ansatz gebrachten Beträge bieten einen Anhaltspunkt für die Bewertung des geldwerten Vorteils.

5. Wohnwert

Der Wohnvorteil durch mietfreies Wohnen im eigenen Heim ist als wirtschaftliche Nutzung des Vermögens wie Einkommen zu behandeln, wenn sein Wert die Belastungen übersteigt, die unter Berücksichtigung der staatlichen Eigenheimförderung, durch die allgemeinen Grundstückskosten und -lasten, durch Annuitäten und durch sonstige nicht nach § 556 BGB[2] in Verbindung mit der BetrKV[3] umlagefähige Kosten entstehen.

Auszugehen ist von der erzielbaren Miete (objektiver oder voller Wohnwert). Wenn es nicht möglich oder zumutbar ist, die Wohnung aufzugeben und das Objekt zu vermieten oder zu veräußern, kann stattdessen die ersparte Miete angesetzt werden, die angesichts der persönlichen und wirtschaftlichen Verhältnisse angemessen wäre (subjektiver oder angemessener Wohnwert). Dies kommt insbesondere für die Zeit bis zur endgültigen Vermögensauseinandersetzung oder bis zum endgültigen Scheitern der Ehe, etwa bei Zustellung des Scheidungsantrags, in Betracht, wenn ein Ehegatte das Eigenheim allein bewohnt. Bei der Inanspruchnahme auf Elternunterhalt ist stets auf den subjektiven oder angemessenen Wohnwert abzustellen.

Neben Zinsleistungen sind auch Tilgungsleistungen bis zur Höhe des Wohnwerts jedenfalls dann abzuziehen, wenn sie nicht der einseitigen Vermögensbildung dienen. Im Übrigen kommt eine Berücksichtigung der Tilgungsleistungen nach den Umständen des Einzelfalls in Betracht, soweit sie über die Höhe des Wohnwerts hinausgehen, insbesondere unter dem Gesichtspunkt der ergänzenden Altersvorsorge (vgl. Nr. 10.1.2).

---

[1] Nr. **45d**.
[2] **Habersack, Deutsche Gesetze Nr. 20.**
[3] Nr. **30b/1**.

6. Haushaltsführung

Für die Führung des Haushalts eines leistungsfähigen Dritten ist ein Einkommen anzusetzen. Bei der Haushaltsführung durch einen Nichterwerbstätigen kann in der Regel ein Betrag von 300 EUR bis 500 EUR monatlich angesetzt werden.

7. Einkommen aus unzumutbarer Erwerbstätigkeit

Einkünfte aus Nebentätigkeit und unzumutbarer Erwerbstätigkeit sind im Rahmen der Billigkeit (vgl. §§ 242, 1577 Abs. 2 BGB[1)]) als Einkommen zu berücksichtigen.

8. Freiwillige Zuwendungen Dritter

Freiwillige Leistungen Dritter (z.B. Geldleistungen, mietfreies Wohnen) sind kein Einkommen, es sei denn, dass die Anrechnung dem Willen des Dritten entspricht. Wenn der Mindestunterhalt minderjähriger Kinder oder ihnen nach § 1603 Abs. 2 S. 2 BGB[1)] gleichgestellter volljähriger Kinder sowie das Existenzminimum des Ehegatten nicht gedeckt sind, kommt eine Anrechnung ebenfalls in Betracht.

9. Erwerbsobliegenheit und Einkommensfiktion

Einkommen sind auch aufgrund einer unterhaltsrechtlichen Obliegenheit unter Beachtung einer realen Beschäftigungschance erzielbare Einkünfte, die sich bei gesteigerter Unterhaltspflicht gemäß § 1603 Abs. 2 BGB[1)] im Rahmen der Zumutbarkeit auch aus einer Nebentätigkeit ergeben können (vgl. Nr. 1.3 Abs. 2).

10. Bereinigung des Einkommens

10.1. Steuern und Vorsorgeaufwendungen

Vom Bruttoeinkommen sind Steuern, Sozialabgaben und/oder angemessene Vorsorgeaufwendungen abzusetzen (Nettoeinkommen).

10.1.1

Steuerzahlungen und -nachzahlungen sind in der Regel in dem Jahr, in dem sie anfallen, zu berücksichtigen (In-Prinzip). Bei Selbständigen kann auf den Zeitraum der Veranlagung abgestellt werden (Für-Prinzip). Grundsätzlich sind Steuervorteile in Anspruch zu nehmen; hierzu gehört bei unstreitigem, freiwillig geleistetem oder tituliertem Unterhalt auch das Realsplitting. Ob im laufenden Jahr von der Möglichkeit der Eintragung eines Freibetrages Gebrauch zu machen ist, richtet sich nach den Umständen des Einzelfalls (vgl. Nr. 1.7).

10.1.2

Als Vorsorgeaufwendungen sind Aufwendungen zur Kranken-, Pflege-, Renten- und Arbeitslosenversicherung abzuziehen. Zu den angemessenen Vorsorgeaufwendungen kann auch eine zusätzliche Altersvorsorge zählen.

Personen, die der gesetzlichen Rentenversicherung nicht unterliegen, können für ihre Altersvorsorge regelmäßig einen Prozentsatz ihres Bruttoeinkommens aufwenden, der dem jeweiligen Beitragssatz zur gesetzlichen Rentenversicherung entspricht. Für eine zusätzliche Altersvorsorge können sie ebenso wie gesetzlich Rentenversicherte weitere 4 % (bei Elternunterhalt 5 %) ihres Bruttoeinkommens einsetzen. Personen, die der gesetzlichen Rentenversicherung unterliegen, können für das die Beitragsbemessungsgrenze der gesetzlichen Rentenversicherung übersteigende Einkommen zusätzliche Aufwendungen zur Altersvorsorge bis zur Höhe

---

1) Habersack, Deutsche Gesetze Nr. 20.

eines Prozentsatzes des die Beitragsbemessungsgrenze übersteigenden Einkommens tätigen, der dem jeweiligen Beitragssatz zur gesetzlichen Rentenversicherung entspricht. Wenn der Mindestunterhalt minderjähriger Kinder oder ihnen nach § 1603 Abs. 2 S. 2 BGB[1] gleichgestellter Volljähriger nicht gedeckt ist, sind Aufwendungen für die zusätzliche Altersvorsorge nicht zu berücksichtigen.

10.2. Berufsbedingte Aufwendungen

10.2.1

Für berufsbedingte Aufwendungen gilt Anm. A. 3 der Düsseldorfer Tabelle[2].

10.2.2

Als notwendige Kosten der berufsbedingten Nutzung eines Kraftfahrzeugs können 0,42 EUR pro gefahrenem Kilometer (§ 5 Abs. 2 Nr. 2 JVEG[3]) angesetzt werden. Ab dem 31. Entfernungskilometer kommt in der Regel eine Kürzung der Kilometerpauschale für die Mehrkilometer auf 0,28 EUR in Betracht.

10.2.3

Für die Ausbildungsvergütung eines Kindes, das im Haushalt der Eltern oder eines Elternteils wohnt, gilt Anm. A. 8 der Düsseldorfer Tabelle[2]. Lebt das Kind im eigenen Haushalt, ist Anm. A. 3 der Düsseldorfer Tabelle anzuwenden.

10.3. Kinderbetreuung

Das Einkommen aus einer neben der Kinderbetreuung ausgeübten Erwerbstätigkeit kann um den notwendigen, konkret dargelegten Aufwand für die Betreuung des Kindes vermindert werden. Zum Aufwand für die Betreuung des Kindes zählen nicht die Kosten des Kindergartenbesuchs, diese sind Mehrbedarf des Kindes.

10.4. Schulden

Schulden können nach den Umständen des Einzelfalls (Art, Grund und Zeitpunkt des Entstehens) das anrechenbare Einkommen vermindern. Die Abzahlung soll im Rahmen eines Tilgungsplans in angemessenen Raten erfolgen. Dabei sind die Belange von Unterhaltsgläubiger, Unterhaltsschuldner und Drittgläubiger gegeneinander abzuwägen. Unter Umständen besteht im Rahmen gesteigerter Unterhaltspflicht nach § 1603 Abs. 2 BGB[1] die Obliegenheit zur Einleitung eines Insolvenzverfahrens und Geltendmachung der gesetzlichen Pfändungsfreigrenzen.

10.5

nicht besetzt

10.6. Vermögensbildung

Vermögenswirksame Leistungen, die nicht unter Nr. 10.1.2 fallen, vermindern das Einkommen nicht. Zusatzleistungen des Arbeitgebers für die vermögenswirksame Anlage sind dem Bezieher zu belassen.

10.7. Umgangskosten

Umgangskosten können durch einen – teilweisen – Abzug vom Einkommen oder eine Erhöhung des Selbstbehalts berücksichtigt werden.

Bei einem über das übliche Maß hinausgehenden Umgang können dadurch bedingte hohe Mehraufwendungen (z.B. Fahrt- und Unterbringungskosten) zu

[1] **Habersack, Deutsche Gesetze Nr. 20.**
[2] Nr. 47.
[3] **Habersack, Deutsche Gesetze Nr. 116.**

einer Herabstufung um eine oder mehrere Einkommensgruppen der Düsseldorfer Tabelle[1] oder zum Absehen von einer erforderlichen Höherstufung führen.

Ferner kann der Unterhaltsbedarf des Kindes dadurch gemindert sein, dass der umgangsberechtigte Elternteil dem Kind im Zuge seines erweiterten Umgangs Leistungen erbringt, mit denen er den Unterhaltsbedarf des Kindes auf andere Weise als durch Zahlung einer Geldrente teilweise deckt.

Kindesunterhalt

11. Bemessungsgrundlage (Tabellenunterhalt)

Der Barunterhaltsbedarf minderjähriger Kinder und im Haushalt der Eltern oder eines Elternteils lebender volljähriger Kinder ist der Düsseldorfer Tabelle[1] zu entnehmen. Bei minderjährigen Kindern kann der Kindesunterhalt als Festbetrag oder als Prozentsatz des Mindestunterhalts gemäß § 1612a Abs. 1 BGB[2] geltend gemacht werden.

11.1

In den Tabellensätzen sind Beiträge zur Kranken- und Pflegeversicherung nicht enthalten. Wenn das Kind nicht in der gesetzlichen Familienversicherung mitversichert ist, gehören die Kosten der Krankenversicherung des Kindes zu seinem Grundbedarf und sind zusätzlich vom barunterhaltspflichtigen Elternteil zu tragen. Dessen Einkommen ist um diese Versicherungskosten zu bereinigen. Studiengebühren sind von den Tabellensätzen nicht erfasst, wohl aber Semesterbeiträge.

11.2

Bei minderjährigen Kindern, die bei einem Elternteil leben, richtet sich zur Bemessung des Barunterhalts die Eingruppierung in die Düsseldorfer Tabelle[1] nach dem anrechenbaren Einkommen des anderen Elternteils. Der Bedarfskontrollbetrag (Anm. A. 6 der Düsseldorfer Tabelle) und Ab- oder Zuschläge (Anm. A. 1 der Düsseldorfer Tabelle) sind zu beachten.

12. Minderjährige Kinder

12.1

Der betreuende Elternteil braucht in der Regel keinen Barunterhalt für das minderjährige Kind zu leisten.

Zum einen kann jedoch die Barunterhaltspflicht des nicht betreuenden Elternteils entfallen oder sich ermäßigen, wenn er zu Unterhaltszahlungen nur unter Beeinträchtigung seines angemessenen Unterhalts in der Lage wäre, während der andere Elternteil neben der Betreuung des Kindes auch den Barunterhalt leisten könnte, ohne dass dadurch sein eigener angemessener Unterhalt gefährdet würde, und ohne die Beteiligung des betreuenden Elternteils am Barunterhalt ein erhebliches finanzielles Ungleichgewicht zwischen den Eltern entstehen würde. In solchen Fällen entfällt die gesteigerte Unterhaltspflicht nach § 1603 Abs. 2 Satz 1 und 2 BGB[2], also insbesondere die Beschränkung auf den notwendigen Selbstbehalt. Die Unterhaltspflicht mit dem Einkommen, das den angemessenen Selbstbehalt übersteigt, wird davon nicht berührt.

Zum anderen kann es der Billigkeit entsprechen, den betreuenden Elternteil den Barunterhalt gemäß § 1606 Abs. 3 BGB in voller Höhe aufbringen zu lassen, wenn dieser mindestens das Dreifache der Nettoeinkünfte des an sich barunter-

[1] Nr. 47.
[2] **Habersack, Deutsche Gesetze Nr. 20.**

haltspflichtigen Elternteils erzielt. Unterhalb dieser Schwelle kann bei einer erheblichen Einkommensdifferenz eine beiderseitige Barunterhaltspflicht der Eltern nach Nr. 13.3 der Leitlinien in Betracht kommen, wobei zugunsten des betreuenden Elternteils eine wertende Veränderung des Verteilungsmaßstabs vorzunehmen ist.

12.2

Das bereinigte Einkommen des Kindes, das von einem Elternteil betreut wird, wird nur teilweise, in der Regel zur Hälfte auf den Barunterhalt angerechnet; im Übrigen kommt es dem betreuenden Elternteil zugute.

12.3

Sind, z.B. bei auswärtiger Unterbringung des Kindes, beide Eltern zum Barunterhalt verpflichtet, bemisst sich der Bedarf des Kindes in der Regel nach dem zusammengerechneten Einkommen beider Eltern ohne Höhergruppierung nach Anm. A. 1 der Düsseldorfer Tabelle[1]. Für den Gesamtbedarf haften die Eltern anteilig (Berechnung nach Nr. 13.3).

Gleiches gilt bei einem Wechselmodell. In diesem Fall umfasst der Bedarf des Kindes auch die durch das Wechselmodell bedingten Mehrkosten. Der Unterhaltsanspruch ist auf den hälftigen Ausgleich der nach Abzug der von den Eltern erbrachten Leistungen verbleibenden Unterhaltsspitze durch den besser verdienenden Elternteil gerichtet (BGH, FamRZ 2017, 437).

12.4

Für Zusatzbedarf (Prozess-/Verfahrenskostenvorschuss, Mehrbedarf, Sonderbedarf) haften beide Eltern gemäß § 1606 Abs. 3 Satz 1 BGB[2] anteilig (Berechnung nach Nr. 13.3). Zum Mehrbedarf des Kindes zählen insbesondere Kindergartenkosten (ohne Verpflegungsanteile).

13. Volljährige Kinder

13.1

Der Bedarf volljähriger Kinder, die noch im Haushalt der Eltern oder eines Elternteils wohnen, richtet sich nach der 4. Altersstufe der Düsseldorfer Tabelle[1]. Dies gilt bis zur Vollendung des 21. Lebensjahres auch für unverheiratete volljährige Kinder, die sich in der allgemeinen Schulausbildung befinden. Der Bedarf bemisst sich, falls beide Eltern leistungsfähig sind, in der Regel nach dem zusammengerechneten Einkommen ohne Höhergruppierung nach Anm. A. 1 der Düsseldorfer Tabelle. Für die Haftungsquote gilt Nr. 13.3.

Für ein volljähriges Kind mit eigenem Hausstand gilt Anm. A. 7 Abs. 2 der Düsseldorfer Tabelle. Der Bedarfssatz kann bei entsprechender Lebensstellung der Eltern erhöht werden.

13.2

Das bereinigte Einkommen des volljährigen Kindes wird in der Regel in vollem Umfange auf den Bedarf angerechnet. Bei Einkünften aus unzumutbarer Erwerbstätigkeit gilt § 1577 Abs. 2 BGB[2] entsprechend. Zu den Einkünften des Kindes gehören auch BAföG-Darlehen und Ausbildungsbeihilfen.

---

[1] Nr. 47.
[2] **Habersack, Deutsche Gesetze Nr. 20.**

13.3

Sind beide Eltern barunterhaltspflichtig, bemisst sich die Haftungsquote nach dem Verhältnis ihrer anrechenbaren Einkünfte. Diese sind vorab jeweils um den Sockelbetrag zu kürzen. Der Sockelbetrag entspricht dem angemessenen Selbstbehalt gemäß Anm. A. 5 Abs. 2 der Düsseldorfer Tabelle[1)], bei minderjährigen unverheirateten und ihnen gleichgestellten volljährigen Kindern (§ 1603 Abs. 2 S. 2 BGB[2)]) jedoch dann dem notwendigen Selbstbehalt gemäß Anm. A. 5 Abs. 1 der Düsseldorfer Tabelle, wenn bei einem Sockelbetrag in Höhe des angemessenen Selbstbehalts der Bedarf dieser Kinder nach der ersten Einkommensgruppe nicht sichergestellt ist. Ein Elternteil hat höchstens den Unterhalt zu leisten, der sich allein – unter Berücksichtigung von Anm. A. 1 der Düsseldorfer Tabelle – nach seinem Einkommen ergibt.

Die anrechenbaren Einkommen der Eltern sind um Unterhaltsleistungen an vorrangig Berechtigte zu kürzen.

Der Verteilungsschlüssel kann bei Vorliegen besonderer Umstände (z.B. Betreuung eines behinderten Volljährigen) wertend verändert werden.

14. Verrechnung des Kindergeldes

Kindergeld wird nach § 1612b BGB[2)] zur Deckung des Barbedarfs verwandt, und zwar bei minderjährigen Kindern, die von einem Elternteil oder im Rahmen des Wechselmodells von beiden Eltern betreut werden, zur Hälfte, ansonsten in voller Höhe. Beim Wechselmodell kommt somit die auf den Barunterhalt entfallende Hälfte des Kindergeldes den Eltern entsprechend ihrer sich aus den beiderseitigen Einkommen ergebenden Beteiligungsquote zugute; der auf den Betreuungsunterhalt entfallende Kindergeldanteil ist zwischen den Eltern hälftig aufzuteilen.

Ehegattenunterhalt

15. Unterhaltsbedarf

15.1

Der Bedarf der Ehegatten richtet sich nach ihren Einkommens- und Vermögensverhältnissen im Unterhaltszeitraum, soweit diese als die ehelichen Lebensverhältnisse nachhaltig prägend anzusehen sind. Die ehelichen Lebensverhältnisse im Sinne von § 1578 Abs. 1 Satz 1 BGB[2)] werden dabei grundsätzlich durch die Umstände bestimmt, die bis zur Rechtskraft der Ehescheidung eingetreten sind. Nachträgliche Entwicklungen wirken sich auf die Bedarfsbemessung nach den ehelichen Lebensverhältnissen aus, wenn sie auch bei fortbestehender Ehe eingetreten wären oder in anderer Weise in der Ehe angelegt und mit hoher Wahrscheinlichkeit zu erwarten waren. Andere nacheheliche Entwicklungen bleiben außer Betracht (siehe Nr. 15.5).

Es ist von einem Mindestbedarf auszugehen, der nicht unter dem Existenzminimum für Nichterwerbstätige liegen darf (Anm. B IV Nr. 2 der Düsseldorfer Tabelle[1)]).

Bei Berechnung des Bedarfs ist von dem anrechenbaren Einkommen (Nr. 10) vorab der prägende Kindesunterhalt – Zahlbetrag – abzuziehen.

---

1) Nr. **47**.
2) **Habersack, Deutsche Gesetze Nr. 20.**

Unterhalt für nachrangige volljährige Kinder ist vorab abzusetzen, wenn der Kindesunterhalt die ehelichen Lebensverhältnisse geprägt hat und den Eheleuten ein angemessener Unterhalt verbleibt.

15.2

Der Bedarf eines jeden Ehegatten ist grundsätzlich mit der Hälfte des unterhaltsrechtlich relevanten Einkommens beider Ehegatten anzusetzen (Halbteilungsgrundsatz).

Dem erwerbstätigen Ehegatten steht vorab ein Bonus von 1/10 seiner Erwerbseinkünfte zu. Der Erwerbstätigenbonus ist von dem gemäß Nr. 10 bereinigten Erwerbseinkommen, das zusätzlich – bei Mischeinkünften anteilig – um den Kindesunterhalt in Höhe des Zahlbetrages zu mindern ist, zu bilden.

Der Bedarf des berechtigten Ehegatten beträgt danach 45 % der Erwerbseinkünfte des anderen Ehegatten zuzüglich 55 % der eigenen Erwerbseinkünfte sowie 50 % der sonstigen Einkünfte beider Eheleute. Der Bedarf des Verpflichteten beträgt 55 % der eigenen Erwerbseinkünfte zuzüglich 45 % der Erwerbseinkünfte des anderen Ehegatten sowie 50 % des sonstigen Einkommens beider Eheleute (Quotenbedarf).

15.3

Bei sehr guten Einkommensverhältnissen der Eheleute muss der Unterhaltsberechtigte auf geeignete Weise vortragen, in welchem Umfang das Familieneinkommen für den Konsum verbraucht worden ist. Dies kann erfolgen durch einen konkreten Vortrag zu den ehelichen Lebensverhältnissen (konkrete Bedarfsbemessung) oder durch den Vortrag, welcher Anteil der hohen Einkünfte nicht zur Deckung des ehelichen Lebensbedarfs verwendet wurde (Sparquote). Wenn der Unterhaltspflichtige substantiiert – beispielsweise durch die Darlegung des konkreten Bedarfs oder der Sparquote – widerspricht, bleibt es hinsichtlich der Höhe des zu Konsumzwecken eingesetzten Einkommensanteils bei der vollen Darlegungslast und Beweislast des Unterhaltsberechtigten.

Ab welcher Einkommenshöhe eine tatsächliche Vermutung für den vollständigen Verbrauch der Einkünfte zur Deckung des laufenden Lebensbedarfs entfällt, bleibt der tatrichterlichen Würdigung im Einzelfall vorbehalten. Jedenfalls ab einem bereinigten Einkommen der Ehegatten von mehr als dem Betrag der höchsten Einkommensgruppe der Düsseldorfer Tabelle[1] (derzeit 11.000 €) gilt diese Vermutung in der Regel nicht.

Auf einen konkret festgestellten Bedarf ist Einkommen des Berechtigten ohne Berücksichtigung eines Erwerbstätigenbonus anzurechnen.

Bei sehr guten Einkommensverhältnissen hat der Unterhaltsberechtigte ein Wahlrecht, nach welcher Methode er seinen Unterhalt berechnen will. Der Quotenunterhalt stellt unter Berücksichtigung eines objektiven Maßstabs im Hinblick auf die Halbteilung die Obergrenze auch bei der konkreten Bedarfsbemessung dar.

15.4

Verlangt der Berechtigte neben dem Elementarunterhalt Vorsorgeunterhalt für Alter, Krankheit und Pflegebedürftigkeit, den er aus seinen eigenen Einkünften nicht decken kann, sind die vom Pflichtigen hierfür geschuldeten Beträge wie eigene Vorsorgeaufwendungen (Ziffer. 10.1) von seinem Einkommen abzuziehen.

[1] Nr. 47.

Die zweistufige Berechnung und der Vorwegabzug des Vorsorgeunterhalts für Alter, Krankheit oder Pflegebedürftigkeit können unterbleiben, soweit nicht prägendes Einkommen in einer den ungedeckten Vorsorgebedarf übersteigenden Höhe zur Verfügung steht, also entweder der Verpflichtete über nicht prägendes Einkommen verfügt oder nicht prägendes Einkommen des Berechtigten bedarfsdeckend angerechnet wird. Dies kann insbesondere bei einer Berechnung nach Nr. 15.3 der Fall sein.

Altersvorsorgeunterhalt wird wegen Vorrangs des Elementarunterhalts nicht geschuldet, wenn bzw. soweit das Existenzminimum des Berechtigten nicht gesichert ist.

Bei der zweistufigen Ermittlung des Altersvorsorgeunterhalts wird zunächst ein vorläufiger Elementarunterhalt nach Nrn. 15.2, 21.4 bestimmt. Einkünfte des Berechtigten, die zu keiner Altersvorsorge führen, bleiben unberücksichtigt. Hinzu kommt ein Zuschlag entsprechend der jeweils gültigen Bremer Tabelle[1]. Von dieser Bruttobemessungsgrundlage wird mit Hilfe des jeweiligen Beitragssatzes in der gesetzlichen Rentenversicherung (Arbeitgeber- und Arbeitnehmerbeitrag) der Vorsorgeunterhalt errechnet. Dieser wird vom bereinigten Nettoeinkommen des Verpflichteten abgezogen; auf dieser Basis wird der endgültige Elementarunterhalt errechnet.

15.5

Ohne Auswirkung auf den Unterhaltsbedarf sind nacheheliche Entwicklungen, die keinen Anknüpfungspunkt in der Ehe haben, wie die Unterhaltspflicht gegenüber einem neuen Ehegatten, der Splittingvorteil aus der neuen Ehe, sonstige von der neuen Ehe abhängige Einkommenszuschläge, der Vorteil des Zusammenlebens in der neuen Ehe, Unterhaltspflichten für nachehelich geborene Kinder und hierdurch bedingte Ansprüche nach § 1615l BGB[2]. Allerdings können diese Veränderungen bei Gleichrang zu einer Einschränkung der Leistungsfähigkeit (§ 1581 BGB, relativer Mangelfall) und zu einer Begrenzung des geschuldeten Unterhalts führen (siehe Nrn. 21.3.2 Abs. 2 bis 4).

15.6

Trennungsbedingter Mehrbedarf kann berücksichtigt werden, wenn der Berechtigte oder der Verpflichtete über zusätzliches nicht prägendes Einkommen verfügt, das die Zahlung des nach dem prägenden Einkommen berechneten Unterhalts sowie des trennungsbedingten Mehrbedarfs erlaubt.

15.7

Nach Scheidung der Ehe ist in der Regel zunächst Unterhalt nach dem eheangemessenen Bedarf zu zahlen. Vor einer Herabsetzung und/oder Begrenzung des Unterhaltsanspruchs ist dem berechtigten Ehegatten regelmäßig eine auch unter Berücksichtigung der Ehedauer angemessene Übergangsfrist einzuräumen.

Bei der Billigkeitsprüfung nach § 1578b BGB[2] ist vorrangig zu berücksichtigen, ob ehebedingte Nachteile eingetreten sind. Im Rahmen der Billigkeitsabwägung sind daneben insbesondere die beiderseitigen Einkommens- und Vermögensverhältnisse, der Vermögenserwerb während der Ehe, Beiträge zur beruflichen Entwicklung des anderen Ehegatten sowie die Dauer und Umfang des gezahlten Trennungsunterhalts zu berücksichtigen. Der Dauer der Ehe kommt in diesem Rahmen eine besondere Bedeutung zu. Fortwirkende ehebedingte Nachteile des

---

[1] Nr. **47f/1**.
[2] **Habersack, Deutsche Gesetze Nr. 20.**

Unterhaltsberechtigten stehen in der Regel einer Unterhaltsbefristung und einer Herabsetzung unter den angemessenen Bedarf entgegen. Etwas anderes kann gelten, wenn beide Ehegatten fortwirkende ehebedingte Nachteile erlitten haben. Bei Fehlen oder nach dem Wegfall ehebedingter Nachteile kann eine fortwirkende nacheheliche Solidarität einer Begrenzung des Anspruchs auf nachehelichen Unterhalt entgegenstehen oder eine Verlängerung der Unterhaltsdauer geboten erscheinen lassen.

Der bereits zweckbefristete Anspruch auf Betreuungsunterhalt nach § 1570 BGB ist nicht nach § 1578b Abs. 2 BGB zeitlich zu befristen, kann aber gem. § 1578b Abs. 1 BGB bis zum angemessenen Bedarf des Berechtigten herabgesetzt werden. Ein nicht auf § 1570 BGB beruhender Unterhaltsanteil kann nach § 1578b BGB zeitlich begrenzt werden.

16. Bedürftigkeit

Eigenes Einkommen des Berechtigten ist auf den Bedarf (Ziffer 15) anzurechnen.

17. Erwerbsobliegenheit

17.1

Bei Kindesbetreuung besteht bis zur Vollendung des dritten Lebensjahres eines gemeinsamen Kindes keine Erwerbsobliegenheit. Eine gleichwohl ausgeübte Erwerbstätigkeit ist überobligatorisch, hieraus erzieltes Einkommen ist entsprechend § 1577 Abs. 2 BGB[1] nach Billigkeit zu berücksichtigen.

Nachdem das jüngste Kind sein drittes Lebensjahr vollendet hat, kommt es bei Beurteilung der Frage, ob und inwieweit der betreuende Ehegatte auf eine Erwerbstätigkeit verwiesen werden kann, auf die Verhältnisse des Einzelfalls an, wobei in der Regel ein abrupter Wechsel durch einen stufenweisen Übergang zu einer vollschichtigen Erwerbstätigkeit vermieden werden soll. Bei der Entscheidung über die Verlängerung des Unterhaltsanspruchs sind kindbezogene Gründe (§ 1570 Abs. 1 Satz 3 BGB) und elternbezogene Gründe (§ 1570 Abs. 2 BGB) zu berücksichtigen.

Maßgeblich sind insbesondere die konkrete Betreuungssituation (Anzahl und Alter des bzw. der zu betreuenden gemeinsamen Kinder, die individuelle Betreuungsbedürftigkeit des bzw. der gemeinsamen Kinder, Verfügbarkeit und Qualität der Betreuungseinrichtungen und die verlässliche Bereitschaft des unterhaltspflichtigen Elternteils, sich an der Betreuung zu beteiligen), die gemeinsame Ausgestaltung der Kinderbetreuung während des ehelichen Zusammenlebens und das hierdurch gewachsene Vertrauen in die vereinbarte und praktizierte Rollenverteilung.

Der Umfang der Erwerbsobliegenheit beurteilt sich nach der Gesamtbelastung durch die Erwerbstätigkeit und die Kinderbetreuung. Eine tatsächlich ausgeübte Tätigkeit indiziert im Regelfall deren Vereinbarkeit mit der Kinderbetreuung, kann aber überobligatorisch sein, wenn kind- oder elternbezogene Gründe einen Anspruch auf Betreuungsunterhalt rechtfertigen würden.

Die vorstehenden Kriterien gelten in gleicher Weise, wenn der betreuende Elternteil auf Ehegattenunterhalt in Anspruch genommen wird.

Umstände, die einer vollen oder teilweisen Erwerbsobliegenheit ab Vollendung des dritten Lebensjahres des Kindes entgegenstehen, hat der betreuende Elternteil

[1] **Habersack, Deutsche Gesetze Nr. 20.**

darzulegen und zu beweisen. Dies gilt auch, wenn ein Titel über den Betreuungsunterhalt abgeändert werden soll.

17.2

Beim Trennungsunterhalt besteht für den Berechtigten im ersten Jahr nach der Trennung in der Regel keine Obliegenheit zur Aufnahme oder Ausweitung einer Erwerbstätigkeit.

18. Ansprüche nach § 1615l BGB

Der Bedarf des nach § 1615l BGB[1)] unterhaltsberechtigten betreuenden Elternteils bemisst sich allein nach dessen Lebensstellung. Maßgeblich ist, welche Einkünfte der unterhaltsberechtigte Elternteil ohne die Geburt und die Betreuung des gemeinsamen Kindes erreicht hätte. Der so ermittelte Betrag ist nicht auf den Zeitpunkt der Geburt des Kindes festgeschrieben, so dass sich etwa infolge der allgemein üblichen Gehaltssteigerungen ein höherer Bedarf ergeben kann. Der Bedarf ist auch dann nicht nach dem Einkommen des Pflichtigen zu bemessen, wenn dieser mit dem betreuenden Elternteil zusammengelebt hat. Er kann sich auch aus einem Unterhaltsanspruch gegen einen früheren Ehegatten ergeben, darf aber das Existenzminimum für Nichterwerbstätige (Anm. B IV Nr. 2 der Düsseldorfer Tabelle[2)]) nicht unterschreiten.

Eine Begrenzung des Unterhaltsanspruchs des nach § 1615l BGB berechtigten Elternteils erfolgt durch den Halbteilungsgrundsatz sowie durch den dem Unterhaltspflichtigen zu belassenden Selbstbehalt (vgl. Anm. D III der Düsseldorfer Tabelle). Der Anspruch nach § 1615l BGB ist begrenzt auf den Betrag, der einem Ehegatten in gleicher Lage zustünde.

Zur Frage der Berücksichtigung eigener Einkünfte, zu Abzügen und zur Erwerbsobliegenheit gelten die Ausführungen für den Ehegatten entsprechend.

Die Unterhaltspflicht des nichtbetreuenden Elternteils besteht für mindestens drei Jahre nach der Geburt des Kindes. Sie verlängert sich, solange und soweit dies der Billigkeit entspricht. Dabei sind insbesondere die Belange des Kindes und die bestehenden Möglichkeiten der Kinderbetreuung zu berücksichtigen. Die Ausführungen unter Nr. 17.1 zum Ehegattenunterhalt gelten entsprechend.

19. Elternunterhalt

Der Bedarf der Eltern bemisst sich in erster Linie nach deren Einkommens- und Vermögensverhältnissen. Er ist konkret darzulegen. Mindestens muss jedoch das Existenzminimum eines Nichterwerbstätigen (Anm. B IV Nr. 2 der Düsseldorfer Tabelle[2)]) sichergestellt werden. Darin sind Kosten der Kranken- und Pflegeversicherung nicht enthalten. Etwaiger Mehrbedarf ist zusätzlich auszugleichen. Bei einem Heimaufenthalt des Berechtigten wird der Bedarf durch die dadurch anfallenden notwendigen Kosten zuzüglich eines Barbetrags für die persönlichen Bedürfnisse entsprechend § 27b SGB XII bestimmt. Leistungen zur Grundsicherung nach §§ 41 ff. SGB XII sind zu berücksichtigen. Die Regelungen des Gesetzes zur Entlastung unterhaltspflichtiger Angehöriger in der Sozialhilfe und in der Eingliederungshilfe (Angehörigenentlastungsgesetz) sind bei Bemessung des Unterhalts zu berücksichtigen.

20.

Nicht belegt.

[1)] **Habersack, Deutsche Gesetze Nr. 20.**
[2)] Nr. 47.

Leistungsfähigkeit und Mangelfall

21. Selbstbehalt des Verpflichteten

21.1

Der Unterhaltsverpflichtete ist leistungsfähig, soweit ihm der Selbstbehalt verbleibt. Es ist zu unterscheiden zwischen dem notwendigen (§ 1603 Abs. 2 BGB[1]) und dem angemessenen Selbstbehalt.

21.2

Der notwendige Selbstbehalt gilt gegenüber minderjährigen unverheirateten und ihnen gleichgestellten volljährigen Kindern (§ 1603 Abs. 2 Satz 2 BGB[1]). Er beträgt nach Anm. A. 5 der Düsseldorfer Tabelle[2] derzeit für Nichterwerbstätige 1.120 € und für Erwerbstätige 1.370 €.

Bei Deckung des Mindestunterhalts gilt auch gegenüber Ansprüchen minderjähriger Kinder und ihnen gleichgestellter volljähriger Kinder der angemessene Selbstbehalt nach Nr. 21.3.1.

21.3

Der angemessene Selbstbehalt gilt gegenüber volljährigen Kindern, die minderjährigen Kindern nicht gleichgestellt sind, dem Ehegatten, der Mutter oder dem Vater eines nicht ehelich geborenen Kindes gemäß § 1615l BGB[1] sowie den Eltern des Unterhaltsverpflichteten.

21.3.1

Der angemessene Selbstbehalt gegenüber volljährigen Kindern (§ 1603 Abs. 1) beträgt nach Anm. A. 5 der Düsseldorfer Tabelle[2] derzeit 1.650 €.

21.3.2

Der angemessene Selbstbehalt gegenüber dem Ehegatten sowohl beim Trennungs- als auch beim nachehelichen Unterhalt und gegenüber Ansprüchen nach § 1615l BGB[1] beträgt gemäß Anm. B.III und D.III der Düsseldorfer Tabelle[2] bei Erwerbstätigkeit des Unterhaltspflichtigen 1.510 € und sonst 1.385 €.

Im Rahmen der Leistungsfähigkeit des Unterhaltspflichtigen nach § 1581 BGB ist ferner ein individueller Selbstbehalt zu berücksichtigen, bei dem der Halbteilungsgrundsatz zu beachten ist, was zu einem relativen Mangelfall führen kann, wenn dem Unterhaltspflichtigen für den eigenen Unterhalt weniger verbleibt, als der Unterhaltsberechtigte mit dem Unterhalt zur Verfügung hat. Sonstige Verpflichtungen gegenüber anderen Unterhaltsberechtigten, die nicht bereits den Bedarf des Unterhaltsberechtigten beeinflusst haben, sind entsprechend ihrem Rang zu berücksichtigen. Der Rang bestimmt sich auch dann nach § 1609 Nr. 2 BGB, wenn der Anspruch auf Ehegattenunterhalt nur teilweise auf § 1570 BGB beruht.

Sind ein geschiedener und ein neuer Ehegatte nach § 1609 BGB gleichrangig, ist im Rahmen der Leistungsfähigkeit des Unterhaltspflichtigen eine Billigkeitsabwägung in Form einer Dreiteilung des gesamten unterhaltsrelevanten Einkommens zulässig. Weitere individuelle Billigkeitserwägungen können berücksichtigt werden.

Die Erwerbsobliegenheit des neuen, mit dem Unterhaltspflichtigen zusammenlebenden Ehegatten bestimmt sich nach Maßgabe der §§ 1569 ff BGB, wobei ein

---

[1] **Habersack, Deutsche Gesetze Nr. 20.**
[2] Nr. 47.

Anspruch nach § 1570 Abs. 2 BGB wegen elternbezogener Gründe, die auf der Rollenverteilung in der neuen Ehe beruhen, in der Regel außer Betracht bleibt.

21.3.3

Wegen des dem Unterhaltspflichtigen zu belassenden Selbstbehalts gegenüber Ansprüchen auf Elternunterhalt wird auf Anm. D I der Düsseldorfer Tabelle[1] verwiesen.

21.4

Bei Zusammenleben mit einem Ehegatten oder Partner, der sich in angemessener Weise an den Kosten der Haushaltsführung beteiligen kann, kommt eine Herabsetzung des Selbstbehalts in Betracht. Die Ersparnis kann im Regelfall mit 10 % des jeweiligen Selbstbehalts angesetzt werden.

22. Bedarf des mit dem Pflichtigen zusammenlebenden Ehegatten

Insoweit wird auf Anm. B.V der Düsseldorfer Tabelle[1] verwiesen.

23. Mangelfall

23.1

Ein absoluter Mangelfall liegt vor, wenn das Einkommen des Unterhaltsverpflichteten zur Deckung seines Selbstbehalts und der gleichrangigen Unterhaltsansprüche der Berechtigten nicht ausreicht. Für diesen Fall ist die nach Abzug des Eigenbedarfs (Selbstbehalts) des Unterhaltspflichtigen verbleibende Verteilungsmasse auf die gleichrangigen Unterhaltsberechtigten im Verhältnis ihrer jeweiligen Einsatzbeträge gleichmäßig zu verteilen.

23.2

Die Einsatzbeträge im Mangelfall belaufen sich bei minderjährigen und diesen nach § 1603 Abs. 2 Satz 2 BGB[2] gleichgestellten volljährigen Kindern auf den Unterhalt nach der 1. Einkommensgruppe der jeweiligen Altersstufe der Düsseldorfer Tabelle[1] (Zahlbetrag).

24. Rundung

Der Unterhalt ist auf volle Euro zu runden.

Anhang

Rechenbeispiel zu Nr. 15.2

a)

Nur ein Ehegatte hat Einkommen:

Erwerbseinkommen V:	2.800 €
B (ohne Einkommen) ist wegen Krankheit erwerbsunfähig Ehegattenunterhalt: 2.800 € × 45 % =	1.260 €

b)

Beide Ehegatten haben prägendes Einkommen:

Erwerbseinkommen V:	2.800 €
Erwerbseinkommen B:	2.100 €

[1] Nr. 47.

[2] **Habersack, Deutsche Gesetze Nr. 20.**

Unterhaltsberechnung nach der Quotenbedarfsmethode (vgl. Ziff. 15.2):

Der Bedarf beträgt	2.415 €
nämlich 2.800 € × 45 % + 2.100 € × 55 %.	
Auf den Bedarf ist das Erwerbseinkommen B von mit 100 % anzurechnen.	2.100 €
Es bleibt ein ungedeckter Bedarf (Anspruch) von	315 €.

Verkürzte Unterhaltsberechnung in diesem Fall nach der Differenzmethode:

(2.800 € – 2.100 €) × 45 % =	315 €

c)

Beide Ehegatten haben prägendes Einkommen, B hat zusätzlich nicht prägende Einkünfte (z.B. Lottogewinn, Erbschaft, nach unvorhersehbarem Karrieresprung, unzumutbares Einkommen):

prägendes Erwerbseinkommen V:	2.800 €
prägendes Erwerbseinkommen B:	1.050 €
zusätzliches nicht prägendes Zinseinkommen B:	350 €
Unterhaltsberechnung nach der Quotenbedarfsmethode (vgl. Nr. 15.2):	
Bedarf B: 2.800 € × 45 % + 1.050 € × 55 % =	1.837,50 €
anzurechnen:	
das prägende Erwerbseinkommen von B (1.050 € × 100 %)	1.050 €
das nicht prägende Einkommen von B	350 €
Restbedarf (= Anspruch):	437,50 €

Unterhaltsberechnung nach der Additionsmethode:

Bedarf B: 1/2 (2.800 € × 90 % + 1.050 € × 90 %) =	1.732,50 €
anzurechnen:	
Gesamteinkommen B: 1.050 € × 90 % + 350 € =	1.295 €
Restbedarf (Anspruch)	437,50 €

d)

V hat prägendes, B hat nicht prägendes Einkommen (Zinsen aus nach Scheidung angefallener Erbschaft). Bei B, nicht bei V, ist trennungsbedingter Mehrbedarf von 150 € zu berücksichtigen:

Prägendes Erwerbseinkommen V:	2.800 €
nicht prägendes Zinseinkommen B:	300 €
Unterhaltsberechnung nach der Anrechnungsmethode:	
Bedarf B: 45 % × 2.800 € =	1.260 €
trennungsbedingter Mehrbedarf B:	150 €
Gesamtbedarf B:	1.410 €
anzurechnen: 100 % × 300 € =	300 €
Restbedarf:	1.110 €.

V ist leistungsfähig, weil ihm mit 1.690 € mehr als sein Bedarf
von (2.800 € × 55 % =) 1.540 €
verbleibt.

Zu Nr. 23 Mangelfall

Wegen der Unterhaltsberechnung im Mangelfall wird auf das Rechenbeispiel in der Düsseldorfer Tabelle[1] unter Anm. C. Bezug genommen.

[1] Nr. **47**.

47b. Unterhaltsrechtliche Leitlinien der Familiensenate in Süddeutschland (SüdL)[1]

Oberlandesgerichte Bamberg, Karlsruhe, München, Nürnberg, Stuttgart und Zweibrücken

(Stand: 1. Januar 2023)

Die Familiensenate der Süddeutschen Oberlandesgerichte verwenden diese Leitlinien als Orientierungshilfe für den Regelfall unter Beachtung der Rechtsprechung des Bundesgerichtshofs, wobei die Angemessenheit des Ergebnisses in jedem Fall zu überprüfen ist.
Das Tabellenwerk der Düsseldorfer Tabelle[2] ist eingearbeitet. Die Erläuterungen werden durch nachfolgende Leitlinien ersetzt.

Unterhaltsrechtlich maßgebendes Einkommen

Bei der Ermittlung und Zurechnung von Einkommen ist stets zu unterscheiden, ob es um Verwandten- oder Ehegattenunterhalt sowie ob es um Bedarfsbemessung einerseits oder Feststellung der Bedürftigkeit/Leistungsfähigkeit andererseits geht. Das unterhaltsrechtliche Einkommen ist nicht immer identisch mit dem steuerrechtlichen Einkommen.

1. Geldeinnahmen

1.1 Auszugehen ist vom Bruttoeinkommen als Summe aller Einkünfte.

1.2 Soweit Leistungen nicht monatlich anfallen (z.B. Weihnachts- und Urlaubsgeld), werden sie auf ein Jahr umgelegt. Einmalige Zahlungen (z.B. Abfindungen) sind auf einen angemessenen Zeitraum (in der Regel mehrere Jahre) zu verteilen.

1.3 Überstundenvergütungen werden dem Einkommen voll zugerechnet, soweit sie berufstypisch sind und das in diesem Beruf übliche Maß nicht überschreiten.

1.4 Ersatz für Spesen und Reisekosten sowie Auslösungen gelten in der Regel als Einkommen. Damit zusammenhängende Aufwendungen, vermindert um häusliche Ersparnis, sind jedoch abzuziehen. Bei Aufwendungspauschalen (außer Kilometergeld) kann 1/3 als Einkommen angesetzt werden.

1.5 Bei Ermittlung des zukünftigen Einkommens eines Selbständigen ist in der Regel der Gewinn der letzten drei Jahre zugrunde zu legen. Für zurückliegende Zeiträume ist vom tatsächlichen Einkommen auszugehen.

1.6 Einkommen aus Vermietung und Verpachtung sowie aus Kapitalvermögen ist der Überschuss der Bruttoeinkünfte über die Werbungskosten. Für Gebäude ist keine AfA anzusetzen.

1.7 Steuerzahlungen oder Erstattungen sind in der Regel im Kalenderjahr der tatsächlichen Leistung zu berücksichtigen.

1.8 Sonstige Einnahmen, z.B. Trinkgelder.

[1] In der jeweils aktuellen Fassung kostenlos abrufbar unter www.oberlandesgericht-stuttgart.de.
[2] Nr. **47**.

2. Sozialleistungen

2.1 Arbeitslosengeld (§ 136 SGB III) und Krankengeld.

2.2 Leistungen zur Sicherung des Lebensunterhalts nach §§ 19 ff. SGB II sind kein Einkommen, es sei denn, die Nichtberücksichtigung der Leistungen ist in Ausnahmefällen treuwidrig; nicht subsidiäre Leistungen nach dem SGB II sind Einkommen (insbesondere Entschädigung für Mehraufwendungen „Ein-Euro-Job" § 16 SGB II, Freibeträge nach § 11b III SGB II).

2.3 Wohngeld, soweit es nicht erhöhte Wohnkosten deckt.

2.4 BAföG-Leistungen, auch soweit sie als Darlehen gewährt werden, mit Ausnahme von Vorausleistungen nach §§ 36, 37 BAföG[1].

2.5 Elterngeld ist Einkommen, soweit es über den Sockelbetrag in Höhe von 300 €, bei verlängertem Bezugsrecht über 150 € hinausgeht. Der Sockelbetrag (§ 11 S. 4 BEEG[2]) ist kein Einkommen, es sei denn, es liegt einer der Ausnahmefälle des § 11 S. 4 BEEG vor.

2.6 Unfallrenten.

2.7 Leistungen aus der Pflegeversicherung, Blindengeld, Versorgungsrenten, Schwerbeschädigten- und Pflegezulagen nach Abzug eines Betrags für tatsächliche Mehraufwendungen; §§ 1610a, 1578a BGB[3] sind zu beachten.

2.8 Der Anteil des Pflegegelds bei der Pflegeperson, durch den ihre Bemühungen abgegolten werden; bei Pflegegeld aus der Pflegeversicherung gilt dies nach Maßgabe des § 13 VI SGB XI.

2.9 In der Regel Leistungen nach §§ 41–43 SGB XII (Grundsicherung) beim Verwandtenunterhalt, nicht aber beim Ehegattenunterhalt.

2.10/11 Kein Einkommen sind sonstige Sozialhilfe nach SGB XII und Leistungen nach dem UVG[4]. Die Unterhaltsforderung eines Empfängers dieser Leistungen kann in Ausnahmefällen treuwidrig sein. (Vgl. Ziffer 2.2).

3. Kindergeld

Kindergeld wird nicht zum Einkommen der Eltern gerechnet (vgl. Nr. 14).

4. Geldwerte Zuwendungen des Arbeitgebers

Geldwerte Zuwendungen aller Art des Arbeitgebers, z.B. Firmenwagen oder freie Kost und Logis, sind Einkommen, soweit sie entsprechende Eigenaufwendungen ersparen.

5. Wohnwert

Der Wohnvorteil durch mietfreies Wohnen im eigenen Heim ist als wirtschaftliche Nutzung des Vermögens unterhaltsrechtlich wie Einkommen zu behandeln. Neben dem Wohnwert sind auch Zahlungen nach dem Eigenheimzulagengesetz anzusetzen.

---

[1] **Sartorius Nr. 420.**
[2] Nr. 45e.
[3] **Habersack, Deutsche Gesetze Nr. 20.**
[4] Nr. 45d.

Bei der Bemessung des Wohnvorteils ist auszugehen von der Nettomiete, d.h. nach Abzug der auf einen Mieter nach § 2 BetrKV[1)] umlegbaren Betriebskosten. Hiervon können in Abzug gebracht werden der berücksichtigungsfähige Schuldendienst, erforderliche Instandhaltungs- und Instandsetzungskosten und solche Kosten, die auf einen Mieter nicht nach § 2 BetrKV umgelegt werden können.

Auszugehen ist vom vollen Mietwert. Wenn es nicht möglich oder nicht zumutbar ist, die Wohnung aufzugeben und das Objekt zu vermieten oder zu veräußern, kann stattdessen die ersparte Miete angesetzt werden, die angesichts der wirtschaftlichen Verhältnisse angemessen wäre. Dies kommt in der Regel für die Zeit bis zur Rechtshängigkeit des Scheidungsantrags in Betracht.

6. Haushaltsführung

Führt jemand einem leistungsfähigen Dritten den Haushalt, so ist hierfür ein Einkommen anzusetzen; bei Haushaltsführung durch einen Nichterwerbstätigen geschieht das in der Regel mit einem Betrag von 200 € bis 550 €.

7. Einkommen aus unzumutbarer Erwerbstätigkeit

Einkommen aus unzumutbarer Erwerbstätigkeit kann nach Billigkeit ganz oder teilweise unberücksichtigt bleiben.

8. Freiwillige Zuwendungen Dritter

Freiwillige Zuwendungen Dritter (z.B. Geldleistungen, kostenloses Wohnen) sind als Einkommen zu berücksichtigen, wenn dies dem Willen des Dritten entspricht.

9. Erwerbsobliegenheit und Einkommensfiktion

Einkommen können auch aufgrund einer unterhaltsrechtlichen Obliegenheit erzielbare Einkünfte sein.

10. Bereinigung des Einkommens

10.1 Vom Bruttoeinkommen sind Steuern, Sozialabgaben und/oder angemessene, tatsächliche Vorsorgeaufwendungen – Aufwendungen für die Altersvorsorge bis zu 23 % des Bruttoeinkommens, bei Elternunterhalt bis zu 24 % des Bruttoeinkommens (je einschließlich der Gesamtbeiträge von Arbeitnehmer und Arbeitgeber zur gesetzlichen Rentenversicherung) – abzusetzen (Nettoeinkommen).

Es besteht die Obliegenheit, Steuervorteile in Anspruch zu nehmen (z.B. Eintragung eines Freibetrags bei Fahrtkosten, Realsplitting für unstreitigen oder titulierten Unterhalt).

10.2 Berufsbedingte Aufwendungen, die sich von den privaten Lebenshaltungskosten nach objektiven Merkmalen eindeutig abgrenzen lassen, sind im Rahmen des Angemessenen vom Nettoeinkommen aus unselbständiger Arbeit abzuziehen.

10.2.1 Bei Vorliegen entsprechender Anhaltspunkte kann eine Pauschale von 5 % des Nettoeinkommens angesetzt werden. Übersteigen die berufsbedingten Aufwendungen die Pauschale, so sind sie im Einzelnen darzulegen.

---

1) Nr. **30b/1**.

Bei beschränkter Leistungsfähigkeit kann im Einzelfall nur mit konkreten Kosten gerechnet werden.

10.2.2 Für die notwendigen Kosten der berufsbedingten Nutzung eines Kraftfahrzeugs kann ein Betrag von derzeit 0,42 € pro gefahrenen Kilometer angesetzt werden. Damit sind i.d.R. Anschaffungskosten miterfasst. Bei langen Fahrtstrecken (ab ca. 30 km einfach) kann nach unten abgewichen werden (für die Mehrkilometer in der Regel 0,28 €).

10.2.3 Bei einem Auszubildenden sind i.d.R. 100 € als ausbildungsbedingter Aufwand abzuziehen.

10.3 Kinderbetreuungskosten sind abzugsfähig, soweit die Betreuung durch Dritte allein infolge der Berufstätigkeit erforderlich ist. Im Übrigen gilt Ziffer 12.4.

10.4 Berücksichtigungswürdige Schulden (Zins, ggf. auch Tilgung) sind abzuziehen; die Abzahlung soll im Rahmen eines vernünftigen Tilgungsplanes in angemessenen Raten erfolgen. Bei der Zumutbarkeitsabwägung sind Interessen des Unterhaltsschuldners, des Drittgläubigers und des Unterhaltsgläubigers, vor allem minderjähriger Kinder, mit zu berücksichtigen.

Bei Kindesunterhalt kann die Obliegenheit zur Einleitung eines Verbraucherinsolvenzverfahrens bestehen.

10.5/6 nicht belegt

10.7 Umgangskosten (nicht belegt)

Kindesunterhalt

11. Bemessungsgrundlage (Tabellenunterhalt)

Der Barunterhalt minderjähriger und noch im elterlichen Haushalt lebender volljähriger unverheirateter Kinder bestimmt sich nach den Sätzen der Düsseldorfer Tabelle[1] (Anhang 1).

Bei minderjährigen Kindern kann er als Festbetrag oder als Prozentsatz des jeweiligen Mindestunterhalts geltend gemacht werden.

11.1 Die Tabellensätze der Düsseldorfer Tabelle[1] enthalten keine Kranken- und Pflegeversicherungsbeiträge für das Kind, wenn dieses nicht in einer gesetzlichen Familienversicherung mitversichert ist. Das Nettoeinkommen des Verpflichteten ist um solche zusätzlich zu zahlenden Versicherungskosten zu bereinigen.

11.2 Die Tabellensätze sind auf den Fall zugeschnitten, dass der Unterhaltspflichtige zwei Unterhaltsberechtigten Unterhalt zu gewähren hat. Bei einer größeren oder geringeren Anzahl Unterhaltsberechtigter sind i.d.R. Ab- oder Zuschläge durch Einstufung in eine niedrigere oder höhere Einkommensgruppe vorzunehmen.

Zur Eingruppierung können auch die Bedarfskontrollbeträge herangezogen werden.

12. Minderjährige Kinder

12.1 Der betreuende Elternteil braucht neben dem anderen Elternteil in der Regel keinen Barunterhalt zu leisten, es sei denn, sein Einkommen ist

[1] Nr. 47.

bedeutend höher als das des anderen Elternteils (§ 1606 III 2 BGB[1)]), oder der eigene angemessene Unterhalt des sonst allein barunterhaltspflichtigen Elternteils ist gefährdet (§ 1603 II 3 BGB).

12.2 Einkommen des Kindes wird bei beiden Eltern hälftig angerechnet. Zum Kindergeld vgl. Ziffer 14.

12.3 Sind bei auswärtiger Unterbringung beide Eltern zum Barunterhalt verpflichtet, haften sie anteilig nach § 1606 III 1 BGB[1)] für den Gesamtbedarf (vgl. Nr. 13.3). Der Verteilungsschlüssel kann unter Berücksichtigung des Betreuungsaufwandes wertend verändert werden.

12.4 Kosten für Kindergärten und vergleichbare Betreuungsformen (ohne Verpflegungskosten) sind Mehrbedarf des Kindes. Bei Zusatzbedarf (Prozesskostenvorschuss, Mehrbedarf, Sonderbedarf) gilt § 1606 III 1 BGB[1)] (vgl. Nr. 13.3).

13. Volljährige Kinder

13.1 Bedarf

Beim Bedarf volljähriger Kinder ist zu unterscheiden, ob sie noch im Haushalt der Eltern/eines Elternteils leben oder einen eigenen Hausstand haben.

13.1.1 Für volljährige Kinder, die noch im Haushalt der Eltern oder eines Elternteils wohnen, gilt die Altersstufe 4 der Düsseldorfer Tabelle[2)].

Sind beide Elternteile leistungsfähig (vgl. Nr. 21.3.1), ist der Bedarf des Kindes i.d.R. nach dem zusammengerechneten Einkommen (ohne Anwendung von Nr. 11.2) zu bemessen. Für die Haftungsquote gilt Nr. 13.3. Ein Elternteil hat jedoch höchstens den Unterhalt zu leisten, der sich allein aus seinem Einkommen aus der Düsseldorfer Tabelle (ggf. Herauf-, Herabstufung abzüglich volles Kindergeld) ergibt.

13.1.2 Der angemessene Bedarf eines volljährigen Kindes mit eigenem Hausstand beträgt in der Regel monatlich 930 € (darin sind enthalten Kosten für Unterkunft und Heizung bis zu 410 €), ohne Beiträge zur Kranken- und Pflegeversicherung sowie Studiengebühren.

Von diesem Betrag kann bei erhöhtem Bedarf oder mit Rücksicht auf die Lebensstellung der Eltern nach oben abgewichen werden.

13.2 Auf den Unterhaltsbedarf werden Einkünfte des Kindes, auch das Kindergeld, BAföG-Darlehen und Ausbildungsbeihilfen (gekürzt um ausbildungsbedingte Aufwendungen, vgl. Nr. 10.2.3) angerechnet. Bei Einkünften aus unzumutbarer Erwerbstätigkeit gilt § 1577 II BGB[1)] entsprechend.

13.3 Bei anteiliger Barunterhaltspflicht ist vor Berechnung des Haftungsanteils nach § 1606 III 1 BGB[1)] das bereinigte Nettoeinkommen jedes Elternteils gem. Nr. 10 zu ermitteln. Außerdem ist vom Restbetrag ein Sockelbetrag in Höhe des angemessenen Selbstbehalts (1.650 €) abzuziehen.

Der Haftungsanteil nach § 1606 III 1 BGB errechnet sich nach der Formel:

---

1) **Habersack, Deutsche Gesetze Nr. 20.**
2) Nr. **47**.

Bereinigtes Nettoeinkommen eines Elternteils (N1 oder N2) abzüglich 1.650 € mal (Rest-)Bedarf (R), geteilt durch die Summe der bereinigten Nettoeinkommen beider Eltern (N1 + N2) abzüglich 3.300 € (= 1.650 € + 1.650 €). Haftungsanteil 1 = (N1 – 1.650 €) × R: (N1 + N2 – 3.300 €).

Der so ermittelte Haftungsanteil ist auf seine Angemessenheit zu überprüfen und kann bei Vorliegen besonderer Umstände (z.B. behindertes Kind) wertend verändert werden.

Bei volljährigen Schülern, die in § 1603 II 2 BGB minderjährigen Kindern gleichgestellt sind, wird der Sockelbetrag bis zum notwendigen Selbstbehalt (1.120 €/1.370 €) herabgesetzt, wenn der Bedarf der Kinder andernfalls nicht gedeckt werden kann.

14. Verrechnung des Kindergeldes

Es wird nach § 1612b BGB[1] angerechnet.

Für das gesamte Jahr 2015 bleiben dabei die bis Ende 2014 geltenden Kindergeldbeträge maßgeblich.

Ehegattenunterhalt

15. Unterhaltsbedarf

15.1 Die Bemessung des nachehelichen Unterhalts richtet sich nach den ehelichen Lebensverhältnissen (§ 1578 Abs. 1 S. 1 BGB[1]). Der Bedarf des Ehegatten beträgt mindestens 1.120 €.

15.2 Es gilt der Halbteilungsgrundsatz, wobei jedoch Erwerbseinkünfte nur zu 90 % zu berücksichtigen sind (Abzug von 1/10 Erwerbstätigenbonus vom bereinigten Nettoeinkommen bei der Bedarfsermittlung, nicht bei der Ermittlung der Leistungsfähigkeit des Unterhaltsschuldners).

Leistet ein Ehegatte auch Unterhalt für ein unterhaltsberechtigtes Kind, wird sein Einkommen vor Ermittlung des Erwerbstätigenbonus um Kindesunterhalt (Zahlbetrag) bereinigt.

Erbringt der Verpflichtete sowohl Bar- als auch Betreuungsunterhalt, kann im Einzelfall ein Betreuungsbonus angesetzt werden.

15.3 Bei sehr guten Einkommensverhältnissen des Pflichtigen kommt eine konkrete Bedarfsberechnung in Betracht.

15.4 Werden Altersvorsorge-, Kranken- und Pflegeversicherungskosten vom Berechtigten gesondert geltend gemacht oder vom Verpflichteten bezahlt, sind diese vom Einkommen des Pflichtigen vorweg abzuziehen. Der Vorwegabzug unterbleibt, soweit nicht verteilte Mittel zur Verfügung stehen, z.B. durch Anrechnung nicht prägenden Einkommens des Berechtigten auf seinen Bedarf.

15.5/6 nicht belegt

15.7 Begrenzung nach § 1578b BGB[1] (nicht belegt)

16. Bedürftigkeit

Eigene Einkünfte des Berechtigten sind auf den Bedarf anzurechnen, wobei das bereinigte Nettoerwerbseinkommen um den Erwerbstätigenbonus zu vermindern ist (vgl. Rechenbeispiel Anhang 2 Nr. 2.1).

---

[1] **Habersack, Deutsche Gesetze Nr. 20.**

17. Erwerbsobliegenheit

17.1 Bei der Betreuung eines Kindes besteht keine Erwerbsobliegenheit vor Vollendung des 3. Lebensjahrs, danach nach den Umständen des Einzelfalls insbesondere unter Berücksichtigung zumutbarer Betreuungsmöglichkeiten für das Kind und der Vereinbarkeit mit der Berufstätigkeit des betreuenden Elternteils, auch unter dem Aspekt des neben der Erwerbstätigkeit anfallenden Betreuungsaufwands.

17.2 In der Regel besteht für den Berechtigten im ersten Jahr nach der Trennung keine Obliegenheit zur Aufnahme oder Ausweitung einer Erwerbstätigkeit.

Weitere Unterhaltsansprüche

18. Ansprüche aus § 1615l BGB

Der Bedarf nach § 1615l BGB[1] bemisst sich nach der Lebensstellung des betreuenden Elternteils. Er beträgt mindestens 1.120 €. Ist die Mutter verheiratet oder geschieden, ergibt sich ihr Bedarf aus den ehelichen Lebensverhältnissen.

19. Elternunterhalt

Beim Bedarf der Eltern sind Leistungen zur Grundsicherung nach §§ 41 ff. SGB XII zu berücksichtigen (vgl. Nr. 2.9).

20. Lebenspartnerschaft

Bei Getrenntleben oder Aufhebung der Lebenspartnerschaft gelten §§ 12, 16 LPartG[2].

Leistungsfähigkeit und Mangelfall

21. Selbstbehalt

21.1 Es ist zu unterscheiden zwischen dem notwendigen (§ 1603 II BGB[1]), dem angemessenen (§ 1603 I BGB) und dem eheangemessenen Selbstbehalt (§§ 1361 I, 1578 I BGB).

21.2 Für Eltern gegenüber minderjährigen Kindern und diesen nach § 1603 II 2 BGB[1] gleichgestellten Kindern gilt im Allgemeinen der notwendige Selbstbehalt als unterste Grenze der Inanspruchnahme.

Er beträgt
– beim Nichterwerbstätigen 1.120 €
– beim Erwerbstätigen 1.370 €.

Hierin sind Kosten für Unterkunft und Heizung in Höhe von 520 € enthalten.

21.3 Im Übrigen gilt beim Verwandtenunterhalt der angemessene Selbstbehalt.

21.3.1 Er beträgt gegenüber volljährigen Kindern 1.650 €. Hierin sind Kosten für Unterkunft und Heizung in Höhe von 650 € enthalten.

21.3.2 Gegenüber Anspruchsberechtigten nach § 1615l BGB[1] ist der Selbstbehalt in der Regel mit einem Betrag zu bemessen, der zwischen dem angemessenen Selbstbehalt des Volljährigen nach § 1603 I BGB und dem

---

[1] **Habersack, Deutsche Gesetze Nr. 20.**
[2] Nr. 43.

notwendigen Selbstbehalt nach § 1603 II BGB liegt, in der Regel für Erwerbstätige 1.510 € und für Nichterwerbstätige 1.385 €. Darin sind Kosten für Unterkunft und Heizung von 580 € enthalten.

21.3.3 Selbstbehalt gegenüber Eltern

Bei der Bemessung des Selbstbehalts gegenüber Eltern sind Zweck und Rechtsgedanken des Gesetzes zur Entlastung unterhaltspflichtiger Angehöriger in der Sozialhilfe und in der Eingliederungshilfe (Angehörigen-entlastungsgesetz) vom 10. Dezember 2019 (BGBl. I S. 2135) zu beachten.

21.3.4 Selbstbehalt gegenüber Enkeln

Gegenüber Enkeln beträgt der Selbstbehalt mindestens 2.500 €. Hierin sind Kosten für Unterkunft und Heizung in Höhe von 1.000 € enthalten. Zusätzlich bleibt die Hälfte des diesen Mindestbetrag übersteigenden, bereinigten Einkommens anrechnungsfrei, bei Vorteilen aus dem Zusammenleben in der Regel 45 % des diesen Mindestbetrag übersteigenden, bereinigten Einkommens.

21.4 Gegenüber Ehegatten gilt grundsätzlich der Ehegattenmindestselbstbehalt (= Eigenbedarf). Er beträgt in der Regel für Erwerbstätige 1.510 € und für Nichterwerbstätige 1.385 €. Hierin sind Kosten für Unterkunft und Heizung in Höhe von 580 € enthalten.

21.5 Anpassung des Selbstbehalts

21.5.1 Beim Verwandtenunterhalt kann der jeweilige Selbstbehalt unterschritten werden, wenn der eigene Unterhalt des Pflichtigen ganz oder teilweise durch seinen Ehegatten gedeckt ist.

21.5.2 Wird konkret eine erhebliche und nach den Umständen nicht vermeidbare Überschreitung der in den einzelnen Selbstbehalten enthaltenen angeführten Wohnkosten dargelegt, erhöht sich der Selbstbehalt. Wird die Wohnung von mehreren Personen genutzt, ist der Wohnkostenanteil des Pflichtigen festzustellen. Bei Erwachsenen geschieht die Aufteilung in der Regel nach Köpfen. Kinder sind vorab mit einem Anteil von 20 % ihres Anspruchs auf Barunterhalt zu berücksichtigen. Besteht für den Verpflichteten ein Anspruch auf Wohngeld, ist dieser wohnkostenmindernd zu berücksichtigen (vgl. Nr. 2.3).

21.5.3 Bei Zusammenleben mit einem leistungsfähigen Partner kann der Selbstbehalt wegen ersparter Aufwendungen reduziert werden, wobei die Ersparnis des Unterhaltspflichtigen im Regelfall mit 10 % angesetzt werden kann.

22. Bedarf des mit dem Pflichtigen zusammenlebenden Ehegatten

22.1 Der Mindestbedarf eines mit dem Unterhaltspflichtigen zusammenlebenden Ehegatten gegenüber Unterhaltsansprüchen eines nachrangigen geschiedenen Ehegatten beträgt 1.210 €.

22.2 Mindestbedarf bei Ansprüchen volljähriger Kinder

Der Mindestbedarf eines mit dem Unterhaltspflichtigen zusammenlebenden Ehegatten gegenüber Unterhaltsansprüchen eines nicht privilegierten Kindes beträgt 1.320 €.

22.3 nicht belegt

23. Bedarf des vom Pflichtigen getrenntlebenden oder geschiedenen Ehegatten

23.1 Bedarf bei Ansprüchen des nachrangigen geschiedenen Ehegatten

Der Mindestbedarf eines vom Pflichtigen getrennt lebenden oder geschiedenen Ehegatten gegenüber Unterhaltsansprüchen eines nachrangigen Ehegatten beträgt 1.510 €.

23.2 Bedarf bei Ansprüchen volljähriger Kinder

Der Mindestbedarf eines vom Pflichtigen getrennt lebenden oder geschiedenen Ehegatten gegenüber Unterhaltsansprüchen nicht privilegierter volljähriger Kinder beträgt 1.650 €.

23.3 Bedarf bei Ansprüchen von Eltern oder Enkeln des anderen Ehegatten und von gemeinsamen Enkeln

nicht belegt

24. Mangelfall

24.1 Ein absoluter Mangelfall liegt vor, wenn das Einkommen des Verpflichteten zur Deckung seines notwendigen Selbstbehalts und der gleichrangigen Unterhaltsansprüche der Kinder nicht ausreicht. Zur Feststellung des Mangelfalls entspricht der einzusetzende Bedarf für minderjährige und diesen nach § 1603 II 2 BGB[1] gleichgestellten Kindern dem Zahlbetrag, der aus der ersten Einkommensgruppe entnommen werden kann.

24.2 In sonstigen Mangelfällen beträgt der Einsatzbetrag für einen gleichrangigen, nicht mit dem Unterhaltspflichtigen zusammenlebenden, Ehegatten 1.120 €. Für vorrangige Ehegatten siehe Nr. 22 und 23.

24.3 Die nach Abzug des Selbstbehalts des Unterhaltspflichtigen verbleibende Verteilungsmasse ist anteilig auf alle gleichrangigen unterhaltsberechtigten Kinder bzw. Ehegatten im Verhältnis ihrer Unterhaltsansprüche zu verteilen.

Die prozentuale Kürzung berechnet sich nach der Formel:

$$K = V : S \times 100$$

K = prozentuale Kürzung

S = Summe der Einsatzbeträge aller Berechtigten

V = Verteilungsmasse (Einkommen des Verpflichteten abzüglich Selbstbehalt)

24.4 Das im Rahmen der Mangelfallberechnung gewonnene Ergebnis ist auf seine Angemessenheit zu überprüfen.

24.5 Rechenbeispiel zum absoluten Mangelfall, vgl. Anhang 2 Nr. 2.2

Sonstiges

25. Rundung

Der Unterhaltsbetrag ist auf volle Euro aufzurunden.

---

[1] **Habersack, Deutsche Gesetze Nr. 20.**

Anhang

1. Düsseldorfer Tabelle

(abgedruckt unter Nr. 47)

2. Zahlbeträge

(abgedruckt unter Nr. 47)

3. Rechenbeispiele

3.1. Additionsmethode

Der Verpflichtete M hat ein bereinigtes Nettoerwerbseinkommen von 2.000 € sowie Zinseinkünfte von 300 €. Seine Ehefrau F hat ein bereinigtes Nettoerwerbseinkommen von 1.000 €. Anspruch der F?

Bedarf: ½ (9/10 * 2.000 € + 300 € + 9/10 * 1.000 €) = 1.500 €

Höhe: 1.500 € – 9/10 * 1.000 € = 600 €

3.2. Absoluter Mangelfall

Der unterhaltspflichtige Vater V hat ein bereinigtes Nettoeinkommen von 2.000 €. Unterhaltsberechtigt sind ein 18-jähriges Kind K1, das bei der Mutter M lebt und aufs Gymnasium geht, und die beiden minderjährigen Kinder K2 (14 Jahre) und K3 (10 Jahre), die von der Mutter betreut werden. Das Kindergeld von 750 € wird an die Mutter ausbezahlt, deren sonstiges Einkommen unter 1.370 € liegt.

Unterhaltsberechnung gemäß Nr. 23.1:

Mangels Leistungsfähigkeit der Mutter alleinige Barunterhaltspflicht von V für alle Kinder.

Bedarf K1: 628 € (DüssTab[1] Gruppe 1, 4. Altersstufe) – 250 € Kindergeld ergibt einen ungedeckten Bedarf = Einsatzbetrag von 378 €

Bedarf K2: 588 € (DüssTab Gruppe 1, 3. Altersstufe) – 125 € 1/2 Kindergeld ergibt einen ungedeckten Bedarf = Einsatzbetrag von 463 €

Bedarf K3: 502 € (DüssTab Gruppe 1, 2. Altersstufe) – 125 € 1/2 Kindergeld ergibt einen ungedeckten Bedarf = Einsatzbetrag von 377 €

Summe der Einsatzbeträge: 378 € + 463 € + 377 € = 1.218 €

Verteilungsmasse:

Einkommen 2.000 € – Selbstbehalt 1.370 € = 630 €

Prozentuale Kürzung:

630/1.218 * 100 = 51,72 %

Berechnung der gekürzten Unterhaltsansprüche:

K1: 378 € * 51,72 % = 196 €; zum Leben verfügbar also 196 € + 250 € = 446 €;

K2: 463 € * 51,72 % = 240 €; zum Leben verfügbar also 240 € + 125 € = 365 €;

K3: 377 € * 51,72 % = 195 €; zum Leben verfügbar also 195 € + 125 € = 320 €.

---

[1] Nr. 47.

4. Zusammenstellung der Bedarfssätze und Selbstbehalte

Bedarfssätze	
I. Regelbedarf eines volljährigen Kindes, das nicht im Haushalt eines Elternteils lebt (Nr. 13.1.2)	930
II. Mindestbedarf eines Ehegatten (Nr. 15.1), eines aus § 1615l BGB[1] Berechtigten (Nr. 18) und anderer Unterhaltsbedürftiger, die nicht Kinder oder (geschiedene) Ehegatten sind	1.120
Selbstbehalte	
III. Monatlicher Selbstbehalt gegenüber minderjährigen und ihnen gleichgestellten (§ 1603 Abs. 2 BGB) Kindern (Nr. 21.2)	
a. des erwerbstätigen Unterhaltsverpflichteten	1.370
b. des nichterwerbstätigen Unterhaltsverpflichteten	1.120
IV. Monatlicher Selbstbehalt gegenüber anderen Kindern (Nr. 21.3.1)	1.650
V. Monatlicher Selbstbehalt gegenüber Ehegatten (Nr. 21.4) und Ansprüchen nach § 1615l BGB (Nr. 21.3.2)	
a. des erwerbstätigen Unterhaltsverpflichteten	1.510
b. des nichterwerbstätigen Unterhaltsverpflichteten	1.385
VI. Mindestbedarf des mit dem Pflichtigen zusammenlebenden Ehegatten	
a. gegenüber nachrangigen (geschiedenen) Ehegatten (Nr. 22.1)	1.210
b. gegenüber nicht unter § 1603 Abs. 2 BGB fallenden Kindern (Nr. 22.2)	1.320

[1] **Habersack, Deutsche Gesetze Nr. 20.**

47c. Kammergericht Berlin – Unterhaltsrechtliche Leitlinien der Familiensenate[1)]

(Stand: 1. Januar 2023)

Das Kammergericht verwendet diese Leitlinien als Orientierungshilfe für den Regelfall unter Beachtung der Rechtsprechung des Bundesgerichtshofs, wobei die Angemessenheit des Ergebnisses in jedem Fall zu überprüfen ist. Sie entsprechen im Aufbau den Leitlinien anderer Oberlandesgerichte, inhaltlich ergibt sich nicht in allen Punkten eine Übereinstimmung.

Unterhaltsrechtlich maßgebendes Einkommen

Bei der Ermittlung und Zurechnung von Einkommen ist stets zu unterscheiden, ob es um Verwandten- oder Ehegattenunterhalt sowie ob es um Bedarfsbemessung einerseits oder Feststellung der Bedürftigkeit/Leistungsfähigkeit andererseits geht. Das unterhaltsrechtliche Einkommen ist nicht immer identisch mit dem steuerrechtlichen Einkommen.

1. Geldeinnahmen

1.1 Regelmäßiges Bruttoeinkommen einschließlich Renten und Pensionen

Auszugehen ist vom Bruttoeinkommen als Summe aller Einkünfte.

1.2 Unregelmäßige Einkommen

1.2.1 Nicht monatlich anfallende Leistungen

Soweit Leistungen nicht monatlich anfallen (z.B. Weihnachts- und Urlaubsgeld, Tantiemen, Jubiläumszuwendungen), werden sie auf ein Jahr umgelegt.

1.2.2 Abfindungen

Abfindungen dienen dem Ersatz des fortgefallenen Arbeitsverdienstes. Sie sind deshalb in angemessenem Umfang, in der Regel mit dem Differenzbetrag zwischen dem bisherigen Arbeitsverdienst und den tatsächlichen Einkünften (Arbeitslosengeld, neue Erwerbseinkünfte) in Ansatz zu bringen, bis sie verbraucht sind.

1.3 Überstunden

Überstundenvergütungen werden dem Einkommen voll zugerechnet, soweit sie berufstypisch sind und das in diesem Beruf übliche Maß nicht überschreiten.

1.4 Spesen und Auslösungen

Ersatz für Spesen und Reisekosten sowie Auslösungen gelten in der Regel als Einkommen. Damit zusammenhängende Aufwendungen, vermindert um häusliche Ersparnis, sind jedoch abzuziehen. Bei Aufwendungspauschalen (außer Kilometergeld) kann 1/3 als Einkommen angesetzt werden.

1) In der jeweils aktuellen Fassung kostenlos abrufbar unter www.berlin.de.

1.5 Einkommen aus selbständiger Tätigkeit

Bei Ermittlung des Einkommens eines Selbständigen ist in der Regel der Gewinn der letzten drei Jahre zugrunde zu legen. Für die Vergangenheit sind im Regelfall die in dem jeweiligen Kalenderjahr erzielten Einkünfte maßgebend.

1.6 Einkommen aus Vermietung und Verpachtung sowie Kapitalvermögen

Einkommen aus Vermietung und Verpachtung sowie aus Kapitalvermögen ist der Überschuss der Bruttoeinkünfte über die Werbungskosten. Für Gebäude ist keine AfA anzusetzen.

1.7 Steuererstattungen

Steuerrückzahlungen werden in der Regel auf das Jahr der Leistung umgelegt und mit den Nettobeträgen angerechnet. Eine Fortschreibung für die Zukunft setzt voraus, dass mit ihnen weiter zu rechnen ist.

1.8 Sonstige Einnahmen

Zu den Erwerbseinkünften gehören auch in vollem Umfang Trinkgelder, deren Höhe gegebenenfalls nach den Umständen zu schätzen ist.

2. Sozialleistungen

2.1 Einkommensersatzleistungen

Sozialleistungen mit Einkommensersatzfunktion (z.B. Entgeltersatzleistungen im Sinne von §§ 115–118 SGB III, Krankengeld, Krankenhaustagegeld, Mutterschaftsgeld) sowie Arbeitslosengeld (§§ 136 ff. SGB III) sind Einkommen.

2.2 Leistungen nach dem SGB II

Beim Verpflichteten sind Leistungen nach §§ 19–32 SGB II Einkommen.

Beim Berechtigten sind Leistungen nach § 24 SGB II als Einkommen zu berücksichtigen sowie grundsätzlich Leistungen nach § 16 Abs. 3 und § 29 SGB II, soweit diese Zahlungen nicht durch einen tatsächlich vorhandenen Mehraufwand verbraucht werden. Die übrigen Leistungen nach dem SGB II sind grundsätzlich kein Einkommen, es sei denn, der Anspruch kann nach § 33 Abs. 2 SGB II nicht übergehen oder die Nichtberücksichtigung der Leistung ist treuwidrig. Letzteres kommt in Betracht, wenn zum Zeitpunkt der letzten mündlichen Verhandlung der übergegangene Anspruch nicht mehr geltend gemacht werden kann (§ 33 Abs. 3 SGB II).

2.3 Wohngeld

Wohngeld gleicht in der Regel erhöhten Wohnbedarf aus und ist deshalb nicht als Einkommen zu behandeln.

2.4 BAföG

BAföG-Leistungen sind, soweit nicht ihretwegen der Unterhaltsanspruch übergegangen ist, als Einkommen anzusehen; Darlehen jedoch nur, wenn sie unverzinslich gewährt werden.

2.5 Erziehungsgeld/Elterngeld

Elterngeld ist Einkommen, soweit es über den Sockelbetrag von 300 € bzw. 150 € bei verlängertem Bezug hinausgeht. Der Sockelbetrag sowie

Erziehungsgeld sind nur dann Einkommen, wenn ein Ausnahmefall nach § 11 BEEG[1] vorliegt.

2.6/2.7 Unfall- und Versorgungsrenten, Leistungen aus der Pflegeversicherung, Blindengeld u.ä.

Unfall- und Versorgungsrenten, Leistungen aus der Pflegeversicherung, Blindengeld, Schwerbeschädigten- und Pflegezulagen stellen nach Abzug eines Betrags für tatsächliche Mehraufwendungen Einkommen dar. §§ 1578a, 1610a BGB[2] sind zu beachten.

2.8 Pflegegeld

Der Anteil des Pflegegelds bei der Pflegeperson, durch den ihre Bemühungen abgegolten werden, stellt Einkommen dar. Bei Pflegegeld aus der Pflegeversicherung gilt dies nach Maßgabe des § 13 Abs. 6 SGB XI.

2.9 Leistungen der Grundsicherung

Leistungen der Grundsicherung im Alter und bei Erwerbsminderung nach §§ 41 ff. SGB XII sind im Unterhaltsrechtsverhältnis zwischen Verwandten Einkommen, nicht aber im Unterhaltsrechtsverhältnis zwischen Ehegatten.

2.10/2.11 Sozialhilfe und Unterhaltsvorschuss

Kein Einkommen sind sonstige Sozialhilfe nach SGB XII und Leistungen nach dem UVG[3]. Die Unterhaltsforderung eines Empfängers dieser Leistungen kann in Ausnahmefällen treuwidrig sein (BGH FamRZ 1999, 843; BGH FamRZ 2001, 619).

3. Kindergeld

Kindergeld wird nicht zum Einkommen gerechnet (vgl. Nr. 14).

4. Geldwerte Zuwendungen des Arbeitgebers

Geldwerte Zuwendungen aller Art des Arbeitgebers, z.B. Firmenwagen oder freie Kost und Logis, sind Einkommen, soweit sie entsprechende Eigenaufwendungen ersparen.

5. Wohnwert

Der Wohnvorteil durch mietfreies Wohnen im eigenen Heim ist als wirtschaftliche Nutzung des Vermögens unterhaltsrechtlich wie Einkommen zu behandeln. Neben dem Wohnwert sind auch Zahlungen nach dem Eigenheimzulagengesetz anzusetzen.

Während der Trennungszeit bis zur endgültigen Vermögensauseinandersetzung oder bis zum endgültigen Scheitern der Ehe – also in der Regel bis zur Rechtshängigkeit des Scheidungsantrages – ist der Vorteil mietfreien Wohnens nur in dem Umfang zu berücksichtigen, wie er sich als angemessene Wohnungsnutzung durch den in der Ehewohnung verbliebenen Ehegatten darstellt. Dabei ist auf den Mietzins abzustellen, den er auf dem örtlichen Wohnungsmarkt für eine dem ehelichen Lebensstandard entsprechende kleinere Wohnung zahlen müsste. Ein Wohnvorteil liegt vor, soweit dieser Wohnwert die Belastungen übersteigt, die durch allgemeine Grundstückskosten und -lasten, Zins- und Tilgungsleistungen

[1] Nr. **45e**.
[2] **Habersack, Deutsche Gesetze Nr. 20.**
[3] Nr. **45d**.

und die verbrauchsunabhängigen Kosten, mit denen ein Mieter üblicherweise nicht belastet wird, entstehen.

Nach diesem Zeitpunkt ist der objektive Mietwert maßgeblich. Bei einem selbstgenutzten Eigenheim ist auf die unterhaltsrechtlich angemessene Miete abzustellen; es besteht aber eine Obliegenheit zur wirtschaftlichen Nutzung des Eigentums.

Bei den gegenzurechnenden Kosten sind neben den Zinsen die Tilgungsleistungen bis zur Höhe des Wohnvorteils zu berücksichtigen, ohne dass dadurch die Befugnis geschmälert würde, Vorsorgeaufwendungen nach Nr. 10.1.2 geltend zu machen (BGH FamRZ 2022, 781 Rz. 13 ff.; BGH FamRZ 2018, 1506 Rz. 31; BGH FamRZ 2017, 519 Rz. 33 f.).

Zins- und Tilgungsleistungen auf den Kredit zur Finanzierung einer selbstgenutzten Immobilie können grundsätzlich auch beim Kindesunterhalt bis zur Höhe des Wohnvorteils berücksichtigt werden. Dabei gilt im Rahmen von § 1603 Abs. 1 BGB[1] ein großzügigerer, im Anwendungsbereich von § 1603 Abs. 2 BGB ein strengerer Maßstab für eine Berücksichtigung. Sobald der Mindestunterhalt eines minderjährigen Kindes gefährdet ist, kann eine Obliegenheit zur Tilgungsstreckung bestehen (BGH FamRZ 2022, 781 Rz. 13 ff., 20).

6. Haushaltsführung

Führt jemand einem leistungsfähigen Dritten den Haushalt, so ist hierfür ein Einkommen anzusetzen; bei Haushaltsführung durch einen Nichterwerbstätigen geschieht das in der Regel mit einem Betrag von 200 – 550 €.

7. Einkommen aus unzumutbarer Erwerbstätigkeit

Einkommen aus unzumutbarer Erwerbstätigkeit kann nach Billigkeit ganz oder teilweise unberücksichtigt bleiben.

8. Freiwillige Zuwendungen Dritter

Freiwillige Zuwendungen (z.B. Geldleistungen, kostenloses Wohnen) Dritter sind als Einkommen anzusehen, wenn dies ihrer Zielrichtung entspricht.

9. Erwerbsobliegenheit und Einkommensfiktion

Inwieweit aufgrund einer Erwerbsobliegenheit erzielbare Einkünfte als Einkommen gelten, richtet sich nach den Umständen des Einzelfalles. Dies gilt auch für erzielbare Einkünfte aus Nutzung von Vermögen.

10. Bereinigung des Einkommens

10.1 Steuern und Vorsorgeaufwendungen

10.1.1 Steuern

Vom Bruttoeinkommen sind die tatsächlichen Steuern abzuziehen. Den Unterhaltsschuldner trifft eine Obliegenheit zur Geltendmachung des Realsplittings; dies jedoch nur insoweit, als er den Unterhaltsanspruch anerkannt hat, dieser rechtskräftig feststeht oder soweit er den Unterhaltsanspruch freiwillig erfüllt.

[1] **Habersack, Deutsche Gesetze Nr. 20.**

Der Splittingvorteil des Unterhaltsschuldners ist beim Verwandtenunterhalt stets zu berücksichtigen, beim Ehegattenunterhalt nur dann, wenn der Vorteil aus der Ehe mit dem Unterhaltsberechtigten resultiert oder der Unterhaltsanspruch des Unterhaltsberechtigten unter Berücksichtigung eines weiteren unterhaltsberechtigten Ehegatten zu berechnen ist.

10.1.2 Vorsorgeaufwendungen

Zu den abzuziehenden Vorsorgeaufwendungen zählen die Aufwendungen für die gesetzliche Kranken- und Pflegeversicherung, Rentenversicherung und Arbeitslosenversicherung und/oder die entsprechende private Kranken- und Altersvorsorge. Soweit tatsächlich darüber hinaus Aufwendungen zur Altersvorsorge erbracht werden, sind diese in Höhe eines Betrages von 4 % (bei Unterhaltspflicht gegenüber Eltern von 5 %) des Gesamtbruttoeinkommens des Vorjahres als angemessene zusätzliche Altersversorgung auch bei einer Versicherungspflicht in der gesetzlichen Rentenversicherung zu berücksichtigen.

10.2 Berufsbedingte Aufwendungen

Berufsbedingte Kosten (Werbungskosten) sind abzusetzen.

10.2.1 Pauschale/konkrete Aufwendungen

Bei Einkünften aus nichtselbständiger Tätigkeit sind berufsbedingte Aufwendungen vom Einkommen abzuziehen, wobei ohne Nachweis eine Pauschale von 5 % – mindestens 50 €, bei geringfügiger Teilzeitarbeit auch weniger, und höchstens 150 € monatlich – des Nettoeinkommens geschätzt werden kann.

Übersteigen die berufsbedingten Aufwendungen diese Pauschale, so sind sie im Einzelnen darzulegen. Bei beschränkter Leistungsfähigkeit kann im Einzelfall mit konkreten Kosten gerechnet werden.

10.2.2 Fahrtkosten

Bei Unzumutbarkeit der Nutzung öffentlicher Verkehrsmittel können notwendige Kosten der berufsbedingten Nutzung eines Kraftfahrzeuges mit 0,42 € für jeden gefahrenen Kilometer (§ 5 Abs. 2 Nr. 2 JVEG[1]) angesetzt werden. Damit sind in der Regel Anschaffungskosten erfasst. Bei langen Fahrtstrecken (ab ca. 30 km einfach) kann nach unten abgewichen werden. Es ist auf ein angemessenes Verhältnis zwischen Unterhaltszahlbetrag und Fahrtkostenansatz zu achten.

10.2.3 Ausbildungsaufwand

Minderjährigen Kindern entstehender Ausbildungsaufwand ist auf Nachweis zu berücksichtigen.

10.3 (nicht besetzt)

10.4 Schulden

Berücksichtigungswürdige Schulden (Zins und Tilgung) sind im Rahmen eines vernünftigen Tilgungsplanes in angemessenen Raten abzuziehen.

Bei der Bedarfsermittlung für den Ehegattenunterhalt sind grundsätzlich nur eheprägende Verbindlichkeiten abzusetzen.

Beim Verwandtenunterhalt sowie bei Leistungsfähigkeit/Bedürftigkeit für den Ehegattenunterhalt erfolgt eine Abwägung nach den Umständen des

[1] **Habersack, Deutsche Gesetze Nr. 116.**

Einzelfalls. Bei der Zumutbarkeitsabwägung sind Interessen des Unterhaltsschuldners, des Drittgläubigers und des Unterhaltsgläubigers, vor allem minderjähriger Kinder, mit zu berücksichtigen. Bei eingeschränkter Leistungsfähigkeit gegenüber minderjährigen und diesen gleichgestellten Kindern kann die Obliegenheit bestehen, ein Verbraucherinsolvenzverfahren einzuleiten.

10.5 (nicht besetzt)

10.6 Vermögensbildung

Vermögensbildende Aufwendungen sind im angemessenen Rahmen abzugsfähig.

10.7 Umgangskosten

(nicht besetzt)

10.8 Krankheitsbedingte Mehraufwendungen

Krankheitsbedingte Mehraufwendungen sind abzusetzen. Als Schätzungsmaßstab für Mehraufwendungen medizinisch indizierter Diäten können die Mehrbedarfsbeträge nach § 30 Abs. 5 SGB XII herangezogen werden.

Kindesunterhalt

11. Bemessungsgrundlage

Der Barunterhalt minderjähriger und noch im elterlichen Haushalt lebender volljähriger unverheirateter Kinder bestimmt sich nach den Sätzen der Düsseldorfer Tabelle[1] (vgl. Anhang I).

11.1 Kranken- und Pflegeversicherungsbeiträge

Die Bedarfssätze der Düsseldorfer Tabelle[1] gehen davon aus, dass das Kind ohne zusätzliche Aufwendungen krankenversichert ist. Besteht für das Kind eine freiwillige Krankenversicherung, so sind die hierfür erforderlichen Beträge vom Unterhaltsverpflichteten zusätzlich zu zahlen, zur Ermittlung des Tabellenunterhalts jedoch vom Einkommen des Pflichtigen abzusetzen.

Die Teilnahme an Sport- und Bildungsprogrammen in einem Umfang, wie er auch für Kinder vorgesehen ist, die Leistungen nach dem SGB II beziehen, ist ebenso wie die schulische Ausstattung in den Bedarfssätzen enthalten.

11.2 Eingruppierung

Die Sätze der Düsseldorfer Tabelle[1] sind auf den Fall zugeschnitten, dass der Unterhaltspflichtige zwei Unterhaltsberechtigten Unterhalt zu gewähren hat. Bei einer größeren/geringeren Anzahl Unterhaltsberechtigter können Ab- oder Zuschläge durch Einstufung in niedrigere/höhere Gruppen angemessen sein.

In den obersten Tabellengruppen kann im Einzelfall eine Bedarfsbegrenzung aus kindgerechten Gründen in Betracht kommen.

---

[1] Nr. 47.

12. Minderjährige Kinder

12.1 Betreuungs-/Barunterhalt

Der Elternteil, der in seinem Haushalt ein minderjähriges Kind versorgt, braucht für dieses neben dem anderen Elternteil in der Regel keinen Barunterhalt zu leisten, weil der Betreuungsunterhalt im Sinne von § 1606 Abs. 3 Satz 2 BGB[1] wertmäßig dem vollen Barunterhalt entspricht. Etwas anderes kann sich ergeben, wenn sein Einkommen bedeutend höher als das des anderen Elternteils ist. In diesem Fall kann der Barunterhalt des anderen Elternteils angemessen gekürzt werden.

12.2 Einkommen des Kindes

Eigenes Einkommen des Kindes mindert grundsätzlich seinen Anspruch und wird bei beiden Eltern hälftig angerechnet. Hiervon ausgenommen ist der Kinderzuschlag nach § 6a BKGG[2]; dieser ist in voller Höhe auf den Barunterhaltsanspruch des Kindes anzurechnen (BGH FamRZ 2021, 181).

12.3 Beiderseitige Barunterhaltspflicht/Haftungsanteil

Sind bei auswärtiger Unterbringung des Kindes beide Eltern zum Barunterhalt verpflichtet, haften sie anteilig nach § 1606 Abs. 3 Satz 1 BGB[1] für den Gesamtbedarf (vgl. Nr. 13.3). Der Verteilungsschlüssel kann unter Berücksichtigung des Betreuungsaufwandes wertend verändert werden.

12.4 Zusatzbedarf

Bei Zusatzbedarf (Prozess-/Verfahrenskostenvorschuss, Mehrbedarf, Sonderbedarf) gilt die beiderseitige Barunterhaltspflicht nach § 1606 Abs. 3 Satz 1 BGB[1]. Vom jeweiligen Einkommen der Eltern ist vorab der angemessene Selbstbehalt abzusetzen (vgl. Nr. 21.3.1 und BGH FamRZ 2009, 962).

13. Volljährige Kinder

13.1 Bedarf

13.1.1 Kinder im Haushalt eines Elternteils

Der Bedarf volljähriger unverheirateter Kinder ist, solange sie im Haushalt der Eltern oder eines Elternteils leben, der 4. Altersstufe der Düsseldorfer Tabelle[3] zu entnehmen. Die maßgebende Einkommensgruppe ergibt sich, wenn beide Eltern leistungsfähig sind, aus den zusammengerechneten Einkünften der Eltern ohne Erhöhung nach Nr. 11.2.

Die Haftungsquote bemisst sich grundsätzlich nach Nr. 13.3. Ein Elternteil hat jedoch höchstens den Unterhalt zu leisten, der sich allein – ggf. unter Berücksichtigung von Nr. 11.2 – nach seinem Einkommen ergibt.

13.1.2 Andere volljährige Kinder

Der Regelbedarf – einschließlich des Wohnbedarfs und üblicher berufs- bzw. ausbildungsbedingter Aufwendungen – eines nicht unter Nr. 13.1.1 fallenden Kindes beträgt 930 € monatlich. In diesem Betrag sind Beiträge zur Kranken- und Pflegeversicherung sowie Studiengebühren nicht enthalten.

---

[1] **Habersack, Deutsche Gesetze Nr. 20.**
[2] Nr. **45b**.
[3] Nr. **47**.

Dieser Regelbedarf kann in geeigneten Fällen, insbesondere bei guten Einkommensverhältnissen der Eltern, angemessen erhöht werden. Eine solche Erhöhung kommt unter besonderer Berücksichtigung des Einzelfalles in Betracht, wenn das gemeinsame Nettoeinkommen der Eltern 5.500 € monatlich übersteigt.

13.2 Einkommen des Kindes

Einkünfte des Kindes sind auf seinen Bedarf anzurechnen. Die Ausbildungsvergütung eines volljährigen Kindes ist auf den Bedarf voll anzurechnen, weil der Bedarf nach Nr. 13.1.2 die ausbildungsbedingten Aufwendungen umfasst.

13.3 Beiderseitige Barunterhaltspflicht/Haftungsanteil

Die Haftungsquote von Eltern, die beide für ein Kind barunterhaltspflichtig sind, bemisst sich nach dem Verhältnis ihrer anrechenbaren Einkünfte abzüglich des angemessenen Selbstbehalts (vgl. Nr. 21.3.1) und abzüglich der Unterhaltsleistungen und tatsächlichen Aufwendungen für vorrangig Berechtigte. Bei Eingreifen der gesteigerten Unterhaltspflicht nach § 1603 Abs. 2 BGB[1)] ist lediglich der notwendige Selbstbehalt (vgl. Nr. 21.2) abzuziehen (BGH FamRZ 2017, 437).

14. Verrechnung des Kindergeldes

Kindergeld wird nach § 1612b BGB[1)] auf den Bedarf des Kindes angerechnet.

Ehegattenunterhalt

15. Unterhaltsbedarf

15.1 Bedarf nach den ehelichen Lebensverhältnissen

Der Bedarf der Ehegatten richtet sich nach ihren Einkommens- und Vermögensverhältnissen im Unterhaltszeitraum, soweit diese als die ehelichen Lebensverhältnisse prägend anzusehen sind. Nacheheliche Entwicklungen wirken sich auf die Bedarfsbemessung nach den ehelichen Lebensverhältnissen aus, wenn sie auch bei fortbestehender Ehe eingetreten wären oder in anderer Weise in der Ehe angelegt und mit hoher Wahrscheinlichkeit zu erwarten waren.

Eine Einkommensreduzierung ist dann unbeachtlich, wenn sie auf einem unterhaltsrechtlich vorwerfbaren Verhalten beruht. Unerwartete, nicht in der Ehe angelegte Steigerungen des Einkommens des Verpflichteten (insbesondere aufgrund eines Karrieresprungs) oder auf Wiederverheiratung beruhende Steuervorteile bleiben unberücksichtigt, es sei denn, sie dienen zum Ausgleich des hinzugetretenen Bedarfs weiterer Unterhaltsberechtigter.

Es ist von einem Mindestbedarf auszugehen, der 1.120 € beträgt (vgl. Nr. 21.2).

15.2 Halbteilung und Erwerbstätigenbonus

Für den Bedarf ist maßgebend, dass Ehegatten während des Zusammenlebens gleichen Anteil an dem Lebensstandard haben. Diesem Grundsatz widerspricht es nicht, zugunsten des erwerbstätigen Ehegatten von einer

---

1) Habersack, Deutsche Gesetze Nr. 20.

strikt hälftigen Teilung in maßvoller Weise abzuweichen, um einen Anreiz zur Erwerbstätigkeit zu erhalten.

Der Bedarf beträgt daher grundsätzlich die Hälfte der den ehelichen Lebensverhältnissen zuzurechnenden Einkünfte und geldwerten Vorteile. Soweit die Einkünfte aus Erwerbseinkommen herrühren, ist dem erwerbstätigen Ehegatten ein pauschalierter Betrag dieses Einkommens als Anreiz zu belassen. Dieser beträgt 1/10 seines bereinigten Erwerbseinkommens. Leistet ein Ehegatte auch Unterhalt für ein Kind, so wird sein Erwerbseinkommen vor Ermittlung des Erwerbstätigenbonus um den diesem entsprechenden Unterhalt (Zahlbetrag) bereinigt.

15.3 Konkrete Bedarfsbemessung

Der eheangemessene Unterhaltsbedarf kann bis zum höchsten, in der Düsseldorfer Tabelle[1] ausgewiesenem Einkommensbetrag als Quotenunterhalt geltend gemacht werden (BGH FamRZ 2021, 1965 Rz. 20; BGH FamRZ 2021, 28 Rz. 19; BGH FamRZ 2020, 21 Rz. 26 ff.). Im Übrigen kommt eine konkrete Bedarfsberechnung in Betracht (BGH FamRZ 2021, 1965 Rz. 21).

15.4 Vorsorgebedarf/Zusatz- und Sonderbedarf

Werden Altervorsorge-, Kranken- und Pflegeversicherungskosten vom Berechtigten gesondert geltend gemacht oder vom Verpflichteten bezahlt, sind diese von dem Einkommen des Pflichtigen vorweg abzuziehen.

15.5 Bedarf bei mehreren Ehegatten und Berechtigten nach § 1615l BGB[2]

(nicht besetzt)

15.6 Trennungsbedingter Mehrbedarf

(nicht besetzt)

15.7 Begrenzung nach § 1578b BGB[2]

(nicht besetzt)

16. Bedurftigkeit

Eigene Einkünfte des Berechtigten sind auf den Bedarf anzurechnen, wobei das bereinigte Nettoerwerbseinkommen um den Erwerbstätigenbonus zu vermindern ist.

Inwieweit der Vermögensstamm zur Deckung des laufenden Unterhalts einzusetzen ist, hängt von den Umständen des Einzelfalles ab.

17. Erwerbsobliegenheit

17.1 Bei Kinderbetreuung

Betreut ein Ehegatte ein minderjähriges Kind, so kann von ihm bis zur Vollendung des dritten Lebensjahres des Kindes eine Erwerbstätigkeit nicht erwartet werden.

Inwieweit den betreuenden Elternteil ab der Vollendung des dritten Lebensjahrs des Kindes eine Erwerbsobliegenheit trifft, bestimmt sich nach den Umständen des Einzelfalles. Hierbei können beispielsweise eine Rolle spielen:

---

[1] Nr. 47.
[2] **Habersack, Deutsche Gesetze Nr. 20.**

Kindbezogene Gründe:

- Anzahl und Alter des bzw. der zu betreuenden Kinder;
- individuelle Besonderheiten oder Veranlagungen des Kindes;
- konkrete örtliche Betreuungssituation: Kapazität, Verfügbarkeit, Qualität und Verlässlichkeit der Betreuungseinrichtung; Zumutbarkeit der Betreuungseinrichtung für das Kind;
- bislang praktiziertes Betreuungsmodell;
- Gewährung angemessener, mit dem Kindeswohl im Einklang stehender Übergangsfristen bzw. abgestufter Übergänge bei Veränderungen in der Betreuungssituation.

Elternbezogene Gründe:

- bislang praktizierte Rollen- und Aufgabenverteilung in Bezug auf die Kinderbetreuung unter Berücksichtigung auch der Dauer der Ehe bzw. Partnerschaft der Eltern;
- einvernehmlich getroffene Absprachen und gemeinsame Vorstellungen hinsichtlich der Kinderbetreuung unter Berücksichtigung der infolge der Trennung notwendig gewordenen Veränderungen;
- Vermeidung überobligatorischer Belastungen durch eine Erwerbstätigkeit neben der Kinderbetreuung;
- finanzielle Zumutbarkeit der Betreuungseinrichtung;
- Gewährung angemessener Übergangsphasen bei einem Wechsel des Betreuungsmodells unter Berücksichtigung des Vertrauens in dessen Fortbestand.

Die Darlegungs- und Beweislast für die Umstände, die einer vollen oder teilweisen Erwerbsobliegenheit ab Vollendung des dritten Lebensjahres des Kindes entgegenstehen, trifft den betreuenden Ehegatten. Dies gilt auch, wenn ein Titel über den Basisunterhalt nach § 1570 Abs. 1 Satz 1 BGB[1] abgeändert werden soll.

Der Betreuungsunterhalt nach § 1570 BGB ist nicht nach § 1578b BGB zu befristen.

17.2 Bei Trennungsunterhalt

Inwieweit in der Trennungszeit eine Erwerbsobliegenheit besteht, richtet sich nach allen Umständen des Einzelfalles.

Weitere Unterhaltsansprüche

18. Ansprüche nach § 1615l BGB

Der Bedarf nach § 1615l BGB[1] bemisst sich nach der Lebensstellung des betreuenden Elternteils. Er beträgt mindestens 1.120 € (vgl. Nr. 21.2). Ist die Mutter verheiratet oder geschieden, ergibt sich ihr Bedarf aus den ehelichen Lebensverhältnissen.

Bezüglich der Erwerbsobliegenheit und der Dauer des Anspruchs gilt Nr. 17.1. entsprechend.

---

[1] **Habersack, Deutsche Gesetze Nr. 20.**

19. Elternunterhalt

Beim Bedarf der Eltern sind Leistungen zur Grundsicherung im Alter und bei Erwerbsminderung nach §§ 41 ff. SGB XII zu berücksichtigen (vgl. Nr. 2.9).

20. Lebenspartnerschaft

Unterhaltsansprüche nach dem Lebenspartnerschaftsgesetz sind nicht Gegenstand der Leitlinien.

Leistungsfähigkeit und Mangelfall

21. Selbstbehalt

21.1 Grundsatz

Der Eigenbedarf (Selbstbehalt) ist dem Unterhaltspflichtigen zu belassen. Es ist zu unterscheiden zwischen dem notwendigen (§ 1603 Abs. 2 BGB[1]), dem angemessenen (§ 1603 Abs. 1 BGB) und dem eheangemessenen Selbstbehalt (§§ 1361 Abs. 1, 1578 Abs. 1 BGB).

21.2 Notwendiger Selbstbehalt

Der notwendige Selbstbehalt gilt in allen Fällen der Inanspruchnahme als unterste Grenze. Für Eltern gegenüber minderjährigen Kindern und volljährigen, unverheirateten Kindern bis zur Vollendung des 21. Lebensjahres, die im Haushalt der Eltern oder eines Elternteils leben und sich in der allgemeinen Schulausbildung befinden, gilt im Allgemeinen der notwendige Selbstbehalt. Er beträgt

– beim Erwerbstätigen 1.370 €,

– beim Nichterwerbstätigen 1.120 €.

21.3 Angemessener Selbstbehalt

Im Übrigen gilt der angemessene Selbstbehalt.

21.3.1 gegenüber volljährigen Kindern

Er beträgt gegenüber volljährigen, nicht nach § 1603 Abs. 2 BGB[1] privilegierten Kindern 1.650 €.

21.3.2 gegenüber Ansprüchen nach § 1615l BGB

Gegenüber Anspruchsberechtigten nach § 1615l BGB[1] ist der Selbstbehalt in der Regel mit einem Betrag zu bemessen, der zwischen dem angemessenen Selbstbehalt des Volljährigen nach § 1603 Abs. 1 BGB und dem notwendigen Selbstbehalt nach § 1603 Abs. 2 BGB liegt. Er beträgt in der Regel

– beim Erwerbstätigen 1.510 €,

– beim Nichterwerbstätigen 1.385 €.

21.3.3 Elternunterhalt

Dem Unterhaltspflichtigen ist der angemessene Eigenbedarf zu belassen. Dessen Bemessung orientiert sich am Zweck und dem Rechtsgedanken des Angehörigen-Entlastungsgesetzes vom 10. Dezember 2019 (BGBl. I, 2135).

---

[1] **Habersack, Deutsche Gesetze Nr. 20.**

21.4 Eheangemessener Selbstbehalt

Gegenüber getrenntlebenden und geschiedenen Ehegatten beträgt der angemessene Eigenbedarf im Regelfall

– beim Erwerbstätigen 1.510 €,

– beim Nichterwerbstätigen 1.385 €.

21.5 Anpassung des Selbstbehalts

Lebt der Unterhaltspflichtige mit einem leistungsfähigen Partner in Haushaltsgemeinschaft, kommt eine Haushaltsersparnis von in der Regel 10 % in Betracht.

22. Bedarf des mit dem Pflichtigen zusammenlebenden Ehegatten

22.1 Gegenüber nachrangigen (geschiedenen) Ehegatten

Ist bei Unterhaltsansprüchen nachrangiger (geschiedener) Ehegatten der Unterhaltspflichtige verheiratet, werden für den mit ihm zusammenlebenden Ehegatten 1.208 € angesetzt.

22.2 Mindestbedarf bei Ansprüchen volljähriger Kinder

Ist bei Unterhaltsansprüchen volljähriger nicht privilegierter Kinder der Unterhaltspflichtige verheiratet, werden für den mit ihm zusammenlebenden Ehegatten 1.320 € angesetzt.

22.3 Mindestbedarf bei Ansprüchen von Eltern

Vgl. Nr. 21.3.3.

23. Bedarf des vom Pflichtigen getrenntlebenden oder geschiedenen Ehegatten

23.1 Gegenüber nachrangigen (geschiedenen) Ehegatten

Lebt der Unterhaltspflichtige von seinem Ehegatten getrennt oder ist geschieden, werden für diesen gegenüber Unterhaltsansprüchen nachrangiger (geschiedener) Ehegatten des Unterhaltspflichtigen als notwendiger Eigenbedarf 1.510 € angesetzt.

23.2 Bedarf bei Ansprüchen volljähriger Kinder

Lebt der Unterhaltspflichtige von seinem Ehegatten getrennt oder ist geschieden, werden für diesen gegenüber Unterhaltsansprüchen nicht privilegierter volljähriger Kinder des Unterhaltspflichtigen als notwendiger Eigenbedarf 1.650 € angesetzt.

23.3 Bedarf bei Ansprüchen von Eltern

Vgl. Nr. 21.3.3.

24. Mangelfall

24.1 Grundsatz

Reicht der Betrag, der zur Erfüllung mehrerer Unterhaltsansprüche zur Verfügung steht (Verteilungsmasse), nicht aus, um den Unterhaltsbedarf aller Unterhaltsberechtigten zu decken, so ist der den entsprechenden Selbstbehalt nach Nr. 21 übersteigende Betrag auf die Berechtigten unter Beachtung der Rangverhältnisse zu verteilen.

24.2 Einsatzbeträge

Hierbei sind als Einsatzbeträge die Unterhaltsansprüche einzustellen, die sich ohne Berücksichtigung des Selbstbehaltes ergäben.

24.2.1 Minderjährige und ihnen gleichgestellte Kinder

Für minderjährige und ihnen gleichgestellte Kinder ist der sich aus der Unterhaltstabelle abzüglich des zu berücksichtigenden Kindergeldes ergebende Betrag (Zahlbetrag) einzustellen.

24.2.2 (nicht besetzt)

Sonstiges

25. Rundung

Der Unterhaltsbetrag ist auf volle Euro aufzurunden.

Anhang
(Stand 1. Januar 2023)

Düsseldorfer Tabelle
*(abgedruckt unter Nr. **47**)*

Zahlbeträge
*(abgedruckt unter Nr. **47**)*

Tabellarische Zusammenstellung der Bedarfssätze und der Selbstbehalte

Bedarfssätze		
I.	Regelbedarf eines volljährigen Kindes, das nicht im Haushalt eines Elternteils lebt (Nr. 13.1.2)	930 €
II.	Mindestbedarf eines nach § 1615l BGB[1] Berechtigten und anderer Unterhaltsbedürftiger, die nicht Kinder oder (geschiedene) Ehegatten sind (Nr. 18)	1.120 €
Selbstbehaltssätze		
III.	Monatlicher Selbstbehalt gegenüber minderjährigen und ihnen gleichgestellten (§ 1603 Abs. 2 BGB) Kindern (Nr. 21.2)	
	a) des erwerbstätigen Unterhaltsverpflichteten	1.370 €
	b) des nichterwerbstätigen Unterhaltsverpflichteten	1.120 €
IV.	Monatlicher Selbstbehalt gegenüber anderen Kindern (Nr. 21.3.1)	1.650 €
V.	Monatlicher Selbstbehalt gegenüber Ansprüchen nach § 1615l BGB (Nr. 21.3.2)	
	a) des erwerbstätigen Unterhaltsverpflichteten	1.510 €
	b) des nicht erwerbstätigen Unterhaltsverpflichteten	1.385 €
VI.	Monatlicher Selbstbehalt gegenüber dem getrenntlebenden und dem geschiedenen Ehegatten (Nr. 21.4)	
	a) des erwerbstätigen Unterhaltsverpflichteten	1.510 €
	b) des nicht erwerbstätigen Unterhaltsverpflichteten	1.385 €
VII.	Bedarf des mit dem Pflichtigen zusammenlebenden Ehegatten (Nr. 22)	
	1. gegenüber nachrangigen (geschiedenen) Ehegatten mindestens	1.208 €
	2. gegenüber nicht unter § 1603 Abs. 2 BGB fallenden Kindern	1.320 €

[1] **Habersack, Deutsche Gesetze Nr. 20.**

47d. Oberlandesgericht Brandenburg – Unterhaltsleitlinien[1)]

(Stand: 1. Januar 2023)

Vorbemerkung

Die Leitlinien sind von Richterinnen und Richtern der Familiensenate des Brandenburgischen Oberlandesgerichts erarbeitet worden. Die Unterhaltsleitlinien sind keine verbindlichen Rechts- oder Rechtsanwendungssätze, dienen aber dem Ziel, die Rechtsprechung möglichst zu vereinheitlichen. Sie gelten ***ab 1. Januar 2023***. Gegenüber den ab 1. Januar 2022 geltenden Leitlinien ergeben sich inhaltliche Änderungen in Nrn. 11, 13.1, 21.2, 21.3, 21.4 und in den Anlagen I und II.

Unterhaltsrechtlich maßgebendes Einkommen

1. Geldeinnahmen

1.1 Regelmäßiges Bruttoeinkommen einschl. Renten und Pensionen

Zum Bruttoeinkommen gehören alle Einkünfte und geldwerten Vorteile, zum Beispiel Arbeitsverdienst (inklusive anteiligen Urlaubs- und Weihnachtsgeldes sowie sonstiger Einmalleistungen, anteilig auf den Monat umgelegt), Renten und Pensionen.

1.2 Unregelmäßiges Einkommen

Höhere einmalige Zahlungen (z.B. Jubiläumszuwendungen) können auf einen längeren Zeitraum als ein Jahr verteilt werden. Abfindungen sind zur Wahrung der bisherigen Lebensverhältnisse in der Regel auf einen angemessenen Zeitraum umzulegen.

1.3 Überstunden

Überstundenvergütungen werden dem Einkommen zugerechnet, soweit sie in geringem Umfang anfallen oder berufsüblich sind.

In Mangelfällen erfolgt die Zurechnung unabhängig von Umfang und Berufsüblichkeit. Im Übrigen ist die Zurechnung unter Berücksichtigung des Einzelfalles nach Treu und Glauben zu beurteilen.

Diese Grundsätze gelten auch für Einkünfte aus einer Nebentätigkeit.

1.4 Spesen und Auslösungen

Spesen und Auslösungen werden dem Einkommen zugerechnet, soweit dadurch eine Ersparnis eintritt oder Überschüsse verbleiben. Im Zweifel kann davon ausgegangen werden, dass eine Ersparnis eintritt oder Überschüsse verbleiben, die mit einem Drittel der Nettobeträge zu bewerten und insoweit dem Einkommen zuzurechnen sind.

1.5 Einkommen aus selbstständiger Tätigkeit

Bei Ermittlung des Einkommens eines Selbstständigen ist in der Regel von dem Gewinn dreier aufeinander folgender Geschäftsjahre auszugehen. Für zurückliegende Zeiträume können die in dem jeweiligen Kalenderjahr erzielten Einkünfte maßgebend sein (vgl. BGH, FamRZ 2007, 1532 ff. Rn. 23).

[1)] In der jeweils aktuellen Fassung kostenlos abrufbar unter www.olg.brandenburg.de.

1.6 Einkommen aus Vermietung und Verpachtung sowie Kapitalvermögen

Einnahmen aus Vermietung und Verpachtung sowie Kapitalvermögen sind nach Abzug der zur Erzielung dieser Einnahmen notwendigen Ausgaben als Einkommen zu berücksichtigen. Bei schwankenden Einnahmen ist auf den Durchschnitt mehrerer Jahre abzustellen. Für zurückliegende Zeiträume können die in dem jeweiligen Kalenderjahr erzielten Einkünfte maßgebend sein (vgl. BGH, FamRZ 2007, 1532 ff. Rn. 23).

1.7 Steuererstattungen

Steuererstattungen finden in der Regel in dem Jahr, in dem sie anfallen, Berücksichtigung, ebenso Steuernachzahlungen. Sie können für die nachfolgenden Jahre fortgeschrieben werden, wenn die Bemessungsgrundlagen im Wesentlichen unverändert geblieben sind.

Nach Auffassung des 3. Familiensenats sind Steuererstattungen oder -nachzahlungen stets in dem Jahr zu berücksichtigen, das dem Steuerjahr folgt. Bei Selbstständigen setzt der 3. Familiensenat in der Regel die für die Geschäftsjahre geschuldeten Steuern an, die der Unterhaltsberechnung zu Grunde gelegt werden.

2. Sozialleistungen

2.1 Arbeitslosengeld und Krankengeld

Arbeitslosengeld gemäß § 136 SGB III ist ebenso Einkommen wie Krankengeld.

2.2 Leistungen nach dem SGB II

Arbeitslosengeld II nach dem SGB II ist auf Seiten des Unterhaltspflichtigen Einkommen. Beim Unterhaltsberechtigten sind subsidiäre Leistungen zur Sicherung des Lebensunterhalts nach §§ 19 ff. SGB II kein Einkommen. Jedoch kann seine Unterhaltsforderung bei Nichtberücksichtigung solcher Leistungen in Ausnahmefällen treuwidrig sein (BGH, FamRZ 1999, 843; FamRZ 2001, 619). Nicht subsidiäre Leistungen nach dem SGB II sind Einkommen.

2.3 Wohngeld

Wohngeld ist Einkommen, soweit es nicht erhöhte Wohnkosten deckt (vgl. BGH, FamRZ 2012, 1201 Rn. 15; FamRZ 1982, 587).

2.4 BAföG

BAföG-Leistungen sind mit Ausnahme von Vorausleistungen nach §§ 36, 37 BAföG[1] als Einkommen anzusehen, auch soweit sie als Darlehen gewährt werden.

2.5 Elterngeld

Elterngeld ist nach Maßgabe des § 11 BEEG[2] Einkommen.

2.6 Unfall- und Versorgungsrenten

Unfall- und Versorgungsrenten sind nach Abzug eines Betrages für tatsächliche Mehraufwendungen unterhaltsrechtlich als Einkommen heranzuziehen. § 1610a BGB ist zu beachten.

---

[1] **Sartorius Nr. 420.**

[2] Nr. **45e.**

2.7 Leistungen aus der Pflegeversicherung, Blindengeld u. Ä.

Leistungen aus der Pflegeversicherung, Blindengeld, Schwerbeschädigten- und Pflegezulagen sind nach Abzug eines Betrages für tatsächliche Mehraufwendungen unterhaltsrechtlich als Einkommen heranzuziehen. § 1610a BGB[1] ist zu beachten.

2.8 Pflegegeld

Der Anteil des Pflegegeldes, durch den ihre Bemühungen abgegolten werden, ist Einkommen der Pflegeperson. Bei Pflegegeld aus der Pflegeversicherung gilt dies nach Maßgabe von § 13 Abs. 6 SGB XI (vgl. BGH, FamRZ 2006, 846).

2.9 Grundsicherung beim Verwandtenunterhalt

Leistungen der Grundsicherung im Alter und bei Erwerbsminderung, §§ 41 bis 43 SGB XII, sind auf Seiten des Unterhaltsberechtigten nur gegenüber Eltern und Kindern Einkommen.

2.10 Sozialhilfe

Sozialhilfe nach dem SGB XII ist kein Einkommen. Bezieht der Unterhaltsberechtigte eine solche Sozialhilfe, kann seine Unterhaltsforderung in Ausnahmefällen treuwidrig sein (vgl. BGH, FamRZ 1999, 843; FamRZ 2001, 619).

2.11 Unterhaltsvorschuss

Leistungen nach dem UVG[2] sind kein Einkommen. Bezieht der Unterhaltsberechtigte Unterhaltsvorschuss, kann seine Unterhaltsforderung in Ausnahmefällen treuwidrig sein (vgl. BGH, FamRZ 1999, 843; FamRZ 2001, 619).

3. Kindergeld

Kindergeld ist kein Einkommen der Eltern (vgl. auch Nr. 14).

4. Geldwerte Zuwendungen des Arbeitgebers

Geldwerte Zuwendungen des Arbeitgebers, z.B. Firmenwagen, freie Kost, kostenlose oder verbilligte Wohnung, sind Einkommen, soweit dadurch entsprechende Eigenaufwendungen erspart werden.

5. Wohnvorteil

Wohnt der Unterhaltsberechtigte oder der Unterhaltspflichtige im eigenen Haus oder in der ihm gehörenden Eigentumswohnung, so stellt der Vorteil des mietfreien Wohnens Einkommen dar. Neben dem Wohnvorteil sind auch Zahlungen nach dem Eigenheimzulagengesetz anzusetzen. Der Wohnwert errechnet sich regelmäßig unter Zugrundelegung des üblichen Entgelts für ein vergleichbares Objekt. Er kann im Einzelfall auch darunter liegen (vgl. BGH, FamRZ 1998, 899; FamRZ 2000, 950). Insbesondere beim Trennungsunterhalt kommt der volle Wohnwert regelmäßig erst dann zum Tragen, wenn nicht mehr mit einer Wiederherstellung der ehelichen Lebensgemeinschaft zu rechnen ist und auch dem in der Wohnung verbliebenen Ehegatten eine Verwertung zugemutet werden kann. Das ist meist ab Zustellung des Scheidungsantrags anzunehmen

---

1) **Habersack, Deutsche Gesetze Nr. 20.**

2) Nr. **45d**.

(vgl. BGH, FamRZ 2008, 963). Kosten, mit denen ein Mieter üblicherweise nicht belastet wird, sind abzusetzen (vgl. BGH, FamRZ 2009, 1300). Ist die Immobilie durch Kredite finanziert, sind neben den Zinsen die Tilgungsleistungen bis zur Höhe des Wohnwertes abzuziehen, ohne dass dies die Befugnis zur Bildung eines zusätzlichen Altersvorsorgevermögens schmälert (vgl. BGH, FamRZ 2017, 519; FamRZ 2018, 1506 Rn. 31).

6. Haushaltsführung

Führt jemand einem leistungsfähigen Dritten den Haushalt, so ist hierfür ein Einkommen anzusetzen.

7. Einkommen aus unzumutbarer Erwerbstätigkeit

Einkommen aus unzumutbarer Erwerbstätigkeit kann nach Billigkeit ganz oder teilweise unberücksichtigt bleiben.

8. Freiwillige Zuwendungen Dritter

Freiwillige Zuwendungen Dritter sind nur Einkommen, wenn dies dem Willen des Dritten entspricht.

9. Erwerbsobliegenheit und Einkommensfiktion

Wird die Erwerbsobliegenheit verletzt, sind fiktive Einkünfte anzurechnen, die nach Alter, Vorbildung und beruflichem Werdegang erzielt werden können.

10. Bereinigung des Einkommens

10.1 Steuern und Vorsorgeaufwendungen

Vom Bruttoeinkommen sind Steuern und Vorsorgeaufwendungen abzuziehen. Zu diesen zählen Aufwendungen für die gesetzliche Kranken-, Pflege-, Renten- und Arbeitslosenversicherung oder die angemessene private Kranken- und Altersvorsorge sowie die Vorsorge für den Fall der Pflegebedürftigkeit.

Grundsätzlich darf eine zusätzliche Altersversorgung betrieben werden, die unterhaltsrechtlich beim Elternunterhalt bis zu 5 % des Bruttoeinkommens (BGH, FamRZ 2006, 1511) und im Übrigen bis zu 4 % des Bruttoeinkommens (BGH, FamRZ 2005, 1817) betragen kann. Voraussetzung ist stets, dass solche Aufwendungen für die eigene Altersvorsorge tatsächlich geleistet werden (BGH, FamRZ 2007, 793). Aufwendungen des gesteigert unterhaltspflichtigen Elternteils für eine zusätzliche Altersversorgung aber sind unterhaltsrechtlich nicht berücksichtigungsfähig, soweit der Mindestunterhalt für ein minderjähriges Kind nicht aufgebracht werden kann (BGH, FamRZ 2013, 616).

10.2 Berufsbedingte Aufwendungen

10.2.1 Pauschale/Konkrete Aufwendungen

Berufsbedingte Aufwendungen sind im Rahmen des Angemessenen vom Arbeitseinkommen abzuziehen. Sie können in der Regel mit einem Anteil von 5 % des Nettoeinkommens angesetzt werden, wenn hinreichende Anhaltspunkte für eine Schätzung bestehen. Werden höhere Aufwendungen geltend gemacht oder liegt ein Mangelfall vor, so sind sämtliche Aufwendungen im Einzelnen konkret darzulegen und nachzuweisen.

10.2.2 Fahrtkosten

Im Falle der konkreten Darlegung im Sinne der Nr. 10.2.1 werden für berufsbedingte Fahrten, insbesondere für Fahrten zum Arbeitsplatz (Hin- und Rückfahrt), die Kosten einer anzuerkennenden Pkw-Benutzung grundsätzlich mit einer Kilometerpauschale von *0,42* EUR berücksichtigt.

10.2.3 Ausbildungsaufwand

Ausbildungsvergütungen sind vorbehaltlich Nr. 13.1 Abs. 3 um ausbildungsbedingte Kosten zu kürzen. Die Höhe der ausbildungsbedingten Kosten bestimmt sich nach den Verhältnissen des Einzelfalles. Sie kann, wenn hinreichende Anhaltspunkte für eine Schätzung bestehen, mit *100 EUR* monatlich angenommen werden.

10.3 Kinderbetreuung

Leben im Haushalt des Unterhaltspflichtigen oder des Unterhaltsberechtigten minderjährige Kinder, so kann sich das Einkommen um Betreuungskosten (vor allem Kosten für eine notwendige Fremdbetreuung) mindern. In Betracht kommen kann auch, dass auf überobligationsmäßiger Tätigkeit beruhendes Mehreinkommen ganz oder teilweise anrechnungsfrei bleibt, wenn keine konkreten Betreuungskosten anfallen (vgl. BGH, FamRZ 2005, 1154).

10.4 Schulden

Zinsen und Tilgungsraten auf Schulden, die aus der Zeit vor Eheschließung herrühren oder während des ehelichen Zusammenlebens begründet worden sind, können, soweit angemessen, einkommensmindernd berücksichtigt werden. Den Interessen minderjähriger Kinder und volljähriger unverheirateter Kinder bis zur Vollendung des 21. Lebensjahres, die im Haushalt der Eltern oder eines Elternteils leben und sich in der allgemeinen Schulausbildung befinden, ist stets besonders Rechnung zu tragen.

10.5 Unterhaltsleistungen

Bei der Prüfung, ob Unterhaltsleistungen vorweg vom Einkommen abzuziehen sind, ist zwischen Bedarfsermittlung und Leistungsfähigkeit zu unterscheiden.

10.6 Vermögensbildung

Anlagen nach den Vermögensbildungsgesetzen sind – vorbehaltlich Nr. 10.1 – nicht vom Einkommen abzuziehen. Auf der anderen Seite erhöhen vermögenswirksame Leistungen des Arbeitgebers und Sparzulagen das Einkommen nicht.

Kindesunterhalt

11. Bemessungsgrundlage (Tabellenunterhalt)

Der Barunterhalt minderjähriger unverheirateter Kinder bestimmt sich nach den Altersstufen 1 bis 3 der Tabelle in Anlage I, die mit denjenigen nach § 1612a Abs. 1 Satz 3 BGB[1] übereinstimmen. Die Tabellensätze sind identisch mit den ab 1. Januar 2023 geltenden Tabellensätzen der

[1] **Habersack, Deutsche Gesetze Nr. 20.**

Düsseldorfer Tabelle[1]. Wegen des Bedarfs volljähriger Kinder vgl. Nr. 13.1.

11.1 Kranken- und Pflegeversicherungsbeiträge

In den Unterhaltsbeträgen (Tabellensätzen) sind keine Kranken- und Pflegeversicherungsbeiträge enthalten. Soweit das Kind nicht in einer Familienversicherung mitversichert ist, hat es zusätzlich Anspruch auf Zahlung der Versicherungsbeiträge. Das Nettoeinkommen des Unterhaltspflichtigen ist in diesen Fällen vor Einstufung in die entsprechende Einkommensgruppe vorweg um diese Beiträge zu bereinigen.

11.2 Eingruppierung

Die Tabellensätze erfassen die Fälle, in denen eine Unterhaltspflicht gegenüber zwei Unterhaltsberechtigten besteht. Bei einer geringeren Anzahl von Unterhaltsberechtigten kann eine Höhergruppierung auch um mehr als eine Einkommensgruppe in Betracht kommen.

Bei einer größeren Anzahl von Unterhaltsberechtigten kann eine Korrektur *an Hand*[2] des Bedarfskontrollbetrags erfolgen. Der Bedarfskontrollbetrag ist nicht identisch mit dem Selbstbehalt des Unterhaltspflichtigen. Er soll eine ausgewogene Verteilung des Einkommens zwischen dem Unterhaltspflichtigen und dem Unterhaltsberechtigten gewährleisten. Erreicht das dem Unterhaltspflichtigen nach Abzug aller Unterhaltslasten verbleibende bereinigte Einkommen nicht den für die Einkommensgruppe ausgewiesenen Bedarfskontrollbetrag, ist ggf. soweit herabzustufen, bis dem Unterhaltspflichtigen der entsprechende Kontrollbetrag verbleibt.

12. Minderjährige Kinder

12.1 Betreuungs-/Barunterhalt

Der Betreuungsunterhalt für ein minderjähriges Kind entspricht in der Regel dem Barunterhalt, sodass der betreuende Elternteil regelmäßig keinen Barunterhalt zu leisten braucht.

12.2 Einkommen des Kindes

Einkommen des minderjährigen Kindes, das nach Abzug ausbildungsbedingter Kosten (vgl. Nr. 10.2.3) verbleibt, ist zur Hälfte auf den Barunterhalt anzurechnen. Die andere Hälfte kommt dem betreuenden Elternteil zugute.

12.3 Beiderseitige Barunterhaltspflicht/Haftungsanteil

Sind ausnahmsweise beide Elternteile gegenüber dem minderjährigen Kind barunterhaltspflichtig, bestimmt sich ihr Haftungsanteil nach dem Verhältnis ihrer den jeweiligen Selbstbehalt übersteigenden Einkommen.

12.4 Zusatzbedarf

Mehrbedarf und Sonderbedarf sind in den Unterhaltsbeträgen nicht enthalten. Insoweit sind grundsätzlich beide Elternteile barunterhaltspflichtig. Nr. 12.3 gilt entsprechend.

---

[1] Nr. 47.
[2] Richtig wohl: „anhand".

13. Volljährige Kinder

13.1 Bedarf

Der Barunterhalt volljähriger Schüler, Studenten und Auszubildender, die noch im Haushalt eines Elternteils leben, bestimmt sich nach Altersstufe 4 der Tabelle in Anlage I. Der Tabellenbetrag richtet sich nach dem zusammengerechneten Einkommen beider Elternteile. Ein Elternteil hat jedoch höchstens den Unterhalt zu leisten, der sich allein nach seinem Einkommen ergibt.

Dem 3. Familiensenat dient die Altersstufe 4 der Tabelle lediglich als Orientierung.

Der Bedarf nicht im Haushalt eines Elternteils lebender Kinder beträgt regelmäßig *930 EUR* monatlich. Kosten für eine Ausbildung im üblichen Rahmen sind darin ebenso enthalten wie ein Mietanteil (Warmmiete) von bis zu *410 EUR*. Bei guten wirtschaftlichen Verhältnissen kann eine Erhöhung des regelmäßigen Bedarfs gerechtfertigt sein, im Allgemeinen aber nicht über den doppelten Betrag hinaus.

In den Unterhaltsbeträgen sind Kranken- und Pflegeversicherungsbeiträge sowie Studiengebühren nicht enthalten.

13.2 Einkommen des Kindes

Einkommen des volljährigen unterhaltsberechtigten Kindes, das nach Abzug ausbildungsbedingter Kosten (vgl. Nr. 10.2.3) verbleibt, ist auf seinen Bedarf voll anzurechnen.

13.3 Beiderseitige Barunterhaltspflicht/Haftungsanteil

Gegenüber volljährigen Kindern sind beide Elternteile barunterhaltspflichtig. Ihr Haftungsanteil bestimmt sich nach dem Verhältnis ihrer den jeweiligen Selbstbehalt übersteigenden Einkommen.

14. Verrechnung des Kindergeldes

Das Kindergeld ist nach Maßgabe des § 1612b BGB[1)] zur Deckung des Barbedarfs des Kindes zu verwenden (vgl. auch Nr. 3).

Ehegattenunterhalt

15. Unterhaltsbedarf

15.1 Bedarf nach den ehelichen Lebensverhältnissen

Der Unterhaltsanspruch des Ehegatten wird bestimmt und begrenzt durch den Bedarf nach den ehelichen Lebensverhältnissen, in den Fällen nachehelichen Unterhalts nach denjenigen bei der Scheidung. Leistet ein Ehegatte Unterhalt für ein Kind und hat dies bereits die ehelichen Lebensverhältnisse geprägt (vgl. BGH, FamRZ 2012, 281 Rn. 27), wird das Einkommen vorab um den Kindesunterhalt, das ist der Zahlbetrag, also der Tabellenunterhalt nach Abzug von Kindergeld, gemindert, soweit sich daraus nicht ein Missverhältnis zum wechselseitigen Lebensbedarf der Beteiligten ergibt (vgl. BGH, FamRZ 1999, 367; FamRZ 2003, 363).

Wegen der Behandlung von Erwerbseinkünften des unterhaltsberechtigten Ehegatten aus einer nach Trennung oder Scheidung aufgenommenen

1) **Habersack, Deutsche Gesetze Nr. 20.**

oder ausgeweiteten Tätigkeit wird auf das Urteil des BGH vom 13.6.2001 (FamRZ 2001, 986) verwiesen.

15.2 Halbteilung und Erwerbstätigenbonus

Der Unterhaltsbedarf des getrennt lebenden und geschiedenen Ehegatten beläuft sich grundsätzlich auf die Hälfte des zusammengerechneten eheprägenden bereinigten Einkommens beider Ehegatten.

Erwerbseinkünfte sind als Anreiz um einen Erwerbstätigenbonus von 1/10 vor Verminderung der Einkünfte um Kindesunterhalt und berücksichtigungsfähige Verbindlichkeiten zu kürzen.

15.3 Konkrete Bedarfsbemessung

Haben außergewöhnlich hohe Einkommen die ehelichen Lebensverhältnisse geprägt, kann eine konkrete Bedarfsbemessung in Betracht kommen.

15.4 Vorsorgebedarf

Werden Altersvorsorge-, Kranken- und Pflegeversicherungskosten vom Unterhaltsberechtigten gesondert geltend gemacht oder vom Unterhaltspflichtigen gezahlt, sind diese von dem Einkommen des Pflichtigen vorweg abzuziehen.

15.5 nicht belegt

15.6 Trennungsbedingter Mehrbedarf

Trennungsbedingter Mehrbedarf kann zusätzlich berücksichtigt werden.

16. Bedürftigkeit

Bedürftigkeit besteht nur, soweit der Bedarf nicht durch eigene Einkünfte des Unterhaltsberechtigten, ggf. vermindert um den Erwerbstätigenbonus (vgl. Nr. 15.2), gedeckt ist.

17. Erwerbsobliegenheit

17.1 bei Kindesbetreuung

Die Zumutbarkeit von Erwerbstätigkeit neben Betreuung von Kindern nach Vollendung des 3. Lebensjahres (vgl. §§ 1570 Abs. 1 Satz 1, 1615l Abs. 2 Satz 3 BGB[1)]) richtet sich nach den Umständen des Einzelfalles.

17.2 bei Trennungsunterhalt

Inwieweit in der Trennungszeit eine Erwerbsobliegenheit besteht, richtet sich nach den Umständen des Einzelfalles.

Weitere Unterhaltsansprüche

18. Ansprüche aus § 1615l BGB

Der Bedarf nach § 1615l BGB[1)] bemisst sich nach der Lebensstellung des betreuenden Elternteils.

19. Elternunterhalt

Haben Eltern Unterhaltsansprüche gegen ihre Kinder, so sind auch Pflegebedarf und Heimkosten Teile des Unterhaltsbedarfs.

[1)] Habersack, Deutsche Gesetze Nr. 20.

20. Lebenspartnerschaft

Der Bedarf gemäß §§ 5, 12, 16 LPartG[1] bemisst sich nach den partnerschaftlichen Lebensverhältnissen.

Leistungsfähigkeit und Mangelfall

21. Selbstbehalt

21.1 Grundsatz

Leistungsfähigkeit ist in dem Umfang gegeben, in welchem das bereinigte Einkommen, hier ohne Abzug eines Erwerbstätigenbonus, den Selbstbehalt, der dem Unterhaltspflichtigen zur Bestreitung seines eigenen Unterhalts bleiben muss, übersteigt.

21.2 Notwendiger Selbstbehalt

Der notwendige Selbstbehalt des Unterhaltspflichtigen beträgt gegenüber minderjährigen Kindern sowie gegenüber volljährigen unverheirateten Kindern bis zur Vollendung des 21. Lebensjahres, die im Haushalt der Eltern oder eines Elternteils leben und sich in der allgemeinen Schulausbildung befinden, *1.370* EUR. Darin ist ein Mietanteil (Warmmiete) von etwa *520* EUR enthalten. Sind die Einkünfte des Unterhaltspflichtigen insgesamt oder im Wesentlichen keine Erwerbseinkünfte, beträgt der Selbstbehalt *1.120* EUR.

21.3 Angemessener Selbstbehalt

21.3.1 Kindesunterhalt

Gegenüber minderjährigen und volljährigen Kindern gilt, soweit dem Unterhaltspflichtigen mehr als der notwendige Selbstbehalt (vgl. Nr. 21.2) zu belassen ist, ein angemessener Selbstbehalt i.H.v. *1.650* EUR. Darin ist ein Mietanteil (Warmmiete) von etwa *650* EUR enthalten.

21.3.2 Elternunterhalt

Dem Unterhaltspflichtigen ist der angemessene Eigenbedarf zu belassen. Bei dessen Bemessung sind Zweck und Rechtsgedanken des Gesetzes zur Entlastung unterhaltspflichtiger Angehöriger in der Sozialhilfe und in der Eingliederungshilfe (Angehörigenentlastungsgesetz) vom 10. Dezember 2019 (BGBl. I S. 2135) zu beachten.

21.4 Eheangemessener Selbstbehalt und Ansprüche aus § 1615l BGB

Der Selbstbehalt gegenüber dem getrennt lebenden und geschiedenen Ehegatten (vgl. dazu BGH, FamRZ 2006, 683) beträgt in der Regel *1.510* EUR (billiger Selbstbehalt). Darin ist ein Mietanteil (Warmmiete) von etwa *580* EUR enthalten. Diese Beträge gelten auch in den Fällen des § 1615l BGB[2] (BGH, FamRZ 2005, 354).

21.5 Anpassung des Selbstbehalts

Der Selbstbehalt kann unterschritten werden, wenn der eigene Unterhalt des Pflichtigen ganz oder teilweise durch den Ehegatten gedeckt ist.

Der Selbstbehalt eines Unterhaltspflichtigen kann überdies um die durch eine gemeinsame Haushaltsführung eintretende Ersparnis, höchstens jedoch bis auf sein Existenzminimum nach sozialhilferechtlichen Grund-

[1] Nr. 43.
[2] **Habersack, Deutsche Gesetze Nr. 20.**

sätzen herabgesetzt werden (vgl. BGH, FamRZ 2008, 594). Die Ersparnis kann regelmäßig mit 10 % für jeden volljährigen Partner der Haushaltsgemeinschaft in Ansatz gebracht werden (vgl. BGH, FamRZ 2012, 281 Rn. 46).

22. Bedarf des mit dem Unterhaltspflichtigen zusammenlebenden Ehegatten

Ist der Unterhaltspflichtige verheiratet, so richtet sich der Bedarf des mit ihm zusammen lebenden Ehegatten nach den ehelichen Lebensverhältnissen. Der Bedarf kann mit Rücksicht auf das Zusammenleben niedriger anzusetzen sein.

23. nicht belegt

24. Mangelfall

24.1 Grundsatz

Reicht der Betrag, der zur Erfüllung mehrerer Unterhaltsansprüche zur Verfügung steht (Verteilungsmasse), nicht aus, um den Unterhaltsbedarf aller Unterhaltsberechtigten zu decken, so ist der den Selbstbehalt übersteigende Betrag auf die Berechtigten unter Beachtung der Rangverhältnisse zu verteilen.

24.2 Einsatzbeträge

Die Einsatzbeträge für minderjährige unverheiratete und ihnen gleichgestellte volljährige Kinder entsprechen den Tabellenbeträgen der ersten Einkommensgruppe der Tabelle in Anlage I abzüglich des nach § 1612b Abs. 1 BGB[1)] zur Bedarfsdeckung zu verwendenden Kindergeldes.

24.3 Berechnung

Bei der Mangelverteilung errechnet sich der gekürzte Unterhaltsanspruch aller gleichrangigen Unterhaltsberechtigten aus dem Quotienten von Verteilungsmasse und Summe der Einsatzbeträge, multipliziert mit dem jeweiligen Einsatzbetrag.

Sonstiges

25. Rundung

Der Unterhaltsbetrag kann auf volle Euro gerundet werden.

Anlagen

I. Unterhaltstabelle

(abgedruckt unter Nr. 47)

II. Zahlbetragstabelle

(abgedruckt unter Nr. 47)

III. Umrechnung dynamisierter Titel alten Rechts gemäß § 36 Nr. 3 EGZPO

Ist Kindesunterhalt als Prozentsatz des jeweiligen Regelbetrages zu leisten, bleibt der Titel bestehen. **Eine Abänderung ist nicht erforderlich.** An die Stelle des

1) Habersack, Deutsche Gesetze Nr. 20.

bisherigen Prozentsatzes vom Regelbetrag tritt ein neuer Prozentsatz vom Mindestunterhalt. Dieser ist für die maßgebliche Altersstufe zu bestimmen und auf eine Stelle nach dem Komma zu begrenzen (§ 36 Nr. 3 EGZPO[1]; vgl. auch BGH, FamRZ 2012, 1048). Der Bedarf ergibt sich aus der Multiplikation des neuen Prozentsatzes mit dem Mindestunterhalt der jeweiligen Altersstufe und ist auf volle Euro aufzurunden (§ 1612a Abs. 2 Satz 2 BGB[2]). Der Zahlbetrag ergibt sich aus dem um das jeweils anteilige Kindergeld verminderten bzw. erhöhten Bedarf.

Es sind vier Fallgestaltungen zu unterscheiden (die Beispiele beziehen sich auf den ab 1.1.2008 geltenden Mindestunterhalt, da es für die Umrechnung auf diesen Zeitpunkt ankommt):

a) Der Titel sieht die Anrechnung des hälftigen Kindergeldes oder eine teilweise Anrechnung des Kindergeldes vor.

$$\frac{\text{Zahlbetrag} + \tfrac{1}{2}\,\text{Kindergeld}}{\text{Mindestunterhalt der jeweiligen Altersstufe}} \times 100 = \text{Prozentsatz neu}$$

Beispiel 1. Altersstufe

$$\frac{(196\,€ + 77\,€)}{279\,€} \times 100 = 97{,}8\,\%$$

Kontrollberechnung

279 € × 97,8 % = 272,86 €, ger. 273 €

Zahlbetrag 273 € – 77 € = 196 €

b) Der Titel sieht die Hinzurechnung des hälftigen Kindergeldes vor.

$$\frac{\text{Zahlbetrag} - \tfrac{1}{2}\,\text{Kindergeld}}{\text{Mindestunterhalt der jeweiligen Altersstufe}} \times 100 = \text{Prozentsatz neu}$$

Beispiel 1. Altersstufe

$$\frac{(273\,€ - 77\,€)}{279\,€} \times 100 = 70{,}2\,\%$$

Kontrollberechnung

279 € × 70,2 % = 195,85 €, ger. 196 €

Zahlbetrag 196 € + 77 € = 273 €

c) Der Titel sieht die Anrechnung des vollen Kindergeldes vor

$$\frac{\text{Zahlbetrag} + 1/1\,\text{Kindergeld}}{\text{Mindestunterhalt der jeweiligen Altersstufe}} \times 100 = \text{Prozentsatz neu}$$

Beispiel 2. Altersstufe

$$\frac{(177\,€ + 154\,€)}{322\,€} \times 100 = 102{,}7\,\%$$

Kontrollberechnung

322 € × 102,7 % = 330,69 €, ger. 331 €

Zahlbetrag 331 € – 154 € = 177 €

d) Der Titel sieht weder eine Anrechnung noch eine Hinzurechnung des Kindergeldes vor.

$$\frac{\text{Zahlbetrag} + \tfrac{1}{2}\,\text{Kindergeld}}{\text{Mindestunterhalt der jeweiligen Altersstufe}} \times 100 = \text{Prozentsatz neu}$$

Beispiel 3. Altersstufe

$$\frac{(329\,€ + 77\,€)}{365\,€} \times 100 = 111{,}2\,\%$$

Kontrollberechnung

365 € × 111,2 % = 405,88 €, ger. 406 €

Zahlbetrag 406 € – 77 € = 329 €.

---

[1] **Habersack, Deutsche Gesetze Nr. 101.**
[2] **Habersack, Deutsche Gesetze Nr. 20.**

47e. Oberlandesgericht Braunschweig – Unterhaltsrechtliche Leitlinien der Familiensenate[1)]

(Stand: 1. Januar 2023)

Die Familiensenate des Oberlandesgerichts Braunschweig verwenden die unterhaltsrechtlichen Leitlinien als Orientierungshilfe für den Regelfall. Die Leitlinien dienen dem Zweck, die Rechtsprechung der Senate zu vereinheitlichen. Sie haben jedoch keine bindende Wirkung und können insbesondere die Prüfung des Einzelfalles nicht ersetzen. Das Tabellenwerk der Düsseldorfer Tabelle[2)] ist verlinkt. Die Erläuterungen werden durch nachfolgende Leitlinien ersetzt.

Unterhaltsrechtliches Einkommen:

Bei der Ermittlung und Zurechnung von Einkommen ist stets zu unterscheiden, ob es um Verwandten- oder Ehegattenunterhalt und ob es um die Bemessung des Bedarfs oder die Feststellung der Bedürftigkeit bzw. Leistungsfähigkeit geht.

Das unterhaltsrechtliche Einkommen ist nicht in jedem Fall identisch mit den steuerrechtlichen Einkünften.

1. Geldeinnahmen:

1.1 Auszugehen ist vom Bruttoeinkommen als Summe aller Einkünfte.

1.2 Soweit Leistungen nicht monatlich anfallen (z.B. Weihnachtsgratifikation und Urlaubsgeld), werden sie auf ein Jahr umgelegt. Einmalige Zahlungen (z.B. Abfindungen) sind auf einen angemessenen Zeitraum zu verteilen.

1.3 Überstundenvergütungen werden dem Einkommen zugerechnet, soweit sie berufstypisch sind und das im jeweiligen Beruf übliche Maß nicht überschreiten.

Darüber hinausgehende Einnahmen aus Überstunden oder Zusatzarbeit sind auf Grund der Umstände des Einzelfalls (z.B. hohe Schuldenbelastung, Sicherung des Mindestbedarfs) nach Billigkeit zuzurechnen.

1.4 Auslösungen und Spesen werden pauschal zu 1/3-Anteil als Einkommen behandelt, soweit nicht der Nachweis geführt wird, dass derartige Leistungen notwendigerweise im weitergehenden Umfang verbraucht werden und deshalb keine entsprechende häusliche Ersparnis eintritt. Bei steuerfrei gewährten Auslösungen pp. wird grundsätzlich davon ausgegangen, dass sie als Aufwandsentschädigung auf Nachweis gezahlt worden sind.

1.5 Bei der Ermittlung des Einkommens aus selbstständiger Tätigkeit wird in der Regel an den Gewinn aus einem zeitnahen Drei-Jahres-Zeitraum angeknüpft.

Privatentnahmen können im Ausnahmefall Indizcharakter für die Feststellung der für den Lebensunterhalt tatsächlich verfügbaren Mittel haben, wenn keine oder keine ordnungsgemäße Gewinnermittlung vorhanden ist oder diese offensichtlich kein zutreffendes Bild ergibt.

1.6 Einkünfte aus Vermietung und Verpachtung sowie aus Kapitalvermögen ergeben sich aus der Differenz zwischen Einnahmen und anerkennens-

---

[1)] In der jeweils aktuellen Fassung kostenlos abrufbar unter www.oberlandesgericht-braunschweig.niedersachsen.de.

[2)] Nr. 47.

würdigen Werbungskosten. Für Gebäude ist in der Regel keine Abschreibung für Abnutzung (AfA) anzusetzen.

1.7 Steuererstattungen und Steuernachzahlungen sind in der Regel in dem Kalenderjahr, in dem sie anfallen, zu berücksichtigen („In-Prinzip") und auf die Monate dieses Kalenderjahres umzulegen. Eine Fortschreibung für Folgejahre setzt voraus, dass die Bemessungsgrundlagen im Wesentlichen unverändert bleiben. Soweit Erstattungen auf Aufwendungen beruhen, die unterhaltsrechtlich nicht zu berücksichtigen sind, bleiben auch die Steuererstattungen außer Betracht.

1.8 Sonstige Einnahmen sind z.B. Sachbezüge oder Trinkgelder.

2. Sozialleistungen

2.1 Einkommen sind Arbeitslosengeld (§ 136 SGB III) und sonstige Lohnersatzleistungen nach dem SGB III (Übergangs-, Ausbildungs-, Kurzarbeiter- und Insolvenzgeld) sowie Krankengeld.

2.2 Arbeitslosengeld II (nach §§ 19–32 SGB II) ist Einkommen beim Unterhaltsverpflichteten; beim Unterhaltsberechtigten sind Leistungen zur Sicherung des Lebensunterhalts kein Einkommen, es sei denn, die Nichtberücksichtigung der Leistungen ist in Ausnahmefällen treuwidrig; nicht subsidiäre Leistungen nach dem SGB II sind in jedem Fall Einkommen.

2.3 Wohngeld ist Einkommen, soweit es nicht erhöhte Wohnkosten deckt.

2.4 BAföG-Leistungen sind, auch soweit sie als Darlehen gewährt werden, Einkommen mit Ausnahme von Vorausleistungen nach §§ 36, 37 BAföG[1].

2.5 Elterngeld (§ 1 BEEG – Elterngeldgesetz[2]), Betreuungsgeld (§ 4a BEEG) und Erziehungsgeld (§ 1 BErzGG) sind Einkommen nach Maßgabe der §§ 11, 6 BEEG; 9 BErzGG.

2.6 Renten wegen Minderung oder Verlust der Erwerbsfähigkeit (§§ 43 SGB VI, 56 SGB VII) sind Einkommen.

2.7 Leistungen aus der Pflegeversicherung, Blindengeld, Versorgungsrenten, Schwerbeschädigten- und Pflegezulagen sind Einkommen nach Abzug eines Betrages für tatsächliche Mehraufwendungen; §§ 1610a, 1578a BGB[3] sind zu beachten.

2.8 Bei der Pflegeperson ist der Anteil des an sie weitergeleiteten Pflegegeldes Einkommen, durch den ihre Bemühungen abgegolten werden; bei Pflegegeld aus der Pflegeversicherung gilt dies nur in den Ausnahmefällen des § 13 Abs. 6 SGB XI.

2.9 In der Regel sind Bezüge nach §§ 41–43 SGB XII (Grundsicherung) beim Verwandtenunterhalt Einkommen (nicht aber beim Ehegattenunterhalt).

2.10 Kein Einkommen ist die sonstige Sozialhilfe nach dem SGB XII; die Unterhaltsforderung eines Empfängers dieser Leistungen kann in Ausnahmefällen treuwidrig sein (vgl. Ziff. 2.2).

---

[1] **Sartorius Nr. 420.**
[2] Nr. **45e**.
[3] **Habersack, Deutsche Gesetze Nr. 20.**

2.11 Kein Einkommen sind Leistungen aus dem Unterhaltsvorschussgesetz.

3. Kindergeld

Kindergeld wird nicht zum Einkommen gerechnet (vgl. Ziff. 14).

4. Geldwerte Zuwendungen

Geldwerte Zuwendungen aller Art des Arbeitgebers (z.B. Firmenwagen, kostenlose oder verbilligte Wohnung, unentgeltliche Verpflegung) sind Einkommen, soweit sie – ggf. nach § 287 ZPO[1] zu schätzende – entsprechende Eigenaufwendungen ersparen.

Die für Firmenwagen steuerlich in Ansatz gebrachten Beträge („1 %-Regelung") können einen Anhaltspunkt für die Bewertung des geldwerten Vorteils bieten.

5. Wohnwert

Der Wohnvorteil durch mietfreies Wohnen im eigenen Heim ist als wirtschaftliche Nutzung des Vermögens unterhaltsrechtlich wie Einkommen zu behandeln. Neben dem Wohnwert sind auch Zahlungen nach dem Eigenheimzulagengesetz anzusetzen.

Ein Wohnvorteil liegt nur vor, soweit der Wohnwert den berücksichtigungsfähigen Schuldendienst, notwendige Instandhaltungskosten und die verbrauchsunabhängigen Kosten, mit denen ein Mieter üblicherweise nicht belastet wird, übersteigt.

Auszugehen ist vom vollen Mietwert. Wenn es nicht möglich oder nicht zumutbar ist, die Wohnung aufzugeben und das Objekt zu vermieten oder zu veräußern, kann stattdessen die ersparte Miete angesetzt werden, die angesichts der wirtschaftlichen Verhältnisse angemessen wäre. Dies kommt insbesondere für die Zeit bis zur Scheidung in Betracht, wenn ein Ehegatte das Familienheim allein bewohnt.

Finanzierungslasten mindern den Wohnwert, soweit sie tatsächlich durch Ratenzahlungen bedient werden.

Tilgungsleistungen sind in der Regel bis zur Höhe des in Ansatz zu bringenden Wohnwertes abzuziehen (vgl. BGH, FamRZ 2017, 519; FamRZ 2018, 1506).

Bei der Berechnung des Ehegattenunterhalts sind darüber hinausgehende Tilgungen zu berücksichtigen, solange der berechtigte Ehegatte am Vermögenszuwachs teilhat. Nach diesem Zeitpunkt sind neben den Zinszahlungen die den Wohnwert übersteigenden Tilgungsleistungen nur dann im Rahmen des Wohnwertes zu berücksichtigen, wenn weder eine Veräußerung der Immobilie noch eine Tilgungsaussetzung oder Tilgungsstreckung möglich sind.

Wegen des Abzuges weiterer Tilgungsleistungen als sekundäre Altersvorsorge wird auf Ziff. 10.1 verwiesen.

Beim Kindesunterhalt gilt im Rahmen des § 1603 Abs. 1 BGB[2] ein großzügigerer, bei gesteigerter Unterhaltspflicht nach § 1603 Abs. 2 BGB hingegen ein strengerer Maßstab für die Berücksichtigung von Tilgungsleistungen und zusätzlicher Altersvorsorge. Im absoluten Mangelfall sind

---

[1] **Habersack, Deutsche Gesetze Nr. 100.**
[2] **Habersack, Deutsche Gesetze Nr. 20.**

die Tilgung und zusätzliche Altersvorsorge in der Regel nicht zu berücksichtigen.

6. Haushaltsführung

Führt ein nicht voll Erwerbstätiger einem unterhaltsrechtlich leistungsfähigen Dritten den Haushalt, so kann hierfür ein Einkommen anzusetzen sein.

Das Zusammenleben in einer häuslichen Gemeinschaft kann unter dem Gesichtspunkt ersparter Wohn- und Haushaltskosten nach den Umständen des Einzelfalls – bei Leistungsfähigkeit des Partners – die Bedürftigkeit mindern bzw. die Leistungsfähigkeit steigern. In der Regel kann dieser geldwerte Vorteil dem jeweiligen Partner der Gemeinschaft mit 10,00 Prozent des Eigenbedarfs zugerechnet werden.

7. Einkommen aus unzumutbarer Erwerbstätigkeit

Einkommen aus unzumutbarer Erwerbstätigkeit kann nach Billigkeit ganz oder teilweise unberücksichtigt bleiben.

8. Freiwillige Zuwendungen Dritter

Freiwillige Zuwendungen Dritter (z.B. Geldleistungen, kostenloses Wohnen) sind in der Regel nur dann als Einkommen zu berücksichtigen, wenn dies dem Willen des Dritten entspricht. Eine Anrechnung kommt ebenfalls in Betracht, wenn der Mindestunterhalt minderjähriger oder privilegiert volljähriger Kinder (§ 1603 Abs. 2 S. 2 BGB[1)]) oder das Existenzminimum des Ehegatten nicht gedeckt ist.

9. Erwerbsobliegenheit und fiktives Einkommen

9.1 Einkommen sind auch auf Grund einer unterhaltsrechtlichen Obliegenheit erzielbare Einkünfte. Gegenüber minderjährigen und diesen gleich gestellten volljährigen (privilegierten) Kindern ist die Obliegenheit nach Maßgabe des § 1603 Abs. 2 BGB[1)] gesteigert, wenn kein anderer unterhaltspflichtiger Verwandter vorhanden ist.

9.2 Bei Arbeitslosigkeit sind über eine Meldung bei der Agentur für Arbeit hinausgehende Erwerbsbemühungen im Einzelnen darzulegen und zu belegen. Der Hinweis auf die Arbeitsmarktlage macht den Nachweis von Bemühungen nur im Ausnahmefall entbehrlich. Bei unzureichenden Bemühungen um einen Arbeitsplatz können bei einer nicht auszuschließenden realen Beschäftigungschance fiktive Einkünfte nach den Umständen des Einzelfalles unter Berücksichtigung von Beruf, Alter, Gesundheitszustand, Fähigkeiten und dem zuletzt erzielten Verdienst zu Grunde gelegt werden.

10. Bereinigung des Einkommens

10.1 Vom Bruttoeinkommen sind Steuern, Sozialabgaben und/oder angemessene Vorsorgeaufwendungen abzusetzen (Nettoeinkommen).

Es besteht die Obliegenheit, Steuervorteile in Anspruch zu nehmen (z.B. Eintragung eines Freibetrages bei erheblichen Werbungskosten; für titulierten oder unstreitig gezahlten Ehegattenunterhalt). Bei der Ermittlung der Steuervorteile sind damit verbundene Nachteile sowie Pauschbeträge gegenzurechnen.

[1)] **Habersack, Deutsche Gesetze Nr. 20.**

Im Rahmen der Altersvorsorge können über die Aufwendungen für die Grundversorgung und Betriebsrente (primäre Altersvorsorge) hinaus in angemessenem Umfang tatsächlich geleistete Zahlungen für eine zusätzliche private Altersvorsorge (sekundäre Altersvorsorge) anerkannt werden.

Beim Kindesunterhalt und Ehegattenunterhalt ist für die sekundäre Altersvorsorge in der Regel ein Betrag von bis zu 4,00 Prozent des Gesamtbruttoeinkommens des Vorjahres angemessen, bei gesteigerter Unterhaltspflicht gegenüber Kindern aber nur, soweit der Mindestunterhalt gedeckt ist; beim Elternunterhalt in Höhe von bis zu 5,00 Prozent des Vorjahresbruttoeinkommens.

Einem abhängig Beschäftigten, dessen Einkommen über der Beitragsbemessungsgrenze liegt, können für den darüber hinausgehenden Einkommensteil ebenso wie beim selbständig berufstätigen Unterhaltsschuldner Aufwendungen bis zu insgesamt 24,00 Prozent dieses Bruttoeinkommens als Altersvorsorge zugebilligt werden.

Tilgungsleistungen im Rahmen des Schuldendienstes für mietfreies Wohnen sind in der Regel bis zur Höhe des Wohnvorteils vom Einkommen des Unterhaltspflichtigen abzuziehen, ohne dass dies seine Befugnis zur Bildung eines zusätzlichen Altersvorsorgevermögens schmälert. Der den Wohnvorteil dann noch übersteigende Tilgungsanteil ist als Vermögensbildung zu Lasten des Unterhaltsberechtigten im Rahmen der sekundären Altersvorsorge auf die Altersvorsorgequote des Unterhaltspflichtigen anzurechnen (vgl. BGH, FamRZ 2017, 519; FamRZ 2018, 1506).

10.2 Berufsbedingte Aufwendungen, die sich von den privaten Lebenshaltungskosten nach objektiven Merkmalen eindeutig abgrenzen lassen, sind im Rahmen des Angemessenen vom Nettoeinkommen aus unselbständiger Arbeit abzuziehen.

10.2.1 Bei Vorliegen entsprechender Anhaltspunkte kann von Einkünften aus nicht selbständiger Erwerbstätigkeit eine Pauschale von 5,00 Prozent des Nettoeinkommens (Ziff. 10.1) angesetzt werden, höchstens jedoch monatlich 150,00 € und mindestens monatlich 50,00 € (25,00 € bei geringerem Monatseinkommen als 500,00 €); übersteigen die berufsbedingten Aufwendungen diese Pauschale oder werden sie substantiiert bestritten, so sind die Aufwendungen im Einzelnen darzulegen.

10.2.2 Bei Unzumutbarkeit der Nutzung öffentlicher Verkehrsmittel kann für die notwendigen Kosten der berufsbedingten Nutzung eines Kraftfahrzeugs der nach den Sätzen des § 5 Abs. 2 Satz 1 Nr. 2 JVEG[1] anzuwendende Betrag 0,48 € pro gefahrenen Kilometer angesetzt werden; damit sind in der Regel die Anschaffungskosten für das Kraftfahrzeug erfasst. Werden die Raten für einen zur Anschaffung aufgenommenen Kredit berücksichtigt, so verringern sich die anrechnungsfähigen Fahrtkosten; bei langen Fahrstrecken (ab ca. 30 km einfach) kann der Kilometersatz für die Mehrkilometer im angemessenen Rahmen nach unten korrigiert werden (in der Regel auf 0,28 €).

Bei unverhältnismäßig hohen Fahrtkosten wegen einer weiten Entfernung zum Arbeitsplatz kommt im Rahmen der Zumutbarkeit auch die Obliegenheit zu einem Wohnortwechsel in Betracht.

---

[1] **Habersack, Deutsche Gesetze Nr. 116.**

10.2.3 Bei einem Auszubildenden sind in der Regel 100,00 € als pauschaler ausbildungsbedingter Aufwand abzuziehen.

10.3 Das Einkommen aus einer neben der Kinderbetreuung ausgeübten Erwerbstätigkeit kann um den notwendigen, konkret dargelegten Aufwand für die Betreuung des Kindes vermindert werden. Wird die Betreuung eines Kindes durch Dritte allein infolge der Berufstätigkeit des betreuenden Elternteils erforderlich, gehören die Betreuungskosten zur allgemeinen Betreuung, die vom betreuenden Elternteil im Gegenzug zur Barunterhaltspflicht des anderen allein zu leisten ist. Dafür entstehende Betreuungskosten können mithin als berufsbedingte Aufwendungen des betreuenden Elternteils Berücksichtigung finden (vgl. BGH, FamRZ 2018, 23). Fallen keine konkreten Betreuungskosten an, kann ein Teil des Einkommens nach Billigkeitsgrundsätzen entsprechend § 1577 Abs. 2 S. 2 BGB[1)] anrechnungsfrei bleiben, sofern besondere Erschwernisse dargelegt werden. Zum Aufwand für die Betreuung des Kindes zählen nicht die Kosten einer Kindertagesstätte (Kinderkrippe, Kindergarten, Schülerhort); diese sind Mehrbedarf des Kindes und nach dem Verhältnis der beiderseitigen Einkünfte zwischen den Eltern aufzuteilen (vgl. Ziff. 12.4).

10.4 Schulden können je nach den Umständen des Einzelfalles (Art, Grund und Zeitpunkt des Entstehens) das anrechenbare Einkommen – auch beim Kindesunterhalt – vermindern.

Sie sind im Rahmen eines angemessenen Tilgungsplanes absetzbar, wenn nach einer umfassenden Gesamtabwägung ihre Berücksichtigung der Billigkeit entspricht. Dabei sind die Belange von Unterhaltsberechtigten – insbesondere von minderjährigen Kindern –, Unterhaltsschuldnern und Drittgläubigern zu würdigen. Regelmäßig abgezogen werden Schulden, die die Lebensverhältnisse der Familie geprägt haben, ihr Verwendungszweck ist in der Regel ohne Bedeutung.

Den Unterhaltsschuldner kann eine Obliegenheit zur Einleitung der Verbraucherinsolvenz treffen, wenn dieses Verfahren zulässig und geeignet ist, den laufenden Unterhalt seiner minderjährigen Kinder dadurch sicherzustellen, dass ihm Vorrang vor sonstigen Verbindlichkeiten eingeräumt wird. Das gilt nur dann nicht, wenn der Unterhaltsverpflichtete Umstände vorträgt und ggf. nachweist, die eine solche Obliegenheit im Einzelfall als unzumutbar erscheinen lassen.

10.5 Unterhaltsleistungen (Zahlbeträge) an vorrangig Berechtigte sind grundsätzlich im Wege des Vorwegabzuges zu berücksichtigen.

10.6 Bei vermögenswirksamen Leistungen ist die Arbeitgeberleistung abzugsfähig, im Rahmen angemessener Vermögensbildung ist auch die Arbeitnehmerleistung abzugsfähig.

10.7 Außergewöhnlich hohe Umgangskosten können das unterhaltsrelevante Einkommen mindern oder durch eine Erhöhung des Selbstbehalts berücksichtigt werden.

[1)] **Habersack, Deutsche Gesetze Nr. 20.**

Kindesunterhalt

11. Bemessungsgrundlage (Tabellenunterhalt)

Der Barunterhaltsbedarf minderjähriger und noch im elterlichen Haushalt lebender volljähriger unverheirateter Kinder bestimmt sich nach den Sätzen der Düsseldorfer Tabelle[1)] (vgl. Anhang 1). Bei minderjährigen Kindern kann er als Festbetrag oder als Prozentsatz des jeweiligen Mindestunterhalts (Einkommensgruppe 1 der Düsseldorfer Tabelle[1)]) geltend gemacht werden.

11.1 Die Tabellensätze enthalten keine Beiträge zur Kranken- und Pflegeversicherung des Kindes, wenn es nicht in der gesetzlichen Familienversicherung mitversichert ist. Solche zusätzlich aufzubringenden Beiträge sind vorweg vom Einkommen des Unterhaltspflichtigen abzuziehen.

11.2 Die Tabellensätze erfassen den Fall, dass der Unterhaltspflichtige zwei Berechtigten ohne Rücksicht auf deren Rang Unterhalt zu gewähren hat; sind mehr oder weniger Unterhaltsberechtigte vorhanden, kann dies unter Umständen die „Höher- oder Herabstufung" der Einkommensgruppe rechtfertigen.

Die Bedarfskontrollbeträge der Düsseldorfer Tabelle[1)] werden nicht übernommen; das mit Hilfe der Tabelle gewonnene Ergebnis ist aber stets auf seine Angemessenheit für den zu entscheidenden Einzelfall zu prüfen.

12. Minderjährige Kinder

12.1 Bei minderjährigen Kindern, die bei einem Elternteil leben, richtet sich der Tabellenunterhalt nach dem Einkommen des anderen Elternteils.

Wenn nicht ein anderer leistungsfähiger Verwandter (§ 1603 Abs. 2 Satz 3 BGB[2)]) vorhanden ist, haben die Eltern gegenüber ihren minderjährigen Kindern eine gesteigerte Unterhaltspflicht (§ 1603 Abs. 2 Satz 1 BGB), die zu einer verstärkten Erwerbsobliegenheit der Eltern führt und erst beim sog. notwendigen Selbstbehalt (vgl. Ziff. 21.2) ihre Grenze findet.

Der Elternteil, der ein minderjähriges Kind betreut, leistet regelmäßig hierdurch seinen Beitrag zum Kindesunterhalt (§ 1606 Abs. 3 Satz 2 BGB) und ist auch bei eigenem Einkommen grundsätzlich nicht barunterhaltspflichtig („Gleichwertigkeit von Betreuungs- und Barunterhalt").

Verfügt der betreuende Elternteil etwa über das Dreifache der unterhaltsrelevanten Nettoeinkünfte des an sich barunterhaltspflichtigen Elternteils, nähert sich die Einkommensdifferenz einer Grenze, an der es unter gewöhnlichen Umständen der Billigkeit entsprechen kann, den betreuenden Elternteil auch den Barunterhalt für das Kind in voller Höhe aufbringen zu lassen (BGH, FamRZ 2013, 1558).

12.2 Eigenes Einkommen des Kindes mindert grundsätzlich seinen Unterhaltsanspruch (§ 1602 BGB[2)]); es wird nicht nur auf den Barbedarf angerechnet, sondern kommt auch dem betreuenden Elternteil zu Gute, so dass es in der Regel zur Hälfte vom Tabellenunterhalt abzuziehen ist.

12.3 Sind bei einer auswärtigen Unterbringung des Kindes oder bei einem im Vergleich zum Barunterhaltspflichtigen wesentlich höheren Einkommen

---

1) Nr. 47.

2) **Habersack, Deutsche Gesetze Nr. 20.**

des betreuenden Elternteils ausnahmsweise beide Eltern zum Barunterhalt verpflichtet, haften sie wie beim Kindesunterhalt privilegiert Volljähriger – vgl. Ziff. 13.3 – anteilig für den Gesamtbedarf (§ 1606 Abs. 3 Satz 1 BGB[1]). Der Verteilungsschlüssel kann unter Berücksichtigung einer verbleibenden Kinderbetreuung wertend verändert werden.

Im Fall des Wechselmodells haben grundsätzlich beide Elternteile für den Barunterhalt des Kindes einzustehen. Der Unterhaltsbedarf bemisst sich nach dem beiderseitigen Einkommen der Eltern und umfasst außerdem die infolge des Wechselmodells entstehenden Mehrkosten. Der dem Kind von einem Elternteil während der Betreuungszeit im Wechselmodell geleistete Naturalunterhalt führt nicht dazu, dass ein Barunterhaltsanspruch nicht geltend gemacht werden kann. Der geleistete Naturalunterhalt ist vielmehr als (teilweise) Erfüllung des Unterhaltsanspruchs zu berücksichtigen (vgl. BGH, FamRZ 2017, 437).

Wegen der Aufteilung des gesetzlichen Kindergeldes zwischen den Eltern beim Vorliegen eines Wechselmodells siehe BGH, FamRZ 2016, 1053.

12.4 Bei Zusatzbedarf (Prozesskostenvorschuss, Mehrbedarf, Sonderbedarf) gilt § 1606 Abs. 3 Satz 1 BGB[1] (vgl. Ziff. 13.3).

Kosten für Kindergärten, Kinderkrippen, Schülerhort und vergleichbare Betreuungsformen (ohne Verpflegungskosten) sind Mehrbedarf des Kindes.

13. Volljährige Kinder

13.1 Beim Bedarf volljähriger Kinder ist zwischen Kindern mit eigenem Haushalt und im Haushalt der Eltern oder eines Elternteils lebenden Kindern zu unterscheiden:

13.1.1 Für im Haushalt der Eltern oder eines Elternteils wohnende volljährige, unverheiratete Kinder ergibt sich der Bedarf aus der Altersstufe 4 der Düsseldorfer Tabelle[2]. Sind beide Eltern leistungsfähig (vgl. Ziff. 21.3.1), ist der Bedarf des Kindes in der Regel nach dem zusammengerechneten Einkommen (ohne Höher- und Herabsetzung nach Ziff. 11.2) beider Elternteile zu bemessen. Für die Haftungsquote gilt Ziff. 13.3. Ein Elternteil hat aber höchstens den Unterhalt zu leisten, der sich aus seinem Einkommen nach der Düsseldorfer Tabelle ergibt.

13.1.2 Der angemessene Bedarf eines volljährigen Kindes mit eigenem Hausstand beträgt in der Regel monatlich 930,00 € ohne Beiträge zur Kranken- und Pflegeversicherung sowie Studiengebühren, die Mehrbedarf sind. Enthalten sind hierin wiederum die Kosten der Unterkunft (Warmmiete) in Höhe von 410,00 € und Semesterbeiträge (Finanzierung von Fahrtickets, AStA- und Sozialbeitrag), die dem laufenden Lebensbedarf zuzurechnen sind.

Von diesem Bedarfsbetrag kann bei erhöhtem Bedarf oder mit Rücksicht auf die Lebensstellung der Eltern abgewichen werden.

13.2 Auf den Unterhaltsbedarf werden Einkünfte des Kindes, auch Kindergeld (vgl. Ziff. 14), BAföG-Darlehen und Ausbildungsbeihilfen (letztere gekürzt um 13.2 ausbildungsbedingte Aufwendungen, vgl. Ziff. 10.2.3)

[1] Habersack, Deutsche Gesetze Nr. 20.
[2] Nr. 47.

angerechnet; Einkünfte aus unzumutbarer Erwerbstätigkeit können nach Billigkeit ganz oder teilweise unberücksichtigt bleiben.

13.3 Mit Eintritt der Volljährigkeit besteht – auch für privilegierte volljährige Kinder (§ 1603 Abs. 2 Satz 2 BGB[1]) – grundsätzlich eine Barunterhaltspflicht beider Elternteile.

Zur Ermittlung des Haftungsanteils bei anteiliger Barunterhaltspflicht ist das bereinigte Nettoeinkommen jedes leistungsfähigen Elternteils gemäß Ziff. 10 zu ermitteln und vom unterhaltsrelevanten Resteinkommen ein Sockelbetrag in Höhe des angemessenen Selbstbehalts (vgl. Ziff. 21.3.1) abzuziehen. Das gilt grundsätzlich auch für privilegiert volljährige Kinder, es sei denn der Mindestunterhalt dieser Kinder ist bei der Zugrundelegung des angemessenen Selbstbehalts nicht gewahrt; in diesem Fall ist der Sockelbetrag in Höhe des notwendigen Selbstbehalts (vgl. Ziff. 21.2) abzuziehen.

Der so ermittelte Haftungsanteil ist auf seine Angemessenheit zu überprüfen und kann bei Vorliegen besonderer Umstände (z.B. behindertes Kind) wertend verändert werden.

14. Verrechnung des Kindergeldes

Das Kindergeld wird nach § 1612b BGB[1] bedarfsdeckend angerechnet; bei minderjährigen Kindern, die von einem Elternteil betreut werden, erfolgt die Anrechnung des Kindergeldes nur zur Hälfte, ansonsten in voller Höhe.

Ehegattenunterhalt

15. Unterhaltsbedarf

15.1 Der Unterhaltsbedarf des Ehegatten wird durch die ehelichen Lebensverhältnisse, d.h. regelmäßig durch die Einkommens- und Vermögensverhältnisse der Ehegatten im Unterhaltszeitraum, bestimmt (§§ 1361, 1578 BGB[1]).

Veränderungen des Einkommens sind grundsätzlich zu berücksichtigen. Ausnahmen gelten für Einkommenssteigerungen, die auf einer unerwarteten, vom Normalverlauf erheblich abweichenden Entwicklung beruhen, oder für unterhaltsrechtlich vorwerfbar herbeigeführte Verringerungen.

Erwerbseinkommen des Ehegatten, der während der Ehe den Haushalt geführt oder Kinder betreut hat, ist als eheprägendes Surrogationseinkommen anzusehen.

Das gilt auch für den Wert von Versorgungsleistungen, die der Ehegatte in der häuslichen Gemeinschaft mit einem neuen Partner erbringt oder für eine aus dem Versorgungsausgleich bezogene Rente.

Auch ein fiktiv anzusetzendes Erwerbseinkommen, zu dessen Erzielung der unterhaltsberechtigte Ehegatte in der Lage ist, ist als Surrogation des wirtschaftlichen Wertes seiner bisherigen Leistungen durch Haushaltsführung anzusehen.

15.2 Der Bedarf jedes Ehegatten ist grundsätzlich mit der Hälfte sämtlicher eheprägender Einkünfte anzusetzen (Halbteilungsgrundsatz); der Min-

---

[1] **Habersack, Deutsche Gesetze Nr. 20.**

destbedarf darf das Existenzminimum für Nichterwerbstätige (vgl. Ziff. 21.2) nicht unterschreiten.

Von dem anrechnungspflichtigen Einkommen des zum Kindesunterhalt verpflichteten Ehegatten ist vorweg der Zahlbetrag des Kindesunterhalts (Tabellenbetrag abzüglich – hälftigen – Kindergeldes) abzuziehen, es sei denn, der Kindesunterhalt ist in anderer Höhe unveränderlich tituliert oder gezahlt; in diesen Fällen ist der Titel- bzw. Zahlbetrag abzusetzen.

Außerdem ist ein Erwerbstätigenbonus von 1/10-Anteil als Arbeitsanreiz und zum Ausgleich derjenigen berufsbedingten Aufwendungen, die sich nicht eindeutig von privaten Lebenshaltungskosten abgrenzen lassen, einkommensmindernd zu berücksichtigen (vgl. BGH, FamRZ 2020, 171). Der Bonus ist nach Vorwegabzug berufsbedingter Aufwendungen, des Kindesunterhalts und sonstiger berücksichtigungsfähiger Schulden zu berechnen.

Die Unterhaltspflichten für einen späteren Ehegatten oder gegenüber einem betreuenden Elternteil eines nach rechtskräftiger Scheidung der Eheleute geborenen Kindes (§ 1615l BGB[1]) sind ebenso wie der Unterhalt eines nachehelich geborenen Kindes bei der Bemessung des Unterhalts*bedarfs* des früheren Ehegatten nicht zu berücksichtigen.

Bei konkurrierenden gleichrangigen Unterhaltsansprüchen mehrerer Ehegatten oder nach § 1615l BGB berechtigter Elternteile kann im Rahmen der Leistungsfähigkeit und Mangelverteilung die sog. „Dreiteilungsmethode" zur Anwendung kommen (BGH, FamRZ 2012, 281).

15.3 Bei sehr guten Einkommensverhältnissen der Ehegatten ist eine konkrete Bedarfsberechnung zu erwägen. Die dem Quotenunterhalt zugrundliegende Annahme, dass das vorhandene Einkommen in voller Höhe für den Lebensunterhalt der Ehegatten verwendet wurde, ist bei besonders günstigen Einkommensverhältnissen nicht mehr ohne weiteres gerechtfertigt, weil es naheliegt, dass in diesem Fall ein Teil des Einkommens der Vermögensbildung zufließt. Insoweit hat das Einkommen für die Unterhaltsbemessung grundsätzlich außer Betracht zu bleiben (vgl. BGH, FamRZ 2012, 947). Solche besonders günstigen Verhältnisse kommen in Betracht, wenn das Familieneinkommen oberhalb des höchsten in der nunmehr fortgeschriebenen Düsseldorfer Tabelle ausgewiesenen Einkommensbetrages liegt (vgl. BGH, FamRZ 2018, 260).

Soweit das Einkommen darüber hinausgeht, hat der Unterhaltsberechtigte den konkreten Bedarf darzulegen, der von den individuellen Verhältnissen und dem tatsächlichen Konsumverhalten der Ehegatten unter Zugrundelegung eines objektiven Maßstabes abhängt (BGH, FamRZ 2007, 1532).

Wenn der Unterhaltsberechtigte in diesem Fall dennoch Unterhalt nach der Quotenmethode begehrt, hat er die vollständige Verwendung des Einkommens für den Lebensbedarf darzulegen und ggfs. zu beweisen.

15.4 Werden Altersvorsorgeunterhalt (zu berechnen nach der „Bremer Tabelle") und/oder Kranken- und Pflegeversicherungskosten vom Berechtigten gesondert geltend gemacht oder vom Verpflichteten bezahlt, sind diese in der Regel vom Einkommen des Pflichtigen vorweg abzuziehen.

[1] **Habersack, Deutsche Gesetze Nr. 20.**

Vorsorgeunterhalt kann nur beansprucht werden, wenn der Elementarunterhalt sichergestellt ist.

15.5 Trennungsbedingter Mehrbedarf kann in der Regel nicht berücksichtigt werden.

15.6 Eine Herabsetzung und/oder Befristung des Ehegattenunterhalts nach § 1578b BGB[1] kommt bei entsprechendem Vortrag des Pflichtigen in Betracht und ist von Amts wegen zu prüfen.

Die dem Pflichtigen obliegende Darlegungs- und Beweislast wird im Hinblick auf das Fehlen ehebedingter Nachteile dadurch erleichtert, dass der Berechtigte vereinzelt zu den Umständen vorzutragen hat, die in seiner Sphäre liegen. Bei der Beurteilung der mutmaßlichen beruflichen Entwicklung des Berechtigten können nur solche Entwicklungen berücksichtigt werden, deren Eintreten hinreichend wahrscheinlich war und plausibel dargelegt worden ist (Vorbildung, Weiterbildung, berufliche Aktivitäten etc.).

Im Rahmen der umfassenden Billigkeitsabwägung sind neben ehebedingten Nachteilen sämtliche Umstände (z.B. Ehedauer, Kinderbetreuung, beiderseitige Einkommens- und Vermögensverhältnisse, Vermögenserwerb während der Ehe) zu berücksichtigen.

Der angemessene Lebensbedarf nach § 1578b Abs. 1 Satz 1 BGB kann in der Regel nicht unterhalb des pauschalen eheangemessenen Selbstbehalts (vgl. Ziff. 21.4) angesetzt werden.

Der Betreuungsunterhalt (§ 1570 BGB) ist nicht nach § 1578b BGB zu befristen.

16. Bedürftigkeit

Eigene Einkünfte des Unterhaltsberechtigten, die er erzielt oder durch zumutbare Erwerbstätigkeit erzielen könnte, sind grundsätzlich nach der Differenzmethode auf den Bedarf anzurechnen (§ 1577 Abs. 1 BGB[1]); die unterhaltsrechtlich maßgeblichen Erwerbseinkünfte sind um den Erwerbstätigenbonus (1/10-Anteil) zu vermindern.

Soweit der unterhaltsberechtigte Ehegatte Einkünfte bezieht, welche die ehelichen Lebensverhältnisse nicht geprägt haben (z.B. aus Erbschaft), sind diese Einkünfte nach der Anrechnungsmethode auf den Bedarf anzurechnen, Erwerbseinkünfte zu einem 9/10-Anteil.

17. Erwerbsobliegenheit

Beim nachehelichen Unterhalt besteht nur dann keine Verpflichtung zu einer eigenen Erwerbstätigkeit, wenn der geschiedene Ehegatte insbesondere durch Kindesbetreuung, Krankheit oder Alter an der Aufnahme einer Erwerbstätigkeit gehindert ist (§§ 1570 bis 1576 BGB[1]).

17.1 Bei Betreuung eines Kindes kann bis zur Vollendung des dritten Lebensjahres eine Erwerbstätigkeit nicht erwartet werden; in der Zeit danach richtet sich die Erwerbsobliegenheit des Ehegatten, der minderjährige Kinder betreut, nach den Umständen des Einzelfalles (Zahl und Alter der Kinder, Betreuungsbedürftigkeit, zumutbare Betreuungsmöglichkeit, Gestaltung der Ehe).

[1] **Habersack, Deutsche Gesetze Nr. 20.**

17.2. Im ersten Jahr nach der Trennung besteht für den Berechtigten in der Regel keine Obliegenheit zur Aufnahme oder Ausweitung einer Erwerbstätigkeit.

Weitere Unterhaltsansprüche

18. Ansprüche aus § 1615l BGB

Der Bedarf nach § 1615l BGB[1] bemisst sich nach der Lebensstellung des betreuenden Elternteils, der sich auch aus einem Unterhaltsanspruch gegen einen früheren Ehegatten ergeben kann. Der Bedarf darf das Existenzminimum für Nichterwerbstätige (vgl. Ziff. 21.1) nicht unterschreiten.

19. Elternunterhalt

Der Unterhaltsbedarf der Eltern ist konkret darzulegen. Leistungen nach §§ 41–43 SGB XII (Grundsicherung) sind anzurechnen (vgl. Ziff. 2.9).

20. Lebenspartnerschaft

Bei Getrenntleben oder Aufhebung der Lebenspartnerschaft gelten §§ 12, 16 LPartG[2].

Leistungsfähigkeit und Mangelfall

21. Selbstbehalt des Verpflichteten

21.1 Dem Unterhaltspflichtigen muss nach Abzug der Unterhaltsansprüche von seinem Einkommen der Selbstbehalt (Eigenbedarf) verbleiben.

21.2 Notwendiger Selbstbehalt

Für Eltern gilt gegenüber minderjährigen Kindern und privilegiert volljährigen Kindern (§ 1603 Abs. 2 Satz 2 BGB[1]) im Allgemeinen der notwendige Selbstbehalt als unterste Grenze der Inanspruchnahme.

Er beträgt:
– beim erwerbstätigen Unterhaltspflichtigen 1.370,00 €,
– beim nicht erwerbstätigen Pflichtigen 1.120,00 €.

Hierin sind Kosten des Wohnbedarfs (Warmmiete, d.h. Miete einschließlich umlagefähiger Nebenkosten und Heizung) in Höhe von 520,00 € enthalten.

Unter den Voraussetzungen des § 1603 Abs. 2 Satz 3 BGB verbleibt dem Unterhaltspflichtigen der angemessene Selbstbehalt.

21.3 Angemessener Selbstbehalt

21.3.1 Der Selbstbehalt beträgt gegenüber (nicht privilegierten) volljährigen Kindern in der Regel 1.650,00 €.

Hierin sind Kosten der Unterkunft (Miete einschließlich umlagefähiger Nebenkosten und Heizung) in Höhe von 650,00 € enthalten.

21.3.2 Bei Ansprüchen aus § 1615l BGB[1] ist der Selbstbehalt in der Regel mit einem Betrag zu bemessen, der zwischen dem angemessenen Selbstbehalt nach § 1603 Abs. 1 BGB und dem notwendigen Selbstbehalt nach § 1603 Abs. 2 BGB liegt. Er entspricht damit dem eheangemessenen Selbstbehalt

[1] **Habersack, Deutsche Gesetze Nr. 20.**
[2] Nr. **43**.

(vgl. Ziff. 21.4.) und beträgt in der Regel 1.510,00 €, beim nicht Erwerbstätigen 1.385,00 €.

Hierin sind Kosten der Unterkunft (Miete einschließlich umlagefähiger Nebenkosten und Heizung) in Höhe von 580,00 € enthalten.

21.3.3 Der Selbstbehalt gegenüber Eltern richtet sich nach den Umständen des Einzelfalles unter Berücksichtigung des angemessenen Unterhalts vorrangig Berechtigter; er beträgt mindestens 2.500,00 € (einschließlich Warmmiete von 1.000,00 €), wobei die Hälfte des diesen Mindestbetrag übersteigenden Einkommens zusätzlich anrechnungsfrei bleibt, bei Vorteilen des Zusammenlebens in der Regel 45 % des darüber hinausgehenden Einkommens.

Auf die Entscheidung des Bundesgerichtshofs zur Ermittlung der Leistungsfähigkeit zur Zahlung von Elternunterhalt (BGH, FamRZ 2010, 1535) wird hingewiesen.

21.4 Eheangemessener Selbstbehalt

Gegenüber Ehegatten gilt grundsätzlich der eheangemessene Selbstbehalt. Er ist sowohl beim Trennungsunterhalt als auch beim Scheidungsunterhalt in der Regel mit einem Betrag zu bemessen, der zwischen dem angemessenen und notwendigen Selbstbehalt liegt; er beträgt regelmäßig 1.510,00 €, beim nicht Erwerbstätigen 1.385,00 € (vgl. BGH, FamRZ 2020, 97).

Hierin sind Kosten der Unterkunft (Miete einschließlich umlagefähiger Nebenkosten und Heizung) in Höhe von 580,00 € enthalten.

21.5 Der Selbstbehalt kann im Einzelfall angemessen abgesenkt oder erhöht werden.

22. Bedarf des mit dem Unterhaltspflichtigen zusammenlebenden Ehegatten

Ist der Unterhaltspflichtige verheiratet, wird für den mit ihm zusammenlebenden Ehegatten der (fiktive) eheangemessene Unterhaltsbedarf angesetzt, allerdings unter Beachtung der folgenden im Regelfall geltenden Mindestsätze.

22.1 bei Unterhaltsansprüchen von nachrangigen geschiedenen Ehegatten oder Elternteilen nach § 1615l BGB[1]: 1.208,00 €
– falls nicht erwerbstätig: 1.108,00 €

22.2 bei Unterhaltsansprüchen volljähriger, nicht privilegierter Kinder: 1.320,00 €

22.3 bei Unterhaltsansprüchen von Eltern (s.o. Ziffer 21.3.3) oder Enkeln:
mindestens 2.000,00 €.

23. Bedarf des vorrangigen getrennt lebenden oder geschiedenen Ehegatten

zur Zeit nicht belegt

[1] **Habersack, Deutsche Gesetze Nr. 20.**

24. Mangelfall

24.1 Reicht das Einkommen des Unterhaltspflichtigen zur Deckung seines eigenen notwendigen/angemessenen Eigenbedarfs und zur Erfüllung der Unterhaltsansprüche mehrerer gleichrangiger Unterhaltsberechtigter nicht aus, ist die nach Abzug des Eigenbedarfs des Pflichtigen verbleibende Verteilungsmasse anteilig auf alle gleichrangigen Unterhaltsberechtigten im Verhältnis ihrer jeweiligen Unterhaltsansprüche (Einsatzbeträge) zu verteilen.

24.2. Einsatzbeträge im Mangelfall

24.2.1 Der für minderjährige und privilegiert volljährige Kinder (§ 1603 Abs. 2 Satz 2 BGB[1]) einzusetzende Bedarf entspricht dem Zahlbetrag nach der jeweiligen Einkommensgruppe der Düsseldorfer Tabelle[2]).

24.2.2 Bei getrenntlebenden/geschiedenen Ehegatten und bei dem mit dem Pflichtigen im gemeinsamen Haushalt lebenden Ehegatten sowie für den Berechtigten nach § 1615l BGB[1]) sind die jeweiligen (ungedeckten) Bedarfsbeträge anzusetzen.

24.2.3 Anrechenbares Einkommen des Berechtigten ist von seinem Einsatzbetrag abzuziehen.

24.3 Die Ansprüche aller gleichrangigen Unterhaltsberechtigten sind im Verhältnis zur Verteilungsmasse prozentual zu kürzen (Verteilungsmasse: Gesamtbedarf × 100).

24.4 Das im Rahmen der Mangelfallberechnung gewonnene Ergebnis ist auf seine Angemessenheit zu überprüfen.

Sonstiges

25. Rundung

Der Unterhaltsbetrag ist auf volle Euro aufzurunden.

---

[1]) **Habersack, Deutsche Gesetze Nr. 20.**
[2]) Nr. 47.

47f. Oberlandesgericht Bremen – Unterhaltsrechtliche Leitlinien der Familiensenate[1)]

(Stand: 1. Januar 2023)

Die Familiensenate des Hanseatischen Oberlandesgerichts in Bremen verwenden die Unterhaltsrechtlichen Leitlinien als Orientierungshilfe für den Regelfall unter Beachtung der Rechtsprechung des BGH. Sie beruhen auf für typische Sachverhalte geltenden Erfahrungswerten und sollen zu einer möglichst einheitlichen Rechtsprechung beitragen. Sie haben jedoch keine bindende Wirkung, können insbesondere die Prüfung des Einzelfalles nicht ersetzen.

Das Tabellenwerk der Düsseldorfer Tabelle[2)] ist angefügt. Die Erläuterungen werden durch die nachfolgenden Leitlinien ersetzt.

Unterhaltsrechtlich maßgebliches Einkommen

Bei der Ermittlung und Zurechnung von Einkommen ist stets zu unterscheiden, ob es um Verwandten- oder Ehegattenunterhalt sowie ob es um Bedarfsbemessung einerseits oder Feststellung der Bedürftigkeit/Leistungsfähigkeit andererseits geht.

Das unterhaltsrechtliche Einkommen ist nicht immer identisch mit dem steuerrechtlichen Einkommen.

1. Geldeinnahmen

1.1 Auszugehen ist vom *Bruttoeinkommen* als Summe aller Einkünfte einschließlich Renten, Pensionen, Zulagen, Weihnachts- und Urlaubsgeld, Prämien und Tantiemen.

1.2 Soweit Leistungen nicht monatlich anfallen (*z.B. Weihnachts- und Urlaubsgeld*), werden sie auf ein Jahr umgelegt. Einmalige Zahlungen (z.B. Abfindungen) sind auf einen angemessenen Zeitraum umzulegen.

1.3 *Überstundenvergütungen* werden dem Einkommen voll zugerechnet, soweit sie berufstypisch sind und das im jeweiligen Beruf übliche Maß nicht überschreiten. Darüber hinausgehende Einnahmen aus Überstunden oder Zusatzarbeit sind aufgrund der Umstände des Einzelfalles (z.B. hohe Schuldenbelastung, Sicherung des Mindestbedarfs) nach Billigkeit anzurechnen.

1.4 Ersatz für *Spesen und Reisekosten* sowie *Auslösungen* gelten in der Regel als Einnahmen. Damit zusammenhängende Aufwendungen, vermindert um häusliche Ersparnisse, sind jedoch abzuziehen. Bei Aufwendungspauschalen kann in der Regel 1/3 als Einkommen angesetzt werden.

1.5 Bei der Ermittlung des laufenden und künftigen Einkommens eines *Selbständigen* ist in der Regel der Gewinn von drei Jahren zugrunde zu legen. Für die Vergangenheit ist von den in den jeweiligen Jahren erzielten Einkünften auszugehen, wobei auch eine Durchschnittsberechnung für mehrere Jahre möglich ist. Privatentnahmen haben Indizcharakter für die Feststellung der für den Lebensunterhalt tatsächlich verfügbaren Mittel.

---

1) In der jeweils aktuellen Fassung kostenlos abrufbar unter www.oberlandesgericht.bremen.de. Unterstreichungen im Original wurden zur besseren Lesbarkeit als *Kursivdruck* umgesetzt.

2) Nr. 47.

1.6 Bei Einkommen aus *Vermietung und Verpachtung* sowie aus *Kapitalvermögen* ist der Überschuss der Bruttoeinkünfte über die anerkennungswürdigen Werbungskosten maßgebend. Für Gebäude ist keine AfA anzusetzen.

1.7 *Steuererstattungen und -zahlungen* sind in der Regel im Kalenderjahr der tatsächlichen Leistung zu berücksichtigen. Eine Fortschreibung für Folgejahre setzt voraus, dass die Bemessungsgrundlagen im Wesentlichen unverändert bleiben.

1.8 Sonstige Einnahmen, z.B. Trinkgelder.

2. Sozialleistungen

2.1 *Arbeitslosengeld* (§ 136 SGB III) und *Krankengeld.*

2.2 *Arbeitslosengeld II* (nach dem SGB II) beim Verpflichteten. Beim Berechtigten sind Leistungen zur Sicherung des Lebensunterhalts nach §§ 19 ff. SGB II kein Einkommen, es sei denn die Nichtberücksichtigung der Leistungen ist in Ausnahmefällen treuwidrig (vgl. BGH, FamRZ 1999, 843; 2001, 619); nicht subsidiäre Leistungen nach dem SGB II sind Einkommen.

2.3 *Wohngeld*, soweit es nicht erhöhte Wohnkosten deckt.

2.4 *BAföG*-Leistungen, auch soweit sie als Darlehen gewährt werden, mit Ausnahme von Vorausleistungen nach §§ 36 f. BAföG[1].

2.5 Der den Sockelbetrag von 300 €/Kind (bei verlängertem Bezug 150 €/ Kind) übersteigende Betrag des *Elterngeldes*; der Sockelbetrag selbst nur in den Ausnahmefällen des § 11 S. 4 BEEG[2].

2.6 *Renten* wegen Minderung oder Verlust der Erwerbsfähigkeit (§§ 43 SGB VI, 56 SGB VII).

2.7 Leistungen aus der *Pflegeversicherung, Blindengeld, Versorgungsrenten, Schwerbeschädigten- und Pflegezulagen*, jeweils nach Abzug des Betrages für tatsächliche Mehraufwendungen; § 1610a BGB[3] ist zu beachten.

2.8 Der Anteil des an die Pflegeperson weitergeleiteten *Pflegegeldes*, durch den ihre Bemühungen abgegolten werden; bei Pflegegeld aus der Pflegeversicherung gilt dies nur in den Ausnahmefällen des § 13 Abs. 6 S. 2 SGB XI.

2.9 Leistungen nach §§ 41–43 SGB XII (Grundsicherung) in der Regel beim Verwandtenunterhalt (anders beim Ehegattenunterhalt).

2.10 Kein Einkommen ist sonstige *Sozialhilfe* nach SGB XII. Die Unterhaltsforderung eines Empfängers dieser Leistungen kann in Ausnahmefällen treuwidrig sein (BGH, FamRZ 1999, 843; 2001, 619).

2.11 Kein Einkommen sind Leistungen nach dem *Unterhaltsvorschussgesetz.* Siehe 2.10.

3. Kindergeld

Kindergeld ist kein Einkommen der Eltern. Zur Berücksichtigung beim Kind vgl. Nr. 14.

---

[1] **Sartorius Nr. 420.**
[2] Nr. 45e.
[3] **Habersack, Deutsche Gesetze Nr. 20.**

4. Geldwerte Zuwendungen

Geldwerte Zuwendungen aller Art des Arbeitgebers, z.B. Firmenwagen, kostenlose oder verbilligte Wohnung, unentgeltliche Verpflegung, sind Einkommen, soweit sie – ggf. nach § 287 ZPO[1)] zu schätzende – entsprechende Eigenaufwendungen ersparen.

5. Wohnwert

Der Wohnvorteil durch mietfreies Wohnen im eigenen Heim ist als wirtschaftliche Nutzung des Vermögens wie Einkommen zu behandeln. Neben dem Wohnwert sind auch Zahlungen nach dem Eigenheimzulagengesetz anzusetzen.

Ein Wohnvorteil liegt nur vor, soweit der Wohnwert den berücksichtigungsfähigen Schuldendienst und die verbrauchsunabhängigen Kosten, die gem. § 556 I BGB[2)] i.V.m. § 1 II BetrKV[3)] nicht auf einen Mieter umgelegt werden können (insbesondere Kosten der Verwaltung und erforderliche Instandhaltungskosten), übersteigt (vgl. BGH, FamRZ 2009, 1300).

Auszugehen ist von der vollen Marktmiete (objektiver Mietwert). Ist eine Fremdvermietung oder Veräußerung nicht möglich oder nicht zumutbar, ist stattdessen die Miete anzusetzen, die für eine dem ehelichen Lebensstandard entsprechende kleinere Wohnung zu zahlen wäre (ersparte Miete). Dies kommt insbesondere für die Zeit bis zum endgültigen Scheitern der Ehe (in der Regel Ablauf des Trennungsjahres, ggf. Zustellung des Scheidungsantrags) in Betracht, wenn ein Ehegatte das Eigenheim allein bewohnt (vgl. BGH, FamRZ 2008, 963).

Bei der Inanspruchnahme auf Elternunterhalt ist der Wohnvorteil auf der Grundlage der unter den gegebenen Verhältnissen ersparten Miete zu berechnen (BGH, FamRZ 2017, 519, 520).

6. Haushaltsführung

Führt ein nicht voll Erwerbstätiger den Haushalt eines leistungsfähigen Dritten, kann hierfür ein Entgelt (von je nach den Umständen zwischen 200 € und 550 €) anzusetzen sein.

7. Einkommen aus unzumutbarer Erwerbstätigkeit

Einkommen aus unzumutbarer Erwerbstätigkeit kann nach Billigkeit ganz oder teilweise unberücksichtigt bleiben.

8. Freiwillige Zuwendungen Dritter

Freiwillige Zuwendungen Dritter (z.B. Geldleistungen, kostenloses Wohnen) sind in der Regel nur dann als Einkommen zu berücksichtigen, wenn dies dem Willen des Dritten entspricht.

9. Erwerbsobliegenheit und Einkommensfiktion

9.1 Einkommen sind auch aufgrund einer unterhaltsrechtlichen Obliegenheit erzielbare Einkünfte. Gegenüber minderjährigen und diesen gleichgestellten volljährigen Kindern ist die Obliegenheit nach Maßgabe des § 1603 Abs. 2 BGB[2)] gesteigert.

[1)] **Habersack, Deutsche Gesetze Nr. 100.**
[2)] **Habersack, Deutsche Gesetze Nr. 20.**
[3)] Nr. **30b/1.**

9.2 Bei Arbeitslosigkeit sind über eine Meldung bei der Agentur für Arbeit hinausgehende Erwerbsbemühungen im Einzelnen darzulegen und zu belegen. Der Hinweis auf die Arbeitsmarktlage macht den Nachweis von Bemühungen nur im Ausnahmefall entbehrlich. Bei unzureichenden Bemühungen können fiktive Einkünfte nach den Umständen des Einzelfalles unter Berücksichtigung von Beruf, Alter und des zuletzt erzielten Verdienstes zugrunde gelegt werden.

9.3 Neben dem Bezug von Leistungen der Agentur für Arbeit kann die Aufnahme einer geringfügigen Beschäftigung (§ 155 SGB III) in Betracht kommen.

9.4 Dem wiederverheirateten Elternteil obliegt es ungeachtet seiner Pflichten aus der neuen Ehe, im Rahmen des Zumutbaren zum Unterhalt seiner barunterhaltsberechtigten Kinder aus früherer Ehe beizutragen, ggf. durch Aufnahme einer Teilzeitarbeit.

10. Bereinigung des Einkommens

10.1 Vom Bruttoeinkommen sind *Steuern und Vorsorgeaufwendungen* abzuziehen (Nettoeinkommen). Zu letzteren zählen Aufwendungen für die gesetzliche Kranken- und Pflegeversicherung, Renten- und Arbeitslosenversicherung bzw. die entsprechende private Kranken- und Altersvorsorge sowie Kammerbeiträge. Zur Absicherung einer angemessenen Altersvorsorge kann insbesondere der nichtselbständig Erwerbstätige eine zusätzliche Altersvorsorge von bis zu 4 % seines jeweiligen Gesamtbruttoeinkommens des Vorjahres, gegenüber Ansprüchen auf Elternunterhalt von bis zu 5 % seines Bruttoeinkommens betreiben. Andere Personen können Aufwendungen für eine angemessene Altersversorgung von bis zu 24 % des Gesamtbruttoeinkommens, beim Elternunterhalt von bis zu 25 % einkommensmindernd geltend machen.

Es besteht die Obliegenheit, *Steuervorteile* in Anspruch zu nehmen.

10.2 *Berufsbedingte Aufwendungen* sind im Rahmen der Angemessenheit vom Einkommen abzuziehen.

10.2.1 Die Berücksichtigung berufsbedingter Aufwendungen setzt eine konkrete Darlegung des Aufwandes voraus.

10.2.2 Für notwendige Kosten der berufsbedingten Nutzung eines *Kraftfahrzeugs* kann pro gefahrenen Kilometer ein Pauschalbetrag von 0,42 € (in Anlehnung an § 5 Abs. 2 S. 1 Nr. 2 JVEG[1]) angesetzt werden. Damit sind in der Regel Anschaffungskosten einschließlich Finanzierungskosten erfasst. Bei langen Fahrtstrecken (ab ca. 60 km hin und zurück) kann nach unten abgewichen werden (für jeden Mehrkilometer in der Regel Ansatz von 0,28 €).

10.2.3 Bei *Auszubildenden* sind in der Regel 100 € als ausbildungsbedingter Aufwand abzuziehen.

10.3 *Kinderbetreuungskosten* sind abzugsfähig, soweit die Betreuung durch Dritte infolge der Berufstätigkeit erforderlich ist. Außerdem kann ein *Betreuungsbonus* zu berücksichtigen sein. Zu den abzugsfähigen Kinderbetreuungskosten zählen nicht die Kosten des Kindergartenbesuchs und andere

---

[1] **Habersack, Deutsche Gesetze Nr. 116.**

Kosten, bei denen es sich um betreuungsbedingten Mehrbedarf des Kindes handelt; vgl. dazu Nr. 12.4.

10.4 *Schulden* (Zins und ggf. Tilgung) können bei tatsächlicher Zahlung im Rahmen eines vernünftigen Tilgungsplanes mit angemessenen Raten zu berücksichtigen sein. Es ist zu differenzieren:

10.4.1 Beim *Ehegattenunterhalt* sind für die *Bedarfsbemessung* grundsätzlich nur Schulden berücksichtigungsfähig, die die ehelichen Lebensverhältnisse geprägt haben.

Bei der Prüfung der *Leistungsfähigkeit* des Unterhaltspflichtigen können zusätzlich solche Schulden berücksichtigt werden, deren Eingehung notwendig und unabweisbar war. Das Gleiche gilt für die Bedürftigkeit des Unterhaltsberechtigten mit eigenem Einkommen.

10.4.2 Beim Unterhalt *minderjähriger* und gleichgestellter *volljähriger privilegierter Kinder* (§ 1603 Abs. 2 S. 2 BGB[1]) können für die Einordnung in die Einkommensgruppen der Düsseldorfer Tabelle[2]) berücksichtigungswürdige Schulden vom Einkommen abgesetzt werden. Hierzu ist eine Interessenabwägung vorzunehmen (z.B. Zweck der Verbindlichkeit, Zeitpunkt und Art der Entstehung, Dringlichkeit des Bedürfnisses, Möglichkeit der Schuldenreduzierung). Geht es nur um Mindestunterhalt, ist ein besonders strenger Maßstab anzuwenden.

10.4.3 Bei *sonstigem Verwandtenunterhalt*, insbesondere dem nicht privilegierter volljähriger Kinder, sind Schulden nach einer Interessenabwägung ggf. abzusetzen.

10.5–10.7 (nicht belegt)

Kindesunterhalt

11. Bemessungsgrundlage (Tabellenunterhalt)

Der Barunterhalt minderjähriger und noch *im elterlichen Haushalt lebender* volljähriger unverheirateter *Kinder* bestimmt sich nach den Sätzen der Düsseldorfer Tabelle[2]) (Anhang 1).

Bei minderjährigen Kindern kann er als Festbetrag oder als Vomhundertsatz des Mindestunterhalts i.S. von § 1612a BGB[1]) (= 1. Gruppe der Düsseldorfer Tabelle[2])) geltend gemacht werden.

11.1 Die Tabellensätze enthalten keine *Beiträge zur Kranken- und Pflegeversicherung* des Kindes, das nicht in einer gesetzlichen Familienversicherung mitversichert ist. Solche zusätzlich aufzubringenden Beiträge sind vorweg vom Einkommen des Unterhaltspflichtigen abzuziehen.

11.2 Die Unterhaltssätze sind auf den Fall zugeschnitten, dass der Unterhaltspflichtige *zwei Unterhaltsberechtigten* Unterhalt zu gewähren hat. Bei einer größeren oder geringeren Anzahl Unterhaltsberechtigter können Ab- oder Zuschläge durch Einstufung in eine niedrigere oder höhere Einkommensgruppe vorzunehmen sein. Dabei sind auch nachrangig Unterhaltsberechtigte zu berücksichtigen.

Bei der Eingruppierung sind die *Bedarfskontrollbeträge* zu beachten. Sie sollen eine ausgewogene Verteilung des Einkommens zwischen Unter-

---

[1]) **Habersack, Deutsche Gesetze Nr. 20.**
[2]) Nr. 47.

haltspflichtigem und unterhaltsberechtigten Kindern gewährleisten. Wird der Bedarfskontrollbetrag unter Berücksichtigung anderer – auch nachrangiger – Unterhaltspflichten unterschritten, ist der Tabellenbetrag der nächst niedrigeren Gruppe, deren Bedarfskontrollbetrag nicht unterschritten ist, heranzuziehen.

12. Minderjährige Kinder

12.1 Die Höhe des *Barbedarfs* bemisst sich im Regelfall allein nach dem Einkommen des das Kind nicht betreuenden Elternteils. Der *Betreuungsunterhalt* im Sinne des § 1606 Abs. 3 S. 2 BGB[1]) entspricht wertmäßig in der Regel dem vollen Barunterhalt.

12.2 *Eigenes Einkommen* des Kindes ist anteilig auf den Barunterhalt und den Betreuungsunterhalt zu verrechnen. Zum Kindergeld vgl. Nr. 14.

12.3 Der *betreuende Elternteil* braucht neben dem anderen Elternteil in der Regel keinen Barunterhalt zu leisten (§ 1606 Abs. 3 S. 2 BGB[1])). Etwas anderes kann gelten, wenn das Einkommen des betreuenden Elternteils das des anderen erheblich übersteigt oder wenn der eigene angemessene Selbstbehalt des an sich allein barunterhaltspflichtigen Elternteils gefährdet ist, der des betreuenden Elternteils dagegen nicht und ohne dessen Beteiligung am Barunterhalt ein erhebliches finanzielles Ungleichgewicht zwischen den Eltern entstünde (§ 1603 Abs. 2 S. 3 BGB; BGH, FamRZ 2013, 1558).

Sind bei *auswärtiger Unterbringung* beide Elternteile zum Barunterhalt verpflichtet, haften sie für den Gesamtbedarf anteilig (§ 1606 Abs. 3 S. 1 BGB). Für die Ermittlung der Haftungsanteile gilt Nr. 13.3 Abs. 2 und 3.

12.4 Kosten für Kindergärten und vergleichbare Betreuungseinrichtungen (ohne Verpflegungskosten) sind Mehrbedarf des Kindes. Zur Qualifizierung von Betreuungskosten als Mehrbedarf des Kindes vgl. BGH, FamRZ 2018, 23.

Die Tabellensätze berücksichtigen keinen *Mehrbedarf* oder *Sonderbedarf*; dafür gilt § 1606 Abs. 3 S. 1 BGB[1]).

13. Volljährige Kinder

13.1 Beim Bedarf volljähriger Kinder ist zwischen Kindern mit einem eigenen Haushalt und im Haushalt der Eltern oder eines Elternteils lebenden Kindern zu unterscheiden.

13.1.1 Für *im Haushalt der Eltern* oder eines Elternteils wohnende volljährige Kinder gilt die Altersstufe 4 der Düsseldorfer Tabelle[2]). Sind beide Elternteile leistungsfähig (vgl. Nr. 21.3.1.), ist der Bedarf des Kindes in der Regel nach dem zusammengerechneten Einkommen (ohne Zu- und Abschläge nach Nr. 11.2.) zu bemessen. Für die Haftungsquote gilt Nr. 13.3. Ein Elternteil hat jedoch höchstens den Unterhalt zu leisten, der sich aus seinem Einkommen nach der Düsseldorfer Tabelle ergibt.

13.1.2 Der angemessene Bedarf eines volljährigen Kindes mit *eigenem Hausstand* beträgt in der Regel monatlich 930 €. Darin sind Kosten für Unterkunft einschließlich umlagefähiger Nebenkosten und Heizung (Warmmiete) von bis zu 410 € enthalten. Nicht enthalten sind Beiträge zur Kranken-

[1]) **Habersack, Deutsche Gesetze Nr. 20.**
[2]) Nr. 47.

und Pflegeversicherung sowie Studiengebühren. Bei besonders guten Einkommensverhältnissen der Eltern oder bei erhöhtem Bedarf kann hiervon abgewichen werden.

13.2 Auf den Unterhaltsbedarf werden das volle *Kindergeld* (vgl. Nr. 14) und *Einkünfte des Kindes*, auch BAföG-Darlehen und Ausbildungsbeihilfen – vermindert um ausbildungsbedingte Aufwendungen, vgl. 10.2.3. – angerechnet. Einkünfte aus nicht geschuldeter Erwerbstätigkeit können nach Billigkeit ganz oder teilweise unberücksichtigt bleiben.

13.3 Ab Volljährigkeit besteht – auch für privilegierte volljährige Kinder – grundsätzlich eine *Barunterhaltspflicht beider Elternteile*.

Zur Ermittlung des *Haftungsanteils* bei anteiliger Barunterhaltspflicht ist das bereinigte Nettoeinkommen jedes Elternteils gemäß Nr. 10 zu ermitteln und vom Restbetrag ein Sockelbetrag in Höhe des angemessenen Selbstbehalts von *1.650 € abzuziehen*. Der so ermittelte Haftungsanteil ist auf seine Angemessenheit zu überprüfen und kann bei Vorliegen besonderer Umstände (z.B. behindertes Kind) wertend verändert werden. Nr. 13.1.1. S. 4 gilt entsprechend.

Bei volljährigen privilegierten Kindern wird der Sockelbetrag bis zum notwendigen Selbstbehalt (*1.120 €/1.370 €*) herabgesetzt, wenn der Bedarf des Kindes andernfalls nicht gedeckt werden kann; § 1603 Abs. 2 S. 3 BGB[1] ist zu beachten.

14. Kindergeld

Das Kindergeld ist nach Maßgabe des § 1612b BGB[1] zur Deckung des Bedarfs des Kindes heranzuziehen.

Ehegattenunterhalt

15. Unterhaltsbedarf

15.1 Der Unterhaltsbedarf wird bestimmt und begrenzt durch die ehelichen Lebensverhältnisse. Diese werden in erster Linie durch das für den gesamten Lebensunterhalt – ggf. nach Abzug des Unterhalts (Zahlbetrag) für minderjährige oder volljährige Kinder – verfügbare Einkommen geprägt. Während der Ehe zur *Vermögensbildung* verwendete Teile des Einkommens bleiben bei der Bedarfsbemessung in der Regel unberücksichtigt. Der Bedarf ist mindestens in Höhe des notwendigen Selbstbehalts eines nicht erwerbstätigen Unterhaltspflichtigen anzusetzen – *Mindestbedarf* – (Nr. 21.2, zur Zeit 1.120 €). Bei *Aufnahme oder Erweiterung einer Erwerbstätigkeit* des Unterhaltsberechtigten nach Trennung/Scheidung gilt das (Mehr-) Einkommen in der Regel als eheprägend (BGH, FamRZ 2001, 986).

15.2 Es gilt der *Halbteilungsgrundsatz*, Erwerbseinkünfte werden jedoch nur zu 9/10 berücksichtigt (Abzug von 1/10 Erwerbstätigenbonus vom bereinigten Nettoeinkommen).

Leistet ein Ehegatte auch *Unterhalt für ein Kind*, so wird sein Einkommen vor Ermittlung des Erwerbstätigenbonus um diesen Unterhalt (Zahlbetrag) bereinigt. Erbringt der Verpflichtete sowohl Bar- als auch Betreuungsunterhalt, so gilt Nr. 10.3. (BGH, FamRZ 2001, 350).

---

[1] **Habersack, Deutsche Gesetze Nr. 20.**

15.3 Bei sehr guten Einkommensverhältnissen des Verpflichteten ist der *Bedarf konkret zu berechnen.*

15.4 Werden *Altersvorsorgeunterhalt* (zu berechnen nach der „Bremer Tabelle[1]"), *Kranken- und Pflegeversicherungskosten* vom Berechtigten gesondert geltend gemacht oder vom Verpflichteten bezahlt, sind diese vom Einkommen des Pflichtigen vorweg abzuziehen. Der Vorwegabzug unterbleibt, sofern nicht verteilte Mittel zur Verfügung stehen, z.B. in Folge der Anrechnung nicht prägenden Einkommens des Berechtigten.

Vorsorgeunterhalt kann nur beansprucht werden, wenn der Elementarunterhalt in Höhe des notwendigen Selbstbehalts für Nichterwerbstätige sichergestellt ist.

15.5–15.7 (nicht belegt)

16. Bedürftigkeit

Nicht eheprägendes Einkommen des Berechtigten ist – ggf. vermindert um den Erwerbstätigenbonus – auf den Unterhaltsanspruch anzurechnen.

17. Erwerbsobliegenheit

Bei nachehelichem Unterhalt besteht keine Verpflichtung zu einer Erwerbstätigkeit, wenn und soweit der geschiedene Ehegatte durch Kindesbetreuung, Krankheit oder Alter an der Aufnahme einer Erwerbstätigkeit gehindert ist.

17.1 Für den Fall der Kindesbetreuung gilt:

Hat das – ggf. jüngste – betreute Kind das 3. Lebensjahr noch nicht vollendet, besteht keine Erwerbsobliegenheit (zeitlich begrenzter Basisunterhalt).

Ab Vollendung des 3. Lebensjahres des – ggf. jüngsten – betreuten Kindes besteht grundsätzlich eine Erwerbsobliegenheit. Ob und in welchem Umfang eine Erwerbstätigkeit erwartet werden kann, ist jedoch unter Berücksichtigung aller Umstände des Einzelfalls, insbesondere der bisher ausgeübten Tätigkeit und der Möglichkeiten der Kinderbetreuung, zu beurteilen.

17.2 *Im ersten Jahr nach der Trennung* besteht für den Berechtigten in der Regel keine Obliegenheit zur Aufnahme oder Ausweitung einer Tätigkeit.

Weitere Unterhaltsansprüche

18. Ansprüche nach § 1615l BGB

Der Bedarf nach § 1615l BGB[2] bemisst sich nach der Lebensstellung des betreuenden Elternteils. Er beträgt in der Regel mindestens *1.120 €*. Die Inanspruchnahme des Unterhaltspflichtigen ist durch den Halbteilungsgrundsatz begrenzt. Wegen des Selbstbehalts vgl. 21.3.2.

19. Elternunterhalt

Der Bedarf ist konkret darzulegen. Leistungen nach §§ 41–43 SGB XII (Grundsicherung) sind anzurechnen (vgl. Nr. 2.9.). Wegen des Selbstbehalts vgl. 21.3.3.

---

[1] Nr. **47f/1**.

[2] **Habersack, Deutsche Gesetze Nr. 20.**

20. Lebenspartnerschaft

Bei Getrenntleben oder Aufhebung der Lebenspartnerschaft gelten §§ 12, 16 LPartG[1].

Leistungsfähigkeit und Mangelfall

21. Selbstbehalt des Verpflichteten

21.1 Dem Unterhaltspflichtigen muss nach Abzug der Unterhaltsansprüche von seinem Einkommen der sog. Selbstbehalt verbleiben.

21.2 Für Eltern gegenüber *minderjährigen und privilegierten volljährigen Kindern* gilt im Allgemeinen der notwendige Selbstbehalt als unterste Grenze (§ 1603 Abs. 2 BGB[2]).

Er beträgt bei nicht Erwerbstätigen *1.120 €*, bei Erwerbstätigen *1.370 €*. Hierin sind Kosten des *Wohnbedarfs*(Warmmiete, d.h. Miete einschließlich umlagefähiger Nebenkosten und Heizung) in Höhe von *520 €* enthalten.

21.3 Beim *Verwandtenunterhalt* gilt im Übrigen der angemessene Selbstbehalt (§ 1603 Abs. 1 BGB[2]).

21.3.1 Der Selbstbehalt gegenüber *volljährigen Kindern* beträgt *1.650 €*. Darin sind Kosten des *Wohnbedarfs* (Warmmiete) in Höhe von *650 €* enthalten. Für den Selbstbehalt gegenüber bereits wirtschaftlich selbständigen Kindern gilt 21.3.3 entsprechend (BGH, FamRZ 2012, 1553).

21.3.2 Gegenüber *der Mutter/dem Vater nichtehelicher Kinder* entspricht der Selbstbehalt dem nach Nr. 21.4.; er beträgt somit in der Regel 1.510 €.

21.3.3 Gegenüber *Eltern* ist der angemessene Selbstbehalt des Unterhaltspflichtigen unter Beachtung von Zweck und Rechtsgedanken des Gesetzes zur Entlastung unterhaltspflichtiger Angehöriger in der Sozialhilfe und in der Eingliederungshilfe (Angehörigenentlastungsgesetz) vom 10.12.2019 (BGBl. I S. 2135) zu bemessen.

21.3.4 Für den Selbstbehalt gegenüber *Enkeln* gilt 21.3.3 entsprechend (BGH, FamRZ 2007, 375).

21.4 Der Selbstbehalt gegenüber getrennt lebenden und geschiedenen *Ehegatten* ist sowohl bei Erwerbstätigkeit als auch bei mangelnder Erwerbstätigkeit des Unterhaltspflichtigen mit einem Betrag zu bemessen, der zwischen dem notwendigen Selbstbehalt nach § 1603 II BGB[2] (1.120 €/ 1.370 €) und dem angemessenen Selbstbehalt nach § 1603 I BGB (1.650 €) liegt, in der Regel mit 1.510 €. Darin enthalten sind Kosten des *Wohnbedarfs* von *580 €* (Warmmiete).

21.5 Der Selbstbehalt kann im Einzelfall angemessen abgesenkt oder erhöht werden. Er soll erhöht werden, wenn die Wohnkosten (Warmmiete) den ausgewiesenen Betrag überschreiten und nicht unangemessen sind.

22. Bedarf des mit dem Pflichtigen zusammenlebenden Ehegatten

22.1 Der Mindestbedarf des mit dem Unterhaltspflichtigen zusammenlebenden Ehegatten bei Ansprüchen des *nachrangigen geschiedenen Ehegatten* beträgt 1.208 €.

---

[1] Nr. 43.
[2] **Habersack, Deutsche Gesetze Nr. 20.**

22.2 Der Mindestbedarf des mit dem Unterhaltspflichtigen zusammenlebenden Ehegatten bei Ansprüchen nicht privilegierter *volljähriger Kinder* beträgt 1.320 €.

22.3 Zum Mindestbedarf des mit dem Unterhaltspflichtigen zusammenlebenden Ehegatten bei Ansprüchen von *Eltern oder Enkeln* vgl. 21.3.3 bzw. 21.3.4.

23. Bedarf des vom Pflichtigen getrennt lebenden oder geschiedenen Ehegatten

23.1 Der Mindestbedarf des vom Unterhaltspflichtigen getrenntlebenden oder geschiedenen Ehegatten bei Ansprüchen des nachrangigen geschiedenen Ehegatten beträgt 1.510 €.

23.2 Der Mindestbedarf des vom Unterhaltspflichtigen getrennt lebenden oder geschiedenen Ehegatten bei Ansprüchen nicht privilegierter *volljähriger Kinder* beträgt 1.650 €.

23.3 Der Mindestbedarf des vom Unterhaltspflichtigen getrennt lebenden oder geschiedenen Ehegatten bei Ansprüchen von *Eltern oder Enkeln* beträgt 2.000 €.

24. Mangelfall

24.1 Reicht das Einkommen zur Deckung des Bedarfs der im ersten Rang unterhaltsberechtigten Kinder (§ 1609 Nr. 1 BGB[1]) und zur Deckung des notwendigen Selbstbehalts des Unterhaltsverpflichteten nicht aus, ist der nach Abzug des Selbstbehalts verbleibende Betrag auf die unterhaltsberechtigten Kinder im Verhältnis ihrer jeweiligen Einsatzbeträge zu verteilen. Einsatzbeträge sind der jeweilige Mindestunterhalt (1. Gruppe der Düsseldorfer Tabelle[2]) abzüglich des zu berücksichtigenden Kindergeldanteils (Zahlbetrag).

Berechnungsformel: K = V : S × 100

K = prozentuale Kürzung

V = Verteilungsmasse (Einkommen des Verpflichteten abzüglich Selbstbehalt)

S = Summe der Einsatzbeträge aller Berechtigten

24.2 Entsprechendes gilt, wenn das unter Berücksichtigung des maßgebenden Selbstbehalts zur Verfügung stehende Einkommen des Unterhaltspflichtigen für die Deckung des Bedarfs von im zweiten (§ 1609 Nr. 2 BGB[1]) oder einem späteren Rang (§ 1609 Nr. 3 ff. BGB) Berechtigten nicht ausreicht.

24.3 Sind neben erstrangigen auch nachrangige Unterhaltsberechtigte vorhanden und reicht das unter Berücksichtigung des Selbstbehalts zur Verfügung stehende Einkommen des Unterhaltspflichtigen nicht zur Deckung des Bedarfs aller Berechtigen aus, so ist zunächst der Bedarf der erstrangigen Unterhaltsberechtigten zu befriedigen; dabei ist jedoch Nr. 11.2 (Bedarfskontrollbetrag) zu beachten.

24.4 Das im Rahmen der Mangelfallberechnung gewonnene Ergebnis ist auf seine Angemessenheit zu überprüfen.

---

[1] **Habersack, Deutsche Gesetze Nr. 20.**

[2] Nr. 47.

Sonstiges

25. Rundung

Der Unterhaltsbetrag ist auf volle € aufzurunden.

Anhang

1. Düsseldorfer Tabelle

*(abgedruckt unter Nr. **47**)*

2. Zahlbeträge Kindesunterhalt

*(abgedruckt unter Nr. **47**)*

3. Selbstbehaltsätze im Überblick (in €)

		bei mangelnder Erwerbstätigkeit	bei Erwerbstätigkeit
1.	notwendiger Selbstbehalt gegenüber unverheirateten minderjährigen und privilegierten volljährigen Kindern	1.120	1.370
2.	angemessener Selbstbehalt: gegenüber sonstigen volljährigen Kindern	1.650	1.650
3.	Selbstbehalt gegenüber getrenntlebenden und geschiedenen Ehegatten sowie gegenüber Mutter/Vater eines nichtehelichen Kindes in der Regel	1.510	1.510
4.	Selbstbehalt gegenüber Eltern, wirtschaftlich selbständigen Kindern und Enkeln	vgl. Leitlinien Nr. 21.3.3.	vgl. Leitlinien Nr. 21.3.3.

4. Umrechnung nach früherem Recht erstellter dynamischer Unterhaltstitel über Kindesunterhalt nach § 36 Nr. 3 EGZPO[1]:

Vgl. Rechenformel mit Beispielen in Düsseldorfer Tabelle[2], Anmerkungen E.

[1] **Habersack, Deutsche Gesetze Nr. 101.**
[2] Nr. **47**.

47f/1. Bremer Tabelle zur Berechnung des Altersvorsorgeunterhalts

(Stand: 1. Januar 2023)[1]

fortgeführt von Werner Gutdeutsch, Richter am OLG a.D.

Nettobemessungsgrundlage in Euro			Zuschlag in Prozent zur Berechnung der Bruttobemessungsgrundlage
1	–	1.255	13 %
1.256	–	1.310	14 %
1.311	–	1.365	15 %
1.366	–	1.420	16 %
1.421	–	1.475	17 %
1.476	–	1.535	18 %
1.536	–	1.600	19 %
1.601	–	1.665	20 %
1.666	–	1.735	21 %
1.736	–	1.810	22 %
1.811	–	1.890	23 %
1.891	–	1.975	24 %
1.976	–	2.060	25 %
2.061	–	2.155	26 %
2.156	–	2.250	27 %
2.251	–	2.350	28 %
2.351	–	2.455	29 %
2.456	–	2.565	30 %
2.566	–	2.675	31 %
2.676	–	2.790	32 %
2.791	–	2.910	33 %
2.911	–	3.030	34 %
3.031	–	3.155	35 %
3.156	–	3.280	36 %
3.281	–	3.410	37 %
3.411	–	3.540	38 %
3.541	–	3.650	39 %
3.651	–	3.745	40 %
3.746	–	3.840	41 %
3.841	–	3.935	42 %
3.936	-	4.025	43 %
4.026	-	4.120	44 %
4.121	–	4.215	45 %
4.216	–	4.305	46 %
4.306	–	4.395	47 %
4.396	–	4.490	48 %
4.491	–	4.560	49 %

[1] **Amtl. Anm.:** Berechnet unter Berücksichtigung von Beitragssätzen von 18,6 % für die Rentenversicherung und 2,6 % für die Arbeitslosenversicherung, und Lohnsteuer der Klasse 1 nach dem amtlichen Programmablaufplan 2023 ohne Kinderfreibeträge und ohne Vorsorgepauschale für den Kinderlosenzuschlag zur Pflegeversicherung und mit Solidaritätszuschlag, soweit er nach Art. 4 des 2. FamEntlastG v. 1.12.2020 (BGBl. I, 2616) von Bedeutung ist; zur Anwendung vgl. BGH v. 25.2.1981 – IVb ZR 543/80, FamRZ 1981, 442, 444 f.; BGH v. 1.6.1983 – IVb ZR 388/81, FamRZ 1983, 888, 889 f.; s.a. BGH v. 30.1.1985 – IVb ZR 70/83, FamRZ 1985, 471, 472 f.

Nettobemessungsgrundlage in Euro			Zuschlag in Prozent zur Berechnung der Bruttobemessungsgrundlage
4.561	–	4.630	50 %
4.631	–	4.705	51 %[1)]
4.706	–	4.780	52 %[2)]
4.781	–	4.915	53 %
4.916	–	5.060	54 %
5.061	–	5.210	55 %
5.211	–	5.370	56 %
5.371	–	5.545	57 %
5.546	–	5.730	58 %
5.731	–	5.925	59 %
5.926	–	6.170	60 %
6.171	–	6.515	61 %
6.516	–	6.895	62 %
6.896	–	7.325	63 %
7.326	–	7.810	64 %
7.811	–	8.365	65 %
8.366	–	9.005	66 %
9.006	–	9.750	67 %
9.751	–	10.635	68 %
10.636	–	11.690	69 %
11.691	–	12.980	70 %
12.981	–	14.390	71 %
14.391	–	15.195	72 %
15.196	–	16.095	73 %
16.096	–	17.105	74 %
ab 17.106			75 %

[1)] **Amtl. Anm.:** In den neuen Bundesländern wird bei einer Beitragsbemessungsgrenze von 7.100 € mit einer Nettobemessungsgrundlage von 4.691,91 € und einem Zuschlag von 51,32 % der höchstmögliche Einzahlungsbetrag in die gesetzliche Rentenversicherung von 1.320 € erreicht.

[2)] **Amtl. Anm.:** In den alten Bundesländern wird bei einer Beitragsbemessungsgrenze von 7.300 € mit einer Nettobemessungsgrundlage von 4.785,38 € und einem Zuschlag von 52,55 % der höchstmögliche Einzahlungsbetrag in die gesetzliche Rentenversicherung von 1.357 € erreicht. Nach BGH v. 25.10.2006 – XII ZR 141/04, FamRZ 2007, 117 = FamRB 2007, 33 ist aber auch ein Vorsorgeunterhalt jenseits der Beitragsbemessungsgrenze nach den Grundsätzen der Bremer Tabelle zu berechnen.

Tabellarische Übersicht auf der Grundlage der Bremer Tabelle[1)]

Stand 1.1.2023, Beitragssatz: 18,6 %, Quote 45 %

bearb. von RiOLG a.D. Werner Gutdeutsch

1 Einkommen bzw. Eink.differenz	2 45 %-Quote (Basisbetrag)	3 AVU	4 endgültiger Elementarunterhalt
100	45	9	41
200	90	19	81
300	135	28	122
400	180	38	163
500	225	47	204
600	270	57	244
700	315	66	285
800	360	76	326
900	405	85	367
1.000	450	94	408
1.100	495	104	448
1.200	540	113	489
1.300	585	123	530
1.400	630	132	571
1.500	675	142	611
1.600	720	151	652
1.700	765	161	693
1.800	810	170	734
1.900	855	180	774
2.000	900	189	815
2.100	945	199	855
2.200	990	208	896
2.300	1.035	218	937
2.400	1.080	227	978
2.500	1.125	236	1.019
2.600	1.170	246	1.059
2.700	1.215	255	1.100
2.800	1.260	267	1.140
2.900	1.305	277	1.180
3.000	1.350	289	1.220
3.100	1.395	301	1.260
3.200	1.440	313	1.299
3.300	1.485	326	1.338
3.400	1.530	336	1.379
3.500	1.575	349	1.418
3.600	1.620	362	1.457
3.700	1.665	372	1.498
3.800	1.710	385	1.537
3.900	1.755	398	1.576

[1)] **Amtl. Anm.:** Zur Verwendung vgl. Gutdeutsch/Hampel, FamRZ 1992, 1028 = NJW 1992, 2684 = DAVorm 1992, 779 = FuR 1992, 216.

1 Einkommen bzw. Eink.differenz	2 45 %-Quote (Basisbetrag)	3 AVU	4 endgültiger Elementarunterhalt
4.000	1.800	408	1.616
4.100	1.845	422	1.655
4.200	1.890	432	1.696
4.300	1.935	446	1.734
4.400	1.980	460	1.773
4.500	2.025	471	1.813
4.600	2.070	485	1.852
4.700	2.115	496	1.892
4.800	2.160	510	1.931
4.900	2.205	521	1.971
5.000	2.250	532	2.011
5.100	2.295	546	2.049
5.200	2.340	557	2.089
5.300	2.385	572	2.128
5.400	2.430	583	2.168
5.500	2.475	599	2.205
5.600	2.520	609	2.246
5.700	2.565	620	2.286
5.800	2.610	636	2.324
5.900	2.655	647	2.364
6.000	2.700	663	2.402
6.100	2.745	674	2.442
6.200	2.790	685	2.482
6.300	2.835	701	2.520
6.400	2.880	712	2.560
6.500	2.925	729	2.597
6.600	2.970	740	2.637
6.700	3.015	751	2.677
6.800	3.060	768	2.714
6.900	3.105	780	2.754
7.000	3.150	791	2.794
7.100	3.195	808	2.831
7.200	3.240	820	2.871
7.300	3.285	837	2.908
7.400	3.330	849	2.948
7.500	3.375	860	2.988
7.600	3.420	878	3.025
7.700	3.465	889	3.065
7.800	3.510	901	3.105
7.900	3.555	919	3.141
8.000	3.600	931	3.181
8.100	3.645	942	3.221
8.200	3.690	961	3.258
8.300	3.735	973	3.297
8.400	3.780	991	3.334
8.500	3.825	1.003	3.374
8.600	3.870	1.022	3.410

1 Einkommen bzw. Eink.differenz	2 45 %-Quote (Basisbetrag)	3 AVU	4 endgültiger Elementarunterhalt
8.700	3.915	1.034	3.450
8.800	3.960	1.053	3.486
8.900	4.005	1.065	3.526
9.000	4.050	1.085	3.562
9.100	4.095	1.097	3.601
9.200	4.140	1.117	3.637
9.300	4.185	1.129	3.677
9.400	4.230	1.149	3.713
9.500	4.275	1.161	3.753
9.600	4.320	1.181	3.789
9.700	4.365	1.194	3.828
9.800	4.410	1.214	3.864
9.900	4.455	1.226	3.903

47g. Oberlandesgericht Celle – Unterhaltsrechtliche Leitlinien der Familiensenate[1)]

(Stand: 1. Januar 2023)

Die von den Familiensenaten zusammengestellten Leitlinien dienen dem Ziel, die Rechtsprechung der Senate möglichst weitgehend zu vereinheitlichen. Sie werden der Entwicklung des Unterhaltsrechts angepasst und lassen bewusst Raum für weitere Überlegungen und Konkretisierungen. Eine bindende Wirkung kommt ihnen nicht zu.

Das Tabellenwerk der *Düsseldorfer Tabelle*[2)] ist verlinkt. Die Erläuterungen werden durch nachfolgende Leitlinien ersetzt.

Unterhaltsrechtliches Einkommen

Bei der Ermittlung und Zurechnung von Einkommen ist stets zu unterscheiden, ob es um Verwandten- oder Ehegattenunterhalt sowie ob es um Bedarfsbemessung einerseits oder Feststellung der Bedürftigkeit/Leistungsfähigkeit andererseits geht.

Das unterhaltsrechtliche Einkommen ist nicht immer identisch mit dem steuerrechtlichen Einkommen.

1. Geldeinnahmen

1.1 Auszugehen ist vom Bruttoeinkommen als Summe aller Einkünfte.

1.2 Soweit Leistungen nicht monatlich anfallen (z.B. Weihnachts- und Urlaubsgeld), werden sie auf ein Jahr umgelegt. Einmalige Zahlungen (z.B. Abfindungen) sind auf einen angemessenen Zeitraum zu verteilen. In der Regel ist die Verteilung so vorzunehmen, dass der bisherige Lebensstandard aufrechterhalten werden kann.

1.3 Überstundenvergütungen werden dem Einkommen voll zugerechnet, soweit sie berufstypisch sind und das in diesem Beruf übliche Maß nicht überschreiten.

1.4 Spesen und Auslösungen werden pauschal zu einem Drittel dem Einkommen hinzugerechnet, soweit nicht nachgewiesen wird, dass die Zulagen notwendigerweise in weitergehendem Umfang verbraucht werden und keine häusliche Ersparnis eintritt.

1.5 Bei Ermittlung des zukünftigen Einkommens eines Selbständigen ist in der Regel der durchschnittliche Gewinn der letzten drei Jahre zugrunde zu legen.

1.6 Einkünfte aus Vermietung und Verpachtung sowie aus Kapitalvermögen ergeben sich aus der Differenz zwischen Einnahmen und Werbungskosten. Für Gebäude ist in der Regel keine Absetzung für Abnutzung (AfA) anzusetzen.

1.7 Steuererstattungen und Steuernachzahlungen sind in der Regel in dem Kalenderjahr, in dem sie anfallen, zu berücksichtigen und auf die einzelnen Monate umzulegen. Soweit Erstattungen auf Aufwendungen beru-

1) In der jeweils aktuellen Fassung kostenlos abrufbar unter www.oberlandesgericht-celle.niedersachsen.de.

2) Nr. **47**.

hen, die unterhaltsrechtlich nicht zu berücksichtigen sind, bleiben auch die Steuererstattungen außer Betracht.

1.8 Sonstige Einnahmen, z.B. Trinkgelder.

2. Sozialleistungen

2.1 Arbeitslosengeld (§ 117 Sozialgesetzbuch (SGB) III) und Krankengeld.

2.2 Arbeitslosengeld II und andere Leistungen nach dem SGB II beim Verpflichteten. Beim Berechtigten sind Leistungen zur Sicherung des Lebensunterhalts nach §§ 19ff. SGB II kein Einkommen, es sei denn, die Nichtberücksichtigung der Leistungen ist in Ausnahmefällen treuwidrig (vergleiche Bundesgerichtshof (BGH) FamRZ 1999, 843; 2001, 619; 2009, 307); nicht subsidiäre Leistungen nach dem SGB II sind Einkommen.

2.3 Wohngeld, soweit es nicht erhöhte Wohnkosten deckt.

2.4 BAföG-Leistungen, auch soweit sie als Darlehen gewährt werden, mit Ausnahme der subsidiären Vorausleistungen nach §§ 36, 37 BAföG[1].

2.5 Elterngeld, soweit es über den Sockelbetrag hinausgeht, nur unter den Voraussetzungen von § 11 S. 4 Gesetz zum Elterngeld und zur Elternzeit (BEEG)[2].

2.6 Arbeitsunfallrenten.

2.7 Leistungen aus der Pflegeversicherung, Blindengeld, Versorgungsrenten, Schwerbeschädigten- und Pflegezulagen nach Abzug eines Betrags für tatsächliche Mehraufwendungen; §§ 1610a, 1578a Bürgerliches Gesetzbuch (BGB)[3] sind zu beachten.

2.8 Der Anteil des an die Pflegeperson weitergeleiteten Pflegegeldes, durch den ihre Bemühungen abgegolten werden; bei Pflegegeld aus der Pflegeversicherung gilt dies nur in den Ausnahmefällen des § 13 Abs. 6 SGB XI.

2.9 In der Regel Bezüge nach §§ 41–43 SGB XII (Grundsicherung) beim Verwandtenunterhalt (anders beim Ehegattenunterhalt).

2.10 und 2.11 Kein Einkommen sind sonstige Sozialhilfe nach SGB XII und Leistungen nach dem UVG[4]. Die Unterhaltsforderung eines Empfängers dieser Leistungen kann in Ausnahmefällen treuwidrig sein (Ziffer 2.2).

3. Kindergeld

Kindergeld wird nicht zum Einkommen der Eltern gerechnet (Ziffer 14).

4. Geldwerte Zuwendungen des Arbeitgebers

Geldwerte Zuwendungen aller Art des Arbeitgebers, z.B. Überlassung eines Firmenwagens auch zur privaten Nutzung, Zuschüsse im Rahmen der car allowance (BGH FamRZ 2021, 186) oder freie Kost und Logis sind Einkommen, soweit sie entsprechende Eigenaufwendungen ersparen.

In der Regel wird die Überlassung eines Firmenwagens zur privaten Nutzung durch die steuerliche Bewertung mit 1 % des Listenpreises des

---

[1] **Sartorius Nr. 420.**
[2] Nr. **45e**.
[3] **Habersack, Deutsche Gesetze Nr. 20.**
[4] Nr. **45d**.

Fahrzeugs zuzüglich 0,03 % für jeden Kilometer für Fahrten zwischen Wohnung und Arbeitsstätte zutreffend im Gesamtbruttoeinkommen erfasst, so dass der Sachbezug ausreichend durch die damit verbundene Erhöhung des Nettoeinkommens berücksichtigt ist.

5. Wohnwert

Der Wohnvorteil durch mietfreies Wohnen im eigenen Heim ist als wirtschaftliche Nutzung des Vermögens unterhaltsrechtlich wie Einkommen zu behandeln. Neben dem Wohnwert sind auch Zahlungen nach dem Eigenheimzulagengesetz anzusetzen.

Ein Wohnvorteil liegt nur vor, soweit der Wohnwert den berücksichtigungsfähigen Schuldendienst, notwendige Instandhaltungskosten (BGH FamRZ 2000, 351; 2017, 519) und die verbrauchsunabhängigen Kosten, mit denen ein Mieter üblicherweise nicht belastet wird, übersteigt. In diesem Rahmen sind die über den Zinsanteil hinausgehenden Tilgungsleistungen bis zur Höhe des Wohnwerts anzurechnen (BGH FamRZ 2017, 519; 2018, 1506; 2022, 781).

Auszugehen ist von der erzielbaren Miete (objektiver oder voller Wohnwert). Wenn es nicht möglich oder zumutbar ist, die Wohnung aufzugeben und das Objekt zu vermieten oder zu veräußern, kann stattdessen die ersparte Miete angesetzt werden, die angesichts der persönlichen und wirtschaftlichen Verhältnisse angemessen wäre (subjektiver oder angemessener Wohnwert). Dies kommt insbesondere für die Zeit bis zur endgültigen Vermögensauseinandersetzung oder bis zum endgültigen Scheitern der Ehe, etwa bei Zustellung des Scheidungsantrags, in Betracht, wenn ein Ehegatte das Eigenheim allein bewohnt (BGH FamRZ 2008, 963).

Die kostenfreie Zurverfügungstellung von Wohnraum wird vorrangig im unterhaltsrechtlichen Verhältnis zwischen den Eltern ausgeglichen (BGH FamRZ 2022, 1366).

6. Haushaltsführung

Führt jemand einem leistungsfähigen Dritten den Haushalt, so kann hierfür ein Einkommen angesetzt werden (BGH FamRZ 2001, 1693; 2004, 1170).

7. Einkommen aus unzumutbarer Erwerbstätigkeit

Einkommen aus unzumutbarer Erwerbstätigkeit kann nach Billigkeit ganz oder teilweise unberücksichtigt bleiben (BGH FamRZ 2005, 1154; 2014, 1987; 2017, 711).

8. Freiwillige Zuwendungen Dritter

Freiwillige Zuwendungen Dritter (z.B. Geldleistungen, kostenloses Wohnen) sind nur dann als Einkommen zu berücksichtigen, wenn dies dem Willen des Dritten entspricht. Soweit jedoch einzelne gleichrangige Kinder mit einer Nichtgeltendmachung oder einer Titulierung ihres Unterhalts in geringerer Höhe – vergleichbar mit freiwilligen Leistungen Dritter – die Zweckrichtung verfolgen, allein dem Unterhaltspflichtigen weitere Einkünfte zu belassen, findet dieses am Anspruch auf Mindestunterhalt weiterer minderjähriger Kinder seine Grenze (BGH FamRZ 2019, 1415).

9. Erwerbsobliegenheit und Einkommensfiktion

Einkommen können auch aufgrund einer unterhaltsrechtlichen Obliegenheit erzielbare Einkünfte sein (BGH FamRZ 2014, 637; 2014, 1992; 2017, 109).

10. Bereinigung des Einkommens

10.1 Vom Bruttoeinkommen sind Steuern, Sozialabgaben und/oder angemessene Vorsorgeaufwendungen abzusetzen (Nettoeinkommen).

10.1.1 Es besteht die Obliegenheit, Steuervorteile in Anspruch zu nehmen (z.B. Eintragung eines Freibetrags bei Fahrtkosten, für unstreitigen oder rechtskräftig titulierten Unterhalt (BGH FamRZ 2007, 793; 2010, 1318).

10.1.2 Zur Absicherung einer angemessenen Altersvorsorge kann der nichtselbstständig Erwerbstätige eine zusätzliche Altersvorsorge von bis zu 4 % seines jeweiligen Gesamtbruttoeinkommens (BGH FamRZ 2005, 1817; 2008, 963; 2009, 1207), gegenüber Ansprüchen auf Elternunterhalt von bis zu 5 % seines Bruttoeinkommens betreiben (BGH FamRZ 2004, 792; 2006, 1511). Liegt dessen Einkommen über der Beitragsbemessungsgrenze, können für den darüberhinausgehenden Einkommensanteil ebenso wie beim selbständig Erwerbstätigen Aufwendungen für eine angemessene Altersversorgung in Höhe der Beiträge zur gesetzlichen Rentenversicherung (seit 1.1.2018: 18,6 %) zuzüglich einer zusätzlichen Altersvorsorge von 4 beziehungsweise 5 % nach dem Gesamtbruttoeinkommen geltend gemacht werden (BGH FamRZ 2020, 21).

Andere Personen können Aufwendungen für eine angemessene Altersversorgung in Höhe der Beiträge zur gesetzlichen Rentenversicherung (seit 1.1.2018: 18,6 %) zuzüglich einer zusätzlichen Altersvorsorge von 4 beziehungsweise 5 % nach ihrem Gesamtbruttoeinkommen geltend machen.

Dabei kann insbesondere ein den Wohnvorteil (Ziffer 5) übersteigender Tilgungsanteil als Vermögensbildung Berücksichtigung finden (BGH FamRZ 2017, 519; 2018, 1506).

Im Rahmen der Ermittlung von Einkünften aus Vermietung und Verpachtung (Ziffer 1.6) berücksichtigte Tilgungsleistungen (Ziffer 10.5) sind auf diese Altersvorsorgequote hingegen nicht anzurechnen (BGH FamRZ 2022, 434).

10.2 Berufsbedingte Aufwendungen, die sich von den privaten Lebenshaltungskosten nach objektiven Merkmalen eindeutig abgrenzen lassen, sind im Rahmen des Angemessenen vom Nettoeinkommen aus nichtselbstständiger Arbeit abzuziehen.

10.2.1 Bei Vorliegen entsprechender Anhaltspunkte kann von Einkünften aus nichtselbstständiger Erwerbstätigkeit eine Pauschale von 5 % des Nettoeinkommens (Ziffer 10.1) angesetzt werden. Übersteigen die berufsbedingten Aufwendungen diese Pauschale, so sind sie insgesamt im Einzelnen darzulegen.

10.2.2 Für die notwendigen Kosten der berufsbedingten Nutzung eines Kraftfahrzeugs können 0,42 € pro gefahrenem Kilometer angesetzt werden. Bei Fahrtstrecken von mehr als 30 Kilometer einfacher Entfernung kann die Kilometerpauschale ab dem 31. Kilometer auf 0,28 € pro gefahrenem Kilometer reduziert werden. Mit der Pauschale sind in der Regel auch

Anschaffungskosten erfasst. Werden die Raten für einen zur Anschaffung aufgenommenen Kredit berücksichtigt, so verringern sich die anrechnungsfähigen Kilometer-Kosten.

10.2.3 (nicht belegt)

10.3 Kinderbetreuungskosten sind abzugsfähig, soweit die Betreuung durch Dritte infolge der Berufstätigkeit erforderlich ist. Aufwendungen für die Betreuung eines Kindes in Kindergärten oder vergleichbaren Einrichtungen mindern das Einkommen nicht; es handelt sich um Mehrbedarf (Ziffer 11.1 und 12.4) des Kindes (BGH FamRZ 2009, 962; 2017, 711).

10.4 Schulden können je nach den Umständen des Einzelfalls (Art, Grund und Zeitpunkt des Entstehens) das anrechenbare Einkommen vermindern. Die Abzahlung soll im Rahmen eines Tilgungsplans in angemessenen Raten erfolgen. Dabei sind die Belange von Unterhaltsgläubiger, Unterhaltsschuldner und Drittgläubiger gegeneinander abzuwägen (BGH FamRZ 2017, 109; 2019, 1415). Unter Umständen besteht im Rahmen gesteigerter Unterhaltspflicht nach § 1603 Abs. 2 BGB[1] die Obliegenheit zur Einleitung eines Insolvenzverfahrens und Geltendmachung der gesetzlichen Pfändungsfreigrenzen (BGH FamRZ 2005, 608; 2019, 1415).

10.5 Bei Einkünften aus Vermietung und Verpachtung (Ziffer 1.6), die mittels kreditfinanzierter Immobilien erzielt werden, ist bis zur erzielten Miete nicht nur die Zins-, sondern auch die Tilgungsleistung unterhaltsrechtlich zu berücksichtigen (BGH FamRZ 2022, 434).

10.6 Vermögenswirksame Sparleistungen des Arbeitnehmers, die nicht unter Ziffer 10.1.2 fallen, vermindern das Einkommen nicht. Jedoch sind im Bruttoeinkommen enthaltene Leistungen des Arbeitgebers für die vermögenswirksame Anlage zu belassen.

10.7 Aufwendungen für die Ausübung des Umgangsrechts können sich, soweit sie notwendigerweise anfallen, einkommensmindernd auswirken. Nimmt der barunterhaltspflichtige Elternteil ein weit über das übliche Maß hinausgehendes Umgangsrecht wahr, können in diesem Zusammenhang getätigte außergewöhnlich hohe Aufwendungen (vor allem Fahrt- und Unterbringungskosten) Anlass geben, den Barunterhaltsbedarf des Kindes unter Herabstufung um eine oder mehrere Einkommensgruppen der Düsseldorfer Tabelle[2] zu bestimmen (BGH FamRZ 2014, 917).

Kindesunterhalt

11. Bemessungsgrundlage (Tabellenunterhalt)

Der Barunterhaltsbedarf minderjähriger und noch im elterlichen Haushalt lebender volljähriger unverheirateter Kinder bestimmt sich nach den Sätzen der *Düsseldorfer Tabelle*[2]. Bei minderjährigen Kindern kann er als Festbetrag oder als Prozentsatz des Mindestunterhalts nach § 1612a Abs. 1 BGB[1] geltend gemacht werden.

11.1 Die Tabellensätze der Düsseldorfer Tabelle[2] enthalten keine Kranken- und Pflegeversicherungsbeiträge für das Kind, wenn dieses nicht in einer gesetzlichen Familienversicherung mitversichert ist. Das Nettoeinkom-

[1] **Habersack, Deutsche Gesetze Nr. 20.**
[2] Nr. **47.**

men des Pflichtigen ist um solche zusätzlich zu zahlenden Versicherungskosten zu bereinigen. Kosten für den Besuch eines Kindergartens oder vergleichbare Betreuungsformen werden mit Ausnahme der Verpflegungskosten durch die Tabellensätze nicht erfasst. Sie sind Mehrbedarf des Kindes (BGH FamRZ 2009, 962).

11.2 Die Tabellensätze sind auf den Fall zugeschnitten, dass der Unterhaltspflichtige zwei Unterhaltsberechtigten Unterhalt zu gewähren hat. Bei einer größeren oder geringeren Anzahl Unterhaltsberechtigter können Ab- oder Zuschläge durch Einstufung in niedrigere oder höhere Einkommensgruppen vorzunehmen sein.

Zur Eingruppierung können auch die Bedarfskontrollbeträge herangezogen werden. Der Bedarfskontrollbetrag des Unterhaltspflichtigen ab Gruppe 2 ist nicht identisch mit dem Eigenbedarf. Er soll eine ausgewogene Verteilung des Einkommens zwischen dem Unterhaltspflichtigen und den unterhaltsberechtigten Kindern gewährleisten. Wird er unter Berücksichtigung anderer Unterhaltspflichten unterschritten, ist der Tabellenbetrag der nächst niedrigeren Gruppe, deren Bedarfskontrollbetrag nicht unterschritten wird, anzusetzen.

12. Minderjährige Kinder

12.1 Der betreuende Elternteil braucht neben dem anderen Elternteil in der Regel keinen Barunterhalt zu leisten (§ 1606 Abs. 3 S. 2 BGB), es sei denn, sein Einkommen ist bedeutend höher als das des anderen Elternteils oder der eigene angemessene Unterhalt des sonst allein barunterhaltspflichtigen Elternteils ist gefährdet (§ 1603 Abs. 2 S. 3 BGB).

12.2 Unterhaltsrechtlich zu berücksichtigendes Einkommen des Kindes wird – unter Abzug ausbildungs- oder berufsbedingter Aufwendungen – je hälftig auf den Bar- und Betreuungsunterhalt angerechnet. Zum Kindergeld Ziffer 14. Unterhaltspflichten werden durch den Kinderzuschlag nicht berührt (§ 6c Bundeskindergeldgesetz[1]).

12.3 Sind, z.B. bei auswärtiger Unterbringung des Kindes, beide Eltern zum Barunterhalt verpflichtet, haften sie anteilig nach § 1606 Abs. 3 S. 1 BGB für den Gesamtbedarf (Ziffer 13.3). Der Verteilungsschlüssel kann unter Berücksichtigung des Betreuungsaufwandes wertend verändert werden.

12.4 Bei Zusatzbedarf (Verfahrenskostenvorschuss, Mehrbedarf, Sonderbedarf) gilt § 1606 Abs. 3 S. 1 BGB[2] (Ziffer 13.3). Die Kosten für den Kindergarten (ohne Verpflegungskosten) oder vergleichbare Betreuungseinrichtungen sind Mehrbedarf des Kindes (BGH FamRZ 2009, 962).

13. Volljährige Kinder

13.1 Beim Bedarf volljähriger Kinder ist zu unterscheiden, ob sie noch im Haushalt der Eltern/eines Elternteils leben oder einen eigenen Hausstand haben.

13.1.1 Für volljährige Kinder, die noch im Haushalt der Eltern oder eines Elternteils wohnen, ergibt sich der Bedarf aus der Altersstufe 4 der Düsseldorfer Tabelle[3]. Das gilt bis zur Vollendung des 21. Lebensjahres auch für

---

[1] Nr. **45b**.
[2] **Habersack, Deutsche Gesetze Nr. 20.**
[3] Nr. **47**.

unverheiratete volljährige Kinder, die sich in der allgemeinen Schulausbildung befinden.

Dieser vom Einkommen der Eltern abgeleitete Unterhaltsbedarf bemisst sich grundsätzlich nach den zusammengerechneten Einkommen beider Elternteile ohne Höhergruppierung nach Ziffer 11.2. Ein Elternteil hat jedoch höchstens den Unterhalt zu leisten, der sich allein aus seinem Einkommen nach der Düsseldorfer Tabelle ergibt (BGH FamRZ 2006, 99).

13.1.2 Der angemessene Bedarf eines volljährigen Kindes mit eigenem Hausstand beträgt in der Regel monatlich **930 €** ohne Beiträge zur Kranken- und Pflegeversicherung.

Von diesem Betrag kann bei erhöhtem Bedarf oder mit Rücksicht auf die Lebensstellung der Eltern nach oben abgewichen werden.

13.2 Auf den Bedarf wird unterhaltsrechtlich zu berücksichtigendes Einkommen des Kindes, auch BAföG-Leistungen (Ziffer 2.4) und Ausbildungsbeihilfen (gekürzt um ausbildungsbedingte Aufwendungen) sowie das staatliche Kindergeld in voller Höhe (Ziffer 14) angerechnet.

13.3 Bei anteiliger Barunterhaltspflicht ist vor Berechnung des Haftungsanteils nach § 1606 Abs. 3 S. 1 BGB[1] das bereinigte Nettoeinkommen jedes Elternteils gemäß Ziffer 10 zu ermitteln und davon ein Sockelbetrag in Höhe des angemessenen Selbstbehalts (Ziffer 21.3.1) abzuziehen.

Der Haftungsanteil nach § 1606 Abs. 3 S. 1 BGB errechnet sich nach der Formel:

Bereinigtes Nettoeinkommen eines Elternteils (E1 oder E2) abzüglich Sockelbetrag (S) mal (Rest-) Bedarf (R), geteilt durch die Summe der bereinigten Nettoeinkommen beider Eltern (E1 + E2) abzüglich doppelter Sockelbetrag (2 * S) €.

$$\text{Haftungsanteil } 1 = (E1 - S) \star R \,/\, (E1 + E2 - 2 \star S)$$

Der so ermittelte Haftungsanteil ist auf seine Angemessenheit zu überprüfen und kann bei Vorliegen besonderer Umstände (z.B. behindertes Kind) wertend verändert werden.

Bei volljährigen Schülern, die in § 1603 Abs. 2 S. 2 BGB minderjährigen Kindern gleichgestellt sind, wird der Sockelbetrag bis zum notwendigen Selbstbehalt (Ziffer 21.2) herabgesetzt, wenn der Mindestbedarf der Kinder andernfalls nicht gedeckt werden kann.

14. Verrechnung des Kindergeldes

Das Kindergeld wird gemäß § 1612b BGB[1] zur Deckung des Barbedarfs verwendet, bei minderjährigen Kindern, die von einem Elternteil betreut werden, zur Hälfte, ansonsten in voller Höhe.

Ehegattenunterhalt

15. Unterhaltsbedarf

15.1 Der Bedarf der Ehegatten richtet sich nach ihren Einkommens- und Vermögensverhältnissen im Unterhaltszeitraum, soweit sich diese aus den ehelichen Lebensverhältnissen fortschreiben lassen.

---

[1] **Habersack, Deutsche Gesetze Nr. 20.**

Änderungen des verfügbaren Einkommens der Ehegatten sind grundsätzlich zu berücksichtigen, unabhängig davon wann sie eingetreten sind und ob es sich um Minderungen oder Erhöhungen handelt. Eine Einkommensreduzierung ist unbeachtlich, wenn sie auf einem unterhaltsrechtlich vorwerfbaren Verhalten beruht. Unerwartete, nicht in der Ehe angelegte Steigerungen des Einkommens des Unterhaltspflichtigen (insbesondere aufgrund eines Karrieresprungs) bleiben unberücksichtigt.

Der nacheheliche Unterhaltsbedarf wird bestimmt durch die Umstände, die bis zur Rechtskraft der Ehescheidung eingetreten sind. Nachfolgende Entwicklungen wirken sich auf die Bedarfsbemessung aus, wenn sie auch bei fortbestehender Ehe angelegt und mit hoher Wahrscheinlichkeit zu erwarten waren (BGH FamRZ 2012, 281). Für Unterhaltspflichten infolge eines nachehelich geborenen Kindes kann dies nicht angenommen werden (BGH FamRZ 2012, 281).

Es ist von einem Mindestbedarf auszugehen, der das Existenzminimum für nicht Erwerbstätige (Ziffer 21.2) nicht unterschreiten darf.

15.2 Es gilt der Halbteilungsgrundsatz. Vom bereinigten Erwerbseinkommen kann ein Bonus von einem Zehntel abgezogen werden.

Leistet ein Ehegatte Unterhalt für ein unterhaltsberechtigtes Kind, wird sein Einkommen vor Ermittlung des Erwerbstätigenbonus um diesen Unterhalt (Zahlbetrag) bereinigt.

Kommt der betreuende Elternteil für einen ungedeckten Restbedarf auf, ist dieser ebenso von seinen Einkünften abzusetzen (BGH FamRZ 2021, 1965).

15.3 Bei einem Familieneinkommen bis zur Höhe des Doppelten des höchsten in der Düsseldorfer Tabelle[1] ausgewiesenen Einkommensbetrags (derzeit 11.000 €) kann vermutet werden, dass dieses vollständig für den Lebensbedarf der Familie verwendet worden ist. Der Unterhaltsbedarf kann in diesem Fall ohne Darlegung der konkreten Einkommensverwendung nach der Einkommensquote bemessen werden. Soweit das Einkommen darüber hinausgeht, hat der Unterhaltsberechtigte, wenn er dennoch Unterhalt nach der Quotenmethode begehrt, die entsprechende Verwendung des Einkommens für den Lebensbedarf darzulegen und zu beweisen. Als Familieneinkommen in diesem Sinn ist dabei das Einkommen anzusehen, das für den ehelichen Lebensbedarf der beiden Ehegatten zur Verfügung steht (BGH FamRZ 2020, 21). Dem Unterhaltsberechtigten bleibt es unbenommen, eine zunächst konkrete Bedarfsbemessung auf einen Quotenunterhalt umzustellen (BGH FamRZ 2021, 1965).

15.4 Werden Altersvorsorge-, Kranken- und Pflegeversicherungskosten vom Berechtigten gesondert geltend gemacht oder vom Pflichtigen gezahlt, sind diese von seinem Einkommen vorweg abzuziehen. Jedenfalls dann, wenn der Unterhaltspflichtige eine zusätzliche Altersvorsorge (Ziffer 10.1.2) betreibt, ist es geboten, dies auch dem Unterhaltsberechtigten durch eine entsprechende Erhöhung des Altersvorsorgeunterhalts zu ermöglichen (BGH FamRZ 2020, 21). Der Vorwegabzug unterbleibt, soweit nicht verteilte Mittel zur Verfügung stehen, namentlich bei einer konkreten Bedarfsberechnung (Ziffer 15.3). Altersvorsorgeunterhalt wird

[1] Nr. **47**.

nicht geschuldet, wenn das Existenzminimum des Berechtigten (Ziffer 15.1) nicht gesichert ist.

15.5 Schuldet der Unterhaltspflichtige sowohl einem geschiedenen als auch einem neuen Ehegatten Unterhalt, hat dies keinen Einfluss auf die Bemessung des Unterhaltsbedarfs der Unterhaltsberechtigten. Allerdings kann dies bei der Beurteilung der Leistungsfähigkeit (§ 1581 BGB[1)]) zu einem relativen Mangelfall und bei Gleichrang zu einer Begrenzung des geschuldeten Unterhalts (Gleichteilung) führen (BGH FamRZ 2012, 281).

15.6 (nicht belegt)

15.7 Der Betreuungsunterhalt nach § 1570 BGB[1)] ist nicht nach § 1578b BGB zu befristen.

16. Bedürftigkeit

Eigene Einkünfte des Berechtigten sind auf den Bedarf anzurechnen, wobei das bereinigte Erwerbseinkommen um einen Erwerbstätigenbonus vermindert werden kann. Auf einen konkret festgestellten Bedarf – bei guten Einkommensverhältnissen sowie einer eheunabhängigen Lebensstellung – ist eigenes Einkommen ohne Berücksichtigung eines Erwerbstätigenbonus bedarfsmindernd anzurechnen (BGH FamRZ 2012, 192).

17. Erwerbsobliegenheit

17.1 Bei Kindesbetreuung besteht bis zur Vollendung des dritten Lebensjahres eines gemeinschaftlichen Kindes keine Erwerbsobliegenheit. Gleichwohl erzieltes Erwerbseinkommen ist überobligatorisch und nach den Umständen des Einzelfalls zu berücksichtigen (BGH FamRZ 2009, 770; 2009, 1124; 2009, 1391).

Nach Vollendung des dritten Lebensjahres des Kindes kommt es bei Beurteilung der Frage, ob und inwieweit der betreuende Ehegatte bei einer bestehenden Betreuungsmöglichkeit auf eine Erwerbstätigkeit verwiesen werden kann, auf die Verhältnisse des Einzelfalls an. Bei besonderer Betreuungsbedürftigkeit des Kindes und bei nicht oder nur unzureichender Fremdbetreuung (kindbezogene Gründe, § 1570 Abs. 1 S. 2 BGB[1)]) kommt ein Unterhaltsanspruch auch nach Vollendung des dritten Lebensjahres des Kindes in Betracht.

Eine Erwerbstätigkeit des betreuenden Ehegatten kann auch aus Gründen der nachehelichen Solidarität ganz oder teilweise unbillig erscheinen. Hierbei sind das in der Ehe gewachsene Vertrauen in die vereinbarte und praktizierte Rollenverteilung und die gemeinsame Ausgestaltung der Kinderbetreuung sowie der Dauer der Ehe zu berücksichtigen (elternbezogene Gründe, § 1570 Abs. 2 BGB).

Die Erwerbsobliegenheit beurteilt sich auch danach, ob eine Erwerbstätigkeit neben der Betreuung des Kindes zu einer überobligationsmäßigen Belastung führen würde.

Die Darlegungs- und Beweislast für die Umstände, die einer vollen oder teilweisen Erwerbsobliegenheit ab Vollendung des dritten Lebensjahres des Kindes entgegenstehen, trifft den betreuenden Ehegatten. Dies gilt

---

[1)] **Habersack, Deutsche Gesetze Nr. 20.**

auch, wenn ein Titel über den Basisunterhalt nach § 1570 Abs. 1 S. 1 BGB abgeändert werden soll.

17.2 In der Regel besteht für den Berechtigten im ersten Jahr nach der Trennung keine Obliegenheit zur Aufnahme oder Ausweitung einer Erwerbstätigkeit.

Weitere Unterhaltsansprüche

18. Ansprüche aus § 1615 Abs. 1 BGB

Der Bedarf nach § 1615 Abs. 1 BGB[1)] bemisst sich nach der Lebensstellung des betreuenden Elternteils. Er ist auch dann nicht nach dem Einkommen des Pflichtigen zu bemessen, wenn dieser mit dem betreuenden Elternteil zusammengelebt hat (BGH FamRZ 2008, 1739; 2010, 357). Der Bedarf, der sich auch aus einem Unterhaltsanspruch gegen einen früheren Ehegatten ergeben kann, darf das Existenzminimum für nicht Erwerbstätige (Ziffer 21.2) nicht unterschreiten (BGH FamRZ 2010, 357; 2010, 444).

Zur Frage der Berücksichtigung eigener Einkünfte, zu Abzügen und zur Erwerbsobliegenheit gelten die Ausführungen für den Ehegatten entsprechend.

19. Elternunterhalt

19.1 Der Bedarf der Eltern bemisst sich in erster Linie nach deren Einkommens- und Vermögensverhältnissen. Mindestens muss jedoch das Existenzminimum eines Nichterwerbstätigen (Ziffer 21.2) sichergestellt werden. Darin sind Kosten der Kranken- und Pflegeversicherung nicht enthalten. Etwaiger Mehrbedarf ist zusätzlich auszugleichen.

19.2 Bei Versorgung eines Elternteils in einer Senioreneinrichtung umfasst der Unterhaltsbedarf neben den anderweitig nicht gedeckten Heimkosten auch einen Barbedarf in Höhe des sozialrechtlich nach § 35 Abs. 2 S. 1 SGB XII gewährten Barbetrags sowie des nach § 133a SGB XII gewährten Zusatzbarbetrags (BGH FamRZ 2013, 203).

Im Falle eines Heimaufenthalts genügt die Darlegung der für den Aufenthalt anfallenden Kosten, wenn nicht Anhaltspunkte dafür vorliegen, dass diese nicht der angemessenen Lebensstellung des Unterhaltsberechtigten entsprechen. Stellt der Unterhaltspflichtige in Abrede, dass das von dem Unterhaltsberechtigten bewohnte Heim seiner angemessenen Lebensstellung entspricht, ist von ihm regelmäßig ein substantiiertes Bestreiten zu verlangen (BGH FamRZ 2015, 2138).

19.3 Verfügt ein verheiratetes unterhaltspflichtiges Kind nicht über eigenes Erwerbseinkommen, hat es sein Taschengeld für den Elternunterhalt einzusetzen, soweit dieses nicht geschützt ist (BGH FamRZ 2013, 363). Bei Bezug eigener Einkünfte ist unter Ermittlung des individuellen Familienbedarfs sicherzustellen, dass der Elternunterhalt nur aus dem Einkommen des Unterhaltspflichtigen gespeist wird (BGH FamRZ 2014, 538; 2014, 1543; 2019; 885).

19.4 Ein Wohnwert ist bei der Inanspruchnahme auf Elternunterhalt nicht mit der bei einer Fremdvermietung erzielbaren objektiven Marktmiete, son-

---

[1)] **Habersack, Deutsche Gesetze Nr. 20.**

dern auf der Grundlage der unter den gegebenen Verhältnissen ersparten Miete zu bemessen (BGH FamRZ 2013, 1554).

20. Lebenspartnerschaft

Bei Getrenntleben oder Aufhebung der Lebenspartnerschaft gelten §§ 12, 16 LPartG (Gesetz über die Eingetragene Lebenspartnerschaft)[1].

Leistungsfähigkeit und Mangelfall

21. Selbstbehalt

21.1 Der Unterhaltspflichtige ist leistungsfähig, wenn ihm der Selbstbehalt verbleibt (BGH MDR 2019, 1451). Es ist zu unterscheiden zwischen dem notwendigen (§ 1603 Abs. 2 BGB[2]) und dem angemessenen (§ 1603 Abs. 1 BGB) Verwandtenselbstbehalt sowie dem Selbstbehalt gegenüber Ehegatten (§§ 1361 Abs. 1, 1581 BGB; BGH FamRZ 2006, 683).

Der Selbstbehalt kann im Einzelfall angemessen erhöht werden.

21.2 Für Eltern gegenüber minderjährigen Kindern und diesen nach § 1603 Abs. 2 S. 2 BGB[2] gleichgestellten volljährigen Kindern gilt der notwendige Selbstbehalt als unterste Grenze der Inanspruchnahme.

Er beträgt beim Erwerbstätigen **1.370 €** und kann bei einem nichterwerbstätigen Unterhaltspflichtigen bis auf **1.120 €** herabgesetzt werden.

21.3 Im Übrigen gilt beim Verwandtenunterhalt der angemessene Selbstbehalt.

21.3.1 Er beträgt gegenüber volljährigen Kindern **1.650 €.**

21.3.2 Gegenüber Anspruchsberechtigten nach § 1615 Abs. 1 BGB[2] entspricht der Selbstbehalt dem eheangemessenen Selbstbehalt (Ziffer 21.4).

21.3.3 Dem Unterhaltspflichtigen ist gegenüber einem Elternteil der angemessene Eigenbedarf zu belassen. Bei dessen Bemessung sind Zweck und Rechtsgedanken des Gesetzes zur Entlastung unterhaltspflichtiger Angehöriger in der Sozialhilfe und in der Eingliederungshilfe (Angehörigenentlastungsgesetz) vom 10. Dezember 2019 (BGBl. I S. 2135) zu beachten.

21.3.4 Gegenüber Enkeln beträgt der Selbstbehalt mindestens **2.500 €** zuzüglich der Hälfte der diesen Betrag übersteigenden einzusetzenden Einkünfte (BGH FamRZ 2007, 375; 2022, 180).

21.4 Gegenüber Ehegatten ist der Selbstbehalt in der Regel mit einem Betrag zu bemessen, der zwischen dem angemessenen Selbstbehalt des Volljährigen nach § 1603 Abs. 1 BGB[2] und dem notwendigen Selbstbehalt nach § 1603 Abs. 2 BGB liegt (BGH FamRZ 2006, 683), in der Regel mit **1.510 €** bei Erwerbstätigkeit und **1.385 €** bei Nichterwerbstätigkeit (BGH FamRZ 2009, 307; 2009, 311; 2010, 802; 2020, 97).

21.5 Führt der Unterhaltspflichtige einen gemeinsamen Haushalt mit einem Ehegatten oder Partner, kann der Selbstbehalt noch weiter herabgesetzt werden (BGH FamRZ 2008, 594; 2010, 802).

---

[1] Nr. 43.

[2] **Habersack, Deutsche Gesetze Nr. 20.**

22. Bedarf des mit dem Pflichtigen zusammenlebenden Ehegatten

22.1 und 22.2 Lebt der Unterhaltspflichtige mit einem Ehegatten zusammen, ist für diesen gegenüber einem nachrangigen volljährigen Kind ein Mindestbedarf in Höhe von **1.320 €**, gegenüber einem nachrangigen geschiedenen Ehegatten ein solcher in Höhe von **1.208 €** anzunehmen.

22.3 (nicht belegt)

23. Bedarf des vom Pflichtigen getrennt lebenden oder geschiedenen Ehegatten

23.1 bis 23.3 (nicht belegt)

24. Mangelfall

24.1 Ein Mangelfall liegt vor, wenn das Einkommen des Unterhaltsverpflichteten zur Deckung seines Selbstbehalts und der gleichrangigen Unterhaltsansprüche der Berechtigten nicht ausreicht. Für diesen Fall ist die nach Abzug des Eigenbedarfs (Selbstbehalts) des Unterhaltspflichtigen verbleibende Verteilungsmasse auf die gleichrangigen Unterhaltsberechtigten im Verhältnis ihrer jeweiligen Einsatzbeträge gleichmäßig zu verteilen. Müssen von konkurrierenden gleichrangigen Kindesunterhaltsverpflichtungen einzelne gemäß § 1613 Abs. 1 BGB[1)] nicht mehr erfüllt werden, steht dieses Geld im Sinne des § 1603 Abs. 2 S. 1 BGB für anderweitigen Mindestkindesunterhalt zur Verfügung. Dies gilt auch, soweit sich auf der Grundlage konkreter Umstände für die Zukunft prognostizieren lässt, dass einzelne gleichrangige Kindesunterhaltsansprüche nicht geltend gemacht werden (BGH FamRZ 2019, 1415).

24.2 Die Einsatzbeträge im Mangelfall belaufen sich bei minderjährigen und diesen nach § 1603 Abs. 2 S. 2 BGB[1)] gleichgestellten Kindern auf den Mindestunterhalt der jeweiligen Altersstufe nach der *Düsseldorfer Tabelle*[2)] nach den jeweiligen Zahlbeträgen.

24.3 Der für die Kürzung maßgebende Prozentsatz berechnet sich nach der Formel:

Prozentsatz = Verteilungsmasse / Summe aller Einsatzbeträge * 100

Entsprechend ist zu verfahren, wenn das unter Berücksichtigung des jeweils maßgebenden Selbstbehalts zur Verfügung stehende Einkommen des Unterhaltspflichtigen für die Deckung des Bedarfs von im zweiten (§ 1609 Nr. 2 BGB[1)]) oder einem nachfolgenden Rang stehenden Berechtigten nicht ausreicht.

24.4 Das im Rahmen der Mangelfallberechnung gewonnene Ergebnis ist auf seine Angemessenheit zu überprüfen.

Sonstiges

25. Rundung

Der Unterhaltsbetrag ist auf volle Euro zu runden (beim Kindesunterhalt: § 1612a Abs. 2 S. 2 BGB[1)]).

[1)] **Habersack, Deutsche Gesetze Nr. 20.**
[2)] Nr. **47**.

Anhang

Düsseldorfer Tabelle (Stand: 01.01.2023)

(abgedruckt unter Nr. **47***)*

Darin enthalten:

I. Tabelle Zahlbeträge (Stand ab 01.01.2023)
(abgedruckt unter Nr. **47***)*

II. Umrechnung dynamischer Titel und Mangelfall

Wegen der Umrechnung dynamischer Titel über Kindesunterhalt in Mindestunterhalt (§ 36 Nr. 3 a–d Gesetz, betreffend die Einführung der Zivilprozessordnung (EGZPO)[1]) und der Rechenbeispiele zum Mangelfall wird auf die Anmerkungen zu C. und E. der *Düsseldorfer Tabelle (Stand 1.1.2017)*[2] verwiesen.

---

[1] **Habersack, Deutsche Gesetze Nr. 101.**
[2] In der Düsseldorfer Tabelle (Nr. **47**) ist der jeweils aktuelle Stand wiedergegeben.

47h. Oberlandesgericht Dresden – Unterhaltsleitlinien[1)]

(Stand: 1. Januar 2023)

Die von den Familiensenaten des Oberlandesgerichts Dresden erarbeiteten Unterhaltsleitlinien dienen dem Ziel, die Rechtsanwendung möglichst zu vereinheitlichen, stellen aber keine verbindlichen Regelungen dar, sondern verstehen sich als Orientierungshilfe, von der je nach Lage des Einzelfalls abgewichen werden kann und muss. In ihrem Aufbau folgen sie der bundeseinheitlichen Leitlinienstruktur.

Unterhaltsrechtliches Einkommen

Bei der Ermittlung und Zurechnung von Einkommen ist stets zu unterscheiden, ob es um Verwandten- oder Ehegattenunterhalt sowie ob es um Bedarfsbemessung einerseits oder Feststellung der Bedürftigkeit/Leistungsfähigkeit andererseits geht.

Das unterhaltsrechtliche Einkommen ist nicht immer identisch mit dem steuerrechtlichen Einkommen.

1. Geldeinnahmen

1. Auszugehen ist vom Bruttoeinkommen als Summe aller Einkünfte.

1.2 Soweit Leistungen nicht monatlich anfallen (z.B. Weihnachts- und Urlaubsgeld), werden sie auf ein Jahr umgelegt. Einmalige Zahlungen (z.B. Abfindungen) sind auf einen angemessenen Zeitraum (in der Regel mehrere Jahre) zu verteilen.

1.3 Überstundenvergütungen werden dem Einkommen regelmäßig zugerechnet, soweit sie in geringem Umfang anfallen oder berufsüblich sind, darüber hinaus im Mangelfall (vgl. Nr. 24). Entsprechendes gilt für Einkünfte aus Nebentätigkeiten.

1.4 Ersatz für Spesen und Reisekosten sowie Auslösungen gelten in der Regel als Einkommen. Damit zusammenhängende Aufwendungen, vermindert um häusliche Ersparnis, sind jedoch abzuziehen. Bei Aufwendungspauschalen (außer Kilometergeld) kann 1/3 als Einkommen angesetzt werden.

1.5 Bei Ermittlung des zukünftigen Einkommens eines Selbstständigen ist in der Regel der Gewinn der letzten drei Geschäftsjahre zugrunde zu legen. Für die Vergangenheit ist von den in den jeweiligen Jahren tatsächlich erzielten Einkünften auszugehen, wobei auch eine Durchschnittsberechnung für mehrere Jahre möglich ist.

1.6 Einkommen aus Vermietung und Verpachtung (ohne Gebäudeabschreibung) sowie aus Kapitalvermögen ist der Überschuss der Bruttoeinkünfte über die Werbungskosten.

1.7 Steuerzahlungen oder Erstattungen sind in der Regel im Kalenderjahr der tatsächlichen Leistung zu berücksichtigen.

1.8 Sonstige Einnahmen, z.B. Trinkgelder

2. Auch folgende Sozialleistungen sind Einkommen:

2.1 Arbeitslosengeld gemäß § 136 SGB III und Krankengeld

[1)] In der jeweils aktuellen Fassung kostenlos abrufbar unter www.justiz.sachsen.de.

2.2 Arbeitslosengeld II (§§ 19 bis 32 SGB II) ist Einkommen beim Verpflichteten, beim Berechtigten dagegen nicht. Allerdings kann die Geltendmachung rückständigen Unterhalts neben bereits gewährtem Arbeitslosengeld II ausnahmsweise treuwidrig sein, wenn dies wegen eines gesetzlichen Ausschlusses des Anspruchsübergangs auf den Leistungsträger (§ 33 Abs. 2 SGB II) zu einer doppelten Befriedigung des Berechtigten führen würde.

2.3 Wohngeld, soweit es nicht überhöhte Wohnkosten deckt.

2.4 Bafög-Leistungen, auch soweit sie als Darlehen gewährt werden, mit Ausnahme von Vorausleistungen nach §§ 36, 37 BafoG[1].

2.5 Elterngeld ist Einkommen, soweit es über den Sockelbetrag nach § 11 Satz 1–3 BEEG[2] hinausgeht. Der Sockelbetrag und Bundeserziehungsgeld sind kein Einkommen, es sei denn, es liegt einer der Ausnahmefälle der § 9 Satz 2 BErzGG, § 11 Satz 4 BEEG vor.

2.6 Unfallrenten

2.7 Leistungen aus der Pflegeversicherung, Blindengeld, Versorgungsrenten, Schwerbeschädigten- und Pflegezulagen nach Abzug eines Betrages für tatsächliche Mehraufwendungen; §§ 1610a, 1578a BGB[3] sind zu beachten.

2.8 Der Anteil des Pflegegeldes bei der Pflegeperson, durch den ihre Bemühungen abgegolten werden; bei Pflegegeld aus der Pflegeversicherung gilt dies nach Maßgabe des § 13 Abs. 6 SGB XI.

2.9 In der Regel Leistungen nach §§ 41–43 SGB XII (Grundsicherung) beim Verwandtenunterhalt, nicht aber beim Ehegattenunterhalt.

2.10 Kein Einkommen ist sonstige Sozialhilfe nach SGB XII. Die Unterhaltsforderung eines Empfängers dieser Leistungen kann in Ausnahmefällen treuwidrig sein (vgl. Nr. 2.2.)

2.11 Leistungen nach dem Unterhaltsvorschussgesetz sind im Verhältnis zu den Eltern des Kindes kein Einkommen.

3. Kindergeld

Kindergeld wird nicht zum Einkommen der Eltern gerechnet (vgl. Nr. 14). Der Kinderzuschlag gem. § 6a BKGG[4] lässt Unterhaltspflichten unberührt, § 6c BKGG (entgegen BGH, Beschl. v. 28.10.2020, XII ZB 512/19).

4. Geldwerte Zuwendungen

Geldwerte Zuwendungen aller Art des Arbeitgebers, z.B. Firmenwagen oder freie Kost und Logis, sind Einkommen, soweit durch sie entsprechende Eigenaufwendungen erspart werden.

5. Wohnwert

Der Wohnvorteil durch mietfreies Wohnen im eigenen Heim ist als wirtschaftliche Nutzung des Vermögens unterhaltsrechtlich wie Einkommen

[1] **Sartorius Nr. 420.**
[2] Nr. **45e**.
[3] **Habersack, Deutsche Gesetze Nr. 20.**
[4] Nr. **45b**.

zu behandeln. Neben dem Wohnwert sind auch Zahlungen nach dem Eigenheimzulagengesetz anzusetzen.

Ein Wohnvorteil liegt nur vor, soweit der Wohnwert den berücksichtigungsfähigen Schuldendienst einschließlich Tilgungsleistungen, erforderliche Instandhaltungskosten und die verbrauchsunabhängigen Kosten, mit denen ein Mieter üblicherweise nicht belastet wird, übersteigt.

Auszugehen ist vom vollen Mietwert. Wenn es nicht möglich oder nicht zumutbar ist, die Wohnung aufzugeben und das Objekt zu vermieten oder zu veräußern, kann stattdessen die ersparte Miete angesetzt werden, die angesichts der wirtschaftlichen Verhältnisse angemessen wäre. Dies kommt insbesondere für die Zeit bis zur Rechtshängigkeit des Scheidungsantrags in Betracht, wenn ein Ehegatte das Eigenheim allein bewohnt.

6. Haushaltsführung

Führt jemand einem leistungsfähigen Dritten den Haushalt, so ist hierfür ein Einkommen anzusetzen; bei Haushaltsführung durch einen Nichterwerbstätigen geschieht das in der Regel mit einem Betrag von 200,00 EUR bis 550,00 EUR.

7. Einkommen aus unzumutbarer Erwerbstätigkeit

Einkommen aus unzumutbarer Erwerbstätigkeit kann nach Billigkeit ganz oder teilweise unberücksichtigt bleiben.

8. Freiwillige Zuwendungen Dritter

Freiwillige Zuwendungen Dritter (z.B. Geldleistungen, kostenloses Wohnen) sind als Einkommen zu berücksichtigen, soweit dies dem Willen des Dritten nicht widerspricht.

9. Fiktives Einkommen

Einkommen können auch aufgrund einer unterhaltsrechtlichen Obliegenheit erzielbare Einkünfte sein. Fiktiv zugerechnete Einkünfte sind regelmäßig um (fiktive) berufsbedingte Aufwendungen von pauschal 5 % zu kürzen.

10. Bereinigung des Einkommens

10.1 Vom Bruttoeinkommen sind Steuern, Sozialabgaben und/oder angemessene Vorsorgeaufwendungen abzusetzen (Nettoeinkommen).

Es besteht die Obliegenheit, Steuervorteile in Anspruch zu nehmen (z.B. Eintragung eines Freibetrages bei Fahrtkosten oder für unstreitigen oder titulierten Ehegattenunterhalt).

10.2 Berufsbedingte Aufwendungen, die sich von den privaten Lebenshaltungskosten nach objektiven Merkmalen eindeutig abgrenzen lassen, sind im Rahmen des Angemessenen vom Nettoeinkommen aus unselbstständiger Arbeit abzuziehen.

10.2.1 Bei Vorliegen entsprechender Anhaltspunkte kann eine Pauschale von 5 % des Nettoeinkommens, höchstens aber 150,00 EUR angesetzt werden. Übersteigen die berufsbedingten Aufwendungen die Pauschale, so sind sie im Einzelnen darzulegen. Bei beschränkter Leistungsfähigkeit ist mit konkreten Kosten zu rechnen.

10.2.2 Für die notwendigen Kosten der berufsbedingten Nutzung eines Kraftfahrzeuges kann ein Betrag von 0,42 EUR pro gefahrenem Kilometer angesetzt werden. Hierin sind Anschaffungs-, Reparatur- und sonstige Betriebskosten enthalten. Bei langen Fahrtstrecken (ab ca. 30 km einfach) kann nach unten abgewichen werden (für die Mehrkilometer in der Regel auf 0,28 EUR). Nr. 10.1 Satz 2 gilt auch hier.

10.2.3 Bei einem Auszubildenden gelten 10.2.1. und 10.2.2. entsprechend.

10.3 Kinderbetreuungskosten sind abzugsfähig, soweit die Betreuung durch Dritte allein infolge der Berufstätigkeit erforderlich ist. Zum Aufwand für die Betreuung des Kindes zählen nicht die Kosten des Kindergartens oder einer vergleichbaren Betreuungseinrichtung; diese sind Mehrbedarf des Kindes (vgl. Nr. 12.4.).

10.4 Zins- und Tilgungsraten für berücksichtigungsfähige Schulden können (ggf. unter Berücksichtigung einer möglichen Tilgungsstreckung) je nach den Umständen des Einzelfalles das anrechenbare Einkommen vermindern. Im Mangelfall (vgl. Nr. 24) sind sie in der Regel nur bis zur Höhe des pfändbaren Betrages (§ 850c Abs. 1 Satz 2 ZPO[1]) zu berücksichtigen.

Bei der Bedarfsermittlung für den Trennungsunterhalt sind eheprägende Verbindlichkeiten grundsätzlich voll abzusetzen; beim nachehelichen Unterhalt bleiben Tilgungsraten, die der Vermögensbildung zugutekommen, in der Regel unberücksichtigt, soweit sie nicht einer zusätzlich gebotenen Altersvorsorge dienen.

Beim Kindesunterhalt kann die Obliegenheit zur Einleitung eines Verbraucherinsolvenzverfahrens bestehen.

10.5 nicht belegt

10.6 Vermögensbildende Aufwendungen sind im angemessenen Rahmen abzugsfähig.

Kindesunterhalt

11. Bemessungsgrundlage (Tabellenunterhalt)

Der Barunterhalt minderjähriger und noch im elterlichen Haushalt lebender volljähriger unverheirateter Kinder bestimmt sich nach den Sätzen der Tabelle im Anhang (identisch mit der Düsseldorfer Tabelle[2]). Bei minderjährigen Kindern kann er als Festbetrag oder als Prozentsatz des jeweiligen Mindestunterhalts geltend gemacht werden.

11.1 Die Tabellensätze enthalten keine Kranken- und Pflegeversicherungsbeiträge für das Kind, wenn dieses nicht in einer gesetzlichen Familienversicherung mitversichert ist. Das Nettoeinkommen des Verpflichteten ist um solche zusätzlich zu zahlenden Versicherungskosten zu bereinigen.

11.2 Die Tabellensätze sind auf den Fall zugeschnitten, dass der Unterhaltspflichtige zwei Berechtigten Unterhalt zu gewähren hat. Bei einer größeren oder geringeren Anzahl Unterhaltsberechtigter können Ab- oder Zuschläge durch Einstufung in niedrigere oder höhere Einkommensgruppen angemessen sein.

---

[1] **Habersack, Deutsche Gesetze Nr. 100.**
[2] Nr. 47.

12. Minderjährige Kinder

12.1 Die Höhe des Barbedarfes bestimmt sich in der Regel allein nach dem Einkommen des nichtbetreuenden Elternteils.

12.2 Einkommen des Kindes wird regelmäßig hälftig auf Barunterhalt und Betreuungsunterhalt angerechnet. Ein höherer Anteil kann zugunsten des Barunterhaltspflichtigen berücksichtigt werden, wenn der Betreuungsaufwand des anderen Elternteils nur noch gering ist.

12.3 Der betreuende Elternteil braucht neben dem anderen Elternteil in der Regel keinen Barunterhalt zu leisten, es sei denn, sein Einkommen ist bedeutend höher als das des anderen Elternteils und der eigene angemessene Unterhalt des sonst allein barunterhaltspflichtigen Elternteils ist gefährdet (§ 1603 Abs. 2 Satz 3 BGB[1]). Ausnahmsweise kommt auch dann, wenn der angemessene Selbstbehalt des nicht betreuenden Elternteils nicht gefährdet ist, eine Beteiligung des anderen Elternteils am Barunterhalt (bis hin zur alleinigen Haftung) in Betracht, wenn dessen Einkommen sich der Grenze des Dreifachen des Einkommens des nicht betreuenden Elternteils nähert oder darüber liegt.

Sind bei auswärtiger Unterbringung beide Eltern zum Barunterhalt verpflichtet, haften sie anteilig nach § 1606 Abs. 3 Satz 1 BGB für den Gesamtbedarf (vgl. Nr. 13.3.). Gleiches gilt bei Betreuung des Kindes im paritätischen Wechselmodell.

12.4 Kosten für Kindergärten und vergleichbare Betreuungseinrichtungen (ohne Verpflegungskosten) sind Mehrbedarf des Kindes, der, wie auch Zusatzbedarf im Übrigen (Prozesskostenvorschuss, Sonderbedarf) gem. § 1606 Abs. 3 Satz 1 BGB[1] nach dem Verhältnis der beiderseitigen Einkünfte zwischen den Eltern aufzuteilen ist (vgl. Nr. 13.3.).

13. Volljährige Kinder

13.1 Beim Bedarf volljähriger Kinder ist zu unterscheiden, ob sie noch im Haushalt der Eltern/eines Elternteils leben oder einen eigenen Hausstand haben.

13.1.1 Für volljährige Kinder, die noch im Haushalt der Eltern oder eines Elternteils wohnen, gilt die Altersstufe 4 der Tabelle.

Der Bedarf des Kindes ist in der Regel nach dem zusammengerechneten Einkommen (ohne Anwendung von Nr. 11.2.) zu bemessen. Für die Haftungsquote gilt Nr. 13.3. Ein Elternteil hat jedoch höchstens den Unterhalt zu leisten, der sich allein aus seinem Einkommen nach der Tabelle ergibt.

13.1.2 Der angemessene Bedarf eines volljährigen Kindes mit eigenem Hausstand beträgt in der Regel monatlich 930 EUR. Darin sind enthalten Kosten für Unterkunft (einschließlich umlagefähiger Nebenkosten) und Heizung bis zu 410 EUR, jedoch keine Beiträge zu Kranken- und Pflegeversicherung und keine Studiengebühren. Von diesem Betrag kann bei erhöhtem Bedarf oder mit Rücksicht auf die Lebensstellung der Eltern abgewichen werden.

13.2 Auf den Unterhaltsbedarf werden Einkünfte des Kindes, auch das Kindergeld, BaföG-Darlehen und Ausbildungsbeihilfen (gekürzt um ausbil-

[1] **Habersack, Deutsche Gesetze Nr. 20.**

dungsbedingte Aufwendungen, vgl. Nr. 10.2.3.) angerechnet. Bei Einkünften aus unzumutbarer Erwerbstätigkeit gilt § 1577 Abs. 2 BGB[1] entsprechend.

13.3 Bei anteiliger Barunterhaltspflicht ist vor Berechnung des Haftungsanteils nach § 1606 Abs. 3 Satz 1 BGB[1] das bereinigte Nettoeinkommen jedes Elternteils gem. Nr. 10 zu ermitteln. Außerdem ist vom Restbetrag ein Sockelbetrag in Höhe des angemessenen Selbstbehaltes (1.650 EUR) abzuziehen.

Der Haftungsanteil nach § 1606 Abs. 3 Satz 1 BGB errechnet sich nach der Formel:

Bereinigtes Nettoeinkommen eines Elternteils (N1 oder N2) abzüglich 1.650,00 EUR mal (Rest-)Bedarf (R), geteilt durch die Summe der bereinigten Nettoeinkommen beider Eltern (N1 + N2) abzüglich 3.300 EUR (= 1.650 + 1.650 EUR).

Haftungsanteil 1 = (N1 – 1.650 EUR) × R: (N1 + N2 – 3.300 EUR).

Der so ermittelte Haftungsanteil ist auf seine Angemessenheit zu überprüfen und kann bei Vorliegen besonderer Umstände (z.B. behindertes Kind) wertend verändert werden.

Bei volljährigen Schülern, die in § 1603 Abs. 2 Satz 2 BGB minderjährigen Kindern gleichgestellt sind, wird der Sockelbetrag bis zum notwendigen Selbstbehalt (1.120 EUR/1.370 EUR) herabgesetzt, wenn der Bedarf der Kinder andernfalls nicht gedeckt werden kann.

14. Verrechnung des Kindergeldes

Es wird nach § 1612b BGB[1] angerechnet.

Ehegattenunterhalt

15. Unterhaltsbedarf

15.1 Bei der Bedarfsbemessung darf nur eheprägendes Einkommen berücksichtigt werden. Bei Aufnahme oder Erweiterung einer Erwerbstätigkeit nach Trennung/Scheidung gilt das (Mehr-)Einkommen als prägend.

15.2 Es gilt der Halbteilungsgrundsatz, wobei jedoch Erwerbseinkünfte nur zu 9/10 zu berücksichtigen sind (Abzug von 1/10 Erwerbstätigenbonus vom bereinigten Nettoeinkommen).

Leistet ein Ehegatte auch Unterhalt für ein Kind, wird sein Einkommen vor der Ermittlung des Erwerbstätigenbonus (vgl. Nr. 15.2.) um den Kindesunterhalt (Zahlbetrag nach Abzug des anzurechnenden Kindergeldes) bereinigt. Erbringt der Verpflichtete sowohl Bar- als auch Betreuungssunterhalt, so gilt Nr. 10.3.

15.3 Bei einem Familieneinkommen bis zur Höhe des Doppelten des höchsten in der Düsseldorfer Tabelle[2] ausgewiesenen Einkommens kann der Unterhalt regelmäßig als Quotenunterhalt geltend gemacht werden. Bei einem darüber hinausgehenden Einkommen ist der Bedarf grundsätzlich konkret darzulegen. Er kann auch dann nach der Quotenmethode geltend gemacht werden, wenn der Berechtigte gleichzeitig darlegt, dass das gesamte Einkommen für den Lebensbedarf verwendet wurde.

---

[1] **Habersack, Deutsche Gesetze Nr. 20.**
[2] Nr. 47.

15.4 Werden Altersvorsorge-, Kranken- und Pflegeversicherungskosten vom Berechtigten gesondert geltend gemacht oder vom Verpflichteten bezahlt, sind diese von dem Einkommen des Pflichtigen vorweg abzuziehen. Der Vorwegabzug unterbleibt, soweit nicht verteilte Mittel zur Verfügung stehen, z.B. durch Anrechnung nicht prägenden Einkommens des Berechtigten auf seinen Bedarf.

16. Bedürftigkeit

Eigene Einkünfte des Berechtigten sind auf den Bedarf anzurechnen, wobei das bereinigte Nettoerwerbseinkommen um den Erwerbstätigenbonus zu vermindern ist.

17. Erwerbsobliegenheit

17.1 Bei Betreuung eines Kindes kann bis zur Vollendung des dritten Lebensjahres eine Erwerbstätigkeit nicht erwartet werden. Danach besteht eine Erwerbsobliegenheit nach Maßgabe der Betreuungsbedürftigkeit und der zumutbaren Betreuungsmöglichkeit. Zu berücksichtigen ist dabei auch die Belastung durch die neben der Erwerbstätigkeit verbleibende Kinderbetreuung, für die das Alter und die Anzahl der Kinder von wesentlicher Bedeutung sind.

17.2 In der Regel besteht für den Berechtigten im ersten Jahr nach der Trennung keine Obliegenheit zur Aufnahme oder Ausweitung einer Erwerbstätigkeit.

Weitere Unterhaltsansprüche

18. Ansprüche nach § 1615l BGB

Der Bedarf nach § 1615l BGB[1] bemisst sich nach der Lebensstellung des betreuenden Elternteils. Er beträgt mindestens 1.120 EUR.

19. Elternunterhalt

Beim Bedarf der Eltern sind Leistungen nach den §§ 41–43 SGB XII (Grundsicherung) zu berücksichtigen (vgl. Nr. 2.9.).

20. Lebenspartnerschaft

Bei Getrenntleben oder Aufhebung der Lebenspartnerschaft gelten §§ 12, 16 LPartG[2].

Leistungsfähigkeit und Mangelfall

21. Selbstbehalt des Verpflichteten

21.1 Es ist zu unterscheiden zwischen dem notwendigen (§ 1603 Abs. 2 BGB[1]), dem angemessenen (§ 1603 Abs. 1 BGB) und dem eheangemessenen (§ 1361 Abs. 1, § 1578 Abs. 1 BGB) Selbstbehalt.

21.2 Für Eltern gegenüber minderjährigen Kindern und diesen nach § 1603 Abs. 2 Satz 2 BGB[1] gleichgestellten Kindern gilt im Allgemeinen der notwendige Selbstbehalt als unterste Grenze der Inanspruchnahme.

Er beträgt

– beim Nichterwerbstätigen 1.120 EUR

---

[1] **Habersack, Deutsche Gesetze Nr. 20.**

[2] Nr. **43.**

– beim Erwerbstätigen 1.370 EUR.

Hierin sind Kosten für Unterkunft (einschließlich umlagefähiger Nebenkosten) und Heizung in Höhe von 520 EUR enthalten (vgl. auch 21.5.2.).

21.3 Im Übrigen gilt beim Verwandtenunterhalt der angemessene Selbstbehalt.

21.3.1 Er beträgt gegenüber nicht privilegierten volljährigen Kindern 1.650 EUR und gegenüber der Mutter/dem Vater eines nichtehelichen Kindes in der Regel 1.510 EUR. Hierin sind Kosten für Unterkunft (einschließlich umlagefähiger Nebenkosten) und Heizung in Höhe von 650 EUR enthalten (vgl. auch 21.5.2.).

21.3.2 Gegenüber Eltern und Enkeln beträgt er mindestens **2.500** EUR, wobei gegenüber Eltern die Hälfte des diesen Mindestbetrag übersteigenden Einkommens zusätzlich anrechnungsfrei bleibt. Die Regelungen des Angehörigenentlastungsgesetzes bleiben unberührt.

21.3.3 Der Selbstbehalt gegenüber einem Anspruch auf Trennungsunterhalt oder nachehelichen Unterhalt (Ehegattenselbstbehalt) ist in der Regel mit einem Betrag zu bemessen, der zwischen dem angemessenen Selbstbehalt und dem notwendigen Selbstbehalt liegt, derzeit also regelmäßig mit 1.510 EUR; darin sind Kosten für Unterkunft (einschließlich umlagefähiger Nebenkosten) und Heizung in Höhe von 580 EUR enthalten (vgl. auch 21.5.2).

21.3.4 Anpassung des Selbstbehaltes

21.5.1 [1] Der jeweilige Selbstbehalt kann unterschritten werden, wenn der eigene Unterhalt des Pflichtigen ganz oder teilweise durch seinen Ehegatten gedeckt ist (vgl. Nr. 22).

Bei gemeinschaftlicher Haushaltsführung kommt eine Kürzung des Selbstbehaltes auch dann in Betracht, wenn der Unterhaltspflichtige mit einem Dritten zusammenlebt, soweit dadurch für den Pflichtigen Kostenersparnisse entstehen.

21.5.2 [1] Überschreiten die tatsächlichen Wohnkosten (ggf. nach Abzug von Wohngeld) den in dem Selbstbehalt berücksichtigten Wohnkostenanteil erheblich und sind sie den Umständen nach dennoch angemessen, so soll der Selbstbehalt erhöht werden. Wird die Wohnung von mehreren Personen genutzt, ist der Wohnkostenanteil des Pflichtigen festzustellen. Bei Erwachsenen geschieht die Aufteilung in der Regel nach Köpfen. Kinder sind vorab mit einem Anteil von 20 % ihres Anspruchs auf Barunterhalt (Zahlbetrag) zu berücksichtigen.

22. Bedarf des mit dem Pflichtigen zusammenlebenden Ehegatten

22.1 Ist bei Unterhaltsansprüchen des nachrangigen geschiedenen Ehegatten der Unterhaltspflichtige verheiratet, werden für den mit ihm zusammenlebenden Ehegatten mindestens 1.208 EUR angesetzt.

22.2 Ist bei Unterhaltsansprüchen nicht privilegierter volljähriger Kinder oder der Enkel der Unterhaltspflichtige verheiratet, werden für den mit ihm zusammenlebenden Ehegatten mindestens 1.320 EUR angesetzt.

---

[1] Zählung amtlich.

22.3 Ist bei Unterhaltsansprüchen der Eltern/Großeltern der Unterhaltspflichtige verheiratet, werden für den mit ihm zusammenlebenden Ehegatten mindestens 2.000 EUR angesetzt. Hieraus ergibt sich ein Familienbedarf von 4.500 EUR (2.500 EUR + 2.000 EUR).

23. Bedarf des vom Pflichtigen getrenntlebenden oder geschiedenen Ehegatten

23.1 Bei Unterhaltsansprüchen des nachrangigen geschiedenen Ehegatten werden für den vom Unterhaltspflichtigen getrenntlebenden oder geschiedenen Ehegatten mindestens 1.510 EUR angesetzt.

23.2 Bei Unterhaltsansprüchen nicht privilegierter volljähriger Kinder oder der Enkel werden für den vom Unterhaltspflichtigen getrenntlebenden oder geschiedenen Ehegatten mindestens 1.650 EUR angesetzt.

23.3 Bei Unterhaltsansprüchen der Eltern/Großeltern werden für den vom Unterhaltspflichtigen getrenntlebenden oder geschiedenen Ehegatten mindestens 2.500 EUR angesetzt.

24. Mangelfall

24.1 Ein Mangelfall liegt vor, wenn das Einkommen des Verpflichteten zur Deckung seines notwendigen Selbstbehaltes und der gleichrangigen Unterhaltsansprüche nicht ausreicht.

24.2 Zur Feststellung des Mangelfalls entspricht der einzusetzende Bedarf für minderjährige und diesen nach § 1603 Abs. 2 Satz 2 BGB[1)] gleichgestellte Kindern dem Zahlbetrag, der aus der ersten Einkommensgruppe entnommen werden kann.

24.3 Die nach Abzug des notwendigen Selbstbehaltes des Unterhaltspflichtigen verbleibende Verteilungsmasse ist anteilig auf alle gleichrangigen Unterhaltsberechtigten im Verhältnis der (ggf. um eigene Einkünfte gekürzten) Einsatzbeträge zu verteilen.

24.4 Das im Rahmen der Mangelfallberechnung gewonnene Ergebnis ist auf seine Angemessenheit zu überprüfen.

25. Rundung

Der Unterhaltsbetrag ist auf volle EURO aufzurunden.

26. Anmerkungen

Nummer 8. der Leitlinien hebt den Mangelfall nicht mehr ausdrücklich hervor, um zu verdeutlichen, dass in allen Fällen zu prüfen ist, inwieweit der Unterhaltspflichtige, der seine Lebensstellung (auch) aus freiwilligen Zuwendungen Dritter bestreitet, den Unterhaltsberechtigten, der seine Lebensstellung von der des Pflichtigen ableitet, darauf verweisen kann, dass die Zuwendung kein Einkommen sei.

Anhang

Unterhaltstabelle *(Düsseldorfer Tabelle)*

(abgedruckt unter Nr. **47***)*

[1)] **Habersack, Deutsche Gesetze Nr. 20.**

47i. OLG Frankfurt am Main – Unterhaltsgrundsätze

(Stand: 1. Januar 2023)

Präambel

Die von den Richtern der Familiensenate des für ganz Hessen zuständigen OLG Frankfurt am Main erarbeiteten Grundsätze beruhen auf der Rechtsprechung des Bundesgerichtshofs und sollen im Interesse der Einheitlichkeit und Überschaubarkeit Orientierungslinien für die Praxis geben. Sie orientieren sich an der bundeseinheitlichen Leitlinienstruktur.

Sie binden den Richter nicht; dieser wird in eigener Verantwortung die angemessenen Lösungen des Einzelfalls finden müssen.

Das Tabellenwerk der Düsseldorfer Tabelle[1] ist eingearbeitet. Die Erläuterungen werden durch nachfolgende Grundsätze ersetzt.

Unterhaltsrechtlich maßgebendes Einkommen

1. Geldeinnahmen

1.1 Regelmäßiges Bruttoeinkommen einschließlich Renten und Pensionen

Auszugehen ist vom Bruttoeinkommen als Summe aller Einkünfte, regelmäßig bezogen auf das Kalenderjahr.

Der Splittingvorteil aus einer zweiten Ehe ist beim Kindesunterhalt zu berücksichtigen, soweit er auf dem Einkommen des Pflichtigen beruht (BGH FamRZ 2008, 2189, Rn. 16, 33), beim Ehegattenunterhalt für einen ersten Ehegatten jedoch nur, wenn auf der Leistungsebene die Berücksichtigung aller Ansprüche erfolgt, etwa im Wege der Dreiteilung (BGH FamRZ 2012, 281, Rn. 26, 47, 52), während er bei Vorrang des ersten Ehegatten der neuen Ehe verbleibt.

1.2 Unregelmäßige Einkommen (z.B. Abfindungen etc.)

Soweit Leistungen nicht monatlich anfallen (z.B. Weihnachts- und Urlaubsgeld), werden sie auf ein Jahr umgelegt. Einmalige Zahlungen (z.B. Abfindungen) sind auf einen angemessenen Zeitraum (in der Regel mehrere Jahre) zu verteilen. In der Regel sind Abfindungen bei der Aufnahme einer neuen Arbeitsstelle mit dauerhaft geringerem Einkommen bis zur Höchstgrenze des Bedarfs aufgrund des früheren Einkommens sowohl beim Kindes- als auch beim Ehegattenunterhalt für den Unterhalt zu verwenden; ob eine Aufstockung bis zum bisherigen Einkommen unter vollständiger Aufrechterhaltung des bisherigen Lebensstandards geboten ist, beurteilt sich nach den Umständen des Einzelfalls, insbesondere der beim Pflichtigen zu erwartenden weiteren Einkommensentwicklung. Eine Doppelberücksichtigung der Abfindung beim Ehegattenunterhalt und im Güterrecht ist zu vermeiden.

1.3 Überstunden

Überstundenvergütungen werden voll angerechnet, soweit sie berufstypisch sind oder in geringem Umfang anfallen oder der Mindestbedarf der Kinder nicht gedeckt ist. Im Übrigen ist der Anrechnungsteil nach

[1] Nr. 47.

Zumutbarkeit zu ermitteln. Die Weiterführung überobligationsmäßiger Überstundenleistungen kann regelmäßig nicht verlangt werden. Dies gilt entsprechend auch für Nebentätigkeiten. Zur Obliegenheit einer Nebentätigkeit zur Deckung des Mindestbedarfs minderjähriger Kinder vgl. BVerfG FamRZ 2003, 661.

1.4 Spesen und Auslösungen

Über die Anrechenbarkeit von Spesen und Auslösungen ist nach Maßgabe des Einzelfalls zu entscheiden. Als Anhaltspunkt kann eine anzurechnende häusliche Ersparnis (also nicht für reine Übernachtungskosten oder Fahrtkosten bis zu der in Nr. 10.2.2 definierten Höhe) von einem Drittel in Betracht kommen.

1.5 Einkommen aus selbständiger Tätigkeit

Bei Einkünften aus selbständiger Tätigkeit oder aus Gewerbebetrieb wird regelmäßig an den Gewinn (§ 4 Abs. 1, Abs. 3 EStG) aus einem zeitnahen Dreijahreszeitraum angeknüpft. Mit der Vorlage der ESt-Bescheide und der entsprechenden Bilanzen mit G+V-Rechnung oder den Einnahme/Überschuss-Rechnungen wird der besonderen Darlegungslast (BGH FamRZ 93, 789, 792) in der Regel genügt. Auf substantiierten Einwand sind gegebenenfalls weitere Erläuterungen vorzunehmen oder Belege vorzulegen. Zu Ansparabschreibungen/Investitionsabzugsbeträgen und zur Beachtung von Besonderheiten der Einkommensentwicklung siehe BGH FamRZ 2004, 1177 – 1179. Zur Berechnung des Einkommens für vergangene Zeiträume vgl. BGH FamRZ 2007, 1532 ff. (1534, Rn. 23).

1.6 Einkommen aus Vermietung und Verpachtung sowie Kapitalvermögen

Einkommen aus Vermietung und Verpachtung sowie Kapitalvermögen ist der Überschuss der Bruttoeinkünfte über die Werbungskosten und notwendige Instandhaltungsrücklagen. Für Wohngebäude ist keine AfA anzusetzen; im Einzelfall kommt stattdessen die Berücksichtigung angemessener Tilgungsleistungen in Betracht.

1.7 Steuererstattungen

Steuererstattungen sind grundsätzlich im Kalenderjahr der tatsächlichen Leistung zu berücksichtigen. Steuervorteile, die auf unterhaltsrechtlich nicht zu berücksichtigenden Aufwendungen beruhen, bleiben in der Regel außer Betracht. Vgl. BGH FamRZ 2005, 1159 ff. und 1817 ff.

1.8 Sonstige Einnahmen

Sonstige Einnahmen sind z.B. Trinkgelder.

2. Sozialleistungen

2.1 Arbeitslosengeld (§§ 136 ff. SGB III) und Krankengeld

Arbeitslosengeld (§§ 136 ff. SGB III) und Krankengeld sind Einkommen.

2.2 Leistungen nach dem SGB II

Leistungen nach dem SGB II sind auf Seiten des Verpflichteten wie Einkommen zu behandeln, weshalb anrechnungsfrei belassener Hinzuverdienst zu einer teilweisen Leistungsfähigkeit des Verpflichteten führen kann. Durch die Titulierung von Unterhalt und den dadurch ermöglichten Abzug nach § 11b Abs. 1 S. 1 Nr. 7 SGB II kann die unterhaltsrechtliche Leistungsfähigkeit aber nicht erhöht werden (vgl. BGH v. 19.6.2013, XII ZB 39/11, FamRZ 2013, 1378).

Auf Seiten des Berechtigten sind Leistungen zur Sicherung des Lebensbedarfes nach §§ 19 ff. SGB II kein Einkommen, es sei denn die Nichtberücksichtigung der Leistungen ist in Ausnahmefällen treuwidrig (vgl. BGH FamRZ 1999, 843; 2001, 619); nicht subsidiäre Leistungen nach dem SGB II sind Einkommen, insbesondere Einstiegsgeld (§ 16b SGB II) und Entschädigung für Mehraufwendungen „1 Eurojob“ (§ 16d SGB II).

2.3 Wohngeld

Wohngeld gleicht in der Regel erhöhten Wohnbedarf aus und ist deshalb grundsätzlich nicht als Einkommen zu behandeln. Nur mit einem dafür nicht verbrauchten Teilbetrag, zu dem substantiiert vorzutragen hat, wer sich darauf beruft, ist das Wohngeld als Einkommen zu berücksichtigen (vgl. BGH FamRZ 2012, 1201, Rn. 15).

2.4 BAföG-Leistungen

BAföG-Leistungen sind Einkommen, auch soweit sie als Darlehen gewährt werden, mit Ausnahme von Vorausleistungen nach §§ 36, 37 BAföG[1)].

2.5 Elterngeld

Elterngeld ist, soweit es je Kind über den Sockelbetrag i.H.v. 300 €, bei verlängertem Bezug über 150 €, hinausgeht, Einkommen. Der Sockelbetrag des Elterngeldes und Betreuungsgeld nach § 4a BEEG[2)], soweit es trotz Nichtigkeit des Gesetzes aus Gründen des Vertrauensschutzes übergangsweise weitergewährt wird (vgl. BVerfG, Urteil vom 21.7.2015, 1 BvF 2/13, Rn. 73), sind kein Einkommen, es sei denn, es liegt einer der Ausnahmefälle des § 11 Satz 4 BEEG vor.

2.6 Unfall- und Versorgungsrenten

Unfall- und Versorgungsrenten, z.B. nach dem Bundesversorgungsgesetz, sind nach Abzug des Betrages für tatsächliche Mehraufwendungen zu berücksichtigen (§§ 1610a, 1578a BGB[3)])

2.7 Leistungen aus der Pflegeversicherung, Blindengeld und Ähnliches

Leistungen aus der Pflegeversicherung an den Pflegling, Blindengeld, Schwerbeschädigten- und Pflegezulagen sind jeweils nach Abzug des Betrages für tatsächliche Mehraufwendungen zu berücksichtigen (§§ 1610a, 1578a BGB[3)]).

2.8 Pflegegeld

Der Anteil des Pflegegeldes bei der Pflegeperson, durch den ihre Bemühungen abgegolten werden, ist als Einkommen zu betrachten; bei Pflegegeld aus der Pflegeversicherung gilt dies nach Maßgabe des § 13 Abs. 6 SGB XI.

---

1) **Sartorius Nr. 420.**
2) Nr. **45e.**
3) **Habersack, Deutsche Gesetze Nr. 20.**

2.9 Grundsicherungsleistungen

Die Leistungen gemäß §§ 41–43 SGB XII sind beim Berechtigten im Rahmen von Verwandtenunterhaltsansprüchen in der Regel als Einkommen zu berücksichtigen.

Im Rahmen von Ehegattenunterhaltsansprüchen sind sie im Regelfall nicht als Einkommen zu bewerten.

2.10 Sonstige Leistungen nach dem SGB XII

Leistungen nach dem SGB XII zur Sicherung des Lebensunterhalts sind auf Seiten des Verpflichteten wie Einkommen zu behandeln, weshalb anrechnungsfrei belassener Hinzuverdienst zu einer teilweisen Leistungsfähigkeit des Verpflichteten führen kann. Sonstige Leistungen nach dem SGB XII sind auf Seiten des Berechtigten nicht als Einkommen zu bewerten; siehe aber Nr. 2.11 für treuwidrige Unterhaltsforderungen.

2.11 Leistungen nach dem Unterhaltsvorschussgesetz[1]

Diese Leistungen sind nicht als Einkommen zu bewerten. Die Unterhaltsforderung eines Empfängers dieser Leistungen kann aber in Ausnahmefällen treuwidrig sein, vgl. BGH FamRZ 1999, 843 (847); 2001, 619 (620).

Dies gilt vor allem bei der Geltendmachung von Kindesunterhalt gegen Großeltern sowie in den Fällen des § 7a UVG.

2.12 Leistungen nach den Vermögensbildungsgesetzen

Leistungen nach den Vermögensbildungsgesetzen beeinflussen das Einkommen nicht, d.h. der vermögenswirksame Anlagebetrag mindert das Einkommen nicht; andererseits erhöhen vermögenswirksame Beiträge des Arbeitgebers und die Sparzulage nicht das Einkommen.

3. Kindergeld

Kindergeld wird nicht zum Einkommen der Eltern gerechnet (vgl. Nr. 14).

4. Geldwerte Zuwendungen des Arbeitgebers

Geldwerte Zuwendungen aller Art des Arbeitgebers, z.B. Firmenwagen oder freie Kost und Logis, sind Einkommen, soweit sie entsprechende Eigenaufwendungen ersparen.

5. Wohnwert

Der Wohnvorteil durch mietfreies Wohnen im eigenen Heim ist als wirtschaftliche Nutzung des Vermögens unterhaltsrechtlich wie Einkommen zu behandeln. Neben dem Wohnwert sind auch Zahlungen nach dem Eigenheimzulagengesetz anzusetzen.

Ein Wohnvorteil liegt nur vor, soweit der Wohnwert die berücksichtigungsfähigen Finanzierungslasten (Zins und Tilgung), erforderliche Instandhaltungskosten und die verbrauchsunabhängigen Kosten, mit denen ein Mieter gem. § 556 Abs. 1 BGB[2] iVm § 1 Abs. 2 BetrKV[3] nicht belastet werden kann (vgl. dazu BGH, FamRZ 2009, 1300 ff., 1303), übersteigt. Auszugehen ist vom vollen Mietwert (objektiver Wohnwert).

[1] Nr. **45d**.
[2] **Habersack, Deutsche Gesetze Nr. 20.**
[3] Nr. **30b/1**.

Wenn es nicht möglich oder nicht zumutbar ist, die Wohnung aufzugeben und das Objekt zu vermieten oder zu veräußern, kann stattdessen die ersparte Miete angesetzt werden, die angesichts der wirtschaftlichen Verhältnisse angemessen wäre (subjektiver Wohnwert). Dies kommt insbesondere für die Zeit bis zum endgültigen Scheitern der Ehe in Betracht, wenn ein Ehegatte das Eigenheim allein bewohnt. Als Untergrenze für den subjektiven Wohnwert ist der Kaltmietanteil im notwendigen Selbstbehalt anzusetzen. Bei höherem Einkommen ist der Wohnwert angemessen zu erhöhen.

Finanzierungslasten mindern den Wohnwert, soweit sie tatsächlich durch Ratenzahlungen bedient werden. Tilgungsleistungen sind in der Regel bis zur Höhe des in Ansatz zu bringenden Wohnwerts abzuziehen (BGH vom 18.01.2017, XII ZB 118/17, FamRZ 2017, 519, Rn 33f; BGH, Beschluss vom 04. Juli 2018 – XII ZB 448/17 –, Rn. 31, FamRZ 2018, 1506). Darüber hinausgehende Tilgungen sind bei der Berechnung des Ehegattenunterhalts solange zu berücksichtigen, wie der berechtigte Ehegatte am Vermögenszuwachs teilhat. Nach diesem Zeitpunkt sind neben den Zinszahlungen die den Wohnwert übersteigenden Tilgungsleistungen nur dann zu berücksichtigen, wenn weder Veräußerung noch Tilgungsaussetzung oder Tilgungsstreckung möglich sind.

Wegen des Abzugs weiterer Tilgungsleistungen als sekundäre Altersvorsorge wird auf Nummer 10.1 verwiesen.

Beim Kindesunterhalt gilt im Rahmen des § 1603 Abs. 1 BGB ein großzügigerer, im Anwendungsbereich des § 1603 Abs. 2 BGB hingegen ein strengerer Maßstab für die Berücksichtigung von Tilgungsleistungen und zusätzlicher Altersvorsorge.

6. Haushaltsführung

Führt jemand einem leistungsfähigen Dritten den Haushalt, so ist hierfür ein Einkommen anzusetzen, vgl. BGH FamRZ 1995, 343 f. (344); bei Haushaltsführung durch einen nicht Erwerbstätigen geschieht das in der Regel mit einem Betrag von 450 €.

7. Einkommen aus unzumutbarer Erwerbstätigkeit

Einkommen aus unzumutbarer Erwerbstätigkeit kann nach Billigkeit ganz oder teilweise unberücksichtigt bleiben.

8. Freiwillige Zuwendungen Dritter

Freiwillige Zuwendungen Dritter (z.B. Geldleistungen, kostenloses Wohnen) sind als Einkommen zu berücksichtigen, wenn dies dem Willen des Dritten entspricht.

Keine freiwilligen Zuwendungen Dritter sind Leistungen, die einem Ehegatten im Rahmen des Familienunterhalts zufließen.

Zum Wohnen im Haus seines Ehegatten, mit dem die Lebensgemeinschaft besteht, vgl. BGH FamRZ 2008, 968 ff. (974, Tz. 57).

9. Erwerbsobliegenheit und Einkommensfiktion

Einkommen können im Fall einer eingeschränkten oder fehlenden Leistungsfähigkeit auch aufgrund einer unterhaltsrechtlichen Obliegenheit erzielbare Einkünfte sein (fiktives Einkommen), wenn der Unterhaltsverpflichtete eine ihm mögliche und zumutbare Erwerbstätigkeit unterlässt.

Im Rahmen dieser nach den Umständen des Einzelfalls zu bestimmenden Erwerbsobliegenheit, die gegenüber minderjährigen oder ihnen gleichgestellten Kindern nach Maßgabe des § 1603 Abs. 2 S. 1 BGB[1] gesteigert ist, bedarf es bei Ausübung einer Erwerbstätigkeit der Darlegung, dass die Arbeitskraft entsprechend den persönlichen Eigenschaften und Fähigkeiten und der Arbeitsmarktlage in zumutbarer Weise selbst unter Berücksichtigung zumutbarer Arbeitsplatz-, Berufs- oder Ortswechsel bestmöglich eingesetzt wird. Zum Umfang der Obliegenheit im Einzelnen vgl. BGH FamRZ 2009, 314 (317).

Bei Arbeitslosigkeit sind hinreichende Bemühungen um eine Arbeitsstelle und etwaige Tatsachen zur berechtigten Beendigung eines bisher bestehenden Arbeitsverhältnisses darzulegen; dabei bedarf es über die Meldung bei der Agentur für Arbeit hinaus einer nachprüfbaren und belegten Darstellung der ohne Erfolg gebliebenen Bemühungen unter Angabe zu Zeitpunkt, Inhalt und Ergebnis der erfolgten Bewerbungen, die sich im Zweifel auch auf nicht der eigenen Berufsausbildung entsprechende Stellen zu erstrecken haben; der Hinweis auf die Arbeitsmarktlage macht den Nachweis dieser Bemühungen regelmäßig nicht entbehrlich. Zweifel an der Ernsthaftigkeit der Arbeitsbemühungen gehen zu Lasten des Arbeitssuchenden.

Bei unzureichenden Bemühungen um einen Arbeitsplatz können bei einer objektiv feststellbaren realen Beschäftigungschance fiktive Einkünfte nach den Umständen des Einzelfalls unter Berücksichtigung der jeweiligen Verhältnisse auf dem Arbeitsmarkt, insbesondere auch Lohnstruktur und Mindestlöhne, und der persönlichen Eigenschaften des Arbeitssuchenden, insbesondere Alter, Ausbildung, Berufserfahrung, Gesundheitszustand, Geschlecht u.ä., zugrunde gelegt werden; die Feststellung der realen Beschäftigungschance ist auch bei Inanspruchnahme auf den Mindestunterhalt eines minderjährigen Kindes nicht entbehrlich (vgl. BVerfG vom 18. Juni 2012, 1 BvR 774/10, NJW 2012, 2420–2422).

10. Bereinigung des Einkommens

10.1 Steuern und Vorsorgeaufwendungen

Vom Bruttoeinkommen sind Steuern und Vorsorgeaufwendungen abzuziehen. Zu den Vorsorgeaufwendungen zählen Aufwendungen für die gesetzliche Kranken- und Pflegeversicherung, Rentenversicherung und Arbeitslosenversicherung und/oder eine angemessene private Kranken- und Altersvorsorge.

Es besteht die Obliegenheit, Steuervorteile in zumutbarem Rahmen in Anspruch zu nehmen. Zur Obliegenheit, das Realsplitting geltend zu machen, siehe BGH FamRZ 2007, 793 ff. und BGH FamRZ 2007, 882 ff.

Aufwendungen für die Altersvorsorge sind bis zu 23 % des Bruttoeinkommens, beim Elternunterhalt bis zu 24 % des Bruttoeinkommens (je einschließlich der Gesamtbeiträge von Arbeitnehmern und Arbeitgebern zur gesetzlichen Rentenversicherung, bei Beamten, Richtern, Soldaten deshalb abzüglich des gültigen Rentenbeitragssatzes) abzusetzen.

---

[1] **Habersack, Deutsche Gesetze Nr. 20.**

Die darin enthaltene freiwillige, den Beitragssatz der gesetzlichen Rentenversicherung übersteigende, zusätzliche Altersvorsorge kann minderjährigen und privilegiert volljährigen Kindern bei der Geltendmachung von Mindestunterhalt nicht entgegengehalten werden.

Als zusätzliche Altersvorsorge sind neben den zertifizierten Riester- oder Rürupverträgen auch andere Vermögensbildungsmaßnahmen anzusehen, die einer Absicherung im Alter dienen können, insbesondere die Tilgungsleistungen auf Kredite für Immobilien.

Insbesondere beim Elternunterhalt sind Tilgungsleistungen bis zur Höhe des Wohnvorteils vom Einkommen abzuziehen, ohne dass dies die Befugnis zur Bildung eines zusätzlichen Altersvorsorgevermögens schmälert. Der den Wohnvorteil dann noch übersteigende Tilgungsanteil ist als Vermögensbildung zu Lasten des Unterhaltsberechtigten im Rahmen der sekundären Altersvorsorge auf die Altersvorsorgequote des Unterhaltspflichtigen anzurechnen (vgl. BGH vom 18.01.2017, XII ZB 118/16, FamRZ 2017, 519, Rn. 33f).

Altersvorsorge, die unter Beachtung der jeweiligen Unterhaltsgrundsätze, abzugsfähig war, kommt unter Umständen Bestandsschutz zu.

10.2 Berufsbedingte Aufwendungen

Berufsbedingte Aufwendungen, die sich von den privaten Lebenshaltungskosten nach objektiven Merkmalen eindeutig abgrenzen lassen, sind im Rahmen des Angemessenen vom Nettoeinkommen aus unselbständiger Arbeit abzuziehen.

10.2.1 Pauschale/konkrete Aufwendungen

Bei Vorliegen entsprechender Anhaltspunkte kann eine Pauschale von 5 % des Nettoeinkommens (maximal 150 €) abgesetzt werden. Diese Pauschale wird vom Nettoeinkommen vor Abzug von Schulden und besonderen Belastungen abgezogen. Die Pauschale erfasst alle berufsbedingten Aufwendungen einschließlich der Fahrtkosten.

Übersteigen die berufsbedingten Aufwendungen diese Pauschale, so sind sie im Einzelnen darzulegen.

10.2.2 Fahrtkosten

Werden berufsbedinge Aufwendungen konkret berechnet, erfolgt ein Abzug von Fahrtkosten zur Arbeitsstätte mit dem eigenen PKW grundsätzlich nur in Höhe der Fahrtkosten öffentlicher Verkehrsmittel, wenn deren Benutzung zumutbar ist. Ist wegen schwieriger öffentlicher Verkehrsverbindungen oder aus sonstigen Gründen die Benutzung eines PKW als angemessen anzuerkennen, so wird eine Kilometerpauschale in Höhe des Betrages nach § 5 Abs. 2 Nr. 1 JVEG[1] von 0,42 € für jeden gefahrenen Kilometer berücksichtigt. Anhaltspunkte für die Bestimmung der Angemessenheit können einerseits die ehelichen Lebensverhältnisse und andererseits das Verhältnis der Fahrtkosten zu dem Einkommen sein.

Die Fahrtkostenpauschale deckt in der Regel sowohl die laufenden Betriebskosten als auch die Anschaffungskosten des PKW ab.

Bei hoher Fahrleistung ist, da die Fahrtkosten nicht gleichmäßig ansteigen, eine abweichende Bewertung veranlasst. In der Regel kann bei einer

[1] **Habersack, Deutsche Gesetze Nr. 116.**

Entfernung von mehr als 30 km (einfach) und einer PKW-Nutzung an ca. 220 Tagen im Jahr für jeden Mehrkilometer die Pauschale auf die Hälfte des Satzes herabgesetzt werden.

Bei unverhältnismäßig hohen Fahrtkosten infolge weiter Entfernung zum Arbeitsplatz kommt auch eine Obliegenheit zu einem Wohnortwechsel in Betracht (BGH FamRZ 1998, 1501, 1502).

10.2.3 Ausbildungsaufwand

Bei Vorliegen entsprechender Anhaltspunkte kann eine Pauschale von 5 % der Ausbildungsvergütung abgesetzt werden. Übersteigen die Aufwendungen diese Pauschale, so sind sie im Einzelnen darzulegen (vgl. Nr. 10.2.1).

10.3 Kinderbetreuung

Kinderbetreuungskosten sind abzugsfähig, soweit die Betreuung durch Dritte infolge der Berufstätigkeit erforderlich ist. Geht ein Ehegatte einer Erwerbstätigkeit nach, obwohl er eines oder mehrere minderjährige Kinder betreut, so kann ihm – auch neben den in Satz 1 genannten konkreten Kosten – noch ein Ausgleich für Aufwendungen bis zu 200 € zugebilligt werden, wenn er darlegt, dass er oder Dritte zusätzliche Aufwendungen durch die Betreuung der Kinder haben (wie z.B. Großeltern, Nachbarn oder Freunde betreuen die Kinder unentgeltlich, ohne dadurch den Unterhaltspflichtigen entlasten zu wollen; Fahrtkosten zu Betreuungsstellen etc.). Für die Höhe dieses Betrags sind u.a. folgende Faktoren von Bedeutung: Zahl und Alter der Kinder; Umfang der Berufstätigkeit; Umfang der Fremdbetreuung, deren Kosten nicht im Rahmen der in S. 1 genannten konkreten Kosten geltend gemacht werden; Höhe der konkreten Kosten.

Zum Aufwand für die Betreuung des Kindes zählen nicht die Kosten einer Kindertagesstätte (Kinderkrippe, Kindergarten, Schülerhort); diese sind Mehrbedarf des Kindes und nach dem Verhältnis der beiderseitigen Einkünfte zwischen den Eltern aufzuteilen (siehe Nr. 12.4). Die auf jeden Elternteil entfallenden Anteile bzw. tatsächlich gezahlten Beträge sind als Kindesunterhalt vom Einkommen vorweg abzuziehen.

10.4 Schulden

Berücksichtigungswürdige Schulden (Zins und Tilgung) sind abzuziehen; die Abzahlung soll im Rahmen eines vernünftigen Tilgungsplanes in angemessenen Raten erfolgen. Zur Obliegenheit, im Einzelfall ein Verbraucherinsolvenzverfahren einzuleiten, um für Kindesunterhalt leistungsfähig zu werden, vgl. BGH FamRZ 2005, 608 f.; beim Ehegattenunterhalt besteht eine solche Obliegenheit nicht (BGH FamRZ 2008, 497). Bei der Bedarfsermittlung für den Ehegattenunterhalt sind unterhaltsrechtlich nicht vorwerfbar eingegangene Verbindlichkeiten grundsätzlich abzusetzen. Sowohl beim Verwandten- als auch beim Ehegattenunterhalt erfolgt noch eine Abwägung nach den Umständen des Einzelfalls. Bei der Zumutbarkeitsabwägung sind Interessen des Unterhaltsschuldners, des Drittgläubigers und des Unterhaltsgläubigers, vor allem minderjähriger Kinder, mit zu berücksichtigen. Bei der Unterhaltsbemessung nach einem fiktiven Einkommen ist auch ein fiktiver Schuldendienst berücksichtigungsfähig.

10.5 Unterhaltsleistungen (bleibt unbesetzt)

10.6 Vermögensbildung

Vermögensbildende Aufwendungen sind bei guten Einkommensverhältnissen im angemessenen Rahmen abzugsfähig.

10.7 Umgangskosten

Notwendige Kosten des Umgangs, die über den dem Umgangsberechtigten verbleibenden Anteil am Kindergeld erheblich hinausgehen, können sich einkommensmindernd auswirken.

Kindesunterhalt

11. Bemessungsgrundlage (Tabellenunterhalt)

Der Barunterhalt minderjähriger und noch im elterlichen Haushalt lebender volljähriger unverheirateter Kinder bestimmt sich nach den Sätzen der Düsseldorfer Tabelle[1)] ohne Bedarfskontrollbeträge (Anhang 1). Bei minderjährigen Kindern kann er als Festbetrag oder als Prozentsatz des jeweiligen Mindestunterhalts geltend gemacht werden.

11.1 Kranken- und Pflegeversicherungsbeiträge

Die Tabellensätze der Düsseldorfer Tabelle[1)] enthalten keine Kranken- und Pflegeversicherungsbeiträge für das Kind, wenn dieses nicht in einer gesetzlichen Familienversicherung mitversichert ist. Dieser Aufwand gehört jedoch zum Grundbedarf und ist von dem/den Barunterhaltspflichtigen zu tragen.

Besteht für das Kind eine freiwillige Krankenversicherung, so sind die hierfür erforderlichen Beiträge von dem/den Barunterhaltspflichtigen zusätzlich zu zahlen, zur Ermittlung des Tabellenunterhalts jedoch in Höhe des jeweiligen Anteils vom Einkommen abzusetzen.

11.2 Eingruppierung

Die Tabellensätze sind auf den Fall zugeschnitten, dass der Unterhaltspflichtige zwei Unterhaltsberechtigten (ohne Rücksicht auf den Rang, soweit für den Nachrangigen Mittel vorhanden sind) Unterhalt zu gewähren hat. Bei einer größeren oder geringeren Anzahl Unterhaltsberechtigter sind in der Regel Ab- oder Zuschläge durch Einstufung in niedrigere oder höhere Einkommensgruppen vorzunehmen. Liegt insoweit das verfügbare Einkommen des Unterhaltspflichtigen im Bereich bis 1.500,– €, ist für die Aufstufung eine besondere Prüfung notwendig.

12. Minderjährige Kinder

12.1 Betreuungs-/Barunterhalt

Der sorgeberechtigte Elternteil, der ein minderjähriges Kind betreut, leistet in der Regel hierdurch seinen Beitrag zum Kindesunterhalt (§ 1606 Abs. 3 S. 2 BGB[2)]).

12.2 Einkommen des Kindes

Einkommen des Kindes wird bei beiden Eltern hälftig angerechnet. Zum Kindergeld vgl. Nr. 14.

[1)] Nr. 47.
[2)] **Habersack, Deutsche Gesetze Nr. 20.**

12.3 Beiderseitige Barunterhaltspflicht/Haftungsanteil

Der betreuende Elternteil braucht neben dem anderen Elternteil in der Regel keinen Barunterhalt zu leisten (§ 1606 Abs. 3 Satz 2 BGB[1]), es sei denn

a) der angemessene Selbstbehalt des nicht betreuenden Elternteils wäre durch den Barbedarf des Kindes gefährdet und der betreuende Elternteil wäre insoweit leistungsfähig, ohne dass sein eigener angemessener Selbstbehalt gefährdet würde (§ 1603 Abs. 2 Satz 3 BGB, vgl. BGH FamRZ 2011, 1041).
oder

b) der angemessene Selbstbehalt des nicht betreuenden Elternteils wäre durch den Barbedarf des Kindes zwar nicht gefährdet, die Leistungsfähigkeit des betreuenden Elternteils ist aber bedeutend höher als diejenige des nicht betreuenden Elternteils, etwa bei dreifach höherem verfügbaren Einkommen oder guten Vermögensverhältnissen (vgl. BGH vom 10.07.2013, XII ZB 297/12 = FamRZ 2013, 1558).

Fall a) führt dazu, dass das Einkommen des nicht betreuenden Elternteils nur bis zur Grenze seines angemessenen Selbstbehalts für Unterhaltszahlungen einzusetzen ist und dass im Übrigen der betreuende Elternteil im Rahmen seiner Ausfallhaftung für den Barunterhalt des Kindes haftet.
Fall b) führt zur Kürzung bis hin zum völligen Wegfall der Barunterhaltspflicht des nicht betreuenden Elternteils.

Sind bei auswärtiger Unterbringung des Kindes beide Eltern zum Barunterhalt verpflichtet, haften sie anteilig nach § 1606 Abs. 3 Satz 1 BGB für den Gesamtbedarf (vgl. Nr. 13.3). Der Verteilungsschlüssel kann unter Berücksichtigung des Betreuungsaufwandes wertend verändert werden.

12.4 Zusatzbedarf

Bei Zusatzbedarf (Verfahrenskostenvorschuss, Mehrbedarf, Sonderbedarf) gilt § 1606 Abs. 3 Satz 1 BGB[1] (vgl. Nr. 13.3). Zum Mehrbedarf des Kindes zählen die Kosten für den Besuch einer Kindertagesstätte (Kinderkrippe, Kindergarten, Schülerhort) abzüglich des ersparten Verpflegungsmehraufwandes. Schulpaket und Bildungspaket ergeben keinen Zusatzbedarf.

13. Volljährige Kinder

13.1 Bedarf

Beim Bedarf volljähriger Kinder ist zu unterscheiden, ob sie noch im Haushalt der Eltern/eines Elternteils leben oder einen eigenen Hausstand haben.

13.1.1 Für volljährige Kinder, die noch im Haushalt der Eltern oder eines Elternteils wohnen, gilt die Altersstufe 4 der Düsseldorfer Tabelle[2]. Sind beide Elternteile leistungsfähig (vgl. Nr. 21.3.1), ist der Bedarf des Kindes in der Regel nach dem zusammengerechneten Einkommen zu bemessen. Hierbei findet bei einer Unterhaltsverpflichtung gegenüber nur einem Kind eine Höherstufung um eine Einkommensgruppe nicht statt (vgl. entsprechend beim früheren Zuschnitt der Tabelle auf drei Unterhalts-

---

[1] **Habersack, Deutsche Gesetze Nr. 20.**
[2] Nr. 47.

berechtigte OLG Hamm FamRZ 1993, 353, 355, bestätigt durch BGH FamRZ 1994, 696, 697). Für die Haftungsquote gilt Nr. 13.3. Ein Elternteil hat jedoch höchstens den Unterhalt zu leisten, der sich allein aus seinem Einkommen aus der Düsseldorfer Tabelle ergibt.

Dies gilt auch für ein Kind im Sinne des § 1603 Abs. 2 Satz 2 BGB[1)].

13.1.2 Der angemessene Bedarf eines volljährigen Kindes mit eigenem Hausstand beträgt in der Regel monatlich *930 €* (darin sind enthalten Kosten für Unterkunft und Heizung bis zu *410 €*), ohne Beiträge zur Kranken- und Pflegeversicherung sowie ohne Studiengebühren.

Semesterbeiträge sind im Bedarfssatz enthalten. Von diesem Betrag kann bei erhöhtem Bedarf oder mit Rücksicht auf die Lebensstellung der Eltern abgewichen werden.

13.2 Einkommen des Kindes

Auf den Unterhaltsbedarf werden Einkünfte des Kindes, auch das Kindergeld (siehe Nr. 14), BAföG-Darlehen und Ausbildungsbeihilfen (gekürzt um ausbildungsbedingte Aufwendungen, vgl. Nr. 10.2.3) angerechnet. Bei Einkünften aus unzumutbarer Erwerbstätigkeit gilt § 1577 Abs. 2 BGB[1)] entsprechend.

13.3 Beiderseitige Barunterhaltspflicht/Haftungsanteil

Für den Bedarf des Volljährigen haften die Eltern anteilig nach dem Verhältnis ihrer verfügbaren Einkommen. Vor der Bildung der Haftungsquote sind der angemessene Selbstbehalt jedes Elternteils (1.650 €, siehe Nr. 21.3.1) und der Unterhalt vorrangig Berechtigter abzusetzen (vgl. zur Berechnungsmethode BGH FamRZ 1986, 151 = NJW-RR 1986, 426; FamRZ 1986, 153 = NJW-RR 1986, 293). Die Haftung ist auf den Tabellenbetrag nach Maßgabe des eigenen Einkommens des jeweils Verpflichteten begrenzt.

Diese Berechnung findet für den Bedarf des volljährigen Schülers im Sinne des § 1603 Abs. 2 Satz 2 BGB[1)] entsprechende Anwendung: Zur Bildung der Haftungsquote ist vorab der angemessene Selbstbehalt jedes Elternteils und der Barbedarf weiterer jetzt gleichrangiger Kinder abzusetzen, wenn der verbleibende Betrag zur Bedarfsdeckung aller Kinder ausreicht. Ist dies nicht der Fall (Mangelfall) wird der Selbstbehalt auf den notwendigen Selbstbehalt herabgesetzt. Außerdem ist statt eines Vorwegabzugs des Bedarfs der anderen Kinder der Bedarf des volljährigen Kindes aus dem nach Abzug des eigenen Selbstbehalts der Eltern verbleibenden Betrag anteilig zu befriedigen. Zur Berechnungsweise im Übrigen vgl. BGH FamRZ 2002, 815, (818).

14. Verrechnung des Kindergeldes

Es wird nach § 1612b BGB[1)] ausgeglichen.

Für das gesamte Jahr 2015, d.h. auch für die Zeit vom 01.08.2015 bis 31.12.2015, bleiben dabei die bis 2014 geltenden Kindergeldbeträge (monatlich 184 € für erste und zweite Kinder, 190 € für dritte Kinder und 215 € für das vierte und jedes weitere Kind) maßgeblich.

[1)] **Habersack, Deutsche Gesetze Nr. 20.**

Ehegattenunterhalt

15. Unterhaltsbedarf

Der Unterhaltsanspruch eines bedürftigen Ehegatten (§§ 1361, 1569 ff. BGB[1]) besteht in dem Unterschiedsbetrag zwischen seinem eheangemessenen Bedarf und seinen tatsächlich erzielten oder zurechenbaren Einkünften im Rahmen der Leistungsfähigkeit des Verpflichteten.

15.1 Bedarf nach ehelichen Lebensverhältnissen

Bei der Bedarfsbemessung ist das eheprägende Einkommen zu berücksichtigen (Stichtag: Rechtskraft der Scheidung).

Umstände, die auch bei fortbestehender Ehe eingetreten wären, und Umstände, die bereits in anderer Weise in der Ehe angelegt und mit hoher Wahrscheinlichkeit zu erwarten waren, sind zu berücksichtigen. Dies gilt für normale absehbare weitere Entwicklungen von Einkünften aus derselben Einkommensquelle, wie für übliche Lohnerhöhungen, sowie einen nicht vorwerfbaren nachehelichen Einkommensrückgang, etwa durch Arbeitslosigkeit, Eintritt in das gesetzliche Rentenalter oder Krankheit. Ist der Pflichtige wieder verheiratet, berechnet sich der Bedarf des früheren Ehegatten aufgrund einer fiktiven Besteuerung der Einkünfte des Pflichtigen nach der Grundtabelle, also ohne den Splittingvorteil. Unterhaltsleistungen, die während der Ehe für Kinder erbracht worden sind, prägen die Ehe und sind daher bei der Bedarfsberechnung grundsätzlich vorweg in Abzug zu bringen. Zu den bei der Bedarfsberechnung zu beachtenden Umständen gehört auch das Hinzutreten weiterer Unterhaltsberechtigter bis zur rechtskräftigen Ehescheidung. Auch ein Unterhaltsanspruch aus § 1615l BGB[1], den ein betreuender Elternteil eines vor der Rechtskraft der Scheidung geborenen Kindes hat, prägt die ehelichen Lebensverhältnisse. Dagegen sind die Unterhaltspflichten für ein nach Rechtskraft der Scheidung geborenes Kind, gegenüber dessen betreuenden Elternteil nach § 1615l BGB sowie gegenüber einem späteren Ehegatten bei der Bemessung des Unterhaltsbedarfs nach § 1578 Abs. 1 S. 1 BGB (anders als bei der Leistungsfähigkeit) nicht zu berücksichtigen (siehe Nr. 15.5).

Das Unterhaltsrecht will den geschiedenen Ehegatten nicht besser stellen, als er während der Ehe stand oder aufgrund einer absehbaren Entwicklung ohne die Scheidung stehen würde.

Daher sind nur solche Steigerungen des verfügbaren Einkommens zu berücksichtigen, die schon in der Ehe angelegt waren, nicht aber z.B. ein Einkommenszuwachs infolge eines Karrieresprungs.

Soweit ein nachehelicher Karrieresprung lediglich einen neu hinzugetretenen Unterhaltsbedarf auffängt und nicht zu einer Erhöhung des Unterhalts nach den während der Ehe absehbaren Verhältnissen führt, ist das daraus resultierende Einkommen aber in die Unterhaltsbemessung einzubeziehen.

Einkünfte, die aus einer überobligationsmäßig ausgeübten Erwerbstätigkeit erzielt werden, prägen die ehelichen Lebensverhältnisse nicht (BGH FamRZ 2003, 518).

---

[1] **Habersack, Deutsche Gesetze Nr. 20.**

Der Mindestbedarf eines Ehegatten liegt aber nicht unter *1.120,– €*, ggf. abzüglich etwa zu berücksichtigender Synergieeffekte durch Zusammenleben mit einem leistungsfähigen Partner.

15.2 Halbteilung und Erwerbstätigenbonus

Der eheangemessene Bedarf eines Ehegatten (ohne Vorsorgebedarf) beträgt (ungeachtet eines etwaigen Erwerbstätigenbonus) 1/2 des den ehelichen Lebensverhältnissen entsprechenden Einkommens eines oder beider Ehegatten, bereinigt um die berücksichtigungsfähigen Lasten und den Zahlbetrag des Kindesunterhalts (Quotenunterhalt).

Erbringt der Verpflichtete sowohl Bar- als auch Betreuungsunterhalt, so gilt Nr. 10.3 (BGH FamRZ 2001, 350).

Auf Erwerbstätigkeit beruhendes Einkommen der Ehegatten wird bei quotaler Bedarfsberechnung vorab um einen Bonus von 1/10 bereinigt. Dieser wird jeweils nach Abzug der mit der Erzielung des Erwerbseinkommens verbundenen Aufwendungen (Werbungskosten) sowie grundsätzlich der ehelichen Lasten und des von dem Erwerbstätigen zu leistenden Kindesunterhalts berechnet. Bei der Prüfung der Leistungsfähigkeit des Unterhaltspflichtigen ist ein Erwerbstätigkeitsbonus nicht zu berücksichtigen, siehe Ziffer 21.4.

Sind mit der Erzielung von Nichterwerbseinkommen (insbes. Wohnvorteil, Kapitaleinkünfte pp.) besondere Aufwendungen verbunden, werden diese von der jeweiligen Einkunftsart abgezogen.

Nach der Anrechnungsmethode sind Einkünfte des Berechtigten aus Vermögen, das in der Ehe nicht für den Lebensunterhalt zur Verfügung stand, zu berücksichtigen.

15.3 Konkrete Bedarfsbemessung

Nach der Rechtsprechung des BGH kann ein eheangemessener Unterhaltsbedarf bis zu einem Bedarf, der sich aus dem höchsten in der Düsseldorfer Tabelle[1)] ausgewiesenen Einkommensbetrag ableitet, als Quotenunterhalt geltend gemacht werden (bei Erwerbseinkommen derzeit bis zu 4.950,– Euro). Die quotale Darlegung des Bedarfs kann vom Berechtigten und Verpflichteten auch dadurch geschehen, dass die Höhe des zur Verfügung stehenden Gesamteinkommens sowie die hiervon betriebenen Aufwendungen zur Vermögensbildung dargelegt werden.

Der Bedarf auf Elementarunterhalt kann daneben auch konkret dargelegt werden; eigenes Einkommen des bedürftigen Ehegatten ist hierauf ohne Abzug eines Erwerbstätigenbonus (BGH vom 10.11.2010, XII ZR 197/08 = FamRZ 2011, 192, Tz. 24) anzurechnen.

Obergrenze ist jedoch auch insoweit die unter Beachtung des Halbteilungsgrundsatzes zu errechnende Unterhaltsquote unter Berücksichtigung eines Erwerbstätigenbonus, wenn der Pflichtige sich unter Offenlegung seiner Einkommensverhältnisse darauf beruft.

15.4 Vorsorgebedarf/Zusatz- und Sonderbedarf

Werden Altersvorsorge-, Kranken- und Pflegeversicherungskosten vom Berechtigten gesondert geltend gemacht oder vom Verpflichteten bezahlt, sind diese von dem Einkommen des Pflichtigen vorweg abzuziehen. Der

1) Nr. **47**.

Vorwegabzug unterbleibt, soweit nicht verteilte Mittel zur Verfügung stehen, z.B. durch Anrechnung nicht prägenden Einkommens des Berechtigten auf seinen Bedarf.

Bei der Bemessung des Altersvorsorgebedarfs kann nach den Grundsätzen der Bremer Tabelle[1)] verfahren werden. Wenn der Unterhaltspflichtige eine unterhaltsrechtlich anzuerkennende zusätzliche Altersvorsorge betreibt, ist dies auch dem Unterhaltsberechtigten durch eine entsprechende Erhöhung des Altersvorsorgeunterhalts erlaubt, vgl. BGH FamRZ 2020, 21 Rn 47. Altersvorsorgeunterhalt kann in der Regel nur dann verlangt werden, wenn der Bedarf in Höhe des Mindestselbstbehaltes für Erwerbstätige gemäß Ziffer 21.4 gedeckt ist. Der Altersvorsorgeunterhalt ist nicht auf den Höchstbetrag nach Maßgabe der Beitragsbemessungsgrenze beschränkt und soll gegebenenfalls aus nicht prägendem Einkommen gedeckt werden, so dass dann die zweite Berechnungsstufe entfallen kann, vgl. BGH FamRZ 1999, 372, FamRZ 2007, 117 ff.; XII ZR 35/09 = FamRZ 2012, 945.

Altersvorsorgeunterhalt kann für die Vergangenheit nicht erst von dem Zeitpunkt an verlangt werden, in dem er ausdrücklich geltend gemacht worden ist. Es reicht für die Inanspruchnahme des Unterhaltspflichtigen vielmehr aus, dass von diesem Auskunft mit dem Ziel der Geltendmachung eines Unterhaltsanspruchs begehrt worden ist (BGH FamRZ 2007, 193 ff.), anders bei bereits erfolgter Bezifferung, BGH v. 7.112012, XII ZB 229/11 = FamRZ 2013, 109.

Der Beitrag für Krankenversicherung und Pflegeversicherung ist in jeweils nachzuweisender konkreter Höhe zu berücksichtigen.

15.5 Bedarf bei mehreren Ehegatten und Berechtigten nach § 1615l BGB

Der Bedarf der Ehegatten berechnet sich nach dem Prioritätsgrundsatz. Danach sind die Unterhaltspflichten für einen späteren Ehegatten oder gegenüber dem betreuenden Elternteil eines nach der Scheidung der Eheleute geborenen Kindes (§ 1615l BGB[2)]) bei der Bemessung des Unterhaltsbedarfs des ersten Ehegatten nach § 1578 Abs. 1 S. 1 BGB nicht zu berücksichtigen. Zur Anwendung der so genannten Dreiteilungsmethode kann es aber noch im Rahmen der Leistungsfähigkeit und der Mangelverteilung kommen (vgl. Nr. 24.3.2), wenn der erste Ehegatte nicht vorrangig ist. Der Bedarf eines späteren Ehegatten wird zwar durch die Unterhaltslast des Pflichtigen aus einer früheren Ehe geprägt. Der endgültige Unterhaltsbedarf des späteren Ehegatten lässt sich aber erst im Zusammenspiel mit der Leistungsfähigkeit des Unterhaltspflichtigen gegenüber einem früheren Ehegatten bemessen. Verbleibt dem Unterhaltspflichtigen danach gegenüber einem früheren Ehegatten wieder ein höherer Betrag, wirkt sich dies zugleich auf den im Wege der Halbteilung zu ermittelnden Bedarf seines späteren Ehegatten aus (BGH FamRZ 2012, 281, Tz. 45).

Zum dabei zu berücksichtigenden Einkommen vgl. Nr. 1.1 und 15.1.

[1)] Nr. 47f/1.

[2)] **Habersack, Deutsche Gesetze Nr. 20.**

15.6 Trennungsbedingter Mehrbedarf

Trennungsbedingter Mehrbedarf kann zusätzlich berücksichtigt werden, wenn ausnahmsweise noch die Anrechnungsmethode Anwendung findet. Obergrenze ist das Ergebnis der Differenzmethode.

15.7 Begrenzung nach § 1578b BGB

Nach Scheidung der Ehe ist in der Regel zunächst der eheangemessene Unterhalt weiterzuzahlen, eine sofortige Begrenzung wird bis auf Ausnahmefälle nicht in Betracht kommen. Dem berechtigten Ehegatten ist in der Regel eine auch unter Berücksichtigung der Ehedauer angemessene Übergangsfrist einzuräumen, binnen derer er sich auf die nicht an den ehelichen Lebensverhältnissen ausgerichteten neuen Verhältnisse einstellen kann.

Für die Frage der Begrenzung des nachehelichen Unterhalts kommt es nach § 1578b BGB[1] maßgeblich darauf an, ob ehebedingte Nachteile eingetreten sind oder eine Begrenzung des Unterhaltsanspruchs unter Berücksichtigung der Dauer der Ehe unbillig wäre.

Der Ehegattenunterhalt ist nicht auf den Ausgleich ehebedingter Nachteile beschränkt. Wenn und soweit solche fehlen, ist über eine Herabsetzung auf den angemessenen Lebensbedarf im Wege einer umfassenden Billigkeitsabwägung zu entscheiden, die auch das jeweilige Maß an fortwirkender nachehelicher Solidarität einzubeziehen hat. Diesem Gedanken ist besonders Rechnung zu tragen, wenn Unterhalt wegen Krankheit geschuldet wird.

Im Rahmen der umfassenden Billigkeitsabwägung sind sämtliche Umstände (wie z.B. beiderseitige Einkommens- und Vermögensverhältnisse, Vermögenserwerb während der Ehe, die vom Berechtigten in der Ehe erbrachte Lebensleistung, Umfang und Dauer des vom Pflichtigen bis zur Scheidung gezahlten Trennungsunterhalts bzw. des nach der Scheidung gezahlten Unterhalts) zu berücksichtigen. Die Ehedauer, bei der auf die Zeit von der Eheschließung bis zur Zustellung des Scheidungsantrags abzustellen ist, gewinnt bei der Bestimmung des Maßes der nachehelichen Solidarität ihr besonderes Gewicht aus der Wechselwirkung zwischen der Rollenverteilung in der Ehe und der darauf beruhenden Verflechtung der wirtschaftlichen Verhältnisse.

Die Möglichkeit der Herabsetzung und/oder Befristung des Ehegattenunterhalts nach § 1578b BGB ist als rechtsvernichtende bzw. rechtsbeschränkende Einwendung bei entsprechendem Vortrag zu berücksichtigen. Im Rahmen der Herabsetzung und zeitlichen Begrenzung des Unterhalts ist der Unterhaltspflichtige für die Tatsachen darlegungs- und beweisbelastet, die für eine Begrenzung sprechen.

Hinsichtlich der Tatsache, dass ehebedingte Nachteile nicht entstanden sind, trifft den Unterhaltsberechtigten jedoch eine sekundäre Darlegungslast. Er muss die Behauptung, es seien keine ehebedingten Nachteile entstanden, substantiiert bestreiten und seinerseits darlegen, welche konkreten ehebedingten Nachteile entstanden sein sollen. Im Einzelfall kann der Vortrag genügen, dass in dem vor der Ehe ausgeübten Beruf Gehaltssteigerungen in einer bestimmten Höhe mit zunehmender Berufserfah-

[1] **Habersack, Deutsche Gesetze Nr. 20.**

rung bzw. Betriebszugehörigkeit üblich sind. Anders verhält es sich bei einem behaupteten beruflichen Aufstieg. Hier muss der Unterhaltsberechtigte darlegen, aufgrund welcher Umstände (wie etwa Fortbildungsbereitschaft, bestimmte Befähigungen, Neigungen, Talente etc.) er eine entsprechende Karriere gemacht hätte.

Der Betreuungsunterhalt nach § 1570 BGB ist nicht nach § 1578b BGB zu befristen.

16. Bedürftigkeit

Eigene (erzielte oder zurechenbare) Einkünfte des Berechtigten sind auf den Bedarf anzurechnen, wobei bei einer Berechnung nach Quoten das bereinigte Nettoerwerbseinkommen um den Erwerbstätigenbonus zu vermindern ist.

17. Erwerbsobliegenheit

17.1 bei Kindesbetreuung

Die nach Vollendung des 3. Lebensjahres des Kindes grundsätzlich einsetzende Erwerbsobliegenheit des betreuenden Elternteils ist hinsichtlich Art und Umfang an den Belangen des Kindes auszurichten.

Stehen solche Belange einer Fremdbetreuung generell entgegen oder besteht eine kindgerechte Betreuungsmöglichkeit nicht, hat das Prinzip der Eigenverantwortung des betreuenden Elternteils für seinen Unterhalt zurückzustehen.

Dieser Maßstab bestimmt auch die Verpflichtung zur Aufnahme einer Teilzeit- oder Vollzeittätigkeit.

Vgl. hierzu die Gesetzesbegründung, FamRZ 2007, 1947, 2. Spalte:

„… Die Neuregelung verlangt (also) keineswegs einen abrupten, übergangslosen Wechsel von der elterlichen Betreuung zu Vollzeiterwerbstätigkeit. Im Interesse des Kindeswohls wird vielmehr auch künftig ein gestufter, an den Kriterien von § 1570 Abs. 1 BGB[1]-Entwurf orientierter Übergang möglich sein."

Folgende Kriterien sind insbesondere zu prüfen: Kindbezogene Gründe:

1. Generelle Betreuungsbedürftigkeit aufgrund des Alters
2. Fehlende kindgerechte Betreuungsmöglichkeiten, wobei die staatlichen Betreuungsmöglichkeiten nach der Rechtsprechung des BGH als kindgerecht anzusehen sind.
3. Krankheiten, die durch die Betreuung in einer Einrichtung nicht aufgefangen werden können und damit die Betreuung durch einen Elternteil erfordern.

Elternbezogene Gründe:

1. Vertrauen in die vereinbarte oder praktizierte Rollenverteilung und Ausgestaltung der Kinderbetreuung. Zu berücksichtigen ist dabei auch die Aufgabe einer Erwerbstätigkeit wegen Kindererziehung und die Dauer der Ehe.
2. Umfang der Betreuungsbedürftigkeit des Kindes im Anschluss an die Betreuung in einer Betreuungseinrichtung, wobei der Betreuungs-

[1] **Habersack, Deutsche Gesetze Nr. 20.**

bedarf in der Regel bei jüngeren Kindern größer ist als bei älteren Kindern.

Darlegungs- und beweispflichtig für diese Umstände ist der Unterhaltsbedürftige.

Bei entsprechend konkretem Vortrag dürfte eine vollschichtige Erwerbsobliegenheit neben der Betreuung eines Kindes bis zum Ende der Grundschulzeit eher selten in Betracht kommen.

An die für eine Verlängerung des Betreuungsunterhalts, insbesondere aus kindbezogenen Gründen, erforderlichen Darlegungen sind keine überzogenen Anforderungen zu stellen (BGH FamRZ 2012, 1040).

Eine überobligationsmäßige Belastung des betreuenden Elternteils (Berufstätigkeit, Kinderbetreuung, Haushaltsführung) ist zu vermeiden.

Bei Inanspruchnahme von privater Betreuung, z.B. durch Angehörige, kann es sich um eine freiwillige Leistung Dritter handeln, die den Unterhaltspflichtigen nicht entlasten soll. Die Kinderbetreuung während des Umgangs durch den Unterhaltspflichtigen kann allenfalls dann, wenn der Umgang geregelt ist oder unproblematisch funktioniert, zu einer Erwerbsobliegenheit des Unterhaltsberechtigten in den feststehenden Zeiten führen. Die Änderung einer bestehenden Umgangsregelung zum Zweck der Ausweitung der Erwerbstätigkeit des betreuenden Unterhaltsberechtigten kann in der Regel nicht verlangt werden.

Der Betreuungsunterhalt ist nicht zu befristen.

17.2 bei Trennungsunterhalt

In der Regel besteht für den Berechtigten im ersten Jahr nach der Trennung keine Obliegenheit zur Aufnahme oder Ausweitung einer Erwerbstätigkeit.

Für den Trennungsunterhalt gelten zunächst großzügigere Anforderungen hinsichtlich einer Erwerbsobliegenheit als sie in § 1574 BGB[1] für den nachehelichen Unterhalt bestimmt sind. Die bestehenden Verhältnisse sollen geschützt werden, damit die Wiederherstellung der ehelichen Lebensgemeinschaft nicht erschwert wird. Mit zunehmender Verfestigung der Trennung wird allerdings eine allmähliche Annäherung der unterschiedlichen Maßstäbe der Erwerbsobliegenheit bewirkt (BGH FamRZ 2012, 1201, Tz. 18).

Weitere Unterhaltsansprüche

18. Ansprüche aus § 1615l BGB

Der Bedarf nach § 1615l BGB[1] bemisst sich nach der Lebensstellung des betreuenden Elternteils. Erleidet dieser einen konkreten Verdienstausfall, ist er auch für den Unterhalt zu Grunde zu legen.

Der Mindestbedarf entspricht in der Regel dem notwendigen Selbstbehalt für nicht Erwerbstätige (*1.120 €*).

Der Anspruch nach § 1615l BGB ist begrenzt auf den Betrag, der einem Ehegatten in gleicher Lage zustünde. Dies hat der Verpflichtete darzulegen.

---

[1] **Habersack, Deutsche Gesetze Nr. 20.**

Bezüglich der Erwerbsobliegenheit und Dauer des Anspruchs gilt Nr. 17.1 entsprechend.

19. Elternunterhalt

Das „Angehörigen-Entlastungsgesetz" hat Auswirkungen auf den Elternunterhalt. Unterhaltsberechtigten Eltern obliegt es, vorrangig bedarfsdeckende Leistungen der Grundsicherung nach §§ 41 ff SGB XII in Anspruch zu nehmen.

Nehmen unterhaltsberechtigte Eltern Leistungen nach dem SGB XII in Anspruch, geht ihr Anspruch auf Elternunterhalt nur auf den Träger der Sozialhilfe über, wenn das unterhaltspflichtige Kind ein Jahreseinkommen von mehr als 100.000 brutto im Sinne des § 94 Ia SGB XII i.V.m. § 2 EStG (steuerliches Gesamtbruttoeinkommen) erzielt.

Besteht ein Anspruch auf Elternunterhalt (beispielsweise, weil der unterhaltsberechtigte Elternteil keinen Anspruch auf Leistungen nach dem SGB XII hat oder weil das Kind das Jahreseinkommen von 100.000 € brutto überschreitet), ist eine unterhaltsrechtliche Einkommensfeststellung erforderlich. Hierfür gelten die bisherigen Grundsätze.

Der Bedarf bemisst sich nach der eigenen Lebensstellung des unterhaltsberechtigten Elternteils, wobei nachteilige Veränderungen der Lebensverhältnisse, wie sie regelmäßig mit dem Eintritt in den Ruhestand einhergehen, zu berücksichtigen sind. Auch bei bescheidenen wirtschaftlichen Verhältnissen ist die Untergrenze des Bedarfs so zu bemessen, dass das Existenzminimum sichergestellt wird. Dieser Mindestbedarf kann in Höhe des notwendigen Selbstbehalts eines nicht Erwerbstätigen pauschaliert werden.

Bei einem Heimaufenthalt wird der Bedarf durch die dadurch anfallenden notwendigen Kosten zuzüglich eines Barbetrags für die persönlichen Bedürfnisse entsprechend § 27b Abs. 2 SGB XII bestimmt.

Das unterhaltspflichtige Kind, das nur geringe oder keine eigenen Einkünfte erzielt und einen Anspruch auf Familienunterhalt hat, ist nur dann zur Zahlung von Elternunterhalt leistungsfähig, wenn es im Rahmen des Familienunterhalts selbst vollständig abgesichert ist und aus eigenen Erwerbseinkünften oder aus Taschengeld Elternunterhalt leisten kann.

Zur Höhe des Taschengeldeinsatzes vgl. BGH FamRZ 2013, 363 mit der Maßgabe der Klarstellungen BGH FamRZ 2014, 1990, Rn. 12 ff.

Der Wohnwert ist bei der Inanspruchnahme auf Elternunterhalt in der Regel nicht mit der bei einer Fremdvermietung erzielbaren objektiven Marktmiete, sondern auf der Grundlage der unter den gegebenen Verhältnissen ersparten Miete zu bemessen.

Altersvorsorgevermögen, das der Anlage von 5 % des Jahresbruttoeinkommens des Pflichtigen, bezogen auf seine gesamte Erwerbstätigkeit bis zur Inanspruchnahme auf Elternunterhalt, entspricht, ist nicht für Unterhaltszwecke einzusetzen.

Der Wert einer selbstgenutzten Immobilie bleibt bei der Bemessung des Altersvorsorgevermögens eines auf Elternunterhalt in Anspruch genommenen Unterhaltspflichtigen grundsätzlich unberücksichtigt, BGH, XII ZB 269/12 vom 7.8.2013 = FamRZ 2013, 1554.

Angemessene Aufwendungen, die dem Unterhaltspflichtigen für Besuche bei dem Elternteil entstehen, mindern grundsätzlich seine Leistungsfähigkeit, weil ihr Zweck auf einer unterhaltsrechtlich anzuerkennenden sittlichen Verpflichtung beruht.

20. Lebenspartnerschaft

Bei Getrenntleben oder Aufhebung der Lebenspartnerschaft gelten §§ 12, 16 LPartG[1]).

Leistungsfähigkeit und Mangelfall

21. Selbstbehalt

21.1 Grundsatz

Es ist zu unterscheiden zwischen dem notwendigen (§ 1603 Abs. 2 BGB[2])), dem angemessenen (§ 1603 Abs. 1 BGB) und dem eheangemessenen (§§ 1361 Abs. 1, 1578 Abs. 1 BGB; BGH FamRZ 2006, 683) Selbstbehalt.

21.2 Notwendiger Selbstbehalt

Für Eltern gegenüber minderjährigen Kindern und diesen nach § 1603 Abs. 2 Satz 2 BGB[2]) gleichgestellten Kindern gilt im Allgemeinen der notwendige Selbstbehalt als unterste Grenze der Inanspruchnahme. Er beträgt *1.370 €*. Davon entfallen *520 €* auf den Wohnbedarf *(390 € Kaltmiete, 130 € Nebenkosten und Heizung)*.

Für nicht Erwerbstätige beträgt er *1.120 €*; bei Anhaltspunkten für unterhaltsrechtlich bedeutsame zusätzliche Kosten kann der Selbstbehalt angemessen erhöht werden. Bei geringfügiger Erwerbstätigkeit wird wegen des notwendigen Selbstbehalts auf BGH FamRZ 2008, 594 ff., 597, Tz. 29, verwiesen.

Verursacht der Umgang des Unterhaltspflichtigen mit den minderjährigen Kindern besondere Kosten, die er nur unter Gefährdung seines Selbstbehalts aufbringen könnte, kommt eine maßvolle Erhöhung in Betracht.

21.3 Angemessener Selbstbehalt

21.3.1 gegenüber volljährigen Kindern

Er beträgt gegenüber volljährigen Kindern *1.650 €*. Davon entfallen *650 €* auf den Wohnbedarf *(490 € Kaltmiete, 160 € Nebenkosten und Heizung)*.

Gegenüber volljährigen Kindern, die ihre bereits einmal erreichte wirtschaftliche Selbständigkeit wieder verloren haben, gilt Nr. 21.3.3. und ggf. Nr. 22.3.

21.3.2 bei Ansprüchen aus § 1615l BGB

Gegenüber Anspruchsberechtigten nach § 1615l BGB[2]) entspricht der Selbstbehalt dem eheangemessenen Selbstbehalt (Nr. 21.4).

21.3.3 beim Elternunterhalt

Bei der Bemessung des angemessenen Selbstbehalts sind Zweck und Rechtsgedanken des Gesetzes zur Entlastung unterhaltspflichtiger Angehöriger in der Sozialhilfe und in der Eingliederungshilfe (Angehörigenentlastungsgesetz) vom 10. Dezember 2019 (BGBl. I S. 2135) zu beachten.

---

[1]) Nr. 43.
[2]) **Habersack, Deutsche Gesetze Nr. 20.**

21.3.4 **von Großeltern gegenüber Enkeln**

Der Selbstbehalt von Großeltern gegenüber Enkeln beträgt mindestens *2.500 €,* wobei die Hälfte des diesen Mindestbetrag übersteigenden Einkommens zusätzlich anrechnungsfrei bleibt. In diesem Mindestbetrag sind Kosten für Unterkunft und Heizung in Höhe von *1.000 €* (750 € Kaltmiete, 250 € Nebenkosten und Heizung) enthalten, vgl. BGH FamRZ 2006, 26, 28, FamRZ 2007, 375 f.).

21.4 **Mindestselbstbehalt gegenüber Ehegatten**

Der Mindestselbstbehalt gegenüber getrennt lebenden und geschiedenen Unterhaltsberechtigten ist bei Erwerbstätigen in der Regel mit *1.510 €* zu bemessen, bei nicht Erwerbstätigen mit regelmäßig *1.385 €* (Mittelbetrag zwischen unterschiedlichem notwendigem und dem angemessenen Selbstbehalt), davon *580 €* für den Wohnbedarf (435 € Kaltmiete, 145 € Nebenkosten und Heizung).

Bei der Prüfung der Leistungsfähigkeit des Unterhaltspflichtigen ist ein Erwerbstätigkeitsbonus nicht zu berücksichtigen.

21.5 **Anpassung des Selbstbehalts**

21.5.1 Beim Verwandtenunterhalt kann der jeweilige Selbstbehalt unterschritten werden, wenn der eigene Unterhalt des Pflichtigen ganz oder teilweise durch seinen Ehegatten gedeckt ist.

21.5.2 Der Selbstbehalt soll erhöht werden, wenn die Wohnkosten (Warmmiete) den ausgewiesenen Betrag überschreiten und nicht unangemessen sind.

21.5.3 Eine Herabsetzung des Selbstbehalts mit Rücksicht auf geringere Wohnkosten des Unterhaltspflichtigen kommt nicht in Betracht, BGH FamRZ 2006, 1664, 1666.

Lebt der Unterhaltspflichtige mit einem leistungsfähigen Partner in Haushaltsgemeinschaft, kommt eine Haushaltsersparnis in Betracht, in der Regel 10 % des jeweils maßgeblichen Selbstbehalts. Untergrenze ist der Sozialhilfesatz (vgl. BGH FamRZ 2008, 594 ff.).

22. **Bedarf des mit dem Pflichtigen zusammen lebenden Ehegatten**

22.1 **Mindestbedarf bei Ansprüchen des nachrangigen geschiedenen Ehegatten**

Ist bei Unterhaltsansprüchen des nachrangigen geschiedenen Ehegatten der Unterhaltspflichtige wieder verheiratet, beträgt der Bedarf für den mit ihm zusammen lebenden Ehegatten mindestens *1.120 €*. Vgl. zur Bedarfsberechnung im Übrigen BGH FamRZ 2012, 281, Tz. 45, 48.

22.2 **Mindestbedarf bei Ansprüchen volljähriger Kinder**

Ist bei Unterhaltsansprüchen nicht privilegierter volljähriger Kinder der Unterhaltspflichtige verheiratet, werden für den mit ihm zusammen lebenden Ehegatten mindestens *1.120 €* angesetzt.

22.3 **Mindestbedarf bei Ansprüchen von Eltern oder Enkeln des anderen Ehegatten und von gemeinsamen Enkeln**

Ist bei Unterhaltsansprüchen der Eltern das unterhaltspflichtige Kind verheiratet, werden für den mit ihm zusammen lebenden Ehegatten mindestens *2.000 €* angesetzt. Im Familienbedarf von *4.500 € (2.500 € + 2.000 €)* sind Kosten für Unterkunft und Heizung von *1.700 €* (1.275 €

kalt + 425 € Nebenkosten und Heizung) enthalten. Dies gilt auch für Unterhaltsansprüche von und gegen Großeltern und Enkel(n).

23. Bedarf des vom Pflichtigen getrennt lebenden oder geschiedenen Ehegatten

Bei Ansprüchen wie in Nr. 22: bleibt unbesetzt.

24. Mangelfall

24.1 Grundsatz

Ein absoluter Mangelfall liegt vor, wenn das Einkommen des Verpflichteten zur Deckung seines jeweils maßgeblichen Selbstbehalts und der gleichrangigen Unterhaltsansprüche nicht ausreicht. Zur Feststellung des Mangelfalls entspricht der einzusetzende Bedarf für minderjährige und diesen nach § 1603 Abs. 2 Satz 2 BGB[1)] gleichgestellten Kindern dem Zahlbetrag (Differenz zwischen dem Tabellenbetrag und dem anzurechnenden Kindergeld).

Reicht die Leistungsfähigkeit des Unterhaltspflichtigen für den Unterhalt sämtlicher (auch nachrangiger) Berechtigter nicht aus, so führt die Angemessenheitsbetrachtung beim Unterhaltsbedarf gemäß § 1610 BGB regelmäßig dazu, dass der Kindesunterhalt nur in Höhe des Existenzminimums zu veranschlagen ist (BGH FamRZ 2008, 2189, Tz. 22).

24.2 Einsatzbeträge

Zu den Einsatzbeträgen im Mangelfall beim Kindesunterhalt siehe Rechenbeispiel im Anhang III. Zwischen gleichrangigen Ehegatten bzw. bei Ansprüchen nach § 1615l BGB[1)] ist der Mindestbedarf von *1.120 €*, ggf. herabgesetzt um Synergieeffekte und eigenes Einkommen, maßgebend.

24.3 Berechnung

24.3.1 Im absoluten Mangelfall ist die nach Abzug des maßgeblichen Selbstbehalts des Unterhaltspflichtigen verbleibende Verteilungsmasse anteilig auf alle gleichrangigen Unterhaltsberechtigten im Verhältnis ihrer Unterhaltsansprüche zu verteilen.

24.3.2 Stehen mehrere nach § 1609 Nr. 2 oder 3 BGB[1)] Berechtigte im gleichen Rang, schränkt die Unterhaltspflicht gegenüber dem jeweils anderen Berechtigten die Leistungsfähigkeit des Pflichtigen nach § 1581 S. 1 BGB ein (sog. relativer Mangelfall). Dem kann zur Wahrung des Halbteilungsgrundsatzes dadurch Rechnung getragen werden, dass die Unterhaltsansprüche im Regelfall nach den Grundsätzen der so genannten Dreiteilung bemessen werden (BGH FamRZ 2012, 281), wobei kein Erwerbstätigenbonus zu berücksichtigen ist (BGH v. 19.3.2014 – XII ZB 19/13 = FamRZ 2014, 912 Rn. 39). Das schließt eine abweichende Verteilung aufgrund der Berücksichtigung weiterer individueller Billigkeitsabwägungen nicht aus.

24.3.3 Steht ein Berechtigter im Rang des § 1609 Nr. 2 BGB[1)] und ein anderer im dritten Rang, gilt folgendes: Ist der spätere Ehegatte nachrangig, berührt eine ihm gegenüber bestehende Unterhaltsverpflichtung den Unterhaltsanspruch des vorrangigen Ehegatten grundsätzlich nicht.

[1)] **Habersack, Deutsche Gesetze Nr. 20.**

Ist der Unterhaltsanspruch des späteren Ehegatten oder des nach § 1615l BGB Berechtigten vorrangig, bleibt zwar die Bedarfsberechnung für den zeitlich früheren Ehegatten von der neuen Unterhaltsverpflichtung unberührt. Jedoch darf der vorrangig Unterhaltsberechtigte nicht schlechter stehen als nach einer Berechnung gemäß Nr. 24.3.2 (BGH FamRZ 2012, 281, Tz. 42 u. 48).

24.4 Angemessenheitskontrolle

Das gewonnene Ergebnis ist jeweils noch auf seine Angemessenheit zu überprüfen.

Sonstiges

25. Rundung

Der Unterhaltsbetrag ist auf volle Euro aufzurunden.

26. Übergangsregelung

Für bis zum 31.12.2007 fällig gewordene Unterhaltsansprüche gilt das bis dahin geltende Recht.

Die an § 32 Abs. 6 S. 1 EStG i.d.F. des Gesetzes zur Anhebung des Grundfreibetrags, des Kinderfreibetrags, des Kindergelds und des Kinderzuschlags vom 16.7.2015 (BGBl. I 2015, 1202) ausgerichteten Mindestunterhaltsbeträge i.S.d. § 1612a BGB[1] gelten in sinngemäßer Anwendung von § 1613 Abs. 1 S. 1 BGB erst ab 01.08.2015, ungeachtet der steuerrechtlich rückwirkend ab Januar 2015 in Kraft tretenden Kinderfreibeträge.

Anhang

I. Düsseldorfer Tabelle

(abgedruckt unter Nr. 47)

II. Umrechnung dynamischer Titel über Kindesunterhalt in Mindestunterhalt gem. § 36 Nr. 3 EGZPO[2]

Siehe Düsseldorfer Tabelle[3] unter E.

Während die dort errechneten Prozentsätze unverändert bleiben, auch wenn das Kind in eine höhere Altersstufe wechselt (BGH FamRZ 2012, 1048), müssen die ausgewiesenen Zahlbeträge für 2009 erstmals geändert werden, vgl. Diehl, FamExpress (Deubner-Verlag), Heft 2/2009, aufrufbar bei www.hefam.de unter Unterhaltsgrundsätze/Arbeitspapier, Anhang II, oder in der „Chronik" 2009-01-06. Ab dem 1.1.2010 gelten die Beträge im jeweiligen Anhang II der Unterhaltsgrundsätze ab *dem* 1.1.2015.

Aufgrund der Erhöhung des Mindestunterhalts zum 1.1.2023 ergeben sich seither folgende Zahlbeträge:

Bsp. 1 seit 1.1.2023:

437 € × 97,8 % = aufgerundet 428 €, abzüglich hälftiges Kindergeld 125 € = 303 €

---

[1] **Habersack, Deutsche Gesetze Nr. 20.**
[2] **Habersack, Deutsche Gesetze Nr. 101.**
[3] Nr. 47.

Bsp. 2 seit 1.1.2023:
437 € × 70,2 % = aufgerundet 307 € zuzüglich hälftiges Kindergeld *125* € = 432 €.
Bsp. 3 seit 1.1.2023:
502 € × 102,7 % = aufgerundet 516 € abzüglich volles Kindergeld *250* € = 266 €.
Bsp. 4 seit 1.1.2023:
588 € × 111,2 % = aufgerundet *654* € abzüglich hälftiges Kindergeld 125 € = 529 €.

III. Rechenbeispiele

Absoluter Mangelfall (für 1.1.2023 gerechnet)

Der Verpflichtete M hat ein bereinigtes Nettoeinkommen von 1910 €. Unterhaltsberechtigt sind ein 18-jähriges Kind K1, das bei der Mutter lebt und das Gymnasium besucht, und die beiden minderjährigen Kinder K2 (14 Jahre) und K3 (10 Jahre), die von der Mutter betreut werden. Das Kindergeld von *750* € (*3* × *250* €) wird an die Mutter ausbezahlt, deren sonstiges Einkommen unter *1.120* € liegt.

Unterhaltsberechnung gemäß Nr. 24.1: Mangels Leistungsfähigkeit der Mutter alleinige Barunterhaltspflicht von M für alle Kinder. M erzielt zwar ein Einkommen nach der 2. Einkommensgruppe, ist aber bei drei Berechtigten in die 1. Einkommensgruppe einzustufen. Da ersichtlich ein Mangelfall vorliegt, ist das außerdem auch bereits deshalb der Fall.

Mindestbedarf K1: *628* € (Düsseldorfer Tabelle[1]) Gruppe 1, 4. Altersstufe) – *250* € Kindergeld => offener Bedarf = Einsatzbetrag 378 €
Mindestunterhalt K2: *588* € – 125 € hälftiges Kindergeld => offener Bedarf = Einsatzbetrag 463 €
Mindestunterhalt K3: *502* € – 125 € hälftiges Kindergeld => offener Bedarf = Einsatzbetrag *377* €

Summe der Einsatzbeträge: 378 € + 463 € + 377 € = 1.218 €
Verteilungsmasse: 1910 € – 1.370 € = 540 €
Prozentuale Kürzung: 540/1.218 * 100 = *44,3 %*

Berechnung der gekürzten Unterhaltsansprüche:
K1: *378 € * 44,3 % = 168* €; zum Leben verfügbar also *168 + 250 = 418* €
K2: *463 € * 44,3 % = 205* €; zum Leben verfügbar also 205 + 125 = 330 €
K3: *377 € * 44,3 % = 167* €; zum Leben verfügbar also *167 + 125 = 292* €

---

1) Nr. **47**.

47k. Oberlandesgericht Hamburg – Unterhaltsrechtliche Leitlinien[1)]

(Stand: 1. Januar 2023)

Vorbemerkung

Die Familiensenate des Hanseatischen Oberlandesgerichts Hamburg verwenden diese Leitlinien als Orientierungshilfe für den Regelfall unter Beachtung der Rechtsprechung des BGH, wobei die Angemessenheit des Ergebnisses in jedem Fall zu überprüfen ist. Das Tabellenwerk der Düsseldorfer Tabelle[2)] ist eingearbeitet. Die Erläuterungen werden durch nachfolgende Leitlinien ersetzt. Sie gelten ab 1.1.2023. Gegenüber den bislang geltenden Leitlinien ergeben sich Änderungen in den Nummern 10.1.2, 13.1.2, 13.3, 18, 21.2, 21.3.1, 21.3.3, 21.3.4, 21.4, 22.1, 22.2, 22.3, 23.2, 23.3, 24.2 und hinsichtlich der Düsseldorfer Tabelle.

Unterhaltsrechtlich maßgebendes Einkommen

Bei der Ermittlung und Zurechnung von Einkommen ist stets zu unterscheiden, ob es um Verwandten- oder Ehegattenunterhalt sowie ob es um Bedarfsbemessung einerseits oder Feststellung der Bedürftigkeit/Leistungsfähigkeit andererseits geht.

Das unterhaltsrechtliche Einkommen ist nicht immer identisch mit dem steuer- und sozialrechtlichen Einkommen.

1. Geldeinnahmen

1.1 Auszugehen ist vom Jahresbruttoeinkommen einschließlich Weihnachts- und Urlaubsgeld sowie sonstiger Zuwendungen, wie z.B. Tantiemen und Gewinnbeteiligungen.

1.2 Soweit Leistungen nicht monatlich anfallen (z.B. Weihnachts- und Urlaubsgeld), werden sie auf ein Jahr umgelegt. Einmalige Zahlungen (z.B. Abfindungen) sind auf einen angemessenen Zeitraum (in der Regel mehrere Jahre) zu verteilen.

1.3 Überstundenvergütungen werden in der Regel dem Einkommen voll zugerechnet, soweit sie berufstypisch sind oder nur in geringem Umfang anfallen oder wenn der Mindestunterhalt minderjähriger Kinder oder der entsprechende Unterhalt ihnen nach § 1603 Abs. 2 Satz 2 BGB[3)] gleichgestellter Volljähriger nicht gedeckt ist. Sonst ist die Anrechnung unter Berücksichtigung des Einzelfalls nach Billigkeit zu beurteilen.

1.4 Ersatz für Spesen und Reisekosten sowie Auslösungen gelten in der Regel als Einkommen. Damit zusammenhängende Aufwendungen, vermindert um häusliche Ersparnisse, sind jedoch abzuziehen. Bei Aufwendungspauschalen (außer Kilometergeld) kann in der Regel 1/3 als Einkommen geschätzt werden.

1.5 Bei Selbständigen ist vom durchschnittlichen Gewinn während eines längeren Zeitraums von in der Regel mindestens drei aufeinander folgenden Jahren, möglichst den letzten drei Jahren, auszugehen. Für die Ver-

---

[1)] In der jeweils aktuellen Fassung kostenlos abrufbar unter http://justiz.hamburg.de/unterhaltsleitlinien/.

[2)] Nr. **47**.

[3)] **Habersack, Deutsche Gesetze Nr. 20.**

gangenheit sind die in dem jeweiligen Kalenderjahr erzielten Einkünfte maßgeblich. Anstatt auf den Gewinn kann ausnahmsweise auf die Entnahmen abzüglich der Einlagen abgestellt werden, wenn eine zuverlässige Gewinnermittlung nicht möglich oder der Betriebsinhaber unterhaltsrechtlich zur Verwertung seines Vermögens verpflichtet ist. Lineare Abschreibungen (Absetzungen für Abnutzung: AfA) werden in der Regel anerkannt. Ansonsten können Abschreibungen insoweit anerkannt werden, als dem steuerlich zulässigen Abzug ein tatsächlicher Wertverlust entspricht.

1.6 Einkommen aus Vermietung und Verpachtung sowie aus Kapitalvermögen ist der Überschuss der Bruttoeinkünfte über die Werbungskosten. Für Gebäude ist keine AfA anzusetzen.

1.7 Steuerzahlungen oder Erstattungen sind in der Regel im Kalenderjahr der tatsächlichen Leistung zu berücksichtigen. Steuervorteile, die auf unterhaltsrechtlich nicht zu berücksichtigenden Aufwendungen beruhen, bleiben in der Regel außer Betracht.

1.8 Sonstige Einnahmen, z.B. Einkünfte aus sog. „1 €-Jobs", Taschengeldanspruch und Trinkgelder sind Einkommen. Gleiches gilt für vom Arbeitgeber gewährte Zuschüsse für die dienstliche Nutzung privater Vermögensgegenstände, insbesondere die Nutzung des privaten PKW's. Für den Abzug der hiermit zusammenhängenden Kosten der dienstlichen Nutzung gilt Ziff. 10.2.

2. Sozialleistungen

2.1 Arbeitslosengeld (§§ 136 ff. SGB III), Kurzarbeitergeld (§§ 95 ff. SGB III) und Krankengeld sind Einkommen.

2.2 Arbeitslosengeld II (§§ 19–30 SGB II) und andere Leistungen nach dem SGB II beim Verpflichteten sind Einkommen. Beim Berechtigten sind Arbeitslosengeld II und Sozialgeld kein Einkommen, nicht subsidiäre Leistungen nach dem SGB II sind Einkommen, insbesondere Einstiegsgeld (§ 16b SGB II) oder Entschädigung für Mehraufwendungen (§ 16d SGB II). Die Geltendmachung von Unterhalt durch den Hilfeempfänger kann jedoch treuwidrig sein, wenn er infolge des Ausschlusses des Anspruchsübergangs (vgl. § 33 Abs. 2 SGB II) insbesondere für die Vergangenheit (aber allenfalls bis zur Rechtshängigkeit) durch das Arbeitslosengeld II oder das Sozialgeld und den Unterhalt mehr als seinen Bedarf erhalten würde.

2.3 Wohngeld ist Einkommen, soweit es nicht erhöhte Wohnkosten deckt.

2.4 BAföG-Leistungen sind Einkommen, auch soweit sie als Darlehen gewährt werden, mit Ausnahme von Vorausleistungen nach §§ 36, 37 BAföG[1].

2.5 Elterngeld ist Einkommen, soweit es über den Sockelbetrag von 300 € bzw. 150 € bei verlängertem Bezug hinausgeht. Der Sockelbetrag des Elterngeldes ist nur dann Einkommen, wenn einer der Ausnahmefälle des § 11 BEEG[2] vorliegt.

2.6 Unfallrenten und Versorgungsrenten sind Einkommen.

[1] **Sartorius Nr. 420.**
[2] Nr. **45e.**

2.7 Leistungen aus der Pflegeversicherung, Blindengeld, Schwerbeschädigten- und Pflegezulagen nach Abzug eines Betrags für tatsächliche Mehraufwendungen sind Einkommen; §§ 1610a, 1578a BGB[1] sind zu beachten.

2.8 Der Anteil des Pflegegelds bei der Pflegeperson, durch den ihre Bemühungen abgegolten werden, ist Einkommen; bei Pflegegeld aus der Pflegeversicherung gilt dies nach Maßgabe des § 13 Abs. 6 SGB XI.

2.9 In der Regel sind Leistungen nach §§ 41–43 SGB XII (Grundsicherung) beim Verwandtenunterhalt Einkommen, nicht aber beim Ehegattenunterhalt.

2.10 Kein Einkommen sind auf Seiten des Berechtigten sonstige Leistungen nach dem SGB XII. Die Unterhaltsforderung eines Hilfeempfängers kann in Ausnahmefällen treuwidrig sein (vgl. Nr. 2.2).

2.11 Leistungen nach dem Unterhaltsvorschussgesetz sind kein Einkommen. Die Unterhaltsforderung eines Hilfeempfängers kann in Ausnahmefällen treuwidrig sein (vgl. Nr. 2.2).

3. Kindergeld und Kinderzuschlag (§ 6a BKGG[2])

Kindergeld und Kinderzuschlag werden nicht zum Einkommen des Unterhaltspflichtigen gerechnet.

4. Geldwerte Zuwendungen

Geldwerte Zuwendungen aller Art des Arbeitgebers, z.B. Firmenwagen oder freie Kost und Logis, sind Einkommen, soweit sie entsprechende Eigenaufwendungen ersparen.

5. Wohnwert

Der Wohnvorteil durch mietfreies Wohnen im eigenen Heim ist als wirtschaftliche Nutzung des Vermögens unterhaltsrechtlich wie Einkommen zu behandeln. Neben dem Wohnwert sind auch Zahlungen nach dem Eigenheimzulagengesetz anzusetzen. Ein Wohnvorteil liegt nur vor, soweit der Wohnwert den berücksichtigungsfähigen Schuldendienst, erforderliche Instandhaltungskosten und die verbrauchsunabhängigen Kosten, mit denen ein Mieter gemäß §§ 556 Abs. 1 BGB[1] i.V.m. § 1 Abs. 2 BetrKV[3] üblicherweise nicht belastet wird, übersteigt. Auszugehen ist vom vollen Mietwert. Wenn es nicht möglich oder nicht zumutbar ist, die Wohnung aufzugeben und das Objekt zu vermieten oder zu veräußern, kann stattdessen die ersparte Miete angesetzt werden, die angesichts der wirtschaftlichen Verhältnisse angemessen wäre. Dies kommt insbesondere für die Zeit bis zum endgültigen Scheitern der Ehe in Betracht, wenn ein Ehegatte das Eigenheim allein bewohnt. Die Aufnahme weiterer Personen in die im Alleineigentum des Pflichtigen stehenden Immobilie, insbesondere die Aufnahme des Ehegatten, mindert den zuzurechnenden Wohnwert nicht.

6. Haushaltsführung

Führt jemand einem leistungsfähigen Dritten den Haushalt, so kann hierfür ein angemessenes Einkommen anzusetzen sein.

---

[1] **Habersack, Deutsche Gesetze Nr. 20.**
[2] Nr. **45b**.
[3] Nr. **30b/1**.

7. Einkommen aus unzumutbarer Erwerbstätigkeit

Einkommen aus unzumutbarer Erwerbstätigkeit kann nach Billigkeit ganz oder teilweise unberücksichtigt bleiben (§ 1577 Abs. 2 BGB[1]).

8. Freiwillige Zuwendungen Dritter

Freiwillige Zuwendungen Dritter (z.B. Geldleistungen, kostenloses Wohnen) sind als Einkommen nur zu berücksichtigen, wenn dies dem Willen des Dritten entspricht. Beim Mindestkindesunterhalt sind auch freiwillige Leistungen Dritter einzusetzen.

9. Erwerbsobliegenheit und fiktives Einkommen

Einkommen können auch aufgrund einer unterhaltsrechtlichen Obliegenheit erzielbare Einkünfte sein, wenn der Unterhaltsverpflichtete eine ihm mögliche und zumutbare Erwerbstätigkeit unterlässt. Bei Arbeitslosigkeit sind über eine Meldung bei der Agentur für Arbeit oder telefonische Nachfragen hinausgehende eigenständige Erwerbsbemühungen im Einzelnen darzulegen und zu belegen. Der Hinweis auf die Arbeitsmarktlage macht den Nachweis von Bemühungen nur im Ausnahmefall entbehrlich. Bei unzureichenden Bemühungen um einen Arbeitsplatz können bei einer feststellbaren realen Beschäftigungschance fiktive Einkünfte nach den Umständen des Einzelfalls unter Berücksichtigung von Beruf, Alter, Gesundheit und des zuletzt erzielten Verdienstes zugrunde gelegt werden. Neben dem Bezug von Leistungen der Arbeitsverwaltung kann die Aufnahme einer geringfügigen Beschäftigung (§ 155 SGB III) in Betracht kommen. Dem wiederverheirateten Elternteil obliegt es grundsätzlich, ungeachtet seiner Pflichten aus der neuen Ehe, durch Aufnahme einer Teilzeitarbeit zum Unterhalt der Kinder aus einer früheren Ehe beizutragen.

10. Bereinigung des Einkommens

10.1 Vom Bruttoeinkommen sind Steuern und Vorsorgeaufwendungen abzusetzen (Nettoeinkommen).

10.1.1 Es besteht die Obliegenheit, mögliche Steuervorteile – insbesondere als außergewöhnliche Belastung (§ 33a Abs. 1 EStG) bzw. aus dem begrenzten Realsplitting (§ 10 Abs. 1a Nr. 1 EStG) – in Anspruch zu nehmen (z.B. Eintragung eines Freibetrags bei Fahrtkosten, für unstreitigen oder titulierten Unterhalt).

10.1.2 Zu den Vorsorgeaufwendungen gehören die Aufwendungen für die gesetzliche Kranken- und Pflegeversicherung, Rentenversicherung und Arbeitslosenversicherung und/oder die angemessene private Kranken-, Pflege- und Altersvorsorge. Zu den angemessenen Vorsorgeaufwendungen kann auch eine zusätzliche, tatsächlich geleistete Altersvorsorge in Höhe von 4 % des Jahresbruttoeinkommens beim Kindes- und Ehegattenunterhalt und 5 % beim Elternunterhalt zählen, soweit kein Mangelfall vorliegt. Im Fall der Überschreitung der Beitragsbemessungsgrenze ist die BGH-Rechtsprechung (B. v. 25.9.2019, XII ZB 25/19, Rn. 35) zu beachten. Vorstehende Grundsätze gelten entsprechend für Personen, die in Folge der Ausübung einer selbständigen Tätigkeit der gesetzlichen Rentenversicherung nicht unterliegen.

[1] **Habersack, Deutsche Gesetze Nr. 20.**

10.2 Berufsbedingte Aufwendungen, die sich von den privaten Lebenshaltungskosten nach objektiven Merkmalen eindeutig abgrenzen lassen, sind im Rahmen des Angemessenen vom Nettoeinkommen aus unselbständiger Arbeit abzuziehen.

10.2.1 Bei Einkünften aus nichtselbständiger Tätigkeit sind berufsbedingte Aufwendungen vom Einkommen abzuziehen, wobei – bezogen auf Unterhaltszeiträume ab dem 1.1.2021 – ohne Nachweis eine Pauschale von 5 % – mindestens 50 €, bei geringfügiger Teilzeitarbeit auch weniger, und höchstens 150 € monatlich – des Nettoeinkommens geschätzt werden kann. Übersteigen die berufsbedingten Aufwendungen diese Pauschale, so sind sie im Einzelnen darzulegen. Bei beschränkter Leistungsfähigkeit kann im Einzelfall mit konkreten Kosten gerechnet werden. Für Unterhaltszeiträume bis 31.12.2020 gilt, dass eine Pauschale nicht gewährt wird, sondern die berufsbezogenen Aufwendungen im Einzelnen darzulegen sind.

10.2.2 Für die Kosten der notwendigen berufsbedingten Nutzung eines Kraftfahrzeugs können 0,42 € pro gefahrenen Kilometer angesetzt werden. Damit sind i.d.R. Anschaffungskosten erfasst. Bei langen Fahrtstrecken kann nach unten abgewichen werden (regelmäßig 0,28 €). Für Unterhaltszeiträume bis 31.12.2021 verbleibt es bei den bisherigen Werten (0,30 bzw. 0,20 €/km).

10.2.3 Bei einem Auszubildenden ist ausbildungsbedingter Aufwand konkret darzulegen.

10.3 Das Einkommen aus einer neben der Kinderbetreuung ausgeübten Erwerbstätigkeit kann um den notwendigen, konkret dargelegten Aufwand für die Betreuung des Kindes vermindert werden. Zum Aufwand für die Betreuung des Kindes zählen nicht die Kosten einer über die üblichen Betreuungsleistungen eines Elternteils (einschließlich der üblichen Hausaufgabenbetreuung) hinausgehenden oder einer pädagogisch veranlassten Betreuung, insbesondere die Kosten des Kindergarten- oder Hortbesuchs; diese sind Mehrbedarf des Kindes.

10.4 Schulden (Zins und Tilgung) sind bei tatsächlicher Zahlung im Rahmen eines vernünftigen Tilgungsplanes mit angemessenen Raten zu berücksichtigen. Bei der Bedarfsermittlung für den Ehegattenunterhalt sind grundsätzlich nur eheprägende Verbindlichkeiten abzusetzen. Beim Verwandtenunterhalt sowie bei Leistungsfähigkeit/Bedürftigkeit für den Ehegattenunterhalt erfolgt eine Abwägung nach den Umständen des Einzelfalls. Bei der Zumutbarkeitsabwägung sind Interessen des Unterhaltsschuldners, des Drittgläubigers und des Unterhaltsgläubigers, vor allem minderjähriger Kinder, mit zu berücksichtigen. Unter Umständen besteht im Rahmen gesteigerter Unterhaltspflicht nach § 1603 Abs. 2 BGB[1)] die Obliegenheit zur Einleitung eines Insolvenzverfahrens und Geltendmachung der gesetzlichen Pfändungsfreigrenzen.

10.5 (derzeit nicht besetzt)

10.6 Die vermögenswirksame Leistung des Arbeitgebers und die Arbeitnehmersparzulage gehören nicht zum Einkommen. Der vom Arbeitnehmer vermögenswirksam gesparte Betrag mindert nicht das anrechenbare Ein-

---

[1)] **Habersack, Deutsche Gesetze Nr. 20.**

kommen, es sei denn, es handelt sich um Aufwendungen der zusätzlichen Altersversorgung gemäß Ziff. 10.1.2.

10.7 Konkret nachgewiesene Umgangskosten können berücksichtigt werden, soweit sie über das anteilige Kindergeld nicht abgedeckt werden und das übliche Maß übersteigen.

Kindesunterhalt

11. Bemessungsgrundlage (Tabellenunterhalt)

Der Barunterhalt minderjähriger und noch im elterlichen Haushalt lebender volljähriger unverheirateter Kinder bestimmt sich nach den Sätzen der Düsseldorfer Tabelle[1] (Anhang I). Bei minderjährigen Kindern kann er als Festbetrag oder als Vomhundertsatz des jeweiligen Mindestunterhalts geltend gemacht werden.

11.1 Die Tabellensätze der Düsseldorfer Tabelle[1] enthalten keine Kranken- und Pflegeversicherungsbeiträge für das Kind, wenn dieses nicht in einer gesetzlichen Familienversicherung mitversichert ist. Das Nettoeinkommen des Verpflichteten ist um solche zusätzlich zu zahlenden Versicherungskosten zu bereinigen. Studiengebühren sind in den Tabellensätzen ebenfalls nicht enthalten.

11.2 Die Tabelle weist den Unterhaltsbedarf aus, bezogen auf zwei Unterhaltsberechtigte ohne Rücksicht auf den Rang, soweit für den Nachrangigen Mittel vorhanden sind. Der Bedarf ist nicht identisch mit dem Zahlbetrag. Letzterer ergibt sich nach Abzug des jeweiligen Kindergeldanteils (hälftiges Kindergeld bei Minderjährigen, volles Kindergeld bei Volljährigen) von dem Bedarfsbetrag. Bei einer größeren oder geringeren Anzahl Unterhaltsberechtigter können Ab- oder Zuschläge durch Einstufung in niedrigere oder höhere Einkommensgruppen angemessen sein. In jedem Fall wird – gegebenenfalls auch unter Heranziehung der Bedarfskontrollbeträge – darauf zu achten sein, dass der Kindesunterhalt in einem angemessenen Verhältnis zu dem Betrag steht, der dem Unterhaltspflichtigen für den eigenen Bedarf zu verbleiben hat.

12. Minderjährige Kinder

12.1 Der sorgeberechtigte Elternteil, der ein minderjähriges Kind betreut, leistet in der Regel hierdurch seinen Beitrag zum Kindesunterhalt (Ausnahmen: z.B. § 1603 Abs. 2 Satz 3 BGB[2]).

12.2 Eigenes Einkommen des Kindes ist auf den Barbedarf zur Hälfte anzurechnen.

12.3 Sind beide Eltern zur Zahlung von Barunterhalt verpflichtet, zum Beispiel bei auswärtiger Unterbringung oder beim Wechselmodell, haften sie anteilig nach § 1606 Abs. 1 BGB[2] für den Gesamtbedarf (vgl. Nr. 13.3). Der Verteilungsschlüssel kann unter Berücksichtigung des Betreuungsaufwandes wertend verändert werden.

12.4 Bei Zusatzbedarf (Kostenvorschuss, Mehrbedarf, Sonderbedarf) gilt § 1606 Abs. 3 Satz 1 BGB[2]. Zum Mehrbedarf des Kindes zählen die Kosten für

[1] Nr. 47.
[2] **Habersack, Deutsche Gesetze Nr. 20.**

den Besuch einer Kindertagesstätte (Kinderkrippe, Kindergarten, Schülerhort) abzüglich des ersparten Verpflegungsmehraufwandes.

13. Volljährige Kinder

13.1 Beim Bedarf volljähriger Kinder ist zu unterscheiden, ob sie noch im Haushalt der Eltern/eines Elternteils leben oder einen eigenen Hausstand haben.

13.1.1 Für volljährige, unverheiratete Kinder, die noch im Haushalt der Eltern oder eines Elternteils wohnen, gilt die Altersstufe 4 der Düsseldorfer Tabelle[1]. Sind beide Elternteile leistungsfähig, ist der Bedarf des Kindes i.d.R. nach dem zusammengerechneten Einkommen (ohne Anwendung von Nr. 11.2) zu bemessen. Für die Haftungsquote gilt Nr. 13.3. Ein Elternteil hat jedoch höchstens den Unterhalt zu leisten, der sich allein aus seinem Einkommen aus der Düsseldorfer Tabelle ergibt.

13.1.2 Der angemessene Bedarf eines volljährigen Kindes mit eigenem Hausstand beträgt in der Regel monatlich 930 € (darin sind enthalten Kosten für Unterkunft und Heizung bis zu 410 €), ohne Beiträge zur Kranken- und Pflegeversicherung sowie ohne Studiengebühren und vergleichbare Aufwendungen. Von diesem Betrag kann bei erhöhtem Bedarf oder mit Rücksicht auf die Lebensstellung der Eltern abgewichen werden.

13.2 Auf den Unterhaltsbedarf werden Einkünfte des Kindes, auch BAföG-Darlehen und Ausbildungsbeihilfen (gekürzt um ausbildungsbedingte Aufwendungen) angerechnet. Bei Einkünften aus unzumutbarer Erwerbstätigkeit gilt § 1577 Abs. 2 BGB[2] entsprechend.

13.3 Bei anteiliger Barunterhaltspflicht ist vor Berechnung des Haftungsanteils nach § 1606 Absatz 3 Satz 1 BGB[2] das bereinigte Nettoeinkommen jedes Elternteils gem. Nr. 10 zu ermitteln. Außerdem ist vom Restbetrag ein Sockelbetrag in Höhe des angemessenen Selbstbehalts (1.650 €) abzuziehen. Der Haftungsanteil nach § 1606 Absatz 3 Satz 1 BGB errechnet sich nach der Formel: Bereinigtes Nettoeinkommen eines Elternteils (N1 oder N2) abzüglich 1.650 € mal (Rest-)Bedarf (R), geteilt durch die Summe der bereinigten Nettoeinkommen beider Eltern (N1 + N2) abzüglich 3.300 € (= 1.650 € + 1.650 €). Haftungsanteil 1 = (N1 – 1.650 €) × R: (N1 + N2 – 3.300 €). Bei minderjährigen unverheirateten und ihnen gleichgestellten volljährigen Kindern (§ 1603 Abs. 2 Satz 2 BGB) sind die anrechenbaren Einkommen der Eltern außerdem wegen gleichrangiger Unterhaltspflichten und bei anderen volljährigen Kindern wegen vorrangiger Unterhaltspflichten zu kürzen. Der ermittelte Haftungsanteil ist auf seine Angemessenheit zu überprüfen und kann bei Vorliegen besonderer Umstände (z.B. behindertes Kind) wertend verändert werden. Bei volljährigen Schülern, die in § 1603 Abs. 2 Satz 2 BGB minderjährigen Kindern gleichgestellt sind, wird der Sockelbetrag bis zum notwendigen Selbstbehalt (1.120 €/1.370 €) herabgesetzt, wenn der Bedarf der Kinder andernfalls nicht gedeckt werden kann.

---

[1] Nr. 47.

[2] **Habersack, Deutsche Gesetze Nr. 20.**

14. Verrechnung des Kindergeldes und des Kinderzuschlages

Das Kindergeld mindert im Umfang des § 1612b BGB[1)] den Bedarf des minderjährigen und volljährigen Kindes.

Ehegattenunterhalt

15. Unterhaltsbedarf

15.1 Bei der Bedarfsbemessung ist das eheprägende Einkommen zu berücksichtigen. Umstände, die auch bei fortbestehender Ehe eingetreten wären und Umstände, die bereits in anderer Weise in der Ehe angelegt und mit hoher Wahrscheinlichkeit zu erwarten waren, sind zu berücksichtigen. Eine Einkommensreduzierung ist dann unbeachtlich, wenn sie auf einem unterhaltsrechtlich vorwerfbaren Verhalten beruht. Beim Unterhaltsberechtigten ist zusätzlich § 1573 Abs. 4 BGB[1)] zu berücksichtigen. Unerwartete, nicht in der Ehe angelegte Steigerungen des Einkommens des Verpflichteten (insbesondere aufgrund eines Karrieresprungs) bleiben unberücksichtigt, es sei denn, sie dienen zum Ausgleich des hinzutretenden Bedarfs weiterer Unterhaltsberechtigter. Es ist von einem Mindestbedarf auszugehen, der nicht unter 960 € abzüglich etwaiger Synergieeffekte durch Zusammenleben mit einem leistungsfähigen Partner liegen darf.

15.2 Es gilt der Halbteilungsgrundsatz, wobei jedoch Erwerbseinkünfte nur zu 9/10 zu berücksichtigen sind (Abzug von 1/10 Erwerbstätigenbonus vom bereinigten Nettoeinkommen). Für Unterhaltszeiträume bis zum 31.12. 2021 verbleibt es bei dem bisherigen Erwerbstätigenbonus von 1/7. Leistet ein Ehegatte auch Unterhalt für ein Kind, so wird sein Einkommen vor Ermittlung des Erwerbstätigenbonus um den Zahlbetrag (i.d.R. Tabellenbetrag abzüglich des bedarfsmindernd anzurechnenden Kindergeldes) bereinigt. Erbringt der Verpflichtete sowohl Bar- als auch Betreuungsunterhalt, so gilt Nr. 10.3.

15.3 Bei sehr guten Einkommensverhältnissen des Pflichtigen kommt eine konkrete Bedarfsberechnung in Betracht.

15.4 Werden Altersvorsorge-, Kranken- und Pflegeversicherungskosten vom Berechtigten gesondert geltend gemacht oder vom Verpflichteten bezahlt, sind diese vom dem Einkommen des Pflichtigen vorweg abzuziehen. Altersvorsorgeunterhalt wird nur geschuldet, soweit der Elementarunterhaltgedeckt ist. Der Vorwegabzug unterbleibt, soweit nicht verteilte Mittel zur Verfügung stehen, z.B. durch Anrechnung nicht prägenden Einkommens des Berechtigten auf seinen Bedarf.

15.5 Bei Wiederverheiratung des Unterhaltsverpflichteten oder bei Berechtigten nach § 1615l BGB[1)] bemisst sich der Unterhaltsbedarf des geschiedenen Ehegatten nach den ehelichen Lebensverhältnissen ohne Berücksichtigung der nachehelich entstandenen Unterhaltspflichten. Die unterschiedliche Rangfolge der Ansprüche nach § 1609 Nr. 2 und 3 BGB ist erst im Rahmen der Prüfung der Leistungsfähigkeit zu berücksichtigen. Die sogenannte Drittelmethode kann im Rahmen der Leistungsfähigkeit und Mangelverteilung zur Anwendung kommen, wenn der Unterhaltsanspruch des ersten Ehegatten nicht vorrangig ist.

[1)] **Habersack, Deutsche Gesetze Nr. 20.**

15.6 Trennungsbedingter Mehrbedarf kann berücksichtigt werden, wenn der Berechtigte oder der Verpflichtete über zusätzliches nicht prägendes Einkommen verfügen, das die Zahlung des nach dem prägenden Einkommen berechneten Unterhalts sowie des trennungsbedingten Mehrbedarfs erlaubt.

15.7 Nach der Scheidung der Ehe ist in der Regel zunächst der eheangemessene Unterhalt weiterzuzahlen, eine sofortige Befristung wird bis auf Ausnahmefälle nicht in Betracht kommen. Dem berechtigten Ehegatten ist in der Regel eine auch unter Berücksichtigung der Ehedauer angemessene Übergangsfrist einzuräumen, binnen derer er sich auf die nicht an den ehelichen Lebensverhältnissen ausgerichteten neuen Verhältnissen einstellen kann.

Für die Befristung des nachehelichen Unterhalts kommt es nach § 1578b BGB[1] maßgeblich darauf an, ob ehebedingte Nachteile eingetreten sind oder eine Befristung unter Berücksichtigung der Dauer der Ehe unbillig wäre. Sind ehebedingte Nachteile vorhanden, die aus tatsächlichen Gründen nicht mehr ausgeglichen werden können, kommt eine Herabsetzung, nicht jedoch eine Befristung in Betracht. Auch nach Herabsetzung muss dem berechtigten Ehegatten nach Anrechnung eigener eventuell auch fiktiver Einkünfte der Betrag zur Verfügung stehen, den er ohne einen ehebedingten Nachteil zur Verfügung hätte.

Der Ehegattenunterhalt ist nicht auf den Ausgleich ehebedingter Nachteile beschränkt. Wenn und soweit solche fehlen, ist über eine Herabsetzung auf den angemessenen Lebensbedarf oder eine Befristung unter Berücksichtigung des jeweiligen Maßes an fortwirkender nachehelicher Solidarität und der Ehedauer im Wege einer umfassenden Billigkeitsabwägung zu entscheiden. Dem Gedanken der nachehelichen Solidarität ist besonders Rechnung zu tragen, wenn Unterhalt wegen Krankheit geschuldet wird.

Die Beweislast für die Umstände, aus denen die Unbilligkeit der Fortzahlung des Unterhalts resultiert, trägt der Verpflichtete. Hinsichtlich der Tatsache, dass ehebedingte Nachteile nicht entstanden sind, tritt den Unterhaltsberechtigten jedoch eine sekundäre Darlegungslast. Er muss substantiiert vortragen, welche konkreten ehebedingten Nachteile entstanden sein sollen. Behauptet der Berechtigte einen beruflichen Aufstieg, muss er insbesondere darlegen, aufgrund welcher Umstände er eine entsprechende Karriere gemacht hätte.

Der Betreuungsunterhalt nach § 1570 BGB ist nicht nach § 1578b BGB zu befristen.

16. Bedürftigkeit

Eigene Einkünfte des Berechtigten sind auf den Bedarf anzurechnen, wobei das bereinigte Nettoerwerbseinkommen um den Erwerbstätigenbonus von 1/10 zu vermindern ist. Bei einer Bedarfsermittlung nach den konkreten Verhältnissen ist eigenes Erwerbeinkommen des Unterhaltsberechtigten zur Ermittlung der Bedürftigkeit nicht gekürzt um einen Erwerbstätigenbonus, sondern in vollem Umfang auf den Bedarf anzurechnen.

---

[1] **Habersack, Deutsche Gesetze Nr. 20.**

17. Erwerbsobliegenheit

17.1 Bei Kindesbetreuung besteht bis zur Vollendung des dritten Lebensjahres eines gemeinschaftlichen Kindes keine Erwerbsobliegenheit. Gleichwohl erzieltes Erwerbseinkommen ist überobligatorisch und nach den Umständen des Einzelfalls zu berücksichtigen. Nach Vollendung des dritten Lebensjahres des Kindes kommt es bei Beurteilung der Frage, ob und inwieweit der betreuende Ehegatte bei einer bestehenden Betreuungsmöglichkeit auf eine Erwerbstätigkeit verwiesen werden kann, auf die Verhältnisse des Einzelfalls an. Bei besonderer Betreuungsbedürftigkeit des Kindes oder bei nicht vorhandener oder nur unzureichender Fremdbetreuung (kindbezogene Gründe, § 1570 Abs. 1 Satz 2 BGB[1]) kommt ein Unterhaltsanspruch auch nach Vollendung des dritten Lebensjahres des Kindes in Betracht.

Eine Erwerbstätigkeit kann aus Gründen der nachehelichen Solidarität ganz oder teilweise unbillig erscheinen. Hierbei sind das in der Ehe gewachsene Vertrauen in die vereinbarte und praktizierte Rollenverteilung und die gemeinsame Ausgestaltung der Kinderbetreuung sowie die Dauer der Ehe zu berücksichtigen (elternbezogene Gründe, § 1570 Abs. 2 BGB).

Die Erwerbsobliegenheit beurteilt sich auch danach, ob eine Erwerbstätigkeit neben der Betreuung des Kindes zu einer unzumutbaren Belastung führen würde.

Die Darlegungs- und Beweislast für die Umstände, die einer vollen oder teilweisen Erwerbsobliegenheit ab Vollendung des dritten Lebensjahres des Kindes entgegenstehen, trifft den betreuenden Ehegatten. Dies gilt auch, wenn ein Titel über den Basisunterhalt nach § 1570 Abs. 1 Satz 1 BGB abgeändert werden soll.

Der Anspruch auf Betreuungsunterhalt richtet sich beim nichtehelichen Kind nach denselben Grundsätzen wie beim ehelichen Kind.

17.2 In der Regel besteht für den Berechtigten im ersten Jahr nach der Trennung keine Obliegenheit zur Aufnahme oder Ausweitung einer Erwerbstätigkeit.

Weitere Unterhaltsansprüche

18. Ansprüche nach § 1615l BGB

Der Bedarf nach § 1615l BGB[1] bemisst sich nach der Lebensstellung des betreuenden Elternteils. Er beträgt mindestens 1.120 €, bei Erwerbstätigkeit mindestens 1.370 €.

19. Elternunterhalt

Der Bedarf bemisst sich nach der eigenen Lebensstellung des unterhaltsberechtigten Elternteils. Auch bei bescheidenen wirtschaftlichen Verhältnissen ist die Untergrenze des Bedarfs so zu bemessen, dass das Existenzminimum sichergestellt wird. Bei einem Heimaufenthalt wird der Bedarf durch die dadurch anfallenden Kosten einschließlich der für die privaten Bedürfnisse gewährten Leistungen nach dem SGB XII bestimmt (vgl. zum anrechenbaren Einkommen des Berechtigten Nr. 2.9).

[1] **Habersack, Deutsche Gesetze Nr. 20.**

Der Wohnvorteil durch mietfreies Wohnen im eigenen Heim ist bei der Inanspruchnahme auf Elternunterhalt nicht mit der bei einer Fremdvermietung erzielbaren objektiven Marktmiete, sondern auf der Grundlage der unter den gegebenen Verhältnissen ersparten Miete zu bemessen.

20. Lebenspartnerschaft

Bei Getrenntleben oder Aufhebung der Lebenspartnerschaft gelten §§ 12, 16 LPartG[1].

Leistungsfähigkeit und Mangelfall

21. Selbstbehalt des Verpflichteten

21.1 Es ist zu unterscheiden zwischen dem notwendigen (§ 1603 Abs. 2 BGB[2]), dem angemessenen (§ 1603 Abs. 1 BGB) sowie dem eheangemessenen Selbstbehalt (§§ 1361 Abs. 1, 1578 Abs. 1 BGB).

21.2 Für Eltern gegenüber minderjährigen Kindern und diesen nach § 1603 Abs. 2 BGB[2] gleichgestellten Kindern („privilegierte Volljährige") gilt im Allgemeinen der notwendige Selbstbehalt als unterste Grenze für die Inanspruchnahme. Er beträgt

– beim längerfristig Nichterwerbstätigen 1.120 €

– beim Erwerbstätigen 1.370 €

Hierin sind Kosten für Unterkunft und Heizung in Höhe von 520 € enthalten.

21.3 Im Übrigen gilt beim Verwandtenunterhalt der angemessene Selbstbehalt.

21.3.1 beträgt gegenüber nicht privilegierten, volljährigen Kindern, die eine wirtschaftliche Selbständigkeit noch nicht erlangt haben, 1.650 €. Hierin sind Kosten für Unterkunft und Heizung in Höhe von 650 € enthalten.

21.3.2 Gegenüber Anspruchsberechtigten nach § 1615l BGB[2] entspricht der Selbstbehalt dem eheangemessenen Selbstbehalt (vgl. Nr. 21.4)

21.3.3 Bei der Bemessung des Selbstbehalts sind Zweck und Rechtsgedanken des Gesetzes zur Entlastung unterhaltspflichtiger Angehöriger in der Sozialhilfe und in der Eingliederungshilfe (Angehörigenentlastungsgesetz) vom 10.12.2019 zu beachten.

21.3.4 (derzeit nicht besetzt)

21.4 Gegenüber Ehegatten und geschiedenen Ehegatten gilt grundsätzlich der eheangemessene Selbstbehalt (§§ 1361, 1578 BGB[2]). Im Regelfall beträgt dieser für den Nichterwerbstätigen 1.385 €, für den Erwerbstätigen 1.510 €. Hierin sind 580 € für Unterkunft und Heizung enthalten. Er ist nach unten durch den notwendigen Selbstbehalt und nach oben durch den angemessenen Selbstbehalt begrenzt.

21.5 Der Selbstbehalt kann im Einzelfall angemessen abgesenkt oder erhöht werden. Er soll insbesondere dann erhöht werden, wenn die Kosten der Unterkunft und Heizung den im jeweiligen Selbstbehalt enthaltenen Betrag überschreiten und nicht unangemessen sind. Im Rahmen der Angemessenheit sind insbesondere großstadtbedingt überdurchschnitt-

[1] Nr. 43.
[2] **Habersack, Deutsche Gesetze Nr. 20.**

liche Wohnkosten zu berücksichtigen. Lebt der Unterhaltspflichtige mit Familienmitgliedern in einer Wohnung, sind die von ihm für seinen Familienverband getragenen Wohnkosten nur anteilig zu berücksichtigen.

Lebt der Unterhaltspflichtige mit einem leistungsfähigen Partner in Haushaltsgemeinschaft, kommt eine Haushaltsersparnis in Betracht, in der Regel 10 % des jeweils maßgeblichen Selbstbehalts.

Untergrenze ist der Sozialhilfesatz.

22. Bedarf des mit dem Pflichtigen zusammenlebenden Ehegatten

22.1 Ist bei Unterhaltsansprüchen des nachrangigen geschiedenen Ehegatten der Unterhaltspflichtige verheiratet, werden für den mit ihm zusammenlebenden, nicht erwerbstätigen Ehegatten mindestens 1164 €, für den erwerbstätigen Ehegatten mindestens 1.208 € angesetzt.

22.2 Ist bei Unterhaltsansprüchen von nicht privilegierten volljährigen Kindern der Unterhaltspflichtige verheiratet, werden für den mit ihm zusammenlebenden, nicht erwerbstätigen oder erwerbstätigen Ehegatten mindestens 1.320 € angesetzt.

22.3 (derzeit nicht besetzt)

23. Bedarf des vom Pflichtigen getrennt lebenden oder geschiedenen Ehegatten

23.1 Der Bedarf des vom Unterhaltspflichtigen getrennt lebenden oder geschiedenen Ehegatten bei Ansprüchen des nachrangigen, geschiedenen Ehegatten beträgt mindestens 1.280 €.

23.2 Der Bedarf des vom Unterhaltspflichtigen getrennt lebenden oder geschiedenen Ehegatten bei Ansprüchen nicht privilegierter volljähriger Kinder beträgt mindestens 1.385 €.

23.3 (derzeit nicht besetzt)

24. Mangelfall

24.1 Ein absoluter Mangelfall liegt vor, wenn das Einkommen des Verpflichteten zur Deckung seines notwendigen Selbstbehalts und der gleichrangigen Unterhaltsansprüche nicht ausreicht. Zur Feststellung des Mangelfalls entspricht der einzusetzende Bedarf für minderjährige und diesen nach § 1603 Abs. 2 Satz 2 BGB[1] gleichgestellten Kindern dem Zahlbetrag (z.B. Tabellenbetrag abzüglich des bedarfsmindernd anzurechnenden Kindesgeldes).

24.2 Die Einsatzbeträge im Mangelfall belaufen sich bei minderjährigen und diesen nach § 1603 Abs. 2 Satz 2 BGB[1] gleichgestellten Kindern auf den Zahlbetrag nach der jeweiligen Einkommensgruppe der Düsseldorfer Tabelle[2], für den zum Barunterhalt verpflichteten Elternteil bei Nichterwerbstätigen auf 1.120 €, bei Erwerbstätigen auf 1.370 €. Anrechenbares Einkommen des Unterhaltsberechtigten ist vom Einsatzbetrag abzuziehen.

[1] **Habersack, Deutsche Gesetze Nr. 20.**
[2] Nr. 47.

24.3 Die nach Abzug des Selbstbehalts des Unterhaltspflichtigen verbleibende Verteilungsmasse ist anteilig auf alle gleichrangigen Unterhaltsberechtigten im Verhältnis ihrer Unterhaltsansprüche zu verteilen.

Die prozentuale Kürzung berechnet sich nach der Formel:

K = V : S × 100

K = prozentuale Kürzung

S = Summe der Einsatzbeträge aller Berechtigten

V = Verteilungsmasse (Einkommen des Verpflichteten abzüglich Selbstbehalt)

Der proportional gekürzte Unterhalt ergibt sich aus der Multiplikation mit dem Einsatzbetrag.

Lässt sich aufgrund konkreter Umstände prognostizieren, dass bestimmte gleichrangige Kindesunterhaltsansprüche nicht erfüllt werden müssen, ist dieses Geld für anderweitigen Mindestkindesunterhalt einzusetzen.

24.4 Für die Kindergeldverrechnung gilt § 1612b BGB[1)].

24.5 Das im Rahmen der Mangelfallberechnung gewonnene Ergebnis ist auf seine Angemessenheit zu überprüfen.

Sonstiges

25. Rundung

Der Unterhaltsbetrag ist auf volle Euro aufzurunden.

Anhang

I. Düsseldorfer Tabelle

(abgedruckt unter Nr. ***47****)*

Tabelle Zahlbeträge

(abgedruckt unter Nr. ***47****)*

II. Umrechnung dynamischer Titel nach § 36 Nr. 3 EGZPO

Die Umrechnung dynamischer Titel über Kindesunterhalt nach § 36 Nr. 3 EGZPO[2)] erfolgt gemäß der Anmerkung E (Übergangsregelung) zur Düsseldorfer Tabelle, Stand 1.1.2023[3)].

[1)] **Habersack, Deutsche Gesetze Nr. 20.**

[2)] **Habersack, Deutsche Gesetze Nr. 101.**

[3)] Nr. **47**.

47l. Oberlandesgericht Hamm – Leitlinien zum Unterhaltsrecht[1)]

(Stand: 1. Januar 2023)

Vorbemerkung

Die Leitlinien sind von den Familiensenaten des Oberlandesgerichts Hamm erarbeitet worden, um eine möglichst einheitliche Rechtsprechung im gesamten OLG-Bezirk zu erzielen. Sie stellen keine verbindlichen Regeln dar – das verbietet sich schon mit Rücksicht auf die richterliche Unabhängigkeit – und sollen dazu beitragen, angemessene Lösungen zu finden, ohne den Spielraum einzuengen, der erforderlich ist, um den jeweiligen Besonderheiten des Einzelfalls gerecht zu werden. Wesentliche Änderungen zum Vorjahr sind durch *Unterstreichung*[2)] markiert.

Unterhaltsrechtliches Einkommen

1. Geldeinnahmen

1.1 Auszugehen ist von einem durchschnittlichen **Jahresbruttoeinkommen** einschließlich Urlaubs- und Weihnachtsgeld sowie sonstigen Zuwendungen, auch Sachbezügen und Gewinnbeteiligungen.

1.2 [1] Höhere **einmalige Zuwendungen** (z.B. Jubiläumszulagen) können auf einen längeren Zeitraum verteilt werden. [2] **Abfindungen** sind regelmäßig auf einen angemessenen Zeitraum zur Aufrechterhaltung eines angemessenen Lebensstandards umzulegen. [3] Grundsätzlich sind Abfindungen bei der Aufnahme einer neuen Arbeitsstelle mit dauerhaft geringerem Einkommen bis zur Höchstgrenze des Bedarfs aufgrund des früheren Einkommens sowohl beim Kindes- als auch beim Ehegattenunterhalt für den Unterhalt zu verwenden; ob eine Aufstockung bis zum bisherigen Einkommen unter vollständiger Aufrechterhaltung des bisherigen Lebensstandards geboten ist, beurteilt sich nach den Umständen des Einzelfalls, insbesondere der beim Pflichtigen zu erwartenden weiteren Einkommensentwicklung. [4] Beim Ehegattenunterhalt gilt dies nicht, soweit der Abfindungsbetrag bereits güterrechtlich Berücksichtigung gefunden hat.

1.3 [1] **Überstundenvergütungen** sind Einkommen, wenn die Überstunden entweder in geringem Umfang anfallen oder berufstypisch sind. [2] Vergütungen für Überstunden, die deutlich über dieses übliche Maß hinausgehen, sind nach Billigkeitsgesichtspunkten und unter Berücksichtigung der Umstände des Einzelfalles sowie des in § 1577 Abs. 2 BGB[3)] zum Ausdruck kommenden Rechtsgedankens anzurechnen. [3] Beim Ehegattenunterhalt sind Überstundenvergütungen nach vorstehender Maßgabe bedarfsbestimmend zu berücksichtigen, wenn sie bereits die intakten Lebensverhältnisse mitgeprägt haben. [4] Die gleichen Erwägungen gelten für Einkünfte aus einer **Nebentätigkeit**, die neben einer vollschichtigen Erwerbstätigkeit ausgeübt wird. [5] In Fällen gesteigerter Unterhaltsverpflichtung (§ 1603 Abs. 2 BGB) kann es dem Pflichtigen obliegen, zur

---

[1)] In der jeweils aktuellen Fassung kostenlos abrufbar unter www.olg-hamm.nrw.de.
[2)] Unterstreichungen im Original wurden zur besseren Lesbarkeit als *Kursivdruck* umgesetzt.
[3)] **Habersack, Deutsche Gesetze Nr. 20.**

Deckung des Mindestunterhalts Überstunden zu leisten und/oder eine Nebentätigkeit auszuüben, soweit dies möglich und zumutbar ist, jedoch nicht über die Grenzen der §§ 3 und 6 ArbZG[1] hinaus.

1.4 [1] Über die Anrechenbarkeit von **Auslösungen** und **Spesen** ist nach Maßgabe des Einzelfalls zu entscheiden. [2] Im Zweifel kann davon ausgegangen werden, dass eine Ersparnis eintritt, die mit einem Drittel der Nettobeträge zu bewerten und insoweit dem anrechenbaren Einkommen zuzurechnen ist.

1.5 (1) [1] Einkommen aus **selbständiger Tätigkeit** ist an Hand der Gewinn- und Verlustrechnungen bzw. der Einnahmen-Überschuss-Rechnungen zu ermitteln. [2] Zur Ermittlung der laufenden und zukünftigen Einkünfte ist auf einen mehrjährigen Zeitraum abzustellen; in der Regel sind hierzu drei Jahre ausreichend, während bei erheblichem Einkommensrückgang oder Anhaltspunkten für Manipulationen zur Überprüfung weitere Jahrgänge einbezogen werden können. [3] In diesem Zusammenhang kann den Entnahmen eine Indizwirkung zukommen. [4] Für die Vergangenheit ist von den in den jeweiligen Jahren erzielten Einkünften auszugehen. [5] Eine Durchschnittsberechnung über den Zeitraum, für den Unterhalt verlangt wird, ist möglich.

(2) [1] Lineare Abschreibungen (AfA) von Wirtschaftsgütern sind regelmäßig als gewinnmindernd anzuerkennen. [2] Hinsichtlich des Umfanges der Abschreibungen haben die von der Finanzverwaltung herausgegebenen AfA-Tabellen die Vermutung der Richtigkeit für sich. [3] Soweit Abschreibungen unterhaltsrechtlich nicht anerkannt werden, kommt die Berücksichtigung der Tilgungsleistungen in Betracht.

1.6 Einnahmen aus **Vermietung und Verpachtung** und aus **Kapitalvermögen**

1.6.1 [1] Einnahmen aus Vermietung und Verpachtung sind – vermindert um die Aufwendungen zur Finanzierung und Erhaltung des Objektes – Einkommen. [2] Die Berücksichtigungsfähigkeit von Tilgungsleistungen richtet sich nach den Umständen des Einzelfalles. [3] AfA-Beträge sind für Gebäude regelmäßig nicht abzusetzen.

1.6.2 Einnahmen aus Kapitalvermögen sind nach Abzug der Werbungskosten als Einkommen zu berücksichtigen.

1.7 [1] **Steuererstattungen bzw. Steuernachzahlungen** sind grundsätzlich auf das Zahlungsjahr umzulegen (sog. In-Prinzip); insbesondere bei Selbständigen und Gewerbetreibenden kann es sich allerdings zum Zwecke der Entzerrung empfehlen, die für das jeweilige Kalenderjahr veranlagten Steuern anzusetzen (sog. Für-Prinzip). [2] Es besteht die Obliegenheit, mögliche Steuervorteile in Anspruch zu nehmen. [3] Dies gilt für das steuerliche Realsplitting nur, soweit die Unterhaltsverpflichtung auf einem Anerkenntnis oder rechtskräftiger Verurteilung beruht oder freiwillig erfüllt wird.

1.8 Sonstige Einnahmen (z.B. Trinkgelder).

[1] Nr. 78.

2. Sozialleistungen

2.1 **Arbeitslosengeld** (§ 117 SGB III), **Krankengeld, Krankentagegeld** und **Übergangsgeld** (§ 24 SGB II) sind Einkommen.

2.2 [1] **Arbeitslosengeld II** (§§ 19 – 32 SGB II) ist Einkommen bei dem Verpflichteten; bei dem Berechtigten dagegen nicht. [2] Allerdings kann die Geltendmachung rückständigen Unterhalts neben bereits gewährtem Arbeitslosengeld II ausnahmsweise treuwidrig sein, wenn dies wegen eines gesetzlichen Ausschlusses des Anspruchsüberganges auf den Leistungsträger (§ 33 Abs. 2 SGB II) zu einer doppelten Befriedigung des Berechtigten führen würde.

2.3 **Wohngeld** ist Einkommen, soweit es nicht überhöhte Wohnkosten deckt.

2.4 [1] **BAföG-Leistungen** sind mit Ausnahme von Vorausleistungen nach §§ 36, 37 BAföG[1)] Einkommen. [2] Das gilt in der Regel auch dann, wenn sie als Darlehn gewährt werden.

2.5 **Elterngeld** ist als Einkommen zu behandeln; für den Mindestbetrag von monatlich 300 € bzw. im Fall des § 6 S. 2 BEEG[2)] von monatlich 150 € gilt dies nur ausnahmsweise (§ 11 S. 4 BEEG).

2.6 **Unfall- und Versorgungsrenten** sowie Übergangsgelder aus der Unfallbzw. Rentenversicherung sind Einkommen.

2.7 Leistungen aus der **Pflegeversicherung, Blindengeld und ähnliche Sozialleistungen** sind Einkommen, wobei § 1610a BGB[3)] zu beachten ist.

2.8 [1] **Pflegegeld** nach §§ 37 ff SGB XI, das an den Pflegenden weitergeleitet wird, ist nur unter den Voraussetzungen des § 13 Abs. 6 SGB XI Einkommen. [2] Pflegegeld nach § 64 SGB XII für eigene schwerbehinderte Kinder und nach § 39 SGB VIII[4)] für die Aufnahme fremder Kinder ist mit seinem im Einzelfall zu bemessenden Vergütungsanteil Einkommen.

2.9 Leistungen zur **Grundsicherung** nach den §§ 41 – 43 SGB XII sind Einkommen beim Verwandtenunterhalt.

2.10 [1] Sonstige **Sozialhilfe** (SGB XII) ist in der Regel kein Einkommen. [2] Bei der Geltendmachung rückständigen Unterhalts und Ausschluss des Anspruchsüberganges (§ 94 Abs. 3 SGB XII) gilt Nr. 2.2 (Satz 2) entsprechend.

2.11 Für **Leistungen nach dem Unterhaltsvorschussgesetz**[5)] gelten die Ausführungen unter Nr. 2.2 und 2.10.

3. Kindergeld/Kindergeldanrechnung

(1) [1] Das staatliche **Kindergeld** zählt nicht zum bedarfsprägenden Einkommen der Eltern. [2] Es mindert den Barbedarf des Kindes in voller Höhe bzw. in Höhe der Hälfte des Kindergeldbetrages, wenn ein Elternteil seine Unterhaltspflicht gegenüber einem minderjährigen Kind durch Betreu-

---

1) **Sartorius Nr. 420.**
2) Nr. **45e**.
3) **Habersack, Deutsche Gesetze Nr. 20.**
4) Nr. **46**.
5) Nr. **45d**.

ung erfüllt – § 1612b Abs. 1 BGB[1] (siehe dazu die Kindergeldanrechnungstabelle in Anhang II). [3]Von der Anrechnung auf den Bedarf des Kindes ausgenommen ist der sog. Zählkindervorteil (§ 1612b Abs. 2 BGB). [4]Das volljährige Kind hat im Fall des § 1612b Abs. 1 Nr. 2 BGB gegen den Empfänger des Kindergeldes Anspruch auf Auszahlung, soweit dies nicht zur Deckung seines Bedarfs verwendet wird.

(2) Kinderzulagen und Kinderzuschüsse zur Rente sind, wenn die Gewährung des staatlichen Kindergeldes entfällt, in Höhe des fiktiven Kindergeldes wie Kindergeld zu behandeln (§ 4 BKGG[2], § 65 EStG[3], § 270 SGB VI, § 1612c BGB).

4. Geldwerte Zuwendungen des Arbeitgebers

[1]Geldwerte Zuwendungen des Arbeitgebers aller Art, z.B. Firmenwagen oder freie Kost und Logis, sind Einkommen, soweit sie entsprechende Aufwendungen ersparen. [2]Die hierfür steuerlich in Ansatz gebrachten Beträge bieten einen Anhaltspunkt für die Bewertung des geldwerten Vorteils.

5. Wohnwert

5.1 Der **Vorteil des mietfreien Wohnens** im eigenen Haus oder in der Eigentumswohnung – Wohnvorteil – ist als wirtschaftliche Nutzung des Vermögens wie Einkommen zu behandeln.

5.2 (1) [1]Beim **Ehegattenunterhalt** ist während der Trennungszeit bis zur endgültigen Vermögensauseinandersetzung oder bis zum endgültigen Scheitern der Ehe – also in der Regel bis zur Rechtshängigkeit des Scheidungsantrags – der Wohnvorteil des bleibenden Ehegatten entsprechend der nur noch eingeschränkten Nutzung mit dem sog. **angemessenen Wohnwert** anzusetzen. [2]Dieser richtet sich nach dem Mietpreis (Nettokaltmiete) auf dem örtlichen Wohnungsmarkt für eine den ehelichen Lebensverhältnissen angemessene kleinere Wohnung. [3]Die gemäß § 556 BGB[1] nicht umlagefähigen Betriebskosten (z.B. Kosten für die Verwaltung und Geldverkehr) und die erforderlichen – konkreten – Instandhaltungskosten mindern den angemessenen Wohnwert. (Zu den Finanzierungslasten s. Nr. 5.4).

(2) Ebenso berechnet sich der Wohnwert in dieser Phase für den **Kindesunterhalt;** nur in eng begrenzten Ausnahmefällen kann im Hinblick auf § 1603 Abs. 2 BGB der Ansatz des objektiven Wohnwerts (Nr. 5.3) geboten sein.

5.3 [1]Nach der endgültigen Vermögensauseinandersetzung oder dem endgültigen Scheitern der Ehe richtet sich der Wohnvorteil im Ehegattenunterhalt bei der Bedarfsbemessung (§ 1578 BGB[1]) nach dem **objektiven** oder **vollen Mietwert** (Marktmiete) unter Abzug der unter Nr. 5.2 genannten Belastungen. [2]Eine Ausnahme kommt in Betracht, wenn dem in der Wohnung verbliebenen Ehegatten eine andere Verwertung der Wohnung, insbesondere durch seinen Auszug noch nicht möglich oder zumutbar ist. [3]Nach der Veräußerung des Familienheimes treten die tatsächlichen bzw.

[1] **Habersack, Deutsche Gesetze Nr. 20.**
[2] Nr. **45b**.
[3] Nr. **45a**.

die erzielbaren Einkünfte aus dem Erlös an die Stelle des Wohnwertes, ohne auf diesen beschränkt zu sein.

5.4 (1) [1] **Finanzierungslasten** (Immobiliendarlehen) mindern den Wohnwert, soweit sie tatsächlich durch Ratenzahlungen bedient werden. [2] Für die Berechnung des Ehegattenunterhalts bis zum endgültigen Scheitern der Ehe sind Ratenzahlungen in aller Regel mit Zins und Tilgung zu berücksichtigen.

(2) [1] Nach dem endgültigen Scheitern der Ehe mindern **Zinszahlungen** weiterhin den Wohnwert. [2] Für die Berücksichtigungsfähigkeit von **Tilgungsleistungen** kommt es auf die Umstände des Einzelfalls an, insbesondere auf die Frage, ob Miteigentum an der Immobilie besteht, ob einseitige Vermögensbildung betrieben wird, ob eine Streckung/Aussetzung der Tilgung möglich und zumutbar ist, ohne dass eine Zwangsversteigerung droht. [3] Von einseitiger Vermögensbildung kann grundsätzlich nicht ausgegangen werden, soweit den Tilgungsanteilen ein entsprechender Wohnvorteil gegenüber steht. [4] Ein den Wohnvorteil dann noch übersteigender Tilgungsanteil kann im Rahmen der sekundären Altersvorsorge (vgl. Nr. 10.1) zu berücksichtigen sein. [5] Im Einzelfall kann zu prüfen sein, ob eine Obliegenheit zur Vermögensumschichtung durch Verkauf der Immobilie besteht. [6] Dabei ist allerdings zu beachten, dass selbst genutztes Immobilieneigentum nach § 90 Abs. 2 Nr. 8 SGB XII zum geschützten Vermögen gehört.

(3) Beim **Kindesunterhalt** gilt für die Berücksichtigung der Finanzierungslasten im Rahmen des § 1603 Abs. 1 BGB[1)] ein großzügigerer, im Anwendungsbereich des § 1603 Abs. 2 BGB hingegen ein strengerer Maßstab.

(4) [1] Auch beim Elternunterhalt sind neben den Zinsen die Tilgungsleistungen bis zur Höhe des Wohnvorteils vom Einkommen des Elternunterhaltspflichtigen abzuziehen, ohne dass dies seine Befugnis zur Bildung eines zusätzlichen Altersvorsorgevermögens schmälert. [2] Der den Wohnvorteil dann noch übersteigende Tilgungsanteil ist im Rahmen der sekundären Altersvorsorge auf die Altersvorsorgequote des Elternunterhaltspflichtigen anzurechnen.

6. Haushaltsführung/Zusammenleben

6.1 [1] Für die **unentgeltliche Führung des Haushalts eines leistungsfähigen Dritten**, insbesondere eines neuen Partners, ist eine angemessene Vergütung zu fingieren und als Einkommen zu berücksichtigen. [2] Dieses kann im Falle einer Vollversorgung mit Beträgen von 250 € bis 500 € angesetzt werden.

6.2 [1] Das **Zusammenleben in einer häuslichen Gemeinschaft** kann unter dem Gesichtspunkt ersparter Wohn- und Haushaltskosten nach den Umständen des Einzelfalles – bei Leistungsfähigkeit des Partners – die Leistungsfähigkeit steigern. [2] In der Regel kann dieser geldwerte Vorteil für die Gemeinschaft mit bis zu 20 % des Selbstbehalts/Eigenbedarfs bemessen und dem jeweiligen Partner zur Hälfte zugerechnet werden. [3] Vgl. auch Nr. 21.5.

---

1) Habersack, Deutsche Gesetze Nr. 20.

7. Einkommen aus überobligatorischer (unzumutbarer) Erwerbstätigkeit

[1]Einkommen aus überobligatorischer Erwerbstätigkeit kann nach Billigkeit ganz oder teilweise unberücksichtigt bleiben. [2]Vgl. im Übrigen Nr. 1.3, Nr. 10.3 sowie Nr. 17.3.

8. Freiwillige Leistungen Dritter

[1]Freiwillige Leistungen Dritter (z.B. Geldleistungen, Wohnungsgewährung) sind regelmäßig nicht als Einkommen zu berücksichtigen, es sei denn die Berücksichtigung entspricht dem Willen des zuwendenden Dritten. [2]Im Mangelfall kann jedoch bei der Beurteilung der Leistungsfähigkeit bzw. Bedürftigkeit eine Anrechnung derartiger Leistungen auch gegen den Willen des Zuwendenden erwogen werden.

9. Einkommensfiktion

Zum Einkommen können auch Einkünfte zu rechnen sein, die aufgrund einer unterhaltsrechtlichen Obliegenheit erzielt werden müssten, aber tatsächlich nicht erzielt werden.

10. Bereinigung des Einkommens

10.1 [1]In dem jeweiligen Jahr gezahlte **Steuern** auf das Einkommen sind vom Bruttoeinkommen abzuziehen. [2]Auf Nr. 1.7 wird verwiesen. [3]Abzuziehen sind ebenfalls notwendige **Vorsorgeaufwendungen.** [4]Hierzu zählen Aufwendungen für Kranken-, Pflege-, Renten- und Arbeitslosenversicherung. [5]Im Rahmen der Altersvorsorge können über die Aufwendungen für die Grundversorgung (primäre Altersvorsorge) hinaus in angemessenem Umfang tatsächlich geleistete Zahlungen für eine zusätzliche private Altersvorsorge (sekundäre Altersvorsorge) anerkannt werden. [6]Personen, die der gesetzlichen Versicherungspflicht nicht unterliegen, können für ihre primäre Altersversorgung entsprechend dem Aufwand eines nicht Selbständigen in der Regel etwa 20 % des Bruttoeinkommens einsetzen, es sei denn, die Altersvorsorge ist bereits auf andere Weise gesichert. [7]Beim Ehegattenunterhalt ist für die sekundäre Altersvorsorge in der Regel ein Betrag von bis zu 4 % des Gesamtbruttoeinkommens des Vorjahres angemessen, beim Elternunterhalt ein Betrag etwa in Höhe von 5 % und beim Kindesunterhalt in Höhe von bis zu 4 %, soweit der Mindestunterhalt gedeckt ist. [8]Höhere Altersvorsorgeaufwendungen während der Ehe können ab dem endgültigen Scheitern der Ehe nicht mehr berücksichtigt werden.

10.2 Berufsbedingte Aufwendungen

10.2.1 [1]Notwendige berufsbedingte Aufwendungen von Gewicht mindern das Einkommen, soweit sie konkret dargelegt werden. [2]Werden fiktiv Erwerbseinkünfte zugerechnet, kann für beruflichen Aufwand pauschal ein Abzug von 5 % des Nettoeinkommens vorgenommen werden.

10.2.2 [1]Für **Fahrten von der Wohnung zum Arbeitsplatz** sind – jedenfalls in engen wirtschaftlichen Verhältnissen – in der Regel nur die Kosten öffentlicher Verkehrsmittel absetzbar. [2]Ist die Benutzung öffentlicher Verkehrsmittel unzumutbar, sind die Kosten der PKW-Nutzung in der Regel mit 0,42 € (für die Zeit bis 31.12.2021 0,30 €) je Kilometer (Formel: Entfernungskilometer × 2 × 0,42 € × 220 Arbeitstage ÷ 12 Monate) abzugsfähig. [3]Wenn die einfache Entfernung über 30 Kilometer hinausgeht, wird empfohlen, die weiteren Kilometer wegen der eintretenden Kostenersparnis nur mit den Betriebskosten von 0,28 € (für die Zeit bis 31.12. 2021 0,20 €) je Kilometer anzusetzen. [4] Neben den Fahrtkosten sind regelmäßig keine weiteren Kosten (etwa für Kredite oder Reparaturen) abzugsfähig.

10.2.3 Bei einem Auszubildenden sind in der Regel 100 € als **Ausbildungsaufwand** abzuziehen (Nr. 12.2), soweit dieser Aufwand nicht bereits in dem Bedarfssatz enthalten ist (Nr. 13.1.2).

10.3 [1] Das Einkommen aus einer neben der **Kinderbetreuung** ausgeübten Erwerbstätigkeit kann um den notwendigen, konkret dargelegten Aufwand für die Betreuung des Kindes vermindert werden. [2] Zum Aufwand für die Betreuung des Kindes zählen nicht die Kosten des Kindergartenbesuchs; diese sind Mehrbedarf des Kindes und nach dem Verhältnis der beiderseitigen Einkünfte zwischen den Eltern aufzuteilen (Nr. 12.4). [3] Fallen keine konkreten Betreuungskosten an, kann – sofern besondere Erschwernisse dargelegt werden – ein Teil des Einkommens nach Billigkeitsgrundsätzen entsprechend § 1577 Abs. 2 S. 2 BGB[1)] (für den unterhaltsberechtigten Ehegatten vgl. Nr. 17.3) anrechnungsfrei bleiben. [4] Das gilt ebenfalls bei der Prüfung der Frage, ob ein Elternteil auch zum Barunterhalt eines von ihm betreuten Kindes beitragen muss (§ 1603 Abs. 2 S. 3 BGB). [5] Auf Nr. 12.3 wird verwiesen.

10.4 Schulden

10.4.1 (1) [1] Schulden können das anrechenbare Einkommen vermindern. [2] Beim Ehegattenunterhalt sind Verbindlichkeiten zu berücksichtigen, wenn sie schon vor oder während des ehelichen Zusammenlebens eingegangen wurden. [3] Nach der Trennung entstandene Schulden können das anrechenbare Einkommen mindern, wenn sie berücksichtigungswürdig sind.

(2) Eine den Billigkeitsgrundsätzen entsprechende Gesamtabwägung der Einzelfallumstände kann es erfordern, dass die jeweils für sich anerkennungsfähigen Verbindlichkeiten nur im Rahmen eines vernünftigen Tilgungsplans in angemessenen Raten (Zinsen und Tilgung) abzugsfähig sind.

10.4.2 [1] Beim Unterhalt für minderjährige und privilegierte volljährige Kinder sind Schulden nach obiger Maßgabe regelmäßig nur dann voll berücksichtigungsfähig, wenn der Mindestunterhalt sichergestellt wird. [2] Andernfalls ist, wenn die Einleitung eines Verbraucherinsolvenzverfahrens nicht möglich oder nicht zumutbar ist, lediglich ein Anwachsen der Verbindlichkeiten zu vermeiden (nur Abzug von Kreditzinsen).

10.5 Zurzeit nicht besetzt.

10.6 [1] **Vermögenswirksame Leistungen** vermindern das Einkommen nicht, soweit sie nicht im Rahmen zulässiger sekundärer Altersvorsorge berücksichtigungsfähig sind (Nr. 10.1). [2] Jedoch sind dem Pflichtigen bzw. Berechtigten in jedem Fall etwaige Zusatzleistungen des Arbeitgebers für die vermögenswirksame Anlage (mit dem Nettobetrag) sowie die staatliche Sparzulage voll zu belassen.

---

1) **Habersack, Deutsche Gesetze Nr. 20.**

10.7 Notwendige **Kosten des Umgangs** mit Kindern können das Einkommen mindern, wenn ansonsten der notwendige Selbstbehalt unterschritten würde.

Kindesunterhalt

11. Bemessungsgrundlage

Der Unterhaltsbedarf **minderjähriger sowie volljähriger** unverheirateter Kinder ohne eigene Lebensstellung ist der Unterhaltstabelle (Düsseldorfer Tabelle[1]) zu entnehmen (siehe **Anhang I**).

11.1 In den Tabellensätzen sind Beiträge zur Kranken- und Pflegeversicherung nicht enthalten.

11.2 Eingruppierung

11.2.1 [1] Die Tabellensätze sind auf den Fall zugeschnitten, dass der Pflichtige zwei Berechtigten Unterhalt zu gewähren hat, ohne Rücksicht auf deren Rang. [2] Bei einer größeren Anzahl von Berechtigten können Abschläge, bei einer geringeren Anzahl Zuschläge – durch Einstufung in höhere/niedrigere Gruppen – angemessen sein. [3] Eine Eingruppierung in eine höhere Einkommensgruppe setzt jedoch voraus, dass dem Pflichtigen nach Abzug des Kindesunterhalts und des Ehegattenunterhalts bzw. des Unterhalts für Berechtigte nach § 1615l BGB[2] der für die höhere Einkommensgruppe maßgebende Bedarfskontrollbetrag (Nr. 11.2.2) verbleibt.

11.2.2 [1] Der Kindesunterhalt muss in einem angemessenen Verhältnis zu dem Betrag stehen, der dem Pflichtigen nach Abzug des Kindesunterhalts (Zahlbetrag) und des Ehegattenunterhaltes für den eigenen Bedarf verbleibt (**Bedarfskontrollbetrag**). [2] Wird der Bedarfskontrollbetrag unterschritten, ist der Unterhalt der nächst niedrigeren Einkommensgruppe, deren Bedarfskontrollbetrag gewahrt wird, zu entnehmen.

12. Minderjährige Kinder

12.1 [1] Minderjährige Kinder haben Anspruch auf den Mindestunterhalt nach § 1612a BGB[2]; dem entspricht der Barunterhalt aus der ersten Einkommensgruppe der Unterhaltstabelle in der jeweiligen Altersstufe. [2] Der Betreuungsunterhalt im Sinne des § 1606 Abs. 3 S. 2 BGB entspricht wertmäßig in der Regel dem vollen Barunterhalt.

12.2 [1] Einkommen des Kindes wird hälftig auf seinen Bedarf angerechnet. [2] Die Ausbildungsvergütung ist – nach Kürzung um den ausbildungsbedingten Mehrbedarf (Nr. 10.2.3) – als Einkommen zu behandeln. [3] Zur Kindergeldanrechnung siehe Nr. 3.

12.3 (1) Der Elternteil, der in seinem Haushalt ein minderjähriges unverheiratetes Kind betreut, braucht deshalb (vgl. Nr. 12.1) neben dem anderen Elternteil regelmäßig keinen Barunterhalt zu leisten.

(2) [1] Eine Barunterhaltspflicht des nicht betreuenden Elternteils kann jedoch entfallen oder sich ermäßigen, wenn er zu Unterhaltszahlungen nicht ohne Beeinträchtigung seines angemessenen Unterhalts in der Lage wäre, während der andere Elternteil neben der Betreuung des Kindes

[1] Nr. 47.
[2] **Habersack, Deutsche Gesetze Nr. 20.**

auch den Barunterhalt leisten könnte, ohne dass dadurch sein eigener angemessener Unterhalt gefährdet würde und ohne die Beteiligung des betreuenden Elternteils am Barunterhalt ein erhebliches finanzielles Ungleichgewicht zwischen den Eltern entstehen würde. [2] In solchen Fällen entfällt die gesteigerte Unterhaltspflicht nach § 1603 Abs. 2 Satz 1 und 2 BGB[1)], also die Beschränkung auf den notwendigen Selbstbehalt. [3] Die Unterhaltspflicht mit dem Einkommen, das den angemessenen Selbstbehalt übersteigt, wird davon nicht berührt. [4] Erzielt der betreuende Elternteil über das Dreifache der Nettoeinkünfte des an sich barunterhaltspflichtigen Elternteils, kann es allerdings der Billigkeit entsprechen, den betreuenden Elternteil den Barunterhalt in voller Höhe aufbringen zu lassen. [5] Unterhalb dieser Schwelle kann bei einer erheblichen Einkommensdifferenz eine beiderseitige Barunterhaltspflicht der Eltern nach Nr. 13.3 der Leitlinien in Betracht kommen, wobei zugunsten des betreuenden Elternteils eine wertende Veränderung des Verteilungsmaßstabs vorzunehmen ist.

12.4 [1] Bei Zusatzbedarf (Verfahrenskostenvorschuss, Mehrbedarf, Sonderbedarf) haften die Eltern grundsätzlich anteilig nach ihren Erwerbs- und Vermögensverhältnissen unter Wahrung ihres Selbstbehalts (vgl. Nr. 13.3.2). [2] Zum Mehrbedarf des Kindes zählen die Kindergartenkosten.

13. Volljährige Kinder

13.1.1 [1] Volljährige Kinder ohne eigene Lebensstellung erhalten, wenn keine besonderen Umstände vorliegen, den Tabellenbetrag der vierten Altersstufe. [2] Ihr Bedarf bestimmt sich – wenn beide Elternteile barunterhaltspflichtig sind – nach dem zusammengerechneten Einkommen der Eltern aus der Unterhaltstabelle (dazu Nr. 11), und zwar ohne Abzug wegen doppelter Haushaltsführung. [3] Diese Grundsätze finden auch auf privilegierte volljährige Kinder (§ 1603 Abs. 2 S. 2 BGB[1)]) Anwendung. [4] Zur Kindergeldanrechnung siehe Nr. 3.

13.1.2 [1] Der Bedarf eines **Studenten** beträgt bei auswärtiger Unterbringung in der Regel *930 €* (darin sind Kosten für Unterkunft und Heizung bis zu *410 €* enthalten). [2] Von diesem Betrag kann bei erhöhtem Bedarf oder mit Rücksicht auf die Lebensstellung der Eltern abgewichen werden. [3] Dieser Bedarfssatz kann auch sonst für ein **Kind** mit **eigenem Hausstand** angesetzt werden. [4] Ein eigener Kranken- bzw. Pflegeversicherungsbeitrag ist in diesem Betrag nicht enthalten. [5] Dagegen sind in dem Bedarfssatz ausbildungs- bzw. berufsbedingte Aufwendungen bis zu einem Betrag von monatlich 100 € enthalten.

13.2 [1] **Einkommen des Kindes**, auch BAföG-Darlehn und Ausbildungsbeihilfen, wird – gekürzt um ausbildungsbedingte Aufwendungen (vgl. Nr. 10.2.3) – in voller Höhe auf den Bedarf angerechnet. [2] Überobligationsmäßig erzielte Einkünfte bleiben entsprechend § 1577 Abs. 2 BGB[1)] ganz oder teilweise unberücksichtigt.

13.3 Beiderseitige Barunterhaltspflicht/Haftungsanteil

13.3.1 Die Haftungsanteile der Eltern (§ 1606 Abs. 3 S. 1 BGB[1)]), die für ein **volljähriges Kind** unterhaltspflichtig sind, bestimmen sich nach dem

[1)] **Habersack, Deutsche Gesetze Nr. 20.**

Verhältnis ihrer anrechenbaren Einkommen **grundsätzlich** abzüglich ihres angemessenen Selbstbehalts (*1.650 €*) und abzüglich der Unterhaltsleistungen an vorrangig Berechtigte.

13.3.2 [1] Für die Unterhaltspflicht gegenüber **privilegierten volljährigen Kindern** i.S.d. § 1603 Abs. 2 S. 2 BGB[1)] bemessen sich die Haftungsanteile der Eltern grundsätzlich nach dem Verhältnis ihrer anrechenbaren Einkommen abzüglich ihres angemessenen Selbstbehalts (*1.650 €*), im Mangelfall abzüglich ihres notwendigen Selbstbehalts (*1.120 €* bzw. *1.370 €*). [2] Die Barunterhaltspflichten gegenüber minderjährigen Kindern sind auch in diesem Fall vorweg abzuziehen. [3] Hiervon kann im Einzelfall abgesehen werden, wenn der Vorwegabzug zu einem unbilligen Ergebnis führt.

13.3.3 Ein Elternteil hat jedoch in der Regel höchstens den Unterhalt zu leisten, der sich allein nach seinem Einkommen aus der Unterhaltstabelle ergibt.

14. Zur **Anrechnung** des **Kindergeldes** siehe Nr. 3.

Ehegattenunterhalt

15. Unterhaltsbedarf

15.1 (1) [1] Der Anspruch eines Ehegatten wird begrenzt durch den **Bedarf nach den ehelichen Lebensverhältnissen** (§ 1578 BGB[1)]). [2] Die ehelichen Lebensverhältnisse werden grundsätzlich durch die Umstände bestimmt, die bis zur Rechtskraft der Ehescheidung eingetreten sind. [3] Umstände, die auch bei fortbestehender Ehe eingetreten wären, und Umstände, die bereits in anderer Weise in der Ehe angelegt und mit hoher Wahrscheinlichkeit zu erwarten waren, sind zu berücksichtigen. [4] Dies gilt für normale absehbare weitere Entwicklungen von Einkünften aus derselben Einkommensquelle, wie für übliche Lohnerhöhungen sowie einen nicht vorwerfbaren nachehelichen Einkommensrückgang, etwa durch Arbeitslosigkeit, Eintritt in das gesetzliche Rentenalter oder Krankheit.

(2) Ist der Pflichtige wieder verheiratet, berechnet sich der Bedarf des früheren Ehegatten aufgrund einer fiktiven Besteuerung der Einkünfte des Pflichtigen nach der Grundtabelle, also ohne den Splittingvorteil.

(3) [1] Unterhaltsleistungen, die während der Ehe für Kinder erbracht worden sind, prägen die Ehe und sind daher bei der Bedarfsberechnung grundsätzlich vorweg in Abzug zu bringen. [2] Zu den bei der Bedarfsberechnung zu beachtenden Umständen gehört auch das Hinzutreten weiterer Unterhaltsberechtigter bis zur rechtskräftigen Ehescheidung.

(4) Auch ein Unterhaltsanspruch aus § 1615l BGB, den der betreuende Elternteil eines vor der Rechtskraft der Scheidung geborenen Kindes hat, prägt die ehelichen Lebensverhältnisse.

(5) Dagegen sind die Unterhaltspflichten für ein nach Rechtskraft der Scheidung geborenes Kind, gegenüber dessen betreuenden Elternteil nach § 1615l BGB sowie gegenüber einem späteren Ehegatten bei der Bemessung des Unterhaltsbedarfs nach § 1578 Abs. 1 S. 1 BGB nicht zu berücksichtigen.

(6) Der Bedarf eines späteren Ehegatten wird durch die Unterhaltslast des Pflichtigen aus einer früheren Ehe geprägt und gemindert (vgl. Nr. 24.3.3).

[1)] **Habersack, Deutsche Gesetze Nr. 20.**

(7) [1] Als **Existenzminimum** des unterhaltsberechtigten Ehegatten kommt – einschließlich evtl. trennungsbedingten Mehrbedarfs – in der Regel ein Betrag von 960 € in Betracht. [2] Bei Vorteilen aus dem Zusammenleben mit einem leistungsfähigen Partner kann dieser Betrag herabgesetzt werden.

15.2 Halbteilung, Erwerbstätigenbonus und Berechnungsmethoden

15.2.1 [1] Es gilt der Halbteilungsgrundsatz, wobei jedoch Erwerbseinkünfte nur zu 90 % zu berücksichtigen sind (Abzug von 1/10 Erwerbstätigenbonus vom bereinigten Einkommen).

[2] Für Unterhaltszeiträume vor dem 1.1.2022 gilt weiter die bisherige Regelung: Es gilt der Halbteilungsgrundsatz, wobei Erwerbseinkünfte nur zu 6/7 zu berücksichtigen sind (Abzug von 1/7 Erwerbstätigenbonus vom bereinigten Einkommen).

15.2.2 [1] Hat der Berechtigte eigenes Erwerbseinkommen, kann er 45 % (für Unterhaltszeiträume vor dem 1.1.2022: 3/7) des Unterschiedsbetrages zum Erwerbseinkommen des Pflichtigen und 1/2 des Unterschiedsbetrages sonstiger eheprägender Einkünfte beider Ehegatten beanspruchen (**Differenzmethode**). [2] Beim Zusammentreffen von Erwerbseinkommen mit anderen Einkünften empfiehlt sich aus Gründen der Übersichtlichkeit die Anwendung der **Additionsmethode**, die zum gleichen Ergebnis führt wie die Differenzmethode (Beispiel zu den Berechnungsmethoden siehe **Anhang III**).

15.2.3 (1) Nach der **Anrechnungsmethode** zu berücksichtigen sind Einkünfte des Berechtigten aus Vermögen, das in der Ehe nicht für den Lebensunterhalt zur Verfügung stand.

(2) Zu Einkünften des Berechtigten aus überobligatorischer Erwerbstätigkeit wird auf Nr. 17.3 verwiesen.

15.2.4 Bei der Berechnung des **Erwerbstätigenbonus** und der Quote von 45 % (für Unterhaltszeiträume vor dem 1.1.2022: 3/7) bzw. 1/2 ist von den Mitteln auszugehen, die den Ehegatten nach Vorwegabzug ihrer zu berücksichtigenden Verbindlichkeiten (z.B. Beiträge zur Alters-, Kranken- und Pflegeversicherung, Kredit- und Sparraten, berufsbedingte Aufwendungen) und des Zahlbetrags des Kindesunterhalts noch für den Verbrauch zur Verfügung stehen.

15.3 [1] Bei besonders günstigen Verhältnissen kann der Bedarf nicht ohne weiteres als Quote des Gesamteinkommens berechnet werden. [2] Von besonders günstigen wirtschaftlichen Verhältnissen kann in der Regel ab einem Familieneinkommen von 11.000 € ausgegangen werden, wobei die Einkünfte vorab um vorrangigen Kindesunterhalt, sonstige eheprägende Unterhaltsverpflichtungen, berufsbedingte Aufwendungen und etwaige weitere berücksichtigungsfähige Positionen, nicht aber einen Erwerbsbonus zu bereinigen sind. [3] Für den Berechtigten kommen in solch einem Fall zwei Möglichkeiten in Betracht: [4] Er kann seinen Bedarf entweder konkret darlegen. [5] Dann sind Einkünfte des Berechtigten ohne Erwerbstätigenbonus auf den Bedarf anzurechnen. [6] Oder er kann seinen Bedarf als Quotenunterhalt geltend machen, muss dann aber, soweit er einen Bedarf von mehr als derzeit 4.950 € geltend macht (45 % von 11.000 €), substantiiert vortragen, dass und in welchem Umfang die hohen Einkünfte zur Deckung der ehelichen Lebensverhältnisse verwendet worden sind.

[7] Bestreitet der Pflichtige den vollständigen Verbrauch zu Konsumzwecken, hat der Berechtigte die Darlegungs- und Beweislast hierfür.

15.4 Vorsorgebedarf

15.4.1 [1] Aufwendungen für eine notwendige Kranken- und Pflegeversicherung des berechtigten Ehegatten sowie die Kosten der Altersvorsorge (Altersvorsorgeunterhalt) können zusätzlich verlangt werden. [2] Diese Kosten sind bei der Berechnung der Quote vorab vom anrechenbaren Einkommen des Pflichtigen abzuziehen.

15.4.2 [1] Der **Altersvorsorgeunterhalt** (§ 1578 Abs. 3 BGB[1]) wird in Anknüpfung an den dem Berechtigten zustehenden Elementarunterhalt regelmäßig nach der Bremer Tabelle[2] zweistufig berechnet. [2] In Fällen besonders günstiger wirtschaftlicher Verhältnisse und bei Anwendung der Anrechnungsmethode kommt eine einstufige Berechnung in Betracht. [3] Soweit Einkünften des Berechtigten kein Versorgungswert zukommt (z.B. Einkünfte wegen der Versorgung eines neuen Partners), bleiben diese bei der Berechnung des Altersvorsorgeunterhalts unberücksichtigt. [4] Jedenfalls dann, wenn der Unterhaltspflichtige eine berücksichtigungsfähige sekundäre Altersvorsorge betreibt (vgl. Nr. 10.1), erhöht sich der Anspruch des Berechtigten in entsprechender prozentualer Höhe um bis zu 4 Prozent.

15.4.3 Wegen des Vorrangs des Elementarunterhalts besteht ein Anspruch auf Altersvorsorgeunterhalt nur insoweit, als das Existenzminimum des Berechtigten (vgl. Nr. 15.1 Abs. 7) gedeckt ist.

15.5 [1] Der Bedarf berechnet sich nicht unter Anwendung der so genannten Dreiteilungsmethode. [2] Diese kommt allenfalls im Rahmen der Leistungsfähigkeit und der Mangelverteilung zum Zuge (vgl. Nr. 24.3).

15.6 Konkret geltend gemachter **trennungsbedingter Mehrbedarf** kann darüber hinaus berücksichtigt werden, wenn dieser Bedarf aus zusätzlichen nicht prägenden Einkünften befriedigt werden kann.

15.7 (1) [1] Die Möglichkeit der **Herabsetzung** und/oder **Befristung** des Ehegattenunterhalts nach § 1578b BGB[1] ist als rechtsvernichtende bzw. rechtsbeschränkende Einwendung bei entsprechendem Vortrag des Pflichtigen von Amts wegen zu berücksichtigen. [2] Die dem Pflichtigen obliegende Beweislast wird im Falle eines zu erbringenden Negativbeweises (Fehlen ehebedingter Nachteile) dadurch erleichtert, dass der Berechtigte substantiiert zu den Umständen vorzutragen hat, die in seiner Sphäre liegen. [3] Die Darlegungen müssen so konkret sein, dass die für den Unterhaltsberechtigten seinerzeit vorhandenen beruflichen Entwicklungschancen und seine persönlichen Fähigkeiten, etwa auch anhand vergleichbarer Karrieren, vom Gericht auf ihre Plausibilität überprüft werden können und der Widerlegung durch den Pflichtigen zugänglich sind, wobei die Anforderungen nicht überspannt werden dürfen und den Besonderheiten des Einzelfalls Rechnung tragen müssen.

(2) Im Einzelfall kann der Unterhaltsberechtigte seiner sekundären Darlegungslast genügen, wenn er vorträgt, dass in dem von ihm erlernten oder vor der ehebedingten Berufspause ausgeübten Beruf Gehaltssteigerungen

---

[1] **Habersack, Deutsche Gesetze Nr. 20.**
[2] Nr. 47f/1.

in einer bestimmten Höhe mit zunehmender Berufserfahrung oder Betriebszugehörigkeit üblich seien.

(3) Wird dagegen ein beruflicher Aufstieg behauptet, muss der Unterhaltsberechtigte darlegen, aufgrund welcher Umstände (Fortbildungsbereitschaft, besondere Befähigungen, Neigungen oder Talente), eher eine entsprechende Karriere gemacht hätte.

(4) [1] § 1578b BGB ist nicht auf den Ausgleich ehebedingter Nachteile beschränkt. [2] Im Rahmen der umfassenden Billigkeitsabwägung sind sämtliche Umstände (wie z.B. beiderseitige Einkommens- und Vermögensverhältnisse, Vermögenserwerb während der Ehe, Beitrag zur Berufsausbildung des anderen Ehegatten) zu berücksichtigen. [3] Der Ehedauer kommt in diesem Rahmen eine besondere Bedeutung zu. [4] Dies gilt auch für die Bemessung einer Übergangsfrist. [5] Der angemessene Lebensbedarf nach § 1578b Abs. 1 S. 1 BGB kann in der Regel nicht unterhalb des pauschalen billigen Selbstbehalts angesetzt werden und darf das Existenzminimum nicht unterschreiten.

16. Zurzeit nicht besetzt.

17. Erwerbsobliegenheit/Betreuungsunterhalt/überobligatorisches Einkommen

17.1.1 (1) Die **Erwerbsobliegenheit** des kinderbetreuenden Ehegatten korrespondiert mit dem **Betreuungsunterhalt** nach § 1570 BGB[1)].

(2) [1] Betreut ein Ehegatte ein gemeinschaftliches Kind, das noch nicht drei Jahre alt ist, so besteht keine Verpflichtung, einer Erwerbstätigkeit nachzugehen. [2] Der Umfang der danach regelmäßig einsetzenden Erwerbsobliegenheit – eine sogleich vollschichtige Erwerbsobliegenheit wird vielfach nicht in Betracht kommen, da ein abrupter Wechsel vermieden und ein stufenweiser Übergang erfolgen soll – richtet sich nach Billigkeitsgesichtspunkten im Einzelfall, besonders nach den bestehenden Möglichkeiten der Kinderbetreuung, den Belangen des Kindes (etwa Fremdbetreuungsfähigkeit, physischer und psychischer Gesundheitszustand) und der erfolgten bzw. geplanten Rollenverteilung der Eltern in der Ehe sowie der Dauer ihrer Ehe. [3] Zu berücksichtigen ist auch der Umfang der Belastung durch die neben der Erwerbstätigkeit verbleibende Kindesbetreuung (Gesichtspunkt der gerechten Lastenverteilung).

(3) [1] Derjenige Elternteil, der das Bestehen einer Erwerbsobliegenheit in Abrede stellt, hat die hierfür maßgebenden Umstände konkret und einzelfallbezogen darzulegen und zu beweisen. [2] Dies gilt auch, wenn ein – grundsätzlich nicht zu befristender – Titel über Betreuungsunterhalt nach § 1570 BGB abgeändert werden soll.

17.1.2 Zur Berücksichtigung von Kinderbetreuungskosten siehe Nr. 10.3.

17.2 Im ersten Jahr nach der Trennung besteht für den Berechtigten in der Regel keine Obliegenheit zur Aufnahme oder Ausweitung einer Erwerbstätigkeit.

17.3 [1] Einkünfte aus einer – auch erst nach Trennung/Scheidung aufgenommenen – **überobligatorischen Erwerbstätigkeit** sind nur mit ihrem unterhaltsrelevanten Anteil in die Differenz- bzw. Additionsberechnung

---

1) Habersack, Deutsche Gesetze Nr. 20.

einzustellen. [2]Dieser nach den §§ 1577 Abs. 2, 242 BGB[1)] zu bemessende Anteil ergibt sich, indem das Einkommen zunächst um den mit der überobligatorischen Erwerbstätigkeit verbundenen Aufwand (z.B. konkrete Kinderbetreuungskosten, die nicht Mehrbedarf des Kindes sind, vgl. Nr. 10.3) vermindert und sodann ein individuell nach Billigkeitsgesichtspunkten festzusetzender Einkommensteil von den Gesamteinkünften des Berechtigten in Abzug gebracht wird. [3]Der Abzugsbetrag – der nicht unterhaltsrelevante Anteil der Einkünfte des Berechtigten – bleibt bei der Unterhaltsberechnung unberücksichtigt (siehe auch Nr. 7).

Weitere Unterhaltsansprüche

18. Ansprüche aus § 1615l BGB

[1]Der Bedarf der Mutter und des Vaters eines nichtehelichen Kindes (§ 1615l BGB[1)]) richtet sich nach der Lebensstellung des betreuenden Elternteils; er beträgt aber in der Regel monatlich mindestens 960 € (ohne Kranken- und Pflegeversicherungskosten, die zusätzlicher Bedarf sein können). [2]Die Inanspruchnahme des Pflichtigen ist durch den Halbteilungsgrundsatz begrenzt. [3]Die Erwerbsobliegenheit des betreuenden Elternteils richtet sich – sinngemäß – nach Nr. 17.1.1.

19. Elternunterhalt

[1]Das Angehörigen-Entlastungsgesetz hat Auswirkungen auf den Elternunterhalt. [2]Unterhaltsberechtigten Eltern obliegt es, vorrangig bedarfsdeckende Leistungen der Grundsicherung nach §§ 41 ff SGB XII in Anspruch zu nehmen. [3]Nehmen unterhaltsberechtigte Eltern Leistungen nach dem SGB XII in Anspruch, geht ihr Anspruch auf Elternunterhalt nur auf den Träger der Sozialhilfe über, wenn das unterhaltspflichtige Kind ein Jahreseinkommen von mehr als 100.000 € im Sinne des § 16 SGB IV erzielt, § 94 Ia SGB XII.

20. Zurzeit nicht belegt.

Leistungsfähigkeit und Mangelfall

21. Selbstbehalt des Pflichtigen

21.1 Dem Pflichtigen muss nach Abzug der Unterhaltsansprüche der **Selbstbehalt** (Eigenbedarf) verbleiben.

21.2 Notwendiger Selbstbehalt

[1]Der Selbstbehalt des Pflichtigen beträgt im Falle des § 1603 Abs. 2 BGB[1)] gegenüber minderjährigen und privilegierten volljährigen (§ 1603 Abs. 2 S. 2 BGB) Kindern in der Regel mindestens *1.120 €*, bei Erwerbstätigkeit des Pflichtigen mindestens *1.370 €*; bei teilweiser Erwerbstätigkeit können die Beträge modifiziert werden. [2]Hierin sind Kosten für Unterkunft einschließlich umlagefähiger Nebenkosten und Heizung (Warmmiete) in Höhe von *520 €* enthalten.

21.3 Angemessener Selbstbehalt

21.3.1 [1]Der Selbstbehalt des Pflichtigen beträgt **gegenüber** nicht privilegierten **volljährigen Kindern** (§ 1603 Abs. 1 BGB[1)]) im Regelfall *1.650 €*.

[1)] **Habersack, Deutsche Gesetze Nr. 20.**

[2] Hierin sind Kosten für Unterkunft einschließlich umlagefähiger Nebenkosten und Heizung (Warmmiete) in Höhe von *650 €* enthalten.

21.3.2 Der angemessene Selbstbehalt **gegenüber der Mutter/dem Vater eines nichtehelichen Kindes** (§ 1615l BGB) entspricht dem billigen Selbstbehalt gegenüber dem Ehegatten (Nr. 21.4).

21.3.3 Zurzeit nicht besetzt.

21.4 Eheangemessener Selbstbehalt

Der Selbstbehalt des Pflichtigen gegenüber dem Anspruch des Ehegatten (**billiger Selbstbehalt**) beträgt in der Regel mindestens *1.385 €*, bei Erwerbstätigkeit des Pflichtigen *1.510 €*, auch wenn bei dem berechtigten Ehegatten minderjährige oder privilegierte volljährige Kinder leben, die ebenfalls Unterhaltsansprüche gegen den Pflichtigen haben.

21.5 Anpassung des Selbstbehalts

(1) [1] Der Selbstbehalt soll erhöht werden, wenn die Wohnkosten (Warmmiete) den ausgewiesenen Betrag überschreiten und nicht unangemessen sind. [2] Eine angemessene Erhöhung des Selbstbehalts kommt zudem z.B. in Betracht, wenn das nach Abzug eines zugerechneten geldwerten Vorteils (für die private Nutzung eines Firmenwagens oder einer Wohnung) verbleibende Einkommen nicht ausreicht, um den restlichen Lebensbedarf sicherzustellen.

(2) [1] Der Selbstbehalt ist in der Regel nicht schon deshalb abzusenken, weil die tatsächlichen Wohnkosten die in den jeweiligen Selbstbehalten enthaltenen Wohnkosten nicht erreichen. [2] Beim Verwandtenunterhalt kann der jeweilige Selbstbehalt unterschritten werden, wenn der eigene Unterhalt des Pflichtigen ganz oder teilweise durch seinen Ehegatten gedeckt wird. [3] Das Zusammenleben in häuslicher Gemeinschaft mit einem leistungsfähigen Partner kann nach Nr. 6.2 berücksichtigt werden, maximal bis zur Grenze des sozialhilferechtlichen Existenzminimums.

22. Bedarf des mit dem Pflichtigen zusammenlebenden Ehegatten

22.1 Zurzeit nicht besetzt.

22.2 Ist bei Unterhaltsansprüchen nicht privilegierter volljähriger Kinder der Pflichtige verheiratet, werden für den mit ihm zusammenlebenden Ehegatten im Regelfall *1.320 €* angesetzt.

22.3 Zurzeit nicht besetzt.

23. Bedarf des vom Pflichtigen getrennt lebenden oder geschiedenen Ehegatten

23.1 Zurzeit nicht besetzt.

23.2 Bei Ansprüchen eines nicht privilegierten volljährigen Kindes: *1.650 €*.

23.3 Zurzeit nicht besetzt.

24. Mangelfall

24.1 Ist der Unterhaltspflichtige unter Berücksichtigung des ihm jeweils zustehenden Selbstbehalts außerstande, allen Unterhaltsberechtigten Unterhalt zu gewähren, so gilt für die Befriedigung der Ansprüche die **Rangfolge des § 1609 BGB**.

24.2 Reicht das Einkommen des Pflichtigen nach Abzug seines Selbstbehalts (Nr. 21) zur Deckung des Bedarfs aller gleichrangigen Unterhaltsberechtigten nicht aus, liegt ein **Mangelfall** vor.

24.3.1 Die **Einsatzbeträge** im Mangelfall belaufen sich für minderjährige und privilegierte volljährige Kinder auf den Bedarfssatz der Einkommensgruppe 1 der Unterhaltstabelle abzüglich des nach § 1612b BGB bedarfsdeckenden Kindergeldanteils (bei minderjährigen Kindern das halbe und bei volljährigen Kindern das volle Kindergeld),

24.3.2 [1] Stehen mehrere nach § 1609 Nr. 2 und 3 BGB Berechtigte im gleichen Rang, schränkt die Unterhaltspflicht gegenüber dem jeweils anderen Berechtigten die Leistungsfähigkeit des Pflichtigen nach § 1581 S. 1 BGB ein. [2] Dem kann dadurch Rechnung getragen werden, dass die Unterhaltsansprüche nach den Grundsätzen der sogenannten Dreiteilung bemessen werden. [3] Das schließt eine abweichende Verteilung aufgrund der Berücksichtigung weiterer individueller Billigkeitsabwägungen nicht aus.

24.3.3 (1) Steht ein Berechtigter im Rang des § 1609 Nr. 2 BGB und ein anderer im dritten Rang, gilt Folgendes:

(2) [1] Ist der Unterhaltsanspruch des neuen, also späteren Ehegatten – oder des nach § 1615l BGB Berechtigten – gegenüber dem Unterhaltsanspruch eines geschiedenen Ehegatten vorrangig, bleibt die Bedarfsberechnung des geschiedenen, zeitlich früheren Ehegatten von der neuen Unterhaltsverpflichtung unberührt. [2] Jedoch ist im Rahmen der Leistungsfähigkeit der vorrangige Unterhaltsanspruch gegenüber dem nachrangigen geschiedenen Ehegatten zu berücksichtigen.

(3) Ist der neue Ehegatte nachrangig, berührt eine ihm gegenüber bestehende Unterhaltsverpflichtung den Unterhaltsanspruch des vorrangigen Ehegatten nicht.

24.4 Das im Rahmen der Leistungsfähigkeit gefundene Verteilungsergebnis ist abschließend auf seine Angemessenheit zu überprüfen.

24.5 **Rechenbeispiel** zum Mangelfall siehe **Anhang III.**

Sonstiges

25. Der Unterhaltsbetrag ist auf volle Euro zu runden.

26. Zusammentreffen von Ansprüchen mit bereits titulierten Ansprüchen:

[1] Soweit Unterhaltsansprüche anderer Berechtigter bereits tituliert sind, ist die Rechtslage in der Regel wie bei gleichzeitiger Entscheidung über alle Unterhaltsansprüche zu beurteilen. [2] Der Verpflichtete/Berechtigte ist auf einen Abänderungsantrag gemäß §§ 238, 239 FamFG zu verweisen. [3] Soweit eine Abänderung für die Vergangenheit nicht mehr verlangt werden kann, kann auf die geleisteten Beträge abgestellt werden.

Anhang

I. Düsseldorfer Tabelle

(abgedruckt unter Nr. 47)

II. Kindergeldanrechnungstabelle

(abgedruckt unter Nr. **47***)*

III. Rechenbeispiele

1. Differenzmethode/Additionsmethode

Mann (M): 4.000 € Nettoeinkommen; Frau (F): 1.000 € Nettoeinkommen
800 € Wohnvorteil des in der Ehewohnung verbliebenen M,
600 € berücksichtigungsfähige Hauslasten, von M getragen

Additionsmethode:

4.000 € × 90 % =	3.600 € Erwerbseinkommen M
	+ 800 € Wohnvorteil
	– 600 € Hauslasten
1.000 € × 90 % =	+ 900 € Einkommen F
	4.700 € addiertes Einkommen
1/2 =	2.350 € Bedarf der F
	– 900 € Einkommen F
	1.450 € Anspruch F

Differenzmethode:

4.000 € × 90 % =	3.600 € Einkommen M
	+ 800 € Wohnvorteil
	– 600 € Hauslasten
1.000 € × 90 % =	– 900 € Einkommen F
	2.900 € Differenz der Einkommen
1/2 =	1.450 € Anspruch F

oder ([4.000 € – 1.000 € =] 3.000 € × 45 % =) 1.350 € + ([800 € – 600 €] × 1/2) = 1.450 €

2. Mangelfallberechnung:

a) mit gleichrangigen Unterhaltsberechtigten

Vater (V) 1.700 € Nettoeinkommen; Kind 19 Jahre (K1) besucht Gymnasium; Kind 16 Jahre (K2); Kind 11 Jahre (K3); die Mutter hat kein Einkommen und ist gegenüber K 1 nicht leistungsfähig

1. Stufe: Bedarfsermittlung und Prüfung, ob ein Mangelfall vorliegt (vgl. Nr. 24. 2 HLL):

Gesamtbedarf:

K1: 628 € Tabellen-Bedarfssatz der 1. Einkommensgruppe/4. Altersstufe abzgl. 250 € Kindergeld = 378 €

K2: 588 € Tabellen-Bedarfssatz der 1. Einkommensgruppe/3. Altersstufe abzgl. 125 € Kindergeldanteil = 463 €

K3: 502 € Tabellen-Bedarfssatz der 1. Einkommensgruppe/2. Altersstufe abzgl. 125 € Kindergeldanteil = 377 €

Gesamtbedarf: 1.218 €

V verblieben (1.700 € – 1.218 €) 482 €. Da hiermit der notwendige Selbstbehalt des V von 1.370 € unterschritten wird, ist eine Mangelverteilung vorzunehmen.

2. Stufe: Mangelverteilung:

Bei der Mangelverteilung ist das seinen Selbstbehalt übersteigende Einkommen des V von 330 € (1.700 € – 1.370 €), die Verteilungsmasse, auf die Kinder im Verhältnis ihrer um das hälftige Kindergeld bzw. bei dem volljährigen privilegierten Kind (K1) um das volle Kindergeld gekürzten Einsatzbeträge zu verteilen (vgl. Nr. 24.3.1 HLL). Die Verteilungsquote beträgt 27,09 % (330 € Verteilungsmasse ÷ 1.218 € Gesamtbedarf der Kinder).

Danach entfallen auf

K1: 378 € × 27,09 % = 102,40 € oder rd. 102 €

K2: 463 € × 27,09 % = 125,43 € oder rd. 125 €

K3: 377 € × 27,09 % = 102,13 € oder rd. 102 €

b) mit Unterhaltsberechtigten verschiedener Rangstufen nach § 1609 BGB[1]

Ehemann und Vater (V) 2.400 € Nettoerwerbseinkommen; Ehefrau und Mutter (M) kein Einkommen; Kind 7 Jahre (K1); Kind 4 Jahre (K2)

1. Stufe: Bedarfsermittlung und Prüfung, ob ein Mangelfall vorliegt (Nr. 24.2 HLL):

Gesamtbedarf (Herabstufung nach Nr. 11.2.1 HLL; wegen des Bedarfskontrollbetrages – Nr. 11.2.2 HLL – ist auf den Bedarf der 1. Einkommensgruppe abzustellen):

K1: 502 € Tabellen-Bedarfssatz der 1. Einkommensgruppe/2. Altersstufe abzgl. 125 € Kindergeldanteil = 377 €

K2: 437 € Tabellen-Bedarfssatz der 1. Einkommensgruppe/1. Altersstufe abzgl. 125 € Kindergeldanteil = 312 €

M: 2.400 € anrechenbares Einkommen des V abzüglich 377 € Zahlbetrag K1 abzüglich 312 € Zahlbetrag K2 (vgl. jeweils Nr. 15.2.4 HLL) = 1.711 €; 45 % hiervon ergeben einen eheangemessenen Bedarf der M von (gerundet) 770 €. Der Mindestbedarf (Nr. 15.1.(7)) beträgt jedoch 1.120 €.

Bei einem Gesamtbedarf von danach 1.809 € (377 € + 312 € + 1.120 €) ist die Leistungsfähigkeit des V eingeschränkt. Im ersten Rang, also gegenüber den vorrangigen Kindern, liegt aber kein Mangelfall vor, da der notwendige Selbstbehalt des V von 1.370 € gewahrt ist, wenn der Kindesunterhalt geleistet wird (2.400 € – 377 € – 312 € = 1.711 €).

2. Stufe: Mangelverteilung:

Im zweiten Rang dagegen, also gegenüber der nachrangigen M, liegt eine Mangelsituation vor. Die nach Abzug der Zahlbeträge für den Kindesunterhalt verbleibenden 1.368 € beschränken hinsichtlich des Ehegattenunterhalts der M unter Berücksichtigung des dem V insoweit zustehenden billigen Selbstbehalts (Nr. 21.4) von 1.510 € dessen Leistungsfähigkeit auf 201 €.

---

[1] **Habersack, Deutsche Gesetze Nr. 20.**

47m. OLG Jena – Unterhaltsrechtliche Leitlinien der Familiensenate des Thüringer Oberlandesgerichts[1)]

(Stand: 1. Januar 2023)

Allgemeine Grundsätze

Die Familiensenate des Thüringer Oberlandesgerichts Jena verwenden diese Leitlinien als Orientierungshilfe für den Regelfall unter Beachtung der Rechtsprechung des Bundesgerichtshofs.

Das Tabellenwerk der Düsseldorfer Tabelle[2)], Stand: 01.01.2023, ist einbezogen.

Die Leitlinien orientieren sich an der bundeseinheitlichen Leitlinienstruktur.

Unterhaltsrechtlich maßgebendes Einkommen

1. Einkünfte aus Erwerb und Vermögen

1.1 Auszugehen ist vom regelmäßigen Bruttoeinkommen als Summe aller Einkünfte.

1.2 Soweit Leistungen nicht monatlich anfallen (z.B. Weihnachts- und Urlaubsgeld), werden sie auf 1 Jahr umgelegt. Einmalige Zahlungen (z.B. Abfindungen) sind grundsätzlich auf einen angemessenen Zeitraum zu verteilen.

1.3 Überstundenvergütungen werden dem Einkommen voll zugerechnet, soweit sie berufstypisch sind und das in diesem Beruf übliche Maß nicht überschreiten.

1.4 Ersatz für Spesen und Reisekosten sowie Auslösungen gelten in der Regel als Einkommen. Damit zusammenhängende Aufwendungen, vermindert um häusliche Ersparnis, sind abzuziehen.

Bei Aufwendungspauschalen (ausgenommen km-Geld) kann 1/3 als Einkommen angesetzt werden.

1.5 Bei Ermittlung des Einkommens eines Selbständigen ist in der Regel der Gewinn der letzten drei Jahre zu Grunde zu legen.

1.6 Einkommen aus Vermietung und Verpachtung sowie aus Kapitalvermögen ist der Überschuss der Bruttoeinkünfte über die Werbungskosten. Für Gebäude ist keine AfA anzusetzen.

2. Einkünfte aus Sozialleistungen

2.1 Arbeitslosengeld (§§ 136 ff. SGB III) und Krankengeld.

2.2 Leistungen nach den §§ 19 ff SGB II beim Verpflichteten; Leistungen zur Sicherung des Lebensunterhalts nach §§ 19 ff. SGB II sind beim Berechtigten kein Einkommen, es sei denn, die Nichtberücksichtigung der Leistungen ist in Ausnahmefällen treuwidrig (vgl. BGH, Urteil vom 17.03.1999 – XII ZR 139/97 –, juris Rn. 31; Urteil vom 27.09.2000 – XII ZR 174/98 –, juris Rn. 13 f.); nicht subsidiäre Leistungen nach dem SGB II sind Einkommen, insbesondere befristete Zuschläge (§ 24 SGB II),

---

1) In der jeweils aktuellen Fassung kostenlos abrufbar unter www.thueringen.de.

2) Nr. 47.

Einstiegsgeld (§ 16b SGB II), Entschädigung für Mehraufwendungen „1 Eurojob" (§ 16d SGB II).

2.3 Wohngeld, soweit es nicht erhöhte Wohnkosten deckt.

2.4 BAföG-Leistungen, auch soweit sie als Darlehen gewährt werden, mit Ausnahme von Vorausleistungen nach §§ 36, 37 BAföG.

2.5 Elterngeld ist, soweit es über den Sockelbetrag in Höhe von 300,– €, bei verlängertem Bezug über 150,– €, hinausgeht, Einkommen. Der Sockelbetrag ist kein Einkommen, es sei denn, es liegt ein Ausnahmefall des § 11 Satz 4 BEEG[1] vor.

2.6 Unfallrenten

2.7 Leistungen aus der Pflegeversicherung, Blindengeld, Versorgungsrenten, Schwerbeschädigten- und Pflegezulagen nach Abzug eines Betrages für tatsächliche Mehraufwendungen; §§ 1610a, 1578a BGB sind zu beachten.

2.8 Der Anteil des Pflegegeldes bei der Pflegeperson, durch den ihre Bemühungen abgegolten werden; bei Pflegegeld aus der Pflegeversicherung gilt dies nach Maßgabe des § 13 Abs. 6 SGB XI.

2.9 In der Regel Leistungen nach §§ 41 bis 43 SGB XII (Grundsicherung) beim Verwandtenunterhalt, nicht aber beim Ehegattenunterhalt.

2.10 Kein Einkommen sind sonstige Sozialhilfe nach SGB XII und Leistungen nach dem UVG. Die Unterhaltsforderung eines Empfängers dieser Leistungen kann in Ausnahmefällen treuwidrig sein (vgl. Nr. 2.2).

3. Kindergeld

Kindergeld mindert den Unterhaltsbedarf der Kinder nach Maßgabe des § 1612b BGB und unterstützt den betreuenden Elternteil bei der Erbringung der Betreuungsleistungen. Es stellt kein Einkommen des Bezugsberechtigten dar.

4. Geldwerte Zuwendungen des Arbeitgebers

Geldwerte Zuwendungen aller Art des Arbeitgebers (z.B. Firmenwagen oder freie Kost und Logis) sind Einkommen, soweit sie entsprechende Eigenaufwendungen ersparen.

5. Wohnwert

Der Wohnvorteil durch mietfreies Wohnen im eigenen Heim ist als wirtschaftliche Nutzung des Vermögens unterhaltsrechtlich wie Einkommen zu behandeln. Neben dem Wohnwert sind auch Zahlungen nach dem Eigenheimzulagengesetz anzusetzen.

Ein Wohnvorteil liegt nur vor, soweit der Wohnwert den berücksichtigungsfähigen Schuldendienst, erforderliche Instandhaltungskosten und jene Kosten, mit denen ein Mieter üblicherweise nicht belastet wird, übersteigt.

Während des Getrenntlebens ist zunächst regelmäßig die ersparte Miete anzusetzen, die angesichts der wirtschaftlichen Verhältnisse angemessen wäre. Ist eine Wiederherstellung der ehelichen Lebensgemeinschaft nicht mehr zu erwarten, sind Ausnahmen von der Berücksichtigung des vollen Mietwertes grundsätzlich nicht mehr gerechtfertigt (BGH, FamRZ 2008,

[1] Nr. **45e**.

963 ff.), es sei denn, es ist nicht möglich oder zumutbar, die Wohnung aufzugeben und das Objekt zu vermieten oder zu veräußern.

Die in den Selbstbehaltsätzen ausgewiesenen Kaltmiet-Wohnkosten können im Mangelfall als Maßstab für die Anrechnung mietfreien Wohnens herangezogen werden.

6. Haushaltsführung

Die Führung des Haushalts eines leistungsfähigen Dritten kann dem Nichterwerbstätigen als (fiktives) Einkommen zugerechnet werden. In der Regel kann ein Betrag von 450,00 € monatlich dafür angesetzt werden.

7. Einkommen aus unzumutbarer Erwerbstätigkeit

Einkommen aus unzumutbarer Erwerbstätigkeit kann nach Billigkeit ganz oder teilweise unberücksichtigt bleiben.

8. Freiwillige Zuwendungen Dritter

Freiwillige Zuwendungen Dritter (z.B. Geldleistungen, kostenloses Wohnen) sind regelmäßig nicht als Einkommen zu berücksichtigen (BGH, Beschluss vom 01.07.2015 – XII ZB 240/14 –, juris Rn. 20). Keine freiwilligen Zuwendungen Dritter sind Leistungen, die einem Ehegatten im Rahmen des Familienunterhalts zufließen.

9. Erwerbsobliegenheit und Einkommensfiktion

Einkommen können auch aufgrund einer unterhaltsrechtlichen Obliegenheit erzielbare Einkünfte sein.

10. Bereinigung des Einkommens

10.1 Vom Bruttoeinkommen sind Steuern, Sozialabgaben und/oder tatsächliche, angemessene Vorsorgeaufwendungen abzusetzen (Nettoeinkommen).

Es besteht die Obliegenheit, Steuervorteile in Anspruch zu nehmen (z.B. Eintragung eines Freibetrags).

10.2 Berufsbedingte Aufwendungen, die sich von den privaten Lebenshaltungskosten nach objektiven Merkmalen eindeutig abgrenzen lassen, sind vom Einkommen abzuziehen.

10.2.1 Bei entsprechenden Anhaltspunkten kann – auch bei fiktiven Einkünften – eine Pauschale von 5 % des Nettoeinkommens – mindestens 50, €, bei geringfügiger Teilzeitarbeit auch weniger, und höchstens 150, € monatlich – geschätzt werden. Übersteigen die berufsbedingten Aufwendungen die Pauschale, sind sie in voller Höhe konkret darzulegen.

10.2.2 Für Fahrten von der Wohnung zum Arbeitsplatz sind jedenfalls in engen wirtschaftlichen Verhältnissen in der Regel nur die Kosten öffentlicher Verkehrsmittel absetzbar. Ist die Benutzung öffentlicher Verkehrsmittel unzumutbar, sind die Kosten der PKW-Nutzung in der Regel mit 0,42 € je Kilometer (Formel: Entfernungskilometer × 2 × 0,42 € × 220 Arbeitstage: 12 Monate) abzugsfähig. Wenn die einfache Entfernung über 30 Kilometer hinausgeht, wird empfohlen, die weiteren Kilometer wegen der eintretenden Kostenersparnis nur mit den Betriebskosten von 0,28 €/km anzusetzen. Neben den Fahrtkosten sind regelmäßig keine weiteren Kosten (etwa für Kredite oder Reparaturen) abzugsfähig.

Anschaffungs-, Reparatur- und sonstige Betriebskosten sind enthalten.

10.2.3 Bei einem Auszubildenden sind in der Regel 100,– € als ausbildungsbedingter Aufwand abzuziehen.

10.3 Kinderbetreuungskosten sind abzugsfähig, soweit die Betreuung durch Dritte infolge der Berufstätigkeit erforderlich ist. Kindergartenkosten stellen jedoch Mehrbedarf des Kindes dar (BGH, Urteil vom 26.11.2008 – XII ZR 65/07 –, juris Rn. 17 ff.). Geht ein Ehegatte überobligatorisch einer Vollzeittätigkeit nach, obwohl er minderjährige Kinder betreut, so kann ihm gegenüber dem anderen Ehegatten ein Kinderbetreuungsbonus anrechnungsfrei belassen werden, wenn er darlegt, dass er oder Dritte zusätzliche Kosten durch die Betreuung der Kinder haben.

10.4 Berücksichtigungswürdige Schulden (Zins, ggf. auch Tilgung) sind abzuziehen; die Abzahlung soll im Rahmen eines vernünftigen Tilgungsplanes in angemessenen Raten erfolgen. Bei der Zumutbarkeitsabwägung sind Interessen des Unterhaltsschuldners, des Drittgläubigers und des Unterhaltsgläubigers, vor allem minderjähriger Kinder, mit zu berücksichtigen.

Bei Kindesunterhalt kann die Obliegenheit zur Einleitung eines Verbraucherinsolvenzverfahrens bestehen.

***10.7*[1]** Zur ausnahmsweisen Berücksichtigung von Umgangskosten (BGH, FamRZ 2009, 1300; 1391; 1477, 1479; FamRZ 2014, 917–921).

Kindesunterhalt

11. Bemessungsgrundlage (Tabellenunterhalt)

Der Barunterhalt minderjähriger und noch im elterlichen Haushalt lebender volljähriger unverheirateter Kinder bestimmt sich nach den Sätzen der Düsseldorfer Tabelle[2] (Anlage I).

11.1 In den Tabellenbeträgen sind Krankenkassen- und Pflegeversicherungsbeiträge nicht enthalten.

11.2 Die Tabellensätze sind auf den Fall zugeschnitten, dass der Unterhaltspflichtige zwei Unterhaltsberechtigten Unterhalt zu gewähren hat.

Bei einer größeren/geringeren Anzahl Unterhaltsberechtigter können Ab- oder Zuschläge durch Einstufung in niedrigere/höhere Gruppen angemessen sein.

12. Minderjährige Kinder

12.1 Der Betreuungsunterhalt im Sinne des § 1606 Abs. 3 Satz 2 BGB[3] entspricht wertmäßig in der Regel dem vollen Barunterhalt.

12.2 Einkommen des Kindes wird bei beiden Eltern hälftig angerechnet. Zum Kindergeld vgl. Nr. 14.

12.3 Sind bei auswärtiger Unterbringung beide Eltern zum Barunterhalt verpflichtet, haften sie anteilig nach § 1606 Abs. 3 Satz 1 BGB[3] für den Gesamtbedarf (vgl. Nr. 13.3). Der Verteilungsschlüssel kann unter Berücksichtigung des Betreuungsaufwandes wertend verändert werden.

---

[1] Zählung amtlich.
[2] Nr. **47**.
[3] **Habersack, Deutsche Gesetze Nr. 20.**

12.4 Kosten für Kindergärten und vergleichbare Betreuungsformen (ohne Verpflegungskosten) sind Mehrbedarf des Kindes. Bei Zusatzbedarf (Prozesskostenvorschuss, Mehrbedarf, Sonderbedarf) gilt § 1606 Abs. 3 Satz 1 BGB[1] (vgl. Nr. 13.3).

13. Volljährige Kinder

13.1 Bedarf

Beim Bedarf volljähriger Kinder ist zu unterscheiden, ob sie noch im Haushalt der Eltern/eines Elternteils leben oder einen eigenen Hausstand haben.

13.1.1 Für volljährige Kinder, die noch im Haushalt der Eltern oder eines Elternteils wohnen, gilt die Altersstufe 4 der Düsseldorfer Tabelle[2].

Sind beide Elternteile leistungsfähig (vgl. Nr. 21.3), ist der Bedarf des Kindes in der Regel nach dem zusammengerechneten Einkommen zu bemessen. Für die Haftungsquote gilt Nr. 13.3. Ein Elternteil hat jedoch höchstens den Unterhalt zu leisten, der sich allein aus seinem Einkommen aus der Düsseldorfer Tabelle ergibt.

Dies gilt auch für ein Kind im Sinne des § 1603 Abs. 2 Satz 2 BGB[1].

13.1.2 Der angemessene Bedarf eines volljährigen Kindes mit eigenem Hausstand beträgt in der Regel monatlich 930,– € (darin sind enthalten Kosten für Unterkunft und Heizung bis zu 410,– €), ohne Beiträge zur Kranken- und Pflegeversicherung sowie ohne Studiengebühren. Von diesem Betrag kann bei erhöhtem Bedarf oder mit Rücksicht auf die Lebensstellung der Eltern abgewichen werden.

13.2 Einkommen des Kindes

Auf den Unterhaltsbedarf werden Einkünfte des Kindes, auch das Kindergeld (siehe Nr. 14), BAföG-Darlehen und Ausbildungsvergütung bzw. -beihilfen angerechnet. Bei in der Berufsausbildung befindlichen Volljährigen sind von diesen Einkünften des Kindes ausbildungsbedingte Aufwendungen abzuziehen (vgl. Nr. 10.2.3). Bei Einkünften aus unzumutbarer Erwerbstätigkeit gilt § 1577 Abs. 2 BGB[1] entsprechend.

13.3 Beiderseitige Barunterhaltspflicht/Haftungsanteil

Für den Bedarf des Volljährigen haften die Eltern anteilig nach dem Verhältnis ihrer verfügbaren Einkommen. Vor der Bildung der Haftungsquote sind der angemessene Selbstbehalt jedes Elternteils (vgl. Nr. 21.3.1) und der Unterhalt vorrangig Berechtigter abzusetzen. Die Haftung ist auf den Tabellenbetrag nach Maßgabe des eigenen Einkommens des jeweils Verpflichteten begrenzt.

Diese Berechnung findet für den Bedarf des volljährigen Schülers im Sinne des § 1603 Abs. 2 Satz 2 BGB[1] entsprechende Anwendung. In diesem Fall ist vor der Bildung der Haftungsquote der notwendige Selbstbehalt jedes Elternteils (vgl. Nr. 21.2) abzusetzen.

---

[1] **Habersack, Deutsche Gesetze Nr. 20.**

[2] Nr. 47.

14. Verrechnung des Kindergeldes

Kindergeld wird zur Deckung des Barbedarfs verwandt, bei Minderjährigen, die von einem Elternteil betreut werden, zur Hälfte, ansonsten insgesamt (§ 1612a BGB[1]).

Ehegattenunterhalt

15. Unterhaltsbedarf

15.1 Maßgeblich sind jeweils die die ehelichen Lebensverhältnisse prägenden Einkünfte der (geschiedenen) Ehegatten.

Bei Aufnahme oder Erweiterung einer Erwerbstätigkeit nach Trennung/Scheidung gilt das (Mehr-) Einkommen als prägend.

Verfügt der Berechtigte über die ehelichen Lebensverhältnisse nicht prägendes eigenes Einkommen, so kommt die sog.

Anrechnungsmethode zur Anwendung. Hier wird das Erwerbseinkommen des Berechtigten mit 9/10 angerechnet.

15.2 Hat der Berechtigte kein eigenes Einkommen, beträgt der Bedarf 45 % des bereinigten Nettoeinkommens zuzüglich ½ der anrechenbaren sonstigen Einkünfte des Verpflichteten.

Hat der Berechtigte eigenes Einkommen, beträgt der Bedarf 45 % der Differenz zwischen dem anrechenbaren Nettoeinkommen der (geschiedenen) Ehegatten bzw. ½ der anrechenbaren sonstigen Einkünfte, jeweils begrenzt durch den vollen Bedarf nach den ehelichen Lebensverhältnissen (§ 1578 BGB[1]).

15.3 Bei einem Familieneinkommen bis zur Höhe des höchsten in der zum Jahr 2022 fortgeschriebenen Düsseldorfer Tabelle[2] ausgewiesenen Einkommensbetrags (11.000 €) ist davon auszugehen, dass dieses vollständig für den Lebensbedarf der Familie verwendet worden ist. Der Unterhaltsbedarf kann in diesem Fall ohne Darlegung der konkreten Einkommensverwendung nach der Einkommensquote bemessen werden.

Bei einem höheren Familieneinkommen muss der Unterhaltsberechtigte jedoch, wenn er dennoch Unterhalt nach der Quotenmethode begehrt, die vollständige Verwendung des Einkommens für den Lebensbedarf darlegen und bei substantiiertem Bestreiten in vollem Umfang beweisen (BGH, Beschluss vom 15.11.2017, – XII ZB 503/16 – juris Rn. 21; Beschluss vom 29.09.2021 – XII ZB 474/20 –, juris Rn. 20 f.).

Bei einer Bedarfsermittlung nach den konkreten Verhältnissen ist eigenes Einkommen des Unterhaltsberechtigten – Erwerbseinkommen ohne Abzug des Erwerbstätigenbonus – zur Ermittlung der Bedürftigkeit in vollem Umfang auf den Bedarf anzurechnen (BGH, Versäumnisurteil vom 10.11.2010 – XII ZR 197/08 –, juris Rn. 24).

16. Bedürftigkeit

Eigene Einkünfte des Berechtigten sind auf den Bedarf anzurechnen, wobei das bereinigte Nettoerwerbseinkommen um den Erwerbstätigenbonus zu vermindern ist.

---

[1] **Habersack, Deutsche Gesetze Nr. 20.**
[2] Nr. 47.

17. Erwerbsobliegenheit

17.1 Bei der Betreuung eines Kindes besteht keine Erwerbsobliegenheit vor Vollendung des 3. Lebensjahrs, danach nach den Umständen des Einzelfalls insbesondere unter Berücksichtigung zumutbarer Betreuungsmöglichkeiten für das Kind und der Vereinbarkeit mit der Berufstätigkeit des betreuenden Elternteils, auch unter dem Aspekt des neben der Erwerbstätigkeit anfallenden Betreuungsaufwands.

17.2 In der Regel besteht für den Berechtigten im ersten Jahr nach der Trennung keine Obliegenheit zur Aufnahme oder Ausweitung einer Erwerbstätigkeit (BGH, Urteil vom 5. März 2008 – XII ZR 22/06 –, juris Rn. 26).

Weitere Unterhaltsansprüche

18. Ansprüche nach § 1615l BGB

Der Bedarf nach § 1615l BGB[1] bemisst sich nach der Lebensstellung des betreuenden Elternteils. Erleidet dieser einen konkreten Verdienstausfall, ist er auch für den Unterhalt zu Grunde zu legen. Der Mindestbedarf entspricht in der Regel dem notwendigen Selbstbehalt eines Nichterwerbstätigen (Nr. 21.2 lit. a), vgl. BGH, Urteil vom 16. Dezember 2009 – XII ZR 50/08 –, juris Rn. 38).

Die Lebensstellung des unterhaltsberechtigten Elternteils richtet sich danach, welche Einkünfte er ohne die Geburt und die Betreuung des gemeinsamen Kindes hätte (BGH, Beschluss vom 10. Juni 2015 – XII ZB 251/14 –, juris Rn. 34).

19. Elternunterhalt

Beim Bedarf der Eltern sind Leistungen zur Grundsicherung nach §§ 41 ff. SGB XII zu berücksichtigen (vgl. Nr. 2.9).

20. Lebenspartnerschaft

Bei Getrenntleben oder Aufhebung der Lebenspartnerschaft gelten §§ 12, 16 LPartG[2].

Leistungsfähigkeit und Mangelfall

21. Selbstbehalt des Verpflichteten

21.1 Es ist zu unterscheiden zwischen dem notwendigen (§ 1603 Abs. 2 BGB[1]), dem angemessenen (§ 1603 Abs. 1 BGB) und dem eheangemessenen (§ 1361 Abs. 1, § 1578 Abs. 1 BGB) Selbstbehalt.

21.2 Für Eltern gegenüber ihren minderjährigen Kindern und diesen nach § 1603 Abs. 2 Satz 2 BGB[1] gleichgestellten volljährigen Kindern gilt im Allgemeinen der notwendige Selbstbehalt als unterste Grenze der Inanspruchnahme. Er beträgt

a) für nicht erwerbstätige Unterhaltspflichtige: 1.120,– €

b) für erwerbstätige Unterhaltspflichtige: 1.370,– €

Darin enthalten sind 520,– € für Unterkunft einschließlich umlagefähiger Nebenkosten und Heizung (Warmmiete).

---

[1] **Habersack, Deutsche Gesetze Nr. 20.**

[2] Nr. 43.

Der Selbstbehalt kann erhöht werden, wenn die Wohnkosten (Warmmiete) den ausgewiesenen Betrag überschreiten und nicht unangemessen sind.

Verursacht der Umgang des Unterhaltspflichtigen mit den minderjährigen Kindern besondere Kosten, die er nur unter Gefährdung seines Selbstbehalts aufbringen könnte, kommt eine maßvolle Erhöhung in Betracht.

21.3 Im Übrigen gilt beim Verwandtenunterhalt der angemessene Selbstbehalt.

Bei Deckung des Mindestunterhalts gilt auch gegenüber Ansprüchen minderjähriger Kinder und ihnen gleichgestellter volljähriger Kinder der angemessene Selbstbehalt nach 21.3.1.

21.3.1 Der Selbstbehalt beträgt gegenüber volljährigen Kindern, die nicht gemäß § 1603 Abs. 2 Satz 2 BGB[1] privilegiert sind (angemessener oder großer Selbstbehalt): 1.650,– €.

Darin ist eine Warmmiete in Höhe von 650,– € enthalten.

21.3.2 Bei Ansprüchen aus § 1615l BGB[1] ist der Selbstbehalt in der Regel mit einem Betrag zu bemessen, der zwischen dem angemessenen Selbstbehalt nach § 1603 Abs. 1 BGB und dem notwendigen Selbstbehalt nach § 1603 Abs. 2 BGB liegt (vgl. BGH, Urteil vom 1. Dezember 2004 – XII ZR 3/03 –, juris Rn. 18 ff.). Er entspricht damit dem eheangemessenen Selbstbehalt (vgl. Nr. 21.4) und beträgt in der Regel 1.510,– €, unabhängig davon, ob der Unterhaltsverpflichtete erwerbstätig ist oder nicht. Darin sind Kosten für Unterkunft und Heizung in Höhe von 580,– € enthalten.

21.3.3 Angemessener Selbstbehalt gegenüber den Eltern: Bei der Bemessung des Selbstbehalts gegenüber Eltern sind Zweck und Rechtsgedanken des Gesetzes zur Entlastung unterhaltspflichtiger Angehöriger in der Sozialhilfe und in der Eingliederungshilfe (Angehörigenentlastungsgesetz) vom 10. Dezember 2019 (BGBl. I S. 2135) zu beachten.

21.4 Gegenüber Ehegatten gilt grundsätzlich der eheangemessene Selbstbehalt. Er ist sowohl beim Trennungsunterhalt als auch beim nachehelichen Unterhalt in der Regel mit einem Betrag zu bemessen, der zwischen dem angemessenen und dem notwendigen Selbstbehalt liegt (vgl. BGH, Urteil vom 15. März 2006 – XII ZR 30/04 –, juris Rn. 19). Er beträgt in der Regel 1.510,– €, unabhängig davon, ob der Unterhaltspflichtige erwerbstätig ist oder nicht. Darin sind Kosten für Unterkunft und Heizung in Höhe von 580,– € enthalten.

21.5 Vorteile durch das Zusammenleben mit einer anderen Person können eine Herabsetzung des Selbstbehalts rechtfertigen, es sei denn, das Einkommen des Partners unterschreitet den Betrag des um 10 % verminderten notwendigen Selbstbehalts (vgl. Guhling, in: Wendl/Dose, Unterhaltsrecht, 10. Aufl. (2019), § 5 Rn. 20).

22. Bedarf des mit dem Unterhaltspflichtigen zusammenlebenden Ehegatten

22.1 Der Mindestbedarf eines mit dem Unterhaltspflichtigen zusammenlebenden Ehegatten gegenüber Unterhaltsansprüchen eines nachrangigen geschiedenen Ehegatten beträgt 1.208,– €.

---

[1] **Habersack, Deutsche Gesetze Nr. 20.**

22.2 Mindestbedarf bei Ansprüchen volljähriger Kinder: Der Mindestbedarf eines mit dem Unterhaltspflichtigen zusammenlebenden Ehegatten gegenüber Unterhaltsansprüchen eines nicht privilegierten Kindes beträgt 1.320,– €.

23. Bedarf des vom Unterhaltspflichtigen getrenntlebenden oder geschiedenen Ehegatten

23.1 Bedarf bei Ansprüchen des nachrangigen geschiedenen Ehegatten: Der Mindestbedarf eines vom Unterhaltspflichtigen getrennt lebenden oder geschiedenen Ehegatten gegenüber Unterhaltsansprüchen eines nachrangigen geschiedenen Ehegatten beträgt 1.510,– €.

23.2 Bedarf bei Ansprüchen volljähriger Kinder: Der Mindestbedarf eines vom Unterhaltspflichtigen getrennt lebenden oder geschiedenen Ehegatten gegenüber Unterhaltsansprüchen nicht privilegierter volljähriger Kinder beträgt 1.650,– €.

24. Mangelfall

24.1 Ein Mangelfall liegt vor, wenn das Einkommen des Unterhaltsverpflichteten zur Deckung seines Selbstbehalts und der gleichrangigen Unterhaltsansprüche der Berechtigten nicht ausreicht. Für diesen Fall ist die nach Abzug des Eigenbedarfs (Selbstbehalts) des Unterhaltspflichtigen verbleibende Verteilungsmasse auf die gleichrangigen Unterhaltsberechtigten im Verhältnis ihrer jeweiligen Einsatzbeträge gleichmäßig zu verteilen.

24.2 Die Einsatzbeträge im Mangelfall belaufen sich
bei minderjährigen und diesen nach § 1603 Abs. 2, S. 2 BGB[1] gleichgestellten Kindern auf den Mindestunterhalt der jeweiligen Altersstufe nach der Düsseldorfer Tabelle[2] nach den jeweiligen Zahlbeträgen.

Die nach Abzug des Eigenbedarfs (Selbstbehalts) des Unterhaltspflichtigen verbleibende Verteilungsmasse ist anteilig auf die gleichrangigen Unterhaltsberechtigten im Verhältnis ihrer jeweiligen Einsatzbeträge gleichmäßig zu verteilen.

Anrechenbares Einkommen des Unterhaltsberechtigten ist vom Einsatzbetrag abzuziehen.

Sonstiges

25. Rundungen

Der Unterhaltsbetrag ist auf volle Euro aufzurunden.

Anlage I

Auszug aus der Düsseldorfer Tabelle für den Kindesunterhalt Stand: 01.01.2023

A. Kindesunterhalt *(abgedruckt unter Nr. 47)*

B. Tabelle Zahlbeträge *(abgedruckt unter Nr. 47)*

[1] **Habersack, Deutsche Gesetze Nr. 20.**
[2] Nr. **47**.

47n. Oberlandesgericht Koblenz – Unterhaltsrechtliche Leitlinien der Familiensenate (KoL)[1)]

(Stand: 1. Januar 2023)

(Die Leitlinien orientieren sich weitgehend an den Leitlinien des Oberlandesgerichts Düsseldorf)

Unterhaltsrechtliches Einkommen

1. Geldeinnahmen

1.1 Auszugehen ist vom **Jahresbruttoeinkommen** einschließlich Weihnachts- und Urlaubsgeld sowie sonstiger Zuwendungen, wie z.B. Tantiemen und Gewinnbeteiligungen.

1.2 Einmalige höhere Zahlungen, wie z.B. Abfindungen oder Jubiläumszuwendungen, sind auf einen angemessenen Zeitraum nach Zufluss zu verteilen (in der Regel mehrere Jahre).

1.3 **Überstundenvergütungen** werden in der Regel dem Einkommen voll zugerechnet, soweit sie berufsüblich sind oder nur in geringem Umfang anfallen oder wenn der Mindestunterhalt minderjähriger Kinder oder der entsprechende Unterhalt ihnen nach § 1603 Abs. 2 S. 2 BGB[2)] gleichgestellter Volljähriger nicht gedeckt ist. Sonst ist die Anrechnung unter Berücksichtigung des Einzelfalls nach Treu und Glauben zu beurteilen.

1.4 **Auslösungen und Spesen** sind nach den Umständen des Einzelfalls anzurechnen. Soweit solche Zuwendungen geeignet sind, laufende Lebenshaltungskosten zu ersparen, ist diese Ersparnis in der Regel mit 1/3 des Nettobetrags zu bewerten.

1.5 Bei **Selbständigen** ist zur Ermittlung der laufenden oder zukünftigen Einkünfte vom durchschnittlichen Gewinn während eines längeren Zeitraums von in der Regel mindestens drei aufeinander folgenden Jahren, möglichst den letzten drei Jahren, auszugehen; es sei denn, die spezifische Geschäftsentwicklung legt die Berücksichtigung kürzerer oder längerer Zeiträume nahe. Für die Vergangenheit ist von dem in dem jeweiligen Jahr erzielten Einkommen auszugehen; es können jedoch auch die durchschnittlichen Einkünfte aus mehreren Jahren angesetzt werden, wenn der rückständige Unterhalt für diese Gesamtzeit zu ermitteln ist. Bei erheblich schwankenden Einkünften kann auch ein anderer Zeitraum zugrunde gelegt werden. Anstatt auf den Gewinn kann ausnahmsweise auf die Entnahmen abzüglich der Einlagen abgestellt werden, wenn eine zuverlässige Gewinnermittlung nicht möglich oder der Betriebsinhaber unterhaltsrechtlich zur Verwertung seines Vermögens verpflichtet ist.

1.5.1 **Abschreibungen** (Absetzung für Abnutzung, AfA) können insoweit anerkannt werden, als dem steuerlich zulässigen Abzug ein tatsächlicher Wertverlust entspricht. Dies ist bei Gebäuden in der Regel nicht der Fall. Zinsen für Kredite, mit denen die absetzbaren Wirtschaftsgüter finanziert werden, mindern den Gewinn. Wenn und soweit die Abschreibung

[1)] In der jeweils aktuellen Fassung kostenlos abrufbar unter https://olgko.justiz.rlp.de.
[2)] **Habersack, Deutsche Gesetze Nr. 20.**

unterhaltsrechtlich anerkannt wird, sind Tilgungsleistungen nicht zu berücksichtigen.

1.5.2 Steuern und **Vorsorgeaufwendungen** sind nach Nr. 10.1 zu berücksichtigen. Der Gewinn ist nicht um **berufsbedingte Aufwendungen** (Nr. 10.2.) zu kürzen.

1.6 Einkünfte aus **Vermietung und Verpachtung** werden durch eine Überschussrechnung ermittelt. Dabei kann zur Ermittlung durchschnittlicher Einkünfte auf einen Mehrjahreszeitraum abgestellt werden. Für die Vergangenheit ist von dem in dem jeweiligen Jahr erzielten Einkommen auszugehen. Instandhaltungskosten können entsprechend § 28 der Zweiten Berechnungsverordnung[1)] pauschaliert werden. Hinsichtlich der Abschreibungen gilt Nr. 1.5.1.

Auch **Kapitaleinkünfte** sind – vermindert um die hierauf entfallenden Steuern –unterhaltsrechtliches Einkommen. Wenn sich die konkrete individuelle Steuerlast nicht ermitteln lässt, kann ein Steuersatz von derzeit höchstens 29 % (Abgeltungssteuer incl. Solidaritätszuschlag und Kirchensteuer) berücksichtigt werden (nach Abzug des Freibetrags von derzeit 801,00 €/1.602,00 €).

1.7 **Steuererstattungen** sind in der Regel in dem Jahr, in dem sie anfallen, zu berücksichtigen (In-Prinzip); bei Selbständigen kann zur Ermittlung eines repräsentativen Einkommens auf den Zeitraum der Veranlagung abgestellt werden (Für-Prinzip).

1.8 sonstige Einnahmen

2. **Sozialleistungen**

2.1 **Arbeitslosengeld I** (§§ 136, 145 SGB III) und **Krankengeld** (§ 44 SGB V) sind Einkommen.

2.2 **Arbeitslosengeld II** (§ 19 SGB II) und andere Leistungen nach dem SGB II sind Einkommen beim Verpflichteten, beim Berechtigten nur, soweit der Unterhaltsanspruch nicht nach § 33 SGB II auf den Leistungsträger übergegangen ist. Nicht subsidiäre Leistungen nach dem SGB II sind Einkommen, insbesondere befristete Zuschläge (§ 24 SGB II a.F.) und Entschädigung für Mehraufwendungen (§ 16 SGB II a.F., § 16a SGB II a.F.).

2.3 **Wohngeld** ist Einkommen, soweit es nicht erhöhte Wohnkosten abdeckt.

2.4 **BAföG-Leistungen** (außer Vorausleistungen nach § 36 BAföG[2)]) sind Einkommen, auch soweit sie als Darlehen gewährt werden.

2.5 **Elterngeld** ist Einkommen, soweit es über den Sockelbetrag von 300 € bzw. 150 € bei verlängertem Bezug hinausgeht. Der Sockelbetrag sowie **Erziehungsgeld** sind nur dann Einkommen, wenn einer der Ausnahmefälle der §§ 11 BEEG[3)], 9 S. 2 BErzGG vorliegt.

2.6 Unfall-/Verletzten, Versorgungs- und Waisenrenten sowie Übergangsgelder aus der Unfall- bzw. Rentenversicherung sind Einkommen.

[1)] Nr. **30b**.
[2)] **Sartorius Nr. 420.**
[3)] Nr. **45e**.

2.7 Leistungen aus der Pflegeversicherung, Blindengeld, Schwerbeschädigten- und Pflegezulagen nach Abzug eines Betrages für tatsächliche Mehraufwendungen sind Einkommen; bei Sozialleistungen nach § 1610a BGB[1] wird widerlegbar vermutet, dass sie durch Aufwendungen aufgezehrt werden.

2.8 Der Anteil des an die Pflegeperson weitergeleiteten **Pflegegeld**es, durch den ihre Bemühungen abgegolten werden, ist Einkommen. Bei Pflegegeld aus der Pflegeversicherung und nach §§ 44 Abs. 2 SGB VII, 64, 65 SGB XII, 35 BVG bzw. (zukünftig) § 71 SGB XIV gilt dies nur nach Maßgabe des § 13 Abs. 6 SGB XI.

2.9 Die **Grundsicherung** nach §§ 41 ff. SGB XII ist beim Verwandtenunterhalt (insbesondere Eltern- und Kindesunterhalt) als Einkommen des Beziehers zu berücksichtigen, nicht aber beim Ehegattenunterhalt.

2.10 **Sozialhilfe** ist kein Einkommen des Berechtigten; jedoch kann die Geltendmachung von Unterhalt durch den Hilfeempfänger treuwidrig sein, wenn er infolge des Ausschlusses des Anspruchsübergangs (vgl. § 94 Abs. 1 S. 3 und 4, Abs. 2 und 3 SGB XII) – insbesondere für die Vergangenheit (aber allenfalls bis zur Rechtshängigkeit) – durch die Sozialhilfe und den Unterhalt mehr als seinen Bedarf erhalten würde.

2.11 Leistungen nach dem **Unterhaltsvorschussgesetz** sind kein Einkommen.

3. Kindergeld, Kinderzuschüsse und Kinderzuschlag

Kindergeld ist unterhaltsrechtlich kein Einkommen der Eltern, sondern dient der Bedarfsdeckung des Kindes. Kinderzuschüsse zur Rente sind, wenn die Gewährung des staatlichen Kindergeldes entfällt (§ 4 BKGG[2], § 65 EStG[3]; § 270 SGB VI), in dessen Höhe wie Kindergeld, im Übrigen wie Einkommen der Eltern zu behandeln. Der Kinderzuschlag (§ 6a BKGG) berührt Unterhaltspflichten nicht; für bis zum 30.06.2021 fällig gewordenen Kindesunterhalt ist er jedoch unterhaltsrechtlich in voller Höhe Einkommen des Kindes und eine Aufteilung in einen Barunterhalts- und einen Betreuungsunterhaltsteil findet nicht statt (§§ 6c, 19 Abs. 4 BKGG).

4. Geldwerte Zuwendungen des Arbeitgebers

Geldwerte Zuwendungen des Arbeitgebers aller Art, z.B. Firmenwagen, freie Kost und Logis, mietgünstige Wohnung, sind – in der Regel in Höhe der steuerlichen Ansätze (für Firmenwagen: §§ 6, 8 EStG: 1 % des Bruttolistenpreises zuzüglich 0,03 % des Bruttolistenpreises je Entfernungs-km zwischen Wohnung und Arbeitsstätte) – dem Einkommen hinzuzurechnen, soweit sie entsprechende Eigenaufwendungen ersparen. Die Abzugsfähigkeit von Fahrtkosten (vgl. Nr. 10.2.2.) ist separat zu prüfen.

5. Wohnwert

Der Wohnvorteil durch mietfreies Wohnen im eigenen Heim ist als wirtschaftliche Nutzung des Vermögens wie Einkommen zu behandeln, wenn sein Wert die Belastungen übersteigt, die unter Berücksichtigung der

[1] **Habersack, Deutsche Gesetze Nr. 20.**
[2] Nr. **45b**.
[3] Nr. **45a**.

staatlichen Eigenheimförderung durch die allgemeinen Grundstückskosten und -lasten, durch Annuitäten und durch sonstige nicht nach § 556 BGB[1] umlagefähige Kosten entstehen.

Zinsen sind in diesem Zusammenhang absetzbar, **Tilgungsleistungen**, wenn sie nicht der einseitigen Vermögensbildung dienen. Im Übrigen kommt beim **Elternunterhalt** eine Berücksichtigung von Tilgungsleistungen inklusive der Zinsen bis zur Höhe des Wohnwerts, darüber hinaus jedoch nur unter dem Gesichtspunkt der ergänzenden Altersvorsorge in Betracht (vgl. Nr. 10.1.2). Beim **Ehegattenunterhalt** ist bei Alleineigentum eines Ehegatten im Falle von Gütertrennung sowie ab Zustellung des Scheidungsantrags auch bei Alleineigentum eines Ehegatten im Falle des gesetzlichen Güterstands zu differenzieren: Auf der Bedarfsebene ist die Tilgung neben den Zinsen bis zu einem Gesamtbetrag in Höhe des Wohnwerts abzugsfähig, darüber hinaus kommt dies nur unter dem Gesichtspunkt der ergänzenden Altersvorsorge in Betracht (vgl. Nr. 10.1.2). Das Gleiche gilt auf der Bedürftigkeits- und Leistungsfähigkeitsebene, jedoch unter den Einschränkungen der §§ 1577 Abs. 3, 1581 S. 2 BGB, deren Rechtsgedanken auch im Trennungsunterhalt gelten. Beim **Kindesunterhalt** ist unabhängig von den Eigentumsverhältnissen der Eltern auf der Bedarfsebene die Tilgung neben den Zinsen bis zu einem Gesamtbetrag in Höhe des Wohnwerts abzugsfähig. Darüber hinaus kommt, soweit nicht der Mindestunterhalt betroffen ist, jedenfalls ein Abzug unter dem Gesichtspunkt der ergänzenden Altersvorsorge in Betracht (vgl. Nr. 10.1.2). Auf der Leistungsfähigkeitsebene gelten die allgemeinen Grundsätze der Berücksichtigungsfähigkeit von Schulden beim Kindesunterhalt.

Auszugehen ist von der erzielbaren Miete (objektiver oder voller Wohnwert). Wenn es nicht möglich oder zumutbar ist, die Wohnung aufzugeben und das Objekt zu vermieten oder zu veräußern, kann stattdessen die ersparte Miete angesetzt werden, die angesichts der persönlichen und wirtschaftlichen Verhältnisse angemessen wäre (subjektiver oder angemessener Wohnwert). Dies kommt zum einen beim Elternunterhalt und zum anderen insbesondere für die Zeit bis zur endgültigen Vermögensauseinandersetzung unter Eheleuten oder bis zur Zustellung des Scheidungsantrags in Betracht, wenn ein Ehegatte das Eigenheim allein bewohnt.

6. Haushaltsführung

Führt jemand einem leistungsfähigen Dritten den Haushalt, so ist hierfür, soweit es sich nicht um eine überobligatorische Leistung handelt, ein (fiktives) Einkommen von regelmäßig 350 € anzusetzen.

7. Einkommen aus unzumutbarer Erwerbstätigkeit

Einkünfte aus Nebentätigkeit und unzumutbarer Erwerbstätigkeit sind im Rahmen der Billigkeit (vgl. §§ 242, 1577 Abs. 2 BGB[1]) als Einkommen zu berücksichtigen.

8. Freiwillige Zuwendungen Dritter

Freiwillige Leistungen Dritter (z.B. Geldleistungen, mietfreies Wohnen) sind kein Einkommen, es sei denn, dass die Anrechnung dem Willen des Dritten entspricht.

---

[1] **Habersack, Deutsche Gesetze Nr. 20.**

9. Erwerbsobliegenheit und Einkommensfiktion

Einkommen sind auch aufgrund einer unterhaltsrechtlichen Obliegenheit erzielbare – d.h. fiktive – Einkünfte. Dabei dürfen die Anforderungen nicht überspannt werden. Es ist auf das Einkommen abzustellen, das aufgrund Ausbildung, Erwerbsbiographie und persönlicher Umstände (z.B. Alter, Gesundheitszustand) mit Wahrscheinlichkeit erzielt werden kann. Richtschnur können dabei bestehende Tarifverträge, Mindestlöhne oder zuvor oder aktuell tatsächlich erzielte Stundenlöhne sein.

10. Bereinigung des Einkommens

10.1 Steuern und Vorsorgeaufwendungen:

Vom Bruttoeinkommen sind Steuern, Sozialabgaben und/oder angemessene Vorsorgeaufwendungen abzusetzen (Nettoeinkommen).

10.1.1 Steuerzahlungen und -nachzahlungen sind in der Regel in dem Jahr, in dem sie anfallen, zu berücksichtigen (In-Prinzip). Bei Selbständigen kann auf den Zeitraum der Veranlagung abgestellt werden (Für-Prinzip). Grundsätzlich ist jeder gehalten, ihm zustehende Steuervorteile in Anspruch zu nehmen; hierzu gehört auch das Realsplitting, soweit der Unterhaltsanspruch anerkannt ist, rechtskräftig feststeht oder freiwillig erfüllt wird (BGH FamRZ 2007, 793). Ob im laufenden Jahr von der Möglichkeit der Eintragung eines Freibetrages Gebrauch zu machen ist, richtet sich nach den Umständen des Einzelfalls. Werden Aufwendungen unterhaltsrechtlich nicht berücksichtigt, die zu steuerlichen Entlastungen führen, sind die entsprechenden Steuervorteile aus den Steuerbescheiden herauszurechnen.

10.1.2 Personen, die der gesetzlichen Rentenversicherung nicht unterliegen, können für ihre Altersvorsorge regelmäßig 20 % ihres Bruttoeinkommens aufwenden. Für eine zusätzliche Altersvorsorge können sie ebenso wie gesetzlich Rentenversicherte weitere 4 % (bei Elternunterhalt 5 %) ihres Bruttoeinkommens einsetzen. Ferner können bei Personen, die der gesetzlichen Rentenversicherung unterliegen, 20 % des oberhalb der Beitragsbemessungsgrenze der gesetzlichen Rentenversicherung liegenden Einkommens als angemessene Altersversorgung aufgewendet werden.

10.2 Berufsbedingte Aufwendungen

10.2.1 Berufsbedingte Aufwendungen nichtselbstständig Erwerbstätiger, die sich von den privaten Lebenshaltungskosten nach objektiven Merkmalen abgrenzen lassen, sind vom Einkommen abzuziehen, wobei bei entsprechenden Anhaltspunkten eine Pauschale von 5 % des Nettoeinkommens – bei Vollerwerbstätigkeit – mindestens 50 €, bei Teilzeitarbeit auch weniger, und höchstens 150 € monatlich – geschätzt werden kann. Übersteigen die berufsbedingten Aufwendungen die Pauschale, sind sie insgesamt nachzuweisen.

10.2.2 Als notwendige Kosten der berufsbedingten Nutzung eines Kraftfahrzeugs können in der Regel 14 € (bis 31.12.2021: 10 €) pro Entfernungskilometer im Monat angesetzt werden. Hierin sind alle mit dem Kfz verbundenen Kosten enthalten (einschließlich Finanzierungskosten). Bei längerer Fahrtstrecke (über 30 Entfernungskilometer) kommt eine Kürzung der Pauschale (ab dem 31. Kilometer) auf die Hälfte in Betracht.

10.2.3 Bei einem Auszubildenden sind in der Regel 100 € als ausbildungsbedingter Aufwand abzuziehen.

10.3 Kinderbetreuung

Konkret dargelegte Kinderbetreuungskosten sind abzuziehen, soweit die Betreuung durch Dritte infolge der Berufstätigkeit erforderlich ist. Zum Aufwand für die Betreuung des Kindes zählen nicht die Kosten des Kindergartenbesuchs, diese sind Mehrbedarf des Kindes.

10.4 Schulden

Schulden können je nach den Umständen des Einzelfalls (Art, Grund und Zeitpunkt des Entstehens) das anrechenbare Einkommen vermindern. Die Abzahlung soll im Rahmen eines Tilgungsplans in angemessenen Raten erfolgen. Dabei sind die Belange von Unterhaltsgläubiger, Unterhaltsschuldner und Drittgläubiger gegeneinander abzuwägen.

10.5 Unterhaltsleistungen

Unterhaltsleistungen an minderjährige oder privilegiert volljährige Kinder sind stets vorweg abzuziehen. Im Übrigen richtet sich der Abzug nach den Umständen des Einzelfalles.

10.6 Vermögensbildung

Vermögenswirksame Leistungen vermindern das Einkommen nicht, es sei denn, sie sind als angemessene Vorsorgeaufwendungen (Nr. 10.1.2.) anzuerkennen. Bei gehobenen Einkünften können **Aufwendungen zur Vermögensbildung, die bereits die ehelichen Lebensverhältnisse geprägt haben** und nach dem vorhandenen Einkommen vom Standpunkt eines vernünftigen Betrachters aus als angemessen erscheinen, einkommensmindernd berücksichtigt werden (BGH FamRZ 2007, 1532).

10.7 Umgangskosten

Erhöhte Umgangskosten können – je nach den Umständen des Einzelfalles – berücksichtigt werden.

Kindesunterhalt

11. Bemessungsgrundlage (Tabellenunterhalt)

Der Kindesunterhalt ist der Düsseldorfer Tabelle zu entnehmen. Bei minderjährigen Kindern kann er als Festbetrag oder als Prozentsatz des Mindestunterhalts geltend gemacht werden.

11.1 In den Unterhaltsbeträgen sind **Beiträge zur Kranken- und Pflegeversicherung**, Studiengebühren und Semestergebühren, sowie **Kindergartenbeiträge** und Privatschulgebühren nicht enthalten.

11.2 Bei minderjährigen Kindern, die bei einem Elternteil leben, richtet sich die Eingruppierung in die Düsseldorfer Tabelle nach dem anrechenbaren Einkommen des anderen Elternteils. Ab- oder Zuschläge (Anm. A. 1 der Düsseldorfer Tabelle) kommen in Betracht. Für volljährige Kinder: siehe 13.1.

12. Minderjährige Kinder

12.1 Der betreuende Elternteil braucht in der Regel keinen Barunterhalt für das minderjährige Kind zu leisten, es sei denn, sein Einkommen ist bedeutend höher als das des anderen Elternteils oder dessen angemessener

Bedarf (§ 1603 Abs. 2 Satz 3 BGB[1]) ist bei Leistung des Barunterhalts gefährdet und der angemessene Selbstbehalt des Betreuenden ist auch bei (anteiliger) Leistung des Barunterhalts gewahrt. Die Unterhaltspflicht mit dem Einkommen, das den angemessenen Selbstbehalt übersteigt, wird davon nicht berührt (BGH, FamRZ 2011, 1041).

12.2 Das bereinigte Einkommen des Kindes, das von einem Elternteil betreut wird, wird nur zur Hälfte auf den Barbedarf angerechnet; im Übrigen kommt es dem betreuenden Elternteil zu Gute.

12.3 Sind, z.B. bei auswärtiger Unterbringung des Kindes, beide Eltern zum Barunterhalt verpflichtet, haften sie anteilig nach Nr. 13.3 für den Gesamtbedarf.

12.4 Bei **Zusatzbedarf** (Prozess-/Verfahrenskostenvorschuss, Mehrbedarf, Sonderbedarf) haften die Eltern anteilig nach ihren Erwerbs- und Vermögensverhältnissen (§ 1606 Abs. 3 Satz 1 BGB[1]).

13. Volljährige Kinder

13.1 Der Unterhalt für volljährige Kinder, die noch im Haushalt der Eltern oder eines Elternteils wohnen, richtet sich nach der 4. Altersstufe der Düsseldorfer Tabelle[2]. Ihr Bedarf bemisst sich, falls beide Eltern leistungsfähig sind, in der Regel nach dem zusammengerechneten Einkommen ohne Höhergruppierung nach Anm. A. 1 der Düsseldorfer Tabelle. Für die Haftungsquote gilt Nr. 13.3. Ein Elternteil hat jedoch höchstens den Unterhalt zu leisten, der sich allein – unter Berücksichtigung von Anm. A. 1 der Düsseldorfer Tabelle – nach seinem Einkommen als Zahlbetrag ergibt.

Der angemessene Gesamtunterhaltsbedarf eines volljährigen Kindes mit eigenem Hausstand beträgt in der Regel monatlich 930 € (darin ist eine Warmmiete bis 410 € enthalten). Von diesem Regelbetrag kann bei entsprechender Lebensstellung der Eltern abgewichen werden. Hinzu kommen anzuerkennende Studiengebühren sowie im Falle einer nicht gegebenen Familienversicherung die Kosten der Kranken- und Pflegeversicherung.

13.2 Das bereinigte Einkommen des volljährigen Kindes wird in der Regel in vollem Umfange auf den Bedarf angerechnet. Bei Einkünften aus unzumutbarer Erwerbstätigkeit (was in der Regel bei Nebentätigkeiten von Schülern oder Studenten angenommen werden kann) gilt § 1577 Abs. 2 BGB[1] entsprechend. Zu den Einkünften des Kindes gehören auch BAföG-Darlehen und Ausbildungsbeihilfen.

13.3 Sind beide Eltern barunterhaltspflichtig, bemisst sich die **Haftungsquote** nach dem Verhältnis ihrer anrechenbaren Einkünfte. Diese sind vorab jeweils um den Sockelbetrag zu kürzen. Der Sockelbetrag entspricht dem angemessenen Selbstbehalt gemäß Anm. A. 5 Abs. 2 der Düsseldorfer Tabelle[2], bei minderjährigen unverheirateten und ihnen gleichgestellten volljährigen Kindern (§ 1603 Abs. 2 S. 2 BGB[1]) jedoch dann dem notwendigen Selbstbehalt gemäß Anm. A. 5 Abs. 1 der Düsseldorfer Tabelle, wenn bei einem Sockelbetrag in Höhe des angemessenen Selbst-

---

[1] **Habersack, Deutsche Gesetze Nr. 20.**
[2] Nr. **47**.

behalts der Bedarf dieser Kinder nach der ersten Einkommensgruppe nicht sichergestellt ist.

Bei minderjährigen unverheirateten und ihnen gleichgestellten volljährigen Kindern (§ 1603 Abs. 2 Satz 2 BGB) sind die anrechenbaren Einkommen der Eltern außerdem wegen gleichrangiger Unterhaltspflichten und bei anderen volljährigen Kindern wegen vorrangiger Unterhaltspflichten zu kürzen.

Der Verteilungsschlüssel kann bei Vorliegen besonderer Umstände (z.B. Betreuung eines behinderten Volljährigen) wertend verändert werden.

14. Verrechnung des Kindergeldes

Kindergeld wird nach § 1612b BGB[1)] zur Deckung des Barbedarfs verwandt, bei Minderjährigen, die von einem Elternteil betreut werden, zur Hälfte, ansonsten insgesamt.

Ehegattenunterhalt

15. Unterhaltsbedarf

15.1 Der Bedarf der Ehegatten richtet sich nach ihren Einkommens- und Vermögensverhältnissen im Unterhaltszeitraum, soweit diese als die ehelichen Lebensverhältnisse nachhaltig prägend anzusehen sind. Die ehelichen Lebensverhältnisse im Sinne von § 1578 Abs. 1 Satz 1 BGB[1)] werden dabei grundsätzlich durch die Umstände bestimmt, die bis zur Rechtskraft der Ehescheidung eingetreten sind. Nachträgliche Entwicklungen wirken sich auf die Bedarfsbemessung nach den ehelichen Lebensverhältnissen aus, wenn sie auch bei fortbestehender Ehe eingetreten wären oder in anderer Weise in der Ehe angelegt und mit hoher Wahrscheinlichkeit zu erwarten waren (BGH FamRZ 2012, 281).

Es ist von einem Mindestbedarf auszugehen, der nicht unter dem Existenzminimum für nicht Erwerbstätige liegen darf (Anm. B IV b der Düsseldorfer Tabelle[2)]).

Ebenso können einem neuen Partner gegenüber erbrachte geldwerte Versorgungsleistungen als Surrogat der früheren Haushaltstätigkeit angesehen werden.

Die den Lebenszuschnitt mitbestimmenden Nutzungsvorteile mietfreien Wohnens im eigenen Haus (Nr. 5) setzen sich an Zinsvorteilen des Verkaufserlöses fort. Bei Berechnung des Bedarfs ist von dem anrechenbaren Einkommen des Pflichtigen (Nr. 10) vorab der die Ehe prägende Unterhalt (Zahlbetrag) der Kinder abzuziehen.

Auch die Ehe prägender Unterhalt für nachrangige volljährige Kinder ist abzusetzen, wenn den Eheleuten ein angemessener Unterhalt verbleibt.

15.2 Der Bedarf eines jeden Ehegatten ist grundsätzlich mit der Hälfte des unterhaltsrechtlich relevanten Einkommens beider Ehegatten anzusetzen. Jedem erwerbstätigen Ehegatten steht vorab ein Bonus von 1/10 seiner Erwerbseinkünfte als Arbeitsanreiz und zum Ausgleich derjenigen berufsbedingten Aufwendungen zu, die sich nicht nach objektiven Merkmalen eindeutig von den privaten Lebenshaltungskosten abgrenzen lassen. Von einer Steuerrückerstattung ist ein Erwerbstätigenbonus in Abzug zu brin-

[1)] **Habersack, Deutsche Gesetze Nr. 20.**
[2)] Nr. 47.

gen, wenn diese vom Erwerbseinkommen abgezogene Steuern betrifft. Der Bonus ist vom Erwerbseinkommen nach Abzug berufsbedingter Aufwendungen, des Kindesunterhalts, ggf. der Betreuungskosten sowie sonstiger berücksichtigungsfähiger Schulden und Aufwendungen zu errechnen. Von einer als Ersatz für fortgefallenes Arbeitseinkommen vom Arbeitgeber gezahlten und auf einen längeren Zeitraum umzulegenden Abfindung ist ein Erwerbstätigenbonus nicht in Abzug zu bringen.

15.3 Bei sehr guten Einkommensverhältnissen (in der Regel mindestens der Höchstbetrag nach der Düsseldorfer Tabelle[1] als unterhaltsrechtlich bereinigtes Nettoeinkommen der Eheleute) kommt eine **konkrete Bedarfsberechnung** in Betracht.

15.4 Verlangt der Berechtigte neben dem Elementarunterhalt für Alter, Krankheit und Pflegebedürftigkeit **Vorsorgeunterhalt**, den er aus seinen eigenen Einkünften nicht decken kann, sind zur Ermittlung des geschuldeten Elementarunterhalts grundsätzlich die vom Pflichtigen geschuldeten Beträge wie eigene Vorsorgeaufwendungen (Nr. 10.1) von seinem Einkommen vorweg abzuziehen.

Altersvorsorgeunterhalt wird nicht geschuldet, wenn das Existenzminimum (notwendiger Selbstbehalt) des Berechtigten nicht gesichert ist. Zur Ermittlung des Krankheitsvorsorgeunterhalts hat der Berechtigte konkret die Kosten einer eheangemessenen Absicherung gegen Krankheit darzulegen.

Zur Ermittlung des Altersvorsorgeunterhalts wird zunächst ein vorläufiger Elementarunterhalt nach Nr. 15.2., 21.4. bestimmt. Einkünfte des Berechtigten, die zu keiner Altersvorsorge führen, bleiben unberücksichtigt. Hinzu kommt ein Zuschlag entsprechend der jeweils gültigen Bremer Tabelle[2]. Von dieser Bruttobemessungsgrundlage wird mit Hilfe des jeweiligen Beitragssatzes in der gesetzlichen Rentenversicherung (Arbeitgeber- und Arbeitnehmerbeitrag) der Vorsorgeunterhalt errechnet. Dieser wird vom bereinigten Nettoeinkommen des Verpflichteten abgezogen; auf dieser Basis wird der endgültige Elementarunterhalt errechnet.

Betreibt der Unterhaltspflichtige eine unterhaltsrechtlich anzuerkennende zusätzliche Altersvorsorge, ist dies auch dem Unterhaltsberechtigten durch eine Erhöhung des Altersvorsorgeunterhalts in entsprechender Größenordnung im Wege eines Zuschlags einer entsprechenden Anzahl von Prozentpunkten zum Beitragssatz der gesetzlichen Rentenversicherung zu ermöglichen (BGH FamRZ 2020, 21).

Die zweistufige Berechnung und der Vorwegabzug des Vorsorgeunterhalts für Alter, Krankheit oder Pflegebedürftigkeit können unterbleiben, wenn und soweit der Verpflichtete über nicht prägendes Einkommen verfügt, das den Mehrbedarf übersteigt, oder wenn und soweit auf den Bedarf nicht prägendes Einkommen des Berechtigten angerechnet wird (BGH FamRZ 1999, 372).

15.5 Die **Unterhaltspflichten für neue Ehegatten** sowie für **nachehelich geborene Kinder** und den **dadurch bedingten Betreuungsunterhalt nach § 1615l BGB** sind nicht bei der Bemessung des Unterhaltsbedarfs eines geschiedenen Ehegatten zu berücksichtigen.

---

[1] Nr. 47.
[2] Nr. 47f/1.

16. Bedürftigkeit

Eigenes Einkommen des Berechtigten mindert den nach Nr. 15 ermittelten Bedarf.

17. Erwerbsobliegenheit

17.1 Bei Kindesbetreuung besteht bis zur Vollendung des dritten Lebensjahres eines gemeinschaftlichen Kindes keine Erwerbsobliegenheit. Gleichwohl erzieltes Erwerbseinkommen ist überobligatorisch und nach den Umständen des Einzelfalls zu berücksichtigen (BGH FamRZ 2009, 770; FamRZ 2009, 1124; FamRZ 2009, 1391).

Nach Vollendung des dritten Lebensjahres des Kindes kommt es bei Beurteilung der Frage, ob und inwieweit der betreuende Ehegatte bei einer bestehenden Betreuungsmöglichkeit auf eine Erwerbstätigkeit verwiesen werden kann, auf die Verhältnisse des Einzelfalls an. Bei besonderer Betreuungsbedürftigkeit des Kindes und bei nicht oder nur unzureichender Fremdbetreuung (kindbezogene Gründe, § 1570 Abs. 1 S. 2 BGB[1]) kommt ein Unterhaltsanspruch auch nach Vollendung des dritten Lebensjahres des Kindes in Betracht.

Eine Erwerbstätigkeit des betreuenden Ehegatten kann auch aus Gründen der nachehelichen Solidarität ganz oder teilweise unbillig erscheinen. Hierbei sind das in der Ehe gewachsene Vertrauen in die vereinbarte und praktizierte Rollenverteilung und die gemeinsame Ausgestaltung der Kinderbetreuung sowie der Dauer der Ehe zu berücksichtigen (elternbezogene Gründe, § 1570 Abs. 2 BGB).

Die Erwerbsobliegenheit beurteilt sich auch danach, ob eine Erwerbstätigkeit neben der Betreuung des Kindes zu einer überobligationsmäßigen Belastung führen würde. Die Darlegungs- und Beweislast für die Umstände, die einer vollen oder teilweisen Erwerbsobliegenheit ab Vollendung des dritten Lebensjahres des Kindes entgegenstehen, trifft den betreuenden Ehegatten. Dies gilt auch, wenn ein Titel über den Basisunterhalt nach § 1570 Abs. 1 S. 1 BGB abgeändert werden soll.

Der Betreuungsunterhalt nach § 1570 BGB ist nicht nach § 1578b BGB zu befristen.

17.2 In der Regel besteht spätestens ein Jahr nach der Trennung eine Obliegenheit zur Aufnahme oder Ausweitung einer Erwerbstätigkeit. Dabei sind die unter 17.1 genannten Grundsätze anzuwenden.

Ansprüche nach § 1615l BGB, Elternunterhalt. Lebenspartnerschaft

18. Ansprüche nach § 1615l BGB

Der Bedarf nach § 1615l BGB[1] bemisst sich nach der bisherigen Lebensstellung des betreuenden Elternteils. Er ist auch dann nicht nach dem Einkommen des Pflichtigen zu bemessen, wenn dieser mit dem betreuenden Elternteil zusammengelebt hat (BGH FamRZ 2008, 1739; FamRZ 2010, 357). Der Bedarf, der sich auch aus einem Unterhaltsanspruch gegen einen früheren Ehegatten ergeben kann, darf das Existenzminimum für Nichterwerbstätige (Anm. B IV b der Düsseldorfer Tabelle[2]) nicht unterschreiten (BGH FamRZ 2010, 357, FamRZ 2010, 444).

---

[1] **Habersack, Deutsche Gesetze Nr. 20.**
[2] Nr. 47.

Zur Frage der Berücksichtigung eigener Einkünfte, zu Abzügen hiervon und zur Erwerbsobliegenheit gelten die Ausführungen für den Ehegatten entsprechend.

19. Elternunterhalt

Der Bedarf der Eltern bemisst sich in erster Linie nach deren Einkommens- und Vermögensverhältnissen. Mindestens muss jedoch das Existenzminimum eines Nichterwerbstätigen (Anm. B IV b der Düsseldorfer Tabelle[1]: 1.120 €) sichergestellt werden. Darin sind Kosten der Kranken- und Pflegeversicherung nicht enthalten. Etwaiger Mehrbedarf (z.B. Heimunterbringung) ist zusätzlich auszugleichen.

20. Lebenspartnerschaft

Bei Getrenntleben oder Aufhebung der Lebenspartnerschaft gelten §§ 12, 16 LPartG[2].

Leistungsfähigkeit und Mangelfall

21. Selbstbehalt des Verpflichteten

21.1 Der Unterhaltsverpflichtete ist leistungsfähig, wenn ihm der Selbstbehalt verbleibt. Es ist zu unterscheiden zwischen dem notwendigen (§ 1603 Abs. 2 BGB[3]), dem angemessenen (§ 1603 Abs. 1 BGB) sowie dem billigen Selbstbehalt (§ 1581 BGB).

21.2 Der **notwendige Selbstbehalt** bei gesteigerter Unterhaltspflicht (§ 1603 Abs. 2 BGB[3]) gegenüber minderjährigen unverheirateten und ihnen gleichgestellten volljährigen Kindern (§ 1603 Abs. 2 Satz 2 BGB) beträgt beim nicht erwerbstätigen Unterhaltspflichtigen monatlich 1.120 €, beim erwerbstätigen Unterhaltspflichtigen monatlich 1.370 €. Hierin sind 520 € für Unterkunft einschließlich umlagefähiger Nebenkosten und Heizung (Warmmiete) enthalten. Der Selbstbehalt kann angemessen erhöht werden, wenn dieser Betrag im Einzelfall erheblich überschritten wird und dies nicht vermeidbar ist.

21.3 Der **angemessene Selbstbehalt** (§ 1603 Abs. 1 BGB[3]) gilt insbesondere gegenüber volljährigen Kindern, die minderjährigen Kindern nicht gleichgestellt sind, sowie gegenüber den Eltern des Unterhaltsverpflichteten und gegenüber Ansprüchen nach § 1615l BGB[3].

21.3.1 Er beträgt **gegenüber volljährigen Kindern** in der Regel mindestens monatlich 1.650 €, darin ist eine Warmmiete bis 650 € enthalten.

21.3.2 Er beträgt **gegenüber Ansprüchen nach 1615l BGB[3]** beim nicht erwerbstätigen Unterhaltspflichtigen monatlich 1.385 €, beim erwerbstätigen Unterhaltspflichtigen monatlich 1.510 €, darin ist eine Warmmiete bis 580 € enthalten.

21.3.3 **Gegenüber Eltern** beträgt der Selbstbehalt monatlich mindestens 2.500 € (einschließlich 1.000 € Warmmiete) zuzüglich der Hälfte des darüber hinausgehenden Einkommens.

---

[1] Nr. **47**.
[2] Nr. **43**.
[3] **Habersack, Deutsche Gesetze Nr. 20.**

21.3.4 Der **Selbstbehalt von Großeltern gegenüber Enkeln** entspricht dem Selbstbehalt beim Elternunterhalt.

21.4 Der **billige Selbstbehalt** des Unterhaltsverpflichteten **beim Ehegattenunterhalt** (§ 1581 BGB[1]) beläuft sich in der Regel auf die Mitte zwischen angemessenem und notwendigem Selbstbehalt (derzeit: beim nicht erwerbstätigen Unterhaltspflichtigen monatlich gerundet 1.385 €, beim erwerbstätigen Unterhaltspflichtigen monatlich gerundet 1.510 €, bei Warmmiete bis 580 €).

21.5 Vorteile durch das **Zusammenleben mit einer anderen Person** können eine Herabsetzung des Selbstbehalts rechtfertigen, es sei denn, deren Einkommen liegt unter 650 €. Dabei beträgt die Ersparnis im Regelfall 10 % des Selbstbehalts.

22. Notwendiger Bedarf des mit dem Pflichtigen zusammenlebenden Ehegatten

Insoweit wird auf Anm. B V Nr. 2 der Düsseldorfer Tabelle[2] verwiesen.

23. Mangelfall

23.1 Ein Mangelfall liegt vor, wenn das Einkommen des Unterhaltsverpflichteten zur Deckung seines Selbstbehalts und der Unterhaltsansprüche der gleichrangigen Berechtigten nicht ausreicht. Für diesen Fall ist die nach Abzug des Selbstbehalts des Unterhaltspflichtigen verbleibende Verteilungsmasse auf die gleichrangigen Unterhaltsberechtigten im Verhältnis ihrer jeweiligen Einsatzbeträge gleichmäßig zu verteilen.

23.2 **Die Einsatzbeträge im Mangelfall** sind (nach Maßgabe der in § 1609 BGB[1] geregelten Rangfolge)

23.2.1 bei minderjährigen und diesen nach § 1603 Abs. 3, S. 2 BGB[1] gleichgestellten Kindern der jeweilige Zahlbetrag des Mindestunterhalts.

23.2.2 bei getrennt lebenden oder geschiedenen Ehegatten und bei mit dem Pflichtigen in gemeinsamem Haushalt lebenden Ehegatten, sowie bei nach § 1615l BGB[1] Unterhaltsberechtigten der jeweilige ungedeckte Bedarfsbetrag.

Rundung, Anhang

24. Rundung

Der Unterhalt ist auf volle Euro zu runden.

Anhang

Düsseldorfer Tabelle nebst Anmerkungen
(abgedruckt unter Nr. 47)

---

[1] **Habersack, Deutsche Gesetze Nr. 20.**
[2] Nr. 47.

47o. Oberlandesgericht Köln – Unterhaltsleitlinien der Familiensenate[1)]

(Stand: 1. Januar 2023)

Vorbemerkung

Die Familiensenate des OLG Köln verwenden diese Leitlinien für den Regelfall, um eine in praktisch bedeutsamen Unterhaltsfragen möglichst einheitliche Rechtsprechung zu erreichen. Die Leitlinien können die Richter nicht binden. Sie sollen die angemessene Lösung des Einzelfalls – das gilt auch für die „Tabellen-Unterhaltssätze" – nicht antasten.

Die Leitlinien folgen der Düsseldorfer Tabelle[2)] und den Süddeutschen Leitlinien[3)], weichen jedoch in Einzelfragen davon ab.

Die Leitlinien gelten ab 1. Januar 2023. Gegenüber den ab dem 1. Januar 2022 geltenden Leitlinien ergeben sich – neben redaktionellen Anpassungen – Änderungen in den Ziffern 12.1, 13.1, 13.3, 15.7, 18, 21.2, 21.3.1 bis 21.3.4, 21.4, 21.5, 22.1, 22.3, 23.1, 23.2 und 23.3 sowie den Anhängen I. und II.

Unterhaltsrechtliches Einkommen

Bei der Ermittlung und Zurechnung von Einkommen ist stets zu unterscheiden, ob es um Verwandten- oder Ehegattenunterhalt sowie ob es um Bedarfsbemessung einerseits oder Feststellung der Bedürftigkeit/Leistungsfähigkeit andererseits geht.

Das unterhaltsrechtliche Einkommen ist nicht immer identisch mit dem steuerrechtlichen Einkommen.

1 Geldeinnahmen

1.1 Regelmäßiges Bruttoeinkommen einschl. Renten und Pensionen

Auszugehen ist vom Bruttoeinkommen als Summe aller Einkünfte.

1.2 Unregelmäßiges Einkommen

Soweit Leistungen nicht monatlich anfallen (z.B. Weihnachts- und Urlaubsgeld), werden sie auf ein Jahr verteilt. Einmalige Zahlungen (z.B. Abfindungen) sind auf einen angemessenen Zeitraum (i.d.R. mehrere Jahre) zu verteilen.

Eine zusätzlich zu dem in unveränderter Höhe bezogenen Einkommen erhaltene Abfindung bleibt jedenfalls für den Ehegattenunterhalt unberücksichtigt (BGH, Urt. v. 2.6.2010 – XII ZR 138/08, FamRZ 2010, 1311). Im Übrigen ist eine Abfindung bis zur Höchstgrenze des Bedarfs aufgrund des früheren Einkommens grundsätzlich für den Unterhalt zu verwenden (BGH, Urt. v. 28.03.2007 – XII ZR 163/04, FamRZ 2007, 983, v. 02.06.2010 – XII ZR 138/08, FamRZ 2010, 1311 und v. 08.04. 2012 – XII ZR 65/10, FamRZ 2012, 1040, teilweise Aufgabe von BGH, Urt. v. 29.01.2003 – XII ZR 92/01, FamRZ 2003, 590).

Ob eine Aufstockung bis zum bisherigen Einkommen geboten ist und der bisherige Lebensstandard vollständig aufrechterhalten werden muss oder ob eine nur teilweise Aufstockung angemessen ist, um die Abfindung auf

---

[1)] In der jeweils aktuellen Fassung kostenlos abrufbar unter www.olg-koeln.nrw.de.

[2)] Nr. **47**.

[3)] Nr. **47b**.

einen längeren Zeitraum zu verteilen, beurteilt sich nach den Umständen des Einzelfalls unter Berücksichtigung der beiderseitigen Interessen, insbesondere auch nach der vom Unterhaltspflichtigen zu erwartenden weiteren Einkommensentwicklung (BGH, Urt. v. 08.04.2012 – XII ZR 65/10, FamRZ 2012, 1040).

1.3 Überstunden

Überstundenvergütungen werden dem Einkommen voll zugerechnet, soweit sie berufstypisch sind und das in diesem Beruf übliche Maß nicht überschreiten. Ob und in welchem Umfang weitergehende Einkünfte durch Überstunden, aus Nebentätigkeit oder Zweitarbeit anrechenbar sind, ist nach Billigkeit nach den Umständen des Einzelfalls (Höhe der Einkünfte, hohe Schuldenbelastung, Sicherung des Mindestbedarfs, Alter, beidseitige wirtschaftliche Verhältnisse) zu entscheiden (vgl. BGH, Urt. v. 31.10.2012 – XII ZR 30/10).

1.4 Spesen und Auslösungen

Ersatz für Spesen und Reisekosten sowie Auslösungen gelten in der Regel als Einkommen. Damit zusammenhängende Aufwendungen, vermindert um häusliche Ersparnis, sind jedoch abzuziehen.

1.5 Einkommen aus selbstständiger Tätigkeit

Bei der Ermittlung des zukünftigen Einkommens eines Selbstständigen ist in der Regel der Gewinn der letzten drei Jahre zugrunde zu legen. Für die Vergangenheit ist in der Regel auf das tatsächlich erzielte Jahreseinkommen abzustellen; Durchschnittsberechnungen für den gesamten Unterhaltszeitraum oder für einzelne Unterhaltszeiträume sind möglich.

1.6 Einkommen aus Vermietung und Verpachtung sowie Kapitalvermögen

Einkommen aus Vermietung und Verpachtung sowie aus Kapitalvermögen ist der Überschuss der Bruttoeinkünfte über die Werbungskosten. Für Gebäude ist keine AfA anzusetzen.

1.7 Steuererstattungen

Steuerzahlungen oder Erstattungen sind in der Regel im Kalenderjahr der tatsächlichen Leistung zu berücksichtigen.

1.8 Sonstige Einnahmen

Sonstige Einnahmen (z.B. Trinkgelder, Krankenhaustagegeld).

2 Sozialleistungen

2.1 Arbeitslosengeld (§ 136 ff. SGB III), Insolvenzgeld (§ 165 ff. SGB III), Krankengeld und Übergangsgeld

Diese Leistungen sind Einkommen.

2.2 Leistungen nach dem SGB II

Leistungen nach dem SGB II (Bürgergeld, §§ 19–23 SGB II) sind Einkommen beim Verpflichteten. Beim Berechtigten sind Leistungen nach dem SGB II kein Einkommen. Soweit ein Übergang des Anspruchs auf den Träger der Leistungen nach § 33 Abs. 2 SGB II ausgeschlossen ist (auch bei fiktivem Einkommen), können Unterhaltsforderungen eines Leistungsempfängers für die Vergangenheit treuwidrig sein (vgl. BGH FamRZ 1999, 843).

2.3 Wohngeld

Wohngeld ist Einkommen, soweit es nicht erhöhte Wohnkosten deckt.

2.4 BAföG

BAföG-Leistungen sind Einkommen, auch soweit sie als Darlehn gewährt werden, mit Ausnahme von Vorausleistungen nach §§ 36, 37 BAföG[1)].

2.5 Erziehungs- und Elterngeld

Elterngeld nach § 1 BEEG[2)] ist als Einkommen zu behandeln; für den Mindestbetrag von monatlich 300 EUR bzw. 150 EUR bei verlängertem Bezug gilt dies nur ausnahmsweise (§ 11 S. 4 BEEG).

2.6 Unfall- und Versorgungsrenten

Unfall- und Versorgungsrenten sowie Übergangsgelder aus der Unfall- und Rentenversicherung sind Einkommen; §§ 1610a, 1578a BGB sind zu beachten.

2.7 Leistungen aus der Pflegeversicherung u.ä.

Leistungen aus der Pflegeversicherung, Blindengeld, Schwerbeschädigten- und Pflegezulagen, jeweils nach Abzug des Betrags für tatsächliche Mehraufwendungen, sind Einkommen; §§ 1610a, 1578a BGB sind zu beachten.

2.8 Pflegegeld

Leistungen der Pflegeversicherung sind nur ausnahmsweise als Einkommen der Pflegeperson zu berücksichtigen, § 13 Abs. 6 SGB XI. Berücksichtigungsfähiges Pflegegeld nach § 13 Abs. 6 SGB XI oder Pflegegeld nach anderen Rechtsvorschriften ist Einkommen der Pflegeperson höchstens mit dem Anteil, durch den ihre Bemühungen abgegolten werden.

2.9 Grundsicherung beim Verwandtenunterhalt

In der Regel sind Leistungen nach §§ 41–43 SGB XII (Grundsicherung) beim Verwandtenunterhalt Einkommen, nicht aber beim Ehegattenunterhalt.

2.10 Sozialhilfe

Kein Einkommen sind sonstige Sozialhilfeleistungen nach SGB XII. Für den Ausschluss des Anspruchsübergangs nach § 94 Abs. 3 SGB XII gilt 2.2. entsprechend.

2.11 Unterhaltsvorschuss

Leistungen nach dem UVG[3)] sind nicht als Einkommen zu bewerten. Für den Ausschluss des Anspruchsübergangs nach § 7 UVG gelten die Ausführungen unter 2.2. entsprechend.

3 Kindergeld

Kindergeld wird nicht zum Einkommen der Eltern gerechnet.

4 Geldwerte Zuwendungen des Arbeitgebers

Geldwerte Zuwendungen aller Art des Arbeitgebers, z.B. Firmenwagen oder freie Kost und Logis, sind Einkommen, soweit sie entsprechende

---

1) **Sartorius Nr. 420.**
2) Nr. **45e.**
3) Nr. **45d.**

Eigenaufwendungen ersparen. Die hierfür steuerlich in Ansatz gebrachten Beträge bieten einen Anhaltspunkt für die Bewertung des geldwerten Vorteils (für Firmenwagen: 1 % des Bruttolistenpreises zzgl. 0,03 % des Bruttolistenpreises je Entfernungskilometer zwischen Wohnung und Arbeitsstätte).

5 **Wohnwert**

Der Wohnvorteil durch mietfreies Wohnen im eigenen Heim ist als wirtschaftliche Nutzung des Vermögens unterhaltsrechtlich wie Einkommen zu behandeln. Neben dem Wohnwert sind auch Zahlungen nach dem Eigenheimzulagengesetz anzusetzen.

Ein Wohnvorteil liegt nur vor, soweit der Wohnwert den berücksichtigungsfähigen Schuldendienst, erforderliche Instandhaltungskosten sowie nicht umlagefähige Kosten i.S.v. § 556 Abs. 1 BGB[1], §§ 1, 2 BetrKV[2] übersteigt (zur Berücksichtigung von Tilgungsleistungen vgl. BGH, Beschl. v. 18.01.2017, FamRZ 2017, 519).

Auszugehen ist vom vollen Mietwert (objektiver Wohnwert). Wenn es nicht möglich oder nicht zumutbar ist, die Wohnung aufzugeben und das Objekt zu vermieten oder zu veräußern, kann *statt dessen*[3] die ersparte Miete angesetzt werden, die angesichts der wirtschaftlichen Verhältnisse angemessen wäre (subjektiver Wohnwert). Dies kommt insbesondere für die Zeit bis zur Zustellung des Scheidungsantrags in Betracht, wenn ein Ehegatte das Eigenheim allein bewohnt (BGH, Urt. v. 05.03.2008 – XII ZR 22/06, FamRZ 2008, 963, 965; Urt. v. 31.10.2012 – XII ZR 30/10).

6 **Haushaltsführung**

Führt jemand einem leistungsfähigen Dritten den Haushalt, so ist hierfür ein Einkommen anzusetzen. Bei Haushaltsführung durch einen Nichterwerbstätigen können in der Regel 200–550 EUR angesetzt werden.

7 **Einkommen aus unzumutbarer Erwerbstätigkeit**

Einkommen aus unzumutbarer Erwerbstätigkeit kann nach Billigkeit ganz oder teilweise unberücksichtigt bleiben.

8 **Freiwillige Zuwendungen Dritter**

Freiwillige Zuwendungen Dritter (z.B. Geldleistungen, kostenloses Wohnen) sind nur als Einkommen zu berücksichtigen, wenn dies dem Willen des Dritten entspricht.

9 **Erwerbsobliegenheit und Einkommensfiktion**

Einkommen können auch aufgrund einer unterhaltsrechtlichen Obliegenheit erzielbare Einkünfte, ggfs. unter Berücksichtigung pauschaler berufsbedingter Kosten (BGH, Urt. v. 03.12.2008 – XII ZR 182/06, FamRZ 2009, 314, 317), sein.

Erzielbare Einkünfte sind im Einzelfall unter Berücksichtigung der jeweiligen Verhältnisse auf dem Arbeitsmarkt und der persönlichen Eigenschaften des Erwerbspflichtigen, namentlich Alter, Ausbildung, Berufserfah-

[1] **Habersack, Deutsche Gesetze Nr. 20.**
[2] Nr. **30b/1**.
[3] Richtig wohl: „stattdessen".

rung, Gesundheitszustand, Geschlecht, zu ermitteln und setzen auch bei Inanspruchnahme auf den Mindestunterhalt durch ein minderjähriges Kind eine objektiv feststellbare reale Beschäftigungschance voraus (BVerfG, 1. Sen. 2. Kammer, Beschl. v. 11.03.2010 – 1 BvR 3031/08, FamRZ 2010, 793).

10 Bereinigung des Einkommens

Das nach Nr. 1 bis 9 ermittelte Einkommen ist wie folgt zu bereinigen:

10.1 Steuern und Vorsorgeaufwendungen

Vom Bruttoeinkommen sind Steuern, Sozialabgaben und/oder angemessene Vorsorgeaufwendungen abzuziehen (Nettoeinkommen).

10.1.1 Steuern/Splittingvorteil

Es besteht die Obliegenheit, Steuervorteile in Anspruch zu nehmen (z.B. Eintragung eines Freibetrags bei Fahrtkosten, für unstreitigen oder titulierten Unterhalt).

10.1.2 Vorsorgeaufwendungen

Vom Einkommen sind ferner Aufwendungen für Kranken-, Pflege-, Renten- und Arbeitslosenversicherung abzuziehen.

Im Rahmen der Altersvorsorge können über die Aufwendungen zur Grundversorgung (primäre Altersvorsorge) hinaus in angemessenem Umfang auch tatsächlich geleistete Zahlungen für eine zusätzliche private Altersvorsorge (sekundäre Altersvorsorge) angesetzt werden. Für die primäre Altersvorsorge können Personen, die nicht der gesetzlichen Versicherungspflicht unterliegen, in der Regel etwa 20 % des Bruttoeinkommens ansetzen, sofern die Aufwendungen tatsächlich erfolgen und die Altersvorsorge nicht bereits auf andere Weise gesichert ist. Für die sekundäre Altersvorsorge ist in der Regel beim Ehegattenunterhalt und – wenn der Mindestbedarf gedeckt ist – beim Kindesunterhalt ein Betrag in Höhe von 4 %, bei Eltern- und Enkelunterhalt in Höhe von 5 % des Bruttoeinkommens angemessen.

10.2 Berufungsbedingte Aufwendungen

Berufsbedingte Aufwendungen, die sich von den privaten Lebenshaltungskosten nach objektiven Merkmalen eindeutig abgrenzen lassen, sind im Rahmen des Angemessenen vom Nettoeinkommen abzuziehen.

10.2.1 Konkrete Aufwendungen

Eine Pauschale von 5 % wird in der Regel nicht gewährt, sondern die berufsbedingten Aufwendungen sind im Einzelnen darzulegen.

10.2.2 Fahrtkosten

Für notwendige Kosten der berufsbedingten Nutzung eines Kraftfahrzeugs kann der nach § 5 Abs. 2 JVEG[1] anzuwendende Betrag (derzeit 0,42 EUR) pro gefahrenem Kilometer angesetzt werden. Damit sind i.d.R. Anschaffungs- und Betriebskosten erfasst. Bei langen Fahrtstrecken (ab ca. 30 km einfach) kann nach unten abgewichen werden (für die Mehrkilometer i.d.R. 0,28 EUR). Daneben sind weitere Kosten (etwa für Kredite oder Reparaturen) regelmäßig nicht absetzbar. Eine Verweisung auf die Benutzung öffentlicher Verkehrsmittel kommt nach Billigkeit

[1] **Habersack, Deutsche Gesetze Nr. 116.**

in Betracht, insbesondere wenn der Mindestunterhalt nicht geleistet werden kann.

10.2.3 Ausbildungsaufwand

Bei einem Auszubildenden sind in der Regel 100 EUR als pauschaler ausbildungsbedingter Aufwand abzuziehen, unabhängig davon, ob er im Haushalt der Eltern oder eines Elternteils lebt. Höherer Aufwand (auch Fahrtkosten) ist konkret nachzuweisen.

10.3 Kinderbetreuung

Kinderbetreuungskosten und damit zusammenhängende Aufwendungen sind abzugsfähig, soweit die Betreuung durch Dritte infolge der Berufstätigkeit erforderlich wird. Der pauschale Abzug eines Betreuungsbonus kommt dagegen nicht in Betracht (BGH, Urt. v. 21.04.2010 – XII ZR 134/08, FamRZ 2010,1050).

10.4 Schulden

Berücksichtigungswürdige Schulden (Zinsen und Tilgung) sind abzuziehen; die Abzahlung soll im Rahmen eines vernünftigen Tilgungsplans in angemessenen Raten erfolgen.

Im Verhältnis zu minderjährigen und privilegierten volljährigen Kindern besteht grundsätzlich die Obliegenheit zur Einleitung der Verbraucherinsolvenz (BGHZ 162, 234), nicht aber gegenüber sonstigen Unterhaltsberechtigten (BGH, Urt. v. 12.12.2007 – XII ZR 23/06, FamRZ 2008, 497).

Bei der Bedarfsermittlung für den Ehegattenunterhalt sind nur eheprägende Schulden abzuziehen. Nacheheliche Entwicklungen wirken sich auf die Bedarfsbemessung nach den ehelichen Lebensverhältnissen aus, wenn sie auch bei fortbestehender Ehe eingetreten wären oder in anderer Weise in der Ehe angelegt oder mit hoher Wahrscheinlichkeit zu erwarten waren (BGH, Urt. v. 07.12.2011 – XII ZR 151/09, FamRZ 2012, 281).

Bei Verwandtenunterhalt sowie bei der Leistungsfähigkeit/Bedürftigkeit für den Ehegattenunterhalt erfolgt eine Abwägung nach den Umständen des Einzelfalls. Bei der Zumutbarkeitsabwägung sind die Interessen des Unterhaltsschuldners, des Drittgläubigers und des Unterhaltsgläubigers, vor allem minderjähriger Kinder, mit zu berücksichtigen.

10.5 Unterhaltsleistungen

Unterhaltsleistungen für vorrangig Berechtigte sind beim Verpflichteten zur Ermittlung der Leistungsfähigkeit vorweg mit dem Zahlbetrag abzuziehen. Leistet der Berechtigte einem nicht gemeinsamen minderjährigen oder privilegierten volljährigen Kind Barunterhalt, so ist auch dieser mit dem nach seinen Einkommensverhältnissen maßgeblichen Zahlbetrag abzugsfähig. Ggf. ist beim unterhaltsberechtigten Ehegatten anteiliger Barunterhalt gegenüber gemeinsamen Kindern als Abzugsposten zu berücksichtigen (vgl. BGH, Beschluss v. 29.09.2021 – XII ZB 474/20, FamRZ 2021, 1965). Im Übrigen richtet sich die Abzugsfähigkeit von Unterhaltsleistungen nach den Umständen des Einzelfalls.

10.6 Vermögensbildung

Bei vermögenswirksamen Leistungen nach den Vermögensbildungsgesetzen sind die Arbeitgeberleistung und die Arbeitnehmersparzulage nicht als unterhaltsrechtliches Einkommen zu werten. Eine weitergehende Arbeitnehmerleistung ist vom Einkommen abzuziehen, wenn sie als angemessene Vorsorgeaufwendung (Nr. 10.1.2) anerkannt werden kann. Im Übrigen sind vermögensbildende Aufwendungen im angemessenen Rahmen abzugsfähig.

10.7 Umgangskosten

Kosten der Ausübung des Umgangsrechts, die deutlich über den verbleibenden Anteil am Kindergeld (vgl. Nr. 14) hinausgehen, können durch einen –teilweisen – Abzug vom Einkommen oder eine Erhöhung des Ehegattenselbstbehalts berücksichtigt werden (BGH, Urt. v. 17.06. 2009 – XII ZR 102/08, FamRZ 2009, 1391, 1396).

Kindesunterhalt

11 Bemessungsgrundlage (Tabellenunterhalt)

Der Barunterhalt minderjähriger und noch im elterlichen Haushalt lebender volljähriger Kinder bestimmt sich nach den Sätzen der Düsseldorfer Tabelle[1] (Anhang I). Die Richtsätze der 1. Einkommensgruppe der ersten drei Altersstufen entsprechen dem Mindestbedarf gemäß § 1612a Abs. 1 BGB[2] (vgl. BGBl. I 2015, 2188) in der Fassung der Fünften Verordnung zur Änderung der Mindestunterhaltsverordnung v. 30.11.2022 (BGBl. I 2130). Die Bedarfssätze der vierten Altersstufe – ab 18 Jahren – errechnen sich auf der Grundlage von 125 % des Mindestbedarfs. Bei minderjährigen Kindern kann der Barunterhalt als Festbetrag oder als Prozentsatz des jeweiligen Mindestunterhalts geltend gemacht werden.

11.1 Kranken- und Pflegeversicherungsbeiträge, Studiengebühren

Die Tabellensätze der Düsseldorfer Tabelle[1] enthalten keine Kranken- und Pflegeversicherungsbeiträge für das Kind. Ist dieses nicht in einer gesetzlichen Familienversicherung mitversichert, so sind die Beiträge zusätzlich zu zahlen. Das Nettoeinkommen des Verpflichteten ist um solche Versicherungskosten zu bereinigen. In den Tabellenbeträgen sind auch Studiengebühren nicht enthalten.

11.2 Eingruppierung

Die Tabellensätze sind auf den Fall zugeschnitten, dass der Unterhaltspflichtige zwei Berechtigten, ohne Rücksicht auf den Rang, Unterhalt zu gewähren hat. Bei einer größeren oder geringeren Anzahl Unterhaltsberechtigter können Ab- oder Zuschläge durch Einstufung in niedrigere oder höhere Gruppen angemessen sein. Reicht das verfügbare Einkommen auch dann nicht aus, setzt sich der Vorrang der Kinder nach § 1609 Nr. 1 BGB[2] durch (Nr. 24).

12 Minderjährige Kinder

12.1 Betreuungs-/Barunterhalt

Der betreuende Elternteil braucht neben dem anderen Elternteil in der Regel keinen Barunterhalt zu leisten, es sei denn, sein Einkommen ist bedeutend höher als das des anderen Elternteils und der eigene angemessene Unterhalt (1.650 EUR) des sonst allein barunterhaltspflichtigen Elternteils ist gefährdet (§ 1603 Abs. 2 S. 3 BGB[2]).

---

[1] Nr. 47.
[2] **Habersack, Deutsche Gesetze Nr. 20.**

12.2 Einkommen des Kindes

Einkommen des Kindes wird bei beiden Eltern hälftig angerechnet.

12.3 Beiderseitige Barunterhaltspflicht/Haftungsanteil

Sind bei auswärtiger Unterbringung oder bei Praktizierung eines echten Wechselmodells (Betreuung 50: 50) beide Eltern zum Barunterhalt verpflichtet, haften sie anteilig nach § 1606 Abs. 3 S. 1 BGB[1] für den Gesamtbedarf (BGH, Beschl. v. 11.01.2017 – XII ZB 565/15, FamRZ 2017, 437; Berechnung siehe Nr. 13.3). Der Unterhaltsbedarf umfasst auch die infolge des Wechselmodells entstehenden Mehrkosten. Der dem Kind von einem Elternteil während dessen Betreuungszeiten im Wechselmodell geleistete Naturalunterhalt ist als (teilweise) Erfüllung des Unterhaltsanspruchs zu berücksichtigen.

Bei auswärtiger Unterbringung kann der Verteilungsschlüssel unter Berücksichtigung des Betreuungsaufwands wertend verändert werden.

12.4 Zusatzbedarf

Bei Zusatzbedarf (Prozess-/Verfahrenskostenvorschuss, Mehrbedarf, Sonderbedarf) gilt § 1606 Abs. 3 S. 1 BGB[1] (vgl. Nr. 13.3). Beiträge für Kindereinrichtungen stellen mit Ausnahme der Verpflegungskosten ebenfalls Mehrbedarf des Kindes dar (BGH, Urt. v. 26.11.2008 – 65/07, FamRZ 2009, 962). Sonstiger Betreuungsbedarf ist nur dann Mehrbedarf des Kindes, wenn er über den Umfang der von dem betreuenden Elternteil ohnehin geschuldeten Betreuung hinausgeht und eine besondere Förderung des Kindes in staatlichen Kindergärten, Kindertagesstätten oder Horten oder in vergleichbaren privaten Einrichtungen betrifft. Wird die Betreuung eines Kindes durch Dritte hingegen allein infolge der Berufstätigkeit des betreuenden Elternteils erforderlich, so stellen die Betreuungskosten keinen Mehrbedarf des Kindes dar, sondern gehören zur allgemeinen Betreuung, die vom betreuenden Elternteil im Gegenzug zur Barunterhaltspflicht des anderen allein zu leisten ist. Dafür entstehende Betreuungskosten können lediglich als berufsbedingte Aufwendungen des betreuenden Elternteils Berücksichtigung finden (BGH, Beschl. v. 04.10. 2017 – XII ZB 55/17, FamRZ 2018, 23).

13 Volljährige Kinder

13.1 Bedarf

Beim Bedarf volljähriger Kinder ist zu unterscheiden, ob sie noch im Haushalt der Eltern/eines Elternteils leben oder einen eigenen Hausstand haben.

Für volljährige Kinder, die noch im Haushalt der Eltern/eines Elternteils wohnen, gilt die Altersstufe 4 der Düsseldorfer Tabelle[2]. Sind beide Eltern leistungsfähig (vgl. Nr. 21.3.1), ist der Bedarf des Kindes i.d.R. nach dem zusammengerechneten Einkommen (ohne Höhergruppierung oder Herabstufung) zu bemessen. Ein Elternteil hat jedoch höchstens den Unterhalt zu leisten, der sich allein nach seinem Einkommen aus der Düsseldorfer Tabelle ergibt.

---

[1] **Habersack, Deutsche Gesetze Nr. 20.**
[2] Nr. 47.

Der angemessene Bedarf eines volljährigen Kindes mit eigenem Hausstand beträgt in der Regel monatlich 930 EUR (darin sind enthalten Kosten für Unterkunft und Heizung bis zu 410 EUR) ohne Beiträge zur Kranken- und Pflegeversicherung sowie Studiengebühren. Von diesem Betrag kann bei erhöhtem Bedarf oder mit Rücksicht auf die Lebensstellung der Eltern nach oben abgewichen werden.

Für die Haftungsquote gilt in beiden Fällen Nr. 13.3.

13.2 Einkommen des Kindes

Auf den Unterhaltsbedarf werden das Kindergeld (Nr. 14) sowie Einkünfte des Kindes, auch BAföG-Darlehen und Ausbildungsbeihilfen (gekürzt um ausbildungsbedingte Aufwendungen, vgl. Nr. 10.2.3) angerechnet. Bei Einkünften aus unzumutbarer Erwerbstätigkeit gilt § 1577 Abs. 2 BGB[1] entsprechend.

13.3 Beiderseitige Barunterhaltspflicht

Bei anteiliger Barunterhaltspflicht ist vor Berechnung des Haftungsanteils nach § 1606 Abs. 3 S. 1 BGB[1] das bereinigte Nettoeinkommen jedes Elternteils gem. Nr. 10 zu ermitteln. Hiervon ist bei Unterhaltsansprüchen nicht privilegierter volljähriger Kinder ein Sockelbetrag in Höhe des angemessenen Selbstbehalts (1.650 EUR) abzuziehen.

Der Haftungsanteil nach § 1606 Abs. 3 S. 1 BGB errechnet sich nach der Formel:
Bereinigtes Nettoeinkommen eines Elternteils (N1 oder N2) abzüglich 1.650 EUR mal (Rest-)Bedarf gemäß Nr. 13.1./13.2. (R), geteilt durch die Summe der bereinigten Nettoeinkommen beider Eltern (N1 + N2) abzüglich 3.300 (= 1.650 + 1.650) EUR.

Haftungsanteil Elternteil 1 = (N1 – 1.650) × R: (N1 + N2 – 3.300).

Der so ermittelte Haftungsanteil ist auf seine Angemessenheit zu überprüfen und kann bei Vorliegen besonderer Umstände (z.B. behindertes Kind) wertend verändert werden.

Bei volljährigen Schülern, die in § 1603 Abs. 2 S. 2 BCB minderjährigen Kindern gleichgestellt sind, wird der Sockelbetrag bis zum notwendigen Selbstbehalt (1.120 EUR/1.370 EUR) herabgesetzt, wenn der Bedarf der Kinder andernfalls nicht gedeckt werden kann.

14 Verrechnung des Kindergeldes

Das auf das jeweilige Kind entfallende Kindergeld ist nach § 1612b BGB[1] auf den Tabellenunterhalt anzurechnen, vgl. Anhang II. Tabelle Zahlbeträge.

Ehegattenunterhalt

15 Unterhaltsbedarf

15.1 Bedarf nach den ehelichen Lebensverhältnissen

Der Unterhaltsbedarf richtet sich nach den ehelichen Lebensverhältnissen. Nacheheliche Entwicklungen wirken sich auf die Bedarfsbemessung nach den ehelichen Lebensverhältnissen aus, wenn sie auch bei fortbestehender Ehe eingetreten wären oder in anderer Weise in der Ehe angelegt oder

[1] **Habersack, Deutsche Gesetze Nr. 20.**

mit hoher Wahrscheinlichkeit zu erwarten waren (BGH, Urt. v. 07.12. 2011 – XII ZR 151/09, FamRZ 2012, 281).

Bei Aufnahme oder Ausdehnung einer Erwerbstätigkeit nach der Scheidung ist das (Mehr) einkommen, welches der Berechtigte erzielt oder pflichtwidrig zu erzielen unterlässt, als Surrogat der Haushaltsführung anzusehen (BGH, Urt. v. 07.12.2011 – XII ZR 151/09, FamRZ 2012, 281; BGH, Beschl. v. 25.09.2019 – XII ZB 25/19).

Nachrangige Unterhaltsansprüche volljähriger Kinder sind bei der Bemessung des Unterhaltsbedarfs des Ehegatten zu berücksichtigen, wenn sie eheprägende Verbindlichkeiten darstellen (BGH, Urt. v. 31.10.2012 – XII ZR 30/10).

Ohne Auswirkung auf den Unterhaltsbedarf sind nacheheliche Entwicklungen, die keinen Anknüpfungspunkt in der Ehe haben, wie die Unterhaltspflicht gegenüber einem neuen Ehegatten, der Splittingvorteil aus der neuen Ehe, sonstige von der neuen Ehe abhängige Einkommenszuschläge, der Vorteil des Zusammenlebens in der neuen Ehe und die Unterhaltspflicht für ein nachehelich geborenes Kind (BGH, Urt. v. 07.12.2011 – XII ZR 151/09, FamRZ 2012, 281).

Übersteigt der so ermittelte Bedarf des Berechtigten den Betrag, der dem Verpflichteten für den eigenen Unterhalt verbleibt (relativer Mangelfall), führt dies zur Kürzung des Unterhalts des Berechtigten und des individuellen Selbstbehalts des Verpflichteten. Ist für den Unterhaltsberechtigten die Untergrenze seines eigenen Selbstbehalts erreicht (absoluter Mangelfall), ist der Unterhalt des Berechtigten entsprechend der in § 1609 BGB[1] geregelten Rangfolge und bei Gleichrang anteilig zu kürzen (BGH, Urt. v. 07.12.2011 – XII ZR 151/09, FamRZ 2012, 281).

15.2 Halbteilung und Erwerbstätigenbonus

Es gilt der Halbteilungsgrundsatz, wobei jedoch tatsächliche und fiktive Erwerbseinkünfte nur zu 9/10 zu berücksichtigen sind (Abzug von 1/10 Erwerbstätigenbonus vom gemäß Nr. 10 bereinigten Nettoeinkommen).

15.3 Konkrete Bedarfsbemessung

Macht der Unterhaltsberechtigte – vor Abzug seines eigenen Einkommens – einen Elementarbedarf von über 5.500 EUR geltend, so hat er seinen Bedarf konkret darzulegen (vgl. BGH, Beschluss vom 15. November 2017 – XII ZB 503/16, FamRZ 2018, 260).

Er kann seinen Bedarf konkret dadurch berechnen, dass er diejenigen Positionen benennt, die während des ehelichen Zusammenlebens nicht für die allgemeine Lebensführung verwendet wurden (z.B. Sparrate, anderweitige Vermögensbildung) und den sich daraus ergebenden Quotenunterhalt geltend machen.

Alternativ kann er auch die nach den ehelichen Lebensverhältnissen maßgeblichen Bedarfspositionen im Einzelnen darlegen. Die Höhe des Elementarunterhalts wird dabei durch den Quotenunterhalt gemäß Nr. 15.2 begrenzt.

[1] **Habersack, Deutsche Gesetze Nr. 20.**

Beispiel:
M erzielt ein unterhaltsrechtlich bereinigtes Monatsnettoeinkommen von 20.000 EUR. F macht Trennungsunterhalt geltend. Sie reklamiert für sich einen Bedarf von 6.000 EUR. Diesen Bedarf kann sie wie folgt darlegen:

Alternative 1:
F legt dar, dass während der Ehe von den 20.000 EUR monatlich 6.000 EUR gespart wurden und der Rest von 14.000 EUR für die allgemeine Lebensführung verwendet worden ist.

Konkrete Bedarfsberechnung: (20.000 EUR – 6.000 EUR) × 45 % = 6.300 EUR

Alternative 2:
F legt die einzelnen Positionen ihres Elementarbedarfs dar, z.B. für

– Wohnen	2.000 EUR
– Lebensmittel	1.000 EUR
– Friseur	100 EUR
– Autokosten	500 EUR
– Urlaub	1.000 EUR
– Kosmetik	100 EUR
– Kleidung	900 EUR
– Restaurantbesuche	300 EUR
– Kommunikation (Handy, Zeitung)	200 EUR
– Golf	200 EUR
Gesamt	6.300 EUR

Unterhaltsbegrenzung: 20.000 EUR × 45 % = 9.000 EUR. Die geforderten 6.300 EUR liegen unter diesem Grenzbetrag.

15.4 Vorsorgebedarf/Zusatz- und Sonderbedarf

Werden Altersvorsorge-, Kranken- und Pflegeversicherungskosten vom Berechtigten gesondert geltend gemacht oder vom Verpflichteten bezahlt, sind diese vom Einkommen des Pflichtigen vorweg abzuziehen. Wegen des Vorrangs des Elementarunterhalts besteht ein Anspruch auf Altersvorsorgeunterhalt nur insoweit, als das Existenzminimum des Berechtigten (Nr. 23.2) gesichert ist.

Der Altersvorsorgeunterhalt ist regelmäßig nach der Bremer Tabelle[1] zweistufig zu berechnen. Bei besonders günstigen wirtschaftlichen Verhältnissen kommt eine einstufige Berechnung in Betracht. Der Altersvorsorgeunterhalt ist nicht auf den Höchstbetrag nach Maßgabe der Beitragsbemessungsgrenze in der gesetzlichen Rentenversicherung beschränkt (BGH, Urt. v. 25.10.2006 – XII ZR 141/04, FamRZ 2007, 117).

15.5 Bedarf bei Zusammentreffen von Unterhaltsansprüchen mehrerer Ehegatten und/oder Berechtigter nach § 1615l BGB

Bei Zusammentreffen von Unterhaltsansprüchen des geschiedenen Ehegatten und des mit dem Unterhaltspflichtigen zusammenlebenden (neuen) Ehegatten bemisst sich der Unterhaltsbedarf des geschiedenen Ehegatten nach den ehelichen Lebensverhältnissen ohne Berücksichtigung der nachehelichen Entwicklungen (vgl. Nr. 15.1.).

Die unterschiedliche Rangfolge der Ansprüche (§ 1609 Nr. 2, 3 BGB) ist erst im Rahmen der Prüfung der Leistungsfähigkeit zu berücksichtigen. Entsprechendes gilt bei Berechtigten nach § 1615l BGB, es sei denn, ihr Bedarf (Nr. 18) ist geringer.

[1] Nr. **47f/1**.

15.6 Trennungsbedingter Mehrbedarf

Trennungsbedingter Mehrbedarf bleibt in der Regel außer Betracht (BGH, Urt. v. 18.11.2009 – XII ZR 65/09, FamRZ 2010, 111).

15.7 Begrenzung und Befristung nach § 1578b BGB

Aus § 1578b BGB[1] ergibt sich, dass die Herabsetzung wie auch die Befristung des Unterhalts nicht die Regel, sondern die Ausnahme darstellt (BGH, Urt. v. 04.08.2010 – XII ZR 7/09, FamRZ 2010, 1633).

Ein Anspruch auf nachehelichen Unterhalt ist nach § 1578b Abs. 1 S. 1 BGB auf den angemessenen Lebensbedarf, nicht jedoch geringer als 1.120 EUR, herabzusetzen, wenn eine an den ehelichen Lebensverhältnissen orientierte Bemessung des Unterhaltsanspruchs auch unter Wahrung der Belange eines dem Berechtigten zur Pflege oder Erziehung anvertrauten gemeinschaftlichen Kindes unbillig wäre. Nach § 1578b Abs. 2 S. 1 BGB ist ein Anspruch auf nachehelichen Unterhalt zeitlich zu begrenzen, wenn ein zeitlich unbegrenzter Unterhaltsanspruch unbillig wäre (BGH, Urt. v. 20.10.2010 – XII ZR 53/09, FamRZ 2010, 2059).

Bei der Billigkeitsprüfung nach § 1578b Abs. 1 S. 2 BGB ist vorrangig zu berücksichtigen, ob ehebedingte Nachteile eingetreten sind. Diese stehen schon deshalb regelmäßig einer Befristung des nachehelichen Unterhalts entgegen, weil der Unterhaltsberechtigte dann seinen eigenen angemessenen Unterhalt nicht selbst erzielen kann. Fehlen ehebedingte Nachteile, so ist über eine Herabsetzung auf den angemessenen Lebensbedarf im Wege einer umfassenden Billigkeitsabwägung zu entscheiden, bei der auch eine über die Kompensation ehebedingter Nachteile hinausgehende nacheheliche Solidarität zu berücksichtigen ist. Die Ehedauer, bei der auf die Zeit von der Eheschließung bis zur Zustellung des Scheidungsantrags abzustellen ist, gewinnt durch eine wirtschaftliche Verflechtung an Gewicht, die insbesondere durch Aufgabe einer eigenen Erwerbstätigkeit wegen der Betreuung gemeinsamer Kinder oder der Haushaltsführung eintritt (BGH, Urt. v. 6.10.2010 – XII ZR 202/08, FamRZ 2010, 1971). Im Rahmen der Abwägung nach § 1578b BGB findet eine Aufarbeitung ehelichen Fehlverhaltens nicht statt (BGH, Urt. v. 20.10.2010 – XII ZR 53/09, FamRZ 2010, 2059).

Im Rahmen der Herabsetzung und zeitlichen Begrenzung des Unterhalts ist der Unterhaltspflichtige für die Tatsachen darlegungs- und beweisbelastet, die für eine Befristung sprechen. Hinsichtlich der Tatsache, dass ehebedingte Nachteile nicht entstanden sind, trifft den Unterhaltsberechtigten aber nach den Regeln zum Beweis negativer Tatsachen eine sog. sekundäre Darlegungslast. Der Unterhaltsberechtigte muss die Behauptung, es seien keine ehebedingten Nachteile entstanden, substantiiert bestreiten und seinerseits darlegen, welche konkreten ehebedingten Nachteile entstanden sein sollen. Erst wenn das Vorbringen des Unterhaltsberechtigten diesen Anforderungen genügt, müssen die vorgetragenen ehebedingten Nachteile vom Unterhaltspflichtigen widerlegt werden (BGH, Urt. v. 24.03.2010 – XII ZR 175/08, FamRZ 2010, 875).

Der Unterhaltsberechtigte kann im Einzelfall seiner – sekundären – Darlegungslast genügen, wenn er vorträgt, dass in dem von ihm erlernten Beruf Gehaltssteigerungen in einer bestimmten Höhe mit zunehmender

---

[1] **Habersack, Deutsche Gesetze Nr. 20.**

Berufserfahrung bzw. Betriebszugehörigkeit üblich sind (BGH, Urt. v. 20.10.2010 – XII ZR 53/09, FamRZ 2010, 2059).

16 Bedürftigkeit

Eigene Einkünfte, die der Berechtigte erzielt oder pflichtwidrig zu erzielen unterlässt, sind auf den Bedarf anzurechnen, wobei das bereinigte Nettoerwerbseinkommen um den Erwerbstätigenbonus (1/10) zu vermindern ist.

17 Erwerbsobliegenheit

17.1 bei Kindesbetreuung

Es besteht bei der Betreuung von Kindern nach Vollendung des dritten Lebensjahres die Obliegenheit, für den eigenen Unterhalt zu sorgen, solange keine kind- oder elternbezogenen Gründe im Sinne des § 1570 BGB[1)] diese Erwerbsobliegenheit einschränken (BGH, Urt. v. 18.03.2009 – XII ZR 74/08, FamRZ 2009, 770; Urt. v. 17.06.2009 – XII ZR 102/08, FamRZ 2009, 1391 und Urt. v. 21.04.2010 – XII ZR 134/08, FamRZ 2010, 1050).

Im Rahmen der Billigkeitsentscheidung über eine Verlängerung des Betreuungsunterhalts aus kindbezogenen Gründen (§ 1570 Abs. 1 S. 2 und 3 BGB) ist stets zunächst der individuelle Umstand zu prüfen, ob und in welchem Umfang die Kindesbetreuung auf andere Weise gesichert ist oder in kindgerechten Betreuungseinrichtungen gesichert werden könnte. Mit der Neugestaltung des nachehelichen Betreuungsunterhalts in § 1570 BGB hat der Gesetzgeber für Kinder ab Vollendung des dritten Lebensjahres den Vorrang der persönlichen Betreuung aufgegeben (BGH, Urt. v. 18.03.2009 – XII ZR 74/08, FamRZ 2009, 770, Urt. v. 17.06.2009 – XII ZR 102/08, FamRZ 2009, 1391, Urt. v. 21.04.2010 – XII ZR 134/08, FamRZ 2010, 1050 und Urt. v. 8.4.2012 – XII ZR 65/10, FamRZ 2012, 1040).

Eine Erwerbstätigkeit kann auch aus Gründen der nachehelichen Solidarität unbillig erscheinen. Das in der Ehe gewachsene Vertrauen in die vereinbarte und praktizierte Rollenverteilung und die gemeinsame Ausgestaltung der Kinderbetreuung gewinnen bei längerer Ehedauer oder Aufgabe der Erwerbstätigkeit zur Erziehung gemeinsamer Kinder weiter an Bedeutung (ehebezogene Gründe, § 1570 Abs. 2 BGB, vgl. BGH, Urt. v. 15.09.2010 – XII ZR 20/09, FamRZ 2010, 1880). Zur Beurteilung einer überobligationsmäßigen Belastung im Rahmen der Verlängerung des Betreuungsunterhalts ist auch der Aspekt einer gerechten Lastenverteilung zwischen unterhaltsberechtigtem und unterhaltspflichtigem Elternteil zu berücksichtigen (BGH, Urt. v. 18.3.2009 – XII ZR 74/08, FamRZ 2009, 770; v. 16.7.2008 – XII ZR 109/05, FamRZ 2008, 1739, v. 21.4.2010 – XII ZR 134/08, FamRZ 2010, 1050 und v. 8.4.2012 – XII ZR 65/10, FamRZ 2012, 1040).

Die Darlegungs- und Beweislast für die Umstände, die einer vollen oder teilweisen Erwerbsobliegenheit entgegenstehen, trifft den betreuenden Elternteil. Dies gilt auch, wenn ein Titel über den Basisunterhalt nach § 1570 Abs. 1 S. 1 BGB abgeändert werden soll. An die für eine Verlängerung des Betreuungsunterhalts insbesondere aus kindbezogenen

1) Habersack, Deutsche Gesetze Nr. 20.

Gründen erforderlichen Darlegungen sind keine überzogenen Anforderungen zu stellen (BGH, Urt. v. 15.6.2011 – XII ZR 94/09, FamRZ 2011, 1375, Urt. v. 8.4.2012 – XII ZR 65/10, FamRZ 2012, 1040).

Der Titel über den zeitlichen Basisunterhalt nach § 1570 Abs. 1 S. 1 BGB ist grundsätzlich nicht zu befristen. Eine Befristung des Titels über Betreuungsunterhalt im Übrigen kommt nicht in Betracht, eine Begrenzung vom eheangemessenen auf den angemessenen Unterhalt nach der eigenen Lebensstellung kann unter Berücksichtigung des Kindeswohls aus Gründen der Billigkeit erfolgen (BGH, Urt. v. 06.05.2009 – XII ZR 114/08, FamRZ 2009, 1124).

17.2 bei Trennungsunterhalt

In der Regel besteht für den Berechtigten im ersten Jahr nach der Trennung keine Obliegenheit zur Aufnahme oder Ausweitung einer Erwerbstätigkeit.

Weitere Unterhaltsansprüche

18 Ansprüche nach § 1615l BGB

Der Bedarf des nach § 1615l Abs. 2 S. 2, Abs. 4 BGB[1)] unterhaltsberechtigten Elternteils bemisst sich danach, welche Einkünfte er ohne die Geburt und die Betreuung des gemeinsamen Kindes erreicht hätte (BGH, Beschl. v. 10.6.2015 – XII ZB 251/14, BGHZ 205, 342, FamRZ 2015, 1369). Der Bedarf kann nicht von dem ggfls. höheren Einkommen des Unterhaltspflichtigen abgeleitet werden, auch dann nicht, wenn die Kindeseltern längere Zeit zusammengelebt haben (BGH, Urt. v. 16.07.2008 – XII ZR 109/05, FamRZ 2008, 1739). Dem Berechtigten ist jedoch jedenfalls ein Bedarf zuzubilligen, der nicht unter dem Existenzminimum liegt und mit dem notwendigen Selbstbehalt des Unterhaltspflichtigen von gegenwärtig 1.120 EUR angesetzt werden kann (BGH, Urt. v. 16.12.2009 – XII ZR 50/08, FamRZ 2010, 357). Hinsichtlich der Erwerbsobliegenheit gelten die Grundsätze unter Nr. 17.1 entsprechend.

19 Elternunterhalt

Beim Bedarf der Eltern sind Leistungen zur Grundsicherung nach §§ 41 ff. SGB XII zu berücksichtigen (vgl. Nr. 2.9.).

20 Lebenspartnerschaft

Bei Getrenntleben oder Aufhebung der Lebenspartnerschaft gelten §§ 5, 12, 16 LPartG[2)].

Leistungsfähigkeit und Mangelfall

21 Selbstbehalt

Dem Unterhaltspflichtigen muss nach Abzug der Unterhaltsansprüche der Selbstbehalt (Eigenbedarf) verbleiben.

21.1 Grundsatz

Es ist zu unterscheiden zwischen dem notwendigen (§ 1603 Abs. 2 BGB[1)]), dem angemessenen (§ 1603 Abs. 1 BGB) sowie dem ehean-

---

[1)] **Habersack, Deutsche Gesetze Nr. 20.**
[2)] Nr. 43.

gemessenen Selbstbehalt (§§ 1361 Abs. 1, 1578 Abs. 1 BGB; BGH, Urt. v. 15.03.2006 – XII ZR 30/04, FamRZ 2006, 683).

21.2 Notwendiger Selbstbehalt

Der notwendige Selbstbehalt (Eigenbedarf) gegenüber minderjährigen unverheirateten Kindern und gegenüber volljährigen unverheirateten Kindern bis zur Vollendung des 21. Lebensjahres, die im Haushalt der Eltern oder eines Elternteils leben und sich in der allgemeinen Schulausbildung befinden, beträgt

– beim nichterwerbstätigen Unterhaltspflichtigen monatlich **1.120 EUR**,
– beim erwerbstätigen Unterhaltspflichtigen monatlich **1.370 EUR**.

Hierin sind 520 EUR für Unterkunft einschließlich umlagefähiger Nebenkosten und Heizung (Warmmiete) enthalten.

21.3 Angemessener Selbstbehalt

Der angemessene Selbstbehalt beträgt:

21.3.1 gegenüber nicht privilegiertem volljährigen Kind und im Fall des § 1603 Abs. 2 S. 3 BGB[1)]

in der Regel **1.650 EUR**. Hierin sind Kosten für Unterkunft und Heizung in Höhe von **650 EUR** enthalten.

Nach Verlust einer bereits erlangten wirtschaftlichen Selbstständigkeit des Kindes beträgt der angemessene Selbstbehalt **2.000 EUR** (vgl. BGH, Urt. v. 18.01.2012 – XII ZR 15/10, FamRZ 2012, 530, und v. 18.07.2012 – XII ZR 91/10, FamRZ 2012, 1553).

21.3.2 gegenüber Anspruchsberechtigten nach § 1615l BGB[1)]

1.510 EUR falls erwerbstätig, **1.385 EUR** falls nicht erwerbstätig (vgl. Nr. 21.4). Hierin sind Kosten für Unterkunft und Heizung in Höhe von **580 EUR** enthalten.

21.3.3 beim Elternunterhalt

Dem Unterhaltspflichtigen ist der angemessene Eigenbedarf zu belassen. Bei dessen Bemessung sind Zweck und Rechtsgedanken des Gesetzes zur Entlastung unterhaltspflichtiger Angehöriger in der Sozialhilfe und in der Eingliederungshilfe (Angehörigen-Entlastungsgesetz) vom 10. Dezember 2019 (BGBl. I S. 2135) zu beachten.

21.3.4 von Großeltern gegenüber Enkeln

mindestens monatlich **2.500 EUR**, wobei die Hälfte des diesen Mindestbetrag übersteigenden Einkommens, bei Vorteilen des Zusammenlebens in der Regel 45 %, zusätzlich anrechnungsfrei bleibt (vgl. BGH, Urt. v. 28.07.2010 – XII ZR 140/07, FamRZ 2010, 1535). Hierin sind Kosten für Unterkunft und Heizung in Höhe von **1.000 EUR** enthalten.

21.4 Mindestselbstbehalt gegenüber Ehegatten

Der eheangemessene Selbstbehalt beträgt **1.510 EUR** beim erwerbstätigen Unterhaltspflichtigen, **1.385 EUR** beim nicht erwerbstätigen Unterhaltspflichtigen (vgl. BGH, Beschl. v. 16.10.2019 – XII ZB 341/17). Hierin sind Kosten für Unterkunft und Heizung in Höhe von **580 EUR** enthalten.

[1)] Habersack, Deutsche Gesetze Nr. 20.

21.5 Anpassung des Selbstbehalts

Beim Verwandtenunterhalt kann der jeweilige Selbstbehalt unterschritten werden, wenn der eigene Unterhalt des Pflichtigen ganz oder teilweise durch seinen Ehegatten gedeckt ist (vgl. Nr. 22).

Wird konkret eine erhebliche und nach den Umständen nicht vermeidbare Überschreitung der in den einzelnen Selbstbehalten enthaltenen Wohnkosten dargelegt, erhöht sich der Selbstbehalt. Wird die Wohnung von mehreren Personen genutzt, ist der Wohnkostenanteil des Pflichtigen festzustellen. Bei Erwachsenen geschieht die Aufteilung in der Regel nach Köpfen. Kinder sind vorab mit einem Anteil von 20 % ihres Anspruchs auf Barunterhalt zu berücksichtigen. Besteht für den Verpflichteten ein Anspruch auf Wohngeld, ist dieser wohnkostenmindernd zu berücksichtigen (vgl. Nr. 2.3).

Eine Herabsetzung des Selbstbehalts allein wegen geringerer als der im Selbstbehalt berücksichtigten Wohnkosten kommt auch im Rahmen der gesteigerten Unterhaltsverpflichtung gegenüber minderjährigen Kindern nicht in Betracht.

Hingegen kann der Selbstbehalt eines Unterhaltspflichtigen wegen einer infolge gemeinsamer Haushaltsführung tatsächlich eingetretenen Ersparnis herabgesetzt werden, höchstens jedoch bis auf sein Existenzminimum nach sozialhilferechtlichen Grundsätzen (BGH, Urt. v. 03.12.2008 – XII ZR 182/06, FamRZ 2009, 314, 316 und v. 09.01.2008 – XII ZR 170/05, FamRZ 2008, 594, 598).

Bei der Berechnung des Mindestunterhalts für minderjährige Kinder ist der Selbstbehalt des Unterhaltspflichtigen wegen der durch Synergieeffekte eingetretenen Haushaltsersparnis um 10 %, derzeit um 112 bzw. 137 EUR, herabzusetzen, wenn der Pflichtige in einer neuen Haushaltsgemeinschaft lebt (BGH, Urt. v. 30.01.2013 – XII ZR 158/10, FamRZ 2013, 616, 618).

22 Bedarf des mit dem Pflichtigen zusammenlebenden Ehegatten

22.1 Bedarf bei Ansprüchen des nachrangigen geschiedenen Ehegatten

Der Mindestbedarf des mit dem Unterhaltspflichtigen zusammenlebenden neuen Ehegatten wird mit **1.208 EUR** (erwerbstätig) bzw. **1.108 EUR** (nicht erwerbstätig) angesetzt.

22.2 Mindestbedarf bei Ansprüchen volljähriger Kinder

Der Mindestbedarf des mit dem Unterhaltspflichtigen zusammenlebenden Ehegatten bei Ansprüchen nicht privilegierter volljähriger Kinder beträgt **1.320 EUR**, nach Verlust einer bereits erlangten wirtschaftlichen Selbstständigkeit des Kindes 2.000 EUR (vgl. 21.3.1.).

22.3 Mindestbedarf bei Ansprüchen von Eltern oder Enkeln des anderen Ehegatten und von gemeinsamen Enkeln

Ist bei Unterhaltsansprüchen der Eltern oder von Enkeln der Unterhaltspflichtige verheiratet, wird für den mit ihm zusammenlebenden Ehegatten ein Betrag von mindestens **2.000 EUR** angesetzt. Im Familienmindestbedarf (vgl. Nr. 21.3.4) von **4.500 EUR** (2.000 EUR + 2.500 EUR) sind die Kosten für Unterkunft und Heizung in Höhe von mindestens **1.300 EUR** enthalten.

Der Familienselbstbehalt trägt bereits dem Umstand Rechnung, dass die Ehegatten durch ihr Zusammenleben Haushaltsersparnisse erzielen (BGH, Urt. v. 18.07.2012 – XII ZR 91/10, FamRZ 2012, 1553).

23 Bedarf des vom Pflichtigen getrennt lebenden oder geschiedenen Ehegatten

23.1 Bedarf bei Ansprüchen des nachrangigen, geschiedenen Ehegatten

Der Bedarf des vom Pflichtigen getrennt lebenden oder geschiedenen Ehegatten beträgt bei Ansprüchen des nachrangigen, geschiedenen Ehegatten **1.510 EUR** (erwerbstätig) bzw. **1.385 EUR** (nicht erwerbstätig).

23.2 Bedarf bei Ansprüchen volljähriger Kinder

Der Bedarf des vom Pflichtigen getrennt lebenden oder geschiedenen Ehegatten beträgt bei Ansprüchen volljähriger Kinder **1.650 EUR**.

23.3 Bedarf bei Ansprüchen von Eltern oder Enkeln des anderen Ehegatten und von gemeinsamen Enkeln

Der Bedarf des vom Pflichtigen getrennt lebenden oder geschiedenen Ehegatten beträgt bei Ansprüchen von Eltern oder Enkeln des anderen Ehegatten und von gemeinsamen Enkeln **2.500 EUR**.

24 Mangelfall

24.1 Grundsatz

Ein absoluter Mangelfall liegt vor, wenn das Einkommen des Verpflichteten zur Deckung seines notwendigen Selbstbehalts und der gleichrangigen Unterhaltsansprüche nicht ausreicht. Zur Feststellung des Mangelfalls entspricht der einzusetzende Bedarf für minderjährige und diesen nach § 1603 Abs. 2 S. 2 BGB[1] gleichgestellte Kinder dem Zahlbetrag der Unterhaltstabelle, für den getrenntlebenden/geschiedenen Ehegatten und für den Berechtigten nach § 1615l BGB sowie den mit dem Pflichtigen zusammenlebenden Ehegatten dem jeweiligen ungedeckten Bedarfsbetrag (Nr. 15, 16).

24.2 Einsatzbeträge

Als Einsatzbeträge im Mangelfall (Existenzminimum) sind im Verhältnis von gleichrangigen Berechtigten zueinander anzusetzen:

- bei minderjährigen und diesen nach § 1603 Abs. 2 S. 2 BGB[1] gleichgestellten Kindern der Mindestunterhalt der jeweiligen Altersstufe nach der Düsseldorfer Tabelle[2] (Zahlbeträge)
- bei allen anderen Berechtigten der nach den allgemeinen Regeln bestimmte Bedarf.

Anrechenbares Einkommen des Berechtigten ist von seinem Einsatzbetrag abzuziehen.

24.3 Berechnung

Die nach Abzug des Selbstbehalts des Unterhaltspflichtigen verbleibende Verteilungsmasse ist anteilig auf alle gleichrangigen Unterhaltsberechtigten im Verhältnis ihrer Unterhaltsansprüche zu verteilen.

[1] **Habersack, Deutsche Gesetze Nr. 20.**
[2] Nr. 47.

24.4 Angemessenheitskontrolle

Das im Rahmen der Mangelfallberechnung gewonnene Ergebnis ist auf seine Angemessenheit zu überprüfen.

25 Rundung

Der Unterhaltsbetrag ist auf volle EUR aufzurunden.

Anhang

I. Düsseldorfer Tabelle

(abgedruckt unter Nr. 47)

II. Tabellen Zahlbeträge

(abgedruckt unter Nr. 47)

III. Umrechnung nach § 36 Nr. 3 EGZPO für bis zum 31.12.2007 erstellte dynamische Unterhaltstitel über Kindesunterhalt

Ist Kindesunterhalt als Prozentsatz des jeweiligen Regelbetrages zu leisten, bleibt der vor dem 31.12.2007 errichtete Titel bestehen. Eine Abänderung ist nicht erforderlich. An die Stelle des bisherigen Prozentsatzes vom Regelbetrag tritt ein neuer Prozentsatz vom Mindestunterhalt. Dieser ist für die jeweils maßgebliche Altersstufe gesondert zu bestimmen und auf eine Stelle nach dem Komma zu begrenzen (§ 36 Nr. 3 EGZPO[1]).

Der neue Prozentsatz ist auf der Basis des Mindestunterhalts der Altersstufe zu ermitteln, der das Kind am 31.12.2007 angehörte. Für die nachfolgenden Jahre ist der so ermittelte Prozentsatz weiterhin maßgeblich (BGH, Urt. v. 18.04.2012 – XII ZR 66/10, FamRZ 2012, 1048). Der Bedarf ergibt sich aus der Multiplikation des neuen Prozentsatzes mit dem jeweils im entsprechenden Unterhaltszeitraum gültigen Mindestunterhalt der jeweiligen Altersstufe und ist auf volle Euro aufzurunden (§ 1612a Abs. 2 S. 2 BGB[2]). Der Zahlbetrag ergibt sich aus dem um das jeweils anteilige Kindergeld verminderten bzw. erhöhten Bedarf.

Es sind vier Fallgestaltungen zu unterscheiden:

1. Der Titel sieht die Anrechnung des hälftigen Kindergeldes (für das 1. bis 3. Kind 77 EUR, ab dem 4. Kind 89,50 EUR) oder eine teilweise Anrechnung des Kindergeldes vor (§ 36 Nr. 3a EGZPO).

$$\frac{\text{(Bisheriger Zahlbetrag + 1/2 Kindergeld)} \times 100}{\text{Mindestunterhalt der jeweiligen Altersstufe}} = \text{Prozentsatz neu}$$

Beispiel für 1. Altersstufe

$$\frac{(196\ € + 77\ €) \times 100}{279\ €} = 97{,}8\ \% \qquad 279\ € \times 97{,}8\ \% = 272{,}86\ €\text{, aufgerundet } 273\ €$$

Zahlbetrag: 273 € ./. 77 € = 196 €

2. Der Titel sieht die Hinzurechnung des hälftigen Kindergeldes vor (§ 36 Nr. 3b EGZPO).

$$\frac{\text{(Bisheriger Zahlbetrag – 1/2 Kindergeld)} \times 100}{\text{Mindestunterhalt der jeweiligen Altersstufe}} = \text{Prozentsatz neu}$$

---

1) **Habersack, Deutsche Gesetze Nr. 101.**
2) **Habersack, Deutsche Gesetze Nr. 20.**

Beispiel für 1. Altersstufe

$$\frac{(273\text{ €} - 77\text{ €}) \times 100}{279\text{ €}} = 70{,}2\,\%$$ 279 € × 70,2 % = 195,85 €, aufgerundet 196 €

Zahlbetrag: 196 € + 77 € = 273 €

3. Der Titel sieht die Anrechnung des vollen Kindergeldes vor (§ 36 Nr. 3c EGZPO).

$$\frac{(\text{Zahlbetrag} + 1/1\text{ Kindergeld}) \times 100}{\text{Mindestunterhalt der jeweiligen Altersstufe}} = \text{Prozentsatz neu}$$

Beispiel für 2. Altersstufe

$$\frac{(177\text{ €} + 154\text{ €}) \times 100}{322\text{ €}} = 102{,}7\,\%$$ 322 € × 102,7 % = 330,69 €, aufgerundet 331 €

Zahlbetrag: 331 € ./. 154 € = 177 €

4. Der Titel sieht weder eine Anrechnung noch eine Hinzurechnung des Kindergeldes vor (§ 36 Nr. 3d EGZPO).

$$\frac{(\text{Zahlbetrag} + 1/2\text{ Kindergeld}) \times 100}{\text{Mindestunterhalt der jeweiligen Altersstufe}} = \text{Prozentsatz neu}$$

Beispiel für 3. Altersstufe

$$\frac{(329\text{ €} + 77\text{ €}) \times 100}{365\text{ €}} = 111{,}2\,\%$$ 365 € × 111,2 % = 405,88 €, aufgerundet 406 €

Zahlbetrag: 406 € ./. 77 € = 329 €

47p. OLG Naumburg – Unterhaltsrechtliche Leitlinien[1)]

(Stand: 1. Januar 2023)

Die nachfolgenden Unterhaltsleitlinien der Familiensenate des Oberlandesgerichts Naumburg dienen als Orientierungshilfe für den Regelfall und bedürfen hinsichtlich der Angemessenheit des Ergebnisses in jedem Einzelfall der Überprüfung.

Das Tabellenwerk der Düsseldorfer Tabelle[2)] – ohne Bedarfskontrollbetrag – ist als Anhang eingearbeitet, die Anmerkungen zur Tabelle werden durch die nachfolgenden Leitlinien ersetzt.

I. Unterhaltsrechtlich maßgebendes Einkommen

Bei der Ermittlung und Zurechnung von Einkommen ist stets zu unterscheiden, ob es sich um Verwandten- oder Ehegattenunterhalt handelt und ob es um Bedarfsbemessung einerseits oder Feststellung der Bedürftigkeit und Leistungsfähigkeit andererseits geht.

Das unterhaltsrechtlich maßgebliche Einkommen ist nicht identisch mit dem Einkommen im steuerrechtlichen Sinne.

1. Geldeinnahmen

1.1 Regelmäßiges Bruttoeinkommen einschließlich Renten und Pensionen

Auszugehen ist vom Bruttoeinkommen als Summe aller Einkünfte inklusive Weihnachts- und Urlaubsgeld sowie anderer Zulagen.

1.2 Unregelmäßige Einkommen

Soweit Leistungen nicht monatlich anfallen, werden sie auf ein Jahr umgelegt. Einmalige Zahlungen (z.B. Abfindungen) sind auf einen angemessenen Zeitraum (in der Regel mehrere Jahre) zu verteilen.

1.3 Überstunden

Überstundenvergütungen werden dem Einkommen voll zugerechnet, soweit sie berufstypisch sind und das in diesem Beruf übliche Maß nicht überschreiten.

Unabhängig davon sind sie stets zu berücksichtigen, soweit dies zur Deckung des Mindestunterhalts für minderjährige Kinder und privilegierte volljährige Kinder im Sinne des § 1603 Abs. 2 Satz 2 BGB[3)] erforderlich ist.

1.4 Spesen und Auslösungen

Ersatz für Spesen und Reisekosten sowie Auslösungen gelten in der Regel als Einkommen. Damit zusammenhängende Aufwendungen, vermindert um häusliche Ersparnis, sind jedoch abzuziehen.

Bei Aufwendungspauschalen (außer Kilometergeld) kann 1/3 als Einkommen angesetzt werden.

---

1) In der jeweils aktuellen Fassung kostenlos abrufbar unter https://olg.sachsen-anhalt.de.
2) Nr. 47.
3) **Habersack, Deutsche Gesetze Nr. 20.**

1.5 Einkommen aus selbständiger Tätigkeit

Bei Ermittlung des zukünftigen Einkommens eines Selbständigen ist in der Regel der Gewinn der letzten drei Jahre zu Grunde zu legen.

1.6 Einkommen aus Vermietung und Verpachtung sowie Kapitalvermögen

Auszugehen ist von den Einnahmen abzüglich notwendiger Ausgaben. Für Gebäude ist keine Absetzung für Abnutzung (AfA) anzusetzen.

1.7 Steuererstattungen

Steuererstattungen sind in der Regel im Zahlungsjahr zu berücksichtigen und auf dieses umzulegen. Es besteht die Obliegenheit, mögliche Steuervorteile in Anspruch zu nehmen.

1.8 Sonstige Einnahmen (z.B. Trinkgelder)

2. Sozialleistungen

2.1 Arbeitslosengeld (§ 136 SGB III) und Krankengeld

2.2 Leistungen nach dem SGB II

Arbeitslosengeld II, Sozialgeld und Einstiegsgeld (§§ 19–32 SGB II) ist beim Verpflichteten stets Einkommen, beim Berechtigten nur, soweit dessen Unterhaltsanspruch nicht nach § 33 SGB II übergegangen ist.

2.3 Wohngeld

Wohngeld ist grundsätzlich Einkommen (vgl. Nr. 21.5.3), nur insoweit nicht, als es erhöhte Wohnkosten deckt.

2.4 BAföG

BAföG-Leistungen zählen zum Einkommen, auch soweit sie als Darlehen gewährt werden. Dies gilt nicht für Vorausleistungen nach den §§ 36, 37 BAföG[1].

2.5 Elterngeld, Erziehungsgeld

Elterngeld ist beim Kindesunterhalt nach § 1603 Abs. 2 BGB[2] sowie in den Fällen der §§ 1611 Abs. 1, 1361 Abs. 3, 1579 BGB in vollem Umfang als Einkommen zu berücksichtigen, im Übrigen nur insoweit, als es über den Sockelbetrag nach § 11 Satz 1 bis 3 BEEG[3] hinausgeht.

Entsprechendes gilt für das Erziehungsgeld nach § 9 Satz 1 und 2 BErzGG.

2.6 Unfall- und Versorgungsrenten

2.7 Leistungen aus der Pflegeversicherung, Blindengeld u.Ä.

Die Leistungen sind um einen Betrag für tatsächliche Mehraufwendungen zu kürzen; § 1610a BGB[2] und die darauf verweisenden § 1578a und § 1361 Abs. 1 Satz 1, 2. Halbs. BGB sind insoweit zu beachten.

2.8 Pflegegeld

Einkommen ist der Anteil des Pflegegelds bei der Pflegeperson, durch den ihre Bemühungen abgegolten werden; bei Pflegegeld aus der Pflegeversicherung gilt dies nach Maßgabe des § 13 Abs. 6 SGB XI.

---

[1] **Sartorius Nr. 420.**
[2] **Habersack, Deutsche Gesetze Nr. 20.**
[3] Nr. **45e.**

2.9 Leistungen der Grundsicherung

Beim Verwandtenunterhalt sind in der Regel Leistungen der Grundsicherung im Alter und bei Erwerbsminderung nach den §§ 41–43 SGB XII als Einkommen des Unterhaltsberechtigten zu berücksichtigen. Dies gilt nicht für den Ehegattenunterhalt.

2.10 Sozialhilfe

Kein Einkommen wegen des Anspruchsübergangs nach § 94 SGB XII ist die vom Unterhaltsberechtigten bezogene Sozialhilfe. Die Unterhaltsforderung eines Empfängers dieser Leistungen kann in Ausnahmefällen treuwidrig sein.

2.11 Unterhaltsvorschuss

Kein Einkommen sind Leistungen nach dem Unterhaltsvorschussgesetz[1]. Die Unterhaltsforderung eines Empfängers dieser Leistungen kann in Ausnahmefällen treuwidrig sein.

3. Kindergeld

Kindergeld zählt nicht zum Einkommen. Es wird nach Maßgabe des § 1612b BGB[2] auf den Barbedarf des Kindes angerechnet.

4. Geldwerte Zuwendungen des Arbeitgebers

Geldwerte Zuwendungen aller Art des Arbeitgebers, z.B. Firmenwagen oder freie Kost und Logis, sind Einkommen, soweit sie entsprechende Eigenaufwendungen ersparen.

5. Wohnwert

Der Wohnvorteil durch mietfreies Wohnen im eigenen Heim ist als wirtschaftliche Nutzung des Vermögens unterhaltsrechtlich wie Einkommen zu behandeln. Neben dem Wohnwert sind auch Zahlungen nach dem Eigenheimzulagengesetz anzusetzen.

Ein Wohnvorteil liegt nur vor, soweit der Wohnwert den berücksichtigungsfähigen Schuldendienst und erforderliche Instandhaltungskosten übersteigt.

Auszugehen ist vom vollen Mietwert (Nettokaltmiete). Wenn es nicht möglich oder nicht zumutbar ist, die Wohnung aufzugeben und das Objekt zu vermieten oder zu veräußern, kann stattdessen die ersparte Miete angesetzt werden, die angesichts der wirtschaftlichen Verhältnisse angemessen wäre. Dies kommt insbesondere für die Zeit bis zur Scheidung in Betracht, wenn ein Ehegatte das Eigenheim allein bewohnt.

6. Haushaltsführung

Führt jemand einem leistungsfähigen Dritten den Haushalt, so ist hierfür ein Einkommen anzusetzen; dies gilt nicht im Falle der Haushaltsführung durch einen voll Erwerbstätigen.

7. Einkommen aus unzumutbarer Erwerbstätigkeit

Einkommen aus unzumutbarer Erwerbstätigkeit kann nach Billigkeit ganz oder teilweise unberücksichtigt bleiben.

---

[1] Nr. 45d.
[2] **Habersack, Deutsche Gesetze Nr. 20.**

8. Freiwillige Zuwendungen Dritter

Freiwillige Zuwendungen Dritter (z.B. Geldleistungen, kostenloses Wohnen) sind nicht als Einkommen zu berücksichtigen, es sei denn, dies entspricht dem Willen des Dritten.

9. Erwerbsobliegenheit und Einkommensfiktion

Einkommen können auch bei Arbeitslosigkeit des Unterhaltsverpflichteten aufgrund einer unterhaltsrechtlichen Erwerbsobliegenheit erzielbare Einkünfte sein (fiktives Einkommen).

10. Bereinigung des Einkommens

10.1 Steuern und Vorsorgeaufwendungen

Vom Bruttoeinkommen sind Steuern, Sozialabgaben und/oder angemessene Vorsorgeaufwendungen abzusetzen (Nettoeinkommen).

Es besteht die Obliegenheit, Steuervorteile in Anspruch zu nehmen (z.B. Eintragung eines Freibetrags bei Fahrtkosten, für unstreitigen oder titulierten Unterhalt).

10.2 Berufsbedingte Aufwendungen

Berufsbedingte Aufwendungen, die sich von den privaten Lebenshaltungskosten nach objektiven Merkmalen eindeutig abgrenzen lassen, sind im Rahmen des Angemessenen vom Nettoeinkommen aus unselbständiger Arbeit abzuziehen.

10.2.1 Pauschale/Konkrete Aufwendungen

Bei Vorliegen entsprechender Anhaltspunkte kann eine Pauschale von 5 % des Nettoeinkommens monatlich angesetzt werden. Übersteigen die berufsbedingten Aufwendungen diese Pauschale oder liegt ein Mangelfall vor, so sind sie im Einzelnen darzulegen und gegebenenfalls nachzuweisen.

10.2.2 Fahrtkosten

Für die notwendigen Kosten der berufsbedingten Nutzung eines Kraftfahrzeugs kann der nach den Sätzen des § 5 Abs. 2 Satz 1 Nr. 2 JVEG[1] anzuwendende Betrag (derzeit 0,42 Euro) pro gefahrenen Kilometer angesetzt werden. Damit sind in der Regel Anschaffungs-, Reparatur- und sonstige Betriebskosten erfasst. Bei langen Fahrtstrecken (ab ca. 30 km einfach) kann nach unten abgewichen werden, in der Regel auf 2/3 des vorbezeichneten Betrages (derzeit 0,28 Euro).

10.2.3 Ausbildungsaufwand

Die Ausbildungsvergütung eines in der Berufsausbildung stehenden Kindes, das im Haushalt der Eltern oder eines Elternteils wohnt, ist vor ihrer Anrechnung in der Regel, sofern für eine derartige Schätzung hinreichende Anhaltspunkte bestehen, um einen ausbildungsbedingten Mehrbedarf von 10 %, maximal 100 Euro zu kürzen.

10.3 Kinderbetreuung

Kinderbetreuungskosten sind abzugsfähig, soweit die Betreuung durch Dritte infolge der Berufstätigkeit erforderlich ist. Außerdem kann ein Kinderbetreuungsbonus angesetzt werden.

---

[1] **Habersack, Deutsche Gesetze Nr. 116.**

10.4 Schulden

Berücksichtigungswürdige Schulden (Zins und Tilgung) sind im Rahmen eines vernünftigen Tilgungsplanes in angemessenen Raten abzuziehen.

Beim Verwandtenunterhalt sowie bei Prüfung der Leistungsfähigkeit oder Bedürftigkeit für den Ehegattenunterhalt erfolgt eine Abwägung nach den Umständen des Einzelfalls. Bei der Zumutbarkeitsabwägung sind Interessen des Unterhaltsschuldners, des Drittgläubigers und des Unterhaltsgläubigers, vor allem minderjähriger Kinder, mit zu berücksichtigen.

Kann der Unterhaltsschuldner den Mindestunterhalt minderjähriger Kinder nicht decken, sind Schulden in der Regel nur bis zur Höhe des pfändbaren Betrages nach § 850c Abs. 1 Satz 2 ZPO[1] (evtl. in Verb. mit den §§ 36 Abs. 1 Satz 2, 89 Abs. 2 InsO[2]) zu berücksichtigen.

10.5 Unterhaltsleistungen

Unterhaltsleistungen an vorrangig Berechtigte sind vorweg abzuziehen; Unterhaltsleistungen an nachrangige Berechtigte sind angemessen zu berücksichtigen.

10.6 Vermögensbildung

Vermögensbildende Aufwendungen sind im angemessenen Rahmen abzugsfähig.

II. Kindesunterhalt

11. Bemessungsgrundlage (Tabellenunterhalt)

Der Barunterhalt minderjähriger und noch im elterlichen Haushalt lebender volljähriger unverheirateter Kinder bis zur Vollendung des 21. Lebensjahres bestimmt sich nach der Tabelle zum Kindesunterhalt im Anhang 1 und – unter Verrechnung des Kindergeldes gemäß Nr. 14 – nach der Unterhaltstabelle – Zahlbeträge im Anhang 2 zu diesen Leitlinien.

Bei minderjährigen Kindern kann der Barunterhalt als Festbetrag oder, wie im Anhang 1 und 2 tabellarisch dargestellt, gemäß § 1612a BGB[3] als Prozentsatz des jeweiligen Mindestunterhalts geltend gemacht werden.

11.1 Kranken- und Pflegeversicherungsbeiträge

Die Tabellensätze enthalten keine Kranken- und Pflegeversicherungsbeiträge für das Kind, wenn dieses nicht in einer gesetzlichen Familienversicherung mitversichert ist. Das Nettoeinkommen des Verpflichteten ist um solche zusätzlich zu zahlenden Versicherungskosten zu bereinigen.

11.2 Eingruppierung

Die Tabellensätze sind auf den Fall zugeschnitten, dass der Unterhaltspflichtige zwei Berechtigten Unterhalt zu gewähren hat. Bei einer größeren oder geringeren Anzahl Unterhaltsberechtigter sind in der Regel Ab- oder Zuschläge durch Einstufung in eine niedrigere oder höhere Einkommensgruppe vorzunehmen.

---

[1] **Habersack, Deutsche Gesetze Nr. 100.**
[2] **Habersack, Deutsche Gesetze Nr. 110.**
[3] **Habersack, Deutsche Gesetze Nr. 20.**

12. Minderjährige Kinder

12.1 Betreuungs-/Barunterhalt

Der Betreuungsunterhalt im Sinne des § 1606 Abs. 3 S. 2 BGB[1)] entspricht wertmäßig in der Regel dem vollen Barunterhalt. Deshalb wird ein Einkommen des Kindes bei beiden Eltern, ggfs. nach Abzug eines ausbildungsbedingten Mehrbedarfs (vgl. Nr. 10.2.3), hälftig angerechnet.

12.2 Einkommen des Kindes

Einkommen des Kindes wird bei beiden Eltern hälftig angerechnet.

12.3 Beiderseitige Barunterhaltspflicht/Haftungsanteil

Der das Kind betreuende Elternteil braucht in der Regel neben dem anderen Elternteil keinen Barunterhalt zu leisten, es sei denn, sein Einkommen ist bedeutend höher als das des anderen Elternteils (§ 1606 Abs. 3 Satz 2 BGB[1)]) oder der eigene angemessene Unterhalt des sonst allein barunterhaltspflichtigen Elternteils ist gefährdet (§ 1603 Abs. 2 Satz 3 BGB). Im letzteren Fall kann jedoch nach der so genannten „Hausmann"-Rechtsprechung eine Haftung in Betracht kommen.

Der Verteilungsschlüssel kann ggfs. unter Berücksichtigung des zusätzlichen Betreuungsaufwandes eines Elternteils wertend verändert werden.

Sind bei auswärtiger Unterbringung des Kindes beide Eltern zum Barunterhalt verpflichtet, haften sie anteilig nach § 1606 Abs. 3 Satz 1 BGB für den Gesamtbedarf (Nr. 13.3). Bei vergleichbarer wirtschaftlicher Lage ist insoweit hinsichtlich Bedarf und Bedürftigkeit des Kindes die Regelung für volljährige Schüler, Studenten und Auszubildende entsprechend anzuwenden (Nr. 13).

12.4 Zusatzbedarf

Bei Zusatzbedarf (Prozesskostenvorschuss, Mehrbedarf, Sonderbedarf) gilt § 1606 Abs. 3 Satz 1 BGB[1)] (s. Nr. 13.3).

13. Volljährige Kinder

13.1 Bedarf

13.1.1 Kinder ohne eigenen Hausstand

Volljährige Schüler, Studenten und Auszubildende, die noch im Haushalt eines Elternteils wohnen, erhalten den Tabellenbetrag der vierten Altersstufe bis zur Beendigung der Ausbildung.

Der Bedarf des Kindes bestimmt sich in der Regel, sofern beide Elternteile leistungsfähig sind, nach dem zusammengerechneten Einkommen beider Elternteile; Nr. 11.2 findet keine Anwendung.

13.1.2 Kinder mit eigenem Hausstand

Der angemessene Bedarf eines volljährigen Kindes mit eigenem Hausstand beträgt in der Regel 930 Euro monatlich. Darin enthalten sind Kosten für Unterkunft und Heizung bis zu 410 Euro, jedoch keine Beiträge zur Kranken- und Pflegeversicherung.

Von diesem Betrag kann bei erhöhtem Bedarf oder mit Rücksicht auf die Lebensstellung der Eltern abgewichen werden.

[1)] **Habersack, Deutsche Gesetze Nr. 20.**

13.2 Einkommen des Kindes

Auf den Unterhaltsbedarf werden Einkünfte des Kindes, auch BAföG-Darlehen und Ausbildungsbeihilfen (gekürzt um ausbildungsbedingte Aufwendungen, vgl. Nr. 10.2.3) angerechnet. Bei Einkünften aus unzumutbarer Erwerbstätigkeit gilt § 1577 Abs. 2 BGB[1)] entsprechend.

13.3 Beiderseitige Barunterhaltspflicht/Haftungsanteil

Die anteilige Barunterhaltspflicht beider Elternteile bestimmt sich nach Maßgabe des § 1606 Abs. 3 Satz 1 BGB[1)], geht jedoch für den einzelnen Elternteil nicht über den Unterhaltsbetrag hinaus, der sich allein nach seinem Einkommen aus der Unterhaltstabelle (Anhang) ergibt.

Vor Berechnung des Haftungsanteils nach § 1606 Abs. 3 Satz 1 BGB ist das Nettoeinkommen jedes Elternteils gemäß Nr. 10 zu ermitteln. Außerdem ist vom Restbetrag ein Sockelbetrag in Höhe des angemessenen Selbstbehalts (1650 €) oder, sofern es um Unterhaltsansprüche privilegierter Volljähriger gemäß § 1603 Abs. 2 Satz 2 BGB geht, des (entweder 1.370 € oder 1.120 € betragenden) notwendigen Selbstbehalts abzuziehen.

14. Verrechnung des Kindergeldes

Kindergeld mindert nach Maßgabe des § 1612b BGB[1)] den Barbedarf des Kindes.

III. Ehegattenunterhalt

15. Unterhaltsbedarf

15.1 Bedarf nach ehelichen Lebensverhältnissen

Bei der Bedarfsbemessung dürfen nur eheprägendes Einkommen und grundsätzlich nur eheprägende Schulden voll berücksichtigt werden. Bei Aufnahme oder Erweiterung einer Erwerbstätigkeit nach Trennung oder Scheidung gilt das (Mehr-)Einkommen als prägend.

15.2 Halbteilung und Erwerbstätigenbonus

Es gilt der Halbteilungsgrundsatz, wobei jedoch Erwerbseinkünfte nur zu 90 % zu berücksichtigen sind (Abzug von 1/10 Erwerbstätigenbonus vom bereinigten Nettoeinkommen).

Leistet ein Ehegatte auch Unterhalt für ein Kind und hat dies die ehelichen Lebensverhältnisse geprägt, so wird sein Einkommen vor Ermittlung des Erwerbstätigenbonus um diesen Unterhalt (Zahlbetrag) bereinigt.

Erbringt der Verpflichtete sowohl Bar- als auch Betreuungsunterhalt, so gilt Nr. 10.3 entsprechend.

15.3 Konkrete Bedarfsbemessung

Bei sehr guten Einkommensverhältnissen des Pflichtigen kommt eine konkrete Bedarfsberechnung in Betracht.

15.4 Vorsorgebedarf/Zusatz- und Sonderbedarf

Werden Altersvorsorge-, Kranken- und Pflegeversicherungskosten vom Berechtigten gesondert geltend gemacht oder vom Verpflichteten bezahlt, sind diese von dem Einkommen des Pflichtigen vorweg abzuziehen. Der

[1)] **Habersack, Deutsche Gesetze Nr. 20.**

Vorwegabzug unterbleibt, soweit nicht verteilte Mittel zur Verfügung stehen, z.B. durch Anrechnung nicht prägenden Einkommens des Berechtigten auf seinen Bedarf.

15.5 Trennungsbedingter Mehrbedarf

Trennungsbedingter Mehrbedarf kann zusätzlich berücksichtigt werden.

16. Bedürftigkeit

Eigene Einkünfte des Berechtigten sind auf den Bedarf anzurechnen, wobei das bereinigte Nettoerwerbseinkommen um den Erwerbstätigenbonus zu vermindern ist.

17. Erwerbsobliegenheit

17.1 Erwerbsobliegenheit bei Kindesbetreuung

Die Erwerbsobliegenheit des Ehegatten, der minderjährige Kinder betreut, richtet sich nach den Umständen des Einzelfalles. Dabei ist insbesondere auf die Zahl der Kinder und deren Alter, auf etwaige Schulprobleme und andere Betreuungsmöglichkeiten abzustellen (vgl. § 1570 BGB[1]).

Geht der unterhaltsberechtigte Ehegatte über das an sich zumutbare Maß hinaus einer Erwerbstätigkeit nach, so richtet sich die Anrechenbarkeit seines dadurch erzielten Einkommens auf den Unterhaltsanspruch nach § 1577 Abs. 2 BGB.

17.2 Erwerbsobliegenheit bei Trennungsunterhalt

In der Regel besteht für den Berechtigten im ersten Jahr nach der Trennung keine Obliegenheit zur Aufnahme oder Ausweitung einer Erwerbstätigkeit.

IV. Weitere Unterhaltsansprüche

18. Ansprüche aus § 1615l BGB

Der Bedarf der Mutter oder des Vaters eines nichtehelichen Kindes richtet sich nach der Lebensstellung des betreuenden Elternteils (§§ 1615l Abs. 3 Satz 1, 1610 BGB[1]) und beträgt in der Regel mindestens 1.120 Euro.

19. Elternunterhalt

Für die Unterhaltsverpflichtung gegenüber Eltern gilt ein erhöhter angemessener Selbstbehalt des unterhaltspflichtigen Kindes gemäß § 1603 Abs. 1 BGB[1] (vgl. Nr. 21.3.3).

Beim Bedarf der Eltern sind Leistungen der Grundsicherung im Alter und bei Erwerbsminderung nach den §§ 41–43 SGB XII zu berücksichtigen (vgl. Nr. 2.9).

20. Lebenspartnerschaft

Für den Unterhalt bei Getrenntleben der Lebenspartner gilt § 12 LPartG[2] und für den Unterhalt bei Aufhebung der Lebenspartnerschaft § 16 LPartG.

---

[1] **Habersack, Deutsche Gesetze Nr. 20.**
[2] Nr. 43.

V. Leistungsfähigkeit und Mangelfall

21. Selbstbehalt

21.1 Grundsatz

Es ist zu unterscheiden zwischen dem notwendigen (§ 1603 Abs. 2 BGB[1]), dem angemessenen (§ 1603 Abs. 1 BGB), dem eheangemessenen (§§ 1361 Abs. 1, 1578 Abs. 1 BGB) sowie dem billigen Selbstbehalt (§ 1581 BGB). In dem jeweiligen Selbstbehalt sind unterschiedlich hohe Kosten für Unterkunft und Heizung enthalten (vgl. Nr. 21.5.2).

21.2 Notwendiger Selbstbehalt

Der notwendige Selbstbehalt gilt in allen Fällen der Inanspruchnahme als unterste Grenze.

Er beträgt
- beim Nichterwerbstätigen 1.120 Euro und
- beim Erwerbstätigen 1.370 Euro.

Für Eltern gegenüber ihren minderjährigen Kindern und diesen nach § 1603 Abs. 2 Satz 2 BGB[1] gleichgestellten volljährigen Kindern gilt im Allgemeinen der notwendige Selbstbehalt.

21.3 Angemessener Selbstbehalt

Im Übrigen gilt beim Verwandtenunterhalt der angemessene Selbstbehalt.

21.3.1 Volljährige Kinder

Der angemessene Selbstbehalt gegenüber volljährigen Kindern beträgt in der Regel 1.650 Euro. Er kann nach den Umständen des Einzelfalles, insbesondere bei nichterwerbstätigen Unterhaltsschuldnern, herabgesetzt werden.

21.3.2 Ansprüche aus § 1615l BGB[1]

Der angemessene Selbstbehalt gegenüber der Mutter oder dem Vater eines nichtehelichen Kindes beträgt in der Regel falls erwerbstätig 1.510 Euro und falls nicht erwerbstätig 1.385 Euro.

21.3.3 Elternunterhalt

Gegenüber Eltern als Unterhaltsberechtigten ist dem Unterhaltspflichtigen der angemessene Selbstbehalt zu belassen.

Beim Elternunterhalt sind bei der Bemessung des angemessenen Selbstbehalts Zweck und Rechtsgedanken des Gesetzes zur Entlastung unterhaltspflichtiger Angehöriger in der Sozialhilfe und in der Eingliederungshilfe (Angehörigenentlastungsgesetz vom 10.12.2019 (Bundesgesetzblatt I S. 2135)) zu beachten.

21.4 Eheangemessener Selbstbehalt

Gegenüber Ehegatten gilt grundsätzlich ein eheangemessener Selbstbehalt falls erwerbstätig von 1.510 Euro und falls nicht erwerbstätig von 1.385 Euro.

Eine Begrenzung auf den notwendigen Selbstbehalt (Nr. 21.2) kommt insbesondere bei Betreuung gemeinschaftlicher minderjähriger Kinder seitens des Unterhaltsberechtigten in Betracht.

---

[1] **Habersack, Deutsche Gesetze Nr. 20.**

21.5 Anpassung des Selbstbehalts

21.5.1 Beim Verwandtenunterhalt kann der jeweilige Selbstbehalt unterschritten werden, wenn der eigene Unterhalt des Pflichtigen ganz oder teilweise durch den Ehegatten gedeckt ist.

21.5.2 Im notwendigen Selbstbehalt sind Kosten für Unterkunft und Heizung (Wohnkosten) in Höhe von 520 Euro, im angemessenen Selbstbehalt in Höhe von 650 Euro enthalten. Der Selbstbehalt erhöht sich, wenn konkret eine erhebliche und nach den Umständen nicht vermeidbare Überschreitung dieser Wohnkosten dargelegt ist.

21.5.3 Besteht für den Verpflichteten ein Anspruch auf Wohngeld, ist dieser wohnkostenmindernd zu berücksichtigen (vgl. Nr. 2.3).

22. Bedarf des mit dem Unterhaltspflichtigen zusammenlebenden Ehegatten

22.1 Volljährige Kinder und Ansprüche aus § 1615l BGB

Ist der Unterhaltspflichtige verheiratet, werden für den mit ihm zusammenlebenden Ehegatten im Regelfall als angemessener Eigenbedarf 1.320 Euro angesetzt.

22.2 Ehegattenunterhalt

Bei nachrangigen Unterhaltsansprüchen geschiedener Ehegatten beträgt der Mindestbedarf des mit dem Unterhaltspflichtigen in einem Haushalt lebenden Ehegatten falls erwerbstätig 1.208 Euro und falls nicht erwerbstätig 1.108 Euro.

23. Mangelfall

23.1 Grundsatz

Reicht der Betrag, der zur Erfüllung mehrerer Unterhaltsansprüche unter Berücksichtigung des Selbstbehalts des Verpflichteten (Nr. 21) zur Verfügung steht (Nr. 1 – 10), nicht aus, um alle Ansprüche zu erfüllen, so findet, sofern nicht ein Unterhaltsanspruch nach Maßgabe der §§ 1609, 1582, 1615l Abs. 3 Satz 2 BGB vorgeht und ein anderer nur nachrangig Berücksichtigung findet, eine Mangelfallberechnung statt.

23.2 Einsatzbeträge

Die Einsatzbeträge für minderjährige unverheiratete Kinder und ihnen nach § 1603 Abs. 2 Satz 2 BGB gleichgestellte volljährige Kinder entsprechen dem Existenzminimum nach § 1612a Abs. 1 Satz 2 und 3 BGB abzüglich des nach § 1612b BGB auf den Bedarf anzurechnenden Kindergeldes, das heißt den im Anhang 2 in der 1. Einkommensgruppe aufgeführten Unterhaltszahlbeträgen.

Für den in einem gemeinsamen Haushalt mit dem Unterhaltspflichtigen lebenden Ehegatten ist im Mangelfall der seiner jeweiligen Lebenssituation entsprechende notwendige Eigenbedarf (Nr. 22) als Einsatzbetrag zu berücksichtigen.

23.3 Berechnung

Bei der Mangelfallberechnung errechnet sich der gekürzte Unterhaltsanspruch aller gleichrangigen Unterhaltsberechtigten aus dem Quotienten von Verteilungsmasse und Summe der Einsatzbeträge, multipliziert mit dem jeweiligen Einsatzbetrag.

VI. Sonstiges

24. Rundung

Der Unterhaltsbetrag ist stets auf volle Euro aufzurunden.

25. Ost-West-Fälle

In so genannten Ost-West-Fällen richtet sich bis zum 31. Dezember 2007 der Bedarf nach dem Wohnort des Unterhaltsberechtigten, die Leistungsfähigkeit bzw. der Selbstbehalt nach dem Wohnort des Unterhaltspflichtigen.

26. Unterhaltsvereinbarungen

Unterhaltsvereinbarungen regeln im Zweifel lediglich den gesetzlichen Unterhalt.

27. Selbstbehalts- und Bedarfssätze

Eine Übersicht der nach den aktuellen Unterhaltsleitlinien maßgeblichen Selbstbehalts- und Bedarfssätze ist beigefügt als Anhang 3.

Anhang 1. Tabelle zum Kindesunterhalt

(abgedruckt unter Nr. ***47****)*

Anhang 2. Unterhaltstabelle – Zahlbeträge

(abgedruckt unter Nr. ***47****)*

Anhang 3. Selbstbehalts- und Bedarfssätze

seit 1. Januar 2023

Nr. ULL[1]	Art des Selbstbehalts bzw. Bedarfs	Betrag
	Selbstbehalt	
21.2	Notwendiger Selbstbehalt	
	Erwerbstätige Unterhaltsschuldner	1.370 €
	Nicht erwerbstätige Unterhaltsschuldner	1.120 €
21.3	Angemessener Selbstbehalt	
21.3.1	Ansprüche volljähriger Kinder	1.650 €
21.3.2	Ansprüche aus § 1615l BGB[2]	falls erwerbstätig 1.510 €; falls nicht erwerbstätig 1.385 €
21.4	Eheangemessener Selbstbehalt	falls erwerbstätig 1.510 €; falls nicht erwerbstätig 1.385 €
	Bedarf	
22	Bedarf des Ehegatten, der mit dem Unterhaltspflichtigen zusammenlebt, gegenüber Unterhaltsansprüchen	
22.1	– nicht privilegierter volljähriger Kinder und Berechtigter gemäß § 1615l BGB	1.320 €
22.2	– nachrangiger geschiedener Ehegatten	falls erwerbstätig 1.208 €; falls nicht erwerbstätig 1.108 €

[1] **Amtl. Anm.:** ULL = Unterhaltsleitlinien
[2] **Habersack, Deutsche Gesetze Nr. 20.**

Nr. ULL[1]	Art des Selbstbehalts bzw. Bedarfs	Betrag
10.2.3	Ausbildungsbedingter Mehrbedarf eines Kindes	10 % der Ausbildungsvergütung, maximal 100 €
13.1.2	Bedarf volljähriger Kinder mit eigenem Hausstand	930 €
18	Bedarf des nach § 1615l BGB berechtigten Elternteils	1.120 €

[1] **Amtl. Anm.:** ULL = Unterhaltsleitlinien

47q. Oberlandesgericht Oldenburg – Unterhaltsrechtliche Leitlinien der Familiensenate[1)]

(Stand: 1. Januar 2023)

Allgemeine Grundsätze

Die Unterhaltsrechtlichen Leitlinien der Familiensenate des Oberlandesgerichts Oldenburg dienen nur als Hilfsmittel zur Bestimmung des angemessenen Unterhalts.
Sie beruhen auf für typische Sachverhalte geltenden Erfahrungswerten.
Insofern sollen sie zu einer einheitlichen Rechtsprechung beitragen.
Sie haben jedoch keine bindende Wirkung und können die Prüfung des Einzelfalls nicht ersetzen.

Unterhaltsrechtlich maßgebendes Einkommen

Der Unterhaltsberechnung sind alle Einnahmen und Ausgaben mit 1/12 ihres Jahresbetrages zugrunde zu legen.

1. Geldeinnahmen

1.1 Regelmäßiges Bruttoeinkommen einschließlich Renten und Pensionen

Maßgebend sind die Einnahmen eines Jahres einschließlich Zulagen, Weihnachts- und Urlaubsgeld, Prämien, Tantiemen sowie sonstiger regelmäßiger Einmalzahlungen.

1.2 Unregelmäßige Einkommen

Bei Auflösung des Arbeitsverhältnisses gezahlte Abfindungen sind auf einen angemessenen Zeitraum umzulegen. Entsprechend ist bei anderen einmaligen Zuwendungen zu verfahren.

1.3 Überstunden

Vergütungen für Überstunden sind unterhaltspflichtige Einnahmen, soweit sie berufstypisch sind und das im jeweiligen Beruf übliche Maß nicht überschreiten.
Darüberhinausgehende Einnahmen aus Überstunden oder Zusatzarbeit sind aufgrund der Umstände des Einzelfalls (hohe Schuldenbelastung, Sicherung des Mindestbedarfs) nach Billigkeit anzurechnen.

1.4 Spesen und Auslösungen

Auslösungen und Spesen sind Einnahmen, soweit sie sich nicht auf die Erstattung nachgewiesener Auslagen beschränken. Aufwendungspauschalen sind aufgrund häuslicher Ersparnis in der Regel mit 1/3 ihres Nettowertes anzurechnen.

1.5 Einkommen aus selbständiger Tätigkeit

Bei Einkünften aus selbständiger Tätigkeit sind die im Durchschnitt von 3 oder mehr Jahren für den Lebensunterhalt tatsächlich verfügbaren Mittel maßgebend.

[1)] In der jeweils aktuellen Fassung kostenlos abrufbar unter www.oberlandesgericht-oldenburg.niedersachsen.de.

1.5.1 Gewinn

Wird auf den steuerlich maßgeblichen Gewinn abgestellt, sind für das Wirtschaftsjahr gebildete Rückstellungen (§ 5 Abs. II–IVb EStG), die nach §§ 7a–7k EStG vorgenommenen Absetzungen für Abnutzung und Substanzverringerung sowie Sonderabschreibungen unterhaltsrechtlich zu korrigieren. Soweit Abschreibungen dem Gewinn hinzugerechnet werden, sind die für diese Wirtschaftsgüter notwendigen Ausgaben sowie die Tilgung betrieblicher Kredite vom Gewinn abzusetzen

1.5.2 Privatentnahmen

Privatentnahmen haben Indizcharakter für die Feststellung der verfügbaren Mittel.

1.6 Einkommen aus Vermietung u. Verpachtung sowie Kapitalvermögen

Bei Einkünften aus Vermietung und Verpachtung sowie Kapitalvermögen sind die Einnahmen abzüglich notwendiger Ausgaben maßgebend.

1.7 Steuererstattungen

Steuererstattungen und -zahlungen gehören in der Regel zu den Einnahmen und Ausgaben im Jahr der Zahlung. Eine Fortschreibung für nachfolgende Jahre setzt voraus, dass die Bemessungsgrundlagen im Wesentlichen unverändert bleiben.

Steuererstattungen sind nicht als Einkommen anzurechnen, soweit der ihnen zugrundeliegende Aufwand unterhaltsrechtlich unberücksichtigt bleibt.

2. Sozialleistungen

2.1 Arbeitslosengeld (§ 117 SGB III) und Krankengeld

2.2 Arbeitslosengeld II (§§ 19–32 SGB II)

Arbeitslosengeld II (§§ 19–32 SGB II):

Leistungen zur Sicherung des Lebensunterhalts sind nicht als unterhaltsrelevantes Einkommen anzurechnen. Soweit ein Übergang des Anspruchs auf den Träger der Leistungen nach § 33 Abs. 2 SGB II ausgeschlossen ist (auch bei fiktivem Einkommen), können Unterhaltsforderungen eines Leistungsempfängers für die Vergangenheit treuwidrig sein (vgl. BGH FamRZ 1999, 843).

2.3 Wohngeld

2.4 BaföG

BAföG-Leistungen, auch soweit sie als Darlehn gewährt werden, mit Ausnahme von Vorausleistungen nach §§ 36, 37 BAföG[1]).

2.5 Erziehungsgeld

Elterngeld ist mit dem 300 Euro/Kind (bei verlängertem Bezug 150 Euro) *übersteigende*[2]) Betrag als Einkommen anzurechnen. Eine Anrechnung des Sockelbetrages erfolgt nur unter den Voraussetzungen des § 11 S. 4 BEEG[3]).

---

[1]) **Sartorius Nr. 420.**
[2]) Richtig wohl: „übersteigenden".
[3]) Nr. **45e**.

2.6 Unfall- und Versorgungsrenten

Renten wegen teilweiser oder vollständiger Minderung der Erwerbsfähigkeit (§§ 43 SGB VI, 56 SGB VII).

2.7 Leistungen der Pflegeversicherung, Blindengeld u.ä.

Leistungen aus der Pflegeversicherung (§ 13 SGB XI), Blindengeld sowie Schwerverletzten- und Pflegezulagen, jeweils nach Abzug des Betrages für tatsächliche Mehraufwendungen, wobei § 1610a BGB[1] zu beachten ist.

2.8 Pflegegeld

An die Pflegeperson weitergeleitetes Pflegegeld nach Maßgabe von § 13 VI SGB XI sowie der Erziehungsbeitrag im Pflegegeld für Vollzeitpflege (§ 39 SGB VIII[2], Nds.MBl. 2014 S. 964).

2.9 Grundsicherungsgesetz

Leistungen zur Grundsicherung im Alter und bei Erwerbsminderung (§§ 41 ff SGB XII) nur beim Verwandtenunterhalt.

2.10 Sozialhilfe/Unterhaltsvorschuss

Nicht als Einkommen anzurechnen sind Sozialhilfe (SGB XII) und Leistungen nach dem Unterhaltsvorschussgesetz. Für Unterhaltsrückstände gilt Ziff. 2.2 entsprechend.

3. Kindergeld

Kindergeld wird nicht als Einkommen der Eltern angerechnet. Es ist für den Bedarf des Kindes zu verwenden.

4. Geldwerte Zuwendungen des Arbeitgebers

Sachbezüge (kostenlose oder verbilligte Wohnung, Vorteil KFZ-Nutzung, unentgeltliche Verpflegung, Mitarbeiterrabatt) sind mit den nach § 287 ZPO[3] zu schätzenden ersparten Aufwendungen als Einkommen anzusetzen.

5. Wohnwert

Der Vorteil mietfreien Wohnens im eigenen Heim ist als wirtschaftliche Nutzung von Vermögen wie Einkommen zu behandeln.

5.1 Bemessung

Ein Wohnvorteil liegt nur vor, soweit die ersparte Kaltmiete den berücksichtigungsfähigen Schuldendienst (Zins- und Tilgungsleistungen) – ggf. vermindert um die Eigenheimzulage – und erforderliche Instandhaltungskosten übersteigt. Die nach § 2 BetrKV[4] umlagefähigen Betriebskosten sind nicht abzusetzen.

5.2 Angemessener Wohnvorteil

In der Zeit bis zur endgültigen Vermögensauseinandersetzung oder bis zum endgültigen Scheitern der Ehe (Zustellung des Scheidungsantrags) ist in der Regel die angesichts der wirtschaftlichen Verhältnisse angemessene, ersparte Miete anzusetzen.

---

[1] **Habersack, Deutsche Gesetze Nr. 20.**
[2] Nr. **46.**
[3] **Habersack, Deutsche Gesetze Nr. 100.**
[4] Nr. **30b/1.**

5.3 Objektiver Wohnvorteil

Nach der endgültigen Vermögensauseinandersetzung oder dem endgültigen Scheitern der Ehe ist auf den aus Vermietung bzw. bei Anlage des Reinerlöses erzielbaren Nettoertrag abzustellen, mindestens jedoch auf den nach Ziff. 5.2 anzusetzenden Betrag, sofern nicht ausnahmsweise eine anderweitige Nutzung der Wohnung unzumutbar ist.

6. Haushaltsführung

Für Haushaltsführungsleistungen in einer nichtehelichen Partnerschaft ist auf Seiten des Unterhaltsberechtigten ein wirtschaftlicher Vorteil anzusetzen, sofern nicht die Leistungsunfähigkeit des Partners feststeht. Dieser Vorteil ist im Regelfall mit 500 Euro zu bewerten.

7. Einkommen aus unzumutbarer Erwerbstätigkeit

Aus unzumutbarer Tätigkeit erzieltes Einkommen kann nach Billigkeit ganz oder teilweise unberücksichtigt bleiben.

8. Freiwillige Zuwendungen Dritter

Freiwillige Zuwendungen Dritter (z.B. Geldleistungen, mietfreies Wohnen) sind in der Regel nur dann als Einkommen zu berücksichtigen, wenn dies dem Willen des Dritten entspricht.

9. Erwerbsobliegenheit und Einkommensfiktion

9.1 Erwerbsobliegenheit

Eine Erwerbsobliegenheit besteht bis zum Erreichen der Regelaltersgrenze. Auszugehen ist von der Erwerbsobliegenheit eines Unterhaltsverpflichteten, die gegenüber minderjährigen und diesen gleichgestellten Kindern nach Maßgabe des § 1603 BGB[1] gesteigert ist. Im Einzelfall kann diese auch die Aufnahme einer Nebentätigkeit umfassen.

9.1.1 Anforderungen bei Arbeitslosigkeit

Bei Arbeitslosigkeit sind über eine Meldung bei der Agentur für Arbeit oder telefonische Nachfragen hinausgehende eigenständige Erwerbsbemühungen im Einzelnen darzulegen und zu belegen.

Der Hinweis auf die Arbeitsmarktlage macht den Nachweis von Bemühungen nur im Ausnahmefall entbehrlich.

9.2 Fiktives Einkommen

Bei unzureichenden Bemühungen um einen Arbeitsplatz können fiktive Einkünfte nach den Umständen des Einzelfalls unter Berücksichtigung von Beruf, Alter und des zuletzt erzielten Verdienstes zugrunde gelegt werden.

9.3 Geringfügige Beschäftigung

Neben dem Bezug von Leistungen der Agentur für Arbeit kann die Aufnahme einer geringfügigen Beschäftigung (§ 155 SGB III) in Betracht kommen.

9.4 Erwerbspflicht bei Wiederheirat

Dem wiederverheirateten Elternteil obliegt es ungeachtet seiner Pflichten aus der neuen Ehe durch Aufnahme einer Erwerbstätigkeit zum Unterhalt

---

[1] **Habersack, Deutsche Gesetze Nr. 20.**

der Kinder aus einer früheren Ehe beizutragen, ggf. durch Aufnahme einer Teilzeitarbeit.

10. Bereinigung des Einkommens

10.1 Steuern und Vorsorgeaufwendungen

Von den Einnahmen sind die tatsächlich gezahlten Steuern abzuziehen. Es besteht grundsätzlich die Obliegenheit, mögliche Steuervorteile – insbesondere als außergewöhnliche Belastung (§ 33a Abs. 1 EStG) bzw. aus dem begrenzten Realsplitting (§ 10 Abs. 1 Nr. 1 EStG) – durch Eintragung eines Freibetrages in Höhe des unstreitig geschuldeten Unterhaltsbetrages in Anspruch zu nehmen.

Solche Vorteile und mit einem bevorstehenden Wechsel der Steuerklasse verbundene Veränderungen können aufgrund einer Schätzung berücksichtigt werden.

Bei abhängig Beschäftigten sind zur Alters- und Krankenvorsorge die gesetzlichen Abgaben zur Sozialversicherung sowie Beiträge zur privaten Altersvorsorge zu berücksichtigen. Tatsächlich entrichtete Beiträge zur Alters- und Krankenvorsorge sind regelmäßig in einem im Verhältnis zu den Einnahmen angemessenen Umfang abzuziehen, bei zusätzlichen Beiträgen zur privaten Altersvorsorge in der Regel mit 4 %, beim Elternunterhalt mit 5 % des Bruttoeinkommens.

Bei gesteigerter Unterhaltspflicht sind jedoch allenfalls nach § 82 EStG geförderte Vorsorgebeiträge bis zur Höhe des Mindesteigenbeitrags nach § 86 EStG (z.B. Riesterrente) abzugsfähig.

10.2 Berufsbedingte Aufwendungen

Berufsbedingte Aufwendungen sind von den Einnahmen vorweg abzuziehen.

10.2.1 Nichtselbständige Tätigkeit

Bei Einnahmen aus nichtselbständiger Tätigkeit ist in der Regel eine Pauschale von 5 % des Nettoeinkommens – bei Vollzeittätigkeit mindestens 50 Euro und höchstens 150 Euro – anzusetzen.

Eine Anerkennung von diese Pauschale übersteigenden sowie mit anderen Einnahmen verbundenen Aufwendungen setzt die konkrete Darlegung des Aufwandes voraus.

10.2.2 PKW-Kosten

Für täglich anfallende PKW-Kosten können dabei pauschal 42 Cent für die ersten 60 gefahrenen Kilometer sowie 28 Cent ab dem 61. Kilometer abgesetzt werden. Darin sind Finanzierungskosten enthalten. Ausnahmsweise können stattdessen 28 Cent je gefahrenen Kilometer zuzüglich der Aufwendungen zur Fahrzeugfinanzierung angesetzt werden. Ggf. kommt eine Verweisung auf die Nutzung öffentlicher Verkehrsmittel in Betracht.

10.2.3 Ausbildung

Bei einem in der Berufsausbildung stehenden Kind sind als ausbildungsbedingte Aufwendungen in der Regel 100 Euro anzusetzen.

10.3 Kinderbetreuung

Als weitere berufsbedingte Aufwendungen gelten Kinderbetreuungskosten, soweit infolge der Berufstätigkeit eine Betreuung durch Dritte erforderlich ist. Eine nach §§ 22 ff SGB VIII[1] mögliche Unterstützung sowie Steuerermäßigungen sind in Anspruch zu nehmen. Ziff. 12.4. ist zu beachten

10.4 Schulden

Schulden (Zins und Tilgung) sind bei tatsächlicher Zahlung im Rahmen eines vernünftigen Tilgungsplans mit angemessenen Raten zu berücksichtigen.

10.4.1 Bedarfsermittlung

Für die Bedarfsermittlung sind Kreditbelastungen aus der Zeit vor der Eheschließung und die bis zur Trennung eingegangenen Verpflichtungen zu berücksichtigen.

10.4.2 Abzugsfähiger Umfang

Der Umfang abzuziehender Schulden ist unter Abwägung aller Umstände des Einzelfalls zu beurteilen. Bei gesteigerter Unterhaltspflicht hat der Unterhaltsschuldner in der Regel sein nach §§ 850c, f ZPO[2] unpfändbares Einkommen einzusetzen. Es kommt in diesen Fällen eine Obliegenheit zur Einleitung eines Verbraucherinsolvenzverfahrens in Betracht, wenn ein Antrag auf Restschuldbefreiung möglich und zumutbar ist.

10.5/6 nicht belegt

10.7 Umgangskosten

Notwendige Aufwendungen zur Ausübung des Umgangsrechts können einkommensmindernd berücksichtigt werden. Diese sind zu berücksichtigen, wenn ansonsten der notwendige Selbstbehalt unterschritten würde.

Kindesunterhalt

11. Bemessungsgrundlage (Tabellenunterhalt)

Der Unterhaltsbedarf minderjähriger und volljähriger Kinder bemisst sich nach den Sätzen der Düsseldorfer Tabelle[3].

11.1 Kranken- und Pflegeversicherungsbeiträge

Die Tabellensätze enthalten keine Beiträge zur Kranken- und Pflegeversicherung. Solche zusätzlich aufzubringenden Beiträge sind vorweg vom Einkommen des Unterhaltspflichtigen abzuziehen.

11.2 Eingruppierung

Grundlage der Tabellensätze ist der Bedarf zweier Unterhaltsberechtigter. Bei einer größeren/geringeren Anzahl Unterhaltsberechtigter können Ab- oder Zuschläge durch Einstufung in eine niedrigere bzw. höhere Einkommensgruppe vorgenommen werden. Wird bei Leistung des Kindesunterhalts der angemessene Selbstbehalt (s. Ziff. 21.2) unterschritten, kommt eine Herabstufung in Betracht.

---

[1] Nr. 46.
[2] **Habersack, Deutsche Gesetze Nr. 100.**
[3] Nr. 47.

12. Minderjährige Kinder

12.1 Betreuungs-/Barunterhalt

Die Höhe des Barbedarfs bemisst sich im Regelfall allein nach dem – um die für nachrangig Berechtigte gewährten Vorteile verminderten – Einkommen des das Kind nicht betreuenden Elternteils.

12.2 Einkommen des Kindes

Eigenes Einkommen des Kindes ist auf den Barbedarf zur Hälfte anzurechnen.

12.3 Beiderseitige Barunterhaltspflicht/Haftungsanteil

Der das Kind betreuende Elternteil ist nur dann barunterhaltspflichtig, wenn sein Einkommen das Einkommen des anderen Elternteils erheblich übersteigt. Ferner kann er in angemessenem Umfang barunterhaltspflichtig sein, wenn der angemessene Bedarf des anderen Elternteils bei Leistung des Unterhalts gefährdet wäre (§ 1603 II S. 3 BGB[1]).

Sind bei auswärtiger Unterbringung beide Elternteile zum Barunterhalt verpflichtet, haben sie den um das volle Kindergeld verminderten Gesamtbedarf anteilig nach dem Verhältnis ihrer den angemessenen Selbstbehalt übersteigenden Einkommen zu tragen (§ 1606 Abs. 3 S. 1 BGB). Das den notwendigen Selbstbehalt übersteigende Einkommen ist maßgebend, wenn der Bedarf des Kindes andernfalls nicht gedeckt werden kann.

12.4 Zusatzbedarf

Die Tabellensätze berücksichtigen keinen vom Normalfall abweichenden erhöhten Bedarf und Sonderbedarf (§ 1613 II Nr. 1 BGB[1]). Hierzu gehören die berücksichtigungsfähigen Aufwendungen für den Besuch von Kindergärten und vergleichbare Betreuungsformen. Soweit die Aufwendungen das hälftige Kindergeld (s. Ziff. 14) übersteigen, sind sie entsprechend Ziff. 12.3 Abs. 2 von beiden Eltern zu tragen.

13. Volljährige Kinder

13.1 Bedarf

Beim Bedarf volljähriger Kinder ist zwischen Kindern mit eigenem Haushalt und im Haushalt der Eltern oder eines Elternteils lebenden Kindern zu unterscheiden.

13.1.1 im elterlichen Haushalt lebend

Für im Haushalt der Eltern oder eines Elternteils wohnende volljährige Kinder bemisst sich der Bedarf nach der sich aus der Summe beider Einkommen ergebenden Einkommensgruppe – ohne Höher- oder Herabstufung.

13.1.2 eigener Hausstand

Bei Kindern mit eigenem Hausstand beträgt der angemessene Bedarf in der Regel monatlich 930 Euro. Darin sind Kosten für Unterkunft einschließlich umlagefähiger Nebenkosten und Heizung (Warmmiete) von bis zu 410 € enthalten. Dieser Betrag enthält keine Beiträge zur Kranken- und Pflegeversicherung sowie Studiengebühren.

[1] **Habersack, Deutsche Gesetze Nr. 20.**

13.2 Einkommen des Kindes

Auf den Bedarf sind Kindergeld und eigenes Einkommen des Kindes wie folgt anzurechnen:

- Kindergeld in voller Höhe;
- Ausbildungsvergütung in voller Höhe, für Kinder ohne eigenen Hausstand vermindert um ausbildungsbedingte Aufwendungen;
- BAföG-Leistungen in voller Höhe – auch bei Gewährung als Darlehen –, nicht jedoch die Vorausleistungen;
- Einkünfte aus nicht geschuldeter Erwerbstätigkeit (z.B. Ferienjob) können nach Billigkeit ganz oder teilweise unberücksichtigt bleiben.

13.3 Beiderseitige Barunterhaltspflicht/Haftungsanteil

Ab Volljährigkeit besteht – auch für minderjährigen Kindern gleichgestellte volljährige Kinder – grundsätzlich eine Barunterhaltspflicht beider Elternteile.

Beide Eltern schulden Unterhalt nach dem Verhältnis ihres jeweiligen den angemessenen Selbstbehalt von 1.650 Euro bzw. bei minderjährigen Kindern gleichgestellten volljährigen Kindern ggf. den notwendigen Selbstbehalt übersteigenden Einkommens. Ziff. 10.5 und Ziff. 12.3 Abs. 2 sind zu beachten. Kein Elternteil hat einen höheren Unterhaltsbetrag zu zahlen, als sich allein nach seinem Einkommen aus der Düsseldorfer Tabelle[1] ergäbe.

14. Verrechnung des Kindergeldes

Kindergeld wird nach § 1612b BGB bedarfsmindernd angerechnet. Der nach § 1612b Abs. 1 Nr. 1 BGB[2] nicht anzurechnende Teil des Kindergeldes steht ggf. für den laufenden Lebensunterhalt übersteigende Bedarfe zur Verfügung (s. Ziff. 3, 12.4).

Ehegattenunterhalt

15. Unterhaltsbedarf

15.1 Bedarf nach ehelichen Lebensverhältnissen

Beim Trennungsunterhalt und nachehelichen Unterhalt wird der Bedarf bestimmt und begrenzt durch die ehelichen Lebensverhältnisse. Diese werden in erster Linie durch das für den gesamten Lebensunterhalt – ggf. nach Abzug des Zahlbetrags für minderjährige oder des Bedarfs für volljährige und noch in der Berufsausbildung befindliche Kinder – verfügbare Einkommen geprägt. Zur Vermögensbildung verwendete Teile des Einkommens bleiben bei der Bedarfsbemessung unberücksichtigt.

Bei Aufnahme oder Ausweitung einer Erwerbstätigkeit nach Trennung/Scheidung gilt das (Mehr)einkommen im Regelfall als prägend.

15.2 Halbteilung und Erwerbstätigenbonus

Bei durchschnittlichen Einkommensverhältnissen bestimmt sich der Bedarf nach einer Quote vom Einkommen bzw. der Einkommensdifferenz. Bei Einkommen aus Erwerbsarbeit kann ein Erwerbstätigenbonus von 1/10 berücksichtigt werden. Im Übrigen gilt der Halbteilungsgrundsatz.

---

[1] Nr. 47.

[2] **Habersack, Deutsche Gesetze Nr. 20.**

Erbringt der Verpflichtete sowohl Bar- als auch Betreuungsunterhalt, kann hiervon abgewichen werden.

15.3 Konkrete Bedarfsbemessung

Bei außergewöhnlich hohen Einkommensverhältnissen ist der Bedarf konkret darzulegen. Möglich ist auch die quotale Berechnung aus dem verfügbaren Gesamteinkommen abzüglich der hiervon zur Vermögensbildung aufgewandten Mittel.

15.4 Vorsorgebedarf/Zusatz- und Sonderbedarf

Der nach einer Quote vom Einkommen ermittelte Bedarf umfasst keine Beiträge zur Alters- und Krankenvorsorge. Altersvorsorgebedarf kann nur bei Sicherung des Elementarunterhalts beansprucht werden und ist in der Regel vom Einkommen des Unterhaltspflichtigen vorweg abzuziehen.

15.5–7 nicht belegt

16. Bedürftigkeit

Auf einen konkret festgestellten Bedarf – bei guten Einkommensverhältnissen sowie einer eheunabhängigen Lebensstellung – ist eigenes Einkommen ohne Berücksichtigung eines Erwerbstätigenbonus bedarfsmindernd anzurechnen.

17. Erwerbsobliegenheit

Bei nachehelichem Unterhalt besteht nur dann keine Verpflichtung zu einer eigenen Erwerbstätigkeit, wenn und soweit der geschiedene Ehegatte wegen Kindesbetreuung, Krankheit oder Alter an der Aufnahme einer Erwerbstätigkeit gehindert ist.

17.1 bei Kindesbetreuung

Vor Vollendung des 3. Lebensjahres eines Kindes besteht keine Obliegenheit, eine Erwerbstätigkeit aufzunehmen oder auszuweiten.

Ob und in welchem Umfang anschließend die Aufnahme oder Ausweitung einer Erwerbstätigkeit neben der Betreuung minderjähriger Kinder zumutbar ist, ist unter Berücksichtigung aller Umstände des Einzelfalles, insbesondere der bisher ausgeübten Tätigkeit und den Möglichkeiten der Kinderbetreuung, zu beurteilen.

17.2 bei Trennungsunterhalt

Bei Getrenntlebensunterhalt besteht in der Regel nach Ablauf des ersten Trennungsjahres die Obliegenheit, den eigenen Unterhalt durch Aufnahme oder Ausweitung einer Erwerbstätigkeit zu sichern. Ziff. 17.1 ist zu beachten.

Weitere Unterhaltsansprüche

18. Ansprüche aus § 1615l BGB

Der Bedarf nach § 1615l BGB[1] bemisst sich nach der Lebensstellung des betreuenden Elternteils.

[1] **Habersack, Deutsche Gesetze Nr. 20.**

19. Elternunterhalt

Der Bedarf ist konkret darzulegen. Leistungen nach §§ 41 ff SGB XII (Grundsicherung im Alter und bei Erwerbsminderung) sind zu berücksichtigen.

20. Lebenspartnerschaft

Bei Getrenntleben oder Aufhebung einer Lebenspartnerschaft gelten §§ 12, 16 LPartG[1].

Leistungsfähigkeit und Mangelfall

21. Selbstbehalt

21.1 Grundsatz

Die Selbstbehalte bezeichnen den Teil des Einkommens, der dem Unterhaltsschuldner für seine eigene Lebensführung zu verbleiben hat. Als Mindestbetrag umfassen sie jeweils den laufenden Lebensbedarf i.S.d. § 20 Abs. 1 Satz 1 SGB II, übliche Versicherungen, angemessene Wohnkosten (einschließlich Nebenkosten und Heizung entsprechend den in der Düsseldorfer Tabelle[2] ausgewiesenen Beträgen) sowie für Erwerbstätige einen weiteren Betrag als Erwerbsanreiz. Nicht im Selbstbehalt enthalten sind Mehrbedarfe i.S.v. § 21 SGB II, § 30 SGB XII.

21.2 Notwendiger Selbstbehalt

Gegenüber minderjährigen und ihnen gleichgestellten volljährigen Kindern ist der angemessene Selbstbehalt (Ziff. 21.3.) zu wahren. Im Mangelfall (Ziff. 24.1) ist als unterste Grenze der Inanspruchnahme der notwendige Selbstbehalt maßgeblich. Dieser beträgt

- 1.370 Euro bei Erwerbstätigen
- 1.120 Euro bei Nichterwerbstätigen.

21.3 Angemessener Selbstbehalt

Der angemessene Selbstbehalt beträgt zumindest

- 1.650 Euro gegenüber minderjährigen und volljährigen Kindern
- 1.510 Euro bei Ansprüchen aus §§ 1570, 1615l BGB[3]
- gegenüber Eltern, wirtschaftlich selbständigen Kindern und Enkeln ist der angemessene Selbstbehalt des Unterhaltspflichtigen unter Beachtung von Zweck und Rechtsgedanken des Gesetzes zur Entlastung unterhaltspflichtiger Angehöriger in der Sozialhilfe und in der Eingliederungshilfe (Angehörigenentlastungsgesetz) vom 10.12.2019 (BGBl. I S. 2135) zu bemessen.

21.4 Eheangemessener Selbstbehalt

Gegenüber Ehegatten ist der eheangemessene Selbstbehalt nach den ehelichen Lebensverhältnissen zu wahren. Dem Schuldner sind wenigstens 1.510 Euro zu belassen.

---

[1] Nr. 43.
[2] Nr. 47.
[3] **Habersack, Deutsche Gesetze Nr. 20.**

21.5 Anpassung des Selbstbehalts

Der Selbstbehalt ist regelmäßig auf seine Angemessenheit zu überprüfen und ist bei unvermeidbar hohen unterhaltsrechtlich erheblichen Aufwendungen angemessen zu erhöhen. Beim Zusammenleben in Partnerschaft mit einer Person, die über ein für den eigenen Lebensbedarf ausreichendes Einkommen verfügt, kommt eine Herabsetzung um bis zu 10 % in Betracht.

22. Bedarf des mit dem Pflichtigen zusammenlebenden Ehegatten

22.1 minderjährige und privilegierte volljährige Kinder

Für den in Haushaltsgemeinschaft mit dem Unterhaltspflichtigen lebenden und nicht erwerbstätigen Ehegatten werden zumindest 1.210 Euro angesetzt.

22.2 volljährige Kinder, Enkel, Ansprüche aus § 1615l BGB[1]

Bei Unterhaltsansprüchen volljähriger Kinder werden für den in Haushaltsgemeinschaft mit dem Unterhaltspflichtigen lebenden Ehegatten zumindest 1.320 Euro angesetzt.

22.3 Eltern- und Enkelunterhalt

Der Mindestbedarf des mit dem Unterhaltspflichtigen zusammenlebenden Ehegatten bei Ansprüchen von Eltern oder Enkeln entspricht dem Selbstbehalt nach 21.3. Fall 3.

23. nicht belegt

24. Mangelfall

24.1 Grundsatz

Ein Mangelfall liegt vor, wenn das Einkommen bei Wahrung des jeweils angemessenen Selbstbehalts nicht genügt, um den Bedarf aller Unterhaltsberechtigten zu decken. Eine gesteigerte Unterhaltspflicht besteht, soweit das Einkommen nicht zur Deckung des notwendigen Unterhalts minderjähriger und ihnen gleichgestellter volljähriger Kinder genügt.

Reicht das Einkommen zur Deckung des Bedarfs aller Unterhaltsberechtigten und zur Deckung des Selbstbehalts nicht aus, ist der nach Abzug des Eigenbedarfs des Unterhaltspflichtigen verbleibende Betrag auf die Unterhaltsberechtigten im Verhältnis ihrer jeweiligen Einsatzbeträge zu verteilen.

24.2 Einsatzbeträge

Als Einsatzbeträge sind – ggf. vermindert um eigenes Einkommen der Unterhaltsberechtigten – anzusetzen:

24.2.1 Minderjährige

Für minderjährige und ihnen gleichgestellte volljährige Kinder der Mindestunterhalt (erste Einkommensgruppe der Düsseldorfer Tabelle[2]), vermindert um den bedarfsmindernd anzurechnenden Teil des auf das jeweilige Kind entfallenden Kindergeldes.

---

[1] **Habersack, Deutsche Gesetze Nr. 20.**
[2] Nr. **47**.

24.2.2 Andere

Für alle anderen Berechtigten ihr nach den allgemeinen Regeln bestimmter Bedarf.

24.3 Berechnung

Die Ansprüche jeweils gleichrangig Unterhaltsberechtigter sind im Verhältnis zum verteilungsfähigen Teil des Einkommens prozentual zu kürzen (Verteilungsmasse: Gesamtbedarf × 100).

24.4/5 nicht belegt

Sonstiges

25. Rundung

Ehegattenunterhalt soll auf fünf Euro gerundet werden.

26. Beweislast

26.1 Bedarf

Der Unterhaltsberechtigte trägt die Darlegung- und Beweislast für die Bedarfsberechnung. Dazu gehören insbesondere:

- das Einkommen des Verpflichteten,
- die fehlende Möglichkeit, den Bedarf durch eigenes Erwerbseinkommen zu decken,
- die eine Verlängerung des Anspruchs wegen Kindesbetreuung (§§ 1570 Abs. 1 S. 2, 3; Abs. 2 BGB[1]) rechtfertigenden Umstände,
- das Fehlen anderer tatsächlicher oder fiktiver Einkünfte, welche den Bedarf mindern könnten; dies betrifft vor allem die Fälle, in denen kein eheähnliches Verhältnis besteht,
- oder der neue Partner nicht leistungsfähig ist; diese negative Darlegungs- und Beweislast wird erst durch einen substantiierten Vortrag des Pflichtigen zum Bestehen einer derartigen Beziehung des Berechtigten zu einem neuen Partner ausgelöst.

26.2 Leistungsfähigkeit

Steht der Unterhaltsbedarf der Höhe nach fest, so trägt der Pflichtige die Beweislast dafür, dass er nicht über ausreichende Einkünfte verfügt, um diesen Bedarf zu decken.

Anhang. Düsseldorfer Tabelle 2023 (Stand: 1. Januar 2023)

Kindesunterhalt

(abgedruckt unter Nr. 47)

Tabelle Zahlbeträge

(abgedruckt unter Nr. 47)

[1] **Habersack, Deutsche Gesetze Nr. 20.**

47r. Oberlandesgericht Rostock – Unterhaltsrechtliche Leitlinien der Familiensenate[1]

(Stand: 1. Januar 2023)

Die Familiensenate des Oberlandesgerichts Rostock verwenden diese Leitlinien als Orientierungshilfe für den Regelfall unter Beachtung der Rechtsprechung des BGH, wobei die Angemessenheit des Ergebnisses in jedem Fall zu überprüfen ist. **Wesentliche Änderungen zu den bis 31.12.2022 geltenden Leitlinien beruhen auf der Anhebung des Mindestunterhalts (Verordnung zur Festlegung des Mindestunterhalts minderjähriger Kinder nach § 1612a Abs. 1 BGB[2] vom 03.12.2015; BGBl. I S. 2188, i.d.F. der Fünften Verordnung zur Änderung der Mindestunterhaltsverordnung vom 30.11.2022; BGBl. I S. 2130) und der Anhebung des Kindergeldes ab 01.01.2023 (Art. 6 InflAusG vom 08.12.2022, BGBl. I S. 2230), und betreffen die Bedarfssätze beim Kindesunterhalt im Anhang I. (Unterhaltstabelle). Auch die Bedarfssätze volljähriger Kinder, die noch im Haushalt eines Elternteils leben (4. Altersstufe der Unterhaltstabelle), werden zum 01.01.2023 erhöht. Sie betragen, wie bisher, 125 % des (angehobenen) Bedarfs der 2. Altersstufe. Der Bedarf von volljährigen, in Ausbildung befindlichen Kindern, die nicht mehr im Haushalt eines Elternteils leben, wird auf 930,00 EUR angehoben. Die Selbstbehalte werden ebenfalls erhöht.**

Im Übrigen bleiben die Leitlinien gegenüber denen, Stand 01.01.2022, im Wesentlichen unverändert.

Unterhaltsrechtlich maßgebendes Einkommen

Bei der Ermittlung und Zurechnung von Einkommen ist zu unterscheiden, ob es um Verwandten- oder Ehegattenunterhalt sowie ob es um Bedarfsbemessung einerseits oder Feststellung der Bedürftigkeit/Leistungsfähigkeit andererseits geht.

Das unterhaltsrechtliche Einkommen ist nicht immer identisch mit dem steuerrechtlichen Einkommen.

1. Geldeinnahmen

1.1 Auszugehen ist vom Bruttoeinkommen als Summe aller Einkünfte einschließlich Renten und Pensionen.

1.2 Soweit Leistungen nicht monatlich anfallen (z.B. Weihnachts- und Urlaubsgeld), werden sie auf ein Jahr umgelegt. Einmalige Zahlungen (z.B. Abfindungen) sind auf einen angemessenen Zeitraum (in der Regel mehrere Jahre) zu verteilen.

1.3 Überstundenvergütungen werden dem Einkommen regelmäßig zugerechnet, soweit sie in geringem Umfang anfallen oder berufsüblich sind, darüber hinaus im absoluten Mangelfall (vgl. Nr. 23). Entsprechendes gilt für Einkünfte aus Nebentätigkeiten.

1.4 Ersatz für Spesen und Reisekosten sowie Auslösungen gelten in der Regel als Einkommen. Damit zusammenhängende Aufwendungen – vermindert um häusliche Ersparnis – sind jedoch abzuziehen. Bei Aufwendungspau-

---

[1] In der jeweils aktuellen Fassung kostenlos abrufbar unter www.mv-justiz.de.

[2] **Habersack, Deutsche Gesetze Nr. 20.**

schalen (außer Kilometergeld) kann 1/3 des Nettobetrages als Einkommen angesetzt werden.

1.5 Bei der Ermittlung des zukünftigen Einkommens eines Selbstständigen ist in der Regel der Gewinn der letzten drei Jahre zugrunde zu legen. Für die Vergangenheit sind die im jeweiligen Kalenderjahr erzielten Einkünfte maßgebend.

1.6 Einkommen aus Vermietung und Verpachtung sowie Kapitalvermögen:

Auszugehen ist von den Einnahmen abzüglich notwendiger Ausgaben. Für Gebäude ist keine Absetzung für Abnutzung (AfA) anzusetzen.

1.7 Steuerzahlungen oder -erstattungen sind in der Regel im Kalenderjahr der tatsächlichen Leistung zu berücksichtigen. Es besteht die Obliegenheit, mögliche Steuervorteile in Anspruch zu nehmen.

1.8 Sonstige Einnahmen, z.B. Trinkgelder

2. Auch folgende Sozialleistungen sind Einkommen:

2.1 Arbeitslosengeld (§ 136 SGB III) und sonstige Lohnersatzleistungen nach dem SGB III (Übergangs-, Ausbildungs-, Kurzarbeiter- und Insolvenzgeld) sowie Krankengeld

2.2 Arbeitslosengeld II (§§ 19 ff. SGB II) beim Verpflichteten; beim Berechtigten nur, soweit es um Unterhalt für die Vergangenheit geht und der Unterhaltsanspruch nicht nach § 33 SGB II auf den Leistungsträger übergegangen ist

2.3 Wohngeld, soweit es nicht erhöhte Wohnkosten deckt

2.4 BAföG-Leistungen, auch soweit sie als Darlehen gewährt werden, mit Ausnahme von Vorausleistungen nach § 36 BAföG[1)]

2.5 Elterngeld nach Maßgabe des § 11 BEEG[2)]

2.6 Unfall- und Versorgungsrenten nach Abzug des Betrages für tatsächliche Mehraufwendungen

2.7 Leistungen aus der Pflegeversicherung, Blindenhilfe, Schwerbeschädigten- und Pflegezulagen nach Abzug eines Betrages für tatsächliche Mehraufwendungen; §§ 1610a, 1578a BGB[3)] sind zu beachten.

2.8 Der Anteil des Pflegegeldes bei der Pflegeperson, durch den ihre Bemühungen abgegolten werden; bei Pflegegeld aus der Pflegeversicherung gilt dies nach Maßgabe des § 13 Abs. 6 SGB XI.

2.9 In der Regel Leistungen nach §§ 41 bis 43 SGB XII (Grundsicherung) beim Verwandtenunterhalt, nicht aber beim Ehegattenunterhalt

2.10/11 Kein Einkommen sind Sozialhilfe nach dem SGB XII und Leistungen nach dem UVG[4)]. Die Unterhaltsforderung eines Empfängers dieser Leistungen kann in Ausnahmefällen treuwidrig sein.

3. Kindergeld

Kindergeld ist kein Einkommen der Eltern (vgl. Nr. 14).

[1)] **Sartorius Nr. 420.**
[2)] Nr. **45e**.
[3)] **Habersack, Deutsche Gesetze Nr. 20.**
[4)] Nr. **45d**.

4. Geldwerte Zuwendungen des Arbeitgebers

Geldwerte Zuwendungen aller Art des Arbeitgebers, z.B. Firmenwagen oder freie Kost und Logis, sind Einkommen, soweit sie entsprechende Eigenaufwendungen ersparen.

5. Wohnwert

Der Wohnvorteil durch mietfreies Wohnen ist als wirtschaftliche Nutzung des Vermögens unterhaltsrechtlich wie Einkommen zu behandeln. Neben dem Wohnwert sind auch Zahlungen nach dem Eigenheimzulagengesetz anzusetzen.

Ein Wohnvorteil liegt nur vor, soweit der Wohnwert den berücksichtigungsfähigen Schuldendienst, erforderliche Instandhaltungskosten und die verbrauchsunabhängigen Kosten, mit denen ein Mieter üblicherweise nicht belastet wird, übersteigt. Auszugehen ist vom vollen Mietwert (Nettokaltmiete). Wenn es nicht möglich oder nicht zumutbar ist, die Wohnung aufzugeben und das Objekt zu vermieten oder zu veräußern, kann stattdessen die ersparte Miete angesetzt werden, die angesichts der wirtschaftlichen Verhältnisse angemessen wäre. Dies kommt insbesondere für die Zeit bis zum endgültigen Scheitern der Ehe (in der Regel Ablauf des Trennungsjahres, ggf. Zustellung des Scheidungsantrags) in Betracht, wenn ein Ehegatte das Eigenheim allein bewohnt.

6. Haushaltsführung

Führt jemand einem leistungsfähigen Dritten den Haushalt, so ist hierfür ein Einkommen anzusetzen. Bei Haushaltsführung durch einen Nichterwerbstätigen geschieht das in der Regel mit einem Betrag von 200,00 EUR bis 550,00 EUR.

7. Einkommen aus unzumutbarer Erwerbstätigkeit

Einkommen aus unzumutbarer Erwerbstätigkeit kann nach Billigkeit ganz oder teilweise unberücksichtigt bleiben.

8. Freiwillige Zuwendungen Dritter

Freiwillige Zuwendungen Dritter (z.B. Geldleistungen, kostenloses Wohnen) sind als Einkommen zu berücksichtigen, wenn dies dem Willen des Dritten entspricht. Eine Anrechnung kommt jedoch dann in Betracht, wenn der Mindestunterhalt minderjähriger Kinder oder ihnen nach § 1603 Abs. 2 Satz 2 BGB[1] gleichgestellter volljähriger Kinder bzw. das Existenzminimum des Ehegatten nicht gedeckt sind.

9. Erwerbsobliegenheit und Einkommensfiktion

Einkommen können auch auf Grund einer unterhaltsrechtlichen Obliegenheit erzielbare Einkünfte sein (fiktives Einkommen).

10. Bereinigung des Einkommens

10.1 Vom Bruttoeinkommen sind Steuern, Sozialabgaben und/oder angemessene Vorsorgeaufwendungen abzusetzen (Nettoeinkommen).

10.1.1 Es besteht die Obliegenheit, Steuervorteile in Anspruch zu nehmen (z.B. Eintragung eines Freibetrags bei Fahrtkosten, für unstreitigen oder rechtskräftig titulierten Unterhalt).

---

[1] **Habersack, Deutsche Gesetze Nr. 20.**

10.1.2 Zur Absicherung einer angemessenen Altersvorsorge kann insbesondere der nichtselbstständig Erwerbstätige eine zusätzliche Altersvorsorge von bis zu 4 % seines jeweiligen Gesamtbruttoeinkommens des Vorjahres, gegenüber Ansprüchen auf Elternunterhalt von bis zu 5 % seines Bruttoeinkommens betreiben. Wenn der Mindestunterhalt minderjähriger Kinder oder ihnen nach § 1603 Abs. 2 Satz 2 BGB[1] gleichgestellter volljähriger Kinder nicht gedeckt ist, sind Aufwendungen für die zusätzliche Altersvorsorge nicht zu berücksichtigen.

10.2 Berufsbedingte Aufwendungen sind – wenn sie geltend gemacht, dargelegt und im Falle des Bestreitens bewiesen werden – im Rahmen des Angemessenen vom Arbeitseinkommen abzuziehen. Eine Schätzung ist möglich, § 287 ZPO[2].

10.2.1 Pauschale/Konkrete Aufwendungen

10.2.2 Die Kosten einer notwendigen Pkw-Nutzung für berufsbedingte Fahrten, insbesondere zum Arbeitsplatz, werden mit einer Pauschale in Höhe von 0,42 EUR je gefahrenen Kilometer berücksichtigt. Hierin sind Anschaffungs-, Reparatur- und sonstige Betriebskosten enthalten. Bei langen Fahrtstrecken (ab ca. 30 km einfach) kann für die Gesamtstrecke nach unten abgewichen werden. Steuervorteile sind gegenzurechnen.

10.2.3 Die Ausbildungsvergütung eines in der Berufsausbildung stehenden Kindes, das im Haushalt der Eltern oder eines Elternteils wohnt, ist vor ihrer Anrechnung in der Regel um einen ausbildungsbedingten Mehrbedarf von monatlich 100,00 EUR zu kürzen.

10.3 Kinderbetreuungskosten sind abzugsfähig, soweit die Betreuung durch Dritte infolge der Berufstätigkeit erforderlich ist. Ein auf überobligatorischer Tätigkeit beruhendes Mehreinkommen kann ganz oder teilweise anrechnungsfrei bleiben, wenn keine konkreten Betreuungskosten anfallen. Aufwendungen für die Betreuung eines Kindes in Kindergärten oder vergleichbaren Einrichtungen mindern das Einkommen nicht; es handelt sich um Mehrbedarf des Kindes.

10.4 Schulden

Schulden (Zins und Tilgung) sind bei tatsächlicher Zahlung im Rahmen eines vernünftigen Tilgungsplanes mit angemessenen Raten zu berücksichtigen. Soweit der Mindestbedarf der Unterhaltsberechtigten nicht gewahrt ist, hat der Schuldendienst so weit wie möglich und zumutbar zurückzustehen. Im Einzelfall sind in eine umfassende Interessenabwägung unter Billigkeitsgrundsätzen die Belange der Unterhaltsberechtigten, des Unterhaltsschuldners (insbesondere sein Interesse an der Verhinderung einer wachsenden Verschuldung) wie auch der Drittgläubiger einzubeziehen.

Bei der Bedarfsermittlung für den Ehegattenunterhalt sind grundsätzlich nur eheprägende Verbindlichkeiten abzusetzen.

Für Minderjährige soll der Mindestunterhalt gesichert bleiben. Im Rahmen gesteigerter Unterhaltspflicht nach § 1603 Abs. 2 BGB[1] besteht in der Regel die Obliegenheit zur Einleitung eines Insolvenzverfahrens und Geltendmachung der gesetzlichen Pfändungsfreigrenzen.

---

[1] **Habersack, Deutsche Gesetze Nr. 20.**
[2] **Habersack, Deutsche Gesetze Nr. 100.**

10.5 Unterhaltsleistungen an vorrangig Berechtigte sind vorweg abzuziehen; Unterhaltsleistungen an nachrangig Berechtigte sind angemessen zu berücksichtigen.

10.6 Vermögensbildende Aufwendungen sind, soweit sie angemessen sind, abzugsfähig.

10.7 Aufwendungen für die Ausübung des Umgangsrechts, die erheblich über das übliche Maß hinausgehen, können sich, soweit sie notwendigerweise anfallen, einkommensmindernd auswirken. Umgangskosten können durch einen – teilweisen – Abzug vom Einkommen oder durch eine Erhöhung des Selbstbehalts angemessen berücksichtigt werden.

Kindesunterhalt

11. Bemessungsgrundlage (Tabellenunterhalt)

Der Barunterhalt minderjähriger und noch im elterlichen Haushalt lebender volljähriger unverheirateter Kinder bestimmt sich nach den Sätzen der Unterhaltstabelle im Anhang I (Düsseldorfer Tabelle). Bei minderjährigen Kindern kann er als Festbetrag oder gemäß § 1612a BGB[1] als Prozentsatz des jeweiligen Mindestunterhalts geltend gemacht werden.

11.1 Die Tabellensätze enthalten keine Kranken- und Pflegeversicherungsbeiträge für das Kind, wenn dieses nicht in einer gesetzlichen Familienversicherung mitversichert ist. Das Nettoeinkommen des Verpflichteten ist um solche zusätzlich zu zahlenden Versicherungskosten zu bereinigen. Kosten für den Besuch eines Kindergartens oder vergleichbare Betreuungsformen werden mit Ausnahme der Verpflegungskosten durch die Tabellensätze nicht erfasst. Sie sind Mehrbedarf des Kindes.

11.2 Die Tabellensätze sind auf den Fall zugeschnitten, dass der Unterhaltspflichtige zwei Berechtigten Unterhalt zu gewähren hat. Bei einer größeren oder geringeren Anzahl Unterhaltsberechtigter sind in der Regel Ab- oder Zuschläge durch Einstufung in eine niedrigere oder höhere Einkommensgruppe vorzunehmen.

Bei einer größeren Anzahl von Unterhaltsberechtigten kann eine Korrektur an Hand des Bedarfskontrollbetrages erfolgen. Der Bedarfskontrollbetrag des Unterhaltspflichtigen ab Gruppe 2 ist nicht identisch mit dem Eigenbedarf. Er soll eine ausgewogene Verteilung des Einkommens zwischen dem Unterhaltspflichtigen und den Unterhaltsberechtigten gewährleisten. Erreicht das dem Unterhaltspflichtigen nach Abzug aller Unterhaltslasten verbleibende bereinigte Einkommen nicht den für die Einkommensgruppe ausgewiesenen Bedarfskontrollbetrag, ist soweit herabzustufen, bis dem Unterhaltspflichtigen der entsprechende Kontrollbetrag verbleibt.

12. Minderjährige Kinder

12.1 Der sorgeberechtigte Elternteil, der ein minderjähriges Kind betreut, leistet in der Regel hierdurch seinen Beitrag zum Kindesunterhalt (§ 1606 Abs. 3 Satz 2 BGB[1]).

12.2 Einkommen des minderjährigen Kindes, das nach Abzug ausbildungsbedingter Kosten (vgl. Nr. 10.2.3) verbleibt, ist in der Regel zur Hälfte

[1] **Habersack, Deutsche Gesetze Nr. 20.**

auf den Barunterhalt anzurechnen. Arbeitseinkünfte geringen Umfangs (z.B. Ferienjobs) oder aus unterhaltsrechtlich nicht gebotener Tätigkeit bleiben unberücksichtigt.

12.3 Der betreuende Elternteil braucht neben dem anderen Elternteil in der Regel keinen Barunterhalt zu leisten, es sei denn, sein Einkommen ist bedeutend höher als das des anderen Elternteils oder der eigene angemessene Unterhalt (1.650,00 EUR) des sonst allein barunterhaltspflichtigen Elternteils ist gefährdet (§ 1603 Abs. 2 Satz 3 BGB[1]) und der des anderen nicht.

Sind bei auswärtiger Unterbringung beide Elternteile zum Barunterhalt verpflichtet, haften sie anteilig nach § 1606 Abs. 3 Satz 1 BGB für den Gesamtbedarf. Betreuungsleistungen sind zu berücksichtigen.

12.4 Bei Zusatzbedarf (Verfahrens-/Prozesskostenvorschuss, Mehrbedarf, Sonderbedarf) gilt § 1606 Abs. 3 Satz 1 BGB[1]. Die Kosten für den Kindergarten (ohne Verpflegungskosten) oder vergleichbare Betreuungseinrichtungen sind Mehrbedarf des Kindes.

13. Volljährige Kinder

13.1 Bedarf

Beim Bedarf volljähriger Kinder ist zu unterscheiden, ob sie noch im Haushalt der Eltern/eines Elternteils leben oder einen eigenen Hausstand haben.

13.1.1 Volljährige Kinder, die noch im Haushalt eines Elternteils leben:

Der Bedarf volljähriger unverheirateter Kinder ist der 4. Altersstufe der beiliegenden Unterhaltstabelle zu entnehmen, solange sie im Haushalt der Eltern oder eines Elternteils leben; die maßgebende Einkommensgruppe ergibt sich, wenn beide Elternteile leistungsfähig sind, aus den zusammengerechneten Einkünften der Eltern ohne Erhöhung/Herabsetzung nach Nr. 11.2. Ein Elternteil hat jedoch höchstens den Unterhalt zu leisten, der sich allein aus seinem Einkommen nach der Tabelle ergibt.

13.1.2 Andere volljährige Kinder:

Der Bedarf (einschließlich Wohnbedarf) eines nicht unter Nr. 13.1.1 fallenden Kindes beträgt 930,00 EUR monatlich.

In diesem Betrag sind Beiträge zur Kranken- und Pflegeversicherung sowie Studiengebühren, mit Ausnahme der Semesterbeiträge, nicht enthalten.

Von diesem Betrag kann bei erhöhtem Bedarf oder mit Rücksicht auf die Lebensstellung der Eltern abgewichen werden.

13.2 Auf den Unterhaltsbedarf werden das volle Kindergeld (Nr. 14) und die Einkünfte des Kindes, auch BAföG-Darlehen und Ausbildungsbeihilfen (gekürzt um ausbildungsbedingte Aufwendungen) angerechnet. Bei Einkünften aus unzumutbarer Erwerbstätigkeit gilt § 1577 Abs. 2 BGB[1] entsprechend.

13.3 Bei anteiliger Barunterhaltspflicht ist vor Berechnung des Haftungsanteils nach § 1606 Abs. 3 Satz 1 BGB[1] das bereinigte Nettoeinkommen jedes Elternteils gemäß Nr. 10 zu ermitteln. Außerdem sind vom Restbetrag

---

[1] **Habersack, Deutsche Gesetze Nr. 20.**

ein Sockelbetrag in Höhe des angemessenen Selbstbehalts von 1.650,00 EUR und Unterhaltsleistungen für vorrangig Berechtigte abzuziehen.

Bei volljährigen Schülern, die in § 1603 Abs. 2 Satz 2 BGB minderjährigen Kindern gleichgestellt sind, wird der Sockelbetrag bis zum notwendigen Selbstbehalt (1.370,00 EUR/1.120,00 EUR) herabgesetzt, wenn der Bedarf der Kinder andernfalls nicht gedeckt werden kann.

14. Verrechnung des Kindergeldes

Kindergeld ist nach Maßgabe des § 1612b BGB[1] zur Deckung des Barbedarfs des Kindes zu verwenden.

Ehegattenunterhalt

15. Unterhaltsbedarf

15.1 Bei der Bedarfsbemessung dürfen nur eheprägendes Einkommen und grundsätzlich nur eheprägende Schulden berücksichtigt werden. Spätere Änderungen des verfügbaren Einkommens der Ehegatten sind grundsätzlich zu berücksichtigen, unabhängig davon, wann sie eingetreten sind und ob es sich um Minderungen oder Erhöhungen handelt. Eine Einkommensreduzierung ist dann unbeachtlich, wenn sie auf einem unterhaltsrechtlich vorwerfbaren Verhalten beruht. Unerwartete, nicht in der Ehe angelegte Steigerungen des Einkommens des Unterhaltspflichtigen (insbesondere aufgrund eines Karrieresprungs) oder auf Wiederverheiratung beruhende Steuervorteile bleiben unberücksichtigt, es sei denn, sie dienen zum Ausgleich des hinzugetretenen Bedarfs weiterer Unterhaltsberechtigter.

15.2 Es gilt der Halbteilungsgrundsatz; vom bereinigten Nettoerwerbseinkommen ist ein Erwerbstätigenbonus von 1/10 abzuziehen.

Leistet ein Ehegatte auch Unterhalt für ein Kind, so wird sein Einkommen vor Ermittlung des Erwerbstätigenbonus um den Zahlbetrag (Tabellenbetrag abzüglich des anzurechnenden Kindergeldes) bereinigt. Erbringt der Verpflichtete sowohl Bar- als auch Betreuungsunterhalt, so gilt Nr. 10.3.

15.3 Bei sehr guten Einkommensverhältnissen des Pflichtigen kommt eine konkrete Bedarfsberechnung in Betracht.

15.4 Werden Altersvorsorge-, Kranken- und Pflegeversicherungskosten vom Berechtigten gesondert geltend gemacht oder vom Verpflichteten bezahlt, sind diese von dem Einkommen des Pflichtigen vorweg abzuziehen. Der Vorwegabzug unterbleibt, soweit nicht verteilte Mittel zur Verfügung stehen, z.B. durch Anrechnung nicht prägenden Einkommens des Berechtigten auf seinen Bedarf. Vorsorgeunterhalt kann nur beansprucht werden, wenn der Elementarunterhalt in Höhe des notwendigen Selbstbehalts für Nichterwerbstätige sichergestellt ist.

16. Bedürftigkeit

Eigene Einkünfte des Berechtigten sind auf den Bedarf anzurechnen, wobei das bereinigte Nettoerwerbseinkommen um den Erwerbstätigenbonus zu vermindern ist.

---

[1] **Habersack, Deutsche Gesetze Nr. 20.**

17. Erwerbsobliegenheit

17.1 Bei Betreuung eines gemeinschaftlichen Kindes kann bis zur Vollendung des 3. Lebensjahres eine Erwerbstätigkeit nicht erwartet werden. Danach besteht eine Erwerbsobliegenheit nach Maßgabe der Betreuungsbedürftigkeit und der zumutbaren Betreuungsmöglichkeit. Soweit mehrere Kinder zu betreuen sind, ist auf die Umstände des Einzelfalls abzustellen.

Geht der unterhaltsberechtigte Ehegatte über das an sich zumutbare Maß hinaus einer Erwerbstätigkeit nach, so richtet sich die Anrechenbarkeit seines dadurch erzielten Einkommens auf den Unterhaltsanspruch nach § 1577 Abs. 2 BGB[1)].

17.2 In der Regel besteht für den Berechtigten im ersten Jahr nach der Trennung keine Obliegenheit zur Aufnahme oder Ausweitung einer Erwerbstätigkeit.

Weitere Unterhaltsansprüche

18. Ansprüche nach § 1615l BGB

Der Bedarf der Mutter oder des Vaters eines nichtehelichen Kindes richtet sich nach der Lebensstellung des betreuenden Elternteils (§§ 1615l Abs. 3 Satz 1, 1610 BGB[1)]).

19. Elternunterhalt

Beim Bedarf der Eltern sind Leistungen nach den §§ 41 bis 43 SGB XII (Grundsicherung) zu berücksichtigen (vgl. Nr. 2.9).

20. Lebenspartnerschaft

Bei Getrenntleben oder Aufhebung der Lebenspartnerschaft gelten die §§ 12, 16 LPartG[2)].

Leistungsfähigkeit und Mangelfall

21. Selbstbehalt des Verpflichteten

21.1 Es ist zu unterscheiden zwischen dem notwendigen (§ 1603 Abs. 2 BGB[1)]), dem angemessenen (§ 1603 Abs. 1 BGB) sowie dem Selbstbehalt gegenüber Ehegatten (§ 1581 BGB).

21.2 Für Eltern gegenüber minderjährigen Kindern und diesen nach § 1603 Abs. 2 Satz 2 BGB[1)] gleichgestellten volljährigen Kindern gilt im Allgemeinen der notwendige Selbstbehalt als unterste Grenze der Inanspruchnahme.

Er beträgt

– beim Erwerbstätigen **1.370,00 EUR**
– beim Nichterwerbstätigen **1.120,00 EUR**.

21.3 Im Übrigen gilt beim Verwandtenunterhalt der angemessene Selbstbehalt.

21.3.1 Er beträgt gegenüber volljährigen Kindern, die nicht gemäß § 1603 Abs. 2 Satz 2 BGB[1)] privilegiert sind, **1.650,00 EUR**.

21.3.2 Gegenüber der Mutter oder dem Vater nichtehelicher Kinder nach § 1615l Abs. 1 BGB[1)] beträgt der angemessene Selbstbehalt **1.510,00 EUR**.

---

1) **Habersack, Deutsche Gesetze Nr. 20.**
2) Nr. 43.

21.3.3 Gegenüber Eltern beträgt der Selbstbehalt mindestens **2.500,00 EUR** zuzüglich der Hälfte des darüber hinausgehenden Einkommens (bei Vorteilen des Zusammenlebens in der Regel 45 % des darüber hinausgehenden Einkommens). Unabhängig vom Selbstbehalt wird die Inanspruchnahme auf Elternunterhalt bei übergegangenen Ansprüchen begrenzt durch die Regelungen im Gesetz zur Entlastung unterhaltspflichtiger Angehöriger in der Sozialhilfe und in der Eingliederungshilfe (Angehörigenentlastungsgesetz vom 10. Dezember 2019; BGBl. I S. 2135).

21.3.4 Für den Selbstbehalt gegenüber Enkeln gilt 21.3.3 entsprechend.

21.4 Gegenüber Ehegatten beträgt der Selbstbehalt (§ 1581 BGB[1]) **1.510,00 EUR**.

Bei beengten wirtschaftlichen Verhältnissen, insbesondere im absoluten Mangelfall, kann der Selbstbehalt angemessen bis zum notwendigen Selbstbehalt (1.370,00 EUR/1.120,00 EUR) vermindert werden.

21.5 Beim Verwandtenunterhalt kann der jeweilige Selbstbehalt unterschritten werden, wenn der eigene Unterhalt des Pflichtigen ganz oder teilweise durch seinen Ehegatten gedeckt ist (vgl. Nr. 22). Wegen der Kostenersparnisse bei gemeinschaftlicher Haushaltsführung kommt eine Kürzung des Selbstbehalts dann in Betracht, wenn der Unterhaltspflichtige mit einem Dritten zusammenlebt.

22. Bedarf des mit dem Pflichtigen zusammenlebenden Ehegatten

22.1 Der Mindestbedarf des mit dem Unterhaltspflichtigen zusammenlebenden Ehegatten bei Ansprüchen des nachrangigen geschiedenen Ehegatten beträgt **1.208,00 EUR.**

22.2 Der Mindestbedarf des mit dem Unterhaltspflichtigen zusammenlebenden Ehegatten bei Ansprüchen nicht privilegierter volljähriger Kinder beträgt **1.320,00 EUR.**

22.3 Zum Mindestbedarf des mit dem Unterhaltspflichtigen zusammenlebenden Ehegatten bei Ansprüchen von Eltern oder Enkeln vgl. 21.3.3 bzw. 21.3.4.

23. Bedarf des vom Pflichtigen getrenntlebenden oder geschiedenen Ehegatten

23.1 gegenüber einem nachrangigen geschiedenen Ehegatten **1.510,00 EUR**

23.2 gegenüber nicht privilegierten volljährigen Kindern **1.650,00 EUR**

23.3 gegenüber Eltern und Enkeln des Unterhaltspflichtigen **2.500,00 EUR**

24. Mangelfall

24.1 Grundsatz

Reicht der Betrag, der zur Erfüllung mehrerer Unterhaltsansprüche unter Berücksichtigung des Selbstbehalts des Verpflichteten (Nr. 21) zur Verfügung steht, nicht aus, um alle Ansprüche zu erfüllen, so ist der den Selbstbehalt übersteigende Betrag auf die Berechtigten unter Beachtung der Rangverhältnisse zu verteilen.

---

[1] **Habersack, Deutsche Gesetze Nr. 20.**

24.2 Einsatzbeträge

Die Einsatzbeträge für minderjährige unverheiratete und ihnen gleichgestellte volljährige Kinder entsprechend den Tabellenbeträgen der ersten Einkommensgruppe der Tabelle in Anlage I abzüglich des nach § 1612b Abs. 1 BGB[1] zur Bedarfsdeckung zu verwendenden Kindergeldes.

24.3 Berechnung

Die nach Abzug des notwendigen Selbstbehalts des Unterhaltspflichtigen verbleibende Verteilungsmasse ist anteilig auf alle gleichrangigen Unterhaltsberechtigten im Verhältnis der (ggf. um eigene Einkünfte gekürzten) Einsatzbeträge zu verteilen.

24.4 Angemessenheitskontrolle

Das im Rahmen der Mangelfallberechnung gewonnene Ergebnis ist auf seine Angemessenheit zu überprüfen.

Sonstiges

25. Rundung

Der Unterhaltsbetrag ist auf volle EUR aufzurunden.

Anhang

I. Unterhaltstabelle

(abgedruckt unter Nr. 47)

II. Zahlbetragstabelle

(abgedruckt unter Nr. 47)

[1] **Habersack, Deutsche Gesetze Nr. 20.**

47s. Oberlandesgericht Saarbrücken – Unterhaltsrechtliche Leitlinien der Senate für Familiensachen[1)]

(Stand: 1. Januar 2023)

Die Senate für Familiensachen bei dem Saarländischen Oberlandesgericht werden die ab dem 1. Januar 2023 geltende Düsseldorfer Tabelle[2)] in der bisherigen Weise als Orientierungshilfe benutzen.

Für Zwecke der Bemessung des Ehegattenunterhalts wird der Erwerbsanreiz mit 1/10 des anrechenbaren Erwerbseinkommens in Ansatz gebracht.

Der Selbstbehalt des Unterhaltsverpflichteten beträgt

1.	gegenüber minderjährigen Kindern und gegenüber volljährigen unverheirateten Kindern bis zur Vollendung des 21. Lebensjahres, die im Haushalt der Eltern oder eines Elternteils leben und sich in der allgemeinen Schulausbildung befinden	
	a) für Erwerbstätige	1.370 EUR
	b) für Nichterwerbstätige	1.120 EUR
2.	gegenüber anderen volljährigen Kindern generell	1.650 EUR
3.	gegenüber dem getrenntlebenden und dem geschiedenen Ehegatten oder der Mutter/dem Vater eines nichtehelichen Kindes	
	a) für Erwerbstätige	1.510 EUR
	b) für Nichterwerbstätige	1.385 EUR

---

1) In der jeweils aktuellen Fassung kostenlos abrufbar unter www.olg-saarland.de.

2) Nr. **47**.

47t. Oberlandesgericht Schleswig – Unterhaltsrechtliche Leitlinien[1)]

(Stand: 1. Januar 2023)

Die unterhaltsrechtlichen Leitlinien der Familiensenate des Schleswig-Holsteinischen Oberlandesgerichts dienen nur als Hilfsmittel zur Bestimmung des angemessenen Unterhalts. Sie beruhen auf Erfahrungswerten, gewonnen aus typischen Sachverhalten, und sollen zur Vereinheitlichung des Unterhaltsrechts beitragen. Sie haben keine bindende Wirkung und können eine auf den Einzelfall bezogene Gesamtschau nicht ersetzen.

Unterhaltsrechtlich maßgebendes Einkommen

Bei der Ermittlung und Zurechnung von Einkommen ist stets zu unterscheiden, ob es um Verwandten- oder Ehegattenunterhalt sowie ob es um Bedarfsbemessung einerseits oder Feststellung der Leistungsfähigkeit andererseits geht. Das unterhaltsrechtliche Einkommen ist nicht immer identisch mit dem steuerrechtlichen Einkommen. Einkommen können auch aufgrund einer unterhaltsrechtlichen Obliegenheit erzielbare Einkünfte sein (fiktives Einkommen).

1. Geldeinnahmen

1.1 Auszugehen ist vom Bruttoeinkommen als Summe aller Einkünfte einschließlich Weihnachts-, Urlaubsgeld, Tantiemen und Gewinnbeteiligungen sowie anderer Zulagen.

1.2 Leistungen, die nicht monatlich anfallen, werden auf ein Jahr umgelegt. Einmalige Zahlungen sind auf einen angemessenen Zeitraum (in der Regel mehrere Jahre) zu verteilen. Grundsätzlich sind Abfindungen bei der Aufnahme einer neuen Arbeitsstelle mit dauerhaft geringerem Einkommen bis zur Höchstgrenze des Bedarfs aufgrund des früheren Einkommens sowohl beim Kindes- als auch beim Ehegattenunterhalt für den Unterhalt zu verwenden; ob eine Aufstockung bis zum bisherigen Einkommen unter vollständiger Aufrechterhaltung des bisherigen Lebensstandards geboten ist, beurteilt sich nach den Umständen des Einzelfalls, insbesondere der beim Pflichtigen zu erwartenden weiteren Einkommensentwicklung.

1.3 Überstundenvergütungen werden dem Einkommen voll zugerechnet, soweit sie berufstypisch sind und das in diesem Beruf übliche Maß nicht überschreiten.

1.4 Ersatz für Spesen, Reisekosten und Auslösungen gelten in der Regel als Einkommen. Damit zusammenhängende Aufwendungen, vermindert um häusliche Ersparnis, sind jedoch abzuziehen. Die Ersparnis wird in der Regel mit einem Drittel bewertet und (außer Fahrtkostenersatz) insoweit dem Einkommen hinzugerechnet.

1.5 Bei Selbständigen (insbesondere Unternehmer, freiberuflich Tätige) wird das Einkommen nach Wirtschaftsjahren ermittelt. Steuerliche Belastungen werden grundsätzlich nur in dem tatsächlich entrichteten Umfange abgezogen, und zwar unabhängig davon, für welches Veranlagungsjahr sie

[1)] In der jeweils aktuellen Fassung kostenlos abrufbar unter www.schleswig-holstein.de.

angefallen sind. Für die Bemessung von zukünftigem Unterhalt ist grundsätzlich auf das Durchschnittseinkommen von drei Wirtschaftsjahren abzustellen, wobei dieser Zeitraum von dem letzten Jahr an zurückgerechnet wird, für welches ausreichende Einkommensunterlagen vorliegen; für in der Vergangenheit liegende Unterhaltszeiträume ist auf das in dieser Zeit erzielte Einkommen abzustellen (Jahresdurchschnitt). Bei erheblich schwankenden Einkünften kann auch ein anderer Zeitraum zugrunde gelegt werden.

Abschreibungen auf betriebliche Wirtschaftsgüter (Absetzung für Abnutzung: Afa) stehen in der Regel entsprechende Ausgaben für Betriebsmittel gegenüber; sie sind deshalb grundsätzlich gewinnmindernd abzusetzen. Soweit die zulässigen steuerlichen Absetzungsbeträge erheblich über das tatsächliche Ausmaß der Wertminderung hinausgehen (etwa bei Gebäuden), können sie in diesem Umfang unterhaltsrechtlich nicht berücksichtigt werden.

Für das Einkommen eines Selbstständigen ist grundsätzlich sein Gewinn maßgebend. Ausnahmsweise kann auf seine Privatentnahmen abgestellt werden, soweit sie Ausdruck eines nicht durch Verschuldung finanzierten Lebensstandards sind.

1.6 Zum Einkommen zählen auch Einkünfte aus Vermietung, Verpachtung sowie aus Kapitalvermögen, wobei die Einkünfte grundsätzlich auf das Jahr umgelegt werden.

1.7 Steuererstattungen und Steuernachzahlungen sind in der Regel in dem Jahr, in dem sie anfallen, zu berücksichtigen und auf die einzelnen Monate umzulegen. Soweit Erstattungen auf Aufwendungen beruhen, die unterhaltsrechtlich nicht zu berücksichtigen sind, bleiben auch die Steuererstattungen außer Betracht.

1.8 Zum Einkommen zählen auch sonstige Einnahmen (z.B. Trinkgelder).

2. Sozialleistungen gehören wie folgt zum Einkommen:

2.1 Arbeitslosengeld (§ 136 SGB III) und Krankengeld.

2.2 Arbeitslosengeld II (§§ 19 – 30 SGB II) beim Verpflichteten; beim Unterhaltsberechtigten ist das Arbeitslosengeld II subsidiär (§ 33 SGB II).

2.3 Wohngeld, soweit es nicht erhöhte Wohnkosten deckt.

2.4 BAföG-Leistungen, auch soweit sie als Darlehen gewährt werden, mit Ausnahme von Vorausleistungen nach §§ 36, 37 BAföG[1].

2.5 Elterngeld ist Einkommen, soweit es über den Sockelbetrag von 300 € bzw. 150 € bei verlängertem Bezug hinausgeht. Der Sockelbetrag des Elterngeldes sowie Betreuungsgeld nach § 4a BEEG[2] sind nur dann Einkommen, wenn einer der Ausnahmefälle des § 11 BEEG vorliegt.

2.6 Leistungen aus Unfall- und Versorgungsrenten nach Abzug eines Betrages für tatsächliche Mehraufwendungen; §§ 1610a, 1578a BGB[3] sind zu beachten.

---

[1] **Sartorius Nr. 420.**
[2] Nr. **45e**.
[3] **Habersack, Deutsche Gesetze Nr. 20.**

2.7 Leistungen aus der Pflegeversicherung, Blindengeld, Schwerbeschädigten- und Pflegezulagen nach Abzug eines Betrages für tatsächliche Mehraufwendungen; §§ 1610a, 1578a BGB[1] sind zu beachten.

2.8 Der Anteil des Pflegegelds bei der Pflegeperson, durch den ihre Bemühungen abgegolten werden. Bei Pflegegeld aus der Pflegeversicherung gilt dies nach Maßgabe des § 13 VI SGB XI.

2.9 Beim Verwandtenunterhalt in der Regel Leistungen zur Grundsicherung (§§ 41–43 SGB XII).

2.10 Sonstige Sozialhilfe nach SGB XII zählt nicht zum Einkommen.

2.11 Leistungen nach dem Unterhaltsvorschussgesetz[2] zählen nicht zum Einkommen.

3. Kindergeld

Kindergeld mindert den Unterhaltsbedarf der Kinder nach Maßgabe des § 1612b BGB[1] und unterstützt den betreuenden Elternteil bei der Erbringung der Betreuungsleistungen. Es stellt kein Einkommen des Bezugsberechtigten dar.

4. Geldwerte Zuwendungen des Arbeitgebers

Geldwerte Zuwendungen aller Art des Arbeitgebers, z.B. Firmenwagen oder freie Kost und Logis, sind Einkommen, soweit sie entsprechende Eigenaufwendungen ersparen. Die für Firmenwagen steuerlich in Ansatz gebrachten, am Neuwert orientierten Beträge (1% – Regelung) bieten einen Anhaltspunkt für die Bewertung des geldwerten Vorteils.

5. Wohnvorteil

5.1 Der Wohnvorteil durch mietfreies Wohnen im eigenen Heim ist als wirtschaftliche Nutzung des Vermögens unterhaltsrechtlich wie Einkommen zu behandeln. Neben dem Wohnvorteil sind auch Zahlungen nach dem Eigenheimzulagengesetz anzusetzen.

Zur Ermittlung des Wohnvorteils sind dem Wohnwert der berücksichtigungsfähige Schuldendienst, erforderliche Instandhaltungskosten und jene verbrauchsunabhängigen Kosten, mit denen ein Mieter üblicherweise nicht belastet wird, als Abzugsposten gegenüberzustellen.

5.2 Als Wohnwert ist während des Getrenntlebens zunächst regelmäßig die ersparte Miete anzusetzen, die angesichts der wirtschaftlichen Verhältnisse angemessen wäre. Ist eine Wiederherstellung der ehelichen Lebensgemeinschaft nicht mehr zu erwarten, ist regelmäßig der objektive Mietwert anzusetzen; Ausnahmen hiervon sind nur gerechtfertigt, wenn eine Verwertung durch Vermietung nicht möglich (z.B. mangelnde Einigung bei Miteigentum) oder nicht zumutbar (z.B. bei zeitlich begrenztem Aufstockungsunterhalt) ist.

Diese Grundsätze gelten auch beim Kindesunterhalt.

5.3 Zinsen und Tilgungsleistungen sind absetzbar. Dienen die Tilgungsleistungen ausschließlich der eigenen Vermögensbildung, sind die Tilgungsleistungen nach Vorabzug der Zinsen nur bis zur Höhe des Wohnwerts zu

[1] **Habersack, Deutsche Gesetze Nr. 20.**
[2] Nr. **45d.**

berücksichtigen; darüberhinausgehende Tilgungsleistungen können im Rahmen der zusätzlichen Altersvorsorge (Ziffer 10.1.2.) berücksichtigt werden (BGH FamRZ 2017, 519; BGH FamRZ 2018, 1506).

Auch beim Kindesunterhalt können Zinsen und Tilgungsleistungen grundsätzlich bis zur Höhe des Wohnwerts berücksichtigt werden. Ist jedoch der Mindestunterhalt minderjähriger Kinder gefährdet, kann ausnahmsweise eine Obliegenheit zur Tilgungsstreckung bestehen (vgl. BGH, FamRZ 2022, 781).

Im Rahmen des § 1603 Abs. 1 BGB[1] *gilt* ein großzügigerer, im Anwendungsbereich des § 1603 Abs. 2 BGB hingegen ein strengerer Maßstab für die Berücksichtigung von Tilgungsleistungen.

6. Haushaltsführung

Führt jemand unentgeltlich für einen in häuslicher Gemeinschaft lebenden Partner den Haushalt, so ist hierbei ein Einkommen anzusetzen. Voraussetzung ist jedoch, dass der Partner hinreichend leistungsfähig ist.

7. Einkommen aus unzumutbarer Erwerbstätigkeit

Einkommen aus unzumutbarer Erwerbstätigkeit kann nach Billigkeit ganz oder teilweise unberücksichtigt bleiben (vgl. BGH FamRZ 2006, 846).

8. Freiwillige Zuwendungen Dritter

Freiwillige Zuwendungen Dritter (z.B. Geldleistungen, Wohnungsgewährung) sind regelmäßig nicht als Einkommen zu berücksichtigen, es sei denn, die Berücksichtigung entspricht dem Willen des zuwendenden Dritten.

9. Erwerbsobliegenheit und Einkommensfiktion

Wer unter leichtfertigem Verstoß gegen eine unterhaltsrechtliche Verpflichtung bzw. Obliegenheit eine Erwerbsquelle nicht in zumutbarem Umfang nutzt, muss sich das erzielbare Einkommen zurechnen lassen.

Begibt sich jemand einer Einkommensquelle, insbesondere seines Arbeitsplatzes, aus unterhaltsrechtlich vorwerfbaren Gründen, so ist ihm das bisherige Einkommen bis zu dem Zeitpunkt fiktiv zuzurechnen, zu dem er aus anderem, nicht vorwerfbarem Grund die Arbeitsstelle verloren hätte (BGH NJW 2008, 1525 ff.).

Bei der Zurechnung von fiktiven Einkünften können fiktive berufsbedingte Aufwendungen (z.B. Fahrtkosten) berücksichtigt werden.

Im Rahmen der gesteigerten Unterhaltspflicht ist vom Unterhaltsschuldner im Hinblick auf den nicht gesicherten Mindestunterhalt seines Kindes auch zu verlangen, dass er neben einer vollschichtigen Erwerbstätigkeit eine ihm mögliche und zumutbare Nebentätigkeit ausübt. Dies gilt auch bei der Zurechnung eines lediglich fiktiven Einkommens aus einer vollschichtigen Haupttätigkeit (BGH FamRZ 2014, 1992).

10. Bereinigung des Einkommens

10.1 Vom Bruttoeinkommen sind Steuern, Sozialabgaben und angemessene Vorsorgeaufwendungen abzusetzen (Nettoeinkommen).

---

[1] **Habersack, Deutsche Gesetze Nr. 20.**

10.1.1 Es besteht die Obliegenheit, Steuervorteile in Anspruch zu nehmen (z.B. Eintragung eines Freibetrags bei Fahrtkosten, Realsplitting für unstreitigen oder rechtskräftig titulierten Unterhalt).

10.1.2 Für eine zusätzliche (keine fiktive) Altersvorsorge können beim Ehegatten- und Kindesunterhalt bis zu 4 %, beim Elternunterhalt bis zu 5 % des Bruttoeinkommens eingesetzt werden. Die zusätzliche Altersvorsorge kommt jedoch im Regelfall nicht in Betracht, soweit der Mindestunterhalt/das Existenzminimum nicht gesichert sind.

Personen, die der gesetzlichen Rentenversicherung nicht unterliegen, können für ihre primäre Altersversorgung Beträge entsprechend dem Aufwand eines Nichtselbstständigen aufwenden. Eine zusätzliche Altersvorsorge ist wie bei gesetzlich Rentenversicherten absetzbar.

10.2 Berufsbedingte Aufwendungen

10.2.1 Notwendige berufsbedingte Aufwendungen werden vom Einkommen nur abgezogen, soweit sie konkret nachgewiesen sind. Eine Pauschale wird nicht gewährt.

10.2.2 Für Fahrten zum Arbeitsplatz werden die Kosten einer Pkw-Benutzung mit einer Kilometerpauschale von 0,42 € (§ 5 II Nr. 2 JVEG[1)]) für die ersten 30 Entfernungskilometer, für die weiteren Entfernungskilometer mit 0,28 € berücksichtigt.

Berechnungsbeispiel:

Entfernung zwischen Wohnung und Arbeitsplatz: 50 km.

Berechnung:

30 km × 2 × 0,42 € × 220 ArbTage: 12 Monate =	462,00 € +
20 km × 2 × 0,28 € × 220 ArbTage: 12 Monate =	205,33 €
Gesamtkosten:	667,33 €

Überschreiten die Fahrtkosten 15 % des Nettoeinkommens, muss dargelegt werden, weshalb die Benutzung von öffentlichen Verkehrsmitteln nicht zumutbar ist.
Neben der Kilometerpauschale können Finanzierungskosten für die Anschaffung des Pkw regelmäßig nicht angesetzt werden.

10.2.3 Bei Auszubildenden wird auf die Ausbildungsvergütung ein Abzug eines Pauschalbetrages von 100,00 € angerechnet. Diese Pauschale deckt in der Regel den allgemeinen und ausbildungsbedingten Mehrbedarf mit Ausnahme von Fahrtkosten.

10.3 Kinderbetreuungskosten sind als berufsbedingte Aufwendungen des betreuenden Elternteils abzugsfähig, soweit die Betreuung durch Dritte allein infolge der Berufstätigkeit erforderlich ist. Aufwendungen für die Betreuung eines Kindes, die über den Umfang der von dem betreuenden Elternteil ohnehin geschuldeten Betreuung hinausgehen oder pädagogisch veranlasst sind, wie etwa in Kindergärten, Kindertagesstätten, Schulen, Horten oder vergleichbaren Einrichtungen, mindern das Einkommen nicht; es handelt sich um Mehrbedarf (vgl. Nr. 12.4) des Kindes (BGH FamRZ 2018, 23; BGH FamRZ 2009, 962).

[1)] **Habersack, Deutsche Gesetze Nr. 116.**

10.4 Angemessene Tilgungsraten auf Schulden, die auf das eheliche Zusammenleben zurückzuführen sind oder die durch die Auflösung der Ehe unabwendbar entstanden sind, werden in der Regel einkommensmindernd berücksichtigt. Unverhältnismäßig hohe Kosten für die Ehewohnung (auch Einfamilienhaus) sind nur für eine Übergangszeit nach der Trennung abzusetzen.

Soweit der Mindestbedarf der Unterhaltsberechtigten nicht gewahrt ist, hat der Schuldendienst so weit wie möglich und zumutbar zurückzustehen. Für minderjährige Kinder soll möglichst der Mindestunterhalt gesichert bleiben.

Im Einzelfall sind in eine umfassende Interessenabwägung unter Billigkeitsgrundsätzen die Belange der Unterhaltsberechtigten, des Unterhaltsschuldners (insbesondere sein Interesse an der Verhinderung einer wachsenden Verschuldung) wie auch der Fremdgläubiger einzubeziehen.

Den Unterhaltsschuldner trifft grundsätzlich eine Verpflichtung zur Einleitung einer Verbraucherinsolvenz, wenn dieses Verfahren zulässig und geeignet ist, den laufenden Unterhalt eines minderjährigen Kindes sicherzustellen (vgl. BGH NJW 2005, 1279 ff.).

Sind einkommensmindernd anzusetzende Schulden bereits Gegenstand einer Auseinandersetzung über einen Gesamtschuldnerausgleich nach § 426 BGB[1], sind sie für die Unterhaltsbemessung nicht zu berücksichtigen.

10.5 *Barunterhaltsleistungen (Zahlbetrag oder restlicher Barunterhalt in Form von Naturalunterhalt) (vgl. BGH FamRZ 2021, 1965)* an vorrangig Berechtigte sind vorweg abzuziehen.

10.6 Die vermögenswirksame Leistung des Arbeitgebers und die Arbeitnehmersparzulage gehören nicht zum Einkommen. Der vermögenswirksam gesparte Betrag mindert nicht das anrechenbare Einkommen, es sei denn, er ist als angemessene Vorsorgeaufwendung (Nr. 10.1.2) anzuerkennen.

10.7 Umgangskosten

10.7.1 Die notwendigen Kosten für ein im üblichen Rahmen ausgeübtes Umgangsrecht sind grundsätzlich vom Umgangsberechtigten zu tragen, wenn ihm nach Abzug dieser Kosten der notwendige Selbstbehalt verbleibt. In diesen Fällen stellen die Umgangskosten keine Abzugsposition vom Einkommen des Umgangsberechtigten dar (BGH FamRZ 2014, 917, 920; FamRZ 2006, 1015, 1018). Ist der notwendige Selbstbehalt des Umgangsberechtigten nicht gewahrt, können die notwendigen Umgangskosten durch einen – teilweisen – Abzug vom Einkommen oder eine Erhöhung des Selbstbehalts berücksichtigt werden (BGH NJW 2009, 2592).

10.7.2 Bei einem über das übliche Maß hinausgehenden Umgangsrecht können dadurch bedingte hohe Mehraufwendungen (z.B. Fahrt- und Unterbringungskosten) zu einer Herabstufung um eine oder mehrere Einkommensgruppen der Düsseldorfer Tabelle[2] oder zum Absehen von einer erforderlichen Höherstufung führen.

Reicht das Einkommen des umgangsberechtigten Elternteils nur zur Zahlung des Mindestunterhalts aus, kann der Mehraufwand bei der Ein-

[1] **Habersack, Deutsche Gesetze Nr. 20.**
[2] Nr. 47.

kommensermittlung oder durch Erhöhung des Selbstbehalts berücksichtigt werden.

Ferner kann der Unterhaltsbedarf des Kindes dadurch teilweise erfüllt sein, dass der umgangsberechtigte Elternteil dem Kind im Zuge seines erweiterten Umgangsrechts Leistungen erbringt, mit denen er den Unterhaltsbedarf des Kindes auf andere Weise als durch Zahlung einer Geldrente teilweise deckt.

Kindesunterhalt

11. Bemessungsgrundlage (Tabellenunterhalt)

Der Barunterhalt minderjähriger und noch im elterlichen Haushalt lebender volljähriger unverheirateter Kinder bestimmt sich nach den Sätzen der Düsseldorfer Tabelle[1] (Anhang I.).

11.1 Die Tabellensätze der Düsseldorfer Tabelle[1] enthalten keine Kranken- und Pflegeversicherungsbeiträge für das Kind, wenn dieses nicht in einer gesetzlichen Familienversicherung mitversichert ist. Das Nettoeinkommen des Verpflichteten ist um solche zusätzlich zu zahlenden Versicherungskosten zu bereinigen.

11.2 Die Tabellensätze sind auf den Fall zugeschnitten, dass der Unterhaltspflichtige zwei Unterhaltsberechtigten Unterhalt zu gewähren hat. Bei einer geringeren oder größeren Zahl von Unterhaltsberechtigten ist in der Regel um eine Stufe herauf- oder herabzustufen.

In den oberen Gruppen kann im Einzelfall insbesondere aus kindgerechten Gründen eine Bedarfsbegrenzung angezeigt sein.

Erreicht das dem Unterhaltspflichtigen nach Abzug aller Unterhaltslasten verbleibende Einkommen nicht den für die Tabellengruppe ausgewiesenen Bedarfskontrollbetrag, so kann so weit herabgestuft werden, dass dem Unterhaltsschuldner der entsprechende Kontrollbetrag verbleibt.

12. Minderjährige Kinder

12.1 *Der Bedarf minderjähriger Kinder bemisst sich nach den zusammengerechneten Einkünften beider Elternteile. Die Unterhaltspflicht des barunterhaltspflichtigen Elternteils ist jedoch auf den Betrag begrenzt, den der Unterhaltspflichtige bei alleiniger Unterhaltshaftung auf Grundlage seines Einkommens zu zahlen hätte (BGH FamRZ 2022, 1366; BGH FamRZ 2021, 28; BGH FamRZ 2017, 711; BGH FamRZ 2017, 437).*

12.2 Eigenes Einkommen des minderjährigen Kindes wird auf den Barunterhaltsanspruch des Kindes mit Rücksicht auf die Betreuungslast des anderen Elternteils nach in der Regel hälftig angerechnet.

Arbeitseinkünfte geringen Umfangs (z.B. Ferienjobs) oder aus unterhaltsrechtlich nicht gebotener Tätigkeit bleiben unberücksichtigt.

12.3 Ausnahmsweise kann der betreuende Elternteil zur Barunterhaltsleistung entlastend herangezogen werden, wenn sein Einkommen das des anderen Elternteils wesentlich übersteigt. Die Entlastung wird dann nach den Umständen des Einzelfalles bemessen.

---

[1] Nr. 47.

12.4 Zusätzlichen Bedarf eines minderjährigen Kindes (z.B. Verfahrens-/Prozesskostenvorschuss, Mehrbedarf, Sonderbedarf) haben beide Eltern entsprechend ihren Erwerbs- und Vermögensverhältnissen unter Wahrung ihres Selbstbehalts (vgl. Nr. 13.3) zu decken (§ 1606 Abs. 3 Satz 1 BGB[1]).

13. Volljährige Kinder

13.1 Für den Unterhalt volljähriger Kinder gilt Folgendes:

Lebt das volljährige Kind im Haushalt eines Elternteils, so ist sein Bedarf grundsätzlich der Unterhaltstabelle zu entnehmen.

Lebt das Kind nicht mehr im Haushalt eines Elternteils, so ist zu unterscheiden:

– Für die Vorjahre wird auf die von der Düsseldorfer Tabelle[2] aufgeführten Beträge verwiesen. Der Unterhaltsbedarf *Studierender* beträgt in der Regel monatlich *930,00 €*. Hierin sind bis *410,00 €* für Unterkunft einschließlich umlagefähiger Nebenkosten und Heizung (Warmmiete) enthalten. *In den jeweiligen Bedarfsbeträgen sind keine Beiträge zur Kranken- und Pflegeversicherung sowie keine Studiengebühren enthalten.*

– Für andere Kinder kann bei eigenem Haushalt derselbe Betrag zugrunde gelegt werden; dann entfallen der Freibetrag (s.o. 10.2.3) und andere Absetzungen für berufsbedingte Aufwendungen (einschließlich Fahrtkosten).

Für die Vorjahre wird auf die vorangegangenen Düsseldorfer Tabellen verwiesen.

13.2 Sämtliche Einkünfte (auch BAföG-Darlehen) werden auf den Bedarf volljähriger Kinder angerechnet. Überobligationsmäßig erzielte Einkünfte bleiben entsprechend § 1577 Abs. 2 BGB[1] ganz oder teilweise unberücksichtigt.

13.3 Verfügen beide Eltern über Einkommen, ergibt sich der Bedarf volljähriger Kinder, soweit dafür die Tabelle maßgebend ist, grundsätzlich nach dem zusammengerechneten Einkommen beider Eltern, jedoch ist wegen doppelter Haushaltsführung in der Regel um eine Stufe herabzustufen.

Den offenen Bedarf haben die Eltern anteilig zu decken, und zwar grundsätzlich im Verhältnis ihrer Einkommen zueinander. Dabei werden nur die Einkommensteile zueinander ins Verhältnis gesetzt, die jeweils über dem angemessenen Selbstbehalt liegen, und zwar nach Abzug vorrangiger Unterhaltspflichten.

Bei sog. privilegiert volljährigen Kindern sind grundsätzlich die bereinigten Einkünfte oberhalb des angemessenen Selbstbehalts maßgebend. Lediglich im Mangelfall ist auf die bereinigten Einkünfte oberhalb des notwendigen Selbstbehalts abzustellen (BGH FamRZ 2011, 454).

Ein Elternteil hat jedoch höchstens den Unterhalt zu leisten, der sich allein aus seinem Einkommen gemäß der Unterhaltstabelle ergibt.

14. Verrechnung des Kindergeldes

Das Kindergeld wird nach § 1612b BGB[1] angerechnet.

---

[1] **Habersack, Deutsche Gesetze Nr. 20.**
[2] Nr. 47.

Ehegattenunterhalt

15. Unterhaltsbedarf

15.1 Der Bedarf nach den ehelichen Lebensverhältnissen im Sinne von § 1578 Abs. 1 S. 1 BGB[1] wird grundsätzlich durch die Einkommens- und Vermögensverhältnisse der Ehegatten bestimmt, die bis zur Rechtskraft der Ehescheidung eingetreten sind.

Nacheheliche Entwicklungen wirken sich auf die Bedarfsbemessung nach den ehelichen Lebensverhältnissen aus, wenn sie auch bei fortbestehender Ehe eingetreten wären oder in anderer Weise in der Ehe angelegt und mit hoher Wahrscheinlichkeit zu erwarten waren (BGH FamRZ 2012, 281).

Unerwartete, nicht in der Ehe angelegte Steigerungen des Einkommens des Verpflichteten (insbesondere aufgrund eines Karrieresprungs) oder auf Wiederverheiratung beruhende Steuervorteile bleiben bei der Bedarfsbemessung unberücksichtigt. Eine Einkommensreduzierung ist dann unbeachtlich, wenn sie auf einem unterhaltsrechtlich vorwerfbaren Verhalten beruht.

Die Unterhaltspflichten für neue Ehegatten sowie für nachehelich geborene Kinder und den dadurch bedingten Betreuungsunterhalt nach § 1615l BGB sind bei der Bemessung des Unterhaltsbedarfs eines geschiedenen Ehegatten nach § 1578 Abs. 1 S. 1 BGB nicht zu berücksichtigen.

15.2 Der Bedarf des unterhaltsberechtigten Ehegatten bestimmt sich – unter Berücksichtigung eines Erwerbstätigenbonus von 1/10 – zu 45 % des *bereinigten* Arbeitseinkommens des Unterhaltsverpflichteten, falls der Unterhaltsberechtigte kein eigenes Einkommen erzielt, oder zu 45 % des Unterschiedsbetrages der *bereinigten* Arbeitseinkommen des Verpflichteten und des Berechtigten (Differenzmethode).

Es ist von einem Mindestbedarf auszugehen, der nicht unter dem Existenzminimum für Nichterwerbstätige liegen darf (Nr. 21.2).

Sonstiges Einkommen (z.B. Renten, Abfindungen und Kapitalerträge) ist hälftig zu teilen, falls nicht eine Herabsetzung dieser hälftigen Beteiligung durch besondere Gründe gerechtfertigt erscheint. Erträge aus ererbtem Vermögen prägen die ehelichen Lebensverhältnisse nur, soweit sie bereits zum Unterhalt der Familie zur Verfügung standen, also den Familienunterhalt nach §§ 1360, 1360a BGB[1] beeinflussten (vgl. BGH FamRZ 2006, 387, 390).

Leistet ein Ehegatte Unterhalt für ein unterhaltsberechtigtes Kind, wird sein Einkommen vor Ermittlung des Erwerbstätigenbonus um diesen Unterhalt (Zahlbetrag) bereinigt. Von den Einkünften des betreuenden Elternteils ist der Barunterhaltsbedarf des Kindes nach den gemeinsamen Einkünften der Eltern abzüglich des hälftigen auf den Barunterhalt entfallenden Kindergelds und abzüglich des vom anderen Elternteil geleisteten Barunterhalts abzusetzen. In dieser Höhe leistet der betreuende Elternteil neben dem Betreuungsunterhalt restlichen Barunterhalt in Form von Naturalunterhalt (BGH FamRZ 2021, 1965; BGH FamRZ 2017, 711).

Unterhalt für nachrangige volljährige Kinder ist abzusetzen, wenn der Kindesunterhalt die ehelichen Lebensverhältnisse geprägt hat und den Eheleuten ein angemessener Unterhalt verbleibt.

---

[1] **Habersack, Deutsche Gesetze Nr. 20.**

15.3 Bei sehr guten Einkommensverhältnissen des Pflichtigen kommt eine konkrete Bedarfsberechnung in Betracht. Es besteht eine tatsächliche Vermutung für den vollständigen Verbrauch des Familieneinkommens, wenn dieses das Doppelte des höchsten Einkommensbetrages der Einkommensgruppe 10 der Düsseldorfer Tabelle[1] nicht übersteigt. Soweit das Familieneinkommen über das Doppelte des höchsten Einkommensbetrages der Einkommensgruppe 10 der Düsseldorfer Tabelle hinausgeht, hat der Unterhaltsberechtigte mithin, wenn er dennoch Unterhalt nach der Quotenmethode begehrt, die vollständige Verwendung des Einkommens für den Lebensbedarf darzulegen und im Bestreitensfall in vollem Umfang zu beweisen (BGH FamRZ 2018, 260). Im Falle der konkreten Bedarfsberechnung sind Einkünfte des Berechtigten ohne Erwerbstätigenbonus auf den Bedarf anzurechnen.

15.4 Vom Einkommen des Unterhaltspflichtigen sind wie die eigenen Aufwendungen für angemessene Vorsorge grundsätzlich auch solche abzusetzen, die er für den Berechtigten und gemeinsame Kinder aufbringt.

Der Elementarunterhalt hat bis zur Höhe des Mindestbedarfs Vorrang vor dem Altersvorsorgeunterhalt.

Die Kosten für die angemessene Vorsorge für Alter, Erwerbs- und Berufsunfähigkeit errechnen sich in folgenden Stufen:

a) der an sich geschuldete Elementarunterhalt wird mit Hilfe der sog. Bremer Tabelle[2] auf ein fiktives Bruttoeinkommen hochgerechnet.

b) Danach bemessen sich unter Anwendung des Beitragssatzes, der jeweils für die gesetzliche Rentenversicherung gilt, die Vorsorgekosten.

c) Sie werden von dem Einkommen des Unterhaltspflichtigen vorweg abgesetzt. Danach wird der Elementarunterhalt endgültig festgesetzt.

15.5/6 nicht belegt

15.7 Für die Befristung des nachehelichen Unterhalts ist bei der Billigkeitsprüfung nach § 1578b BGB[3] vorrangig zu berücksichtigen, ob ehebedingte Nachteile eingetreten sind. Diese stehen schon deswegen einer Befristung des nachehelichen Unterhalts regelmäßig entgegen, weil der Unterhaltsberechtigte dann seinen eigenen angemessenen Unterhalt nicht selbst erzielen kann. Sind ehebedingte Nachteile vorhanden, die aus tatsächlichen Gründen nicht mehr ausgeglichen werden können, kommt im Regelfall nach einer Übergangszeit eine Herabsetzung des nachehelichen Unterhalts nur insoweit in Betracht, als dem berechtigten Ehegatten unter Berücksichtigung eigener und eventuell auch fiktiver Einkünfte jedenfalls der Betrag zur Verfügung stehen muss, den er ohne einen ehebedingten Nachteil zur Verfügung hätte.

Fehlt es an ehebedingten Nachteilen oder sind diese bereits ausgeglichen, ist im Rahmen der umfassenden Billigkeitsabwägung bei der Entscheidung über eine Befristung oder Herabsetzung des nachehelichen Unterhalts eine – über die Kompensation ehelicher Nachteile hinausgehende – nacheheliche Solidarität zu berücksichtigen. Dabei sind neben den weiteren relevanten Umständen des Einzelfalls die Dauer der Pflege und

[1] Nr. 47.
[2] Nr. 47f/1.
[3] **Habersack, Deutsche Gesetze Nr. 20.**

Erziehung eines gemeinschaftlichen Kindes, die Gestaltung von Haushaltsführung und Erwerbstätigkeit während der Ehe sowie die Dauer der Ehe maßgeblich. Die Ehedauer gewinnt durch eine wirtschaftliche Verflechtung an Gewicht, die insbesondere durch Aufgabe einer eigenen Erwerbstätigkeit wegen Kinderbetreuung oder Haushaltsführung eintritt (BGH FamRZ 2010, 1971).

Ist Unterhalt wegen Krankheit geschuldet, ist für die Billigkeitsentscheidung besonders dem Gedanken der nachehelichen Solidarität Rechnung zu tragen. Der Betreuungsunterhalt ist nicht nach § 1578b BGB zu befristen.

Die Darlegungs- und Beweislast für die Umstände, aus denen die Unbilligkeit der Fortzahlung des Unterhalts resultiert, trägt der Unterhaltsverpflichtete. Dem Unterhaltsverpflichteten obliegt es, im Rahmen seiner primären Darlegungslast das Fehlen von ehebedingten Nachteilen substantiiert zu behaupten. Sodann obliegt es dem Unterhaltsberechtigten, diese Behauptung substantiiert zu bestreiten und positiv konkrete ehebedingte Nachteile darzutun. Konkret vorgetragene ehebedingte Nachteile muss der Unterhaltsverpflichtete widerlegen (BGH FamRZ 2012, 93).

16. nicht belegt

17. Erwerbsobliegenheit

17.1 Die nach Vollendung des dritten Lebensjahres des Kindes grundsätzlich einsetzende Erwerbsobliegenheit des betreuenden Elternteils ist hinsichtlich Art und Umfang an den Belangen des Kindes auszurichten.

Die Billigkeitsprüfung nach § 1570 Abs. 1 Satz 2, Abs. 2 BGB[1] ist zumindest anhand folgender Kriterien vorzunehmen:

Kindbezogene Gründe:

1. Betreuungsbedürftigkeit aufgrund der individuellen Entwicklung des Kindes
2. Fehlende kindgerechte Betreuungsmöglichkeiten
3. Krankheiten, die durch die Betreuung in einer Einrichtung nicht aufgefangen werden können und damit die Betreuung durch einen Elternteil erfordern.

Elternbezogene Gründe:

1. Vertrauen in die vereinbarte oder praktizierte Rollenverteilung und Ausgestaltung der Kinderbetreuung. Zu berücksichtigen ist dabei auch die Aufgabe einer Erwerbstätigkeit wegen Kindererziehung und die Dauer der Ehe.
2. Umfang der Betreuungsbedürftigkeit des Kindes im Anschluss an die Betreuung in einer Betreuungseinrichtung.

Eine überobligationsmäßige Belastung des betreuenden Elternteils durch Berufstätigkeit, Kinderbetreuung und Haushaltsführung ist zu vermeiden.

17.2 In der Regel besteht für den Berechtigten im ersten Jahr nach der Trennung keine Obliegenheit zur Aufnahme oder Ausweitung einer Erwerbstätigkeit.

---

[1] **Habersack, Deutsche Gesetze Nr. 20.**

Weitere Unterhaltsansprüche

18. Ansprüche nach § 1615l BGB

Der Bedarf nach § 1615l BGB[1] bemisst sich nach der Lebensstellung des unterhaltsberechtigten Elternteils. Er ist auch dann nicht nach dem Einkommen des Pflichtigen zu bemessen, wenn dieser mit dem unterhaltsberechtigten Elternteil zusammengelebt hat. Die Lebensstellung des unterhaltsberechtigten Elternteils richtet sich danach, welche Einkünfte er ohne die Geburt und die Betreuung des gemeinsamen Kindes hätte (BGH FamRZ 2015, 1369).

Der Bedarf darf das Existenzminimum für Nichterwerbstätige (*derzeit 1.120,00 €)* nicht unterschreiten.

Die Inanspruchnahme ist durch den Halbteilungsgrundsatz begrenzt.

19. Elternunterhalt

Beim Bedarf der Eltern sind Leistungen zur Grundsicherung nach §§ 41 ff. SGB XII zu berücksichtigen (vgl. Nr. 2.9).

20. Lebenspartnerschaft

Bei Getrenntleben oder Aufheben der Lebenspartnerschaft gelten §§ 12, 16 LPartG[2].

Leistungsfähigkeit und Mangelfall

21. Selbstbehalt

21.1 Ausgangspunkt ist das anrechenbare Einkommen des Unterhaltspflichtigen. Gegenüber minderjährigen und privilegiert volljährigen Kindern ist der angemessene Selbstbehalt (Nr. 21.3.1) zu wahren. Im Mangelfall (Nr. 24.1) ist als unterste Grenze der Inanspruchnahme der notwendige Selbstbehalt maßgeblich. Gegenüber Ehegatten ist dem Unterhaltspflichtigen der eheangemessene Selbstbehalt gemäß § 1581 S. 1 BGB[1] und gegenüber volljährigen Kindern der angemessene Selbstbehalt gemäß § 1603 Abs. 1 BGB zu belassen.

21.2 Der notwendige Selbstbehalt beträgt
bei Nichterwerbstätigen *1.120,00 €*,
bei Erwerbstätigen *1.370,00 €*. Hierin sind bis zu *520,00 €* für Unterkunft einschließlich umlagefähiger Nebenkosten und Heizung (Warmmiete) enthalten.

21.3 Im Übrigen gilt beim Verwandtenunterhalt der angemessene Selbstbehalt.

21.3.1 Gegenüber nicht privilegierten volljährigen Kindern beträgt der angemessene Selbstbehalt *1.650,00 €*. Hierin sind bis zu *650,00 €* für Unterkunft einschließlich umlagefähiger Nebenkosten und Heizung (Warmmiete) enthalten.

21.3.2 Gegenüber Ansprüchen aus § 1615l BGB[1] gilt der eheangemessene Selbstbehalt.

21.3.3 Gegenüber den Eltern ist dem Unterhaltspflichtigen der angemessene Eigenbedarf zu belassen.

---

[1] **Habersack, Deutsche Gesetze Nr. 20.**
[2] Nr. 43.

Bei dessen Bemessung sind Zweck und Rechtsgedanken des Gesetzes zur Entlastung unterhaltsverpflichteter Angehöriger in der Sozialhilfe und in der Eingliederungshilfe (Angehörigen – Entlastungsgesetz) vom 10. Dezember 2019 (BGBl. I S. 2135) zu beachten.

21.4 Ehegattenunterhalt ist nur aus dem Einkommen oberhalb des eheangemessenen Selbstbehalts zu leisten.

Der eheangemessene Selbstbehalt beträgt für Erwerbstätige *1.510,00 €* und für Nichterwerbstätige *1.385,00 €*. Hierin sind bis zu *580,00 €* für Unterkunft einschließlich umlagefähiger Nebenkosten und Heizung (Warmmiete) enthalten.

Im Rahmen der Leistungsfähigkeit des Unterhaltspflichtigen nach § 1581 BGB[1)] ist außerdem ein individueller Selbstbehalt zu berücksichtigen. Bei diesem ist der Halbteilungsgrundsatz zu beachten, was zu einem relativen Mangelfall führen kann, wenn dem Unterhaltspflichtigen für den eigenen Unterhalt weniger verbliebe, als der Unterhaltsberechtigte mit dem Unterhalt zur Verfügung hätte. Sonstige Verpflichtungen gegenüber anderen Unterhaltsberechtigten, die nicht bereits den Bedarf des Unterhaltsberechtigten beeinflusst haben, sind entsprechend ihrem Rang zu berücksichtigen (BGH FamRZ 2012, 281). Bei der Prüfung der Leistungsfähigkeit ist kein Erwerbstätigenbonus zu berücksichtigen (BGH FamRZ 2013, 1366).

21.5 Wird konkret eine erhebliche und nach den Umständen nicht vermeidbare Überschreitung der in den einzelnen Selbstbehalten enthaltenen angeführten Wohnkosten dargelegt, erhöht sich der Selbstbehalt.

Bei einem Zusammenleben mit einem leistungsfähigen Partner kann der Selbstbehalt wegen ersparter Aufwendungen herabgesetzt werden, wobei die Ersparnis des Unterhaltspflichtigen im Regelfall und höchstens mit 10 % seines Selbstbehalts angesetzt werden kann.

22. Bedarf des mit dem Pflichtigen zusammenlebenden Ehegatten.

22.1 Der Mindestbedarf des mit dem Pflichtigen zusammenlebenden Ehegatten beträgt bei Unterhaltsansprüchen des nachrangigen, geschiedenen Ehegatten *1.208,00 €*.

22.2 Der Mindestbedarf des mit dem Pflichtigen zusammenlebenden Ehegatten beträgt bei Unterhaltsansprüchen nicht privilegierter volljähriger Kinder *1.320,00 €*.

22.3 nicht belegt.

23. Bedarf des vom Pflichtigen getrenntlebenden oder geschiedenen Ehegatten

Der monatliche notwendige Eigenbedarf des von dem Unterhaltspflichtigen getrenntlebenden oder geschiedenen Ehegatten beträgt, unabhängig davon, ob er erwerbstätig ist oder nicht:

23.1 Gegenüber einem nachrangigen geschiedenen Ehegatten *1.510,00 €*

23.2 Gegenüber nicht privilegierten volljährigen Kindern *1.650,00 €*

23.3 nicht belegt.

[1)] **Habersack, Deutsche Gesetze Nr. 20.**

24. Mangelfall

24.1 Ein Mangelfall liegt vor, wenn das Einkommen bei Wahrung des jeweils angemessenen Selbstbehalts nicht genügt, um den Bedarf aller gleichrangiger Unterhaltsberechtigten zu decken. Eine gesteigerte Unterhaltspflicht besteht, soweit das Einkommen nicht zur Deckung des notwendigen Unterhalts minderjähriger und ihnen gleichgestellter volljähriger Kinder genügt.

Reicht das Einkommen zur Deckung des Bedarfs aller gleichrangiger Unterhaltsberechtigten und zur Deckung des Selbstbehalts nicht aus, ist der nach Abzug des Eigenbedarfs des Unterhaltspflichtigen verbleibende Betrag auf die Unterhaltsberechtigten im Verhältnis ihrer jeweiligen Einsatzbeträge zu verteilen.

24.2 Die Einsatzbeträge im Mangelfall belaufen sich

24.2.1 bei minderjährigen und diesen nach § 1603 Abs. 2 Satz 2 BGB[1] gleichgestellten Kindern nach den jeweiligen Zahlbeträgen der Einkommensgruppe 1 der Düsseldorfer Tabelle[2]

24.2.2 bei getrenntlebenden oder geschiedenen Ehegatten und bei mit dem Pflichtigen im gemeinsamen Haushalt lebenden Ehegatten, sowie bei nach § 1615l BGB[1] Unterhaltsberechtigten nach ihren jeweiligen ungedeckten Bedarfsbeträgen.

24.3 Die prozentuale Kürzung berechnet sich nach der Formel:

$$K = V : S \times 100$$

K = prozentuale Kürzung

S = Summe der Einsatzbeträge aller Berechtigten

V = Verteilungsmasse (Einkommen des Verpflichteten abzüglich Selbstbehalts)

24.4 nicht belegt

Sonstiges

25. Rundung

Der Unterhaltsbetrag ist auf volle Euro aufzurunden.

Anhang

I. Düsseldorfer Tabelle

(abgedruckt unter Nr. 47)

II. Tabelle Zahlbeträge

(abgedruckt unter Nr. 47)

III. Umrechnung nach früherem Recht erstellter dynamischer Unterhaltstitel über Kindesunterhalt nach § 36 Nr. 3 EGZPO:

Ist Kindesunterhalt als Prozentsatz des jeweiligen Regelbetrages zu leisten, bleibt der Titel bestehen. Eine Abänderung ist nicht erforderlich. An die Stelle des bisherigen Prozentsatzes vom Regelbetrag tritt ein neuer Prozentsatz vom Min-

---

[1] **Habersack, Deutsche Gesetze Nr. 20.**

[2] Nr. 47.

destunterhalt (Stand: 01.01.2008). Dieser richtet sich einheitlich nach der am 01.01.2008 gültigen Altersstufe und ist auf eine Stelle nach dem Komma zu begrenzen (§ 36 Nr. 3 EGZPO[1]). Der Bedarf ergibt sich aus der Multiplikation des neuen Prozentsatzes mit dem Mindestunterhalt der jeweiligen Altersstufe und ist auf volle Euro aufzurunden (§ 1612a Abs. 2 Satz 2 BGB[2]). Der Zahlbetrag ergibt sich aus dem um das jeweils anteilige Kindergeld verminderten bzw. erhöhten Bedarf.

Es sind vier Fallgestaltungen zu unterscheiden:

a) Der Titel sieht die Anrechnung des hälftigen Kindergeldes oder eine teilweise Anrechnung des Kindergeldes vor.

$$\frac{\text{Zahlbetrag} + \tfrac{1}{2}\,\text{Kindergeld}}{\text{Mindestunterhalt der jeweiligen Altersstufe}} \times 100 = \text{Prozentsatz neu}$$

Beispiel 1. Altersstufe

$$\frac{(196\,€ + 77\,€)}{279\,€} \times 100 = 97{,}8\,\%$$

Kontrollberechnung

279 € × 97,8 % = 272,86 €, ger. 273 €

Zahlbetrag 273 € – 77 € = 196 €

b) Der Titel sieht die Hinzurechnung des hälftigen Kindergeldes vor.

$$\frac{\text{Zahlbetrag} - \tfrac{1}{2}\,\text{Kindergeld}}{\text{Mindestunterhalt der jeweiligen Altersstufe}} \times 100 = \text{Prozentsatz neu}$$

Beispiel 1. Altersstufe

$$\frac{(273\,€ - 77\,€)}{279\,€} \times 100 = 70{,}2\,\%$$

Kontrollberechnung

279 € × 70,2 % = 195,85 €, ger. 196 €

Zahlbetrag 196 € + 77 € = 273 €

c) Der Titel sieht die Anrechnung des vollen Kindergeldes vor.

$$\frac{\text{Zahlbetrag} + 1/1\,\text{Kindergeld}}{\text{Mindestunterhalt der jeweiligen Altersstufe}} \times 100 = \text{Prozentsatz neu}$$

Beispiel 2. Altersstufe

$$\frac{(177\,€ + 154\,€)}{322\,€} \times 100 = 102{,}7\,\%$$

Kontrollberechnung

322 € × 102,7 % = 330,69 €, ger. 331 €

Zahlbetrag 331 € – 154 € = 177 €

d) Der Titel sieht weder eine Anrechnung noch eine Hinzurechnung des Kindergeldes vor.

$$\frac{\text{Zahlbetrag} + \tfrac{1}{2}\,\text{Kindergeld}}{\text{Mindestunterhalt der jeweiligen Altersstufe}} \times 100 = \text{Prozentsatz neu}$$

Beispiel 3. Altersstufe

$$\frac{(329\,€ + 77\,€)}{365\,€} \times 100 = 111{,}2\,\%$$

Kontrollberechnung

365 € × 111,2 % = 405,88 €, ger. 406 €

Zahlbetrag 406 € – 77 € = 329 €.

---

[1] **Habersack, Deutsche Gesetze Nr. 101.**
[2] **Habersack, Deutsche Gesetze Nr. 20.**

Lfd. Nr.	Änderndes Gesetz	Datum	Fundstelle	Betroffen	Hinweis
26.	Art. 27 Abs. 2 AIFM-UmsetzungsG	4.7.2013	BGBl. I S. 1981	§ 43	geänd. mWv 22.7.2013
27.	Art. 14 G zur Förderung des elektronischen Rechtsverkehrs mit den Gerichten	10.10. 2013	BGBl. I S. 3786	§§ 8, 9	geänd. mWv 1.1.2018
28.	Art. 9 BRRD-UmsetzungsG[1]	10.12. 2014	BGBl. I S. 2091	§ 43	geänd. mWv 1.1.2015
29.	Art. 2 G zur Umsetzung der RL 2012/17/EU in Bezug auf die Verknüpfung von Zentral-, Handels- und Gesellschaftsregistern in der EU[2]	22.12. 2014	BGBl. I S. 2409	§ 9	geänd. mWv 31.12.2014
				§ 26	neu gef. mWv 31.12.2014
30.	Art. 2 Abs. 3 G zur Modernisierung der Finanzaufsicht über Versicherungen	1.4.2015	BGBl. I S. 434	§§ 40, 43	geänd. mWv 1.1.2016
31.	Art. 123 Abs. 1 Zweites G über die weitere Bereinigung von Bundesrecht	8.7.2016	BGBl. I S. 1594	§ 9	geänd. mWv 15.7.2016
32.	Art. 11 Abs. 20 eIDAS-DurchführungsG[3] [4]	18.7.2017	BGBl. I S. 2745	§ 30a	geänd. mWv 29.7.2017
33.	Art. 19 G zur Ums. der RL (EU) 2016/680 im Strafverf. sowie zur Anpassung datenschutzrechtl. Bestimmungen an die VO (EU) 2016/679	20.11. 2019	BGBl. I S. 1724	§ 47	geänd. mWv 26.11.2019
34.	Art. 7 G zur Umsetzung der DigitalisierungsRL[5]	5.7.2021	BGBl. I S. 3338	§§ 10, 16a, 17, III. Überschrift, §§ 25, 27, 29, 30a, 35, 38a, 43, 52	geänd. mWv 1.8.2022
				§§ 11, 32, 33, Anl. 3	neu gef. mWv 1.8.2022
				§ 38b	eingef. mWv 1.8.2022

[1] **Amtl. Anm.:** Dieses Gesetz dient der Umsetzung der Richtlinie 2014/59/EU des Europäischen Parlaments und des Rates vom 15. Mai 2014 zur Festlegung eines Rahmens für die Sanierung und Abwicklung von Kreditinstituten und Wertpapierfirmen und zur Änderung der Richtlinie 82/891/EWG des Rates, der Richtlinien 2001/24/EG, 2002/47/EG, 2004/25/EG, 2005/56/EG, 2007/36/EG, 2011/35/EU, 2012/30/EU und 2013/36/EU sowie der Verordnungen (EU) Nr. 1093/2010 und (EU) Nr. 648/2012 des Europäischen Parlaments und des Rates (ABl. L 173 vom 12.6.2014, S. 84) sowie der Anpassung an die Verordnung (EU) Nr. 1024/2013 des Rates vom 15. Oktober 2013 zur Übertragung besonderer Aufgaben im Zusammenhang mit der Aufsicht über Kreditinstitute auf die Europäische Zentralbank (ABl. L 287 vom 29.10.2013, S. 63).

[2] **Amtl. Anm.:** Dieses Gesetz dient der Umsetzung der Richtlinie 2012/17/EU des Europäischen Parlaments und des Rates vom 13. Juni 2012 zur Änderung der Richtlinie 89/666/EWG des Rates sowie der Richtlinien 2005/56/EG und 2009/101/EG des Europäischen Parlaments und des Rates in Bezug auf die Verknüpfung von Zentral-, Handels- und Gesellschaftsregistern (ABl. L 156 vom 16.6.2012, S. 1).

[3] **Amtl. Anm.:** Dieses Gesetz dient der Durchführung der Verordnung (EU) Nr. 910/2014 des Europäischen Parlaments und des Rates vom 23. Juli 2014 über elektronische Identifizierung und Vertrauensdienste für elektronische Transaktionen im Binnenmarkt und zur Aufhebung der Richtlinie 1999/93/EG.

[4] **Amtl. Anm.:** Notifiziert gemäß der Richtlinie (EU) 2015/1535 des Europäischen Parlaments und des Rates vom 9. September 2015 über ein Informationsverfahren auf dem Gebiet der technischen Vorschriften und der Vorschriften für die Dienste der Informationsgesellschaft (ABl. L 241 vom 17.9.2015, S. 1).

[5] **Amtl. Anm.:** Dieses Gesetz dient der Umsetzung der Richtlinie (EU) 2019/1151 des Europäischen Parlaments und des Rates vom 20. Juni 2019 zur Änderung der Richtlinie (EU) 2017/1132 im Hinblick auf den Einsatz digitaler Werkzeuge und Verfahren im Gesellschaftsrecht (ABl. L 186 vom 11.7.2019, S. 80).

Lfd. Nr.	Änderndes Gesetz	Datum	Fund-stelle	Betroffen	Hinweis
				§ 34	aufgeh. mit Ablauf des 31.7. 2022
35.	Art. 44 PersonengesellschaftsrechtsmodernisierungsG (MoPeG)	10.8.2021	BGBl. I S. 3436	§§ 13, 40	geänd. mWv 1.1.2024
36.	Art. 2 VO über die Einrichtung und Führung des Gesellschaftsregisters und zur Änd. der Handelsregister-VO	16.12. 2022	BGBl. I S. 2422	§ 9	geänd. mWv 23.12.2022

I. Einrichtung des Handelsregisters. Örtliche und sachliche Zuständigkeit

§ 1[1)] Zuständigkeit des Amtsgerichts. Soweit nicht nach § 376 Abs. 2 des Gesetzes über das Verfahren in Familiensachen und in den Angelegenheiten der freiwilligen Gerichtsbarkeit[2)] etwas Abweichendes geregelt ist, führt jedes Amtsgericht, in dessen Bezirk ein Landgericht seinen Sitz hat, für den Bezirk dieses Landgerichts ein Handelsregister.

§ 2[3)] *(aufgehoben)*

§ 3[4)] [Einrichtung des Registers] (1) Das Handelsregister besteht aus zwei Abteilungen.

(2) In die Abteilung A werden eingetragen die Einzelkaufleute, die in dem § 33 des Handelsgesetzbuchs[5)] bezeichneten juristischen Personen sowie die offenen Handelsgesellschaften, die Kommanditgesellschaften und die Europäischen wirtschaftlichen Interessenvereinigungen.

(3) In die Abteilung B werden eingetragen die Aktiengesellschaften, die SE, die Kommanditgesellschaften auf Aktien, die Gesellschaften mit beschränkter Haftung und die Versicherungsvereine auf Gegenseitigkeit.

§ 4[6)] [Zuständigkeit des Richters und Urkundsbeamten] [1] Für die Erledigung der Geschäfte des Registergerichts ist der Richter zuständig. [2] Soweit die Erledigung der Geschäfte nach dieser Verordnung dem Urkundsbeamten der Geschäftsstelle übertragen ist, gelten die §§ 5 bis 8 des Rechtspflegergesetzes[7)] in Bezug auf den Urkundsbeamten der Geschäftsstelle entsprechend.

§§ 5, 6 *(aufgehoben)*

§ 7[8)] Elektronische Führung des Handelsregisters. [1] Die Register einschließlich der Registerordner werden elektronisch geführt. [2] § 8a Abs. 2 des Handelsgesetzbuchs[5)] bleibt unberührt.

§ 8[9)] Registerakten. (1) [1] Für jedes Registerblatt (§ 13) werden Akten gebildet. [2] Zu den Registerakten gehören auch die Schriften oder Dokumente über solche gerichtlichen Handlungen, die, ohne auf eine Registereintragung abzuzielen, mit den in dem Register vermerkten rechtlichen Verhältnissen in Zusammenhang stehen.

(2) [1] Wird ein Schriftstück, das in Papierform zur Registerakte einzureichen war, zurückgegeben, so wird eine beglaubigte Abschrift zurückbehalten. [2] Ist das Schrift-

---

1) § 1 neu gef. mWv 16.11.2006 durch G v. 10.11.2006 (BGBl. I S. 2553); geänd. mWv 1.9.2009 durch G v. 17.12.2008 (BGBl. I S. 2586).

2) **Habersack, Deutsche Gesetze Nr. 112.**

3) § 2 aufgeh. mWv 1.1.2007 durch G v. 10.11.2006 (BGBl. I S. 2553).

4) § 3 Abs. 3 geänd. mWv 29.12.2004 durch G v. 22.12.2004 (BGBl. I S. 3675).

5) **Habersack, Deutsche Gesetze Nr. 50.**

6) § 4 Abs. 2 geänd. mWv 25.4.2006 durch G v. 19.4.2006 (BGBl. I S. 866); Abs. 1 neu gef. mWv 1.1. 2007 durch G v. 10.11.2006 (BGBl. I S. 2553); Abs. 2 aufgeh. mWv 1.9.2009 durch G v. 17.12.2008 (BGBl. I S. 2586).

7) **Habersack, Deutsche Gesetze Nr. 96.**

8) § 7 neu gef. mWv 1.1.2007 durch G v. 10.11.2006 (BGBl. I S. 2553).

9) § 8 neu gef. mWv 1.1.2007 durch G v. 10.11.2006 (BGBl. I S. 2553); Abs. 3 Satz 4 geänd. mWv 1.1. 2018 durch G v. 10.10.2013 (BGBl. I S. 3786).

stück in anderen Akten des Amtsgerichts enthalten, so ist eine beglaubigte Abschrift zu den Registerakten zu nehmen. [3]In den Abschriften und Übertragungen können die Teile des Schriftstückes, die für die Führung des Handelsregisters ohne Bedeutung sind, weggelassen werden, wenn hiervon Verwirrung nicht zu besorgen ist. [4]In Zweifelsfällen bestimmt der Richter den Umfang der Abschrift, sonst der Urkundsbeamte der Geschäftsstelle.

(3) [1]Die Landesjustizverwaltung kann bestimmen, dass die Registerakten ab einem bestimmten Zeitpunkt elektronisch geführt werden. [2]Nach diesem Zeitpunkt eingereichte Schriftstücke sind zur Ersetzung der Urschrift in ein elektronisches Dokument zu übertragen und in dieser Form zur elektronisch geführten Registerakte zu nehmen, soweit die Anordnung der Landesjustizverwaltung nichts anderes bestimmt; § 9 Abs. 3 und 4 gilt entsprechend. [3]Im Fall einer Beschwerde sind in Papierform eingereichte Schriftstücke mindestens bis zum rechtskräftigen Abschluss des Beschwerdeverfahrens aufzubewahren, wenn sie für die Durchführung des Beschwerdeverfahrens notwendig sind und das Beschwerdegericht keinen Zugriff auf die elektronisch geführte Registerakte hat. [4]Das Registergericht hat in diesem Fall von ausschließlich elektronisch vorliegenden Dokumenten Ausdrucke für das Beschwerdegericht zu fertigen, soweit dies zur Durchführung des Beschwerdeverfahrens notwendig ist; § 298 Absatz 3 der Zivilprozessordnung[1)] gilt entsprechend. [5]Die Ausdrucke sind mindestens bis zum rechtskräftigen Abschluss des Beschwerdeverfahrens aufzubewahren.

§ 9[2)] Registerordner. (1) [1]Die zum Handelsregister einzureichenden und nach § 9 Abs. 1 des Handelsgesetzbuchs[3)] der unbeschränkten Einsicht unterliegenden Dokumente werden für jedes Registerblatt (§ 13) in einen dafür bestimmten Registerordner aufgenommen. [2]Aufgenommen werden sollen solche Dokumente, deren Einreichung zum Handelsregister durch Rechtsvorschriften besonders angeordnet ist; hiervon ausgenommen sind jedoch Dokumente, die gemäß § 12 Absatz 1 Satz 5 des Handelsgesetzbuchs eingereicht werden. [3]Sie sind in der zeitlichen Folge ihres Eingangs und nach der Art des jeweiligen Dokuments abrufbar zu halten. [4]Ein Widerspruch gegen eine Eintragung in der Gesellschafterliste (§ 16 Abs. 3 Satz 3 des Gesetzes betreffend die Gesellschaften mit beschränkter Haftung[4)]) ist der Gesellschafterliste zuzuordnen und zudem besonders hervorzuheben. [5]Die in einer Amtssprache der Europäischen Union übermittelten Übersetzungen (§ 11 des Handelsgesetzbuchs) sind den jeweiligen Ursprungsdokumenten zuzuordnen. [6]Wird ein aktualisiertes Dokument eingereicht, ist kenntlich zu machen, dass die für eine frühere Fassung eingereichte Übersetzung nicht dem aktualisierten Stand des Dokuments entspricht.

(2) [1]Schriftstücke, die vor dem 1. Januar 2007 eingereicht worden sind, können zur Ersetzung der Urschrift in ein elektronisches Dokument übertragen und in dieser Form in den Registerordner übernommen werden. [2]Sie sind in den Registerordner zu übernehmen, sobald ein Antrag auf elektronische Übermittlung (§ 9 Abs. 2 des Handelsgesetzbuchs) vorliegt.

[1)] **Habersack, Deutsche Gesetze Nr. 100.**

[2)] § 9 neu gef. mWv 1.1.2007 durch G v. 10.11.2006 (BGBl. I S. 2553); Abs. 1 Satz 3 eingef., bish. Sätze 3 und 4 werden Sätze 4 und 5 mWv 1.11.2008 durch G v. 23.10.2008 (BGBl. I S. 2026); Abs. 6 Satz 1 geänd. mWv 1.1.2018 durch G v. 10.10.2013 (BGBl. I S. 3786); Abs. 1 Satz 1 geänd. mWv 31.12.2014 durch G v. 22.12.2014 (BGBl. I S. 2409); Abs. 2 Satz 2 geänd. mWv 15.7.2016 durch G v. 8.7.2016 (BGBl. I S. 1594); Abs. 1 Satz 2 eingef., bish. Sätze 2–5 werden Sätze 3–6, Abs. 7 angef. mWv 23.12.2022 durch VO v. 16.12.2022 (BGBl. I S. 2422).

[3)] **Habersack, Deutsche Gesetze Nr. 50.**

[4)] **Habersack, Deutsche Gesetze Nr. 52.**

(3) [1]Wird ein Schriftstück, das in Papierform zum Registerordner einzureichen war, zurückgegeben, so wird es zuvor in ein elektronisches Dokument übertragen und in dieser Form in den Registerordner übernommen. [2]Die Rückgabe wird im Registerordner vermerkt. [3]Ist das Schriftstück in anderen Akten des Amtsgerichts enthalten, so wird eine elektronische Aufzeichnung hiervon in dem Registerordner gespeichert. [4]Bei der Speicherung können die Teile des Schriftstückes, die für die Führung des Handelsregisters ohne Bedeutung sind, weggelassen werden, sofern hiervon Verwirrung nicht zu besorgen ist. [5]Den Umfang der Speicherung bestimmt der Urkundsbeamte der Geschäftsstelle, in Zweifelsfällen der Richter.

(4) [1]Wird ein Schriftstück in ein elektronisches Dokument übertragen und in dieser Form in den Registerordner übernommen, ist zu vermerken, ob das Schriftstück eine Urschrift, eine einfache oder beglaubigte Abschrift, eine Ablichtung oder eine Ausfertigung ist; Durchstreichungen, Änderungen, Einschaltungen, Radierungen oder andere Mängel des Schriftstückes sollen in dem Vermerk angegeben werden. [2]Ein Vermerk kann unterbleiben, soweit die in Satz 1 genannten Tatsachen aus dem elektronischen Dokument eindeutig ersichtlich sind.

(5) [1]Wiedergaben von Schriftstücken, die nach § 8a Abs. 3 oder Abs. 4 des Handelsgesetzbuchs in der bis zum Inkrafttreten des Gesetzes über elektronische Handelsregister und Genossenschaftsregister sowie das Unternehmensregister vom 10. November 2006 (BGBl. I S. 2553) am 1. Januar 2007 geltenden Fassung auf einem Bildträger oder einem anderen Datenträger gespeichert wurden, können in den Registerordner übernommen werden. [2]Dabei sind im Fall der Speicherung nach § 8a Abs. 3 des Handelsgesetzbuchs in der in Satz 1 genannten Fassung auch die Angaben aus dem nach § 8a Abs. 3 Satz 2 des Handelsgesetzbuchs in der in Satz 1 genannten Fassung gefertigten Nachweis in den Registerordner zu übernehmen. [3]Im Fall der Einreichung nach § 8a Abs. 4 des Handelsgesetzbuchs in der in Satz 1 genannten Fassung ist zu vermerken, dass das Dokument aufgrund des § 8a Abs. 4 des Handelsgesetzbuchs in der in Satz 1 genannten Fassung als einfache Wiedergabe auf einem Datenträger eingereicht wurde.

(6) [1]Im Fall einer Beschwerde hat das Registergericht von den im Registerordner gespeicherten Dokumenten Ausdrucke für das Beschwerdegericht zu fertigen, soweit dies zur Durchführung des Beschwerdeverfahrens notwendig ist; § 298 Absatz 3 der Zivilprozessordnung[1)] gilt entsprechend. [2]Die Ausdrucke sind mindestens bis zum rechtskräftigen Abschluss des Beschwerdeverfahrens aufzubewahren.

(7) Wird ein in den Registerordner eingestelltes Dokument gegen ein neues Dokument ausgetauscht, so ist der Austausch kenntlich zu machen und das Datum der Aufnahme des alten Dokuments in den Registerordner anzugeben.

§ 10[2)] Einsichtnahme. (1) Die Einsicht in das Register und in die zum Register eingereichten Dokumente ist auf der Geschäftsstelle des Registergerichts während der Dienststunden zu ermöglichen.

(2) [1]Die Einsicht in das elektronische Registerblatt erfolgt über ein Datensichtgerät oder durch Einsicht in einen aktuellen oder chronologischen Ausdruck. [2]Die Landesjustizverwaltungen können weitere Formen der Einsicht in das elektronische Registerblatt ermöglichen. [3]Dem Einsichtnehmenden kann gestattet werden, das Registerblatt selbst auf dem Bildschirm des Datensichtgerätes aufzurufen, wenn technisch sichergestellt ist, dass der Abruf von Daten die nach § 9 Abs. 1 des

---

1) **Habersack, Deutsche Gesetze Nr. 100.**

2) § 10 neu gef. mWv 1.1.2007 durch G v. 10.11.2006 (BGBl. I S. 2553); Abs. 2 Satz 2 eingef., bish. Satz 2 wird Satz 3 mWv 1.8.2022 durch G v. 5.7.2021 (BGBl. I S. 3338).

Handelsgesetzbuchs[1]) zulässige Einsicht nicht überschreitet und Veränderungen an dem Inhalt des Handelsregisters nicht vorgenommen werden können.

(3) Über das Datensichtgerät ist auch der Inhalt des Registerordners einschließlich der nach § 9 Abs. 4 oder Abs. 5 Satz 2 aufgenommenen Angaben und der eingereichten Übersetzungen zugänglich zu machen.

§ 11[2]) Bereitstellung von Unternehmensdaten über das Europäische System der Registervernetzung. (1) [1] In Bezug auf Kapitalgesellschaften übermitteln die Registergerichte an die zentrale Europäische Plattform gemäß § 9b Absatz 1 Satz 2 des Handelsgesetzbuchs[1]) die in Absatz 2 genannten Informationen des Handelsregisters zum Abruf über das Europäische Justizportal. [2] Die Übermittlung weiterer Informationen des Handelsregisters nach § 9b Absatz 1 oder Absatz 2 des Handelsgesetzbuchs bleibt hiervon unberührt. [3] § 9b Absatz 3 des Handelsgesetzbuchs gilt entsprechend.

(2) Die folgenden Informationen werden übermittelt:

1. Firma und Rechtsform der Gesellschaft,
2. Sitz und Mitgliedstaat der Gesellschaft,
3. Eintragungsnummer und einheitliche europäische Kennung der Gesellschaft,
4. ob die Gesellschaft aufgelöst oder gelöscht wurde,
5. Gegenstand der Gesellschaft,
6. im Handelsregister eingetragene Informationen über alle Personen, die als Organ oder als Mitglied eines Organs der Gesellschaft befugt sind, die Gesellschaft gerichtlich und außergerichtlich zu vertreten, sowie Informationen dazu, ob die zur Vertretung der Gesellschaft befugten Personen die Gesellschaft allein oder nur gemeinschaftlich vertreten können,
7. Informationen über alle von der Gesellschaft in anderen Mitgliedstaaten der Europäischen Union oder anderen Vertragsstaaten des Abkommens über den Europäischen Wirtschaftsraum eingerichtete Zweigniederlassungen, einschließlich des Namens, der Eintragungsnummer, der einheitlichen europäischen Kennung und des Staates, in dem die Zweigniederlassung eingetragen ist.

II. Führung des Handelsregisters

§ 12[3]) Form der Eintragungen. [1] Die Eintragungen sind deutlich, klar verständlich sowie in der Regel ohne Verweis auf gesetzliche Vorschriften und ohne Abkürzung herzustellen. [2] Aus dem Register darf nichts durch technische Eingriffe oder sonstige Maßnahmen entfernt werden.

§ 13[4]) [Registerblatt] (1) Jeder Einzelkaufmann, jede juristische Person sowie jede Handelsgesellschaft ist unter einer in derselben Abteilung fortlaufenden Nummer (Registerblatt) in das Register einzutragen.

(2) [1] Wenn ein Amtsgericht das Register für mehrere Amtsgerichtsbezirke führt, können auf Anordnung der Landesjustizverwaltung die fortlaufenden Nummern für einzelne Amtsgerichtsbezirke je gesondert geführt werden. [2] In diesem Fall sind die fortlaufenden Nummern der jeweiligen Amtsgerichtsbezirke durch den Zusatz

---

[1]) **Habersack, Deutsche Gesetze Nr. 50.**

[2]) § 11 neu gef. mWv 1.8.2022 durch G v. 5.7.2021 (BGBl. I S. 3338).

[3]) § 12 neu gef. mWv 1.1.2007 durch G v. 10.11.2006 (BGBl. I S. 2553).

[4]) § 13 Abs. 2 und 4 neu gef., Abs. 3 Satz 2 aufgeh., bish. Satz 3 wird Satz 2 mWv 1.1.2007 durch G v. 10.11.2006 (BGBl. I S. 2553); Abs. 3 Satz 3 angef. mWv 1.1.2024 durch G v. 10.8.2021 (BGBl. I S. 3436).

Lfd. Nr.	Änderndes Gesetz	Datum	Fundstelle	Betroffen	Hinweis
72.	Art. 21 TelekommunikationsmodernisierungsG[1]	23.6.2021	BGBl. I S. 1858	§ 7	geänd. mWv 1.12.2021
73.	Art. 4 Abs. 1 G zur weiteren Stärkung des Anlegerschutzes	9.7.2021	BGBl. I S. 2570	§ 15	geänd. mWv 16.8.2021
74.	Art. 14 G zur Umsetzung der DigitalisierungsRL[2]	5.7.2021	BGBl. I S. 3338	§§ 5, 26, 40, 41, 43, 46, 50, 51, 107, 109, 114, 115, 116, 118	geänd. mWv 1.8.2022
75.	Art. 56 PersonengesellschaftsrechtsmodernisierungsgesetzG (MoPeG)	10.8.2021	BGBl. I S. 3436	§ 2	geänd. mWv 1.1.2024
76.	Art. 4 SanktionsdurchsetzungsG I	23.5.2022	BGBl. I S. 754	Inhaltsübersicht	geänd. mWv 28.5.2022
				§ 14a	eingef. mWv 28.5.2022
77.	Art. 10 SanktionsdurchsetzungsG II	19.12.2022	BGBl. I S. 2606	Inhaltsübersicht	geänd. mWv 28.12.2022
				§ 2a	eingef. mWv 28.12.2022

[1] **Amtl. Anm.:** Dieses Gesetz dient der Umsetzung der Richtlinie (EU) 2018/1972 des Europäischen Parlaments und des Rates vom 11. Dezember 2018 über den europäischen Kodex für die elektronische Kommunikation (Neufassung) (ABl. L 321 vom 17.12.2018, S. 36).

[2] **Amtl. Anm.:** Dieses Gesetz dient der Umsetzung der Richtlinie (EU) 2019/1151 des Europäischen Parlaments und des Rates vom 20. Juni 2019 zur Änderung der Richtlinie (EU) 2017/1132 im Hinblick auf den Einsatz digitaler Werkzeuge und Verfahren im Gesellschaftsrecht (ABl. L 186 vom 11.7.2019, S. 80).

Inhaltsübersicht[1)]

[1)] Inhaltsübersicht neu gef. mWv 3.1.2018 [§ 63 bereits mWv 25.6.2017] durch G v. 23.6.2017 (BGBl. I S. 1693, geänd. durch G v. 17.7.2017, BGBl. I S. 2446); geänd. mWv 21.7.2018 durch G v. 10.7.2018 (BGBl. I S. 1102); mWv 21.7.2019 durch G v. 8.7.2019 (BGBl. I S. 1002); mWv 28.3.2020 durch G v. 19.3.2020 (BGBl. I S. 529); mWv 28.12.2020 durch G v. 9.12.2020 (BGBl. I S. 2773); mWv 2.8.2021 durch G v. 3.6.2021 (BGBl. I S. 1498); mWv 1.7.2021 und mWv 1.1.2022 durch G v. 3.6.2021 (BGBl. I S. 1534); mWv 10.11.2021, mWv 28.11.2021 und mWv 1.1.2022 durch G v. 3.6.2021 (BGBl. I S. 1568); mWv 28.5.2022 durch G v. 23.5.2022 (BGBl. I S. 754); mWv 28.12.2022 durch G v. 19.12.2022 (BGBl. I S. 2606); sie wurde nichtamtlich an die Änderungen mWv 28.3.2020 durch G v. 19.3.2020 (BGBl. I S. 529) und mWv 19.8.2020 durch G v. 12.8.2020 (BGBl. I S. 1874) angepasst.

Abschnitt 5b. Schwarmfinanzierungsdienstleister

Abschnitt 6. Mitteilung, Veröffentlichung und Übermittlung von Veränderungen des Stimmrechtsanteils an das Unternehmensregister

Abschnitt 7. Notwendige Informationen für die Wahrnehmung von Rechten aus Wertpapieren

Abschnitt 8. Leerverkäufe und Geschäfte in Derivaten

(Fortsetzung nächstes Blatt)

3. im Falle eines bundesstaatlich organisierten Mitgliedstaats einer seiner Gliedstaaten,
4. eine für mehrere Mitgliedstaaten tätige Zweckgesellschaft,
5. ein von mehreren Mitgliedstaaten gegründetes internationales Finanzinstitut, das dem Zweck dient, Finanzmittel zu mobilisieren und seinen Mitgliedern Finanzhilfen zu gewähren, sofern diese von schwerwiegenden Finanzierungsproblemen betroffen oder bedroht sind,
6. die Europäische Investitionsbank.

(43) [1] Ein dauerhafter Datenträger ist jedes Medium, das

1. es dem Kunden gestattet, an ihn persönlich gerichtete Informationen derart zu speichern, dass er sie in der Folge für eine Dauer, die für die Zwecke der Informationen angemessen ist, einsehen kann, und
2. die unveränderte Wiedergabe der gespeicherten Informationen ermöglicht.

[2] Nähere Bestimmungen enthält Artikel 3 der Delegierten Verordnung (EU) 2017/565.

(43a) Elektronische Form im Sinne dieses Gesetzes ist ein dauerhaftes Medium, das kein Papier ist.

(44) Hochfrequente algorithmische Handelstechnik im Sinne dieses Gesetzes ist ein algorithmischer Handel im Sinne des § 80 Absatz 2 Satz 1, der gekennzeichnet ist durch

1. eine Infrastruktur zur Minimierung von Netzwerklatenzen und anderen Verzögerungen bei der Orderübertragung (Latenzen), die mindestens eine der folgenden Vorrichtungen für die Eingabe algorithmischer Aufträge aufweist: Kollokation, Proximity Hosting oder einen direkten elektronischen Hochgeschwindigkeitszugang,
2. die Fähigkeit des Systems, einen Auftrag ohne menschliche Intervention im Sinne des Artikels 18 der Delegierten Verordnung (EU) 2017/565 einzuleiten, zu erzeugen, weiterzuleiten oder auszuführen und
3. ein hohes untertägiges Mitteilungsaufkommen im Sinne des Artikels 19 der Delegierten Verordnung (EU) 2017/565 in Form von Aufträgen, Kursangaben oder Stornierungen.

(45) Zentrale Gegenpartei im Sinne dieses Gesetzes ist ein Unternehmen im Sinne des Artikels 2 Nummer 1 der Verordnung (EU) Nr. 648/2012 in der jeweils geltenden Fassung.

(46) [1] Kleine und mittlere Unternehmen im Sinne dieses Gesetzes sind Unternehmen, deren durchschnittliche Marktkapitalisierung auf der Grundlage der Notierungen zum Jahresende in den letzten drei Kalenderjahren weniger als 200 Millionen Euro betrug. [2] Nähere Bestimmungen enthalten die Artikel 77 bis 79 der Delegierten Verordnung (EU) 2017/565.

(47) Öffentlicher Schuldtitel im Sinne dieses Gesetzes ist ein Schuldtitel, der von einem öffentlichen Emittenten begeben wird.

(48) PRIP im Sinne dieses Gesetzes ist ein Produkt im Sinne des Artikels 4 Nummer 1 der Verordnung (EU) Nr. 1286/2014.

(49) PRIIP im Sinne dieses Gesetzes ist ein Produkt im Sinne des Artikels 4 Nummer 3 der Verordnung (EU) Nr. 1286/2014.

§ 2a[1)] Unzuverlässigkeit von sanktionierten Personen. [1] Eine natürliche oder juristische Person oder eine Personengesellschaft gilt als unzuverlässig, wenn nach einem im Amtsblatt der Europäischen Gemeinschaften oder der Europäischen Union veröffentlichten unmittelbar geltenden Rechtsakt der Europäischen Gemeinschaften oder der Europäischen Union, der der Durchführung einer vom Rat der Europäischen Union im Bereich der Gemeinsamen Außen- und Sicherheitspolitik beschlossenen wirtschaftlichen Sanktionsmaßnahme dient, ihre Gelder und wirtschaftlichen Ressourcen eingefroren sind oder ihr weder unmittelbar noch mittelbar Gelder oder wirtschaftliche Ressourcen zur Verfügung gestellt werden oder zu Gute kommen dürfen. [2] Eine natürliche Person gilt in der Regel als unzuverlässig, wenn sie als Geschäftsleiter, Aufsichtsratsmitglied oder in vergleichbarer Position für eine Person oder Personengesellschaft nach Satz 1 tätig ist; dies gilt nicht für Arbeitnehmervertreter. [3] Eine natürliche Person gilt in der Regel auch dann als unzuverlässig, wenn sie die Interessen einer Person oder Personengesellschaft nach Satz 1 als Mitglied eines Aufsichts- oder Verwaltungsrats oder eines vergleichbaren Kontrollgremiums in einem Institut wahrnimmt, das nicht unter Satz 1 fällt.

§ 3[2)] Ausnahmen; Verordnungsermächtigung. (1) [1] Als Wertpapierdienstleistungsunternehmen gelten nicht

1. Unternehmen, die Wertpapierdienstleistungen im Sinne des § 2 Absatz 8 Satz 1 ausschließlich für ihr Mutterunternehmen oder ihre Tochter- oder Schwesterunternehmen im Sinne des Artikels 4 Absatz 1 Nummer 15 und 16 der Verordnung (EU) Nr. 575/2013 des Europäischen Parlaments und des Rates vom 26. Juni 2013 über Aufsichtsanforderungen an Kreditinstitute und Wertpapierfirmen und zur Änderung der Verordnung (EU) Nr. 646/2012 (ABl. L 176 vom 27.6.2013, S. 1) und des § 1 Absatz 7 des Kreditwesengesetzes erbringen,
2. Unternehmen, deren Wertpaperdienstleistung für andere ausschließlich in der Verwaltung eines Systems von Arbeitnehmerbeteiligungen an den eigenen oder an mit ihnen verbundenen Unternehmen besteht,
3. Unternehmen, die ausschließlich Wertpapierdienstleistungen sowohl nach Nummer 1 als auch nach Nummer 2 erbringen,
4. private und öffentlich-rechtliche Versicherungsunternehmen, soweit sie die Tätigkeiten ausüben, die in der Richtlinie 2009/138/EG des Europäischen

---

1) § 2a eingef. mWv 28.12.2022 durch G v. 19.12.2022 (BGBl. I S. 2606).

2) Früherer § 2a neu gef. mWv 30.10.2004 durch G v. 28.10.2004 (BGBl. I S. 2630); Abs. 1, 2 neu gef., Abs. 3 angef. mWv 1.11.2007 durch G v. 16.7.2007 (BGBl. I S. 1330); Abs. 1 Nr. 7 Buchst. d und zweiter Satzteil, Nr. 13 geänd., Nr. 14 und Abs. 3 aufgeh. mWv 28.12.2007 durch G v. 21.12.2007 (BGBl. I S. 3089); Abs. 1 Nr. 7 Buchst. c, d geänd., Buchst. e angef., abschl. Satzteil, Nr. 13 geänd., Nr. 14 angef. mWv 1.6.2012 durch G v. 6.12.2011 (BGBl. I S. 2481); Abs. 1 Nr. 7 Buchst. d, Satzteil nach Buchst. e geänd. mWv 22.7.2013 durch G v. 4.7.2013 (BGBl. I S. 1981); Abs. 1 Nr. 1 geänd. mWv 1.1.2014 durch G v. 28.8.2013 (BGBl. I S. 3395); Abs. 2 Satz 1 geänd. mWv 19.7.2014 durch G v. 15.7.2014 (BGBl. I S. 934); Abs. 1 Nr. 7 abschl. Satzteil, Nr. 13, 14 geänd., Nr. 15 angef. mWv 2.7.2016, Abs. 1 Nr. 7 abschl. Satzteil geänd. mWv 31.12.2016 durch G v. 30.6.2016 (BGBl. I S. 1514); bish. § 2a wird § 3 und Überschrift, Abs. 1 Satz 1 Nr. 1, 4–6 geänd., Nr. 8–10 neu gef., Nr. 11 eingef., bish. Nr. 11 wird Nr. 12, bish. Nr. 12 aufgeh., Nr. 13, 14 geänd., Nr. 15, 16 eingef., bish. Nr. 15 wird Nr. 17 und geänd., Nr. 18 und Satz 2 angef., Abs. 2 Satz 1 geänd., Abs. 3 angef. mWv 3.1.2018, Abs. 4 angef. mWv 25.6.2017 durch G v. 23.6.2017 (BGBl. I S. 1693); Abs. 3 Satz 2 geänd. mWv 28.3.2020 durch G v. 19.3.2020 (BGBl. I S. 529); Abs. 1 Nr. 5 neu gef. mWv 28.3.2020 durch G v. 27.3.2020 (BGBl. I S. 543); Abs. 1 Satz 1 Nr. 8 Buchst. c geänd., Buchst. e angef. mWv 26.6.2021 durch G v. 12.5.2021 (BGBl. I S. 990); Abs. 1 Satz 1 Nr. 17, 18 geänd., Nr. 19 angef. mWv 10.11.2021, Abs. 1 Satz 1 Nr. 8 Buchst. a, b und d neu gef., Satz 2 geänd. mWv 28.11.2021 durch G v. 3.6.2021 (BGBl. I S. 1568).

Parlaments und des Rates vom 25. November 2009 betreffend die Aufnahme und Ausübung der Versicherungs- und der Rückversicherungstätigkeit (Solvabilität II) (ABl. L 335 vom 17.12.2009, S. 1; L 219 vom 25.7.2014, S. 66; L 108 vom 28.4.2015, S. 8), die zuletzt durch die Richtlinie 2014/51/EU (ABl. L 153 vom 22.5.2014, S. 1; L 108 vom 28.4.2015, S. 8) geändert worden ist, genannt sind,

5. die öffentliche Schuldenverwaltung des Bundes oder eines Landes, eines ihrer Sondervermögen, eines anderen Mitgliedstaates der Europäischen Union oder eines anderen Vertragsstaates des Abkommens über den Europäischen Wirtschaftsraum, die Deutsche Bundesbank und andere Mitglieder des Europäischen Systems der Zentralbanken sowie die Zentralbanken der anderen Vertragsstaaten und internationale Finanzinstitute, die von zwei oder mehreren Staaten gemeinsam errichtet werden, um zugunsten dieser Staaten Finanzierungsmittel zu beschaffen und Finanzhilfen zu geben, wenn Mitgliedstaaten von schwerwiegenden Finanzierungsproblemen betroffen oder bedroht sind,

6. Angehörige freier Berufe, die Wertpapierdienstleistungen nur gelegentlich im Sinne des Artikels 4 der Delegierten Verordnung (EU) 2017/565 und im

(Fortsetzung nächstes Blatt)

80a. Gesetz über den Ausgleich der Arbeitgeberaufwendungen für Entgeltfortzahlung (Aufwendungsausgleichsgesetz – AAG)[1)]

Vom 22. Dezember 2005

(BGBl. I S. 3686)

FNA 800-19-4

Lfd. Nr.	Änderndes Gesetz	Datum	Fundstelle	Betroffen	Hinweis
1.	Art. 10 G zur Förderung ganzjähriger Beschäftigung	24.4.2006	BGBl. I S. 926	§ 7	
2.	Art. 41 GKV-WettbewerbsstärkungsG	26.3.2007	BGBl. I S. 378	§§ 2, 3, 9	
3.	Art. 4d G zur Verbesserung der Rahmenbedingungen für die Absicherung flexibler Arbeitszeitregelungen und zur Änd. anderer G	21.12. 2008	BGBl. I S. 2940	§ 2	
4.	Art. 22 G zur Verbesserung der Eingliederungschancen am Arbeitsmarkt	20.12. 2011	BGBl. I S. 2854	§ 11	geänd. mWv 1.4.2012
5.	Art. 7 Viertes G zur Änderung des Vierten Buches Sozialgesetzbuch und anderer Gesetze	22.12. 2011	BGBl. I S. 3057	§§ 1, 11	geänd. mWv 1.1.2012
6.	Art. 13 Abs. 6 LSV-NeuordnungsG	12.4.2012	BGBl. I S. 579	§ 1	geänd. mWv 1.1.2013
7.	Art. 6 Fünftes G zur Änd. des Vierten Buches Sozialgesetzbuch und anderer Gesetze	15.4.2015	BGBl. I S. 583	§ 2	geänd. mWv 1.1.2016
8.	Art. 13 6. SGB IV-ÄnderungsG	11.11. 2016	BGBl. I S. 2500	§ 2	geänd. mWv 1.1.2017
9.	Art. 6 Abs. 10 G zur Neuregelung des Mutterschutzrechts[2)]	23.5.2017	BGBl. I S. 1228	§§ 1, 2, 4, 9	geänd. mWv 1.1.2018
10.	Art. 5 Terminservice- und VersorgungsG	6.5.2019	BGBl. I S. 646	§ 11	geänd. mWv 1.1.2018
11.	Art. 15 Covid-19-G zur Förderung der berufl. Weiterbildung im Strukturwandel und zur Weiterentwicklung der Ausbildungsförderung	20.5.2020	BGBl. I S. 1044	§ 11	geänd. mWv 29.5.2020

[1)] Verkündet als Art. 1 G v. 22.12.2005 (BGBl. I S. 3686); Inkrafttreten gem. Art. 4 Satz 2 dieses G am 1.1.2006, mit Ausnahme von § 2 Abs. 2 Satz 3, § 3 Abs. 3, § 7, § 8 Abs. 2 und § 9, die gem. Art. 4 Satz 1 dieses G am 1.10.2005 in Kraft treten.

[2)] **Amtl. Anm.:** Dieses Gesetz dient der Umsetzung der Richtlinie 92/85/EWG des Rates vom 19. Oktober 1992 über die Durchführung von Maßnahmen zur Verbesserung der Sicherheit und des Gesundheitsschutzes von schwangeren Arbeitnehmerinnen, Wöchnerinnen und stillenden Arbeitnehmerinnen am Arbeitsplatz (zehnte Einzelrichtlinie im Sinne des Artikels 16 Absatz 1 der Richtlinie 89/391/EWG) (ABl. L 348 vom 28.11.1992, S. 1), die zuletzt durch die Richtlinie 2014/27/EU (ABl. L 65 vom 5.3.2014, S. 1) geändert worden ist.

Lfd. Nr.	Änderndes Gesetz	Datum	Fundstelle	Betroffen	Hinweis
12.	Art. 11 Siebtes G zur Änd. des Vierten Buches SGB und anderer G	12.6.2020	BGBl. I S. 1248	§ 2	geänd. mWv 1.1.2021
13.	Art. 15 8. SGB IV-ÄnderungsG	20.12. 2022	BGBl. I S. 2759	§ 2	geänd. mWv 1.1.2023

§ 1[1)] Erstattungsanspruch. (1) Die Krankenkassen mit Ausnahme der landwirtschaftlichen Krankenkasse erstatten den Arbeitgebern, die in der Regel ausschließlich der zu ihrer Berufsausbildung Beschäftigten nicht mehr als 30 Arbeitnehmer und Arbeitnehmerinnen beschäftigen, 80 Prozent

1. des für den in § 3 Abs. 1 und 2 und den in § 9 Abs. 1 des Entgeltfortzahlungsgesetzes[2)] bezeichneten Zeitraum an Arbeitnehmer und Arbeitnehmerinnen fortgezahlten Arbeitsentgelts,
2. der auf die Arbeitsentgelte nach der Nummer 1 entfallenden von den Arbeitgebern zu tragenden Beiträge zur Bundesagentur für Arbeit und der Arbeitgeberanteile an Beiträgen zur gesetzlichen Kranken- und Rentenversicherung, zur sozialen Pflegeversicherung und die Arbeitgeberzuschüsse nach § 172a des Sechsten Buches Sozialgesetzbuch sowie der Beitragszuschüsse nach § 257 des Fünften und nach § 61 des Elften Buches Sozialgesetzbuch.

(2) Die Krankenkassen mit Ausnahme der landwirtschaftlichen Krankenkasse erstatten den Arbeitgebern in vollem Umfang

1. den vom Arbeitgeber nach § 20 Absatz 1 des Mutterschutzgesetzes[3)] gezahlten Zuschuss zum Mutterschaftsgeld,
2. das vom Arbeitgeber nach § 18 des Mutterschutzgesetzes bei Beschäftigungsverboten gezahlte Arbeitsentgelt,
3. die auf die Arbeitsentgelte nach der Nummer 2 entfallenden von den Arbeitgebern zu tragenden Beiträge zur Bundesagentur für Arbeit und die Arbeitgeberanteile an Beiträgen zur gesetzlichen Kranken- und Rentenversicherung, zur sozialen Pflegeversicherung und die Arbeitgeberzuschüsse nach § 172a des Sechsten Buches Sozialgesetzbuch sowie der Beitragszuschüsse nach § 257 des Fünften und nach § 61 des Elften Buches Sozialgesetzbuch.

(3) Am Ausgleich der Arbeitgeberaufwendungen nach den Absätzen 1 (U1-Verfahren) und 2 (U2-Verfahren) nehmen auch die Arbeitgeber teil, die nur Auszubildende beschäftigen.

§ 2[4)] Erstattung. (1) [1]Die zu gewährenden Beträge werden dem Arbeitgeber von der Krankenkasse ausgezahlt, bei der die Arbeitnehmer und Arbeitnehmerinnen, die Auszubildenden oder die nach § 18 oder § 20 Absatz 1 des Mutter-

---

[1)] § 1 Abs. 1 Nr. 2, Abs. 2 Nr. 3 geänd. mWv 1.1.2012 durch G v. 22.12.2011 (BGBl. I S. 3057); Abs. 1 und 2 geänd. mWv 1.1.2013 durch G v. 12.4.2012 (BGBl. I S. 579); Abs. 2 Nr. 1 und 2 geänd. mWv 1.1. 2018 durch G v. 23.5.2017 (BGBl. I S. 1228).

[2)] Nr. **80**.

[3)] Nr. **79**.

[4)] § 2 Abs. 2 Satz 3 aufgeh. mWv 1.4.2007 durch G v. 26.3.2007 (BGBl. I S. 378); Abs. 2 Sätze 3 und 4 angef., Abs. 3 neu gef. mWv 1.1.2016 durch G v. 15.4.2015 (BGBl. I S. 583); Abs. 2 Satz 3 geänd., Abs. 3 Satz 3 aufgeh., Abs. 4 angef. mWv 1.1.2017 durch G v. 11.11.2016 (BGBl. I S. 2500); Abs. 1 Satz 1, Abs. 2 Satz 2 geänd. mWv 1.1.2018 durch G v. 23.5.2017 (BGBl. I S. 1228); Abs. 2 Satz 3, Abs. 3 Satz 1 geänd. mWv 1.1.2021 durch G v. 12.6.2020 (BGBl. I S. 1248); Abs. 2 Satz 3, Abs. 3 Satz 1 geänd. mWv 1.1. 2023 durch G v. 20.12.2022 (BGBl. I S. 2759).

schutzgesetzes[1)] anspruchsberechtigten Frauen versichert sind. [2] Für geringfügig Beschäftigte nach dem Vierten Buch Sozialgesetzbuch ist zuständige Krankenkasse die Deutsche Rentenversicherung Knappschaft-Bahn-See als Träger der knappschaftlichen Krankenversicherung. [3] Für Arbeitnehmer und Arbeitnehmerinnen, die nicht Mitglied einer Krankenkasse sind, gilt § 175 Abs. 3 Satz 2 des Fünften Buches Sozialgesetzbuch entsprechend.

(2) [1] Die Erstattung wird auf Antrag erbracht. [2] Sie ist zu gewähren, sobald der Arbeitgeber Arbeitsentgelt nach § 3 Abs. 1 und 2 und § 9 Abs. 1 des Entgeltfortzahlungsgesetzes[2)], Arbeitsentgelt nach § 18 des Mutterschutzgesetzes oder Zuschuss zum Mutterschaftsgeld nach § 20 Absatz 1 des Mutterschutzgesetzes gezahlt hat. [3] Stellt die Krankenkasse eine inhaltliche Abweichung zwischen ihrer Berechnung der Erstattung und dem Antrag des Arbeitgebers fest, hat sie diese Abweichung und die Gründe hierfür dem Arbeitgeber durch Datenübertragung nach § 95 Absatz 1 Satz 1 des Vierten Buches Sozialgesetzbuch unverzüglich zu melden; dies gilt auch, wenn dem Antrag vollständig entsprochen wird. [4] § 28a Absatz 1 Satz 2 des Vierten Buches Sozialgesetzbuch gilt entsprechend.

(3) [1] Der Arbeitgeber hat einen Antrag nach Absatz 2 Satz 1 durch Datenübertragung nach § 95 Absatz 1 Satz 1 und § 95b Absatz 1 Satz 1 des Vierten Buches Sozialgesetzbuch an die zuständige Krankenkasse zu übermitteln. [2] § 28a Absatz 1 Satz 2 des Vierten Buches Sozialgesetzbuch gilt für die Meldung nach Satz 1 entsprechend.

(4) Den Übertragungsweg und die Einzelheiten des Verfahrens wie den Aufbau der Datensätze für die maschinellen Meldungen der Krankenkassen nach Absatz 2 und die maschinellen Anträge der Arbeitgeber nach Absatz 3 legt der Spitzenverband Bund der Krankenkassen in Grundsätzen fest, die vom Bundesministerium für Arbeit und Soziales im Einvernehmen mit dem Bundesministerium für Gesundheit zu genehmigen sind; die Bundesvereinigung der Deutschen Arbeitgeberverbände ist anzuhören.

§ 3[3)] Feststellung der Umlagepflicht. (1) [1] Die zuständige Krankenkasse hat jeweils zum Beginn eines Kalenderjahrs festzustellen, welche Arbeitgeber für die Dauer dieses Kalenderjahrs an dem Ausgleich der Arbeitgeberaufwendungen nach § 1 Abs. 1 teilnehmen. [2] Ein Arbeitgeber beschäftigt in der Regel nicht mehr als 30 Arbeitnehmer und Arbeitnehmerinnen, wenn er in dem letzten Kalenderjahr, das demjenigen, für das die Feststellung nach Satz 1 zu treffen ist, vorausgegangen ist, für einen Zeitraum von mindestens acht Kalendermonaten nicht mehr als 30 Arbeitnehmer und Arbeitnehmerinnen beschäftigt hat. [3] Hat ein Betrieb nicht während des ganzen nach Satz 2 maßgebenden Kalenderjahrs bestanden, so nimmt der Arbeitgeber am Ausgleich der Arbeitgeberaufwendungen teil, wenn er während des Zeitraums des Bestehens des Betriebs in der überwiegenden Zahl der Kalendermonate nicht mehr als 30 Arbeitnehmer und Arbeitnehmerinnen beschäftigt hat. [4] Wird ein Betrieb im Laufe des Kalenderjahrs errichtet, für das die Feststellung nach Satz 1 getroffen ist, so nimmt der Arbeitgeber am Ausgleich der Arbeitgeberaufwendungen teil, wenn nach der Art des Betriebs anzunehmen ist, dass die Zahl der beschäftigten Arbeitnehmer und Arbeitnehmerinnen während der überwiegenden Kalendermonate dieses Kalenderjahrs 30 nicht überschreiten wird. [5] Bei der Errechnung der Gesamtzahl der beschäftigten Arbeitnehmer und

---

[1)] Nr. **79**.

[2)] Nr. **80**.

[3)] § 3 Abs. 3 geänd. mWv 1.7.2008 durch G v. 26.3.2007 (BGBl. I S. 378).

Arbeitnehmerinnen bleiben schwerbehinderte Menschen im Sinne des Neunten Buches Sozialgesetzbuch außer Ansatz. [6] Arbeitnehmer und Arbeitnehmerinnen, die wöchentlich regelmäßig nicht mehr als 10 Stunden zu leisten haben, werden mit 0,25, diejenigen, die nicht mehr als 20 Stunden zu leisten haben, mit 0,5 und diejenigen, die nicht mehr als 30 Stunden zu leisten haben, mit 0,75 angesetzt.

(2) Der Arbeitgeber hat der nach § 2 Abs. 1 zuständigen Krankenkasse die für die Durchführung des Ausgleichs erforderlichen Angaben zu machen.

(3)[1)] Der Spitzenverband Bund der Krankenkassen regelt das Nähere über die Durchführung des Feststellungsverfahrens nach Absatz 1.

§ 4[2)] Versagung und Rückforderung der Erstattung. (1) Die Erstattung kann im Einzelfall versagt werden, solange der Arbeitgeber die nach § 3 Abs. 2 erforderlichen Angaben nicht oder nicht vollständig macht.

(2) [1] Die Krankenkasse hat Erstattungsbeträge vom Arbeitgeber insbesondere zurückzufordern, soweit der Arbeitgeber

1. schuldhaft falsche oder unvollständige Angaben gemacht hat oder
2. Erstattungsbeträge gefordert hat, obwohl er wusste oder wissen musste, dass ein Anspruch nach § 3 Abs. 1 und 2 oder § 9 Abs. 1 des Entgeltfortzahlungsgesetzes[3)] oder nach § 18 oder § 20 Absatz 1 des Mutterschutzgesetzes[4)] nicht besteht.

[2] Der Arbeitgeber kann sich nicht darauf berufen, dass er durch die zu Unrecht gezahlten Beträge nicht mehr bereichert sei. [3] Von der Rückforderung kann abgesehen werden, wenn der zu Unrecht gezahlte Betrag gering ist und der entstehende Verwaltungsaufwand unverhältnismäßig groß sein würde.

§ 5 Abtretung. Ist auf den Arbeitgeber ein Anspruch auf Schadenersatz nach § 6 des Entgeltfortzahlungsgesetzes[3)] übergegangen, so ist die Krankenkasse zur Erstattung nur verpflichtet, wenn der Arbeitgeber den auf ihn übergegangenen Anspruch bis zur anteiligen Höhe des Erstattungsbetrags an die Krankenkasse abtritt.

§ 6 Verjährung und Aufrechnung. (1) Der Erstattungsanspruch verjährt in vier Jahren nach Ablauf des Kalenderjahrs, in dem er entstanden ist.

(2) Gegen Erstattungsansprüche dürfen nur Ansprüche aufgerechnet werden auf

1. Zahlung von Umlagebeträgen, Beiträge zur gesetzlichen Krankenversicherung und solche Beiträge, die die Einzugsstelle für andere Träger der Sozialversicherung und die Bundesagentur für Arbeit einzuziehen hat,
2. Rückzahlung von Vorschüssen,
3. Rückzahlung von zu Unrecht gezahlten Erstattungsbeträgen,
4. Erstattung von Verfahrenskosten,
5. Zahlung von Geldbußen,
6. Herausgabe einer von einem Dritten an den Berechtigten bewirkten Leistung, die der Krankenkasse gegenüber wirksam ist.

[1)] § 3 Abs. 3 ist **mWv 1.10.2005** in Kraft getreten, vgl. die Anm. zum Gesetzestitel.
[2)] § 4 Abs. 2 Satz 1 Nr. 2 geänd. mWv 1.1.2018 durch G v. 23.5.2017 (BGBl. I S. 1228).
[3)] Nr. **80**.
[4)] Nr. **79**.

Lfd. Nr.	Änderndes Gesetz	Datum	Fundstelle	Betroffen	Hinweis
23.	Art. 1 Erstes ÄndG[1]	28.4.2011	BGBl. I S. 642	§§ 3, 9, 10	geänd. mWv 30.4.2011
				§ 3a	eingef. mWv 30.4.2011
				§ 19	neu gef. mWv 30.4.2011
				Titel, §§ 1, 1a, 1b, 12, 13, 16	geänd. mWv 1.12.2011
				§§ 13a, 13b	eingef. mWv 1.12.2011
24.	Art. 1 G zur Änd. des ArbeitnehmerüberlassungsG und des SchwarzarbeitsbekämpfungsG	20.7.2011	BGBl. I S. 1506	§§ 16, 18	geänd. mWv 30.7.2011
				§§ 17a, 17b, 17c, 18a	eingef. mWv 30.7.2011
				§§ 17, 19	neu gef. mWv 30.7.2011
25.	Art. 26 G zur Verbesserung der Eingliederungschancen am Arbeitsmarkt	20.12. 2011	BGBl. I S. 2854	§ 11	geänd. mWv 28.12.2011
26.	Art. 2 Abs. 61, Art. 4 Abs. 46 G zur Strukturreform des Gebührenrechts des Bundes	7.8.2013	BGBl. I S. 3154, geänd. 2016, S. 1666	§ 2a	geänd. mWv 15.8.2013
				§ 2a	aufgeh. mWv 1.8.2018, insoweit aufgeh. 2016, S. 1666
27.	Art. 7 TarifautonomiestärkungsG	11.8.2014	BGBl. I S. 1348	§§ 3a, 16, 17c, 18	geänd. mWv 16.8.2014
				§ 18a	aufgeh. mWv 16.8.2014
28.	Art. 4 Abs. 43 G zur Aktualisierung der Strukturreform des Gebührenrechts des Bundes	18.7.2016	BGBl. I S. 1666	§ 2a	aufgeh. mit Ablauf des 30.9. 2021
29.	Art. 1 G zur Änd. des ArbeitnehmerüberlassungsG und anderer Gesetze	21.2.2017	BGBl. I S. 258	§§ 1, 3, 9, 10, 11, 12, 13, 14, 16, 17, 17a, 17b, 18, 19	geänd. mWv 1.4.2017
				§§ 10a, 20	eingef. mWv 1.4.2017
				§ 8	neu gef. mWv 1.4.2017
30.	Art. 13 G gegen illegale Beschäftigung und Sozialleistungsmissbrauch	11.7.2019	BGBl. I S. 1066	§ 16	geänd. mWv 18.7.2019
31.	Art. 48 FachkräfteeinwanderungsG[2]	15.8.2019	BGBl. I S. 1307	§§ 14, 15, 15a, 16, 18	geänd. mWv 1.3.2020

[1] **Amtl. Anm.:** Dieses Gesetz dient der Umsetzung der Richtlinie 2008/104/EG des Europäischen Parlaments und des Rates vom 19. November 2008 über Leiharbeit (ABl. L 327 vom 5.12.2008, S. 9).

[2] **Amtl. Anm.:** Dieses Gesetz dient der Umsetzung der Richtlinie 2009/50/EG des Rates vom 25. Mai 2009 über die Bedingungen für die Einreise und den Aufenthalt von Drittstaatsangehörigen zur Ausübung einer hochqualifizierten Beschäftigung (ABl. L 155 vom 18.6.2009, S. 17), der Richtlinie 2014/36/EUdes Europäischen Parlaments und des Rates vom 26. Februar 2014 über die Bedingungen für die Einreise und den Aufenthalt von Drittstaatsangehörigen zwecks Beschäftigung als Saisonarbeitnehmer (ABl. L 94 vom 28.3.2014, S. 375), der Richtlinie 2014/66/EU des Europäischen Parlaments und des Rates vom 15. Mai 2014 über die Bedingungen für die Einreise und den Aufenthalt von Drittstaatsangehörigen im Rahmen →

Lfd. Nr.	Änderndes Gesetz	Datum	Fundstelle	Betroffen	Hinweis
32.	Art. 2 G zur befristeten krisenbedingten Verbesserung der Regelungen für das Kurzarbeitergeld	13.3.2020	BGBl. I S. 493	§ 11	geänd. mWv 15.3.2020
				§ 11a	eingef. mWv 15.3.2020
33.	Art. 116 PersonengesellschaftsrechtsmodernisierungsG (MoPeG)	10.8.2021	BGBl. I S. 3436	§ 7	geänd. mWv 1.1.2024
34.	Art. 1a Covid-19-G zur Änd. des InfektionsschutzG und anderer Vorschriften	18.3.2022	BGBl. I S. 466	§§ 11, 11a	geänd. mWv 1.4.2022
35.	Art. 4 G zur Umsetzung der RL (EU) 2019/1152[1)]	20.7.2022	BGBl. I S. 1174	§ 11, 13a, 16	geänd. mWv 1.8.2022
36.	Art. 2 G zur Anpassung der Verordnungsermächtigungen beim Kurzarbeitergeld und anderer Regelungen	19.10. 2022	BGBl. I S. 1790	§ 11a	neu gef. mWv 1.10.2022
37.	Art. 3 Abs. 2 G zur Umsetzung der Bestimmungen der UmwandlungsRL über die Mitbestimmung der Arbeitnehmer bei grenzüberschreitenden Umwandlungen, Verschmelzungen und Spaltungen[2)]	4.1.2023	BGBl. I Nr. 10	§ 14	geänd. mWv 31.1.2023

(Fortsetzung der Anm. von voriger Seite)
eines unternehmensinternen Transfers (ABl. L 157 vom 27.5.2014, S. 1), der Richtlinie (EU) 2016/801 des Europäischen Parlaments und des Rates vom 11. Mai 2016 über die Bedingungen für die Einreise und den Aufenthalt von Drittstaatsangehörigen zu Forschungs- oder Studienzwecken, zur Absolvierung eines Praktikums, zur Teilnahme an einem Freiwilligendienst, Schüleraustauschprogrammen oder Bildungsvorhaben und zur Ausübung einer Au-pair-Tätigkeit (ABl. L 132 vom 21.5.2016, S. 21).

[1)] **Amtl. Anm.:** Die Artikel 1 bis 11 dieses Gesetzes dienen der Umsetzung der Richtlinie (EU) 2019/1152 des Europäischen Parlaments und des Rates vom 20. Juni 2019 über transparente und vorhersehbare Arbeitsbedingungen in der Europäischen Union (ABl. L 186 vom 11.7.2019, S. 105).

[2)] **Amtl. Anm.:** Dieses Gesetz dient der Umsetzung der Richtlinie (EU) 2019/2121 des Europäischen Parlaments und des Rates vom 27. November 2019 zur Änderung der Richtlinie (EU) 2017/1132 in Bezug auf grenzüberschreitende Umwandlungen, Verschmelzungen und Spaltungen (ABl. L 321 vom 12.12.2019, S. 1; L 20 vom 24.1.2020, S. 24).

§ 14[1)] Mitwirkungs- und Mitbestimmungsrechte. (1) Leiharbeitnehmer bleiben auch während der Zeit ihrer Arbeitsleistung bei einem Entleiher Angehörige des entsendenden Betriebs des Verleihers.

(2) [1] Leiharbeitnehmer sind bei der Wahl der Arbeitnehmervertreter in den Aufsichtsrat im Entleiherunternehmen und bei der Wahl der betriebsverfassungsrechtlichen Arbeitnehmervertretungen im Entleiherbetrieb nicht wählbar. [2] Sie sind berechtigt, die Sprechstunden dieser Arbeitnehmervertretungen aufzusuchen und an den Betriebs- und Jugendversammlungen im Entleiherbetrieb teilzunehmen. [3] Die §§ 81, 82 Abs. 1 und die §§ 84 bis 86 des Betriebsverfassungsgesetzes[2)] gelten im Entleiherbetrieb auch in bezug auf die dort tätigen Leiharbeitnehmer. [4] Soweit Bestimmungen des Betriebsverfassungsgesetzes mit Ausnahme des § 112a, des Europäische Betriebsräte-Gesetzes oder der auf Grund der jeweiligen Gesetze erlassenen Wahlordnungen eine bestimmte Anzahl oder einen bestimmten Anteil von Arbeitnehmern voraussetzen, sind Leiharbeitnehmer auch im Entleiherbetrieb zu berücksichtigen. [5] Soweit Bestimmungen des Mitbestimmungsgesetzes, des Montan-Mitbestimmungsgesetzes, des Mitbestimmungsergänzungsgesetzes, des Drittelbeteiligungsgesetzes, des Gesetzes über die Mitbestimmung der Arbeitnehmer bei einer grenzüberschreitenden Verschmelzung, des Gesetzes über die Mitbestimmung der Arbeitnehmer bei grenzüberschreitendem Formwechsel und grenzüberschreitender Spaltung, des SE- und des SCE-Beteiligungsgesetzes oder der auf Grund der jeweiligen Gesetze erlassenen Wahlordnungen eine bestimmte Anzahl oder einen bestimmten Anteil von Arbeitnehmern voraussetzen, sind Leiharbeitnehmer auch im Entleiherunternehmen zu berücksichtigen. [6] Soweit die Anwendung der in Satz 5 genannten Gesetze eine bestimmte Anzahl oder einen bestimmten Anteil von Arbeitnehmern erfordert, sind Leiharbeitnehmer im Entleiherunternehmen nur zu berücksichtigen, wenn die Einsatzdauer sechs Monate übersteigt.

(3) [1] Vor der Übernahme eines Leiharbeitnehmers zur Arbeitsleistung ist der Betriebsrat des Entleiherbetriebs nach § 99 des Betriebsverfassungsgesetzes zu beteiligen. [2] Dabei hat der Entleiher dem Betriebsrat auch die schriftliche Erklärung des Verleihers nach § 12 Absatz 1 Satz 3 vorzulegen. [3] Er ist ferner verpflichtet, Mitteilungen des Verleihers nach § 12 Abs. 2 unverzüglich dem Betriebsrat bekanntzugeben.

(4) Die Absätze 1 und 2 Satz 1 und 2 sowie Absatz 3 gelten für die Anwendung des Bundespersonalvertretungsgesetzes[3)] sinngemäß.

§ 15[4)] Ausländische Leiharbeitnehmer ohne Genehmigung. (1) Wer als Verleiher einen Ausländer, der einen erforderlichen Aufenthaltstitel nach § 4a Absatz 5 Satz 1 des Aufenthaltsgesetzes[5)], eine Erlaubnis oder Berechtigung nach § 4a Absatz 5 Satz 2 in Verbindung mit Absatz 4 des Aufenthaltsgesetzes, eine Aufenthaltsgestattung oder eine Duldung, die zur Ausübung der Beschäftigung berechtigen, oder eine Genehmigung nach § 284 Abs. 1 des Dritten Buches Sozialgesetzbuch nicht besitzt, entgegen § 1 einem Dritten ohne Erlaubnis überläßt, wird mit Freiheitsstrafe bis zu drei Jahren oder mit Geldstrafe bestraft.

[1)] § 14 Abs. 2 Satz 1 geänd. mWv 28.7.2001 durch G v. 23.7.2001 (BGBl. I S. 1852); Überschr., Abs. 2 Satz 1 geänd. mWv 1.1.2002 durch G v. 10.12.2001 (BGBl. I S. 3443); Abs. 2 Sätze 4–6 angef. mWv 1.4.2017 durch G v. 21.2.2017 (BGBl. I S. 258); Abs. 3 Satz 2 geänd. mWv 1.3.2020 durch G v. 15.8.2019 (BGBl. I S. 1307); Abs. 2 Satz 5 geänd. mWv 31.1.2023 durch G v. 4.1.2023 (BGBl. I Nr. 10).

[2)] Nr. 82.

[3)] **Sartorius Nr. 240.**

[4)] § 15 Überschr. neu gef., Abs. 1 geänd. durch G v. 24.3.1997 (BGBl. I S. 594); Abs. 1 geänd. mWv 1.1.2005 durch G v. 30.7.2004 (BGBl. I S. 1950); Abs. 1 geänd. mWv 1.3.2020 durch G v. 15.8.2019 (BGBl. I S. 1307).

[5)] **Sartorius Nr. 565.**

(2) [1] In besonders schweren Fällen ist die Strafe Freiheitsstrafe von sechs Monaten bis zu fünf Jahren. [2] Ein besonders schwerer Fall liegt in der Regel vor, wenn der Täter gewerbsmäßig oder aus grobem Eigennutz handelt.

§ 15a[1)] Entleih von Ausländern ohne Genehmigung. (1) [1] Wer als Entleiher einen ihm überlassenen Ausländer, der einen erforderlichen Aufenthaltstitel nach § 4a Absatz 5 Satz 1 des Aufenthaltsgesetzes[2)], eine Erlaubnis oder Berechtigung nach § 4a Absatz 5 Satz 2 in Verbindung mit Absatz 4 des Aufenthaltsgesetzes, eine Aufenthaltsgestattung oder eine Duldung, die zur Ausübung der Beschäftigung berechtigen, oder eine Genehmigung nach § 284 Abs. 1 des Dritten Buches Sozialgesetzbuch nicht besitzt, zu Arbeitsbedingungen des Leiharbeitsverhältnisses tätig werden läßt, die in einem auffälligen Mißverhältnis zu den Arbeitsbedingungen deutscher Leiharbeitnehmer stehen, die die gleiche oder eine vergleichbare Tätigkeit ausüben, wird mit Freiheitsstrafe bis zu drei Jahren oder mit Geldstrafe bestraft. [2] In besonders schweren Fällen ist die Strafe Freiheitsstrafe von sechs Monaten bis zu fünf Jahren; ein besonders schwerer Fall liegt in der Regel vor, wenn der Täter gewerbsmäßig oder aus grobem Eigennutz handelt.

(2) [1] Wer als Entleiher

1. gleichzeitig mehr als fünf Ausländer, die einen erforderlichen Aufenthaltstitel nach § 4a Absatz 5 Satz 1 des Aufenthaltsgesetzes, eine Erlaubnis oder Berechtigung nach § 4a Absatz 5 Satz 2 in Verbindung mit Absatz 4 des Aufenthaltsgesetzes, eine Aufenthaltsgestattung oder eine Duldung, die zur Ausübung der Beschäftigung berechtigen, oder eine Genehmigung nach § 284 Abs. 1 des Dritten Buches Sozialgesetzbuch nicht besitzen, tätig werden läßt oder
2. eine in § 16 Abs. 1 Nr. 2 bezeichnete vorsätzliche Zuwiderhandlung beharrlich wiederholt,

wird mit Freiheitsstrafe bis zu einem Jahr oder mit Geldstrafe bestraft. [2] Handelt der Täter aus grobem Eigennutz, ist die Strafe Freiheitsstrafe bis zu drei Jahren oder Geldstrafe.

§ 16[3)] Ordnungswidrigkeiten. (1) Ordnungswidrig handelt, wer vorsätzlich oder fahrlässig

1. entgegen § 1 einen Leiharbeitnehmer einem Dritten ohne Erlaubnis überläßt,

---

[1)] § 15a Überschr. neu gef., Abs. 1 Satz 1, Abs. 2 Satz 1 Nr. 1 geänd. durch G v. 24.3.1997 (BGBl. I S. 594); Abs. 2 Nr. 1 geänd. mWv 1.8.2002 durch G v. 23.7.2002 (BGBl. I S. 2787); Abs. 1 Satz 1, Abs. 2 Nr. 1 geänd. mWv 1.1.2005 durch G v. 30.7.2004 (BGBl. I S. 1950); Abs. 1 Satz 1, Abs. 2 Satz 1 Nr. 1 geänd. mWv 1.3.2020 durch G v. 15.8.2019 (BGBl. I S. 1307).

[2)] **Sartorius Nr. 565.**

[3)] § 16 Abs. 1 Nr. 1b eingef., Nrn. 2, 8 und 9 und Abs. 2 geänd. durch G v. 24.3.1997 (BGBl. I S. 594); Abs. 1 Nr. 1b, Abs. 2 geänd. durch G v. 16.12.1997 (BGBl. I S. 2970); Abs. 2 geänd. mWv 1.1.2002 durch G v. 21.12. 2000 (BGBl. I S. 1983); Abs. 1 Nr. 7a eingef., Abs. 1 Nr. 9, Abs. 2 geänd. mWv 1.1.2002 durch G v. 10.12.2001 (BGBl. I S. 3443); Abs. 2 geänd. mWv 1.8.2002 durch G v. 23.7.2002 (BGBl. I S. 2787); Abs. 1 Nrn. 7a und 9 aufgeh., Nr. 8 und Abs. 2 geänd. mWv 1.1.2003 durch G v. 23.12.2002 (BGBl. I S. 4607); Abs. 1 Nr. 6 geänd., Nr. 6a eingef., Abs. 3 neu gef. mWv 1.1.2004 durch G v. 23.12.2003 (BGBl. I S. 2848); Abs. 1 Nr. 2 geänd. mWv 1.1.2005 durch G v. 30.7.2004 (BGBl. I S. 1950); Abs. 1 Nr. 1b geänd., Nr. 7a und 9 neu gef., Nr. 10 angef., Abs. 2 und 3 geänd. mWv 1.12.2011 durch G v. 28.4.2011 (BGBl. I S. 642); Abs. 1 Nr. 7b eingef., Nr. 9 und 10 geänd., Nr. 11–18 angef., Abs. 2 und 3 geänd. mWv 30.7.2011 durch G v. 20.7.2011 (BGBl. I S. 1506); Abs. 1 Nr. 7b geänd., Nr. 17 neu gef. mWv 16.8.2014 durch G v. 11.8.2014 (BGBl. I S. 1348); Abs. 1 Nr. 1b–1e eingef., bish. Nr. 1b wird 1f, Nr. 7 aufgeh., Nr. 7a und 7b geänd., Nr. 8a eingef., Abs. 2 geänd., Abs. 3 neu gef. mWv 1.4.2017 durch G v. 21.2.2017 (BGBl. I S. 258); Abs. 1 Nr. 11–13 geänd. mWv 18.7.2019 durch G v. 11.7.2019 (BGBl. I S. 1066); Abs. 1 Nr. 2 geänd. mWv 1.3.2020 durch G v. 15.8.2019 (BGBl. I S. 1307); Abs. 1 Nr. 9 und Abs. 2 geänd. mWv 1.8.2022 durch G v. 20.7.2022 (BGBl. I S. 1174).

86. Gesetz über den Verkehr mit Betäubungsmitteln (Betäubungsmittelgesetz – BtMG)

In der Fassung der Bekanntmachung vom 1. März 1994[1)]
(BGBl. I S. 358)

FNA 2121-6-24

Lfd. Nr.	Änderndes Gesetz	Datum	Fundstelle	Betroffen	Hinweis
1.	Art. 3 § 1 Gesundheitseinrichtungen-NeuordnungsG	24.6.1994	BGBl. I S. 1416	Maßgabe, §§ 3, 4, 6–8, 11, 12, 15, 16, 18–21, 25, 27, 28, 32	geänd. mWv 1.7.1994
2.	§ 34 Grundstoffüberwachungs G[2)]	7.10.1994	BGBl. I S. 2835	§§ 21, 29, 29a, 30, 30a, 30c, 33, 35, 37, 38	geänd. mWv 1.3.1995
				§ 18a	aufgeh. mWv 1.3.1995
3.	Art. 2 § 4 Bundesgrenzschutzneuregelungs G	19.10.1994	BGBl. I S. 2978	§ 21	geänd. mWv 1.11.1994
4.	Art. 9 VerbrechensbekämpfungsG	28.10.1994	BGBl. I S. 3186	§§ 29a, 30a	geänd. mWv 1.´12. 1994
5.	Art. 1 Sechste Betäubungsmittelrechts-ÄndVO	14.9.1995	BGBl. I S. 1161	Anl. I	geänd. mWv 27.9.1995
6.	Art. 1 Siebte Betäubungsmittelrechts-ÄndVO	29.3.1996	BGBl. I S. 562	Anl. I	geänd. mWv 4.4.1996
7.	Art. 1 Zweites ÄndG	4.4.1996	BGBl. I S. 582	Inhaltsübersicht, §§ 19, 32	geänd. mWv 16.4.1996
				§ 24a	eingef. mWv 16.4.1996
8.	Art. 1 Achte Betäubungsmittelrechts-ÄndVO	14.11.1996	BGBl. I S. 1728	Anl. I, II, III	geänd. mWv 1.2.1997
9.	Art. 1 Neunte Betäubungsmittelrechts-ÄndVO	28.1.1997	BGBl. I S. 65	Anl. I	geänd. mWv 1.2.1997
10.	Art. 7 JustizmitteilungsG und G zur Änd. kostenrechtlicher Vorschriften und anderer Gesetze	18.6.1997	BGBl. I S. 1430	§ 27	geänd. mWv 1.6.1998
11.	Art. 1 Zehnte Betäubungsmittelrechts-ÄndVO	20.1.1998	BGBl. I S. 74	Anl. I, II, III	geänd. mWv 1.2.1998
12.	Art. 4 G zur Bekämpfung von Sexualdelikten und anderen gefährlichen Straftaten	26.1.1998	BGBl. I S. 160	§§ 36, 38	geänd. mWv 31.1.1998
13.	Art. 1 Zwölfte Betäubungsmittelrechts-ÄndVO	7.10.1998	BGBl. I S. 3126	Anl. I	geänd. mWv 10.10.1998
14.	Art. 1 13. Betäubungsmittelrechts-ÄndVO	27.9.1999	BGBl. I S. 1935	Anl. I	geänd. mWv 10.10.1999
15.	Art. 1 Drittes BtMG-ÄndG	28.3.2000	BGBl. I S. 302	§§ 13, 19, 29, 30c, 31a, 32, 33, 38	geänd. mWv 1.4.2000

[1)] Neubekanntmachung des BetäubungsmittelG v. 28.7.1981 (BGBl. I S. 681) in der ab 28.2.1994 geltenden Fassung.

[2)] **Amtl. Anm.:** Dieses Gesetz dient der Umsetzung der Richtlinie 92/109/EWG des Rates vom 14. Dezember 1992 über die Herstellung und das Inverkehrbringen bestimmter Stoffe, die zur unerlaubten Herstellung von Suchtstoffen und psychotropen Stoffen verwendet werden (ABl. EG Nr. 370 S. 76).

Lfd. Nr.	Änderndes Gesetz	Datum	Fundstelle	Betroffen	Hinweis
				§§ 10a, 39	eingef. mWv 1.4.2000
16.	Art. 1 14. Betäubungsmittelrechts-ÄndVO	27.9.2000	BGBl. I S. 1414	Anl. I	geänd. mWv 10.10.2000
17.	Art. 1 15. Betäubungsmittelrechts-ÄndVO	19.6.2001	BGBl. I S. 1180	Anl. I, II, III	geänd. mWv 1.7.2001
18.	Art. 1 16. Betäubungsmittelrechts-ÄndVO	28.11. 2001	BGBl. I S. 3338	Anl. II, III	geänd. mWv 1.3.2002
19.	Art. 1 17. Betäubungsmittelrechts-ÄndVO	12.2.2002	BGBl. I S. 612	Anl. II	geänd. mWv 1.3.2002
20.	Art. 2 GrundstoffüberwachungsG-ÄndG	26.6.2002	BGBl. I S. 2261	§ 32	geänd. mWv 30.6.2002
21.	Art. 18 Achte ZuständigkeitsanpassungsVO	25.11. 2003	BGBl. I S. 2304	§§ 1, 12, 20, 21, 25, 26	geänd. mWv 28.11.2003
22.	Art. 1 18. Betäubungsmittelrechts-ÄndVO	22.12. 2003	BGBl. 2004 I S. 28	Anl. II	geänd. mWv 10.1.2004
23.	Art. 1 19. Betäubungsmittelrechts-ÄndVO	10.3.2005	BGBl. I S. 757	Anl. I–III	geänd. mWv 18.3.2005
24.	Art. 15 G zur Umbenennung des Bundesgrenzschutzes in Bundespolizei	21.6.2005	BGBl. I S. 1818	Inhaltsübersicht, §§ 21, 26	geänd. mWv 1.7.2005
25.	Art. 35 Neunte ZuständigkeitsanpassungsVO	31.10. 2006	BGBl. I S. 2407	§ 1	geänd. mWv 8.11.2006
26.	Art. 1 Zweites JustizmodernisierungsG	22.12. 2006	BGBl. I S. 3416	§ 36	geänd. mWv 31.12.2006
27.	Art. 1 20. Betäubungsmittelrechts-ÄndVO	14.2.2007	BGBl. I S. 154	Anl. II	geänd. mWv 1.3.2007
28.	Art. 1 21. Betäubungsmittelrechts-ÄndVO	18.2.2008	BGBl. I S. 246	Anl. I, II, III	geänd. mWv 1.3.2008
29.	Art. 1, 2 22. Betäubungsmittelrechts-ÄndVO[1]	19.1.2009	BGBl. I S. 49	Anl. II	geänd. mWv 22.1.2009
				Anl. II	geänd. mWv 22.1.2010
30.	Art. 1 G zur diamorphingestützten Substitutionsbehandlung	15.7.2009	BGBl. I S. 1801	§§ 13, 19, 29, 32, Anl. I–III	geänd. mWv 21.7.2009
31.	Art. 5 G zur Änd. arzneimittelrechtlicher und anderer Vorschriften[2]	17.7.2009	BGBl. I S. 1990	Inhaltsübers., §§ 2, 4, 6, 19, 24a, 30a, Anl. I	geänd. mWv 23.7.2009

[1] **Amtl. Anm.:** Die Verpflichtungen aus der Richtlinie 98/34/EG des Europäischen Parlaments und des Rates vom 22. Juni 1998 über ein Informationsverfahren auf dem Gebiet der Normen und technischen Vorschriften und der Vorschriften für die Dienste der Informationsgesellschaft (ABl. L 204 vom 21.7.1998, S. 37), die zuletzt durch die Richtlinie 2006/96/EG vom 20. November 2006 (ABl. L 363 vom 20.12.2006, S. 81) geändert worden ist, sind beachtet worden.

[2] **Amtl. Anm.:** Die Verpflichtungen aus der Richtlinie 98/34/EG des Europäischen Parlaments und des Rates vom 22. Juni 1998 über ein Informationsverfahren auf dem Gebiet der Normen und technischen Vorschriften und der Vorschriften für die Dienste der Informationsgesellschaft (ABl. L 204 vom 21.7.1998, S. 37), die zuletzt durch die Richtlinie 2006/96/EG vom 20. November 2006 (ABl. L 363 vom 20.12.2006, S. 81) geändert worden ist, sind beachtet worden. Artikel 1 Nummer 4 Buchstabe c, Nummer 6 und 49 dienen der Umsetzung von Artikel 1 Nummer 4a, Artikel 3 Nummer 7 und Artikel 81 der Richtlinie 2001/83/EG des Europäischen Parlaments und des Rates vom 6. November 2001 zur Schaffung eines Gemeinschaftskodexes für Humanarzneimittel (ABl. L 311 vom 28. November 2001, →

Lfd. Nr.	Änderndes Gesetz	Datum	Fundstelle	Betroffen	Hinweis
				§ 39a	eingef. mWv 23.7.2009
32.	Art. 2 43. ÄndG	29.7.2009	BGBl. I S. 2288	§ 31	geänd. mWv 1.9.2009
33.	Art. 1, 2 24. Betäubungsmittelrechts-ÄndVO[1]	18.12. 2009	BGBl. I S. 3944	Anl. I, II	geänd. mWv 22.1.2010
				Anl. III	geänd. mWv 1.6.2010
34.	Art. 6 Arzneimittelmarktneuordnungs G	22.12. 2010	BGBl. I S. 2262	§§ 12, 19, Anl. I	geänd. mWv 1.1.2011
35.	Art. 1 25. VO zur Änd. betäubungsmittelrechtlicher Vorschriften	11.5.2011	BGBl. I S. 821	Anl. I, II, III	geänd. mWv 18.5.2011
				Anl. III	geänd. mWv 1.11.2011
36.	Art. 1 26. VO zur Änd. betäubungsmittelrechtlicher Vorschriften[1]	20.7.2012	BGBl. I S. 1639	Anl. I, II	geänd. mWv 26.7.2012
				Anl. III	geänd. mWv 1.1.2013
37.	Art. 4 Zweites G zur Änd. arzneimittelrechtlicher und anderer Vorschriften	19.10. 2012	BGBl. I S. 2192	§§ 4, 5, 9, 11, 12, 13, 19, 29, 32	geänd. mWv 26.10.2012
38.	Art. 2 46. Strafrechtsänderungs G	10.6.2013	BGBl. I S. 1497	§ 31	geänd. mWv 1.8.2013
39.	Art. 1 27. VO zur Änd. betäubungsmittelrechtlicher Vorschriften[2]	9.7.2013	BGBl. I S. 2274	Anl. I, II, III	geänd. mWv 17.7.2013
40.	Art. 2 Abs. 20, Art. 4 Abs. 7 G zur Strukturreform des Gebührenrechts des Bundes	7.8.2013	BGBl. I S. 3154, Art. 4 Abs. 7 dieses G aufgeh. durch Art. 2 G v. 18.7. 2016, BGBl. I S. 1666	Inhaltsübersicht, § 25	geänd. mWv 15.8.2013
				Inhaltsübersicht	geänd. mWv 14.8.2018, insoweit aufgeh. durch G v. 18.7. 2016 (BGBl. I S. 1666)
				§ 25	aufgeh. mit Ablauf des 13.8. 2018, insoweit aufgeh. durch G v. 18.7.2016 (BGBl. I S. 1666)

(Fortsetzung der Anm. von voriger Seite)
S. 67), die zuletzt durch die Richtlinie 2008/29/EG des Europäischen Parlaments und des Rates vom 11. März 2008 (ABl. L 81 vom 20.3.2008, S. 51) geändert worden ist.

[1] **Amtl. Anm.:** Die Verpflichtungen aus der Richtlinie 98/34/EG des Europäischen Parlaments und des Rates vom 22. Juni 1998 über ein Informationsverfahren auf dem Gebiet der Normen und technischen Vorschriften und der Vorschriften für die Dienste der Informationsgesellschaft (ABl. L 204 vom 21.7.1998, S. 37), die zuletzt durch die Richtlinie 2006/96/EG (ABl. L 363 vom 20.12.2006, S. 81) geändert worden ist, sind beachtet worden.

[2] **Amtl. Anm.:** Notifiziert gemäß der Richtlinie 98/34/EG des Europäischen Parlaments und des Rates vom 22. Juni 1998 über ein Informationsverfahren auf dem Gebiet der Normen und technischen Vorschriften und der Vorschriften für die Dienste der Informationsgesellschaft (ABl. L 204 vom 21.07. 1998, S. 37), zuletzt geändert durch Artikel 26 Absatz 2 der Verordnung (EU) Nr. 1025/2012 des Europäischen Parlaments und des Rates vom 25. Oktober 2012 (ABl. L 316 vom 14.11.2012, S. 12).

Lfd. Nr.	Änderndes Gesetz	Datum	Fundstelle	Betroffen	Hinweis
41.	Art. 1 28. VO zur Änd. betäubungsmittelrechtlicher Vorschriften[1]	5.12.2014	BGBl. I S. 1999	Anl. I, II	geänd. mWv 13.12.2014
42.	Art. 1 29. VO zur Änd. betäubungsmittelrechtlicher Vorschriften[1]	18.5.2015	BGBl. I S. 723	Anl. II	geänd. mWv 23.5.2015
43.	Art. 2 G zur Änd. des Agrar- und Fischereifonds-Informationen-G und des BetäubungsmittelG	20.5.2015	BGBl. I S. 725	§§ 19, 24a, Anl. I	geänd. mWv 23.5.2015
44.	Art. 1 30. VO zur Änd. betäubungsmittelrechtlicher Vorschriften[1]	11.11. 2015	BGBl. I S. 1992	Anl. I, II	geänd. mWv 21.11.2015
45.	Art. 1 31. VO zur Änd. betäubungsmittelrechtlicher Vorschriften[2]	31.5.2016	BGBl. I S. 1282	Anl. I, II	geänd. mWv 9.6.2016
46.	Art. 4 Abs. 7 G zur Aktualisierung der Strukturreform des Gebührenrechts des Bundes	18.7.2016	BGBl. I S. 1666	Inhaltsübersicht	geänd. mWv 1.10.2021
				§ 25	aufgeh. mit Ablauf des 30.9. 2021
47.	Art. 1 G zur Änd. betäubungsmittelrechtlicher und anderer Vorschriften[2]	6.3.2017	BGBl. I S. 403	§§ 19, 24a, Anl. I, II, III	geänd. mWv 10.3.2017
48.	Art. 6 Abs. 6 G zur Reform der strafrechtlichen Vermögensabschöpfung	13.4.2017	BGBl. I S. 872	Inhaltsübersicht, § 33	geänd. mWv 1.7.2017
				§ 30c	aufgeh. mit Ablauf des 30.6. 2017
49.	Art. 1 18. ÄndVO[2]	16.6.2017	BGBl. I S. 1670	Anl. I, II	geänd. mWv 21.6.2017
50.	Art. 1 VO zur Änd. betäubungsmittelrechtlicher und anderer Vorschriften[2]	2.7.2018	BGBl. I S. 1078	Anl. II	geänd. mWv 13.7.2018
51.	Art. 2 VO zur Änd. der Anl. des Neue-psychoaktive-Stoffe-G und von Anl. des BetäubungsmittelG[2]	12.7.2019	BGBl. I S. 1083	Anl. I, II	geänd. mWv 18.7.2019
52.	Art. 8 G für mehr Sicherheit in der Arzneimittelversorgung[3]	9.8.2019	BGBl. I S. 1202	§ 1	geänd. mWv 16.8.2019

[1] **Amtl. Anm.:** Notifiziert gemäß der Richtlinie 98/34/EG des Europäischen Parlaments und des Rates vom 22. Juni 1998 über ein Informationsverfahren auf dem Gebiet der Normen und technischen Vorschriften und der Vorschriften für die Dienste der Informationsgesellschaft (ABl. L 204 vom 21.07. 1998, S. 37), zuletzt geändert durch Artikel 26 Absatz 2 der Verordnung (EU) Nr. 1025/2012 des Europäischen Parlaments und des Rates vom 25. Oktober 2012 (ABl. L 316 vom 14.11.2012, S. 12).

[2] **Amtl. Anm.:** Notifiziert gemäß der Richtlinie (EU) 2015/1535 des Europäischen Parlaments und des Rates vom 9. September 2015 über ein Informationsverfahren auf dem Gebiet der technischen Vorschriften und der Vorschriften für die Dienste der Informationsgesellschaft (ABl. L 241 vom 17.9.2015, S. 1).

[3] **Amtl. Anm.:** Dieses Gesetz dient der Durchführung der Delegierten Verordnung (EU) 2016/161 der Kommission vom 2. Oktober 2015 zur Ergänzung der Richtlinie 2001/83/EG des Europäischen Parlaments und des Rates durch die Festlegung genauer Bestimmungen über die Sicherheitsmerkmale auf der Verpackung von Humanarzneimitteln (ABl. L 32 vom 9.2.2016, S. 1).

Lfd. Nr.	Änderndes Gesetz	Datum	Fundstelle	Betroffen	Hinweis
53.	Art. 1 19. ÄndVO[1]	17.12. 2019	BGBl. I S. 2850	Anl. II	geänd. mWv 21.12.2019
54.	Art. 91 Elfte ZuständigkeitsanpassungsVO	19.6.2020	BGBl. I S. 1328	§ 21	geänd. mWv 27.6.2020
55.	Art. 1 20. VO zur Änd. von Anlagen des BetäubungsmittelG[1]	10.7.2020	BGBl. I S. 1691	Anl. II, III	geänd. mWv 17.7.2020
56.	Art. 4 60. G zur Änd. des Strafgesetzbuches	30.11. 2020	BGBl. I S. 2600	§ 29	geänd. mWv 1.1.2021
57.	Art. 1 21. VO zur Änd. von Anlagen des BetäubungsmittelG[1]	14.1.2021	BGBl. I S. 70	Anl. II	geänd. mWv 21.1.2021
58.	Art. 1 32. VO zur Änd. betäubungsmittelrechtlicher Vorschriften[1]	18.5.2021	BGBl. I S. 1096	Anl. II, III	geänd. mWv 22.5.2021
59.	Art. 11 Digitale-Versorgung-und-Pflege-Modernisierungs-G	3.6.2021	BGBl. I S. 1309	§§ 13, 19	geänd. mWv 9.6.2021
60.	Art. 9 PersonengesellschaftsrechtsmodernisierungsG (MoPeG)	10.8.2021	BGBl. I S. 3436	§§ 5, 22	geänd. mWv 1.1.2024
61.	Art. 8 Abs. 5 G zum Erlass eines Tierarzneimittelgesetzes und zur Anpassung arzneimittelrechtlicher und anderer Vorschriften[1]	27.9.2021	BGBl. I S. 4530	§§ 1, 4, 6	geänd. mWv 28.1.2022
62.	Art. 1 22. VO zur Änd. von Anlagen des BetäubungsmittelG[1]	8.11.2021	BGBl. I S. 4791	Anl. II	geänd. mWv 11.11.2021
63.	Art. 1 33. VO zur Änd. betäubungsmittelrechtlicher Vorschriften[1]	16.12. 2022	BAnz AT 20.12. 2022 V1	Anl. II	geänd. mWv 21.12.2022

[1] **Amtl. Anm.**: Notifiziert gemäß der Richtlinie (EU) 2015/1535 des Europäischen Parlaments und des Rates vom 9. September 2015 über ein Informationsverfahren auf dem Gebiet der technischen Vorschriften und der Vorschriften für die Dienste der Informationsgesellschaft (ABl. L 241 vom 17.9.2015, S. 1).

Anlage II.[1)] (verkehrsfähige, aber nicht verschreibungsfähige Betäubungsmittel)

INN	andere nicht geschützte oder Trivialnamen	chemische Namen (IUPAC)
–	AB-CHMINACA	*N*-(1-Amino-3-methyl-1-oxobutan-2-yl)-1-(cyclohexylmethyl)-1*H*-indazol-3-carboxamid
–	AB-FUBINACA	*N*-(1-Amino-3-methyl-1-oxobutan-2-yl)-1-[(4-fluorphenyl)methyl]-1*H*-indazol-3-carboxamid
–	AB-PINACA	*N*-(1-Amino-3-methyl-1-oxobutan-2-yl)-1-pentyl-1*H*-indazol-3-carboxamid
–	Acetylfentanyl (Desmethylfentanyl)	*N*-Phenyl-*N*-[1-(2-phenylethyl)piperidin-4-yl]acetamid
–	Acryloylfentanyl (Acrylfentanyl, ACF)	*N*-Phenyl-*N*-[1-(2-phenylethyl)piperidin-4-yl]prop-3-enamid
–	1-Adamantyl(1-pentyl-1H-indol-3-yl)methanon	(Adamantan-1-yl)(1-pentyl-1*H*-indol-3-yl)methanon
–	ADB-CHMINACA (MAB-CHMINACA)	*N*-(1-Amino-3,3-dimethyl-1-oxobutan-2-yl)-1-(cyclohexylmethyl)-1*H*-indazol-3-carboxamid
–	ADB-FUBINACA	*N*-(1-Amino-3,3-dimethyl-1-oxobutan-2-yl)-1-[(4-fluorphenyl)methyl]-1*H*-indazol-3-carboxamid
–	AH-7921 (Doxylam)	3,4-Dichlor-*N*-{[1-(dimethylamino)cyclohexyl]methyl}benzamid
–	AKB-48 (APINACA)	*N*-(Adamantan-1-yl)-1-pentyl-1*H*-indazol-3-carboxamid
–	AKB-48F	*N*-(Adamantan-1-yl)-1-(5-fluorpentyl)-1*H*-indazol-3-carboxamid
–	Alpha-PVT (α-PVT, alpha-Pyrrolidinopentiothiophenon)	2-(Pyrrolidin-1-yl)-1-(thiophen-2-yl)pentan-1-on
–	AM-694	[1-(5-Fluorpentyl)-1*H*-indol-3-yl](2-iodphenyl)methanon
–	AM-1220	{1-[(1-Methylpiperidin-2-yl)methyl]-1*H*-indol-3-yl}(naphthalin-1-yl)methanon

[1)] Anl. II neu gef. mWv 1.7.2001 durch G v. 19.6.2001 (BGBl. I S. 1180); geänd. mWv 1.3.2002 durch G v. 28.11.2001 (BGBl. I S. 3338) und VO v. 12.2.2002 (BGBl. I S. 612); geänd. mWv 10.1.2004 durch VO v. 22.12.2003 (BGBl. I 2004 S. 28); geänd. mWv 18.3.2005 durch VO v. 10.3.2005 (BGBl. I S. 757); geänd. mWv 1.3.2007 durch VO v. 14.2.2007 (BGBl. I S. 154); geänd. mWv 1.3.2008 durch VO v. 18.2.2008 (BGBl. I S. 246); geänd. mWv 22.1.2009 und mWv 22.1.2010 durch VO v. 19.1.2009 (BGBl. I S. 49); geänd. mWv 21.7.2009 durch G v. 15.7.2009 (BGBl. I S. 1801); geänd. mWv 22.1.2010 durch VO v. 18.12.2009 (BGBl. I S. 3944); geänd. mWv 18.5.2011 durch VO v. 11.5.2011 (BGBl. I S. 821); geänd. mWv 26.7.2012 durch VO v. 20.7.2012 (BGBl. I S. 1639); geänd. mWv 17.7.2013 durch VO v. 9.7.2013 (BGBl. I S. 2274); geänd. mWv 13.12.2014 durch VO v. 5.12.2014 (BGBl. I S. 1999); geänd. mWv 23.5.2015 durch VO v. 18.5.2015 (BGBl. I S. 723); geänd. mWv 21.11.2015 durch VO v. 11.11.2015 (BGBl. I S. 1992); geänd. mWv 9.6.2016 durch VO v. 31.5.2016 (BGBl. I S. 1282); geänd. mWv 10.3.2017 durch G v. 6.3.2017 (BGBl. I S. 403); geänd. mWv 21.6.2017 durch VO v. 16.6.2017 (BGBl. I S. 1670); geänd. mWv 13.7.2018 durch VO v. 2.7.2018 (BGBl. I S. 1078); geänd. mWv 18.7.2019 durch VO v. 12.7.2019 (BGBl. I S. 1083); geänd. mWv 21.12.2019 durch VO v. 17.12.2019 (BGBl. I S. 2850); geänd. mWv 17.7.2020 durch VO v. 10.7.2020 (BGBl. I S. 1691); geänd. mWv 21.1.2021 durch VO v. 14.1.2021 (BGBl. I S. 70); geänd. mWv 22.5.2021 durch VO v. 18.5.2021 (BGBl. I S. 1096); geänd. mWv 11.11.2021 durch VO v. 8.11.2021 (BGBl. I S. 4791); geänd. mWv 21.12.2022 durch VO v. 16.12.2022 (BAnz AT 20.12.2022 V1).

INN	andere nicht geschützte oder Trivialnamen	chemische Namen (IUPAC)
–	AM-1220-Azepan	[1-(1-Methylazepan-3-yl)-1*H*-indol-3-yl](naphthalin-1-yl)methanon
–	AM-2201	[1-(5-Fluorpentyl)-1*H*-indol-3-yl](naphthalin-1-yl)methanon
–	AM-2232	5-[3-(Naphthalin-1-carbonyl)-1*H*-indol-1-yl]pentannitril
–	AM-2233	(2-Iodphenyl){1-[(1-methylpiperidin-2-yl)methyl]-1*H*-indol-3-yl}methanon
–	AMB-CHMICA (MMB-CHMICA)	Methyl{2-[1-(cyclohexylmethyl)-1*H*-indol-3-carboxamido]-3-methylbutanoat}
–	AMB-FUBINACA (FUB-AMB)	Methyl(2-{1-[(4-fluorphenyl)methyl]-1*H*-indazol-3-carboxamid}-3-methylbutanoat)
Amfetaminil	–	(Phenyl)[(1-phenylpropan-2-yl) amino]acetonitril
Amineptin	–	7-(10,11-Dihydro-5H-dibenzo[a,d][7]annulen-5-ylamino)heptansäure
Aminorex	–	5-Phenyl-4,5-dihydro-1,3-oxazol-2-ylazan
–	5-APB	1-(Benzofuran-5-yl)propan-2-amin
–	6-APB	1-(Benzofuran-6-yl)propan-2-amin
–	APICA (SDB-001, 2NE1)	*N*-(Adamantan-1-yl)-1-pentyl-1*H*-indol-3-carboxamid
–	BB-22 (QUCHIC)	Chinolin-8-yl[1-(cyclohexylmethyl)-1*H*-indol-3-carboxylat]
–	Benzylpiperazin (BZP)	1-Benzylpiperazin
–	Brorphin	1-{1-[1-(4-Bromphenyl)ethyl]piperidin-4-yl}-1,3-dihydro-2H-benzimidazol-2-on
–	Buphedron	2-(Methylamino)-1-phenylbutan-1-on
Butalbital	–	5-Allyl-5-isobutylbarbitursäure
–	**Butobarbital**	5-Butyl-5-ethylpyrimidin-2,4,6(1*H*,3*H*,5*H*)-trion
–	Butylon	1-(Benzo[d][1,3]dioxol-5-yl)-2-(methylamino)butan-1-on
–	Butyrfentanyl (Butyrylfentanyl)	*N*-Phenyl-*N*-[1-(2-phenylethyl)piperidin-4-yl]butanamid
Cetobemidon	Ketobemidon	1-[4-(3-Hydroxyphenyl)-1-methyl-4-piperidyl]propan-1-on
–	3-Chlormethcathinon (3-CMC, Clophedron)	1-(3-Chlorphenyl)-2-methylaminopropan-1-on
–	5Cl-AKB-48 (5C-AKB-48, AKB-48Cl, 5CI-APINACA, 5C-APINACA)	*N*-(Adamantan-1-yl)-1-(5-chlorpentyl)-1*H*-indazol-3-carboxamid
–	5Cl-JWH-018 (JWH-018 N-(5-Chlorpentyl)-Analogon)	[1-(5-Chlorpentyl)-1*H*-indol-3-yl](naphthalin-1-yl)methanon
–	Clonazolam (Clonitrazolam)	6-(2-Chlorphenyl)-1-methyl-8-nitro-4*H*-[1,2,4]triazolo[4,3-*a*][1,4]benzodiazepin
–	***d*-Cocain**	Methyl[3*β*-(benzoyloxy)tropan-2α-carboxylat]

INN	andere nicht geschützte oder Trivialnamen	chemische Namen (IUPAC)
–	CP 47,497 (*cis*-3-[4-(1,1-Dimethylheptyl)-2-hydroxyphenyl]-cyclohexanol)	5-(1,1-Dimethylheptyl)-2-[(1*RS*,3*SR*)-3-hydroxycyclohexyl]-phenol
–	CP 47,497-C6-Homolog (*cis*-3-[4-(1,1-Dimethylhexyl)-2-hydroxyphenyl]-cyclohexanol)	5-(1,1-Dimethylhexyl)-2-[(1*RS*,3*SR*)-3-hydroxycyclohexyl]-phenol
–	CP 47,497-C8-Homolog (*cis*-3-[4-(1,1-Dimethyloctyl)-2-hydroxyphenyl]-cyclohexanol)	5-(1,1-Dimethyloctyl)-2-[(1*RS*,3*SR*)-3-hydroxycyclohexyl]-phenol
–	CP 47,497-C9-Homolog (*cis*-3-[4-(1,1-Dimethylnonyl)-2-hydroxyphenyl]-cyclohexanol)	5-(1,1-Dimethylnonyl)-2-[(1*RS*,3*SR*)-3-hydroxycyclohexyl]-phenol
–	Crotonylfentanyl	(2E)-*N*-Phenyl-*N*-[1-(2-phenylethyl)piperidin-4-yl]but-2-enamid
–	CUMYL-4CN-BINACA* (SGT-78)	1-(4-Cyanobutyl)-*N*-(2-phenylpropan-2-yl)-1*H*-indazol-3-carboxamid
–	CUMYL-5F-P7AICA (5-Fluor-CUMYL-P7AICA, SGT-263)	1-(5-Fluorpentyl)-*N*-(2-phenylpropan-2-yl)-1*H*-pyrrolo[2,3-*b*]pyridin-3-carboxamid
–	CUMYL-5F-PEGACLONE (5F-Cumyl-PeGaClone, 5F-SGT-151)	5-(5-Fluorpentyl)-2-(2-phenylpropan-2-yl)-2,5-dihydro-1*H*-pyrido[4,3-*b*]indol-1-on
–	CUMYL-PEGACLONE (SGT-151)	5-Pentyl-2-(2-phenylpropan-2-yl)-2,5-dihydro-1*H*-pyrido[4,3-*b*]indol-1-on
Cyclobarbital	–	5-(Cyclohex-1-en-1-yl)-5-ethylpyrimidin-2,4,6(1*H*,3*H*,5*H*)-trion
–	Cyclopropylfentanyl*	*N*-Phenyl-*N*-[1-(2-phenylethyl)piperidin-4-yl]cyclopropancarboxamid
–	Desoxypipradrol (2-DPMP)	2-(Diphenylmethyl)piperidin
–	**Dextromethadon**	(*S*)-6-Dimethylamino-4,4-diphenylheptan-3-on
Dextromoramid	–	(*S*)-3-Methyl-4-morpholino-2,2-diphenyl-1-(pyrrolidin-1-yl)butan-1-on
Dextropropoxyphen	–	[(2*S*,3*R*)-4-Dimethylamino-3-methyl-1,2-diphenylbutan-2-yl]propionat
–	**Diamorphin**	[(5R,6S)-4,5-Epoxy-17- methylmorphin-7-en-3,6- diyl]diacetat

– sofern es zur Herstellung von Zubereitungen zu medizinischen Zwecken bestimmt ist –

–	Diclazepam (2'-Chlordiazepam)	7-Chlor-5-(2-chlorphenyl)-1-methyl-1,3-dihydro-2*H*-1,4-benzodiazepin-2-on
Difenoxin	–	1-(3-Cyan-3,3-diphenylpropyl)-4-phenylpiperidin-4-carbonsäure

– ausgenommen in Zubereitungen, die ohne einen weiteren Stoff der Anlagen I bis III je abgeteilte Form bis zu 0,5 mg Difenoxin, berechnet als Base, und, bezogen auf diese Menge, mindestens 5 vom Hundert Atropinsulfat enthalten –

–	**Dihydromorphin**	4,5α-Epoxy-17-methylmorphinan-3,6α-diol
–	Dihydrothebain	4,5α-Epoxy-3,6-dimethoxy-17-methylmorphin-6-en

INN	andere nicht geschützte oder Trivialnamen	chemische Namen (IUPAC)
–	Dimethocain (DMC, Larocain)	(3-Diethylamino-2,2-dimethylpropyl)-4-aminobenzoat
–	2,5-Dimethoxy-4-iodamfetamin (DOI)	1-(4-Iod-2,5-dimethoxyphenyl)propan-2-amin
–	3,4-Dimethylmethcathinon (3,4-DMMC)	1-(3,4-Dimethylphenyl)-2-(methylamino)propan-1-on
–	Diphenidin (1,2-DEP, DPD, DND, 1,2-Diphenylethylpiperidin)	1-(1,2-Diphenylethyl)piperidin
Diphenoxylat		Ethyl[1-(3-cyan-3,3-diphenylpropyl)-4-phenylpiperidin-4-carboxylat]
– ausgenommen in Zubereitungen, die ohne einen weiteren Stoff der Anlagen I bis III bis zu 0,25 vom Hundert oder je abgeteilte Form bis zu 2,5 mg Diphenoxylat, berechnet als Base, und, bezogen auf diese Mengen, mindestens 1 vom Hundert Atropinsulfat enthalten –		
–	4,4'-DMAR (para-Methyl-4-methylaminorex)	4-Methyl-5-(4-methylphenyl)-4,5-dihydro-1,3-oxazol-2-amin
–	EAM-2201 (5-Fluor-JWH-210)	(4-Ethylnaphthalin-1-yl)[1-(5-fluorpentyl)-1*H*-indol-3-yl]methanon
–	**Ecgonin**	3*β*-Hydroxytropan-2*β*-carbonsäure
–	**Erythroxylum coca** (Pflanzen und Pflanzenteile der zur Art Erythroxylum coca – einschließlich der Varietäten bolivianum, spruceanum und novogranatense – gehörenden Pflanzen)	–
–	Ethcathinon	(*RS*)-2-(Ethylamino)-1-phenylpropan-1-on
Ethchlorvynol	–	1-Chlor-3-ethylpent-1-en-4-in-3-ol
Ethinamat	–	(1-Ethinylcyclohexyl)carbamat
–	*N*-Ethylhexedron (Ethyl-Hexedron, HexEn, Ethyl-Hex, NEH)	2-(Ethylamino)-1-phenylhexan-1-on
–	**3-O-Ethylmorphin** (Ethylmorphin)	4,5α-Epoxy-3-ethoxy-17-methylmorphin-7-en-6α-ol
– ausgenommen in Zubereitungen, die ohne einen weiteren Stoff der Anlagen I bis III bis zu 2,5 vom Hundert oder je abgeteilte Form bis zu 100 mg Ethylmorphin, berechnet als Base, enthalten –		
–	*N*-Ethylnorpentylon (Ephylon, bk-EBDP, bk-Ethyl-K)	1-(1,3-Benzodioxol-5-yl)-2-(ethylamino)pentan-1-on
–	Ethylphenidat	Ethyl[2-(phenyl)-2-(piperidin-2-yl) acetat]
Etilamfetamin	*N*-Ethylamphetamin	(Ethyl)(1-phenylpropan-2-yl)azan
–	Eutylon (N-Ethylnorbutylon, bk-EBDB)	1-(1,3-Benzodioxol-5-yl)-2-(ethylamino)butan-1-on
–	5F-ABICA (5F-AMBICA, 5-Fluor-ABICA,5-Fluor-AMBICA)	*N*-(1-Amino-3-methyl-1-oxobutan-2-yl)-1-(5-fluorpentyl)-1*H*-indol-3-carboxamid
–	5F-AB-PINACA (5-Fluor-AB-PINACA)	*N*-(1-Amino-3-methyl-1-oxobutan-2-yl)-1-(5-fluorpentyl)-1*H*-indazol-3-carboxamid
–	5F-ADB (5F-MDMB-PINACA)	Methyl{2-[1-(5-fluorpentyl)-1*H*-indazol-3-carboxamid]-3,3-dimethylbutanoat}

INN	andere nicht geschützte oder Trivialnamen	chemische Namen (IUPAC)
–	5F-AMB (5-Fluor-AMB)	Methyl{2-[1-(5-fluorpentyl)-1*H*-indazol-3-carboxamido]-3-methylbutanoat}
–	FDU-PB-22	Naphthalin-1-yl{1[(4-fluorphenyl) methyl]-1*H*-indol-3-carboxylat}
Fencamfamin		N-Ethyl-3-phenylbicyclo[2.2.1] heptan-2-amin
–	Flephedron (4-Fluormethcathinon, 4-FMC)	1-(4-Fluorphenyl)-2-(methylamino)-propan-1-on
–	Flualprazolam (2-Fluor-Alprazolam, SCHEMBL7327360, Flu-Alp)	8-Chlor-6-(2-fluorphenyl)-1-methyl-4*H*-[1,2,4] triazolo[4,3-*a*] [1,4] benzodiazepin
–	Flubromazepam	7-Brom-5-(2-fluorphenyl)-1,3-dihydro-2*H*-1,4-benzodiazepin-2-on
–	Flubromazolam	8-Brom-6-(2-fluorphenyl)-1-methyl-4*H*-[1,2,4]triazolo[4,3-a][1,4] benzodiazepin
–	4-Fluorisobutyrfentanyl (4-Fluorisobutyrylfentanyl, 4F-iBF, p-FIBF)	*N*-(4-Fluorphenyl)-2-methyl-*N*-[1-(2-phenylethyl)piperidin-4-yl]propanamid
–	4-Fluormethamfetamin (4-FMA)	1-(4-Fluorphenyl)-N-methylpropan-2-amin
–	3-Fluormethcathinon (3-FMC)	1-(3-Fluorphenyl)-2-(methylamino) propan-1-on
–	5-Fluorpentyl-JWH-122 (MAM-2201)	[1-(5-Fluorpentyl)-1*H*-indol-3-yl](4-methylnaphthalin-1-yl)methanon
–	p-Fluorphenylpiperazin (p-FPP)	1-(4-Fluorphenyl)piperazin
–	4-Fluortropacocain	3-(4-Fluorbenzoyloxy)tropan
–	5-Fluor-UR-144 (XLR-11)	[1-(5-Fluorpentyl)-1*H*-indol-3-yl] (2,2,3,3-tetramethylcyclopropyl)methanon
–	4F-MDMB-BICA (4F-MDMB-BUTICA, 4FBC, 4FBCA, MDMB-073-F, 4F-MDMB-2201)	Methyl{2-[1-(4-fluorbutyl)-1*H*-indol-3-carboxamido]-3,3-dimethylbutanoat}
–	4F-MDMB-BINACA (4F-MDMB-BUTINACA, 4F-ADB)	Methyl{2-[1-(4-fluorbutyl)-1*H*-indazol-3-carboxamido]-3,3-dimethylbutanoat}
–	5F-MDMB-PICA (5F-MDMB-2201)	Methyl{2-[1-(5-fluorpentyl)-1*H*-indol-3-carboxamido]-3,3-dimethylbutanoat}
–	5F-MN-18 (AM-2201 Indazolcarboxamid-Analogon)	1-(5-Fluorpentyl)-*N*-1-(naphthalin-1-yl)-1*H*-indazol-3-carboxamid
–	5F-PB-22 (5F-QUPIC)	Chinolin-8-yl[1-(5-fluorpentyl)indol-3-carboxylat]
–	5F-SDB-006	*N*-Benzyl-1-(5-fluorpentyl)-1*H*-indol-3-carboxamid
–	FUB-PB-22	Chinolin-8-yl{1-[(4-fluorphenyl) methyl]-1*H*-indol-3-carboxylat}
–	Furanylfentanyl (FU-F)	*N*-Phenyl-*N*-[1-(2-phenylethyl)piperidin-4-yl]furan-2-carboxamid
Glutethimid	–	3-Ethyl-3-phenylpiperidin-2,6-dion

INN	andere nicht geschützte oder Trivialnamen	chemische Namen (IUPAC)
–	Isocodein	4,5α-Epoxy-3-methoxy-17-methylmorphin-7-en-6β-ol
Isomethadon	–	6-Dimethylamino-5-methyl-4,4-diphenylhexan-3-on
–	Isotonitazen (Iso)	*N*,*N*-Diethyl-2-{[4-(1-methylethoxy)phenyl]methyl}-5-nitro-1*H*-benzimidazol-1-ethanamin
–	JWH-007	(2-Methyl-1-pentyl-1*H*-indol-3-yl)(naphthalin-1-yl)methanon
–	JWH-015	(2-Methyl-1-propyl-1*H*-indol-3-yl)(naphthalin-1-yl)methanon
–	JWH-018 (1-Pentyl-3-(1-naphthoyl)indol)	(Naphthalin-1-yl)(1-pentyl-1*H*-indol-3-yl)methanon
–	JWH-019 (1-Hexyl-3-(1-naphthoyl)indol)	(Naphthalin-1-yl)(1-hexyl-1*H*-indol-3-yl)methanon
–	JWH-073 (1-Butyl-3-(1-naphthoyl)indol)	(Naphthalin-1-yl)(1-butyl-1*H*-indol-3-yl)methanon
–	JWH-081	(4-Methoxynaphthalin-1-yl)(1-pentyl-1*H*-indol-3-yl)methanon
–	JWH-122	(4-Methylnaphthalin-1-yl)(1-pentyl-1*H*-indol-3-yl)methanon
–	JWH-200	[1-(2-Morpholinoethyl)-1*H*-indol-3-yl](naphthalin-1-yl)methanon
–	JWH-203	2-(2-Chlorphenyl)-1-(1-pentyl-1*H*-indol-3-yl)ethanon
–	JWH-210	(4-Ethylnaphthalin-1-yl)(1-pentyl-1*H*-indol-3-yl)methanon
–	JWH-250 (1-Pentyl-3-(2-methoxyphenylacetyl)indol)	2-(2-Methoxyphenyl)-1-(1-pentyl-1*H*-indol-3-yl)ethanon
–	JWH-251	2-(2-Methylphenyl)-1-(1-pentyl-1*H*-indol-3-yl)ethanon
–	JWH-307	[5-(2-Fluorphenyl)-1-pentyl-1*H*-pyrrol-3-yl](naphthalin-1-yl)methanon
Levamfetamin	Levamphetamin	(*R*)-1-Phenylpropan-2-ylazan
–	Levmetamfetamin (Levometamfetamin)	(*R*)-(Methyl)(1-phenylpropan-2-yl)azan
Levomoramid	–	(*R*)-3-Methyl-4-morpholino-2,2-diphenyl-1-(pyrrolidin-1-yl)butan-1-on
Levorphanol	–	(9*R*,13*R*,14*R*)-17-Methylmorphinan-3-ol
Mazindol	–	5-(4-Chlorphenyl)-2,5-dihydro-3*H*-imidazol[2,1-a]isoindol-5-ol
–	MDMB-CHMCZCA (EGMB-CHMINACA)	Methyl{2-[9-(cyclohexylmethyl)-9*H*-carbazol-3-carboxamido]-3,3-dimethylbutanoat}
–	MDMB-CHMICA	Methyl{2-[1-(cyclohexylmethyl)-1*H*-indol-3-carboxamido]-3,3-dimethylbutanoat}
–	MDMB-4en-PINACA	Methyl{2-[1-(pent-4-en-1-yl)-1*H*-indazol-3-carboxamido]-3,3-dimethylbutanoat}

INN	andere nicht geschützte oder Trivialnamen	chemische Namen (IUPAC)
Mefenorex	–	3-Chlor-N-(1-phenylpropan-2-yl) propan-1-amin
Meprobamat	–	(2-Methyl-2-propylpropan-1,3-diyl) dicarbamat
Mesocarb	–	(Phenylcarbamoyl)[3-(1-phenylpropan-2-yl)-1,2,3-oxadiazol-3-ium-5-yl]azanid
–	meta-Chlorphenylpiperazin (m-CPP)	1-(3-Chlorphenyl)piperazin
Metamfetamin	Methamphetamin	(2S)-*N*-Methyl-1-phenylpropan-2-amin
(*RS*)-**Metamfetamin**	Metamfetaminracemat	(*RS*)-(Methyl)(1-phenylpropan-2-yl) azan
–	Methadon-Zwischenprodukt (Premethadon)	4-Dimethylamino-2,2-diphenylpentannitril
Methaqualon	–	2-Methyl-3-(2-methylphenyl) chinazolin-4(3*H*)-on
–	Methedron (4-Methoxymethcathinon, PMMC)	1-(4-Methoxyphenyl)-2-(methylamino)propan-1-on
–	Methoxyacetylfentanyl*	2-Methoxy-*N*-phenyl-*N*-[1-(2-phenylethyl)piperidin-4-yl]acetamid
–	p-Methoxyethylamfetamin (PMEA)	N-Ethyl-1-(4-methoxyphenyl)propan-2-amin
–	3-Methoxyphencyclidin (3-MeO-PCP)	1-[1-(3-Methoxyphenyl)cyclohexyl] piperidin
–	4-Methylamfetamin	1-(4-Methylphenyl)propan-2-amin
–	2-Methyl-AP-237 (2-Methyl-Bucinnazin)	1-[2-Methyl-4-(3-phenylprop-2-en-1-yl)piperazin-1-yl]butan-1-on
–	Methylbenzylpiperazin (MBZP)	1-Benzyl-4-methylpiperazin
–	3,4-Methylendioxypyrovaleron (MDPV)	1-(Benzo[d][1,3]dioxol-5-yl)-2-(pyrrolidin-1-yl)pentan-1-on
–	4-Methylethcathinon (4-MEC)	2-(Ethylamino) 1 (4 methylphenyl)-propan-1-on
–	Methylon (3,4-Methylendioxy-N-methcathinon, MDMC)	1-(Benzo[d][1,3]dioxol-5-yl)-2-(methylamino)propan-1-on
(*RS;SR*)-**Methylphenidat**	–	Methyl[(*RS;SR*)(phenyl)(2-piperidyl) acetat]
Methyprylon	–	3,3-Diethyl-5-methylpiperidin-2,4-dion
–	Metonitazen	N,N-Diethyl-2-{2-[(4-methoxyphenyl)methyl]-5-nitro-1H-benzimidazol-1-yl}ethan-1-amin
–	MMB-2201 (5F-AMB-PICA, 5F-MMB-PICA)	Methyl{2-[1-(5-fluorpentyl)-1*H*-indol-3-carboxamido]-3-methylbutanoat}
–	**Mohnstrohkonzentrat** (das bei der Verarbeitung von Pflanzen und Pflanzenteilen der Art Papaver somniferum zur Konzentrierung der Alkaloide anfallende Material)	–
–	Moramid-Zwischenprodukt (Premoramid)	3-Methyl-4-morpholino-2,2-diphenylbutansäure

INN	andere nicht geschützte oder Trivialnamen	chemische Namen (IUPAC)
–	MT-45	1-Cyclohexyl-4-(1,2-diphenylethyl)piperazin
–	Naphyron (Naphthylpyrovaleron)	1-(Naphthalin-2-yl)-2-(pyrrolidin-1-yl)pentan-1-on
–	NE-CHMIMO (JWH-018 N-(Cyclohexylmethyl)-Analogon)	[1-(Cyclohexylmethyl)-1*H*-indol-3-yl](naphthalin-1-yl)methanon
Nicocodin	6-Nicotinoylcodein	(4,5α-Epoxy-3-methoxy-17-methylmorphin-7-en-6α-yl)nicotinat
Nicodicodin	6-Nicotinoyldihydrocodein	(4,5α-Epoxy-3-methoxy-17-methylmorphinan-6α-yl)nicotinat
–	NM-2201 (CBL-2201)	Naphthalin-1-yl[1-(5-fluorpentyl)-1*H*-indol-3-carboxylat]
–	Ocfentanil (A-3217)	*N*-(2-Fluorphenyl)-2-methoxy-*N*-[1-(2-phenylethyl)piperidin-4-yl]acetamid
–	Oripavin	4,5α-Epoxy-6-methoxy-17-methylmorphina-6,8-dien-3-ol
–	Orthofluorfentanyl (2-Fluorfentanyl, 2F-F, 2-FF, o-FF)	*N*-(2-Fluorphenyl)-*N*-[1-(2-phenylethyl)piperidin-4-yl]propanamid
Oxymorphon	14-Hydroxydihydromorphinon	4,5α-Epoxy-3,14-dihydroxy-17-methylmorphinan-6-on
–	**Papaver bracteatum** (Pflanzen und Pflanzenteile, ausgenommen die Samen, der zur Art Papaver bracteatum gehörenden Pflanzen)	–
– ausgenommen zu Zierzwecken –		
–	Parafluorbutyrylfentanyl (Parafluorbutyrfentanyl, 4-Fluorbutyrfentanyl, 4F-BF, PFBF)	*N*-(4-Fluorphenyl)-*N*-[1-(2-phenylethyl)piperidin-4-yl]butanamid
–	PB-22 (QUPIC)	Chinolin-8-yl(1-pentylindol-3-carboxylat)
–	Pentedron	2-(Methylamino)-1-phenylpentan-1-on
–	Pethidin-Zwischenprodukt A (Prepethidin)	1-Methyl-4-phenylpiperidin-4-carbonitril
–	Pethidin-Zwischenprodukt B (Norpethidin)	Ethyl(4-phenylpiperidin-4-carboxylat)
–	Pethidin-Zwischenprodukt C (Pethidinsäure)	1-Methyl-4-phenylpiperidin-4-carbonsäure
Phendimetrazin	–	(2*S*,3*S*)-3,4-Dimethyl-2-phenylmorpholin
Phenmetrazin	–	3-Methyl-2-phenylmorpholin
Pholcodin	Morpholinylethylmorphin	4,5α-Epoxy-17-methyl-3-(2-morpholinoethoxy)morphin-7-en-6α-ol
– ausgenommen in Zubereitungen, die ohne einen weiteren Stoff der Anlagen I bis III als Lösung bis zu 0,15 vom Hundert, je Packungseinheit jedoch nicht mehr als 150 mg, oder je abgeteilte Form bis zu 20 mg Pholcodin, berechnet als Base, enthalten –		
Propiram	–	*N*-(1-Piperidinopropan-2-yl)-*N*-(2-pyridyl)propanamid
Pyrovaleron	–	2-(Pyrrolidin-1-yl)-1-(*p*-tolyl)pentan-1-on

INN	**andere nicht geschützte oder Trivialnamen**	**chemische Namen (IUPAC)**
–	α-Pyrrolidinohexanophenon (Alpha-PHP, α-PHP, PV-7)	1-Phenyl-2-(pyrrolidin-1-yl)hexan-1-on
–	α-Pyrrolidinovalerophenon (α-PVP)	1-Phenyl-2-(pyrrolidin-1-yl)pentan-1-on
Racemoramid	–	(*RS*)-3-Methyl-4-morpholino-2,2-diphenyl-1-(pyrrolidin-1-yl)butan-1-on
Racemorphan	–	(9*RS*,13*RS*,14*RS*)-17-Methylmorphinan-3-ol
–	RCS-4	(4-Methoxyphenyl)(1-pentyl-1*H*-indol-3-yl)methanon
–	RCS-4 ortho-Isomer (o-RCS-4)	(2-Methoxyphenyl)(1-pentyl-1*H*-indol-3-yl)methanon
–	SDB-006	*N*-Benzyl-1-pentyl-1*H*-indol-3-carboxamid
Secbutabarbital	Butabarbital	5-(Butan-2-yl)-5-ethylpyrimidin-2,4,6(1*H*,3*H*,5*H*)-trion
–	STS-135 (5F-2NE1)	*N*-(Adamantan-1-yl)-1-(5-fluorpentyl)-1*H*-indol-3-carboxamid
–	**Δ 9-Tetrahydrocannabinol** (Δ 9-THC)	6,6,9-Trimethyl-3-pentyl-6a,7,8,10a-tetrahydro-6*H*-benzo[*c*]chromen-1-ol
–	Tetrahydrofuranylfentanyl (THF-F)	*N*-Phenyl-*N*-[1-(2-phenylethyl)piperidin-4-yl]tetrahydrofuran-2-carboxamid
–	**Tetrahydrothebain**	4,5α-Epoxy-3,6-dimethoxy-17-methylmorphinan
Thebacon	Acetyldihydrocodeinon	(4,5α-Epoxy-3-methoxy-17-methylmorphin-6-en-6-yl)acetat
–	**Thebain**	4,5α-Epoxy-3,6-dimethoxy-17-methylmorphina-6,8-dien

(Fortsetzung nächstes Blatt)

Lfd. Nr.	Änderndes Gesetz	Datum	Fundstelle	Betroffen	Hinweis
11.	Art. 24 Abs. 11 G zur Modernisierung des notariellen Berufsrechts und zur Änd. weiterer Vorschriften	25.6.2021	BGBl. I S. 2154	§ 50	geänd. mWv 1.8.2021
12.	Art. 92 PersonengesellschaftsrechtsmodernisierungsG (MoPeG)	10.8.2021	BGBl. I S. 3436	§§ 2, 12, 18, 20, 22, 40	geänd. mWv 1.1.2024
13.	Art. 2 SanktionsdurchsetzungsG I	23.5.2022	BGBl. I S. 754	§§ 26a, 28, 30, 32, 40	geänd. mWv 28.5.2022
14.	Art. 4 SanktionsdurchsetzungsG II	19.12.2022	BGBl. I S. 2606	Inhaltsübersicht, §§ 1, 3a, 8, 18, 19, 20, 22, 23, 23a, 24, 26a, 32, 51, 59	geänd. mWv 28.12.2022
				§§ 16a, 19a, 19b	eingef. mWv 28.12.2022
				Inhaltsübersicht	geänd. mWv 1.1.2026
				§ 23b	eingef. mWv 1.1.2026

Inhaltsübersicht[1)]

1) Inhaltsübersicht geänd. mWv 1.1.2020 durch G v. 12.12.2019 (BGBl. I S. 2602); geänd. mWv 1.7.2021 durch G v. 3.6.2021 (BGBl. I S. 1534); geänd. mWv 1.8.2021 durch G v. 25.6.2021 (BGBl. I S. 2083); geänd. mWv 28.12.2022 und mWv 1.1.2026 durch G v. 19.12.2022 (BGBl. I S. 2606).

Abschnitt 1.[1] Begriffsbestimmungen, Verpflichtete und risikobasierter Ansatz

§ 1[2] Begriffsbestimmungen (1) Geldwäsche im Sinne dieses Gesetzes ist eine Straftat nach § 261 des Strafgesetzbuchs[3].

(2) Terrorismusfinanzierung im Sinne dieses Gesetzes ist

1. die Bereitstellung oder Sammlung von Vermögensgegenständen mit dem Wissen oder in der Absicht, dass diese Vermögensgegenstände ganz oder teilweise dazu verwendet werden oder verwendet werden sollen, eine oder mehrere der folgenden Straftaten zu begehen:
   a) eine Tat nach § 129a des Strafgesetzbuchs, auch in Verbindung mit § 129b des Strafgesetzbuchs, oder
   b) eine andere der in den Artikeln 3, 5 bis 10 und 12 der Richtlinie (EU) 2017/541 des Europäischen Parlaments und des Rates vom 15. März 2017 zur Terrorismusbekämpfung und zur Ersetzung des Rahmenbeschlusses 2002/475/JI des Rates und zur Änderung des Beschlusses 2005/671/JI des Rates (ABl. L 88 vom 31.3.2017, S. 6) umschriebenen Straftaten,
2. die Begehung einer Tat nach § 89c des Strafgesetzbuchs oder
3. die Anstiftung oder Beihilfe zu einer Tat nach Nummer 1 oder 2.

(3) Identifizierung im Sinne dieses Gesetzes besteht aus

1. dem Erheben von Angaben zum Zweck der Identifizierung und
2. der Überprüfung dieser Angaben zum Zweck der Identifizierung.

(4) Geschäftsbeziehung im Sinne dieses Gesetzes ist jede Beziehung, die unmittelbar in Verbindung mit den gewerblichen oder beruflichen Aktivitäten der Verpflichteten steht und bei der beim Zustandekommen des Kontakts davon ausgegangen wird, dass sie von gewisser Dauer sein wird.

(5) [1] Transaktion im Sinne dieses Gesetzes ist oder sind eine oder, soweit zwischen ihnen eine Verbindung zu bestehen scheint, mehrere Handlungen, die eine Geldbewegung oder eine sonstige Vermögensverschiebung bezweckt oder bezwecken oder bewirkt oder bewirken. [2] Bei Vermittlungstätigkeiten von Verpflichteten nach § 2 Absatz 1 Nummer 14 und 16 gilt als Transaktion im Sinne dieses Gesetzes das vermittelte Rechtsgeschäft.

(6) [1] Trust im Sinne dieses Gesetzes ist eine Rechtgestaltung, die als Trust errichtet wurde, wenn das für die Errichtung anwendbare Recht das Rechtsinstitut des Trusts vorsieht. [2] Sieht das für die Errichtung anwendbare Recht ein Rechtsinstitut vor, das dem Trust nachgebildet ist, so gelten auch Rechtsgestaltungen, die unter Verwendung dieses Rechtsinstituts errichtet wurden, als Trust.

(7) Vermögensgegenstand im Sinne dieses Gesetzes ist

1. jeder Vermögenswert, ob körperlich oder nichtkörperlich, beweglich oder unbeweglich, materiell oder immateriell, sowie

---

[1] Abschnitt 1 Überschrift geänd. mWv 1.8.2021 durch G v. 25.6.2021 (BGBl. I S. 2083).

[2] § 1 Abs. 2 Nr. 1 Buchst. b, Abs. 11 und 12 Satz 2 neu gef., Abs. 5 Satz 2, Abs. 12 Sätze 3 und 4, Abs. 15 Satz 2 und Abs. 23–25 angef., Abs. 9 und 18 geänd. mWv 1.1.2020 durch G v. 12.12.2019 (BGBl. I S. 2602); Abs. 3 neu gef., Abs. 26–30 angef. mWv 1.8.2021 durch G v. 25.6.2021 (BGBl. I S. 2083); Abs. 7a eingef. mWv 28.12.2022 durch G v. 19.12.2022 (BGBl. I S. 2606).

[3] **Habersack, Deutsche Gesetze Nr. 85.**

2. Rechtstitel und Urkunden in jeder Form, einschließlich der elektronischen und digitalen Form, die das Eigentumsrecht oder sonstige Rechte an Vermögenswerten nach Nummer 1 verbriefen.

(7a) Immobilien im Sinne dieses Gesetzes sind Grundstücke, grundstücksgleiche Rechte und Miteigentumsanteile an Grundstücken, die im Bestandsverzeichnis eines Grundbuchblattes aufgeführt sind.

(8) Glücksspiel im Sinne dieses Gesetzes ist jedes Spiel, bei dem ein Spieler für den Erwerb einer Gewinnchance ein Entgelt entrichtet und der Eintritt von Gewinn oder Verlust ganz oder überwiegend vom Zufall abhängt.

(9) Güterhändler im Sinne dieses Gesetzes ist, wer gewerblich Güter veräußert, unabhängig davon, in wessen Namen oder auf wessen Rechnung.

(10) [1] Hochwertige Güter im Sinne dieses Gesetzes sind Gegenstände,

1. die sich aufgrund ihrer Beschaffenheit, ihres Verkehrswertes oder ihres bestimmungsgemäßen Gebrauchs von Gebrauchsgegenständen des Alltags abheben oder
2. die aufgrund ihres Preises keine Alltagsanschaffung darstellen.

[2] Zu ihnen gehören insbesondere

1. Edelmetalle wie Gold, Silber und Platin,
2. Edelsteine,
3. Schmuck und Uhren,
4. Kunstgegenstände und Antiquitäten,
5. Kraftfahrzeuge, Schiffe und Motorboote sowie Luftfahrzeuge.

(11) Immobilienmakler im Sinne dieses Gesetzes ist, wer gewerblich den Abschluss von Kauf-, Pacht- oder Mietverträgen über Grundstücke, grundstücksgleiche Rechte, gewerbliche Räume oder Wohnräume vermittelt.

(12) [1] Politisch exponierte Person im Sinne dieses Gesetzes ist jede Person, die ein hochrangiges wichtiges öffentliches Amt auf internationaler, europäischer oder nationaler Ebene ausübt oder ausgeübt hat oder ein öffentliches Amt unterhalb der nationalen Ebene, dessen politische Bedeutung vergleichbar ist, ausübt oder ausgeübt hat. [2] Zu den politisch exponierten Personen gehören insbesondere

1. Personen, die folgende Funktionen innehaben:
   a) Staatschefs, Regierungschefs, Minister, Mitglieder der Europäischen Kommission, stellvertretende Minister und Staatssekretäre,
   b) Parlamentsabgeordnete und Mitglieder vergleichbarer Gesetzgebungsorgane,
   c) Mitglieder der Führungsgremien politischer Parteien,
   d) Mitglieder von obersten Gerichtshöfen, Verfassungsgerichtshöfen oder sonstigen hohen Gerichten, gegen deren Entscheidungen im Regelfall kein Rechtsmittel mehr eingelegt werden kann,
   e) Mitglieder der Leitungsorgane von Rechnungshöfen,
   f) Mitglieder der Leitungsorgane von Zentralbanken,
   g) Botschafter, Geschäftsträger und Verteidigungsattachés,
   h) Mitglieder der Verwaltungs-, Leitungs- und Aufsichtsorgane staatseigener Unternehmen,
   i) Direktoren, stellvertretende Direktoren, Mitglieder des Leitungsorgans oder sonstige Leiter mit vergleichbarer Funktion in einer zwischenstaatlichen internationalen oder europäischen Organisation;

2. Personen, die Ämter innehaben, welche in der nach Artikel 1 Nummer 13 der Richtlinie (EU) 2018/843 des Europäischen Parlaments und des Rates vom 30. Mai 2018 zur Änderung der Richtlinie (EU) 2015/849 zur Verhinderung der Nutzung des Finanzsystems zum Zwecke der Geldwäsche und der Terrorismusfinanzierung und zur Änderung der Richtlinien 2009/138/EG und 2013/36/EU (ABl. L 156 vom 19.6.2018, S. 43) von der Europäischen Kommission veröffentlichten Liste enthalten sind.

[3] Das Bundesministerium der Finanzen erstellt, aktualisiert und übermittelt der Europäischen Kommission eine Liste gemäß Artikel 1 Nummer 13 der Richtlinie (EU) 2018/843. [4] Organisationen nach Satz 2 Nummer 1 Buchstabe i mit Sitz in Deutschland übermitteln dem Bundesministerium der Finanzen hierfür jährlich zum Jahresende eine Liste mit wichtigen öffentlichen Ämtern nach dieser Vorschrift.

(13) Familienmitglied im Sinne dieses Gesetzes ist ein naher Angehöriger einer politisch exponierten Person, insbesondere

1. der Ehepartner oder eingetragene Lebenspartner,
2. ein Kind und dessen Ehepartner oder eingetragener Lebenspartner sowie
3. jeder Elternteil.

(14) Bekanntermaßen nahestehende Person im Sinne dieses Gesetzes ist eine natürliche Person, bei der der Verpflichtete Grund zu der Annahme haben muss, dass diese Person

1. gemeinsam mit einer politisch exponierten Person
   a) wirtschaftlich Berechtigter einer Vereinigung nach § 20 Absatz 1 ist oder
   b) wirtschaftlich Berechtigter einer Rechtsgestaltung nach § 21 ist,
2. zu einer politisch exponierten Person sonstige enge Geschäftsbeziehungen unterhält oder
3. alleiniger wirtschaftlich Berechtigter
   a) einer Vereinigung nach § 20 Absatz 1 ist oder
   b) einer Rechtsgestaltung nach § 21 ist,

   bei der der Verpflichtete Grund zu der Annahme haben muss, dass die Errichtung faktisch zugunsten einer politisch exponierten Person erfolgte.

(15) [1] Mitglied der Führungsebene im Sinne dieses Gesetzes ist eine Führungskraft oder ein leitender Mitarbeiter eines Verpflichteten mit ausreichendem Wissen über die Risiken, denen der Verpflichtete in Bezug auf Geldwäsche und Terrorismusfinanzierung ausgesetzt ist, und mit der Befugnis, insoweit Entscheidungen zu treffen. [2] Ein Mitglied der Führungsebene muss nicht zugleich ein Mitglied der Leitungsebene sein.

(16) Gruppe im Sinne dieses Gesetzes ist ein Zusammenschluss von Unternehmen, der besteht aus

1. einem Mutterunternehmen,
2. den Tochterunternehmen des Mutterunternehmens,
3. den Unternehmen, an denen das Mutterunternehmen oder seine Tochterunternehmen eine Beteiligung halten, und
4. Unternehmen, die untereinander verbunden sind durch eine Beziehung im Sinne des Artikels 22 Absatz 1 der Richtlinie 2013/34/EU des Europäischen Parlaments und des Rates vom 26. Juni 2013 über den Jahresabschluss, den konsolidierten Abschluss und damit verbundene Berichte von Unternehmen

bestimmter Rechtsformen und zur Änderung der Richtlinie 2006/43/EG des Europäischen Parlaments und des Rates und zur Aufhebung der Richtlinien 78/660/EWG und 83/349/EWG des Rates (ABl. L 182 vom 29.6.2013, S. 19).

(17) Drittstaat im Sinne dieses Gesetzes ist ein Staat,

1. der nicht Mitgliedstaat der Europäischen Union ist und
2. der nicht Vertragsstaat des Abkommens über den Europäischen Wirtschaftsraum ist.

(18) E-Geld im Sinne dieses Gesetzes ist E-Geld nach § 1 Absatz 2 Satz 3 und 4 des Zahlungsdiensteaufsichtsgesetzes.

(19) Aufsichtsbehörde im Sinne dieses Gesetzes ist die zuständige Aufsichtsbehörde nach § 50.

(20) Die Zuverlässigkeit eines Mitarbeiters im Sinne dieses Gesetzes liegt vor, wenn der Mitarbeiter die Gewähr dafür bietet, dass er

1. die in diesem Gesetz geregelten Pflichten, sonstige geldwäscherechtliche Pflichten und die beim Verpflichteten eingeführten Strategien, Kontrollen und Verfahren zur Verhinderung von Geldwäsche und von Terrorismusfinanzierung sorgfältig beachtet,
2. Tatsachen nach § 43 Absatz 1 dem Vorgesetzten oder dem Geldwäschebeauftragten, sofern ein Geldwäschebeauftragter bestellt ist, meldet und
3. sich weder aktiv noch passiv an zweifelhaften Transaktionen oder Geschäftsbeziehungen beteiligt.

(21) Korrespondenzbeziehung im Sinne dieses Gesetzes ist eine Geschäftsbeziehung, in deren Rahmen folgende Leistungen erbracht werden:

1. Bankdienstleistungen, wie die Unterhaltung eines Kontokorrent- oder eines anderen Zahlungskontos und die Erbringung damit verbundener Leistungen wie die Verwaltung von Barmitteln, die Durchführung von internationalen Geldtransfers oder Devisengeschäften und die Vornahme von Scheckverrechnungen, durch Verpflichtete nach § 2 Absatz 1 Nummer 1 (Korrespondenten) für CRR-Kreditinstitute oder für Unternehmen in einem Drittstaat, die Tätigkeiten ausüben, die denen solcher Kreditinstitute gleichwertig sind (Respondenten), oder
2. andere Leistungen als Bankdienstleistungen, soweit diese anderen Leistungen nach den jeweiligen gesetzlichen Vorschriften durch Verpflichtete nach § 2 Absatz 1 Nummer 1 bis 3 und 6 bis 9 (Korrespondenten) erbracht werden dürfen
   a) für andere CRR-Kreditinstitute oder Finanzinstitute im Sinne des Artikels 3 Nummer 2 der Richtlinie (EU) 2015/849 oder
   b) für Unternehmen oder Personen in einem Drittstaat, die Tätigkeiten ausüben, die denen solcher Kreditinstitute oder Finanzinstitute gleichwertig sind (Respondenten).

(22) Bank-Mantelgesellschaft im Sinne dieses Gesetzes ist

1. ein CRR-Kreditinstitut oder ein Finanzinstitut nach Artikel 3 Nummer 2 der Richtlinie (EU) 2015/849 oder
2. ein Unternehmen,
   a) das Tätigkeiten ausübt, die denen eines solchen Kreditinstituts oder Finanzinstituts gleichwertig sind, und das in einem Land in ein Handelsregister oder

ein vergleichbares Register eingetragen ist, in dem die tatsächliche Leitung und Verwaltung nicht erfolgen, und

b) das keiner regulierten Gruppe von Kredit- oder Finanzinstituten angeschlossen ist.

(23) [1]Kunstvermittler im Sinne dieses Gesetzes ist, wer gewerblich den Abschluss von Kaufverträgen über Kunstgegenstände vermittelt, auch als Auktionator oder Galerist. [2]Kunstlagerhalter im Sinne dieses Gesetzes ist, wer gewerblich Kunstgegenstände lagert. [3]Unerheblich ist, in wessen Namen oder auf wessen Rechnung die Tätigkeit nach Satz 1 oder 2 erfolgt.

(24) [1]Finanzunternehmen im Sinne dieses Gesetzes ist ein Unternehmen, dessen Haupttätigkeit darin besteht,

1. Beteiligungen zu erwerben, zu halten oder zu veräußern,
2. Geldforderungen mit Finanzierungsfunktion entgeltlich zu erwerben,
3. mit Finanzinstrumenten auf eigene Rechnung zu handeln,
4. Finanzanlagenvermittler nach § 34f Absatz 1 Satz 1 der Gewerbeordnung[1)] und Honorar-Finanzanlagenberater nach § 34h Absatz 1 Satz 1 der Gewerbeordnung zu sein, es sei denn, die Vermittlung oder Beratung bezieht sich ausschließlich auf Anlagen, die von Verpflichteten nach diesem Gesetz vertrieben oder emittiert werden,
5. Unternehmen über die Kapitalstruktur, die industrielle Strategie und die damit verbundenen Fragen zu beraten sowie bei Zusammenschlüssen und Übernahmen von Unternehmen diese Unternehmen zu beraten und ihnen Dienstleistungen anzubieten oder
6. Darlehen zwischen Kreditinstituten zu vermitteln (Geldmaklergeschäfte).

[2]Holdinggesellschaften, die ausschließlich Beteiligungen an Unternehmen außerhalb des Kreditinstituts-, Finanzinstituts- und Versicherungssektors halten und die nicht über die mit der Verwaltung des Beteiligungsbesitzes verbundenen Aufgaben hinaus unternehmerisch tätig sind, sind keine Finanzunternehmen im Sinne dieses Gesetzes.

(25) Mutterunternehmen im Sinne dieses Gesetzes ist ein Unternehmen, dem mindestens ein anderes Unternehmen nach Absatz 16 Nummer 2 bis 4 nachgeordnet ist, und dem kein anderes Unternehmen übergeordnet ist.

(26) Finanzinformationen im Sinne dieses Gesetzes sind alle Arten von Informationen oder Daten, insbesondere Daten über finanzielle Vermögenswerte, Geldbewegungen oder finanzgeschäftliche Beziehungen, die bereits bei der Zentralstelle für Finanztransaktionsuntersuchungen oder anderen zentralen Meldestellen im Sinne des Artikels 32 der Richtlinie (EU) 2015/849 vorhanden sind, um Geldwäsche und Terrorismusfinanzierung zu verhüten, aufzudecken und zu bekämpfen.

(27) Finanzanalyse im Sinne dieses Gesetzes ist das Ergebnis der von der Zentralstelle für Finanztransaktionsuntersuchungen oder einer anderen zentralen Meldestelle im Sinne des Artikel 32 der Richtlinie (EU) 2015/849 für die Erfüllung ihrer Aufgaben nach der Richtlinie (EU) 2015/849 bereits durchgeführten operativen und strategischen Analyse.

[1)] **Sartorius Nr. 800.**

(28) Die Bezeichnung

1. Richtlinie (EU) 2015/849 bezeichnet die Richtlinie (EU) 2015/849 des Europäischen Parlamentes und des Rates vom 20. Mai 2015 zur Verhinderung der Nutzung des Finanzsystems zum Zweck der Geldwäsche und der Terrorismusfinanzierung, zur Änderung der Verordnung (EU) Nr. 648/2012 des Europäischen Parlaments und des Rates und zur Aufhebung der Richtlinie 2005/60/EG des Europäischen Parlaments und des Rates und der Richtlinie 2006/70/EG der Kommission, die zuletzt durch die Richtlinie (EU) 2018/843 des Europäischen Parlamentes und des Rates vom 30. Mai 2018 zur Änderung der Richtlinie (EU) 2015/849 zur Verhinderung der Nutzung des Finanzsystems zum Zweck der Geldwäsche und der Terrorismusfinanzierung und zur Änderung der Richtlinien 2009/138/EG und 2013/36/EU geändert worden ist.
2. Richtlinie (EU) 2019/1153 bezeichnet die Richtlinie (EU) 2019/1153 des Europäischen Parlamentes und des Rates vom 20. Juni 2019 zur Festlegung von Vorschriften zur Erleichterung der Nutzung von Finanz- und sonstigen Informationen für die Verhütung, Aufdeckung, Untersuchung oder Verfolgung bestimmter Straftaten und zur Aufhebung des Beschlusses 2000/642/JI des Rates.
3. Verordnung (EU) 2016/794 bezeichnet die Verordnung (EU) 2016/794 des Europäischen Parlamentes und des Rates vom 11. Mai 2016 über die Agentur der Europäischen Union für die Zusammenarbeit auf dem Gebiet der Strafverfolgung (Europol) und zur Ersetzung und Aufhebung der Beschlüsse 2009/371/JI, 2009/934/JI, 2009/935/JI, 2009/936/JI und 2009/968/JI.

(29) Kryptowerte im Sinne dieses Gesetzes sind Kryptowerte nach § 1 Absatz 11 Satz 1 Nummer 10 in Verbindung mit Satz 4 und 5 des Kreditwesengesetzes.

(30) Übertragung von Kryptowerten im Sinne dieses Gesetzes ist jeglicher Transfer von Kryptowerten zwischen natürlichen oder juristischen Personen im Rahmen der Erbringung von Finanzdienstleistungen oder dem Betreiben von Bankgeschäften im Sinne des Kreditwesengesetzes, der nicht ausschließlich die Kryptoverwahrung im Sinne des § 1 Absatz 1a Satz 2 Nummer 6 des Kreditwesengesetzes darstellt.

§ 2[1] Verpflichtete, Verordnungsermächtigung. (1) Verpflichtete im Sinne dieses Gesetzes sind, soweit sie in Ausübung ihres Gewerbes oder Berufs handeln,

1. Kreditinstitute nach § 1 Absatz 1 des Kreditwesengesetzes, mit Ausnahme der in § 2 Absatz 1 Nummer 3 bis 8 des Kreditwesengesetzes genannten Unternehmen, und im Inland gelegene Zweigstellen und Zweigniederlassungen von Kreditinstituten mit Sitz im Ausland,
2. Finanzdienstleistungsinstitute nach § 1 Absatz 1a des Kreditwesengesetzes, mit Ausnahme der in § 2 Absatz 6 Satz 1 Nummer 3 bis 10 und 12 und Absatz 10 des Kreditwesengesetzes genannten Unternehmen, im Inland gelegene Zweigstellen und Zweigniederlassungen von Finanzdienstleistungsinstituten mit Sitz im Ausland sowie Wertpapierinstitute nach § 2 Absatz 1 des Wertpapierinsti-

[1] § 2 Abs. 1 Nr. 13 Buchst. e geänd. mWv 14.7.2018 durch G v. 10.7.2018 (BGBl. I S. 1102); Abs. 1 Nr. 3 und 5, Nr. 7 Buchst. b und c, Nr. 8, Nr. 10 Buchst. a, Nr. 12 sowie Abs. 2 Satz 1 geänd., Abs. 1 Nr. 4, 6, 11, 16 neu gef., Abs. 1 Nr. 7 Buchst. d, Nr. 10 Buchst. c–e, Abs. 2 Satz 2, Abs. 3 und 4 angef. mWv 1.1.2020 durch G v. 12.12.2019 (BGBl. I S. 2602); Abs. 1 Nr. 2 geänd. mWv 26.6.2021 durch G v. 12.5.2021 (BGBl. I S. 990); Abs. 1 Nr. 13 Buchst. e geänd., Nr. 15 Buchst. c neu gef., Buchst. d aufgeh. mWv 1.8.2021 durch G v. 25.6.2021 (BGBl. I S. 2083); Abs. 3 Satz 2 geänd. mWv 1.1.2024 durch G v. 10.8.2021 (BGBl. I S. 3436).

tutsgesetzes und im Inland gelegene Niederlassungen vergleichbarer Unternehmen mit Sitz im Ausland,
3. Zahlungsinstitute und E-Geld-Institute nach § 1 Absatz 3 des Zahlungsdiensteaufsichtsgesetzes und im Inland gelegene Zweigstellen und Zweigniederlassungen von vergleichbaren Instituten mit Sitz im Ausland,
4. Agenten nach § 1 Absatz 9 des Zahlungsdiensteaufsichtsgesetzes und E-Geld-Agenten nach § 1 Absatz 10 des Zahlungsdiensteaufsichtsgesetzes sowie diejenigen Zahlungsinstitute und E-Geld-Institute mit Sitz in einem anderen Vertragsstaat des Abkommens über den Europäischen Wirtschaftsraum, die im Inland über Agenten nach § 1 Absatz 9 des Zahlungsdiensteaufsichtsgesetzes oder über E-Geld-Agenten nach § 1 Absatz 10 des Zahlungsdiensteaufsichtsgesetzes niedergelassen sind,
5. selbständige Gewerbetreibende, die E-Geld eines Kreditinstituts nach § 1 Absatz 2 Satz 1 Nummer 2 des Zahlungsdiensteaufsichtsgesetzes vertreiben oder rücktauschen,
6. Finanzunternehmen sowie im Inland gelegene Zweigstellen und Zweigniederlassungen von Finanzunternehmen mit Sitz im Ausland, soweit sie nicht bereits von den Nummern 1 bis 5, 7, 9, 10, 12 oder 13 erfasst sind,
7. Versicherungsunternehmen nach Artikel 13 Nummer 1 der Richtlinie 2009/138/EG des Europäischen Parlaments und des Rates vom 25. November 2009 betreffend die Aufnahme und Ausübung der Versicherungs- und der Rückversicherungstätigkeit (Solvabilität II) (ABl. L 335 vom 17.12.2009, S. 1) und im Inland gelegene Niederlassungen solcher Unternehmen mit Sitz im Ausland, soweit sie jeweils
   a) Lebensversicherungstätigkeiten, die unter diese Richtlinie fallen, anbieten,
   b) Unfallversicherungen mit Prämienrückgewähr anbieten,
   c) Darlehen im Sinne von § 1 Absatz 1 Satz 2 Nummer 2 des Kreditwesengesetzes vergeben oder
   d) Kapitalisierungsprodukte anbieten,
8. Versicherungsvermittler nach § 59 des Versicherungsvertragsgesetzes[1], soweit sie die unter Nummer 7 fallenden Tätigkeiten, Geschäfte, Produkte oder Dienstleistungen vermitteln, mit Ausnahme der gemäß § 34d Absatz 6 oder 7 Nummer 1 der Gewerbeordnung[2] tätigen Versicherungsvermittler, und im Inland gelegene Niederlassungen entsprechender Versicherungsvermittler mit Sitz im Ausland,
9. Kapitalverwaltungsgesellschaften nach § 17 Absatz 1 des Kapitalanlagegesetzbuchs, im Inland gelegene Zweigniederlassungen von EU-Verwaltungsgesellschaften und ausländischen AIF-Verwaltungsgesellschaften sowie ausländische AIF-Verwaltungsgesellschaften, für die die Bundesrepublik Deutschland Referenzmitgliedstaat ist und die der Aufsicht der Bundesanstalt für Finanzdienstleistungsaufsicht gemäß § 57 Absatz 1 Satz 3 des Kapitalanlagegesetzbuchs unterliegen,
10. Rechtsanwälte, Kammerrechtsbeistände, Patentanwälte sowie Notare, soweit sie
   a) für den Mandanten an der Planung oder Durchführung von folgenden Geschäften mitwirken:
      aa) Kauf und Verkauf von Immobilien oder Gewerbebetrieben,

---

[1] **Habersack, Deutsche Gesetze Nr. 62.**
[2] **Sartorius Nr. 800.**

bb) Verwaltung von Geld, Wertpapieren oder sonstigen Vermögenswerten,
cc) Eröffnung oder Verwaltung von Bank-, Spar- oder Wertpapierkonten,
dd) Beschaffung der zur Gründung, zum Betrieb oder zur Verwaltung von Gesellschaften erforderlichen Mittel,
ee) Gründung, Betrieb oder Verwaltung von Treuhandgesellschaften, Gesellschaften oder ähnlichen Strukturen,

b) im Namen und auf Rechnung des Mandanten Finanz- oder Immobilientransaktionen durchführen,
c) den Mandanten im Hinblick auf dessen Kapitalstruktur, dessen industrielle Strategie oder damit verbundene Fragen beraten,
d) Beratung oder Dienstleistungen im Zusammenhang mit Zusammenschlüssen oder Übernahmen erbringen oder
e) geschäftsmäßig Hilfeleistung in Steuersachen erbringen,

11. Rechtsbeistände, die nicht Mitglied einer Rechtsanwaltskammer sind, und registrierte Personen nach § 10 des Rechtsdienstleistungsgesetzes[1], soweit sie Tätigkeiten nach Nummer 10 Buchstabe a bis d erbringen, ausgenommen die Erbringung von Inkassodienstleistungen im Sinne des § 2 Absatz 2 Satz 1 des Rechtsdienstleistungsgesetzes,
12. Wirtschaftsprüfer, vereidigte Buchprüfer, Steuerberater, Steuerbevollmächtigte und die in § 4 Nummer 11 des Steuerberatungsgesetzes genannten Vereine,
13. Dienstleister für Gesellschaften und für Treuhandvermögen oder Treuhänder, die nicht den unter den Nummern 10 bis 12 genannten Berufen angehören, wenn sie für Dritte eine der folgenden Dienstleistungen erbringen:
    a) Gründung einer juristischen Person oder Personengesellschaft,
    b) Ausübung der Leitungs- oder Geschäftsführungsfunktion einer juristischen Person oder einer Personengesellschaft, Ausübung der Funktion eines Gesellschafters einer Personengesellschaft oder Ausübung einer vergleichbaren Funktion,
    c) Bereitstellung eines Sitzes, einer Geschäfts-, Verwaltungs- oder Postadresse und anderer damit zusammenhängender Dienstleistungen für eine juristische Person, für eine Personengesellschaft oder für eine Rechtsgestaltung nach § 3 Absatz 3,
    d) Ausübung der Funktion eines Treuhänders für eine Rechtsgestaltung nach § 3 Absatz 3,
    e) Ausübung der Funktion eines nominellen Anteilseigners für eine andere Person, bei der es sich nicht um eine auf einem organisierten Markt notierte Gesellschaft nach § 2 Absatz 11 des Wertpapierhandelsgesetzes[2] handelt, die dem Gemeinschaftsrecht entsprechenden Transparenzanforderungen im Hinblick auf Stimmrechtsanteile oder gleichwertigen internationalen Standards unterliegt,
    f) Schaffung der Möglichkeit für eine andere Person, die in den Buchstaben b, d und e genannten Funktionen auszuüben,
14. Immobilienmakler,
15. Veranstalter und Vermittler von Glücksspielen, soweit es sich nicht handelt um
    a) Betreiber von Geldspielgeräten nach § 33c der Gewerbeordnung,

[1] Nr. 99.
[2] Nr. 58.

b) Vereine, die das Unternehmen eines Totalisatoren nach § 1 des Rennwett- und Lotteriegesetzes betreiben,

c) Lotterien, für die die Veranstalter und Vermittler über eine glücksspielrechtliche Erlaubnis der in Deutschland jeweils zuständigen Behörde verfügen, und

16. Güterhändler, Kunstvermittler und Kunstlagerhalter, soweit die Lagerhaltung in Zollfreigebieten erfolgt.

(2) [1] Das Bundesministerium der Finanzen kann durch Rechtsverordnung ohne Zustimmung des Bundesrates Verpflichtete gemäß Absatz 1 Nummer 1 bis 9 und 16, die Finanztätigkeiten, die keinen Finanztransfer im Sinne von § 1 Absatz 1 Satz 2 Nummer 6 des Zahlungsdiensteaufsichtsgesetzes darstellen, nur gelegentlich oder in sehr begrenztem Umfang ausüben und bei denen ein geringes Risiko der Geldwäsche oder der Terrorismusfinanzierung besteht, vom Anwendungsbereich dieses Gesetzes ausnehmen, wenn

1. die Finanztätigkeit auf einzelne Transaktionen beschränkt ist, die in absoluter Hinsicht je Kunde und einzelne Transaktion den Betrag von 1 000 Euro nicht überschreitet,
2. der Umsatz der Finanztätigkeit insgesamt nicht über 5 Prozent des jährlichen Gesamtumsatzes der betroffenen Verpflichteten hinausgeht,
3. die Finanztätigkeit lediglich eine mit der ausgeübten Haupttätigkeit zusammenhängende Nebentätigkeit darstellt und
4. die Finanztätigkeit nur für Kunden der Haupttätigkeit und nicht für die allgemeine Öffentlichkeit erbracht wird.

[2] In diesem Fall hat es die Europäische Kommission zeitnah zu unterrichten.

(3) [1] Für Gerichte, die öffentliche Versteigerungen durchführen, gelten im Rahmen der Zwangsversteigerung von Grundstücken, von im Schiffsregister eingetragenen Schiffen, von Schiffsbauwerken, die im Schiffsbauregister eingetragen sind oder in dieses Register eingetragen werden können, und Luftfahrzeugen im Wege der Zwangsvollstreckung die in den Abschnitten 3, 5 und 6 genannten Identifizierungs- und Meldepflichten sowie die Pflicht zur Zusammenarbeit mit der Zentralstelle für Finanztransaktionsuntersuchungen entsprechend, soweit Transaktionen mit Barzahlungen über mindestens 10 000 Euro getätigt werden. [2] Die Identifizierung des Erstehers soll unmittelbar nach Erteilung des Zuschlags erfolgen, spätestens jedoch bei Einzahlung des Bargebots; dabei ist bei natürlichen Personen die Erhebung des Geburtsorts und der Staatsangehörigkeit sowie bei ***[bis 31.12.2023:*** Personengesellschaften***][ab 1.1.2024:*** *rechtsfähigen Personengesellschaften****]*** und juristischen Personen die Erhebung der Namen sämtlicher Mitglieder des Vertretungsorgans oder sämtlicher gesetzlicher Vertreter nicht erforderlich.

(4) [1] Für Behörden sowie Körperschaften und Anstalten des öffentlichen Rechts, die öffentliche Versteigerungen durchführen, gelten die in den Abschnitten 3, 5 und 6 genannten Identifizierungs- und Meldepflichten sowie die Pflicht zur Zusammenarbeit mit der Zentralstelle für Finanztransaktionsuntersuchungen entsprechend, soweit Transaktionen mit Barzahlungen über mindestens 10 000 Euro getätigt werden. [2] Satz 1 gilt nicht, soweit im Rahmen der Zwangsvollstreckung gepfändete Gegenstände verwertet werden. [3] Die Identifizierung des Erstehers soll bei Zuschlag erfolgen, spätestens jedoch bei Einzahlung des Bargebots. [4] Nach Satz 1 verpflichtete Behörden sowie Körperschaften und Anstalten des öffentlichen Rechts können bei der Erfüllung ihrer Pflichten nach Satz 1 auf Dritte zurückgreifen.

§ 3[1)] Wirtschaftlich Berechtigter. (1) [1] Wirtschaftlich Berechtigter im Sinne dieses Gesetzes ist

1. die natürliche Person, in deren Eigentum oder unter deren Kontrolle eine juristische Person, sonstige Gesellschaft oder eine Rechtsgestaltung im Sinne des Absatzes 3 letztlich steht, oder
2. die natürliche Person, auf deren Veranlassung eine Transaktion letztlich durchgeführt oder eine Geschäftsbeziehung letztlich begründet wird.

[2] Zu den wirtschaftlich Berechtigten zählen insbesondere die in den Absätzen 2 bis 4 aufgeführten natürlichen Personen.

(2) [1] Bei juristischen Personen außer rechtsfähigen Stiftungen und bei sonstigen Gesellschaften, die nicht an einem organisierten Markt nach § 2 Absatz 11 des Wertpapierhandelsgesetzes[2)] notiert sind und keinen dem Gemeinschaftsrecht entsprechenden Transparenzanforderungen im Hinblick auf Stimmrechtsanteile oder gleichwertigen internationalen Standards unterliegen, zählt zu den wirtschaftlich Berechtigten jede natürliche Person, die unmittelbar oder mittelbar

1. mehr als 25 Prozent der Kapitalanteile hält,
2. mehr als 25 Prozent der Stimmrechte kontrolliert oder
3. auf vergleichbare Weise Kontrolle ausübt.

[2] Mittelbare Kontrolle liegt insbesondere vor, wenn entsprechende Anteile von einer oder mehreren Vereinigungen nach § 20 Absatz 1 gehalten werden, die von einer natürlichen Person kontrolliert werden. [3] Kontrolle liegt insbesondere vor, wenn die natürliche Person unmittelbar oder mittelbar einen beherrschenden Einfluss auf die Vereinigung nach § 20 Absatz 1 ausüben kann. [4] Für das Bestehen eines beherrschenden Einflusses gilt § 290 Absatz 2 bis 4 des Handelsgesetzbuchs[3)] entsprechend. [5] Wenn auch nach Durchführung umfassender Prüfungen und ohne dass Tatsachen nach § 43 Absatz 1 vorliegen von der meldepflichtigen Vereinigung nach § 20 Absatz 1 kein wirtschaftlich Berechtigter nach Absatz 1 oder nach den Sätzen 1 bis 4 ermittelt werden kann, gilt als wirtschaftlich Berechtigter der gesetzliche Vertreter, der geschäftsführende Gesellschafter oder der Partner des Vertragspartners.

(3) Bei rechtsfähigen Stiftungen und Rechtsgestaltungen, mit denen treuhänderisch Vermögen verwaltet oder verteilt oder die Verwaltung oder Verteilung durch Dritte beauftragt wird, oder bei diesen vergleichbaren Rechtsformen zählt zu den wirtschaftlich Berechtigten:

1. jede natürliche Person, die als Treugeber (Settlor), Verwalter von Trusts (Trustee) oder Protektor, sofern vorhanden, handelt,
2. jede natürliche Person, die Mitglied des Vorstands der Stiftung ist,
3. jede natürliche Person, die als Begünstigte bestimmt worden ist,
4. die Gruppe von natürlichen Personen, zu deren Gunsten das Vermögen verwaltet oder verteilt werden soll, sofern die natürliche Person, die Begünstigte des verwalteten Vermögens werden soll, noch nicht bestimmt ist,

---

[1)] § 3 Abs. 2 Satz 1 geänd. mWv 14.7.2018 durch G v. 10.7.2018 (BGBl. I S. 1102); Abs. 2 Satz 5 neu gef., Abs. 3 Nr. 1, 4 und 5 geänd., Nr. 6 angef. mWv 1.1.2020 durch G v. 12.12.2019 (BGBl. I S. 2602); Abs. 1 Nr. 1 geänd., Abs. 3 Satz 1 Nr. 6 neu gef. mWv 1.8.2021 durch G v. 25.6.2021 (BGBl. I S. 2083).

[2)] Nr. **58.**

[3)] **Habersack, Deutsche Gesetze Nr. 50.**

5. jede natürliche Person, die auf sonstige Weise unmittelbar oder mittelbar beherrschenden Einfluss auf die Vermögensverwaltung oder Ertragsverteilung ausübt, und
6. jede natürliche Person, die unmittelbar oder mittelbar beherrschenden Einfluss auf eine Vereinigung ausüben kann, die
   a) Mitglied des Vorstands der Stiftung ist oder die als Begünstigte der Stiftung bestimmt worden ist, oder
   b) als Treugeber (Settlor), Verwalter von Trusts (Trustee) oder Protektor handelt oder die als Begünstige der Rechtsgestaltung bestimmt worden ist.

(4) [1] Bei Handeln auf Veranlassung zählt zu den wirtschaftlich Berechtigten derjenige, auf dessen Veranlassung die Transaktion durchgeführt wird. [2] Soweit der Vertragspartner als Treuhänder handelt, handelt er ebenfalls auf Veranlassung.

§ 3a[1)] Risikobasierter Ansatz, nationale Risikoanalyse. (1) [1] Die Verhinderung und Bekämpfung von Geldwäsche und Terrorismusfinanzierung nach den Anforderungen dieses Gesetzes folgt einem risikobasierten Ansatz. [2] Die spezielleren Regelungen der nachfolgenden Abschnitte dieses Gesetzes bleiben hiervon unberührt.

(2) [1] Die für die Verhinderung und Bekämpfung von Geldwäsche und Terrorismusfinanzierung zuständigen Behörden des Bundes sowie die Länder wirken an der vom Bundesministerium der Finanzen koordinierten nationalen Risikoanalyse mit. [2] Die Verpflichteten nach diesem Gesetz werden bei Erstellung der nationalen Risikoanalyse eingebunden und über die Ergebnisse unterrichtet. [3] Die nationale Risikoanalyse berücksichtigt die Risikobewertung der Europäischen Kommission nach Artikel 6 der Richtlinie (EU) 2015/849 und wird regelmäßig aktualisiert. [4] Nach Bedarf werden spezifische sektorale Risikoanalysen erstellt.

Abschnitt 2. Risikomanagement

§ 4[2)] Risikomanagement. (1) Die Verpflichteten müssen zur Verhinderung von Geldwäsche und von Terrorismusfinanzierung über ein wirksames Risikomanagement verfügen, das im Hinblick auf Art und Umfang ihrer Geschäftstätigkeit angemessen ist.

(2) Das Risikomanagement umfasst eine Risikoanalyse nach § 5 sowie interne Sicherungsmaßnahmen nach § 6.

(3) [1] Verantwortlich für das Risikomanagement sowie für die Einhaltung der geldwäscherechtlichen Bestimmungen in diesem und anderen Gesetzen sowie in den aufgrund dieses und anderer Gesetze ergangenen Rechtsverordnungen ist ein zu benennendes Mitglied der Leitungsebene. [2] Die Risikoanalyse und interne Sicherungsmaßnahmen bedürfen der Genehmigung dieses Mitglieds.

(4) Verpflichtete nach § 2 Absatz 1 Nummer 14 müssen über ein wirksames Risikomanagement einschließlich gruppenweiter Verfahren verfügen:
1. bei der Vermittlung von Kaufverträgen und
2. bei der Vermittlung von Miet- oder Pachtverträgen mit einer monatlichen Nettokaltmiete oder Nettokaltpacht in Höhe von mindestens 10 000 Euro.

---

1) § 3a eingef. mWv 1.8.2021 durch G v. 25.6.2021 (BGBl. I S. 2083); Abs. 2 Satz 3 geänd. mWv 28.12.2022 durch G v. 19.12.2022 (BGBl. I S. 2606).

2) § 4 Abs. 4 neu gef., Abs. 5 angef. mWv 1.1.2020 durch G v. 12.12.2019 (BGBl. I S. 2602); Abs. 4 Nr. 2 geänd. mWv 1.8.2021 durch G v. 25.6.2021 (BGBl. I S. 2083).

(5) Verpflichtete nach § 2 Absatz 1 Nummer 16 müssen über ein wirksames Risikomanagement einschließlich gruppenweiter Verfahren verfügen:

1. als Güterhändler bei folgenden Transaktionen:
   a) Transaktionen im Wert von mindestens 10 000 Euro über Kunstgegenstände,
   b) Transaktionen über hochwertige Güter nach § 1 Absatz 10 Satz 2 Nummer 1, bei welchen sie Barzahlungen über mindestens 2 000 Euro selbst oder durch Dritte tätigen oder entgegennehmen, oder
   c) Transaktionen über sonstige Güter, bei welchen sie Barzahlungen über mindestens 10 000 Euro selbst oder durch Dritte tätigen oder entgegennehmen, und
2. als Kunstvermittler und Kunstlagerhalter bei Transaktionen im Wert von mindestens 10 000 Euro.

§ 5 Risikoanalyse. (1) [1]Die Verpflichteten haben diejenigen Risiken der Geldwäsche und der Terrorismusfinanzierung zu ermitteln und zu bewerten, die für Geschäfte bestehen, die von ihnen betrieben werden. [2]Dabei haben sie insbesondere die in den Anlagen 1 und 2 genannten Risikofaktoren sowie die Informationen, die auf Grundlage der nationalen Risikoanalyse zur Verfügung gestellt werden, zu berücksichtigen. [3]Der Umfang der Risikoanalyse richtet sich nach Art und Umfang der Geschäftstätigkeit der Verpflichteten.

(2) Die Verpflichteten haben

1. die Risikoanalyse zu dokumentieren,
2. die Risikoanalyse regelmäßig zu überprüfen und gegebenenfalls zu aktualisieren und
3. der Aufsichtsbehörde auf Verlangen die jeweils aktuelle Fassung der Risikoanalyse zur Verfügung zu stellen.

(3) Für Verpflichtete als Mutterunternehmen einer Gruppe gelten die Absätze 1 und 2 in Bezug auf die gesamte Gruppe.

(4) Die Aufsichtsbehörde kann einen Verpflichteten auf dessen Antrag von der Dokumentation der Risikoanalyse befreien, wenn der Verpflichtete darlegen kann, dass die in dem jeweiligen Bereich bestehenden konkreten Risiken klar erkennbar sind und sie verstanden werden.

§ 6[1)] Interne Sicherungsmaßnahmen. (1) [1]Verpflichtete haben angemessene geschäfts- und kundenbezogene interne Sicherungsmaßnahmen zu schaffen, um die Risiken von Geldwäsche und von Terrorismusfinanzierung in Form von Grundsätzen, Verfahren und Kontrollen zu steuern und zu mindern. [2]Angemessen sind solche Maßnahmen, die der jeweiligen Risikosituation des einzelnen Verpflichteten entsprechen und diese hinreichend abdecken. [3]Die Verpflichteten haben die Funktionsfähigkeit der internen Sicherungsmaßnahmen zu überwachen und sie bei Bedarf zu aktualisieren.

(2) Interne Sicherungsmaßnahmen sind insbesondere:

1. die Ausarbeitung von internen Grundsätzen, Verfahren und Kontrollen in Bezug auf
   a) den Umgang mit Risiken nach Absatz 1,
   b) die Kundensorgfaltspflichten nach den §§ 10 bis 17,

---

1) § 6 Abs. 6 Sätze 3 und 4 geänd. mWv 1.1.2020 durch G v. 12.12.2019 (BGBl. I S. 2602).

c) die Erfüllung der Meldepflicht nach § 43 Absatz 1,
d) die Aufzeichnung von Informationen und die Aufbewahrung von Dokumenten nach § 8 und
e) die Einhaltung der sonstigen geldwäscherechtlichen Vorschriften,

2. die Bestellung eines Geldwäschebeauftragten und seines Stellvertreters gemäß § 7,
3. für Verpflichtete, die Mutterunternehmen einer Gruppe sind, die Schaffung von gruppenweiten Verfahren gemäß § 9,
4. die Schaffung und Fortentwicklung geeigneter Maßnahmen zur Verhinderung des Missbrauchs von neuen Produkten und Technologien zur Begehung von Geldwäsche und von Terrorismusfinanzierung oder für Zwecke der Begünstigung der Anonymität von Geschäftsbeziehungen oder von Transaktionen,
5. die Überprüfung der Mitarbeiter auf ihre Zuverlässigkeit durch geeignete Maßnahmen, insbesondere durch Personalkontroll- und Beurteilungssysteme der Verpflichteten,
6. die erstmalige und laufende Unterrichtung der Mitarbeiter in Bezug auf Typologien und aktuelle Methoden der Geldwäsche und der Terrorismusfinanzierung sowie die insoweit einschlägigen Vorschriften und Pflichten, einschließlich Datenschutzbestimmungen, und
7. die Überprüfung der zuvor genannten Grundsätze und Verfahren durch eine unabhängige Prüfung, soweit diese Überprüfung angesichts der Art und des Umfangs der Geschäftstätigkeit angemessen ist.

(3) Soweit ein Verpflichteter nach § 2 Absatz 1 Nummer 10 bis 14 und 16 seine berufliche Tätigkeit als Angestellter eines Unternehmens ausübt, obliegen die Verpflichtungen nach den Absätzen 1 und 2 diesem Unternehmen.

(4) [1] Verpflichtete nach § 2 Absatz 1 Nummer 15 haben über die in Absatz 2 genannten Maßnahmen hinaus Datenverarbeitungssysteme zu betreiben, mittels derer sie in der Lage sind, sowohl Geschäftsbeziehungen als auch einzelne Transaktionen im Spielbetrieb und über ein Spielerkonto nach § 16 zu erkennen, die als zweifelhaft oder ungewöhnlich anzusehen sind aufgrund des öffentlich verfügbaren oder im Unternehmen verfügbaren Erfahrungswissens über die Methoden der Geldwäsche und der Terrorismusfinanzierung. [2] Sie haben diese Datenverarbeitungssysteme zu aktualisieren. [3] Die Aufsichtsbehörde kann Kriterien bestimmen, bei deren Erfüllung Verpflichtete nach § 2 Absatz 1 Nummer 15 vom Einsatz von Datenverarbeitungssystemen nach Satz 1 absehen können.

(5) Die Verpflichteten haben im Hinblick auf ihre Art und Größe angemessene Vorkehrungen zu treffen, damit es ihren Mitarbeitern und Personen in einer vergleichbaren Position unter Wahrung der Vertraulichkeit ihrer Identität möglich ist, Verstöße gegen geldwäscherechtliche Vorschriften geeigneten Stellen zu berichten.

(6) [1] Die Verpflichteten treffen Vorkehrungen, um auf Anfrage der Zentralstelle für Finanztransaktionsuntersuchungen oder auf Anfrage anderer zuständiger Behörden Auskunft darüber zu geben, ob sie während eines Zeitraums von fünf Jahren vor der Anfrage mit bestimmten Personen eine Geschäftsbeziehung unterhalten haben und welcher Art diese Geschäftsbeziehung war. [2] Sie haben sicherzustellen, dass die Informationen sicher und vertraulich an die anfragende Stelle übermittelt werden. [3] Verpflichtete nach § 2 Absatz 1 Nummer 10 und 12 können die Auskunft verweigern, wenn sich die Anfrage auf Informationen bezieht, die sie im Rahmen von Tätigkeiten der Rechtsberatung oder Prozessvertretung erhalten

haben. [4]Die Pflicht zur Auskunft bleibt bestehen, wenn der Verpflichtete weiß, dass die Rechtsberatung oder Prozessvertretung für den Zweck der Geldwäsche oder der Terrorismusfinanzierung genutzt wurde oder wird.

(7) [1]Die Verpflichteten dürfen die internen Sicherungsmaßnahmen im Rahmen von vertraglichen Vereinbarungen durch einen Dritten durchführen lassen, wenn sie dies vorher der Aufsichtsbehörde angezeigt haben. [2]Die Aufsichtsbehörde kann die Übertragung dann untersagen, wenn

1. der Dritte nicht die Gewähr dafür bietet, dass die Sicherungsmaßnahmen ordnungsgemäß durchgeführt werden,
2. die Steuerungsmöglichkeiten der Verpflichteten beeinträchtigt werden oder
3. die Aufsicht durch die Aufsichtsbehörde beeinträchtigt wird.

[3]Die Verpflichteten haben in ihrer Anzeige darzulegen, dass die Voraussetzungen für eine Untersagung der Übertragung nach Satz 2 nicht vorliegen. [4]Die Verantwortung für die Erfüllung der Sicherungsmaßnahmen bleibt bei den Verpflichteten.

(8) Die Aufsichtsbehörde kann im Einzelfall Anordnungen erteilen, die geeignet und erforderlich sind, damit der Verpflichtete die erforderlichen internen Sicherungsmaßnahmen schafft.

(9) Die Aufsichtsbehörde kann anordnen, dass auf einzelne Verpflichtete oder Gruppen von Verpflichteten wegen der Art der von diesen betriebenen Geschäfte und wegen der Größe des Geschäftsbetriebs unter Berücksichtigung der Risiken in Bezug auf Geldwäsche oder Terrorismusfinanzierung die Vorschriften der Absätze 1 bis 6 risikoangemessen anzuwenden sind.

§ 7[1)] Geldwäschebeauftragter. (1) [1]Verpflichtete nach § 2 Absatz 1 Nummer 1 bis 3, 6, 7, 9 und 15 haben einen Geldwäschebeauftragten auf Führungsebene sowie einen Stellvertreter zu bestellen. [2]Der Geldwäschebeauftragte ist für die Einhaltung der geldwäscherechtlichen Vorschriften zuständig; die Verantwortung der Leitungsebene bleibt hiervon unberührt. [3]Der Geldwäschebeauftragte ist der Geschäftsleitung unmittelbar nachgeordnet.

(2) Die Aufsichtsbehörde kann einen Verpflichteten von der Pflicht, einen Geldwäschebeauftragten zu bestellen, befreien, wenn sichergestellt ist, dass

1. die Gefahr von Informationsverlusten und -defiziten aufgrund arbeitsteiliger Unternehmensstruktur nicht besteht und
2. nach risikobasierter Bewertung anderweitige Vorkehrungen getroffen werden, um Geschäftsbeziehungen und Transaktionen zu verhindern, die mit Geldwäsche oder Terrorismusfinanzierung zusammenhängen.

(3) [1]Die Aufsichtsbehörde kann anordnen, dass Verpflichtete nach § 2 Absatz 1 Nummer 4, 5, 8, 10 bis 14 und 16 einen Geldwäschebeauftragten zu bestellen haben, wenn sie dies für angemessen erachtet. [2]Bei Verpflichteten nach § 2 Absatz 1 Nummer 16 soll die Anordnung erfolgen, wenn die Haupttätigkeit des Verpflichteten im Handel mit hochwertigen Gütern besteht.

(4) [1]Die Verpflichteten haben der Aufsichtsbehörde die Bestellung des Geldwäschebeauftragten und seines Stellvertreters oder ihre Entpflichtung vorab anzuzeigen. [2]Die Bestellung einer Person zum Geldwäschebeauftragten oder zu seinem Stellvertreter muss auf Verlangen der Aufsichtsbehörde widerrufen werden,

[1)] § 7 Abs. 1 neu gef. mWv 1.1.2020 durch G v. 12.12.2019 (BGBl. I S. 2602).

wenn die Person nicht die erforderliche Qualifikation oder Zuverlässigkeit aufweist.

(5) [1]Der Geldwäschebeauftragte muss seine Tätigkeit im Inland ausüben. [2]Er muss Ansprechpartner sein für die Strafverfolgungsbehörden, für die für Aufklärung, Verhütung und Beseitigung von Gefahren zuständigen Behörden, für die Zentralstelle für Finanztransaktionsuntersuchungen und für die Aufsichtsbehörde in Bezug auf die Einhaltung der einschlägigen Vorschriften. [3]Ihm sind ausreichende Befugnisse und die für eine ordnungsgemäße Durchführung seiner Funktion notwendigen Mittel einzuräumen. [4]Insbesondere ist ihm ungehinderter Zugang zu sämtlichen Informationen, Daten, Aufzeichnungen und Systemen zu gewähren oder zu verschaffen, die im Rahmen der Erfüllung seiner Aufgaben von Bedeutung sein können. [5]Der Geldwäschebeauftragte hat der Geschäftsleitung unmittelbar zu berichten. [6]Soweit der Geldwäschebeauftragte die Erstattung einer Meldung nach § 43 Absatz 1 beabsichtigt oder ein Auskunftsersuchen der Zentralstelle für Finanztransaktionsuntersuchungen nach § 30 Absatz 3 beantwortet, unterliegt er nicht dem Direktionsrecht durch die Geschäftsleitung.

(6) Der Geldwäschebeauftragte darf Daten und Informationen ausschließlich zur Erfüllung seiner Aufgaben verwenden.

(7) [1]Dem Geldwäschebeauftragten und dem Stellvertreter darf wegen der Erfüllung ihrer Aufgaben keine Benachteiligung im Beschäftigungsverhältnis entstehen. [2]Die Kündigung des Arbeitsverhältnisses ist unzulässig, es sei denn, dass Tatsachen vorliegen, welche die verantwortliche Stelle zur Kündigung aus wichtigem Grund ohne Einhaltung einer Kündigungsfrist berechtigen. [3]Nach der Abberufung als Geldwäschebeauftragter oder als Stellvertreter ist die Kündigung innerhalb eines Jahres nach der Beendigung der Bestellung unzulässig, es sei denn, dass die verantwortliche Stelle zur Kündigung aus wichtigem Grund ohne Einhaltung einer Kündigungsfrist berechtigt ist.

§ 8[1)] Aufzeichnungs- und Aufbewahrungspflicht. (1) [1]Vom Verpflichteten aufzuzeichnen und aufzubewahren sind

1. die im Rahmen der Erfüllung der Sorgfaltspflichten erhobenen Angaben und eingeholten Informationen
   a) über die Vertragspartner, die Vertragsparteien des vermittelten Rechtsgeschäfts nach § 11 Absatz 2 und gegebenenfalls über die für die Vertragspartner oder die Vertragsparteien des vermittelten Rechtsgeschäfts auftretenden Personen und wirtschaftlich Berechtigten,
   b) über Geschäftsbeziehungen und Transaktionen, insbesondere Transaktionsbelege, soweit sie für die Untersuchung von Transaktionen erforderlich sein können,
2. hinreichende Informationen über die Durchführung und über die Ergebnisse der Risikobewertung nach § 10 Absatz 2, § 14 Absatz 1 und § 15 Absatz 3 und über die Angemessenheit der auf Grundlage dieser Ergebnisse ergriffenen Maßnahmen,
3. die Ergebnisse der Untersuchung nach § 15 Absatz 6 Nummer 1,
4. von den Beteiligten vorgelegte Nachweise nach § 16a Absatz 2 und

1) § 8 Abs. 1 Satz 1 Nr. 1 Buchst. a und Satz 2, Abs. 2 Satz 2 sowie Abs. 4 Sätze 1 und 2 neu gef., Abs. 1 Satz 3 angef., Abs. 2 Satz 4 eingef., bish. Sätze 4–7 werden Sätze 5–8 mWv 1.1.2020 durch G v. 12.12. 2019 (BGBl. I S. 2602); Abs. 1 Satz 1 Nr. 1 Buchst. a, Nr. 2 und 3 sowie Satz 2 geänd. mWv 1.8.2021 durch G v. 25.6.2021 (BGBl. I S. 2083); Abs. 1 Satz 1 Nr. 3 geänd., Nr. 4 eingef., bish. Nr. 4 wird Nr. 5 mWv 28.12.2022 durch G v. 19.12.2022 (BGBl. I S. 2606).

5. die Erwägungsgründe und eine nachvollziehbare Begründung des Bewertungsergebnisses eines Sachverhalts hinsichtlich der Meldepflicht nach § 43 Absatz 1.

[2] Die Aufzeichnungen nach Satz 1 Nummer 1 Buchstabe a schließen Aufzeichnungen über die getroffenen Maßnahmen zur Ermittlung des wirtschaftlich Berechtigten sowie die Dokumentation der Eigentums- und Kontrollstruktur nach § 12 Absatz 4 Satz 1 ein. [3] Bei Personen, die nach § 3 Absatz 2 Satz 5 als wirtschaftlich Berechtigte gelten, sind zudem die Maßnahmen zur Überprüfung der Identität nach § 11 Absatz 5 und etwaige Schwierigkeiten, die während des Überprüfungsvorgangs aufgetreten sind, aufzuzeichnen.

(2) [1] Zur Erfüllung der Pflicht nach Absatz 1 Satz 1 Nummer 1 Buchstabe a sind in den Fällen des § 12 Absatz 1 Satz 1 Nummer 1 auch die Art, die Nummer und die Behörde, die das zur Überprüfung der Identität vorgelegte Dokument ausgestellt hat, aufzuzeichnen. [2] Soweit zur Überprüfung der Identität einer natürlichen Person Dokumente nach § 12 Absatz 1 Satz 1 Nummer 1, 4 oder 5 oder zur Überprüfung der Identität einer juristischen Person Unterlagen nach § 12 Absatz 2 vorgelegt werden oder soweit Dokumente, die aufgrund einer Rechtsverordnung nach § 12 Absatz 3 bestimmt sind, vorgelegt oder herangezogen werden, haben die Verpflichteten das Recht und die Pflicht, Kopien dieser Dokumente oder Unterlagen anzufertigen oder sie optisch digitalisiert zu erfassen oder, bei einem Vor-Ort-Auslesen nach § 18a des Personalausweisgesetzes[1)], nach § 78 Absatz 5 Satz 2 des Aufenthaltsgesetzes[2)] oder nach § 13 des eID-Karte-Gesetzes, das dienste- und kartenspezifische Kennzeichen sowie die Tatsache aufzuzeichnen, dass die Daten im Wege des Vor-Ort-Auslesens übernommen wurden. [3] Diese gelten als Aufzeichnung im Sinne des Satzes 1. [4] Die Aufzeichnungs- und Aufbewahrungspflicht nach Absatz 1 Satz 1 Nummer 1 Buchstabe a umfasst auch die zur Erfüllung geldwäscherechtlicher Sorgfaltspflichten angefertigten Aufzeichnungen von Video- und Tonaufnahmen. [5] Wird nach § 11 Absatz 3 Satz 1 von einer erneuten Identifizierung abgesehen, so sind der Name des zu Identifizierenden und der Umstand, dass er bei früherer Gelegenheit identifiziert worden ist, aufzuzeichnen. [6] Im Fall des § 12 Absatz 1 Satz 1 Nummer 2 ist anstelle der Art, der Nummer und der Behörde, die das zur Überprüfung der Identität vorgelegte Dokument ausgestellt hat, das dienste- und kartenspezifische Kennzeichen und die Tatsache, dass die Prüfung anhand eines elektronischen Identitätsnachweises erfolgt ist, aufzuzeichnen. [7] Bei der Überprüfung der Identität anhand einer qualifizierten Signatur nach § 12 Absatz 1 Satz 1 Nummer 3 ist auch deren Validierung aufzuzeichnen. [8] Bei Einholung von Angaben und Informationen durch Einsichtnahme in elektronisch geführte Register oder Verzeichnisse gemäß § 12 Absatz 2 gilt die Anfertigung eines Ausdrucks als Aufzeichnung der darin enthaltenen Angaben oder Informationen.

(3) [1] Die Aufzeichnungen können auch digital auf einem Datenträger gespeichert werden. [2] Die Verpflichteten müssen sicherstellen, dass die gespeicherten Daten

1. mit den festgestellten Angaben und Informationen übereinstimmen,
2. während der Dauer der Aufbewahrungsfrist verfügbar sind und
3. jederzeit innerhalb einer angemessenen Frist lesbar gemacht werden können.

(4) [1] Die Aufzeichnungen und sonstigen Belege nach den Absätzen 1 bis 3 sind fünf Jahre aufzubewahren, soweit nicht andere gesetzliche Bestimmungen über

---

1) **Sartorius Nr. 255.**
2) **Sartorius Nr. 565.**

Aufzeichnungs- und Aufbewahrungspflichten eine längere Frist vorsehen. [2] In jedem Fall sind die Aufzeichnungen und sonstigen Belege spätestens nach Ablauf von zehn Jahren zu vernichten. [3] Die Aufbewahrungsfrist im Fall des § 10 Absatz 3 Satz 1 Nummer 1 beginnt mit dem Schluss des Kalenderjahres, in dem die Geschäftsbeziehung endet. [4] In den übrigen Fällen beginnt sie mit dem Schluss des Kalenderjahres, in dem die jeweilige Angabe festgestellt worden ist.

(Fortsetzung nächstes Blatt)

(10) [1] Das Bundesministerium der Finanzen kann durch Rechtsverordnung, die nicht der Zustimmung des Bundesrates bedarf,

1. Fallkonstellationen bestimmen, in denen insbesondere im Hinblick auf Staaten, Kunden, Produkte, Dienstleistungen, Transaktionen oder Vertriebskanäle ein potenziell höheres Risiko der Geldwäsche oder der Terrorismusfinanzierung besteht und die Verpflichteten bestimmte verstärkte Sorgfaltspflichten und Gegenmaßnahmen zu erfüllen haben,
2. für Fallkonstellationen im Sinne des Absatzes 3 Nummer 2 bestimmte verstärkte Sorgfaltspflichten und Gegenmaßnahmen anordnen sowie für die Anordnung und Ausgestaltung verstärkter Sorgfaltspflichten durch die zuständigen Aufsichtsbehörden nach Absatz 5a Regelungen treffen.

[2] Das Bundesministerium der Finanzen hat bei Erlass einer Rechtsverordnung nach dieser Vorschrift einschlägige Evaluierungen, Bewertungen oder Berichte internationaler Organisationen oder von Einrichtungen für die Festlegung von Standards mit Kompetenzen im Bereich der Verhinderung von Geldwäsche und der Bekämpfung von Terrorismusfinanzierung hinsichtlich der von einzelnen Drittstaaten ausgehenden Risiken zu berücksichtigen.

§ 16[1)] Besondere Vorschriften für das Glücksspiel im Internet. (1) [1] Für Verpflichtete nach § 2 Absatz 1 Nummer 15 gelten, soweit sie das Glücksspiel im Internet anbieten oder vermitteln, die besonderen Vorschriften der Absätze 2 bis 8. [2] Bei der Anwendung der allgemeinen Sorgfaltspflichten findet der Schwellenbetrag nach § 10 Absatz 5 keine Anwendung.

(2) Der Verpflichtete darf einen Spieler erst zu einem Glücksspiel im Internet zulassen, wenn er zuvor für den Spieler auf dessen Namen ein Spielerkonto eingerichtet hat.

(3) [1] Der Verpflichtete darf auf dem Spielerkonto weder Einlagen noch andere rückzahlbare Gelder vom Spieler entgegennehmen. [2] Das Guthaben auf dem Spielerkonto darf nicht verzinst werden. [3] Für die entgegengenommenen Geldbeträge gilt § 3 Absatz 3 Satz 3 des Zahlungsdiensteaufsichtsgesetzes entsprechend.

(4) [1] Der Verpflichtete muss sicherstellen, dass Transaktionen des Spielers auf das Spielerkonto nur erfolgen

1. durch die Ausführung eines Zahlungsvorgangs
   a) mittels einer Lastschrift nach § 1 Absatz 1 Satz 2 Nummer 3 Buchstabe a des Zahlungsdiensteaufsichtsgesetzes,
   b) mittels einer Überweisung nach § 1 Absatz 1 Satz 2 Nummer 3 Buchstabe c des Zahlungsdiensteaufsichtsgesetzes oder
   c) mittels einer auf den Namen des Spielers ausgegebenen Zahlungskarte nach § 1 Absatz 1 Satz 2 Nummer 3 Buchstabe b des Zahlungsdiensteaufsichtsgesetzes und
2. von einem Zahlungskonto nach § 1 Absatz 17 des Zahlungsdiensteaufsichtsgesetzes, das auf den Namen des Spielers bei einem Verpflichteten nach § 2 Absatz 1 Nummer 1 oder 3 errichtet worden ist.

[2] Von der Erfüllung der Verpflichtung nach Satz 1 Nummer 1 Buchstabe c und Nummer 2 kann der Verpflichtete absehen, wenn gewährleistet ist, dass die Zahlung zur Teilnahme am Spiel für eine einzelne Transaktion 25 Euro und für

---

1) § 16 Abs. 1 Satz 2 angef., Abs. 3, Abs. 4 Satz 1 Nr. 1 Buchst. a–c, Nr. 2, Abs. 5 und 6 geänd. mWv 1.1.2020 durch G v. 12.12.2019 (BGBl. I S. 2602).

mehrere Transaktionen innerhalb eines Kalendermonats 100 Euro nicht überschreitet.

(5) Der Verpflichtete hat die Aufsichtsbehörde unverzüglich zu informieren über die Eröffnung und Schließung eines Zahlungskontos nach § 1 Absatz 17 des Zahlungsdiensteaufsichtsgesetzes, das auf seinen eigenen Namen bei einem Verpflichteten nach § 2 Absatz 1 Nummer 1 oder 3 eingerichtet ist und auf dem Gelder eines Spielers zur Teilnahme an Glücksspielen im Internet entgegengenommen werden.

(6) Wenn der Verpflichtete oder ein anderer Emittent einem Spieler für Transaktionen auf einem Spielerkonto monetäre Werte ausstellt, die auf einem Instrument nach § 2 Absatz 1 Nummer 10 des Zahlungsdiensteaufsichtsgesetzes gespeichert sind, hat der Verpflichtete oder der andere Emittent sicherzustellen, dass der Inhaber des monetären Werts mit dem Inhaber des Spielerkontos identisch ist.

(7) [1] Der Verpflichtete darf Transaktionen an den Spieler nur vornehmen
1. durch die Ausführung eines Zahlungsvorgangs nach Absatz 4 und
2. auf ein Zahlungskonto, das auf den Namen des Spielers bei einem Verpflichteten nach § 2 Absatz 1 Nummer 1 oder 3 eingerichtet worden ist.

[2] Bei der Transaktion hat der Verpflichtete den Verwendungszweck dahingehend zu spezifizieren, dass für einen Außenstehenden erkennbar ist, aus welchem Grund der Zahlungsvorgang erfolgt ist. [3] Für diesen Verwendungszweck können die Aufsichtsbehörden Standardformulierungen festlegen, die vom Verpflichteten zu verwenden sind.

(8) [1] Abweichend von § 11 kann der Verpflichtete bei einem Spieler, für den er ein Spielerkonto einrichtet, eine vorläufige Identifizierung durchführen. [2] Die vorläufige Identifizierung kann anhand einer elektronisch oder auf dem Postweg übersandten Kopie eines Dokuments nach § 12 Absatz 1 Satz 1 Nummer 1 erfolgen. [3] Eine vollständige Identifizierung ist unverzüglich nachzuholen. [4] Sowohl die vorläufige als auch die vollständige Identifizierung kann auch anhand der glücksspielrechtlichen Anforderungen an Identifizierung und Authentifizierung erfolgen.

§ 16a[1)] Verbot der Barzahlung beim Erwerb von Immobilien. (1) [1] Bei Rechtsgeschäften, die auf den Kauf oder Tausch von inländischen Immobilien gerichtet sind, kann eine geschuldete Gegenleistung nur mittels anderer Mittel als Bargeld, Kryptowerten, Gold, Platin oder Edelsteinen bewirkt werden. [2] Dasselbe gilt für den Erwerb von Anteilen an Gesellschaften, zu deren Vermögen unmittelbar oder mittelbar eine inländische Immobilie gehört. [3] Übergibt der Schuldner Bargeld, Gold, Platin oder Edelsteine oder überträgt er Kryptowerte als Gegenleistung, kann er diese nach den Vorschriften des Bürgerlichen Gesetzbuchs über die Herausgabe einer ungerechtfertigten Bereicherung herausverlangen; die §§ 815 und 817 Satz 2 des Bürgerlichen Gesetzbuchs[2)] sind nicht anzuwenden.

(2) [1] Bei Rechtsgeschäften nach Absatz 1 Satz 1 haben die Beteiligten gegenüber dem Notar, der den Antrag auf Eintragung des Erwerbers als Eigentümer oder Erbbauberechtigter beim Grundbuchamt einreichen soll, nachzuweisen, dass die Gegenleistung mit anderen Mitteln als Bargeld, Kryptowerten, Gold, Platin oder Edelsteinen erbracht wurde. [2] Als Nachweis sind insbesondere Zahlungsbestätigungen von auf Veräußerer- oder Erwerberseite an der Transaktion beteiligten Kredit-

---

[1)] § 16a eingef. mWv 28.12.2022 durch G v. 19.12.2022 (BGBl. I S. 2606).
[2)] **Habersack, Deutsche Gesetze Nr. 20.**

instituten geeignet. [3] Bei vertraglichen Änderungen an Rechtsgeschäften nach Absatz 1 Satz 1, welche die Gegenleistung betreffen und die nach einer bindend gewordenen Auflassung vorgenommen werden, haben die Beteiligten dem Notar zum Zweck der Durchführung der Prüfung nach den Absätzen 3 und 4 übereinstimmende Erklärungen zu diesen Änderungen vorzulegen.

(3) [1] Bei Rechtsgeschäften nach Absatz 1 Satz 1 hat der mit der Einreichung des Eintragungsantrags beauftragte Notar die ihm nach Absatz 2 Satz 1 vorgelegten Nachweise auf Schlüssigkeit zu prüfen. [2] Er darf den Antrag auf Eintragung des Erwerbers als Eigentümer oder Erbbauberechtigter beim Grundbuchamt erst stellen, wenn er

1. in Bezug auf den Nachweis
   a) dessen Schlüssigkeit festgestellt hat oder
   b) in dem Fall, in dem ihm in angemessener Zeit nach der Fälligkeit der Gegenleistung kein schlüssiger Nachweis vorgelegt wurde, die Beteiligten erfolglos zur Vorlage des Nachweises innerhalb einer angemessenen Frist aufgefordert hat und
2. in dem Fall, in dem er nach § 43 Absatz 1 zu einer Meldung verpflichtet ist, diese Meldung abgegeben hat und § 46 dem mit der Maßgabe nicht entgegensteht, dass die Transaktion frühestens durchgeführt werden darf, wenn der fünfte Werktag nach dem Abgangstag der Meldung verstrichen ist.

(4) [1] Soweit bei Rechtsgeschäften nach Absatz 1 Satz 1 die Gegenleistung nach der Vereinbarung der Beteiligten vollständig oder teilweise erst nach der Einreichung des Eintragungsantrags zu erbringen ist, hat der Notar die Schlüssigkeit des Nachweises innerhalb angemessener Zeit nach Fälligkeit zu prüfen. [2] Werden innerhalb eines Jahres nach Einreichung des Eintragungsantrags mehrere Teilleistungen fällig, kann der Notar nach Ablauf eines Jahres eine Prüfung der Schlüssigkeit des Nachweises hinsichtlich der bis zu diesem Zeitpunkt fällig gewordenen Teilleistungen vornehmen. [3] Bedarf es zur Bestimmung des Datums der Fälligkeit der Kenntnis von Umständen, die dem Notar bei der Antragstellung nicht bekannt sind, haben die Beteiligten den Notar über diese Umstände nachträglich zu informieren. [4] Hinsichtlich des vor der Eintragung fällig werdenden Anteils richtet sich die Prüfpflicht nach Absatz 3. [5] Absatz 2 gilt entsprechend. [6] Wurde dem Notar in angemessener Zeit nach der Fälligkeit der Gegenleistung oder nach dem in Satz 2 geregelten Zeitpunkt kein schlüssiger Nachweis vorgelegt, so hat er die Beteiligten zur Vorlage des Nachweises innerhalb einer angemessenen Frist aufzufordern. [7] Soweit die Gegenleistung später als ein Jahr nach der Einreichung des Eintragungsantrags zu erbringen ist, entfällt die Prüfpflicht nach Satz 1.

(5) [1] Die Absätze 2 bis 4 gelten nicht, wenn die geschuldete Gegenleistung einen Betrag von 10 000 Euro nicht übersteigt oder soweit sie über ein Anderkonto des mit der Einreichung des Eintragungsantrags beauftragten Notars erbracht wird. [2] Zudem gilt ein schlüssiger Nachweis im Sinne der Absätze 3 und 4 auch dann als erbracht, wenn dem Notar über einen Wert von nicht mehr als 10 000 Euro der geschuldeten Gegenleistung kein schlüssiger Nachweis nach Absatz 2 vorliegt. [3] Absatz 4 gilt nicht, wenn es nach der Vertragsgestaltung ausgeschlossen erscheint, dass die Vereinbarung der nachträglichen Erbringung der Gegenleistung darauf beruht, dass die Gegenleistung aus einer strafbaren Handlung stammt, die eine Vortat der Geldwäsche darstellen könnte, oder dass der Erwerbsvorgang im Zusammenhang mit Terrorismusfinanzierung steht.

§ 17[1] Ausführung der Sorgfaltspflichten durch Dritte, vertragliche Auslagerung. (1) [1]Zur Erfüllung der allgemeinen Sorgfaltspflichten nach § 10 Absatz 1 Nummer 1 bis 4 kann ein Verpflichteter auf Dritte zurückgreifen. [2]Dritte dürfen nur sein

1. Verpflichtete nach § 2 Absatz 1,
2. Verpflichtete gemäß Artikel 2 Absatz 1 der Richtlinie (EU) 2015/849 in einem anderen Mitgliedstaat der Europäischen Union oder in einem Vertragsstaat des Abkommens über den Europäischen Wirtschaftsraum,
3. Mitgliedsorganisationen oder Verbände von Verpflichteten nach Nummer 2 oder in einem Drittstaat ansässige Institute und Personen, sofern diese Sorgfalts- und Aufbewahrungspflichten unterliegen,
   a) die den in der Richtlinie (EU) 2015/849 festgelegten Sorgfalts- und Aufbewahrungspflichten entsprechen und
   b) deren Einhaltung in einer mit Kapitel VI Abschnitt 2 der Richtlinie (EU) 2015/849 im Einklang stehenden Weise beaufsichtigt wird.

[3]Die Verantwortung für die Erfüllung der allgemeinen Sorgfaltspflichten bleibt bei dem Verpflichteten.

(2) [1]Verpflichtete dürfen nicht auf einen Dritten zurückgreifen, der in einem Drittstaat mit hohem Risiko niedergelassen ist. [2]Ausgenommen hiervon sind

1. Zweigstellen von in der Europäischen Union niedergelassenen Verpflichteten nach Artikel 2 Absatz 1 der Richtlinie (EU) 2015/849, wenn die Zweigstelle sich uneingeschränkt an die gruppenweit anzuwendenden Strategien und Verfahren gemäß Artikel 45 der Richtlinie (EU) 2015/849 hält, und
2. Tochterunternehmen, die sich im Mehrheitsbesitz von in der Europäischen Union niedergelassenen Verpflichteten nach Artikel 2 Absatz 1 der Richtlinie (EU) 2015/849 befinden, wenn das Tochterunternehmen sich uneingeschränkt an die gruppenweit anzuwendenden Strategien und Verfahren gemäß Artikel 45 der Richtlinie (EU) 2015/849 hält.

(3) [1]Wenn ein Verpflichteter auf Dritte zurückgreift, muss er sicherstellen, dass die Dritten

1. bei der Identifizierung von im Inland ansässigen Personen den Vorschriften dieses Gesetzes entsprechen,
2. die Informationen einholen, die für die Durchführung der Sorgfaltspflichten nach § 10 Absatz 1 Nummer 1 bis 4 notwendig sind, und
3. ihm diese Informationen unverzüglich und unmittelbar übermitteln.

[2]Er hat zudem angemessene Schritte zu unternehmen, um zu gewährleisten, dass die Dritten ihm auf seine Anforderung hin unverzüglich Kopien derjenigen Dokumente, die maßgeblich zur Feststellung und Überprüfung der Identität des Vertragspartners, gegebenenfalls der für diesen auftretenden Personen und eines etwaigen wirtschaftlich Berechtigten sind, einschließlich Informationen, soweit diese verfügbar sind, die mittels elektronischer Mittel nach § 12 Absatz 1 Satz 1 Nummer 4 eingeholt wurden, sowie andere maßgebliche Unterlagen vorlegen. [3]Die Dritten sind befugt, zu diesem Zweck Kopien von Ausweisdokumenten zu erstellen und weiterzuleiten.

---

[1] § 17 Abs. 3 Satz 1 neu gef., Satz 2 und Abs. 5 Satz 2 geänd., Abs. 3a eingef. mWv 1.1.2020 durch G v. 12.12.2019 (BGBl. I S. 2602); Abs. 1 Satz 2 Nr. 2 und 3 Buchst. b sowie Abs. 3 Satz 2 geänd. mWv 1.8. 2021 durch G v. 25.6.2021 (BGBl. I S. 2083).

(3a) [1] Der Dritte kann zur Identifizierung des Vertragspartners, einer gegebenenfalls für ihn auftretenden Person und eines wirtschaftlich Berechtigten auch auf anlässlich einer zu einem früheren Zeitpunkt erfolgten Identifizierung dieser Person eingeholte Informationen nach Absatz 3 Satz 1 Nummer 2 zurückgreifen, sofern

1. die Identifizierung im Rahmen der Begründung einer eigenen Geschäftsbeziehung des Dritten und nicht unter Anwendung vereinfachter Sorgfaltspflichten erfolgt ist,
2. die Identifizierung oder die letzte Aktualisierung unter Einhaltung des § 12 vor nicht mehr als 24 Monaten abgeschlossen wurde,
3. für den Verpflichteten aufgrund äußerer Umstände keine Zweifel an der Richtigkeit der ihm übermittelten Informationen bestehen und
4. das Gültigkeitsdatum eines im Rahmen der Identifizierung oder der letzten Aktualisierung unter Einhaltung des § 12 gegebenenfalls verwendeten Identifikationsdokuments noch nicht abgelaufen ist.

[2] Absatz 3 Satz 2 und 3 gilt entsprechend.

(4) Die Voraussetzungen der Absätze 1 und 3 gelten als erfüllt, wenn

1. der Verpflichtete auf Dritte zurückgreift, die derselben Gruppe angehören wie er selbst,
2. die in dieser Gruppe angewandten Sorgfaltspflichten, Aufbewahrungsvorschriften, Strategien und Verfahren zur Verhinderung von Geldwäsche und von Terrorismusfinanzierung mit den Vorschriften der Richtlinie (EU) 2015/849 oder gleichwertigen Vorschriften im Einklang stehen und
3. die effektive Umsetzung dieser Anforderungen auf Gruppenebene von einer Behörde beaufsichtigt wird.

(5) [1] Ein Verpflichteter kann die Durchführung der Maßnahmen, die zur Erfüllung der Sorgfaltspflichten nach § 10 Absatz 1 Nummer 1 bis 4 erforderlich sind, auf andere geeignete Personen und Unternehmen als die in Absatz 1 genannten Dritten übertragen. [2] Die Übertragung bedarf einer vertraglichen Vereinbarung und der Verpflichtete hat sicherzustellen, dass die anderen geeigneten Personen und Unternehmen den Vorschriften dieses Gesetzes entsprechen. [3] Die Maßnahmen der Personen oder der Unternehmen werden dem Verpflichteten als eigene Maßnahmen zugerechnet. [4] Absatz 3 gilt entsprechend.

(6) Durch die Übertragung nach Absatz 5 dürfen nicht beeinträchtigt werden

1. die Erfüllung der Pflichten nach diesem Gesetz durch den Verpflichteten,
2. die Steuerungs- oder Kontrollmöglichkeiten der Geschäftsleitung des Verpflichteten und
3. die Aufsicht der Aufsichtsbehörde über den Verpflichteten.

(7) [1] Vor der Übertragung nach Absatz 5 hat sich der Verpflichtete von der Zuverlässigkeit der Personen oder der Unternehmen, denen er Maßnahmen übertragen will, zu überzeugen. [2] Während der Zusammenarbeit muss er sich durch Stichproben von der Angemessenheit und Ordnungsmäßigkeit der Maßnahmen überzeugen, die diese Personen oder Unternehmen getroffen haben.

(8) [1] Soweit eine vertragliche Vereinbarung nach Absatz 5 mit deutschen Botschaften, Auslandshandelskammern oder Konsulaten geschlossen wird, gelten diese kraft Vereinbarung als geeignet. [2] Absatz 7 findet keine Anwendung.

(9) Bei der Übertragung nach Absatz 5 bleiben die Vorschriften über die Auslagerung von Aktivitäten und Prozessen nach § 25b des Kreditwesengesetzes unberührt.

Abschnitt 4. Transparenzregister

§ 18[1] Einrichtung des Transparenzregisters und registerführende Stelle.

(1) Es wird ein Register zur Erfassung und Zugänglichmachung von Angaben über den wirtschaftlich Berechtigten (Transparenzregister) eingerichtet.

(2) [1] Das Transparenzregister wird als hoheitliche Aufgabe des Bundes von der registerführenden Stelle elektronisch geführt. [2] Daten, die im Transparenzregister gespeichert sind, werden als chronologische Datensammlung angelegt.

(3) [1] Ist eine Mitteilung nach § 20 unvollständig, unklar oder bestehen Zweifel, welcher Vereinigung nach § 20 Absatz 1 die in der Mitteilung enthaltenen Angaben zum wirtschaftlich Berechtigten zuzuordnen sind, kann die registerführende Stelle von der in der Mitteilung genannten Vereinigung verlangen, dass diese die für eine Eintragung in das Transparenzregister erforderlichen Informationen innerhalb einer angemessenen Frist übermittelt. [2] Dies gilt entsprechend für Mitteilungen von Rechtsgestaltungen nach § 21.

(3a) Die registerführende Stelle ist berechtigt, der Behörde nach § 56 Absatz 5 Satz 2 die Informationen und Unterlagen zu übermitteln, die für die Erfüllung der Aufgaben der Behörde nach § 56 Absatz 5 Satz 2 erforderlich sind.

(4) [1] Die registerführende Stelle erstellt auf Antrag Ausdrucke von Daten, die im Transparenzregister gespeichert sind, und Bestätigungen, dass im Transparenzregister keine aktuelle Eintragung aufgrund einer Mitteilung nach § 20 Absatz 1 oder § 21 vorliegt. [2] Sie beglaubigt auf Antrag, dass die übermittelten Daten mit dem Inhalt des Transparenzregisters übereinstimmen. [3] Mit der Beglaubigung ist keine Gewähr für die Richtigkeit und Vollständigkeit der Angaben zum wirtschaftlich Berechtigten verbunden. [4] Ein Antrag auf Ausdruck von Daten, die lediglich über das Transparenzregister gemäß ***[bis 31.12.2023:*** § 22 Absatz 1 Satz 1 Nummer 4 bis 8***][ab 1.1.2024:*** *§ 22 Absatz 1 Satz 1 Nummer 4 bis 9****]*** zugänglich gemacht werden, kann auch über das Transparenzregister an das Gericht vermittelt werden. [5] Dies gilt entsprechend für die Vermittlung eines Antrags auf Ausdruck von Daten, die gemäß § 22 Absatz 1 Satz 1 Nummer 2 und 3 zugänglich gemacht werden, an den Betreiber des Unternehmensregisters.

(5) Die registerführende Stelle erstellt ein Informationssicherheitskonzept für das Transparenzregister, aus dem sich die getroffenen technischen und organisatorischen Maßnahmen zum Datenschutz ergeben.

(6) Das Bundesministerium der Finanzen wird ermächtigt, durch Rechtsverordnung, die nicht der Zustimmung des Bundesrates bedarf, die technischen Einzelheiten zu Einrichtung und Führung des Transparenzregisters einschließlich der Speicherung historischer Datensätze sowie die Einhaltung von Löschungsfristen für die im Transparenzregister gespeicherten Daten zu regeln.

---

[1] § 18 Abs. 3 Satz 1 geänd., Abs. 3a eingef. mWv 1.1.2020 durch G v. 12.12.2019 (BGBl. I S. 2602); Abs. 4 Satz 4 geänd. mWv 1.1.2024 durch G v. 10.8.2021 (BGBl. I S. 3436); Abs. 3a geänd. mWv 28.12.2022 durch G v. 19.12.2022 (BGBl. I S. 2606).

§ 19[1)] Angaben zum wirtschaftlich Berechtigten. (1) Im Transparenzregister sind im Hinblick auf Vereinigungen nach § 20 Absatz 1 Satz 1 und Rechtsgestaltungen nach § 21 folgende Angaben zum wirtschaftlich Berechtigten nach Maßgabe des § 23 zugänglich:

1. Vor- und Nachname,
2. Geburtsdatum,
3. Wohnort,
4. Art und Umfang des wirtschaftlichen Interesses und
5. alle Staatsangehörigkeiten.

(2) [1] Für die Bestimmung des wirtschaftlich Berechtigten von Vereinigungen im Sinne des § 20 Absatz 1 Satz 1 mit Ausnahme der rechtsfähigen Stiftungen gilt § 3 Absatz 1 und 2 entsprechend. [2] Für die Bestimmung des wirtschaftlich Berechtigten von Rechtsgestaltungen nach § 21 und rechtsfähigen Stiftungen gilt § 3 Absatz 1 und 3 entsprechend.

(3) [1] Die Angaben zu Art und Umfang des wirtschaftlichen Interesses nach Absatz 1 Nummer 4 zeigen, woraus die Stellung als wirtschaftlich Berechtigter folgt, und zwar

1. bei Vereinigungen nach § 20 Absatz 1 Satz 1 mit Ausnahme der rechtsfähigen Stiftungen aus
   a) der Beteiligung an der Vereinigung selbst, insbesondere der Höhe der Kapitalanteile oder der Stimmrechte,
   b) der Ausübung von Kontrolle auf sonstige Weise, insbesondere aufgrund von Absprachen zwischen einem Dritten und einem Anteilseigner oder zwischen mehreren Anteilseignern untereinander, oder aufgrund der einem Dritten eingeräumten Befugnis zur Ernennung von gesetzlichen Vertretern oder anderen Organmitgliedern oder
   c) der Funktion des gesetzlichen Vertreters, geschäftsführenden Gesellschafters oder Partners,
2. bei Rechtsgestaltungen nach § 21 und rechtsfähigen Stiftungen aus einer der in § 3 Absatz 3 aufgeführten Funktionen.

[2] In den Fällen des Satzes 1 Nummer 1 Buchstabe c ist anzugeben, ob ermittelt wurde, dass keine natürliche Person die Voraussetzungen eines wirtschaftlich Berechtigten nach § 3 Absatz 1 oder Absatz 2 Satz 1 bis 4 erfüllt, oder ob die Ermittlung eines wirtschaftlich Berechtigten nach § 3 Absatz 1 oder Absatz 2 Satz 1 bis 4 nach Durchführung umfassender Prüfungen nicht möglich war.

§ 19a[2)] Angaben zu Immobilien. Im Transparenzregister sind im Hinblick auf Vereinigungen nach § 20 Absatz 1, die als Berechtigte von Immobilien in Abteilung I des Grundbuchs eingetragen sind, folgende Angaben zu diesen Immobilien nach Maßgabe des § 23 zugänglich:

1. zuständiges Amtsgericht,
2. Grundbuchbezirk,
3. Nummer des Grundbuchblattes,

[1)] § 19 Abs. 1 Nr. 3 und 4 geänd., Nr. 5 angef. mWv 1.1.2020 durch G v. 12.12.2019 (BGBl. I S. 2602); Abs. 1 neu gef. mWv 1.8.2021 durch G v. 25.6.2021 (BGBl. I S. 2083); Abs. 3 Satz 2 angef. mWv 28.12.2022 durch G v. 19.12.2022 (BGBl. I S. 2606).

[2)] § 19a eingef. mWv 28.12.2022 durch G v. 19.12.2022 (BGBl. I S. 2606).

4. alle im Bestandsverzeichnis des Grundbuchblattes eingetragenen Grundstücke, jeweils mit
   a) Gemarkung,
   b) Flur und
   c) Flurstück,
5. Art und Umfang der Berechtigung,
6. Beginn und Ende der Berechtigung.

§ 19b[1] **Erfassung und Zuordnung von Immobilien.** (1) [1]Die Grundbuchämter übermitteln der registerführenden Stelle folgende Informationen zu allen bei ihnen geführten Grundbuchblättern:

1. zuständiges Amtsgericht,
2. Grundbuchbezirk,
3. Nummer des Grundbuchblattes,
4. alle im Bestandsverzeichnis des Grundbuchblattes eingetragenen Grundstücke, jeweils mit
   a) Gemarkung,
   b) Flur und,
   c) Flurstück,
5. alle in Abteilung I geführten Eigentümer, jeweils, soweit vorhanden, mit
   a) Name oder Firma,
   b) Sitz,
   c) Registergericht,
   d) Registerart,
   e) Registernummer,
   f) Datum der Eintragung.

[2]Die Übermittlung erfolgt auf Basis bereits verfügbarer strukturierter Daten. [3]Sie erfolgt einmalig bis spätestens zum 31. Juli 2023 mit einem Stand der Daten zum 30. Juni 2023.

(2) [1]Die Grundbuchämter übermitteln der registerführenden Stelle ab dem 1. Juli 2023 in einem automatisierten Verfahren Veränderungen der grundbuchmäßigen Bezeichnung des Grundstücks und die Eintragung eines Eigentümers. [2]Die Übermittlung erfolgt in einem strukturierten Datenformat auf Basis bereits verfügbarer strukturierter Daten.

(3) [1]Die registerführende Stelle erfasst anhand der ihr aus den Grundbüchern übermittelten Informationen die Angaben nach § 19a in Bezug auf Immobilien, ordnet sie Vereinigungen nach § 20 Absatz 1 zu und speichert sie. [2]Übermittelte Daten, die für diesen Zweck nicht erforderlich sind, sind von der registerführenden Stelle unverzüglich zu löschen.

(4) [1]Abweichend von den Absätzen 1 und 2 können die Länder eine Übermittlung der Daten durch die für die Führung der Liegenschaftskataster zuständigen Behörden vorsehen. [2]Die Grundbuchämter und die für die Führung der Liegenschaftskataster zuständigen Behörden können mit der registerführenden Stelle Vereinbarungen über das zu verwendende Datenformat treffen.

---

[1] § 19b eingef. mWv 28.12.2022 durch G v. 19.12.2022 (BGBl. I S. 2606).

§ 20[1)] Transparenzpflichten im Hinblick auf bestimmte Vereinigungen. (1) [1]Juristische Personen des Privatrechts und eingetragene Personengesellschaften haben die in § 19 Absatz 1 aufgeführten Angaben zu den wirtschaftlich Berechtigten dieser Vereinigungen einzuholen, aufzubewahren, auf aktuellem Stand zu halten und der registerführenden Stelle unverzüglich zur Eintragung in das Transparenzregister mitzuteilen. [2]Die Pflicht nach Satz 1 gilt auch für Vereinigungen mit Sitz im Ausland, wenn sie Eigentum an einer im Inland gelegenen Immobilie halten oder sich verpflichten, solches Eigentum zu erwerben, wenn Anteile im Sinne des § 1 Absatz 3 des Grunderwerbsteuergesetzes sich bei ihr vereinigen oder auf sie übergehen, oder wenn sie im Sinne des § 1 Absatz 3a des Grunderwerbsteuergesetzes aufgrund eines Rechtsvorgangs eine wirtschaftliche Beteiligung innehaben. [3]Die Pflicht nach Satz 1 gilt nicht für in Satz 2 genannte Vereinigungen, wenn sie die Angaben nach Artikel 1 Nummer 15 Buchstabe c der Richtlinie (EU) 2018/843 und nach § 19 Absatz 1 bereits an ein anderes Register eines Mitgliedstaates der Europäischen Union übermittelt haben. [4]Die Mitteilung hat elektronisch in einer Form zu erfolgen, die ihre elektronische Zugänglichmachung ermöglicht. [5]Bei den Angaben zu Art und Umfang des wirtschaftlichen Interesses nach § 19 Absatz 1 Nummer 4 ist anzugeben, woraus nach § 19 Absatz 3 die Stellung als wirtschaftlich Berechtigter folgt.

(2) Eine juristische Person des Privatrechts oder eine eingetragene Personengesellschaft, die nach Absatz 1 Satz 1 mitteilungspflichtig ist und die nicht im Handelsregister, Genossenschaftsregister, Partnerschaftsregister oder Vereinsregister eingetragen ist, hat der registerführenden Stelle unverzüglich mitzuteilen, wenn

1. sich ihre Bezeichnung oder ihr Sitz geändert hat,
2. sie verschmolzen worden ist,
3. sie aufgelöst worden ist oder
4. ihre Rechtsform geändert wurde.

[ab 1.1.2024:]
6.[2)] dem Gesellschaftsregister (§ 707 des Bürgerlichen Gesetzbuchs[3)]).

(3) [1]Wirtschaftlich Berechtigte von Vereinigungen nach Absatz 1 haben diesen Vereinigungen die zur Erfüllung der Pflichten nach Absatz 1 notwendigen Angaben mitzuteilen und jede Änderung dieser Angaben unverzüglich mitzuteilen. [2]Anteilseigner, die wirtschaftlich Berechtigte sind oder die von dem wirtschaftlich Berechtigten unmittelbar kontrolliert werden, haben den Vereinigungen nach Absatz 1 die zur Erfüllung der Pflichten nach Absatz 1 notwendigen Angaben mitzuteilen und jede Änderung dieser Angaben unverzüglich mitzuteilen. [3]Kontrolliert ein Mitglied eines Vereins oder einer Genossenschaft mehr als 25 Prozent der Stimmrechte, so trifft die Mitteilungspflicht nach Satz 1 dieses Mitglied. [4]Bei Stiftungen trifft die Mitteilungspflicht nach Satz 1 die Personen nach § 3 Absatz 3.

(3a) [1]Hat die Vereinigung keine Angaben der wirtschaftlich Berechtigten nach Absatz 3 erhalten, so hat sie von ihren Anteilseignern, soweit sie ihr bekannt sind,

---

[1)] § 20 Abs. 2 Satz 2 geänd. mWv 14.7.2018 durch G v. 10.7.2018 (BGBl. I S. 1102); Abs. 1 Sätze 2 und 3 eingef., bish. Sätze 2 und 3 werden Sätze 4 und 5, Abs. 1a, 3a und 3b eingef., Abs. 2 Satz 1 geänd., Abs. 3 neu gef., Abs. 5 Satz 2 angef. mWv 1.1.2020 durch G v. 12.12.2019 (BGBl. I S. 2602); Abs. 1 Sätze 2 und 5 geänd., Abs. 1a wird Abs. 2 und Satz 1 einl. Satzteil und Nr. 1 und Abs. 4 geänd., Abs. 2 aufgeh. mWv 1.8.2021 durch G v. 25.6.2021 (BGBl. I S. 2083); Abs. 2 Satz 1 Nr. 4 und 5 geänd. (Änderung nicht durchführbar), Nr. 6 angef. mWv 1.1.2024 durch G v. 10.8.2021 (BGBl. I S. 3436); Abs. 1 Satz 2 geänd. mWv 28.12.2022 durch G v. 19.12.2022 (BGBl. I S. 2606).

[2)] Nummerierung amtlich.

[3)] **Habersack, Deutsche Gesetze Nr. 20.**

in angemessenem Umfang Auskunft zu den wirtschaftlich Berechtigten der Vereinigung zu verlangen. [2] Die Anteilseigner sind verpflichtet, das Auskunftsersuchen innerhalb angemessener Frist zu beantworten. [3] Die Pflicht, Auskunft nach Satz 1 zu verlangen, gilt nicht, wenn der Vereinigung die Angaben zum wirtschaftlich Berechtigten nach § 19 bereits anderweitig bekannt sind. [4] Die Vereinigung hat die Auskunftsersuchen sowie die eingeholten Informationen zu dokumentieren.

(3b) [1] Gelangt der Anteilseigner zu der Erkenntnis, dass sich der wirtschaftlich Berechtigte der Vereinigung geändert hat, so muss er dies der Vereinigung innerhalb einer angemessenen Frist mitteilen. [2] Satz 1 gilt nicht, wenn

1. die Angaben zu dem neuen wirtschaftlich Berechtigten bereits über das Transparenzregister zugänglich sind, oder
2. der Anteilseigner anderweitig positive Kenntnis davon hat, dass der Vereinigung der neue wirtschaftlich Berechtigte bekannt ist.

[3] Der Anteilseigner hat die Mitteilung an die Vereinigung zu dokumentieren und aufzubewahren.

(4) Die Angabepflicht nach Absatz 3 entfällt, wenn die Anteilseigner, Mitglieder und wirtschaftlich Berechtigten die erforderlichen Angaben bereits in anderer Form mitgeteilt haben.

(5) [1] Die Zentralstelle für Finanztransaktionsuntersuchungen und die Aufsichtsbehörden können im Rahmen ihrer Aufgaben und Befugnisse die nach Absatz 1 aufbewahrten Angaben einsehen oder sich vorlegen lassen. [2] Die Angaben sind ihnen unverzüglich zur Verfügung zu stellen.

§ 20a[1)] Automatische Eintragung für Vereine. (1) [1] Für eingetragene Vereine nach § 21 des Bürgerlichen Gesetzbuchs[2)] erstellt die registerführende Stelle anhand der im Vereinsregister eingetragenen Daten eine Eintragung in das Transparenzregister, ohne dass es hierfür einer Mitteilung nach § 20 Absatz 1 Satz 1 bedarf. [2] Im Rahmen dieser Eintragung werden alle Mitglieder des Vorstands eines Vereins mit den Daten nach § 19 Absatz 1 als wirtschaftliche Berechtigte nach § 3 Absatz 2 Satz 5 im Transparenzregister erfasst. [3] Soweit diese Daten nicht im Vereinsregister vorhanden sind, wird als Wohnsitzland Deutschland und als einzige Staatsangehörigkeit die deutsche Staatsangehörigkeit angenommen. [4] Die nach Satz 1 eingetragenen Daten gelten als Angaben des Vereins, soweit der Verein der registerführenden Stelle keine abweichenden Angaben mitgeteilt hat.

(2) [1] Abweichend von § 20 Absatz 1 Satz 1 muss ein eingetragener Verein nach § 21 des Bürgerlichen Gesetzbuchs die in § 19 Absatz 1 aufgeführten Angaben zu den wirtschaftlich Berechtigten der registerführenden Stelle nur dann zur Eintragung mitteilen, wenn

1. eine Änderung des Vorstands nicht unverzüglich zur Eintragung in das Vereinsregister angemeldet worden ist,
2. mindestens ein wirtschaftlich Berechtigter nach § 3 Absatz 2 Satz 1 bis 4 vorhanden ist oder
3. die Annahmen nach Absatz 1 Satz 3 nicht zutreffen.

[2] Eine Eintragung durch die registerführende Stelle nach Absatz 1 wird nicht vorgenommen, wenn der Verein der registerführenden Stelle Angaben nach § 19 Absatz 1 zur Eintragung in das Transparenzregister mitgeteilt hat. [3] Dies gilt nicht,

---

[1)] § 20a eingef. mWv 1.8.2021 durch G v. 25.6.2021 (BGBl. I S. 2083).

[2)] **Habersack, Deutsche Gesetze Nr. 20.**

wenn der Verein der registerführenden Stelle mitgeteilt hat, dass die mitgeteilten Angaben nach § 19 Absatz 1 nicht mehr gelten sollen. [4]Die Mitteilung nach Satz 3 hat elektronisch über die Webseite des Transparenzregisters zu erfolgen.

(3) [1]Eine Eintragung nach Absatz 1 erfolgt erstmals spätestens zum 1. Januar 2023. [2]Danach erfolgt die automatische Eintragung anlassbezogen.

(4) [1]Bei Eintragung nach Absatz 1 handelt die registerführende Stelle nach § 18 Absatz 2 im Rahmen der hoheitlichen Aufgaben des Bundes. [2]Zu diesem Zweck ist die registerführende Stelle beim Abruf von Daten aus den Vereinsregistern von der Zahlung der Gebühren nach § 2 Absatz 1 des Justizverwaltungskostengesetzes[1)] befreit.

§ 21[2)] Transparenzpflichten im Hinblick auf bestimmte Rechtsgestaltungen. (1) [1]Verwalter von Trusts (Trustees) mit Wohnsitz oder Sitz in Deutschland haben die in § 19 Absatz 1 aufgeführten Angaben zu den wirtschaftlich Berechtigten des Trusts, den sie verwalten, einzuholen, aufzubewahren, auf aktuellem Stand zu halten und der registerführenden Stelle unverzüglich zur Eintragung in das Transparenzregister mitzuteilen. [2]Die Pflicht nach Satz 1 gilt auch für Trustees, die außerhalb der Europäischen Union ihren Wohnsitz oder Sitz haben, wenn sie für den Trust eine Geschäftsbeziehung mit einem Vertragspartner mit Sitz in Deutschland aufnehmen oder sich verpflichten, Eigentum an einer im Inland gelegenen Immobilie zu erwerben, wenn Anteile im Sinne des § 1 Absatz 3 des Grunderwerbsteuergesetzes sich bei ihr vereinigen oder auf sie übergehen, oder wenn sie im Sinne des § 1 Absatz 3a des Grunderwerbsteuergesetzes aufgrund eines Rechtsvorgangs eine wirtschaftliche Beteiligung innehaben. [3]Die Pflicht nach Satz 1 gilt nicht für die in Satz 2 genannten Trustees, wenn ein Trustee die Angaben nach Artikel 1 Nummer 16 Buchstabe a der Richtlinie (EU) 2018/843 und nach § 19 Absatz 1 bereits an ein anderes Register eines Mitgliedstaates der Europäischen Union übermittelt hat und

1. der Trustee in diesem Mitgliedstaat der Europäischen Union ebenfalls einen Wohnsitz oder Sitz unterhält oder
2. einer der Vertragspartner, zu dem ein Trust mit Wohnsitz oder Sitz außerhalb der Europäischen Union ebenfalls eine Geschäftsbeziehung unterhält, in diesem Mitgliedstaat seinen Sitz hat.

(1a) [1]Die Mitteilung hat elektronisch in einer Form zu erfolgen, die ihre elektronische Zugänglichmachung ermöglicht. [2]Der Trust ist in der Mitteilung eindeutig zu bezeichnen. [3]Bei den Angaben zu Art und Umfang des wirtschaftlichen Interesses nach § 19 Absatz 1 Nummer 4 ist anzugeben, woraus nach § 19 Absatz 3 Nummer 2 die Stellung als wirtschaftlich Berechtigter folgt.

(1b) Der registerführenden Stelle ist ferner durch den nach Absatz 1 zur Mitteilung Verpflichteten unverzüglich mitzuteilen, wenn der Trust
1. umbenannt wurde,
2. aufgelöst wurde oder
3. nicht mehr nach Absatz 1 verpflichtet ist.

(2) Die Pflichten der Absätze 1, 1a und 1b gelten entsprechend auch für Treuhänder mit Wohnsitz oder Sitz in Deutschland folgender Rechtsgestaltungen:

[1)] **Habersack, Deutsche Gesetze Nr. 120.**

[2)] § 21 Abs. 1 Sätze 2 und 3 eingef., bish. Sätze 2–4 werden Abs. 1a, Abs. 1b eingef., Abs. 2 einl. Satzteil und Nr. 2 geänd., Abs. 3 Satz 2 und Abs. 4 angef. mWv 1.1.2020 durch G v. 12.12.2019 (BGBl. I S. 2602); Abs. 1 Sätze 1 und 2 geänd. mWv 1.8.2021 durch G v. 25.6.2021 (BGBl. I S. 2083).

1. nichtrechtsfähige Stiftungen, wenn der Stiftungszweck aus Sicht des Stifters eigennützig ist, und
2. Rechtsgestaltungen, die solchen Stiftungen in ihrer Struktur oder Funktion entsprechen.

(3) [1]Die Zentralstelle für Finanztransaktionsuntersuchungen und die Aufsichtsbehörden können im Rahmen ihrer Aufgaben und Befugnisse die von Trustees nach Absatz 1 und von Treuhändern nach Absatz 2 aufbewahrten Angaben einsehen oder sich vorlegen lassen. [2]Die Angaben sind ihnen unverzüglich zur Verfügung zu stellen.

(4) Das Bundesministerium der Finanzen wird ermächtigt, im Einvernehmen mit dem Bundesministerium der Justiz und für Verbraucherschutz durch Rechtsverordnung, die nicht der Zustimmung des Bundesrates bedarf, die Einzelheiten zu regeln, welche Trusts und trustähnlichen Rechtsgestaltungen von § 21 Absatz 1 und 2 erfasst sind und durch welche Merkmale sich diese auszeichnen.

§ 22[1)] Zugängliche Dokumente und Datenübermittlung an das Transparenzregister, Verordnungsermächtigung. (1) [1]Über die Internetseite des Transparenzregisters sind nach Maßgabe des § 23 zugänglich:

1. Eintragungen im Transparenzregister zu Meldungen nach § 20 Absatz 1 Satz 1 und nach § 21 sowie Immobilien nach § 19a,
2. Bekanntmachungen des Bestehens einer Beteiligung nach § 20 Absatz 6 des Aktiengesetzes[2)],
3. Stimmrechtsmitteilungen nach den §§ 40 und 41 des Wertpapierhandelsgesetzes[3)],
4. Listen der Gesellschafter von Gesellschaften mit beschränkter Haftung und Unternehmergesellschaften nach § 8 Absatz 1 Nummer 3, § 40 des Gesetzes betreffend die Gesellschaften mit beschränkter Haftung[4)] sowie Gesellschafterverträge gemäß § 8 Absatz 1 Nummer 1 in Verbindung mit § 2 Absatz 1a Satz 2 des Gesetzes betreffend die Gesellschaften mit beschränkter Haftung, sofern diese als Gesellschafterliste gelten, nach § 2 Absatz 1a Satz 4 des Gesetzes betreffend die Gesellschaften mit beschränkter Haftung,
5. Eintragungen im Handelsregister,
6. Eintragungen im Partnerschaftsregister,
7. Eintragungen im Genossenschaftsregister,
8. Eintragungen im Vereinsregister ***[bis 31.12.2023: .][ab 1.1.2024: ,]***

[Nr. 9 ab 1.1.2024:]

9. Eintragungen in das Gesellschaftsregister.

[2]Zugänglich in dem nach den besonderen registerrechtlichen Vorschriften für die Einsicht geregelten Umfang sind nur solche Dokumente und Eintragungen nach ***[bis 31.12.2023:** Satz 1 Nummer 2 bis 8**][ab 1.1.2024:** Satz 1 Nummer 2 bis 9**]***, die aus dem Handelsregister, Genossenschaftsregister, Partnerschaftsregister, Unternehmensregister oder Vereinsregister elektronisch abrufbar sind.

---

1) § 22 Abs. 1 Satz 1 Nr. 3 geänd. mWv 14.7.2018 durch G v. 10.7.2018 (BGBl. I S. 1102); Abs. 1 Satz 1 Nr. 1 und Satz 2 geänd. mWv 1.8.2021 durch G v. 25.6.2021 (BGBl. I S. 2083); Abs. 1 Satz 1 Nr. 8 geänd., Nr. 9 angef., Satz 2 und Abs. 2 Satz 1 geänd. mWv 1.1.2024 durch G v. 10.8.2021 (BGBl. I S. 3436); Abs. 1 Satz 1 Nr. 1 geänd. mWv 28.12.2022 durch G v. 19.12.2022 (BGBl. I S. 2606).

2) **Habersack, Deutsche Gesetze Nr. 51.**

3) Nr. 58.

4) **Habersack, Deutsche Gesetze Nr. 52.**

(2) [1]Um die Eröffnung des Zugangs zu den Originaldaten nach ***[bis 31.12. 2023:*** Absatz 1 Satz 1 Nummer 2 bis 8***][ab 1.1.2024:*** *Absatz 1 Satz 1 Nummer 2 bis 9]* über die Internetseite des Transparenzregisters zu ermöglichen, sind dem Transparenzregister die dafür erforderlichen Daten (Indexdaten) zu übermitteln. [2]Der Betreiber des Unternehmensregisters übermittelt die Indexdaten zu den Originaldaten nach Absatz 1 Satz 1 Nummer 2 und 3 dem Transparenzregister. [3]Die Landesjustizverwaltungen übermitteln die Indexdaten zu den Originaldaten nach Absatz 1 Satz 1 Nummer 4 bis 8 dem Transparenzregister. [4]Die Indexdaten dienen nur der Zugangsvermittlung und dürfen nicht zugänglich gemacht werden.

(3) [1]Das Bundesministerium der Finanzen wird ermächtigt, im Benehmen mit dem Bundesministerium der Justiz und für Verbraucherschutz für die Datenübermittlung nach Absatz 2 Satz 3 durch Rechtsverordnung, die der Zustimmung des Bundesrates bedarf, technische Einzelheiten der Datenübermittlung zwischen den Behörden der Länder und dem Transparenzregister einschließlich der Vorgaben für die zu verwendenden Datenformate und zur Sicherstellung von Datenschutz und Datensicherheit zu regeln. [2]Abweichungen von den Verfahrensregelungen durch Landesrecht sind ausgeschlossen.

(4) Das Bundesministerium der Finanzen wird ermächtigt, im Benehmen mit dem Bundesministerium der Justiz und für Verbraucherschutz durch Rechtsverordnung, die nicht der Zustimmung des Bundesrates bedarf, Registrierungsverfahren für die Mitteilungsverpflichteten nach den §§ 20 und 21 sowie technische Einzelheiten der Datenübermittlung nach Absatz 2 Satz 2 sowie nach den §§ 20 und 21 einschließlich der Vorgaben für die zu verwendenden Datenformate und Formulare sowie zur Sicherstellung von Datenschutz und Datensicherheit zu regeln.

§ 23[1)] Einsichtnahme in das Transparenzregister, Verordnungsermächtigung. (1) [1]Bei Vereinigungen nach § 20 Absatz 1 Satz 1 und Rechtsgestaltungen nach § 21 ist die Einsichtnahme gestattet:

1. den Behörden, Gerichten sowie den in § 2 Absatz 4 genannten Stellen, soweit die Einsichtnahme zur Erfüllung ihrer gesetzlichen Aufgaben erforderlich ist,
2. den Verpflichteten, sofern sie der registerführenden Stelle darlegen, dass die Einsichtnahme zur Erfüllung ihrer Sorgfaltspflichten in einem der in § 10 Absatz 3 und 3a genannten Fälle erfolgt, und
3. allen Mitgliedern der Öffentlichkeit.

[2]In diesen Fällen ist die registerführende Stelle befugt, die zugänglichen Daten an den Einsichtnehmenden zu übermitteln. [3]In den Fällen des Satzes 1 Nummer 1 und 2 übermittelt die registerführende Stelle neben den Angaben nach § 19 Absatz 1 auch die Eigentums- und Kontrollstrukturübersichten nach § 23a Absatz 3a, soweit diese zu den übermittelten Angaben nach § 19 Absatz 1 aufgrund einer abgeschlossenen Unstimmigkeitsmeldung vorhanden sind. [4]Im Fall des Satzes 1 Nummer 3 sind neben den Angaben nach § 19 Absatz 1 Nummer 1 und 4

[1)] § 23 Abs. 1 Satz 1 neu gef., Satz 2, Abs. 2 Satz 3 sowie Abs. 5 geänd., Abs. 2 Satz 5 und Abs. 3 Satz 2 angef. mWv 1.1.2020, Abs. 6 angef. mWv 1.7.2020 durch G v. 12.12.2019 (BGBl. I S. 2602); Abs. 1 Satz 1 Nr. 2 geänd., Satz 2 eingef., bish. Satz 2 wird Satz 3 und neu gef., Abs. 2 Satz 1, Satz 2 Nr. 1 sowie Sätze 4 und 5 geänd., Abs. 3 eingef., bish. Abs. 3 und 4 werden Abs. 4 und 5, Abs. 6 eingef., bish. Abs. 5 wird Abs. 7 und neu gef., bish. Abs. 6 wird Abs. 8 und Satz 6 geänd. mWv 1.8.2021 durch G v. 25.6.2021 (BGBl. I S. 2083); Abs. 1 Satz 1 Nr. 1 neu gef., Satz 3 eingef., bish. Satz 3 wird Satz 4, Satz 5 angef., Abs. 2 Sätze 1 und 4, Abs. 3 Sätze 1 und 3 geänd., Abs. 6 Satz 1 neu gef. mWv 28.12.2022 durch G v. 19.12. 2022 (BGBl. I S. 2606).

nur Monat und Jahr der Geburt des wirtschaftlich Berechtigten, sein Wohnsitzland und alle Staatsangehörigkeiten der Einsichtnahme zugänglich und dürfen übermittelt werden. [5]Gegenüber den Behörden, Gerichten, den in § 2 Absatz 4 genannten Stellen und gegenüber Verpflichteten nach § 2 Absatz 1 Nummer 1 bis 3 und 7 sowie gegenüber Notaren sind zusätzlich die Angaben nach § 19a zu allen im Transparenzregister erfassten Immobilien der Einsichtnahme zugänglich und dürfen übermittelt werden.

(2) [1]Auf Antrag des wirtschaftlich Berechtigten beschränkt die registerführende Stelle die Einsichtnahme in das Transparenzregister und die Übermittlung der Daten nach § 19 Absatz 1 vollständig oder teilweise, wenn ihr der wirtschaftlich Berechtigte darlegt, dass der Einsichtnahme und der Übermittlung unter Berücksichtigung aller Umstände des Einzelfalls überwiegende schutzwürdige Interessen des wirtschaftlich Berechtigten entgegenstehen. [2]Schutzwürdige Interessen liegen vor, wenn

1. Tatsachen die Annahme rechtfertigen, dass die Einsichtnahme und Übermittlung den wirtschaftlich Berechtigten der Gefahr aussetzen würde, Opfer einer der folgenden Straftaten zu werden:
   a) eines Betrugs (§ 263 des Strafgesetzbuchs[1)]),
   b) eines erpresserischen Menschenraubs (§ 239a des Strafgesetzbuchs),
   c) einer Geiselnahme (§ 239b des Strafgesetzbuchs),
   d) einer Erpressung oder räuberischen Erpressung (§§ 253, 255 des Strafgesetzbuchs),
   e) einer strafbaren Handlung gegen Leib oder Leben (§§ 211, 212, 223, 224, 226, 227 des Strafgesetzbuchs),
   f) einer Nötigung (§ 240 des Strafgesetzbuchs),
   g) einer Bedrohung (§ 241 des Strafgesetzbuchs) oder
2. der wirtschaftlich Berechtigte minderjährig oder geschäftsunfähig ist.

[3]Schutzwürdige Interessen des wirtschaftlich Berechtigten liegen nicht vor, wenn sich die Daten bereits aus den in § 22 Absatz 1 genannten Registern ergeben. [4]Die Beschränkung der Einsichtnahme und Übermittlung nach Satz 1 ist nicht möglich gegenüber Behörden, Gerichten und den in § 2 Absatz 4 genannten Stellen, gegenüber Verpflichteten nach § 2 Absatz 1 Nummer 1 bis 3 und 7 sowie gegenüber Notaren. [5]Die registerführende Stelle hat jährlich eine Statistik über die Anzahl der bewilligten Beschränkungen und darüber, ob die Beschränkungen nach Satz 2 Nummer 1 oder 2 erfolgt sind, zu erstellen, auf ihrer Internetseite zu veröffentlichen und an die Europäische Kommission zu übermitteln.

(3) [1]Behörden, Gerichte und die in § 2 Absatz 4 genannte Stellen sowie diejenigen in § 23 Absatz 1 Satz 1 Nummer 2 genannten Verpflichteten, gegenüber denen die Beschränkung der Einsichtnahme und Übermittlung nach § 23 Absatz 2 Satz 4 nicht möglich ist, können die Einsichtnahme mittels eines durch die registerführende Stelle geschaffenen und nach ihren Vorgaben ausgestalteten automatisierten Einsichtnahmeverfahrens durchführen. [2]Die registerführende Stelle ist befugt, den in Satz 1 genannten Stellen die nach Maßgabe des Absatzes 1 zugänglichen Daten im automatisierten Verfahren zu übermitteln. [3]Bestehen Zweifel daran, dass die Einsichtnahme zur Erfüllung der gesetzlichen Aufgaben einer Behörde, eines Gerichts oder einer in § 2 Absatz 4 genannten Stelle erforderlich ist oder zur Erfüllung der Sorgfaltspflicht eines Verpflichteten nach

[1)] **Habersack, Deutsche Gesetze Nr. 85.**

Satz 1 erfolgt, ist die registerführende Stelle berechtigt, die Verfahren nach den Sätzen 1 und 2 zu sperren. [4] Sie kann die Behörde nach Satz 1 zur Bestätigung, dass die Einsichtnahme zur Erfüllung der gesetzlichen Aufgaben erforderlich ist, auffordern und den Verpflichteten nach Satz 1 dauerhaft auf das für alle Verpflichteten geltende Verfahren nach Absatz 1 verweisen. [5] Die Bestätigung nach Satz 4 hat durch den Dienstvorgesetzten zu erfolgen. [6] Die beteiligten Stellen haben zu gewährleisten, dass für Einsichtnahmen und Datenübermittlungen im automatisierten Verfahren die erforderlichen technischen und organisatorischen Maßnahmen nach den Artikeln 24, 25 und 32 der Verordnung (EU) 2016/679[1)] des Europäischen Parlaments und des Rates vom 27. April 2016 zum Schutz natürlicher Personen bei der Verarbeitung personenbezogener Daten, zum freien Datenverkehr und zur Aufhebung der Richtlinie 95/46/EG zur Sicherstellung von Datenschutz und Datensicherheit getroffen werden, die insbesondere die Vertraulichkeit und Unversehrtheit der Daten gewährleisten.

(4) [1] Die Einsichtnahme ist nur nach vorheriger Online-Registrierung des Nutzers möglich und kann zum Zweck der Kontrolle, wer Einsicht genommen hat, protokolliert werden. [2] Die registerführende Stelle ist nicht befugt, gegenüber Vereinigungen nach § 20 und Rechtsgestaltungen nach § 21 offenzulegen, wer Einsicht in die Angaben genommen hat, die die Vereinigungen und Rechtsgestaltungen zu ihren wirtschaftlich Berechtigten gemacht haben.

(5) Das Transparenzregister erlaubt die Suche nach Vereinigungen nach § 20 Absatz 1 Satz 1 und Rechtsgestaltungen nach § 21 über alle eingestellten Daten sowie über sämtliche Indexdaten.

(6) [1] Die Einsichtnahme und Übermittlung der Daten aus dem Transparenzregister nach Absatz 1 Nummer 1 an einsichtnehmende Behörden, Gerichte und in § 2 Absatz 4 genannte Stellen erfolgt ausschließlich zum Zweck der Erfüllung der jeweiligen gesetzlichen Aufgabe. [2] Die Einsichtnahme und Übermittlung der Daten aus dem Transparenzregister an einsichtnehmende Verpflichtete erfolgt ausschließlich zur Erfüllung der Sorgfaltspflichten des jeweiligen Verpflichteten.

(7) Das Bundesministerium der Finanzen wird ermächtigt, durch Rechtsverordnung, die nicht der Zustimmung des Bundesrates bedarf, die Einzelheiten der Einsichtnahme, Datenübermittlung und Beschränkung, insbesondere der Online-Registrierung und der Protokollierung wie die zu protokollierenden Daten und die Löschungsfrist für die protokollierten Daten nach Absatz 3, der Darlegungsanforderungen für die Einsichtnahme und Übermittlung nach Absatz 1 Satz 1 Nummer 2 und 3 und der Darlegungsanforderungen für die Beschränkung der Einsichtnahme und Übermittlung nach Absatz 2 zu bestimmen.

(8) [1] Auf Antrag ist dem wirtschaftlich Berechtigten durch die registerführende Stelle Auskunft über die nach § 23 Absatz 1 Satz 1 Nummer 3 erfolgten Einsichtnahmen zu erteilen. [2] Der wirtschaftlich Berechtigte hat bei Antragstellung die Vereinigung nach § 20 oder die Rechtsgestaltung nach § 21 anzugeben, für die eine Auskunft beantragt wird. [3] Die Auskunft beinhaltet folgende Informationen:

1. die beauskunfteten personenbezogenen Daten des wirtschaftlich Berechtigten,
2. die monatsweise dargestellte Anzahl der seit der letzten Antragstellung erfolgten Einsichtnahmen,
3. der Zeitpunkt der jeweiligen Einsichtnahmen,

1) **Sartorius Nr. 246.**

4. eine anonymisierte Auflistung der natürlichen Personen, die Einsicht genommen haben und
5. bei Einsichtnahme durch juristische Personen deren Bezeichnung.

[4]Die beantragte Auskunft ist mindestens einmal im Kalenderjahr, höchstens jedoch einmal im Quartal zu erteilen. [5]Der wirtschaftlich Berechtigte belegt im Rahmen der Antragstellung nach Satz 1 seine Identität und seine Stellung als wirtschaftlich Berechtigter der im Antrag in Bezug genommenen Vereinigung nach § 20 oder Rechtsgestaltung nach § 21 anhand geeigneter Nachweise. [6]Geeignete Nachweise sind solche nach § 12. [7]Die Antragstellung und Auskunftserteilung nach diesem Absatz ist ausschließlich über die Internetseite des Transparenzregisters nach den Vorgaben der registerführenden Stelle möglich.

§ 23a[1)] Meldung von Unstimmigkeiten an die registerführende Stelle.

(1) [1]Verpflichtete nach § 23 Absatz 1 Satz 1 Nummer 2 haben der registerführenden Stelle Unstimmigkeiten unverzüglich zu melden, die sie zwischen den Angaben über die wirtschaftlich Berechtigten, die im Transparenzregister zugänglich sind, und den ihnen zur Verfügung stehenden Angaben und Erkenntnissen über die wirtschaftlich Berechtigten feststellen. [2]§ 43 Absatz 2 gilt entsprechend. [3]Die Aufsichtsbehörden, die Behörde nach § 25 Absatz 6 und nach § 56 Absatz 5 Satz 2 sowie die Zentralstelle für Finanztransaktionsuntersuchungen trifft die Pflicht nach Satz 1, sofern dadurch die Aufgabenwahrnehmung der Behörden nicht beeinträchtigt wird. [4]Eine Unstimmigkeit nach Satz 1 besteht, wenn Eintragungen nach § 20 Absatz 1 sowie nach § 21 Absatz 1 und 2 fehlen, einzelne Angaben zu den wirtschaftlich Berechtigten nach § 19 Absatz 1 abweichen oder wenn abweichende wirtschaftlich Berechtigte ermittelt wurden. [5]Die der Unstimmigkeitsmeldung zugrunde liegende Ermittlung der wirtschaftlich Berechtigten hat nach den Vorgaben des § 3 zu erfolgen.

(2) Die registerführende Stelle hat auf der Internetseite des Transparenzregisters deutlich sichtbar eine Vorkehrung einzurichten, über die Unstimmigkeitsmeldungen nach Absatz 1 abzugeben sind.

(3) [1]Die registerführende Stelle hat die Unstimmigkeitsmeldung nach Absatz 1 unverzüglich zu prüfen. [2]Hierzu kann sie von dem Erstatter der Unstimmigkeitsmeldung, der betroffenen Vereinigung nach § 20 oder der Rechtsgestaltung nach § 21 die zur Aufklärung erforderlichen Informationen und Unterlagen verlangen.

(3a) [1]Im Rahmen der Prüfung der Unstimmigkeitsmeldung erstellt die registerführende Stelle auf Basis der in den anderen Registern vorhandenen Informationen sowie der aufgrund von Nachfragen nach Absatz 3 erhaltenen Informationen und Unterlagen Eigentums- und Kontrollstrukturübersichten der betroffenen Vereinigung nach § 20 oder der Rechtsgestaltung nach § 21, soweit dies im Einzelfall zur Prüfung der Unstimmigkeitsmeldung erforderlich ist. [2]Sie hat diese Übersichten bis zum Ablauf von zwei Jahren nach der Auflösung der Vereinigung nach § 20 und der Rechtsgestaltung nach § 21 aufzubewahren und danach zu löschen. [3]Die Eigentums- und Kontrollstrukturübersicht wird nicht Teil der Eintragung im Transparenzregister. [4]Die Eigentums- und Kontrollstrukturübersichten sollen den Stand wiedergeben, der zum Abschluss der Prüfung der Unstimmigkeitsmeldung vorgelegen hat.

[1)] § 23a eingef. mWv 1.1.2020 durch G v. 12.12.2019 (BGBl. I S. 2602); Abs. 1 Satz 4 geänd., Abs. 3a eingef., Abs. 5 Satz 1 neu gef., Satz 2 geänd. mWv 1.8.2021 durch G v. 25.6.2021 (BGBl. I S. 2083); Abs. 1 Satz 3 geänd., Abs. 3a Satz 2 neu gef., Satz 4 angef., Abs. 5 Sätze 2 und 3 eingef., bish. Satz 2 wird Satz 4 mWv 28.12.2022 durch G v. 19.12.2022 (BGBl. I S. 2606).

(4) Die registerführende Stelle übergibt die Unstimmigkeitsmeldung mit allen erforderlichen Unterlagen der Behörde nach § 56 Absatz 5 Satz 2 im Rahmen ihrer Zuständigkeit für die Verfolgung von Ordnungswidrigkeiten nach § 56 Absatz 1 Satz 1 Nummer 54 bis 66, wenn

1. sie zu der Erkenntnis gelangt, dass die im Transparenzregister enthaltenen Angaben zum wirtschaftlich Berechtigten nicht zutreffend sind oder
2. sie die Prüfung der Unstimmigkeitsmeldung aufgrund unklarer Sachlage nicht abschließen konnte.

(5) [1] Die registerführende Stelle hat dem Erstatter der Unstimmigkeitsmeldung die von ihr ermittelten Angaben zum wirtschaftlich Berechtigten im Sinne des § 19 Absatz 1 nach Abschluss der Prüfung unverzüglich zu übermitteln. [2] Dabei werden auch die Eigentums- und Kontrollstrukturübersichten nach Absatz 3a an den Erstatter der Meldung übermittelt. [3] Die Eigentums- und Kontrollstrukturübersichten dürfen durch den Erstatter ausschließlich im Rahmen der Erfüllung eigener Sorgfaltspflichten verwendet und nicht weitergegeben werden. [4] Das Verfahren zur Prüfung der Unstimmigkeitsmeldung gilt als abgeschlossen, wenn die registerführende Stelle oder die Behörde nach § 56 Absatz 5 Satz 2 aufgrund der nach Absatz 3 erlangten Erkenntnisse oder aufgrund einer neuen oder berichtigenden Mitteilung der Vereinigung nach § 20 oder der Rechtsgestaltung nach § 21, die Gegenstand der Unstimmigkeitsmeldung ist, zu dem Ergebnis gekommen ist, dass die Unstimmigkeit ausgeräumt ist.

(6) [1] Nach Eingang der Unstimmigkeitsmeldung nach Absatz 1 hat die registerführende Stelle auf dem Registerauszug sichtbar zu vermerken, dass die Angaben zu den wirtschaftlich Berechtigten der Vereinigung nach § 20 oder der Rechtsgestaltung nach § 21 der Prüfung unterliegen. [2] Der Abschluss des Verfahrens zur Prüfung der Unstimmigkeitsmeldung ist auf dem Registerauszug zu vermerken.

[§ 23b ab 1.1.2026:]

§ 23b[1)] *Meldung von Unstimmigkeiten bei der Zuordnung von Immobilien.*

(1) [1] Die in § 23 Absatz 1 Satz 1 Nummer 1 aufgeführten Behörden, Verpflichtete nach § 2 Absatz 1 Nummer 1 bis 3 und 7 sowie Notare haben der registerführenden Stelle Abweichungen unverzüglich zu melden, die sie zwischen den Angaben über die Immobilien, die im Transparenzregister zugänglich sind, und den ihnen zur Verfügung stehenden Angaben und Erkenntnissen über Immobilien feststellen. [2] § 43 Absatz 2 gilt entsprechend.

(2) Die registerführende Stelle hat auf der Internetseite des Transparenzregisters deutlich sichtbar eine Vorkehrung einzurichten, über die Meldungen nach Absatz 1 abzugeben sind.

(3) [1] Die registerführende Stelle hat die Meldung nach Absatz 1 unverzüglich zu prüfen. [2] Hierzu kann sie von dem Erstatter der Meldung und von der betroffenen Vereinigung nach § 20 die zur Aufklärung erforderlichen Informationen und Unterlagen verlangen oder Einsicht in das Grundbuch der betroffenen Immobilien nehmen. [3] Die Prüfung der Meldung nach Absatz 1 stellt ein berechtigtes Interesse im Sinne des § 12 Absatz 1 der Grundbuchordnung[2)] dar.

(4) Die registerführende Stelle hat die Erfassung oder Zuordnung von Immobilien zu berichtigen, wenn sie zu dem Ergebnis gelangt, dass die gemeldete Abweichung zutreffend ist.

[1)] § 23b eingef. mWv 1.1.2026 durch G v. 19.12.2022 (BGBl. I S. 2606).

[2)] **Habersack, Deutsche Gesetze Nr. 114.**

§ 24[1] Gebühren und Auslagen, Verordnungsermächtigung. (1) [1] Für die Führung des Transparenzregisters erhebt die registerführende Stelle von Vereinigungen nach § 20 und von Rechtsgestaltungen nach § 21 Gebühren. [2] Dies gilt auf Antrag nicht für Vereinigungen nach § 20, die einen steuerbegünstigten Zweck im Sinne der §§ 52 bis 54 der Abgabenordnung verfolgen und dies mittels einer Bescheinigung des zuständigen Finanzamtes gegenüber der registerführenden Stelle nachweisen. [3] Ein Nachweis nach Satz 2 ist nicht erforderlich, wenn im Antrag die Verfolgung der nach den §§ 52 bis 54 der Abgabenordnung steuerbegünstigten Zwecke versichert und das Einverständnis darüber erklärt werden, dass die registerführende Stelle beim zuständigen Finanzamt eine Bestätigung der Verfolgung dieser steuerbegünstigten Zwecke einholen darf. [4] Die registerführende Stelle erhebt keine Gebühren von Vereinigungen nach § 20, wenn sich die Verfolgung der nach den §§ 52 bis 54 der Abgabenordnung steuerbegünstigten Zwecke unmittelbar aus dem Zuwendungsempfängerregister nach § 60b der Abgabenordnung ergibt. [5] Die durch die Gebührenbefreiung entstehenden Mindereinnahmen werden der registerführenden Stelle durch den Bund erstattet.

(2) [1] Für die Einsichtnahme in die dem Transparenzregister nach § 20 Absatz 1 und § 21 mitgeteilten Daten und deren Übermittlung erhebt die registerführende Stelle zur Deckung des Verwaltungsaufwands Gebühren und Auslagen. [2] Dasselbe gilt für die Erstellung von Ausdrucken, Bestätigungen und Beglaubigungen nach § 18 Absatz 4. [3] Behörden, Gerichte und die in § 2 Absatz 4genannte Stellen haben keine Gebühren und Auslagen nach den Sätzen 1 und 2 zu entrichten. [4] § 8 Absatz 2 Satz 1 des Bundesgebührengesetzes[2] ist nicht anzuwenden.

(2a) Für die Registrierung und Identifizierung von wirtschaftlich Berechtigten im Zusammenhang mit einem Antrag nach § 23 Absatz 6 erhebt die registerführende Stelle zur Deckung des Verwaltungsaufwands Gebühren und Auslagen von den Antragstellern nach § 23 Absatz 6.

(3) Das Bundesministerium der Finanzen wird ermächtigt, durch Rechtsverordnung, die nicht der Zustimmung des Bundesrates bedarf, Einzelheiten zu Folgendem näher zu regeln:

1. die gebührenpflichtigen Tatbestände,
2. die Gebührenschuldner,
3. die Gebührensätze nach festen Sätzen oder als Rahmengebühren,
4. die Auslagenerstattung und
5. das Verfahren für eine Gebührenbefreiung nach Absatz 1 Satz 2.

§ 25[3] Übertragung der Führung des Transparenzregisters, Verordnungsermächtigung. (1) Das Bundesministerium der Finanzen wird ermächtigt, durch Rechtsverordnung, die nicht der Zustimmung des Bundesrates bedarf, eine juristische Person des Privatrechts mit den Aufgaben der registerführenden Stelle und mit den hierfür erforderlichen Befugnissen zu beleihen.

(2) [1] Eine juristische Person des Privatrechts darf nur beliehen werden, wenn sie die Gewähr für die ordnungsgemäße Erfüllung der ihr übertragenen Aufgaben,

---

[1] § 24 Abs. 1 Satz 2 und Abs. 3 Nr. 5 angef., Abs. 2 Satz 3 neu gef., Satz 4 eingef., bish. Satz 4 wird Satz 5, Abs. 2a eingef., Abs. 3 Nr. 3 und 4 geänd. mWv 1.1.2020 durch G v. 12.12.2019 (BGBl. I S. 2602); Abs. 1 Sätze 3–5 angef., Abs. 2 Satz 1 geänd., Satz 5 aufgeh. mWv 1.8.2021 durch G v. 25.6.2021 (BGBl. I S. 2083); Abs. 2 Satz 3 geänd. mWv 28.12.2022 durch G v. 19.12.2022 (BGBl. I S. 2606).

[2] **Sartorius Nr. 120.**

[3] § 25 Abs. 5 Satz 3 geänd. mWv 1.8.2021 durch G v. 25.6.2021 (BGBl. I S. 2083).

insbesondere für den langfristigen und sicheren Betrieb des Transparenzregisters, bietet. [2] Sie bietet die notwendige Gewähr, wenn

1. die natürlichen Personen, die nach Gesetz, dem Gesellschaftsvertrag oder der Satzung die Geschäftsführung und Vertretung ausüben, zuverlässig und fachlich geeignet sind,
2. sie grundlegende Erfahrungen mit der Zugänglichmachung von registerrechtlichen Informationen, insbesondere von Handelsregisterdaten, Gesellschaftsbekanntmachungen und kapitalmarktrechtlichen Informationen, hat,
3. sie die zur Erfüllung ihrer Aufgaben notwendige Organisation sowie technische und finanzielle Ausstattung hat und
4. sie sicherstellt, dass sie die Vorschriften zum Schutz personenbezogener Daten einhält.

(3) [1] Die Dauer der Beleihung ist zu befristen. [2] Sie soll fünf Jahre nicht unterschreiten. [3] Die Möglichkeit, bei Vorliegen eines wichtigen Grundes die Beleihung vor Ablauf der Frist zu beenden, ist vorzusehen. [4] Haben die Voraussetzungen für die Beleihung nicht vorgelegen oder sind sie nachträglich entfallen, soll die Beleihung jederzeit beendet werden können. [5] Es ist sicherzustellen, dass mit Beendigung der Beleihung dem Bundesministerium der Finanzen oder einer von ihm bestimmten Stelle alle für den ordnungsgemäßen Weiterbetrieb des Transparenzregisters erforderlichen Softwareprogramme und Daten unverzüglich zur Verfügung gestellt werden und die Rechte an diesen Softwareprogrammen und an der für das Transparenzregister genutzten Internetadresse übertragen werden.

(4) [1] Der Beliehene ist berechtigt, das kleine Bundessiegel zu führen. [2] Es wird vom Bundesministerium der Finanzen zur Verfügung gestellt. [3] Das kleine Bundessiegel darf ausschließlich zur Beglaubigung von Ausdrucken aus dem Transparenzregister und zu Bestätigungen nach § 18 Absatz 4 genutzt werden.

(5) [1] Der Beliehene ist befugt, die Gebühren nach § 24 zu erheben. [2] Das Gebührenaufkommen steht ihm zu. [3] In der Rechtsverordnung kann das Bundesministerium der Finanzen die Vollstreckung der Gebührenbescheide dem Beliehenen übertragen sowie die Ausgestaltung der Erstattung nach § 24 Absatz 1 Satz 5 näher regeln.

(6) [1] Der Beliehene untersteht der Rechts- und Fachaufsicht durch das Bundesverwaltungsamt. [2] Das Bundesverwaltungsamt kann sich zur Wahrnehmung seiner Aufsichtstätigkeit jederzeit über die Angelegenheiten des Beliehenen unterrichten, insbesondere durch Einholung von Auskünften und Berichten sowie durch das Verlangen nach Vorlage von Aufzeichnungen aller Art, rechtswidrige Maßnahmen beanstanden sowie entsprechende Abhilfe verlangen. [3] Der Beliehene ist verpflichtet, den Weisungen des Bundesverwaltungsamts nachzukommen. [4] Dieses kann, wenn der Beliehene den Weisungen nicht oder nicht fristgerecht nachkommt, die erforderlichen Maßnahmen an Stelle und auf Kosten des Beliehenen selbst durchführen oder durch einen anderen durchführen lassen. [5] Die Bediensteten und sonstigen Beauftragten des Bundesverwaltungsamts sind befugt, zu den Betriebs- und Geschäftszeiten Betriebsstätten, Geschäfts- und Betriebsräume des Beliehenen zu betreten, zu besichtigen und zu prüfen, soweit dies zur Erfüllung ihrer Aufgaben erforderlich ist. [6] Gegenstände oder geschäftliche Unterlagen können im erforderlichen Umfang eingesehen und in Verwahrung genommen werden.

(7) Für den Fall, dass keine juristische Person des Privatrechts beliehen wird, oder für den Fall, dass die Beleihung beendet wird, kann das Bundesministerium der Finanzen die Führung des Transparenzregisters auf eine Bundesoberbehörde in

seinem Geschäftsbereich oder im Einvernehmen mit dem zuständigen Bundesministerium auf eine Bundesoberbehörde in dessen Geschäftsbereich übertragen.

§ 26[1)] Europäisches System der Registervernetzung, Verordnungsermächtigung. (1) [1]Die in § 22 Absatz 1 Satz 1 Nummer 1 aufgeführten Daten sind, sofern sie Vereinigungen nach § 20 sowie Rechtsgestaltungen nach § 21 betreffen, über die durch Artikel 22 Absatz 1 der Richtlinie (EU) 2017/1132 des Europäischen Parlaments und des Rates vom 14. Juni 2017 über bestimmte Aspekte des Gesellschaftsrechts geschaffene zentrale Europäische Plattform zugänglich. [2]§ 23 Absatz 1 bis 3 gilt entsprechend. [3]Zur Zugänglichmachung über die zentrale Europäische Plattform übermittelt die registerführende Stelle die dem Transparenzregister nach § 20 Absatz 1 und § 21 mitgeteilten Daten sowie die nach Maßgabe der von der Europäischen Kommission gemäß Artikel 31a der Richtlinie (EU) 2018/843 erlassenen Durchführungsakte erforderlichen Daten sowie die Indexdaten nach § 22 Absatz 2 an die zentrale Europäische Plattform nach Artikel 22 Absatz 1 der Richtlinie (EU) 2017/1132 und Artikel 4a Absatz 1 der Richtlinie 2009/101/EG des Europäischen Parlaments und des Rates vom 16. September 2009 zur Koordinierung der Schutzbestimmungen, die in den Mitgliedstaaten den Gesellschaften im Sinne des Artikels 48 Absatz 2 des Vertrags im Interesse der Gesellschafter sowie Dritter vorgeschrieben sind, um diese Bestimmungen gleichwertig zu gestalten (ABl. L 258 vom 1.10.2009, S. 11), die zuletzt durch die Richtlinie 2013/24/EU (ABl. L 158 vom 10.6.2013, S. 365) geändert worden ist, sofern die Übermittlung für die Eröffnung eines Zugangs zu den Originaldaten über den Suchdienst auf der Internetseite der zentralen Europäischen Plattform erforderlich ist.

(2) [1]Das Transparenzregister ist mit den Registern anderer Mitgliedstaaten der Europäischen Union im Sinne von Artikel 22 Absatz 2 der Richtlinie (EU) 2017/1132 über die durch Artikel 22 Absatz 1 der Richtlinie (EU) 2017/1132 geschaffene zentrale Europäische Plattform zu vernetzen. [2]Die Vernetzung der Register der Mitgliedstaaten über die Plattform erfolgt nach Maßgabe der technischen Spezifikationen und Verfahren, die durch von der Europäischen Kommission gemäß Artikel 24 der Richtlinie (EU) 2017/1132 und Artikel 1 Nummer 17 der Richtlinie (EU) 2018/843 erlassene Durchführungsrechtsakte festgelegt werden.

(3) Daten nach § 22 Absatz 1 Satz 1, soweit sie Vereinigungen nach § 20 oder Rechtsgestaltungen nach § 21 betreffen, sind nach Abschluss der Abwicklung und, soweit sie registerlich geführt sind, nach Löschung im Register der Vereinigungen oder Rechtsgestaltungen noch für einen Zeitraum von mindestens fünf und höchstens zehn Jahren über das Transparenzregister und die durch Artikel 22 Absatz 1 der Richtlinie (EU) 2017/1132 geschaffene zentrale Europäische Plattform zugänglich.

(4) Das Bundesministerium der Finanzen wird im Benehmen mit dem Bundesministerium der Justiz und für Verbraucherschutz ermächtigt, durch Rechtsverordnung, die der Zustimmung des Bundesrates bedarf, die erforderlichen Bestimmungen über die Einzelheiten des elektronischen Datenverkehrs und seiner Abwicklung nach Absatz 1 einschließlich Vorgaben über Datenformate und Zahlungsmodalitäten zu treffen, soweit keine Regelungen in den von der Europäischen Kommission gemäß Artikel 24 der Richtlinie (EU) 2017/1132 und

---

[1)] § 26 Abs. 1 neu gef., Abs. 2 und 3 eingef., bish. Abs. 2 wird Abs. 4 und geänd. mWv 1.1.2020 durch G v. 12.12.2019 (BGBl. I S. 2602); Abs. 1 Sätze 1 und 3 sowie Abs. 3 geänd. mWv 1.8.2021 durch G v. 25.6.2021 (BGBl. I S. 2083).

Artikel 31a der Richtlinie (EU) 2018/843 erlassenen Durchführungsrechtsakten enthalten sind.

§ 26a[1] Abruf durch bestimmte Behörden. (1) Die registerführende Stelle übermittelt die erforderlichen Informationen aus dem Transparenzregister an

1. die Zentralstelle für Finanztransaktionsuntersuchungen für Zwecke nach § 28 Absatz 1 Satz 2 Nummer 2, 4 und 8,
2. die Strafverfolgungsbehörden für ihre Aufgabenerfüllung,
3. die Aufsichtsbehörden, soweit dies im Einzelfall für die Erfüllung ihrer Aufgaben nach § 51 erforderlich ist,
4. das Bundeszentralamt für Steuern und die örtlichen Finanzbehörden nach § 6 Absatz 2 Nummer 5 der Abgabenordnung, soweit dies im Einzelfall für die Erfüllung ihrer jeweiligen Aufgaben erforderlich ist,
5. die Verfassungsschutzbehörden des Bundes und der Länder, soweit dies im Einzelfall zur Erfüllung ihrer Aufgaben erforderlich ist,
6. das Zollkriminalamt, soweit dies im Einzelfall zur Erfüllung seiner Aufgaben nach § 4 Absatz 2 und 3 des Zollfahndungsdienstgesetzes erforderlich ist,
7. die nach § 13 des Außenwirtschaftsgesetzes zuständigen Behörden, soweit dies im Einzelfall zur Erfüllung ihrer Aufgaben erforderlich ist,
8. den Bundesnachrichtendienst, soweit dies erforderlich ist
   a) zur politischen Unterrichtung der Bundesregierung, wenn durch die Auskunft Informationen über das Ausland gewonnen werden können, die von außen- und sicherheitspolitischer Bedeutung für die Bundesrepublik Deutschland sind und zu deren Aufklärung das Bundeskanzleramt den Bundesnachrichtendienst beauftragt hat, oder
   b) zur Früherkennung von aus dem Ausland drohenden Gefahren von internationaler Bedeutung, wenn durch die Auskunft Erkenntnisse gewonnen werden können mit Bezug zu den in § 4 Absatz 3 Nummer 1 des BND-Gesetzes genannten Gefahrenbereichen oder zum Schutz der in § 4 Absatz 3 Nummer 2 und 3 des BND-Gesetzes genannten Rechtsgüter,
9. die Zentralstelle für Sanktionsdurchsetzung, soweit dies im Einzelfall zur Erfüllung ihrer Aufgaben erforderlich ist.

(2) [1] Die Übermittlung erfolgt im Wege des automatisierten Abrufs. [2] Die registerführende Stelle richtet für Abfragen nach Absatz 1 einen nach den Vorgaben der registerführenden Stelle ausgestalteten automatisierten Zugriff auf die im Transparenzregister gespeicherten Daten ein, der auch die Suche nach

1. wirtschaftlich Berechtigten einer Vereinigung nach § 20 oder einer Rechtsgestaltung nach § 21 über die Angaben „Name" und „Vorname" sowie zusätzlich „Geburtsdatum", „Wohnort" oder „Staatsangehörigkeit" des wirtschaftlich Berechtigten oder
2. Immobilien über alle Angaben nach § 19a

erlaubt. [3] § 23 bleibt unberührt.

(3) Die beteiligten Stellen haben zu gewährleisten, dass für Abfragen nach Absatz 1 dem jeweiligen Stand der Technik entsprechende Maßnahmen zur

[1] § 26a eingef. mWv 1.1.2021 durch G v. 12.12.2019 (BGBl. I S. 2602); Überschrift geänd., Abs. 1 neu gef. mWv 1.8.2021 durch G v. 25.6.2021 (BGBl. I S. 2083); Abs. 1 Nr. 4 geänd., Nr. 5 neu gef., Nr. 6 und 7 angef. mWv 28.5.2022 durch G v. 23.5.2022 (BGBl. I S. 754); Abs. 1 Nr. 5 und 6 geänd., Nr. 7 neu gef., Nr. 8 und 9 angef., Abs. 2 neu gef. mWv 28.12.2022 durch G v. 19.12.2022 (BGBl. I S. 2606).

Sicherstellung von Datenschutz und Datensicherheit getroffen werden, die insbesondere die Vertraulichkeit und Unversehrtheit der Daten gewährleisten.

Abschnitt 5. Zentralstelle für Finanztransaktionsuntersuchungen

§ 27 Zentrale Meldestelle. (1) Zentrale Meldestelle zur Verhinderung, Aufdeckung und Unterstützung bei der Bekämpfung von Geldwäsche und Terrorismusfinanzierung nach Artikel 32 Absatz 1 der Richtlinie (EU) 2015/849 ist die Zentralstelle für Finanztransaktionsuntersuchungen.

(2) Die Zentralstelle für Finanztransaktionsuntersuchungen ist organisatorisch eigenständig und arbeitet im Rahmen ihrer Aufgaben und Befugnisse fachlich unabhängig.

§ 28[1] Aufgaben, Aufsicht und Zusammenarbeit. (1) [1] Die Zentralstelle für Finanztransaktionsuntersuchungen hat die Aufgabe der Erhebung und Analyse von Informationen im Zusammenhang mit Geldwäsche oder Terrorismusfinanzierung und der Weitergabe dieser Informationen an die zuständigen inländischen öffentlichen Stellen zum Zwecke der Aufklärung, Verhinderung oder Verfolgung solcher Taten. [2] Ihr obliegen in diesem Zusammenhang:

1. die Entgegennahme und Sammlung von Meldungen nach diesem Gesetz,
2. die Durchführung von operativen Analysen einschließlich der Bewertung von Meldungen und sonstigen Informationen,
3. der Informationsaustausch und die Koordinierung mit inländischen Aufsichtsbehörden,
4. die Zusammenarbeit und der Informationsaustausch mit zentralen Meldestellen anderer Staaten,
5. die Untersagung von Transaktionen und die Anordnung von sonstigen Sofortmaßnahmen,
6. die Übermittlung der sie betreffenden Ergebnisse der operativen Analyse nach Nummer 2 und zusätzlicher relevanter Informationen an die zuständigen inländischen öffentlichen Stellen,
7. die Rückmeldung an den Verpflichteten, der eine Meldung nach § 43 Absatz 1 abgegeben hat,
8. die Durchführung von strategischen Analysen und Erstellung von Berichten aufgrund dieser Analysen,
9. der Austausch mit den Verpflichteten sowie mit den inländischen Aufsichtsbehörden und für die Aufklärung, Verhinderung oder Verfolgung der Geldwäsche und der Terrorismusfinanzierung zuständigen inländischen öffentlichen Stellen insbesondere über entsprechende Typologien und Methoden,
10. die Erstellung von Statistiken zu den in Artikel 44 Absatz 2 der Richtlinie (EU) 2015/849 genannten Zahlen und Angaben und die Veröffentlichung einer konsolidierten Statistik auf Jahresbasis in einem Jahresbericht,
11. die Veröffentlichung eines Jahresberichts über die erfolgten operativen Analysen,
12. die Teilnahme an Treffen nationaler und internationaler Arbeitsgruppen und
13. die Wahrnehmung der Aufgaben, die ihr darüber hinaus nach anderen Bestimmungen übertragen worden sind.

---

[1] § 28 Abs. 1 Satz 2 Nr. 10 geänd. mWv 1.1.2020 durch G v. 12.12.2019 (BGBl. I S. 2602); Abs. 1a eingef. mWv 28.5.2022 durch G v. 23.5.2022 (BGBl. I S. 754).

(1a) [1]Bei Erfüllung der ihr nach Absatz 1 Satz 1 übertragenen Aufgabe wirkt die Zentralstelle für Finanztransaktionsuntersuchungen auch an der Feststellung von Geldern und wirtschaftlichen Ressourcen bestimmter Personen oder Personengesellschaften mit, die aufgrund eines im Amtsblatt der Europäischen Gemeinschaften oder der Europäischen Union veröffentlichten unmittelbar geltenden Rechtsaktes der Europäischen Gemeinschaften oder der Europäischen Union, die der Durchführung einer vom Rat der Europäischen Union im Bereich der Gemeinsamen Außen- und Sicherheitspolitik beschlossenen wirtschaftlichen Sanktionsmaßnahme dient, einer Verfügungsbeschränkung unterliegen. [2]Absatz 1 Satz 2 gilt entsprechend.

(2) Die Zentralstelle für Finanztransaktionsuntersuchungen untersteht der Aufsicht des Bundesministeriums der Finanzen, die sich in den Fällen des Absatzes 1 Nummer 1, 2, 5 und 6 auf die Rechtsaufsicht beschränkt.

(3) Die Zentralstelle für Finanztransaktionsuntersuchungen sowie die sonstigen für die Aufklärung, Verhütung und Verfolgung der Geldwäsche, Terrorismusfinanzierung und sonstiger Straftaten sowie die zur Gefahrenabwehr zuständigen inländischen öffentlichen Stellen und die inländischen Aufsichtsbehörden arbeiten zur Durchführung dieses Gesetzes zusammen und unterstützen sich gegenseitig.

(4) Die Zentralstelle für Finanztransaktionsuntersuchungen informiert, soweit erforderlich, die für das Besteuerungsverfahren oder den Schutz der sozialen Sicherungssysteme zuständigen Behörden über Sachverhalte, die ihr bei der Wahrnehmung ihrer Aufgaben bekannt werden und die sie nicht an eine andere zuständige staatliche Stelle übermittelt hat.

§ 29[1)] **Verarbeitung personenbezogener Daten durch die Zentralstelle für Finanztransaktionsuntersuchungen.** (1) Die Zentralstelle für Finanztransaktionsuntersuchungen darf personenbezogene Daten verarbeiten, soweit dies zur Erfüllung ihrer Aufgaben erforderlich ist.

(2) Die Zentralstelle für Finanztransaktionsuntersuchungen darf personenbezogene Daten, die sie zur Erfüllung ihrer Aufgaben gespeichert hat, mit anderen Daten abgleichen, wenn dies nach diesem Gesetz oder nach einem anderen Gesetz zulässig ist.

(3) Die Zentralstelle für Finanztransaktionsuntersuchungen darf personenbezogene Daten, die bei ihr vorhanden sind, zu Fortbildungszwecken oder zu statistischen Zwecken verarbeiten, soweit eine Verarbeitung anonymisierter Daten zu diesen Zwecken nicht möglich ist.

(4) Die Zentralstelle für Finanztransaktionsuntersuchungen stellt durch Schulungen sicher, dass das eingesetzte Personal mit den geltenden europäischen und nationalen Datenschutzbestimmungen vertraut ist.

§ 30[2)] **Entgegennahme und Analyse von Meldungen.** (1) Die Zentralstelle für Finanztransaktionsuntersuchungen hat zur Erfüllung ihrer Aufgaben folgende Meldungen und Informationen entgegenzunehmen und zu verarbeiten:

1. Meldungen von Verpflichteten nach § 43 sowie Meldungen von Aufsichtsbehörden nach § 44,
2. Mitteilungen von Finanzbehörden nach § 31b der Abgabenordnung[3)],

---

[1)] § 29 Überschrift neu gef. mWv 1.1.2020 durch G v. 12.12.2019 (BGBl. I S. 2602); Abs. 4 angef. mWv 1.8.2021 durch G v. 25.6.2021 (BGBl. I S. 2083).

[2)] § 30 Abs. 2a eingef. mWv 28.5.2022 durch G v. 23.5.2022 (BGBl. I S. 754).

[3)] Nr. **88b**.

3. Informationen, die ihr übermittelt werden
   a) nach Artikel 5 Absatz 1 der Verordnung (EG) Nr. 1889/2005 des Europäischen Parlaments und des Rates vom 26. Oktober 2005 über die Überwachung von Barmitteln, die in die Gemeinschaft oder aus der Gemeinschaft verbracht werden (ABl. L 309 vom 25.11.2005, S. 9), und
   b) nach § 12a des Zollverwaltungsgesetzes, und
4. sonstige Informationen aus öffentlichen und nicht öffentlichen Quellen im Rahmen ihres Aufgabenbereiches.

(2) Die Zentralstelle für Finanztransaktionsuntersuchungen analysiert die Meldungen nach den §§ 43 und 44 sowie die Mitteilungen nach § 31b der Abgabenordnung[1)], um zu prüfen, ob der gemeldete Sachverhalt im Zusammenhang mit Geldwäsche, mit Terrorismusfinanzierung oder mit einer sonstigen Straftat steht.

(2a) Die Zentralstelle für Finanztransaktionsuntersuchungen ist befugt, unabhängig vom Vorliegen einer Meldung nach den §§ 43 und 44 Analysen durchzuführen, soweit dies zur Erfüllung ihrer Aufgaben erforderlich ist.

(3) [1]Die Zentralstelle für Finanztransaktionsuntersuchungen kann unabhängig vom Vorliegen einer Meldung Informationen von Verpflichteten einholen, soweit dies zur Erfüllung ihrer Aufgaben erforderlich ist. [2]Zur Beantwortung ihres Auskunftsverlangens gewährt sie dem Verpflichteten eine angemessene Frist. [3]Verpflichtete nach § 2 Absatz 1 Nummer 10 und 12 können die Auskunft verweigern, soweit sich das Auskunftsverlangen auf Informationen bezieht, die sie im Rahmen der Rechtsberatung oder der Prozessvertretung des Vertragspartners erhalten haben. [4]Die Auskunftspflicht bleibt jedoch bestehen, wenn der Verpflichtete weiß, dass der Vertragspartner die Rechtsberatung für den Zweck der Geldwäsche oder der Terrorismusfinanzierung in Anspruch genommen hat oder nimmt.

§ 31[2)] Auskunftsrecht gegenüber inländischen öffentlichen Stellen, Datenzugriffsrecht, Verordnungsermächtigung. (1) [1]Die Zentralstelle für Finanztransaktionsuntersuchungen kann, soweit es zur Erfüllung ihrer Aufgaben erforderlich ist, bei inländischen öffentlichen Stellen Daten erheben; zu den inländischen öffentlichen Stellen zählt auch die inländische benannte Behörde im Sinne des Artikel 3 Absatz 2 der Richtlinie (EU) 2019/1153. [2]Die inländischen öffentlichen Stellen erteilen der Zentralstelle für Finanztransaktionsuntersuchungen zur Erfüllung von deren Aufgaben auf deren Ersuchen Auskunft, soweit der Auskunft keine Übermittlungsbeschränkungen entgegenstehen.

(2) [1]Die Anfragen sind von der inländischen öffentlichen Stelle unverzüglich zu beantworten. [2]Daten, die mit der Anfrage im Zusammenhang stehen, sind zur Verfügung zu stellen.

(3) [1]Die Zentralstelle für Finanztransaktionsuntersuchungen soll ein automatisiertes Verfahren für die Übermittlung personenbezogener Daten, die bei anderen inländischen öffentlichen Stellen gespeichert sind und zu deren Erhalt die Zentralstelle für Finanztransaktionsuntersuchungen gesetzlich berechtigt ist, durch Abruf

---

1) Nr. **88b**.

2) § 31 Abs. 4 Sätze 1 und 5 geänd. mWv 25.5.2018 durch G v. 23.6.2017 (BGBl. I S. 1822); Abs. 4 Sätze 1 und 2 sowie Abs. 6 Satz 1 geänd., Abs. 4 Satz 3 neu gef., Satz 4 eingef., bish. Sätze 4–6 werden Sätze 5–7, neue Sätze 5 und 6 geänd., Abs. 4a eingef. mWv 1.1.2020 durch G v. 12.12.2019 (BGBl. I S. 2602); Abs. 4 Satz 7 geänd. mWv 27.6.2020 durch VO v. 19.6.2020 (BGBl. I S. 1328); Abs. 7 neu gef. mWv 1.5.2022 durch G v. 15.1.2021 (BGBl. I S. 530); Überschrift geänd., Abs. 5 neu gef., Abs. 5a eingef. mWv 1.7.2021 durch G v. 3.6.2021 (BGBl. I S. 1534); Abs. 1 Satz 1 geänd., Abs. 6 neu gef. mWv 1.8.2021 durch G v. 25.6.2021 (BGBl. I S. 2083).

einrichten, soweit gesetzlich nichts anderes bestimmt ist und diese Form der Datenübermittlung unter Berücksichtigung der schutzwürdigen Interessen der betroffenen Personen wegen der Vielzahl der Übermittlungen oder wegen ihrer besonderen Eilbedürftigkeit angemessen ist. [2] Zur Kontrolle der Zulässigkeit des automatisierten Abrufverfahrens hat die Zentralstelle für Finanztransaktionsuntersuchungen schriftlich festzulegen:

1. den Anlass und den Zweck des Abgleich- oder Abrufverfahrens,
2. die Dritten, an die übermittelt wird,
3. die Art der zu übermittelnden Daten und
4. die technischen und organisatorischen Maßnahmen zur Gewährleistung des Datenschutzes.

(4) [1] Die Zentralstelle für Finanztransaktionsuntersuchungen ist berechtigt, soweit dies zur Erfüllung ihrer Aufgaben nach § 28 Absatz 1 Satz 2 Nummer 2 erforderlich ist, die in ihrem Informationssystem gespeicherten, personenbezogenen Daten mit den im polizeilichen Informationsverbund nach § 29 Absatz 1 und 2 des Bundeskriminalamtgesetzes[1)] enthaltenen, personenbezogenen Daten automatisiert abzugleichen. [2] Wird im Zuge des Abgleichs nach Satz 1 eine Übereinstimmung übermittelter Daten mit im polizeilichen Informationsverbund gespeicherten Daten festgestellt, so erhält die Zentralstelle für Finanztransaktionsuntersuchungen automatisiert die Information über das Vorliegen eines Treffers und ist berechtigt, die dazu im polizeilichen Informationsverbund vorhandenen Daten automatisiert abzurufen. [3] Haben die Teilnehmer am polizeilichen Informationsverbund Daten als besonders schutzwürdig eingestuft und aus diesem Grund einen Datenabruf der Zentralstelle für Finanztransaktionsuntersuchungen nach Satz 2 ausgeschlossen, erhält der datenbesitzende Teilnehmer am polizeilichen Informationsverbund automatisiert die Information über das Vorliegen eines Treffers. [4] Zugleich erhält die Zentralstelle für Finanztransaktionsuntersuchungen in den Fällen nach Satz 3 die Information über das Vorliegen eines Treffers sowie die Information, wer datenbesitzender Teilnehmer am polizeilichen Informationsverbund ist. [5] Bei Information über das Vorliegen eines Treffers nach Satz 3 obliegt es dem jeweiligen datenbesitzenden Teilnehmer des polizeilichen Informationsverbunds, mit der Zentralstelle für Finanztransaktionsuntersuchungen unverzüglich Kontakt aufzunehmen und ihr die Daten zu übermitteln, soweit dem keine Übermittlungsbeschränkungen entgegenstehen. [6] Die Regelungen der Sätze 1 bis 5 gehen der Regelung des § 29 Absatz 8 des Bundeskriminalamtgesetzes vor. [7] Die Einrichtung eines weitergehenden automatisierten Abrufverfahrens für die Zentralstelle für Finanztransaktionsuntersuchungen ist mit Zustimmung des Bundesministeriums des Innern, für Bau und Heimat, des Bundesministeriums der Finanzen und der Innenministerien und Senatsinnenverwaltungen der Länder zulässig, soweit diese Form der Datenübermittlung unter Berücksichtigung der schutzwürdigen Interessen der Betroffenen wegen der Vielzahl der Übermittlungen oder wegen der besonderen Eilbedürftigkeit angemessen ist.

(4a) [1] Die Zentralstelle für Finanztransaktionsuntersuchungen ist berechtigt, soweit dies zur Erfüllung ihrer Aufgaben nach § 28 Absatz 1 Satz 2 Nummer 2 erforderlich ist, unter Angabe des Vornamens, des Nachnamens sowie zusätzlich des Geburtsdatums, des Geburtsortes oder der letzten bekannten Anschrift einer natürlichen Person Auskunft aus dem Zentralen Staatsanwaltschaftlichen Verfahrensregister automatisiert einzuholen. [2] Wird im Zuge der Auskunftseinholung

---

[1)] **Sartorius Nr. 450.**

nach Satz 1 eine Übereinstimmung übermittelter Daten mit den im Zentralen Staatsanwaltschaftlichen Verfahrensregister gespeicherten Daten festgestellt, so erhält die Zentralstelle für Finanztransaktionsuntersuchungen automatisiert die Information über das Vorliegen eines Treffers und ist berechtigt, die dazu im Zentralen Staatsanwaltschaftlichen Verfahrensregister vorhandenen Daten automatisiert abzurufen. [3]Die aus dem Zentralen Staatsanwaltschaftlichen Verfahrensregister erhobenen personenbezogenen Daten dürfen nur für die Zwecke der operativen Analyse verwendet werden.

(5) [1]Finanzbehörden erteilen der Zentralstelle für Finanztransaktionsuntersuchungen nach Maßgabe des § 31b Absatz 1 Nummer 5 der Abgabenordnung[1)] Auskunft und teilen ihr nach § 31b Absatz 2 der Abgabenordnung[1)] die dort genannten Informationen mit. [2]Die Zentralstelle für Finanztransaktionsuntersuchungen darf zur Wahrnehmung ihrer Aufgaben nach § 28 Absatz 1 Satz 2 Nummer 2 folgende, nach § 30 der Abgabenordnung[1)] dem Steuergeheimnis unterliegende Daten im automatisierten Verfahren abrufen, soweit aufgrund der Analyse einer Meldung, Mitteilung oder Information nach § 30 Absatz 1 vorliegender Tatsachen diese Daten für die weitere Analyse erforderlich sind:

1. beim Bundeszentralamt für Steuern die nach § 5 Absatz 1 Nummer 13 des Finanzverwaltungsgesetzes vorgehaltenen Daten,
2. bei den Landesfinanzbehörden die zu einem Steuerpflichtigen gespeicherten Grundinformationen, die die Steuernummer, die Gewerbekennzahl, die Grund- und Zusatzkennbuchstaben, die Bankverbindung, die vergebene Umsatzsteuer-Identifikationsnummer, sowie das zuständige Finanzamt umfassen.

[3]Bei Abrufen nach Satz 2 sind hinsichtlich natürlicher Personen der Vorname, der Nachname und die Anschrift oder das Geburtsdatum, hinsichtlich juristischer Personen und Personenvereinigungen der Name oder die Firma sowie der Ort der Geschäftsleitung oder des Sitzes anzugeben. [4]Die Verantwortung für die Zulässigkeit eines Datenabrufs nach Satz 2 trägt die Zentralstelle für Finanztransaktionsuntersuchungen. [5]Die Zentralstelle für Finanztransaktionsuntersuchungen prüft unverzüglich, inwieweit sie die als Antwort übermittelten Daten im konkreten Einzelfall benötigt; nicht benötigte Daten löscht sie unverzüglich. [6]Wird das Ergebnis der Analyse nicht nach § 32 Absatz 2 Satz 1 an die zuständige Strafverfolgungsbehörde übermittelt, werden die nach den Sätzen 1 und 2 erhobenen Daten unverzüglich gelöscht. [7]Im Übrigen gilt für die Verarbeitung der Daten, die die Zentralstelle für Finanztransaktionsuntersuchungen nach Satz 1 oder Satz 2 erhält, § 29 Absatz 1; eine Übermittlung der nach den Sätzen 1 oder 2 erhobenen Daten an die für Verfahren im Sinne des § 32 Absatz 3 Satz 2 Nummer 2 und 3 zuständigen Stellen ist nicht zulässig. [8]Soweit zu befürchten ist, dass ein Datenabruf nach Satz 2 Nummer 1 den Untersuchungszweck eines Ermittlungsverfahrens im Sinne des § 30 Absatz 2 Nummer 1 Buchstabe b der Abgabenordnung[1)] gefährdet, so kann die für dieses Verfahren zuständige Finanzbehörde oder die zuständige Staatsanwaltschaft anordnen, dass kein Datenabruf nach Satz 2 erfolgen darf. [9]§ 480 Absatz 1 Satz 1 und 2 der Strafprozessordnung[2)] findet Anwendung, soweit die Daten Verfahren betreffen, die zu einem Strafverfahren geführt haben. [10]Weitere Einzelheiten des Abrufverfahrens nach Satz 2, insbesondere zu den technischen Formaten der abrufbaren Daten, zur Erteilung und zum Umfang der Abrufberechtigungen, zur Protokollierung und zur Prüfung der Abrufe und sonstiger daten-

---

[1)] Nr. **88b**.
[2)] **Habersack, Deutsche Gesetze Nr. 90.**

schutzrechtlich erforderlicher technischer und organisatorischer Maßnahmen, regelt eine Rechtsverordnung des Bundesministeriums der Finanzen im Einvernehmen mit dem Bundesministerium der Justiz und für Verbraucherschutz, die der Zustimmung des Bundesrates bedarf. [11] Ein Abruf anderer als der in Satz 2 genannten Daten, die bei den Finanzbehörden gespeichert sind und die nach § 30 der Abgabenordnung[1)] dem Steuergeheimnis unterliegen, durch die Zentralstelle für Finanztransaktionsuntersuchungen ist nur zulässig, soweit dies nach § 31b der Abgabenordnung[1)] oder sonst in den Steuergesetzen zugelassen ist. [12] Abweichend von den Sätzen 2 bis 9 findet für den Abruf von Daten, die bei den Finanzbehörden der Zollverwaltung gespeichert sind und für deren Erhalt die Zentralstelle für Finanztransaktionsuntersuchungen die gesetzliche Berechtigung hat, Absatz 3 Anwendung.

(5a) [1] Wird von der Verordnungsermächtigung des § 22a des Grunderwerbsteuergesetzes zur elektronischen Übermittlung der Anzeige im Sinne des § 18 des Grunderwerbsteuergesetzes Gebrauch gemacht, darf die Zentralstelle für Finanztransaktionsuntersuchungen unter den Voraussetzungen des Absatzes 5 Satz 2 bei den Landesfinanzbehörden die dort hierzu eingegangenen Datensätze erheben und in sonstiger Weise verarbeiten, soweit Tatsachen die Annahme rechtfertigen, dass die Transaktion einen Zusammenhang mit einem nach § 18 Absatz 1 Satz 1 des Grunderwerbsteuergesetzes anzuzeigenden Vorgang aufweist. [2] Absatz 5 Satz 3 bis 5, 7 und 10 gilt entsprechend.

(6) [1] Verpflichtete nach § 2 Absatz 1 Nummer 1 haben das nach § 24c Absatz 1 des Kreditwesengesetzes zu führende Dateisystem auch für Abrufe der Zentralstelle für Finanztransaktionsuntersuchungen zu führen. [2] Entsprechendes gilt für Verpflichtete nach § 2 Absatz 1 Nummer 3 in Bezug auf das nach § 27 des Zahlungsdiensteaufsichtsgesetzes zu führende Dateisystem sowie für Verpflichtete nach § 2 Absatz 1 Nummer 9 in Bezug auf das nach § 28 des Kapitalanlagegesetzbuchs zu führende Dateisystem. [3] Die Zentralstelle für Finanztransaktionen darf zur Erfüllung ihrer Aufgaben Daten aus diesen Dateisystemen im automatisierten Verfahren abrufen. [4] § 24c Absatz 4 bis 8 des Kreditwesengesetzes gilt entsprechend.

(7) [1] Soweit zur Überprüfung der Personalien des Betroffenen erforderlich, darf die Zentralstelle für Finanztransaktionsuntersuchungen im automatisierten Abrufverfahren nach den §§ 34a und 38 des Bundesmeldegesetzes[2)] über die in § 34 Absatz 1 Satz 1 des Bundesmeldegesetzes aufgeführten Daten hinaus folgende Daten abrufen:

1. Ausstellungsbehörde, Ausstellungsdatum, Gültigkeitsdauer, Seriennummer des Personalausweises, vorläufigen Personalausweises oder Ersatzpersonalausweises, des anerkannten Passes oder Passersatzpapiers,
2. Tatsachen zu den Pass- und Ausweisdaten nach § 3 Absatz 2 Nummer 4 des Bundesmeldegesetzes sowie
3. Daten zum Wohnungsgeber nach § 3 Absatz 2 Nummer 10 des Bundesmeldegesetzes.

[2] Entsprechendes gilt, soweit konkrete Anhaltspunkte dafür bestehen, dass dies zur Erfüllung der Aufgaben nach § 28 Absatz 1 Satz 2 Nummer 2 erforderlich ist. [3] In den Fällen des Satzes 2 sind die nach Satz 1 abgerufenen Daten unverzüglich zu löschen, wenn sich nach Abschluss der operativen Analyse ergibt, dass die Voraussetzungen für eine Übermittlung nach § 32 Absatz 2 Satz 1 nicht vorliegen.

---

1) Nr. **88b**.
2) **Sartorius Nr. 256.**

§ 32[1] Datenübermittlungsverpflichtung an inländische öffentliche Stellen. (1) Meldungen nach § 43 Absatz 1, § 44 sind von der Zentralstelle für Finanztransaktionsuntersuchungen unverzüglich an das Bundesamt für Verfassungsschutz zu übermitteln, soweit tatsächliche Anhaltspunkte dafür bestehen, dass die Übermittlung dieser Informationen für die Erfüllung der Aufgaben des Bundesamtes für Verfassungsschutz erforderlich ist.

(2) [1] Stellt die Zentralstelle für Finanztransaktionsuntersuchungen bei der operativen Analyse fest, dass ein Vermögensgegenstand mit Geldwäsche, mit Terrorismusfinanzierung oder mit einer sonstigen Straftat im Zusammenhang steht, übermittelt sie das Ergebnis ihrer Analyse sowie alle sachdienlichen Informationen unverzüglich an die zuständigen Strafverfolgungsbehörden. [2] Die in Satz 1 genannten Informationen sind außerdem an den Bundesnachrichtendienst zu übermitteln, soweit tatsächliche Anhaltspunkte vorliegen, dass diese Übermittlung für die Erfüllung der Aufgaben des Bundesnachrichtendienstes erforderlich ist. [3] Im Fall von Absatz 1 übermittelt die Zentralstelle für Finanztransaktionsuntersuchungen außerdem dem Bundesamt für Verfassungsschutz zu der zuvor übermittelten Meldung auch das entsprechende Ergebnis ihrer operativen Analyse sowie alle sachdienlichen Informationen.

(3) [1] Die Zentralstelle für Finanztransaktionsuntersuchungen übermittelt von Amts wegen oder auf Ersuchen Daten aus Finanzinformationen und Finanzanalysen, auch soweit sie personenbezogene Daten enthalten, an die Strafverfolgungsbehörden, das Bundesamt für Verfassungsschutz, den Bundesnachrichtendienst oder den Militärischen Abschirmdienst des Bundesministeriums der Verteidigung, soweit dies erforderlich ist für

1. die Aufklärung von Geldwäsche und Terrorismusfinanzierung oder die Durchführung von diesbezüglichen Strafverfahren oder
2. die Aufklärung sonstiger Gefahren und die Durchführung von anderen, nicht von Nummer 1 erfassten Strafverfahren.

[2] Die Zentralstelle für Finanztransaktionsuntersuchungen übermittelt von Amts wegen oder auf Ersuchen Daten aus Finanzinformationen und Finanzanalysen, auch soweit sie personenbezogene Daten enthalten, an andere als in Satz 1 benannte, zuständige inländische öffentliche Stellen, soweit dies erforderlich ist für

1. Besteuerungsverfahren,
2. Verfahren zum Schutz der sozialen Sicherungssysteme oder
3. die Aufgabenwahrnehmung der Aufsichtsbehörden.

(3a) Die Zentralstelle für Finanztransaktionsuntersuchungen übermittelt auf Ersuchen unverzüglich Daten aus Finanzinformationen und Finanzanalysen, auch soweit sie personenbezogene Daten enthalten, an die inländische benannte Behörde im Sinne des Artikel 3 Absatz 2 der Richtlinie (EU) 2019/1153, soweit dies zur Erfüllung ihrer gesetzlichen Aufgaben bei der Verhinderung oder Verfolgung und Ahndung schwerer Straftaten im Sinne des Anhangs I der VO (EU) 2016/794 erforderlich ist.

(3b) Die Zentralstelle für Finanztransaktionsuntersuchungen übermittelt darüber hinaus von Amts wegen oder auf Ersuchen unverzüglich Daten aus Finanz-

[1] § 32 Abs. 3 Sätze 1 und 2 geänd., Abs. 3a eingef., Abs. 4 Sätze 1 und 2 sowie Abs. 5 Satz 1 einl. Satzteil und Nr. 1 geänd., Satz 2 eingef., bish. Sätze 2 und 3 werden Sätze 3 und 4, Abs. 7 Satz 3 angef. mWv 1.8.2021 durch G v. 25.6.2021 (BGBl. I S. 2083); Abs. 3 Satz 1 einl. Satzteil geänd., Abs. 3b eingef. mWv 28.5.2022 durch G v. 23.5.2022 (BGBl. I S. 754); Abs. 5 Satz 1 einl. Satzteil geänd. mWv 28.12. 2022 durch G v. 19.12.2022 (BGBl. I S. 2606).

informationen und Finanzanalysen, auch soweit sie personenbezogene Daten enthalten, an die zuständigen inländischen öffentlichen Stellen, soweit dies für die Überwachung der Einhaltung von durch den Rat der Europäischen Union im Bereich der Gemeinsamen Außen- und Sicherheitspolitik beschlossenen wirtschaftlichen Sanktionsmaßnahmen erforderlich ist.

(4) [1] In den Fällen des Absatzes 3 Satz 1 Nummer 1 und 2 sind die Strafverfolgungsbehörden und das Bundesamt für Verfassungsschutz sowie die inländische benannte Behörde im Sinne des Artikel 3 Absatz 2 der Richtlinie (EU) 2019/1153 berechtigt, die Daten zur Erfüllung ihrer Aufgaben automatisiert bei der Zentralstelle für Finanztransaktionsuntersuchungen abzurufen, soweit dem keine Übermittlungsbeschränkungen entgegenstehen. [2] Zur Kontrolle der Zulässigkeit des automatisierten Abrufverfahrens hat die abrufende Behörde schriftlich festzulegen:

1. den Anlass und den Zweck des Abrufverfahrens,
2. die Dritten, an die übermittelt wird,
3. die Art der zu übermittelnden Daten und
4. die technischen und organisatorischen Maßnahmen zur Gewährleistung des Datenschutzes.

(5) [1] Die Übermittlung nach den Absätzen 3 bis 3b unterbleibt, soweit

1. sich die Bereitstellung der Daten negativ auf den Erfolg laufender Ermittlungen oder Analysen der zuständigen inländischen öffentlichen Stellen auswirken könnte oder
2. die Weitergabe der Daten unverhältnismäßig wäre.

[2] In den Fällen des Absatzes 3a begründet die Zentralstelle für Finanztransaktionsuntersuchungen das Unterbleiben einer Übermittlung gegenüber der ersuchenden Stelle [3] Soweit ein Abruf nach Absatz 4 zu Daten erfolgt, zu denen Übermittlungsbeschränkungen dem automatisierten Abruf grundsätzlich entgegenstehen, wird die Zentralstelle für Finanztransaktionsuntersuchungen automatisiert durch Übermittlung aller Anfragedaten über die Abfrage unterrichtet. [4] Ihr obliegt es in diesem Fall, unverzüglich mit der anfragenden Behörde Kontakt aufzunehmen, um im Einzelfall zu klären, ob Erkenntnisse nach Absatz 3 übermittelt werden können.

(6) [1] Falls die Strafverfolgungsbehörde ein Strafverfahren aufgrund eines nach Absatz 2 übermittelten Sachverhalts eingeleitet hat, teilt sie den Sachverhalt zusammen mit den zugrunde liegenden Tatsachen der zuständigen Finanzbehörde mit, wenn eine Transaktion festgestellt wird, die für die Finanzverwaltung für die Einleitung oder Durchführung von Besteuerungs- oder Steuerstrafverfahren Bedeutung haben könnte. [2] Zieht die Strafverfolgungsbehörde im Strafverfahren Aufzeichnungen nach § 11 Absatz 1 heran, dürfen auch diese der Finanzbehörde übermittelt werden. [3] Die Mitteilungen und Aufzeichnungen

(Fortsetzung nächstes Blatt)

ausländischen AIF-Verwaltungsgesellschaften nach § 1 Absatz 18 des Kapitalanlagegesetzbuchs,

f) ausländische AIF-Verwaltungsgesellschaften, für die die Bundesrepublik Deutschland Referenzmitgliedstaat ist und die der Aufsicht der Bundesanstalt für Finanzdienstleistungsaufsicht nach § 57 Absatz 1 Satz 3 des Kapitalanlagegesetzbuchs unterliegen,

g) Zahlungsinstitute und E-Geld-Institute mit Sitz in einem anderen Vertragsstaat des Abkommens über den Europäischen Wirtschaftsraum, Agenten und E-Geld-Agenten nach § 2 Absatz 1 Nummer 4,

h) Unternehmen und Personen nach § 2 Absatz 1 Nummer 5 und

i) die Kreditanstalt für Wiederaufbau,

2. für Versicherungsunternehmen nach § 2 Absatz 1 Nummer 7 die jeweils zuständige Aufsichtsbehörde für das Versicherungswesen,
3. für Rechtsanwälte und Kammerrechtsbeistände nach § 2 Absatz 1 Nummer 10 die jeweils örtlich zuständige Rechtsanwaltskammer (§§ 60, 163 Satz 4 der Bundesrechtsanwaltsordnung[1]),
4. für Patentanwälte nach § 2 Absatz 1 Nummer 10 die Patentanwaltskammer (§ 53 der Patentanwaltsordnung),
5. für Notare nach § 2 Absatz 1 Nummer 10 der jeweilige Präsident des Landgerichts, in dessen Bezirk der Notar seinen Sitz hat (§ 92 Absatz 1 Nummer 1 der Bundesnotarordnung[2]),
6. für Wirtschaftsprüfer und vereidigte Buchprüfer nach § 2 Absatz 1 Nummer 12 die Wirtschaftsprüferkammer (§ 57 Absatz 2 Nummer 17 der Wirtschaftsprüferordnung),
7. für Steuerberater und Steuerbevollmächtigte nach § 2 Absatz 1 Nummer 12 die jeweils örtlich zuständige Steuerberaterkammer (§ 76 des Steuerberatungsgesetzes),

7a. für Vereine nach § 4 Nummer 11 des Steuerberatungsgesetzes die für die Aufsicht nach § 27 des Steuerberatungsgesetzes zuständige Behörde,

8. für die Veranstalter und Vermittler von Glücksspielen nach § 2 Absatz 1 Nummer 15, soweit das Landesrecht nichts anderes bestimmt, die für die glücksspielrechtliche Aufsicht zuständige Behörde und
9. im Übrigen die jeweils nach Bundes- oder Landesrecht zuständige Stelle.

§ 51[3] Aufsicht. (1) Die Aufsichtsbehörden üben die Aufsicht über die Verpflichteten aus.

(2) [1] Die Aufsichtsbehörden können im Rahmen der ihnen gesetzlich zugewiesenen Aufgaben die geeigneten und erforderlichen Maßnahmen und Anordnungen treffen, um die Einhaltung der in diesem Gesetz und der in aufgrund dieses Gesetzes ergangenen Rechtsverordnungen festgelegten Anforderungen sicherzustellen. [2] Insbesondere können die Aufsichtsbehörden in diesem Rahmen durch erforderliche Maßnahmen und Anordnungen sicherstellen, dass die Verpflichteten

[1] Nr. **98.**

[2] Nr. **98a.**

[3] § 51 Abs. 2 Satz 2 eingef., bish. Sätze 2 und 3 werden Sätze 3 und 4, Abs. 3 Satz 2, Abs. 7 einl. Satzteil, Abs. 9 Satz 1 Nr. 1 Buchst. d und Satz 2 geänd., Abs. 5a und 5b eingef., Abs. 9 Satz 3 neu gef., Satz 4 sowie Abs. 10 angef. mWv 1.1.2020 durch G v. 12.12.2019 (BGBl. I S. 2602); Abs. 3 Satz 1, Abs. 5 Satz 1 einl. Satzteil und Satz 2, Abs. 5a Satz 1 geänd. mWv 28.12.2022 durch G v. 19.12.2022 (BGBl. I S. 2606).

diese Anforderungen auch im Einzelfall einhalten und nicht entgegen diesen Anforderungen Geschäftsbeziehungen begründen oder fortsetzen und Transaktionen durchführen. [3] Sie können hierzu auch die ihnen für sonstige Aufsichtsaufgaben eingeräumten Befugnisse ausüben. [4] Widerspruch und Anfechtungsklage gegen diese Maßnahmen haben keine aufschiebende Wirkung.

(3) [1] Die Aufsichtsbehörde nach § 50 Nummer 1, soweit sich die Aufsichtstätigkeit auf die in § 50 Nummer 1 Buchstabe g und h genannten Verpflichteten oder die in § 50 Nummer 1 Buchstabe b genannten Verpflichteten, soweit sie die Voraussetzungen des § 2 Absatz 6 Nummer 16 des Kreditwesengesetzes erfüllen, bezieht, und die Aufsichtsbehörden nach § 50 Nummer 3 bis 9 können bei den Verpflichteten Prüfungen zur Einhaltung der in diesem Gesetz festgelegten Anforderungen durchführen. [2] Die Prüfungen können ohne besonderen Anlass vor Ort und anderswo erfolgen. [3] Die Aufsichtsbehörden können die Durchführung der Prüfungen vertraglich auf sonstige Personen und Einrichtungen übertragen. [4] Häufigkeit und Intensität der Prüfungen haben sich am Risikoprofil der Verpflichteten im Hinblick auf Geldwäsche und Terrorismusfinanzierung zu orientieren, das in regelmäßigen Abständen und bei Eintritt wichtiger Ereignisse oder Entwicklungen in deren Geschäftsleitung und Geschäftstätigkeit neu zu bewerten ist.

(4) Für Maßnahmen und Anordnungen nach dieser Vorschrift kann die Aufsichtsbehörde nach § 50 Nummer 8 und 9 zur Deckung des Verwaltungsaufwands Kosten erheben.

(5) [1] Die Aufsichtsbehörde nach § 50 Nummer 1, soweit sich die Aufsichtstätigkeit auf die in § 50 Nummer 1 Buchstabe g und h genannten Verpflichteten oder die in § 50 Nummer 1 Buchstabe b genannten Verpflichteten, soweit sie die Voraussetzungen des § 2 Absatz 6 Nummer 16 des Kreditwesengesetzes erfüllen, bezieht, und die Aufsichtsbehörden nach § 50 Nummer 3 bis 9 können einem Verpflichteten, dessen Tätigkeit einer Zulassung bedarf und durch die Aufsichtsbehörde zugelassen wurde, die Ausübung des Geschäfts oder Berufs vorübergehend untersagen oder ihm gegenüber die Zulassung widerrufen, wenn der Verpflichtete vorsätzlich oder fahrlässig

1. gegen die Bestimmungen dieses Gesetzes, gegen die zur Durchführung dieses Gesetzes erlassenen Verordnungen oder gegen Anordnungen der zuständigen Aufsichtsbehörde verstoßen hat,
2. trotz Verwarnung durch die zuständige Aufsichtsbehörde dieses Verhalten fortsetzt und
3. der Verstoß nachhaltig ist.

[2] Hat ein Mitglied der Führungsebene oder ein anderer Beschäftigter eines Verpflichteten vorsätzlich oder fahrlässig einen Verstoß nach Satz 1 begangen, kann die Aufsichtsbehörde nach § 50 Nummer 1, soweit sich die Aufsichtstätigkeit auf die in § 50 Nummer 1 Buchstabe g und h genannten Verpflichteten oder die in § 50 Nummer 1 Buchstabe b genannten Verpflichteten, soweit sie die Voraussetzungen des § 2 Absatz 6 Nummer 16 des Kreditwesengesetzes erfüllen, bezieht, und können die Aufsichtsbehörden nach § 50 Nummer 3 bis 9 dem Verstoßenden gegenüber ein vorübergehendes Verbot zur Ausübung einer Leitungsposition bei Verpflichteten nach § 2 Absatz 1 aussprechen. [3] Handelt es sich bei der Aufsichtsbehörde nicht um die Behörde, die dem Verpflichteten für die Ausübung seiner Tätigkeit die Zulassung erteilt hat, führt die Zulassungsbehörde auf Verlangen derjenigen Aufsichtsbehörde, die einen Verstoß nach Satz 1 festgestellt hat, das Verfahren entsprechend Satz 1 oder 2 durch.

(5a) [1]Ist die für die Aufsicht über einen Verpflichteten nach § 50 Nummer 1 Buchstabe g und h oder die in § 50 Nummer 1 Buchstabe b genannten Verpflichteten, soweit sie die Voraussetzungen des § 2 Absatz 6 Nummer 16 des Kreditwesengesetzes erfüllen, zuständige Behörde eine Behörde in einem anderen Mitgliedstaat der Europäischen Union oder in einem anderen Vertragsstaat des Abkommens über den Europäischen Wirtschaftsraum, kann die Aufsichtsbehörde nach § 50 Nummer 1, wenn die ausländische Behörde selbst keine Maßnahmen ergreift oder sich die von ihr ergriffenen Maßnahmen als unzureichend erweisen und eine sofortige Abhilfe geboten ist, nach Unterrichtung der zuständigen ausländischen Behörde die zur Behebung eines schweren Verstoßes erforderlichen Maßnahmen ergreifen. [2]Soweit erforderlich, kann sie die Durchführung neuer Geschäfte im Inland untersagen. [3]In dringenden Fällen kann die Aufsichtsbehörde nach § 50 Nummer 1 vor Unterrichtung die erforderlichen Maßnahmen ergreifen. [4]Die Maßnahmen müssen befristet und im Hinblick auf den mit ihnen verfolgten Zweck, der Abwendung schwerer Verstöße gegen die Bestimmungen dieses Gesetzes, gegen die zur Durchführung dieses Gesetzes erlassenen Verordnungen oder gegen Anordnungen der zuständigen Aufsichtsbehörden, angemessen sein. [5]Sie sind zu beenden, wenn die festgestellten schweren Verstöße abgewendet wurden. [6]In dringenden Fällen des Satzes 3 ist die ausländische Behörde über die ergriffenen Maßnahmen unverzüglich zu unterrichten.

(5b) [1]Verpflichtete nach § 2 Absatz 1 Nummer 13 haben sich unter Angabe ihrer konkreten Tätigkeit bei der Aufsichtsbehörde zu registrieren, wenn sie nicht bereits nach anderen Vorschriften einer Anmeldung, Eintragung, Erlaubnis oder Zulassung bedürfen. [2]Soweit nicht nach anderen Vorschriften die Befugnis hierzu besteht, kann die Aufsichtsbehörde Mitglieder der Führungs- und Leitungsebene des Verpflichteten abberufen, soweit begründete Tatsachen die Annahme rechtfertigen, dass diese nicht die erforderliche Eignung oder Zuverlässigkeit besitzen. [3]Die Aufsichtsbehörde kann Verpflichteten, bei denen begründete Tatsachen die Annahme rechtfertigen, dass der wirtschaftlich Berechtigte die erforderliche Eignung oder Zuverlässigkeit nicht besitzt, die Ausübung der Dienstleistung nach § 2 Absatz 1 Nummer 13 untersagen. [4]Absatz 5 Satz 1 und 2 gilt entsprechend.

(6) Die nach § 50 Nummer 9 zuständige Aufsichtsbehörde übt zudem die Aufsicht aus, die ihr übertragen ist nach Artikel 55 Absatz 1 der Verordnung (EU) Nr. 1031/2010 der Kommission vom 12. November 2010 über den zeitlichen und administrativen Ablauf sowie sonstige Aspekte der Versteigerung von Treibhausgasemissionszertifikaten gemäß der Richtlinie 2003/87/EG des Europäischen Parlaments und des Rates über ein System für den Handel mit Treibhausgasemissionszertifikaten in der Gemeinschaft (ABl. L 302 vom 18.11.2010, S. 1).

(7) Die nach § 50 Nummer 8 und 9 zuständige Aufsichtsbehörde für Verpflichtete nach § 2 Absatz 1 Nummer 15 kann zur Erfüllung ihrer Aufgaben im Einzelfall bei einem Verpflichteten nach § 2 Absatz 1 Nummer 1 oder Nummer 3 Auskünfte einholen zu Zahlungskonten nach § 1 Absatz 17 des Zahlungsdiensteaufsichtsgesetzes und zu darüber ausgeführten Zahlungsvorgängen

1. eines Veranstalters oder Vermittlers von Glücksspielen im Internet, unabhängig davon, ob er im Besitz einer glücksspielrechtlichen Erlaubnis ist, sowie
2. eines Spielers.

(8) [1]Die Aufsichtsbehörde stellt den Verpflichteten regelmäßig aktualisierte Auslegungs- und Anwendungshinweise für die Umsetzung der Sorgfaltspflichten und der internen Sicherungsmaßnahmen nach den gesetzlichen Bestimmungen zur Verhinderung von Geldwäsche und von Terrorismusfinanzierung zur Ver-

fügung. [2]Sie kann diese Pflicht auch dadurch erfüllen, dass sie solche Hinweise, die durch Verbände der Verpflichteten erstellt worden sind, genehmigt.

(9) [1]Die Aufsichtsbehörden haben zur Dokumentation ihrer Aufsichtstätigkeit folgende Daten in Form einer Statistik vorzuhalten:

1. Daten zur Aufsichtstätigkeit pro Kalenderjahr, insbesondere:
   a) die Anzahl der in der Aufsichtsbehörde beschäftigten Personen, gemessen in Vollzeitäquivalenten, die mit der Aufsicht über die Verpflichteten nach § 2 Absatz 1 betraut sind;
   b) die Anzahl der durchgeführten Vor-Ort-Prüfungen und der sonstigen ergriffenen Prüfungsmaßnahmen, differenziert nach den betroffenen Verpflichteten nach § 2 Absatz 1;
   c) die Anzahl der Maßnahmen nach Buchstabe b, bei denen die Aufsichtsbehörde eine Pflichtverletzung nach diesem Gesetz oder nach einer auf der Grundlage dieses Gesetzes erlassenen Rechtsverordnung festgestellt hat, sowie die Anzahl der Fälle, in denen die Aufsichtsbehörde anderweitig Kenntnis von einer solchen Pflichtverletzung erlangt hat, und
   d) Art und Umfang der daraufhin von der Aufsichts- und Verwaltungsbehörde rechtskräftig ergriffenen Maßnahmen; dazu gehören die Anzahl
      aa) der erteilten Verwarnungen,
      bb) der festgesetzten Bußgelder einschließlich der jeweiligen Höhe, differenziert danach, ob und inwieweit eine Bekanntmachung nach § 57 erfolgte,
      cc) der angeordneten Abberufungen von Geldwäschebeauftragten oder Mitgliedern der Geschäftsführung,
      dd) der angeordneten Erlaubnisentziehungen,
      ee) der sonstigen ergriffenen Maßnahmen;
   e) Art und Umfang der Maßnahmen, um die Verpflichteten nach § 2 Absatz 1 über die von ihnen einzuhaltenden Sorgfaltspflichten und internen Sicherungsmaßnahmen zu informieren;
2. die Anzahl der von der Aufsichtsbehörde nach § 44 abgegebenen Verdachtsmeldungen pro Kalenderjahr, differenziert nach den betroffenen Verpflichteten nach § 2 Absatz 1.

[2]Die Aufsichtsbehörden haben dem Bundesministerium der Finanzen und der Zentralstelle für Finanztransaktionsuntersuchungen die Daten nach Satz 1 mit Stand zum 31. Dezember des Berichtsjahres bis zum 31. März des Folgejahres in elektronischer Form zu übermitteln. [3]Das Bundesministerium der Finanzen und die Zentralstelle für Finanztransaktionsuntersuchungen können dazu einen gemeinsamen Vordruck vorsehen. [4]Die Aufsichtsbehörden teilen der Zentralstelle für Finanztransaktionsuntersuchungen ihre Kontaktdaten, ihre Angaben zu ihrem Zuständigkeitsbereich und ihre Änderungen der Daten unverzüglich mit.

(10) [1]Die zuständigen Aufsichtsbehörden unterrichten das Bundesministerium der Finanzen vor der Anordnung oder der Anwendung der in § 15 Absatz 5a genannten Maßnahmen. [2]Das Bundesministerium der Finanzen unterrichtet die Europäische Kommission vor der Anordnung oder der Anwendung der in § 15 Absatz 5a genannten Maßnahmen durch die zuständigen Aufsichtsbehörden sowie über den Erlass einer Rechtsverordnung nach § 15 Absatz 10 Satz 1 Nummer 2.

insbesondere für die Vorhaltung der Statistik nach § 51 Absatz 9, erforderlich sind.

(7) Die Aufsichtsbehörden überprüfen im Bundeszentralregister, ob eine einschlägige Verurteilung der betreffenden Person vorliegt.

(8) Die zuständigen Aufsichtsbehörden nach § 50 Nummer 1, 2 und 9 informieren die Europäische Bankenaufsichtsbehörde hinsichtlich der Verpflichteten nach § 2 Absatz 1 Nummer 1 bis 3 und 6 bis 9 über

1. die gegen diese Verpflichteten verhängten Geldbußen,
2. sonstige Maßnahmen aufgrund von Verstößen gegen Vorschriften dieses Gesetzes oder anderer Gesetze zur Verhinderung von Geldwäsche oder von Terrorismusfinanzierung und
3. diesbezügliche Rechtsmittelverfahren und deren Ergebnisse.

§ 57[1] Bekanntmachung von bestandskräftigen Maßnahmen und von unanfechtbaren Bußgeldentscheidungen. (1) [1] Die zuständigen Aufsichts- und Verwaltungsbehörden und die Behörde nach§ 56 Absatz 5 Satz 2 haben bestandskräftige Maßnahmen und unanfechtbare Bußgeldentscheidungen, die sie wegen eines Verstoßes gegen dieses Gesetz oder die auf seiner Grundlage erlassenen Rechtsverordnungen verhängt haben, nach Unterrichtung des Adressaten der Maßnahme oder Bußgeldentscheidung auf ihrer Internetseite oder auf einer gemeinsamen Internetseite bekannt zu machen. [2] Dies gilt auch für gerichtliche Entscheidungen, soweit diese unanfechtbar geworden sind und die Verhängung eines Bußgeldes zum Gegenstand haben. [3] In der Bekanntmachung sind Art und Charakter des Verstoßes und die für den Verstoß verantwortlichen natürlichen Personen und juristischen Personen oder Personenvereinigungen zu benennen.

(2) [1] Die Bekanntmachung nach Absatz 1 ist aufzuschieben, solange die Bekanntmachung

1. das Persönlichkeitsrecht natürlicher Personen verletzen würde oder eine Bekanntmachung personenbezogener Daten aus sonstigen Gründen unverhältnismäßig wäre,
2. die Stabilität der Finanzmärkte der Bundesrepublik Deutschland oder eines oder mehrerer Vertragsstaaten des Abkommens über den Europäischen Wirtschaftsraum gefährden würde oder
3. laufende Ermittlungen gefährden würde.

[2] Anstelle einer Aufschiebung kann die Bekanntmachung auf anonymisierter Basis erfolgen, wenn hierdurch ein wirksamer Schutz nach Satz 1 Nummer 1 gewährleistet ist. [3] Ist vorhersehbar, dass die Gründe der anonymisierten Bekanntmachung innerhalb eines überschaubaren Zeitraums wegfallen werden, so kann die Bekanntmachung der Informationen nach Satz 1 Nummer 1 entsprechend aufgeschoben werden. [4] Die Bekanntmachung erfolgt, wenn die Gründe für den Aufschub entfallen sind.

(3) Eine Bekanntmachung darf nicht erfolgen, wenn die Maßnahmen nach Absatz 2 nicht ausreichend sind, um eine Gefährdung der Finanzmarktstabilität auszuschließen oder die Verhältnismäßigkeit der Bekanntmachung sicherzustellen.

(4) [1] Eine Bekanntmachung muss fünf Jahre auf der Internetseite der Aufsichtsbehörde veröffentlicht bleiben. [2] Abweichend von Satz 1 sind personenbezogene Daten zu löschen, sobald die Bekanntmachung nicht mehr erforderlich ist.

---

[1] § 57 Abs. 1 Satz 1 geänd., Satz 2 eingef., bish. Satz 2 wird Satz 3 mWv 1.1.2020 durch G v. 12.12. 2019 (BGBl. I S. 2602).

§ 58[1] *(aufgehoben)*

§ 59[2] **Übergangsregelung.** (1) Die Mitteilungen nach § 20 Absatz 1 und § 21 haben erstmals bis zum 1. Oktober 2017 an das Transparenzregister zu erfolgen.

(2) [1] Die Eröffnung des Zugangs zu Eintragungen im Vereinsregister, welche § 22 Absatz 1 Satz 1 Nummer 8 vorsieht, erfolgt ab dem 26. Juni 2018. [2] Bis zum 25. Juni 2018 werden die technischen Voraussetzungen geschaffen, um diejenigen Indexdaten nach § 22 Absatz 2 zu übermitteln, welche für die Eröffnung des Zugangs zu den Originaldaten nach § 22 Absatz 1 Satz 1 Nummer 8 erforderlich sind. [3] Für den Übergangszeitraum vom 26. Juni 2017 bis zum 25. Juni 2018 enthält das Transparenzregister stattdessen einen Link auf das gemeinsame Registerportal der Länder.

(3) § 23 Absatz 3 findet ab dem 1. Januar 2023 Anwendung.

(4) Gewährte Befreiungen der Aufsichtsbehörden nach § 50 Nummer 8 gegenüber Verpflichteten nach § 2 Absatz 1 Nummer 15, soweit sie Glücksspiele im Internet veranstalten oder vermitteln, bleiben in Abweichung zu § 16 bis zum 30. Juni 2018 wirksam.

(5) Ist am 25. Juni 2015 ein Gerichtsverfahren betreffend die Verhinderung, Aufdeckung, Ermittlung oder Verfolgung von mutmaßlicher Geldwäsche oder Terrorismusfinanzierung anhängig gewesen und besitzt ein Verpflichteter Informationen oder Unterlagen im Zusammenhang mit diesem anhängigen Verfahren, so darf der Verpflichtete diese Informationen oder Unterlagen bis zum 25. Juni 2020 aufbewahren.

(6) [1] Die Pflicht zur Registrierung nach § 45 Absatz 1 Satz 2 besteht mit Inbetriebnahme des neuen Informationsverbundes der Zentralstelle für Finanztransaktionsuntersuchungen, spätestens jedoch ab dem 1. Januar 2024. [2] Das Bundesministerium der Finanzen gibt den Tag der Inbetriebnahme des neuen Informationsverbundes der Zentralstelle für Finanztransaktionsuntersuchungen im Bundesgesetzblatt bekannt.

(7) [1] Bis zur technischen Umsetzung des Verfahrens nach § 31 Absatz 6, längstens jedoch bis zum 31. Dezember 2023, darf die Zentralstelle für Finanztransaktionsuntersuchungen das Bundeszentralamt für Steuern ersuchen, bei den Kreditinstituten die in § 93b Absatz 1 und 1a der Abgabenordnung bezeichneten Daten, ausgenommen die Identifikationsnummer nach § 139b der Abgabenordnung, abzurufen (§ 93 Absatz 8 der Abgabenordnung). [2] Bei einem Ersuchen nach Satz 1 gilt § 93 Absatz 8a bis 10 der Abgabenordnung entsprechend. [3] Das Bundeszentralamt übermittelt der Zentralstelle für Finanztransaktionsuntersuchungen in Beantwortung des Ersuchens nur solche Daten, die die Zentralstelle nach § 31 Absatz 6 abrufen darf.

(8) Juristische Personen des Privatrechts und eingetragene Personengesellschaften nach § 20 Absatz 1, deren Pflicht zur Mitteilung an das Transparenzregister am 31. Juli 2021 nach der bis einschließlich zum 31. Juli 2021 geltenden Fassung des § 20 Absatz 2 als erfüllt galt, haben die in § 19 Absatz 1 aufgeführten Angaben,

1. sofern es sich um eine Aktiengesellschaft, SE, Kommanditgesellschaft auf Aktien handelt bis zum 31. März 2022,

[1] § 58 aufgeh. mWv 1.1.2020 durch G v. 12.12.2019 (BGBl. I S. 2602).

[2] § 59 Abs. 6 angef. mWv 1.1.2020 durch G v. 12.12.2019 (BGBl. I S. 2602); Abs. 7 angef. mWv 1.7. 2021; Abs. 3 neu gef., Abs. 8–10 angef. mWv 1.8.2021 durch G v. 25.6.2021 (BGBl. I S. 2083); Abs. 11-14 angef. mWv 28.12.2022 durch G v. 19.12.2022 (BGBl. I S. 2606).

2. sofern es sich um eine Gesellschaft mit beschränkter Haftung, Genossenschaft, Europäische Genossenschaft oder Partnerschaft handelt bis zum 30. Juni 2022,

3. in allen anderen Fällen bis spätestens zum 31. Dezember 2022

der registerführenden Stelle zur Eintragung in das Transparenzregister mitzuteilen.

(9) § 56 Absatz 1 Nummer 55 und 58 bis 60 sind nicht anwendbar auf juristische Personen des Privatrechts oder eingetragene Personengesellschaften nach § 20 Absatz 1, deren Pflicht zur Mitteilung an das Transparenzregister am 31. Juli 2021 nach der bis einschließlich zum 31. Juli 2021 geltenden Fassung des § 20 Absatz 2 als erfüllt galt,

1. sofern es sich um eine Aktiengesellschaft, SE, Kommanditgesellschaft auf Aktien handelt bis zum 31. März 2023,

2. sofern es sich um eine Gesellschaft mit beschränkter Haftung, Genossenschaft, Europäische Genossenschaft oder Partnerschaft handelt bis zum 30. Juni 2023,

3. in allen anderen Fällen bis spätestens zum 31. Dezember 2023.

(10) Abweichend von § 23a Absatz 1 sind Unstimmigkeitsmeldungen wegen des Fehlens einer Eintragung nach § 20 bis zum 1. April 2023 nicht abzugeben, wenn nach der bis einschließlich zum 31. Juli 2021 geltenden Fassung des § 23a Absatz 1 in Verbindung mit § 20 Absatz 2 keine Pflicht zur Abgabe einer Unstimmigkeitsmeldung an das Transparenzregister bestanden hätte.

(11) § 16a findet keine Anwendung auf Rechtsgeschäfte, die vor dem 1. April 2023 geschlossen wurden.

(12) [1] § 19 Absatz 3 Satz 2 findet ab dem 1. Januar 2023 Anwendung auf Mitteilungen nach § 20. [2] Soweit Vereinigungen vor diesem Zeitpunkt Angaben zur Eintragung in das Transparenzregister mitgeteilt haben, ist eine Aktualisierung nur zu Art und Umfang des wirtschaftlichen Interesses gemäß § 19 Absatz 3 Satz 2 nicht erforderlich.

(13) Soweit Vereinigungen mit Sitz im Ausland von der Pflicht des § 20 Absatz 1 Satz 2 erfasst sind, weil sie seit einem Zeitpunkt vor dem 1. Januar 2020 Eigentum an einer im Inland gelegenen Immobilie halten oder weil sich seit einem Zeitpunkt vor dem 1. August 2021 Anteile im Sinne des § 1 Absatz 3 des Grunderwerbsteuergesetzes bei ihr vereinigen oder sie seit einem Zeitpunkt vor dem 1. August 2021 im Sinne des § 1 Absatz 3a des Grunderwerbsteuergesetzes aufgrund eines Rechtsvorgangs eine wirtschaftliche Beteiligung innehaben, sind die in § 19 Absatz 1 aufgeführten Angaben bis zum 30. Juni 2023 der registerführenden Stelle zur Eintragung in das Transparenzregister mitzuteilen.

(14) [1] § 23 Absatz 1 Satz 3 und § 23a Absatz 5 Satz 2 findet nur auf solche Eigentums- und Kontrollstrukturübersichten Anwendung, bei denen die Prüfung der Unstimmigkeitsmeldung nach dem 30. Juni 2023 abgeschlossen wurde. [2] Die Übermittlung von Eigentums- und Kontrollübersichten aufgrund von Einzelanfragen einer Behörde außerhalb des Einsichtnahmeverfahrens bleibt unberührt.

Anlage 1[1)]
(zu den §§ 5, 10, 14, 15)

Faktoren für ein potenziell geringeres Risiko

Die Liste ist eine nicht abschließende Aufzählung von Faktoren und möglichen Anzeichen für ein potenziell geringeres Risiko nach § 14:

1. Faktoren bezüglich des Kundenrisikos:
   a) öffentliche, an einer Börse notierte Unternehmen, die (aufgrund von Börsenordnungen oder von Gesetzes wegen oder aufgrund durchsetzbarer Instrumente) solchen Offenlegungspflichten unterliegen, die Anforderungen an die Gewährleistung einer angemessenen Transparenz hinsichtlich des wirtschaftlichen Eigentümers auferlegen,
   b) öffentliche Verwaltungen oder Unternehmen,
   c) Kunden mit Wohnsitz in geografischen Gebieten mit geringerem Risiko nach Nummer 3.
2. Faktoren bezüglich des Produkt-, Dienstleistungs-, Transaktions- oder Vertriebskanalrisikos:
   a) Lebensversicherungspolicen mit niedriger Prämie,
   b) Versicherungspolicen für Rentenversicherungsverträge, sofern die Verträge weder eine Rückkaufklausel enthalten noch als Sicherheit für Darlehen dienen können,
   c) Rentensysteme und Pensionspläne oder vergleichbare Systeme, die den Arbeitnehmern Altersversorgungsleistungen bieten, wobei die Beiträge vom Gehalt abgezogen werden und die Regeln des Systems den Begünstigten nicht gestatten, ihre Rechte zu übertragen,
   d) Finanzprodukte oder -dienste, die bestimmten Kunden angemessen definierte und begrenzte Dienstleistungen mit dem Ziel der Einbindung in das Finanzsystem („financial inclusion") anbieten,
   e) Produkte, bei denen die Risiken der Geldwäsche und der Terrorismusfinanzierung durch andere Faktoren wie etwa Beschränkungen der elektronischen Geldbörse oder die Transparenz der Eigentumsverhältnisse gesteuert werden (z.B. bestimmte Arten von E-Geld).
3. Faktoren bezüglich des geografischen Risikos – Registrierung, Niederlassung, Wohnsitz in:
   a) Mitgliedstaaten,
   b) Drittstaaten mit gut funktionierenden Systemen zur Verhinderung, Aufdeckung und Bekämpfung von Geldwäsche und von Terrorismusfinanzierung,
   c) Drittstaaten, in denen Korruption und andere kriminelle Tätigkeiten laut glaubwürdigen Quellen schwach ausgeprägt sind,
   d) Drittstaaten, deren Anforderungen an die Verhinderung, Aufdeckung und Bekämpfung von Geldwäsche und von Terrorismusfinanzierung laut glaubwürdigen Quellen (z.B. gegenseitige Evaluierungen, detaillierte Bewertungsberichte oder veröffentlichte Follow-up-Berichte) den überarbeiteten FATF (Financial Action Task Force)-Empfehlungen entsprechen und die diese Anforderungen wirksam umsetzen.

[1)] Anl. 1 geänd. mWv 1.1.2020 durch G v. 12.12.2019 (BGBl. I S. 2602).

Anlage 2[1)]
(zu den §§ 5, 10, 14, 15)

Faktoren für ein potenziell höheres Risiko

Die Liste ist eine nicht erschöpfende Aufzählung von Faktoren und möglichen Anzeichen für ein potenziell höheres Risiko nach § 15:

1. Faktoren bezüglich des Kundenrisikos:
   a) außergewöhnliche Umstände der Geschäftsbeziehung,
   b) Kunden, die in geografischen Gebieten mit hohem Risiko gemäß Nummer 3 ansässig sind,
   c) juristische Personen oder Rechtsvereinbarungen, die als Instrumente für die private Vermögensverwaltung dienen,
   d) Unternehmen mit nominellen Anteilseignern oder als Inhaberpapiere emittierten Aktien,
   e) bargeldintensive Unternehmen,
   f) angesichts der Art der Geschäftstätigkeit als ungewöhnlich oder übermäßig kompliziert erscheinende Eigentumsstruktur des Unternehmens,
   g) der Kunde ist ein Drittstaatsangehöriger, der Aufenthaltsrechte oder die Staatsbürgerschaft eines Mitgliedstaats im Austausch gegen die Übertragung von Kapital, den Kauf von Immobilien oder Staatsanleihen oder Investitionen in Gesellschaften in diesem Mitgliedstaat beantragt;
2. Faktoren bezüglich des Produkt-, Dienstleistungs-, Transaktions- oder Vertriebskanalrisikos:
   a) Betreuung vermögender Privatkunden,
   b) Produkte oder Transaktionen, die Anonymität begünstigen könnten,
   c) Geschäftsbeziehungen oder Transaktionen ohne persönliche Kontakte und ohne bestimmte Sicherungsmaßnahmen wie elektronische Mittel für die Identitätsfeststellung, einschlägige Vertrauensdienste gemäß der Definition in der Verordnung (EU) Nr. 910/2014 oder andere von den einschlägigen nationalen Behörden regulierte, anerkannte, gebilligte oder akzeptierte sichere Verfahren zur Identifizierung aus der Ferne oder auf elektronischem Weg,
   d) Eingang von Zahlungen unbekannter oder nicht verbundener Dritter,
   e) neue Produkte und neue Geschäftsmodelle einschließlich neuer Vertriebsmechanismen sowie Nutzung neuer oder in der Entwicklung begriffener Technologien für neue oder bereits bestehende Produkte,
   f) Transaktionen in Bezug auf Öl, Waffen, Edelmetalle, Tabakerzeugnisse, Kulturgüter und andere Artikel von archäoloischer, historischer, kultureller oder religiöser Bedeutung oder von außergewöhnlichem wissenschaftlichem Wert sowie Elfenbein und geschützte Arten;
3. Faktoren bezüglich des geografischen Risikos:
   a) unbeschadet des Artikels 9 der Richtlinie (EU) 2015/849 ermittelte Länder, deren Finanzsysteme laut glaubwürdigen Quellen (z.B. gegenseitige Evaluierungen, detaillierte Bewertungsberichte oder veröffentlichte Follow-up-Berichte) nicht über hinreichende Systeme zur Verhinderung, Aufdeckung und Bekämpfung von Geldwäsche und Terrorismusfinanzierung verfügen,
   b) Drittstaaten, in denen Korruption oder andere kriminelle Tätigkeiten laut glaubwürdigen Quellen signifikant stark ausgeprägt sind,

---

1) Anl. 2 geänd. mWv 1.1.2020 durch G v. 12.12.2019 (BGBl. I S. 2602).

c) Staaten, gegen die beispielsweise die Europäische Union oder die Vereinten Nationen Sanktionen, Embargos oder ähnliche Maßnahmen verhängt hat oder haben,

d) Staaten, die terroristische Aktivitäten finanziell oder anderweitig unterstützen oder in denen bekannte terroristische Organisationen aktiv sind.

88b. Abgabenordnung (AO)

In der Fassung der Bekanntmachung vom 1. Oktober 2002[1) 2)]
(BGBl. I S. 3866, ber. 2003 S. 61)

FNA 610-1-3

zuletzt geänd. durch Art. 3 und 4 Gesetz zur Umsetzung der Richtlinie (EU) 2021/514 des Rates vom 22. März 2021 zur Änderung der Richtlinie 2011/16/EU über die Zusammenarbeit der Verwaltungsbehörden im Bereich der Besteuerung und zur Modernisierung des Steuerverfahrensrechts v. 20.12.2022 (BGBl. I S. 2730)

– Auszug –

Erster Teil. Einleitende Vorschriften

Vierter Abschnitt.[3)] Verarbeitung geschützter Daten und Steuergeheimnis

§§ 29b, 29c *(vom Abdruck wurde abgesehen)*

§ 30 Steuergeheimnis. (1) Amtsträger haben das Steuergeheimnis zu wahren.

(2)[4)] Ein Amtsträger verletzt das Steuergeheimnis, wenn er

1. personenbezogene Daten eines anderen, die ihm
   a) in einem Verwaltungsverfahren, einem Rechnungsprüfungsverfahren oder einem gerichtlichen Verfahren in Steuersachen,
   b) in einem Strafverfahren wegen einer Steuerstraftat oder einem Bußgeldverfahren wegen einer Steuerordnungswidrigkeit,
   c)[5)] im Rahmen einer Weiterverarbeitung nach § 29c Absatz 1 Satz 1 Nummer 4, 5 oder 6 oder aus anderem dienstlichen Anlass, insbesondere durch Mitteilung einer Finanzbehörde oder durch die gesetzlich vorgeschriebene Vorlage eines Steuerbescheids oder einer Bescheinigung über die bei der Besteuerung getroffenen Feststellungen,

   bekannt geworden sind, oder
2. ein fremdes Betriebs- oder Geschäftsgeheimnis, das ihm in einem der in Nummer 1 genannten Verfahren bekannt geworden ist,

(geschützte Daten) unbefugt offenbart oder verwertet oder

3. geschützte Daten im automatisierten Verfahren unbefugt abruft, wenn sie für eines der in Nummer 1 genannten Verfahren in einem automationsgestützten Dateisystem gespeichert sind.

(3) Den Amtsträgern stehen gleich

1. die für den öffentlichen Dienst besonders Verpflichteten (§ 11 Abs. 1 Nr. 4 des Strafgesetzbuchs[6)]),

---

1) Neubekanntmachung der AO v. 16.3.1976 (BGBl. I S. 613, 1977 S. 269) in der ab 1.9.2002 geltenden Fassung.

2) Beachte Art. 97 Übergangsvorschriften des EGAO v. 14.12.1976 (BGBl. I S. 3341, ber. 1977 S. 667), zuletzt geänd. durch G v. 20.12.2022 (BGBl. I S. 2730).

3) 1. Teil 4. Abschnitt Überschrift neu gef. mWv 25.5.2018 durch G v. 17.7.2017 (BGBl. I S. 2541).

4) § 30 Abs. 2 neu gef. mWv 25.5.2018 durch G v. 17.7.2017 (BGBl. I S. 2541).

5) § 30 Abs. 2 Nr. 1 Buchst. c neu gef. mWv 18.12.2019 durch G v. 12.12.2019 (BGBl. I S. 2451); zur Anwendung siehe Art. 97 § 1 Abs. 13 EGAO v. 14.12.1976 (BGBl. I S. 3341, ber. 1977 S. 667), zuletzt geänd. durch G v. 20.12.2022 (BGBl. I S. 2730).

6) **Habersack, Deutsche Gesetze Nr. 85.**

1a. die in § 193 Abs. 2 des Gerichtsverfassungsgesetzes[1)] genannten Personen,
2. amtlich zugezogene Sachverständige,
3. die Träger von Ämtern der Kirchen und anderen Religionsgemeinschaften, die Körperschaften des öffentlichen Rechts sind.

(4)[2)] Die Offenbarung oder Verwertung geschützter Daten ist zulässig, soweit

1. sie der Durchführung eines Verfahrens im Sinne des Absatzes 2 Nr. 1 Buchstaben a und b dient,

1a.[3)] sie einer Verarbeitung durch Finanzbehörden nach Maßgabe des § 29c Absatz 1 Satz 1 Nummer 4 oder 6 dient,

1b.[4)] sie der Durchführung eines Bußgeldverfahrens nach Artikel 83 der Verordnung (EU) 2016/679[5)] im Anwendungsbereich dieses Gesetzes dient,

2.[6)] sie durch Bundesgesetz ausdrücklich zugelassen ist,

2a.[7)] sie durch Recht der Europäischen Union vorgeschrieben oder zugelassen ist,

2b.[8)] sie der Erfüllung der gesetzlichen Aufgaben des Statistischen Bundesamtes oder für die Erfüllung von Bundesgesetzen durch die Statistischen Landesämter dient,

2c.[9)] sie der Gesetzesfolgenabschätzung dient und die Voraussetzungen für eine Weiterverarbeitung nach § 29c Absatz 1 Satz 1 Nummer 5 vorliegen,

2d.[10)] sie der Sicherung, Nutzung und wissenschaftlichen Verwertung von Archivgut der Finanzbehörden durch das Bundesarchiv nach Maßgabe des Bundesarchivgesetzes oder durch das zuständige Landes- oder Kommunalarchiv nach Maßgabe des einschlägigen Landesgesetzes oder der einschlägigen kommunalen Satzung dient, sofern die Beachtung der Vorgaben der §§ 6 und 10 bis 14 des Bundesarchivgesetzes im Landesrecht oder in der kommunalen Satzung sichergestellt ist,

3.[11)] die betroffene Person zustimmt,

4.[12)] sie der Durchführung eines Strafverfahrens wegen einer Tat dient, die keine Steuerstraftat ist, und die Kenntnisse

a) in einem Verfahren wegen einer Steuerstraftat oder Steuerordnungswidrigkeit erlangt worden sind; dies gilt jedoch nicht für solche Tatsachen, die der Steuerpflichtige in Unkenntnis der Einleitung des Strafverfahrens oder des Bußgeldverfahrens offenbart hat oder die bereits vor Einleitung des Strafverfahrens oder des Bußgeldverfahrens im Besteuerungsverfahren bekannt geworden sind, oder

---

[1)] **Habersack, Deutsche Gesetze Nr. 95.**
[2)] § 30 Abs. 4 einl. Satzteil neu gef. mWv 25.5.2018 durch G v. 17.7.2017 (BGBl. I S. 2541).
[3)] § 30 Abs. 4 Nr. 1a eingef. mWv 25.5.2018 durch G v. 17.7.2017 (BGBl. I S. 2541).
[4)] § 30 Abs. 4 Nr. 1b eingef. mWv 25.5.2018 durch G v. 17.7.2017 (BGBl. I S. 2541).
[5)] **Sartorius Nr. 246.**
[6)] § 30 Abs. 4 Nr. 2 geänd. mWv 25.5.2018 durch G v. 17.7.2017 (BGBl. I S. 2541).
[7)] § 30 Abs. 4 Nr. 2a eingef. mWv 25.5.2018 durch G v. 17.7.2017 (BGBl. I S. 2541).
[8)] § 30 Abs. 4 Nr. 2b neu gef. mWv 18.12.2019 durch G v. 12.12.2019 (BGBl. I S. 2451); zur Anwendung siehe Art. 97 § 1 Abs. 13 EGAO v. 14.12.1976 (BGBl. I S. 3341, ber. 1977 S. 667), zuletzt geänd. durch G v. 20.12.2022 (BGBl. I S. 2730).
[9)] § 30 Abs. 4 Nr. 2c eingef. mWv 25.5.2018 durch G v. 17.7.2017 (BGBl. I S. 2541).
[10)] § 30 Abs. 4 Nr. 2d eingef. mWv 21.12.2022 durch G v. 16.12.2022 (BGBl. I S. 2294).
[11)] § 30 Abs. 4 Nr. 3 geänd. mWv 26.11.2019 durch G v. 20.11.2019 (BGBl. I S. 1626).
[12)] Siehe hierzu § 4 Abs. 5 Nr. 10 Satz 3 EStG idF der Bek. v. 8.10.2009 (BGBl. I S. 3366, ber. S. 3862), zuletzt geänd. durch G v. 20.12.2022 (BGBl. I S. 2730).

b) ohne Bestehen einer steuerlichen Verpflichtung oder unter Verzicht auf ein Auskunftsverweigerungsrecht erlangt worden sind,

5. für sie ein zwingendes öffentliches Interesse besteht; ein zwingendes öffentliches Interesse ist namentlich gegeben, wenn

a)[1] die Offenbarung erforderlich ist zur Abwehr erheblicher Nachteile für das Gemeinwohl oder einer Gefahr für die öffentliche Sicherheit, die Verteidigung oder die nationale Sicherheit oder zur Verhütung oder Verfolgung von Verbrechen und vorsätzlichen schweren Vergehen gegen Leib und Leben oder gegen den Staat und seine Einrichtungen,

b) Wirtschaftsstraftaten verfolgt werden oder verfolgt werden sollen, die nach ihrer Begehungsweise oder wegen des Umfangs des durch sie verursachten Schadens geeignet sind, die wirtschaftliche Ordnung erheblich zu stören oder das Vertrauen der Allgemeinheit auf die Redlichkeit des geschäftlichen Verkehrs oder auf die ordnungsgemäße Arbeit der Behörden und der öffentlichen Einrichtungen erheblich zu erschüttern, oder

c) die Offenbarung erforderlich ist zur Richtigstellung in der Öffentlichkeit verbreiteter unwahrer Tatsachen, die geeignet sind, das Vertrauen in die Verwaltung erheblich zu erschüttern; die Entscheidung trifft die zuständige oberste Finanzbehörde im Einvernehmen mit dem Bundesministerium der Finanzen; vor der Richtigstellung soll der Steuerpflichtige gehört werden.

(5)[2] Vorsätzlich falsche Angaben der betroffenen Person dürfen den Strafverfolgungsbehörden gegenüber offenbart werden.

(6)[3] [1]Der Abruf geschützter Daten, die für eines der in Absatz 2 Nummer 1 genannten Verfahren in einem automationsgestützten Dateisystem gespeichert sind, ist nur zulässig, soweit er der Durchführung eines Verfahrens im Sinne des Absatzes 2 Nummer 1 Buchstabe a und b oder der zulässigen Übermittlung geschützter Daten durch eine Finanzbehörde an die betroffene Person oder Dritte dient. [2]Zur Wahrung des Steuergeheimnisses kann das Bundesministerium der Finanzen durch Rechtsverordnung mit Zustimmung des Bundesrates bestimmen, welche technischen und organisatorischen Maßnahmen gegen den unbefugten Abruf von Daten zu treffen sind. [3]Insbesondere kann es nähere Regelungen treffen über die Art der Daten, deren Abruf zulässig ist, sowie über den Kreis der Amtsträger, die zum Abruf solcher Daten berechtigt sind. [4]Die Rechtsverordnung bedarf nicht der Zustimmung des Bundesrates, soweit sie die Kraftfahrzeugsteuer, die Luftverkehrsteuer, die Versicherungsteuer sowie Einfuhr- und Ausfuhrabgaben und Verbrauchsteuern, mit Ausnahme der Biersteuer, betrifft.

(7)[4] Werden dem Steuergeheimnis unterliegende Daten durch einen Amtsträger oder diesem nach Absatz 3 gleichgestellte Personen nach Maßgabe des § 87a Absatz 4 oder 7 über De-Mail-Dienste im Sinne des § 1 des De-Mail-Gesetzes versendet, liegt keine unbefugte Offenbarung, Verwertung und kein unbefugter Abruf von dem Steuergeheimnis unterliegenden Daten vor, wenn beim Versenden eine kurzzeitige automatisierte Entschlüsselung durch den akkreditierten Diens-

---

[1] § 30 Abs. 4 Nr. 5 Buchst. a neu gef. mWv 25.5.2018 durch G v. 17.7.2017 (BGBl. I S. 2541).

[2] § 30 Abs. 5 geänd. mWv 26.11.2019 durch G v. 20.11.2019 (BGBl. I S. 1626).

[3] § 30 Abs. 6 Satz 4 neu gef. mWv 30.6.2013 durch G v. 26.6.2013 (BGBl. I S. 1809); Satz 1 neu gef. mWv 25.5.2018 durch G v. 17.7.2017 (BGBl. I S. 2541).

[4] § 30 Abs. 7 angef. mWv 1.8.2013 durch G v. 25.7.2013 (BGBl. I S. 2749); geänd. mWv 25.5.2018 durch G v. 17.7.2017 (BGBl. I S. 2541).

teanbieter zum Zweck der Überprüfung auf Schadsoftware und zum Zweck der Weiterleitung an den Adressaten der De-Mail-Nachricht stattfindet.

(8)[1] Die Einrichtung eines automatisierten Verfahrens, das den Abgleich geschützter Daten innerhalb einer Finanzbehörde oder zwischen verschiedenen Finanzbehörden ermöglicht, ist zulässig, soweit die Weiterverarbeitung oder Offenbarung dieser Daten zulässig und dieses Verfahren unter Berücksichtigung der schutzwürdigen Interessen der betroffenen Person und der Aufgaben der beteiligten Finanzbehörden angemessen ist.

(9)[2] Die Finanzbehörden dürfen sich bei der Verarbeitung geschützter Daten nur dann eines Auftragsverarbeiters im Sinne von Artikel 4 Nummer 8 der Verordnung (EU) 2016/679 bedienen, wenn diese Daten ausschließlich durch Personen verarbeitet werden, die zur Wahrung des Steuergeheimnisses verpflichtet sind.

(10)[3] Die Offenbarung besonderer Kategorien personenbezogener Daten im Sinne des Artikels 9 Absatz 1 der Verordnung (EU) 2016/679 durch Finanzbehörden an öffentliche oder nicht-öffentliche Stellen ist zulässig, wenn die Voraussetzungen der Absätze 4 oder 5 und ein Ausnahmetatbestand nach Artikel 9 Absatz 2 der Verordnung (EU) 2016/679 oder nach § 31c vorliegen.

(11)[4] [1] Wurden geschützte Daten

1. einer Person, die nicht zur Wahrung des Steuergeheimnisses verpflichtet ist,
2. einer öffentlichen Stelle, die keine Finanzbehörde ist, oder
3. einer nicht-öffentlichen Stelle

nach den Absätzen 4 oder 5 offenbart, darf der Empfänger diese Daten nur zu dem Zweck speichern, verändern, nutzen oder übermitteln, zu dem sie ihm offenbart worden sind. [2] Die Pflicht eines Amtsträgers oder einer ihm nach Absatz 3 gleichgestellten Person, dem oder der die geschützten Daten durch die Offenbarung bekannt geworden sind, zur Wahrung des Steuergeheimnisses bleibt unberührt.

§§ 30a, 31 *(vom Abdruck wurde abgesehen)*

§ 31a Mitteilungen zur Bekämpfung der illegalen Beschäftigung und des Leistungsmissbrauchs. (1)[5] [1] Die Offenbarung der nach § 30 geschützten Daten der betroffenen Person ist zulässig, soweit sie

1. für die Durchführung eines Strafverfahrens, eines Bußgeldverfahrens oder eines anderen gerichtlichen oder Verwaltungsverfahrens mit dem Ziel
   a) der Bekämpfung von illegaler Beschäftigung oder Schwarzarbeit oder
   b) der Entscheidung
      aa) über Erteilung, Rücknahme oder Widerruf einer Erlaubnis nach dem Arbeitnehmerüberlassungsgesetz oder
      bb) über Bewilligung, Gewährung, Rückforderung, Erstattung, Weitergewährung oder Belassen einer Leistung aus öffentlichen Mitteln

---

[1] § 30 Abs. 8 angef. mWv 25.5.2018 durch G v. 17.7.2017 (BGBl. I S. 2541).

[2] § 30 Abs. 9 angef. mWv 25.5.2018 durch G v. 17.7.2017 (BGBl. I S. 2541).

[3] § 30 Abs. 10 angef. mWv 25.5.2018 durch G v. 17.7.2017 (BGBl. I S. 2541); geänd. mWv 26.11.2019 durch G v. 20.11.2019 (BGBl. I S. 1626).

[4] § 30 Abs. 11 angef. mWv 25.5.2018 durch G v. 17.7.2017 (BGBl. I S. 2541).

[5] § 31a Abs. 1 einl. Satzteil geänd. mWv 25.5.2018 durch G v. 17.7.2017 (BGBl. I S. 2541); einl. Satzteil geänd. mWv 26.11.2019 durch G v. 20.11.2019 (BGBl. I S. 1626); Satz 2 angef. mWv 21.12.2022 durch G v. 16.12.2022 (BGBl. I S. 2294).

oder

2. für die Geltendmachung eines Anspruchs auf Rückgewähr einer Leistung aus öffentlichen Mitteln

erforderlich ist. ²In den Fällen von Satz 1 Nummer 1 Buchstabe b Doppelbuchstabe bb oder Nummer 2 ist die Offenbarung auf Ersuchen der zuständigen Stellen auch zulässig, soweit sie für die Durchführung eines Strafverfahrens wegen einer zu Unrecht erlangten Leistung aus öffentlichen Mitteln erforderlich ist.

(2)[1] ¹Die Finanzbehörden sind in den Fällen des Absatzes 1 verpflichtet, der zuständigen Stelle die jeweils benötigten Tatsachen mitzuteilen. ²In den Fällen des Absatzes 1 Nr. 1 Buchstabe b und Nr. 2 erfolgt die Mitteilung auch auf Antrag der betroffenen Person. ³Die Mitteilungspflicht nach den Sätzen 1 und 2 besteht nicht, soweit deren Erfüllung mit einem unverhältnismäßigen Aufwand verbunden wäre.

§ 31b[2] Mitteilungen zur Bekämpfung der Geldwäsche und der Terrorismusfinanzierung. (1)[3] Die Offenbarung der nach § 30 geschützten Daten der betroffenen Person an die jeweils zuständige Stelle ist auch ohne Ersuchen zulässig, soweit sie einem der folgenden Zwecke dient:

1. der Durchführung eines Strafverfahrens wegen Geldwäsche oder Terrorismusfinanzierung nach § 1 Absatz 1 und 2 des Geldwäschegesetzes[4],
2. der Verhinderung, Aufdeckung und Bekämpfung von Geldwäsche oder Terrorismusfinanzierung nach § 1 Absatz 1 und 2 des Geldwäschegesetzes,
3. der Durchführung eines Bußgeldverfahrens nach § 56 des Geldwäschegesetzes gegen Verpflichtete nach § 2 Absatz 1 Nummer 13 bis 16 des Geldwäschegesetzes,
4. dem Treffen von Maßnahmen und Anordnungen nach § 51 Absatz 2 des Geldwäschegesetzes gegenüber Verpflichteten nach § 2 Absatz 1 Nummer 13 bis 16 des Geldwäschegesetzes oder
5. der Wahrnehmung von Aufgaben nach § 28 Absatz 1 des Geldwäschegesetzes durch die Zentralstelle für Finanztransaktionsuntersuchungen.

(2) ¹Die Finanzbehörden haben der Zentralstelle für Finanztransaktionsuntersuchungen unverzüglich Sachverhalte unabhängig von deren Höhe mitzuteilen, wenn Tatsachen vorliegen, die darauf hindeuten, dass

1. es sich bei Vermögensgegenständen, die mit dem mitzuteilenden Sachverhalt im Zusammenhang stehen, um den Gegenstand einer Straftat nach § 261 des Strafgesetzbuchs[5] handelt oder
2. die Vermögensgegenstände im Zusammenhang mit Terrorismusfinanzierung stehen.

²Mitteilungen an die Zentralstelle für Finanztransaktionsuntersuchungen sind durch elektronische Datenübermittlung zu erstatten; hierbei ist ein sicheres Verfahren zu verwenden, das die Vertraulichkeit und Integrität des Datensatzes gewährleistet. ³Im Fall einer Störung der Datenübertragung ist ausnahmsweise eine Mitteilung auf dem Postweg möglich. ⁴§ 45 Absatz 3 und 4 des Geldwäschegesetzes gilt entsprechend.

---

[1] § 31a Abs. 2 Satz 2 geänd. mWv 26.11.2019 durch G v. 20.11.2019 (BGBl. I S. 1626).

[2] § 31b neu gef. mWv 26.6.2017 durch G v. 23.6.2017 (BGBl. I S. 1822).

[3] § 31b Abs. 1 einl. Satzteil geänd. mWv 25.5.2018 durch G v. 17.7.2017 (BGBl. I S. 2541); einl. Satzteil geänd. mWv 26.11.2019 durch G v. 20.11.2019 (BGBl. I S. 1626).

[4] Nr. **88a**.

[5] **Habersack, Deutsche Gesetze Nr. 85.**

(2a)[1] Die Finanzbehörden übermitteln der Zentralstelle für Finanztransaktionsuntersuchungen folgende Daten nach Maßgabe des § 31 Absatz 5 des Geldwäschegesetzes im automatisierten Verfahren, soweit dies zur Wahrnehmung der Aufgaben der Zentralstelle für Finanztransaktionsuntersuchungen nach § 28 Absatz 1 Satz 2 Nummer 2 des Geldwäschegesetzes erforderlich ist:

1. beim Bundeszentralamt für Steuern die nach § 5 Absatz 1 Nummer 13 des Finanzverwaltungsgesetzes vorgehaltenen Daten,
2. bei den Landesfinanzbehörden die zu einem Steuerpflichtigen gespeicherten Grundinformationen, die die Steuernummer, die Gewerbekennzahl, die Grund- und Zusatzkennbuchstaben, die Bankverbindung, die vergebene Umsatzsteuer-Identifikationsnummer sowie das zuständige Finanzamt umfassen.

(2b)[2] [1] Wird von der Verordnungsermächtigung des § 22a des Grunderwerbsteuergesetzes zur elektronischen Übermittlung der Anzeige im Sinne des § 18 des Grunderwerbsteuergesetzes Gebrauch gemacht, übermitteln die Landesfinanzbehörden die dort eingegangenen Datensätze nach Maßgabe des § 31 Absatz 5a des Geldwäschegesetzes der Zentralstelle für Finanztransaktionsuntersuchungen zur Wahrnehmung ihrer Aufgaben nach § 28 Absatz 1 Satz 2 Nummer 2 des Geldwäschegesetzes im automatisierten Verfahren. [2] Absatz 2 Satz 2 gilt entsprechend.

(3) Die Finanzbehörden haben der zuständigen Verwaltungsbehörde unverzüglich solche Tatsachen mitzuteilen, die darauf schließen lassen, dass

1. ein Verpflichteter nach § 2 Absatz 1 Nummer 13 bis 16 des Geldwäschegesetzes eine Ordnungswidrigkeit nach § 56 des Geldwäschegesetzes begangen hat oder begeht oder
2. die Voraussetzungen für das Treffen von Maßnahmen und Anordnungen nach § 51 Absatz 2 des Geldwäschegesetzes gegenüber Verpflichteten nach § 2 Absatz 1 Nummer 13 bis 16 des Geldwäschegesetzes gegeben sind.

(4) § 47 Absatz 3 des Geldwäschegesetzes gilt entsprechend.

§§ 31c *(vom Abdruck wurde abgesehen)*

Achter Teil. Straf- und Bußgeldvorschriften, Straf- und Bußgeldverfahren

Erster Abschnitt. Strafvorschriften

§ 369 Steuerstraftaten. (1) Steuerstraftaten (Zollstraftaten) sind:

1. Taten, die nach den Steuergesetzen strafbar sind,
2. der Bannbruch,
3. die Wertzeichenfälschung und deren Vorbereitung, soweit die Tat Steuerzeichen betrifft,
4. die Begünstigung einer Person, die eine Tat nach den Nummern 1 bis 3 begangen hat.

(2) Für Steuerstraftaten gelten die allgemeinen Gesetze über das Strafrecht, soweit die Strafvorschriften der Steuergesetze nichts anderes bestimmen.

[1] § 31b Abs. 2a eingef. mWv 1.7.2021 durch G v. 3.6.2021 (BGBl. I S. 1534).
[2] § 31b Abs. 2b eingef. mWv 1.7.2021 durch G v. 3.6.2021 (BGBl. I S. 1534).

§ 370 Steuerhinterziehung. (1) Mit Freiheitsstrafe bis zu fünf Jahren oder mit Geldstrafe wird bestraft, wer

1. den Finanzbehörden oder anderen Behörden über steuerlich erhebliche Tatsachen unrichtige oder unvollständige Angaben macht,
2. die Finanzbehörden pflichtwidrig über steuerlich erhebliche Tatsachen in Unkenntnis lässt oder
3. pflichtwidrig die Verwendung von Steuerzeichen oder Steuerstemplern unterlässt

und dadurch Steuern verkürzt oder für sich oder einen anderen nicht gerechtfertigte Steuervorteile erlangt.

(2) Der Versuch ist strafbar.

(3) [1] In besonders schweren Fällen ist die Strafe Freiheitsstrafe von sechs Monaten bis zu zehn Jahren. [2] Ein besonders schwerer Fall liegt in der Regel vor, wenn der Täter

1.[1)] in großem Ausmaß Steuern verkürzt oder nicht gerechtfertigte Steuervorteile erlangt,
2.[2)] seine Befugnisse oder seine Stellung als Amtsträger oder Europäischer Amtsträger (§ 11 Absatz 1 Nummer 2a des Strafgesetzbuchs[3)]) missbraucht,
3.[4)] die Mithilfe eines Amtsträgers oder Europäischen Amtsträgers (§ 11 Absatz 1 Nummer 2a des Strafgesetzbuchs) ausnutzt, der seine Befugnisse oder seine Stellung missbraucht,
4.[5)] unter Verwendung nachgemachter oder verfälschter Belege fortgesetzt Steuern verkürzt oder nicht gerechtfertigte Steuervorteile erlangt,
5.[6)] als Mitglied einer Bande, die sich zur fortgesetzten Begehung von Taten nach Absatz 1 verbunden hat, Umsatz- oder Verbrauchssteuern verkürzt oder nicht gerechtfertigte Umsatz- oder Verbrauchssteuervorteile erlangt oder
6.[7)] eine Drittstaat-Gesellschaft im Sinne des § 138 Absatz 3, auf die er alleine oder zusammen mit nahestehenden Personen im Sinne des § 1 Absatz 2 des Außensteuergesetzes unmittelbar oder mittelbar einen beherrschenden oder bestimmenden Einfluss ausüben kann, zur Verschleierung steuerlich erheblicher Tatsachen nutzt und auf diese Weise fortgesetzt Steuern verkürzt oder nicht gerechtfertigte Steuervorteile erlangt.

(4) [1] Steuern sind namentlich dann verkürzt, wenn sie nicht, nicht in voller Höhe oder nicht rechtzeitig festgesetzt werden; dies gilt auch dann, wenn die Steuer vorläufig oder unter Vorbehalt der Nachprüfung festgesetzt wird oder eine Steueranmeldung einer Steuerfestsetzung unter Vorbehalt der Nachprüfung

---

[1)] § 370 Abs. 3 Satz 2 Nr. 1 neu gef. durch G v. 21.12.2007 (BGBl. I S. 3198).

[2)] § 370 Abs. 3 Satz 2 Nr. 2 geänd. mWv 26.11.2015 durch G v. 20.11.2015 (BGBl. I S. 2025).

[3)] **Habersack, Deutsche Gesetze Nr. 85.**

[4)] § 370 Abs. 3 Satz 2 Nr. 3 geänd. durch G v. 21.12.2007 (BGBl. I S. 3198); geänd. mWv 26.11.2015 durch G v. 20.11.2015 (BGBl. I S. 2025).

[5)] § 370 Abs. 3 Satz 2 Nr. 4 geänd. durch G v. 21.12.2007 (BGBl. I S. 3198); geänd. mWv 25.6.2017 durch G v. 23.6.2017 (BGBl. I S. 1682); zur Anwendung siehe Art. 97 § 1 Abs. 12 Satz 1 EGAO v. 14.12. 1976 (BGBl. I S. 3341, ber. 1977 S. 667), zuletzt geänd. durch G v. 20.12.2022 (BGBl. I S. 2730).

[6)] § 370 Abs. 3 Satz 2 Nr. 5 angef. durch G v. 21.12.2007 (BGBl. I S. 3198); geänd. mWv 25.6.2017 durch G v. 23.6.2017 (BGBl. I S. 1682); zur Anwendung siehe Art. 97 § 1 Abs. 12 Satz 1 EGAO v. 14.12. 1976 (BGBl. I S. 3341, ber. 1977 S. 667), zuletzt geänd. durch G v. 20.12.2022 (BGBl. I S. 2730).

[7)] § 370 Abs. 3 Satz 2 Nr. 6 angef. mWv 25.6.2017 durch G v. 23.6.2017 (BGBl. I S. 1682); zur Anwendung siehe Art. 97 § 1 Abs. 12 Satz 1 EGAO v. 14.12.1976 (BGBl. I S. 3341, ber. 1977 S. 667), zuletzt geänd. durch G v. 20.12.2022 (BGBl. I S. 2730).

gleichsteht. ²Steuervorteile sind auch Steuervergütungen; nicht gerechtfertigte Steuervorteile sind erlangt, soweit sie zu Unrecht gewährt oder belassen werden. ³Die Voraussetzungen der Sätze 1 und 2 sind auch dann erfüllt, wenn die Steuer, auf die sich die Tat bezieht, aus anderen Gründen hätte ermäßigt oder der Steuervorteil aus anderen Gründen hätte beansprucht werden können.

(5) Die Tat kann auch hinsichtlich solcher Waren begangen werden, deren Einfuhr, Ausfuhr oder Durchfuhr verboten ist.

(6)[1] ¹Die Absätze 1 bis 5 gelten auch dann, wenn sich die Tat auf Einfuhr- oder Ausfuhrabgaben bezieht, die von einem anderen Mitgliedstaat der Europäischen Union verwaltet werden oder die einem Mitgliedstaat der Europäischen Freihandelsassoziation oder einem mit dieser assoziierten Staat zustehen. ²Das Gleiche gilt, wenn sich die Tat auf Umsatzsteuern oder auf die in Artikel 1 Absatz 1 der Richtlinie 2008/118/EG des Rates vom 16. Dezember 2008 über das allgemeine Verbrauchsteuersystem und zur Aufhebung der Richtlinie 92/12/EWG (ABl. L 9 vom 14.1.2009, S. 12) genannten harmonisierten Verbrauchsteuern bezieht, die von einem anderen Mitgliedstaat der Europäischen Union verwaltet werden.

(7) Die Absätze 1 bis 6 gelten unabhängig von dem Recht des Tatortes auch für Taten, die außerhalb des Geltungsbereiches dieses Gesetzes begangen werden.

§ 370a[2] *(aufgehoben)*

§ 371 Selbstanzeige bei Steuerhinterziehung. (1)[3] ¹Wer gegenüber der Finanzbehörde zu allen Steuerstraftaten einer Steuerart in vollem Umfang die unrichtigen Angaben berichtigt, die unvollständigen Angaben ergänzt oder die unterlassenen Angaben nachholt, wird wegen dieser Steuerstraftaten nicht nach § 370 bestraft. ²Die Angaben müssen zu allen unverjährten Steuerstraftaten einer Steuerart, mindestens aber zu allen Steuerstraftaten einer Steuerart innerhalb der letzten zehn Kalenderjahre erfolgen.

(2)[4] ¹Straffreiheit tritt nicht ein, wenn

1. bei einer der zur Selbstanzeige gebrachten unverjährten Steuerstraftaten vor der Berichtigung, Ergänzung oder Nachholung
   a) dem an der Tat Beteiligten, seinem Vertreter, dem Begünstigten im Sinne des § 370 Absatz 1 oder dessen Vertreter eine Prüfungsanordnung nach § 196 bekannt gegeben worden ist, beschränkt auf den sachlichen und zeitlichen Umfang der angekündigten Außenprüfung, oder
   b) dem an der Tat Beteiligten oder seinem Vertreter die Einleitung des Straf- oder Bußgeldverfahrens bekannt gegeben worden ist oder
   c) ein Amtsträger der Finanzbehörde zur steuerlichen Prüfung erschienen ist, beschränkt auf den sachlichen und zeitlichen Umfang der Außenprüfung, oder
   d) ein Amtsträger zur Ermittlung einer Steuerstraftat oder einer Steuerordnungswidrigkeit erschienen ist oder
   e) ein Amtsträger der Finanzbehörde zu einer Umsatzsteuer-Nachschau nach § 27b des Umsatzsteuergesetzes, einer Lohnsteuer-Nachschau nach § 42g des Einkommensteuergesetzes oder einer Nachschau nach anderen steuerrechtlichen Vorschriften erschienen ist und sich ausgewiesen hat oder

---

[1] § 370 Abs. 6 neu gef. durch G v. 7.12.2011 (BGBl. I S. 2592).
[2] § 370a aufgeh. mWv 1.1.2008 durch G v. 21.12.2007 (BGBl. I S. 3198).
[3] § 371 Abs. 1 neu gef. mWv 1.1.2015 durch G v. 22.12.2014 (BGBl. I S. 2415).
[4] § 371 Abs. 2 neu gef. mWv 1.1.2015 durch G v. 22.12.2014 (BGBl. I S. 2415).

2. eine der Steuerstraftaten im Zeitpunkt der Berichtigung, Ergänzung oder Nachholung ganz oder zum Teil bereits entdeckt war und der Täter dies wusste oder bei verständiger Würdigung der Sachlage damit rechnen musste,
3. die nach § 370 Absatz 1 verkürzte Steuer oder der für sich oder einen anderen erlangte nicht gerechtfertigte Steuervorteil einen Betrag von 25 000 Euro je Tat übersteigt, oder
4.[1)] ein in § 370 Absatz 3 Satz 2 Nummer 2 bis 6 genannter besonders schwerer Fall vorliegt.

[2] Der Ausschluss der Straffreiheit nach Satz 1 Nummer 1 Buchstabe a und c hindert nicht die Abgabe einer Berichtigung nach Absatz 1 für die nicht unter Satz 1 Nummer 1 Buchstabe a und c fallenden Steuerstraftaten einer Steuerart.

(2a)[2)] [1] Soweit die Steuerhinterziehung durch Verletzung der Pflicht zur rechtzeitigen Abgabe einer vollständigen und richtigen Umsatzsteuervoranmeldung oder Lohnsteueranmeldung begangen worden ist, tritt Straffreiheit abweichend von den Absätzen 1 und 2 Satz 1 Nummer 3 bei Selbstanzeigen in dem Umfang ein, in dem der Täter gegenüber der zuständigen Finanzbehörde die unrichtigen Angaben berichtigt, die unvollständigen Angaben ergänzt oder die unterlassenen Angaben nachholt. [2] Absatz 2 Satz 1 Nummer 2 gilt nicht, wenn die Entdeckung der Tat darauf beruht, dass eine Umsatzsteuervoranmeldung oder Lohnsteueranmeldung nachgeholt oder berichtigt wurde. [3] Die Sätze 1 und 2 gelten nicht für Steueranmeldungen, die sich auf das Kalenderjahr beziehen. [4] Für die Vollständigkeit der Selbstanzeige hinsichtlich einer auf das Kalenderjahr bezogenen Steueranmeldung ist die Berichtigung, Ergänzung oder Nachholung der Voranmeldungen, die dem Kalenderjahr nachfolgende Zeiträume betreffen, nicht erforderlich.

(3)[3)] [1] Sind Steuerverkürzungen bereits eingetreten oder Steuervorteile erlangt, so tritt für den an der Tat Beteiligten Straffreiheit nur ein, wenn er die aus der Tat zu seinen Gunsten hinterzogenen Steuern, die Hinterziehungszinsen nach § 235 und die Zinsen nach § 233a, soweit sie auf die Hinterziehungszinsen nach § 235 Absatz 4 angerechnet werden, sowie die Verzugszinsen nach Artikel 114 des Zollkodex der Union innerhalb der ihm bestimmten angemessenen Frist entrichtet. [2] In den Fällen des Absatzes 2a Satz 1 gilt Satz 1 mit der Maßgabe, dass die fristgerechte Entrichtung von Zinsen nach § 233a oder § 235 unerheblich ist.

(4) [1] Wird die in § 153 vorgesehene Anzeige rechtzeitig und ordnungsmäßig erstattet, so wird ein Dritter, der die in § 153 bezeichneten Erklärungen abzugeben unterlassen oder unrichtig oder unvollständig abgegeben hat, strafrechtlich nicht verfolgt, es sei denn, dass ihm oder seinem Vertreter vorher die Einleitung eines Straf- oder Bußgeldverfahrens wegen der Tat bekannt gegeben worden ist. [2] Hat der Dritte zum eigenen Vorteil gehandelt, so gilt Absatz 3 entsprechend.

§ 372 Bannbruch. (1) Bannbruch begeht, wer Gegenstände entgegen einem Verbot einführt, ausführt oder durchführt.

[1)] § 371 Abs. 2 Satz 1 Nr. 4 geänd. mWv 25.6.2017 durch G v. 23.6.2017 (BGBl. I S. 1682); zur Anwendung siehe Art. 97 § 1 Abs. 12 Satz 1 EGAO v. 14.12.1976 (BGBl. I S. 3341, ber. 1977 S. 667), zuletzt geänd. durch G v. 20.12.2022 (BGBl. I S. 2730).

[2)] § 371 Abs. 2a eingef. mWv 1.1.2015 durch G v. 22.12.2014 (BGBl. I S. 2415).

[3)] § 371 Abs. 3 neu gef. durch G v. 28.4.2011 (BGBl. I S. 676); zur Anwendung siehe Art. 97 § 24 EGAO v. 14.12.1976 (BGBl. I S. 3341, ber. 1977 S. 667), zuletzt geänd. durch G v. 20.12.2022 (BGBl. I S. 2730); Satz 1 geänd., Satz 2 angef. mWv 1.1.2015 durch G v. 22.12.2014 (BGBl. I S. 2415); Satz 1 geänd. mWv 21.12.2022 durch G v. 16.12.2022 (BGBl. I S. 2294).

(2) Der Täter wird nach § 370 Abs. 1, 2 bestraft, wenn die Tat nicht in anderen Vorschriften als Zuwiderhandlung gegen ein Einfuhr-, Ausfuhr- oder Durchfuhrverbot mit Strafe oder mit Geldbuße bedroht ist.

§ 373 Gewerbsmäßiger, gewaltsamer und bandenmäßiger Schmuggel. (1)[1] [1]Wer gewerbsmäßig Einfuhr- oder Ausfuhrabgaben hinterzieht oder gewerbsmäßig durch Zuwiderhandlungen gegen Monopolvorschriften Bannbruch begeht, wird mit Freiheitsstrafe von sechs Monaten bis zu zehn Jahren bestraft. [2]In minder schweren Fällen ist die Strafe Freiheitsstrafe bis zu fünf Jahren oder Geldstrafe.

(2) Ebenso wird bestraft, wer

1. eine Hinterziehung von Einfuhr- oder Ausfuhrabgaben oder einen Bannbruch begeht, bei denen er oder ein anderer Beteiligter eine Schusswaffe bei sich führt,
2. eine Hinterziehung von Einfuhr- oder Ausfuhrabgaben oder einen Bannbruch begeht, bei denen er oder ein anderer Beteiligter eine Waffe oder sonst ein Werkzeug oder Mittel bei sich führt, um den Widerstand eines anderen durch Gewalt oder Drohung mit Gewalt zu verhindern oder zu überwinden, oder
3.[2] als Mitglied einer Bande, die sich zur fortgesetzten Begehung der Hinterziehung von Einfuhr- oder Ausfuhrabgaben oder des Bannbruchs verbunden hat, eine solche Tat begeht.

(3)[3] Der Versuch ist strafbar.

(4)[4] § 370 Abs. 6 Satz 1 und Abs. 7 gilt entsprechend.

§ 374 Steuerhehlerei. (1)[5] Wer Erzeugnisse oder Waren, hinsichtlich deren Verbrauchsteuern oder Einfuhr- und Ausfuhrabgaben nach Artikel 5 Nummer 20 und 21 des Zollkodex der Union hinterzogen oder Bannbruch nach § 372 Abs. 2, § 373 begangen worden ist, ankauft oder sonst sich oder einem Dritten verschafft, sie absetzt oder abzusetzen hilft, um sich oder einen Dritten zu bereichern, wird mit Freiheitsstrafe bis zu fünf Jahren oder mit Geldstrafe bestraft.

(2)[6] [1]Handelt der Täter gewerbsmäßig oder als Mitglied einer Bande, die sich zur fortgesetzten Begehung von Straftaten nach Absatz 1 verbunden hat, so ist die Strafe Freiheitsstrafe von sechs Monaten bis zu zehn Jahren. [2]In minder schweren Fällen ist die Strafe Freiheitsstrafe bis zu fünf Jahren oder Geldstrafe.

(3)[7] Der Versuch ist strafbar.

(4)[8] § 370 Absatz 6 und 7 gilt entsprechend.

§ 375 Nebenfolgen. (1) Neben einer Freiheitsstrafe von mindestens einem Jahr wegen

1. Steuerhinterziehung,

---

[1] § 373 Abs. 1 neu gef. mWv 1.1.2008 durch G v. 21.12.2007 (BGBl. I S. 3198).
[2] § 373 Abs. 2 Nr. 3 neu gef. mWv 1.1.2008 durch G v. 21.12.2007 (BGBl. I S. 3198).
[3] § 373 Abs. 3 angef. mWv 1.1.2008 durch G v. 21.12.2007 (BGBl. I S. 3198).
[4] § 373 Abs. 4 angef. mWv 1.1.2008 durch G v. 21.12.2007 (BGBl. I S. 3198).
[5] § 374 Abs. 1 geänd. mWv 1.1.2008 durch G v. 21.12.2007 (BGBl. I S. 3198); geänd. mWv 1.5.2016 durch G v. 22.12.2014 (BGBl. I S. 2417).
[6] § 374 Abs. 2 eingef. mWv 1.1.2008 durch G v. 21.12.2007 (BGBl. I S. 3198).
[7] § 374 Abs. 3 eingef. mWv 1.1.2008 durch G v. 21.12.2007 (BGBl. I S. 3198).
[8] § 374 bish. Abs. 2 wird Abs. 4 und neu gef. mWv 1.1.2008 durch G v. 21.12.2007 (BGBl. I S. 3198); geänd. durch G v. 22.12.2014 (BGBl. I S. 2415).

2. Bannbruchs nach § 372 Abs. 2, § 373,
3. Steuerhehlerei oder
4. Begünstigung einer Person, die eine Tat nach den Nummern 1 bis 3 begangen hat,

kann das Gericht die Fähigkeit, öffentliche Ämter zu bekleiden, und die Fähigkeit, Rechte aus öffentlichen Wahlen zu erlangen, aberkennen (§ 45 Abs. 2 des Strafgesetzbuchs[1]).

(2) [1] Ist eine Steuerhinterziehung, ein Bannbruch nach § 372 Abs. 2, § 373 oder eine Steuerhehlerei begangen worden, so können

1.[2] die Erzeugnisse, Waren und andere Sachen, auf die sich die Hinterziehung von Verbrauchsteuer oder Einfuhr- und Ausfuhrabgaben nach Artikel 5 Nummer 20 und 21 des Zollkodex der Union, der Bannbruch oder die Steuerhehlerei bezieht, und
2. die Beförderungsmittel, die zur Tat benutzt worden sind,

eingezogen werden. [2] § 74a des Strafgesetzbuchs ist anzuwenden.

§ 375a[3] *(aufgehoben)*

§ 376[4] **Verfolgungsverjährung.** (1)[5] In den in § 370 Absatz 3 Satz 2 Nummer 1 bis 6 genannten Fällen besonders schwerer Steuerhinterziehung beträgt die Verjährungsfrist 15 Jahre; § 78b Absatz 4 des Strafgesetzbuches[1] gilt entsprechend.

(2) Die Verjährung der Verfolgung einer Steuerstraftat wird auch dadurch unterbrochen, dass dem Beschuldigten die Einleitung des Bußgeldverfahrens bekannt gegeben oder diese Bekanntgabe angeordnet wird.

(3)[6] Abweichend von § 78c Absatz 3 Satz 2 des Strafgesetzbuches verjährt in den in § 370 Absatz 3 Satz 2 Nummer 1 bis 6 genannten Fällen besonders schwerer Steuerhinterziehung die Verfolgung spätestens, wenn seit dem in § 78a des Strafgesetzbuches bezeichneten Zeitpunkt das Zweieinhalbfache der gesetzlichen Verjährungsfrist verstrichen ist.

Zweiter Abschnitt. Bußgeldvorschriften

§ 377 Steuerordnungswidrigkeiten. (1)[7] Steuerordnungswidrigkeiten (Zollordnungswidrigkeiten) sind Zuwiderhandlungen, die nach diesem Gesetz oder den Steuergesetzen mit Geldbuße geahndet werden können.

(2)[8] Für Steuerordnungswidrigkeiten gelten die Vorschriften des Ersten Teils des Gesetzes über Ordnungswidrigkeiten[9], soweit die Bußgeldvorschriften dieses Gesetzes oder der Steuergesetze nichts anderes bestimmen.

---

[1] **Habersack, Deutsche Gesetze Nr. 85.**

[2] § 375 Abs. 2 Satz 1 Nr. 1 geänd. mWv 1.5.2016 durch G v. 22.12.2014 (BGBl. I S. 2417).

[3] § 375a aufgeh. mWv 29.12.2020 durch G v. 21.12.2020 (BGBl. I S. 3096).

[4] § 376 neu gef. durch G v. 19.12.2008 (BGBl. I S. 2794); zur Anwendung siehe Art. 97 § 23 EGAO v. 14.12.1976 (BGBl. I S. 3341, ber. 1977 S. 667), zuletzt geänd. durch G v. 20.12.2022 (BGBl. I S. 2730).

[5] § 376 Abs. 1 geänd. mWv 25.6.2017 durch G v. 23.6.2017 (BGBl. I S. 1682); zur Anwendung siehe Art. 97 § 1 Abs. 12 Satz 1 EGAO v. 14.12.1976 (BGBl. I S. 3341, ber. 1977 S. 667), zuletzt geänd. durch G v. 20.12.2022 (BGBl. I S. 2730); 2. HS angef. mWv 1.7.2020 durch G v. 29.6.2020 (BGBl. I S. 1512); 1. HS geänd. mWv 29.12.2020 durch G v. 21.12.2020 (BGBl. I S. 3096).

[6] § 376 Abs. 3 angef. mWv 1.7.2020 durch G v. 29.6.2020 (BGBl. I S. 1512).

[7] § 377 Abs. 1 geänd. mWv 25.5.2018 durch G v. 17.7.2017 (BGBl. I S. 2541).

[8] § 377 Abs. 2 geänd. mWv 25.5.2018 durch G v. 17.7.2017 (BGBl. I S. 2541).

[9] **Habersack, Deutsche Gesetze Nr. 94.**

§ 378 Leichtfertige Steuerverkürzung. (1) [1]Ordnungswidrig handelt, wer als Steuerpflichtiger oder bei Wahrnehmung der Angelegenheiten eines Steuerpflichtigen eine der in § 370 Abs. 1 bezeichneten Taten leichtfertig begeht. [2]§ 370 Abs. 4 bis 7 gilt entsprechend.

(2) Die Ordnungswidrigkeit kann mit einer Geldbuße bis zu fünfzigtausend Euro geahndet werden.

(3)[1)] [1]Eine Geldbuße wird nicht festgesetzt, soweit der Täter gegenüber der Finanzbehörde die unrichtigen Angaben berichtigt, die unvollständigen Angaben ergänzt oder die unterlassenen Angaben nachholt, bevor ihm oder seinem Vertreter die Einleitung eines Straf- oder Bußgeldverfahrens wegen der Tat bekannt gegeben worden ist. [2]Sind Steuerverkürzungen bereits eingetreten oder Steuervorteile erlangt, so wird eine Geldbuße nicht festgesetzt, wenn der Täter die aus der Tat zu seinen Gunsten verkürzten Steuern innerhalb der ihm bestimmten angemessenen Frist entrichtet. [3]§ 371 Absatz 4 gilt entsprechend.

§ 379 Steuergefährdung. (1)[2)] [1]Ordnungswidrig handelt, wer vorsätzlich oder leichtfertig

1. Belege ausstellt, die in tatsächlicher Hinsicht unrichtig sind,
2. Belege gegen Entgelt in den Verkehr bringt,
3. nach Gesetz buchungs- oder aufzeichnungspflichtige Geschäftsvorfälle oder Betriebsvorgänge nicht oder in tatsächlicher Hinsicht unrichtig aufzeichnet oder aufzeichnen lässt, verbucht oder verbuchen lässt,
4. entgegen § 146a Absatz 1 Satz 1 ein dort genanntes System nicht oder nicht richtig verwendet,
5.[3)] entgegen § 146a Absatz 1 Satz 2 ein dort genanntes System nicht oder nicht richtig schützt,
6.[4)] entgegen § 146a Absatz 1 Satz 5 gewerbsmäßig ein dort genanntes System oder eine dort genannte Software bewirbt oder in den Verkehr bringt,
7.[5)] entgegen § 147 Absatz 1 Nummer 1 bis 3 oder 4 eine Unterlage nicht oder nicht für die vorgeschriebene Dauer aufbewahrt oder
8.[6)] entgegen § 147a Absatz 1 Satz 1 oder Absatz 2 Satz 1 eine Aufzeichnung oder eine Unterlage nicht oder nicht mindestens sechs Jahre aufbewahrt

und dadurch ermöglicht, Steuern zu verkürzen oder nicht gerechtfertigte Steuervorteile zu erlangen. [2]Satz 1 Nr. 1 gilt auch dann, wenn Einfuhr- und Ausfuhr-

---

[1)] § 378 Abs. 3 neu gef. durch G v. 28.4.2011 (BGBl. I S. 676); zur Anwendung siehe Art. 97 § 24 EGAO v. 14.12.1976 (BGBl. I S. 3341, ber. 1977 S. 667), zuletzt geänd. durch G v. 20.12.2022 (BGBl. I S. 2730); Satz 2 eingef., bish. Satz 2 wird Satz 3 und neu gef. mWv 1.1.2015 durch G v. 22.12.2014 (BGBl. I S. 2415).

[2)] § 379 Abs. 1 Satz 1 neu gef. durch G v. 28.4.2006 (BGBl. I S. 1095); Sätze 2 und 3 geänd. mWv 30.6.2013 durch G v. 26.6.2013 (BGBl. I S. 1809); Satz 2 geänd. durch G v. 25.7.2014 (BGBl. I S. 1266); Satz 1 neu gef. durch G v. 22.12.2016 (BGBl. I S. 3152); zur Anwendung ab 1.1.2020 siehe Art. 97 § 30 Abs. 1 und 3 EGAO v. 14.12.1976 (BGBl. I S. 3341, ber. 1977 S. 667), zuletzt geänd. durch G v. 20.12. 2022 (BGBl. I S. 2730).

[3)] § 379 Abs. 1 Satz 1 Nr. 5 geänd. mWv 1.1.2023 durch G v. 20.12.2022 (BGBl. I S. 2730).

[4)] § 379 Abs. 1 Satz 1 Nr. 6 geänd. mWv 1.1.2023 durch G v. 20.12.2022 (BGBl. I S. 2730).

[5)] § 379 Abs. 1 Satz 1 Nr. 7 angef. mWv 1.1.2023 durch G v. 20.12.2022 (BGBl. I S. 2730); zur Anwendung siehe Art. 97 § 37 Abs. 1 EGAO v. 14.12.1976 (BGBl. I S. 3341, ber. 1977 S. 667), zuletzt geänd. durch G v. 20.12.2022 (BGBl. I S. 2730).

[6)] § 379 Abs. 1 Satz 1 Nr. 8 angef. mWv 1.1.2023 durch G v. 20.12.2022 (BGBl. I S. 2730); zur Anwendung siehe Art. 97 § 37 Abs. 1 EGAO v. 14.12.1976 (BGBl. I S. 3341, ber. 1977 S. 667), zuletzt geänd. durch G v. 20.12.2022 (BGBl. I S. 2730).

abgaben verkürzt werden können, die von einem anderen Mitgliedstaat der Europäischen Union verwaltet werden oder die einem Staat zustehen, der für Waren aus der Europäischen Union auf Grund eines Assoziations- oder Präferenzabkommens eine Vorzugsbehandlung gewährt; § 370 Abs. 7 gilt entsprechend. [3]Das Gleiche gilt, wenn sich die Tat auf Umsatzsteuern bezieht, die von einem anderen Mitgliedstaat der Europäischen Union verwaltet werden.

(2) Ordnungswidrig handelt, wer vorsätzlich oder leichtfertig

1.[1)] der Mitteilungspflicht nach § 138 Absatz 2 Satz 1 nicht, nicht vollständig oder nicht rechtzeitig nachkommt,

1a.[2)] entgegen § 144 Absatz 1 oder Absatz 2 Satz 1, jeweils auch in Verbindung mit Absatz 5, eine Aufzeichnung nicht, nicht richtig oder nicht vollständig erstellt,

1b.[3)] einer Rechtsverordnung nach § 117c Absatz 1 oder einer vollziehbaren Anordnung auf Grund einer solchen Rechtsverordnung zuwiderhandelt, soweit die Rechtsverordnung für einen bestimmten Tatbestand auf diese Bußgeldvorschrift verweist,

1c.[4)] entgegen § 138a Absatz 1, 3 oder 4 eine Übermittlung des länderbezogenen Berichts oder entgegen § 138a Absatz 4 Satz 3 eine Mitteilung nicht, nicht vollständig oder nicht rechtzeitig (§ 138a Absatz 6) macht,

1d.[5)] der Mitteilungspflicht nach § 138b Absatz 1 bis 3 nicht, nicht vollständig oder nicht rechtzeitig nachkommt,

1e.[6)] entgegen § 138d Absatz 1, entgegen § 138f Absatz 1, 2, 3 Satz 1 Nummer 1 bis 7 sowie 9 und 10 oder entgegen § 138h Absatz 2 eine Mitteilung über eine grenzüberschreitende Steuergestaltung nicht oder nicht rechtzeitig macht oder zur Verfügung stehende Angaben nicht vollständig mitteilt,

1f.[7)] entgegen § 138g Absatz 1 Satz 1 oder entgegen § 138h Absatz 2 die Angaben nicht, nicht richtig, nicht vollständig oder nicht rechtzeitig mitteilt,

1g.[8)] entgegen § 138k Satz 1 in der Steuererklärung die Angabe der von ihm verwirklichten grenzüberschreitenden Steuergestaltung nicht, nicht richtig, nicht vollständig oder nicht rechtzeitig macht,

1h.[9)] einer vollziehbaren Anordnung nach § 147 Absatz 6 Satz 1 zuwiderhandelt,

---

[1)] § 379 Abs. 2 Nr. 1 geänd. mWv 25.6.2017 durch G v. 23.6.2017 (BGBl. I S. 1682); zur Anwendung siehe Art. 97 § 1 Abs. 12 Satz 1 EGAO v. 14.12.1976 (BGBl. I S. 3341, ber. 1977 S. 667), zuletzt geänd. durch G v. 20.12.2022 (BGBl. I S. 2730).

[2)] § 379 Abs. 2 Nr. 1a eingef. mWv 14.12.2010 durch G v. 8.12.2010 (BGBl. I S. 1768).

[3)] § 379 Abs. 2 Nr. 1b eingef. mWv 24.12.2013 durch G v. 18.12.2013 (BGBl. I S. 4318).

[4)] § 379 Abs. 2 Nr. 1c eingef. mWv 24.12.2016 durch G v. 20.12.2016 (BGBl. I S. 3000).

[5)] § 379 Abs. 2 Nr. 1d eingef. durch G v. 23.6.2017 (BGBl. I S. 1682); zur Anwendung siehe Art. 97 § 32 Abs. 1 Satz 1 EGAO v. 14.12.1976 (BGBl. I S. 3341, ber. 1977 S. 667), zuletzt geänd. durch G v. 20.12.2022 (BGBl. I S. 2730).

[6)] § 379 Abs. 2 Nr. 1e eingef. durch G v. 21.12.2019 (BGBl. I S. 2875); zur Anwendung siehe Art. 97 § 33 Abs. 3 EGAO v. 14.12.1976 (BGBl. I S. 3341, ber. 1977 S. 667), zuletzt geänd. durch G v. 20.12.2022 (BGBl. I S. 2730).

[7)] § 379 Abs. 2 Nr. 1f eingef. durch G v. 21.12.2019 (BGBl. I S. 2875); zur Anwendung siehe Art. 97 § 33 Abs. 3 EGAO v. 14.12.1976 (BGBl. I S. 3341, ber. 1977 S. 667), zuletzt geänd. durch G v. 20.12.2022 (BGBl. I S. 2730).

[8)] § 379 Abs. 2 Nr. 1g eingef. durch G v. 21.12.2019 (BGBl. I S. 2875); zur Anwendung siehe Art. 97 § 33 Abs. 3 EGAO v. 14.12.1976 (BGBl. I S. 3341, ber. 1977 S. 667), zuletzt geänd. durch G v. 20.12.2022 (BGBl. I S. 2730).

[9)] § 379 Abs. 2 Nr. 1h eingef. mWv 1.1.2023 durch G v. 20.12.2022 (BGBl. I S. 2730); zur Anwendung siehe Art. 97 § 37 Abs. 1 EGAO v. 14.12.1976 (BGBl. I S. 3341, ber. 1977 S. 667), zuletzt geänd. durch G v. 20.12.2022 (BGBl. I S. 2730).

1i.[1] entgegen § 147 Absatz 6 Satz 2 Nummer 1 Einsicht nicht, nicht richtig oder nicht vollständig gewährt oder

2.[2] die Pflichten nach § 154 Absatz 1 bis 2c verletzt.

(3) Ordnungswidrig handelt, wer vorsätzlich oder fahrlässig einer Auflage nach § 120 Abs. 2 Nr. 4 zuwiderhandelt, die einem Verwaltungsakt für Zwecke der besonderen Steueraufsicht (§§ 209 bis 217) beigefügt worden ist.

(4)[3] Die Ordnungswidrigkeit nach Absatz 1 Satz 1 Nummer 1, 2 und 8, Absatz 2 Nummer 1a, 1b und 2 sowie Absatz 3 kann mit einer Geldbuße bis zu 5000 Euro geahndet werden, wenn die Handlung nicht nach § 378 geahndet werden kann.

(5)[4] Die Ordnungswidrigkeit nach Absatz 2 Nummer 1c kann mit einer Geldbuße bis zu 10 000 Euro geahndet werden, wenn die Handlung nicht nach § 378 geahndet werden kann.

(6)[5] Die Ordnungswidrigkeit nach Absatz 1 Satz 1 Nummer 3 bis 7 und Absatz 2 Nummer 1h und 1i kann mit einer Geldbuße bis zu 25 000 Euro geahndet werden, wenn die Handlung nicht nach § 378 geahndet werden kann.

(7)[6] Die Ordnungswidrigkeit nach Absatz 2 Nummer 1 und 1d bis 1g kann mit einer Geldbuße bis zu 25 000 Euro geahndet werden, wenn die Handlung nicht nach § 378 geahndet werden kann.

§ 380 Gefährdung der Abzugsteuern. (1) Ordnungswidrig handelt, wer vorsätzlich oder leichtfertig seiner Verpflichtung, Steuerabzugsbeträge einzubehalten und abzuführen, nicht, nicht vollständig oder nicht rechtzeitig nachkommt.

(2) Die Ordnungswidrigkeit kann mit einer Geldbuße bis zu fünfundzwanzigtausend Euro geahndet werden, wenn die Handlung nicht nach § 378 geahndet werden kann.

---

[1] § 379 Abs. 2 Nr. 1i eingef. mWv 1.1.2023 durch G v. 20.12.2022 (BGBl. I S. 2730); zur Anwendung siehe Art. 97 § 37 Abs. 1 EGAO v. 14.12.1976 (BGBl. I S. 3341, ber. 1977 S. 667), zuletzt geänd. durch G v. 20.12.2022 (BGBl. I S. 2730).

[2] § 379 Abs. 2 Nr. 2 geänd. mWv 25.6.2017 durch G v. 23.6.2017 (BGBl. I S. 1682); zur Anwendung siehe Art. 97 § 1 Abs. 12 Satz 1 EGAO v. 14.12.1976 (BGBl. I S. 3341, ber. 1977 S. 667), zuletzt geänd. durch G v. 20.12.2022 (BGBl. I S. 2730).

[3] § 379 Abs. 4 neu gef. mWv 25.6.2017 durch G v. 23.6.2017 (BGBl. I S. 1682); zur Anwendung siehe Art. 97 § 1 Abs. 12 Satz 1 EGAO v. 14.12.1976 (BGBl. I S. 3341, ber. 1977 S. 667), zuletzt geänd. durch G v. 20.12.2022 (BGBl. I S. 2730); geänd. mWv 1.1.2023 durch G v. 20.12.2022 (BGBl. I S. 2730); zur Anwendung siehe Art. 97 § 37 Abs. 1 EGAO v. 14.12.1976 (BGBl. I S. 3341, ber. 1977 S. 667), zuletzt geänd. durch G v. 20.12.2022 (BGBl. I S. 2730).

[4] § 379 Abs. 5 angef. durch G v. 23.6.2017 (BGBl. I S. 1682); zur Anwendung ab 1.1.2020 siehe Art. 97 § 30 Abs. 1 EGAO v. 14.12.1976 (BGBl. I S. 3341, ber. 1977 S. 667), zuletzt geänd. durch G v. 20.12.2022 (BGBl. I S. 2730).

[5] § 379 Abs. 6 angef. durch G v. 23.6.2017 (BGBl. I S. 1682); zur Anwendung ab 1.1.2020 siehe Art. 97 § 30 Abs. 1 EGAO v. 14.12.1976 (BGBl. I S. 3341, ber. 1977 S. 667), zuletzt geänd. durch G v. 20.12.2022 (BGBl. I S. 2730); geänd. mWv 1.1.2023 durch G v. 20.12.2022 (BGBl. I S. 2730); zur Anwendung siehe Art. 97 § 37 Abs. 1 EGAO v. 14.12.1976 (BGBl. I S. 3341, ber. 1977 S. 667), zuletzt geänd. durch G v. 20.12.2022 (BGBl. I S. 2730).

[6] § 379 Abs. 7 angef. mWv 25.6.2017 durch G v. 23.6.2017 (BGBl. I S. 1682); zur Anwendung siehe Art. 97 § 1 Abs. 12 Satz 1 EGAO v. 14.12.1976 (BGBl. I S. 3341, ber. 1977 S. 667), zuletzt geänd. durch G v. 20.12.2022 (BGBl. I S. 2730); geänd. durch G v. 21.12.2019 (BGBl. I S. 2875); zur Anwendung siehe Art. 97 § 33 Abs. 3 EGAO v. 14.12.1976 (BGBl. I S. 3341, ber. 1977 S. 667), zuletzt geänd. durch G v. 20.12.2022 (BGBl. I S. 2730).

§ 381 Verbrauchsteuergefährdung. (1) Ordnungswidrig handelt, wer vorsätzlich oder leichtfertig Vorschriften der Verbrauchsteuergesetze oder der dazu erlassenen Rechtsverordnungen

1. über die zur Vorbereitung, Sicherung oder Nachprüfung der Besteuerung auferlegten Pflichten,
2. über Verpackung und Kennzeichnung verbrauchsteuerpflichtiger Erzeugnisse oder Waren, die solche Erzeugnisse enthalten, oder über Verkehrs- oder Verwendungsbeschränkungen für solche Erzeugnisse oder Waren oder
3. über den Verbrauch unversteuerter Waren in den Freihäfen

zuwiderhandelt, soweit die Verbrauchsteuergesetze oder die dazu erlassenen Rechtsverordnungen für einen bestimmten Tatbestand auf diese Bußgeldvorschrift verweisen.

(2) Die Ordnungswidrigkeit kann mit einer Geldbuße bis zu fünftausend Euro geahndet werden, wenn die Handlung nicht nach § 378 geahndet werden kann.

§ 382 Gefährdung der Einfuhr- und Ausfuhrabgaben. (1)[1] Ordnungswidrig handelt, wer als Pflichtiger oder bei der Wahrnehmung der Angelegenheiten eines Pflichtigen vorsätzlich oder fahrlässig Zollvorschriften, den dazu erlassenen Rechtsverordnungen oder den Verordnungen des Rates der Europäischen Union oder der Europäischen Kommission zuwiderhandelt, die

1. für die zollamtliche Erfassung des Warenverkehrs über die Grenze des Zollgebiets der Europäischen Union sowie über die Freizonengrenzen,
2. für die Überführung von Waren in ein Zollverfahren und dessen Durchführung oder für die Erlangung einer sonstigen zollrechtlichen Bestimmung von Waren,
3. für die Freizonen, den grenznahen Raum sowie die darüber hinaus der Grenzaufsicht unterworfenen Gebiete

gelten, soweit die Zollvorschriften, die dazu oder die auf Grund von Absatz 4 erlassenen Rechtsverordnungen für einen bestimmten Tatbestand auf diese Bußgeldvorschrift verweisen.

(2) Absatz 1 ist auch anzuwenden, soweit die Zollvorschriften und die dazu erlassenen Rechtsverordnungen für Verbrauchsteuern sinngemäß gelten.

(3) Die Ordnungswidrigkeit kann mit einer Geldbuße bis zu fünftausend Euro geahndet werden, wenn die Handlung nicht nach § 378 geahndet werden kann.

(4)[2] Das Bundesministerium der Finanzen kann durch Rechtsverordnungen die Tatbestände der Verordnungen des Rates der Europäischen Union oder der Europäischen Kommission, die nach den Absätzen 1 bis 3 als Ordnungswidrigkeiten mit Geldbuße geahndet werden können, bezeichnen, soweit dies zur Durchführung dieser Rechtsvorschriften erforderlich ist und die Tatbestände Pflichten zur Gestellung, Vorführung, Lagerung oder Behandlung von Waren, zur Abgabe von Erklärungen oder Anzeigen, zur Aufnahme von Niederschriften sowie zur Ausfüllung oder Vorlage von Zolldokumenten oder zur Aufnahme von Vermerken in solchen Dokumenten betreffen.

§ 383 Unzulässiger Erwerb von Steuererstattungs- und Vergütungsansprüchen. (1) Ordnungswidrig handelt, wer entgegen § 46 Abs. 4 Satz 1 Erstattungs- oder Vergütungsansprüche erwirbt.

---

[1] § 382 Abs. 1 einl. Satzteil und Nr. 1 geänd. mWv 30.6.2013 durch G v. 26.6.2013 (BGBl. I S. 1809); Nr. 1 geänd. durch G v. 25.7.2014 (BGBl. I S. 1266).

[2] § 382 Abs. 4 geänd. mWv 30.6.2013 durch G v. 26.6.2013 (BGBl. I S. 1809).

(2) Die Ordnungswidrigkeit kann mit einer Geldbuße bis zu fünfzigtausend Euro geahndet werden.

§ 383a[1] *(aufgehoben)*

§ 383b[2] **Pflichtverletzung bei Übermittlung von Vollmachtsdaten.**

(1) Ordnungswidrig handelt, wer den Finanzbehörden vorsätzlich oder leichtfertig

1. entgegen § 80a Absatz 1 Satz 3 unzutreffende Vollmachtsdaten übermittelt oder
2. entgegen § 80a Absatz 1 Satz 4 den Widerruf oder die Veränderung einer nach § 80a Absatz 1 übermittelten Vollmacht durch den Vollmachtgeber nicht unverzüglich mitteilt.

(2) Die Ordnungswidrigkeit kann mit einer Geldbuße bis zu zehntausend Euro geahndet werden.

§ 384 Verfolgungsverjährung. Die Verfolgung von Steuerordnungswidrigkeiten nach den §§ 378 bis 380 verjährt in fünf Jahren.

§ 384a[3] **Verstöße nach Artikel 83 Absatz 4 bis 6 der Verordnung (EU) 2016/679.** (1) Vorschriften dieses Gesetzes und der Steuergesetze über Steuerordnungswidrigkeiten finden keine Anwendung, soweit für eine Zuwiderhandlung zugleich Artikel 83 der Verordnung (EU) 2016/679[4] unmittelbar oder nach § 2a Absatz 5 entsprechend gilt.

(2) Für Verstöße nach Artikel 83 Absatz 4 bis 6 der Verordnung (EU) 2016/679 im Anwendungsbereich dieses Gesetzes gilt § 41 des Bundesdatenschutzgesetzes[5] entsprechend.

(3) Eine Meldung nach Artikel 33 der Verordnung (EU) 2016/679 und eine Benachrichtigung nach Artikel 34 Absatz 1 der Verordnung (EU) 2016/679 dürfen in einem Straf- oder Bußgeldverfahren gegen die meldepflichtige Person oder einen ihrer in § 52 Absatz 1 der Strafprozessordnung[6] bezeichneten Angehörigen nur mit Zustimmung der meldepflichtigen Person verwertet werden.

(4) Gegen Finanzbehörden und andere öffentliche Stellen werden im Anwendungsbereich dieses Gesetzes keine Geldbußen nach Artikel 83 Absatz 4 bis 6 der Verordnung (EU) 2016/679 verhängt.

Dritter Abschnitt. Strafverfahren

1. Unterabschnitt. Allgemeine Vorschriften

§ 385 Geltung von Verfahrensvorschriften. (1) Für das Strafverfahren wegen Steuerstraftaten gelten, soweit die folgenden Vorschriften nichts anderes bestimmen, die allgemeinen Gesetze über das Strafverfahren, namentlich die Strafprozessordnung[6], das Gerichtsverfassungsgesetz[7] und das Jugendgerichtsgesetz[8].

---

[1] § 383a aufgeh. mWv 25.5.2018 durch G v. 17.7.2017 (BGBl. I S. 2541).
[2] § 383b eingef. mWv 1.1.2017 durch G v. 18.7.2016 (BGBl. I S. 1679).
[3] § 384a eingef. mWv 25.5.2018 durch G v. 17.7.2017 (BGBl. I S. 2541).
[4] **Sartorius Nr. 246.**
[5] **Sartorius Nr. 245.**
[6] **Habersack, Deutsche Gesetze Nr. 90.**
[7] **Habersack, Deutsche Gesetze Nr. 95.**
[8] **Habersack, Deutsche Gesetze Nr. 89.**

(2) Die für Steuerstraftaten geltenden Vorschriften dieses Abschnitts, mit Ausnahme des § 386 Abs. 2 sowie der §§ 399 bis 401, sind bei dem Verdacht einer Straftat, die unter Vorspiegelung eines steuerlich erheblichen Sachverhalts gegenüber der Finanzbehörde oder einer anderen Behörde auf die Erlangung von Vermögensvorteilen gerichtet ist und kein Steuerstrafgesetz verletzt, entsprechend anzuwenden.

§ 386 Zuständigkeit der Finanzbehörde bei Steuerstraftaten. (1)[1)] [1]Bei dem Verdacht einer Steuerstraftat ermittelt die Finanzbehörde den Sachverhalt. [2]Finanzbehörde im Sinne dieses Abschnitts sind das Hauptzollamt, das Finanzamt, das Bundeszentralamt für Steuern und die Familienkasse.

(2) Die Finanzbehörde führt das Ermittlungsverfahren in den Grenzen des § 399 Abs. 1 und der §§ 400, 401 selbständig durch, wenn die Tat

1. ausschließlich eine Steuerstraftat darstellt oder
2. zugleich andere Strafgesetze verletzt und deren Verletzung Kirchensteuern oder andere öffentlich-rechtliche Abgaben betrifft, die an Besteuerungsgrundlagen, Steuermessbeträge oder Steuerbeträge anknüpfen.

(3) Absatz 2 gilt nicht, sobald gegen einen Beschuldigten wegen der Tat ein Haftbefehl oder ein Unterbringungsbefehl erlassen ist.

(4) [1]Die Finanzbehörde kann die Strafsache jederzeit an die Staatsanwaltschaft abgeben. [2]Die Staatsanwaltschaft kann die Strafsache jederzeit an sich ziehen. [3]In beiden Fällen kann die Staatsanwaltschaft im Einvernehmen mit der Finanzbehörde die Strafsache wieder an die Finanzbehörde abgeben.

§ 387 Sachlich zuständige Finanzbehörde. (1) Sachlich zuständig ist die Finanzbehörde, welche die betroffene Steuer verwaltet.

(2)[2)] [1]Die Zuständigkeit nach Absatz 1 kann durch Rechtsverordnung einer Finanzbehörde für den Bereich mehrerer Finanzbehörden übertragen werden, soweit dies mit Rücksicht auf die Wirtschafts- oder Verkehrsverhältnisse, den Aufbau der Verwaltungsbehörden oder andere örtliche Bedürfnisse zweckmäßig erscheint. [2]Die Rechtsverordnung erlässt, soweit die Finanzbehörde eine Landesbehörde ist, die Landesregierung, im Übrigen das Bundesministerium der Finanzen. [3]Die Rechtsverordnung des Bundesministeriums der Finanzen bedarf nicht der Zustimmung des Bundesrates. [4]Das Bundesministerium der Finanzen kann die Ermächtigung nach Satz 1 durch Rechtsverordnung, die nicht der Zustimmung des Bundesrates bedarf, auf eine Bundesoberbehörde übertragen. [5]Die Landesregierung kann die Ermächtigung auf die für die Finanzverwaltung zuständige oberste Landesbehörde übertragen.

§ 388 Örtlich zuständige Finanzbehörde. (1) Örtlich zuständig ist die Finanzbehörde,

1. in deren Bezirk die Steuerstraftat begangen oder entdeckt worden ist,
2. die zur Zeit der Einleitung des Strafverfahrens für die Abgabenangelegenheiten zuständig ist oder
3. in deren Bezirk der Beschuldigte zur Zeit der Einleitung des Strafverfahrens seinen Wohnsitz hat.

[1)] § 386 Abs. 1 Satz 2 geänd. mWv 1.1.2006 durch G v. 22.9.2005 (BGBl. I S. 2809).

[2)] § 387 Abs. 2 Satz 4 eingef., bish. Satz 4 wird Satz 5 mWv 1.1.2016 durch G v. 3.12.2015 (BGBl. I S. 2178).

(2) [1] Ändert sich der Wohnsitz des Beschuldigten nach Einleitung des Strafverfahrens, so ist auch die Finanzbehörde örtlich zuständig, in deren Bezirk der neue Wohnsitz liegt. [2] Entsprechendes gilt, wenn sich die Zuständigkeit der Finanzbehörde für die Abgabenangelegenheit ändert.

(3) Hat der Beschuldigte im räumlichen Geltungsbereich dieses Gesetzes keinen Wohnsitz, so wird die Zuständigkeit auch durch den gewöhnlichen Aufenthaltsort bestimmt.

§ 389 Zusammenhängende Strafsachen. [1] Für zusammenhängende Strafsachen, die einzeln nach § 388 zur Zuständigkeit verschiedener Finanzbehörden gehören würden, ist jede dieser Finanzbehörden zuständig. [2] § 3 der Strafprozessordnung gilt entsprechend.

§ 390 Mehrfache Zuständigkeit. (1) Sind nach den §§ 387 bis 389 mehrere Finanzbehörden zuständig, so gebührt der Vorzug der Finanzbehörde, die wegen der Tat zuerst ein Strafverfahren eingeleitet hat.

(2) [1] Auf Ersuchen dieser Finanzbehörde hat eine andere zuständige Finanzbehörde die Strafsache zu übernehmen, wenn dies für die Ermittlungen sachdienlich erscheint. [2] In Zweifelsfällen entscheidet die Behörde, der die ersuchte Finanzbehörde untersteht.

§ 391 Zuständiges Gericht. (1) [1] Ist das Amtsgericht sachlich zuständig, so ist örtlich zuständig das Amtsgericht, in dessen Bezirk das Landgericht seinen Sitz hat. [2] Im vorbereitenden Verfahren gilt dies, unbeschadet einer weitergehenden Regelung nach § 58 Abs. 1 des Gerichtsverfassungsgesetzes[1)], nur für die Zustimmung des Gerichts nach § 153 Abs. 1 und § 153a Abs. 1 der Strafprozessordnung[2)].

(2) [1] Die Landesregierung kann durch Rechtsverordnung die Zuständigkeit abweichend von Absatz 1 Satz 1 regeln, soweit dies mit Rücksicht auf die Wirtschafts- oder Verkehrsverhältnisse, den Aufbau der Verwaltungsbehörden oder andere örtliche Bedürfnisse zweckmäßig erscheint. [2] Die Landesregierung kann diese Ermächtigung auf die Landesjustizverwaltung übertragen.

(3) Strafsachen wegen Steuerstraftaten sollen beim Amtsgericht einer bestimmten Abteilung zugewiesen werden.

(4) Die Absätze 1 bis 3 gelten auch, wenn das Verfahren nicht nur Steuerstraftaten zum Gegenstand hat; sie gelten jedoch nicht, wenn dieselbe Handlung eine Straftat nach dem Betäubungsmittelgesetz[3)] darstellt, und nicht für Steuerstraftaten, welche die Kraftfahrzeugsteuer betreffen.

§ 392 Verteidigung. (1)[4)] Abweichend von § 138 Abs. 1 der Strafprozessordnung[2)] können auch Steuerberater, Steuerbevollmächtigte, Wirtschaftsprüfer und vereidigte Buchprüfer zu Verteidigern gewählt werden, soweit die Finanzbehörde das Strafverfahren selbständig durchführt; im Übrigen können sie die Verteidigung nur in Gemeinschaft mit einem Rechtsanwalt oder einem Rechtslehrer an einer deutschen Hochschule im Sinne des Hochschulrahmengesetzes[5)] mit Befähigung zum Richteramt führen.

(2) § 138 Abs. 2 der Strafprozessordnung bleibt unberührt.

[1)] **Habersack, Deutsche Gesetze Nr. 95.**
[2)] **Habersack, Deutsche Gesetze Nr. 90.**
[3)] Nr. **86.**
[4)] § 392 Abs. 1 2. HS geänd. durch G v. 24.8.2004 (BGBl. I S. 2198).
[5)] **Sartorius Nr. 500.**

§ 393 Verhältnis des Strafverfahrens zum Besteuerungsverfahren. (1) [1]Die Rechte und Pflichten der Steuerpflichtigen und der Finanzbehörde im Besteuerungsverfahren und im Strafverfahren richten sich nach den für das jeweilige Verfahren geltenden Vorschriften. [2]Im Besteuerungsverfahren sind jedoch Zwangsmittel (§ 328) gegen den Steuerpflichtigen unzulässig, wenn er dadurch gezwungen würde, sich selbst wegen einer von ihm begangenen Steuerstraftat oder Steuerordnungswidrigkeit zu belasten. [3]Dies gilt stets, soweit gegen ihn wegen einer solchen Tat das Strafverfahren eingeleitet worden ist. [4]Der Steuerpflichtige ist hierüber zu belehren, soweit dazu Anlass besteht.

(2) [1]Soweit der Staatsanwaltschaft oder dem Gericht in einem Strafverfahren aus den Steuerakten Tatsachen oder Beweismittel bekannt werden, die der Steuerpflichtige der Finanzbehörde vor Einleitung des Strafverfahrens oder in Unkenntnis der Einleitung des Strafverfahrens in Erfüllung steuerrechtlicher Pflichten offenbart hat, dürfen diese Kenntnisse gegen ihn nicht für die Verfolgung einer Tat verwendet werden, die keine Steuerstraftat ist. [2]Dies gilt nicht für Straftaten, an deren Verfolgung ein zwingendes öffentliches Interesse (§ 30 Abs. 4 Nr. 5) besteht.

(3)[1)] [1]Erkenntnisse, die die Finanzbehörde oder die Staatsanwaltschaft rechtmäßig im Rahmen strafrechtlicher Ermittlungen gewonnen hat, dürfen im Besteuerungsverfahren verwendet werden. [2]Dies gilt auch für Erkenntnisse, die dem Brief-, Post- und Fernmeldegeheimnis unterliegen, soweit die Finanzbehörde diese rechtmäßig im Rahmen eigener strafrechtlicher Ermittlungen gewonnen hat oder soweit nach den Vorschriften der Strafprozessordnung[2)] Auskunft an die Finanzbehörden erteilt werden darf.

§ 394[3)] Übergang des Eigentums. [1]Hat ein Unbekannter, der bei einer Steuerstraftat auf frischer Tat betroffen wurde, aber entkommen ist, Sachen zurückgelassen und sind diese Sachen beschlagnahmt oder sonst sichergestellt worden, weil sie eingezogen werden können, so gehen sie nach Ablauf eines Jahres in das Eigentum des Staates über, wenn der Eigentümer der Sachen unbekannt ist und die Finanzbehörde durch eine öffentliche Bekanntmachung auf den drohenden Verlust des Eigentums hingewiesen hat. [2]§ 10 Abs. 2 Satz 1 des Verwaltungszustellungsgesetzes[4)] ist mit der Maßgabe anzuwenden, dass anstelle einer Benachrichtigung der Hinweis nach Satz 1 bekannt gemacht oder veröffentlicht wird. [3]Die Frist beginnt mit dem Aushang der Bekanntmachung.

§ 395 Akteneinsicht der Finanzbehörde. [1]Die Finanzbehörde ist befugt, die Akten, die dem Gericht vorliegen oder im Fall der Erhebung der Anklage vorzulegen wären, einzusehen sowie beschlagnahmte oder sonst sichergestellte Gegenstände zu besichtigen. [2]Die Akten werden der Finanzbehörde auf Antrag zur Einsichtnahme übersandt.

§ 396 Aussetzung des Verfahrens. (1) Hängt die Beurteilung der Tat als Steuerhinterziehung davon ab, ob ein Steueranspruch besteht, ob Steuern verkürzt oder ob nicht gerechtfertigte Steuervorteile erlangt sind, so kann das Strafverfahren ausgesetzt werden, bis das Besteuerungsverfahren rechtskräftig abgeschlossen ist.

---

1) § 393 Abs. 3 angef. durch G v. 20.12.2007 (BGBl. I S. 3150).
2) **Habersack, Deutsche Gesetze Nr. 90.**
3) § 394 Satz 2 neu gef. durch G v. 12.8.2005 (BGBl. I S. 2354).
4) **Sartorius Nr. 110.**

(2) Über die Aussetzung entscheidet im Ermittlungsverfahren die Staatsanwaltschaft, im Verfahren nach Erhebung der öffentlichen Klage das Gericht, das mit der Sache befasst ist.

(3) Während der Aussetzung des Verfahrens ruht die Verjährung.

2. Unterabschnitt. Ermittlungsverfahren

I. Allgemeines

§ 397 Einleitung des Strafverfahrens. (1)[1] Das Strafverfahren ist eingeleitet, sobald die Finanzbehörde, die Polizei, die Staatsanwaltschaft, eine ihrer Ermittlungspersonen oder der Strafrichter eine Maßnahme trifft, die erkennbar darauf abzielt, gegen jemanden wegen einer Steuerstraftat strafrechtlich vorzugehen.

(2) Die Maßnahme ist unter Angabe des Zeitpunkts unverzüglich in den Akten zu vermerken.

(3) Die Einleitung des Strafverfahrens ist dem Beschuldigten spätestens mitzuteilen, wenn er dazu aufgefordert wird, Tatsachen darzulegen oder Unterlagen vorzulegen, die im Zusammenhang mit der Straftat stehen, derer er verdächtig ist.

§ 398 Einstellung wegen Geringfügigkeit. [1]Die Staatsanwaltschaft kann von der Verfolgung einer Steuerhinterziehung, bei der nur eine geringwertige Steuerverkürzung eingetreten ist oder nur geringwertige Steuervorteile erlangt sind, auch ohne Zustimmung des für die Eröffnung des Hauptverfahrens zuständigen Gerichts absehen, wenn die Schuld des Täters als gering anzusehen wäre und kein öffentliches Interesse an der Verfolgung besteht. [2]Dies gilt für das Verfahren wegen einer Steuerhehlerei nach § 374 und einer Begünstigung einer Person, die eine der in § 375 Abs. 1 Nr. 1 bis 3 genannten Taten begangen hat, entsprechend.

§ 398a[2] Absehen von Verfolgung in besonderen Fällen. (1) In Fällen, in denen Straffreiheit nur wegen § 371 Absatz 2 Satz 1 Nummer 3 oder 4 nicht eintritt, wird von der Verfolgung einer Steuerstraftat abgesehen, wenn der an der Tat Beteiligte innerhalb einer ihm bestimmten angemessenen Frist

1.[3] die aus der Tat zu seinen Gunsten hinterzogenen Steuern, die Hinterziehungszinsen nach § 235 und die Zinsen nach § 233a, soweit sie auf die Hinterziehungszinsen nach § 235 Absatz 4 angerechnet werden, sowie die Verzugszinsen nach Artikel 114 des Zollkodex der Union entrichtet und
2. einen Geldbetrag in folgender Höhe zugunsten der Staatskasse zahlt:
   a) 10 Prozent der hinterzogenen Steuer, wenn der Hinterziehungsbetrag 100 000 Euro nicht übersteigt,
   b) 15 Prozent der hinterzogenen Steuer, wenn der Hinterziehungsbetrag 100 000 Euro übersteigt und 1 000 000 Euro nicht übersteigt,
   c) 20 Prozent der hinterzogenen Steuer, wenn der Hinterziehungsbetrag 1 000 000 Euro übersteigt.

(2) Die Bemessung des Hinterziehungsbetrags richtet sich nach den Grundsätzen in § 370 Absatz 4.

---

[1] § 397 Abs. 1 geänd. durch G v. 24.8.2004 (BGBl. I S. 2198).
[2] § 398a neu gef. mWv 1.1.2015 durch G v. 22.12.2014 (BGBl. I S. 2415).
[3] § 398a Abs. 1 Nr. 1 geänd. mWv 21.12.2022 durch G v. 16.12.2022 (BGBl. I S. 2294).

(3) Die Wiederaufnahme eines nach Absatz 1 abgeschlossenen Verfahrens ist zulässig, wenn die Finanzbehörde erkennt, dass die Angaben im Rahmen einer Selbstanzeige unvollständig oder unrichtig waren.

(4) [1]Der nach Absatz 1 Nummer 2 gezahlte Geldbetrag wird nicht erstattet, wenn die Rechtsfolge des Absatzes 1 nicht eintritt. [2]Das Gericht kann diesen Betrag jedoch auf eine wegen Steuerhinterziehung verhängte Geldstrafe anrechnen.

II. Verfahren der Finanzbehörde bei Steuerstraftaten

§ 399 Rechte und Pflichten der Finanzbehörde. (1) Führt die Finanzbehörde das Ermittlungsverfahren auf Grund des § 386 Abs. 2 selbständig durch, so nimmt sie die Rechte und Pflichten wahr, die der Staatsanwaltschaft im Ermittlungsverfahren zustehen.

(2)[1)] [1]Ist einer Finanzbehörde nach § 387 Abs. 2 die Zuständigkeit für den Bereich mehrerer Finanzbehörden übertragen, so bleiben das Recht und die Pflicht dieser Finanzbehörden unberührt, bei dem Verdacht einer Steuerstraftat den Sachverhalt zu erforschen und alle unaufschiebbaren Anordnungen zu treffen, um die Verdunkelung der Sache zu verhüten. [2]Sie können Beschlagnahmen, Notveräußerungen, Durchsuchungen, Untersuchungen und sonstige Maßnahmen nach den für Ermittlungspersonen der Staatsanwaltschaft geltenden Vorschriften der Strafprozessordnung[2)] anordnen.

§ 400 Antrag auf Erlass eines Strafbefehls. Bieten die Ermittlungen genügenden Anlass zur Erhebung der öffentlichen Klage, so beantragt die Finanzbehörde beim Richter den Erlass eines Strafbefehls, wenn die Strafsache zur Behandlung im Strafbefehlsverfahren geeignet erscheint; ist dies nicht der Fall, so legt die Finanzbehörde die Akten der Staatsanwaltschaft vor.

§ 401[3)] Antrag auf Anordnung von Nebenfolgen im selbständigen Verfahren. Die Finanzbehörde kann den Antrag stellen, die Einziehung selbständig anzuordnen oder eine Geldbuße gegen eine juristische Person oder eine Personenvereinigung selbständig festzusetzen (§§ 435, 444 Abs. 3 der Strafprozessordnung[2)]).

III. Stellung der Finanzbehörde im Verfahren der Staatsanwaltschaft

§ 402 Allgemeine Rechte und Pflichten der Finanzbehörde. (1) Führt die Staatsanwaltschaft das Ermittlungsverfahren durch, so hat die sonst zuständige Finanzbehörde dieselben Rechte und Pflichten wie die Behörden des Polizeidienstes nach der Strafprozessordnung[2)] sowie die Befugnisse nach § 399 Abs. 2 Satz 2.

(2) Ist einer Finanzbehörde nach § 387 Abs. 2 die Zuständigkeit für den Bereich mehrerer Finanzbehörden übertragen, so gilt Absatz 1 für jede dieser Finanzbehörden.

§ 403 Beteiligung der Finanzbehörde. (1) [1]Führt die Staatsanwaltschaft oder die Polizei Ermittlungen durch, die Steuerstraftaten betreffen, so ist die sonst zuständige Finanzbehörde befugt, daran teilzunehmen. [2]Ort und Zeit der Ermittlungshandlungen sollen ihr rechtzeitig mitgeteilt werden. [3]Dem Vertreter der

---

1) § 399 Abs. 2 Satz 2 geänd. durch G v. 24.8.2004 (BGBl. I S. 2198).
2) **Habersack, Deutsche Gesetze Nr. 90.**
3) § 401 geänd. mWv 1.7.2017 durch G v. 13.4.2017 (BGBl. I S. 872).

Finanzbehörde ist zu gestatten, Fragen an Beschuldigte, Zeugen und Sachverständige zu stellen.

(2) Absatz 1 gilt sinngemäß für solche richterlichen Verhandlungen, bei denen auch der Staatsanwaltschaft die Anwesenheit gestattet ist.

(3) Der sonst zuständigen Finanzbehörde sind die Anklageschrift und der Antrag auf Erlass eines Strafbefehls mitzuteilen.

(4) Erwägt die Staatsanwaltschaft, das Verfahren einzustellen, so hat sie die sonst zuständige Finanzbehörde zu hören.

IV. Steuer- und Zollfahndung

§ 404[1] Steuer- und Zollfahndung. [1]Die Behörden des Zollfahndungsdienstes und die mit der Steuerfahndung betrauten Dienststellen der Landesfinanzbehörden sowie ihre Beamten haben im Strafverfahren wegen Steuerstraftaten dieselben Rechte und Pflichten wie die Behörden und Beamten des Polizeidienstes nach den Vorschriften der Strafprozessordnung[2]. [2]Die in Satz 1 bezeichneten Stellen haben die Befugnisse nach § 399 Abs. 2 Satz 2 sowie die Befugnis zur Durchsicht der Papiere des von der Durchsuchung Betroffenen (§ 110 Abs. 1 der Strafprozessordnung); ihre Beamten sind Ermittlungspersonen der Staatsanwaltschaft.

V. Entschädigung der Zeugen und der Sachverständigen

§ 405[3] Entschädigung der Zeugen und der Sachverständigen. [1]Werden Zeugen und Sachverständige von der Finanzbehörde zu Beweiszwecken herangezogen, so erhalten sie eine Entschädigung oder Vergütung nach dem Justizvergütungs- und -entschädigungsgesetz[4]. [2]Dies gilt auch in den Fällen des § 404.

3. Unterabschnitt. Gerichtliches Verfahren

§ 406 Mitwirkung der Finanzbehörde im Strafbefehlsverfahren und im selbständigen Verfahren. (1) Hat die Finanzbehörde den Erlass eines Strafbefehls beantragt, so nimmt sie die Rechte und Pflichten der Staatsanwaltschaft wahr, solange nicht nach § 408 Abs. 3 Satz 2 der Strafprozessordnung[2] Hauptverhandlung anberaumt oder Einspruch gegen den Strafbefehl erhoben wird.

(2)[5] Hat die Finanzbehörde den Antrag gestellt, die Einziehung selbständig anzuordnen oder eine Geldbuße gegen eine juristische Person oder eine Personenvereinigung selbständig festzusetzen (§ 401), so nimmt sie die Rechte und Pflichten der Staatsanwaltschaft wahr, solange nicht mündliche Verhandlung beantragt oder vom Gericht angeordnet wird.

§ 407 Beteiligung der Finanzbehörde in sonstigen Fällen. (1) [1]Das Gericht gibt der Finanzbehörde Gelegenheit, die Gesichtspunkte vorzubringen, die von ihrem Standpunkt für die Entscheidung von Bedeutung sind. [2]Dies gilt auch, wenn das Gericht erwägt, das Verfahren einzustellen. [3]Der Termin zur Hauptverhandlung und der Termin zur Vernehmung durch einen beauftragten oder ersuchten Richter (§§ 223, 233 der Strafprozessordnung[2]) werden der Finanzbehörde mitgeteilt. [4]Ihr Vertreter erhält in der Hauptverhandlung auf Verlangen das

[1] § 404 Satz 2 2. HS geänd durch G v. 24.8.2004 (BGBl. I S. 2198); Satz 1 geänd. mWv 18.12.2019 durch G v. 12.12.2019 (BGBl. I S. 2451).

[2] **Habersack, Deutsche Gesetze Nr. 90.**

[3] § 405 Satz 1 geänd. durch G v. 5.5.2004 (BGBl. I S. 718).

[4] **Habersack, Deutsche Gesetze Nr. 116.**

[5] § 406 Abs. 2 geänd. mWv 1.7.2017 durch G v. 13.4.2017 (BGBl. I S. 872).

Wort. [5] Ihm ist zu gestatten, Fragen an Angeklagte, Zeugen und Sachverständige zu richten.

(2) Das Urteil und andere das Verfahren abschließende Entscheidungen sind der Finanzbehörde mitzuteilen.

4. Unterabschnitt. Kosten des Verfahrens

§ 408 Kosten des Verfahrens. [1] Notwendige Auslagen eines Beteiligten im Sinne des § 464a Abs. 2 Nr. 2 der Strafprozessordnung[1)] sind im Strafverfahren wegen einer Steuerstraftat auch die gesetzlichen Gebühren und Auslagen eines Steuerberaters, Steuerbevollmächtigten, Wirtschaftsprüfers oder vereidigten Buchprüfers. [2] Sind Gebühren und Auslagen gesetzlich nicht geregelt, so können sie bis zur Höhe der gesetzlichen Gebühren und Auslagen eines Rechtsanwalts erstattet werden.

Vierter Abschnitt. Bußgeldverfahren

§ 409 Zuständige Verwaltungsbehörde. [1] Bei Steuerordnungswidrigkeiten ist zuständige Verwaltungsbehörde im Sinne des § 36 Abs. 1 Nr. 1 des Gesetzes über Ordnungswidrigkeiten[2)] die nach § 387 Abs. 1 sachlich zuständige Finanzbehörde. [2] § 387 Abs. 2 gilt entsprechend.

§ 410 Ergänzende Vorschriften für das Bußgeldverfahren. (1) Für das Bußgeldverfahren gelten außer den verfahrensrechtlichen Vorschriften des Gesetzes über Ordnungswidrigkeiten[2)] entsprechend:

1. die §§ 388 bis 390 über die Zuständigkeit der Finanzbehörde,
2. § 391 über die Zuständigkeit des Gerichts,
3. § 392 über die Verteidigung,
4. § 393 über das Verhältnis des Strafverfahrens zum Besteuerungsverfahren,
5. § 396 über die Aussetzung des Verfahrens,
6. § 397 über die Einleitung des Strafverfahrens,
7. § 399 Abs. 2 über die Rechte und Pflichten der Finanzbehörde,
8. die §§ 402, 403 Abs. 1, 3 und 4 über die Stellung der Finanzbehörde im Verfahren der Staatsanwaltschaft,
9. § 404 Satz 1 und Satz 2 erster Halbsatz über die Steuer- und Zollfahndung,
10. § 405 über die Entschädigung der Zeugen und der Sachverständigen,
11. § 407 über die Beteiligung der Finanzbehörde und
12. § 408 über die Kosten des Verfahrens.

(2) Verfolgt die Finanzbehörde eine Steuerstraftat, die mit einer Steuerordnungswidrigkeit zusammenhängt (§ 42 Abs. 1 Satz 2 des Gesetzes über Ordnungswidrigkeiten), so kann sie in den Fällen des § 400 beantragen, den Strafbefehl auf die Steuerordnungswidrigkeit zu erstrecken.

§ 411 Bußgeldverfahren gegen Rechtsanwälte, Steuerberater, Steuerbevollmächtigte, Wirtschaftsprüfer oder vereidigte Buchprüfer. Bevor gegen einen Rechtsanwalt, Steuerberater, Steuerbevollmächtigten, Wirtschaftsprüfer oder vereidigten Buchprüfer wegen einer Steuerordnungswidrigkeit, die er in Ausübung seines Berufs bei der Beratung in Steuersachen begangen hat, ein Buß-

---

1) **Habersack, Deutsche Gesetze Nr. 90.**
2) **Habersack, Deutsche Gesetze Nr. 94.**

geldbescheid erlassen wird, gibt die Finanzbehörde der zuständigen Berufskammer Gelegenheit, die Gesichtspunkte vorzubringen, die von ihrem Standpunkt für die Entscheidung von Bedeutung sind.

§ 412 Zustellung, Vollstreckung, Kosten. (1) [1] Für das Zustellungsverfahren gelten abweichend von § 51 Abs. 1 Satz 1 des Gesetzes über Ordnungswidrigkeiten[1)] die Vorschriften des Verwaltungszustellungsgesetzes[2)] auch dann, wenn eine Landesfinanzbehörde den Bescheid erlassen hat. [2] § 51 Abs. 1 Satz 2 und Absatz 2 bis 5 des Gesetzes über Ordnungswidrigkeiten bleibt unberührt.

(2) [1] Für die Vollstreckung von Bescheiden der Finanzbehörden in Bußgeldverfahren gelten abweichend von § 90 Abs. 1 und 4, § 108 Abs. 2 des Gesetzes über Ordnungswidrigkeiten die Vorschriften des Sechsten Teils dieses Gesetzes. [2] Die übrigen Vorschriften des Neunten Abschnitts des Zweiten Teils des Gesetzes über Ordnungswidrigkeiten bleiben unberührt.

(3)[3)] Für die Kosten des Bußgeldverfahrens gilt § 107 Absatz 4 des Gesetzes über Ordnungswidrigkeiten auch dann, wenn eine Landesfinanzbehörde den Bußgeldbescheid erlassen hat; an Stelle des § 19 des Verwaltungskostengesetzes in der bis zum 14. August 2013 geltenden Fassung gelten § 227 und § 261 dieses Gesetzes.

[1)] **Habersack, Deutsche Gesetze Nr. 94.**
[2)] **Sartorius Nr. 110.**
[3)] § 412 Abs. 3 neu gef. mWv 15.8.2013 durch G v. 7.8.2013 (BGBl. I S. 3154).

Lfd. Nr.	Änderndes Gesetz	Datum	Fundstelle	Betroffen	Hinweis
18.	Art. 1 G zur Verbesserung der internationalen Rechtshilfe bei der Vollstreckung von freiheitsentziehenden Sanktionen und bei der Überwachung von Bewährungsmaßnahmen[1] sowie zur Änd. des Jugoslawien-StrafgerichtshofG und des Ruanda-StrafgerichtshofG	17.7.2015	BGBl. I S. 1349	Inhaltsübersicht, §§ 48, 49, 51, 52, 53, 54, 55, 56, 56a, 56b, 57, 57a, 58, 72, 74, 75, 76, 77, 80, 83b, 83f	geänd. mWv 25.7.2015
				§§ 54a, 9. Teil Abschnitt 4 (§§ 90a–90n), § 98b	eingef. mWv 25.7.2015
				§§ 71, 71a, 9. Teil Abschnitt 1 (§§ 84–85f)	neu gef. mWv 25.7.2015
19.	Art. 163 Zehnte ZuständigkeitsanpassungsVO	31.8.2015	BGBl. I S. 1474	§§ 74, 77b	geänd. mWv 8.9.2015
20.	Art. 5 G zur Neuregelung des Kulturgutschutzrechts	31.7.2016	BGBl. I S. 1914	§ 56b	geänd. mWv 6.8.2016
21.	Art. 15 Abs. 3 EU-KontenpfändungsVO-DurchführungsG	21.11. 2016	BGBl. I S. 2591	§ 87n	geänd. mWv 1.7.2017
22.	Art. 1 Viertes ÄndG[2]	5.1.2017	BGBl. I S. 31	Inhaltsübersicht, §§ 63, 69, 10. Teil Abschnitt 3	geänd. mWv 22.5.2017
				10. Teil Abschnitt 2 (§§ 91a –91j), §§ 92d, 98c, 98d, 98e	eingef. mWv 22.5.2017
				§ 97	aufgeh. mit Ablauf des 21.5. 2017
23.	Art. 6 Abs. 20 G zur Reform der strafrechtlichen Vermögensabschöpfung	13.4.2017	BGBl. I S. 872	Inhaltsübersicht, §§ 38, 48, 49, 51, 52, 53, 54, 55, 56, 56a, 56b, 57, 58, 66, 71a, 87, 9. Teil Abschnitt 3 Überschrift, §§ 88a, 88b, 88c, 88d, 89, 90, 91a, 94	geänd. mWv 1.7.2017
24.	Art. 5 G zur Neustrukturierung des Bundeskriminalamtsgesetzes amtG[3]	1.6.2017	BGBl. I S. 1354	§ 74	geänd. mWv 25.5.2018
25.	Art. 1 Fünftes ÄndG	1.6.2017	BGBl. I S. 1414 iVm Bek. v. 2.12. 2019, BGBl. I S. 1999, geänd. durch G v. 20.11. 2019, BGBl. I S. 1724	Inhaltsübersicht, §§ 1, 73, 83c, 12. Teil (§§ 100–106)	geänd. mWv 1.11.2019
				11. Teil (§§ 98, 99)	eingef. mWv 1.11.2019
				Inhaltsübersicht, § 73, 12. Teil (§§ 98, 99), 13. Teil (§§ 100–106)	geänd. mWv 26.11.2019

[1] **Amtl. Anm.:** *(vom Abdruck der amtl. Anm. wurde abgesehen)*

[2] **Amtl. Anm.:** Dieses Gesetz dient der Umsetzung der Richtlinie 2014/41/EU des Europäischen Parlaments und des Rates vom 3. April 2014 über die Europäische Ermittlungsanordnung in Strafsachen (ABl. L 130 vom 1.5.2014, S. 1, L 143 vom 9.6.2015, S. 16).

[3] **Amtl. Anm.:** Dieses Gesetz dient der Umsetzung der Richtlinie (EU) 2016/680 des Europäischen Parlaments und des Rates vom 27. April 2016 zum Schutz natürlicher Personen bei der Verarbeitung personenbezogener Daten durch die zuständigen Behörden zum Zwecke der Verhütung, Ermittlung, Aufdeckung oder Verfolgung von Straftaten oder der Strafvollstreckung sowie zum freien Datenverkehr und zur Aufhebung des Rahmenbeschlusses 2008/977/JI des Rates (ABl. L 119 vom 4.5.2016, S. 89).

Lfd. Nr.	Änderndes Gesetz	Datum	Fundstelle	Betroffen	Hinweis
26.	Art. 15 G zur Einführung der elektronischen Akte in der Justiz und zur weiteren Förderung des elektronischen Rechtsverkehrs	5.7.2017	BGBl. I S. 2208	§ 77a	geänd. mWv 1.1.2018
27.	Art. 11 Abs. 21 eIDAS-DurchführungsG[1]	18.7.2017	BGBl. I S. 2745	§ 77a	geänd. mWv 29.7.2017
28.	Art. 3 Zweites G zur Stärkung der Verfahrensrechte von Beschuldigten im Strafverfahren und zur Änd. des Schöffenrechts[2]	27.8.2017	BGBl. I S. 3295	Inhaltsübersicht, §§ 83c, 83d	geänd. mWv 5.9.2017
29.	Art. 20 G zur Umsetzung der RL (EU) 2016/680 im Strafverfahren sowie zur Anpassung datenschutzrechtlicher Bestimmungen an die VO (EU) 2016/679	20.11. 2019	BGBl. I S. 1724	Inhaltsübersicht, § 83c, 12. Teil	geänd. mWv 26.11.2019
				7. Teil Abschnitt 1 Überschrift, Abschnitt 2 (§§ 77c–77h), 11. Teil (§§ 97a–97c)	eingef. mWv 26.11.2019
30.	Art. 4 G zur Neuregelung des Rechts der notwendigen Verteidigung[3]	10.12. 2019	BGBl. I S. 2128	Inhaltsübersicht, §§ 21, 22, 28, 31, 32, 45, 47, 87e	geänd. mWv 13.12.2019
				§§ 40, 53	neu gef. mWv 13.12.2019
				§ 83j	eingef. mWv 13.12.2019
31.	Art. 1 Sechstes ÄndG	23.11. 2020	BGBl. I S. 2474	Inhaltsübersicht, §§ 83c, 87c, 87f, 87g, 87h, 87i, 87j, 87k, 87n, 87p, 87q	geänd. mWv 27.11.2020
				§ 87o	eingef. mWv 27.11.2020
				Inhaltsübersicht, §§ 73, 88, 91a, 94, 12. Teil, 13. Teil, § 98, 14. Teil	geänd. mWv 19.12.2020
				11. Teil (§§ 96a, 96b, 96c, 96d, 96e)	eingef. mWv 19.12.2020
32.	Art. 29 G zum Ausbau des elektronischen Rechtsverkehrs mit den Gerichten und zur Änd. weiterer Vorschriften[4]	5.10.2021	BGBl. I S. 4607	§ 77a	geänd. mWv 1.1.2022

[1] **Amtl. Anm.:** *(abgedruckt in Änderungstabelle Nr.* ***50d****)*

[2] **Amtl. Anm.:** Die Artikel 1 bis 6 dieses Gesetzes dienen der Umsetzung der Richtlinie 2013/48/EU des Europäischen Parlaments und des Rates vom 22. Oktober 2013 über das Recht auf Zugang zu einem Rechtsbeistand in Strafverfahren und in Verfahren zur Vollstreckung des Europäischen Haftbefehls sowie über das Recht auf Benachrichtigung eines Dritten bei Freiheitsentzug und das Recht auf Kommunikation mit Dritten und mit Konsularbehörden während des Freiheitsentzugs (ABl. L 294 vom 6.11.2013, S. 1).

[3] **Amtl. Anm.:** Dieses Gesetz dient der Umsetzung der Richtlinie (EU) 2016/1919 des Europäischen Parlaments und des Rates vom 26. Oktober 2016 über Prozesskostenhilfe für Verdächtige und beschuldigte Personen in Strafverfahren sowie für gesuchte Personen in Verfahren zur Vollstreckung eines Europäischen Haftbefehls (ABl. L 297 vom 4.11.2016, S. 1; L 91 vom 5.4.2017, S. 40). Artikel 1 Nummer 2, 4, 6, 8, 9 (insbesondere die §§ 141, 142), 11 und 12 sowie Artikel 4 Nummer 4 dienen gleichzeitig der Umsetzung der Richtlinie (EU) 2016/800 des Europäischen Parlaments und des Rates vom 11. Mai 2016 über Verfahrensgarantien in Strafverfahren für Kinder, die Verdächtige oder beschuldigte Personen in Strafverfahren sind (ABl. L 132 vom 21.5.2016, S. 1).

[4] **Amtl. Anm.:** *(abgedruckt in Änderungstabelle Nr.* ***91****)*

Lfd. Nr.	Änderndes Gesetz	Datum	Fundstelle	Betroffen	Hinweis
33.	Art. 6 SIS-III-Gesetz[1)]	19.12. 2022	BGBl. I S. 2632	§ 83a	geänd. mWv 28.12.2022

[1)] **Amtl. Anm.:** Die Artikel 1 bis 7 dieses Gesetzes dienen der Durchführung
- der Verordnung (EU) 2018/1860 des Europäischen Parlaments und des Rates vom 28. November 2018 über die Nutzung des Schengener Informationssystems für die Rückkehr illegal aufhältiger Drittstaatsangehöriger (ABl. L 312 vom 7.12.2018, S. 1),
- der Verordnung (EU) 2018/1861 des Europäischen Parlaments und des Rates vom 28. November 2018 über die Einrichtung, den Betrieb und die Nutzung des Schengener Informationssystems (SIS) im Bereich der Grenzkontrollen, zur Änderung des Übereinkommens zur Durchführung des Übereinkommens von Schengen und zur Änderung und Aufhebung der Verordnung (EG) Nr. 1987/2006 (ABl. L 312 vom 7.12.2018, S. 14) und
- der Verordnung (EU) 2018/1862 des Europäischen Parlaments und des Rates vom 28. November 2018 über die Einrichtung, den Betrieb und die Nutzung des Schengener Informationssystems (SIS) im Bereich der polizeilichen Zusammenarbeit und der justiziellen Zusammenarbeit in Strafsachen, zur Änderung und Aufhebung des Beschlusses 2007/533/JI des Rates und zur Aufhebung der Verordnung (EG) Nr. 1986/2006 des Europäischen Parlaments und des Rates und des Beschlusses 2010/261/EU der Kommission (ABl. L 312 vom 7.12.2018, S. 56).

4. die beiderseitige Strafbarkeit nicht zu prüfen ist, wenn die dem Ersuchen zugrunde liegende Tat nach dem Recht des ersuchenden Staates mit einer freiheitsentziehenden Sanktion im Höchstmaß von mindestens drei Jahren bedroht ist und den in Artikel 2 Absatz 2 des Rahmenbeschlusses 2002/584/JI des Rates vom 13. Juni 2002 über den Europäischen Haftbefehl und die Übergabeverfahren zwischen den Mitgliedstaaten (ABl. L 190 vom 18.7.2002, S. 1), der durch den Rahmenbeschluss 2009/299/JI (ABl. L 81 vom 27.3.2009, S. 24) geändert worden ist, (Rahmenbeschluss Europäischer Haftbefehl) aufgeführten Deliktsgruppen zugehörig ist.

§ 82[1)] **Nichtanwendung von Vorschriften.** Die §§ 5, 6 Abs. 1, § 7 und, soweit ein Europäischer Haftbefehl vorliegt, § 11 finden keine Anwendung.

§ 83[2)] **Ergänzende Zulässigkeitsvoraussetzungen.** (1) Die Auslieferung ist nicht zulässig, wenn

1. der Verfolgte wegen derselben Tat, die dem Ersuchen zugrunde liegt, bereits von einem anderen Mitgliedstaat rechtskräftig abgeurteilt worden ist, vorausgesetzt, dass im Fall der Verurteilung die Sanktion bereits vollstreckt worden ist, gerade vollstreckt wird oder nach dem Recht des Urteilsstaates nicht mehr vollstreckt werden kann,
2. der Verfolgte zur Tatzeit nach § 19 des Strafgesetzbuchs[3)] schuldunfähig war oder
3. bei Ersuchen zum Zweck der Strafvollstreckung die verurteilte Person zu der dem Urteil zugrunde liegenden Verhandlung nicht persönlich erschienen ist oder
4. die dem Ersuchen zugrunde liegende Tat nach dem Recht des ersuchenden Mitgliedstaates mit lebenslanger Freiheitsstrafe oder einer sonstigen lebenslangen freiheitsentziehenden Sanktion bedroht ist oder der Verfolgte zu einer solchen Strafe verurteilt worden war und eine Überprüfung der Vollstreckung der verhängten Strafe oder Sanktion auf Antrag oder von Amts wegen nicht spätestens nach 20 Jahren erfolgt.

(2) Die Auslieferung ist abweichend von Absatz 1 Nummer 3 jedoch zulässig, wenn

1. die verurteilte Person
   a) rechtzeitig
      aa) persönlich zu der Verhandlung, die zu dem Urteil geführt hat, geladen wurde oder
      bb) auf andere Weise tatsächlich offiziell von dem vorgesehenen Termin und Ort der Verhandlung, die zu dem Urteil geführt hat, in Kenntnis gesetzt wurde, sodass zweifelsfrei nachgewiesen wurde, dass die verurteilte Person von der anberaumten Verhandlung Kenntnis hatte, und
   b) dabei darauf hingewiesen wurde, dass ein Urteil auch in ihrer Abwesenheit ergehen kann,
2. die verurteilte Person in Kenntnis des gegen sie gerichteten Verfahrens, an dem ein Verteidiger beteiligt war, eine persönliche Ladung durch Flucht verhindert hat oder

---

1) Abschnitt 2 (§§ 80–83e) eingef. mWv 2.8.2006 durch G v. 20.7.2006 (BGBl. I S. 1721).

2) § 83 eingef. mWv 2.8.2006 durch G v. 20.7.2006 (BGBl. I S. 1721); Abs. 1 Nr. 3 neu gef., Abs. 2–4 angef. mWv 25.7.2015 durch G v. 17.7.2015 (BGBl. I S. 1332).

3) **Habersack, Deutsche Gesetze Nr. 85.**

3. die verurteilte Person in Kenntnis der anberaumten Verhandlung einen Verteidiger bevollmächtigt hat, sie in der Verhandlung zu verteidigen, und sie durch diesen in der Verhandlung tatsächlich verteidigt wurde.

(3) [1] Die Auslieferung ist abweichend von Absatz 1 Nummer 3 auch zulässig, wenn die verurteilte Person nach Zustellung des Urteils

1. ausdrücklich erklärt hat, das ergangene Urteil nicht anzufechten, oder
2. innerhalb geltender Fristen keine Wiederaufnahme des Verfahrens oder kein Berufungsverfahren beantragt hat.

[2] Die verurteilte Person muss zuvor ausdrücklich über ihr Recht auf Wiederaufnahme des Verfahrens oder auf ein Berufungsverfahren, an dem sie teilnehmen kann und bei dem der Sachverhalt, einschließlich neuer Beweismittel, erneut geprüft und das ursprüngliche Urteil aufgehoben werden kann, belehrt worden sein.

(4) Die Auslieferung ist abweichend von Absatz 1 Nummer 3 ferner zulässig, wenn der verurteilten Person unverzüglich nach ihrer Übergabe an den ersuchenden Mitgliedstaat das Urteil persönlich zugestellt werden wird und die verurteilte Person über ihr in Absatz 3 Satz 2 genanntes Recht auf Wiederaufnahme des Verfahrens oder ein Berufungsverfahren sowie über die hierfür geltenden Fristen belehrt werden wird.

§ 83a[1)] Auslieferungsunterlagen. (1) Die Auslieferung ist nur zulässig, wenn die in § 10 genannten Unterlagen oder ein Europäischer Haftbefehl übermittelt wurden, der die folgenden Angaben enthält:

1. die Identität, wie sie im Anhang zum Rahmenbeschluss Europäischer Haftbefehl näher beschrieben wird, und die Staatsangehörigkeit des Verfolgten,
2. die Bezeichnung und die Anschrift der ausstellenden Justizbehörde,
3. die Angabe, ob ein vollstreckbares Urteil, ein Haftbefehl oder eine andere vollstreckbare justitielle Entscheidung mit gleicher Rechtswirkung vorliegt,
4. die Art und rechtliche Würdigung der Straftat, einschließlich der gesetzlichen Bestimmungen,
5. die Beschreibung der Umstände, unter denen die Straftat begangen wurde, einschließlich der Tatzeit, des Tatortes und der Tatbeteiligung der gesuchten Person, und
6. die für die betreffende Straftat im Ausstellungsmitgliedstaat gesetzlich vorgesehene Höchststrafe oder im Fall des Vorliegens eines rechtskräftigen Urteils die verhängte Strafe.

(2) Die Ausschreibung zur Festnahme zwecks Überstellung oder Auslieferung nach der Verordnung (EU) 2018/1862 des Europäischen Parlaments und des Rates vom 28. November 2018 über die Einrichtung, den Betrieb und die Nutzung des Schengener Informationssystems (SIS) im Bereich der polizeilichen Zusammenarbeit und der justiziellen Zusammenarbeit in Strafsachen, zur Änderung und Aufhebung des Beschlusses 2007/533/JI des Rates und zur Aufhebung der Verordnung (EG) Nr. 1986/2006 des Europäischen Parlaments und des Rates und des Beschlusses 2010/261/EU der Kommission (ABl. L 312 vom 7.12.2018, S. 56), die die unter Absatz 1

[1)] § 83a eingef. mWv 2.8.2006 durch G v. 20.7.2006 (BGBl. I S. 1721); Abs. 1 Nr. 1 und Abs. 2 geänd. mWv 25.7.2015 durch G v. 17.7.2015 (BGBl. I S. 1332); Abs. 2 geänd. mWv 28.12.2022 durch G v. 19.12. 2022 (BGBl. I S. 2632).

Fassung ab Erlass eines Bundesgesetzes:[1]

(1) *Der Gefangene darf von seinen in diesem Gesetz geregelten Bezügen mindestens dreißig Deutsche Mark monatlich (Hausgeld) und das Taschengeld (§ 46) für den Einkauf (§ 22 Abs. 1) oder anderweit verwenden.*

(2) [1] *Der Mindestbetrag des Hausgeldes erhöht sich um jeweils zehn vom Hundert der dreihundert Deutsche Mark übersteigenden monatlichen Bezüge.* [2] *Die Vollzugsbehörde kann höhere Beträge von der Höhe des Überbrückungsgeldes abhängig machen.*

(3) *Für Gefangene, die in einem freien Beschäftigungsverhältnis stehen (§ 39 Abs. 1) oder denen gestattet ist, sich selbst zu beschäftigen (§ 39 Abs. 2), wird aus ihren Bezügen ein angemessenes Hausgeld festgesetzt.*

§ 48[2] **Rechtsverordnung.** Das Bundesministerium der Justiz und für Verbraucherschutz wird ermächtigt, im Einvernehmen mit dem Bundesministerium für Wirtschaft und Energie mit Zustimmung des Bundesrates zur Durchführung der §§ 43 bis 45 Rechtsverordnungen über die Vergütungsstufen zu erlassen.

§ 49[3] ***Unterhaltsbeitrag.*** *(1) Auf Antrag des Gefangenen ist zur Erfüllung einer gesetzlichen Unterhaltspflicht aus seinen Bezügen an den Berechtigten oder einen Dritten ein Unterhaltsbeitrag zu zahlen.*

(2) [1] *Reichen die Einkünfte des Gefangenen nach Abzug des Hausgeldes und des Unterhaltsbeitrages nicht aus, um den Haftkostenbeitrag zu begleichen, so wird ein Unterhaltsbeitrag nur bis zur Höhe des nach § 850c der Zivilprozeßordnung unpfändbaren Betrages gezahlt.* [2] *Bei der Bemessung des nach Satz 1 maßgeblichen Betrages wird die Zahl der unterhaltsberechtigten Personen um eine vermindert.*

§ 50[4] **Haftkostenbeitrag.** (1) [1] Als Teil der Kosten der Vollstreckung der Rechtsfolgen einer Tat (§ 464a Abs. 1 Satz 2 der Strafprozessordnung[5]) erhebt die Vollzugsanstalt von dem Gefangenen einen Haftkostenbeitrag. [2] Ein Haftkostenbeitrag wird nicht erhoben, wenn der Gefangene

1. Bezüge nach diesem Gesetz erhält oder
2. ohne sein Verschulden nicht arbeiten kann oder
3. nicht arbeitet, weil er nicht zur Arbeit verpflichtet ist.

[3] Hat der Gefangene, der ohne sein Verschulden während eines zusammenhängenden Zeitraumes von mehr als einem Monat nicht arbeiten kann oder nicht arbeitet, weil er nicht zur Arbeit verpflichtet ist, auf diese Zeit entfallende Einkünfte, so hat er den Haftkostenbeitrag für diese Zeit bis zur Höhe der auf sie entfallenden Einkünfte zu entrichten. [4] Dem Gefangenen muss ein Betrag verbleiben, der dem mittleren Arbeitsentgelt in den Vollzugsanstalten des Landes entspricht. [5] Von der Geltendmachung des Anspruchs ist abzusehen, soweit dies notwendig ist, um die Wiedereingliederung des Gefangenen in die Gemeinschaft nicht zu gefährden.

---

1) § 47 in nachfolgender Fassung wird durch besonderes Bundesgesetz in Kraft gesetzt (vgl. § 198 Abs. 3).

2) § 48 geänd. durch G v. 26.8.1998 (BGBl. I S. 2461); geänd. mWv 28.11.2003 durch VO v. 25.11.2003 (BGBl. I S. 2304); geänd. mWv 8.11.2006 durch VO v. 31.10.2006 (BGBl. I S. 2407); geänd. mWv 8.9.2015 durch VO v. 31.8.2015 (BGBl. I S. 1474).

3) § 49 wird durch besonderes Bundesgesetz in Kraft gesetzt (vgl. § 198 Abs. 3).

4) § 50 neu gef. mWv 15.12.2001 durch G v. 10.12.2001 (BGBl. I S. 3422); Abs. 2 Satz 1 geänd. mWv 1.1.2008 durch G v. 19.12.2007 (BGBl. I S. 3024); Abs. 2 Satz 2 geänd. mWv 8.9.2015 durch VO v. 31.8.2015 (BGBl. I S. 1474).

5) **Habersack, Deutsche Gesetze Nr. 90.**

(2) [1] Der Haftkostenbeitrag wird in Höhe des Betrages erhoben, der nach § 17 Abs. 1 Nr. 4 des Vierten Buches Sozialgesetzbuch durchschnittlich zur Bewertung der Sachbezüge festgesetzt ist. [2] Das Bundesministerium der Justiz und für Verbraucherschutz stellt den Durchschnittsbetrag für jedes Kalenderjahr nach den am 1. Oktober des vorhergehenden Jahres geltenden Bewertungen der Sachbezüge, jeweils getrennt für das in Artikel 3 des Einigungsvertrages genannte Gebiet und für das Gebiet, in dem das Strafvollzugsgesetz schon vor dem Wirksamwerden des Beitritts gegolten hat, fest und macht ihn im Bundesanzeiger bekannt.[1)] [3] Bei Selbstverpflegung entfallen die für die Verpflegung vorgesehenen Beträge. [4] Für den Wert der Unterkunft ist die festgesetzte Belegungsfähigkeit maßgebend. [5] Der Haftkostenbeitrag darf auch von dem unpfändbaren Teil der Bezüge, nicht aber zu Lasten des Hausgeldes und der Ansprüche unterhaltsberechtigter Angehöriger angesetzt werden.

(3) Im Land Berlin gilt einheitlich der für das in Artikel 3 des Einigungsvertrages genannte Gebiet geltende Durchschnittsbetrag.

(4) Die Selbstbeschäftigung (§ 39 Abs. 2) kann davon abhängig gemacht werden, dass der Gefangene einen Haftkostenbeitrag bis zur Höhe des in Absatz 2 genannten Satzes monatlich im Voraus entrichtet.

(5) [1] Für die Erhebung des Haftkostenbeitrages können die Landesregierungen durch Rechtsverordnung andere Zuständigkeiten begründen. [2] Auch in diesem Fall ist der Haftkostenbeitrag eine Justizverwaltungsabgabe; auf das gerichtliche Verfahren finden die §§ 109 bis 121 entsprechende Anwendung.

(Fortsetzung nächstes Blatt)

---

1) In der Haftkostenbeiträge-Bek. 2023 v. 14.12.2022 (BAnz AT 05.01.2023 B2) werden für das Kalenderjahr 2023 folgende Durchschnittsbeträge festgesetzt:

I. für Unterkunft	
1. für Gefangene bis zur Vollendung des 18. Lebensjahres und für Auszubildende in einem Haftraum mit einer festgesetzten Kapazität für	
einen Gefangenen	168,70 Euro
zwei Gefangene	72,30 Euro
drei Gefangene	48,20 Euro
mehr als drei Gefangene	24,10 Euro
2. für alle übrigen Gefangenen in einem Haftraum mit einer festgesetzten Kapazität für	
einen Gefangenen	204,85 Euro
zwei Gefangene	108,45 Euro
drei Gefangene	84,35 Euro
mehr als drei Gefangene	60,25 Euro
II. für Verpflegung	
Frühstück	56,00 Euro
Mittagessen	107,00 Euro
Abendessen	107,00 Euro

Alle Beträge beziehen sich jeweils auf einen Monat. Für kürzere Zeiträume ist für jeden Tag ein Dreißigstel der aufgeführten Beträge zugrunde zu legen.

95c. Gesetz über die allgemeine Beeidigung von gerichtlichen Dolmetschern (Gerichtsdolmetschergesetz – GDolmG)[1)]

Vom 10. Dezember 2019
(BGBl. I S. 2121, 2124)

FNA 305-1

Lfd. Nr.	Änderndes Gesetz	Datum	Fundstelle	Betroffen	Hinweis
1.	Art. 7 G zur Fortentwicklung der StrafprozessO und zur Änd. weiterer Vorschriften	25.6.2021	BGBl. I S. 2099	§§ 2, 3, 4, 7	geänd. mWv 1.7.2021 [ausführbar erst mit Inkrafttreten des GDolmG am 1.1.2023]

§ 1 Allgemeine Beeidigung gerichtlicher Dolmetscher. [1]Dolmetscher, die nach § 185 des Gerichtsverfassungsgesetzes[2)], auch in Verbindung mit § 55 der Verwaltungsgerichtsordnung[3)], § 52 Absatz 1 der Finanzgerichtsordnung, § 9 Absatz 2 des Arbeitsgerichtsgesetzes[4)] und § 61 Absatz 1 des Sozialgerichtsgesetzes, zur Sprachenübertragung in Gerichtsverhandlungen zuzuziehen sind, werden nach den Vorschriften dieses Gesetzes allgemein beeidigt. [2]§ 189 Absatz 1 des Gerichtsverfassungsgesetzes bleibt unberührt.

§ 2[5)] Zuständigkeit für die allgemeine Beeidigung; Verordnungsermächtigung. (1) Für die allgemeine Beeidigung von gerichtlichen Dolmetschern ist zuständig:

1. das Oberlandesgericht, in dessen Bezirk der Dolmetscher seinen Wohnsitz oder in Ermangelung eines solchen seine berufliche Niederlassung hat; bei einem Wohnsitz oder einer beruflichen Niederlassung in Berlin das Kammergericht Berlin,
2. im Übrigen das Kammergericht Berlin.

(2)[6)] [1]Die Landesregierungen werden ermächtigt, die Zuständigkeit nach Absatz 1 durch Rechtsverordnung abweichend zu regeln. [2]Die Landesregierungen können die Ermächtigungen auf die Landesjustizverwaltungen übertragen.

§ 3[7)] Antrag auf allgemeine Beeidigung. (1) Als gerichtlicher Dolmetscher für eine Sprache oder mehrere Sprachen wird von der nach § 2 zuständigen Stelle auf Antrag allgemein beeidigt, wer

---

[1)] Verkündet als Art. 6 G v. 10.12.2019 (BGBl. I S. 2121, geänd. durch G v. 25.6.2021, BGBl. I S. 2099 und G v. 7.11.2022, BGBl. I S. 1982); Inkrafttreten gem. Art. 10 Satz 5 dieses G am 1.1.2023, mit Ausnahme des § 2 Abs. 2, der gem. Art. 10 Satz 4 dieses G bereits am 5.12.2022 in Kraft tritt.

[2)] **Habersack, Deutsche Gesetze Nr. 95.**

[3)] **Sartorius Nr. 600.**

[4)] **Habersack, Deutsche Gesetze Nr. 83.**

[5)] § 2 Überschrift neu gef., Abs. 2 Satz 1 geänd. mWv 1.7.2021 [ausführbar erst mit Inkrafttreten des GDolmG am 1.1.2023] durch G v. 25.6.2021 (BGBl. I S. 2099).

[6)] Abs. 2 tritt gem. Art. 10 Satz 4 G v. 10.12.2019 (BGBl. I S. 2121, geänd. durch G v. 25.6.2021, BGBl. I S. 2099 und G v. 7.11.2022, BGBl. I S. 1982) bereits mWv 5.12.2022 in Kraft.

[7)] § 3 Abs. 1 Nr. 6 geänd., Abs. 2 neu gef., Abs. 3 Nr. 5 geänd. mWv 1.7.2021 [ausführbar erst mit Inkrafttreten des GDolmG am 1.1.2023] durch G v. 25.6.2021 (BGBl. I S. 2099).

1. Staatsangehöriger eines Mitgliedstaates der Europäischen Union oder Staatsangehöriger eines Vertragsstaates des Abkommens über den Europäischen Wirtschaftsraum oder der Schweiz ist oder wer in einem dieser Staaten seine berufliche Niederlassung oder seinen Wohnsitz hat,
2. volljährig ist,
3. geeignet ist,
4. in geordneten wirtschaftlichen Verhältnissen lebt,
5. zuverlässig ist und
6. über die erforderlichen Fachkenntnisse in der deutschen und der zu beeidigenden Sprache verfügt.

(2) [1] Über die erforderlichen Fachkenntnisse nach Absatz 1 Nummer 6 verfügt, wer über Grundkenntnisse der deutschen Rechtssprache verfügt und

1. im Inland die Dolmetscherprüfung eines staatlichen oder staatlich anerkannten Prüfungsamtes oder eine andere staatliche oder staatlich anerkannte Prüfung für den Dolmetscherberuf bestanden hat oder
2. im Ausland eine Prüfung bestanden hat, die von einer zuständigen deutschen Stelle als gleichwertig mit einer Prüfung nach Nummer 1 anerkannt wurde.

[2] Die Grundkenntnisse der deutschen Rechtssprache können auch durch eine Prüfung nach Satz 1 Nummer 1 und 2 nachgewiesen werden.

(3) Dem Antrag auf allgemeine Beeidigung sind die erforderlichen Unterlagen beizufügen, insbesondere

1. ein Lebenslauf,
2. ein Führungszeugnis nach § 30 Absatz 5 des Bundeszentralregistergesetzes[1)], dessen Ausstellung nicht länger als sechs Monate zurückliegen darf,
3. eine Erklärung darüber, ob in den letzten fünf Jahren vor Antragstellung eine Strafe oder eine Maßregel der Besserung und Sicherung gegen den Antragsteller verhängt worden ist,
4. eine Erklärung darüber, ob über das Vermögen des Antragstellers das Insolvenzverfahren eröffnet und noch keine Restschuldbefreiung erteilt worden oder ob der Antragsteller in das Schuldnerverzeichnis eingetragen ist, sowie
5. die für den Nachweis der erforderlichen Fachkenntnisse notwendigen Unterlagen.

(4) [1] Die nach § 2 zuständige Stelle bestätigt binnen eines Monats nach Eingang des Antrags den Empfang der von dem Antragsteller eingereichten Unterlagen und fordert ihn gegebenenfalls auf, weitere Unterlagen nachzureichen. [2] Das Verfahren ist innerhalb von drei Monaten nach vollständigem Eingang aller Unterlagen abzuschließen. [3] Diese Frist kann in begründeten Fällen um einen Monat verlängert werden. [4] Bestehen Zweifel an der Echtheit von vorgelegten Bescheinigungen oder Nachweisen oder benötigt die nach § 2 zuständige Stelle weitere Informationen, so kann sie durch Nachfrage bei der zuständigen Stelle des Herkunftsstaates die Echtheit überprüfen oder entsprechende Informationen einholen.

(5) Für die Dauer der Ermittlungen nach Absatz 4 Satz 4 ist der Fristablauf nach Absatz 4 Satz 2 gehemmt.

[1)] **Habersack, Deutsche Gesetze Nr. 92.**

95e. Verordnung über die Aufbewahrung und Speicherung von Justizakten (Justizaktenaufbewahrungsverordnung – JAktAV)

Vom 8. November 2021
(BGBl. I S. 4834)

FNA 224-20-1

Lfd. Nr.	Änderndes Gesetz	Datum	Fundstelle	Betroffen	Hinweis
1.	Art. 6 G zur Abschaffung des Güterrechtsregisters und zur Änd. des COVID-19-InsolvenzaussetzungsG	31.10. 2022	BGBl. I S. 1966	Anl.	geänd. mWv 1.1.2023

Auf Grund des § 2 Absatz 1 Satz 1 des Justizaktenaufbewahrungsgesetzes[1)], der durch Artikel 4 Nummer 3 Buchstabe a des Gesetzes vom 5. Juli 2017 (BGBl. I S. 2208) neu gefasst worden ist, verordnet die Bundesregierung:

§ 1 Anwendungsbereich. [1] Diese Verordnung regelt die Aufbewahrung und Speicherung der Akten, Aktenregister, Karteien, Namens- und sonstigen Verzeichnisse der Gerichte und der Staatsanwaltschaften, die für das Verfahren nicht mehr erforderlich sind, und die hierbei zu beachtenden Aufbewahrungs- und Speicherungsfristen. [2] Die Regelungen für die Akten der allgemeinen Verwaltung, der Justizverwaltung und der Strafvollzugsbehörden sowie für die Akten zu Verfahren, die auf Landesrecht beruhen, bleiben unberührt.

§ 2 Durchführung der Aufbewahrung und Speicherung. (1) [1] Die weggelegten oder abschließend bearbeiteten Akten, Aktenregister, Karteien, Namens- und sonstigen Verzeichnisse sind bis zum Ablauf der jeweiligen Aufbewahrungs- und Speicherungsfristen vollständig aufzubewahren, vor unbefugtem Zugriff zu sichern und vor Beschädigung und Verfall zu schützen. [2] Ihre Lesbarkeit ist zu gewährleisten.

(2) Bei elektronisch gespeicherten Akten, Aktenregistern, Karteien, Namens- und sonstigen Verzeichnissen sind die Vertraulichkeit, die Integrität, die Verfügbarkeit und die Authentizität durch geeignete Maßnahmen zu gewährleisten.

§ 3 Aufbewahrungs- und Speicherungsfristen. (1) [1] Die Aufbewahrungs- und Speicherungsfristen bestimmen sich nach der Anlage. [2] Für in der Anlage nicht ausdrücklich bezeichnete Akten gelten die für Akten in vergleichbaren Angelegenheiten bestimmten Aufbewahrungs- und Speicherungsfristen.

(2) Werden in Papierform geführte Teile einer Akte, für die unterschiedliche Aufbewahrungs- und Speicherungsfristen gelten, in die elektronische Form oder in eine Mikroform übertragen und ist damit ihre jeweils fristgerechte Löschung nicht mehr oder nur noch mit unvertretbarem Aufwand möglich, so bestimmt sich die Aufbewahrungs- und Speicherungsfrist nach der längsten Frist.

(3) [1] Die Leitung der für die Aktenaufbewahrung oder -speicherung zuständigen Stelle kann von Amts wegen im Einzelfall eine längere oder kürzere Aufbewahrungs- und Speicherungsfrist für einzelne Akten oder Aktenteile anordnen, soweit

1) Nr. **95d**.

dies aufgrund besonderer Umstände erforderlich ist. [2]Die Anordnung kann auch auf Antrag einer am Verfahren beteiligten oder einer sonstigen Person erlassen werden, sofern diese ein berechtigtes Interesse darlegt. [3]Der Anordnung dürfen weder schutzwürdige Interessen von Verfahrensbeteiligten oder sonstigen Personen noch öffentliche Interessen entgegenstehen. [4]Die Anordnung ist zu begründen und zu dokumentieren. [5]Im Fall einer Verkürzung der Aufbewahrungs- und Speicherungsfrist ist die Dokumentation bis zum Ablauf der ursprünglichen Aufbewahrungs- und Speicherungsfrist aufzubewahren oder zu speichern.

(4) [1]Aktenregister, Karteien, Namens- und sonstige Verzeichnisse sind dauernd aufzubewahren, soweit in ihnen Akten oder Aktenteile verzeichnet sind, die dauernd aufzubewahren sind. [2]Ebenfalls dauernd aufzubewahren sind Namens- und Unternehmensverzeichnisse zum Grundbuch und zu allen sonstigen öffentlichen Registern. [3]Im Übrigen sind Aktenregister, Karteien, Namens- und sonstige Verzeichnisse auszusondern oder darin enthaltene Daten zu löschen oder unkenntlich zu machen, sobald sie für abgeschlossene und laufende Verfahren nicht mehr benötigt werden.

§ 4 Beginn der Aufbewahrungs- und Speicherungsfristen. (1) [1]Die Aufbewahrungs- und Speicherungsfrist beginnt mit Ablauf des Jahres, in dem die Weglegung der Akten angeordnet wurde. [2]Für Akten, für die die Weglegung nicht geregelt ist, beginnt die Aufbewahrungs- und Speicherungsfrist mit Ablauf des Jahres, in dem die letzte Verfügung zur Sache ergangen ist.

(2) Für Akten, die nach einem wieder aufgenommenen oder fortgesetzten Verfahren erneut weggelegt werden, beginnt mit Ablauf des Jahres der erneuten Weglegung eine neue Aufbewahrungs- und Speicherungsfrist.

(3) [1]Beträgt die Aufbewahrungs- und Speicherungsfrist weniger als ein Jahr, beginnt sie abweichend von Absatz 1 mit Ablauf des Monats, in dem die Weglegung der Akten angeordnet wurde oder die letzte Verfügung zur Sache ergangen ist. [2]Absatz 2 gilt mit der Maßgabe, dass die neue Aufbewahrungs- und Speicherungsfrist mit Ablauf des Monats der erneuten Weglegung beginnt.

§ 5 Beginn der Aufbewahrungs- und Speicherungsfristen in Straf- und Bußgeldsachen. (1) [1]Die Aufbewahrungs- und Speicherungsfrist für Akten in Straf- und Bußgeldsachen beginnt mit Ablauf des Jahres, in dem die verfahrensbeendende Entscheidung rechtskräftig geworden ist. [2]Sofern die verfahrensbeendende Entscheidung keiner Rechtskraft bedarf, beginnt die Aufbewahrungs- und Speicherungsfrist mit Ablauf des Jahres, in dem die Entscheidung getroffen worden ist. [3]Bei Verfahren gegen mehrere Beschuldigte oder Betroffene ist die letzte Entscheidung maßgebend.

(2) Wird nachträglich auf eine Gesamtstrafe erkannt, so beginnt für die Akten über die in diese Entscheidung einbezogenen Verurteilungen eine neue Aufbewahrungs- und Speicherungsfrist mit Ablauf des Jahres, in dem diese Entscheidung rechtskräftig geworden ist.

(3) [1]Ist zum Zeitpunkt der Weglegung der Akten die unter Zugrundelegung der Fristbestimmung nach Absatz 1 oder Absatz 2 bestimmte Aufbewahrungs- und Speicherungsfrist bereits abgelaufen oder endet diese mit Ablauf des Jahres der Weglegung oder der beiden darauffolgenden Jahre, so sind die Akten mit Ablauf des Jahres, in dem die Weglegung angeordnet wurde, für weitere drei Jahre aufzubewahren oder zu speichern. [2]In den Fällen der Nummer 1113.1 Buchstabe a der Anlage sind die Akten für weitere zwei Jahre aufzubewahren oder zu speichern.

§ 6 Beginn der Aufbewahrungs- und Speicherungsfristen in Kindschaftssachen. [1] Die Aufbewahrungs- und Speicherungsfrist für Akten in Kindschaftssachen nach § 151 des Gesetzes über das Verfahren in Familiensachen und in den Angelegenheiten der freiwilligen Gerichtsbarkeit[1)] beginnt unabhängig von der tatsächlichen Verfahrensbeendigung mit dem Ablauf des Jahres, in dem die ehemals minderjährige Person das 30. Lebensjahr vollendet hat oder vollendet hätte. [2] Sind mehrere Geschwister vorhanden, so ist die jüngste an der Angelegenheit beteiligte Person maßgebend.

§ 7 Beginn der Aufbewahrungs- und Speicherungsfristen in bestimmten Nachlasssachen. (1) Die Aufbewahrungs- und Speicherungsfrist für Akten über Verfügungen von Todes wegen, soweit diese nicht zurückgegeben wurden, beginnt mit Ablauf des Jahres, in dem die Verfügung von Todes wegen vollständig eröffnet wurde oder die Eröffnung nach dem Letztverstorbenen erfolgt ist.

(2) Die Aufbewahrungs- und Speicherungsfrist für Verwahrungsbücher über Verfügungen von Todes wegen beginnt für den jeweiligen Jahrgang mit dem Ablauf des Jahres, in dem die letzte darin verzeichnete Verfügung von Todes wegen eröffnet wurde.

§ 8 Abweichende Bestimmung des Beginns der Aufbewahrungs- und Speicherungsfrist. [1] Die Leitung der für die Aktenaufbewahrung oder -speicherung zuständigen Stelle kann anordnen, dass die Aufbewahrungs- und Speicherungsfrist allgemein oder für einzelne Angelegenheiten abweichend von den §§ 4 bis 7 unmittelbar mit dem Ereignis beginnt, das dem Fristbeginn zugrunde liegt. [2] Die Anordnung ist zu dokumentieren. [3] Sie kann auch von einer übergeordneten Stelle erlassen werden.

§ 9 Aussetzung der Aussonderung. (1) [1] Die Leitung der für die Aktenaufbewahrung oder -speicherung zuständigen Stelle kann für eine Gruppe von Akten anordnen, dass deren Aussonderung bis zum Ablauf einer von ihr bestimmten Frist auszusetzen ist, wenn ein öffentliches Interesse dies erfordert. [2] Die Frist darf höchstens vier Jahre betragen. [3] Sie kann einmalig um bis zu zwei Jahre verlängert werden. [4] Ein öffentliches Interesse besteht insbesondere dann, wenn Anhaltspunkte dafür vorliegen, dass die Akten für einen parlamentarischen Untersuchungsausschuss von Bedeutung sein können.

(2) [1] Spätestens zwei Jahre nach der Anordnung nach Absatz 1 Satz 1 ist zu prüfen, ob die Voraussetzungen der Anordnung weiterhin vorliegen. [2] Ist dies nicht der Fall, ist die Anordnung aufzuheben.

(3) [1] Entscheidungen nach den Absätzen 1 und 2 sind zu begründen und zu dokumentieren. [2] § 8 Satz 3 gilt entsprechend.

§ 10 Übergangsbestimmung. Die Aufbewahrungs- und Speicherungsfristen nach der Anlage sind, vorbehaltlich abweichender Regelungen der Länder auf der Grundlage des § 2 Absatz 3 des Justizaktenaufbewahrungsgesetzes[2)], auch auf Akten anzuwenden, für die die Aufbewahrungs- und Speicherungsfrist bereits vor dem 1. Januar 2022 begonnen hat.

§ 11 Inkrafttreten. Diese Verordnung tritt am 1. Januar 2022 in Kraft.

[1)] **Habersack, Deutsche Gesetze Nr. 112.**
[2)] Nr. **95d.**

Anlage[1)]
(zu § 3 Absatz 1 Satz 1)

Aufbewahrungs- und Speicherungsfristen

[1)] Anl. geänd. mWv 1.1.2023 durch G v. 31.10.2022 (BGBl. I S. 1966).

Nr.	Registerzeichen	Angelegenheit	Aufbewahrungs- und Speicherungsfrist	Vor der Vernichtung herauszunehmende Dokumente	Bemerkungen
1	2	3	4	5	6
1113.1	OWi	Akten über			
		a) Erzwingungshaftverfahren	2 Jahre		
		b) alle übrigen Bußgeldverfahren	5 Jahre	vollstreckbare Titel (z.B. Kostenfestsetzungsbeschlüsse, Entscheidungen über die Entschädigung wegen erlittener Verfolgungsmaßnahmen) (siehe Nr. 1113.2)	
1113.2		Die Urteile und Strafbefehle, in denen rechtskräftig auf Strafe erkannt ist (hierzu zählen nicht Erziehungsmaßregeln und Zuchtmittel nach dem JGG) einschließlich der Gesamtstrafenbeschlüsse, sowie die Nachweise über die Vollstreckung der Strafe; Anklagen, auf deren zugelassenen Anklagesatz Bezug genommen ist, Anklagen nach § 212a Abs. 2 Satz 2 StPO in der bis zum 30. November 1994 geltenden Fassung und § 418 Abs. 3 Satz 2 StPO, Strafbefehle, Strafbefehlsanträge; bei den Akten befindliche Abbildungen, auf die in den Urteilen Bezug genommen ist; Ur-			Ist eine Geldstrafe durch Teilzahlungen getilgt, so ist nur der Nachweis über die letzte Teilzahlung aufzubewahren. Zu den Urteilen usw. im Sinne dieser Vorschrift gehören auch die zu den Akten genommenen beglaubigten Abschriften von Entscheidungen der höheren Instanzen.

Nr.	Regis-terzeichen	Angelegenheit	Aufbewahrungs- und Speicherungsfrist	Vor der Vernichtung herauszunehmende Dokumente	Bemerkungen
1	2	3	4	5	6
		teile und sonstige Entscheidungen über die Kostenerstattungspflicht und über die Entschädigungspflicht für Strafverfolgungsmaßnahmen; Entscheidungen nach § 2 Abs. 1 des DNA-Identitätsfeststellungsgesetzes in der bis zum 31. Oktober 2005 geltenden Fassung und § 81g StPO; Kostenfestsetzungsbeschlüsse sowie Entscheidungen, in denen eine Entschädigung nach den §§ 10 und 11 StrEG zuerkannt worden ist; die Beschlüsse oder Mitteilungen über den Erlass oder die Milderung der Strafe sowie über die Anordnung der Nichtaufnahme in ein Führungszeugnis (§ 39 BZRG) oder der Tilgung im Bundeszentralregister (§§ 48 und 49 BZRG)	30 Jahre		
1113.3		Sammelakten mit den Begleitumschlägen der abgehenden Briefe der Untersuchungsgefangenen	1 Jahr		Auf Anordnung der Behördenleitung können die Begleitumschläge statt in Sammelakten auch in Kartons oder anderen Behältnissen

Nr.	Registerzeichen	Angelegenheit	Aufbewahrungs- und Speicherungsfrist	Vor der Vernichtung herauszunehmende Dokumente	Bemerkungen
1	2	3	4	5	6
					geordnet aufbewahrt werden.
		Unterabschnitt 4 **Angelegenheiten der freiwilligen Gerichtsbarkeit und Familiensachen**			
1114.0		a) Grundbücher und Bahngrundbücher	dauernd		
		b) das dazugehörige Schriftgut an Akten, Urkunden usw. mit Ausnahme der unter Buchstabe c und d bezeichneten Sonderhefte und Sammelakten	dauernd		
		c) Sonderhefte mit den Schriften von vorübergehender Bedeutung	2 Jahre		
		d) Anträge auf Erteilung von Grundbuchabschriften	2 Jahre		
1114.1	HR	a) Handelsregister	dauernd		zu den Nrn. 1114.1 bis 1114.8: Beihefte mit Dokumenten von vorübergehender Bedeutung (z.B. Belegblätter über öffentliche Bekanntmachungen) sind nach 10 Jahren zu vernichten.
		b) Handelsregisterakten	10 Jahre		
1114.2	PR	a) Partnerschaftsregister	dauernd		
		b) Partnerschaftsregisterakten	10 Jahre		zu Nr. 1114.1 Buchstabe b:

Nr.	Regis-terzei-chen	Angelegenheit	Aufbewahrungs- und Speicherungsfrist	Vor der Vernichtung herauszunehmende Dokumente	Bemerkungen
1	2	3	4	5	6
1114.3	GR	a) Güterrechtsregister	130 Jahre, längstens bis zum 31. Dezember 2037		Handelsregisterakten zu geschlossenen Registerblättern der Zweigniederlassungen können – unabhängig vom Bestehen der Hauptniederlassung – 10 Jahre nach Schließung des Registerblattes ausgesondert werden.
		b) die zum Güterrechtsregister gehörenden Akten	70 Jahre vom Zeitpunkt der Eintragung an, längstens bis zum 31. Dezember 2037		
1114.4	VR	a) Vereinsregister	dauernd		
		b) die zum Vereinsregister gehörenden Akten	10 Jahre		
1114.5	GnR	a) Genossenschaftsregister	dauernd		
		b) die zum Genossenschaftsregister gehörenden Akten	10 Jahre		
1114.6	SSR	a) Seeschiffsregister	50 Jahre		
		b) die zum Seeschiffsregister gehörenden Akten	30 Jahre		
1114.7	BSR	a) Binnenschiffsregister	50 Jahre		
		b) die zum Binnenschiffsregister gehörenden Akten	30 Jahre		

98/1. Berufsordnung

in der Fassung vom 22. März 1999[1)]

BRAK-Mitt. Nr. 3 S. 123

Lfd. Nr.	Änderndes Gesetz	Datum	Fundstelle	Betroffen	Hinweis
1.	BRAK-Beschl.	15./16.2. 2001	BRAK-Mitt. Nr. 4 S. 177	§§ 29, 31, 34	
2.	BRAK-Beschl.	22.11. 2001	BRAK-Mitt. 2002 Nr. 1 S. 48	§ 4	
3.	BRAK-Beschl.	25./26.4. 2002	BRAK-Mitt. Nr. 5 S. 219	§§ 6, 7, 7a, 8, 9	
4.	BRAK-Beschl.	7.11.2002	BRAK-Mitt. 2003 Nr. 2 S. 67	§ 7	
5.	Beschl. des BVerfG 1 BvR 238/01	3.7.2003	BGBl. I S. 1672	§ 3	
6.	BRAK-Beschl.	26.4.2004	BRAK-Mitt. Nr. 4 S. 177	§ 9	
7.	BRAK-Beschl.	21.2.2005	BRAK-Mitt. Nr. 4 S. 183	§§ 6, 10	
8.	BRAK-Beschl.	7.11.2005	BRAK-Mitt. Nr. 6 S. 273	§ 7	
9.	BRAK-Beschl.	7.11.2005	BRAK-Mitt. 2006 Nr. 2 S. 79	§ 3	
10.	BRAK-Beschl.	18.1.2008	BRAK-Mitt. Nr. 2 S. 65	§ 31	
11.	BRAK-Beschl.	14.11. 2008	BRAK-Mitt. 2009 Nr. 2 S. 64	§ 4	
12.	BRAK-Beschl.[2)]	14.11. 2008	BRAK-Mitt. 2009 Nr. 3 S. 120	§ 16a	mWv 1.9.2009
13.	BRAK-Beschl.	15.6.2009	BRAK-Mitt. Nr. 6 S. 279	§ 24	mWv 1.3.2010

[1)] Diese Fassung der BORA ist am 1.9.1999 in Kraft getreten.

[2)] **Amtl. Anm.:** Der ursprüngliche Beschluss der Satzungsversammlung (vgl. BRAKMitt. 2009, 64 f.) ist vom Bundesministerium der Justiz mit Bescheid vom 12.3.2009 (vgl. BRAK-Mitt. 2009, 65 f.) teilweise aufgehoben worden.

Lfd. Nr.	Änderndes Gesetz	Datum	Fundstelle	Betroffen	Hinweis
14.	BRAK-Beschl.	6./7.11. 2009	BRAK-Mitt. 2010 Nr. 2 S. 69	§§ 6, 10, 23	mWv 1.7.2010
15.	BRAK-Beschl.	15.6.2009	BRAK-Mitt. 2010 Nr. 5 S. 207	§ 5	mWv 1.1.2011
16.	BRAK-Beschl.	25./26.6. 2010	BRAK-Mitt. Nr. 6 S. 253	§§ 8, 9, 13, 32	mWv 1.3.2011
17.	BRAK-Beschl.	1.4.2011	BRAK-Mitt. Nr. 4 S. 194	§ 7	mWv 1.11.2011
18.	BRAK-Beschl.	14.5.2012	BRAK-Mitt. Nr. 4 S. 172	§ 30	mWv 1.11.2012
19.	BRAK-Beschl.	13.11. 2012	BRAK-Mitt. 2013 Nr. 1 S. 34	§§ 7a, 34	mWv 1.5.2013
20.	BRAK-Beschl.	15.4.2013	BRAK-Mitt. Nr. 4 S. 173	§§ 8, 10, 29, 29a, 29b, 30, 32, 33	mWv 1.11.2013
21.	Nr. A BRAK-Beschl.	6./7.12. 2013	BRAK-Mitt. 2014 Nr. 3 S. 145	§ 23	mWv 1.9.2014
22.	Nr. A BRAK-Beschl.	5.5.2014	BRAK-Mitt. Nr. 5 S. 252	§ 3	mWv 1.1.2015
23.	Nr. A BRAK-Beschl.	10./ 11.11. 2014	BRAK-Mitt. 2015 Nr. 2 S. 83	§§ 2, 6, 11	mWv 1.7.2015
24.	BRAK-Beschl.	9.5.2016	BRAK-Mitt. Nr. 5 S. 235	§ 10	mWv 1.1.2017
25.	BRAK-Beschl.	19.5.2017	BRAK-Mitt. Nr. 5 S. 234	§§ 2, 14	mWv 1.1.2018
26.	BRAK-Beschl.	16.4.2018	BRAK-Mitt. Nr. 4 S. 193	§§ 2, 3	mWv 1.11.2018
27.	BRAK-Beschl.	6.5.2019	BRAK-Mitt. Nr. 5 S. 245	§ 2	mWv 1.1.2020
28.	BRAK-Beschl.	6.12.2021	BRAK-Mitt. Nr. 5 S. 153	§ 5 § 3	mWv 1.6.2022 mWv 1.8.2022
29.	BRAK-Beschl.	29./30.4. 2022	BRAK-Mitt. Nr. 5 S. 266	§§ 4, 5a, 8, 30, 32, 33	mWv 1.10.2022

Inhaltsübersicht[1]

[1] Die Inhaltsübersicht wurde nichtamtlich an die nachträglichen Änderungen angepasst.

Die Rechtsanwältinnen und Rechtsanwälte in der Bundesrepublik Deutschland sowie die weiteren Mitglieder der Rechtsanwaltskammern geben sich durch die Versammlung ihrer frei gewählten Vertreterinnen und Vertreter folgende Berufsordnung, in der der Begriff Rechtsanwalt neutral als Berufsbezeichnung verwendet ist:

Erster Teil. Freiheit der Berufsausübung

§ 1 Freiheit der Advokatur (1) Der Rechtsanwalt übt seinen Beruf frei, selbstbestimmt und unreglementiert aus, soweit Gesetz oder Berufsordnung ihn nicht besonders verpflichten.

(2) [1]Die Freiheitsrechte des Rechtsanwalts gewährleisten die Teilhabe des Bürgers am Recht. [2]Seine Tätigkeit dient der Verwirklichung des Rechtsstaats.

(3) Als unabhängiger Berater und Vertreter in allen Rechtsangelegenheiten hat der Rechtsanwalt seine Mandanten vor Rechtsverlusten zu schützen, rechtsgestaltend, konfliktvermeidend und streitschlichtend zu begleiten, vor Fehlentscheidungen durch Gerichte und Behörden zu bewahren und gegen verfassungswidrige Beeinträchtigung und staatliche Machtüberschreitung zu sichern.

Zweiter Teil. Pflichten bei der Berufsausübung

Erster Abschnitt. Allgemeine Berufs- und Grundpflichten

§ 2[1)] Verschwiegenheit. (1) [1]Der Rechtsanwalt ist zur Verschwiegenheit verpflichtet und berechtigt. [2]Dies gilt auch nach Beendigung des Mandats.

(2) [1]Die Verschwiegenheitspflicht gebietet es dem Rechtsanwalt, die zum Schutze des Mandatsgeheimnisses erforderlichen organisatorischen und technischen Maßnahmen zu ergreifen, die risikoadäquat und für den Anwaltsberuf zumutbar sind. [2]Technische Maßnahmen sind hierzu ausreichend, soweit sie im Falle der Anwendbarkeit der Vorschriften zum Schutz personenbezogener Daten deren Anforderungen entsprechen. [3]Sonstige technische Maßnahmen müssen ebenfalls dem Stand der Technik entsprechen. [4]Abs. 4 lit. c) bleibt hiervon unberührt.
[5]Zwischen Rechtsanwalt und Mandant ist die Nutzung eines elektronischen oder sonstigen Kommunikationsweges, der mit Risiken für die Vertraulichkeit dieser Kommunikation verbunden ist, jedenfalls dann erlaubt, wenn der Mandant ihr zustimmt. [6]Von einer Zustimmung ist auszugehen, wenn der Mandant diesen Kommunikationsweg vorschlägt oder beginnt und ihn, nachdem der Rechtsanwalt zumindest pauschal und ohne technische Details auf die Risiken hingewiesen hat, fortsetzt.

(3) Ein Verstoß gegen die Pflicht zur Verschwiegenheit (§ 43a Abs. 2 Bundesrechtsanwaltsordnung[2)]) liegt nicht vor, soweit Gesetz und Recht eine Ausnahme fordern oder zulassen.

(4) Ein Verstoß ist nicht gegeben, soweit das Verhalten des Rechtsanwalts

a) mit Einwilligung erfolgt oder
b) zur Wahrnehmung berechtigter Interessen erforderlich ist, z.B. zur Durchsetzung oder Abwehr von Ansprüchen aus dem Mandatsverhältnis oder zur Verteidigung in eigener Sache, oder

---

[1)] § 2 neu gef. mWv 1.1.2020 durch Beschl. v. 6.5.2019 (BRAK-Mitt. 5/2019 S. 245).
[2)] Nr. **98**.

c) im Rahmen der Arbeitsabläufe der Kanzlei, die außerhalb des Anwendungsbereichs des § 43e Bundesrechtsanwaltsordnung liegen, objektiv einer üblichen, von der Allgemeinheit gebilligten Verhaltensweise im sozialen Leben entspricht (Sozialadäquanz).

(5) Die Vorschriften zum Schutz personenbezogener Daten bleiben unberührt.

§ 3[1)] Interessenwiderstreit. (1) [1]Der Rechtsanwalt darf keine widerstreitenden Interessen vertreten. [2]Der Rechtsanwalt darf in einem laufenden Mandat auch keine Vermögenswerte von dem Mandanten und/oder dem Anspruchsgegner zum Zweck der treuhänderischen Verwaltung oder Verwahrung für beide Parteien entgegennehmen.

(2) Wer erkennt, dass er entgegen § 43a IV bis VI BRAO[2)] tätig geworden ist, hat unverzüglich seine(n) Mandanten zu informieren und alle Mandate in derselben Rechtssache zu beenden.

(3) [1]Eine gemeinschaftliche Berufsausübung i.S.v. § 43a IV 2 BRAO liegt bei Bürogemeinschaften (§ 59q BRAO) nicht vor. [2]Eine Sozietätserstreckung gilt auch für individuell erteilte Mandate.

(4) [1]Der Rechtsanwalt darf in einem Mandat nach § 43a IV 4 BRAO (Befreiung von der Sozietätserstreckung mit Zustimmung der Mandanten) nur tätig werden, wenn durch getrennte Bearbeitung die Einhaltung der Verschwiegenheitspflicht sichergestellt ist. [2]Dafür ist, über die allgemeinen Anforderungen des § 2 hinaus, insbesondere erforderlich

a) die inhaltliche Bearbeitung der widerstreitenden Mandate ausschließlich durch verschiedene Personen,

b) der Ausschluss des wechselseitigen Zugriffs auf Papierakten sowie auf elektronische Daten einschließlich des besonderen elektronischen Anwaltspostfachs, und

c) das Verbot an die mandatsbearbeitenden Personen, wechselseitig über das Mandat zu kommunizieren.

[3]Die Einhaltung dieser Vorkehrungen ist zum jeweiligen Mandat zu dokumentieren.

§ 4[3)] Fremdgelder und andere Vermögenswerte. (1) [1]Fremdgelder und sonstige Vermögenswerte, insbesondere Wertpapiere und andere geldwerte Urkunden, sind unverzüglich an den Berechtigten weiterzuleiten. [2]Solange dies nicht möglich ist, sind Fremdgelder auf Anderkonten zu verwalten; dies sind in der Regel Einzelanderkonten. [3]Auf einem Sammelanderkonto dürfen Beträge über 15 000,00 Euro für einen einzelnen Mandanten nicht länger als einen Monat verwaltet werden. [4]Sonstige Vermögenswerte sind gesondert zu verwahren. [5]Die vorstehenden Bestimmungen gelten nicht, solange etwas anderes in Textform vereinbart ist. [6]Über Fremdgelder ist unverzüglich, spätestens mit Beendigung des Mandats, abzurechnen.

---

1) § 3 neu gef. mWv 1.8.2022 durch Beschl. v. 6.12.2021 (BRAK-Mitt. 3/2022 S. 153).
2) Nr. **98**.
3) § 4 Abs. 2 Satz 3 geänd. mWv 1.5.2002 durch Beschl. v. 22.11.2001 (BRAK-Mitt. 1/2002 S. 48); Abs. 2 Satz 2 geänd., Sätze 5 und 6 neu gef. mWv 1.7.2009 durch Beschl. v. 14.11.2008 (BRAK-Mitt. 2/2009 S. 64); Abs. 1 aufgeh., bish. Abs. 2 und 3 werden Abs. 1 und 2 mWv 1.10.2022 durch Beschl. v. 29./30.4.2022 (BRAK-Mitt. 5/2022 S. 266).

(2) Eigene Forderungen dürfen nicht mit Geldern verrechnet werden, die zweckgebunden zur Auszahlung an andere als den Mandanten bestimmt sind.

§ 5[1] **Kanzlei, weitere Kanzlei und Zweigstelle.** Der Rechtsanwalt ist verpflichtet, die für seine Berufsausübung erforderlichen sachlichen, personellen und organisatorischen Voraussetzungen in Kanzlei, weiterer Kanzlei und Zweigstelle vorzuhalten.

§ 5a[2] **Kenntnisse im Berufsrecht.** Die Kenntnisse im rechtsanwaltlichen Berufsrecht gemäß § 43f BRAO[3] müssen durch die Teilnahme an einer Lehrveranstaltung mit insgesamt mindestens zehn Zeitstunden nachgewiesen werden, die folgende Themen umfassen soll:

1. Organisation des Berufs als freier Beruf sowie der Rechtsanwaltskammern als Selbstverwaltungsorgane einschließlich der Berufsaufsicht und berufsrechtlicher Sanktionen
2. Allgemeine Berufspflicht und Grundpflichten nach §§ 43, 43a BRAO, §§ 2 bis 5a BORA
3. Überblick über die besonderen Berufspflichten nach den §§ 43b ff. BRAO, §§ 6 bis 33 BORA
4. Berufsrechtliche Bezüge zum anwaltlichen Haftungsrecht.

Zweiter Abschnitt. Besondere Berufspflichten im Zusammenhang mit der Werbung

§ 6[4] **Werbung.** (1) Der Rechtsanwalt darf über seine Dienstleistung und seine Person informieren, soweit die Angaben sachlich unterrichten und berufsbezogen sind.

(2) [1]Die Angabe von Erfolgs- und Umsatzzahlen ist unzulässig, wenn sie irreführend ist. [2]Hinweise auf Mandate und Mandanten sind nur zulässig, soweit der Mandant ausdrücklich eingewilligt hat.

(3) Der Rechtsanwalt darf nicht daran mitwirken, dass Dritte für ihn Werbung betreiben, die ihm selbst verboten ist.

§ 7[5] **Benennung von Teilbereichen der Berufstätigkeit.** (1) [1]Unabhängig von Fachanwaltsbezeichnungen darf Teilbereiche der Berufstätigkeit nur benennen, wer seinen Angaben entsprechende Kenntnisse nachweisen kann, die in der Ausbildung, durch Berufstätigkeit, Veröffentlichungen oder in sonstiger Weise erworben wurden. [2]Wer qualifizierende Zusätze verwendet, muss zusätzlich über entsprechende theoretische Kenntnisse verfügen und auf dem benannten Gebiet in erheblichem Umfang tätig gewesen sein.

(2) Benennungen nach Absatz 1 sind unzulässig, soweit sie die Gefahr einer Verwechslung mit Fachanwaltschaften begründen oder sonst irreführend sind.

[1] § 5 neu gef. mWv 1.6.2022 durch Beschl. v. 6.12.2021 (BRAK-Mitt. 3/2022 S. 153).

[2] § 5a eingef. mWv 1.10.2022 durch Beschl. v. 29./30.4.2022 (BRAK-Mitt. 5/2022 S. 266).

[3] Nr. **98**.

[4] § 6 Abs. 2 neu gef., Abs. 3 aufgeh., bish. Abs. 4 wird Abs. 3 mWv 1.11.2005 durch Beschl. v. 21.2.2005 (BRAK-Mitt. 4/2005 S. 183); Abs. 2 Satz 2 neu gef. mWv 1.7.2010 durch Beschl. v. 6.11.2009 (BRAK-Mitt. 2/2010 S. 69); Abs. 2 Satz 1 neu gef. mWv 1.7.2015 durch Beschl. v. 10./11.11.2014 (BRAK-Mitt. 2/2015 S. 83).

[5] § 7 neu gef. mWv 1.3.2006 durch Beschl. v. 7.11.2005 (BRAK-Mitt. 6/2005 S. 273); Abs. 3 neu gef. mWv 1.11.2011 durch Beschl. v. 1.4.2011 (BRAK-Mitt. 4/2011 S. 194).

(3) Die vorstehenden Regelungen gelten bei gemeinschaftlicher Berufsausübung und bei anderer beruflicher Zusammenarbeit entsprechend.

§ 7a[1)] **Mediator.** Der Rechtsanwalt, der sich als Mediator bezeichnet, hat die Voraussetzungen nach § 5 Abs. 1 Mediationsgesetz[2)] im Hinblick auf Aus- und Fortbildung, theoretische Kenntnisse und praktische Erfahrungen zu erfüllen.

§ 8[3)] **Kundgabe gemeinschaftlicher Berufsausübung und anderer beruflicher Zusammenarbeit.** [1] Auf eine Verbindung zur gemeinschaftlichen Berufsausübung darf nur hingewiesen werden, wenn sie in einer Berufsausübungsgesellschaft oder in sonstiger Weise mit den in § 59c BRAO[4)] genannten Berufsträgern erfolgt. [2] Die Kundgabe jeder anderen Form der beruflichen Zusammenarbeit ist zulässig, sofern nicht der Eindruck einer gemeinschaftlichen Berufsausübung erweckt wird.

§ 9[5)] **Kurzbezeichnungen.** Eine Kurzbezeichnung muss einheitlich geführt werden.

§ 10[6)] **Briefbögen.** (1) [1] Der Rechtsanwalt hat auf Briefbögen seine Kanzleianschrift anzugeben. [2] Kanzleianschrift ist die im Rechtsanwaltsverzeichnis als solche eingetragene Anschrift (§ 31 Abs. 3 Nr. 2 Halbsatz 1, § 27 Abs. 1 Bundesrechtsanwaltsordnung[4)]). [3] Werden mehrere Kanzleien, eine oder mehrere Zweigstellen unterhalten, so ist für jeden auf den Briefbögen Genannten seine Kanzleianschrift anzugeben.

(2) [1] Auf Briefbögen müssen auch bei Verwendung einer Kurzbezeichnung die Namen sämtlicher Gesellschafter mit mindestens einem ausgeschriebenen Vornamen aufgeführt werden. [2] Gleiches gilt für Namen anderer Personen, die in einer Kurzbezeichnung gemäß § 9 enthalten sind. [3] Es muss mindestens eine der Kurzbezeichnung entsprechende Zahl von Gesellschaftern, Angestellten oder freien Mitarbeitern auf den Briefbögen namentlich aufgeführt werden.

(3) Bei beruflicher Zusammenarbeit mit Angehörigen anderer Berufe sind die jeweiligen Berufsbezeichnungen anzugeben.

(4) Ausgeschiedene Kanzleiinhaber, Gesellschafter, Angestellte oder freie Mitarbeiter können auf den Briefbögen nur weitergeführt werden, wenn ihr Ausscheiden kenntlich gemacht wird.

---

1) § 7a neu gef. mWv 1.5.2013 durch Beschl. v. 13.11.2012 (BRAK-Mitt. 1/2013 S. 34).

2) **Habersack, Deutsche Gesetze Nr. 106.**

3) § 8 neu gef. mWv 1.3.2011 durch Beschl. v. 25./26.6.2010 (BRAK-Mitt. 6/2010 S. 253); Satz 1 neu gef. mWv 1.11.2013 durch Beschl. v. 15.4.2013 (BRAK-Mitt. 4/2013 S. 173); Satz 1 geänd. mWv 1.10.2022 durch Beschl. v. 29./30.4.2022 (BRAK-Mitt. 5/2022 S. 266).

4) Nr. **98.**

5) § 9 neu gef. mWv 1.3.2011 durch Beschl. v. 25./26.6.2010 (BRAK-Mitt. 6/2010 S. 253).

6) § 10 Abs. 1 Satz 2 und Abs. 4 geänd. mWv 1.11.2005 durch Beschl. v. 21.2.2005 (BRAK-Mitt. 4/2005 S. 183); bish. Abs. 3 wird Abs. 1 und neu gef., bish. Abs. 1 und 2 werden Abs. 2 und 3 mWv 1.7.2010 durch Beschl. v. 6.11.2009 (BRAK-Mitt. 2/2010 S. 69); Abs. 1 neu gef. mWv 1.11.2013 durch Beschl. v. 15.4.2013 (BRAK-Mitt. 4/2013 S. 173); Abs. 1 Satz 2 geänd. mWv 1.1.2017 durch Beschl. v. 9.5.2016 (BRAK-Mitt. 5/2016 S. 235).

Dritter Abschnitt. Besondere Berufspflichten bei der Annahme, Wahrnehmung und Beendigung des Mandats

§ 11[1] Mandatsbearbeitung und Unterrichtung des Mandanten. (1) [1]Der Rechtsanwalt ist verpflichtet, das Mandat in angemessener Zeit zu bearbeiten und den Mandanten über alle für den Fortgang der Sache wesentlichen Vorgänge und Maßnahmen unverzüglich zu unterrichten. [2]Dem Mandanten ist insbesondere von allen wesentlichen erhaltenen oder versandten Schriftstücken Kenntnis zu geben.

(2) Anfragen des Mandanten sind unverzüglich zu beantworten.

§ 12 Umgehung des Gegenanwalts. (1) Der Rechtsanwalt darf nicht ohne Einwilligung des Rechtsanwalts eines anderen Beteiligten mit diesem unmittelbar Verbindung aufnehmen oder verhandeln.

(2) [1]Dieses Verbot gilt nicht bei Gefahr im Verzuge. [2]Der Rechtsanwalt des anderen Beteiligten ist unverzüglich zu unterrichten; von schriftlichen Mitteilungen ist ihm eine Abschrift unverzüglich zu übersenden.

§ 13[2] *(aufgehoben)*

§ 14[3] Zustellungen. [1]Der Rechtsanwalt hat ordnungsgemäße Zustellungen von Gerichten, Behörden und Rechtsanwälten entgegenzunehmen und das Empfangsbekenntnis mit dem Datum versehen unverzüglich zu erteilen. [2]Wenn der Rechtsanwalt bei einer nicht ordnungsgemäßen Zustellung die Mitwirkung verweigert, muss er dies dem Absender unverzüglich mitteilen.

§ 15 Mandatswechsel. (1) Der Rechtsanwalt, der das einem anderen Rechtsanwalt übertragene Mandat übernimmt, hat sicherzustellen, dass der früher tätige Rechtsanwalt von der Mandatsübernahme unverzüglich benachrichtigt wird.

(2) Der Rechtsanwalt, der neben einem anderen Rechtsanwalt ein Mandat übernimmt, hat diesen unverzüglich über die Mandatsmitübernahme zu unterrichten.

(3) Abs. 1 und 2 gelten nicht, wenn der Rechtsanwalt nur beratend tätig wird.

§ 16 Prozesskostenhilfe und Beratungshilfe. (1) Der Rechtsanwalt ist verpflichtet, bei begründetem Anlass auf die Möglichkeiten von Beratungs- und Prozesskostenhilfe hinzuweisen.

(2) Der Rechtsanwalt darf nach Bewilligung von Prozesskostenhilfe oder bei Inanspruchnahme von Beratungshilfe von seinem Mandanten oder Dritten Zahlungen oder Leistungen nur annehmen, die freiwillig und in Kenntnis der Tatsache gegeben werden, dass der Mandant oder der Dritte zu einer solchen Leistung nicht verpflichtet ist.

§ 16a[4] Ablehnung der Beratungshilfe. (1) (aufgehoben)

(2) Der Rechtsanwalt ist nicht verpflichtet, einen Beratungshilfeantrag zu stellen.

(3) [1]Der Rechtsanwalt kann die Beratungshilfe im Einzelfall aus wichtigem Grund ablehnen oder beenden. [2]Ein wichtiger Grund kann in der Person des

[1] § 11 neu gef. mWv 1.7.2015 durch Beschl. v. 10./11.11.2014 (BRAK-Mitt. 2/2015 S. 83).
[2] § 13 aufgeh. mWv 1.3.2011 durch Beschl. v. 25./26.6.2010 (BRAK-Mitt. 6/2010 S. 253).
[3] § 14 Satz 1 geänd. mWv 1.1.2018 durch Beschl. v. 19.5.2017 (BRAK-Mitt. 5/2017 S. 234).
[4] § 16a eingef. mWv 1.9.2009 durch Beschl. v. 14.11.2008 (BRAK-Mitt. 3/2009 S. 120).

Rechtsanwaltes selbst oder in der Person oder dem Verhalten des Mandanten liegen. [3] Ein wichtiger Grund kann auch darin liegen, dass die Beratungshilfebewilligung nicht den Voraussetzungen des Beratungshilfegesetzes[1)] entspricht. [4] Ein wichtiger Grund liegt insbesondere vor, wenn

a) der Rechtsanwalt durch eine Erkrankung oder durch berufliche Überlastung an der Beratung/Vertretung gehindert ist;

b) (aufgehoben)

c) der beratungshilfeberechtigte Mandant seine für die Mandatsbearbeitung erforderliche Mitarbeit verweigert;

d) das Vertrauensverhältnis zwischen Anwalt und Mandant aus Gründen, die im Verhalten oder in der Person des Mandanten liegen, schwerwiegend gestört ist;

e) sich herausstellt, dass die Einkommens- und/oder Vermögensverhältnisse des Mandanten die Bewilligung von Beratungshilfe nicht rechtfertigen;

f) (aufgehoben)

g) (aufgehoben)

§ 17 Zurückbehaltung von Handakten. [1] Wer die Herausgabe der Handakten (§ 50 Abs. 3 und 4 Bundesrechtsanwaltsordnung[2)]) verweigert, kann einem berechtigten Interesse des Mandanten auf Herausgabe dadurch Rechnung tragen, dass er ihm Kopien überlässt, es sei denn, das berechtigte Interesse richtet sich gerade auf die Herausgabe der Originale. [2] In diesem Fall darf der Rechtsanwalt anbieten, die Originale an einen von dem Mandanten zu beauftragenden Rechtsanwalt zu treuen Händen herauszugeben, wenn damit dem berechtigten Interesse des Mandanten Rechnung getragen wird.

§ 18 Vermittelnde, schlichtende oder mediative Tätigkeit. Wird der Rechtsanwalt als Vermittler, Schlichter oder Mediator tätig, so unterliegt er den Regeln des Berufsrechts.

Vierter Abschnitt. Besondere Berufspflichten gegenüber Gerichten und Behörden

§ 19 Akteneinsicht. (1) [1] Wer Originalunterlagen von Gerichten und Behörden zur Einsichtnahme erhält, darf sie nur an Mitarbeiter aushändigen. [2] Dies gilt auch für das Überlassen der Akte im ganzen innerhalb der Kanzlei. [3] Die Unterlagen sind sorgfältig zu verwahren und unverzüglich zurückzugeben. [4] Bei deren Ablichtung oder sonstiger Vervielfältigung ist sicherzustellen, dass Unbefugte keine Kenntnis erhalten.

(2) [1] Ablichtungen und Vervielfältigungen dürfen Mandanten überlassen werden. [2] Soweit jedoch gesetzliche Bestimmungen oder eine zulässigerweise ergangene Anordnung der die Akten aushändigenden Stelle das Akteneinsichtsrecht beschränken, hat der Rechtsanwalt dies auch bei der Vermittlung des Akteninhalts an Mandanten oder andere Personen zu beachten.

§ 20 Berufstracht. [1] Der Rechtsanwalt trägt vor Gericht als Berufstracht die Robe, soweit das üblich ist. [2] Eine Berufspflicht zum Erscheinen in Robe besteht beim Amtsgericht in Zivilsachen nicht.

---

1) Nr. **98b**.
2) Nr. **98**.

Fünfter Abschnitt. Besondere Berufspflichten bei Vereinbarung und Abrechnung von Gebühren

§ 21 Honorarvereinbarung. (1) Das Verbot, geringere als die gesetzlichen Gebühren zu fordern oder zu vereinbaren, gilt auch im Verhältnis zu Dritten, die es anstelle des Mandanten oder neben diesem übernehmen, die Gebühren zu bezahlen, oder die sich gegenüber dem Mandanten verpflichten, diesen von anfallenden Gebühren freizustellen.

(2) (aufgehoben)[1)]

§ 22 Gebühren- und Honorarteilung. Als eine angemessene Honorierung im Sinne des § 49b Abs. 3 Satz 2 und 3 Bundesrechtsanwaltsordnung[2)] ist in der Regel eine hälftige Teilung aller anfallenden gesetzlichen Gebühren ohne Rücksicht auf deren Erstattungsfähigkeit anzusehen.

§ 23[3)] Abrechnungsverhalten. Spätestens mit Beendigung des Mandats hat der Rechtsanwalt gegenüber dem Mandanten und/oder Gebührenschuldner über Honorarvorschüsse unverzüglich abzurechnen und ein von ihm errechnetes Guthaben auszuzahlen.

Sechster Abschnitt. Besondere Berufspflichten gegenüber der Rechtsanwaltskammer, deren Mitgliedern und gegenüber Mitarbeitern

§ 24[4)] Pflichten gegenüber der Rechtsanwaltskammer. (1) Der Rechtsanwalt hat dem Vorstand der Rechtsanwaltskammer unaufgefordert und unverzüglich anzuzeigen:

1. die Änderung des Namens,
2. Begründung und Wechsel der Anschrift von Kanzlei, Zweigstelle und Wohnung,
3. die jeweiligen Telekommunikationsmittel der Kanzlei und Zweigstelle nebst Nummern,
4. die Eingehung oder Auflösung einer Sozietät, Partnerschaftsgesellschaft oder sonstigen Verbindung zur gemeinschaftlichen Berufsausübung,
5. die Eingehung und Beendigung von Beschäftigungsverhältnissen mit Rechtsanwälten.

(2) Zur Erfüllung der Auskunftspflichten aus § 56 Bundesrechtsanwaltsordnung[2)] sind dem Vorstand der Rechtsanwaltskammer Auskünfte vollständig zu erteilen und auf Verlangen Urkunden vorzulegen.

§ 25 Beanstandungen gegenüber Kollegen. Will ein Rechtsanwalt einen anderen Rechtsanwalt darauf hinweisen, dass er gegen Berufspflichten verstoße, so darf dies nur vertraulich geschehen, es sei denn, dass die Interessen des Mandanten oder eigene Interessen eine Reaktion in anderer Weise erfordern.

---

1) **Amtl. Anm.:** Aufgehoben durch Bescheid des Bundesministeriums der Justiz vom 7.3.1997, BAnz. vom 8.3.1997 = BRAK-Mitt. 1997, 81.

2) Nr. **98**.

3) § 23 neu gef. mWv 1.9.2014 durch Beschl. v. 6./7.12.2013 (BRAK-Mitt. 3/2014 S. 145).

4) § 24 Abs. 1 Nr. 2 und 3 geänd. mWv 1.3.2010 durch Beschl. v. 15.6.2009 (BRAK-Mitt. 6/2009 S. 279).

§ 26 Beschäftigung von Rechtsanwälten und anderen Mitarbeitern.

(1) [1] Rechtsanwälte dürfen nur zu angemessenen Bedingungen beschäftigt werden. [2] Angemessen sind Bedingungen, die

a) eine unter Berücksichtigung der Kenntnisse und Erfahrungen des Beschäftigten und des Haftungsrisikos des beschäftigenden Rechtsanwalts sachgerechte Mandatsbearbeitung ermöglichen,

b) eine der Qualifikation, den Leistungen und dem Umfang der Tätigkeit des Beschäftigten und den Vorteilen des beschäftigenden Rechtsanwalts aus dieser Tätigkeit entsprechende Vergütung gewährleisten,

c) dem beschäftigten Rechtsanwalt auf Verlangen angemessene Zeit zur Fortbildung einräumen und

d) bei der Vereinbarung von Wettbewerbsverboten eine angemessene Ausgleichszahlung vorsehen.

(2) Der Rechtsanwalt darf andere Mitarbeiter und Auszubildende nicht zu unangemessenen Bedingungen beschäftigen.

§ 27 Beteiligung Dritter. [1] Am wirtschaftlichen Ergebnis anwaltlicher Tätigkeit dürfen Dritte, die mit dem Rechtsanwalt nicht zur gemeinschaftlichen Berufsausübung verbunden sind, nicht beteiligt sein. [2] Das gilt nicht für Mitarbeitervergütungen, Versorgungsbezüge, Vergütungen für die Übernahme der Kanzlei und Leistungen, die im Zuge einer Auseinandersetzung oder Abwicklung der beruflichen Zusammenarbeit erbracht werden.

§ 28 Ausbildungsverhältnisse. Der Rechtsanwalt hat zu gewährleisten, dass die Tätigkeit eines Auszubildenden in der Kanzlei auf die Erreichung des Ausbildungsziels ausgerichtet ist.

Siebter Abschnitt. Besondere Berufspflichten im grenzüberschreitenden Rechtsverkehr

§ 29[1)] *(aufgehoben)*

§ 29a[2)] **Zwischenanwaltliche Korrespondenz im grenzüberschreitenden Rechtsverkehr.** Der Rechtsanwalt ist verpflichtet, nach Rücksprache mit seinem Mandanten die Anfrage eines ausländischen Rechtsanwalts zu beantworten, ob er „vertraulich" gegenüber seinem Mandanten oder „ohne Präjudiz" (d.h. ohne spätere Verwendung gegen den ausländischen Rechtsanwalt oder dessen Mandanten) Informationen austauschen oder Gespräche führen kann.

§ 29b[3)] **Einschaltung eines ausländischen Rechtsanwalts.** Wer als Rechtsanwalt einen ausländischen Rechtsanwalt einschaltet, muss diesen bei der Einschaltung informieren, wenn er eine sich aus der Einschaltung ergebende eigene Verbindlichkeit oder Haftung für das Honorar, die Kosten und die Auslagen des ausländischen Rechtsanwalts nicht übernehmen will.

---

1) § 29 aufgeh. mWv 1.11.2013 durch Beschl. v. 15.4.2013 (BRAK-Mitt. 4/2013 S. 173).
2) § 29a eingef. mWv 1.11.2013 durch Beschl. v. 15.4.2013 (BRAK-Mitt. 4/2013 S. 173).
3) § 29b eingef. mWv 1.11.2013 durch Beschl. v. 15.4.2013 (BRAK-Mitt. 4/2013 S. 173).

Achter Abschnitt. Besondere Berufspflichten bei beruflicher Zusammenarbeit

§§ 30, 31[1)] *(aufgehoben)*

§ 32[2)] **Beendigung einer gemeinschaftlichen Berufsausübung.** (1) [1]Bei Auflösung einer Berufsausübungsgesellschaft haben die Gesellschafter mangels anderer vertraglicher Regelung jeden Mandanten darüber zu befragen, wer künftig seine laufenden Sachen bearbeiten soll. [2]Wenn sich die bisherigen Gesellschafter über die Art der Befragung nicht einigen, hat die Befragung in einem gemeinsamen Rundschreiben zu erfolgen. [3]Kommt eine Verständigung der bisherigen Gesellschafter über ein solches Rundschreiben nicht zustande, darf jeder der bisherigen Gesellschafter einseitig die Entscheidung der Mandanten einholen. [4]Der ausscheidende Gesellschafter darf am bisherigen Kanzleisitz und auf der Internetseite der Berufsausübungsgesellschaft einen Hinweis auf seinen Umzug für ein Jahr anbringen. [5]Der verbleibende Gesellschafter hat während dieser Zeit auf Anfrage die neue Kanzleiadresse, Telefon- und Faxnummern des ausgeschiedenen Gesellschafter bekannt zu geben.

(2) [1]Für den Fall des Ausscheidens eines Gesellschafter aus der Berufsausübungsgesellschaft gilt Abs. 1 hinsichtlich derjenigen Auftraggeber, mit deren laufenden Sachen der ausscheidende Gesellschafter zum Zeitpunkt seines Ausscheidens befasst oder für die er vor seinem Ausscheiden regelmäßig tätig war. [2]Sein Recht, das Ausscheiden aus der Berufsausübungsgesellschaft allen Mandanten bekannt zu geben, bleibt unberührt.

(3) Absätze 1 und 2 gelten entsprechend für die Beendigung einer beruflichen Zusammenarbeit in sonstiger Weise, wenn diese nach außen als Berufsausübungsgesellschaft hervorgetreten ist.

§ 33[3)] **Geltung der Berufsordnung bei beruflicher Zusammenarbeit.** Bei beruflicher Zusammenarbeit gleich in welcher Form hat jeder Rechtsanwalt zu gewährleisten, dass die Regeln dieser Berufsordnung auch von der Organisation eingehalten werden.

Neunter Abschnitt. Anwendungsbereich

§ 34[4)] **Weitere Mitglieder der Rechtsanwaltskammer, ausländische Rechtsanwälte.** (1) Für europäische Rechtsanwälte im Sinne der §§ 1 ff. EuRAG[5)] gelten hinsichtlich ihrer Tätigkeit in der Bundesrepublik Deutschland die §§ 1 bis 33 sowie die Anlagen entsprechend.

(2) Für europäische Rechtsanwälte, die nach den §§ 25 ff. EuRAG vorübergehend in der Bundesrepublik Deutschland tätig werden, gelten die Vorschriften der §§ 1 bis 33 nach Maßgabe des § 27 EuRAG entsprechend.

---

1) § 30 aufgeh. mWv 1.10.2022 durch Beschl. v. 29./30.4.2022 (BRAK-Mitt. 5/2022 S. 266); § 31 aufgeh. mWv 1.7.2008 durch Beschl. v. 18.1.2008 (BRAK-Mitt. 2/2008 S. 65).

2) § 32 Abs. 3 neu gef. mWv 1.3.2011 durch Beschl. v. 25./26.6.2010 (BRAK-Mitt. 6/2010 S. 253); Überschrift und Abs. 1 Satz 4 neu gef. mWv 1.11.2013 durch Beschl. v. 15.4.2013 (BRAK-Mitt. 4/2013 S. 173); Abs. 1 Sätze 1–5, Abs. 2 Sätze 1 und 2, Abs. 3 geänd. mWv 1.10.2022 durch Beschl. v. 29./30.4. 2022 (BRAK-Mitt. 5/2022 S. 266).

3) § 33 Abs. 1 neu gef. mWv 1.11.2013 durch Beschl. v. 15.4.2013 (BRAK-Mitt. 4/2013 S. 173); Abs. 1 aufgeh. mWv 1.10.2022 durch Beschl. v. 29./30.4.2022 (BRAK-Mitt. 5/2022 S. 266).

4) § 34 neu gef. mWv 1.11.2001 durch Beschl. v. 15./16.2.2001 (BRAK-Mitt. 4/2001 S. 177); Abs. 4 neu gef. mWv 1.5.2013 durch Beschl. v. 13.11.2012 (BRAK-Mitt. 1/2013 S. 34).

5) Nr. **98/4**.

(3) Für Rechtsanwälte aus anderen Staaten, die Mitglieder einer Rechtsanwaltskammer im Sinne der §§ 206, 207 Bundesrechtsanwaltsordnung[1)] sind, gelten hinsichtlich ihrer Tätigkeit in der Bundesrepublik Deutschland die §§ 1 bis 33 sowie die Anlagen entsprechend.

(4) Für Mitglieder einer Rechtsanwaltskammer nach § 209 Bundesrechtsanwaltsordnung gelten die §§ 2 bis 19, 21 bis 33 sowie die Anlagen entsprechend.

Dritter Teil. Schlussbestimmungen

§ 35 In-Kraft-Treten und Ausfertigung. (1) Diese Berufsordnung tritt drei Monate nach Übermittlung an das Bundesministerium der Justiz in Kraft, soweit nicht das Bundesministerium der Justiz die Satzung oder Teile derselben aufhebt, frühestens jedoch mit dem ersten Tag des dritten Monats, der auf die Veröffentlichung in den BRAK-Mitteilungen folgt.

(2) Der Zeitpunkt des In-Kraft-Tretens ist in den BRAK-Mitteilungen bekannt zu machen.

(3) Die Berufsordnung ist durch den Vorsitzenden und den Schriftführer der Satzungsversammlung auszufertigen.

(Fortsetzung nächstes Blatt)

[1)] Nr. **98**.

103a. Gesetz zur Ausführung zwischenstaatlicher Verträge und zur Durchführung von Abkommen der Europäischen Union auf dem Gebiet der Anerkennung und Vollstreckung in Zivil- und Handelssachen (Anerkennungs- und Vollstreckungsausführungsgesetz – AVAG)

In der Fassung der Bekanntmachung vom 30. November 2015[1)]
(BGBl. I S. 2146)

FNA 319-101

Lfd. Nr.	Änderndes Gesetz	Datum	Fundstelle	Betroffen	Hinweis
1.	Art. 1 G zur Durchführung des Haager Übereinkommens über die Anerkennung und Vollstreckung ausländischer Entscheidungen in Zivil- und Handelssachen sowie zur Änd. der ZPO, des BGB, des WohnungseigentumsG und des G zur Modernisierung des Strafverfahrens	7.11.2022	BGBl. I S. 1982	Inhaltsübersicht, §§ 1, 58 Teil 2 Abschnitt 8 (§ 59)	geänd. mit noch nicht bestimmtem Inkrafttreten eingef. mit noch nicht bestimmtem Inkrafttreten

Vorbemerkung:

Die Änderungen durch G v. 7.11.2022 (BGBl. I S. 1982) treten gem. Art. 9 Satz 2 dieses G erst an dem Tag in Kraft, an dem das Haager Übereinkommen v. 2.7.2019 über die Anerkennung und Vollstreckung ausländischer Entscheidungen in Zivil- und Handelssachen nach seinem Art. 28 für die Europäische Union mit Ausnahme des Königreiches Dänemark in Kraft tritt; sie sind im Text noch nicht berücksichtigt.

Inhaltsübersicht

1) Neufassung des AVAG idF der Bek. v. 3.12.2009 (BGBl. I S. 3830) in der ab 1.10.2015 geltenden Fassung.

Teil 1. Allgemeines

Abschnitt 1. Anwendungsbereich; Begriffsbestimmungen

§ 1 Anwendungsbereich. (1) Diesem Gesetz unterliegen

1. die Ausführung folgender zwischenstaatlicher Verträge (Anerkennungs- und Vollstreckungsverträge):
   a) Übereinkommen vom 27. September 1968 über die gerichtliche Zuständigkeit und die Vollstreckung gerichtlicher Entscheidungen in Zivil- und Handelssachen (BGBl. 1972 II S. 773);
   b) Übereinkommen vom 16. September 1988 über die gerichtliche Zuständigkeit und die Vollstreckung gerichtlicher Entscheidungen in Zivil- und Handelssachen (BGBl. 1994 II S. 2658);
   c) Vertrag vom 17. Juni 1977 zwischen der Bundesrepublik Deutschland und dem Königreich Norwegen über die gegenseitige Anerkennung und Vollstreckung gerichtlicher Entscheidungen und anderer Schuldtitel in Zivil- und Handelssachen (BGBl. 1981 II S. 341);
   d) Vertrag vom 20. Juli 1977 zwischen der Bundesrepublik Deutschland und dem Staat Israel über die gegenseitige Anerkennung und Vollstreckung gerichtlicher Entscheidungen in Zivil- und Handelssachen (BGBl. 1980 II S. 925);
   e) Vertrag vom 14. November 1983 zwischen der Bundesrepublik Deutschland und Spanien über die Anerkennung und Vollstreckung von gerichtlichen Entscheidungen und Vergleichen sowie vollstreckbaren öffentlichen Urkunden in Zivil- und Handelssachen (BGBl. 1987 II S. 34);
2. die Durchführung folgender Abkommen der Europäischen Union:
   a) Übereinkommen vom 30. Oktober 2007 über die gerichtliche Zuständigkeit und die Anerkennung und Vollstreckung von Entscheidungen in Zivil- und Handelssachen;
   b) Haager Übereinkommen vom 30. Juni 2005 über Gerichtsstandsvereinbarungen.

(2) [1] Abkommen nach Absatz 1 Nummer 2 werden als unmittelbar geltendes Recht der Europäischen Union durch die Durchführungsbestimmungen dieses Gesetzes nicht berührt. [2] Unberührt bleiben auch die Regelungen der Anerkennungs- und Vollstreckungsverträge; dies gilt insbesondere für die Regelungen über

1. den sachlichen Anwendungsbereich,
2. die Art der Entscheidungen und sonstigen Titel, die im Inland anerkannt oder zur Zwangsvollstreckung zugelassen werden können,

3. das Erfordernis der Rechtskraft der Entscheidungen,
4. die Art der Urkunden, die im Verfahren vorzulegen sind, und
5. die Gründe, die zur Versagung der Anerkennung oder Zulassung der Zwangsvollstreckung führen.

(3) Der Anwendungsbereich des Auslandsunterhaltsgesetzes vom 23. Mai 2011 (BGBl. I S. 898) bleibt unberührt.

§ 2 Begriffsbestimmungen. Im Sinne dieses Gesetzes ist

1. Mitgliedstaat jeder Mitgliedstaat der Europäischen Union,
2. Titel jede Entscheidung, jeder gerichtliche Vergleich und jede öffentliche Urkunde, auf die oder den der jeweils auszuführende Anerkennungs- und Vollstreckungsvertrag nach § 1 Absatz 1 Nummer 1 oder das jeweils durchzuführende Abkommen nach § 1 Absatz 1 Nummer 2 Anwendung findet, und
3. Vertragsstaat jeder Staat, mit dem die Bundesrepublik Deutschland einen Anerkennungs- und Vollstreckungsvertrag nach § 1 Absatz 1 Nummer 1 abgeschlossen hat.

Abschnitt 2. Zulassung der Zwangsvollstreckung aus ausländischen Titeln

§ 3 Zuständigkeit. (1) Für die Vollstreckbarerklärung von Titeln aus einem anderen Staat ist das Landgericht ausschließlich zuständig.

(2) [1] Örtlich zuständig ist ausschließlich das Gericht, in dessen Bezirk der Verpflichtete seinen Wohnsitz hat, oder, wenn er im Inland keinen Wohnsitz hat, das Gericht, in dessen Bezirk die Zwangsvollstreckung durchgeführt werden soll. [2] Der Sitz von Gesellschaften und juristischen Personen steht dem Wohnsitz gleich.

(3) Über den Antrag auf Erteilung der Vollstreckungsklausel entscheidet der Vorsitzende einer Zivilkammer.

§ 4 Antragstellung. (1) Der in einem anderen Staat vollstreckbare Titel wird dadurch zur Zwangsvollstreckung zugelassen, dass er auf Antrag mit der Vollstreckungsklausel versehen wird.

(2) Der Antrag auf Erteilung der Vollstreckungsklausel kann bei dem zuständigen Gericht schriftlich eingereicht oder mündlich zu Protokoll der Geschäftsstelle erklärt werden.

(3) Ist der Antrag entgegen § 184 des Gerichtsverfassungsgesetzes[1)] nicht in deutscher Sprache abgefasst, so kann das Gericht dem Antragsteller aufgeben, eine Übersetzung des Antrags beizubringen, deren Richtigkeit von einer

1. in einem Mitgliedstaat der Europäischen Union oder in einem anderen Vertragsstaat des Abkommens über den Europäischen Wirtschaftsraum oder
2. in einem Vertragsstaat des jeweils auszuführenden Anerkennungs- und Vollstreckungsvertrags

hierzu befugten Person bestätigt worden ist.

[1)] **Habersack, Deutsche Gesetze Nr. 95.**

104b. Gesetz zur Regelung der außergerichtlichen Streitbeilegung durch Schiedsstellen und anerkannte Gütestellen im Land Brandenburg (Brandenburgisches Schiedsstellen- und Gütestellengesetz – BbgSchGG)

Vom 16. Dezember 2022
(GVBl. I Nr. 31)

Sa BbgLR 317-1

– Auszug –

Inhaltsübersicht

Abschnitt 1. Allgemeine Bestimmungen

§ 1 Gegenstand (1) Dieses Gesetz gilt für die außergerichtliche Beilegung von bürgerlichen Rechtsstreitigkeiten vor Schiedsstellen und anerkannten Gütestellen und für Schlichtungsverfahren in Strafsachen vor Schiedsstellen.

(2) Verfahren der außergerichtlichen Beilegung von bürgerlichen Rechtsstreitigkeiten nach diesem Gesetz umfassen Streitigkeiten der obligatorischen und der freiwilligen Streitbeilegung.

(3) Schlichtungsverfahren in Strafsachen nach diesem Gesetz sind das Sühneverfahren vor Erhebung der Privatklage und der Täter-Opfer-Ausgleich.

§ 2 Begriffsbestimmungen. (1) [1] Schiedsstellen sind von den Gemeinden, Verbandsgemeinden oder Ämtern nach diesem Gesetz eingerichtete Stellen zur Durchführung von Schlichtungsverfahren. [2] Sie gelten als Gütestellen im Sinne des § 794 Absatz 1 Nummer 1 der Zivilprozessordnung[1)].

(2) Gemeinden im Sinne dieses Gesetzes sind die kreisangehörigen Städte und Gemeinden sowie die kreisfreien Städte.

[1)] **Habersack, Deutsche Gesetze Nr. 100.**

(3) Anerkannte Gütestellen sind Personen, rechtsfähige Personenvereinigungen oder deren Einrichtungen, die durch die Landesjustizverwaltung nach diesem Gesetz als Gütestelle im Sinne des § 794 Absatz 1 Nummer 1 der Zivilprozessordnung anerkannt worden sind.

(4) Eine Streitigkeit der obligatorischen außergerichtlichen Streitbeilegung ist eine Streitigkeit, in der der Erhebung einer Klage vor einem Gericht zunächst ein erfolgloser Einigungsversuch vor einer außergerichtlichen Stelle vorauszugehen hat.

(5) [1] Eine Streitigkeit der freiwilligen außergerichtlichen Streitbeilegung ist eine Streitigkeit, in der der Klageweg zu den Gerichten ohne vorherige Durchführung eines außergerichtlichen Streitbeilegungsverfahrens eröffnet ist. [2] Vor Erhebung der Klage kann ein außergerichtlicher Einigungsversuch durchgeführt werden.

(6) Das Sühneverfahren ist ein außergerichtliches Schlichtungsverfahren im Sinne des § 380 Absatz 1 der Strafprozessordnung[1)], das vor Erhebung der Privatklage wegen folgender Straftaten durchzuführen ist:
1. Hausfriedensbruch (§ 123 des Strafgesetzbuchs[2)]),
2. Beleidigung (§§ 185 bis 189 des Strafgesetzbuchs),
3. Verletzung des Briefgeheimnisses (§ 202 des Strafgesetzbuchs),
4. Körperverletzung (§§ 223 und 229 des Strafgesetzbuchs),
5. Bedrohung (§ 241 Absatz 1 bis 3 des Strafgesetzbuchs),
6. Sachbeschädigung (§ 303 des Strafgesetzbuchs),
7. Vollrausch (§ 323a des Strafgesetzbuchs), wenn die im Rausch begangene Tat ein in den Nummern 1 bis 6 genanntes Vergehen ist.

(7) Der Täter-Opfer-Ausgleich ist ein Verfahren zur außergerichtlichen Konfliktbewältigung zwischen dem Opfer einer Straftat und der beschuldigten Person mit dem Ziel, einen Ausgleich zwischen den Beteiligten zu erreichen (§ 46a Nummer 1 des Strafgesetzbuchs).

§ 3 Vollstreckungstitel. Ein vor einer Schiedsstelle oder anerkannten Gütestelle geschlossener Vergleich ist Vollstreckungstitel im Sinne des § 794 Absatz 1 Nummer 1 der Zivilprozessordnung[3)].

Abschnitt 2. Verfahren der außergerichtlichen Beilegung von bürgerlichen Rechtsstreitigkeiten

Unterabschnitt 1. Obligatorische außergerichtliche Streitbeilegung

§ 4 Anwendungsbereich. Die Erhebung einer Klage vor den Amtsgerichten wegen eines Anspruchs, der nicht auf Zahlung einer Geldsumme gerichtet ist, ist erst zulässig, nachdem vor einer Schiedsstelle oder anerkannten Gütestelle versucht worden ist, die Streitigkeit einvernehmlich beizulegen
1. in Streitigkeiten über Ansprüche aus dem Nachbarrecht wegen
   a) Zuführung unwägbarer Stoffe nach § 906 des Bürgerlichen Gesetzbuchs[4)], sofern es sich nicht um Einwirkungen von einem gewerblichen Betrieb handelt,

---

1) **Habersack, Deutsche Gesetze Nr. 90.**
2) **Habersack, Deutsche Gesetze Nr. 85.**
3) **Habersack, Deutsche Gesetze Nr. 100.**
4) **Habersack, Deutsche Gesetze Nr. 20.**

b) Überhangs nach § 910 des Bürgerlichen Gesetzbuchs,
c) Überfalls nach § 911 des Bürgerlichen Gesetzbuchs,
d) eines Grenzbaumes nach § 923 des Bürgerlichen Gesetzbuchs sowie
e) der im Brandenburgischen Nachbarrechtsgesetz geregelten Nachbarrechte, sofern es sich nicht um Einwirkungen von einem gewerblichen Betrieb handelt,

2. in Streitigkeiten über Ansprüche wegen Verletzung der persönlichen Ehre, die nicht in Presse oder Rundfunk begangen worden ist.

§ 5 Ausnahmen. Das Erfordernis eines Einigungsversuchs vor einer Schiedsstelle oder anerkannten Gütestelle nach § 4 entfällt:

1. wenn die Parteien ihren Wohnsitz, ihren Sitz oder ihre Niederlassung nicht in demselben Landgerichtsbezirk haben,
2. bei Klagen nach den §§ 323, 323a, 324, 328 der Zivilprozessordnung[1], Widerklagen und Klagen, die binnen einer gesetzlichen oder gerichtlich angeordneten Frist zu erheben sind,
3. in Wiederaufnahmeverfahren,
4. bei Ansprüchen, die im Urkunden- oder Wechselprozess geltend gemacht werden,
5. bei Klagen wegen vollstreckungsrechtlicher Maßnahmen, insbesondere nach dem Achten Buch der Zivilprozessordnung,
6. bei vermögensrechtlichen Ansprüchen, die im Strafverfahren gemäß den §§ 403 bis 406c der Strafprozessordnung[2] geltend gemacht werden oder geltend gemacht worden sind,
7. wenn die Parteien einvernehmlich einen Einigungsversuch vor einer sonstigen Gütestelle, die Streitbeilegungen betreibt, unternommen haben. Das Einvernehmen wird unwiderleglich vermutet, wenn die Verbraucherin oder der Verbraucher eine Verbraucherschlichtungsstelle, eine branchengebundene andere Gütestelle oder eine Gütestelle der Industrie- und Handelskammer, der Handwerkskammer oder der Innung angerufen hat. Das Scheitern des Einigungsversuchs ist durch eine von der sonstigen Gütestelle ausgestellte Bescheinigung nachzuweisen.

§ 6 Erfolglosigkeitsbescheinigung. (1) Die Schiedsstelle erteilt den Parteien von Amts wegen eine Bescheinigung über einen erfolglosen Einigungsversuch, wenn

1. die Verhandlung beendet worden ist, weil feststeht, dass die Gegenpartei der Verhandlung unentschuldigt ferngeblieben ist oder sich unentschuldigt vor dem Schluss der Verhandlung wieder entfernt hat, oder
2. eine Vereinbarung zwischen den Parteien nicht zustande gekommen ist.

(2) [1]Die Schiedsstelle erteilt auf Antrag eine Bescheinigung über einen erfolglosen Einigungsversuch, wenn das Einigungsverfahren nicht innerhalb einer Frist von drei Monaten seit der ordnungsgemäßen Stellung des Antrags durchgeführt worden ist. [2]Die Frist beginnt erst, wenn die antragstellende Partei einen angeforderten Kostenvorschuss eingezahlt hat. [3]Zeiten, in denen das Verfahren ruht, werden nicht berücksichtigt.

---
[1] **Habersack, Deutsche Gesetze Nr. 100.**
[2] **Habersack, Deutsche Gesetze Nr. 90.**

(3) [1] Die Schiedsstelle versieht die Bescheinigung mit ihrer Unterschrift und dem Landessiegel. [2] Die Bescheinigung muss folgende Angaben enthalten:
1. die Familiennamen, Vornamen und Anschriften der Parteien und ihrer gesetzlichen Vertretung,
2. Angaben über den Gegenstand des Streits, insbesondere die Anträge,
3. den Zeitpunkt des Eingangs des Antrags, der Veranlassung seiner Bekanntgabe und der Verfahrensbeendigung sowie
4. Ort und Zeit der Ausstellung.

(4) Wurde das Einigungsverfahren vor einer anerkannten Gütestelle im Sinne des § 794 Absatz 1 Nummer 1 der Zivilprozessordnung[1)] durchgeführt, hat die Gütestelle eine Bescheinigung über den gescheiterten Einigungsversuch entsprechend den Absätzen 1 bis 3 auszustellen.

Unterabschnitt 2. Verfahren vor Schiedsstellen

§ 7 Sachliche Zuständigkeit. (1) Die Schiedsstelle ist zuständig für Schlichtungsverfahren in bürgerlichen Rechtsstreitigkeiten in Fällen
1. der obligatorischen außergerichtlichen Streitbeilegung nach den §§ 4 und 5 und
2. der freiwilligen außergerichtlichen Streitbeilegung.

(2) Schlichtungsverfahren nach Absatz 1 Nummer 2 finden nicht statt in
1. bürgerlichen Rechtsstreitigkeiten, die in die Zuständigkeit der Arbeitsgerichtsbarkeit fallen,
2. Familiensachen und Angelegenheiten der freiwilligen Gerichtsbarkeit und
3. Streitigkeiten über Ansprüche wegen Verletzung der persönlichen Ehre, die in Presse oder Rundfunk begangen worden ist.

§ 8 Örtliche Zuständigkeit. (1) [1] Zuständig ist die Schiedsstelle, in deren Bereich die Gegenpartei wohnt oder ihren Sitz hat. [2] Hat die Streitigkeit einen Bezug auf den Geschäftsbetrieb einer gewerblichen Niederlassung der Gegenpartei, ist auch die Schiedsstelle zuständig, in deren Bereich sich die Niederlassung befindet.

(2) In Streitigkeiten über Ansprüche aus Eigentum oder dinglichen Rechten an unbeweglichen Sachen ist auch die Schiedsstelle zuständig, in deren Bereich die Sache belegen ist.

(3) Unter mehreren zuständigen Schiedsstellen hat die antragstellende Partei die Wahl.

(4) Die angerufene Schiedsstelle ist auch für einen Gegenantrag zuständig.

(5) [1] Die Parteien können eine abweichende örtliche Zuständigkeit vereinbaren. [2] Die Vereinbarung muss schriftlich oder zu Protokoll der Schiedsstelle erklärt werden, vor der die Schlichtungsverhandlung stattfinden soll. [3] § 11 Absatz 2 Satz 1 gilt entsprechend.

§ 9 Zweck des Verfahrens. Das Schlichtungsverfahren ist darauf gerichtet, den Rechtsstreit im Wege eines Vergleichs beizulegen.

§ 10 Antrag auf Verfahrenseinleitung. (1) Die Schiedsperson leitet das Schlichtungsverfahren auf Antrag einer Partei ein.

[1)] **Habersack, Deutsche Gesetze Nr. 100.**

(2) [1]Endet das Schlichtungsverfahren nicht mit einem Vergleich, so bedarf ein erneuter Antrag in derselben Sache der schriftlichen Zustimmung der Gegenpartei. [2]§ 11 Absatz 2 Satz 1 gilt entsprechend. [3]Die Zustimmung ist mit der Antragstellung einzureichen.

§ 11 Form und Inhalt des Antrags. (1) [1]Der Antrag auf Durchführung des Schlichtungsverfahrens ist bei der Schiedsstelle schriftlich einzureichen oder mündlich zu Protokoll zu erklären. [2]Er muss die Familiennamen, Vornamen und Anschriften der Parteien und ihrer gesetzlichen Vertretung, eine kurze Darstellung der Streitsache sowie das mit der Anrufung der Schiedsstelle angestrebte Ziel enthalten und von der antragstellenden Partei unterschrieben sein. [3]Einem schriftlichen Antrag sollen die für die Zustellung erforderlichen Abschriften beigefügt werden.

(2) [1]Hat die Schiedsperson für ihre Amtstätigkeit einen Zugang für den Empfang elektronischer Dokumente eröffnet, kann der Antrag in Textform im Sinne des § 126b des Bürgerlichen Gesetzbuchs[1)] übermittelt werden. [2]Einer Beifügung von Abschriften bedarf es nicht, soweit der Antrag elektronisch eingereicht wird.

(3) [1]Der Antrag kann bei der Schiedsstelle, in deren Bereich die antragstellende Partei wohnt, schriftlich eingereicht oder zu Protokoll erklärt werden, auch wenn diese örtlich nicht zuständig ist. [2]Der Antrag ist der zuständigen Schiedsstelle unverzüglich zu übermitteln.

§ 12 Rücknahme des Antrags. (1) Der Antrag kann zurückgenommen werden, nach Beginn der Schlichtungsverhandlung jedoch nur, wenn die Gegenpartei nicht widerspricht.

(2) [1]Die Rücknahme des Antrags ist bei der Schiedsstelle schriftlich einzureichen oder mündlich zu Protokoll zu erklären. [2]§ 11 Absatz 2 Satz 1 gilt entsprechend.

§ 13 Ausschluss von der Amtsausübung kraft Gesetzes. Die Schiedsperson ist von der Ausübung ihres Amtes kraft Gesetzes in solchen Angelegenheiten ausgeschlossen,

1. in denen sie selbst Partei ist oder bei denen sie zu einer Partei in dem Verhältnis einer Mitberechtigung, Mitverpflichtung oder Regressverpflichtung steht,
2. die eine Person betreffen, die mit ihr durch Ehe, eingetragene Lebenspartnerschaft oder Verlöbnis verbunden ist oder war,
3. die eine Person betreffen, die mit ihr in gerader Linie verwandt oder verschwägert, in der Seitenlinie bis zum dritten Grade verwandt oder bis zum zweiten Grade verschwägert ist oder war,
4. in denen sie für eine Partei als prozessbevollmächtigte Person oder Beistand bestellt oder als deren Mitarbeiterin oder Mitarbeiter tätig ist oder war,
5. in denen sie als gesetzliche Vertretung einer Partei aufzutreten berechtigt ist oder war,
6. die eine Person betreffen, bei der sie gegen Entgelt beschäftigt oder bei der sie als Mitglied des Vorstandes, des Aufsichtsrates oder eines gleichartigen Organs tätig ist oder war.

[1)] **Habersack, Deutsche Gesetze Nr. 20.**

§ 14 Ablehnung der Schiedsperson wegen Besorgnis der Befangenheit.

(1) Eine Schiedsperson kann wegen Besorgnis der Befangenheit abgelehnt werden, wenn ein Grund vorliegt, der geeignet ist, Misstrauen gegen ihre Unparteilichkeit zu rechtfertigen.

(2) Das Ablehnungsrecht steht jeder Partei zu.

(3) [1] Das Ablehnungsgesuch ist bei der Schiedsstelle unverzüglich nach Bekanntwerden des Ablehnungsgrundes anzubringen. [2] Es kann mündlich zu Protokoll erklärt werden. [3] Der Ablehnungsgrund ist glaubhaft zu machen.

(4) Hält die abgelehnte Schiedsperson den Antrag für unbegründet, entscheidet die Direktorin, der Direktor, die Präsidentin oder der Präsident des Amtsgerichts (Leitung des Amtsgerichts) über das Gesuch.

(5) Die Leitung des Amtsgerichts hat auch dann zu entscheiden, wenn eine Schiedsperson Gründe anzeigt, die ihre Ablehnung rechtfertigen können.

(6) Bis zur Entscheidung der Leitung des Amtsgerichts kann die abgelehnte Schiedsperson unaufschiebbare Amtshandlungen vornehmen.

(7) Die Entscheidung über das Ablehnungsgesuch ist nicht anfechtbar.

§ 15 Ablehnung der Amtsausübung. (1) Die Schiedsperson wird nicht oder nicht weiter tätig, wenn

1. die zu protokollierende Vereinbarung der notariellen Beurkundung bedarf,
2. die Parteien oder ihre Vertretung ihr nicht bekannt sind und auch nach Unterbrechung oder Vertagung der Schlichtungsverhandlung ihre Identität nicht nachweisen oder
3. Bedenken gegen die Geschäftsfähigkeit oder die Verfügungsbefugnis einer Partei oder ihrer gesetzlichen Vertretung oder gegen die Legitimation ihrer Vertretung bestehen.

(2) Die Schiedsperson soll nicht tätig werden, wenn der Rechtsstreit

1. bei Gericht anhängig ist oder
2. bei einer sonstigen Gütestelle, die Streitbeilegungen betreibt, anhängig oder bereits durchgeführt worden ist.

(3) Absatz 2 gilt nicht, wenn

1. es sich um eine Streitigkeit der obligatorischen außergerichtlichen Streitbeilegung nach den §§ 4 und 5 handelt oder
2. sich beide Parteien mit der Durchführung des Schlichtungsverfahrens vor der Schiedsstelle einverstanden erklärt haben.

§ 16 Terminbestimmung, Zustellung der Ladung. (1) Die Schiedsperson bestimmt Ort und Zeit der Schlichtungsverhandlung.

(2) [1] Zwischen der Zustellung der Ladung und dem Verhandlungstermin muss eine Frist von mindestens zwei Wochen liegen (Ladungsfrist). [2] Die Ladungsfrist kann auf eine Woche verkürzt werden, wenn die antragstellende Partei glaubhaft macht, dass die Angelegenheit dringlich ist. [3] Eine weitere Verkürzung der Ladungsfrist setzt die Zustimmung beider Parteien voraus.

(3) [1] Die Gegenpartei erhält mit der Ladung eine Abschrift des Antrags. [2] In der Ladung werden die Parteien auf die Pflicht, persönlich zum Verhandlungstermin zu erscheinen, und auf die Folgen hingewiesen, die eine Verletzung dieser Pflicht haben kann.

(4) [1]Die Schiedsperson händigt die Ladung den Parteien persönlich gegen Empfangsbekenntnis aus oder lässt sie durch einen nach § 33 Absatz 1 des Postgesetzes beliehenen Unternehmer (Post) mittels Zustellungsurkunde zustellen. [2]Für die Zustellung durch die Post gelten die §§ 177 bis 183 der Zivilprozessordnung[1)] entsprechend. [3]Wird eine Partei gesetzlich vertreten, so ist die Ladung der Vertretung zuzustellen.

(5) [1]Eine Partei kann ihr Ausbleiben in dem anberaumten Termin wegen Krankheit, beruflicher Verhinderung, Ortsabwesenheit oder wegen sonstiger wichtiger Gründe entschuldigen. [2]Sie hat ihr Nichterscheinen der Schiedsperson unverzüglich anzuzeigen und dabei die Entschuldigungsgründe glaubhaft zu machen. [3]Hebt die Schiedsperson den Termin nicht auf, so hat sie das der Partei mitzuteilen.

§ 17 Persönliches Erscheinen der Parteien. (1) Die Parteien haben in dem anberaumten Termin persönlich zu erscheinen.

(2) Wird eine Partei gesetzlich vertreten, ist die Vertretung anstelle der Partei zum Erscheinen im Verhandlungstermin verpflichtet.

(3) [1]Erscheint die antragstellende Partei oder ihre zulässige Vertretung nicht zu dem Termin, so ruht das Verfahren. [2]Es kann jederzeit wieder aufgenommen werden. [3]Ruht das Verfahren länger als sechs Monate, so gilt der Antrag als zurückgenommen.

(4) [1]Steht fest, dass die Gegenpartei oder ihre zulässige Vertretung der Schlichtungsverhandlung unentschuldigt ferngeblieben ist oder sich unentschuldigt vor dem Schluss der Verhandlung entfernt hat, vermerkt die Schiedsperson die Beendigung der Schlichtungsverhandlung. [2]Anderenfalls beraumt sie einen neuen Termin an.

(5) Im Falle der gesetzlichen Vertretung kann die Schiedsstelle das persönliche Erscheinen der vertretenen Person anordnen, wenn dies zur Beilegung des Streits geboten erscheint.

§ 18 Vertretung. (1) Die Vertretung natürlicher Personen in der Schlichtungsverhandlung ist nur zulässig, wenn

1. ein Fall der gesetzlichen Vertretung vorliegt oder
2. eine bevollmächtigte Person zur Aufklärung des Sachverhalts in der Lage und zu einem Vergleichsabschluss ermächtigt ist.

(2) [1]Die bevollmächtigte Person legt der Schiedsperson eine schriftliche Vollmacht vor. [2]Erfolgt die gesetzliche Vertretung durch mehrere Personen, können sich diese unter Vorlage einer schriftlichen Vollmacht gegenseitig vertreten.

(3) [1]Handelsgesellschaften und rechtsfähige Personengesellschaften werden durch ihre vertretungsberechtigten Gesellschafter, juristische Personen durch ihre Organe vertreten. [2]Absatz 1 Nummer 2 und Absatz 2 gelten entsprechend.

§ 19 Beistand. Jede Partei kann in der Schlichtungsverhandlung mit einer Rechtsanwältin oder einem Rechtsanwalt oder einem sonstigen Beistand erscheinen.

[1)] **Habersack, Deutsche Gesetze Nr. 100.**

§ 20 Verhandlungsgrundsätze. (1) [1]Die Schlichtungsverhandlung vor der Schiedsstelle ist nicht öffentlich. [2]Mit Zustimmung der Parteien kann die Schiedsperson Dritten die Anwesenheit gestatten.

(2) [1]Vor der Schiedsstelle wird mündlich verhandelt. [2]Die Verhandlung ist möglichst ohne Unterbrechung zu Ende zu führen. [3]Wird die Verhandlung unterbrochen, ist sofort ein Termin zur Fortsetzung der Verhandlung zu bestimmen.

(3) [1]Die Schiedsperson erörtert mit den Parteien die Streitsache und deren Vorstellungen von einer einvernehmlichen Beilegung des Konflikts. [2]Sie kann ihnen eigene Vergleichsvorschläge unterbreiten.

§ 21 Verfahrenssprache. (1) [1]Das Schlichtungsverfahren wird in deutscher Sprache geführt. [2]Mit Einverständnis der Parteien kann die Verhandlung in einer anderen Sprache geführt werden, wenn die beteiligten Personen sämtlich der Sprache mächtig sind.

(2) [1]Wird unter Beteiligung von Personen verhandelt, die der deutschen Sprache nicht mächtig sind, so kann die Person, die nicht deutsch spricht, eine sprachkundige Person hinzuziehen. [2]Jede Partei kann verlangen, dass eine von der Schiedsperson auszuwählende Dolmetscherin oder ein von ihr auszuwählender Dolmetscher hinzugezogen wird.

(3) Im angestammten Siedlungsgebiet der Sorben/Wenden haben die Parteien das Recht, vor der Schiedsstelle die sorbische/wendische Sprache zu gebrauchen.

§ 22 Beweiserhebung. (1) [1]Zeugen und Sachverständige, die freiwillig erschienen sind, können gehört werden. [2]Mit Zustimmung und in Anwesenheit der Parteien kann auch der Augenschein eingenommen werden. [3]Vorgelegte Urkunden können berücksichtigt werden.

(2) Zur Beeidigung von Zeugen und Sachverständigen, zur eidlichen Parteivernehmung sowie zur Entgegennahme von eidesstattlichen Versicherungen ist die Schiedsperson nicht befugt.

(3) Eine Entschädigung von Zeugen und Sachverständigen findet nicht statt.

§ 23 Tätigkeit außerhalb des Schiedsstellenbereichs. Zu einer amtlichen Tätigkeit außerhalb des Bereichs der Schiedsstelle ist die Schiedsperson nur im Falle der Stellvertretung sowie dann befugt, wenn die Amtsräume außerhalb des Bereichs der Schiedsstelle liegen oder der Augenschein eingenommen werden soll.

§ 24 Protokoll. (1) Über die Schlichtungsverhandlung ist ein Protokoll in deutscher Sprache aufzunehmen.

(2) Das Protokoll enthält

1. den Ort und die Zeit der Verhandlung,
2. die Familiennamen und Vornamen der erschienenen Parteien, der gesetzlichen Vertretung und der Bevollmächtigten sowie die Angabe, ob die Schiedsperson die Beteiligten kennt oder wie sie sich Gewissheit über ihre Person sowie über die Legitimation der gesetzlichen Vertretung und der Bevollmächtigten verschafft hat,
3. die Familiennamen und Vornamen der erschienenen Beistände, Dolmetscherinnen und Dolmetscher,
4. Angaben über den Gegenstand des Streits, insbesondere die Anträge, sowie

5. den Wortlaut eines Vergleichs der Parteien oder die Feststellung, dass eine Vereinbarung zwischen den Parteien nicht zustande gekommen ist.

(3) Vorgelegte Vollmachtsurkunden sind als Anlagen zum Protokoll zu nehmen.

§ 25 Genehmigung und Unterzeichnung des Protokolls. (1) [1]Das Protokoll ist den Parteien vorzulesen oder zur Durchsicht vorzulegen und von ihnen zu genehmigen. [2]Dies ist im Protokoll zu vermerken.

(2) [1]Das Protokoll ist von der Schiedsperson und im Falle eines Vergleichs auch von den Parteien eigenhändig zu unterschreiben. [2]Nach Vollzug der Unterschriften wird ein Vergleich wirksam.

(3) Erklärt eine Partei, dass sie nicht schreiben kann, so muss die Schiedsperson das Handzeichen der schreibunkundigen Person durch einen besonderen Vermerk beglaubigen.

§ 26 Abschriften und Ausfertigungen des Protokolls. (1) Die Parteien oder deren Rechtsnachfolger erhalten auf Verlangen Abschriften oder zum Zwecke der Zwangsvollstreckung Ausfertigungen des Protokolls.

(2) [1]Die Ausfertigung besteht aus der mit dem Ausfertigungsvermerk versehenen Abschrift des Protokolls. [2]Der Ausfertigungsvermerk muss Angaben über den Ort und die Zeit der Ausfertigung sowie die Person enthalten, für die die Ausfertigung erteilt wird, von der Schiedsperson unterschrieben und mit einem Dienstsiegel versehen werden.

(3) [1]Die Ausfertigung wird von der Schiedsstelle erteilt, die die Urschrift des Protokolls verwahrt. [2]Die Schiedsperson hat vor Aushändigung der Ausfertigung auf der Urschrift des Protokolls zu vermerken, wann und für wen die Ausfertigung erteilt worden ist.

(4) Befindet sich das Protokoll in der Verwahrung des Amtsgerichts, so wird die Ausfertigung von der Urkundsbeamtin oder dem Urkundsbeamten der Geschäftsstelle erteilt.

§ 27 Vollstreckung aus dem Vergleich. (1) Aus dem vor einer Schiedsstelle geschlossenen Vergleich findet die Zwangsvollstreckung statt.

(2) Die Vollstreckungsklausel auf der Ausfertigung erteilt das Amtsgericht, in dessen Bezirk die Schiedsstelle ihren Sitz hat.

(3) [1]Auf der Urschrift des Protokolls ist zu vermerken, wann und von wem sowie für und gegen wen die Vollstreckungsklausel erteilt worden ist. [2]Das Amtsgericht benachrichtigt die Schiedsstelle von der Erteilung der Vollstreckungsklausel, wenn es das Protokoll nicht verwahrt.

(4) Im Übrigen finden die Bestimmungen der Zivilprozessordnung[1)] über die Zwangsvollstreckung aus Vergleichen, die vor einer durch die Landesjustizverwaltung eingerichteten oder anerkannten Gütestelle abgeschlossen sind, entsprechende Anwendung.

Unterabschnitt 3. Verfahren vor anerkannten Gütestellen

§ 28 Zuständigkeit und Verfahren. (1) [1]Anerkannte Gütestellen führen Schlichtungsverfahren und sonstige Verfahren der außergerichtlichen Streitbeilegung (Güteverfahren) in bürgerlichen Rechtsstreitigkeiten durch. [2]Gegenstand des Güteverfahrens können Streitigkeiten der obligatorischen außergerichtlichen

[1)] **Habersack, Deutsche Gesetze Nr. 100.**

Streitbeilegung nach den §§ 4 und 5 und der freiwilligen außergerichtlichen Streitbeilegung sein.

(2) Die Verfahrensordnung (§ 61) der jeweiligen anerkannten Gütestelle bestimmt das Güteverfahren und regelt die Einzelheiten seiner Durchführung.

§ 29 Zweck des Verfahrens. Das Güteverfahren ist darauf gerichtet, den Rechtsstreit im Wege eines Vergleichs beizulegen.

Abschnitt 3. Schlichtungsverfahren in Strafsachen

§ 30 Zuständigkeit. (1) Die Schiedsstelle ist Vergleichsbehörde im Sinne des § 380 Absatz 1 der Strafprozessordnung[1)] zur Durchführung des Sühneverfahrens (§ 2 Absatz 6).

(2) Die Schiedsstelle kann einen Täter-Opfer-Ausgleich (§ 2 Absatz 7) durchführen.

§ 31 Verfahrensbestimmungen. [1]Der Sühneversuch wird im Rahmen eines Schlichtungsverfahrens durchgeführt. [2]Für das Sühneverfahren gelten die §§ 8 bis 27 entsprechend, soweit in diesem Abschnitt keine abweichenden Bestimmungen getroffen worden sind.

§ 32 Absehen vom Sühneversuch. (1) [1]Das im Falle der Erhebung der Privatklage zuständige Gericht kann auf Antrag gestatten, dass von dem Sühneversuch abgesehen wird, wenn die antragstellende Partei von der Gemeinde, in der die Verhandlung stattfinden müsste, so weit entfernt wohnt, dass ihr unter Berücksichtigung ihrer Verhältnisse und nach den Umständen des Falles nicht zugemutet werden kann, zu der Verhandlung zu erscheinen. [2]Das Gericht kann stattdessen die antragstellende Partei ermächtigen, sich in der Sühneverhandlung vertreten zu lassen. [3]Die Vertretung legt der Schiedsstelle den gerichtlichen Beschluss sowie eine schriftliche Vollmacht vor.

(2) Die Parteien können die Entscheidung des Gerichts mit der sofortigen Beschwerde nach den Vorschriften der Strafprozessordnung[1)] anfechten.

§ 33 Beschränkte Ablehnung der Amtsausübung. (1) Die Schiedsperson darf den Sühneversuch nur ablehnen, wenn die antragstellende Partei oder ihre Vertretung ihr nicht bekannt ist und ihre Identität nicht nachweist.

(2) Liegt ein sonstiger Grund im Sinne von § 15 Absatz 1 vor, ist dies im Protokoll zu vermerken.

§ 34 Gesetzliche Vertretung der Gegenpartei. [1]Wird die Gegenpartei gesetzlich vertreten, so stellt die Schiedsstelle der Gegenpartei die Ladung und der gesetzlichen Vertretung eine Terminsnachricht zu. [2]Die Gegenpartei ist verpflichtet, im Termin persönlich zu erscheinen. [3]Ihre gesetzliche Vertretung ist als Beistand zur Sühneverhandlung zuzulassen.

§ 35 Vertretung durch Bevollmächtigte. Abgesehen von dem Fall des § 32 Absatz 1 Satz 2 ist eine Vertretung der Parteien durch Bevollmächtigte in der Sühneverhandlung unzulässig.

[1)] **Habersack, Deutsche Gesetze Nr. 90.**

§ 36 Sühnebescheinigung. (1) Auf Antrag bescheinigt die Schiedsperson die Erfolglosigkeit des Sühneversuchs zum Zwecke der Einreichung der Klage nach § 380 Absatz 1 Satz 3 der Strafprozessordnung[1]), wenn

1. in der Sühneverhandlung eine Einigung nicht zustande gekommen ist oder
2. allein die Gegenpartei der Sühneverhandlung unentschuldigt ferngeblieben ist oder sich vor dem Schluss der Sühneverhandlung unentschuldigt entfernt hat; wohnen die Parteien in derselben Gemeinde, in der die Sühneverhandlung stattzufinden hat, so tritt diese Wirkung erst dann ein, wenn die beschuldigte Partei auch in einem zweiten Termin ausbleibt.

(2) [1]Die Bescheinigung ist von der Schiedsperson zu unterschreiben und mit einem Dienstsiegel zu versehen. [2]Sie hat die vorgeworfene Straftat und den Zeitpunkt ihrer Begehung, das Datum der Antragstellung sowie Ort und Datum der Ausstellung zu enthalten.

Abschnitt 4. Kosten

§§ 37–46 *(vom Abdruck wurde abgesehen)*

Abschnitt 5. Schiedsstellen

§ 47 Einrichtung von Schiedsstellen. (1) [1]Zur Durchführung von Schlichtungsverfahren nach diesem Gesetz richtet jede Gemeinde eine oder mehrere Schiedsstellen ein und unterhält sie. [2]Sind mehrere Schiedsstellen errichtet, bestimmt die Gemeinde deren Zuständigkeitsbereiche. [3]Der Bereich einer Schiedsstelle soll in der Regel nicht mehr als 10 000 Einwohnerinnen und Einwohner umfassen.

(2) [1]Haben sich mehrere Gemeinden zu einer Verbandsgemeinde zusammengeschlossen, obliegt der Verbandsgemeinde die Einrichtung und Unterhaltung von Schiedsstellen. [2]Für mehrere Ortsgemeinden kann die Verbandsgemeinde eine oder mehrere gemeinsame Schiedsstellen errichten. [3]Sind mehrere Schiedsstellen errichtet, bestimmt die Verbandsgemeinde die Einteilung der Schiedsstellenbereiche. [4]Absatz 1 Satz 3 gilt entsprechend.

(3) [1]Das Amt richtet Schiedsstellen für amtsangehörige Gemeinden ein und unterhält sie, wenn dem Amt diese Aufgabe nach § 135 Absatz 5 der Kommunalverfassung des Landes Brandenburg übertragen worden ist. [2]Für mehrere amtsangehörige Gemeinden kann das Amt eine oder mehrere gemeinsame Schiedsstellen errichten. [3]Sind mehrere Schiedsstellen errichtet, obliegt dem Amtsausschuss die Einteilung der Schiedsstellenbereiche. [4]Absatz 1 Satz 3 gilt entsprechend.

(4) Bei der Errichtung gemeinsamer Schiedsstellen darf sich der Zuständigkeitsbereich einer Schiedsstelle nicht über einen Amtsgerichtsbezirk hinaus erstrecken.

(5) Die Schiedsstelle führt in ihrer Bezeichnung einen Zusatz, der auf die Gemeinde, die Verbandsgemeinde oder auf den Schiedsstellenbereich hinweist.

(6) Die Gemeinden und die Verbandsgemeinden erfüllen die ihnen nach diesem Gesetz obliegenden Aufgaben als pflichtige Selbstverwaltungsaufgaben.

---

[1]) **Habersack, Deutsche Gesetze Nr. 90.**

§ 48 Besetzung der Schiedsstelle, Stellvertretung. (1) [1]Die Aufgaben der Schiedsstelle werden von Schiedspersonen wahrgenommen. [2]Sie sind ehrenamtlich tätig.

(2) [1]Für jede Schiedsperson wird eine stellvertretende Schiedsperson bestellt. [2]Bei mehreren Schiedsstellen in der Gemeinde kann diese die Vertretung so regeln, dass die Vertretung gegenseitig erfolgt. [3]Schiedsperson im Sinne dieses Gesetzes ist auch die stellvertretende Schiedsperson.

(3) Ist auch die stellvertretende Schiedsperson vorübergehend oder dauernd verhindert, das Amt auszuüben, so kann die Leitung des Amtsgerichts eine Schiedsperson oder eine stellvertretende Schiedsperson einer anderen Schiedsstelle innerhalb des Amtsgerichtsbezirks beauftragen, das Amt einstweilen wahrzunehmen.

(4) Absatz 3 gilt entsprechend, wenn eine Schiedsstelle vorübergehend unbesetzt ist.

§ 49 Eignung für das Schiedsamt. (1) Die Schiedsperson muss nach ihrer Persönlichkeit und ihren Fähigkeiten für das Amt geeignet sein.

(2) Schiedsperson kann nicht sein, wer

1. infolge strafgerichtlicher Verurteilung die Fähigkeit zur Bekleidung öffentlicher Ämter nicht besitzt oder
2. sich im Vermögensverfall befindet; ein Vermögensverfall wird vermutet, wenn ein Insolvenzverfahren über das Vermögen der Schiedsperson eröffnet oder sie in das vom zentralen Vollstreckungsgericht zu führende Schuldnerverzeichnis nach § 882b der Zivilprozessordnung[1)] eingetragen ist.

(3) In das Amt soll nicht berufen werden,

1. wer nicht das 25. Lebensjahr vollendet hat,
2. wer nicht im Bereich der Schiedsstelle wohnt.

§ 50 Wahl der Schiedsperson, Amtsdauer. (1) Die Schiedsperson wird von der Gemeindevertretung der jeweiligen Gebietskörperschaft, in den Fällen des § 47 Absatz 3 vom Amtsausschuss gewählt.

(2) [1]Die Schiedsperson wird auf fünf Jahre gewählt. [2]Bis zu ihrem Amtsantritt bleibt die bisherige Schiedsperson tätig.

(3) Das Amt der Schiedsperson endet vorzeitig, wenn die Schiedsstelle aufgelöst wird.

§ 51 Bestätigung der Wahl. (1) Die gewählte Schiedsperson bedarf der Bestätigung durch die Leitung des Amtsgerichts, in dessen Bezirk die Schiedsstelle ihren Sitz hat.

(2) Die Leitung des Amtsgerichts prüft, ob bei der Wahl der Schiedsperson die gesetzlichen Voraussetzungen gemäß § 49 beachtet worden sind.

(3) [1]Die Bestätigung oder die Versagung der Bestätigung ist der gewählten Schiedsperson sowie der Bürgermeisterin oder dem Bürgermeister der jeweiligen Gebietskörperschaft schriftlich oder elektronisch mitzuteilen. [2]In den Fällen des § 47 Absatz 3 ergeht die Mitteilung an die Amtsdirektorin oder den Amtsdirektor. [3]Die Entscheidung, durch die die Bestätigung einer Schiedsperson versagt wird, ist zu begründen.

[1)] **Habersack, Deutsche Gesetze Nr. 100.**

§ 52 Verpflichtung der Schiedsperson. Die Schiedsperson wird von der Leitung des Amtsgerichts in ihr Amt berufen und verpflichtet, ihre Aufgaben gewissenhaft und unparteiisch zu erfüllen.

§ 53 Ablehnung und Niederlegung des Amtes. (1) Die Berufung zur Schiedsperson kann ablehnen, wer

1. das 60. Lebensjahr vollendet hat,
2. aus gesundheitlichen Gründen auf voraussichtlich längere Zeit gehindert ist, das Amt auszuüben,
3. aus beruflichen Gründen häufig oder langandauernd von seinem Wohnort abwesend ist oder
4. aus sonstigen wichtigen Gründen das Amt nicht ausüben kann.

(2) Absatz 1 Nummer 2 bis 4 gilt entsprechend für die Niederlegung des Amtes.

(3) Über die Befugnis zur Ablehnung oder Niederlegung des Amtes entscheidet die Leitung des Amtsgerichts.

§ 54 Amtsenthebung. (1) [1]Die Schiedsperson ist ihres Amtes zu entheben, wenn die Voraussetzungen für ihre Wahl nach § 49 Absatz 1 oder Absatz 2 nicht mehr vorliegen oder nachträglich Umstände im Sinne des § 49 Absatz 1 oder Absatz 2 bekannt werden, die ihrer Wahl entgegengestanden hätten. [2]Sie kann ferner aus wichtigem Grund ihres Amtes enthoben werden. [3]Ein wichtiger Grund liegt insbesondere vor, wenn die Schiedsperson

1. ihre Pflichten gröblich verletzt hat,
2. sich als unwürdig erwiesen hat, das Schiedsamt auszuüben, oder
3. ihr Amt nicht mehr ordnungsgemäß ausüben kann.

(2) [1]Über die Amtsenthebung entscheidet die Präsidentin oder der Präsident des Brandenburgischen Oberlandesgerichts auf Antrag der Leitung des Amtsgerichts. [2]Vor der Entscheidung sind die Schiedsperson und die Bürgermeisterin oder der Bürgermeister der jeweiligen Gebietskörperschaft oder in den Fällen des § 47 Absatz 3 die Amtsdirektorin oder der Amtsdirektor zu hören.

§ 55 Aufsicht. (1) [1]Die Tätigkeit der Schiedsperson im Schlichtungsverfahren wird von den Behörden der Justizverwaltung, insbesondere hinsichtlich ihrer fach- und zeitgerechten Durchführung, beaufsichtigt. [2]Die Aufsichtsbehörden treffen die erforderlichen Maßnahmen, um die Schiedsperson zu ordnungsgemäßer Führung ihrer Amtstätigkeit anzuhalten. [3]Sie können Weisungen erteilen. [4]Sie bearbeiten Beschwerden über die Schiedsperson.

(2) Die Schiedsperson untersteht unmittelbar der Aufsicht der Leitung des Amtsgerichts, soweit es ihre Tätigkeit im Rechtspflegebereich betrifft.

§ 56 Geschäftsunterlagen der Schiedsstelle. [1]Die Schiedsperson führt für die Schiedsstelle ein Protokollbuch und ein Kassenbuch sowie eine Sammlung der Kostenrechnungen, die spätestens mit Ablauf der Wahlperiode der Schiedsperson abzuschließen sind. [2]Abgeschlossene Bücher und die abgeschlossene Sammlung der Kostenrechnungen hat sie unverzüglich bei der Leitung des Amtsgerichts einzureichen.

§ 57 Verschwiegenheitspflicht. (1) Die Schiedsperson hat, auch nach Beendigung ihrer Amtstätigkeit, über ihre Verhandlungen und die Verhältnisse der Parteien, soweit sie ihr amtlich bekannt geworden sind, Verschwiegenheit zu wahren, soweit durch Rechtsvorschrift nichts anderes geregelt ist.

(2) Die Verschwiegenheitspflicht gilt nicht, soweit es sich um Tatsachen handelt, die offenkundig sind oder ihrer Bedeutung nach keiner Geheimhaltung bedürfen.

(3) Über Angelegenheiten, über die Verschwiegenheit zu wahren ist, darf die Schiedsperson nur mit Genehmigung der Leitung des Amtsgerichts aussagen.

(4) [1]Die Genehmigung soll erteilt werden, wenn die Parteien zustimmen. [2]Im Übrigen ist § 37 Absatz 4 Satz 1 und Absatz 5 des Beamtenstatusgesetzes[1)] entsprechend anzuwenden. [3]Dabei ist zu berücksichtigen, dass das Vertrauen in die Schiedsperson und ihre Tätigkeit ernstlich gefährdet werden kann, wenn sie über Angelegenheiten aussagt, die ihrer Verschwiegenheitspflicht unterliegen.

§ 58 Sachkosten, Haftung. (1) Die Sachkosten der Schiedsstelle trägt die Gebietskörperschaft, die die Schiedsstelle betreibt, in den Fällen des § 47 Absatz 3 das Amt.

(2) Zu den Sachkosten gehört auch der Ersatz von Sachschäden der Schiedsperson, die durch einen Unfall bei Ausübung ihres Amtes eingetreten sind, soweit die Schiedsperson diesen nicht vorsätzlich oder grob fahrlässig verursacht hat und von Dritten keinen Ersatz verlangen kann.

(3) Für Amtspflichtverletzungen der Schiedsperson im Rahmen des Schlichtungsverfahrens haftet das Land.

Abschnitt 6. Anerkannte Gütestellen

Unterabschnitt 1. Anerkennung als Gütestelle

§ 59 Antrag. [1]Auf schriftlichen oder elektronischen Antrag können Personen, rechtsfähige Personenvereinigungen oder deren Einrichtungen als Gütestelle im Sinne des § 794 Absatz 1 Nummer 1 der Zivilprozessordnung[2)] anerkannt werden, wenn sie die Voraussetzungen der §§ 60 bis 62 erfüllen. [2]Die zur Prüfung dieser Voraussetzungen erforderlichen Unterlagen und Nachweise sind beizufügen.

§ 60 Anerkennungsvoraussetzungen. (1) [1]Natürliche Personen können als Gütestelle anerkannt werden, wenn sie nach ihrer Persönlichkeit und ihren Fähigkeiten für die Tätigkeit geeignet sind und die Gewähr für eine von den Parteien unabhängige und objektive Streitbeilegung bieten. [2]Die erforderlichen Fähigkeiten besitzt, wer theoretische Kenntnisse und praktische Erfahrungen im Bereich der einvernehmlichen Streitbeilegung nachweist. [3]Natürliche Personen müssen sich verpflichten, außergerichtliche Streitbeilegung als dauerhafte Aufgabe zu betreiben.

(2) Die erforderliche Eignung besitzt insbesondere nicht, wer

1. infolge strafgerichtlicher Verurteilung die Fähigkeit zur Bekleidung öffentlicher Ämter nicht besitzt oder
2. sich im Vermögensverfall befindet; ein Vermögensverfall wird vermutet, wenn ein Insolvenzverfahren über das Vermögen der antragstellenden Person eröffnet oder sie in das vom zentralen Vollstreckungsgericht zu führende Schuldnerverzeichnis nach § 882b der Zivilprozessordnung[2)] eingetragen ist.

[1)] **Sartorius Nr. 150.**
[2)] **Habersack, Deutsche Gesetze Nr. 100.**

(3) [1] Juristische Personen, rechtsfähige Personenvereinigungen oder deren Einrichtungen können als Gütestelle anerkannt werden, wenn hinsichtlich der von ihnen zur Durchführung des Güteverfahrens bestellten natürlichen Person (Güteperson) die Voraussetzungen nach Absatz 1 Satz 1 und 2 vorliegen und keine Hindernisse nach Absatz 2 gegeben sind. [2] Die in Satz 1 genannten Stellen müssen sich verpflichten, außergerichtliche Streitbeilegung als dauerhafte Aufgabe zu betreiben, und gewährleisten, dass die Güteperson ihre Tätigkeit unabhängig und ohne Bindung an Weisungen ausübt.

(4) Die Gütestelle muss ihren Sitz im Land Brandenburg haben.

§ 61 Verfahrensordnung. (1) [1] Die Gütestelle gibt sich eine Verfahrensordnung, auf deren Grundlage das Güteverfahren unter Beachtung der Grundsätze eines fairen Verfahrens durchzuführen ist. [2] Diese muss den Parteien des Güteverfahrens jederzeit zugänglich sein.

(2) Die Verfahrensordnung muss vorsehen, dass

1. die Tätigkeit als anerkannte Gütestelle nicht ausgeübt wird, wenn ein in § 13 genannter Ausschlussgrund in der als Gütestelle anerkannten natürlichen Person oder in der Güteperson vorliegt und
2. die am Güteverfahren beteiligten Parteien die Gelegenheit erhalten, selbst oder durch von ihnen beauftragte Personen Tatsachen und Rechtsansichten vorzubringen und sich zu dem Vorbringen der jeweils anderen Partei zu äußern.

(3) [1] Die Verfahrensordnung muss ferner die von der Gütestelle erhobene Vergütung (Gebühren und Auslagen) bezeichnen. [2] Die Vergütung für die Durchführung eines Güteverfahrens in Streitigkeiten der obligatorischen außergerichtlichen Streitbeilegung im Sinne der §§ 4 und 5 darf einschließlich Auslagen und Umsatzsteuer einen Betrag von 250 Euro nicht übersteigen.

§ 62 Haftpflichtversicherung. (1) [1] Soweit die Gütestelle nicht von einer juristischen Person des öffentlichen Rechts getragen wird, muss eine Haftpflichtversicherung für Vermögensschäden bestehen und die Versicherung während der Dauer der Anerkennung als Gütestelle aufrechterhalten bleiben. [2] Die Versicherung muss bei einem im Inland zum Geschäftsbetrieb befugten Versicherungsunternehmen zu den nach Maßgabe des Versicherungsaufsichtsgesetzes eingereichten Allgemeinen Versicherungsbedingungen aufgenommen werden und sich auch auf solche Vermögensschäden erstrecken, für die die Gütestelle nach § 278 oder § 831 des Bürgerlichen Gesetzbuchs[1)] einzustehen hat.

(2) [1] Der Versicherungsvertrag hat Versicherungsschutz für jede einzelne Pflichtverletzung zu gewähren, die gesetzliche Haftpflichtansprüche privatrechtlichen Inhalts gegen die Gütestelle zur Folge haben könnte. [2] Dabei kann vereinbart werden, dass sämtliche Pflichtverletzungen bei Erledigung eines einheitlichen Auftrags, mögen diese auf dem Verhalten der Gütestelle oder einer von ihr herangezogenen Hilfsperson beruhen, als ein Versicherungsfall gelten.

(3) [1] Die Mindestversicherungssumme beträgt 250 000 Euro für jeden Versicherungsfall. [2] Die Leistungen des Versicherers für alle innerhalb eines Versicherungsjahres verursachten Schäden können auf den vierfachen Betrag der Mindestversicherungssumme begrenzt werden.

(4) Die Vereinbarung eines Selbstbehaltes bis zu 1 Prozent der Mindestversicherungssumme ist zulässig.

[1)] **Habersack, Deutsche Gesetze Nr. 20.**

(5) Im Versicherungsvertrag ist der Versicherer zu verpflichten, der nach § 64 Absatz 1 zuständigen Behörde den Beginn und die Kündigung oder sonstige Beendigung des Versicherungsvertrages sowie jede Änderung des Versicherungsvertrages, die den vorgeschriebenen Versicherungsschutz beeinträchtigt, unverzüglich mitzuteilen.

(6) Zuständige Stelle im Sinne des § 117 Absatz 2 des Versicherungsvertragsgesetzes[1] ist die nach § 64 Absatz 1 zuständige Behörde.

§ 63 Erlöschen, Rücknahme und Widerruf der Anerkennung. (1) Die Anerkennung erlischt, wenn

1. die als Gütestelle anerkannte natürliche Person stirbt oder
2. die als Gütestelle anerkannte juristische Person oder rechtsfähige Personenvereinigung oder deren Einrichtung aufgelöst wird.

(2) [1]Die Anerkennung als Gütestelle ist mit Wirkung für die Zukunft zurückzunehmen, wenn Tatsachen nachträglich bekannt werden, bei deren Kenntnis die Anerkennung hätte versagt werden müssen. [2]Von der Rücknahme der Anerkennung kann abgesehen werden, wenn die Gründe, aus denen die Anerkennung hätte versagt werden müssen, nicht mehr bestehen.

(3) Die Anerkennung ist mit Wirkung für die Zukunft zu widerrufen, wenn

1. die natürliche oder juristische Person, die rechtsfähige Personenvereinigung oder deren Einrichtung nicht mehr die Anerkennungsvoraussetzungen des § 60 erfüllt,
2. die Verfahrensordnung nicht mehr den Anforderungen des § 61 entspricht,
3. die erforderliche Haftpflichtversicherung nach § 62 nicht mehr besteht,
4. die Gütestelle wiederholt und beharrlich ihre Pflichten nicht erfüllt oder
5. die Gütestelle auf die Rechte aus ihrer Anerkennung gegenüber der nach § 64 Absatz 1 zuständigen Behörde schriftlich oder elektronisch verzichtet hat.

§ 64 Zuständigkeit, Gebühren und Verzeichnis der anerkannten Gütestellen. (1) [1]Zuständige Behörde für die Anerkennung als Gütestelle sowie für die Rücknahme und den Widerruf der Anerkennung ist die Präsidentin oder der Präsident des Brandenburgischen Oberlandesgerichts. [2]Sie übt die Aufsicht über die anerkannten Gütestellen aus.

(2) [1]Die nach Absatz 1 zuständige Behörde entscheidet auch über die Ermächtigung nach § 797a Absatz 4 Satz 1 der Zivilprozessordnung[2]. [2]Die Ermächtigung soll nur einer Notarin oder einem Notar erteilt werden.

(3) [1]Für die Anerkennung als Gütestelle wird eine Gebühr in Höhe von 125 Euro erhoben. [2]Wird der Antrag auf Anerkennung abgelehnt oder zurückgenommen, beträgt die Gebühr 60 Euro.

(4) [1]Die nach Absatz 1 zuständige Behörde ist befugt, ein Verzeichnis über die im Land Brandenburg anerkannten Gütestellen zu führen, um der an einer außergerichtlichen Streitbeilegung interessierten Öffentlichkeit das Auffinden und die Kontaktaufnahme zu anerkannten Gütestellen zu erleichtern. [2]Zu diesem Zweck dürfen der Familienname und Vorname der anerkannten natürlichen Person oder die Bezeichnung der anerkannten juristischen Person, rechtsfähigen Personenvereinigung oder deren Einrichtung sowie der Familienname und Vorname der von

---

[1] **Habersack, Deutsche Gesetze Nr. 62.**
[2] **Habersack, Deutsche Gesetze Nr. 100.**

ihr bestellten Güteperson, ihre Anschrift oder ihr Sitz, ihre Telefon- und Faxnummer, ihre Internetadresse und ihre Adresse zum Empfang elektronischer Dokumente verarbeitet werden. [3] Das Verzeichnis darf im Internet veröffentlicht werden.

Unterabschnitt 2. Pflichten der anerkannten Gütestelle

§ 65 Aktenführung. (1) [1] Die Gütestelle hat durch die Führung von Akten sicherzustellen, dass sie jederzeit den Nachweis über die Verfahrenshandlungen der Parteien und die von ihr ausgeübte Tätigkeit erbringen kann. [2] In diesen Akten müssen insbesondere enthalten sein:

1. die Familiennamen, Vornamen und Anschriften der Parteien, der gesetzlichen Vertretung und der Bevollmächtigten,
2. der Inhalt des Güteantrags,
3. der Zeitpunkt des Eingangs des Güteantrags bei der Gütestelle, der Veranlassung seiner Bekanntgabe, weiterer Verfahrenshandlungen der Parteien und der Gütestelle sowie der Beendigung des Güteverfahrens,
4. im Falle des Abschlusses eines Vergleiches zwischen den Parteien dessen genauer Wortlaut und
5. die von der Gütestelle erhobene Vergütung.

(2) [1] Ein Vergleich ist von der als Gütestelle anerkannten natürlichen Person oder von der Güteperson zu unterschreiben. [2] Er ist den Beteiligten vorzulesen oder zur Durchsicht vorzulegen und von ihnen durch Unterschrift zu genehmigen.

(3) [1] Die Gütestelle hat die Akten für die Dauer von fünf Jahren nach Beendigung des Verfahrens aufzubewahren. [2] Wurde ein Vergleich geschlossen, beträgt die Aufbewahrungsfrist 30 Jahre. [3] Im Fall des Erlöschens, der Rücknahme oder des Widerrufs der Anerkennung hat die Gütestelle die aufzubewahrenden Unterlagen unverzüglich der nach § 64 Absatz 1 zuständigen Behörde zur Verwahrung zu übergeben. [4] Für die Aufbewahrung durch diese Behörde sind die Sätze 1 und 2 entsprechend anzuwenden.

(4) Innerhalb des in Absatz 3 genannten Zeitraums können die Parteien oder deren Rechtsnachfolger von der Gütestelle oder im Fall des Absatzes 3 Satz 3 von der zuständigen Behörde gegen Erstattung der hierdurch entstehenden Kosten Ablichtungen aus den Akten und Ausfertigungen geschlossener Vergleiche verlangen.

(5) Auf Anforderung des nach § 797a Absatz 1 der Zivilprozessordnung[1)] zuständigen Gerichts hat die Gütestelle oder im Fall des Absatzes 3 Satz 3 die zuständige Behörde die Urschrift des Vergleichs zur Erteilung der vollstreckbaren Ausfertigung dem Gericht zu übergeben.

§ 66 Mitteilungs- und Auskunftspflichten. (1) Änderungen der für die Anerkennung nach den §§ 60 bis 62 maßgeblichen Umstände sind der nach § 64 Absatz 1 zuständigen Behörde unverzüglich mitzuteilen.

(2) Soll bei juristischen Personen, rechtsfähigen Personenvereinigungen oder deren Einrichtungen die Güteperson ausgetauscht oder eine weitere Güteperson bestellt werden, ist die vorherige Zustimmung der nach § 64 Absatz 1 zuständigen Behörde erforderlich.

---

1) Habersack, Deutsche Gesetze Nr. 100.

(3) Auf Anforderung der nach § 64 Absatz 1 zuständigen Behörde hat die Gütestelle Auskunft über ihre Geschäftsführung und die für die Anerkennung nach den §§ 60 bis 62 maßgeblichen Umstände zu erteilen sowie zur Prüfung erforderliche Unterlagen, Nachweise und Akten vorzulegen.

§ 67 Verschwiegenheitspflicht. [1]Die als Gütestelle anerkannte natürliche Person, die Güteperson und die sonstigen für die Gütestelle tätigen Personen sind zur Verschwiegenheit verpflichtet, soweit durch Rechtsvorschrift nichts anderes geregelt ist. [2]Diese Pflicht bezieht sich auf alles, was ihnen im Rahmen des Güteverfahrens anvertraut oder sonst bekannt geworden ist. [3]§ 4 Satz 3 des Mediationsgesetzes[1)] gilt entsprechend.

Unterabschnitt 3. Anfechtung von Entscheidungen

§ 68 Zuständigkeit und Verfahren. [1]Über die Rechtmäßigkeit von Anordnungen, Verfügungen oder sonstigen Maßnahmen nach diesem Abschnitt entscheiden auf Antrag die ordentlichen Gerichte. [2]Für das Verfahren gelten die §§ 23 bis 30a des Einführungsgesetzes zum Gerichtsverfassungsgesetz[2)].

Abschnitt 7. Schlussvorschriften

§§ 69, 70 *(vom Abdruck wurde abgesehen)*

§ 71 Übergangsvorschriften. (1) [1]Für die vor Inkrafttreten dieses Gesetzes bei einer Schiedsstelle oder anerkannten Gütestelle anhängigen oder bereits abgeschlossenen Verfahren sind die Bestimmungen des Schiedsstellengesetzes in der Fassung der Bekanntmachung vom 21. November 2000 (GVBl. I S. 158, 2001 I S. 38), des Brandenburgischen Gütestellengesetzes vom 5. Oktober 2000 (GVBl. I S. 134, 135) und des Brandenburgischen Schlichtungsgesetzes vom 5. Oktober 2000 (GVBl. I S. 134), die zuletzt durch Artikel 1 bis 3 des Gesetzes vom 8. März 2018 (GVBl. I Nr. 4) geändert worden sind, weiter anzuwenden. [2]Dies gilt auch für Vergleiche, die vor Inkrafttreten dieses Gesetzes vor einer Schiedsstelle oder anerkannten Gütestelle geschlossen worden sind, und für Erfolglosigkeitsbescheinigungen, die von diesen Stellen vor Inkrafttreten dieses Gesetzes ausgestellt worden sind.

(2) § 65 Absatz 3 findet auf solche Verfahren Anwendung, in denen vor Inkrafttreten dieses Gesetzes vor einer anerkannten Gütestelle ein Vergleich geschlossen worden ist, wenn die nach § 6 Absatz 2 des Brandenburgischen Gütestellengesetzes vom 5. Oktober 2000 (GVBl. I S. 134, 135), das zuletzt durch Artikel 1 des Gesetzes vom 8. März 2018 (GVBl. I Nr. 4) geändert worden ist, geltende Aufbewahrungsfrist bei Inkrafttreten dieses Gesetzes noch nicht abgelaufen ist.

(3) [1]Für die vor Inkrafttreten dieses Gesetzes bereits gewählten Schiedspersonen und stellvertretenden Schiedspersonen bedarf es keiner erneuten Wahl. [2]Die §§ 49, 51 und 54 sind auf diese Personen für die laufende Amtsperiode nicht anwendbar. [3]Insoweit sind die §§ 3, 5 und 8 des Schiedsstellengesetzes in der Fassung der Bekanntmachung vom 21. November 2000 (GVBl. I S. 158, 2001 I S. 38), das zuletzt durch Artikel 2 des Gesetzes vom 8. März 2018 (GVBl. I Nr. 4) geändert worden ist, nebst in Bezug genommener Normen weiter anzuwenden.

[1)] **Habersack, Deutsche Gesetze Nr. 106.**
[2)] **Habersack, Deutsche Gesetze Nr. 95a.**

(4) [1]Die vor Inkrafttreten dieses Gesetzes anerkannten Gütestellen bedürfen keiner erneuten Anerkennung. [2]Die Vorschriften des Abschnitts 6 finden auf diese Gütestellen mit der Maßgabe Anwendung, dass die Anforderungen an die Verfahrensordnung (§ 61) und die Haftpflichtversicherung (§ 62) innerhalb eines Zeitraums von sechs Monaten nach dem Inkrafttreten dieses Gesetzes zu erfüllen sind. [3]Für diesen Übergangszeitraum sind insoweit die §§ 4, 5, 7, 8 Absatz 3 und § 9 des Brandenburgischen Gütestellengesetzes vom 5. Oktober 2000 (GVBl. I S. 134, 135), das zuletzt durch Artikel 1 des Gesetzes vom 8. März 2018 (GVBl. I Nr. 4) geändert worden ist, nebst in Bezug genommener Normen weiter anzuwenden. [4]§ 63 Absatz 3 Nummer 1 bis 3 und § 66 Absatz 1 finden auf diese Gütestellen hinsichtlich der erst nach der Anerkennung geltenden zusätzlichen Voraussetzungen und Anforderungen entsprechende Anwendung.

§ 72 Inkrafttreten, Außerkrafttreten. [1]Dieses Gesetz tritt am Tag nach der Verkündung[1)] in Kraft. [2]Gleichzeitig treten das Brandenburgische Schlichtungsgesetz vom 5. Oktober 2000 (GVBl. I S. 134), das Schiedsstellengesetz in der Fassung der Bekanntmachung vom 21. November 2000 (GVBl. I S. 158, 2001 I S. 38) und das Brandenburgische Gütestellengesetz vom 5. Oktober 2000 (GVBl. I S. 134, 135), die zuletzt durch Artikel 1 bis 3 des Gesetzes vom 8. März 2018 (GVBl. I Nr. 4) geändert worden sind, außer Kraft.

[1)] Verkündet am 16.12.2022.

104d. Gesetz über die Justiz im Land Nordrhein-Westfalen (Justizgesetz Nordrhein-Westfalen – JustG NRW)[1)]

Vom 26. Januar 2010
(GV. NRW. S. 30)

SGV. NRW. 304

zuletzt geänd. durch Art. 1 ÄndG v. 6.12.2022 (GV. NRW. S. 1072)

– Auszug –

Teil 1: Organisation der Rechtspflege

§§ 1–31g *(vom Abdruck wurde abgesehen)*

Teil 2: Verfahrensrechtliche Bestimmungen

Kapitel 1: Gerichtsverfassung

§§ 32–43a *(vom Abdruck wurde abgesehen)*

Kapitel 2: Ordentliche Gerichtsbarkeit

Abschnitt 1: Gütestellen und Schlichtung

§ 44 Schiedsamt. (1) Die nach dem Schiedsamtsgesetz eingerichteten Schiedsämter sind Gütestellen im Sinne des § 794 Absatz 1 Nummer 1 der Zivilprozessordnung[2)].

(2) Für das Verfahren vor den Schiedsämtern und die hierdurch entstehenden Kosten gilt das Schiedsamtsgesetz in seiner jeweils geltenden Fassung.

§ 45 Weitere Gütestellen. Auf Antrag können weitere Streitschlichtungseinrichtungen als Gütestelle im Sinne des § 794 Absatz 1 Nummer 1 der Zivilprozessordnung[2)] anerkannt werden, wenn sie die Voraussetzungen der §§ 46 bis 49 erfüllen.

§ 46 Persönliche Voraussetzungen. (1) Natürliche Personen können als Gütestelle anerkannt werden, wenn sie nach ihrer Persönlichkeit und ihren Fähigkeiten für das Amt geeignet sind.

(2) Nicht anerkannt werden kann, wer

1. die Fähigkeit zur Bekleidung öffentlicher Ämter nicht besitzt;
2. unter Betreuung steht;
3. durch sonstige, nicht unter Nummer 2 fallende gerichtliche Anordnungen in der Verfügung über sein Vermögen beschränkt ist.

(3) [1]Juristische Personen oder deren Einrichtungen können als Gütestelle anerkannt werden, wenn gewährleistet ist, dass die von ihnen bestellte Schlichtungsperson die Voraussetzungen der Absätze 1 und 2 erfüllt. [2]Es muss darüber hinaus

---

[1)] Verkündet als Art. 1 G zur Modernisierung und Bereinigung von Justizgesetzen im Land NRW v. 26.1.2010 (GV. NRW S. 30); Inkrafttreten gem. Art . 4 dieses G am 1.1.2011.

[2)] **Habersack, Deutsche Gesetze Nr. 100.**

gewährleistet sein, dass die Schlichtungsperson im Rahmen ihrer Schlichtungstätigkeit unabhängig und an Weisungen nicht gebunden ist. [3]Die Bestellung als Schlichtungsperson muss für einen Zeitraum von mindestens drei Jahren erfolgen. [4]Eine Abberufung darf nur erfolgen, wenn Tatsachen vorliegen, die eine unabhängige Erledigung der Schlichtertätigkeit nicht mehr erwarten lassen.

§ 47 Verfahrensordnung. (1) [1]Die Schlichtungseinrichtung bedarf einer Schlichtungs- und Kostenordnung. [2]Diese muss den Parteien des Schlichtungsverfahrens zugänglich sein.

(2) Die Schlichtungsordnung muss vorsehen, dass

1. die Schlichtungstätigkeit nicht ausgeübt wird
   a) in Angelegenheiten, in denen die Schlichtungsperson selbst Partei ist oder bei denen sie zu einer Partei in dem Verhältnis einer Mitberechtigten, Mitverpflichteten oder Regresspflichtigen steht;
   b) in Angelegenheiten ihres Ehegatten oder Verlobten, auch wenn die Ehe oder das Verlöbnis nicht mehr besteht;
   c) in Angelegenheiten ihrer eingetragenen Lebenspartnerin oder ihres eingetragenen Lebenspartners, auch wenn die eingetragene Lebenspartnerschaft nicht mehr besteht;
   d) in Angelegenheiten einer Person, mit der sie in gerader Linie verwandt, verschwägert, in der Seitenlinie bis zum dritten Grade verwandt oder bis zum zweiten Grade verschwägert ist, auch wenn die Ehe, durch die die Schwägerschaft begründet ist, nicht mehr besteht;
   e) in Angelegenheiten, in denen sie oder eine Person, mit der sie zur gemeinsamen Berufsausübung verbunden ist oder mit der sie gemeinsame Geschäftsräume hat, als Prozessbevollmächtigte oder Beistand einer Partei bestellt oder als gesetzliche Vertreterin einer Partei aufzutreten berechtigt ist oder war;
   f) in Angelegenheiten einer Person, bei der sie gegen Entgelt beschäftigt oder bei der sie als Mitglied des Vorstandes, des Aufsichtsrates oder eines gleichartigen Organs tätig ist oder war;
2. die am Schlichtungsverfahren beteiligten Parteien die Gelegenheit erhalten, selbst oder durch von ihnen beauftragte Personen Tatsachen und Rechtsansichten vorzubringen und sich zu dem Vortrag der jeweils anderen Partei zu äußern;

die Regelung eines Mitwirkungsverbotes in der Verfahrensordnung gemäß Nummer 1 ist nicht erforderlich, wenn sich ein entsprechendes Mitwirkungsverbot bereits aus gesetzlichen Bestimmungen ergibt, die die Berufsausübung der Schlichtungsperson regeln.

§ 48 Haftpflichtversicherung. (1) [1]Soweit die Gütestelle nicht von einer öffentlich-rechtlichen Körperschaft oder Anstalt getragen wird, muss für die Schlichtungspersonen eine Haftpflichtversicherung für Vermögensschäden bestehen und die Versicherung während der Dauer der Anerkennung als Gütestelle aufrechterhalten bleiben. [2]Die Versicherung muss bei einem im Inland zum Geschäftsbetrieb befugten Versicherungsunternehmen zu den nach Maßgabe des Versicherungsaufsichtsgesetzes eingereichten Allgemeinen Versicherungsbedingungen aufgenommen werden und sich auch auf solche Vermögensschäden erstrecken, für die die Gütestelle nach § 278 oder § 831 des Bürgerlichen Gesetzbuches[1)] einzustehen hat.

[1)] **Habersack, Deutsche Gesetze Nr. 20.**

109. Geschäftsanweisung für Gerichtsvollzieher (GVGA)[1) 2)]

Lfd. Nr.	Änderndes Gesetz	Datum	Fundstelle	Betroffen	Hinweis
1.	ÄndBek.	5.9.2016	JMBl. S. 98	§§ 38, 46, 143	mWv 1.10.2016
2.	ÄndBek.	23.11.2018	JMBl. S. 122	Inhaltsübersicht, §§ 4, 16, 28, 29, 31, 34, 38, 40, 47, 60, 61, 69, 116, 117, 118, 128, 129, 134, Teil 2 Abschnitt 2 Buchst. E Überschrift, §§ 135, 136, 138, 139, 140, 141, 145, 151, 156, 191, Teil 2 Abschnitt 6 Überschrift, §§ 196, 198, Teil 2 Abschnitt 7 (§§ 200, 201)	mWv 1.1.2019
3.	ÄndBek.	7.12.2022	BayMBl. Nr. 754	Inhaltsübersicht, §§ 4, 5, 10, 11, 12, 13, 15, 16, 17, 18, 22, 24, 27, 29, 30, 31, 33, 35, 38, 43, 51, 60, 63, 73, 77, 86, 100, 101, 102, 121, 126, 128, 134, 141, 145, 152, 153, 181, 187	mWv 1.1.2023
				Inhaltsübersicht, §§ 14, 121	mWv 1.6.2023

[1)] Die GVGA gilt mWv 1.9.2013 in sämtlichen Ländern bundeseinheitlich

Siehe hierzu ua:
- **Baden-Württemberg:** VwV v. 10.7.2013 (Die Justiz S. 240)
- **Bayern:** Bek. v. 6.8.2013 (JMBl. S. 94), zuletzt geänd. durch Bek. v. 7.12.2022 (BayMBl. Nr. 754)
- **Berlin:** AV v. 9.8.2013 (ABl. S. 1777), geänd. durch AV v. 13.11.2018 (ABl. S. 6525)
- **Brandenburg:** AV v. 22.7.2013 (JMBl. S. 79), zuletzt geänd. durch AV v. 30.11.2018 (JMBl. 2019 S. 2)
- **Hamburg:** AV v. 17.7.2013 (JVBl. S. 82), zuletzt geänd. durch AV v. 6.12.2018 (JVBl 2019 S. 2)
- **Hessen:** RdErl. v. 11.7.2013 (JMBl. S. 416), geänd. durch RdErl. v. 9.9.2016 (JMBl. S. 326), neu in Kraft gesetzt durch RdErl. v. 16.10.2018 (JMBl. S. 670), geänd. durch RdErl. v. 13.2.2019 (JMBl. S. 62)
- **Mecklenburg-Vorpommern:** VwV v. 7.8.2013 (AmtsBl. M-V S. 602)
- **Niedersachsen:** AV v. 16.7.2013 (Nds. Rpfl. S. 225), geänd. durch AV v. 8.10.2018 (Nds. RPfl. S. 315)
- **Nordrhein-Westfalen:** AV v. 9.8.2013 (JMBl. NRW S. 210), zuletzt geänd. durch AV v. 16.10.2018 (JMBl. S. 267)
- **Rheinland-Pfalz** VwV v. 23.11.2018 (JBl. S. 99), veröffentlicht als Anl. 1 zur VwV Gerichtsvollzieher-Geschäftsführung v. 1.8.2012 (JBl. S. 360), zuletzt geänd. durch VwV v. 23.11.2018 (JBl. S. 99)
- **Sachsen:** VwV v. 25.9.2013 (SächsJMBl. S. 130), zuletzt geänd. durch VwV v. 28.12.2018 (SächsJMBl. 2019 S. 2)
- **Sachsen-Anhalt:** AV v. 2.8.2013 (JMBl. S. 201, 273), zuletzt geänd. durch AV v. 30.10.2018 (JMBl. LSA S. 158)
- **Schleswig-Holstein:** AV v. 2.8.2013 (SchlHA S. 324), zuletzt geänd. durch AV v. 13.11.2018 (SchlHA S. 452)
- **Thüringen:** VwV v. 24.7.2013 (JMBl. S. 57)

[2)] Der Text folgt der im Bayerischen Staatsministerium der Justiz archivmäßig verwahrten Urschrift (vgl. Bek. v. 6.8.2013, JMBl. S. 94); im Änderungsverzeichnis und in den Änderungsfußnoten wird das Bayerische Justizministerialblatt als Referenzfundstelle angegeben.

Inhaltsübersicht[1)]

[1)] Inhaltsübersicht geänd. mWv 1.1.2019 durch Bek. v. 23.11.2018 (JMBl. S. 122); geänd. mWv 1.1. 2023 und mWv 1.6.2023 durch Bek. v. 7.12.2022 (BayMBl. Nr. 754).

Erster Teil. Allgemeine Vorschriften

§ 1 Zweck der Geschäftsanweisung. [1]Das Bundes- und Landesrecht bestimmt, welche Dienstverrichtungen dem Gerichtsvollzieher obliegen und welches Verfahren er dabei zu beachten hat. [2]Diese Geschäftsanweisung soll dem Gerichtsvollzieher das Verständnis der gesetzlichen Vorschriften erleichtern. [3]Sie erhebt keinen Anspruch auf Vollständigkeit und befreit den Gerichtsvollzieher nicht von der Verpflichtung, sich eine genaue Kenntnis der Bestimmungen aus dem Gesetz und den dazu ergangenen gerichtlichen Entscheidungen selbst anzueignen. [4]Die Beachtung der Vorschriften dieser Geschäftsanweisung gehört zu den Amtspflichten des Gerichtsvollziehers.

§ 2 Ausschließung von der dienstlichen Tätigkeit. Der Gerichtsvollzieher ist von der Ausübung seines Amtes in den in § 155 des Gerichtsverfassungsgesetzes (GVG)[1)] genannten Fällen kraft Gesetzes ausgeschlossen

[1)] **Habersack, Deutsche Gesetze Nr. 95.**

§ 3 Amtshandlungen gegen Exterritoriale und die ihnen gleichgestellten Personen sowie gegen NATO-Angehörige. (1) [1] Aufträge zur Vornahme von Amtshandlungen

1. auf exterritorialem Gebiet oder
2. gegen
   a) Mitglieder diplomatischer Missionen, ihre Familienmitglieder und privaten Hausangestellten sowie Mitglieder des Verwaltungs- und technischen Personals und des dienstlichen Hauspersonals der Mission (§ 18 GVG[1)]),
   b) Mitglieder konsularischer Vertretungen, Bedienstete des Verwaltungs- und technischen Personals der Vertretung, die im gemeinsamen Haushalt mit einem Mitglied der konsularischen Vertretung lebenden Familienangehörigen und die Mitglieder seines Privatpersonals (§ 19 GVG),
   c) sonstige Personen, die nach den allgemeinen Regeln des Völkerrechts, auf Grund völkerrechtlicher Vereinbarungen oder sonstiger Rechtsvorschriften von der deutschen Gerichtsbarkeit befreit sind, insbesondere Mitglieder von Sonderorganisationen der Vereinten Nationen sowie die Beamten und sonstigen Bediensteten der Europäischen Gemeinschaften (§ 20 GVG),

legt der Gerichtsvollzieher unerledigt seiner vorgesetzten Dienststelle vor und wartet deren Weisung ab. [2] Er benachrichtigt hiervon den Auftraggeber.

(2) Hat der Gerichtsvollzieher Amtshandlungen gegen NATO-Angehörige innerhalb der Anlage einer Truppe durchzuführen, so muss er die besonderen Bestimmungen der Artikel 32, 34 und 36 des Zusatzabkommens zu dem Abkommen zwischen den Parteien des Nordatlantikvertrages über die Rechtsstellung ihrer Truppen hinsichtlich der in der Bundesrepublik Deutschland stationierten ausländischen Truppen vom 3. August 1959 (BGBl. 1961 II S. 1218) beachten.

§ 4[2)] Form des Auftrags (§ 161 GVG[1)], §§ 168, 192, 753 Absatz 2, 3 und 4, §§ 754, 754a, 802a Absatz 2 ZPO[3)]). [1] Aufträge an den Gerichtsvollzieher bedürfen keiner Form, soweit nicht durch Rechtsverordnung gem. § 753 Absatz 3 der Zivilprozessordnung (ZPO) verbindliche Formulare für den Auftrag eingeführt sind. [2] Aufträge zur Vollstreckung einer Geldforderung sind unter Verwendung des nach § 5 der Verordnung über das Formular für den Vollstreckungsauftrag an den Gerichtsvollzieher (GVFV) verbindlich zu nutzenden Formulars zu stellen. [3] Einer Verwendung des Formulars bedarf es nicht für einen Auftrag, der ausschließlich die Zustellung eines Schriftstücks zum Inhalt hat oder für einen Auftrag zur Beitreibung von öffentlich-rechtlichen Forderungen (§ 1 Absatz 2 GVFV). [4] Ein elektronisch eingereichter Auftrag muss den Anforderungen des § 130a Absatz 2 bis 4 ZPO und denjenigen der Elektronischer-Rechtsverkehr-Verordnung (ERVV) genügen; § 130a Absatz 6 ZPO gilt entsprechend. [5] Der nach § 298 Absatz 2 und 3 ZPO anzufertigende Aktenvermerk kann durch den Ausdruck des Prüfvermerks ersetzt werden. [6] Mündlich erteilte Aufträge sind aktenkundig zu machen.

§ 5[4)] Zeit der Erledigung des Auftrags. (1) [1] Die Erledigung der Aufträge darf nicht verzögert werden. [2] Erfolgt die erste Vollstreckungshandlung nicht innerhalb eines Monats, so ist der Grund der Verzögerung aktenkundig zu machen. [3] Der Gerichtsvollzieher entscheidet nach pflichtgemäßem Ermessen, in welcher Rei-

[1)] **Habersack, Deutsche Gesetze Nr. 95.**
[2)] § 4 neu gef. mWv 1.1.2023 durch Bek. v. 7.12.2022 (BayMBl. Nr. 754).
[3)] **Habersack, Deutsche Gesetze Nr. 100.**
[4)] § 5 Abs. 3 Satz 1 Nr. 1 geänd. mWv 1.1.2023 durch Bek. v. 7.12.2022 (BayMBl. Nr. 754).

henfolge die vorliegenden Aufträge nach ihrer Dringlichkeit zu erledigen sind. [4] Er muss in jedem Fall besonders prüfen, ob es sich um eine Eilsache handelt oder nicht. [5] Die Eilbedürftigkeit kann sich aus der Art der vorzunehmenden Amtshandlung ergeben; dies gilt insbesondere für die Vollziehung von Arresten oder einstweiligen Verfügungen, für Proteste, Benachrichtigungen des Drittschuldners nach § 845 ZPO[1)] und für Zustellungen, durch die eine Notfrist oder eine sonstige gesetzliche Frist gewahrt werden soll. [6] Aufträge, deren eilige Ausführung von der Partei verlangt wird, müssen den für die besondere Beschleunigung maßgebenden Grund erkennen lassen.

(2) [1] Der Gerichtsvollzieher führt die Zwangsvollstreckung schnell und nachdrücklich durch. [2] Die Frist für die Bearbeitung eines Vollstreckungsauftrags ergibt sich aus der Sachlage im Einzelfall; so kann es angebracht sein, einen Pfändungsauftrag umgehend auszuführen, um den Rang des Pfändungsrechts zu sichern. [3] Anträge zur Vollziehung von einstweiligen Verfügungen nach § 940a ZPO oder zur Vollziehung von einstweiligen Anordnungen, die das Familiengericht nach den §§ 1 und 2 des Gewaltschutzgesetzes[2)] (GewSchG) erlassen hat, sind umgehend auszuführen, insbesondere, wenn die Vollziehung der einstweiligen Anordnung vor ihrer Zustellung an den Antragsgegner erfolgt (§ 214 Absatz 2 des Gesetzes über das Verfahren in Familiensachen und in den Angelegenheiten der freiwilligen Gerichtsbarkeit[3)] (FamFG)).

(3) [1] Der Gerichtsvollzieher führt die Zustellung aus:

1. innerhalb von drei Tagen nach dem Empfang des Auftrags, möglichst jedoch schon am darauffolgenden Tag, wenn an seinem Amtssitz oder unter seiner Vermittlung durch die Post oder elektronisch zuzustellen ist;
2. auf der ersten Reise, spätestens jedoch binnen einer Woche, wenn außerhalb seines Amtssitzes durch ihn selbst zuzustellen ist.

[2] Die Fristen gelten nicht, wenn die Eilbedürftigkeit der Sache eine noch frühere Erledigung des Auftrags erfordert. [3] Sonntage, allgemeine Feiertage und Sonnabende werden bei den Fristen nicht mitgerechnet.

(4) Absatz 3 findet keine Anwendung auf die Zustellung von Vollstreckungstiteln zur Einleitung der Zwangsvollstreckung gemäß § 750 Absatz 1 Satz 2 ZPO sowie von Urkunden, welche die rechtliche Grundlage für eine gleichzeitig vorzunehmende Zwangsvollstreckung bilden.

§ 6 Post. Post im Sinne dieser Bestimmungen ist jeder nach § 33 Absatz 1 des Postgesetzes (PostG) mit Zustellungsaufgaben beliehene Unternehmer.

§ 7 Allgemeine Vorschriften über die Beurkundung. (1) Bei der Aufnahme von Protokollen und anderen Urkunden hat der Gerichtsvollzieher neben den für einzelne Urkunden getroffenen besonderen Vorschriften folgende allgemeine Regeln zu beachten:

1. [1] Jede Urkunde muss die Zeit und den Ort ihrer Abfassung enthalten und von dem Gerichtsvollzieher unter Beifügung seiner Amtseigenschaft und der Bezeichnung seines Amtssitzes unterschrieben werden. [2] Zur Unterschriftleistung dürfen Faksimilestempel nicht verwendet werden.

[1)] **Habersack, Deutsche Gesetze Nr. 100.**
[2)] Nr. 49.
[3)] **Habersack, Deutsche Gesetze Nr. 112.**

2. [1] Die Urkunden sind vollständig, deutlich und klar abzufassen. [2] In Vordrucken sind die zur Ausfüllung bestimmten Zwischenräume, soweit sie durch die erforderlichen Eintragungen nicht ausgefüllt werden, durch Füllstriche zu weiteren Eintragungen ungeeignet zu machen. [3] Die Schrift muss haltbar sein; der Bleistift darf auch bei Abschriften nicht verwendet werden.
3. In dem Protokoll über ein Geschäft, das nach der aufgewendeten Zeit vergütet wird, ist die Zeitdauer unter Beachtung der für die Berechnung der Kosten maßgebenden Grundsätze nach den einzelnen Zeitabschnitten genau anzugeben.
4. [1] Abschriften sind als solche zu bezeichnen. [2] Die dem Gerichtsvollzieher obliegende Beglaubigung erfolgt durch den Vermerk „Beglaubigt" unter Beifügung der Unterschrift und des Abdrucks des Dienststempels. [3] Bei mehreren selbständigen Abschriften muss, sofern nicht jede Abschrift besonders beglaubigt wird, aus ihrer äußeren Aufeinanderfolge oder aus dem Beglaubigungsvermerk erkennbar sein, welche Abschriften die Beglaubigung umfasst. [4] Die Beglaubigung darf erst erfolgen, nachdem sich der Gerichtsvollzieher davon überzeugt hat, dass die Abschrift mit der Urschrift wörtlich übereinstimmt.
5. Auf den Urschriften und Abschriften der Urkunden hat der Gerichtsvollzieher eine Berechnung seiner Gebühren und Auslagen aufzustellen und die Geschäftsnummer anzugeben, die das beurkundete Geschäft bei ihm hat.
6. Besteht eine Urkunde aus mehreren Bogen oder einzelnen Blättern, so sind diese zusammenzuheften oder sonst in geeigneter Weise zu verbinden.
7. [1] Radierungen sind untersagt. [2] Nachträgliche Berichtigungen von Urkunden müssen in der Urkunde selbst oder – soweit dies nicht tunlich ist – in einer besonderen Anlage erfolgen. [3] Sie müssen den Grund der Berichtigung erkennen lassen, sind mit Datum und Unterschrift zu versehen und nötigenfalls den Parteien zuzustellen.

(2) [1] Der Gerichtsvollzieher muss sich beständig vergegenwärtigen, dass die von ihm aufgenommenen Urkunden öffentlichen Glauben haben; er soll sie daher mit größter Sorgfalt abfassen. [2] Die Urkunde muss dem tatsächlichen Hergang in jedem einzelnen Punkt entsprechen.

§ 8 Amtshandlungen gegenüber Personen, die der deutschen Sprache nicht mächtig sind. (1) [1] Ist derjenige, dem gegenüber der Gerichtsvollzieher eine Amtshandlung vorzunehmen hat, der deutschen Sprache nicht hinreichend mächtig, um Grund und Inhalt der Amtshandlung zu erfassen sowie etwaige Einwendungen dagegen vorzubringen, so zieht der Gerichtsvollzieher, sofern er die fremde Sprache nicht selbst genügend beherrscht, eine dieser Sprache kundige Person hinzu, die dazu bereit ist. [2] Der Gerichtsvollzieher bedient sich dabei in erster Linie solcher Personen, die sofort erreichbar sind und den Umständen nach eine Vergütung nicht beanspruchen. [3] Ist die Zuziehung eines Dolmetschers mit Kosten verbunden, so veranlasst der Gerichtsvollzieher sie erst nach vorheriger Verständigung mit dem Auftraggeber, es sei denn, dass es mit Rücksicht auf die Eilbedürftigkeit nicht tunlich erscheint oder die Kosten verhältnismäßig gering sind.

(2) [1] Ist ein zur Abgabe der Vermögensauskunft oder der eidesstattlichen Versicherung gemäß § 836 Absatz 3, § 883 Absatz 2 ZPO[1)] oder § 94 FamFG[2)]

[1)] **Habersack, Deutsche Gesetze Nr. 100.**
[2)] **Habersack, Deutsche Gesetze Nr. 112.**

verpflichteter Schuldner der deutschen Sprache nicht mächtig, so hat der Gerichtsvollzieher einen Dolmetscher zuzuziehen. [2]Sind für die fremde Sprache Dolmetscher allgemein beeidigt, so sollen andere Personen nur zugezogen werden, wenn besondere Umstände es erfordern. [3]§ 185 Absatz 2 und § 186 GVG[1)] sind entsprechend anzuwenden. [4]Absatz 1 Satz 3 ist zu beachten.

Zweiter Teil. Einzelne Geschäftszweige

Erster Abschnitt. Zustellung

A. Allgemeine Vorschriften

§ 9 Zuständigkeit im Allgemeinen. (1) [1]Der Gerichtsvollzieher ist zuständig, im Auftrag eines Beteiligten Zustellungen in bürgerlichen Rechtsstreitigkeiten, in Strafsachen und in nichtgerichtlichen Angelegenheiten durchzuführen, soweit eine Zustellung auf Betreiben der Parteien zugelassen oder vorgeschrieben ist. [2]Ferner hat er im Auftrag des Verhandlungsleiters Schiedssprüche nach dem Arbeitsgerichtsgesetz zuzustellen. [3]Schiedssprüche nach der Zivilprozessordnung[2)] stellt der Gerichtsvollzieher zu, wenn er mit der Zustellung beauftragt wird.

(2) [1]Für Zustellungen von Amts wegen ist der Gerichtsvollzieher zuständig, soweit ihm solche Zustellungen durch Gesetz, Rechtsverordnung oder Verwaltungsanordnung übertragen sind oder ihn der Vorsitzende des Prozessgerichts oder ein von diesem bestimmtes Mitglied des Prozessgerichts mit der Ausführung der Zustellung beauftragt. [2]Er führt sie nach den dafür bestehenden besonderen Vorschriften aus.

§ 10[3)] Zustellungsaufträge mit Auslandsbezug. (1) [1]Gehen dem Gerichtsvollzieher Aufträge in einem Verfahren vor einer ausländischen (nichtdeutschen) Behörde unmittelbar von einer ausländischen Behörde, einem Beteiligten oder einem Beauftragten (zum Beispiel einem deutschen Rechtsanwalt oder Notar) zu, so legt er sie unerledigt seiner vorgesetzten Dienststelle vor und wartet ihre Weisungen ab (§ 126 der Rechtshilfeordnung für Zivilsachen (ZRHO)). [2]Eine Vorlage ist nicht erforderlich, soweit

1. ausländische Schuldtitel zur Vollstreckung geeignet sind (§§ 40, 41),
2. auf der Grundlage des deutsch-britischen Rechtshilfeabkommens vom 20. März 1928 unmittelbare Zustellungen im Parteibetrieb erfolgen sollen,
3. gerichtliche oder außergerichtliche Schriftstücke nach Artikel 20 und 21 der Verordnung (EU) 2020/1784[4)] des Europäischen Parlaments und des Rates vom 25. November 2020 über die Zustellung gerichtlicher und außergerichtlicher Schriftstücke in Zivil- oder Handelssachen in den Mitgliedstaaten (Zustellung von Schriftstücken) (ABl. L 405 vom 02.12.2020, S. 40; ABl. L 173 vom 30.06. 2022, S. 133) im Inland unmittelbar durch den Gerichtsvollzieher zugestellt werden können und dieser das hierbei zu beachtende Verfahren einhält.

[3]Der Empfänger hat ein Annahmeverweigerungsrecht von zwei Wochen, sofern das zuzustellende Schriftstück nicht in einer Sprache abgefasst oder in eine Sprache übersetzt ist, die er versteht oder die Amtssprache am Zustellungsort ist. [4]Der Empfänger ist durch den Gerichtsvollzieher mit dem Formblatt L über sein

---

1) **Habersack, Deutsche Gesetze Nr. 95.**
2) **Habersack, Deutsche Gesetze Nr. 100.**
3) § 10 Abs. 1 neu gef. mWv 1.1.2023 durch Bek. v. 7.12.2022 (BayMBl. Nr. 754).
4) Nr. **103c**.

Annahmeverweigerungsrecht zu belehren, sofern das zuzustellende Schriftstück nicht in der Amtssprache oder einer der Amtssprachen am Zustellungsort abgefasst oder in diese übersetzt ist. [5]Zu diesem Zweck sollte dem Zustellungsantrag erforderlichenfalls das Formblatt L in der oder einer der Amtssprachen des Ursprungsstaats und der oder einer der Amtssprachen am Zustellungsort beigefügt sein. [6]Bei Anzeichen dafür, dass der Empfänger eine Amtssprache eines weiteren Mitgliedstaates versteht, ist das Formblatt auch in dieser Sprache beizufügen.

(2) [1]Aufträge zu Zustellungen nach Orten außerhalb des Bereichs deutscher Gerichtsbarkeit legt der Gerichtsvollzieher unerledigt seiner vorgesetzten Dienststelle vor und wartet ihre Weisung ab. [2]Für Pfändungs- und Überweisungsbeschlüsse gelten die besonderen Bestimmungen nach § 15 Absatz 1 Satz 3.

§ 11[1)] Zustellung eines Dokuments an mehrere Beteiligte. (1) [1]Eine Zustellung an mehrere Beteiligte ist bei der Zustellung eines Dokuments als Schriftstück (§ 193 ZPO[2)]) durch Übergabe einer Ausfertigung oder beglaubigten Abschrift und bei der Zustellung eines Dokuments als elektronisches Dokument (§ 193a ZPO) durch Zustellung an jeden einzelnen Beteiligten zu bewirken. [2]Dies gilt auch, wenn die Zustellungsempfänger in häuslicher Gemeinschaft leben (zum Beispiel Ehegatten, Lebenspartner, Eltern, Kinder).

(2) [1]Bei der Zustellung an den Vertreter mehrerer Beteiligter (zum Beispiel den gesetzlichen Vertreter oder Prozessbevollmächtigten) genügt es, wenn dem Vertreter nur eine Ausfertigung oder beglaubigte Abschrift eines Schriftstücks übergeben oder das elektronische Dokument einmal zugestellt wird. [2]Einem bloßen Zustellungsbevollmächtigten mehrerer Beteiligter sind in einer einzigen Zustellung so viele Ausfertigungen oder Abschriften eines Schriftstücks zu übergeben, wie Beteiligte vorhanden sind.

(3) Ist der Zustellungsadressat der Zustellung zugleich für seine eigene Person und als Vertreter beteiligt, so muss die Zustellung an ihn in seiner Eigenschaft als Vertreter besonders erfolgen.

§ 12[3)] Zustellung mehrerer Dokumente an einen Beteiligten. (1) Sind einem Beteiligten mehrere Dokumente zuzustellen, die verschiedene Rechtsangelegenheiten betreffen, so stellt der Gerichtsvollzieher jedes Dokument besonders zu.

(2) Betreffen die Dokumente dieselbe Rechtsangelegenheit, so erledigt der Gerichtsvollzieher den Auftrag durch eine einheitliche Zustellung, wenn die Dokumente als zusammengehörig gekennzeichnet sind oder wenn der Auftraggeber eine gemeinsame Zustellung beantragt hat.

§ 13[4)] Vorbereitung der Zustellung. [1]Die Zustellung ist mit Sorgfalt vorzubereiten. [2]Der Gerichtsvollzieher prüft dabei auch, ob Schriftstücke unterschrieben und ordnungsgemäß beglaubigte Abschriften in der erforderlichen Zahl vorhanden sind. [3]Reicht der Auftraggeber das zuzustellende Dokument als elektronisches Dokument ein, prüft der Gerichtsvollzieher, ob das Dokument nach Maßgabe des § 130a ZPO[2)] wirksam eingegangen ist. [4]Er sorgt dafür, dass Mängel auf dem

[1)] § 11 Überschrift geänd., Abs. 1 und 2 neu gef. mWv 1.1.2023 durch Bek. v. 7.12.2022 (BayMBl. Nr. 754).

[2)] **Habersack, Deutsche Gesetze Nr. 100.**

[3)] § 12 neu gef. mWv 1.1.2023 durch Bek. v. 7.12.2022 (BayMBl. Nr. 754).

[4)] § 13 neu gef. mWv 1.1.2023 durch Bek. v. 7.12.2022 (BayMBl. Nr. 754).

kürzesten Wege abgestellt werden, möglichst sofort bei Entgegennahme des Auftrags. 5 Soweit es angängig ist, beseitigt er die Mängel selbst.

[§ 14 bis 31.5.2023:]

§ 14 Örtliche Zuständigkeit. 1 Persönliche Zustellungen darf der Gerichtsvollzieher nur in dem Bezirk ausführen, für den er örtlich zuständig ist. 2 Bei gerichtlichen Pfändungsbeschlüssen mit mehreren Drittschuldnern kann im Fall des § 840 ZPO[1)] der für die Zustellung an den im Pfändungsbeschluss an erster Stelle genannten Drittschuldner zuständige Gerichtsvollzieher auch die Zustellung an die anderen in demselben Amtsgerichtsbezirk wohnenden Drittschuldner vornehmen.

[§ 14 ab 1.6.2023:]

§ 14[2)] *(aufgehoben)*

§ 15[3)] **Wahl der Zustellungsart bei Schriftstücken.** (1) 1 Die Zustellung durch Aufgabe zur Post ist nur in den gesetzlich bestimmten Fällen zulässig (zum Beispiel § 829 Absatz 2, § 835 Absatz 3 ZPO[1)]). 2 Sie darf nur auf ausdrückliches Verlangen des Auftraggebers vorgenommen werden. 3 Satz 2 gilt nicht für die Zustellung eines Pfändungs- und Überweisungsbeschlusses an einen Schuldner im Ausland (§ 829 Absatz 2 Satz 3, § 835 Absatz 3 ZPO); ist der Pfändungsbeschluss jedoch in einem anderen Schuldtitel, zum Beispiel in einem Arrestbefehl enthalten, so legt der Gerichtsvollzieher den Auftrag nach der Zustellung an den Drittschuldner im Inland seiner vorgesetzten Dienststelle vor und wartet ihre Weisung ab.

(2) 1 Zwischen der persönlichen Zustellung und der Zustellung durch die Post hat der Gerichtsvollzieher unbeschadet der folgenden Bestimmungen nach pflichtgemäßem Ermessen die Wahl. 2 Er hat insbesondere persönlich zuzustellen, sofern

1. die Sache eilbedürftig ist oder besondere Umstände es erfordern,
2. der Auftraggeber es beantragt hat oder bei der Zustellung durch die Post höhere Kosten entstehen würden; dies gilt nur, soweit die persönliche Zustellung mit der sonstigen Geschäftsbelastung des Gerichtsvollziehers vereinbar ist und die Zustellung sich nicht dadurch verzögert, dass der Gerichtsvollzieher sie selbst vornimmt.

(3) Lässt der Gerichtsvollzieher eilige Zustellungen durch die Post ausführen, so muss er ihre rechtzeitige Erledigung überwachen.

(4) Von der Zustellung durch die Post sind ausgeschlossen:

1. gerichtliche Pfändungsbeschlüsse im Fall des § 840 ZPO,
2. Zustellungen von Willenserklärungen, bei denen eine Urkunde vorzulegen ist.

(5) 1 Während eines Insolvenzverfahrens behandelt die Post Sendungen an den Schuldner als unzustellbar, wenn das Gericht die Aushändigung der für den Schuldner bestimmten Briefe an den Insolvenzverwalter angeordnet hat (§ 99 der Insolvenzordnung[4)] (InsO)). 2 Der Gerichtsvollzieher stellt daher Sendungen an den Schuldner nicht durch die Post zu, solange die Postsperre nicht aufgehoben ist.

[1)] **Habersack, Deutsche Gesetze Nr. 100.**
[2)] § 14 aufgeh. mWv 1.6.2023 durch Bek. v. 7.12.2022 (BayMBl. Nr. 754).
[3)] § 15 Überschrift geänd. mWv 1.1.2023 durch Bek. v. 7.12.2022 (BayMBl. Nr. 754).
[4)] **Habersack, Deutsche Gesetze Nr. 110.**

B. Zustellung in bürgerlichen Rechtsstreitigkeiten

I. Zustellung auf Betreiben der Parteien

1. Allgemeines

§ 16[1)] Empfangnahme von Dokumenten und Beglaubigung der Schriftstücke (§§ 192, 193 ZPO[2)]). (1) [1] Beim Empfang der zuzustellenden Schriftstücke vermerkt der Gerichtsvollzieher den Zeitpunkt der Übergabe auf den Urschriften, Ausfertigungen und allen Abschriften. [2] Bei unmittelbar erteilten Aufträgen bescheinigt er der Partei auf Verlangen den Zeitpunkt der Übergabe. [3] Fertigt der Gerichtsvollzieher von einem elektronischen Dokument die für die Zustellung als Schriftstück erforderlichen Abschriften als Ausdrucke selbst, vermerkt er auf allen Abschriften den Zeitpunkt des Eingangs und den Übermittlungsweg oder fügt den Abschriften jeweils einen Ausdruck des technischen Prüfdokuments bei.

(2) [1] Soll ein Dokument als Schriftstück zugestellt werden, hat der Rechtsanwalt, der eine Partei vertritt, dem Gerichtsvollzieher die zur Ausführung des Zustellungsauftrags erforderlichen Abschriften mit zu übergeben, wenn er dem Gerichtsvollzieher das zuzustellende Dokument in Papierform übermittelt. [2] Dies gilt auch für den Rechtsanwalt, der einer Partei im Wege der Prozess- oder Verfahrenskostenhilfe beigeordnet ist. [3] Ist der Partei, der Prozess- oder Verfahrenskostenhilfe bewilligt ist, kein Rechtsanwalt beigeordnet, so hat die mit der Vermittlung der Zustellung beauftragte Geschäftsstelle die fehlenden Abschriften herstellen zu lassen. [4] Wenn der Rechtsanwalt oder die Geschäftsstelle die erforderlichen Abschriften nicht übergeben hat, fordert der Gerichtsvollzieher sie nach. [5] Er stellt sie selbst her,

1. wenn durch die Nachforderung die rechtzeitige Erledigung gefährdet würde oder
2. wenn eine Partei, die nicht durch einen Rechtsanwalt vertreten ist und der auch Prozess- oder Verfahrenskostenhilfe nicht bewilligt ist, dem Gerichtsvollzieher die erforderlichen Abschriften nicht mit übergeben hat.

[6] Auch im Übrigen kann der Gerichtsvollzieher die Abschriften selbst herstellen, wenn der Partei dadurch nicht wesentlich höhere Kosten entstehen. [7] Satz 1 bis 6 gilt entsprechend, wenn der Auftrag von einem Notar oder Rechtsbeistand erteilt wird.

(3) [1] Besteht die Zustellung in der Übergabe einer beglaubigten Abschrift des zuzustellenden Schriftstücks, so achtet der Gerichtsvollzieher darauf, dass ein ordnungsgemäßer Beglaubigungsvermerk vorhanden ist. [2] Die Beglaubigung geschieht

1. bei allen von der Partei unmittelbar oder durch Vermittlung der Geschäftsstelle erteilten Aufträgen durch den zustellenden Gerichtsvollzieher, soweit sie nicht schon durch einen Rechtsanwalt erfolgt ist,
2. bei den auf Betreiben von Rechtsanwälten oder in Anwaltsprozessen zuzustellenden Schriftstücken durch den betreibenden Anwalt (§§ 191, 169 Absatz 2 ZPO), soweit nicht etwa der Gerichtsvollzieher die Abschriften selbst hergestellt hat.

[1)] § 16 Abs. 4 Sätze 1 und 2 neu gef., Satz 4 geänd. mWv 1.1.2019 durch Bek. v. 23.11.2018 (JMBl. S. 122); Überschrift neu gef., Abs. 1 Satz 3 angef., Abs. 2 Satz 1 neu gef., Abs. 3 Satz 3 geänd. mWv 1.1. 2023 durch Bek. v. 7.12.2022 (BayMBl. Nr. 754).

[2)] **Habersack, Deutsche Gesetze Nr. 100.**

[3] Für die Beglaubigung sind gemäß § 3 Absatz 1 Nummer 1 des Einführungsgesetzes zum Rechtsdienstleistungsgesetz (RDGEG)[1)] auch Erlaubnisinhaber, die nach § 209 der Bundesrechtsanwaltsordnung (BRAO)[2)] in eine Rechtsanwaltskammer aufgenommen sind (Kammerrechtsbeistände), zuständig.

(4) [1] Bei der Zustellung eines Vollstreckungsbescheids hat der Gerichtsvollzieher die für den Antragsgegner bestimmte Ausfertigung zu übergeben. [2] Liegt eine solche nicht vor, ist eine beglaubigte Abschrift der für den Antragsteller gefertigten Ausfertigung zu übergeben. [3] In jedem Fall ist darauf zu achten, dass dem Antragsgegner zusammen mit der beglaubigten Abschrift der Ausfertigung des Vollstreckungsbescheids auch die dazugehörigen Hinweise des Gerichts ausgehändigt werden. [4] Wenn diese Hinweise nicht bereits schon auf der für den Antragsgegner bestimmten Ausfertigung enthalten sind, händigt der Gerichtsvollzieher dem Antragsgegner ein Blatt mit den Hinweisen des Gerichts aus (vergleiche Anlage 5 zur Gerichtsvollzieherordnung (GVO)[3)]).

2. Die Zustellungsarten

a) Persönliche Zustellung

§ 17[4)] [§§ 191 bis 193, 194, 195 und §§ 166 bis 172, 174 bis 190 ZPO[5)]]

[1] Die persönliche Zustellung führt der Gerichtsvollzieher nach Maßgabe der §§ 191 bis 193, 194, 195 und §§ 166 bis 172, 174 bis 190 ZPO aus. [2] § 58 Absatz 1 Satz 2 ist zu beachten.

§ 18[6)] Gesetzlicher Vertreter, rechtsgeschäftlich bestellter Vertreter.

(1) [1] Ist im Schuldtitel oder im Auftrag eine bestimmte Person als gesetzlicher Vertreter bezeichnet, stellt der Gerichtsvollzieher an diese Person zu. [2] Es besteht keine Prüfungspflicht, ob die bezeichnete Person tatsächlich gesetzlicher Vertreter ist. [3] Fehlt die Angabe des gesetzlichen Vertreters und ergeben sich die gesetzlichen Vertretungsverhältnisse nicht anderweitig, veranlasst der Gerichtsvollzieher den Auftraggeber zu einer Ergänzung des Zustellungsauftrags.

(2) [1] Ist der Zustellungsadressat keine natürliche Person (zum Beispiel Behörde, Gemeinde, Körperschaft, Stiftung, Verein, eingetragene Genossenschaft, Gesell schaft), erfolgt die Zustellung eines Schriftstücks an den Leiter oder gesetzlichen Vertreter. [2] Sind mehrere Leiter oder gesetzliche Vertreter vorhanden, so genügt die Zustellung an einen von ihnen.

(3) [1] Die gesetzliche Vertretung richtet sich nach den materiell-rechtlichen Vorschriften. [2] In den Fällen des § 246 Absatz 2 Satz 2, § 249 Absatz 1, § 250 Absatz 3, § 251 Absatz 3, § 253 Absatz 2, § 254 Absatz 2, § 255 Absatz 3, § 256 Absatz 7, § 257 Absatz 2 und des § 275 Absatz 4 des Aktiengesetzes[7)] (AktG) sowie des § 51 des Genossenschaftsgesetzes[8)] (GenG) hat die Zustellung sowohl an den Vorstand als auch an den Aufsichtsrat zu erfolgen; das *gleiche*[9)] gilt in den Fällen des § 75 des

---

1) Nr. **99a**.
2) Nr. **98**.
3) Nr. **109a**.
4) § 17 Satz 1 neu gef. mWv 1.1.2023 durch Bek. v. 7.12.2022 (BayMBl. Nr. 754).
5) **Habersack, Deutsche Gesetze Nr. 100.**
6) § 18 Abs. 2 Satz 1 geänd., Abs. 4 neu gef. mWv 1.1.2023 durch Bek. v. 7.12.2022 (BayMBl. Nr. 754).
7) **Habersack, Deutsche Gesetze Nr. 51.**
8) **Habersack, Deutsche Gesetze Nr. 53.**
9) Richtig wohl: „Gleiche".

Gesetzes betreffend die Gesellschaften mit beschränkter Haftung[1] (GmbHG) wenn ein Aufsichtsrat bestellt ist.

(4) [1] Ist im Auftrag eine Person als rechtsgeschäftlich bestellter Vertreter mit den erforderlichen Angaben bezeichnet, so stellt der Gerichtsvollzieher nach Vorlage der schriftlichen Vollmacht an diese Person zu. [2] Das gilt auch, wenn anlässlich der Zustellung ein anderer rechtsgeschäftlich bestellter Vertreter die Vertretung des Adressaten anzeigt. [3] Die Vollmacht kann als elektronisches Dokument übermittelt werden, wenn der Aussteller der Erklärung dieser seinen Namen hinzugefügt und das elektronische Dokument mit einer qualifizierten elektronischen Signatur versehen hat. [4] Es bedarf keiner Ermittlungen darüber, ob ein Dritter bevollmächtigt ist oder ob die ihm vorgelegte Vollmacht ordnungsgemäß ist. [5] Die Zustellung unterbleibt, wenn der Gerichtsvollzieher Zweifel an der Echtheit und am Umfang der Vollmacht hat. [6] Auf der Zustellungsurkunde (§ 24) ist zu vermerken, dass die Vollmachtsurkunde vorgelegen hat. [7] Erfolgt die Zustellung als elektronisches Dokument kann der Gerichtsvollzieher einen gesonderten Vermerk erstellen, aus dem er mit automatisierter Eingangsbestätigung und zuzustellendem Dokument ein neues, einheitliches elektronisches Dokument herstellt.

§ 19 Ersatzzustellung. (1) Kann die Zustellung nicht an den Adressaten oder seinen gesetzlichen oder rechtsgeschäftlich bestellten Vertreter in Person erfolgen, so bewirkt der Gerichtsvollzieher die Zustellung nach Maßgabe der §§ 191, 178 bis 181 ZPO[2] und der nachfolgenden Bestimmungen.

(2) [1] Bevor der Gerichtsvollzieher die Zustellung an einen Ersatzempfänger, durch Einlegung in den Briefkasten oder eine ähnliche Vorrichtung oder durch Niederlegung bewirkt, überzeugt er sich davon, dass

1. die Wohnung oder die Geschäftsräume, worin die Zustellung vorgenommen oder versucht wird, auch die Wohnung oder die Geschäftsräume des Adressaten sind;
2. die Gemeinschaftseinrichtung, in der die Zustellung vorgenommen oder versucht wird, die Einrichtung ist, in der der Zustellungsadressat wohnt;
3. die Personen, mit denen er verhandelt, auch diejenigen sind, für die sie sich ausgeben, und dass sie zu dem Adressaten in dem angegebenen Verhältnis stehen.

[2] Bei Zustellungen an Gewerbetreibende, die ein offenes Geschäft haben oder eine Gaststätte betreiben, hat der Gerichtsvollzieher den Namen zu beachten, der zur Bezeichnung des Geschäftsinhabers an der Außenseite oder dem Eingang des Ladens oder der Wirtschaft angebracht ist. [3] Bei Handelsfirmen hat er sich zu vergewissern, ob der Inhaber ein Einzelkaufmann oder eine Gesellschaft ist. [4] Ist der Inhaber ein Einzelkaufmann, so gibt der Gerichtsvollzieher in der Zustellungsurkunde den bürgerlichen Namen (Vor- und Zunamen) des Firmeninhabers an.

(3) Eine Ersatzzustellung ist unzulässig, wenn der Zustellungsadressat verstorben ist.

(4) [1] Hat der Gerichtsvollzieher den Adressaten an dem Ort, an dem er ihn zuerst aufgesucht hat, nicht angetroffen, so kann er statt der Ersatzzustellung auch den Versuch wiederholen, dem Adressaten in Person zuzustellen. [2] Ob er dies tun will, hängt von seinem Ermessen ab; es darf jedoch nicht geschehen, wenn dadurch das Interesse des Auftraggebers an rascher Durchführung der Zustellung

[1] **Habersack, Deutsche Gesetze Nr. 52.**
[2] **Habersack, Deutsche Gesetze Nr. 100.**

gefährdet oder die Besorgung anderer Geschäfte in nachteiliger Weise verzögert würde.

§ 20 Ersatzzustellung in der Wohnung, in Geschäftsräumen sowie Gemeinschaftseinrichtungen. (1) [1] Zum Zweck der Zustellung begibt sich der Gerichtsvollzieher – vorbehaltlich von Absatz 2 und 3 – in der Regel in die Wohnung des Zustellungsadressaten. [2] Trifft er den Adressaten dort nicht an, kann er die Zustellung in der Wohnung nach Maßgabe des § 178 ZPO[1)] bewirken.

(2) [1] Hat der Gerichtsvollzieher an einen Zustellungsadressaten zuzustellen, der einen Geschäftsraum unterhält (zum Beispiel Gewerbetreibender, Rechtsanwalt, Notar, Kammerrechtsbeistand (§ 16 Absatz 3 Satz 3), Gerichtsvollzieher, gesetzlicher Vertreter oder Leiter einer Behörde, einer Gemeinde, einer Gesellschaft oder eines Vereins), so begibt sich der Gerichtsvollzieher in der Regel in die Geschäftsräume. [2] Geschäftsraum ist regelmäßig der Raum, in dem der Kunden- oder Publikumsverkehr des Adressaten stattfindet und zu dem der Gerichtsvollzieher Zutritt hat. [3] Trifft er den Adressaten dort nicht an, so kann er die Zustellung in den Geschäftsräumen an eine anwesende, bei dem Adressaten beschäftigte Person bewirken. [4] Beschäftigte Personen können insbesondere ein Gewerbegehilfe, ein Gehilfe oder eine Büro- oder Schreibkraft eines Rechtsanwalts, Kammerrechtsbeistands, Notars oder Gerichtsvollziehers oder ein Beamter oder Bediensteter sein. [5] Aus dem Umstand, dass der Geschäftsinhaber dieser Person das Geschäftslokal überlässt, kann der Gerichtsvollzieher schließen, dass der Geschäftsinhaber ihr auch das für Zustellungen notwendige Vertrauen entgegenbringt. [6] Liegen die Geschäftsräume des Adressaten innerhalb seiner Wohnung, so kann die Ersatzzustellung sowohl an eine dort beschäftigte Person als auch an eine der in § 178 ZPO bezeichneten Personen erfolgen.

(3) Wohnt der Zustellungsadressat in einer Gemeinschaftseinrichtung (zum Beispiel einem Altenheim, Lehrlingsheim, Arbeiterwohnheim, Schwesternheim, einer Kaserne, einer Unterkunft für Asylbewerber oder einer ähnlichen Einrichtung) und trifft der Gerichtsvollzieher ihn dort nicht an, kann der Gerichtsvollzieher die Zustellung auch an den Leiter der Gemeinschaftseinrichtung oder einen dazu ermächtigten Vertreter bewirken.

(4) [1] Dem Nichtantreffen des Zustellungsadressaten in der Wohnung, dem Geschäftsraum oder der Gemeinschaftseinrichtung steht es gleich, wenn der Adressat zwar anwesend, jedoch wegen Erkrankung, unabwendbarer Dienstgeschäfte oder vergleichbaren Gründen an der Entgegennahme verhindert ist. [2] Dasselbe gilt, wenn bei der Zustellung an Anstaltsinsassen, insbesondere an Pflegebefohlene, im Einzelfall eine Anordnung der Anstaltsleitung einer Zustellung an die verwahrte Person selbst entgegensteht.

(5) Der Grund, der eine Zustellung an einen Ersatzempfänger nach Absatz 1 bis 4 rechtfertigt, ist in der Zustellungsurkunde (§ 24) zu vermerken.

§ 21 Ersatzzustellung durch Einlegen in den Briefkasten oder eine ähnliche Vorrichtung (§§ 191, 180 ZPO[1)]). (1) [1] Der Gerichtsvollzieher hat sich bei der Ersatzzustellung durch Einlegen in den Briefkasten davon zu überzeugen, dass dieser in einem ordnungsgemäßen Zustand ist. [2] Ein ordnungsgemäßer Zustand liegt insbesondere nicht vor, wenn Anzeichen bestehen, dass dieser nicht regelmäßig geleert wird. [3] In diesem Fall ist das Schriftstück durch Niederlegung zuzustellen.

[1)] **Habersack, Deutsche Gesetze Nr. 100.**

(2) Ein Postfach ist eine ähnliche Vorrichtung im Sinne von § 180 Satz 1 ZPO, wenn eine Wohnanschrift der Person, der zugestellt werden soll, unbekannt oder nicht vorhanden ist.

(3) [1]Der Gerichtsvollzieher vermerkt auf der Zustellungsurkunde (§ 24) den Grund, aus dem die Sendung in den Briefkasten oder eine ähnliche Vorrichtung einzulegen war, sowie den Zeitpunkt. [2]Eine Ersatzzustellung durch Einlegen in den Briefkasten einer Gemeinschaftseinrichtung ist unzulässig.

§ 22[1)] Besondere Vorschriften über die Ersatzzustellung. [1]Bei jeder Zustellung, die durch Übergabe an einen Ersatzempfänger, durch Niederlegung oder durch Einlegen in den Briefkasten oder eine ähnliche Vorrichtung geschieht, verschließt der Gerichtsvollzieher das zu übergebende Schriftstück in einem Umschlag, nachdem er auf dem Umschlag das Datum, die Dienstregisternummer und gegebenenfalls die Uhrzeit der Zustellung vermerkt hat und den Vermerk unterschrieben hat. [2]Das Schriftstück ist so zu verschließen, dass es ohne Öffnung nicht eingesehen werden kann. [3]Die Außenseite des Briefumschlags ist mit dem Namen und der Amtsbezeichnung des Gerichtsvollziehers sowie mit dem Namen des Zustellungsadressaten zu versehen. [4]Dies gilt nicht, wenn die Ersatzzustellung mit der Aufforderung zur Abgabe der Erklärung nach § 840 Absatz 1 ZPO[2)] verbunden und der Ersatzempfänger zur Abgabe der Erklärung bereit ist und seine Befugnis versichert oder sich an die Zustellung sofort eine Vollstreckungshandlung anschließt. [5]Der Gerichtsvollzieher weist den Ersatzempfänger darauf hin, dass er verpflichtet ist, die Schriftstücke dem Zustellungsadressaten alsbald auszuhändigen.

§ 23 Zustellung durch Niederlegung (§ 181 ZPO[2)]). (1) [1]Das zu übergebende Schriftstück ist auf der Geschäftsstelle des Amtsgerichts niederzulegen, in dessen Bezirk der Ort der Zustellung liegt. [2]Ist bei dem Amtsgericht ein Eildienst für Entscheidungen außerhalb der gewöhnlichen Geschäftszeiten eingerichtet, kann die Niederlegung und Abholung des Schriftstücks auch bei diesem erfolgen.

(2) [1]Der Gerichtsvollzieher teilt dem Adressaten die Niederlegung schriftlich mit. [2]Die Mitteilung erfolgt auf dem Vordruck nach Anlage 4 der Zustellungsvordruckverordnung (ZustVV) unter der Anschrift des Zustellungsadressaten durch Abgabe in der bei gewöhnlichen Briefen üblichen Weise, zum Beispiel durch Einwerfen in den Briefkasten oder in den Briefeinwurf an der Wohnungstür oder der Tür des Geschäftsraumes. [3]Ist die Abgabe der Mitteilung ausnahmsweise auf diese Weise nicht durchführbar, so heftet der Gerichtsvollzieher die Mitteilung an die Tür der Wohnung, des Geschäftsraums oder der Gemeinschaftseinrichtung an. [4]Dabei hat der Gerichtsvollzieher zu prüfen, ob die Anheftung der Mitteilung an die Zimmertür in einer Gemeinschaftseinrichtung, insbesondere bei Einrichtungen wie Unterkünften für Asylbewerber, im Hinblick auf die Sicherheit des Zugangs der Mitteilung tunlich ist. [5]In der Mitteilung ist anzugeben, wo das Schriftstück niedergelegt ist, ferner ist zu vermerken, dass das Schriftstück mit der Abgabe dieser schriftlichen Mitteilung als zugestellt gilt. [6]Auf der Zustellungsurkunde (§ 24) ist zu vermerken, wie die Mitteilung über die Niederlegung abgegeben wurde.

§ 24[3)] Zustellungsnachweis (§§ 193, 182, § 193a Absatz 2 ZPO[2)]). (1) [1]Der Gerichtsvollzieher nimmt über jede von ihm bewirkte Zustellung eines Schrift-

---

[1)] § 22 Satz 4 neu gef. mWv 1.1.2023 durch Bek. v. 7.12.2022 (BayMBl. Nr. 754).

[2)] **Habersack, Deutsche Gesetze Nr. 100.**

[3)] § 24 Überschrift, Abs. 1–4 neu gef. mWv 1.1.2023 durch Bek. v. 7.12.2022 (BayMBl. Nr. 754).

stücks am Zustellungsort eine Urkunde auf, die den Bestimmungen des § 193 Absatz 2 und § 182 ZPO entsprechen muss. [2] Als Nachweis der Zustellung eines elektronischen Dokuments dient die automatisierte Eingangsbestätigung (§ 193a Absatz 2 Satz 1 ZPO).

(2) [1] Hat der Auftraggeber die genaue Angabe der Zeit der Zustellung verlangt oder erscheint diese Angabe nach dem Ermessen des Gerichtsvollziehers im Einzelfall von Bedeutung, so ist die Zeit in der Zustellungsurkunde auch nach Stunden und Minuten zu bezeichnen. [2] Dies gilt zum Beispiel bei der Zustellung eines Pfändungsbeschlusses an den Drittschuldner, bei der Benachrichtigung des Drittschuldners nach § 845 ZPO sowie dann, wenn durch die Zustellung eine nach Stunden berechnete Frist in Lauf gesetzt wird.

(3) [1] Die Zustellungsurkunde ist auf die Urschrift des zuzustellenden Schriftstücks oder auf einen damit zu verbindenden Vordruck nach Anlage 1 der Zustellungsvordruckverordnung zu setzen. [2] Auf der Zustellungsurkunde vermerkt der Gerichtsvollzieher die Person, in deren Auftrag er zugestellt hat. [3] Hat der Auftraggeber dem Gerichtsvollzieher das zuzustellende Dokument elektronisch auf einem sicheren Übermittlungsweg übermittelt, verbindet der Gerichtsvollzieher die automatisierte Eingangsbestätigung mit dem zuzustellenden elektronischen Dokument und übermittelt diese anschließend dem Auftraggeber. [4] Hierzu kann der Gerichtsvollzieher aus automatisierter Eingangsbestätigung und zuzustellendem Dokument ein neues, einheitliches elektronisches Dokument herstellen.

(4) [1] Eine durch den Gerichtsvollzieher beglaubigte Abschrift der Zustellungsurkunde ist auf das bei der Zustellung zu übergebende Schriftstück oder auf einen mit ihm zu verbindenden Bogen zu setzen. [2] Die Übergabe einer Abschrift der Zustellungsurkunde kann dadurch ersetzt werden, dass der Gerichtsvollzieher den Tag der Zustellung auf dem zu übergebenden Schriftstück vermerkt. [3] Jedoch soll der Gerichtsvollzieher von dieser Möglichkeit keinen Gebrauch machen, wenn der Zustellungsadressat ein anzuerkennendes Interesse daran hat, die Wirksamkeit der Zustellung anhand einer Zustellungsurkunde nachzuprüfen.

(5) [1] Ist die Zustellungsurkunde auf einem Vordruck oder die für den Empfänger beglaubigte Abschrift auf einem besonderen Bogen geschrieben, so ist besonders darauf zu achten, dass die herzustellende Verbindung mit dem Schriftstück haltbar ist. [2] Auf der Urkunde ist in diesem Fall auch die Geschäftsnummer anzugeben, die das zuzustellende Schriftstück trägt.

(6) [1] Die Zustellungsurkunde ist der Partei, für welche die Zustellung erfolgt, unverzüglich zu übergeben oder zu übersenden. [2] War der Auftrag von mehreren Personen erteilt, so übermittelt der Gerichtsvollzieher beim Fehlen einer besonderen Anweisung die Urkunde an eine von ihnen, die er nach seinem Ermessen auswählt. [3] Hatte die Geschäftsstelle den Auftrag vermittelt, so übermittelt der Gerichtsvollzieher die Zustellungsurkunde unmittelbar dem Auftraggeber, der die Vermittlung der Geschäftsstelle in Anspruch genommen hatte.

b) Zustellung durch die Post

§ 25 Zustellungsauftrag (§§ 194, 191, 176 Absatz 1 ZPO) [1] Stellt der Gerichtsvollzieher durch die Post zu, so übergibt er der Post die Ausfertigung oder beglaubigte Abschrift des zuzustellenden Schriftstücks verschlossen in dem Umschlagvordruck nach Anlage 2 der ZustVV mit dem Auftrag, einen Postbediensteten des Bestimmungsorts mit der Zustellung zu beauftragen. [2] Die Zustellung durch den Postbediensteten erfolgt sodann nach §§ 177 bis 182 ZPO[1]. [3]Im Übrigen beachtet der Gerichtsvollzieher die Bestimmungen der ZustVV und die jeweils geltenden Allgemeinen Geschäftsbedingungen der Post.

§ 26 Vordrucke nach der Zustellungsvordruckverordnung. (1) [1]Der Gerichtsvollzieher gibt auf dem Umschlagvordruck nach Anlage 2 der ZustVV an:
1. seinen eigenen Namen nebst Amtssitz und Amtseigenschaft,
2. die Geschäftsnummer, die der Vorgang bei ihm hat,
3. die Anschrift des Zustellungsadressaten.

[2]Hierbei achtet er darauf, dass Zustellungsadressat und Bestimmungsort genau bezeichnet sind. [3]Insbesondere sorgt er bei häufig vorkommenden Familiennamen und gleich oder ähnlich lautenden Ortsnamen für eine hinreichend bestimmte Bezeichnung. [4]Bei der Zustellung an Personenmehrheiten (§ 18 Absatz 2 und 3) gibt der Gerichtsvollzieher die Anschrift der Behörde, Gemeinde und so weiter an und fügt den Zusatz „zu Händen des Leiters (Vorstandes und so weiter)" bei.

(2) [1]Auf dem Umschlagvordruck nach Absatz 1 Satz 1 hat der Gerichtsvollzieher auch anzugeben, wenn
1. die Zustellung mit Angabe der Uhrzeit erfolgen soll,
2. die Ersatzzustellung an eine Person oder durch Einlegen in den Briefkasten ausgeschlossen ist,
3. die Ersatzzustellung an eine bestimmte Person aufgrund des § 178 Absatz 2 ZPO[1] unzulässig ist,
4. die Niederlegung des zuzustellenden Schriftstücks gemäß § 181 ZPO ausgeschlossen werden soll,
5. eine Weitersendung des Zustellungsauftrags innerhalb des Amtsgerichtsbezirks, des Landgerichtsbezirks oder des Inlands von dem Auftraggeber gewünscht ist.

[2]Im Fall von Satz 1 Nummer 5 soll der Gerichtsvollzieher ein Postunternehmen auswählen, das die Zustellung in dem gewünschten Bereich ausführen kann.

III. Zustellung von Anwalt zu Anwalt

§ 27[2] Zustellung von Anwalt zu Anwalt. (1) [1]Der Gerichtsvollzieher kann beauftragt werden, die Zustellung des Schriftstücks eines Rechtsanwalts oder Kammerrechtsbeistands (§ 16 Absatz 3 Satz 3) an den Gegenanwalt oder an dessen allgemeinen Vertreter oder Zustellungsbevollmächtigten nach § 195 ZPO[1] zu vermitteln. [2]Ein solcher Auftrag liegt in der Bestimmung, dass die Zustellung „von Anwalt zu Anwalt" erfolgen solle.

(2) [1]Der Gerichtsvollzieher holt in diesem Fall lediglich ein mit Datum und Unterschrift zu versehendes Empfangsbekenntnis des Zustellungsadressaten ein und übermittelt es dem Auftraggeber. [2]Der zustellende Anwalt hat dem anderen Anwalt auf Verlangen eine Bescheinigung über die Zustellung zu erteilen. [3]Diese Bescheinigung hat der Gerichtsvollzieher dem anderen Anwalt, wenn er sie verlangt, Zug um Zug gegen Aushändigung des Empfangsbekenntnisses zu übergeben. [4]Der Gerichtsvollzieher soll daher Aufträge zu derartigen Zustellungen in der Regel nur übernehmen, wenn ihm zugleich von dem zustellenden Anwalt eine Bescheinigung über die Zustellung – in der das Datum zur Ausfüllung durch den Gerichtsvollzieher offen gelassen sein kann – ausgehändigt wird. [5]Eine Beurkun-

[1] **Habersack, Deutsche Gesetze Nr. 100.**
[2] § 27 Abs. 1 Satz 1 geänd. mWv 1.1.2023 durch Bek. v. 7.12.2022 (BayMBl. Nr. 754).

dung des Vorgangs durch den Gerichtsvollzieher findet nicht statt. [6]Eine Ersatzzustellung oder eine Niederlegung ist ausgeschlossen.

(3) [1]Das schriftliche Empfangsbekenntnis kann auf die Urschrift des zuzustellenden Schriftstücks, die Bescheinigung auf die zu übergebende Abschrift gesetzt werden. [2]Werden die Bescheinigungen besonders ausgestellt, so müssen sie das zugestellte Schriftstück genau bezeichnen.

(4) Wird die Ausstellung des Empfangsbekenntnisses verweigert oder ist es wegen Abwesenheit des Gegenanwalts oder aus einem sonstigen Grund nicht zu erlangen, so nimmt der Gerichtsvollzieher die Zustellung unter Aufnahme der gewöhnlichen Zustellungsurkunde nach den allgemeinen Vorschriften vor, soweit nicht der Auftraggeber für diesen Fall etwas anderes bestimmt hat.

C. Besondere Zustellungen

§ 28[1] Zustellungen in Straf- und Bußgeldsachen (§ 38 StPO[2]). (1) [1]Soweit die an einem Strafverfahren oder einem Bußgeldverfahren Beteiligten nach den gesetzlichen Vorschriften befugt sind, Zeugen und Sachverständige unmittelbar zu laden, erfolgt dies durch Zustellung einer von dem Auftraggeber unterschriebenen Ladungsschrift. [2]Die Vorschriften über Zustellung auf Betreiben der Parteien in bürgerlichen Rechtsstreitigkeiten sind entsprechend anzuwenden.

(2) [1]Der unmittelbar geladene Zeuge oder Sachverständige ist nur zum Erscheinen verpflichtet, wenn ihm bei der Ladung die gesetzliche Entschädigung für Reisekosten und Versäumnis bar dargeboten oder wenn ihm nachgewiesen wird, dass die Entschädigung bei der zuständigen Stelle (zum Beispiel Kasse oder Zahlstelle) hinterlegt ist (§ 220 Absatz 2 der Strafprozessordnung (StPO)). [2]Der Gerichtsvollzieher hat daher auf Verlangen des Auftraggebers

1. der geladenen Person die Entschädigung bei der Zustellung gegen Quittung zu übergeben, wenn ihm der Auftraggeber den Betrag in bar ausgehändigt hat, oder
2. die Bescheinigung der zuständigen Stelle (zum Beispiel Kasse oder Zahlstelle) über die Hinterlegung mit zuzustellen, wenn der Auftraggeber den Betrag hinterlegt hat.

[3]Der Gerichtsvollzieher übermittelt dem Auftraggeber mit der Zustellungsurkunde die Quittung des Empfängers. [4]Hat der Empfänger die Entschädigung zurückgewiesen, so gibt der Gerichtsvollzieher dem Auftraggeber den Betrag mit der Zustellungsurkunde wieder zurück.

(3) Auf der Zustellungsurkunde oder einem Nachtrag zu ihr muss der Gerichtsvollzieher ersichtlich machen:

1. das Anbieten der Entschädigung,
2. ihre Auszahlung oder Zurückweisung; im Fall der Zurückweisung ist der Grund zu vermerken, den der Empfänger hierfür angegeben hat,
3. die Mitzustellung der Bescheinigung der zuständigen Stelle (zum Beispiel Kasse oder Zahlstelle), wenn der Auftraggeber den Betrag hinterlegt hat.

(4) [1]Der Gerichtsvollzieher führt die Zustellung auch dann aus, wenn ihm der Auftraggeber die Entschädigung weder zur Auszahlung übergeben noch sie hinterlegt hat. [2]In diesem Fall darf aber die Ladung keinen Hinweis auf die gesetzli-

---

[1] § 28 Abs. 2 Satz 1, Abs. 2 Satz 2 Nr. 2 und Abs. 3 Nr. 3 geänd. mWv 1.1.2019 durch Bek. v. 23.11. 2018 (JMBl. S. 122).

[2] **Habersack, Deutsche Gesetze Nr. 90.**

chen Folgen des Ausbleibens enthalten. [3]Dieser Sachverhalt ist in der Zustellungsurkunde ersichtlich zu machen; bei einer Zustellung durch die Post geschieht dies neben dem Vermerk, der auf das zu übergebende Schriftstück gesetzt wird.

§ 29[1)] Zustellung von Willenserklärungen (§ 132 Absatz 1 BGB[2)]).

(1) Der Gerichtsvollzieher ist zuständig, auch außerhalb einer anhängigen Rechtsangelegenheit die Zustellung von schriftlichen Willenserklärungen jeder Art zu bewirken, die ihm von einem Beteiligten aufgetragen wird.

(2) Die Zustellung von Dokumenten mit unsittlichem, offensichtlich rechtsmissbräuchlichem, beleidigendem oder sonst strafbarem Inhalt sowie die Zustellung von verschlossenen Sendungen im Parteiauftrag lehnt der Gerichtsvollzieher ab.

(3) [1]Die Zustellung erfolgt nach den Vorschriften der Zivilprozessordnung[3)]. [2]Die Bestimmungen über die Zustellung auf Betreiben der Parteien in bürgerlichen Rechtsstreitigkeiten finden entsprechende Anwendung.

(4) [1]Ist bei der Zustellung einer schriftlichen Willenserklärung dem Adressaten zugleich eine Urkunde vorzulegen (vergleiche zum Beispiel §§ 111, 174, 410, 1160, 1858 Absatz 2 des Bürgerlichen Gesetzbuches (BGB)), so bewirkt der Gerichtsvollzieher auf Verlangen des Auftraggebers auch die Vorlegung. [2]Die Zustellung durch die Post oder auf elektronischem Weg ist in diesem Fall ausgeschlossen. [3]Trifft der Gerichtsvollzieher den Adressaten nicht an, so legt er die Urkunde der Person vor, an die er ersatzweise zustellt. [4]In der Zustellungsurkunde ist anzugeben, welcher Person die Urkunde vorgelegt worden ist. [5]Ist die Vorlegung unterblieben, so sind die Gründe hierfür in der Zustellungsurkunde zu vermerken; außerdem ist ausdrücklich zu beurkunden, ob der Gerichtsvollzieher zur Vorlegung imstande und bereit gewesen ist. [6]Die vorzulegende Urkunde wird nur zugestellt, wenn der Auftraggeber dies ausdrücklich verlangt.

Zweiter Abschnitt. Zwangsvollstreckung nach den Vorschriften der ZPO

A. Allgemeine Vorschriften

I. Zuständigkeit

§ 30[4)] Zuständigkeit des Gerichtsvollziehers. (1) [1]Der Gerichtsvollzieher führt die Zwangsvollstreckung durch, soweit sie nicht den Gerichten zugewiesen ist. [2]Zum Aufgabenbereich des Gerichtsvollziehers gehören:

1. die Zwangsvollstreckung wegen Geldforderungen in bewegliche körperliche Sachen einschließlich der Wertpapiere und der noch nicht vom Boden getrennten Früchte (§§ 802a, 803 bis 827 ZPO[3)]);
2. die Pfändung von Forderungen aus Wechseln und anderen Papieren, die durch Indossament übertragen werden können, durch Wegnahme dieser Papiere (§ 831 ZPO);
3. die Zwangsvollstreckung zur Erwirkung der Herausgabe von beweglichen Sachen sowie zur Erwirkung der Herausgabe, Überlassung und Räumung von unbeweglichen Sachen und eingetragenen Schiffen und Schiffsbauwerken (§§ 883 bis 885 ZPO);

---

1) § 29 Abs. 2 geänd. mWv 1.1.2019 durch Bek. v. 23.11.2018 (JMBl. S. 122); Abs. 2 geänd., Abs. 4 neu gef. mWv 1.1.2023 durch Bek. v. 7.12.2022 (BayMBl. Nr. 754).

2) **Habersack, Deutsche Gesetze Nr. 20.**

3) **Habersack, Deutsche Gesetze Nr. 100.**

4) § 30 Abs. 2 Nr. 3 geänd. mWv 1.1.2023 durch Bek. v. 7.12.2022 (BayMBl. Nr. 754).

4. die Zwangsvollstreckung zur Beseitigung des Widerstandes des Schuldners gegen Handlungen, die er nach den §§ 887 und 890 ZPO zu dulden hat (§ 892 ZPO); oder zur Beseitigung von Zuwiderhandlungen des Schuldners gegen eine Unterlassungsverpflichtung aus einer Anordnung nach § 1 GewSchG[1] (§ 96 FamFG[2]);
5. die Zwangsvollstreckung durch Abnahme der Vermögensauskunft und Haft (§§ 802c bis 802j ZPO);
6. die Vollziehung von Arrestbefehlen und einstweiligen Verfügungen in dem Umfang, in dem die Zwangsvollstreckung dem Gerichtsvollzieher zusteht (§§ 916 bis 945 ZPO);
7. die gütliche Erledigung durch Zahlungsvereinbarung (§ 802b ZPO);
8. die auf Antrag (§ 755 ZPO) oder von Amts wegen (§ 882c Absatz 3 ZPO) durchzuführenden Aufenthaltsermittlungen sowie die Einholung von Drittstellenauskünften (§ 802l ZPO);
9. die Erwirkung der Auskunft nach § 836 Absatz 3, § 883 Absatz 2 ZPO oder § 94 FamFG durch Abnahme der eidesstattlichen Versicherung und Haft;
10. die Anordnung der Eintragung des Schuldners in das Schuldnerverzeichnis gemäß § 882c ZPO in Verbindung mit der Schuldnerverzeichnisführungsverordnung[3] (SchuFV).

(2) Außerdem hat der Gerichtsvollzieher mitzuwirken:

1. bei der Zwangsvollstreckung in Forderungen (siehe §§ 121 bis 126);
2. in bestimmten Einzelfällen bei der Zwangsvollstreckung in das unbewegliche Vermögen (vergleiche zum Beispiel §§ 57b, 65, 93, 94 Absatz 2, § 150 Absatz 2, §§ 165, 171, 171c Absatz 2 und 3 sowie § 171h des Gesetzes über die Zwangsversteigerung und die Zwangsverwaltung (ZVG)[4])[5];
3. soweit weitere gesetzliche Vorschriften dies vorschreiben (vergleiche zum Beispiel § 372a Absatz 2, § 380 Absatz 2, § 390 Absatz 2 ZPO, § 25 Absatz 4 des Straßenverkehrsgesetzes (StVG)[6], § 98 Absatz 2, § 153 Absatz 2 Satz 2 InsO[7], § 284 Absatz 8, § 315 Absatz 2 Satz 4 der Abgabenordnung (AO)).

II. Der Auftrag und seine Behandlung

§ 31[8] Auftrag zur Zwangsvollstreckung (§§ 753 bis 758 ZPO[9]). (1) [1]Der Auftrag zur Zwangsvollstreckung wird dem Gerichtsvollzieher unmittelbar vom Gläubiger oder seinem Vertreter oder Bevollmächtigten erteilt. [2]Der Auftraggeber darf die Vermittlung der Geschäftsstelle in Anspruch nehmen. [3]Der durch Vermittlung der Geschäftsstelle beauftragte Gerichtsvollzieher wird unmittelbar für den Gläubiger tätig; er hat insbesondere auch die beigetriebenen Gelder und sonstigen Gegenstände dem Gläubiger unmittelbar abzuliefern. [4]Ist eine einstweilige Anordnung nach dem Gewaltschutzgesetz[1] ohne mündliche Erörterung erlassen, so

[1] Nr. 49.
[2] **Habersack, Deutsche Gesetze Nr. 112.**
[3] **Habersack, Deutsche Gesetze Nr. 102.**
[4] **Habersack, Deutsche Gesetze Nr. 108.**
[5] Zeichensetzung nichtamtlich.
[6] **Habersack, Deutsche Gesetze Nr. 35.**
[7] **Habersack, Deutsche Gesetze Nr. 110.**
[8] § 31 Abs. 1 Satz 4 und Abs. 4 Satz 4 neu gef., Abs. 5 Satz 5 aufgeh., Abs. 6 und 7 eingef., bish. Abs. 6 und 7 werden Abs. 8 und 9 mWv 1.1.2019 durch Bek. v. 23.11.2018 (JMBl. S. 122); Abs. 3 Satz 2, Abs. 4 neu gef., Abs. 10 angef. mWv 1.1.2023 durch Bek. v. 7.12.2022 (BayMBl. Nr. 754).
[9] **Habersack, Deutsche Gesetze Nr. 100.**

gilt der Antrag auf Erlass der einstweiligen Anordnung zugleich als Auftrag zur Vollstreckung (§ 214 Absatz 2 Satz 3 FamFG[1]).

(2) Weisungen des Gläubigers hat der Gerichtsvollzieher insoweit zu berücksichtigen, als sie mit den Gesetzen oder der Geschäftsanweisung nicht in Widerspruch stehen.

(3) [1] Der Prozessbevollmächtigte des Gläubigers ist auf Grund seiner Prozessvollmacht befugt, den Gerichtsvollzieher mit der Zwangsvollstreckung zu beauftragen und den Gläubiger im Zwangsvollstreckungsverfahren zu vertreten. [2] Der Gerichtsvollzieher hat den Mangel der Vollmacht oder der Versicherung der ordnungsgemäßen Bevollmächtigung gemäß § 753a ZPO grundsätzlich von Amts wegen zu berücksichtigen (zum Beispiel bei Inkassodienstleistern). [3] Ist Auftraggeber jedoch ein Rechtsanwalt oder Kammerrechtsbeistand (§ 16 Absatz 3 Satz 3), hat er dessen Vollmacht nur auf ausdrückliche Rüge zu überprüfen. [4] Zum Nachweis der Vollmacht genügt die Bezeichnung als Prozessbevollmächtigter im Schuldtitel. [5] Jedoch ermächtigt die bloße Prozessvollmacht den Bevollmächtigten nicht, die beigetriebenen Gelder oder sonstigen Gegenstände in Empfang zu nehmen; eine Ausnahme besteht nur für die vom Gegner zu erstattenden Prozesskosten (§ 81 ZPO). [6] Der Gerichtsvollzieher darf daher die beigetriebenen Gelder oder sonstigen Gegenstände nur dann an den Prozessbevollmächtigten abliefern, wenn dieser von dem Gläubiger zum Empfang besonders ermächtigt ist. [7] Die Ermächtigung kann sich aus dem Inhalt der Vollmachtsurkunde ergeben. [8] Der Gläubiger kann sie auch dem Gerichtsvollzieher gegenüber mündlich erklären.

(4) [1] Aufgrund eines entsprechenden Auftrags hat der nach § 17 GVO[2] zuständige Gerichtsvollzieher den Aufenthalt des Schuldners nach Maßgabe des § 755 ZPO zu ermitteln. [2] Der Gläubiger kann dem Gerichtsvollzieher zum Nachweis, dass der Aufenthaltsort des Schuldners nicht zu ermitteln ist (§ 755 Absatz 2 Satz 1 ZPO), eine entsprechende Auskunft der Meldebehörde vorlegen, die der Gläubiger selbst bei dieser eingeholt hat. [3] Die Negativauskunft sollte in der Regel bei der Auftragserteilung nach § 755 Absatz 2 Satz 1 ZPO nicht älter als ein Monat sein.

(5) [1] Die vollstreckbare Ausfertigung des Schuldtitels muss dem Gerichtsvollzieher übergeben werden. [2] Der schriftliche oder mündliche Auftrag zur Zwangsvollstreckung in Verbindung mit der Übergabe der vollstreckbaren Ausfertigung ermächtigt und verpflichtet den Gerichtsvollzieher – ohne dass es einer weiteren Erklärung des Auftraggebers bedarf –, die Zahlung oder die sonstigen Leistungen in Empfang zu nehmen, darüber wirksam zu quittieren und dem Schuldner die vollstreckbare Ausfertigung auszuliefern, wenn er seine Verbindlichkeit vollständig erfüllt hat. [3] Der Besitz der vollstreckbaren Ausfertigung ist demnach für den Gerichtsvollzieher dem Schuldner und Dritten gegenüber der unerlässliche, aber auch ausreichende Ausweis zur Zwangsvollstreckung und zu allen für ihre Ausführung erforderlichen Handlungen. [4] Der Gerichtsvollzieher trägt deshalb bei Vollstreckungshandlungen die vollstreckbare Ausfertigung stets bei sich und zeigt sie auf Verlangen vor (§ 754 ZPO).

(6) In den Fällen des § 754a ZPO bedarf es der Übergabe einer Ausfertigung des Schuldtitels nicht, soweit der Gerichtsvollzieher die Ausfertigung nicht gemäß § 754a Absatz 2 ZPO nachgefordert hat.

(7) Hat der Schuldner nur gegen Aushändigung einer Urkunde zu leisten, zum Beispiel eines Wechsels, einer Anweisung oder eines Orderpapiers, so muss sich

[1] **Habersack, Deutsche Gesetze Nr. 112.**
[2] Nr. **109a**.

der Gerichtsvollzieher vor Beginn der Zwangsvollstreckung auch diese Urkunde aushändigen lassen.

(8) [1] Bei der Zwangsvollstreckung aus einer Urteilsausfertigung, auf die ein Kostenfestsetzungsbeschluss gesetzt ist (§§ 105, 795a ZPO), hat der Gläubiger zu bestimmen, ob aus beiden oder nur aus einem der beiden Schuldtitel vollstreckt werden soll. [2] Hat der Gläubiger keine Bestimmung getroffen, so vollstreckt der Gerichtsvollzieher aus beiden Schuldtiteln.

(9) [1] Verlangen der Gläubiger oder sein mit Vollmacht versehener Vertreter ihre Zuziehung zur Zwangsvollstreckung, so benachrichtigt der Gerichtsvollzieher sie rechtzeitig von dem Zeitpunkt der Vollstreckung. [2] In ihrer Abwesenheit darf der Gerichtsvollzieher erst nach Ablauf der festgesetzten Zeit mit der Zwangsvollstreckung beginnen, es sei denn, dass gleichzeitig für einen anderen Gläubiger gegen den Schuldner vollstreckt werden soll. [3] Der Gläubiger oder sein Vertreter sind in der Benachrichtigung hierauf hinzuweisen. [4] Leistet der Schuldner gegen die Zuziehung des Gläubigers Widerstand oder verwehrt der Schuldner dem Gläubiger den Zutritt zur Wohnung, so gelten die §§ 61 und 62 entsprechend. [5] Ein selbständiges Eingreifen des Gläubigers oder seines Bevollmächtigten in den Gang der Vollstreckungshandlung, zum Beispiel das Durchsuchen von Behältnissen, darf der Gerichtsvollzieher nicht dulden.

(10) [1] Der Gerichtsvollzieher kann die zuständige Polizeidienststelle um Auskunft dahingehend, ob nach polizeilicher Einschätzung eine Gefahr für Leib und Leben des Gerichtsvollziehers oder einer weiteren an der Vollstreckung beteiligten Person besteht, sowie Unterstützung bei einer durchzuführenden Vollstreckungshandlung ersuchen (§ 757a ZPO). [2] Der notwendige Inhalt eines Auskunftsersuchens ist in § 757a Absatz 2 ZPO geregelt. [3] Ein Unterstützungsersuchen kann darüber hinaus entweder sogleich mit einem Auskunftsersuchen verbunden werden (§ 757a Absatz 3 Satz 2 ZPO), erst nach einer polizeilichen Auskunft (§ 757a Absatz 3 Satz 1 ZPO) oder unter besonderen Voraussetzungen auch isoliert von einem Auskunftsersuchen (§ 757a Absatz 4 Satz 1 ZPO) gestellt werden. [4] Der notwendige Inhalt eines isoliert gestellten Unterstützungsersuchens ist in § 757a Absatz 4 Satz 2 ZPO normiert. [5] Nach Erledigung des Vollstreckungsauftrages hat der Gerichtsvollzieher die betroffenen Personen unverzüglich über das oder die vorangegangenen Ersuchen zu informieren (§ 757a Absatz 5 Satz 1 ZPO).

§ 32 Aufträge zur Vollstreckung gegen vermögenslose Schuldner.

(1) [1] Wurde der Gerichtsvollzieher mit einer Pfändung beauftragt (§ 803 ZPO[1)]) und hat er begründeten Anhalt dafür, dass die Zwangsvollstreckung fruchtlos verlaufen werde, so sendet er dem Gläubiger unverzüglich den Schuldtitel mit einer entsprechenden Bescheinigung zurück, wenn der Gläubiger nicht zugleich weitere Aufträge erteilt hat. [2] Dabei teilt er dem Gläubiger mit, dass er den Auftrag zur Vermeidung unnötiger Kosten als zurückgenommen betrachtet. [3] Der Zeitpunkt der Wirksamkeit der Rücknahme bestimmt sich nach § 3 Absatz 4 Satz 4 des Gerichtsvollzieherkostengesetzes (GvKostG)[2)]. [4] Die Erwartung, dass die Vollstreckung fruchtlos verlaufen werde, kann insbesondere begründet sein, wenn ein Pfändungsversuch gegen den Schuldner in den letzten drei Monaten fruchtlos verlaufen ist oder der Schuldner in den letzten drei Monaten die Vermögensauskunft abgegeben hat und sich daraus keine Anhaltspunkte ergeben, dass er über

---

[1)] **Habersack, Deutsche Gesetze Nr. 100.**
[2)] **Habersack, Deutsche Gesetze Nr. 123.**

pfändbare Gegenstände verfügt. [5] War der Gerichtsvollzieher auch beauftragt, dem Schuldner den Schuldtitel zuzustellen, so führt er diesen Auftrag aus.

(2) Die Bestimmungen nach Absatz 1 gelten nicht, wenn der Wunsch des Gläubigers auf Ausführung des Auftrags aus der Sachlage hervorgeht (zum Beispiel der Pfändungsauftrag zum Zwecke des Neubeginns der Verjährung erteilt ist) oder wenn das Gläubigerinteresse an der Ermittlung von Drittschuldnern ersichtlich oder zu unterstellen ist.

§ 33[1)] Zeit der Zwangsvollstreckung (§ 758a Absatz 4 ZPO[2)]). (1) [1] An Sonntagen und allgemeinen Feiertagen sowie zur Nachtzeit darf der Gerichtsvollzieher außerhalb von Wohnungen (§ 61 Absatz 1 Satz 2) Zwangsvollstreckungshandlungen vornehmen, wenn dies weder für den Schuldner noch für die Mitgewahrsamsinhaber eine unbillige Härte darstellt und wenn der zu erwartende Erfolg in keinem Missverhältnis zu dem Eingriff steht. [2] Zuvor soll der Gerichtsvollzieher in der Regel wenigstens einmal zur Tageszeit an einem gewöhnlichen Wochentag die Vollstreckung vergeblich versucht haben.

(2) [1] In Wohnungen darf der Gerichtsvollzieher an Sonntagen und allgemeinen Feiertagen sowie zur Nachtzeit nur aufgrund einer besonderen richterlichen Anordnung vollstrecken. [2] Dies gilt auch dann, wenn die Vollstreckungshandlung auf die Räumung oder Herausgabe von Räumen oder auf die Vollstreckung eines Haftbefehls nach § 802g ZPO gerichtet ist. [3] Die Anordnung erteilt der Richter bei dem Amtsgericht, in dessen Bezirk die Vollstreckungshandlung vorgenommen werden soll. [4] Es ist Sache des Gläubigers, die Anordnung zu erwirken. [5] Die Anordnung ist bei der Zwangsvollstreckung vorzuzeigen, dies ist im Protokoll über die Zwangsvollstreckungshandlung zu vermerken. [6] Die erteilte Anordnung gilt, soweit aus *Ihrem*[3)] Inhalt nichts anderes hervorgeht, nur für die einmalige Durchführung der Zwangsvollstreckung. [7] Sie umfasst die Erlaubnis zur Durchsuchung der Wohnung, falls die Vollstreckungshandlung eine solche erfordert. [8] Es besteht keine gesetzliche Bestimmung, die es dem Gerichtsvollzieher ausdrücklich gestattet, eine zur Tageszeit in einer Wohnung begonnene Vollstreckung nach Beginn der Nachtzeit weiterzuführen. [9] Daher empfiehlt es sich, die Anordnung des Richters bei dem Amtsgericht vorsorglich einholen zu lassen, wenn zu erwarten ist, dass eine Vollstreckung nicht vor Beginn der Nachtzeit beendet werden kann.

(3) [1] Bei Vollziehung von Aufträgen der Steuerbehörde zur Nachtzeit sowie an Sonntagen und allgemeinen Feiertagen ist gemäß § 289 Absatz 1 und 2 AO die schriftliche Erlaubnis der Vollstreckungsbehörde erforderlich. [2] Absatz 2 Satz 5 gilt entsprechend.

§ 34[4)] Unterrichtung des Gläubigers. Der Gerichtsvollzieher unterrichtet den Gläubiger über die Erledigung des Auftrages zur Zwangsvollstreckung.

III. Voraussetzungen der Zwangsvollstreckung

1. Allgemeines

§ 35[5)] [Allgemeines] (1) Die Zwangsvollstreckung ist nur zulässig, wenn folgende Voraussetzungen erfüllt sind:

[1)] § 33 Abs. 2 Satz 2 geänd. mWv 1.1.2023 durch Bek. v. 7.12.2022 (BayMBl. Nr. 754).

[2)] **Habersack, Deutsche Gesetze Nr. 100.**

[3)] Richtig wohl: „ihrem".

[4)] § 34 Satz 2 aufgeh. mWv 1.1.2019 durch Bek. v. 23.11.2018 (JMBl. S. 122).

[5)] § 35 Abs. 4 Satz 3 geänd. mWv 1.1.2023 durch Bek. v. 7.12.2022 (BayMBl. Nr. 754).

1. ein Schuldtitel zugrunde liegt (§§ 36 bis 41),
2. die Ausfertigung des Schuldtitels vorschriftsmäßig mit der Vollstreckungsklausel versehen ist (vollstreckbare Ausfertigung, §§ 42, 43),
3. vor Beginn der Zwangsvollstreckung sämtliche Urkunden zugestellt sind, welche die rechtliche Grundlage für die Zwangsvollstreckung bilden (§§ 44 bis 46).

(2) Vollstreckungstitel nach § 86 Absatz 1 Nummer 1 bis 3 FamFG[1] bedürfen nur dann der Vollstreckungsklausel, wenn die Vollstreckung nicht durch das Gericht erfolgt, das den Titel erlassen hat (§ 86 Absatz 3 FamFG).

(3) Die nach § 801 ZPO[2] zulässigen landesrechtlichen Schuldtitel bedürfen der Vollstreckungsklausel, sofern die Gesetze des Landes, in dem der Titel errichtet ist, nichts anderes bestimmen.

(4) [1] Vollstreckungsbescheide, Arrestbefehle, einstweilige Anordnungen und einstweilige Verfügungen sind ohne Vollstreckungsklausel zur Zwangsvollstreckung geeignet. [2] Eine besondere Klausel ist nur nötig, wenn die Zwangsvollstreckung für einen anderen als den ursprünglichen Gläubiger oder gegen einen anderen als den ursprünglichen Schuldner erfolgen soll (vergleiche §§ 796, 929, 936 ZPO, § 53 Absatz 1 FamFG). [3] Pfändungsbeschlüsse im Fall des § 830 Absatz 1 ZPO, Überweisungsbeschlüsse nach § 836 Absatz 3 ZPO und Haftbefehle nach § 802g ZPO bedürfen ebenfalls keiner Vollstreckungsklausel.

(5) [1] Die Zwangsvollstreckung aus einem Kostenfestsetzungsbeschluss, der gemäß § 105 ZPO auf das Urteil gesetzt ist, erfolgt auf Grund der vollstreckbaren Ausfertigung des Urteils. [2] Einer besonderen Vollstreckungsklausel für den Festsetzungsbeschluss bedarf es nicht (§ 795a ZPO).

2. Schuldtitel

§ 36 Schuldtitel nach der Zivilprozessordnung[2] (ohne ausländische Schuldtitel). (1) Die Zwangsvollstreckung findet nach der ZPO insbesondere aus folgenden Schuldtiteln statt:

1. aus Endurteilen und Vorbehaltsurteilen deutscher Gerichte, die rechtskräftig oder für vorläufig vollstreckbar erklärt sind (§§ 704, 300, 301, § 302 Absatz 3, § 599 Absatz 3 ZPO),
2. aus Arresten und einstweiligen Verfügungen (§§ 922, 928, 936 ZPO),
3. aus den in § 794 ZPO bezeichneten Entscheidungen und vollstreckbaren Urkunden.

(2) [1] Zu den im § 794 Absatz 1 Nummer 3 ZPO genannten Titeln gehören auch Entscheidungen, gegen welche die Beschwerde gegeben wäre, wenn sie von einem Gericht erster Instanz erlassen worden wären. [2] Beispiele für beschwerdefähige Entscheidungen sind:

1. die Anordnung der Rückgabe einer Sicherheit (§ 109 Absatz 2, § 715 ZPO),
2. die Anordnung von Zwangsmaßnahmen nach den §§ 887 bis 891 ZPO,
3. das Zwischenurteil nach § 135 ZPO.

---

[1] **Habersack, Deutsche Gesetze Nr. 112.**
[2] **Habersack, Deutsche Gesetze Nr. 100.**

§ 37 Schuldtitel nach dem Gesetz über das Verfahren in Familiensachen und in den Angelegenheiten der freiwilligen Gerichtsbarkeit (FamFG)[1)]

(1) In Familiensachen und Angelegenheiten der freiwilligen Gerichtsbarkeit, soweit es sich nicht um Ehesachen und Familienstreitsachen handelt, findet die Zwangsvollstreckung aus folgenden Titeln statt:

1. Beschlüsse über Zwangsmittel nach § 35 FamFG;
2. aus wirksamen gerichtlichen Beschlüssen nach § 86 Absatz 1 Nummer 1 FamFG (auch einstweilige Anordnungen);
3. aus gerichtlich gebilligten Vergleichen nach § 86 Absatz 1 Nummer 2 FamFG;
4. aus Vollstreckungstiteln im Sinne des § 794 ZPO[2)] nach § 86 Absatz 1 Nummer 3 FamFG (Vollstreckungstitel im Sinne des § 794 ZPO sind insbesondere Prozessvergleiche (§ 36 FamFG) und bestimmte notarielle Urkunden, soweit die Beteiligten über den Gegenstand des Verfahrens verfügen können);
5. nach § 371 Absatz 2 FamFG aus rechtskräftig bestätigten Vereinbarungen über eine vorbereitende Maßnahme nach § 366 Absatz 1 FamFG und rechtskräftig bestätigten Auseinandersetzungen nach § 368 FamFG;
6. aus rechtskräftig bestätigten Dispachen (§ 409 Absatz 2 FamFG).

(2) In Familienstreitsachen findet die Zwangsvollstreckung aus wirksamen Beschlüssen (§ 120 Absatz 2 FamFG in Verbindung mit § 116 FamFG (auch einstweilige Anordnungen)) und Arresten (§ 119 FamFG) statt.

§ 38[3)] Schuldtitel nach anderen Gesetzen. Die Zwangsvollstreckung findet insbesondere auch statt aus:

1. Vergütungsfestsetzungen nach § 35 Absatz 3, § 85 Absatz 3, § 104 Absatz 7, § 142 Absatz 6, § 147 Absatz 2, § 258 Absatz 5 und § 265 Absatz 4 AktG[4)], § 26 Absatz 4 des Umwandlungsgesetzes (UmwG)[5)] und nach § 318 Absatz 5 des Handelsgesetzbuches (HGB)[6)];
2. Zuschlagsbeschlüssen im Zwangsversteigerungsverfahren (§§ 93, 118, 132 ZVG[7)]);
3. für vollstreckbar erklärten Vorschuss-, Zusatz- und Nachschussberechnungen (§§ 105 bis 115d GenG[8)]);
4. Entscheidungen in Strafsachen, durch die der Verfall einer Sicherheit ausgesprochen ist (§ 124 StPO[9)]);
5. Entscheidungen über die Entschädigung des Verletzten im Strafverfahren (§§ 406, 406b StPO);
6. Entscheidungen der Gerichte in Arbeitssachen (§§ 62, 64 Absatz 7, §§ 85, 87 Absatz 2, § 92 Absatz 2 des Arbeitsgerichtsgesetzes (ArbGG)[10)]) und der Gerichte der Sozialgerichtsbarkeit (§ 199 des Sozialgerichtsgesetzes (SGG));

[1)] **Habersack, Deutsche Gesetze Nr. 112.**

[2)] **Habersack, Deutsche Gesetze Nr. 100.**

[3)] § 38 Nr. 19 geänd. mWv 1.10.2016 durch Bek. v. 5.9.2016 (JMBl. S. 98); Nr. 1, 10, 11 und 28 geänd., Nr. 29–33 angef. mWv 1.1.2019 durch Bek. v. 23.11.2018 (JMBl. S. 122); Nr. 25 geänd. mWv 1.1.2023 durch Bek. v. 7.12.2022 (BayMBl. Nr. 754).

[4)] **Habersack, Deutsche Gesetze Nr. 51.**

[5)] **Habersack, Deutsche Gesetze Nr. 52a.**

[6)] **Habersack, Deutsche Gesetze Nr. 50.**

[7)] **Habersack, Deutsche Gesetze Nr. 108.**

[8)] **Habersack, Deutsche Gesetze Nr. 53.**

[9)] **Habersack, Deutsche Gesetze Nr. 90.**

[10)] **Habersack, Deutsche Gesetze Nr. 83.**

7. gerichtlichen Vergleichen, Schiedssprüchen und Schiedsvergleichen in Arbeitsstreitigkeiten (§ 54 Absatz 2, §§ 62, 109 ArbGG) sowie Anerkenntnissen und gerichtlichen Vergleichen nach § 199 Absatz 1 Nummer 3 SGG;
8. Widerrufbescheiden der Entschädigungsbehörden, soweit die Entscheidungsformel die Verpflichtung zur Rückzahlung bestimmter Beträge enthält (§ 205 des Bundesentschädigungsgesetzes (BEG));
9. Verwaltungsakten nach dem Sozialgesetzbuch gemäß § 66 Absatz 4 des Zehnten Buches Sozialgesetzbuch – Sozialverwaltungsverfahren und Sozialdatenschutz – (SGB X);
10. Vergleichen vor den Einigungsstellen in Wettbewerbssachen (§ 15 Absatz 7 des Gesetzes gegen den unlauteren Wettbewerb (UWG)[1]);
11. vom Präsidenten der Notarkammer ausgestellten, mit der Bescheinigung der Vollstreckbarkeit und dem Siegel der Notarkammer versehenen Zahlungsaufforderungen wegen rückständiger Beiträge (§ 73 Absatz 2 der Bundesnotarordnung (BNotO)[2]) wegen der von der Notarkammer festgesetzten Zwangsgelder (§ 74 Absatz 2 BNotO) oder wegen der der Notarkammer zukommenden Beträge aus Notariatsverwaltungen (§ 59 Absatz 1 Satz 3 BNotO); ferner aus von dem Präsidenten der Notarkasse in München und dem Präsidenten der Ländernotarkasse in Leipzig ausgestellten, mit der Bescheinigung der Vollstreckbarkeit versehenen Zahlungsaufforderungen wegen rückständiger Abgaben (§ 113 Absatz 17 Satz 8 BNotO) und festgesetzter Zwangsgelder (§ 113 Absatz 18 BNotO);
12. vom Schatzmeister der Rechtsanwaltskammer erteilten, mit der Bescheinigung der Vollstreckbarkeit versehenen beglaubigten Abschriften der Bescheide des Vorstandes der Rechtsanwaltskammer über die Festsetzung eines Zwangsgeldes (§ 57 Absatz 4 BRAO[3]) und vom Schatzmeister der Patentanwaltskammer erteilten, mit der Bescheinigung der Vollstreckbarkeit versehenen beglaubigten Abschriften der Bescheide des Vorstandes der Patentanwaltskammer über die Festsetzung eines Zwangsgeldes (§ 50 Absatz 4 der Patentanwaltsordnung (PAO));
13. vom Schatzmeister der Rechtsanwaltskammer ausgestellten, mit der Bescheinigung der Vollstreckbarkeit versehenen Zahlungsaufforderungen wegen rückständiger Beiträge (§ 84 Absatz 1 BRAO) und vom Schatzmeister der Patentanwaltskammer ausgestellten, mit der Bescheinigung der Vollstreckbarkeit versehenen Zahlungsaufforderungen wegen rückständiger Beiträge (§ 77 Absatz 1 PAO);
14. vom Vorsitzenden der Kammer des Anwaltsgerichts erteilten, mit der Bescheinigung der Rechtskraft versehenen beglaubigten Abschriften der Entscheidungsformel über die Verhängung einer Geldbuße und der Kostenfestsetzungsbeschlüsse in Verfahren vor dem Ehrengericht (§ 204 Absatz 3, § 205 Absatz 1 BRAO);
15. Kostenfestsetzungs- und Kostenerstattungsbeschlüssen im die Todeserklärungen betreffenden Verfahren (§ 38 des Verschollenheitsgesetzes[4]);
16. Kostenfestsetzungsbeschlüssen in Strafsachen (§ 464b StPO);

---

[1] **Habersack, Deutsche Gesetze Nr. 73.**
[2] Nr. **98a**.
[3] Nr. **98**.
[4] Nr. **45**.

17. gerichtlichen Kostenfestsetzungsbeschlüssen in Bußgeldsachen (§ 46 Absatz 1 des Gesetzes über Ordnungswidrigkeiten (OWiG)[1] in Verbindung mit § 464b StPO);
18. Vergütungsfestsetzungsbeschlüssen nach § 11 des Rechtsanwaltsvergütungsgesetzes (RVG)[2];
19. mit der Vollstreckungsklausel versehenen Ausfertigungen der Kostenberechnungen der Notare und Notariatsverwalter (§ 89 des Gerichts- und Notarkostengesetzes (GNotKG)[3]; § 58 Absatz 2 und 3 BNotO);
20. den von einer Urkundsperson des Jugendamtes beurkundeten Verpflichtungen zur Erfüllung von Unterhaltsansprüchen nach § 59 Absatz 1 Satz 1 Nummer 3 oder 4 des Achten Buches Sozialgesetzbuch – Kinder- und Jugendhilfe – (SGB VIII)[4] in Verbindung mit § 60 SGB VIII;
21. mit der Vollstreckungsklausel versehenen Ausfertigungen von Niederschriften und Festsetzungsbescheiden einer Wasser- und Schifffahrtsdirektion (§ 38 des Bundeswasserstraßengesetzes (WaStrG)[5]);
22. Niederschriften über eine Einigung und Festsetzungsbescheiden über Entschädigungen und Ersatzleistungen nach § 52 des Bundesleistungsgesetzes;
23. Niederschriften über eine Einigung und Beschlüssen über Leistungen, Geldentschädigungen oder Ausgleichszahlungen nach § 122 des Baugesetzbuches (BauGB)[6];
24. Niederschriften über eine Einigung und Entscheidungen über Entschädigungsleistungen oder sonstige Leistungen nach § 104 des Bundesberggesetzes (BBergG);
25. rechtskräftig bestätigten Insolvenzplänen in Verbindung mit der Eintragung in die Tabelle (§ 257 InsO[7]) sowie rechtskräftig bestätigten Restrukturierungsplänen (§ 71 StaRUG[8]);
26. Eintragungen in die Insolvenztabelle nach § 201 Absatz 2 InsO;
27. Beschlüssen über die Eröffnung des Insolvenzverfahrens (§§ 34, 148 InsO);
28. Auszügen aus dem Schuldenbereinigungsplan in Verbindung mit dem Feststellungsbeschluss des Insolvenzgerichts nach § 308 Absatz 1 InsO;
29. Vergütungsfestsetzungsbeschlüssen des Insolvenzgerichts bei Nichteröffnung des Verfahrens (§ 26a InsO);
30. Beitragsbescheiden des Trägers der Insolvenzsicherung (§ 10 Absatz 4 Betriebsrentengesetz (BetrAVG));
31. Vergleichen vor der Schiedsstelle wegen der Wahrnehmung von Urheberrechten und verwandten Schutzrechten durch Verwertungsgesellschaften (§ 102 Absatz 2 Satz 2 Verwertungsgesellschaftengesetz (VGG)[9]);
32. angenommenen Einigungsvorschlägen der Schiedsstelle wegen der Wahrnehmung von Urheberrechten und verwandten Schutzrechten durch Verwertungsgesellschaften (§ 105 Absatz 5 VGG);

---

[1] **Habersack, Deutsche Gesetze Nr. 94.**
[2] **Habersack, Deutsche Gesetze Nr. 117.**
[3] **Habersack, Deutsche Gesetze Nr. 119.**
[4] Nr. **46**.
[5] **Sartorius Nr. 971.**
[6] **Sartorius Nr. 300.**
[7] **Habersack, Deutsche Gesetze Nr. 110.**
[8] Nr. **110e**.
[9] Nr. **65a**.

33. Kostenfestsetzungsbeschlüssen des Deutschen Patent- und Markenamtes als Aufsichtsbehörde nach dem VGG (§ 122 Absatz 3 VGG).

§ 39 Landesrechtliche Schuldtitel (§ 801 ZPO[1]). Hat der Gerichtsvollzieher Zweifel, ob ein landesrechtlicher Schuldtitel nach § 801 ZPO vollstreckbar ist, so legt er ihn seiner vorgesetzten Dienststelle zur Prüfung der Vollstreckbarkeit vor.

§ 40[2] Ausländische Schuldtitel, die keiner besonderen Anerkennung bedürfen. (1) [1] Schuldtitel nach den in § 1 Absatz 1 des Anerkennungs- und Vollstreckungsausführungsgesetzes (AVAG)[3] genannten zwischenstaatlichen Verträgen und europarechtlichen Verordnungen oder §§ 36 folgende des Auslandsunterhaltsgesetzes (AUG)[4] bedürfen keiner besonderen Anerkennung; sie sind nach der Erteilung der Vollstreckungsklausel aufgrund des Beschlusses des Vorsitzenden einer Kammer beim Landgericht oder des Familiengerichts zur Zwangsvollstreckung geeignet. [2] Solange die Rechtsbehelfsfrist nach Zustellung der Entscheidung über die Zulassung der Zwangsvollstreckung noch nicht abgelaufen oder über einen Rechtsbehelf noch nicht entschieden ist, darf die Zwangsvollstreckung über Maßregeln der Sicherung nicht hinausgehen (§§ 18 folgende AVAG oder §§ 41, 49 folgende AUG). [3] Gepfändetes Geld ist zu hinterlegen. [4] Der Gläubiger kann die Zwangsvollstreckung ohne Einschränkung fortsetzen, wenn dem Gerichtsvollzieher ein Zeugnis des Urkundsbeamten der Geschäftsstelle vorgelegt wird, wonach die Zwangsvollstreckung unbeschränkt stattfinden darf (§§ 23 folgende AVAG oder §§ 53 folgende AUG).

(2) [1] Aus einem Titel, der in einem anderen Mitgliedstaat der Europäischen Union nach der Verordnung (EG) Nr. 805/2004[5] des Europäischen Parlaments und des Rates vom 21. April 2004 zur Einführung eines Europäischen Vollstreckungstitels für unbestrittene Forderungen (ABl. L 143 vom 30.4.2004, S. 15, ber. ABl. L 97 vom 15.4.2005, S. 64, ber. ABl. L 50 vom 23.2.2008, S. 71) bestätigt worden ist, findet die Zwangsvollstreckung statt, ohne dass es einer Vollstreckungsklausel bedarf (§ 1082 ZPO[1]). [2] Einer deutschen Übersetzung bedarf es nicht, wenn die Bestätigung ausschließlich aus dem nach der Verordnung zu verwendenden Formblatt besteht, welches ausgefüllt (nur durch die Eintragung von Namen, Zahlen und das Ankreuzen von Kästchen) und nicht mit weiteren Zusätzen versehen ist.

(3) [1] Aus für vollstreckbar erklärten Europäischen Zahlungsbefehlen nach der Verordnung (EG) Nr. 1896/2006[6] des Europäischen Parlaments und des Rates vom 12. Dezember 2006 zur Einführung eines Europäischen Mahnverfahrens (ABl. L 399 vom 30.12.2006, S. 1, ber. ABl. L 46 vom 21.2.2008, S. 52, ber. ABl. L 333 vom 11.12.2008, S. 17), findet die Zwangsvollstreckung statt (§ 794 Absatz 1 Nummer 6 ZPO), ohne dass es einer Vollstreckungsklausel bedarf (§ 1093 ZPO). [2] Einer deutschen Übersetzung bedarf es nicht, wenn die Bestätigung ausschließlich aus dem nach der Verordnung zu verwendenden Formblatt besteht, welches ausgefüllt (nur durch die Eintragung von Namen, Zahlen und das Ankreuzen von Kästchen) und nicht mit weiteren Zusätzen versehen ist.

---

[1] **Habersack, Deutsche Gesetze Nr. 100.**

[2] § 40 Abs. 1 Satz 1 neu gef., Sätze 2 und 4 geänd., Abs. 5 angef. mWv 1.1.2019 durch Bek. v. 23.11.2018 (JMBl. S. 122).

[3] Nr. **103a**.

[4] Nr. **103o**.

[5] Nr. **103f**.

[6] Nr. **103g**.

(4) [1] Aus einem Titel, der in einem Mitgliedsstaat der Europäischen Union nach der Verordnung (EG) Nr. 861/2007[1)] des Europäischen Parlaments und des Rates vom 11. Juli 2007 zur Einführung eines europäischen Verfahrens für geringfügige Forderungen (ABl. L 199 vom 31.7.2007, S. 1) ergangen ist, findet die Zwangsvollstreckung im Inland statt, ohne dass es einer Vollstreckungsklausel bedarf (§ 1107 ZPO). [2] Einer deutschen Übersetzung bedarf es nicht, wenn die Bestätigung ausschließlich aus dem nach der Verordnung zu verwendenden Formblatt besteht, welches ausgefüllt (nur durch die Eintragung von Namen, Zahlen und das Ankreuzen von Kästchen) und nicht mit weiteren Zusätzen versehen ist.

(5) [1] Aus Titeln eines anderen Mitgliedstaats der Europäischen Union, die nach der Verordnung (EG) Nr. 1215/2012[2)] des Europäischen Parlaments und des Rates vom 12. Dezember 2012 über die gerichtliche Zuständigkeit und die Anerkennung der Vollstreckung von Entscheidungen in Zivil- und Handelssachen oder aus Unterhaltstiteln, die nach der Verordnung (EG) Nr. 4/2009[3)] des Europäischen Parlaments und des Rates vom 18. Dezember 2008 zu vollstrecken sind, findet die Zwangsvollstreckung statt, ohne dass es einer Vollstreckungsklausel bedarf (§ 1112 ZPO, § 30 AUG). [2] Der Antragsteller hat eine Ausfertigung der Entscheidung und eine – auf dem nach der Verordnung zu verwendenden Formblatt ausgestellte – Bescheinigung des Ursprungsgerichts vorzulegen. [3] Die Bescheinigung enthält einen Auszug der Entscheidung. [4] Der Gerichtsvollzieher darf vom Antragsteller eine Übersetzung nur verlangen, wenn er das Verfahren ohne eine solche Übersetzung nicht fortsetzen kann.

§ 41 Sonstige ausländische Schuldtitel. (1) [1] Ausländische Schuldtitel sind zur Vollstreckung nur geeignet, wenn ihre Vollstreckbarkeit durch ein deutsches Gericht anerkannt ist. [2] Die Anerkennung erfolgt durch Vollstreckungsurteil (§§ 722, 723 ZPO[4)]) oder durch Beschluss (§ 110 FamFG[5)]).

(2) Die Zwangsvollstreckung erfolgt allein auf Grund des mit der Vollstreckungsklausel versehenen deutschen Urteils oder Beschlusses, wenn diese den Inhalt des zu vollstreckenden Anspruchs wiedergeben, sonst auf Grund des deutschen Urteils oder Beschlusses in Verbindung mit dem ausländischen Titel.

(3) Aus einem ausländischen Schiedsspruch findet die Zwangsvollstreckung ebenfalls nur statt, wenn die vollstreckbare Ausfertigung einer Entscheidung des deutschen Gerichts vorgelegt wird, durch die der Schiedsspruch für vorläufig vollstreckbar erklärt worden ist.

(4) [1] Diese Vorschriften gelten nicht, soweit Staatsverträge oder Rechtsakte der Europäischen Union etwas anderes bestimmen (vergleiche auch § 97 FamFG und § 40). [2] Wird der Gerichtsvollzieher beauftragt, aus einem ausländischen Titel zu vollstrecken, der nicht den Erfordernissen der Absätze 1 bis 3 entspricht, und ist er im Zweifel, ob die Vollstreckung zulässig ist, so legt er den Vorgang seiner vorgesetzten Dienstbehörde vor und wartet ihre Weisungen ab.

(5) Entscheidungen außerdeutscher Rheinschifffahrtsgerichte und außerdeutscher Moselschifffahrtsgerichte werden auf Grund einer vom Rheinschifffahrtsobergericht Köln beziehungsweise einer vom Moselschifffahrtsobergericht mit der

---

1) Nr. **103e**.
2) Nr. **103**.
3) Nr. **21d**.
4) **Habersack, Deutsche Gesetze Nr. 100.**
5) **Habersack, Deutsche Gesetze Nr. 112.**

Vollstreckungsklausel versehenen Ausfertigung vollstreckt (§ 21 des Gesetzes über das gerichtliche Verfahren in Binnenschifffahrtssachen).

3. Vollstreckungsklausel

§ 42 Prüfungspflicht des Gerichtsvollziehers. (1) [1]Der Gerichtsvollzieher prüft in jedem Falle die Notwendigkeit, das Vorhandensein, die Form und den Wortlaut der Vollstreckungsklausel. [2]Soweit die Vollstreckung für oder gegen andere als im Schuldtitel oder der Vollstreckungsklausel bezeichnete Personen erfolgt, sind die Besonderheiten nach §§ 727 bis 730 ZPO[1)] zu beachten.

(2) [1]Es ist nicht erforderlich, dass die Vollstreckungsklausel genau den vom Gesetz festgelegten Wortlaut hat (§ 725 ZPO). [2]Sie muss aber inhaltlich der gesetzlichen Fassung entsprechen, insbesondere die Zwangsvollstreckung als Zweck hervorheben und den Gläubiger ausreichend bezeichnen.

(3) Das Zeugnis über die Rechtskraft (§ 706 ZPO) ersetzt die Vollstreckungsklausel nicht.

(4) Sind in dem Schuldtitel oder in der Vollstreckungsklausel Beschränkungen ausgesprochen, etwa hinsichtlich des Gegenstandes der Zwangsvollstreckung oder des beizutreibenden Betrags, so darf der Gerichtsvollzieher bei seiner Vollstreckungstätigkeit die Grenzen nicht überschreiten, die ihm hierdurch gezogen sind.

(5) Ein Schuldtitel, in dem als Gläubiger oder Schuldner ein Einzelkaufmann mit seiner Firma bezeichnet ist, ist nicht für oder gegen den jeweiligen Firmeninhaber vollstreckbar.

(6) Tritt auf Seiten des Gläubigers die Rechtsnachfolge erst nach Beginn der Zwangsvollstreckung ein, so darf die Zwangsvollstreckung für den Rechtsnachfolger erst fortgesetzt werden, wenn die Vollstreckungsklausel auf diesen umgeschrieben und dem Schuldner zugestellt ist.

§ 43[2)] Zuständigkeit für die Erteilung der Vollstreckungsklausel. Die vollstreckbare Ausfertigung erteilt:

1. bei gerichtlichen Entscheidungen und Vergleichen grundsätzlich der Urkundsbeamte der Geschäftsstelle des Gerichts erster Instanz; ist der Rechtsstreit bei einem höheren Gericht anhängig, so kann die vollstreckbare Ausfertigung auch von dem Urkundsbeamten der Geschäftsstelle dieses Gerichts erteilt werden (§§ 724, 725 ZPO[1)]); dies gilt auch für die Gerichte für Arbeitssachen und die Gerichte der Sozialgerichtsbarkeit;
2. in den Fällen nach § 726 Absatz 1, §§ 727 bis 729, 733, 738, 742, 744, 745 Absatz 2 und § 749 ZPO der Rechtspfleger (§ 20 Nummer 12 des Rechtspflegergesetzes[3)] (RPflG); soweit die Zuständigkeit durch landesrechtliche Bestimmung übertragen wurde, kann auch der Urkundsbeamte der Geschäftsstelle die weitere vollstreckbare Ausfertigung nach § 733 ZPO erteilen (§ 36b Absatz 1 Satz 1 Nummer 3 RPflG);
3. in den Fällen der §§ 9, 13 Absatz 4 und § 17 Absatz 3 AVAG[4)] der Urkundsbeamte der Geschäftsstelle;
4. bei Vergleichen vor Gütestellen nach § 794 Absatz 1 Nummer 1 ZPO der Urkundsbeamte der Geschäftsstelle des Amtsgerichts, in dessen Bezirk die Güte-

---

[1)] **Habersack, Deutsche Gesetze Nr. 100.**
[2)] § 43 Nr. 1 neu gef. mWv 1.1.2023 durch Bek. v. 7.12.2022 (BayMBl. Nr. 754).
[3)] **Habersack, Deutsche Gesetze Nr. 96.**
[4)] Nr. **103a.**

stelle ihren Sitz hat, soweit nicht nach landesrechtlicher Bestimmung der Vorsteher der Gütestelle zuständig ist (§ 797a ZPO);

5. bei gerichtlichen Urkunden (§ 794 Absatz 1 Nummer 5 ZPO) der Urkundsbeamte der Geschäftsstelle des Gerichts, das die Urkunde verwahrt (§ 797 Absatz 1 ZPO); eine weitere vollstreckbare Ausfertigung erteilt der Rechtspfleger (§ 20 Nummer 13 RPflG); soweit die Zuständigkeit durch landesrechtliche Bestimmung übertragen wurde, kann auch der Urkundsbeamte der Geschäftsstelle die weitere vollstreckbare Ausfertigung erteilen (§ 36b Absatz 1 Satz 1 Nummer 4 RPflG);
6. bei notariellen Urkunden der Notar oder die Behörde, welche die Urkunde verwahrt (§ 797 Absatz 2 ZPO).

4. Zustellung von Urkunden vor Beginn der Zwangsvollstreckung

§ 44 Allgemeines. (1) [1]Vor Beginn der Zwangsvollstreckung prüft der Gerichtsvollzieher, ob dem Schuldner sämtliche Urkunden zugestellt sind, welche die rechtliche Grundlage für die Zwangsvollstreckung bilden. [2]Nötigenfalls stellt der Gerichtsvollzieher diese Urkunden selbst zu.

(2) Die Zustellung auf Betreiben des Gläubigers ist entbehrlich, soweit die Urkunden zulässigerweise schon von Amts wegen zugestellt sind und die Zustellung dem Gerichtsvollzieher nachgewiesen wird.

(3) Die Vollstreckung vor Zustellung der Entscheidung an den Verpflichteten ist zulässig, wenn das Familiengericht dies angeordnet hat:

1. bei einstweiligen Anordnungen in Gewaltschutzsachen sowie in sonstigen Fällen, in denen hierfür ein besonderes Bedürfnis besteht (§ 53 Absatz 2 FamFG[1]),
2. bei Entscheidungen in Ehewohnungssachen nach § 200 Absatz 1 Nummer 1 FamFG (§ 209 Absatz 3 FamFG),
3. bei Entscheidungen in Gewaltschutzsachen (§ 216 Absatz 2 FamFG).

§ 45 Die zuzustellenden Urkunden. (1) [1]Der Schuldtitel muss dem Schuldner und den zur Duldung der Zwangsvollstreckung verurteilten Personen zugestellt sein. [2]Dies gilt nicht in den Fällen des § 44 Absatz 3 und soweit in den §§ 126, 134 und 152 etwas anderes bestimmt ist. [3]Die Vollstreckungsklausel braucht nur zugestellt zu werden, wenn

1. sie für oder gegen einen Rechtsnachfolger oder für oder gegen eine andere als die ursprüngliche Partei erteilt worden ist (zum Beispiel Erben, Nacherben, Testamentsvollstrecker, Übernehmer eines Vermögens oder eines Handelsgeschäfts, Nießbraucher, Ehegatten, Abkömmlinge),
2. es sich um ein Urteil handelt, dessen Vollstreckung von dem durch den Gläubiger zu beweisenden Eintritt einer anderen Tatsache als einer dem Gläubiger obliegenden Sicherheitsleistung abhängt, so dass die Vollstreckungsklausel erst erteilt werden konnte, nachdem dieser Nachweis geführt war (§ 726 Absatz 1 ZPO[2]).

(2) [1]Ist die Vollstreckungsklausel in den in Absatz 1 bezeichneten Fällen auf Grund öffentlicher oder öffentlich beglaubigter Urkunden erteilt worden, so müssen außer der Vollstreckungsklausel auch diese Urkunden zugestellt werden (§ 750 Absatz 2 ZPO). [2]Jedoch bedarf es keiner Zustellung der das Rechtsnach-

---

[1] **Habersack, Deutsche Gesetze Nr. 112.**
[2] **Habersack, Deutsche Gesetze Nr. 100.**

folgeverhältnis beweisenden öffentlichen oder öffentlich beglaubigten Urkunden, wenn der Eigentümer eines Grundstücks sich in einer Urkunde nach § 794 Absatz 1 Nummer 5 ZPO wegen einer auf dem Grundstück lastenden Hypothek, Grundschuld oder Rentenschuld der sofortigen Zwangsvollstreckung unterworfen hat und der Rechtsnachfolger des Gläubigers, dem auf Grund der Rechtsnachfolge eine vollstreckbare Ausfertigung der Urkunde erteilt ist, im Grundbuch als Gläubiger eingetragen ist. [3]Dasselbe gilt, wenn sich der Eigentümer wegen der Hypothek, Grundschuld oder Rentenschuld der sofortigen Zwangsvollstreckung in der Weise unterworfen hat, dass die Zwangsvollstreckung gegen den jeweiligen Eigentümer des Grundstücks zulässig sein soll, sofern die Unterwerfung im Grundbuch vermerkt ist und der Rechtsnachfolger, gegen den die Vollstreckungsklausel erteilt ist, im Grundbuch als Eigentümer eingetragen ist (§§ 799, 800 ZPO).

(3) [1]Hängt die Vollstreckung von einer Sicherheitsleistung des Gläubigers ab, so muss die öffentliche oder öffentlich beglaubigte Urkunde, aus der sich die Sicherheitsleistung ergibt, ebenfalls zugestellt werden (§ 751 Absatz 2 ZPO). [2]Wird die Sicherheitsleistung durch Bankbürgschaft erbracht, ist dem Gegner das Original der Bürgschaftsurkunde zu übergeben.

(4) [1]Hat der Schuldner Zug um Zug gegen eine von dem Gläubiger zu bewirkende Gegenleistung zu erfüllen, so müssen auch die öffentlichen oder öffentlich beglaubigten Urkunden zugestellt werden, aus denen sich ergibt, dass der Schuldner wegen der Gegenleistung befriedigt oder dass er im Annahmeverzug ist. [2]Dies gilt nicht, wenn der Gerichtsvollzieher die Gegenleistung selbst anbietet (§ 756 ZPO).

§ 46[1)] Zeit der Zustellung in besonderen Fällen. (1) Die Zwangsvollstreckung aus den folgenden Schuldtiteln darf nur beginnen, wenn der Titel mindestens zwei Wochen vorher zugestellt ist:

1. aus einem Kostenfestsetzungsbeschluss, der nicht auf das Urteil gesetzt ist, aus Beschlüssen nach § 794 Absatz 1 Nummer 4b ZPO[2)] sowie aus den nach § 794 Absatz 1 Nummer 5 ZPO aufgenommenen Urkunden;
2. aus Kostenentscheidungen ausländischer Gerichte, die auf Grund zwischenstaatlicher Vereinbarungen und der Ausführungsgesetze hierzu für vollstreckbar erklärt wurden,[3)]
3. aus den mit der Vollstreckungsklausel des Notars oder Notariatsverwalters versehenen Ausfertigungen seiner Kostenberechnungen (§ 89 GNotKG[4)], § 58 Absatz 2 und 3 BNotO[5)]);
4. aus der in § 38 Nummer 13 aufgeführten, vom Schatzmeister der Rechtsanwaltskammer bzw. Patentanwaltskammer ausgestellten vollstreckbaren Zahlungsaufforderung (§ 84 Absatz 2 BRAO[6)], § 77 Absatz 2 PAO).

(2) [1]Die Sicherungsvollstreckung nach § 720a ZPO darf nur beginnen, wenn das Urteil mindestens zwei Wochen vorher zugestellt wurde. [2]Im Falle des § 750 Absatz 2 ZPO gilt dies auch für die Vollstreckungsklausel und die Abschriften der öffentlichen oder öffentlich beglaubigten Urkunden, die der Vollstreckungsklausel zugrunde liegen (§ 750 Absatz 3 ZPO).

[1)] § 46 Abs. 1 Nr. 3 und 4 geänd. mWv 1.10.2016 durch Bek. v. 5.9.2016 (JMBl. S. 98).
[2)] **Habersack, Deutsche Gesetze Nr. 100.**
[3)] Zeichensetzung amtlich.
[4)] **Habersack, Deutsche Gesetze Nr. 119.**
[5)] Nr. **98a**.
[6)] Nr. **98**.

(3) Die Zwangsvollstreckung aus der Niederschrift über die Einigung nach § 38 des Bundeswasserstraßengesetzes[1] findet statt, wenn die vollstreckbare Ausfertigung mindestens eine Woche vorher zugestellt ist.

5. Außenwirtschaftsverkehr und Devisenverkehr

§ 47[2] Vollstreckungsbeschränkungen im Außenwirtschaftsverkehr.

(1) [1]Der Gerichtsvollzieher hat die Vollstreckungsbeschränkungen zu beachten, die sich für den Außenwirtschaftsverkehr aus dem Außenwirtschaftsgesetz (AWG) und der Außenwirtschaftsverordnung (AWV) ergeben. [2]Außenwirtschaftsverkehr ist gemäß § 1 Absatz 1 Satz 1 AWG:

1. der Güter-, Dienstleistungs-, Kapital-, Zahlungs- und sonstige Wirtschaftsverkehr mit dem Ausland,
2. der Verkehr mit Auslandswerten und Gold zwischen Inländern.

(2) [1]Ist nach den in Absatz 1 Satz 1 genannten Vorschriften zur Leistung des Schuldners eine Genehmigung erforderlich, so ist die Zwangsvollstreckung nur zulässig, wenn und soweit diese Genehmigung erteilt ist. [2]Soweit Vermögenswerte nur mit Genehmigung erworben oder veräußert werden dürfen, gilt dies auch für den Erwerb und die Veräußerung im Wege der Zwangsvollstreckung (§ 16 Absatz 2 Satz 2 AWG).

(3) Eine Genehmigung ist nicht erforderlich für die Vollziehung von Arresten und einstweiligen Verfügungen, die lediglich der Sicherung des zugrunde liegenden Anspruchs dienen (§ 16 Absatz 1 Satz 3 AWG).

(4) [1]Der Gerichtsvollzieher braucht im Hinblick auf § 16 Absatz 1 Satz 1 und 2 AWG die Erteilung der Genehmigung vom Gläubiger vor der Vollstreckung nur nachweisen zu lassen, wenn vollstreckt werden soll

1. aus einer gerichtlichen Entscheidung, die ohne Vollstreckungsklausel zur Zwangsvollstreckung geeignet ist (vergleiche § 35 Absatz 3 bis 5) und den Vorbehalt enthält, dass die Leistung oder Zwangsvollstreckung erst erfolgen darf, wenn die dazu erforderliche Genehmigung erteilt ist, oder
2. aus einem Titel, der gemäß §§ 727 bis 729 ZPO[3] auf einen Rechtsnachfolger des Gläubigers oder des Schuldners umgeschrieben ist, sofern der Rechtsnachfolger seinen Wohnsitz, seinen gewöhnlichen Aufenthalt, den Sitz oder den Ort der Leitung oder Verwaltung im Ausland (vergleiche Absatz 1 Satz 2 Nummer 1) hat.

[2]Hat der Gerichtsvollzieher begründete Zweifel, ob zur Zwangsvollstreckung eine Genehmigung nach den in Absatz 1 Satz 1 genannten Vorschriften erforderlich ist, so gibt er dem Gläubiger auf, eine solche Genehmigung oder eine Bescheinigung der Deutschen Bundesbank, der obersten Wirtschaftsbehörde des Landes oder der sonst zuständigen Stelle beizubringen, wonach gegen die Zwangsvollstreckung keine außenwirtschaftsrechtlichen Bedenken bestehen. [3]Die Vorlage einer solchen Bescheinigung gibt der Gerichtsvollzieher dem Gläubiger auch dann auf, wenn dieser geltend macht, dass ein im Titel enthaltener Genehmigungsvorbehalt inzwischen gegenstandslos geworden sei.

---

[1] **Sartorius Nr. 971.**

[2] § 47 Abs. 1 Satz 2 neu gef., Abs. 2 Satz 2, Abs. 3 und 4 Satz 1 einl. Satzteil, Nr. 2 und Satz 2 geänd. mWv 1.1.2019 durch Bek. v. 23.11.2018 (JMBl. S. 122).

[3] **Habersack, Deutsche Gesetze Nr. 100.**

IV. Zwangsvollstreckung in besonderen Fällen

1. Fälle, in denen der Gerichtsvollzieher bestimmte besondere Voraussetzungen der Zwangsvollstreckung festzustellen hat

§ 48 Abhängigkeit der Zwangsvollstreckung von einer Sicherheitsleistung des Gläubigers (§ 751 Absatz 2, § 752 ZPO[1]). (1) [1] Ist die Zwangsvollstreckung von einer Sicherheitsleistung des Gläubigers abhängig und beabsichtigt dieser nur wegen eines bezifferten oder ohne weiteres bezifferbaren Teilbetrages einer Geldforderung zu vollstrecken, so hat er die entsprechende Teilsicherheitsleistung nachzuweisen. [2] Der Gerichtsvollzieher prüft, ob die geleistete Teilsicherheit für die beantragte Teilvollstreckung ausreicht, andernfalls führt er die Teilvollstreckung nur in der Höhe aus, die der Teilsicherheit entspricht. [3] Bei der Berechnung ist von der in dem Urteil angegebenen Gesamtsicherheit (auch bei weiteren Teilvollstreckungen) und von dem Gesamtbetrag der Vollstreckungsforderung zur Zeit der Auftragserteilung, der sich aus der von dem Gläubiger vorzulegenden Forderungsaufstellung ergibt, auszugehen. [4] Der Gläubiger kann mehrfach Teilvollstreckung bei Nachweis weiterer Teilsicherheiten verlangen. [5] Ist bei einer Verurteilung zu verschiedenartigen Leistungen die Gesamtsicherheit für die Geldleistung nicht gesondert ausgewiesen, kommt eine Teilvollstreckung gegen Teilsicherheitsleistung nicht in Betracht. [6] Die Höhe des zulässigen Betrages für eine Teilvollstreckung errechnet sich wie folgt:

$$\frac{\text{Teilsicherheitsleistung} \times \text{Gesamtbetrag der zu vollstreckenden Forderung}}{\text{Gesamtsicherheitsleistung}}$$

[7] Die Höhe einer Teilsicherheitsleistung kann wie folgt errechnet werden:

$$\frac{\text{Zu vollstreckender Teilbetrag} \times \text{Gesamtsicherheitsleistung}}{\text{Gesamtbetrag der zu vollstreckenden Forderung}}$$

[8] Soweit der Gerichtsvollzieher die Teilvollstreckung durchführt, vermerkt er dies zusammen mit Art, Höhe und Datum der geleisteten Sicherheit und – bei der ersten Teilvollstreckung – mit dem Gesamtbetrag der zu vollstreckenden Forderung auf dem Titel. [9] Eine Teilvollstreckung ist auch bei einer entsprechenden Gegensicherheitsleistung des Gläubigers im Falle des § 711 Satz 1 ZPO möglich.

(2) Von dem Nachweis der Sicherheitsleistung hat der Gerichtsvollzieher abzusehen:

1. wenn die Entscheidung rechtskräftig geworden ist und der Urkundsbeamte der Geschäftsstelle dies auf dem Schuldtitel bescheinigt hat,
2. wenn ihm ein vorläufig vollstreckbares Berufungsurteil gegen das Urteil erster Instanz vorgelegt wird (§ 708 Nummer 10 ZPO),
3. wenn ihm die Entscheidung eines Gerichts vorgelegt wird, durch die gemäß §§ 537, 558 und 718 ZPO die vorläufige Vollstreckbarkeit ohne Sicherheitsleistung angeordnet worden ist,
4. wenn die Sicherungsvollstreckung betrieben wird (§§ 720a, 795 Satz 2 ZPO).

§ 49 Hinweis bei Sicherungsvollstreckung (§§ 720a, 795 Satz 2, § 930 ZPO[1]). Hat der Gläubiger aus einem nur gegen Sicherheitsleistung vorläufig vollstreckbaren Urteil gemäß § 720a ZPO ohne Sicherheitsleistung pfänden lassen und erscheint ein Antrag auf Versteigerung erforderlich, weil die gepfändete Sache der Gefahr einer beträchtlichen Wertminderung ausgesetzt ist oder ihre Auf-

[1] **Habersack, Deutsche Gesetze Nr. 100.**

bewahrung unverhältnismäßig hohe Kosten verursachen würde, so soll der Gerichtsvollzieher die Beteiligten darauf hinweisen.

2. Zwangsvollstreckung gegen juristische Personen des öffentlichen Rechts

§ 50 Zwangsvollstreckung gegen den Bund und die Länder sowie gegen Körperschaften, Anstalten und Stiftungen des öffentlichen Rechts (§ 882a ZPO[1], § 15 Nummer 3 EGZPO[2]). (1) [1] In den Fällen der Zwangsvollstreckung gegen den Bund und die Länder sowie gegen Körperschaften, Anstalten und Stiftungen des öffentlichen Rechts mit Ausnahme von Gemeinden und Gemeindeverbänden ist nur der Gerichtsvollzieher zuständig, der auf Antrag des Gläubigers vom Vollstreckungsgericht besonders dazu bestimmt worden ist. [2] Er lässt sich vom Gläubiger die Erstattung der Anzeige nach § 882a Absatz 1 Satz 1 ZPO und den Zeitpunkt ihres Eingangs bei der zuständigen Stelle nachweisen. [3] Der Nachweis ist aktenkundig zu machen. [4] Er wird in der Regel durch die Empfangsbescheinigung zu führen sein, die dem Gläubiger vom Schuldner auszustellen ist.

(2) Bei der Zwangsvollstreckung wegen einer Geldforderung gegen eine Gemeinde oder einen Gemeindeverband beachtet der Gerichtsvollzieher, soweit nicht dingliche Rechte verfolgt werden, die besonderen landesrechtlichen Bestimmungen (zum Beispiel die Gemeindeordnung oder die Kreisordnung).

3. Zwangsvollstreckung während eines Insolvenzverfahrens

§ 51[3] [Zwangsvollstreckung während eines Insolvenzverfahrens]

(1) Der Beschluss, durch den ein Insolvenzverfahren eröffnet wird, ist ein vollstreckbarer Titel zugunsten des Verwalters auf Herausgabe der Masse und auf Räumung der im Besitz des Schuldners befindlichen Räume.

(2) [1] Eine Benennung der zur Masse gehörenden Gegenstände ist weder für den Eröffnungsbeschluss vorgesehen noch in der Vollstreckungsklausel nötig. [2] Die mit der Vollstreckung zu erfassenden Gegenstände bezeichnet der Verwalter in seinem Auftrag an den Gerichtsvollzieher. [3] Der Insolvenzverwalter kann zur Sicherung der Sachen, die zur Insolvenzmasse gehören, durch den Gerichtsvollzieher Siegel anbringen lassen (§ 150 Satz 1 InsO[4]).

(3) [1] Während der Dauer eines Insolvenzverfahrens finden Zwangsvollstreckungen und Arreste zugunsten einzelner Insolvenzgläubiger (§ 38 InsO) in die Insolvenzmasse und in das sonstige Vermögen des Schuldners (§ 89 Absatz 1 InsO) nicht statt. [2] Einen Auftrag zu solchen Zwangsvollstreckungen lehnt der Gerichtsvollzieher ab. [3] Hat ein Insolvenzgläubiger im letzten Monat vor dem Antrag auf Eröffnung des Insolvenzverfahrens oder nach diesem Antrag durch Zwangsvollstreckung eine Sicherung an dem zur Insolvenzmasse gehörenden Vermögen des Schuldners erlangt, so wird diese Sicherung mit der Eröffnung des Verfahrens unwirksam (§ 88 Absatz 1, § 139 InsO). [4] Wird ein Verbraucherinsolvenzverfahren eröffnet, so beträgt die Frist drei Monate (§ 88 Absatz 2 InsO). [5] § 120 Absatz 2 ist zu beachten.

[1] **Habersack, Deutsche Gesetze Nr. 100.**
[2] **Habersack, Deutsche Gesetze Nr. 101.**
[3] § 51 Abs. 3 Satz 3 geänd., Satz 4 neu gef., Abs. 4 Satz 1 Nr. 3 geänd., Abs. 6 Satz 1, Abs. 7 neu gef. mWv 1.1.2023 durch Bek. v. 7.12.2022 (BayMBl. Nr. 754).
[4] **Habersack, Deutsche Gesetze Nr. 110.**

(4) [1] Während des Insolvenzverfahrens ist die Zwangsvollstreckung zulässig:

1. wegen der Ansprüche gegen den Schuldner, die erst nach der Insolvenzeröffnung entstanden sind, in das bei Anwendung der §§ 35 bis 37 InsO nicht zur Insolvenzmasse gehörende Vermögen,
2. wegen der Ansprüche auf Herausgabe von Gegenständen, die dem Schuldner nicht gehören,
3. wegen der Forderungen, für die ein Recht auf abgesonderte Befriedigung besteht, in die zur abgesonderten Befriedigung dienenden Gegenstände (§§ 50, 51 InsO), wenn der Insolvenzverwalter sie nicht in Besitz hat,
4. wegen der Masseverbindlichkeiten in die Masse.

[2] Abweichend von Satz 1 Nummer 4 sind für die Dauer von sechs Monaten seit der Eröffnung des Insolvenzverfahrens Zwangsvollstreckungsmaßnahmen wegen Masseverbindlichkeiten, die nicht durch eine Rechtshandlung des Insolvenzverwalters begründet sind, unzulässig (§ 90 Absatz 1 InsO). [3] Die Vollstreckung wegen einer Masseverbindlichkeit im Sinne des § 209 Absatz 1 Nummer 3 InsO ist ebenfalls unzulässig, sobald der Insolvenzverwalter die Masseunzulänglichkeit angezeigt hat (§ 210 InsO). [4] Eine Zwangsvollstreckung in die Masse wegen einer Sozialplanforderung ist unzulässig (§ 123 Absatz 3 Satz 2 InsO).

(5) Ist dem Gerichtsvollzieher die Eröffnung des Insolvenzverfahrens nicht nachgewiesen und auch nicht auf andere Weise, insbesondere über die öffentliche Bekanntmachung im Internet, bekannt geworden, so stellt er – soweit dies ohne Verzögerung der Zwangsvollstreckung möglich ist – durch Nachfrage bei dem zuständigen Gericht (§ 3 InsO) fest, ob das Verfahren eröffnet ist.

(6) [1] Ein ausländisches Insolvenzverfahren erfasst auch das im Inland befindliche Vermögen des Schuldners (Artikel 102c des Einführungsgesetzes zur Insolvenzordnung (EGInsO)[1)], Artikel 20 der Verordnung (EU) 2015/848[2)] des Europäischen Parlaments und des Rates vom 20. Mai 2015 über Insolvenzverfahren – ABl. L 141 S. 19, ber. 2016 L 349 S. 6). [2] Wird der Gerichtsvollzieher beauftragt, in das im Inland befindliche Vermögen des Schuldners zu vollstrecken, und ist ihm bekannt, dass im Ausland ein Insolvenzverfahren gegen den Schuldner eröffnet ist, so legt er die Akten seiner vorgesetzten Dienstbehörde vor und wartet ihre Weisungen ab. [3] Die Bestimmungen des § 47 bleiben unberührt.

(7) Nach der Entscheidung des Insolvenzgerichts über die Erlangung der Restschuldbefreiung (§ 287a InsO) ist die Zwangsvollstreckung zugunsten einzelner Insolvenzgläubiger in das Vermögen des Schuldners nicht zulässig, solange nicht die Restschuldbefreiung versagt worden ist (§ 294 Absatz 1, § 299 InsO).

4. Zwangsvollstreckung in einen Nachlass gegen den Erben

§ 52 Zwangsvollstreckung auf Grund eines Schuldtitels gegen den Erblasser, Erben, Nachlasspfleger, Nachlassverwalter oder Testamentsvollstrecker. (1) [1] Eine Zwangsvollstreckung oder Arrestvollziehung, die zu Lebzeiten des Schuldners bereits begonnen hat, ist nach seinem Tode ohne Weiteres in den Nachlass fortzusetzen, und zwar sowohl vor als auch nach der Annahme der Erbschaft (§ 779 Absatz 1 ZPO). [2] Die Vollstreckung ist nicht nur in die Gegenstände zulässig, in die sie bereits begonnen hat; sie kann vielmehr auf alle Gegenstände weiter ausgedehnt werden, die zum Nachlass gehören. [3] Ist die Zuziehung des Schuldners zu einer Vollstreckungshandlung notwendig, so hat das Vollstre-

---

1) **Habersack, Deutsche Gesetze Nr. 110a.**
2) Nr. **110b**.

ckungsgericht dem Erben auf Antrag des Gläubigers einen einstweiligen besonderen Vertreter zu bestellen, wenn der Erbe unbekannt ist oder wenn er die Erbschaft noch nicht angenommen hat oder wenn es ungewiss ist, ob er die Erbschaft angenommen hat (§ 779 Absatz 2 ZPO[1)]). [4] In diesen Fällen darf der Gerichtsvollzieher die Zwangsvollstreckung erst fortsetzen, wenn ein solcher Vertreter bestellt ist.

(2) Hat die Zwangsvollstreckung oder Arrestvollziehung zu Lebzeiten des Schuldners noch nicht begonnen, so darf sie nur durchgeführt werden, wenn die Vollstreckungsklausel des Schuldtitels gegen den Erben, Nachlassverwalter, Nachlasspfleger oder Testamentsvollstrecker umgeschrieben ist.

1. [1] Vor der Annahme der Erbschaft kann die Vollstreckungsklausel nicht gegen den Erben umgeschrieben werden, sondern nur gegen einen Nachlasspfleger, Nachlassverwalter oder Testamentsvollstrecker (§§ 1958, 1960 Absatz 3, §§ 1961, 1984, 2213 Absatz 2 BGB[2)]). [2] Die Zwangsvollstreckung auf Grund einer solchen Vollstreckungsklausel ist nur in den Nachlass zulässig, nicht auch in das übrige Vermögen des Erben (§ 778 Absatz 1 ZPO). [3] Ist die Klausel gegen einen Testamentsvollstrecker erteilt, so ist die Zwangsvollstreckung nur in die Nachlassgegenstände zulässig, die seiner Verwaltung unterliegen (§ 749 ZPO).
2. [1] Nach der Annahme der Erbschaft kann die Vollstreckungsklausel auch gegen den Erben umgeschrieben werden. [2] Auf Grund einer solchen vollstreckbaren Ausfertigung ist die Zwangsvollstreckung sowohl in den Nachlass als auch in das übrige Vermögen des Erben zulässig. [3] Sind mehrere Erben vorhanden, so ist zur Zwangsvollstreckung in den Nachlass bis zu dessen Teilung eine gegen sämtliche Erben umgeschriebene Vollstreckungsklausel erforderlich (§ 747 ZPO). [4] Wendet der Erbe ein, dass er für die Nachlassverbindlichkeiten nur beschränkt hafte, so ist er auf den Klageweg zu verweisen.

(3) Bei der Zwangsvollstreckung auf Grund eines Schuldtitels gegen den Erben, Nachlasspfleger, Nachlassverwalter oder Testamentsvollstrecker sind vor allem die §§ 747, 748, 778 und 794 Absatz 2 ZPO zu berücksichtigen.

§ 53 Vorbehalt der Beschränkung der Erbenhaftung (§§ 780 bis 785 ZPO[1)]). [1] Sind Erben unter Vorbehalt der Beschränkung ihrer Haftung verurteilt, so kann der Schuldtitel ohne Rücksicht auf diese Beschränkung vollstreckt werden. [2] Widerspricht der Schuldner der Pfändung unter Berufung auf den Vorbehalt der Beschränkung seiner Haftung, so führt der Gerichtsvollzieher die Pfändung ohne Rücksicht auf diesen Widerspruch durch und verweist den Schuldner mit seinen Einwendungen nach §§ 785 und 767 ZPO an das Gericht.

5. Zwangsvollstreckung in sonstige Vermögensmassen

§ 54 Zwangsvollstreckung in das Vermögen eines nicht rechtsfähigen Vereins (§ 50 Absatz 2, §§ 735, 736 ZPO[1)]). (1) [1] Zur Zwangsvollstreckung in das Vermögen eines nicht rechtsfähigen Vereins genügt ein Schuldtitel gegen den Verein, vertreten durch den Vorstand. [2] Aus einem solchen Schuldtitel findet jedoch die Zwangsvollstreckung in das in Gewahrsam der Vereinsmitglieder befindliche Vereinsvermögen nur statt, soweit sie den Gewahrsam als Organ des Vereins haben.

---

1) Habersack, Deutsche Gesetze Nr. 100.
2) Habersack, Deutsche Gesetze Nr. 20.

(2) Hat der Gläubiger wegen einer Vereinsschuld einen Schuldtitel gegen alle Vereinsmitglieder erwirkt, so erfolgt die Zwangsvollstreckung nach den Bestimmungen über die Vollstreckung gegen die Gesellschaft bürgerlichen Rechts (§ 55).

§ 55 Zwangsvollstreckung in das Gesellschaftsvermögen einer Gesellschaft bürgerlichen Rechts (GbR) (§ 736 ZPO[1])). [1] Zur Zwangsvollstreckung in das Gesellschaftsvermögen einer nach §§ 705 bis 740 BGB[2]) begründeten Gesellschaft bürgerlichen Rechts (GbR) ist entweder ein Schuldtitel gegen die Gesellschaft als solche oder gegen jeden einzelnen Gesellschafter erforderlich. [2] Die Verurteilung aller einzelnen Gesellschafter muss nicht in einem einzigen Urteil erfolgen. [3] Der Titel gegen die Gesellschaft als solche muss nicht die namentliche Bezeichnung aller Gesellschafter enthalten. [4] Die Gesellschaft kann unter einem eigenen Namen verurteilt werden. [5] Aus einem Schuldtitel, in dem nur die Gesellschaft unter ihrem eigenen Namen verurteilt worden ist, kann nicht in das Privatvermögen der Gesellschafter vollstreckt werden.

§ 56 Zwangsvollstreckung in das Gesellschaftsvermögen einer offenen Handelsgesellschaft (OHG) oder einer Kommanditgesellschaft (KG) (§ 124 Absatz 2, § 129 Absatz 4, § 161 Absatz 2 HGB[3])). [1] Zur Zwangsvollstreckung in das Gesellschaftsvermögen einer offenen Handelsgesellschaft (OHG) oder einer Kommanditgesellschaft (KG) ist ein Schuldtitel gegen die Gesellschaft erforderlich. [2] Die Verurteilung sämtlicher Gesellschafter genügt nicht. [3] Andererseits findet aus einem Schuldtitel gegen die Gesellschaft die Zwangsvollstreckung in das Privatvermögen der Gesellschafter nicht statt.

§ 57 Zwangsvollstreckung in ein Vermögen, an dem ein Nießbrauch besteht (§§ 737, 738 ZPO[1])). (1) [1] Bei dem Nießbrauch an einem Vermögen ist wegen der Verbindlichkeiten des Bestellers, die vor der Bestellung des Nießbrauchs entstanden sind, die Zwangsvollstreckung in die dem Nießbrauch unterliegenden Gegenstände ohne Rücksicht auf den Nießbrauch zulässig, wenn der Besteller zur Leistung und der Nießbraucher zur Duldung der Zwangsvollstreckung verurteilt ist. [2] Dasselbe gilt bei dem Nießbrauch an einer Erbschaft für die Nachlassverbindlichkeiten (§ 737 ZPO). [3] § 794 Absatz 2 ZPO ist zu berücksichtigen.

(2) Ist der Nießbrauch an einem Vermögen oder an einer Erbschaft bestellt worden, nachdem die Schuld des Bestellers oder des Erblassers rechtskräftig festgestellt war, so muss der Schuldtitel zum Zweck der Zwangsvollstreckung in die dem Nießbrauch unterworfenen Gegenstände auch mit der Vollstreckungsklausel gegen den Nießbraucher versehen sein (§ 738 ZPO).

V. Verhalten bei der Zwangsvollstreckung

§ 58 Allgemeines. (1) [1] Bei der Zwangsvollstreckung wahrt der Gerichtsvollzieher neben dem Interesse des Gläubigers auch das des Schuldners, soweit dies ohne Gefährdung des Erfolgs der Zwangsvollstreckung geschehen kann. [2] Er vermeidet jede unnötige Schädigung oder Ehrenkränkung des Schuldners und die Erregung überflüssigen Aufsehens. [3] Er ist darauf bedacht, dass nur die unbedingt notwendigen Kosten und Aufwendungen entstehen.

(2) Auf etwaige Wünsche des Gläubigers oder des Schuldners hinsichtlich der Ausführung der Zwangsvollstreckung nimmt der Gerichtsvollzieher Rücksicht,

---

[1]) **Habersack, Deutsche Gesetze Nr. 100.**
[2]) **Habersack, Deutsche Gesetze Nr. 20.**
[3]) **Habersack, Deutsche Gesetze Nr. 50.**

soweit es ohne überflüssige Kosten und Schwierigkeiten und ohne Beeinträchtigung des Zwecks der Vollstreckung geschehen kann.

§ 59 Leistungsaufforderung an den Schuldner. (1) [1]Vor Beginn der Zwangsvollstreckung setzt der Gerichtsvollzieher den Schuldner über die bevorstehende Zwangsvollstreckung nicht in Kenntnis. [2]Die Vorschriften des § 802f Absatz 1 Satz 1 ZPO[1)], des § 128 Absatz 2 und § 145 Absatz 1 Satz 2 bleiben hiervon unberührt. [3]Jedoch kann der Gerichtsvollzieher einen Schuldner vor der Vornahme einer Zwangsvollstreckung unter Hinweis auf die Kosten der Zwangsvollstreckung auffordern, binnen kurzer Frist zu leisten oder den Leistungsnachweis zu erbringen, wenn die Kosten der Zwangsvollstreckung in einem Missverhältnis zu dem Wert des Vollstreckungsgegenstandes stehen würden und der Gerichtsvollzieher mit gutem Grund annehmen kann, dass der Schuldner der Aufforderung entsprechen wird.

(2) [1]Zu Beginn der Zwangsvollstreckung fordert der Gerichtsvollzieher den Schuldner zur freiwilligen Leistung auf, sofern er ihn antrifft. [2]Trifft er nicht den Schuldner, aber eine erwachsene Person an, so weist er sich zunächst nur mit seinem Dienstausweis aus und befragt die Person, ob sie über das Geld des Schuldners verfügen darf oder aus eigenen Mitteln Zahlungen für den Schuldner bewirken möchte; bejaht die Person die Frage, fordert er sie zur freiwilligen Leistung auf.

§ 60[2)] Annahme und Ablieferung der Leistung. (1) [1]Der Gerichtsvollzieher ist verpflichtet, die ihm angebotene Leistung oder Teilleistung anzunehmen und den Empfang zu bescheinigen. [2]Leistungen, die ihm unter einer Bedingung oder einem Vorbehalt angeboten werden, weist er zurück. [3]Wird der Anspruch des Gläubigers aus dem Schuldtitel einschließlich aller Nebenforderungen und Kosten durch freiwillige oder zwangsweise Leistung an den Gerichtsvollzieher vollständig gedeckt, so übergibt der Gerichtsvollzieher dem Schuldner die vollstreckbare Ausfertigung nebst einer Quittung (§ 757 ZPO[1)]). [4]Leistet der Schuldner durch Übergabe eines Bar- oder Verrechnungsschecks, ist Absatz 3 Satz 3 und Absatz 5 zu beachten. [5]Bei einer teilweisen Leistung ist diese auf der vollstreckbaren Ausfertigung zu vermerken und dem Schuldner lediglich eine Quittung zu erteilen. [6]Im vereinfachten Vollstreckungsverfahren nach § 754a ZPO bedarf es einer Quittierung auf dem Titel oder einer Aushändigung des Titels an den Schuldner nicht. [7]Die empfangene Leistung oder den dem Gerichtsvollzieher-Dienstkonto gutgeschriebenen Gegenwert des Schecks liefert der Gerichtsvollzieher unverzüglich an den Gläubiger ab, sofern dieser nichts anderes bestimmt hat.

(2) [1]Ist dem Schuldner im Schuldtitel nachgelassen, die Zwangsvollstreckung durch eine Ersatzleistung abzuwenden, so nimmt der Gerichtsvollzieher diese Leistung an. [2]Im Übrigen darf er Ersatzleistungen, die ihm der Schuldner an Erfüllungs Statt oder erfüllungshalber anbietet, nur annehmen, wenn ihn der Gläubiger hierzu ermächtigt hat.

(3) [1]Die Übergabe und die Person des Empfängers des Schuldtitels sind aktenkundig zu machen. [2]Hat der Schuldner unmittelbar an den Gläubiger oder dessen Vertreter oder Prozessbevollmächtigten vollständig geleistet, so darf der Gerichtsvollzieher dem Schuldner die vollstreckbare Ausfertigung erst nach Zustimmung

[1)] **Habersack, Deutsche Gesetze Nr. 100.**

[2)] § 60 Abs. 1 Satz 6 eingef., bish. Sätze 6 und 7 werden Sätze 7 und 8 mWv 1.1.2019 durch Bek. v. 23.11.2018 (JMBl. S. 122); Abs. 1 Satz 8 aufgeh. mWv 1.1.2023 durch Bek. v. 7.12.2022 (BayMBl. Nr. 754).

des Auftraggebers übergeben. [3] Bei Entgegennahme von Schecks ist dem Schuldner die vollstreckbare Ausfertigung erst auszuhändigen, wenn der Scheckbetrag dem Dienstkonto des Gerichtsvollziehers gutgeschrieben ist oder wenn der Auftraggeber der Aushändigung zustimmt.

(4) [1] Eine nur teilweise Leistung vermerkt der Gerichtsvollzieher auf dem Schuldtitel. [2] In diesem Fall ist der Titel dem Schuldner nicht auszuhändigen. [3] Wegen des Restbetrags ist die Zwangsvollstreckung fortzusetzen, sofern sich aus dem Auftrag nichts anderes ergibt.

(5) [1] Bar- und Verrechnungsschecks darf der Gerichtsvollzieher auch ohne Ermächtigung des Gläubigers erfüllungshalber annehmen. [2] In diesem Fall hat er die Vollstreckungsmaßnahmen in der Regel auftragsgemäß durchzuführen; die auf die Verwertung gepfändeter Gegenstände gerichteten Maßnahmen sind jedoch in der Regel erst vorzunehmen, wenn feststeht, dass der Scheck nicht eingelöst wird. [3] Der Gerichtsvollzieher erteilt dem Schuldner eine Quittung über die Entgegennahme des Schecks. [4] Schecks hat der Gerichtsvollzieher, sofern der Gläubiger keine andere Weisung erteilt hat, unverzüglich dem Kreditinstitut, das sein Dienstkonto führt, einzureichen mit dem Ersuchen, den Gegenwert dem Dienstkonto gutzuschreiben. [5] Verlangt der Schuldner ausdrücklich, dass der Gerichtsvollzieher den Scheck an den Gläubiger weitergibt, ist dies im Protokoll zu vermerken; der Scheck sowie der Titel sind – falls die Vollstreckung nicht fortgesetzt wird – dem Gläubiger zu übermitteln. [6] Der Gerichtsvollzieher belehrt den Schuldner über dessen Anspruch auf Herausgabe des Titels bei vollständiger Befriedigung des Gläubigers sowie über die Gefahr weiterer Vollstreckungsmaßnahmen, die mit der Aushändigung des Titels an den Gläubiger verbunden ist. [7] Belehrung und Weitergabe des Schecks an den Gläubiger sind aktenkundig zu machen.

§ 61[1)] Durchsuchung (§ 758 Absatz 1 und 2, § 758a ZPO[2)], § 91 FamFG[3)]). (1) [1] Der Gerichtsvollzieher ist befugt, die Wohnung und die Behältnisse des Schuldners zu durchsuchen, wenn dieser in die Durchsuchung einwilligt; dies ist im Protokoll zu vermerken. [2] Zur Wohnung gehören alle Räumlichkeiten, die den häuslichen oder beruflichen Zwecken ihres Inhabers dienen, insbesondere die eigentliche Wohnung, ferner Arbeits-, Betriebs- und andere Geschäftsräume, dazugehörige Nebenräume sowie das angrenzende befriedete Besitztum (Hofraum, Hausgarten).

(2) [1] Gestattet der Schuldner die Durchsuchung nicht, so ist er vom Gerichtsvollzieher nach den Gründen zu befragen, die er gegen eine Durchsuchung geltend machen will. [2] Seine Erklärungen sind ihrem wesentlichen Inhalt nach im Protokoll festzuhalten. [3] Der Gerichtsvollzieher belehrt den Schuldner zugleich, dass er aufgrund der Durchsuchungsverweigerung zur Abgabe der Vermögensauskunft nach § 807 Absatz 1 Nummer 1 ZPO verpflichtet ist, sofern ein entsprechender Antrag des Gläubigers vorliegt, dass er deren sofortiger Abnahme jedoch widersprechen kann. [4] Die Belehrung vermerkt er im Protokoll.

(3) [1] Es ist Sache des Gläubigers, die richterliche Durchsuchungsanordnung zu erwirken. [2] Die Durchsuchungsanordnung erteilt der Richter bei dem Amtsgericht, in dessen Bezirk die Durchsuchung erfolgen soll. [3] Der Gerichtsvollzieher übersendet dem Gläubiger die Vollstreckungsunterlagen und eine Abschrift des Protokolls; ein Antrag auf Übersendung des Protokolls ist zu unterstellen.

---

1) § 61 Abs. 7 geänd. mWv 1.1.2019 durch Bek. v. 23.11.2018 (JMBl. S. 122).

2) **Habersack, Deutsche Gesetze Nr. 100.**

3) **Habersack, Deutsche Gesetze Nr. 112.**

(4) Auch ohne eine richterliche Anordnung darf der Gerichtsvollzieher die Wohnung des Schuldners durchsuchen, wenn die Verzögerung, die mit der vorherigen Einholung einer solchen Anordnung verbunden ist, den Erfolg der Durchsuchung gefährden würde.

(5) Die Durchsuchungsanordnung ist bei der Zwangsvollstreckung vorzuzeigen und in dem Protokoll zu erwähnen.

(6) [1] Trifft der Gerichtsvollzieher bei einem Vollstreckungsversuch keine Person in der Wohnung des Schuldners an, so vermerkt er dies in den Akten und verfährt im Übrigen, wenn er den Schuldner wiederholt nicht angetroffen hat, nach den Bestimmungen der Absätze 3 bis 4. [2] Liegt ein kombinierter Auftrag gemäß § 807 ZPO vor, stimmt der Gerichtsvollzieher im Falle des wiederholten Nichtantreffens des Schuldners das weitere Vorgehen mit dem Gläubiger ab, sofern der Auftrag nicht bereits für diesen Fall bestimmte Vorgaben enthält. [3] Er soll die Wohnung in der Regel erst dann gewaltsam öffnen, wenn er dies dem Schuldner schriftlich angekündigt hat. [4] Die Ankündigung soll Hinweise auf § 758 ZPO und § 288 des Strafgesetzbuchs[1)] (StGB), auf die Durchsuchungsanordnung sowie eine Zahlungsaufforderung enthalten.

(7) Die Absätze 1 bis 6 gelten entsprechend, wenn die Wohnung wegen der Herausgabe beweglicher Sachen oder zur Vollstreckung von Anordnungen nach § 1 Absatz 1 Nummer 2a des Justizbeitreibungsgesetzes (JBeitrG)[2)] einschließlich der Wegnahme des Führerscheins durchsucht werden soll.

(8) Dagegen ist eine richterliche Durchsuchungsanordnung für die Räumung einer Wohnung und die Verhaftung einer Person auf Grund eines richterlichen Haftbefehls nicht erforderlich; *gleiches*[3)] gilt für die spätere Abholung gepfändeter, im Gewahrsam des Schuldners belassener Sachen, wenn bereits für die Pfändung eine Durchsuchungsanordnung vorgelegen hatte.

(9) [1] Liegt eine richterliche Durchsuchungsanordnung vor, können auch alle weiteren dem Gerichtsvollzieher vorliegenden Aufträge gleichzeitig vollstreckt werden, wenn die Vollstreckung wegen dieser Aufträge keine zusätzlichen weitergehenden Maßnahmen (Durchsuchung anderer Räume und Behältnisse) erfordert, die zwangsläufig zu einem längeren Verweilen des Gerichtsvollziehers in den Räumen des Schuldners führen. [2] Anderenfalls bedarf es gesonderter richterlicher Durchsuchungsanordnungen.

(10) [1] Die Kleider und Taschen des Schuldners darf der Gerichtsvollzieher durchsuchen. [2] Einer besonderen Anordnung des Richters bedarf es nur dann, wenn die Durchsuchung in der Wohnung des Schuldners gegen dessen Willen erfolgen soll. [3] Die Absätze 1 bis 5 finden entsprechende Anwendung. [4] Die Durchsuchung einer weiblichen Person lässt der Gerichtsvollzieher durch eine zuverlässige weibliche Hilfsperson durchführen. [5] Die Durchsuchung einer männlichen Person ist durch eine zuverlässige männliche Hilfskraft durchzuführen, wenn eine Gerichtsvollzieherin vollstreckt.

(11) [1] Personen, die gemeinsam mit dem Schuldner die Wohnung bewohnen, haben die Durchsuchung zu dulden, wenn diese gegen den Schuldner zulässig ist. [2] Trotz dieser grundsätzlichen Duldungspflicht hat der Gerichtsvollzieher besondere persönliche Umstände der Mitbewohner, wie zum Beispiel eine offensichtliche oder durch ärztliches Zeugnis nachgewiesene akute Erkrankung oder eine ernst-

---

1) **Habersack, Deutsche Gesetze Nr. 85.**
2) **Habersack, Deutsche Gesetze Nr. 122.**
3) Richtig wohl: „Gleiches".

hafte Gefährdung ihrer Gesundheit zur Vermeidung unbilliger Härten zu berücksichtigen und danach in Ausnahmefällen auch die Durchsuchung zu unterlassen.

(12) Für eine Durchsuchung zur Vollstreckung von Entscheidungen über die Herausgabe von Personen und die Regelung des Umgangs gilt § 156.

§ 62 Widerstand gegen die Zwangsvollstreckung und Zuziehung von Zeugen (§ 758 Absatz 3, § 759 ZPO[1], § 90 FamFG[2]). (1) Findet der Gerichtsvollzieher Widerstand, so darf er unbeschadet der Regelung des § 61 Gewalt anwenden und zu diesem Zweck polizeiliche Unterstützung anfordern (§ 758 Absatz 3 ZPO).

(2) [1] Der Gerichtsvollzieher muss zu einer Vollstreckungshandlung zwei erwachsene Personen oder einen Gemeinde- oder Polizeibeamten als Zeugen zuziehen (§ 759 ZPO), wenn

1. Widerstand geleistet wird,
2. bei einer Vollstreckungshandlung in der Wohnung des Schuldners weder der Schuldner selbst noch eine zur Familie gehörige oder in seiner Familie beschäftigte erwachsene Person gegenwärtig ist.

[2] Als Zeugen sollen unbeteiligte und geeignet erscheinende Personen ausgewählt werden, die möglichst am Ort der Vollstreckung oder in dessen Nähe wohnen sollen. [3] Die Zeugen haben das Protokoll mit zu unterschreiben (vergleiche § 63 Absatz 3). [4] Den Zeugen ist auf Verlangen eine angemessene Entschädigung zu gewähren. [5] Die Entschädigung richtet sich nach den Bestimmungen des Justizvergütungs- und -entschädigungsgesetzes (JVEG)[3].

(3) Widerstand im Sinne dieser Bestimmungen ist jedes Verhalten, das geeignet ist, die Annahme zu begründen, die Zwangsvollstreckung werde sich nicht ohne Gewaltanwendung durchführen lassen.

(4) Für die Anwendung unmittelbaren Zwangs zur Vollstreckung von Entscheidungen über die Herausgabe von Personen und die Regelung des Umgangs gilt § 156.

VI. Protokoll

§ 63[4] (§§ 762, 763 ZPO[1]). (1) [1] Der Gerichtsvollzieher muss über jede Vollstreckungshandlung ein Protokoll nach den Vorschriften der §§ 762 und 763 ZPO aufnehmen; dies gilt auch für versuchte Vollstreckungshandlungen und vorbereitende Tätigkeiten. [2] Vollstreckungshandlungen sind alle Handlungen, die der Gerichtsvollzieher zum Zweck der Zwangsvollstreckung vornimmt, auch das Betreten der Wohnung des Schuldners und ihre Durchsuchung, die Aufforderung zur Zahlung (§ 59 Absatz 2) und die Annahme der Zahlung, die nachträgliche Wegschaffung der gepfändeten Sachen und ihre Verwertung. [3] Das Protokoll muss den Gang der Vollstreckungshandlung unter Hervorhebung aller wesentlichen Vorgänge angeben. [4] Die zur Vollstreckungshandlung gehörenden Aufforderungen und Mitteilungen des Gerichtsvollziehers und die Erklärungen des Schuldners oder eines anderen Beteiligten sind vollständig in das Protokoll aufzunehmen (zum Beispiel das Vorbringen des Schuldners zur glaubhaften Darlegung seiner Ratenzahlungsfähigkeit nach § 802b ZPO). [5] Ist die Zwangsvollstreckung von einer Zug

---

1) **Habersack, Deutsche Gesetze Nr. 100.**
2) **Habersack, Deutsche Gesetze Nr. 112.**
3) **Habersack, Deutsche Gesetze Nr. 116.**
4) § 63 Abs. 5 Satz 2 neu gef. mWv 1.1.2023 durch Bek. v. 7.12.2022 (BayMBl. Nr. 754).

um Zug zu bewirkenden Gegenleistung abhängig, beurkundet der Gerichtsvollzieher das Angebot und die Erklärung des Schuldners in dem Pfändungsprotokoll oder in einem besonderen Protokoll (§§ 756, 762, 763 ZPO).

(2) [1] Der Schuldtitel, auf Grund dessen vollstreckt wird, ist genau zu bezeichnen. [2] Bleibt die Vollstreckung ganz oder teilweise ohne Erfolg, so muss das Protokoll erkennen lassen, dass der Gerichtsvollzieher alle zulässigen Mittel versucht hat, dass aber kein anderes Ergebnis zu erreichen war. [3] Bei dem erheblichen Interesse des Gläubigers an einem Erfolg der Zwangsvollstreckung darf der Gerichtsvollzieher die Vollstreckung nur nach sorgfältiger Prüfung ganz oder teilweise als erfolglos bezeichnen.

(3) [1] Das Protokoll ist im unmittelbaren Anschluss an die Vollstreckungshandlungen und an Ort und Stelle aufzunehmen. [2] Werden Abweichungen von dieser Regel notwendig, so sind die Gründe hierfür im Protokoll anzugeben. [3] Das Protokoll ist auch von den nach § 759 ZPO zugezogenen Zeugen zu unterschreiben (§ 762 Nummer 3 und 4 ZPO). [4] Nimmt das Geschäft mehrere Tage in Anspruch, so ist das Protokoll an jedem Tage abzuschließen und zu unterzeichnen.

(4) [1] Im Übrigen sind die allgemeinen Bestimmungen über die Beurkundungen des Gerichtsvollziehers zu beachten (vergleiche § 7). [2] Der Dienststempelabdruck braucht dem Protokoll nicht beigefügt zu werden.

(5) [1] Kann der Gerichtsvollzieher die zur Vollstreckungshandlung gehörenden Aufforderungen und sonstigen Mitteilungen nicht mündlich ausführen, so übersendet er demjenigen, an den die Aufforderung oder Mitteilung zu richten ist, eine Abschrift des Protokolls durch gewöhnlichen Brief. [2] Der Gerichtsvollzieher kann die Aufforderung oder Mitteilung auch unter entsprechender Anwendung des § 191 ZPO in Verbindung mit §§ 173, 178 bis 181 ZPO zustellen. [3] Er wählt die Zustellung jedoch nur, wenn andernfalls ein sicherer Zugang nicht wahrscheinlich ist. [4] Die Befolgung dieser Vorschriften muss im Protokoll vermerkt sein. [5] Bei der Übersendung durch die Post bedarf es keiner weiteren Beurkundung als dieses Vermerks. [6] Eine öffentliche Zustellung findet nicht statt.

(6) Sofern nichts anderes vorgeschrieben ist, darf der Gerichtsvollzieher Abschriften von Protokollen nur auf ausdrücklichen Antrag erteilen.

VII. Einstellung, Beschränkung, Aufhebung und Aufschub der Zwangsvollstreckung

§ 64 Einstellung, Beschränkung und Aufhebung der Zwangsvollstreckung in anderen Fällen (§§ 753, 775 bis 776 ZPO[1]). (1) Der Gerichtsvollzieher muss die getroffenen Zwangsvollstreckungsmaßnahmen aufheben oder die Zwangsvollstreckung einstellen oder beschränken, wenn ihn der Gläubiger hierzu anweist.

(2) [1] Durch den Widerspruch des Schuldners oder dritter Personen darf er sich von der Durchführung der Zwangsvollstreckung nicht abhalten lassen (§ 61 bleibt hiervon unberührt). [2] Nur in den Fällen der §§ 775 und 776 ZPO hat er die Zwangsvollstreckung von Amts wegen einzustellen oder zu beschränken. [3] In den Fällen des § 775 Nummer 1 und 3 ZPO sind zugleich die bereits erfolgten Vollstreckungsmaßregeln aufzuheben.

(3) Der Gerichtsvollzieher hat hierbei Folgendes zu beachten:

1. [1] Er hat die Vollstreckbarkeit der vorgelegten Entscheidung zu prüfen, wenn sie nicht schon in Form einer vollstreckbaren Ausfertigung vorgelegt wird. [2] Voll-

[1] **Habersack, Deutsche Gesetze Nr. 100.**

streckbar ist eine Entscheidung, wenn sie für vorläufig vollstreckbar erklärt oder wenn sie mit dem Zeugnis der Rechtskraft versehen ist (§ 706 ZPO); es ist nicht erforderlich, dass die Entscheidung mit der Vollstreckungsklausel versehen oder nach § 750 ZPO zugestellt ist. [3] Urteile, die in der Revisionsinstanz erlassen sind, sind auch ohne Zeugnis als rechtskräftig anzusehen, es sei denn, dass es sich um Versäumnisurteile handelt. [4] Eine in der Beschwerdeinstanz erlassene Entscheidung sowie eine Entscheidung, durch die ein vorläufig vollstreckbares Urteil oder dessen vorläufige Vollstreckbarkeit aufgehoben wird, ist in jedem Fall geeignet, die Einstellung der Zwangsvollstreckung zu begründen.

2. [1] Im Fall der einstweiligen Einstellung der Vollstreckung ist es nicht erforderlich, dass die gerichtliche Entscheidung rechtskräftig oder vorläufig vollstreckbar ist. [2] Bei einer Einstellung auf unbestimmte Zeit ist der Schuldtitel zurückzugeben und der Antrag des Gläubigers auf Fortsetzung der Vollstreckung abzuwarten, es sei denn, dass mit der alsbaldigen Fortsetzung der Zwangsvollstreckung zu rechnen ist.

(4) [1] Die für Urteile getroffenen Bestimmungen finden auf die sonstigen Schuldtitel entsprechende Anwendung (§ 795 ZPO). [2] Die Einstellung der Vollstreckung aus einem Titel hat von selbst auch dieselbe Wirkung für einen auf dem Titel beruhenden Kostenfestsetzungsbeschluss.

(5) [1] Die Einstellung oder Beschränkung sowie gegebenenfalls die Aufhebung der Zwangsvollstreckung ist – sofern sie nicht bei der Vollstreckungshandlung erfolgt und in dem über die Vollstreckungshandlung aufzunehmenden Protokoll zu erwähnen ist – unter genauer Bezeichnung der zugrunde liegenden Schriftstücke zu den Vollstreckungsakten zu vermerken. [2] Der Gläubiger ist von der Einstellung, Beschränkung oder Aufhebung von Vollstreckungsmaßregeln unverzüglich zu benachrichtigen. [3] Besteht die Gefahr einer beträchtlichen Wertverringerung oder unverhältnismäßiger Kosten der Aufbewahrung der gepfändeten Sachen, so soll der Gerichtsvollzieher die Beteiligten darauf aufmerksam machen und dies in den Akten vermerken.

(6) [1] Ohne die Voraussetzungen der §§ 775 und 776 ZPO darf der Gerichtsvollzieher nur dann die Zwangsvollstreckung einstellen oder durchgeführte Vollstreckungsmaßnahmen aufheben, wenn es besonders bestimmt ist (vergleiche § 60 Absatz 2 und 5, §§ 75, 95 Absatz 4, § 103 Absatz 4). [2] Ein Entscheidungsrecht darüber, ob er die Zwangsvollstreckung aufschieben darf, steht ihm nur in den gesetzlich bestimmten Fällen zu (vergleiche § 65). [3] Der Gerichtsvollzieher weist deshalb einen Beteiligten, der den Aufschub, die Einstellung oder die Aufhebung der Zwangsvollstreckung begehrt, auf die zulässigen Rechtsbehelfe hin.

(7) Für die Akten- und Listenführung gelten die Vorschriften der Gerichtsvollzieherordnung über die Behandlung und Überwachung ruhender Vollstreckungsaufträge.

§ 65 Aufschub von Vollstreckungsmaßnahmen zur Erwirkung der Herausgabe von Sachen (§ 765a Absatz 2 ZPO[1]). (1) Der Gerichtsvollzieher kann eine Maßnahme zur Erwirkung der Herausgabe von Sachen (§§ 127 bis 132) gemäß § 765a Absatz 2 ZPO aufschieben.

(2) [1] Schiebt der Gerichtsvollzieher die Zwangsvollstreckung auf, so weist er den Schuldner darauf hin, dass die Vollstreckung nach Ablauf einer Woche durchgeführt wird, falls der Schuldner bis dahin keine Einstellung durch das Vollstre-

[1] **Habersack, Deutsche Gesetze Nr. 100.**

ckungsgericht erwirkt hat. ²Er belehrt den Schuldner zugleich über die strafrechtlichen Folgen einer Vollstreckungsvereitelung (§ 288 StGB[1]).

VIII. Prüfungs- und Mitteilungspflichten bei der Wegnahme und Weitergabe von Waffen und Munition

§ 66 [Prüfungs- und Mitteilungspflichten bei der Wegnahme und Weitergabe von Waffen und Munition] (1) ¹Hat der Gerichtsvollzieher Schusswaffen, Munition oder diesen gleichstehende Gegenstände in Besitz genommen und will er sie dem Gläubiger oder einem Dritten übergeben, so prüft er, ob der Erwerb erlaubnis- oder anmeldepflichtig ist. ²Ist dies zweifelhaft, überlässt er die Gegenstände erst dann, wenn die zuständige Verwaltungsbehörde dies für unbedenklich erklärt hat.

(2) ¹Ist der Erwerb erlaubnis- oder anmeldepflichtig, so zeigt er die beabsichtigte Übergabe der zuständigen Verwaltungsbehörde unverzüglich an. ²In der Anzeige bezeichnet er:

1. den früheren Inhaber und den Empfänger der Schusswaffe, der Munition oder des gleichstehenden Gegenstandes mit Namen und Anschrift,
2. Art (gegebenenfalls Fabrikat und Nummer) und Kaliber der Waffe, der Munition oder des gleichstehenden Gegenstandes.

³Die Waffe, Munition oder die ihnen gleichstehenden Gegenstände händigt er erst einen Monat nach dieser Anzeige an den Gläubiger oder Dritten aus; hierauf weist er in der Anzeige hin.

(3) Örtlich zuständig ist die Behörde, in deren Bezirk derjenige, dem der Gerichtsvollzieher den Gegenstand aushändigen will, seinen gewöhnlichen Aufenthalt oder bei Fehlen eines gewöhnlichen Aufenthalts seinen jeweiligen Aufenthalt hat.

B. Zwangsvollstreckung wegen Geldforderungen

I. Allgemeine Vorschriften

§ 67 Begriff der Geldforderung. (1) ¹Geldforderung ist jede Forderung, die auf Leistung einer bestimmten Wertgröße in Geld gerichtet ist. ²Geldforderungen im Sinne des Vollstreckungsrechts sind auch die Haftungsansprüche für Geldleistungen, zum Beispiel die Ansprüche im Fall der Verurteilung zur Duldung der Zwangsvollstreckung.

(2) Sollen Stücke einer bestimmten Münzsorte oder bestimmte Wertzeichen geleistet werden (Geldsortenschuld), so erfolgt die Zwangsvollstreckung nach den Vorschriften über die Herausgabe beweglicher Sachen (§§ 884, 883 Absatz 1 ZPO[2]).

§ 68 Zügige und gütliche Erledigung des Zwangsvollstreckungsverfahrens; Einziehung von Teilbeträgen (§ 802b ZPO[2]). (1) ¹Der Gerichtsvollzieher soll in jeder Lage des Verfahrens auf eine gütliche Erledigung bedacht sein. ²Hat der Gläubiger seine Einwilligung zu der Einräumung einer Zahlungsfrist oder der Tilgung durch Teilleistungen (Ratenzahlung) von Bedingungen abhängig gemacht, ist der Gerichtsvollzieher daran gebunden. ³Setzt der Gerichtsvollzieher nach § 802b Absatz 2 Satz 2 ZPO einen Ratenzahlungsplan fest, belehrt er den Schuldner darüber, dass der Plan hinfällig wird und der damit verbundene Vollstre-

[1] **Habersack, Deutsche Gesetze Nr. 85.**
[2] **Habersack, Deutsche Gesetze Nr. 100.**

ckungsaufschub endet, sobald der Gläubiger widerspricht und der Gerichtsvollzieher den Schuldner, nachdem der Gläubiger widersprochen hat, über dessen Widerspruch unterrichtet hat oder sobald der Schuldner mit einer festgesetzten Zahlung ganz oder teilweise länger als zwei Wochen in Rückstand gerät (§ 802b Absatz 3 Satz 2 und 3 ZPO). [4]Die Tilgungsfrist soll in der Regel zwölf Monate nicht übersteigen; in Einzelfällen kann der Gerichtsvollzieher nach pflichtgemäßem Ermessen eine längere Frist bestimmen. [5]Die Frist beginnt mit der Mitteilung des gewährten Aufschubs an den Schuldner.

(2) [1]Bestimmt der Gerichtsvollzieher unter den Voraussetzungen des § 802b Absatz 2 ZPO und des Absatzes 1 eine Zahlungsfrist oder setzt er einen Ratenzahlungsplan fest, hat er

1. die konkreten Zahlungstermine,
2. die Höhe der Zahlungen oder Teilzahlungen,
3. den Zahlungsweg,
4. die Gründe, die der Schuldner zur Glaubhaftmachung der Erfüllung der Vereinbarung vorbringt, sowie
5. die erfolgte Belehrung über die in § 802b Absatz 3 Satz 2 und 3 ZPO getroffenen Regelungen

zu protokollieren. [2]Der Gerichtsvollzieher hat die Gründe, aus denen er die Einräumung einer Zahlungsfrist oder die Einziehung von Raten ablehnt, ebenfalls zu protokollieren. [3]Der Gerichtsvollzieher hat dem Gläubiger unverzüglich eine Abschrift des Zahlungsplans zu übermitteln und dabei auf den Vollstreckungsaufschub sowie auf die Möglichkeit des unverzüglichen Widerspruchs hinzuweisen.

(3) [1]Widerspricht der Gläubiger unverzüglich dem Zahlungsplan, teilt der Gerichtsvollzieher dies dem Schuldner mit und setzt die Vollstreckung entsprechend den Anträgen des Gläubigers fort. [2]Wendet sich der Gläubiger lediglich gegen die Ausgestaltung (zum Beispiel die Höhe, die Zahlungstermine) der durch den Gerichtsvollzieher festgesetzten Teilzahlungsbestimmungen, liegt kein Widerspruch vor. [3]In diesem Fall ändert der Gerichtsvollzieher die Teilzahlungsbestimmungen nach den Auflagen des Gläubigers und unterrichtet den Schuldner.

(4) [1]Hat der Gerichtsvollzieher mit dem Schuldner eine Ratenzahlungsvereinbarung getroffen oder eine Zahlungsfrist vereinbart und gehen in dem Zeitraum, innerhalb dessen die Forderung getilgt sein soll, Vollstreckungsaufträge weiterer Gläubiger ein, steht dies dem Abschluss weiterer Ratenzahlungsvereinbarungen oder der Einräumung von Zahlungsfristen nicht entgegen, sofern der Vorschlag des Schuldners die gesetzlichen Voraussetzungen für eine gütliche Erledigung in jeder einzelnen weiteren Vollstreckungsangelegenheit erfüllt. [2]Der Schuldner hat in diesem Fall für jede Angelegenheit seine Leistungsfähigkeit und -bereitschaft glaubhaft darzulegen. [3]Der Gerichtsvollzieher wägt dann die zumutbaren Möglichkeiten des Schuldners und das Interesse des Auftraggebers an einer auch teilweisen alsbaldigen Befriedigung ab. [4]Kommt danach eine gütliche Erledigung nicht in Betracht, verfährt der Gerichtsvollzieher nach Absatz 3.

(5) [1]Für jeden einzelnen Auftraggeber hat der Gerichtsvollzieher einen gesonderten Ratenzahlungsplan zu erstellen. [2]Das gilt auch, wenn mehrere Vollstreckungsaufträge gleichzeitig gegen einen Schuldner eingehen. [3]Die Erstellung eines Gesamtratenzahlungsplans bei mehreren, gleichzeitig vorliegenden Aufträgen ist zulässig. [4]§ 802b Absatz 3 ZPO gilt für jeden einzelnen Gläubiger.

§ 69[1] **Zahlungsverkehr mit Personen im Ausland.** (1) Zahlungen zwischen dem Geltungsbereich des Außenwirtschaftsgesetzes und dem Ausland unterliegen keinen Beschränkungen, soweit nicht nach den §§ 4 bis 8 AWG Rechtsgeschäfte und Handlungen beschränkt oder Handlungspflichten angeordnet werden.

(2) [1] Zahlungen, die der Gerichtsvollzieher von Ausländern (§ 63 Satz 1 Nummer 3, Satz 2 AWV) oder für deren Rechnung von Inländern (§ 63 Satz 1 Nummer 2 AWV) entgegennimmt (eingehende Zahlungen) oder die der Gerichtsvollzieher an Ausländer oder für deren Rechnung an Inländer leistet (ausgehende Zahlungen), sind gemäß den §§ 63 bis 73 AWV gegenüber der Deutschen Bundesbank meldepflichtig, es sei denn, dass die Zahlung einen Betrag von 12 500 Euro oder den entsprechenden Gegenwert in ausländischer Währung nicht übersteigt. [2] Die Meldungen sind der Deutschen Bundesbank elektronisch einzureichen (§ 72 Absatz 1 Satz 1 AWV). [3] Hierfür sind die von der Deutschen Bundesbank erlassenen Formvorschriften zu beachten (§ 72 Absatz 1 Satz 2 AWV). [4] Der Gerichtsvollzieher hat die Meldefristen des § 71 AWV zu beachten.

II. Zwangsvollstreckung in bewegliche körperliche Sachen

1. Pfändung

a) Gegenstand der Pfändung, Gewahrsam

§ 70 Allgemeines (§§ 808, 809 ZPO; Artikel 13 GG[2]**).** (1) [1] Der Pfändung unterliegen diejenigen beweglichen Sachen des Schuldners, die sich in seinem Gewahrsam befinden. [2] Gewahrsam kann der Schuldner unter Umständen auch an Sachen haben, die sich in den Räumen eines Dritten befinden. [3] Dies kann zum Beispiel der Fall sein, wenn der Untermieter einen Teil seiner Sachen, die er in dem ihm vermieteten Zimmer nicht unterbringen kann, in anderen Räumen des Untervermieters verwahrt. [4] In solchen Fällen ist der Gerichtsvollzieher auch berechtigt, die Räume des Dritten zur Durchführung der Vollstreckung zu betreten. [5] Sachen, die der gesetzliche Vertreter des Schuldners für diesen im Gewahrsam hat, sind wie solche im Gewahrsam des Schuldners zu behandeln.

(2) [1] Sachen, die sich nicht im Gewahrsam des Schuldners befinden, können vom Gerichtsvollzieher gepfändet werden, wenn der Gewahrsamsinhaber zur Herausgabe der Sachen bereit oder wenn der Gläubiger selbst Gewahrsamsinhaber ist. [2] Befindet sich eine Sache im gemeinsamen Gewahrsam des Schuldners und eines Dritten, so darf sie nur mit Zustimmung des Dritten gepfändet werden. [3] Die Erklärungen des Dritten, dass er zur Herausgabe bereit sei oder der Pfändung zustimme, müssen unbedingt sein, sofern nicht die gestellten Bedingungen von allen Beteiligten angenommen werden; sie müssen auch ergeben, dass er mit der Verwertung der Sache einverstanden ist. [4] Nach Durchführung der Pfändung können die Erklärungen nicht mehr widerrufen werden. [5] Auf die Bereitschaft des Dritten zur Herausgabe oder seine Zustimmung kommt es nicht an, wenn er zur Duldung der Zwangsvollstreckung verurteilt ist oder wenn die Zwangsvollstreckung auf Grund des Urteils gegen den Schuldner auch gegen ihn zulässig ist.

(3) [1] Personen, die nur Besitzdiener (§ 855 BGB[3]) sind, zum Beispiel Hausangestellte, Gewerbegehilfen, Kellner, haben keinen Gewahrsam an Sachen, die ihnen vom Schuldner überlassen sind. [2] Alleiniger Gewahrsamsinhaber bleibt der Schuldner. [3] Der Gerichtsvollzieher darf solche Sachen auch gegen den Willen des

[1] § 69 neu gef. mWv 1.1.2019 durch Bek. v. 23.11.2018 (JMBl. S. 122).

[2] **Habersack, Deutsche Gesetze Nr. 1.**

[3] **Habersack, Deutsche Gesetze Nr. 20.**

Besitzdieners pfänden; er kann den Widerstand des Besitzdieners mit Gewalt brechen (§ 758 Absatz 3 ZPO[1]).

(4) [1] Haftet der Schuldner nicht mit seinem eigenen, sondern nur mit fremdem Vermögen (zum Beispiel Testamentsvollstrecker, Insolvenzverwalter), so ist der Gewahrsam allein nicht genügend. [2] Der Gerichtsvollzieher hat in diesem Fall vielmehr auch zu prüfen, ob die Sache zu dem Vermögen gehört, in das zu vollstrecken ist.

(5) In den Fällen der Absätze 1 und 3 ist § 61 anzuwenden.

§ 71 Rechte Dritter an den im Gewahrsam des Schuldners befindlichen Gegenständen. (1) [1] Der Gerichtsvollzieher prüft im Allgemeinen nicht, ob die im Gewahrsam des Schuldners befindlichen Sachen zu dessen Vermögen gehören. [2] Dies gilt sowohl dann, wenn zugunsten einer dritten Person ein die Veräußerung hinderndes Recht in Anspruch genommen wird, als auch dann, wenn der Schuldner behauptet, dass er die tatsächliche Gewalt über die Sachen nur für den Besitzer ausübe oder dass er sein Besitzrecht von einem anderen ableite. [3] Für den Gerichtsvollzieher kommt es hiernach nur auf den äußeren Befund an. [4] Für ihn gilt als Vermögen des Schuldners alles, was sich in dessen Gewahrsam befindet.

(2) [1] Gegenstände, die offensichtlich zum Vermögen eines Dritten gehören, pfändet der Gerichtsvollzieher nicht, zum Beispiel dem Handwerker zur Reparatur, dem Frachtführer zum Transport und dem Pfandleiher zum Pfand übergebene Sachen, Klagewechsel in den Akten eines Rechtsanwalts. [2] Dies gilt nicht, wenn der Dritte erklärt, dass er der Pfändung nicht widerspreche oder wenn der Gläubiger die Pfändung ausdrücklich verlangt.

b) Pfändungsbeschränkungen

§ 72 Allgemeines. (1) [1] Soweit nach dem Gesetz Pfändungsbeschränkungen bestehen, entscheidet der Gerichtsvollzieher selbständig, welche Sachen des Schuldners von der Pfändung auszuschließen sind. [2] Sachen, deren Pfändbarkeit zweifelhaft ist, pfändet er, sofern sonstige Pfandstücke nicht in ausreichendem Maß vorhanden sind.

(2) [1] Hat der Gerichtsvollzieher eine Pfändung durchgeführt, so darf er sie nicht eigenmächtig wieder aufheben, auch wenn er sich von ihrer Unrechtmäßigkeit überzeugt hat. [2] § 95 Absatz 4 bleibt unberührt. [3] Die Pfändung ist auf Anweisung des Gläubigers, bei Verzicht des Gläubigers auf das Pfandrecht oder auf Anordnung des Vollstreckungsgerichts aufzuheben.

§ 73[2] Unpfändbare Sachen und Tiere (§§ 811, 863 ZPO[1]). [1] Die in § 811 Absatz 1 Nummer 1 Buchstabe a und b sowie Nummer 2 ZPO bezeichneten Sachen oder die in § 811 Absatz 1 Nummer 8 Buchstabe b ZPO bezeichneten Tiere kann der Gerichtsvollzieher nur dann pfänden, wenn

1. der Vorbehaltsverkäufer wegen der durch Eigentumsvorbehalt gesicherten Kaufpreisforderung aus dem Verkauf der zu pfändenden Sache oder des zu pfändenden Tieres vollstreckt und auf die Pfändbarkeit hinweist,
2. ein einfacher Eigentumsvorbehalt, der sich lediglich auf die verkaufte, unter Eigentumsvorbehalt übereignete Sache oder auf das verkaufte, unter Eigentumsvorbehalt übereignete Tier erstreckt und mit dem Eintritt der Bedingung der sofortigen Kaufpreiszahlung erlischt, oder ein weitergegebener einfacher Eigen-

[1] **Habersack, Deutsche Gesetze Nr. 100.**
[2] § 73 neu gef. mWv 1.1.2023 durch Bek. v. 7.12.2022 (BayMBl. Nr. 754).

tumsvorbehalt gegeben ist, bei dem der Vorbehaltsverkäufer mit dem Käufer einen einfachen Eigentumsvorbehalt vereinbart hat, aber seinerseits die Sache oder das Tier von seinem Lieferanten ebenfalls nur unter einfachem Eigentumsvorbehalt erworben hatte, und

3. der Vorbehaltskäufer die Vereinbarung des Eigentumsvorbehalts durch Originalurkunden oder beglaubigte Ablichtungen derselben nachweist.

[2] Wegen der an ihn abgetretenen Kaufpreisforderung kann auch der Lieferant des Verkäufers die Sache oder das Tier pfänden lassen. [3] Soweit sich der Nachweis des einfachen oder weitergegebenen einfachen Eigentumsvorbehalts nicht aus dem zu vollstreckenden Titel ergibt, kommen als Nachweis auch andere Urkunden (§ 416 ZPO), insbesondere der Kaufvertrag, in Betracht.

§ 74 Austauschpfändung (§ 811a ZPO[1]). (1) [1] Wird dem Gerichtsvollzieher ein Beschluss des Vollstreckungsgerichts nach § 811a Absatz 2 ZPO vorgelegt, durch den die Austauschpfändung zugelassen wird, so führt er die Pfändung durch. [2] Spätestens bei der Wegnahme der Sache übergibt er dem Schuldner gegen Quittung das Ersatzstück oder den von dem Vollstreckungsgericht festgesetzten Geldbetrag – sofern die Übergabe nicht schon vom Gläubiger vorgenommen worden ist – und vermerkt dies im Pfändungsprotokoll. [3] Hat das Vollstreckungsgericht zugelassen, dass dem Schuldner der zur Ersatzbeschaffung notwendige Geldbetrag aus dem Vollstreckungserlös erstattet wird, so ist die Wegnahme der gepfändeten Sache erst nach Rechtskraft des Zulassungsbeschlusses zulässig.

(2) [1] Der vom Vollstreckungsgericht festgesetzte Geldbetrag ist dem Gläubiger aus dem Vollstreckungserlös zu erstatten; er gehört zu den Kosten der Zwangsvollstreckung. [2] Ist dem Schuldner der zur Ersatzbeschaffung notwendige Betrag aus dem Versteigerungserlös zu erstatten, so ist er vorweg aus dem Erlös zu entnehmen.

§ 75 Vorläufige Austauschpfändung (§ 811b ZPO[1]). [1] Sachen, deren vorläufige Pfändung nach § 811b ZPO zulässig ist, pfändet der Gerichtsvollzieher, wenn er im Gewahrsam des Schuldners keine pfändbaren Sachen vorfindet oder wenn die vorhandenen pfändbaren Sachen zur Befriedigung des Gläubigers nicht ausreichen. [2] Er belässt die vorläufig gepfändeten Sachen jedoch im Gewahrsam des Schuldners. [3] Im Pfändungsprotokoll vermerkt er, dass er die Pfändung als vorläufige Austauschpfändung durchgeführt hat. [4] Sodann verfährt er wie folgt:

1. [1] Er benachrichtigt den Gläubiger davon, dass er die Pfändung als vorläufige Austauschpfändung durchgeführt hat und weist ihn darauf hin, dass die Pfändung nach § 811b Absatz 2 ZPO aufgehoben werden müsse, wenn der Gläubiger nicht binnen zwei Wochen nach Eingang der Nachricht die Zulassung der Austauschpfändung bei dem Vollstreckungsgericht beantragt habe. [2] In der Benachrichtigung bezeichnet der Gerichtsvollzieher das Pfandstück, dessen gewöhnlichen Verkaufswert und den voraussichtlichen Erlös. [3] Ferner gibt er an, welches Ersatzstück nach Art und besonderen Eigenschaften in Betracht kommt, um dem geschützten Verwendungszweck zu genügen, und weist darauf hin, dass er die Vollstreckung nach gerichtlicher Zulassung der Austauschpfändung nur auf Anweisung des Gläubigers fortsetzt.
2. [1] Stellt der Gläubiger den Antrag auf Zulassung der Austauschpfändung nicht fristgemäß, so hebt der Gerichtsvollzieher die Pfändung auf. [2] Wird der Antrag

[1] **Habersack, Deutsche Gesetze Nr. 100.**

dagegen fristgemäß gestellt, so wartet der Gerichtsvollzieher die gerichtliche Entscheidung über ihn ab.

3. Weist das Gericht den Antrag rechtskräftig zurück, so hebt der Gerichtsvollzieher die Pfändung auf.
4. [1] Lässt das Vollstreckungsgericht eine Austauschpfändung zu, so übergibt der Gerichtsvollzieher nach Anweisung des Gläubigers dem Schuldner gegen Quittung das Ersatzstück oder den zu seiner Beschaffung erforderlichen Geldbetrag und setzt die Zwangsvollstreckung sodann fort; er darf nunmehr dem Schuldner auch das Pfandstück wegnehmen. [2] Die Rechtskraft des Zulassungsbeschlusses braucht der Gerichtsvollzieher nicht abzuwarten.
5. [1] Lässt das Vollstreckungsgericht die Austauschpfändung mit der Maßgabe zu, dass der zur Ersatzbeschaffung notwendige Geldbetrag dem Schuldner aus dem Vollstreckungserlös erstattet wird, so setzt der Gerichtsvollzieher die Zwangsvollstreckung fort, sofern ihn der Gläubiger hierzu anweist. [2] Er darf jedoch in diesem Fall dem Schuldner das Pfandstück erst dann wegnehmen, wenn der Zulassungsbeschluss rechtskräftig geworden ist.
6. Erteilt der Gläubiger innerhalb von sechs Monaten seit dem Erlass des Zulassungsbeschlusses keine Anweisung zur Fortsetzung der Vollstreckung, so gelten die Vorschriften der Gerichtsvollzieherordnung über die Behandlung und Überwachung ruhender Vollstreckungsaufträge.

§ 76 Pfändung von Gegenständen, deren Veräußerung unzulässig ist oder die dem Washingtoner Artenschutzübereinkommen unterliegen.

(1) Gegenstände, deren Veräußerung unzulässig ist, dürfen nicht gepfändet werden (zum Beispiel Lebensmittel, deren Verzehr die Gesundheit schädigen kann, – § 5 des Lebensmittel- und Futtermittelgesetzbuches (LFGB) – und Bildnisse, die nach § 22 des Gesetzes betreffend das Urheberrecht an Werken der bildenden Künste und der Photographie[1] nicht verbreitet werden dürfen).

(2) [1] Bei der Zwangsvollstreckung, die lebende Tiere betrifft oder in Pflanzen sowie Teile und Erzeugnisse von Exemplaren besonders geschützter Arten (siehe die Anhänge I und II des Washingtoner Artenschutzübereinkommens vom 3. März 1973 – BGBl. II 1975, S. 777, 799 –, die Verordnung (EG) Nr. 338/97 des Rates vom 9. Dezember 1996 über den Schutz von Exemplaren wildlebender Tier- und Pflanzenarten durch Überwachung des Handels (ABl. L 61 vom 3.3.1997, S. 1, ber. ABl. L 100 vom 17.4.1997, S. 72, ber. ABl. L 298 vom 1.11.1997, S. 70) und die durch die Bundesartenschutzverordnung (BArtSchV) besonders unter Schutz gestellte Arten) bestehen häufig Vermarktungsverbote. [2] Der Gerichtsvollzieher hat sich vor der Versteigerung im Zweifel mit der zuständigen Naturschutzbehörde in Verbindung zu setzen. [3] Dies gilt bei Arten, die dem Washingtoner Artenschutzübereinkommen unterliegen (etwa exotischen Tieren und Pflanzen) insbesondere dann, wenn der Schuldner keine CITES-Bescheinigung vorweisen kann.

§ 77[2] Pfändung von Barmitteln aus dem Verkauf landwirtschaftlicher Erzeugnisse und/oder aus Miet- und Pachtzahlungen (§§ 851a, 851b ZPO[3]). [1] Barmittel, die aus dem Verkauf landwirtschaftlicher Erzeugnisse herrühren, sollen nicht gepfändet werden, wenn offenkundig ist, dass sie der Schuldner zu seinem Unterhalt, dem seiner Familie, seiner Arbeitnehmer oder zur Aufrecht-

---

[1] **Habersack, Deutsche Gesetze Nr. 67.**
[2] § 77 Satz 3 geänd. mWv 1.1.2023 durch Bek. v. 7.12.2022 (BayMBl. Nr. 754).
[3] **Habersack, Deutsche Gesetze Nr. 100.**

erhaltung einer geordneten Wirtschaftsführung benötigt. [2]Barmittel, die aus Miet- und Pachtzahlungen herrühren, sollen nicht gepfändet werden, wenn offenkundig ist, dass sie der Schuldner zur laufenden Unterhaltung des Grundstücks, zur Vornahme notwendiger Instandsetzungsarbeiten und zur Befriedigung von Ansprüchen braucht, welche bei der Zwangsvollstreckung in das Grundstück dem Anspruch des Gläubigers nach § 10 ZVG[1)] vorgehen würden. [3]Sind diese Voraussetzungen nicht offenkundig, so führt der Gerichtsvollzieher die Pfändung durch, verweist den Schuldner an das Vollstreckungsgericht und belehrt ihn darüber, dass das Gericht einen verspäteten Antrag auf Aufhebung der Pfändung ohne sachliche Prüfung zurückweisen kann (§ 851b Absatz 2 Satz 1 ZPO). [4]Die Belehrung vermerkt er im Protokoll.

§ 78 Pfändung von Erzeugnissen, Bestandteilen und Zubehörstücken.

(1) [1]Bewegliche Sachen, auf die sich bei Grundstücken die Hypothek erstreckt und die daher der Zwangsvollstreckung in das unbewegliche Vermögen unterliegen, sind nur nach Maßgabe des § 865 ZPO[2)] pfändbar. [2]Der Gerichtsvollzieher hat hierbei die Absätze 2 bis 5 zu beachten.

(2) [1]Das Bürgerliche Gesetzbuch bestimmt in den §§ 1120 bis 1122, auf welche Gegenstände außer dem Grundstück nebst hängenden und stehenden Früchten sich die Hypothek erstreckt. [2]Insbesondere gehören hierzu die vom Boden getrennten Erzeugnisse, die sonstigen Bestandteile sowie die Zubehörstücke eines Grundstücks, sofern diese Gegenstände in das Eigentum des Grundstückseigentümers gelangt und nicht wieder veräußert, auch nicht von dem Grundstück entfernt sind.

(3) Der Gerichtsvollzieher hat hinsichtlich dieser Gegenstände zu unterscheiden:

1. [1]Zubehörstücke eines Grundstücks, die dem Grundstückseigentümer gehören, sind unpfändbar. [2]Was Zubehör ist, bestimmen die §§ 97 und 98 BGB[3)]. [3]Der Gerichtsvollzieher darf zum Beispiel bei der Zwangsvollstreckung gegen den Eigentümer eines landwirtschaftlichen Betriebes das Milch- und Zuchtvieh, bei der Zwangsvollstreckung gegen den Eigentümer einer Fabrik die zum Betrieb bestimmten Maschinen nicht pfänden.
2. Im Übrigen unterliegen die Gegenstände, auf die sich die Hypothek erstreckt (zum Beispiel Getreidevorräte auf einem landwirtschaftlichen Betrieb, die nicht zur Fortführung der Wirtschaft, sondern zum Verkauf bestimmt sind, § 98 BGB), der Pfändung, solange nicht ihre Beschlagnahme im Wege der Zwangsvollstreckung in das unbewegliche Vermögen erfolgt ist.

(4) Für die Zwangsvollstreckung in Früchte, die noch nicht vom Boden getrennt sind, gelten die besonderen Regelungen der §§ 101 bis 103.

(5) Die genannten Vorschriften finden entsprechende Anwendung auf die Zwangsvollstreckung in Erzeugnisse oder Zubehörteile einer Berechtigung, für welche die Vorschriften gelten, die sich auf Grundstücke beziehen.

(6) [1]Die Schiffshypothek bei Schiffen, Schiffsbauwerken, im Bau befindlichen oder fertig gestellten Schwimmdocks sowie das Registerpfandrecht bei Luftfahrzeugen erstrecken sich auf das Zubehör des Schiffes, Schiffsbauwerks, Schwimmdocks (bei Schiffsbauwerken und im Bau befindlichen Schwimmdocks auch die

---

1) Habersack, Deutsche Gesetze Nr. 108.
2) Habersack, Deutsche Gesetze Nr. 100.
3) Habersack, Deutsche Gesetze Nr. 20.

auf der Bauwerft zum Einbau bestimmten und als solche gekennzeichneten Bauteile) oder des Luftfahrzeugs mit Ausnahme der Zubehörstücke oder der Bauteile, die nicht in das Eigentum des Eigentümers des Schiffes, Schiffsbauwerks, im Bau befindlichen oder fertig gestellten Schwimmdocks oder Luftfahrzeugs gelangt sind. [2] Im Übrigen wird auf die §§ 31, 79 und 81a des Gesetzes über Rechte an eingetragenen Schiffen und Schiffsbauwerken (SchRG) und § 31 des Gesetzes über Rechte an Luftfahrzeugen (LuftFzgG) verwiesen. [3] Zubehör eines Seeschiffes sind auch die Schiffsboote. [4] Wegen der Zwangsvollstreckung in Ersatzteile für Luftfahrzeuge, die sich in einem Ersatzteillager befinden, vergleiche § 115.

§ 79 Pfändung urheberrechtlich geschützter Sachen. (1) [1] Ist der Schuldner Urheber oder dessen Rechtsnachfolger, so können nach den näheren Bestimmungen der §§ 114, 116 bis 118 des Urheberrechtsgesetzes[1)] (UrhG) die ihm gehörenden Originale

1. von Werken (§ 114 UrhG),
2. von wissenschaftlichen Ausgaben (§ 118 Nummer 1 UrhG),
3. von Lichtbildern sowie solchen Erzeugnissen, die ähnlich wie Lichtbilder hergestellt werden (§ 118 Nummer 2 UrhG),

nur mit seiner Einwilligung, im Falle des § 117 UrhG nur mit Einwilligung des Testamentsvollstreckers, gepfändet werden. [2] Der Einwilligung bedarf es in den in § 114 Absatz 2 und § 116 Absatz 2 UrhG bezeichneten Fällen nicht.

(2) Vorrichtungen, die ausschließlich

1. zur Vervielfältigung oder Funksendung eines Werkes bestimmt sind, wie Formen, Platten, Steine, Druckstöcke, Matrizen und Negative (§ 119 Absatz 1 Satz 1 UrhG),
2. zur Vorführung eines Filmwerks bestimmt sind, wie Filmstreifen und dergleichen (§ 119 Absatz 2 UrhG),
3. entsprechend der Nummern 1 und 2 zur Vervielfältigung und Wiedergabe,
   a) der nach § 70 UrhG geschützten wissenschaftlichen Ausgaben urheberrechtlich nicht geschützter Werke oder Texte,
   b) der nach § 71 UrhG geschützten Ausgaben nachgelassener Werke,
   c) der nach § 72 UrhG geschützten Lichtbilder und ähnlicher Erzeugnisse,
   d) der nach § 75 Satz 2, §§ 85, 87, 94 und 95 UrhG geschützten Bild- und Tonträger

bestimmt sind (§ 119 Absatz 3 UrhG), sind nur pfändbar, soweit der Gläubiger zur Nutzung des Werkes oder sonstigen Gegenstandes des Urheberrechtsschutzes mittels dieser Vorrichtungen berechtigt ist.

c) Verfahren bei der Pfändung

§ 80 Berechnung der Forderung des Gläubigers. (1) [1] Vor der Pfändung berechnet der Gerichtsvollzieher den Betrag der beizutreibenden Geldsumme oder prüft die vom Gläubiger aufgestellte Berechnung nach; Herabsetzungen, die sich aus der Nachprüfung ergeben, teilt er dem Gläubiger mit. [2] Bei der Feststellung des Betrags kommen insbesondere in Betracht:

1. die im Schuldtitel bezeichnete Hauptforderung;
2. die Nebenforderungen, die dem Gläubiger im Schuldtitel zuerkannt sind. Hierbei sind Zinsen, die dem Gläubiger ohne Bestimmung des Endes des Zinsen-

1) **Habersack, Deutsche Gesetze Nr. 65.**

laufes zugesprochen sind, vorläufig bis zu dem Tage anzusetzen, an dem die Zwangsvollstreckung erfolgt. Die Berechnung erfolgt – für den Fall, dass der Schuldner an diesem Tag nicht zahlt – vorbehaltlich der Erhöhung um den Zinsenbetrag bis zu dem Tage, an dem der Erlös der gepfändeten Sachen voraussichtlich in die Hände des Gerichtsvollziehers gelangt (§ 819 ZPO[1]));

3. die Prozesskosten. Diese sind jedoch nur insoweit zu berücksichtigen, als sich ihr Betrag aus einem auf die vollstreckbare Ausfertigung des Titels gesetzten oder aus dem vom Gläubiger in besonderer Ausfertigung zu überreichenden Festsetzungsbeschluss ergibt;
4. die Kosten der Zwangsvollstreckung.

(2) [1] Bei der Berechnung nach Absatz 1 Satz 2 sind etwaige Abschlagszahlungen des Schuldners zu berücksichtigen. [2] Die Verrechnung geschieht nach den §§ 366 und 367 BGB[2]). [3] Handelt es sich um eine Forderung auf Grund eines Verbraucherdarlehensvertrages (§ 491 BGB), so richtet sich die Verrechnung nach § 497 Absatz 3 BGB.

(3) Unter besonderen Umständen kann der Gerichtsvollzieher vom Gläubiger eine Berechnung der Forderung verlangen, insbesondere, wenn es wegen zahlreicher Posten mit verschiedenem Zinsenlauf und mit Abschlagszahlungen einer umfangreichen Berechnung bedarf.

(4) [1] Ist die Geldforderung in einer ausländischen Währung ausgedrückt, so erfolgt die Umrechnung nach dem Kurswert, der zur Zeit der Zahlung für den Zahlungsort maßgebend ist (§ 244 Absatz 2 BGB). [2] Bei der Berechnung des Betrags ist daher seine Erhöhung oder Herabsetzung entsprechend dem am Zahltage geltenden Kurs vorzubehalten.

(5) [1] Sind nach dem Schuldtitel mehrere zur Zahlung verpflichtet, so schuldet im Zweifel jeder nur den gleichen Anteil (§ 420 BGB). [2] Haften mehrere als Gesamtschuldner (§ 421 BGB), so kann bei jedem von ihnen bis zur vollen Deckung der Forderung vollstreckt werden. [3] Die Haftung als Gesamtschuldner muss sich aus dem vollstreckbaren Titel ergeben.

§ 81 Aufsuchen und Auswahl der Pfandstücke. (1) [1] Bleibt die Aufforderung zur Leistung (§ 59 Absatz 2) ohne Erfolg, so fordert der Gerichtsvollzieher den Schuldner auf, ihm seine bewegliche Habe vorzuzeigen und – soweit der Zweck der Vollstreckung es erfordert – seine Zimmer, Keller, Böden und anderen Räume sowie die darin befindlichen Schränke, Kästen und anderen Behältnisse zu öffnen. [2] Trifft der Gerichtsvollzieher den Schuldner nicht an, so richtet er eine entsprechende Aufforderung an eine zur Familie des Schuldners gehörige oder beim Schuldner beschäftigte erwachsene Person, die er in der Wohnung oder in den Geschäftsräumen antrifft. [3] Werden die Behältnisse nicht freiwillig geöffnet oder trifft der Gerichtsvollzieher weder den Schuldner noch eine der vorstehend bezeichneten Personen an, so wendet er Gewalt an und verfährt dabei nach den §§ 61 und 62 (§§ 758, 759 ZPO[1])).

(2) [1] Bei der Auswahl der zu pfändenden Gegenstände achtet der Gerichtsvollzieher darauf, dass der Gläubiger auf dem kürzesten Wege befriedigt wird, ohne dass der Hausstand des Schuldners unnötig beeinträchtigt wird. [2] Der Gerichtsvollzieher richtet daher die Pfändung in erster Linie auf Geld, Kostbarkeiten oder solche Wertpapiere, die den Vorschriften über die Zwangsvollstreckung in beweg-

[1]) **Habersack, Deutsche Gesetze Nr. 100.**
[2]) **Habersack, Deutsche Gesetze Nr. 20.**

liche körperliche Sachen unterliegen (vergleiche §§ 104 bis 106), sowie auf Sachen, die der Schuldner sonst am ehesten entbehren kann. 3 Sachen, deren Aufbewahrung, Unterhaltung oder Fortschaffung unverhältnismäßig hohe Kosten verursachen oder deren Versteigerung nur mit großem Verlust oder mit großen Schwierigkeiten möglich sein würde, pfändet er nur, wenn keine anderen Pfandstücke in ausreichendem Maße vorhanden sind. 4 Ist es zweifelhaft, ob die Pfändung eines im Besitz des Schuldners befindlichen Wertpapiers durch den Gerichtsvollzieher zulässig ist, und sind keine anderen geeigneten Pfandstücke vorhanden, so pfändet der Gerichtsvollzieher das Papier einstweilen und überlässt es dem Gläubiger, den notwendigen Gerichtsbeschluss herbeizuführen.

§ 82 Vollziehung der Pfändung (§§ 803, 808, 813 ZPO[1]). (1) 1 Werden die Pfandstücke im Gewahrsam des Schuldners belassen, so ist die Pfändung nur wirksam, wenn sie kenntlich gemacht ist. 2 Dies gilt auch dann, wenn die Fortschaffung nur aufgeschoben wird. 3 Die Pfändung ist so kenntlich zu machen, dass sie jedem Dritten, der die im Verkehr übliche Sorgfalt aufwendet, erkennbar ist. 4 Der Gerichtsvollzieher versieht daher in der Regel jedes einzelne Pfandstück an einer in die Augen fallenden Stelle mit einer Siegelmarke oder einem sonst geeigneten Pfandzeichen. 5 Das Pfandzeichen muss mit dem Pfandstück mechanisch verbunden sein. 6 Es ist so anzubringen, dass die Sache dadurch nicht beschädigt wird. 7 Das Dienstsiegel oder der Dienststempel ist zur Kennzeichnung gepfändeter Gegenstände nur dann zu verwenden, wenn die Anbringung von Siegelmarken oder anderen Pfandzeichen unmöglich oder unzweckmäßig ist. 8 Für eine Mehrzahl von Pfandstücken – insbesondere eine Menge von Waren oder anderen vertretbaren Sachen, die sich in einem Behältnis oder in einer Umhüllung befinden oder mit Zustimmung des Schuldners in einem abgesonderten Raum untergebracht werden – genügt ein gemeinschaftliches Pfandzeichen, wenn es so angelegt wird, dass kein Stück aus dem Behältnis, der Umhüllung oder dem Raum entfernt werden kann, ohne dass das Pfandzeichen zerstört wird. 9 Den Schlüssel zu versiegelten Behältnissen oder Räumen nimmt der Gerichtsvollzieher an sich.

(2) 1 Die Pfändung kann auch durch eine Pfandanzeige erkennbar gemacht werden. 2 Der Gerichtsvollzieher bringt in diesem Fall an dem Ort, an dem sich die Pfandstücke befinden (zum Beispiel dem Lagerboden, dem Speicher, dem Viehstall), ein Schriftstück an, das auf die Pfändung hinweist. 3 Das Schriftstück ist so anzubringen, dass jedermann davon Kenntnis nehmen kann. 4 Es ist mit der Unterschrift und dem Abdruck des Dienststempels des Gerichtsvollziehers zu versehen und soll die Pfandstücke genau bezeichnen. 5 Werden Vorräte gepfändet, so ist der dem Schuldner belassene Teil der Vorräte von dem gepfändeten Teil äußerlich zu trennen. 6 Wenn die Umstände es erfordern, ist für die Pfandstücke ein Hüter zu bestellen.

(3) 1 Belässt der Gerichtsvollzieher Tiere im Gewahrsam des Schuldners, so kann er mit dem Schuldner vereinbaren, dass dieser befugt sein soll, die gewöhnlichen Nutzungen der Tiere (zum Beispiel die Milch gepfändeter Kühe) als Entgelt für deren Fütterung und Pflege im Haushalt zu verbrauchen. 2 Der Gerichtsvollzieher weist den Schuldner an, ihm eine Erkrankung der Tiere, insbesondere eine etwa erforderliche Notschlachtung, sofort anzuzeigen.

(4) 1 Der Gerichtsvollzieher eröffnet dem Schuldner oder in dessen Abwesenheit den in § 81 Absatz 1 Satz 2 bezeichneten Personen, dass der Besitz der Pfandstücke auf ihn übergegangen sei. 2 Er weist darauf hin,

[1] **Habersack, Deutsche Gesetze Nr. 100.**

1. dass der Schuldner und jeder andere jede Handlung zu unterlassen hat, die diesen Besitz beeinträchtigt, wie etwa die Veräußerung, die Wegschaffung oder den Verbrauch der gepfändeten Sachen,
2. dass jede Beschädigung oder Zerstörung der Pfandzeichen untersagt ist,
3. dass Zuwiderhandlungen gegen diese Bestimmungen strafbar sind.

(5) [1]Nach den Vorschriften der Absätze 1 bis 4 verfährt der Gerichtsvollzieher auch, wenn er dem Schuldner Pfandstücke, die nicht in dessen Gewahrsam waren oder belassen sind, nachträglich unter Aufrechterhaltung der Pfändung herausgibt. [2]Eine Herausgabe ohne Anbringung von Pfandzeichen bringt das Pfändungspfandrecht zum Erlöschen.

(6) [1]Hinsichtlich der Überpfändung und der Schätzung sind die §§ 803 und 813 ZPO zu beachten. [2]Erscheint dem Gerichtsvollzieher nach einer Neuschätzung die volle Befriedigung des Gläubigers nicht mehr gesichert, so führt er eine weitere Pfändung durch.

(7) [1]Sind die Vorkehrungen, die dazu dienten, die Pfändung erkennbar zu machen, später beseitigt oder sind die angebrachten Siegelmarken abgefallen, so sorgt der Gerichtsvollzieher, sobald er davon Kenntnis erhält, für die Erneuerung. [2]Er prüft dabei auch, ob die Befriedigung des Gläubigers gefährdet wird, wenn er die Pfandstücke weiter im Gewahrsam des Schuldners belässt; ist eine Gefährdung gegeben, so entfernt er die Pfandstücke nachträglich aus dem Gewahrsam des Schuldners.

(8) Bei Verstrickungsbruch und Siegelbruch (§ 136 StGB[1]) und bei Vereiteln der Zwangsvollstreckung (§ 288 StGB) hat der Gerichtsvollzieher keine Anzeigepflicht, sofern nicht allgemein oder für den besonderen Fall etwas Abweichendes angeordnet ist; er hat jedoch in jedem Fall den Gläubiger zu benachrichtigen.

§ 83 Pfändung von Sachen in einem Zolllager. [1]Sollen Waren gepfändet werden, die in einem unter Mitverschluss der Zollbehörde stehenden Zolllager niedergelegt sind, so benachrichtigt der Gerichtsvollzieher die zuständige Überwachungszollstelle von der beabsichtigten Pfändung. [2]Er darf die Pfändung erst durchführen, wenn diese Zollstelle die Öffnung des Lagers zur Vornahme der Pfändung veranlasst hat.

§ 84 Pfändung von Schiffen (§§ 870a, 931 ZPO[2]). (1) Die Pfändung von Schiffen, Schiffsbauwerken oder Schwimmdocks geschieht nach den Bestimmungen über die Zwangsvollstreckung in das bewegliche Vermögen, wenn

1. es sich um nicht eingetragene Schiffe, um ausländische Schiffe, die, wenn es deutsche Schiffe wären, nicht in das Schiffsregister eingetragen werden müssten, um nicht eingetragene und nicht eintragungsfähige Schiffsbauwerke oder um nicht eingetragene oder nicht eintragungsfähige im Bau befindliche oder fertig gestellte Schwimmdocks handelt (wegen der eingetragenen Schiffe und so weiter vergleiche § 78 Absatz 6) oder
2. die Pfändung zur Vollziehung eines Arrestes erfolgt (vergleiche § 931 ZPO).

(2) [1]Die Pfändung ist in der Regel in der Weise ersichtlich zu machen, dass dem Schiff, Schiffsbauwerk oder Schwimmdock eine mit Schloss und Siegel versehene Kette angelegt wird. [2]Ist dies nicht angängig oder handelt es sich um ein kleineres Fahrzeug, so verfährt der Gerichtsvollzieher nach § 82 Absatz 1 und 2.

---

[1] **Habersack, Deutsche Gesetze Nr. 85.**
[2] **Habersack, Deutsche Gesetze Nr. 100.**

(3) [1]Die zur Bewachung und Verwahrung des gepfändeten Schiffes, Schiffsbauwerkes oder Schwimmdocks erforderlichen Maßregeln veranlasst der Gerichtsvollzieher bei Gefahr im Verzug sofort nach der Pfändung und im Übrigen, sobald die durch die Maßregeln voraussichtlich entstehenden Kosten gesichert sind. [2]Zur Vollstreckung und zur Bewachung des Schiffes, Schiffsbauwerks oder Schwimmdocks ist die Hafenbehörde um ihre Unterstützung zu ersuchen, soweit es erforderlich und zweckmäßig erscheint.

(4) Bei der Pfändung eines ausländischen Schiffes benachrichtigt der Gerichtsvollzieher die konsularische Vertretung des Flaggenstaates.

§ 85 Pfändung von Luftfahrzeugen. [1]Inländische Luftfahrzeuge, die nicht in der Luftfahrzeugrolle oder im Register für Pfandrechte an Luftfahrzeugen eingetragen sind, werden nach den Bestimmungen über die Zwangsvollstreckung in das bewegliche Vermögen gepfändet. [2]§§ 115 und 153 Absatz 5 bleiben unberührt.

§ 86[1)] Besondere Vorschriften über das Pfändungsprotokoll (§§ 762, 763 ZPO[2)]). (1) [1]Das Pfändungsprotokoll muss enthalten:

1. ein genaues Verzeichnis der Pfandstücke unter fortlaufender Nummer, geeignetenfalls mit Angabe der Zahl, des Maßes, des Gewichts, der besonderen Merkmale und Kennzeichen der gepfändeten Sachen (zum Beispiel Fabrikmarke, Baujahr, Typ, Fabriknummer und dergleichen) nebst den vom Gerichtsvollzieher oder einem Sachverständigen geschätzten gewöhnlichen Verkaufswerten;
2. eine Beschreibung der angelegten Pfandzeichen;
3. den wesentlichen Inhalt der Eröffnungen, die dem Schuldner oder den in § 81 Absatz 1 Satz 2 bezeichneten Personen gemacht sind.

[2]Es soll ferner den Inhalt der angebrachten Pfandanzeigen sowie den Inhalt der Vereinbarungen wiedergeben, die mit einem Hüter (§ 82 Absatz 2) getroffen sind.

(2) [1]Werden Pfandstücke aus dem Gewahrsam des Schuldners entfernt, so ist dies im Protokoll zu begründen. [2]Auch ist anzugeben, welche Maßnahmen für die Verwahrung der Pfandstücke getroffen sind (vergleiche § 90 Absatz 2).

(3) Das Protokoll hat auch die Angaben der Zeit und des Ortes des Versteigerungstermins oder die Gründe zu enthalten, aus denen die sofortige Ansetzung des Versteigerungstermins unterblieben ist (vergleiche § 92).

(4) [1]Sind dieselben Sachen gleichzeitig für denselben Gläubiger gegen denselben Schuldner auf Grund mehrerer Schuldtitel gepfändet, so ist nur ein Protokoll aufzunehmen. [2]In diesem sind die einzelnen Schuldtitel genau zu bezeichnen.

(5) [1]Eine Abschrift des Pfändungsprotokolls ist zu erteilen:

1. dem Gläubiger, wenn er es verlangt,
2. dem Schuldner, wenn er es verlangt oder wenn die Vollstreckung in seiner Abwesenheit stattgefunden hat.

[2]Die Absendung ist auf dem Protokoll zu vermerken.

(6) [1]Kann eine Pfändung überhaupt nicht oder nicht in Höhe der beizutreibenden Forderung erfolgen, weil der Schuldner nur Sachen besitzt, die nicht gepfändet werden dürfen oder nicht gepfändet werden sollen oder von deren Verwertung ein Überschuss über die Kosten der Zwangsvollstreckung nicht zu erwarten ist, so genügt im Protokoll der allgemeine Hinweis, dass eine Pfändung aus diesen

[1)] § 86 Abs. 6 Satz 2 Nr. 4 geänd. mWv 1.1.2023 durch Bek. v. 7.12.2022 (BayMBl. Nr. 754).
[2)] **Habersack, Deutsche Gesetze Nr. 100.**

Gründen unterblieben ist. [2]Abweichend von Satz 1 sind im Protokoll zu verzeichnen:

1. Sachen, deren Pfändung vom Gläubiger ausdrücklich beantragt war, unter Angabe der Gründe, aus denen der Gerichtsvollzieher von einer Pfändung abgesehen hat,
2. die Art der Früchte, die vom Boden noch nicht getrennt sind, und die gewöhnliche Zeit der Reife, wenn eine Pfändung noch nicht erfolgen durfte (§ 810 Absatz 1 Satz 2 ZPO),
3. Art, Beschaffenheit und Wert der Sachen, wenn eine Austauschpfändung (§ 811a ZPO) in Betracht kommt, unter Angabe der Gründe, aus denen der Gerichtsvollzieher von einer vorläufigen Austauschpfändung (§ 811b ZPO) abgesehen hat,
4. Art und Wert eines Tieres, das im häuslichen Bereich und nicht zu Erwerbszwecken gehalten wird, wenn dessen Pfändung in Betracht kommt (§ 811 Absatz 3 ZPO).

[3]Sind bereits Entscheidungen des Vollstreckungsgerichts ergangen, durch die die Unpfändbarkeit vergleichbarer Sachen festgestellt wurde, so soll sie der Gerichtsvollzieher im Protokoll erwähnen, soweit sie für den Gläubiger von Belang sind.

§ 87 Widerspruch eines Dritten (§§ 771 bis 774, 805, 815 ZPO[1]).

(1) [1]Wird ein Widerspruch dem Gerichtsvollzieher gegenüber von dem Dritten geltend gemacht oder von dem Schuldner angekündigt, so darf der Gerichtsvollzieher die Pfändung der Sachen, auf die sich der Widerspruch erstreckt, nur dann unterlassen, wenn die sonst vorhandene, von einem Widerspruch nicht betroffene bewegliche Habe des Schuldners zur Deckung der beizutreibenden Forderung ausreicht. [2]Ist dies nicht der Fall, so führt der Gerichtsvollzieher die Pfändung ohne Rücksicht auf den Widerspruch durch und verweist die Beteiligten darauf, ihre Ansprüche bei dem Gläubiger und gegebenenfalls bei dem Gericht geltend zu machen. [3]Da sich hierbei nicht im Voraus übersehen lässt, welcher Teil der Pfandstücke nach Durchführung des Widerspruchs zur Befriedigung des Gläubigers verwendbar bleiben wird, wird in diesem Fall die Pfändung auch über die in § 803 Absatz 1 Satz 2 ZPO bezeichnete Wertgrenze hinaus zu erstrecken sein. [4]Dasselbe gilt, wenn ein Dritter ein Recht geltend macht, das ihn zur vorzugsweisen Befriedigung aus dem Erlös berechtigt (§ 805 ZPO), zum Beispiel der Vermieter sein gesetzliches Vermieterpfandrecht in Anspruch nimmt; denn solche Rechte schmälern bei erfolgreicher Geltendmachung den Erlös, der zur Befriedigung des Gläubigers verfügbar ist.

(2) [1]Werden Sachen trotz des Widerspruchs des Dritten oder der Ankündigung eines derartigen Widerspruchs gepfändet, so beurkundet der Gerichtsvollzieher diese Erklärungen im Protokoll, möglichst unter näherer Angabe der Person des Berechtigten und des Rechtsgrundes seines Anspruchs, und benachrichtigt den Gläubiger unverzüglich von dem Widerspruch. [2]Dem Dritten ist auf Verlangen eine Abschrift des Protokolls zu erteilen. [3]Wenn der Dritte bei oder nach der Erstpfändung eines ihm gehörenden Gegenstandes gegenüber dem Gerichtsvollzieher ein die Veräußerung hinderndes Recht geltend gemacht hat, muss der Gerichtsvollzieher ihn über die Anschlusspfändung (§ 116) desselben Gegenstands unverzüglich unterrichten.

---

[1] **Habersack, Deutsche Gesetze Nr. 100.**

(3) [1] Gepfändetes Geld hinterlegt der Gerichtsvollzieher, wenn ihm vor der Ablieferung an den Gläubiger (zum Beispiel durch eine eidesstattliche Versicherung) glaubhaft gemacht wird, dass einem Dritten an dem Geld ein die Veräußerung hinderndes oder zur vorzugsweisen Befriedigung berechtigendes Recht zusteht. [2] Wird ihm nicht binnen zwei Wochen seit dem Tage der Pfändung eine gerichtliche Entscheidung über die Einstellung der Zwangsvollstreckung vorgelegt, so veranlasst er die Rückgabe des Geldes zur Aushändigung an den Gläubiger (§§ 805, 815 Absatz 2 ZPO).

§ 88 Pfändung von Sachen, die sich im Gewahrsam des Gläubigers oder eines Dritten befinden (§ 809 ZPO[1]). [1] Die Pfändung von Sachen im Gewahrsam des Gläubigers oder eines Dritten (§ 70 Absatz 2) geschieht ebenso wie die Pfändung von Sachen im Gewahrsam des Schuldners. [2] Der Sachverhalt, insbesondere die Erklärung des Dritten, ob er zur Herausgabe bereit sei oder nicht, ist im Protokoll zu vermerken. [3] Verlangt der Gewahrsamsinhaber die Fortschaffung der Pfandstücke, so ist diesem Verlangen stattzugeben. [4] Von einer Pfändung bei dem Gläubiger oder einem Dritten ist der Schuldner durch Übersendung einer Protokollabschrift zu benachrichtigen. [5] Auf Antrag ist auch dem Dritten eine Protokollabschrift zu erteilen.

d) Unterbringung der Pfandstücke

§ 89 Unterbringung von Geld, Kostbarkeiten und Wertpapieren. (1) [1] Gepfändetes oder ihm gezahltes Geld liefert der Gerichtsvollzieher nach Abzug der Vollstreckungskosten unverzüglich an den Gläubiger ab (§ 815

(Fortsetzung nächstes Blatt)

[1] Habersack, Deutsche Gesetze Nr. 100.

[2] § 96 Absatz 1 Nummer 5 gilt entsprechend. [3] Verkauft der Gerichtsvollzieher ein Wertpapier durch Vermittlung eines Bankgeschäfts, so wird das Protokoll durch die Abrechnung ersetzt, die das Bankgeschäft über den Verkauf erteilt. [4] Die Abrechnung ist zu den Akten zu nehmen.

3. Pfändung und Veräußerung in besonderen Fällen

a) Pfändung bei Personen, die Landwirtschaft betreiben

§ 100[1] (§ 813 Absatz 3 ZPO[2]). (1) [1] Ist der Gerichtsvollzieher mit der Pfändung bei einer Person beauftragt, die Landwirtschaft betreibt, und werden voraussichtlich
1. Früchte, die vom Boden noch nicht getrennt sind,
2. Sachen nach § 811 Absatz 1 Nummer 1 Buchstabe b ZPO,
3. Tiere nach § 811 Absatz 1 Nummer 8 Buchstabe b ZPO oder
4. landwirtschaftliche Erzeugnisse

zu pfänden sein, so zieht der Gerichtsvollzieher einen landwirtschaftlichen Sachverständigen hinzu, wenn anzunehmen ist, dass der Wert der zu pfändenden Sachen und Tiere insgesamt den Betrag von 2000 Euro übersteigt. [2] Bei einem geringeren Wert soll ein Sachverständiger zugezogen werden, wenn der Schuldner es verlangt und wenn dadurch die Zwangsvollstreckung weder verzögert wird noch unverhältnismäßige Kosten entstehen.

(2) [1] Der Sachverständige hat zu begutachten, ob die zu pfändenden Sachen und Tiere zu denen gehören, die im § 813 Absatz 3 ZPO bezeichnet sind oder auf die sich die Hypothek und so weiter erstreckt (vergleiche § 78). [2] Das Gutachten des Sachverständigen ist für den Gerichtsvollzieher nicht bindend; jedoch soll er nur aus besonderen und gewichtigen Gründen von ihm abweichen.

(3) [1] Das Ergebnis des Gutachtens ist, sofern der Sachverständige es nicht sofort schriftlich oder in einer Anlage zum Pfändungsprotokoll niederlegt, nebst den wesentlichen Gründen in dieses Protokoll aufzunehmen. [2] Ist der Gerichtsvollzieher dem Gutachten bei der Pfändung nicht gefolgt, so sind die Gründe dafür im Protokoll anzugeben.

(4) [1] Dem Sachverständigen ist eine Vergütung nach dem ortsüblichen Preis seiner Leistung zu gewähren. [2] Der Gerichtsvollzieher zahlt die Vergütung sofort bei der Pfändung gegen Empfangsbescheinigung aus. [3] Soweit nicht ein anderer ortsüblicher Preis feststeht, sind für die Bemessung die Sätze des JVEG[3] maßgebend. [4] Die Vergütung umfasst sowohl den Wert der Leistung als auch die Aufwandsentschädigung. [5] An Reisekosten sind dem Sachverständigen nur die tatsächlichen Auslagen zu erstatten. [6] Ist der Sachverständige mit der Bemessung seiner Entschädigung nicht einverstanden, so verweist ihn der Gerichtsvollzieher mit seinen Einwendungen gemäß § 766 ZPO an das Vollstreckungsgericht.

b) Pfändung und Versteigerung von Früchten, die noch nicht vom Boden getrennt sind

§ 101[4] Zulässigkeit der Pfändung (§ 810 ZPO[2]). (1) [1] Früchte, die noch nicht vom Boden getrennt sind, können gepfändet werden, solange nicht ihre Beschlagnahme im Wege der Zwangsvollstreckung in das unbewegliche Vermögen erfolgt ist, und soweit sie nicht nach § 811 Absatz 1 Nummer 1 Buchstabe b ZPO unpfändbar

[1] § 100 Abs. 1 Satz 1 neu gef., Abs. 2 Satz 1 geänd. mWv 1.1.2023 durch Bek. v. 7.12.2022 (BayMBl. Nr. 754).
[2] **Habersack, Deutsche Gesetze Nr. 100.**
[3] **Habersack, Deutsche Gesetze Nr. 116.**
[4] § 101 Abs. 1 Sätze 1 und 3 geänd. mWv 1.1.2023 durch Bek. v. 7.12.2022 (BayMBl. Nr. 754).

sind. [2] Diese Früchte werden jedoch von der Beschlagnahme dann nicht umfasst, wenn das Grundstück verpachtet ist (§ 21 Absatz 3 ZVG[1)]). [3] Gegen den Pächter ist daher die Pfändung trotz der Beschlagnahme des Grundstücks zulässig, soweit ihr nicht § 811 Absatz 1 Nummer 1 Buchstabe b ZPO entgegensteht. [4] Früchte im Sinne dieser Bestimmung sind nur die wiederkehrend geernteten Früchte (zum Beispiel Getreide, Hackfrüchte, Obst; dagegen nicht Holz auf dem Stamm, Torf, Kohle, Steine und Mineralien).

(2) [1] Die Pfändung darf nicht früher als einen Monat vor der gewöhnlichen Reife der Früchte erfolgen. [2] Auf den bevorstehenden Eintritt der Reife achtet der Gerichtsvollzieher besonders, damit er den Versteigerungstermin so rechtzeitig ansetzen kann, dass nicht durch Überreife der Früchte Verluste entstehen können. [3] Der Gerichtsvollzieher verpflichtet den Hauptverwaltungsbeamten der Gemeinde oder den etwa bestellten Hüter, ihm rechtzeitig von der herannahenden Ernte Kenntnis zu geben.

§ 102[2)] Verfahren bei der Pfändung (§ 813 Absatz 3 ZPO[3)]). (1) [1] Die Pfändung von Früchten, die vom Boden noch nicht getrennt sind, erfolgt nach den Vorschriften über die Pfändung beweglicher Sachen. [2] Insbesondere dürfen die Früchte nur gepfändet werden, wenn sie sich im Alleingewahrsam des Schuldners oder eines zur Herausgabe bereiten Dritten befinden. [3] Ist zum Beispiel ein Grundstück verpachtet oder ist ein Nießbrauch daran bestellt, so ist die Pfändung der Früchte im Rahmen der Zwangsvollstreckung gegen den Pächter oder Nießbraucher als Schuldner ohne Weiteres zulässig; richtet sich die Zwangsvollstreckung dagegen gegen den Grundstückseigentümer, den Verpächter oder den Besteller des Nießbrauchs, so dürfen die Früchte nur mit Zustimmung des Pächters oder des Nießbrauchers gepfändet werden.

(2) [1] Die Pfändung ist in geeigneter Weise für jedermann kenntlich zu machen. [2] Dies geschieht durch Aufstellung von Pfandtafeln oder Pfandwischen (Pfandzeichen) mit einer vom Gerichtsvollzieher unterschriebenen Pfandanzeige oder durch andere zweckentsprechende Vorrichtungen, tunlichst unter Verwendung des Dienstsiegels (Dienststempels). [3] In geeigneten Fällen bestellt der Gerichtsvollzieher einen Hüter.

(3) [1] Werden bei der Zwangsvollstreckung gegen eine Person, die Landwirtschaft betreibt, voraussichtlich Früchte zu pfänden sein, die noch nicht vom Boden getrennt sind, so zieht der Gerichtsvollzieher einen landwirtschaftlichen Sachverständigen zu, wenn anzunehmen ist, dass der Wert der zu pfändenden Gegenstände 2000 Euro übersteigt. [2] Der Sachverständige hat zu begutachten, ob die gewöhnliche Zeit der Reife binnen einem Monat zu erwarten ist (§ 101 Absatz 2) und ob die Früchte ganz oder zum Teil für die Ausübung der Erwerbstätigkeit benötigt werden (§ 811 Absatz 1 Nummer 1 Buchstabe b ZPO). [3] Im Übrigen gelten für die Zuziehung des Sachverständigen die Bestimmungen des § 100 Absatz 2 bis 4. [4] Auch wenn der Wert der zu pfändenden Gegenstände unter 2000 Euro liegt, soll der Gerichtsvollzieher einen Sachverständigen zuziehen,

1. wenn nach seinem pflichtgemäßen Ermessen mit Rücksicht auf die Art und den Umfang des landwirtschaftlichen Betriebes eine sachgemäße Entscheidung der vorstehend bezeichneten Fragen nur auf Grund des Gutachtens eines Sachverständigen erfolgen kann,
2. wenn der Schuldner die Zuziehung verlangt und hierdurch die Zwangsvollstreckung weder verzögert wird noch unverhältnismäßige Kosten entstehen.

---

1) **Habersack, Deutsche Gesetze Nr. 108.**

2) § 102 Abs. 3 Sätze 1, 2 und 4 einl. Satzteil geänd. mWv 1.1.2023 durch Bek. v. 7.12.2022 (BayMBl. Nr. 754).

3) **Habersack, Deutsche Gesetze Nr. 100.**

(4) Dem Schuldner ist eine Abschrift der Abrechnung zu erteilen, falls deren wesentlicher Inhalt nicht bereits in die ihm ausgestellte Quittung (§ 757 ZPO[1]) aufgenommen ist.

§ 119 Verfahren bei der Auszahlung. (1) Bei Ablieferung von Geld an den Gläubiger sind – vorbehaltlich des § 15 Absatz 3 Satz 3 bis 4 GvKostG[2] – die gesamten Gerichtsvollzieherkosten, für die der Gläubiger haftet, einzubehalten, soweit sie nicht bereits nach § 118 Absatz 2 Satz 1 dem Erlös vorweg entnommen sind; das gilt auch, wenn Geld an einen Bevollmächtigten des Gläubigers abzuführen ist (vergleiche § 31 Absatz 2).

(2) [1] Der Gerichtsvollzieher führt die Beträge, die auf die Gläubiger entfallen, sowie den etwa für den Schuldner verbleibenden Überschuss unverzüglich an die Empfangsberechtigten ab, soweit die Gelder nicht zu hinterlegen sind. [2] Macht ein Dritter dem Gerichtsvollzieher glaubhaft, dass die alsbaldige Auszahlung seine Rechte auf den Erlös gefährden würde (vergleiche §§ 771, 781, 786, 805 ZPO[1]) und dass deshalb in Kürze ein Einstellungsbeschluss des Gerichts zu erwarten sei, so muss der Gerichtsvollzieher mit der Auszahlung eine angemessene Frist warten. [3] Diese Frist soll regelmäßig nicht mehr als zwei Wochen betragen.

(3) [1] Die Auszahlung ist grundsätzlich über das Gerichtsvollzieher-Dienstkonto abzuwickeln (§ 52 Absatz 7 GVO[3]). [2] Ist im Einzelfall nur eine Barauszahlung möglich, ist diese durch Quittung zu belegen. [3] Die Gründe für die Barauszahlung sind aktenkundig zu machen.

(4) [1] Macht ein Dritter auf Grund eines Pfand- oder Vorzugsrechts seinen Anspruch auf vorzugsweise Befriedigung aus dem Erlös geltend (§ 805 ZPO), so darf ihm der Gerichtsvollzieher den beanspruchten Betrag nur dann auszahlen, wenn sämtliche Beteiligten einwilligen oder wenn ein rechtskräftiges Urteil gegen den nicht zustimmenden Gläubiger oder Schuldner vorgelegt wird. [2] Die Einwilligung ist aktenkundig zu machen.

(5) [1] Wird durch den Widerspruch eines Gläubigers gegen die in Aussicht genommene Verteilung eine gerichtliche Verteilung notwendig, so hinterlegt der Gerichtsvollzieher den Erlös, der nach Abzug der zu entnehmenden Kosten (§ 118 Absatz 3) verbleibt. [2] Er zeigt die Sachlage dem Vollstreckungsgericht an und fügt die Schriftstücke bei, die sich auf das Verfahren beziehen.

5. Rückgabe von Pfandstücken

§ 120 [Rückgabe von Pfandstücken] (1) [1] Pfandstücke, deren Veräußerung nicht erforderlich gewesen ist oder die entweder auf Anweisung des Gläubigers oder auf Grund einer gerichtlichen Entscheidung freigegeben sind, stellt der Gerichtsvollzieher ohne Verzug dem Empfangsberechtigten zur Verfügung und gibt sie gegen Empfangsbescheinigung heraus, wenn sie aus dem Gewahrsam des Schuldners oder eines Dritten entfernt waren. [2] War die Pfändung zu Recht erfolgt, hat der Schuldner die Kosten der Zurückschaffung zu tragen, war sie zu Unrecht erfolgt, hat der Gläubiger die Kosten zu tragen. [3] Bei der Bekanntmachung der Freigabe ist der Schuldner ausdrücklich zur Entfernung der Pfandzeichen zu ermächtigen. [4] Ein etwa bestellter Hüter ist von dem Ende der Vollstreckung zu benachrichtigen.

---

[1] **Habersack, Deutsche Gesetze Nr. 100.**
[2] **Habersack, Deutsche Gesetze Nr. 123.**
[3] Nr. **109a**.

(2) [1]Empfangsberechtigt ist grundsätzlich derjenige, aus dessen Gewahrsam die Sachen genommen worden sind. [2]Ist über das Vermögen des Schuldners das Insolvenzverfahren eröffnet, so stellt der Gerichtsvollzieher die zurückzugebenden Gegenstände dem Insolvenzverwalter bzw. Treuhänder zur Verfügung, soweit sie zur Masse gehören.

(3) [1]Befinden sich die Pfandstücke im Gewahrsam des Gerichtsvollziehers oder eines Verwahrers und verweigert oder unterlässt der Empfangsberechtigte innerhalb einer ihm gestellten angemessenen Frist die Abholung der Pfandstücke oder ist der Aufenthalt des Empfangsberechtigten nicht zu ermitteln, so kann der Gerichtsvollzieher die Pfandstücke hinterlegen (§ 372 BGB[1)]) oder nach § 383 BGB verfahren, sofern dessen Voraussetzungen vorliegen. [2]Bei der Fristsetzung ist der Empfangsberechtigte hierauf hinzuweisen. [3]Gegenstände, die sich in der Pfandkammer befinden, können auch nach § 983 BGB versteigert werden, wenn sich der Empfangsberechtigte oder sein Aufenthalt nicht ermitteln lässt. [4]Die Gründe, aus denen zu einer dieser Maßregeln geschritten wird, sind aktenkundig zu machen; auch ist zu vermerken, welche Versuche zur Ermittlung des Empfangsberechtigten unternommen worden sind. [5]Das Verfahren nach den §§ 383 oder 983 BGB darf der Gerichtsvollzieher nur auf Anordnung seiner vorgesetzten Dienststelle einleiten. [6]Der Gerichtsvollzieher legt dieser die Akten vor.

III. Zwangsvollstreckung in Forderungen und andere Vermögensrechte

§ 121[2)] Zustellung des Pfändungs- und Überweisungsbeschlusses (§§ 829, 835, 840, 857 ZPO[3)]). (1) [1]Die Pfändung einer Forderung ist mit der Zustellung des Pfändungsbeschlusses an den Drittschuldner als bewirkt anzusehen (§ 829 Absatz 3 ZPO). [2]Die Zustellung an den Drittschuldner ist daher regelmäßig vor der Zustellung an den Schuldner durchzuführen, wenn nicht der Auftraggeber ausdrücklich etwas anderes verlangt (vergleiche Absatz 3). [3]Diese Zustellung ist zu beschleunigen; in der Zustellungsurkunde über die Zustellung eines Schriftstücks ist der Zeitpunkt der Zustellung nach Stunde und Minute anzugeben. [4]Bei Zustellung durch die Post ist nach § 26 Absatz 2 Satz 1 Nummer 1 zu verfahren. [5]Ist der Gerichtsvollzieher mit der Zustellung mehrerer Pfändungsbeschlüsse an denselben Drittschuldner beauftragt, so stellt er sie alle in dem gleichen Zeitpunkt zu. [6]Der Gerichtsvollzieher vermerkt in den einzelnen Zustellungsurkunden, welche Beschlüsse er gleichzeitig zugestellt hat. [7]Lässt ein Gläubiger eine Forderung pfänden, die dem Schuldner gegen ihn selbst zusteht, so ist der Pfändungsbeschluss dem Gläubiger wie einem Drittschuldner zuzustellen.

(2) [1]Auf Verlangen des Gläubigers fordert der Gerichtsvollzieher den Drittschuldner bei der Zustellung des Pfändungsbeschlusses auf, binnen zwei Wochen, von der Zustellung an gerechnet, dem Gläubiger die in § 840 Absatz 1 Nummer 1 bis 5 ZPO aufgeführten Erklärungen zu machen, deren Wortlaut in der Aufforderung wiederzugeben ist. [2]Die Aufforderung zur Abgabe dieser Erklärungen muss, wenn der Beschluss als Schriftstück zugestellt wird, in die Zustellungsurkunde aufgenommen werden (§ 840 Absatz 2 Satz 1 Halbsatz 1 ZPO). [3]Die Zustellung an den Drittschuldner kann in solchen Fällen nur im Wege der persönlichen Zustellung bewirkt werden. [4]Stellt der Gerichtsvollzieher den Pfändungsbeschluss als elektronisches Dokument zu, muss die Aufforderung als elektro-

---

[1)] **Habersack, Deutsche Gesetze Nr. 20.**

[2)] § 121 Abs. 1 und 2 Satz 2 neu gef., Satz 4 eingef., bish. Satz 4 wird Satz 5 und geänd., Sätze 5–10 werden Sätze 6–11, Abs. 3 neu gef. mWv 1.1.2023, Abs. 2 neue Sätze 8–11 neu gef. mWv 1.6.2023 durch Bek. v. 7.12.2022 (BayMBl. Nr. 754).

[3)] **Habersack, Deutsche Gesetze Nr. 100.**

nisches Dokument zusammen mit dem Beschluss übermittelt werden (§ 840 Absatz 2 Satz 1 Halbsatz 2 ZPO). [5] Eine Erklärung, die der Drittschuldner bei der persönlichen Zustellung abgibt, ist in die Zustellungsurkunde aufzunehmen und von dem Drittschuldner nach Durchsicht oder nach Vorlesung zu unterschreiben. [6] Gibt der Drittschuldner keine Erklärung ab oder verweigert er die Unterschrift, so ist dies in der Zustellungsurkunde zu vermerken. [7] Eine Erklärung, die der Drittschuldner später dem Gerichtsvollzieher gegenüber abgibt, ist ohne Verzug dem Gläubiger zu übermitteln und, soweit sie mündlich erfolgt, zu diesem Zweck durch ein Protokoll festzustellen. ***[Satz 8 bis 31.5.2023:]*** [8] Sollen mehrere Drittschuldner, die in verschiedenen Amtsgerichtsbezirken wohnen, aber in einem Pfändungsbeschluss genannt sind, zur Abgabe der Erklärungen aufgefordert werden, so führt zunächst der für den zuerst genannten Drittschuldner zuständige Gerichtsvollzieher die Zustellung an die in seinem Amtsgerichtsbezirk wohnenden Drittschuldner aus. ***[Satz 8 ab 1.6.2023:]*** [8] *Sollen mehrere Drittschuldner, die in verschiedenen Amtsgerichtsbezirken ansässig, aber in einem Pfändungsbeschluss genannt sind, mündlich zur Abgabe der Erklärungen aufgefordert werden, so führt zunächst der für die Zustellung an den zuerst genannten Drittschuldner zuständige Gerichtsvollzieher die erforderlichen Zustellungen aus.* ***[Satz 9 bis 31.5.2023:]*** [9] Hiernach gibt er den Pfändungsbeschluss an den Gerichtsvollzieher ab, der für die Zustellung an die im nächsten Amtsgerichtsbezirk wohnenden Drittschuldner zuständig ist. ***[Satz 9 ab 1.6.2023:]*** [9] *Hiernach gibt er den Pfändungsbeschluss an den Gerichtsvollzieher ab, der für die persönliche Zustellung an den an oberster Stelle stehenden unerledigten Drittschuldner örtlich zuständig ist.* ***[Satz 10 bis 31.5.2023:]*** [10] Dieser verfährt ebenso, bis an sämtliche Drittschuldner zugestellt ist. ***[Satz 10 ab 1.6.2023:]*** [10] *Dieser verfährt ebenso, bis an sämtliche Drittschuldner zugestellt ist.* ***[Satz 11 bis 31.5.2023:]*** [11] Die Zustellung an den Schuldner (vergleiche Absatz 3) nimmt der zuletzt tätig gewesene Gerichtsvollzieher vor. ***[Satz 11 ab 1.6.2023:]*** [11] *Die Zustellung an den Schuldner (vergleiche Absatz 3) nimmt der zuletzt tätig gewesene Gerichtsvollzieher vor.*

(3) [1] Nach der Zustellung an den Drittschuldner stellt der Gerichtsvollzieher den Pfändungsbeschluss mit dem Zustellungsnachweis an den Drittschuldner – im Fall der Zustellung durch die Post mit einer beglaubigten Abschrift der Postzustellungsurkunde – auch ohne besonderen Auftrag sofort dem Schuldner zu. [2] Muss diese Zustellung im Ausland bewirkt werden, so geschieht sie in der Regel durch Aufgabe zur Post. [3] Die Zustellung an den Schuldner unterbleibt, wenn eine öffentliche Zustellung erforderlich sein würde. [4] Ist auf Verlangen des Gläubigers die Zustellung an den Schuldner erfolgt, bevor die Zustellung an den Drittschuldner stattgefunden hat oder ehe die Postzustellungsurkunde dem Gerichtsvollzieher zugegangen ist, so stellt der Gerichtsvollzieher dem Schuldner den Zustellungsnachweis nachträglich zu. [5] Ist ein Drittschuldner nicht vorhanden (zum Beispiel bei Pfändung von Urheber- und Patentrechten), so ist die Pfändung mit der Zustellung des Pfändungsbeschlusses an den Schuldner erfolgt (§ 857 Absatz 2 ZPO).

(4) Wird neben dem Pfändungsbeschluss ein besonderer Überweisungsbeschluss erlassen, so ist dieser ebenfalls dem Drittschuldner und sodann unter entsprechender Anwendung von Absatz 3 dem Schuldner zuzustellen (§ 835 Absatz 3 ZPO).

(5) [1] Hat der Gerichtsvollzieher die Zustellung im Fall des Absatzes 1 durch die Post bewirken lassen, so überprüft er die Zustellungsurkunde an den Drittschuldner nach ihrem Eingang und achtet darauf, ob die Zustellung richtig durchgeführt und mit genauer Zeitangabe beurkundet ist. [2] Ist die Zustellung durch die Post fehlerhaft, so stellt er umgehend erneut zu. [3] Sofern es die Umstände erfordern, wählt er dabei die persönliche Zustellung.

§ 122 Wegnahme von Urkunden über die gepfändete Forderung (§§ 830, 836, 837 ZPO[1]). (1) [1] Hat der Gläubiger die Pfändung einer Forderung, für die eine Hypothek besteht, oder die Pfändung einer Grundschuld oder Rentenschuld erwirkt, so ist der Schuldner verpflichtet, den etwa bestehenden Hypotheken-, Grundschuld- oder Rentenschuldbrief an den Gläubiger herauszugeben (§§ 830, 857 Absatz 6 ZPO). [2] Dasselbe gilt für andere über eine Forderung vorhandene Urkunden (zum Beispiel Schuldschein, Sparbuch, Pfandschein, Versicherungspolice), wenn außer der Pfändung auch schon die Überweisung zugunsten des Gläubigers erfolgt ist (§ 836 ZPO).

(2) [1] Verweigert der Schuldner die Herausgabe der Urkunden, so nimmt der Gerichtsvollzieher sie ihm weg. [2] Die Wegnahme ist im Wege der Zwangsvollstreckung zu bewirken (§§ 127 bis 132). [3] Der Gerichtsvollzieher wird dazu durch den Besitz des Schuldtitels und einer Ausfertigung des Pfändungsbeschlusses (bei Wegnahme eines Hypotheken-, Grundschuld- oder Rentenschuldbriefes) oder des Überweisungsbeschlusses (bei Wegnahme anderer Urkunden) ermächtigt. [4] Der Pfändungs- oder Überweisungsbeschluss ist dem Schuldner spätestens bis zum Beginn der Vollstreckungstätigkeit zuzustellen, welche die Wegnahme der Urkunde zum Ziel hat.

(3) Sind die wegzunehmenden Urkunden in dem Pfändungs- oder Überweisungsbeschluss nicht so genau bezeichnet, dass sie der Gerichtsvollzieher nach dieser Bezeichnung bei dem Schuldner aufsuchen kann, so überlässt er es dem Gläubiger, eine Vervollständigung des Beschlusses bei dem Gericht zu beantragen.

§ 123 Pfändung von Forderungen aus Wechseln, Schecks und anderen Papieren, die durch Indossament übertragen werden können (§ 831 ZPO[1]). (1) [1] Die Zwangsvollstreckung in Forderungen aus Wechseln, Schecks und anderen Wertpapieren, die durch Indossament übertragen werden können, zum Beispiel aus kaufmännischen Anweisungen und Verpflichtungsscheinen, Konnossementen, Ladescheinen, Lagerscheinen, die an Order gestellt sind (vergleiche § 363 HGB[2]), erfolgt durch ein Zusammenwirken des Gerichtsvollziehers und des Vollstreckungsgerichts. [2] Der Gerichtsvollzieher pfändet die Forderungen dadurch, dass er die bezeichneten Papiere in Besitz nimmt. [3] Ein Pfändungsbeschluss ist nicht erforderlich. [4] Die weitere Durchführung der Vollstreckung erfolgt sodann auf Antrag des Gläubigers durch das Vollstreckungsgericht.

(2) [1] Forderungen aus Wechseln und ähnlichen Papieren sind Vermögensstücke von ungewissem Wert, wenn die Zahlungsfähigkeit des Drittschuldners nicht unzweifelhaft feststeht. [2] Der Gerichtsvollzieher soll diese Forderungen nur pfänden, wenn ihn der Gläubiger ausdrücklich dazu angewiesen hat oder wenn andere Pfandstücke entweder nicht vorhanden sind oder zur Befriedigung des Gläubigers nicht ausreichen.

(3) [1] In dem Pfändungsprotokoll ist die weggenommene Urkunde nach Art, Gegenstand und Betrag der Forderung, nach dem Namen des Gläubigers und des Schuldners, dem Tag der Ausstellung und eventuell mit der Nummer genau zu bezeichnen. [2] Auch der Fälligkeitstag der Forderung ist nach Möglichkeit anzugeben. [3] Von der Pfändung ist der Gläubiger unter genauer Bezeichnung der gepfändeten Urkunden und eventuell auch des Fälligkeitstages unverzüglich zu benachrichtigen. [4] Der Schuldtitel ist dem Gläubiger zurückzugeben; dieser benötigt ihn zur Erwirkung des Überweisungsbeschlusses.

---

[1] **Habersack, Deutsche Gesetze Nr. 100.**
[2] **Habersack, Deutsche Gesetze Nr. 50.**

(4) Der Gerichtsvollzieher verwahrt die weggenommene Urkunde so lange, bis das Gericht sie einfordert oder bis ihm ein Beschluss des Vollstreckungsgerichts vorgelegt wird, durch den die Überweisung der Forderung an den Gläubiger ausgesprochen oder eine andere Art der Verwertung der Forderung angeordnet wird, zum Beispiel die Veräußerung oder die Herausgabe der den Gegenstand der Forderung bildenden körperlichen Sachen an einen Gerichtsvollzieher.

(5) [1] Werden gepfändete Schecks oder Wechsel zahlbar, bevor eine gerichtliche Entscheidung über ihre Verwertung ergangen ist, so sorgt der Gerichtsvollzieher in Vertretung des Gläubigers für die rechtzeitige Vorlegung, eventuell auch für die Protesterhebung. [2] Wird der Wechsel oder der Scheck bezahlt, so hinterlegt der Gerichtsvollzieher den gezahlten Betrag und benachrichtigt den Gläubiger und den Schuldner hiervon.

(6) Der Gerichtsvollzieher darf die Urkunde über die gepfändete Forderung nur gegen Empfangsbescheinigung des Gläubigers oder – wenn die Forderung freigegeben wird – des Schuldners herausgeben.

§ 124 Zwangsvollstreckung in Ansprüche auf Herausgabe oder Leistung von beweglichen körperlichen Sachen (§§ 846 bis 849, 854 ZPO[1]).

(1) [1] Bei der Zwangsvollstreckung in Ansprüche des Schuldners, auf Grund deren der Drittschuldner bewegliche körperliche Sachen herauszugeben oder zu leisten hat, erfolgt die Pfändung nach den Vorschriften über die Pfändung von Geldforderungen, also regelmäßig durch die Zustellung eines gerichtlichen Pfändungsbeschlusses. [2] Eine Ausnahme gilt, wenn die Forderung in einem indossablen Papier verbrieft ist (zum Beispiel bei kaufmännischen Anweisungen über die Leistung von Wertpapieren oder anderen vertretbaren Sachen, bei Lagerscheinen, Ladescheinen und Konnossementen); in diesen Fällen geschieht die Pfändung dadurch, dass der Gerichtsvollzieher das Papier in Besitz nimmt. [3] In dem gerichtlichen Pfändungsbeschluss oder im Fall des § 123 durch einen besonderen Beschluss wird angeordnet, dass die geschuldeten Sachen an einen von dem Gläubiger zu beauftragenden Gerichtsvollzieher herauszugeben sind (§ 847 ZPO).

(2) [1] Der Pfändungsbeschluss als solcher ermächtigt jedoch den Gerichtsvollzieher nicht, die Herausgabe der Sachen gegen den Willen des Drittschuldners zu erzwingen. [2] Verweigert der Drittschuldner die Herausgabe, so muss sich der Gläubiger den Anspruch zur Einziehung überweisen lassen und dann Klage gegen den Drittschuldner erheben. [3] Der Gerichtsvollzieher beurkundet deshalb in diesem Fall die Weigerung des Drittschuldners und überlässt das Weitere dem Gläubiger.

(3) [1] Ist dagegen der Drittschuldner zur Herausgabe oder zur Leistung bereit, so nimmt der Gerichtsvollzieher, dessen Ermächtigung durch den Besitz des Schuldtitels und einer Ausfertigung des Beschlusses dargetan wird, die Sache beim Drittschuldner gegen Quittung oder gegen Herausgabe des indossablen Papiers in Empfang. [2] In dem aufzunehmenden Protokoll bezeichnet er die Sache. [3] Das weitere Verfahren wegen Unterbringung und Verwertung der übernommenen Sache richtet sich nach den Vorschriften, die für die Verwertung gepfändeter Sachen gelten (§ 847 Absatz 2 ZPO). [4] Durch die Herausgabe des Gegenstands seitens des Drittschuldners geht das Pfandrecht, das durch die Pfändung des Anspruchs begründet worden ist, ohne neue Pfändung in ein Pfandrecht an der Sache selbst über.

---

[1] **Habersack, Deutsche Gesetze Nr. 100.**

(4) Von der Übernahme und von dem anberaumten Versteigerungstermin sind der Schuldner und der Gläubiger zu benachrichtigen.

(5) Hat der Gläubiger gegen den Drittschuldner einen vollstreckbaren Titel erlangt, nach dessen Inhalt der Drittschuldner die Sache zum Zweck der Zwangsvollstreckung an einen Gerichtsvollzieher herauszugeben hat, so nimmt der Gerichtsvollzieher die Sache dem Drittschuldner auf Grund dieses Titels nach den Vorschriften über die Zwangsvollstreckung zur Erwirkung der Herausgabe von Sachen weg und verwertet sie.

(6) [1] Das Verfahren bei einer Pfändung desselben Anspruchs für mehrere Gläubiger ist in § 854 ZPO näher geregelt. [2] Für die Reihenfolge der Pfändungen ist die Zeit entscheidend, zu der die einzelnen Pfändungsbeschlüsse dem Drittschuldner zugestellt sind.

(7) Liegt der Antrag eines anderen Gläubigers zur Pfändung der an den Gerichtsvollzieher herauszugebenden Sachen vor, so sind die Sachen bei der Übernahme gleichzeitig zu pfänden.

§ 125 Zwangsvollstreckung in Ansprüche auf Herausgabe oder Leistung von unbeweglichen Sachen und eingetragenen Schiffen, Schiffsbauwerken, Schwimmdocks, inländischen Luftfahrzeugen, die in der Luftfahrzeugrolle eingetragen sind, sowie ausländischen Luftfahrzeugen (§§ 846, 847a, 848 ZPO[1]); § 99 Absatz 1, § 106 Absatz 1 Nummer 1 LuftFzgG).

[1] Die Zwangsvollstreckung in Ansprüche auf Herausgabe oder Leistung folgender Gegenstände:

1. unbewegliche Sachen,
2. eingetragene Schiffe,
3. eingetragene und eintragungsfähige Schiffsbauwerke und im Bau befindliche oder fertig gestellte Schwimmdocks,
4. inländische Luftfahrzeuge, die in der Luftfahrzeugrolle oder im Register für Pfandrechte an Luftfahrzeugen eingetragen sind,
5. ausländische Luftfahrzeuge,

erfolgt gleichfalls durch Zustellung eines gerichtlichen Pfändungsbeschlusses. [2] Für die Zustellung gelten die Bestimmungen in § 121 entsprechend (§ 846 ZPO). [3] Die unbewegliche Sache wird an einen von dem Amtsgericht der belegenen Sache zu bestellenden Sequester, das Schiff, Schiffsbauwerk, im Bau befindliche oder fertig gestellte Schwimmdock oder Luftfahrzeug an einen vom Vollstreckungsgericht zu bestellenden Treuhänder herausgegeben (§ 847a ZPO in Verbindung mit Artikel 3 des Gesetzes zur Änderung des Gesetzes über Rechte an eingetragenen Schiffen und Schiffsbauwerken, der Schiffsregisterordnung und des Gesetzes über die Zwangsversteigerung und die Zwangsverwaltung (SchRGÄndG), §§ 848, 855, 855a ZPO; § 99 Absatz 1, § 106 Absatz 1 Nummer 1 LuftFzgG).

§ 126[2] Zustellung der Benachrichtigung, dass die Pfändung einer Forderung oder eines Anspruchs bevorsteht (so genannte Vorpfändung)

(1) [1] Der Gläubiger kann dem Drittschuldner und dem Schuldner schon vor der Pfändung einer Forderung oder eines Anspruchs die Benachrichtigung, dass die

[1] **Habersack, Deutsche Gesetze Nr. 100.**

[2] § 126 Abs. 2 Satz 2 eingef., bish. Sätze 2 und 3 werden Sätze 3 und 4 mWv 1.1.2023 durch Bek. v. 7.12.2022 (BayMBl. Nr. 754).

Pfändung bevorsteht, mit den in § 845 ZPO[1)] näher bezeichneten Aufforderungen zustellen lassen. [2]Die Benachrichtigung an den Drittschuldner hat zugunsten des Gläubigers die Wirkung eines Arrestes, sofern innerhalb eines Monats seit ihrer Zustellung die angekündigte Pfändung erfolgt.

(2) [1]Der Gerichtsvollzieher muss deshalb die Zustellung dieser Benachrichtigung an den Drittschuldner besonders beschleunigen und den Zustellungszeitpunkt (Tag, Stunde, Minute) beurkunden oder veranlassen, dass dies durch den Postbediensteten erfolgt. [2]Stellt er die Benachrichtigung als elektronisches Dokument zu, dient ihm zur Beurkundung die automatisierte Eingangsbestätigung. [3]Auf die Zustellung finden die Vorschriften des § 121 Absatz 1 und 3 bis 5 entsprechende Anwendung. [4]Der Gerichtsvollzieher hat nicht zu prüfen, ob dem Gläubiger eine vollstreckbare Ausfertigung erteilt und ob der Schuldtitel bereits zugestellt ist.

(3) [1]Der Gerichtsvollzieher hat die Benachrichtigung mit den Aufforderungen selbst anzufertigen, wenn er von dem Gläubiger hierzu ausdrücklich beauftragt worden ist. [2]Dies gilt nicht für die Vorpfändung von Vermögensrechten im Sinne des § 857 ZPO (vergleiche § 857 Absatz 7 ZPO). [3]In diesem Fall hat der Gerichtsvollzieher zu prüfen, ob der Gläubiger einen vollstreckbaren Schuldtitel erwirkt hat und ob die Voraussetzungen der §§ 711, 712, 720a, 751, 752, 756, 795, 930 ZPO vorliegen. [4]Der Gerichtsvollzieher hat die vorzupfändende Forderung nach Gläubiger, Schuldner und Rechtsgrund in der Benachrichtigung möglichst so genau zu bezeichnen, dass über die Identität der Forderung kein Zweifel bestehen kann.

(4) [1]Stellt der Gerichtsvollzieher lediglich eine vom Gläubiger selbst angefertigte Benachrichtigung zu, so obliegt ihm nicht die Prüfungspflicht nach Absatz 3 Satz 3. [2]In diesem Fall wirkt er bei der Vorpfändung nur als Zustellungsorgan mit.

C. Zwangsvollstreckung zur Erwirkung der Herausgabe von Sachen

§ 127 Bewegliche Sachen (§§ 883, 884, 897 ZPO[1)]). (1) [1]Hat der Schuldner nach dem Schuldtitel eine bestimmte bewegliche Sache oder eine gewisse Menge von bestimmten beweglichen Sachen herauszugeben, so wird die Zwangsvollstreckung dadurch bewirkt, dass der Gerichtsvollzieher die Sache dem Schuldner wegnimmt und sie dem Gläubiger übergibt. [2]Hat der Schuldner eine Menge von vertretbaren Sachen (§ 91 BGB[2)]) oder von Wertpapieren zu leisten, so ist in derselben Weise zu verfahren, sofern der Gerichtsvollzieher Sachen der geschuldeten Gattung im Gewahrsam des Schuldners vorfindet. [3]Befindet sich die herauszugebende Sache im Gewahrsam eines Dritten, so darf sie der Gerichtsvollzieher nur wegnehmen, wenn der Dritte zur Herausgabe bereit ist (§ 70 Absatz 2) oder wenn die Zwangsvollstreckung auch in das in seinem Gewahrsam befindliche Vermögen zulässig ist. [4]In den übrigen Fällen überlässt es der Gerichtsvollzieher dem Gläubiger, bei dem Vollstreckungsgericht die Überweisung des Anspruches des Schuldners auf Herausgabe der Sache zu erwirken (§ 886 ZPO).

(2) [1]Der Gerichtsvollzieher händigt die weggenommenen Sachen dem Gläubiger unverzüglich gegen Empfangsbescheinigung aus oder sendet sie an ihn ab. [2]Die Sachen sollen dem Gläubiger tunlichst an Ort und Stelle ausgehändigt werden. [3]Der Gerichtsvollzieher zeigt dem Gläubiger den Tag und die Stunde der beabsichtigten Vollstreckung rechtzeitig an, damit sich dieser zur Empfangnahme

---

[1)] **Habersack, Deutsche Gesetze Nr. 100.**
[2)] **Habersack, Deutsche Gesetze Nr. 20.**

der Sachen an dem Ort der Vollstreckung einfinden oder einen Vertreter entsenden und die notwendigen Maßnahmen zur Fortschaffung der Sachen treffen kann.

(3) Macht ein Dritter bei der Vollstreckung ein Recht an dem wegzunehmenden Gegenstand geltend, das ihn zur Erhebung der Widerspruchsklage (§ 771 ZPO) berechtigt, so verweist ihn der Gerichtsvollzieher an das Gericht.

(4) Trifft mit dem Auftrag des Gläubigers auf Wegnahme einer Sache ein Pfändungsbeschluss nach § 124 zusammen, so nimmt der Gerichtsvollzieher die Sache in Besitz und überlässt es den Beteiligten, eine Einigung oder eine gerichtliche Entscheidung über ihre Rechte herbeizuführen.

(5) [1] Trifft mit dem Auftrag eines Gläubigers auf die Wegnahme einer Sache der Auftrag eines anderen Gläubigers auf Pfändung zusammen, so verfährt der Gerichtsvollzieher – sofern nicht die Sachlage oder der Inhalt der Aufträge eine andere Erledigung erfordern – wie folgt. [2] Er führt zunächst die Pfändung durch. [3] Hierbei pfändet er die herauszugebenden Sachen nur dann ganz oder teilweise, wenn andere Pfandstücke nicht oder nicht in ausreichendem Umfang vorhanden sind. [4] Pfändet er zugunsten des einen Gläubigers Sachen, die der Schuldner an den anderen Gläubiger herauszugeben hat, so nimmt er sie dem Schuldner auf Verlangen des Gläubigers, der die Herausgabe verlangen kann, für diesen Gläubiger weg. [5] Er darf sie jedoch dem Gläubiger nicht herausgeben, sondern muss sie in seinem Besitz behalten. [6] Die Zwangsvollstreckung in diese Sachen darf er erst fortsetzen, sobald sie der eine Gläubiger von dem Recht des anderen befreit hat. [7] Soweit die herauszugebenden Sachen nicht gepfändet sind, nimmt der Gerichtsvollzieher sie dem Schuldner weg und übergibt sie dem Gläubiger.

(6) [1] In dem Protokoll über die Vollstreckungshandlung sind die weggenommenen Sachen genau zu bezeichnen. [2] Bei vertretbaren Sachen sind Maß, Zahl und Gewicht anzugeben, bei Wertpapieren der Nennwert, die Nummer oder die sonstigen Unterscheidungsmerkmale sowie die bei dem Stammpapier vorgefundenen Zins- oder Gewinnanteil- oder Erneuerungsscheine. [3] Das Protokoll muss ferner ergeben, ob die Sachen dem Gläubiger ausgehändigt, an ihn abgesandt oder in welcher anderen Weise sie untergebracht sind. [4] Findet der Gerichtsvollzieher die geschuldeten Sachen nicht oder nur zum Teil vor, so macht er dies im Protokoll ersichtlich; ebenso vermerkt er es im Protokoll, wenn der Schuldner bestreitet, dass die weggenommenen Sachen die geschuldeten sind, oder wenn ein Dritter Rechte auf den Besitz der Sachen geltend macht.

(7) [1] Ist der Schuldner zur Übertragung des Eigentums oder zur Bestellung eines Rechts an einer beweglichen Sache, auf Grund dessen der Gläubiger die Besitzeinräumung verlangen kann, verurteilt, so nimmt der Gerichtsvollzieher die Sache dem Schuldner unter Beachtung der vorstehenden Vorschriften weg und händigt sie dem Gläubiger aus. [2] Dasselbe gilt für den Hypotheken-, Grundschuld- oder Rentenschuldbrief, wenn der Schuldner zur Bestellung, zur Abtretung oder zur Belastung der durch diese Urkunde verbrieften Hypothek, Grundschuld oder Rentenschuld verurteilt ist (§ 897 ZPO).

§ 128[1)] Unbewegliche Sachen sowie eingetragene Schiffe, Schiffsbauwerke und Schwimmdocks (§ 765a Absatz 3, § 885 ZPO[2)]). (1) [1] Hat der Schuldner nach dem Schuldtitel ein Grundstück, einen Teil eines Grundstücks, Wohnräume oder sonstige Räume oder ein eingetragenes Schiff, Schiffsbauwerk

---

[1)] § 128 Abs. 2 Satz 4 geänd. mWv 1.1.2019 durch Bek. v. 23.11.2018 (JMBl. S. 122); Abs. 2 Satz 6 neu gef., Abs. 7 Satz 2 geänd. mWv 1.1.2023 durch Bek. v. 7.12.2022 (BayMBl. Nr. 754).

[2)] **Habersack, Deutsche Gesetze Nr. 100.**

oder im Bau befindliches oder fertig gestelltes Schwimmdock herauszugeben, so wird die Zwangsvollstreckung dadurch vollzogen, dass der Gerichtsvollzieher den Schuldner aus dem Besitz setzt und den Gläubiger in den Besitz einweist. [2]Der Gerichtsvollzieher hat den Schuldner aufzufordern, eine Anschrift zum Zweck von Zustellungen oder einen Zustellungsbevollmächtigten zu benennen.

(2) [1]Der Gerichtsvollzieher teilt dem Gläubiger und dem Schuldner Tag und Stunde der beabsichtigten Vollstreckung rechtzeitig vor dem Vollstreckungstermin mit. [2]Die Benachrichtigung ist dem Schuldner zuzustellen. [3]Der Gerichtsvollzieher benachrichtigt den Schuldner zusätzlich durch einfachen Brief von dem Vollstreckungstermin, wenn zu besorgen ist, dass die zuzustellende Benachrichtigung den Schuldner nicht erreicht. [4]Dies gilt nicht, wenn der Gerichtsvollzieher eine Entscheidung des Familiengerichts in einer Gewaltschutz- oder Ehewohnungssache (§§ 210, 200 Absatz 1 FamFG[1)]) vor der Zustellung vollziehen darf, weil das Gericht dies gemäß § 53 Absatz 2 Satz 1, § 209 Absatz 3 Satz 1 oder § 216 Absatz 2 Satz 1 FamFG als zulässig angeordnet hat, oder die Zustellung auf Verlangen des Antragstellers gegenüber dem Gerichtsvollzieher gemäß § 214 Absatz 2 Satz 3 Halbsatz 2 FamFG nicht vor der Vollstreckung erfolgen darf. [5]Zwischen dem Tag der Zustellung und dem Tag des Vollstreckungstermins müssen wenigstens drei Wochen liegen. [6]Die Zustellung kann unterbleiben, wenn der Schuldner unbekannt verzogen oder sein Aufenthalt unbekannt ist und ihm die Benachrichtigung auch nicht als elektronisches Dokument übermittelt werden kann. [7]Eine öffentliche Zustellung soll nicht erfolgen. [8]Die Herausgabe der Räume kann auch in Abwesenheit des Gläubigers bewirkt werden, wenn der Gläubiger durch die von dem Gerichtsvollzieher getroffenen Maßregeln (zum Beispiel Übergabe der Schlüssel, Bestellung des Hüters) in die Lage versetzt wird, die tatsächliche Gewalt über das Grundstück oder die Räume auszuüben. [9]Auch die Anwesenheit des Schuldners ist nicht notwendig.

(3) [1]Das bewegliche Zubehör (§§ 97, 98 BGB[2)]) ist Gegenstand der Vollstreckung in das Grundstück, auch wenn es im Schuldtitel nicht ausdrücklich erwähnt ist. [2]Es ist dem Räumungsgläubiger herauszugeben oder auf dem Grundstück zu belassen.

(4) [1]Bewegliche Sachen, die weder mit herauszugeben noch wegen einer gleichzeitig beizutreibenden Forderung oder wegen der Kosten zu pfänden sind, entfernt der Gerichtsvollzieher von dem Grundstück, Schiff (Schiffsbauwerk, im Bau befindlichen oder fertig gestellten Schwimmdock) oder aus den Räumen, falls nicht der Gläubiger der Entfernung wegen eines Pfand- oder Zurückbehaltungsrechts widerspricht, das er an diesen Sachen in Anspruch nimmt. [2]Macht der Gläubiger sein Vermieter- oder Verpächterpfandrecht an allen in den Räumen befindlichen Sachen geltend, darf der Gerichtsvollzieher die Existenz eines solchen Rechts nicht prüfen, und zwar auch nicht im Hinblick auf § 811 ZPO. [3]Er belässt die Sachen in den Räumen und weist den Gläubiger in den Besitz der Räume ein. [4]Damit ist die Räumung beendet und der Räumungstitel verbraucht. [5]In den Fällen, in denen die Überlassung der Wohnung an den Gläubiger (verletzte Person) gemäß § 2 Absatz 2 GewSchG[3)] befristet ist, kommt die Entfernung der beweglichen Sachen des Schuldners (Täter) aus der Wohnung gegen seinen Willen nicht in Betracht. [6]Die Sachen sind dem Schuldner außerhalb des zu räumenden Objekts zu übergeben oder zur Verfügung zu stellen. [7]Ist der Schuldner abwesend,

[1)] **Habersack, Deutsche Gesetze Nr. 112.**
[2)] **Habersack, Deutsche Gesetze Nr. 20.**
[3)] Nr. 49.

so tritt an seine Stelle sein Bevollmächtigter oder eine erwachsene Person, die zu seiner Familie gehört oder in seiner Familie beschäftigt ist, oder ein erwachsener ständiger Mitbewohner. [8] Der Gerichtsvollzieher ist nicht verpflichtet, die herauszugebenden Sachen in ein anderes (zum Beispiel neu angemietetes) Objekt des Schuldners zu schaffen. [9] Er ist jedoch befugt, dies auf Antrag des Schuldners dann zu tun, wenn die hierdurch entstehenden Kosten nicht höher als diejenigen sind, die durch den Transport des Räumungsguts in die Pfandkammer und durch dessen Lagerung entstehen würden.

(5) [1] Ist weder der Schuldner noch eine der in Absatz 4 Satz 7 bezeichneten Personen anwesend oder wird die Entgegennahme verweigert, so schafft der Gerichtsvollzieher die in Absatz 4 Satz 1 bezeichneten Sachen auf Kosten des Schuldners in die Pfandkammer oder trägt sonst für ihre Verwahrung Sorge. [2] Unpfändbare Sachen und solche Sachen, bei denen nach seinem pflichtgemäßen Ermessen ein Verwertungserlös nicht zu erwarten ist, hat er bis zu ihrer Veräußerung oder ihrer Vernichtung jederzeit, das heißt zu den üblichen Geschäftszeiten des Gerichtsvollziehers, ohne Weiteres, insbesondere ohne irgendwelche Kostenzahlungen des Schuldners auf dessen Verlangen herauszugeben. [3] Bewegliche Sachen, an deren Aufbewahrung auch bei Anlegung eines engen Maßstabs an die Erfüllung der Voraussetzungen und unter Berücksichtigung der Betrachtung der weiteren Verwendung durch einen unvoreingenommenen Dritten offensichtlich kein Interesse seitens des Schuldners besteht, sollen unverzüglich vernichtet werden. [4] Ein offensichtlich fehlendes Interesse an der Aufbewahrung kann der Gerichtsvollzieher in der Regel bei gewöhnlichem Abfall und Unrat annehmen, die durch Verwertung oder Beseitigung unter Beachtung der einschlägigen abfallrechtlichen Bestimmungen zu vernichten sind. [5] Allerdings umfasst der Vollstreckungsauftrag nicht die unmittelbare Beseitigung durch den Gerichtsvollzieher in solchen Fällen, die eine aufwändige und kostenintensive Entsorgung von sehr großen Mengen Müll, die auf dem herauszugebenden Grundstück lagern, oder von Altlasten erforderlich machen. [6] Für die entstehenden Kosten der Räumung einschließlich der Kosten der ersten Einlagerung ist der Gläubiger dem Gerichtsvollzieher gemäß § 4 GvKostG[1)] vorschusspflichtig.

(6) [1] Der Gerichtsvollzieher benachrichtigt den Schuldner, dass er die verwertbaren Sachen, auch soweit sie unpfändbar sind, verkaufen und den Erlös nach Abzug der Unkosten hinterlegen und die unverwertbaren Sachen vernichten wird, wenn der Schuldner die Sachen nicht innerhalb einer Frist von einem Monat nach der Räumung herausverlangt oder sie zwar innerhalb dieser Frist herausverlangt, aber die aufgelaufenen Kosten nicht innerhalb einer weiteren Frist von einem Monat, das heißt in diesem Fall nicht binnen einer Frist von zwei Monaten nach der Räumung, bezahlt. [2] Die Mitteilung soll zugleich die Höhe der zu erstattenden Kosten und den Hinweis enthalten, dass unpfändbare Sachen und Sachen, für die ein Verwertungserlös nicht zu erwarten ist, jederzeit und ohne irgendwelche Kostenzahlungen an den Schuldner herausgegeben werden. [3] Der Gerichtsvollzieher kann die Mitteilung schon in die Benachrichtigung über den Vollstreckungstermin aufnehmen (Absatz 2). [4] In diesem Fall ist der Schuldner darauf hinzuweisen, dass dieser die Höhe der zu erstattenden Kosten bei ihm erfragen kann.

(7) [1] Die Veräußerung der verwertbaren Sachen erfolgt nach den Vorschriften über die Pfandversteigerung (§§ 806, 814 und 817 ZPO). [2] Die Schutzvorschriften, die bei der Pfändung von Sachen gelten (§§ 803 Absatz 2, 811, 816, 817a

---

[1)] **Habersack, Deutsche Gesetze Nr. 123.**

ZPO), finden keine Anwendung. [3]Der Gerichtsvollzieher darf aus dem Erlös, bevor er diesen hinterlegt, seine noch offenen, durch den Vorschuss des Gläubigers nicht gedeckten Kosten für Räumung, Einlagerung und Verkauf (Versteigerung) unmittelbar abziehen. [4]Über die Hinterlegung unterrichtet er den Gläubiger, der einen Vorschuss geleistet hat.

(8) [1]Nach Ablauf der in Absatz 6 Satz 1 genannten Frist entscheidet der Gerichtsvollzieher nach pflichtgemäßem Ermessen über die Vernichtung des wertlosen oder nach seiner Einschätzung unverwertbaren Räumungsgutes. [2]Eines vorangehenden erfolglosen Verwertungsversuches bedarf es nicht.

(9) [1]In dem Protokoll über die Vollstreckungshandlung ist das zu räumende Objekt genau zu bezeichnen. [2]Das Protokoll muss ferner ergeben, welche Personen der Vollstreckungshandlung beigewohnt haben, welche Maßregeln getroffen worden sind, um den Schuldner aus dem Besitz zu setzen und den Gläubiger in den Besitz einzuweisen, und welche Zubehörstücke dem Gläubiger mit übergeben worden sind. [3]Nimmt der Gerichtsvollzieher Sachen des Schuldners in Verwahrung, so gibt er die Sachen, den Grund und die Art der Verwahrung im Protokoll an.

§ 129[1)] Beschränkter Vollstreckungsauftrag (§ 885a ZPO[2)]). (1) Der Vollstreckungsauftrag kann auf die Maßnahmen nach § 128 Absatz 1 beschränkt werden.

(2) [1]Der Gerichtsvollzieher hat in seinem Protokoll die frei ersichtlichen beweglichen Sachen zu dokumentieren, die er bei der Vornahme der Vollstreckungshandlung vorfindet. [2]Die Dokumentation muss nicht die Anforderungen an eine vollständige Inventarisierung erfüllen. [3]Sie beschränkt sich auf die in Räumen frei einsehbaren beweglichen Sachen. [4]Behältnisse muss der Gerichtsvollzieher für die Dokumentation nicht öffnen. [5]Insbesondere muss er weder Schranktüren öffnen noch Schubladen herausziehen und den Inhalt von Schränken und Schubladen weder vollständig noch zum Teil herausnehmen. [6]Eine Pflicht zur weitergehenden Dokumentation, die unter Umständen mit aufwändigen Feststellungen über den Zustand aller in den Räumlichkeiten befindlichen Sachen verbunden sein kann, trifft den Gerichtsvollzieher nicht. [7]Er kann nach seinem Ermessen bei der Dokumentation Bildaufnahmen in elektronischer oder in analoger Form herstellen. [8]Die elektronischen Bilder sind im Gerichtsvollzieherbüro unter Verwendung geeigneter, den üblichen Standards der Datensicherheit und des Datenschutzes entsprechender elektronischer Speichermedien zu verwahren. [9]Der genaue Speicherort der Dokumentation ist aktenkundig zu machen.

(3) In den Fällen des Absatzes 1 weist der Gerichtsvollzieher zusammen mit der Mitteilung des Räumungstermins sowohl den Schuldner als auch den Gläubiger ausdrücklich schriftlich auf die Bestimmungen des § 885a Absatz 2 bis 5 ZPO hin.

§ 130 Besondere Vorschriften über die Räumung von Wohnungen.

(1) Die Anberaumung des Räumungstermins ist schon vor Ablauf der Räumungsfrist zulässig.

(2) [1]Während der Geltungsdauer einer einstweiligen Anordnung in Gewaltschutzsachen, soweit Gegenstand des Verfahrens Regelungen aus dem Bereich der Ehewohnungssachen sind, und in Ehewohnungssachen kann der Gerichtsvollzieher den Schuldner mehrfach aus dem Besitz der Wohnung setzen und den

---

1) § 129 Abs. 2 Satz 9 angef. mWv 1.1.2019 durch Bek. v. 23.11.2018 (JMBl. S. 122).

2) **Habersack, Deutsche Gesetze Nr. 100.**

Gläubiger in den Besitz der Wohnung einweisen, ohne dass es weiterer Anordnungen oder einer erneuten Zustellung an den inzwischen wieder in die Wohnung eingezogenen Schuldner bedarf (§ 96 Absatz 2 FamFG[1)]). [2] Nach jeder Erledigung eines Auftrags ist der Vollstreckungstitel innerhalb seiner Geltungsdauer jeweils dem Gläubiger zurückzugeben, der dem Gerichtsvollzieher durch die erneute Übergabe des Titels einen neuen Auftrag erteilen kann. [3] Im Übrigen ist bei der Vollziehung von Entscheidungen des Familiengerichts in Verfahren nach § 2 GewSchG[2)] zur Überlassung einer von Gläubiger (verletzte Person) und Schuldner (Täter) gemeinsam genutzten Wohnung und der in solchen Verfahren erlassenen einstweiligen Anordnungen entsprechend § 134 zu verfahren.

(3) [1] Ist zu erwarten, dass der Räumungsschuldner durch Vollstreckung des Räumungstitels obdachlos werden wird, so benachrichtigt der Gerichtsvollzieher unverzüglich die für die Unterbringung von Obdachlosen zuständige Verwaltungsbehörde. [2] Die Befugnis des Gerichtsvollziehers, die Zwangsvollstreckung aufzuschieben, richtet sich nach § 65.

(4) Nimmt die für die Unterbringung von Obdachlosen zuständige Behörde die bisherigen Räume des Schuldners ganz oder teilweise für dessen vorläufige Unterbringung auf ihre Kosten in Anspruch, so unterlässt der Gerichtsvollzieher die Zwangsvollstreckung hinsichtlich der in Anspruch genommenen Räume.

§ 131 Räumung eines zwangsweise versteigerten Grundstücks, Schiffes, Schiffsbauwerks oder Schwimmdocks oder eines unter Zwangsverwaltung gestellten Grundstücks. (1) [1] Im Fall des § 93 ZVG[3)] erfolgt die Räumung im Auftrag des Erstehers nach den Vorschriften der §§ 128 bis 130. [2] Im Hypothekenhaftungsverband befindliche und im Rahmen der Zwangsverwaltung oder Zwangsversteigerung beschlagnahmte Sachen, insbesondere Zubehör gemäß §§ 97 und 98 BGB[4)], sind auf dem Grundstück zu belassen und dem Ersteher zu übergeben. [3] Diese Vorschriften finden im Fall der Räumung eines versteigerten eingetragenen Schiffes, Schiffsbauwerks oder (im Bau befindlichen oder fertig gestellten) Schwimmdocks entsprechende Anwendung.

(2) [1] In den Fällen der § 94 Absatz 2 und § 150 Absatz 2 ZVG kann der Gerichtsvollzieher von dem Vollstreckungsgericht beauftragt werden, ein Grundstück dem Zwangsverwalter zu übergeben. [2] Der Gerichtsvollzieher setzt in diesem Fall den Schuldner aus dem Besitz und weist den Zwangsverwalter in den Besitz ein. [3] Er wird zur Vornahme dieser Handlung durch den gerichtlichen Auftrag oder den Auftrag des Zwangsverwalters ermächtigt. [4] Einer Klausel und einer (erneuten) Zustellung dieser Urkunden bedarf es nicht. [5] Der Auftrag ist dem Schuldner oder der an Stelle des Schuldners angetroffenen Person vorzuzeigen und auf Verlangen in Abschrift mitzuteilen. [6] Wohnt der Schuldner auf dem Grundstück, so sind ihm die für seinen Hausstand unentbehrlichen Räume zu belassen, sofern das Vollstreckungsgericht nichts anderes bestimmt hat (§ 149 ZVG).

§ 132 Bewachung und Verwahrung eines Schiffes, Schiffsbauwerks, Schwimmdocks oder Luftfahrzeugs. [1] Werden Schiffe, Schiffsbauwerke, im Bau befindliche oder fertig gestellte Schwimmdocks oder Luftfahrzeuge zwangsversteigert, so kann das Vollstreckungsgericht in den Fällen der §§ 165, 170, 171c Absatz 2 und 3 sowie § 171g ZVG[3)] den Gerichtsvollzieher mit ihrer Bewachung

---

[1)] **Habersack, Deutsche Gesetze Nr. 112.**
[2)] Nr. 49.
[3)] **Habersack, Deutsche Gesetze Nr. 108.**
[4)] **Habersack, Deutsche Gesetze Nr. 20.**

und Verwahrung beauftragen. [2]In diesem Fall beschränkt sich die Tätigkeit des Gerichtsvollziehers, soweit das Vollstreckungsgericht keine besonderen Anweisungen erteilt, in der Regel darauf, sie anzuketten, die Beschlagnahme kenntlich zu machen, das Inventar aufzunehmen, die vorhandenen Schiffs- oder Bordpapiere wegzunehmen sowie einen Wachtposten (Hüter, Bewachungsunternehmen) zu bestellen und zu überwachen. [3]Die Bestellung des *Wachtposten*[1)] und die dadurch entstehenden Kosten teilt der Gerichtsvollzieher dem Vollstreckungsgericht unverzüglich mit. [4]Ohne Weisung des Vollstreckungsgerichts darf der Gerichtsvollzieher von der Bestellung eines Wachtpostens nur absehen, wenn die Sicherheit des Schiffes (Schiffsbauwerks, Schwimmdocks) oder Luftfahrzeugs anderweit gewährleistet erscheint. [5]Für die Bewachung ist der Gerichtsvollzieher nicht verantwortlich, wenn er nur mit der Übergabe zur Bewachung und Verwahrung an eine ihm bezeichnete Person beauftragt ist.

D. Zwangsvollstreckung zur Beseitigung des Widerstands des Schuldners gegen Handlungen, die er nach den §§ 887, 890 ZPO[2)] zu dulden hat, oder zur Beseitigung von Zuwiderhandlungen des Schuldners gegen eine Unterlassungsverpflichtung aus einer Anordnung nach § 1 GewSchG[3)] (§ 96 FamFG[4)])

§ 133 [§§ 758 und 759 ZPO[2)]] [1]Einen unberechtigten Widerstand des Schuldners muss der Gerichtsvollzieher unter Beachtung der §§ 758 und 759 ZPO – nötigenfalls mit Gewalt, jedoch unter Vermeidung jeder unnötigen Härte – überwinden. [2]Die Zwangsmaßnahmen dürfen nicht über das zur Beseitigung des Widerstandes notwendige Maß hinausgehen.

§ 134[5)] (§§ 96, 214, 216 FamFG[4)], § 1 GewSchG[3)]). (1) [1]Die gerichtliche Anordnung gemäß § 1 GewSchG ist ein vollstreckbarer Schuldtitel; er muss daher insbesondere auch dem Schuldner vor Beginn der Tätigkeit des Gerichtsvollziehers zugestellt werden, die auf Beseitigung des Widerstandes gerichtet ist. [2]Abweichend von der Regel der §§ 44 und 45 ist die Vollstreckung einer Anordnung des Familiengerichts nach § 1 GewSchG gemäß § 216 Absatz 2 Satz 1 FamFG oder die Vollziehung einer einstweiligen Anordnung des Familiengerichts nach § 214 Absatz 1 Satz 1 FamFG gemäß § 53 Absatz 2 Satz 1 FamFG auch zulässig, bevor die Entscheidung dem Antragsgegner, das heißt dem Schuldner, zugestellt ist, wenn das Gericht dies ausdrücklich angeordnet hat. [3]Der Antrag auf Erlass einer einstweiligen Anordnung gemäß § 214 Absatz 1 Satz 1 FamFG gilt zugleich als Auftrag zur Vollstreckung, wenn die einstweilige Anordnung ohne mündliche Erörterung erlassen wurde. [4]Der Beschluss nach § 214 Absatz 1 FamFG ist von Amts wegen zuzustellen. [5]Mit der Zustellung beauftragt die Geschäftsstelle den Gerichtsvollzieher auf die in § 176 Absatz 1 ZPO[2)] bestimmte Weise (vgl. § 15 Absatz 2 Satz 1 FamFG in Verbindung mit § 176 Absatz 1 ZPO). [6]Verlangt der Antragsteller in diesem Fall von dem Gerichtsvollzieher, die Zustellung nicht vor der Vollstreckung durchzuführen, so ist der Gerichtsvollzieher an dieses Verlangen gebunden.

---

1) Richtig wohl: „Wachtpostens".
2) **Habersack, Deutsche Gesetze Nr. 100.**
3) Nr. 49.
4) **Habersack, Deutsche Gesetze Nr. 112.**
5) § 134 Abs. 1 Satz 3 neu gef., Sätze 4 und 5 eingef., bish. Satz 4 wird Satz 6 mWv 1.1.2019 durch Bek. v. 23.11.2018 (JMBl. S. 122); Abs. 1 Satz 5 geänd. mWv 1.1.2023 durch Bek. v. 7.12.2022 (BayMBl. Nr. 754).

(2) [1]Der Gerichtsvollzieher wird zur Beseitigung der Zuwiderhandlung durch den Besitz einer Ausfertigung der gerichtlichen Entscheidung ermächtigt. [2]Er prüft nach deren Inhalt selbstständig, ob und wieweit das Verlangen des Gläubigers gerechtfertigt erscheint. [3]Zuwiderhandlungen des Schuldners muss der Gerichtsvollzieher unter Beachtung des § 758 Absatz 3 und des § 759 ZPO, nötigenfalls mit Gewalt, jedoch unter Vermeidung jeder unnötigen Härte, überwinden.

E.[1] Zwangsvollstreckung durch Abnahme der Vermögensauskunft gemäß § 802c, der eidesstattlichen Versicherung gemäß § 836 Absatz 3 oder § 883 Absatz 2 ZPO[2] oder § 94 FamFG[3] und durch Haft; Vorführung von Parteien und Zeugen

§ 135[4] Vorbereitung des Termins zur Abgabe der Vermögensauskunft.

[1]Bevor der Gerichtsvollzieher einen Termin zur Abgabe der Vermögensauskunft bestimmt, holt er eine Auskunft aus dem Vermögensverzeichnisregister ein. [2]Daneben kann er das Schuldnerverzeichnis einsehen und den Schuldner befragen, ob dieser innerhalb der letzten zwei Jahre eine Vermögensauskunft abgegeben hat. [3]Ein Verzicht des Gläubigers auf Zuleitung des Vermögensverzeichnisses ist unbeachtlich (§ 802d Absatz 1 Satz 2 ZPO[2]).

§ 136[5] Behandlung des Auftrags, Ladung zum Termin. (1) [1]Der Ladung an den Schuldner fügt der Gerichtsvollzieher den Text der nach § 802f Absatz 3 ZPO[2] erforderlichen Belehrungen, je ein Überstück des Auftrags und der Forderungsaufstellung sowie einen Ausdruck der Vorlage für die abzugebende Vermögensauskunft oder ein entsprechendes Merkblatt bei. [2]Soweit dafür amtliche Vordrucke eingeführt sind, verwendet der Gerichtsvollzieher diese. [3]Hat der Gläubiger mit dem Auftrag schriftlich Fragen eingereicht, die der Schuldner bei der Abnahme der Vermögensauskunft beantworten soll, fügt der Gerichtsvollzieher auch diesen Fragenkatalog der Ladung bei. [4]Reicht der Gläubiger nach Auftragserteilung einen solchen Fragenkatalog ein, so übersendet der Gerichtsvollzieher dem Schuldner eine Ablichtung des Fragenkatalogs nachträglich formlos durch die Post unter Hinweis auf den Termin.

(2) [1]Den Prozessbevollmächtigten des Schuldners muss der Gerichtsvollzieher von dem Termin nicht unterrichten. [2]Dem Gläubiger oder dessen Verfahrensbevollmächtigten teilt er die Terminbestimmung formlos mit.

(3) [1]Hat der Schuldner im Falle des § 807 Absatz 1 ZPO der sofortigen Abnahme der Vermögensauskunft widersprochen (§ 807 Absatz 2 Satz 1 ZPO) oder sind seit einer vorherigen Zahlungsaufforderung zwei Wochen erfolglos verstrichen (§ 802f Absatz 1 Satz 4 ZPO), bedarf es der Setzung einer Zahlungsfrist nicht. [2]Zwischen dem Terminstag und dem Tag der Zustellung der Ladung (§ 802f Absatz 4 Satz 1 ZPO) müssen wenigstens drei Tage liegen (§ 217 ZPO).

§ 137 Anschriftenänderung, Rechthilfeersuchen[6], Erledigung des Rechtshilfeersuchens. (1) [1]Ist der Schuldner nach der Rückbriefadresse an einen Ort außerhalb des Bezirkes des Gerichtsvollziehers verzogen, kann der Gerichtsvollzieher mangels anderer Anhaltspunkte regelmäßig davon ausgehen,

[1] Buchst. E Überschrift geänd. mWv 1.1.2019 durch Bek. v. 23.11.2018 (JMBl. S. 122).
[2] **Habersack, Deutsche Gesetze Nr. 100.**
[3] **Habersack, Deutsche Gesetze Nr. 112.**
[4] § 135 Satz 3 angef. mWv 1.1.2019 durch Bek. v. 23.11.2018 (JMBl. S. 122).
[5] § 136 Abs. 3 Satz 1 geänd. mWv 1.1.2019 durch Bek. v. 23.11.2018 (JMBl. S. 122).
[6] Richtig wohl: „Rechtshilfeersuchen".

dass der Schuldner bereits bei Auftragseingang an den anderen Ort verzogen war. [2]In diesem Fall hebt er den Termin auf. [3]Ist der Schuldner innerhalb des Amtsgerichtsbezirks in den Bezirk eines anderen Gerichtsvollziehers umgezogen, so gibt er den Auftrag unverzüglich an den zuständigen Gerichtsvollzieher ab. [4]Ist der Schuldner außerhalb des Amtsgerichtsbezirks verzogen, leitet der Gerichtsvollzieher den Auftrag auf Antrag des Gläubigers an das zuständige Amtsgericht weiter und benachrichtigt unverzüglich den Gläubiger. [5]Ist der Wohnsitz oder gewöhnliche Aufenthaltsort nach der Rückbriefadresse unbekannt und hat der Gläubiger für diesen Fall den Gerichtsvollzieher mit der Ermittlung des Aufenthaltsortes des Schuldners beauftragt, führt er zunächst diesen Auftrag aus. [6]Ist ein Auftrag nach § 755 ZPO[1] nicht erteilt oder bleibt die Aufenthaltsermittlung erfolglos, so ist der Auftrag dem Gläubiger mit entsprechender Mitteilung zurückzusenden (§ 20 Absatz 2 Satz 1 Nummer 2 GVO[2]).

(2) [1]Ist der Schuldner nach Eingang des Auftrags zur Abnahme der Vermögensauskunft nach Kenntnis des Gerichtsvollziehers an einen Ort außerhalb des Amtsgerichtsbezirks verzogen, ersucht der Gerichtsvollzieher den für den jetzigen Wohnort oder Aufenthaltsort zuständigen Gerichtsvollzieher, den Schuldner im Wege der Rechtshilfe dort zur Abgabe der Vermögensauskunft bei ihm zu laden. [2]Der Gerichtsvollzieher benachrichtigt den Gläubiger formlos von seinem Rechtshilfeersuchen.

(3) [1]Nach Abnahme der Vermögensauskunft hat der ersuchte Gerichtsvollzieher die Urschrift des Protokolls und das elektronisch errichtete Vermögensverzeichnis an den ersuchenden Gerichtsvollzieher zu senden. [2]Das Vermögensverzeichnis ist dabei als elektronisches Dokument unter Nutzung des OSCI-Transportprotokolls (zum Beispiel über das Elektronische Gerichts- und Verwaltungspostfach (EGVP)) zu übermitteln. [3]Der Gerichtsvollzieher hinterlegt das Vermögensverzeichnis bei dem zentralen Vollstreckungsgericht und leitet dem Gläubiger unverzüglich nach Eingang der Information des zentralen Vollstreckungsgerichts über die erfolgte Eintragung in das Vermögensregister einen mit einem Übereinstimmungsvermerk versehenen Ausdruck des Vermögensverzeichnisses zu. [4]Er kann auf Antrag des Gläubigers auch nach § 802d Absatz 2 ZPO verfahren.

(4) Soweit dem Gerichtsvollzieher nach Ladung und vor dem Termin zur Abnahme der Vermögensauskunft im Einzelfall Mängel in den von Amts wegen zu beachtenden Voraussetzungen bekannt werden, hebt er stets den Termin unter Benachrichtigung von Gläubiger und Schuldner endgültig oder einstweilen auf.

§ 138[3] Durchführung des Termins. (1) [1]Der Termin ist nicht öffentlich. [2]Der Gerichtsvollzieher achtet darauf, dass Dritte vom Inhalt der Sitzung keine Kenntnisse erlangen. [3]Der Gläubiger, sein Verfahrensbevollmächtigter, der Verfahrensbevollmächtigte des Schuldners, Bürokräfte des Gerichtsvollziehers, Personen der Dienstaufsicht, Prüfungsbeamte, in der Gerichtsvollzieherausbildung befindliche Anwärter sowie Personen, die der Gerichtsvollzieher zu seiner Unterstützung, insbesondere zur Aufrechterhaltung der Ordnung hinzugezogen hat, dürfen an dem Termin teilnehmen. [4]Der Gerichtsvollzieher kann auf Verlangen des Schuldners auch weiteren Personen die Anwesenheit gestatten. [5]Nimmt der Gläubiger am Termin teil, kann er den Schuldner innerhalb der diesem nach § 802c

[1] **Habersack, Deutsche Gesetze Nr. 100.**
[2] Nr. **109a.**
[3] § 138 Abs. 1 Satz 3 neu gef., Satz 4 eingef., bish. Sätze 4–6 werden Sätze 5–7 mWv 1.1.2019 durch Bek. v. 23.11.2018 (JMBl. S. 122).

ZPO[1)] obliegenden Auskunftspflicht befragen und Vorhalte machen. [6] Er kann den Gerichtsvollzieher zum Termin auch schriftlich auf Vermögenswerte des Schuldners, zu denen er fehlende oder unrichtige Angaben des Schuldners befürchtet, hinweisen, damit dieser dem Schuldner bei Abwesenheit des Gläubigers im Termin den Vorhalt macht. [7] Der Grundsatz der gütlichen Erledigung des Zwangsvollstreckungsverfahrens (§ 802b ZPO) ist auch in dem Termin vorrangig zu beachten (vergleiche § 68).

(2) [1] Zu Beginn des Termins belehrt der Gerichtsvollzieher den Schuldner nach § 802f Absatz 3 ZPO eingehend über die Bedeutung einer eidesstattlichen Versicherung und weist auf die Strafvorschriften der §§ 156 und 161 StGB[2)] hin. [2] Der Gerichtsvollzieher errichtet gemäß § 802f Absatz 5 ZPO selbst eine Aufstellung mit den nach § 802c Absatz 1 und 2 ZPO erforderlichen Angaben als elektronisches Dokument (Vermögensverzeichnis). [3] Dem Schuldner nicht verständliche Begriffe, die dem zu erstellenden Vermögensverzeichnis zugrunde liegen, erläutert er. [4] Der Gerichtsvollzieher hat auf Vollständigkeit der Angaben unter Beachtung der vom Gläubiger im Termin oder zuvor schriftlich gestellten Fragen zu dringen. [5] Auf ein erkennbar unvollständiges Vermögensverzeichnis darf die eidesstattliche Versicherung nicht abgenommen werden, es sei denn, der Schuldner erklärt glaubhaft, genauere und vollständigere Angaben insoweit nicht machen zu können. [6] Der Schuldner hat an Eides statt zu versichern, dass er die verlangten Angaben nach bestem Wissen und Gewissen richtig und vollständig gemacht hat. [7] Über den Ablauf des Termins erstellt der Gerichtsvollzieher in entsprechender Anwendung der §§ 159 bis 163 ZPO ein Protokoll. [8] Zu den in das Protokoll aufzunehmenden rechtserheblichen Erklärungen des Schuldners zählen auch die von ihm vorgebrachten Gründe, aus denen er die eidesstattliche Versicherung nicht abgeben will. [9] Soweit ein amtlicher Protokollvordruck eingeführt ist, hat sich der Gerichtsvollzieher desselben zu bedienen.

§ 139[3)] Aufträge mehrerer Gläubiger. [1] Hat der Gerichtsvollzieher Aufträge mehrerer Gläubiger zur Abnahme der Vermögensauskunft erhalten, so bestimmt er den Termin zur Abgabe in diesen Verfahren auf dieselbe Zeit am selben Ort, soweit er die Ladungsfrist und die gegebenenfalls nach § 802f Absatz 1 ZPO[1)] erforderliche Frist jeweils einhalten kann. [2] Gibt der Schuldner die Vermögensauskunft ab, so nimmt der Gerichtsvollzieher für alle Gläubiger in allen Verfahren zusammen nur ein Protokoll und ein Vermögensverzeichnis auf.

§ 140[4)] Verfahren nach Abgabe der Vermögensauskunft. (1) [1] Der Gerichtsvollzieher hinterlegt das Vermögensverzeichnis nach Maßgabe der Vermögensverzeichnisverordnung[5)] (VermVV) spätestens nach drei Werktagen als elektronisches Dokument bei dem zentralen Vollstreckungsgericht. [2] Die elektronische Kommunikation mit dem zentralen Vollstreckungsgericht richtet sich nach den dazu ergangenen landesrechtlichen Bestimmungen.

(2) [1] Der Gerichtsvollzieher speichert die durch das zentrale Vollstreckungsgericht nach § 5 Absatz 2 Satz 3 VermVV übersandte Eintragungsmitteilung in elektronischer Form. [2] Sodann erstellt er den für die Übermittlung an den Gläubi-

---

[1)] **Habersack, Deutsche Gesetze Nr. 100.**

[2)] **Habersack, Deutsche Gesetze Nr. 85.**

[3)] § 139 Satz 1 geänd. mWv 1.1.2019 durch Bek. v. 23.11.2018 (JMBl. S. 122).

[4)] § 140 Abs. 2 Satz 1 geänd., Abs. 3 Satz 2 eingef., bish. Sätze 2–4 werden Sätze 3–5 mWv 1.1.2019 durch Bek. v. 23.11.2018 (JMBl. S. 122).

[5)] **Habersack, Deutsche Gesetze Nr. 102b.**

ger bestimmten Ausdruck oder das für die Übermittlung an den Gläubiger bestimmte elektronische Dokument.

(3) [1]Der Gerichtsvollzieher leitet dem Gläubiger unverzüglich nach Eingang der Information des zentralen Vollstreckungsgerichts über die erfolgte Eintragung in das Vermögensverzeichnisregister einen mit einem Übereinstimmungsvermerk versehenen Ausdruck des Vermögensverzeichnisses zu. [2]Ein Verzicht des Gläubigers auf die Zuleitung des Vermögensverzeichnisses ist unbeachtlich (§ 802d Absatz 1 Satz 2 ZPO[1)]). [3]Er kann auf Antrag des Gläubigers auch nach § 802d Absatz 2 ZPO verfahren. [4]Der Vermerk, mit dem der Gerichtsvollzieher bescheinigt, dass der an den Gläubiger übermittelte Ausdruck mit dem Inhalt des Vermögensverzeichnisses übereinstimmt, enthält die Formulierung „Dieser Ausdruck stimmt mit dem Inhalt des Vermögensverzeichnisses überein." sowie Datum, Unterschrift, Name und Dienstbezeichnung des Gerichtsvollziehers. [5]Der Vermerk, mit dem der Gerichtsvollzieher bescheinigt, dass das an den Gläubiger übermittelte elektronische Dokument mit dem Inhalt des Vermögensverzeichnisses übereinstimmt, enthält die Formulierung „Dieses elektronische Dokument stimmt mit dem Inhalt des Vermögensverzeichnisses überein." sowie Datum, Unterschrift, Name und Dienstbezeichnung des Gerichtsvollziehers.

§ 141[2)] Einholung der Auskünfte Dritter zu Vermögensgegenständen (§ 802l ZPO[1)]). [1]Der Gläubiger kann den Gerichtsvollzieher beauftragen, gemäß § 802l Absatz 1 ZPO bei Dritten Auskünfte zu Vermögensgegenständen des Schuldners einzuholen. [2]Im Hinblick auf Anträge von Folgegläubigern ist § 802l Absatz 4 und 5 ZPO zu beachten.

§ 142 Wiederholung, Ergänzung oder Nachbesserung des Vermögensverzeichnisses. [1]In den Fällen der Wiederholung, Ergänzung oder Nachbesserung des Vermögensverzeichnisses ist immer ein vollständiges Vermögensverzeichnis zu errichten. [2]Der Gerichtsvollzieher dokumentiert in dem neu erstellten Vermögensverzeichnis, an welchem Tag die Versicherung an Eides statt für das Vermögensverzeichnis erstmals erfolgt ist (§ 3 Absatz 2 Nummer 3 VermVV[3)]).

§ 143[4)] Erzwingungshaft. (1) Beantragt der Gläubiger gemäß § 802g Absatz 1 ZPO[1)] den Erlass eines Haftbefehls, so leitet der Gerichtsvollzieher den Antrag zusammen mit seiner Akte an das nach § 764 Absatz 2 ZPO zuständige Vollstreckungsgericht weiter.

(2) [1]Das Verfahren richtet sich nach § 145. [2]Der Zweck des Haftbefehls entfällt, wenn der Schuldner die Verpflichtung, deren Befriedigung durch die Abgabe der Vermögensauskunft vorbereitet werden soll, vollständig erfüllt. [3]§ 68 findet Anwendung.

§ 144 Zulässigkeit der Verhaftung (§§ 802c, 802g, 836, 883, 888, 889 ZPO[1)]; § 94 FamFG[5)]; § 153 Absatz 2 InsO[6)]). (1) [1]Auf Antrag des Gläubigers kann das Gericht gegen den Schuldner einen Haftbefehl erlassen, um von ihm

1. die Abgabe der in § 802c ZPO bezeichneten Vermögensauskunft oder

---

[1)] **Habersack, Deutsche Gesetze Nr. 100.**
[2)] § 141 neu gef. mWv 1.1.2023 durch Bek. v. 7.12.2022 (BayMBl. Nr. 754).
[3)] **Habersack, Deutsche Gesetze Nr. 102b.**
[4)] § 143 Abs. 1 Satz 1 geänd., Satz 2 aufgeh. mWv 1.10.2016 durch Bek. v. 5.9.2016 (JMBl. S. 98).
[5)] **Habersack, Deutsche Gesetze Nr. 112.**
[6)] **Habersack, Deutsche Gesetze Nr. 110.**

2. die Abgabe der in §§ 836, 883 ZPO, § 94 FamFG und § 153 InsO bezeichneten eidesstattlichen Versicherung oder
3. die Abgabe der ihm nach dem bürgerlichen Recht obliegenden eidesstattlichen Versicherung oder die Vornahme einer sonstigen Handlung, zu welcher der Schuldner verurteilt worden ist und die ein anderer nicht vornehmen kann (zum Beispiel die Erteilung einer Auskunft; vergleiche §§ 802g, 888, 889 ZPO) zu erzwingen.

[2] Eine Zwangsvollstreckung auf Grund des § 888 ZPO ist jedoch ausgeschlossen, wenn im Fall der Verurteilung zur Vornahme einer Handlung der Beklagte für den Fall, dass die Handlung nicht binnen einer zu bestimmenden Frist vorgenommen wird, zur Zahlung einer Entschädigung verurteilt ist (§§ 510b, 888a ZPO).

(2) [1] Der Gerichtsvollzieher hat vor einer Verhaftung § 802h ZPO zu beachten. [2] Er soll eine Verhaftung auch erst durchführen, wenn die Besorgnis ausgeschlossen erscheint, dass dadurch eine Gefährdung der öffentlichen Sicherheit und Ordnung entstehen kann.

(3) [1] Die Verhaftung unterbleibt, wenn der Schuldner die Leistung bewirkt, die ihm nach dem Schuldtitel obliegt, die Vermögensauskunft oder die eidesstattliche Versicherung freiwillig abgibt. [2] § 802b ZPO findet Anwendung.

§ 145[1)] Verfahren bei der Verhaftung. (1) [1] Der Gerichtsvollzieher vermeidet bei der Verhaftung unnötiges Aufsehen und jede durch den Zweck der Vollstreckung nicht gebotene Härte. [2] In geeigneten Fällen kann er den Schuldner schriftlich zur Zahlung und zum Erscheinen an der Gerichtsstelle auffordern. [3] Dies hat jedoch zu unterbleiben, wenn zu befürchten ist, der Schuldner werde sich der Verhaftung entziehen oder Vermögenswerte beiseiteschaffen. [4] Bei Widerstand wendet der Gerichtsvollzieher Gewalt an und beachtet dabei die §§ 758 und 759 ZPO[2)]. [5] Der Gerichtsvollzieher händigt dem Schuldner von Amts wegen eine beglaubigte Abschrift des Haftbefehls aus (§ 802g Absatz 2 Satz 2 ZPO). [6] Er befragt den Verhafteten, ob er jemanden von seiner Verhaftung zu benachrichtigen wünsche, und gibt ihm Gelegenheit zur Benachrichtigung seiner Angehörigen und anderer nach Lage des Falles in Betracht kommender Personen, soweit es erforderlich ist und ohne Gefährdung der Inhaftnahme geschehen kann. [7] Der Gerichtsvollzieher kann die Benachrichtigung auch selbst ausführen. [8] Der Gerichtsvollzieher, der den Schuldner verhaftet hat, liefert ihn in die nächste zur Aufnahme von Zivilhäftlingen bestimmte Justizvollzugsanstalt ein. [9] Der Haftbefehl ist dem zuständigen Vollzugsbediensteten zu übergeben. [10] Ist das Amtsgericht des Haftorts nicht die Dienstbehörde des einliefernden Gerichtsvollziehers, so weist er den Vollzugsbediensteten außerdem darauf hin, dass der verhaftete Schuldner zu jeder Zeit verlangen kann, bei dem zuständigen Gerichtsvollzieher des Amtsgerichts des Haftorts die Vermögensauskunft oder die eidesstattliche Versicherung (vergleiche § 144 Absatz 1 Satz 1, § 147) abzugeben. [11] Er weist ihn ferner darauf hin, den Schuldner sogleich zu unterrichten, zu welchen Zeiten Gründe der Sicherheit der Justizvollzugsanstalt einer Abnahme entgegenstehen. [12] Außerdem übergibt er dem Vollzugsbediensteten die Vollstreckungsunterlagen, der sie dem bei Abgabebereitschaft des Schuldners herbeigerufenen Gerichtsvollzieher des Amtsgerichts des Haftorts aushändigt. [13] Eines besonderen Annahmebefehls bedarf

---

1) § 145 Abs. 1 Satz 5 eingef., bish. Sätze 5–14 werden Sätze 6–15, neuer Satz 6 geänd., Abs. 3 Sätze 8 und 9 aufgeh., Abs. 7 Satz 1 geänd. mWv 1.1.2019 durch Bek. v. 23.11.2018 (JMBl. S. 122); Abs. 1 Satz 14 neu gef., Satz 15 aufgeh. mWv 1.1.2023 durch Bek. v. 7.12.2022 (BayMBl. Nr. 754).

2) **Habersack, Deutsche Gesetze Nr. 100.**

es nicht. [14] Einer Vollziehung des Haftbefehls steht entgegen, dass der Schuldner sofortige Beschwerde gegen den Haftbefehl eingelegt hat (§ 570 Absatz 1 ZPO).

(2) [1] Das Protokoll muss die genaue Bezeichnung des Haftbefehls und die Bemerkung enthalten, dass dem Schuldner eine beglaubigte Abschrift desselben übergeben worden ist; es muss ferner ergeben, ob und zu welcher Zeit der Schuldner verhaftet worden oder aus welchem Grund die Verhaftung unterblieben ist. [2] Die Einlieferung des Schuldners in die Justizvollzugsanstalt ist von dem zuständigen Vollzugsbediensteten unter dem Protokoll zu bescheinigen; dabei ist die Stunde der Einlieferung anzugeben.

(3) [1] Für die Verhaftung des Vollstreckungsschuldners in Steuersachen ist der Gerichtsvollzieher zuständig. [2] Die Vollstreckungsbehörde (Finanzamt/Hauptzollamt) teilt dem Gerichtsvollzieher den geschuldeten Betrag sowie den Schuldgrund mit und ermächtigt ihn, den geschuldeten Betrag anzunehmen und über den Empfang Quittung zu erteilen. [3] Ist der verhaftete Vollstreckungsschuldner vor Einlieferung in die Justizvollzugsanstalt zur Abgabe der Vermögensauskunft bereit, hat ihn der Gerichtsvollzieher grundsätzlich der Vollstreckungsbehörde vorzuführen. [4] Abweichend hiervon kann der Gerichtsvollzieher des Amtsgerichts des Haftortes die Vermögensauskunft abnehmen, wenn sich der Sitz der in § 284 Absatz 5 AO bezeichneten Vollstreckungsbehörde nicht im Bezirk dieses Amtsgerichts befindet oder wenn die Abnahme der Vermögensauskunft durch die Vollstreckungsbehörde nicht möglich ist, weil die Verhaftung zu einer Zeit stattfindet, zu der der zuständige Beamte der Vollstreckungsbehörde nicht erreichbar ist. [5] In diesem Fall hinterlegt der Gerichtsvollzieher das Vermögensverzeichnis beim zentralen Vollstreckungsgericht und benachrichtigt die Vollstreckungsbehörde unter Angabe der Verfahrensnummer und Übersendung des Vermögensverzeichnisses von der Hinterlegung. [6] Über die Anordnung der Eintragung des Schuldners in das Schuldnerverzeichnis entscheidet die Vollstreckungsbehörde. [7] Hat die Vollstreckungsbehörde Weisungen für die Durchführung der Verhaftung getroffen, zum Beispiel die Einziehung von Raten ausgeschlossen, ist der Gerichtsvollzieher daran gebunden.

(4) [1] Ist die Vollstreckung des Haftbefehls nicht möglich, weil der Schuldner nicht aufzufinden oder nicht anzutreffen ist, so vermerkt der Gerichtsvollzieher dies zu den Akten und benachrichtigt unverzüglich den Gläubiger. [2] Nach wiederholtem fruchtlosen Verhaftungsversuch binnen drei Monaten nach Auftragseingang in einer Wohnung (§ 61 Absatz 1 Satz 2), der mindestens einmal unmittelbar vor Beginn oder nach Beendigung der Nachtzeit erfolgt sein muss, hat der Gerichtsvollzieher dem Gläubiger anheimzugeben, einen Beschluss des zuständigen Richters bei dem Amtsgericht darüber herbeizuführen, dass die Verhaftung auch an Sonntagen und allgemeinen Feiertagen sowie zur Nachtzeit in den bezeichneten Wohnungen erfolgen kann.

(5) [1] Der Gerichtsvollzieher des Amtsgerichts des Haftorts ist zuständig, das Vermögensverzeichnis (§ 802f Absatz 5 ZPO) zu errichten. [2] Er entlässt den Schuldner nach Abgabe der Vermögensauskunft oder Bewirkung der geschuldeten Leistung aus der Haft. [3] Der Haftbefehl ist damit verbraucht. [4] Der Gerichtsvollzieher des Amtsgerichts des Haftorts übermittelt dem zentralen Vollstreckungsgericht das Vermögensverzeichnis in elektronischer Form und leitet dem Gläubiger unverzüglich nach Eingang der Information des zentralen Vollstreckungsgerichts über die erfolgte Eintragung in das Vermögensregister einen mit dem Übereinstimmungsvermerk versehenen Ausdruck zu (§ 802f Absatz 6 ZPO).

(6) [1] Die Vollziehung des persönlichen Sicherheitsarrestes richtet sich nach den Vorschriften über die Haft im Zwangsvollstreckungsverfahren (§§ 802g, 802h

bis 802j Absatz 1 und 2, § 933 ZPO). [2]Absatz 1 bis 5 findet entsprechende Anwendung.

(7) [1]Der Gerichtsvollzieher, der den Schuldner verhaftet hat (Absatz 1 Satz 8), ist für das Eintragungsanordnungsverfahren zuständig. [2]Dazu unterrichtet ihn der Gerichtsvollzieher des Amtsgerichts des Haftorts unverzüglich über die Entlassung des Schuldners aus der Haft und den Entlassungsgrund.

§ 146 Nachverhaftung. (1) [1]Ist der Schuldner bereits nach den §§ 144 und 145 in Erzwingungshaft genommen, so ist ein weiterer Haftbefehl gegen ihn dadurch zu vollstrecken, dass der Gerichtsvollzieher sich in die Justizvollzugsanstalt zu dem Schuldner begibt und ihn durch persönliche Eröffnung unter Übergabe einer beglaubigten Abschrift des Haftbefehls für nachverhaftet erklärt. [2]Der Haftbefehl ist dem zuständigen Vollzugsbediensteten mit dem Ersuchen auszuhändigen, an dem Schuldner die fernere Haft nach Beendigung der zuerst verhängten Haft zu vollstrecken.

(2) [1]Das Protokoll muss die Bezeichnung des Haftbefehls und die vom Gerichtsvollzieher abgegebenen Erklärungen enthalten. [2]Die Aushändigung des Haftbefehls ist von dem Vollzugsbediensteten unter dem Protokoll zu bescheinigen. [3]Im Übrigen findet § 145 entsprechende Anwendung.

(3) [1]Gegen einen Schuldner, der sich in Untersuchungshaft oder in Strafhaft befindet, kann die Erzwingungshaft erst nach Beendigung der Untersuchungshaft oder der Strafhaft vollzogen werden. [2]Der Gerichtsvollzieher erfragt bei dem Vollzugsbediensteten, bis zu welchem Tag gegen den Schuldner voraussichtlich noch Untersuchungshaft oder Strafhaft vollstreckt wird. [3]Liegt dieser Tag vor dem Tag, von dem an die Vollziehung des Haftbefehls unstatthaft ist, weil seit seinem Erlass zwei Jahre vergangen sind (§ 802h Absatz 1 ZPO[1])), verfährt der Gerichtsvollzieher entsprechend Absatz 1 und 2. [4]Andernfalls gibt der Gerichtsvollzieher den Auftrag unerledigt an den Gläubiger zurück. [5]Es bleibt dem Gläubiger überlassen, sich nötigenfalls mit dem Gericht, der Staatsanwaltschaft oder dem Anstaltsleiter in Verbindung zu setzen, um die Beendigung der Untersuchungshaft oder Strafhaft zu erfahren. [6]Sodann kann er den Gerichtsvollzieher erneut mit der Verhaftung beauftragen.

(4) Absatz 1 bis 3 findet bei der Vollziehung des persönlichen Sicherheitsarrests entsprechende Anwendung (§ 145 Absatz 6).

§ 147 Verhaftung im Insolvenzverfahren (§§ 21, 98 InsO[2])). [1]Für die Verhaftung des Schuldners nach § 21 InsO und nach § 98 InsO gelten die Vorschriften der Zivilprozessordnung[1]) über die Zwangsvollstreckung durch Haft entsprechend (§ 98 Absatz 3 InsO). [2]Die Verhaftung erfolgt jedoch auf Anordnung des Gerichts.

§ 148 Vollziehung eines Haftbefehls gegen einen Zeugen (§ 390 ZPO[1])).

(1) [1]Ist gegen einen Zeugen zur Erzwingung des Zeugnisses die Haft angeordnet (§ 390 Absatz 2 ZPO), so finden die Vorschriften über die Erzwingungshaft im Zwangsvollstreckungsverfahren (§§ 144, 145) entsprechende Anwendung. [2]Den Auftrag zur Verhaftung des Zeugen erteilt die Partei, die den Antrag auf Erlass des Haftbefehls gestellt hat. [3]Der Gerichtsvollzieher wird zur Verhaftung durch den Besitz des gerichtlichen Haftbefehls ermächtigt.

---

[1]) **Habersack, Deutsche Gesetze Nr. 100.**
[2]) **Habersack, Deutsche Gesetze Nr. 110.**

(2) [1] Ist gegen den Zeugen oder Beteiligten wegen unentschuldigten Ausbleibens oder unberechtigter Verweigerung des Zeugnisses für den Fall, dass das gegen ihn festgesetzte Ordnungsgeld nicht beigetrieben werden kann, Ordnungshaft festgesetzt (§ 380 Absatz 1, § 390 Absatz 1 ZPO), so wird die Entscheidung von Amts wegen nach den Vorschriften vollstreckt, die für Strafsachen gelten. [2] Das vollstreckende Gericht kann mit der Verhaftung auch einen Gerichtsvollzieher beauftragen.

(3) Dasselbe gilt für die Vollstreckung einer Ordnungshaft, die nach § 178 GVG[1)] festgesetzt wird.

§ 149 Vorführung von Zeugen, Parteien und Beteiligten (§ 372a Absatz 2, § 380 Absatz 2 ZPO[2)], § 33 Absatz 3, § 96a Absatz 2, § 128 Absatz 4, § 178 Absatz 2 FamFG[3)]; § 98 InsO[4)]). [1] Das Gericht kann den Gerichtsvollzieher mit der zwangsweisen Vorführung einer Person, insbesondere eines Zeugen oder einer Partei, beauftragen. [2] Der Gerichtsvollzieher führt den Auftrag nach den Anordnungen des Gerichts aus. [3] Der Auftrag ist schriftlich zu erteilen; das Schriftstück ist dem Betroffenen vor der Ausführung des Auftrages vorzuzeigen. [4] Im Übrigen findet § 145 entsprechende Anwendung. [5] Die in § 145 Absatz 4 Satz 1 vorgesehene unverzügliche Benachrichtigung erfolgt durch den Gerichtsvollzieher fernmündlich gegenüber der zuständigen Geschäftsstelle des Gerichts, wenn nur auf diese Weise gewährleistet ist, dass der Termin noch rechtzeitig aufgehoben werden kann.

§ 150 Verhaftung ausländischer Staatsangehöriger. [1] Bei der Verhaftung ausländischer Staatsangehöriger gelten Artikel 36 Absatz 1 Buchstabe b des Wiener Übereinkommens über konsularische Beziehungen vom 24. April 1963 (BGBl. 1969 II S. 1585, 1587) und die dazu ergangenen besonderen landesspezifischen Regelungen. [2] Die Belehrungs- und Benachrichtigungspflicht obliegt dem Gerichtsvollzieher in den Fällen der §§ 145 bis 149.

§ 151[5)] Verfahren zur Eintragung in das Schuldnerverzeichnis (§ 882b bis 882h ZPO[2)]). [1] Die Übermittlung der Eintragungsanordnung an das zentrale Vollstreckungsgericht erfolgt nach Maßgabe der Schuldnerverzeichnisführungsverordnung[6)]. [2] Erhält der Gerichtsvollzieher von dem zentralen Vollstreckungsgericht nach § 3 Absatz 3 Satz 2 SchuFV die Mitteilung, dass seine elektronische Übermittlung die Anforderungen nicht erfüllt, veranlasst er unverzüglich nach § 3 Absatz 3 Satz 2 SchuFV eine erneute elektronische Übermittlung der Eintragungsanordnung, die dann den Anforderungen entspricht. [3] Die elektronische Kommunikation mit dem zentralen Vollstreckungsgericht richtet sich nach den landesrechtlichen Bestimmungen. [4] Bei der Erstellung und Übermittlung der Eintragungsanordnungen sind die in der „Definition bundeseinheitlicher Standards zur Erstellung und Übermittlung von Eintragungsanordnungen gemäß § 882c ZPO" niedergelegten bundeseinheitlichen Vorgaben in der jeweils gültigen Fassung einzuhalten.

[1)] **Habersack, Deutsche Gesetze Nr. 95.**
[2)] **Habersack, Deutsche Gesetze Nr. 100.**
[3)] **Habersack, Deutsche Gesetze Nr. 112.**
[4)] **Habersack, Deutsche Gesetze Nr. 110.**
[5)] § 151 Satz 2 geänd., Satz 4 angef. mWv 1.1.2019 durch Bek. v. 23.11.2018 (JMBl. S. 122).
[6)] **Habersack, Deutsche Gesetze Nr. 102.**

F. Vollziehung von Arresten und einstweiligen Verfügungen

I. Allgemeines

§ 152[1] (§§ 916 bis 945 ZPO[2]). (1) [1]Arrestbefehle und einstweilige Verfügungen sind Schuldtitel, die nicht eine Befriedigung des Gläubigers, sondern nur eine Sicherung seines Anspruchs oder die einstweilige Regelung eines rechtlichen Zustandes bezwecken. [2]Der dingliche Arrest wird durch Beschlagnahme des gesamten Vermögens des Schuldners oder eines in dem Befehl näher bezeichneten Teiles hiervon, der persönliche Sicherheitsarrest je nach dem Inhalt des Befehls durch Verhaftung des Schuldners oder eine sonstige Beschränkung seiner persönlichen Freiheit vollzogen. [3]Bei der einstweiligen Verfügung trifft das Gericht in dem Befehl die zur Erreichung des Zwecks erforderlichen Anordnungen, die zum Beispiel darin bestehen können, dass dem Schuldner eine Handlung geboten oder verboten, unter Umständen auch eine Leistung an den Gläubiger oder die Herausgabe einer beweglichen Sache oder eines Grundstücks aufgegeben wird.

(2) [1]Arrestbefehle und einstweilige Verfügungen ergehen in Form eines Urteils oder eines Beschlusses. [2]Sie werden dem Gläubiger von dem Gericht durch Verkündung oder durch Zustellung von Amts wegen bekannt gemacht, dem Schuldner dagegen auf Betreiben und im Auftrag des Gläubigers durch einen Gerichtsvollzieher zugestellt, sofern der Arrest oder die einstweilige Verfügung durch Beschluss angeordnet worden ist (vergleiche § 922 Absatz 2 ZPO). [3]Ist über das Gesuch durch Urteil entschieden worden, kann eine Zustellung an den Schuldner von Amts wegen nach § 317 Absatz 1 Satz 1 ZPO oder zum Zwecke der Einleitung der Vollziehung im Parteibetrieb nach § 750 Absatz 1 Satz 2 Halbsatz 1, § 795 ZPO erfolgen. [4]In Familienstreitsachen kann das Gericht gemäß § 119 Absatz 2 Satz 1 FamFG[3] den Arrest anordnen. [5]Satz 2 und 3 finden entsprechende Anwendung.

(3) [1]Die Vollziehung des Arrestes ist innerhalb einer Ausschlussfrist von einem Monat zulässig. [2]Die Frist beginnt mit der Verkündung des Arrestbefehls oder dessen Zustellung an den Gläubiger (§ 929 Absatz 2 Satz 1 ZPO). [3]Kann ein ausländischer Sicherungstitel im Inland ohne vorherige Vollstreckbarerklärung vollzogen werden, beträgt die Frist nach Satz 1 zwei Monate (§ 929 Absatz 2 Satz 2 ZPO). [4]Dasselbe gilt für die Vollziehung einer einstweiligen Verfügung, soweit sich nicht aus den darin getroffenen Anordnungen etwas anderes ergibt (§ 936 ZPO). [5]Der Gerichtsvollzieher prüft selbstständig, ob die Ausschlussfrist abgelaufen ist. [6]Er beachtet dabei, dass der Arrestbefehl dem Gläubiger auch dann zugestellt ist, wenn er ihm an der Amtsstelle ausgehändigt worden ist (§ 174 ZPO). [7]Die Frist ist schon dadurch gewahrt, dass der Antrag des Gläubigers auf Vornahme der Vollstreckungshandlung vor ihrem Ablauf bei dem Gerichtsvollzieher eingeht. [8]Soweit die Vollziehung nicht mehr statthaft ist, lehnt er den Auftrag ab.

(4) Eine Vollstreckungsklausel ist auf Arrestbefehlen und einstweiligen Verfügungen nur dann erforderlich, wenn die Vollziehung für einen anderen als den im Befehl bezeichneten Gläubiger oder gegen einen anderen als den im Befehl bezeichneten Schuldner erfolgen soll (§ 929 Absatz 1 ZPO).

---

[1] § 152 Abs. 3 neu gef., Abs. 5 Satz 2 geänd. mWv 1.1.2023 durch Bek. v. 7.12.2022 (BayMBl. Nr. 754).

[2] **Habersack, Deutsche Gesetze Nr. 100.**

[3] **Habersack, Deutsche Gesetze Nr. 112.**

(5) [1]Abweichend von der Regel der §§ 44 und 45 ist die Vollziehung eines Arrestes oder einer einstweiligen Verfügung auch zulässig, bevor die Entscheidung oder – falls eine Vollstreckungsklausel erteilt ist – bevor die Klausel und die in ihr erwähnten, die Rechtsnachfolge beweisenden Urkunden dem Schuldner zugestellt sind. [2]Die Wirksamkeit der Vollziehung ist dadurch bedingt, dass die Zustellung innerhalb einer Woche nach der Vollziehung und zugleich vor Ablauf der Ausschlussfrist nachgeholt wird (§ 929 Absatz 3 ZPO; vergleiche auch § 167 ZPO). [3]Der mit der Vollziehung beauftragte Gerichtsvollzieher hat auch ohne ausdrückliche Anweisung des Gläubigers für die rechtzeitige Zustellung der Entscheidung zu sorgen.

II. Verfahren bei der Vollziehung

§ 153[1)] Dinglicher Arrest. (1) Bei der Vollziehung des dinglichen Arrestes wirkt der Gerichtsvollzieher in gleicher Weise mit wie bei der sonstigen Zwangsvollstreckung.

(2) [1]In bewegliche körperliche Sachen wird der Arrest durch Pfändung nach den Vorschriften vollzogen, die für die Zwangsvollstreckung gelten (§§ 928, 929 ZPO[2)]). [2]Zu den beweglichen Sachen rechnen in diesem Fall auch die in das Schiffsregister eingetragenen Schiffe, Schiffsbauwerke und im Bau befindlichen oder fertiggestellten Schwimmdocks (§ 931 Absatz 1 ZPO in Verbindung mit § 3 SchRG); dies gilt nicht nur für deutsche, sondern auch für alle ausländischen Schiffe. [3]Wegen der Benachrichtigung der konsularischen Vertretung bei der Pfändung von ausländischen Schiffen vergleiche § 84 Absatz 4.

(3) [1]Die Pfandstücke dürfen auf Grund des Arrestbefehls nicht veräußert werden. [2]Das Vollstreckungsgericht kann jedoch die Versteigerung und die Hinterlegung des Erlöses anordnen, wenn eine im Arrestwege gepfändete Sache der Gefahr einer beträchtlichen Wertverringerung ausgesetzt ist oder wenn ihre Aufbewahrung unverhältnismäßig hohe Kosten verursachen würde (§ 930 ZPO); erscheint die Stellung eines Antrags auf Versteigerung erforderlich, so soll der Gerichtsvollzieher die Beteiligten darauf aufmerksam machen. [3]Die Pfändung auf Grund eines Arrestbefehls steht der Veräußerung der Pfandstücke für einen anderen Gläubiger nicht entgegen. [4]Der Teil des Erlöses, der auf die durch das Arrestpfandrecht gesicherte Forderung entfällt, ist zu hinterlegen.

(4) [1]Bei der Vollziehung des Arrestes in ein Schiff, Schiffsbauwerk oder Schwimmdock sorgt der Gerichtsvollzieher durch geeignete Maßnahmen für die Bewachung und Verwahrung des Schiffes, Schiffsbauwerks oder Schwimmdocks. [2]Die Vollziehung des Arrestes in das Schiff ist nicht zulässig, wenn sich das Schiff auf der Reise befindet und nicht in einem Hafen liegt (§ 930 Absatz 4 ZPO). [3]Ist zur Zeit der Arrestvollziehung die Zwangsversteigerung des Schiffes, Schiffsbauwerks oder Schwimmdocks eingeleitet, so reicht der Gerichtsvollzieher eine Abschrift des Pfändungsprotokolls beim Vollstreckungsgericht ein (§ 931 Absatz 5 ZPO).

(5) [1]In inländische Luftfahrzeuge, die in der Luftfahrzeugrolle oder im Register für Pfandrechte an Luftfahrzeugen eingetragen sind, wird der Arrest dadurch vollzogen, dass der Gerichtsvollzieher das Luftfahrzeug in Bewachung und Verwahrung nimmt und ein Registerpfandrecht für die Forderung eingetragen wird (§ 99 Absatz 2 LuftFzgG). [2]In ausländische Luftfahrzeuge wird der Arrest dadurch vollzogen, dass der Gerichtsvollzieher das Luftfahrzeug in Bewachung und Verwah-

[1)] § 153 Abs. 2 Satz 2, Abs. 4 Satz 2 geänd. mWv 1.1.2023 durch Bek. v. 7.12.2022 (BayMBl. Nr. 754).
[2)] **Habersack, Deutsche Gesetze Nr. 100.**

rung nimmt und es nach den Vorschriften über die Zwangsvollstreckung pfändet (§ 106 Absatz 3 LuftFzgG). [3] Die Bewachung und Verwahrung sowie die Pfändung des Luftfahrzeugs unterbleiben, soweit nach den Vorschriften des Gesetzes über die Unzulässigkeit der Sicherungsbeschlagnahme von Luftfahrzeugen eine Pfändung unzulässig ist.

(6) [1] Soll ein Arrestbefehl vor oder bei der Zustellung vollzogen werden (§ 929 Absatz 3, § 750 Absatz 1 ZPO) und übergibt der Schuldner dem Gerichtsvollzieher die im Arrestbefehl bestimmte Lösungssumme (§ 923 ZPO), so darf der Gerichtsvollzieher die Summe in Empfang nehmen und von der Vollstreckung absehen, vorausgesetzt, der Schuldner entrichtet auch die erwachsenen Gerichtsvollzieherkosten. [2] Der Gerichtsvollzieher handelt in diesem Fall in amtlicher Eigenschaft und hat die ihm übergebene Lösungssumme unverzüglich zu hinterlegen.

(7) [1] Erwirkt der Gläubiger demnächst wegen der Arrestforderung einen vollstreckbaren Titel und liegen im Übrigen die Voraussetzungen der Zwangsvollstreckung vor, so bedarf es zur Durchführung der Vollstreckung keiner nochmaligen Pfändung, es sei denn, die Arrestpfändung ist unwirksam oder aufgehoben (§ 934 ZPO). [2] Das Arrestpfandrecht geht ohne Weiteres in ein Vollstreckungspfandrecht über; der Gläubiger kann daher die Auszahlung des hinterlegten Geldes verlangen. [3] Dem Schuldner steht das Recht nicht mehr zu, die Versteigerung oder sonstige Durchführung des Verfahrens durch Hinterlegung gemäß § 923 ZPO abzuwenden.

(8) [1] Bei der Vollziehung des dinglichen Arrestes in eine Forderung, die dem Schuldner gegen eine dritte Person (den Drittschuldner) zusteht, oder in andere zum beweglichen Vermögen gehörende Vermögensrechte des Schuldners erfolgt die Pfändung durch das Arrestgericht. [2] Die Mitwirkung des Gerichtsvollziehers regelt sich nach §§ 121 bis 126. [3] Der mit der Zustellung des Pfändungsbeschlusses beauftragte Gerichtsvollzieher achtet darauf, dass die Zustellung dieses Beschlusses an den Drittschuldner innerhalb der Ausschlussfrist von einem Monat (§ 152 Absatz 3) geschieht. [4] Er stellt dem Schuldner innerhalb derselben Frist und zugleich vor Ablauf einer Woche nach der Zustellung an den Drittschuldner den Arrestbefehl zu, sofern dessen Zustellung nicht schon vorher erfolgt war. [5] Für die Zustellung des Pfändungsbeschlusses an den Schuldner gilt § 121 Absatz 3.

§ 154 Einstweilige Verfügung, Sequestration, Verwahrung. (1) [1] Nach § 938 ZPO[1)] kann die einstweilige Verfügung auch in einer Sequestration bestehen, das heißt in der Verwahrung und Verwaltung durch eine Vertrauensperson. [2] Der Gerichtsvollzieher wird bei der Vollziehung einer solchen Verfügung nur insoweit tätig, als es sich darum handelt, dem Sequester durch eine Zwangsmaßnahme die Durchführung der Sequestration zu ermöglichen, zum Beispiel durch die Wegnahme einer beweglichen Sache oder die Räumung eines Grundstücks und die Übergabe an den Sequester. [3] Der Gerichtsvollzieher ist nicht verpflichtet, das Amt eines Sequesters zu übernehmen.

(2) [1] Erfordert die in einer einstweiligen Verfügung angeordnete Sicherstellung einer Sache nur eine Verwahrung (ohne Verwaltung), so liegt keine Sequestration vor. [2] Der Gerichtsvollzieher muss die Verwahrung mit übernehmen, da sie noch eine Vollstreckungshandlung darstellt. [3] Die Kosten einer solchen Verwahrung sind Vollstreckungskosten. [4] Die Sicherstellung einer beweglichen Sache bedeutet in

---

[1)] **Habersack, Deutsche Gesetze Nr. 100.**

der Regel keine Sequestration, da sie keine selbständige Verwaltung notwendig macht.

(3) Ist in der einstweiligen Verfügung die Sequestration angeordnet, so kann der Gerichtsvollzieher im Zweifel davon ausgehen, dass es sich um die Anordnung einer Verwaltung handelt; er kann in diesen Fällen nach Absatz 1 verfahren.

G. Hinterlegung

§ 155 (§§ 711, 712, 720, 720a, 827, 854, 930ZPO[1]); § 100 LuftFzgG).

[1] Der Gerichtsvollzieher darf gepfändetes Geld oder den durch Verwertung der Pfandstücke erzielten Erlös in den Fällen nicht auszahlen, in denen die Hinterlegung erfolgen muss. [2] Dies gilt insbesondere,

1. wenn dem Schuldner im Urteil nachgelassen ist, die Zwangsvollstreckung durch Sicherheitsleistung oder durch Hinterlegung abzuwenden (§ 711 Satz 1, § 712 Absatz 1 Satz 1, § 720 ZPO in Verbindung mit § 817 Absatz 4, §§ 819, 847 Absatz 2 ZPO);
2. wenn gegen den Schuldner nur die Sicherungsvollstreckung nach § 720a ZPO betrieben wird oder nach § 712 Absatz 1 Satz 2 ZPO im Urteil die Vollstreckung auf die in § 720a Absatz 1 und 2 ZPO bezeichneten Maßregeln beschränkt ist;
3. wenn ein gerichtliches Verteilungsverfahren erforderlich wird (§ 827 Absatz 2 und 3, § 854 Absatz 2 und 3, § 872 ZPO; vergleiche auch § 119 Absatz 5);

(Fortsetzung nächstes Blatt)

[1]) **Habersack, Deutsche Gesetze Nr. 100.**

[2] Der Gerichtsvollzieher kann die in Satz 1 Nummer 1 bis 3 bezeichneten Personen nötigenfalls mit polizeilicher Hilfe entfernen lassen.

B. Pfandverkauf

I. Allgemeines

§ 181[1)] [Allgemeines] (1) [1] Aus einem Pfand, das aus beweglichen Sachen oder Inhaberpapieren (§§ 1293, 1296 BGB[2)]) besteht, kann sich der Pfandgläubiger ohne gerichtliches Verfahren nach den §§ 1228 bis 1248 BGB im Wege des Pfandverkaufs befriedigen; es macht keinen Unterschied, ob das Pfandrecht durch Rechtsgeschäft bestellt oder kraft Gesetzes entstanden war (§ 1257 BGB). [2] Ein gesetzliches Pfandrecht haben insbesondere

1. der aus einer Hinterlegung Berechtigte (§ 233 BGB),
2. der Vermieter (§§ 562 bis 562d BGB),
3. der Verpächter (§ 581 Absatz 2, § 592 BGB),
4. der Pächter (§ 583 BGB),
5. der Unternehmer eines Werkes (§ 647 BGB),
6. der Gastwirt (§ 704 BGB),
7. der Kommissionär, Spediteur, Lagerhalter und Frachtführer (§§ 397, 398, 464, 475b, 440 HGB[3)]).

(2) [1] Der Verkauf des Pfandes ist – vorbehaltlich der in § 188 bezeichneten Befugnis des Pfandgläubigers – nach den §§ 1234 bis 1240 BGB durchzuführen. [2] Der Auftraggeber ist gegenüber dem Eigentümer des Pfandes dafür verantwortlich, dass das Pfand unter den gesetzlichen Voraussetzungen und in der gesetzlichen Form veräußert wird. [3] Der Gerichtsvollzieher muss sich an die Weisungen des Auftraggebers halten. [4] Er soll jedoch den Auftraggeber auf die Folgen (§ 1243 BGB) aufmerksam machen, wenn dieser einen Pfandverkauf unter einer anderen als der gesetzlichen Form ohne die erforderliche Einwilligung des Eigentümers und der Personen, denen sonstige Rechte an dem Pfand zustehen (§ 1245 BGB) oder ohne die erforderliche Anordnung des Gerichts (§ 1246 BGB) verlangt. [5] Den Auftrag zu einem offenbar unzulässigen Pfandverkauf lehnt der Gerichtsvollzieher ab.

(3) [1] Der Verkauf darf – vorbehaltlich der Abweichung nach § 187 Absatz 2 – nicht vor dem Ablauf eines Monats nach der Androhung (§ 1234 BGB) oder, wenn die Androhung unterblieben ist, nach dem Eintritt der Verkaufsberechtigung erfolgen. [2] Die Androhung ist Sache des Pfandgläubigers; er kann den Gerichtsvollzieher beauftragen, die Androhung in seinem Namen vorzunehmen (vergleiche § 182 Absatz 2). [3] Der Verkauf ist durch öffentliche Versteigerung oder, wenn das Pfand einen Börsen- oder Marktpreis hat, aus freier Hand zum laufenden Preis zu bewirken (§§ 1235, 1221 BGB). [4] Bei der Versteigerung oder bei dem freihändigen Verkauf ist der zu veräußernde Gegenstand ausdrücklich als Pfand zu bezeichnen.

(4) [1] Der Gerichtsvollzieher trägt die zum Verkauf gestellten Gegenstände unter fortlaufender Nummer in ein Verzeichnis ein. [2] Dabei sind die Gegenstände so genau wie möglich zu bezeichnen. [3] Fabrikmarken und Herstellungsnummern sind anzugeben; falls erforderlich, müssen mehrere Nummern angegeben werden, zum

---

1) § 181 Abs. 1 Satz 2 Nr. 7 geänd. mWv 1.1.2023 durch Bek. v. 7.12.2022 (BayMBl. Nr. 754).

2) **Habersack, Deutsche Gesetze Nr. 20.**

3) **Habersack, Deutsche Gesetze Nr. 50.**

Beispiel Fahrgestell- und Motoren-Nummern bei Kraftfahrzeugen. [4]Das Verzeichnis ist dem Auftraggeber zur Anerkennung vorzulegen und von diesem zu unterzeichnen. [5]Hat der Auftraggeber ein solches Verzeichnis bereits übergeben, so prüft der Gerichtsvollzieher die Vollständigkeit und bestätigt dies schriftlich. [6]Nimmt der Gerichtsvollzieher auf Verlangen die Pfandgegenstände bis zum Versteigerungstermin in Verwahrung, so nimmt er über die Übernahme ein Protokoll auf und verbindet es mit dem Verzeichnis. [7]Schätzpreise sind nur auf besonderes Verlangen in das Verzeichnis aufzunehmen; bei Gold- und Silbersachen muss das Verzeichnis den Gold- und Silberwert, erforderlichenfalls nach der Schätzung eines Sachverständigen, ergeben. [8]Der Sachverständige braucht nicht vereidigt zu sein.

II. Öffentliche Versteigerung

§ 182 Ort, Zeit und Bekanntmachung der Versteigerung. (1) [1]Die Versteigerung erfolgt an dem Ort, an dem das Pfand aufbewahrt wird oder an einem anderen geeigneten Ort (§ 1236 BGB[1)]). [2]Die Bestimmung des Ortes ist Sache des Auftraggebers. [3]Zeit und Ort der Versteigerung werden unter allgemeiner Bezeichnung des Pfandes öffentlich bekanntgemacht. [4]Bei der Wahl der Art der Bekanntmachung (zum Beispiel durch Veröffentlichung in Zeitungen) ist der Wert des Gegenstandes zu berücksichtigen (vergleiche § 93 Absatz 3). [5]Es ist ersichtlich zu machen, dass es sich um einen Pfandverkauf handelt. [6]Die Namen des Pfandgläubigers und des Verpfänders sind nicht bekanntzumachen. [7]Die Bekanntmachung ist aktenkundig zu machen; war sie in öffentliche Blätter eingerückt, so ist ein Belegblatt zu den Akten zu nehmen.

(2) [1]Der Eigentümer des Pfandes und die von dem Pfandgläubiger etwa bezeichneten dritten Personen, denen Rechte an dem Pfand zustehen, sind von dem Versteigerungstermin zu benachrichtigen (§ 1237 BGB). [2]Die Benachrichtigung des Eigentümers kann mit der Androhung des Pfandverkaufs verbunden werden. [3]Die Benachrichtigungen erfolgen durch Einschreiben, sofern der Auftraggeber nichts anderes bestimmt.

(3) [1]Die Aufhebung eines Versteigerungstermins ist öffentlich bekanntzumachen. [2]Die nach Absatz 2 benachrichtigten Personen sind von der Aufhebung des Termins zu verständigen.

§ 183 Versteigerungstermin. (1) [1]Vor dem Beginn des Versteigerungstermins sind die zu versteigernden Sachen bereitzustellen und mit dem Verzeichnis zu vergleichen. [2]Fehlende oder beschädigte Gegenstände sind in dem Verzeichnis zu vermerken. [3]§ 94 Absatz 1 gilt entsprechend.

(2) [1]Die Versteigerungsbedingungen müssen § 1238 BGB[1)] entsprechen. [2]Insbesondere ist aufzunehmen, dass der Käufer den Kaufpreis sofort bar zu entrichten hat und andernfalls seine Rechte verliert (§ 1238 Absatz 1 BGB). [3]Verlangt der Pfandgläubiger die Versteigerung unter anderen Bedingungen (vergleiche § 1238 Absatz 2 BGB), so soll er darauf hingewiesen werden, dass er für den Schaden haftet, der daraus für den Eigentümer des Pfandes entsteht.

(3) [1]Im Termin sind die Kaufbedingungen bekanntzumachen. [2]Sodann ist zum Bieten aufzufordern. [3]Die Gegenstände sind regelmäßig einzeln und in der Reihenfolge des Verzeichnisses aufzurufen und zur Besichtigung vorzuzeigen. [4]Gegenstände, die sich dazu eignen, insbesondere eine Anzahl von Gegenständen derselben Art, können auch zusammen ausgeboten werden. [5]Der Auftraggeber und der Eigentümer des Pfandes können bei der Versteigerung mitbieten (§ 1239

[1)] **Habersack, Deutsche Gesetze Nr. 20.**

Absatz 1 BGB). [6]Das Gebot des Eigentümers und – wenn das Pfand für eine fremde Schuld haftet – das Gebot des Schuldners ist zurückzuweisen, wenn nicht der gebotene Betrag sogleich bar vorgelegt wird (§ 1239 Absatz 2 BGB). [7]Dies gilt nicht, wenn der Auftraggeber etwas anderes bestimmt. [8]Dem Zuschlag an den Meistbietenden soll ein dreimaliger Aufruf vorausgehen. [9]Gold- und Silbersachen dürfen nicht unter dem Gold- und Silberwert zugeschlagen werden (§ 1240 Absatz 1 BGB). [10]Die Verpflichtung eines Bieters erlischt, sobald ein Übergebot abgegeben wird oder wenn die Versteigerung ohne Erteilung des Zuschlags geschlossen wird (§ 156 BGB).

(4) [1]Wenn die Versteigerungsbedingungen nichts anderes ergeben oder der Auftraggeber nichts anderes bestimmt (vergleiche Absatz 2), hat der Ersteher den zugeschlagenen Gegenstand gegen Zahlung des Kaufpreises unverzüglich in Empfang zu nehmen. [2]Unterbleibt die Zahlung bis zu der in den Versteigerungsbedingungen bestimmten Zeit oder beim Fehlen einer solchen Bestimmung bis zum Schluss des Termins, so kann die Wiederversteigerung zu Lasten des Erstehers sofort vorgenommen werden.

(5) Wird der Zuschlag dem Auftraggeber erteilt, so ist dieser von der Verpflichtung zur baren Zahlung insoweit befreit, als der Erlös nach Abzug der Kosten an ihn abzuführen wäre; der Gerichtsvollzieher ist zur Herausgabe der Sache an ihn nur verpflichtet, wenn die Gerichtsvollzieherkosten bar gezahlt werden.

(6) [1]Die Versteigerung ist einzustellen, sobald der Erlös zur Befriedigung des Auftraggebers und zur Deckung der Kosten ausreicht. [2]Der Gerichtsvollzieher rechnet deshalb die bereits erzielten Erlöse von Zeit zu Zeit zusammen.

§ 184 Versteigerungsprotokoll. (1) [1]Das Protokoll über die Versteigerung muss insbesondere enthalten:

1. den Namen des Pfandgläubigers und des Eigentümers der Pfandgegenstände; wenn das Pfand für eine fremde Schuld haftet, auch den Namen des Schuldners,
2. den Betrag der Forderung und der Kosten, derentwegen der Gläubiger seine Befriedigung aus dem Pfand sucht,
3. den Hinweis auf die gesetzlichen Versteigerungsbedingungen und den Wortlaut der Versteigerungsbedingungen, soweit sie von den gesetzlichen Bestimmungen abweichen; ferner die Bemerkung, dass die Gegenstände als Pfand verkauft werden,
4. die Bezeichnung der angebotenen Gegenstände, die abgegebenen Meistgebote und die Namen der Bieter, denen der Zuschlag erteilt ist,
5. die Angabe, dass der Kaufpreis bezahlt oder dass die Zahlung und die Übergabe der Sachen unterblieben ist.

[2]Die Gegenstände werden in dem Versteigerungsprotokoll sogleich bei dem Ausgebot verzeichnet. [3]Zu jedem Gegenstand ist nach dem Zuschlag das Meistgebot und der Name des Meistbietenden anzugeben, bei Geboten über 100 Euro auch dessen Anschrift. [4]Ebenso ist die Zahlung des Kaufpreises alsbald zu vermerken. [5]Die dem Meistgebot vorangegangenen Gebote und deren Bieter, die den Zuschlag nicht erhalten haben, sind nicht zu verzeichnen. [6]Jedoch ist ein zurückgewiesenes Gebot im Protokoll zu vermerken, aber nicht in der Spalte, die für das Meistgebot bestimmt ist. [7]Bei Gold- und Silbersachen ist es zudem zu protokollieren, falls trotz des wiederholten Aufrufs kein genügendes Gebot abgegeben worden ist.

(2) [1]Das Protokoll braucht nicht im Ganzen vorgelesen zu werden. [2]Von den Bietern brauchen nur diejenigen in oder unter dem Protokoll zu unterzeichnen,

die den Zuschlag erhalten haben oder – falls der Zuschlag in dem Termin nicht erteilt ist – an ihr Gebot gebunden bleiben. [3]Unterbleibt die Unterzeichnung, etwa weil ein Beteiligter sich entfernt hat oder die Unterschrift verweigert, so ist der Grund dafür im Protokoll zu vermerken.

III. Freihändiger Verkauf

§ 185 [Freihändiger Verkauf] [1]Ein freihändiger Verkauf findet statt:

1. bei Wertpapieren, Waren und anderen Pfändern, die einen Börsen- oder Marktpreis haben (§ 1235 Absatz 2, § 1295 BGB[1)]),
2. bei Gold- und Silbersachen, deren Versteigerung fruchtlos versucht worden ist (§ 1240 Absatz 2 BGB),
3. auf Anordnung des Gerichts (§ 1246 Absatz 2 BGB, § 411 Absatz 4 FamFG[2)]).

[2]Der Verkauf ist unter entsprechender Anwendung der Vorschriften der §§ 98 und 99 durchzuführen. [3]Die Bestimmungen über das Mindestgebot (vergleiche § 98) gelten jedoch nicht. [4]Beim Verkauf ist die Sache als Pfand zu bezeichnen. [5]Die in Satz 1 Nummer 1 genannten Sachen sind nur zum laufenden Preis, die in Satz 1 Nummer 2 genannten Sachen nur zu einem den Gold- und Silberwert erreichenden Preis zu verkaufen. [6]Unter dem laufenden Preis ist der Börsen- oder Marktpreis zu verstehen, der am Tage des Verkaufs für den Verkaufsort gilt. [7]Der Pfandgläubiger kann solche Pfandgegenstände, die einen Börsen- oder Marktpreis haben, statt durch freihändigen Verkauf auch durch Versteigerung veräußern lassen, sofern es sich nicht um die im § 1295 BGB bezeichneten indossablen Papiere handelt.

IV. Behandlung des Erlöses und der nicht versteigerten Gegenstände

§ 186 [Behandlung des Erlöses und der nicht versteigerten Gegenstände]

(1) [1]Der Gerichtsvollzieher führt den Erlös der Versteigerung oder des freihändigen Verkaufs nach Abzug der Gerichtsvollzieherkosten unverzüglich an den Auftraggeber ab. [2]Dies gilt auch dann, wenn der Erlös den Betrag der Forderung und der Kosten übersteigt, es sei denn, dass der Gläubiger den Gerichtsvollzieher beauftragt hat, den Überschuss an den Eigentümer des Pfandes abzuführen oder für diesen zu hinterlegen. [3]In gleicher Weise ist mit Gegenständen zu verfahren, die gemäß § 183 Absatz 6 nicht versteigert worden sind.

(2) Die Benachrichtigung des Eigentümers über das Ergebnis des Pfandverkaufs ist dem Pfandgläubiger zu überlassen (§ 1241 BGB[1)]).

V. Pfandverkauf in besonderen Fällen

§ 187[3)] [Pfandverkauf in besonderen Fällen] (1) Die Vorschriften über den Pfandverkauf finden auch Anwendung auf eine Versteigerung,

1. die zwecks Auseinandersetzung unter den Teilhabern einer Gemeinschaft (§ 753 BGB[1)]), unter den Mitgliedern einer Gesellschaft (§ 731 BGB in Verbindung mit § 753 BGB), unter Ehegatten bei Auflösung der Gütergemeinschaft (§ 1477 BGB), unter den Beteiligten bei Aufhebung der fortgesetzten Gütergemeinschaft (§ 1498 BGB) oder unter Miterben (§ 2042 in Verbindung mit § 753 BGB) vorgenommen wird,

---

[1)] **Habersack, Deutsche Gesetze Nr. 20.**
[2)] **Habersack, Deutsche Gesetze Nr. 112.**
[3)] § 187 Abs. 2 Satz 4 geänd. mWv 1.1.2023 durch Bek. v. 7.12.2022 (BayMBl. Nr. 754).

2. die der Besitzer einer beweglichen Sache veranlasst, um sich wegen seiner Verwendungen aus der Sache zu befriedigen (§§ 1003, 2022 BGB).

(2) [1]Steht einem Kaufmann ein Zurückbehaltungsrecht auf Grund des § 369 HGB[1)] zu, so darf er sich aus den zurückbehaltenen Gegenständen für seine Forderungen im Wege des Pfandverkaufs befriedigen, vorausgesetzt, dass er einen vollstreckbaren Titel über sein Recht zur Befriedigung aus den Gegenständen besitzt (§ 371 Absatz 3 HGB). [2]Bei einem Pfandverkauf, der auf Grund eines kaufmännischen Zurückbehaltungsrechts oder auf Grund eines Pfandrechts vorgenommen wird, dessen Bestellung auf Seiten des Pfandgläubigers und des Verpfänders ein Handelsgeschäft war, verkürzt sich die in § 181 Absatz 3 genannte Frist auf eine Woche. [3]Dies gilt entsprechend auch für das gesetzliche Pfandrecht des Kommissionärs, des Spediteurs, des Lagerhalters und des Frachtführers, für das Pfandrecht des Spediteurs und des Frachtführers auch dann, wenn der Speditions- oder Frachtvertrag nur auf ihrer Seite ein Handelsgeschäft ist (§ 368 HGB). [4]Bei einem Pfandverkauf im Auftrag eines Frachtführers oder Verfrachters sind die Androhung und die Benachrichtigung an den Empfänger des Gutes zu richten; ist dieser nicht zu ermitteln oder verweigert er die Annahme des Gutes, so hat die Androhung und Benachrichtigung gegenüber dem Absender zu erfolgen (§ 440 HGB). [5]Der Kommissionär kann auch solches Kommissionsgut, dessen Eigentümer er ist, im Wege des Pfandverkaufs veräußern lassen; der Verkauf erfolgt dann für Rechnung des Kommittenten (§ 398 HGB).

VI. Befriedigung des Pfandgläubigers im Wege der Zwangsvollstreckung

§ 188 [Befriedigung des Pfandgläubigers im Wege der Zwangsvollstreckung] [1]Im Fall von § 1233 Absatz 2 BGB[2)] hat der Pfandgläubiger das Pfand und den vollstreckbaren Titel an den Gerichtsvollzieher herauszugeben, den er mit der Veräußerung beauftragt. [2]In dem Übernahmeprotokoll sind die einzelnen Stücke in der Weise aufzuführen, die für das Pfändungsprotokoll vorgeschrieben ist. [3]Die Zustellung des Schuldtitels, die Unterbringung und Verwertung der Gegenstände sowie die Verrechnung und Abführung des Erlöses erfolgt nach den Bestimmungen für das Zwangsvollstreckungsverfahren.

C. Sonstige Versteigerungen, die kraft gesetzlicher Ermächtigung für einen anderen erfolgen

§ 189 [Sonstige Versteigerungen] (1) [1]Die Bestimmungen über den Pfandverkauf finden keine Anwendung, wenn der Auftraggeber seine gesetzliche Ermächtigung zur Versteigerung auf andere als die in den §§ 181 bis 188 bezeichneten Vorschriften gründet. [2]In diesem Fall richtet sich das Verfahren des Gerichtsvollziehers nach den folgenden Absätzen 2 bis 8. [3]Dies gilt insbesondere für die Versteigerung

1. von Fundsachen, deren Verderb zu besorgen oder deren Aufbewahrung mit unverhältnismäßigen Kosten verbunden ist (§ 966 BGB[2)]), oder von Sachen, die in den Geschäftsräumen oder Beförderungsmitteln einer öffentlichen Behörde oder einer dem öffentlichen Verkehr dienenden Anstalt gefunden worden sind (§ 979 BGB),

---

[1)] **Habersack, Deutsche Gesetze Nr. 50.**
[2)] **Habersack, Deutsche Gesetze Nr. 20.**

2. von verpfändeten oder anderen Sachen wegen drohenden Verderbs oder wegen der Besorgnis wesentlicher Wertminderung (§ 1219 BGB; §§ 379, 388, 391, 437 HGB[1]),
3. von Sachen, die zur Hinterlegung nicht geeignet sind, im Fall des Verzugs des Gläubigers (§ 383 Absatz 1 BGB),
4. von Waren wegen Verzugs des Käufers mit der Annahme der Ware gemäß § 373 HGB,
5. von Sachen wegen des Erfüllungsverzugs beim Fixgeschäft gemäß § 376 HGB.

(2) Die nach den gesetzlichen Vorschriften erforderliche Androhung des Verkaufs und die im Fall des § 966 BGB erforderliche Anzeige bei der zuständigen Behörde obliegt dem Auftraggeber.

(3) [1]Die zum Verkauf gestellten Sachen sind in ein Verzeichnis einzutragen, das den Bestimmungen des § 181 Absatz 4 entspricht. [2]Die Versteigerungsbedingungen, die Zeit und den Ort der Versteigerung sowie die Art der Bekanntmachung hat der Auftraggeber zu bestimmen. [3]Der Gerichtsvollzieher soll den Auftraggeber nötigenfalls darauf hinweisen, dass der Gegner den Verkauf nicht als für seine Rechnung geschehen anzuerkennen brauche, wenn er zu ungewöhnlichen oder den Umständen des Falles nicht angemessenen Bedingungen vorgenommen worden ist, zum Beispiel unter Ausschluss der Gewährleistung. [4]Bleibt die Bestimmung dem Gerichtsvollzieher überlassen, so erfolgt die Versteigerung ohne besondere Bedingungen nach den Vorschriften des Bürgerlichen Gesetzbuchs, die für den Kauf gelten. [5]Die Bekanntmachung erfolgt nach den Grundsätzen des § 93 Absatz 3, soweit sie erforderlich und ohne Gefährdung des Versteigerungszwecks ausführbar ist.

(4) [1]Von dem Versteigerungstermin sind der Auftraggeber und nach dessen Bestimmungen auch die Personen, für deren Rechnung der Verkauf erfolgt, zu benachrichtigen. [2]Die Benachrichtigung geschieht durch eingeschriebenen Brief, sofern der Auftraggeber nichts anderes angeordnet hat. [3]Gold- und Silbersachen dürfen – vorbehaltlich einer anderen Bestimmung des Auftraggebers – auch unter dem Gold- und Silberwert zugeschlagen werden. [4]Für die Versteigerung gelten im Übrigen die Bestimmungen des § 183 Absatz 3 entsprechend. [5]Die Versteigerung ist solange fortzusetzen, bis alle zum Verkauf stehenden Sachen angeboten sind, wenn nicht der Auftraggeber den früheren Schluss verlangt.

(5) [1]Das Protokoll muss den gesetzlichen Grund der Versteigerung angeben. [2]Die Vorschriften des § 184 Absatz 1 finden entsprechende Anwendung. [3]Die Bemerkung, dass die Sachen als Pfand angeboten werden, ist nur aufzunehmen, wenn der Fall des § 1219 BGB vorliegt.

(6) Der Erlös ist nach Abzug der Gerichtsvollzieherkosten ohne Verzug an den Auftraggeber abzuführen oder auf sein Verlangen für die von ihm bestimmten Personen zu hinterlegen.

(7) [1]Wird der Gerichtsvollzieher beauftragt, Sachen, die einen Börsen- oder Marktpreis haben, aus freier Hand zu veräußern (vergleiche §§ 385, 1221 BGB; § 373 Absatz 2 HGB), so ist der Verkauf unter entsprechender Anwendung der §§ 98 und 99 vorzunehmen. [2]Die Sachen sind jedoch zum laufenden Preis zu verkaufen, sofern der Auftraggeber nichts anderes bestimmt hat.

---

[1] **Habersack, Deutsche Gesetze Nr. 50.**

(8) Nach den vorstehenden Bestimmungen ist auch die Veräußerung einer Aktie oder eines Anteilrechts im Auftrag einer Aktiengesellschaft in den Fällen der §§ 65 und 226 Absatz 3 AktG[1)] sowie eines Geschäftsanteils in den Fällen der §§ 23 und 27 GmbHG[2)] durchzuführen.

D. Freiwillige Versteigerungen für Rechnung des Auftraggebers

§ 190 Zuständigkeit und Verfahrensvorschriften. (1) [1]Der Gerichtsvollzieher darf außerhalb der Zwangsvollstreckung freiwillige Versteigerungen von

1. beweglichen Sachen,
2. Früchten, die vom Boden noch nicht getrennt sind (zum Beispiel Früchte auf dem Halm, Holz auf dem Stamm),

für Rechnung des Auftraggebers ausführen. [2]Die nachfolgenden Vorschriften finden auf die Versteigerung von Früchten, die vom Boden noch nicht getrennt sind, entsprechende Anwendung.

(2) [1]Dem Gerichtsvollzieher ist es nicht gestattet, um Aufträge zu freiwilligen Versteigerungen nachzusuchen. [2]Der Auftrag zu einer freiwilligen Versteigerung ist schriftlich zu erteilen. [3]Ihm ist eine vollständige Liste der zur Versteigerung bestimmten Sachen beizufügen. [4]Sollen Waren versteigert werden, die in offenen Verkaufsstellen angeboten werden und die ungebraucht sind oder deren bestimmungsgemäßer Gebrauch in ihrem Verbrauch besteht, so ist dem Auftrag ferner eine Bescheinigung der nach § 155 Absatz 2 der Gewerbeordnung[3)] (GewO) zuständigen Behörde darüber beizufügen, dass der Versteigerung unter den Gesichtspunkten des § 34b Absatz 6 Nummer 5 Buchstabe b GewO und des § 6 der Versteigererverordnung (VerstV) keine Bedenken entgegenstehen.

(3) [1]Der Gerichtsvollzieher muss die zur Versteigerung bestimmten Sachen auf Verlangen des Auftraggebers durch Sachverständige schätzen oder begutachten lassen. [2]Das gilt auch für den Wert von Gold- und Silbersachen, sofern nicht der Auftraggeber schriftlich hierauf verzichtet oder schriftlich erklärt, dass er mit der Erteilung des Zuschlags unter dem Gold- und Silberwert einverstanden ist.

§ 191[4)] Ablehnung des Auftrags. (1) Der Gerichtsvollzieher kann den Auftrag ohne Angabe von Gründen ablehnen.

(2) Der Gerichtsvollzieher muss den Auftrag oder seine Durchführung ablehnen, wenn er weiß oder den Umständen nach annehmen muss, dass

1. der Auftraggeber nicht über die Sache verfügen darf,
2. eine Umgehung des § 34b GewO[3)] oder der Versteigererverordnung beabsichtigt ist,
3. die Allgemeinheit über die Herkunft, den Wert, die Beschaffenheit und so weiter der Sachen getäuscht werden soll, zum Beispiel durch unrichtige Herkunftsbezeichnungen, durch Beseitigung oder Veränderung von Firmenzeichen und Schutzmarken, durch gemeinschaftliche Versteigerung einer Nachlass-, Insolvenz- oder Liquidationsmasse sowie von Wohnungs- und Geschäftseinrichtungen mit anderen Sachen,

---

1) **Habersack, Deutsche Gesetze Nr. 51.**
2) **Habersack, Deutsche Gesetze Nr. 52.**
3) **Sartorius Nr. 800.**
4) § 191 Abs. 3 aufgeh., bish. Abs. 4 wird Abs. 3 mWv 1.1.2019 durch Bek. v. 23.11.2018 (JMBl. S. 122).

4. nach der Beschaffenheit der Sachen die Versteigerung nur gewählt wird, um Mängel der Sachen zu verheimlichen,
5. die Sachen lediglich für die Versteigerung angefertigt oder beschafft sind,
6. durch Ausführung des Auftrags sonstige gesetzliche oder polizeiliche Bestimmungen verletzt werden.

(3) Hat der Auftraggeber einen Mindestpreis festgesetzt, so darf der Gerichtsvollzieher den Auftrag nur annehmen, falls er unwiderruflich ermächtigt wird, den Zuschlag zu erteilen, wenn das Meistgebot den Mindestpreis erreicht oder überschreitet.

§ 192 Versteigerungsbedingungen. (1) Der Auftraggeber soll die Versteigerungsbestimmungen bestimmen.

(2) [1]Bleibt die Bestimmung dem Gerichtsvollzieher überlassen, so erfolgt die Versteigerung nach den Vorschriften des Bürgerlichen Gesetzbuchs[1)] über den Kauf. [2]Dabei ist in die Versteigerungsbedingungen aufzunehmen, dass

1. das Los entscheidet, wenn zwei oder mehrere Personen gleichzeitig ein und dasselbe Gebot abgeben und die Aufforderung zur Abgabe eines höheren Gebots erfolglos bleibt,
2. die Übergabe der zugeschlagenen Sachen gegen sofortige Barzahlung erfolgt,
3. der Meistbietende, wenn er nicht vor Schluss der Versteigerung oder der sonst etwa bestimmten Zeit die Übergabe gegen Barzahlung verlangt, seine Rechte aus dem Zuschlag verliert und bei der weiteren Versteigerung der Sache nicht als Bieter zugelassen wird, jedoch für den Ausfall haftet.

§ 193 Bekanntmachung der Versteigerung. (1) [1]Die Art der Bekanntmachung bestimmt der Auftraggeber. [2]Unterlässt dieser die Bestimmung, so verfährt der Gerichtsvollzieher nach § 93 Absatz 3.

(2) [1]Neben den allgemeinen Bestimmungen über die Bekanntmachung nach § 93 Absatz 3 muss die Bekanntmachung die Bezeichnung als freiwillige Versteigerung und den Anlass der Versteigerung enthalten. [2]Eine freiwillige Versteigerung darf nicht in Verbindung mit einer Versteigerung anderer Art bekanntgemacht werden.

(3) Der Auftraggeber ist von der Zeit und dem Ort der Versteigerung rechtzeitig zu benachrichtigen, falls er nicht selbst die Zeit und den Ort der Versteigerung bestimmt hat.

§ 194 Versteigerungstermin. (1) Eine freiwillige Versteigerung darf nicht in Verbindung mit einer Versteigerung anderer Art durchgeführt werden.

(2) [1]Vor der Aufforderung zum Bieten verliest der Gerichtsvollzieher die Versteigerungsbedingungen. [2]Während der Versteigerung sind die Versteigerungsbedingungen an einer den Beteiligten zugänglichen Stelle auszuhängen.

(3) [1]Die zu versteigernden Sachen müssen in der Reihenfolge der Liste oder Verzeichnisse (Kataloge) ausgeboten werden. [2]Beim Ausbieten sind die Bezeichnung der Sachen und die Nummer, die sie in der Liste oder in dem Verzeichnis haben, zu verkünden. [3]Das Zurückstellen von Sachen ist bekanntzugeben; es ist nur zulässig, wenn ein besonderer Grund dafür vorliegt, insbesondere wenn anzunehmen ist, dass für eine Sache später ein höherer Preis erzielt werden kann. [4]Der Gerichtsvollzieher darf eine Sache erst ausbieten, wenn er die vorher aus-

---

1) Habersack, Deutsche Gesetze Nr. 20.

gebotenen Sachen zugeschlagen oder von der Versteigerung zurückgezogen hat oder wenn er erklärt hat, dass der Zuschlag vorbehalten ist.

(4) Den Zuschlag darf der Gerichtsvollzieher erst erteilen, wenn nach dreimaligem Wiederholen des Höchstgebotes kein Übergebot abgegeben wird.

(5) [1]Der Auftraggeber kann sich den Zuschlag vorbehalten; der Gerichtsvollzieher hat dies nach dreimaligem Wiederholen des Höchstgebots zu erklären. [2]Der Meistbietende ist in diesem Fall nur bis zum Schluss der Versteigerung an sein Gebot gebunden.

(6) [1]Wird eine Sache dem Eigentümer oder dem Auftraggeber zugeschlagen, so gibt der Gerichtsvollzieher dies bei Erteilung des Zuschlags bekannt. [2]Hat der Auftraggeber einen Mindestpreis festgesetzt, so muss der Gerichtsvollzieher den Zuschlag erteilen, wenn das Meistgebot den Mindestpreis erreicht oder überschreitet.

(7) [1]Gold- und Silbersachen dürfen nicht unter dem Gold- und Silberwert, Wertpapiere, die einen Börsen- oder Marktpreis haben, nicht unter dem Tageskurs zugeschlagen werden; dies gilt nicht, wenn sich der Auftraggeber schriftlich mit der Versteigerung zu einem geringeren Preis einverstanden erklärt hat. [2]Der Gerichtsvollzieher kann in der Versteigerung nicht verkaufte Gold- und Silbersachen oder Wertpapiere, die nach Satz 1 nicht zugeschlagen worden sind, nach Schluss der Versteigerung aus freier Hand zu einem Preis verkaufen, der dem zulässigen Gebot entspricht; dies gilt nicht, wenn der Auftraggeber etwas anderes bestimmt hat.

(8) Der Gerichtsvollzieher kann verlangen, dass ihm der Erwerber einen amtlichen Ausweis über seine Person vorlegt.

§ 195 Versteigerungsprotokoll und Abwicklung. (1) Das Protokoll über die freiwillige Versteigerung muss neben dem Ort und der Zeit der Versteigerung, dem Namen des Auftraggebers und der Bezeichnung der zu versteigernden Sachen enthalten:

1. die Versteigerungsbedingungen, soweit sie von den Vorschriften des Bürgerlichen Gesetzbuchs[1)] über den Kauf abweichen;
2. das Gebot und den Namen des Erstehers oder des Bieters, der an sein Gebot gebunden bleibt, wenn der Zuschlag nicht in der Versteigerung erteilt wird; bei Geboten über 100 Euro auch die Anschriften;
3. einen Vermerk, wenn ein Gebot zurückgewiesen oder ein ungenügendes Gebot abgegeben wird;
4. Angaben über die Versagung des Zuschlags, die Übergabe und die Zahlung;
5. die Maßnahmen, die beim Ausbleiben der Zahlung getroffen worden sind.

(2) [1]Wenn der Auftraggeber nichts anderes bestimmt hat, händigt der Gerichtsvollzieher den Versteigerungserlös dem Auftraggeber nach Abzug der Kosten unverzüglich nach Beendigung der Versteigerung aus. [2]Die versteigerten Sachen händigt der Gerichtsvollzieher dem Käufer oder seinem Bevollmächtigten gegen Empfang des Kaufgeldes aus.

---

1) **Habersack, Deutsche Gesetze Nr. 20.**

Sechster Abschnitt.[1] Besondere Vorschriften über die Beitreibung nach dem Justizbeitreibungsgesetz und im Verwaltungsvollstreckungsverfahren

§ 196[2] Zuständigkeit. (1) [1]Der Gerichtsvollzieher ist zuständig, als Vollziehungsbeamter nach dem Justizbeitreibungsgesetz[3] für die nach dieser Vorschrift beizutreibenden Ansprüche mitzuwirken. [2]Dies gilt nicht, soweit Beitreibungen nach den bestehenden Verwaltungsanordnungen den Vollziehungsbeamten der Justiz übertragen sind.

(2) [1]Zwangsgelder, die gegen den Schuldner im Zwangsvollstreckungsverfahren zur Erzwingung einer Handlung festgesetzt sind (§ 888 Absatz 1 ZPO[4]), werden nach der Zivilprozessordnung auf Antrag des Gläubigers vollstreckt. [2]Sie stehen der Landeskasse zu. [3]Daneben sind die Gerichtsvollzieherkosten gesondert zu vollstrecken.

(3) [1]Vollstreckungsbehörden sind die in § 2 Absatz 1 und 2 JBeitrG bezeichneten Behörden. [2]Dies ist in den Fällen, auf die die Strafvollstreckungsordnung anzuwenden ist, die darin bezeichnete Behörde; im Übrigen diejenige Behörde, die auf die Verpflichtung zur Zahlung des Geldbetrages erkannt hat. [3]In den übrigen Fällen ist Vollstreckungsbehörde die durch Landesrecht bestimmte Behörde.

(4) [1]Der Gerichtsvollzieher wird zu Vollstreckungshandlungen durch einen schriftlichen Auftrag der Vollstreckungsbehörde ermächtigt. [2]Er prüft dabei nicht, ob die sonstigen Voraussetzungen für die Beitreibung erfüllt sind.

(5) [1]Der Gerichtsvollzieher wendet bei der Vollstreckung die Bestimmungen an, die für eine Vollstreckung in bürgerlichen Rechtsstreitigkeiten maßgebend sind. [2]Werden ihm gegenüber Einwendungen gegen die Vollstreckung erhoben, denen er nicht selbst abhelfen kann, so verweist er die Beteiligten an die Stelle, die über die Einwendungen zu entscheiden hat (vergleiche §§ 6 und 8 JBeitrG); kann er diese Stelle nicht selbst feststellen, so verweist er die Beteiligten an die Vollstreckungsbehörde.

§ 197 Vollstreckung für Stellen außerhalb der Justizverwaltung. [1]Die Zuständigkeit des Gerichtsvollziehers für die Vollstreckung von Geldbußen, Nebenfolgen, Zwangs- und Ordnungsgeldern, die nicht von der Justiz verhängt worden sind, richtet sich nach den dafür geltenden besonderen Bestimmungen. [2]Will der Gerichtsvollzieher einen solchen Vollstreckungsauftrag wegen Unzuständigkeit ablehnen, so legt er den Vorgang unverzüglich dem aufsichtführenden Richter vor. [3]Für die Ablieferung der eingezogenen Beträge (Geldbußen, Zwangs- und Ordnungsgelder sowie Nebenkosten) sind die Weisungen des Auftraggebers maßgebend.

§ 198[5] Vollstreckung von Entscheidungen in Straf- und Bußgeldverfahren über die Einziehung und die Unbrauchbarmachung von Sachen.

(1) [1]Mit der Rechtskraft der Entscheidung geht das Eigentum an eingezogenen Sachen auf das Land (Justizfiskus) über, dessen Gericht im ersten Rechtszug ent-

[1] 6. Abschnitt Überschrift geänd. mWv 1.1.2019 durch Bek. v. 23.11.2018 (JMBl. S. 122).

[2] § 196 Abs. 1 Satz 1, Abs. 3 Satz 1 und Abs. 5 Satz 2 geänd. mWv 1.1.2019 durch Bek. v. 23.11.2018 (JMBl. S. 122).

[3] **Habersack, Deutsche Gesetze Nr. 122.**

[4] **Habersack, Deutsche Gesetze Nr. 100.**

[5] § 198 Überschrift, Abs. 1 Sätze 1, 3 und 4, Abs. 2, Abs. 3 Satz 1 und Abs. 4 Satz 1 geänd., Abs. 5 neu gef. mWv 1.1.2019 durch Bek. v. 23.11.2018 (JMBl. S. 122).

schieden hat. [2]Dies gilt auch dann, wenn im ersten Rechtszug in Ausübung der Gerichtsbarkeit des Bundes entschieden worden ist. [3]Hat jedoch das Gericht die Einziehung zu Gunsten des Bundes angeordnet, so wird die Bundesrepublik Deutschland (Justizfiskus) Eigentümer. [4]Die eingezogenen Sachen werden durch die Vollstreckungsbehörde verwertet, soweit nichts anderes bestimmt ist.

(2) Mit der Wegnahme von Sachen, auf deren Einziehung oder Unbrauchbarmachung erkannt ist, kann die Vollstreckungsbehörde den Gerichtsvollzieher beauftragen.

(3) [1]Die Wegnahme (§ 459g Absatz 1 StPO[1)]) richtet sich nach den Bestimmungen des Justizbeitreibungsgesetzes[2)]. [2]Der Gerichtsvollzieher wird zur Wegnahme durch einen schriftlichen Auftrag der Vollstreckungsbehörde ermächtigt. [3]Der Gerichtsvollzieher zeigt der Vollstreckungsbehörde den Tag und die Stunde der beabsichtigten Vollstreckung an, wenn sie darum ersucht hat. [4]Für die Übergabe oder Verwahrung der weggenommenen Gegenstände sind etwaige Weisungen der Vollstreckungsbehörde maßgebend.

(4) [1]Die Vollstreckungsbehörde kann den Gerichtsvollzieher aufgrund eines schriftlichen Auftrags mit der öffentlichen Versteigerung und in der Regel auch mit dem freihändigen Verkauf eingezogener Sachen beauftragen. [2]Der Auftrag kann nähere Weisungen hinsichtlich der Veräußerung enthalten; er soll die Personen bezeichnen, an welche die Sache nicht veräußert werden darf. [3]Die Versteigerung erfolgt nach den Bestimmungen für freiwillige Versteigerungen und der freihändige Verkauf nach den Bestimmungen für freihändige Verkäufe.

(5) [1]Der Versteigerungstermin ist der Vollstreckungsbehörde mitzuteilen. [2]Die eingezogenen Sachen dürfen an Täter oder Teilnehmer der Straftat oder Beteiligte an der Ordnungswidrigkeit nur mit Einwilligung der obersten Justizbehörde veräußert werden. [3]Der freihändige Verkauf an Richter, Beamte, Angestellte oder Arbeiter der Justizverwaltung oder an Ermittlungspersonen der Staatsanwaltschaft (§ 152 GVG[3)]) ist nicht zulässig.

§ 199 Beitreibung im Verwaltungsvollstreckungsverfahren. [1]Nach bundesrechtlichen und landesrechtlichen Vorschriften können die Gerichtsvollzieher durch die Behörden anderer Verwaltungen um die Erledigung von Vollstreckungen im Verwaltungsvollstreckungsverfahren ersucht werden. [2]Auch kann die Justizverwaltung nach landesrechtlichen Vorschriften die Gerichtsvollzieher anderen Dienststellen allgemein für die Durchführung von Vollstreckungen im Verwaltungsvollstreckungsverfahren zur Verfügung stellen. [3]Solche Aufträge führt der Gerichtsvollzieher nach den dafür geltenden bundes- oder landesrechtlichen Vorschriften aus. [4]Der Gerichtsvollzieher hat in diesen Verfahren die Stellung eines Vollziehungsbeamten.

---

1) Habersack, Deutsche Gesetze Nr. 90.
2) Habersack, Deutsche Gesetze Nr. 122.
3) Habersack, Deutsche Gesetze Nr. 95.

109a. Gerichtsvollzieherordnung (GVO)[1) 2)]

Lfd. Nr.	Änderndes Gesetz	Datum	Fundstelle	Betroffen	Hinweis
1.	ÄndBek.	5.9.2016	JMBl. S. 98	§ 7	mWv 1.10.2016
2.	ÄndBek.	23.11. 2018	JMBl. S. 125	Inhaltsübersicht, §§ 6, 9, 16, 17, 23, 24, 30, 35, 37, 39, 41, 46, 49, 52, 53, 59, 74, 75, 78, Anl.	mWv 1.1.2019
3.	ÄndBek.	8.2.2022	BayMBl. Nr. 124	§ 39	mWv 1.3.2022
4.	ÄndBek.	7.12.2022	BayMBl. Nr. 732	Inhaltsübersicht, §§ 6, 7, 9, 17, 39, 42, 43, 49, 55, 56, 60, 63, 74, 75, Abschnitt 14 (§§ 82, 83), Anl.	mWv 1.1.2023
				Inhaltsübersicht, § 16	mWv 1.6.2023

Inhaltsübersicht[3)]

Erster Abschnitt. Dienstverhältnis

A. Allgemeine Vorschriften

---

1) Die GVO gilt mWv 1.9.2013 in sämtlichen Ländern bundeseinheitlich.

Siehe hierzu ua:
- **Baden-Württemberg:** VwV v. 10.7.2013 (Die Justiz S. 240), zuletzt geänd. durch VwV v. 17.3.2022 (Die Justiz S. 125)
- **Bayern:** Bek. v. 6.8.2013 (JMBl. S. 95), zuletzt geänd. durch Bek. v. 7.12.2022 (BayMBl. Nr. 732)
- **Berlin:** AV v. 9.8.2013 (ABl. S. 1777), geänd. durch AV v. 13.11.2018 (ABl. S. 6525)
- **Brandenburg:** AV v. 22.7.2013 (JMBl. S. 79), zuletzt geänd. durch AV v. 26.1.2022 (JMBl. S. 22)
- **Hamburg:** AV v. 17.7.2013 (JVBl. S. 82), geänd. durch AV v. 6.12.2018 (JVBl 2019 S. 2)
- **Hessen:** RdErl. v. 11.7.2013 (JMBl. S. 349), geänd. durch RdErl. v. 13.2.2019 (JMBl. S. 70)
- **Mecklenburg-Vorpommern:** VwV v. 14.9.2020 (AmtsBl. M-V S. 439)
- **Niedersachsen:** AV v. 16.7.2013 (Nds. RPfl. S. 225), geänd. durch AV v. 8.10.2018 (Nds. RPfl. S. 315)
- **Nordrhein-Westfalen:** AV v. 9.8.2013 (JMBl. S. 211), zuletzt geänd. durch AV v. 21.1.2022 (JMBl. S. 62)
- **Rheinland-Pfalz:** GVO veröffentlicht als Anl. 2 zur VwV Gerichtsvollzieher/-innen-Geschäftsführung v. 1.8.2012 (JBl. S. 360), zuletzt geänd. durch VwV v. 19.1.2022 (JBl. S. 19)
- **Sachsen:** VwV v. 25.9.2013 (SächsJMBl. S. 130), zuletzt geänd. durch VwV v. 28.12.2018 (SächsJMBl. 2019 S. 2)
- **Sachsen-Anhalt:** AV v. 2.8.2013 (JMBl. LSA S. 171, 273), zuletzt geänd. durch AV v. 2.2.2022 (JMBl. LSA S. 48)
- **Schleswig-Holstein:** AV v. 2.8.2013 (SchlHA S. 324), zuletzt geänd. durch AV v. 13.11.2018 (SchlHA S. 452)
- **Thüringen:** VwV v. 24.7.2013 (JMBl. S. 57), zuletzt geänd. durch VwV v. 7.12.2018 (JMBl. 2019 S. 12)

2) Der Text folgt der im Bayerischen Staatsministerium der Justiz archivmäßig verwahrten Urschrift (vgl. Bek. v. 6.8.2013, JMBl. S. 95); im Änderungsverzeichnis und in den Änderungsfußnoten wird das Bayerische Justizministerialblatt als Referenzfundstelle angegeben.

3) Inhaltsübersicht geänd. mWv 1.1.2019 durch Bek. v. 23.11.2018 (JMBl. S. 125); geänd. mWv 1.1.2023 und mWv 1.6.2023 durch Bek. v. 7.12.2022 (BayMBl. Nr. 732).

Erster Abschnitt. Dienstverhältnis

A. Allgemeine Vorschriften

§ 1 Dienstaufsicht. [1]Bei der ihm zugewiesenen Zwangsvollstreckung handelt der Gerichtsvollzieher selbstständig. [2]Er unterliegt hierbei zwar der Aufsicht, aber nicht der unmittelbaren Leitung des Gerichts. [3]Unmittelbarer Dienstvorgesetzter des Gerichtsvollziehers ist der aufsichtführende Richter des Amtsgerichts.

§ 2 Amtssitz. [1]Amtssitz des Gerichtsvollziehers ist der Sitz seiner Dienstbehörde. [2]Hat das Amtsgericht seinen Sitz an einem Ort mit mehr als 100 000 Einwohnern, so kann der Präsident des Landgerichts (Amtsgerichts) den Amtssitz auf einen Teil des Ortes beschränken. [3] Der Präsident des Landgerichts (Amtsgerichts) kann ferner einen anderen Ort des Gerichtsvollzieherbezirks zum Amtssitz des Gerichtsvollziehers bestimmen. [4] Diese Anordnung ist durch dauernden Aushang an der Gerichtstafel, erforderlichenfalls auch in sonst geeigneter Weise, bekanntzumachen.

§ 3 Persönliche Amtsausübung. [1] Der Gerichtsvollzieher übt sein Amt persönlich aus. [2] Er darf die Ausführung eines Dienstgeschäfts keiner anderen Person übertragen, soweit nicht ausdrücklich etwas anderes bestimmt ist.

§ 4 Dienstsiegel. (1) [1] Der Gerichtsvollzieher führt für dienstliche Zwecke ein Dienstsiegel (Dienststempel) nach den hierfür geltenden Bestimmungen. [2] Die Umschrift des Dienstsiegels lautet: „Gerichtsvollzieher bei dem Amtsgericht … (Ort)".

(2) Dienstsiegel werden auf Kosten der Landeskasse beschafft.

(3) Dienstsiegel sind so zu verwahren, dass jeder Missbrauch ausgeschlossen ist.

(4) Bei maschineller Erstellung des Schriftstücks ist es zulässig, das Siegel mit auszudrucken.

§ 5 Dienstausweis. (1) Der Gerichtsvollzieher erhält einen Dienstausweis nach den landesrechtlichen Bestimmungen.

(2) Dieser trägt ein Lichtbild des Inhabers (ohne Kopfbedeckung).

(3) Die Dienstausweise werden auf Kosten der Landeskasse beschafft.

(4) Der Gerichtsvollzieher führt den Dienstausweis bei Amtshandlungen stets bei sich und zeigt ihn den Beteiligten bei Vollstreckungshandlungen unaufgefordert, bei sonstigen Amtshandlungen auf Verlangen vor.

§ 6[1] Maßnahmen bei Beendigung und Unterbrechung der Beschäftigung. (1) Endet die Beschäftigung des Gerichtsvollziehers bei der Dienstbehörde zum Beispiel durch Tod, Versetzung, Eintritt in den Ruhestand, Ablauf des Dienstleistungsauftrags, vorläufige Dienstenthebung oder Entlassung, so veranlasst die Dienstbehörde, dass

1. die im Besitz des Gerichtsvollziehers befindlichen Dienstgegenstände (zum Beispiel Dienstsiegel (Dienststempel), Geschäftsbücher und Akten) sowie der Dienstausweis an sie abgeliefert werden und das Schild (§ 30 Absatz 2 Satz 1) entfernt wird,
2. die aus dienstlichem Anlass der Verfügung des Gerichtsvollziehers unterliegenden Gegenstände (zum Beispiel Geld, Giroguthaben, Pfandstücke, Schriftstücke) sichergestellt werden,
3. ihr eine vollständige Datensicherung des vom Gerichtsvollzieher dienstlich genutzten IT-Systems (insbesondere bestehend aus Dienstregistern und Kassenbüchern) zur Verfügung gestellt wird und sämtliche elektronisch gespeicherten Daten des Gerichtsvollziehers gelöscht werden,
4. das Ende der Beschäftigung unmittelbar dem zentralen Vollstreckungsgericht nach § 882h der Zivilprozessordnung (ZPO)[2] mitgeteilt wird,

---

[1] § 6 Abs. 1 Nr. 4 geänd., Nr. 5 und 6 angef. mWv 1.1.2019 durch Bek. v. 23.11.2018 (JMBl. S. 125); Abs. 1 neu gef. mWv 1.1.2023 durch Bek. v. 7.12.2022 (BayMBl. Nr. 732).

[2] **Habersack, Deutsche Gesetze Nr. 100.**

5. EGVP-Postfächer oder andere nach dem OSCI-Standard eingerichtete Postfächer sowie ausschließlich dienstlich genutzte E-Mail-Postfächer, sofern diese im Falle einer Versetzung nicht weiterhin dienstlich benötigt werden, gelöscht und die bis zur Löschung eingegangenen elektronischen Nachrichten und Dokumente dem Vertreter oder Nachfolger zugeleitet werden; hierzu darf die Dienstbehörde die gemäß § 30 Absatz 2 Satz 6 GVO hinterlegten Zugangsdaten nutzen und in den Geschäftszimmern des Gerichtsvollziehers dessen IT-Systeme nutzen,
6. das Bundeszentralamt für Steuern, das Kraftfahrtbundesamt, die Träger der gesetzlichen Rentenversicherung, die berufsständischen Versorgungseinrichtungen, das Registerportal der Länder und die nach dem Umsatzsteuergesetz (UStG) zuständige Organisationseinheit über das Ende der Beschäftigung unterrichtet werden,
7. die Aussteller der Signaturkarten über den Wegfall der bestätigten Eigenschaft (Attribut) als Gerichtsvollzieher in Kenntnis gesetzt werden.

(2) [1] Wird die Beschäftigung des Gerichtsvollziehers vorübergehend unterbrochen, zum Beispiel durch Urlaub oder Krankheit, so trifft die Dienstbehörde die erforderlichen Anordnungen unter entsprechender Anwendung der Vorschriften in Absatz 1. [2] Sie befindet insbesondere darüber, ob und inwieweit dem verhinderten Gerichtsvollzieher noch die Abwicklung laufender Dienstgeschäfte zu überlassen ist.

B. Diensteinkommen

§ 7[1)] Entschädigung und Vergütungen. (1) [1] Der Gerichtsvollzieher hat die ihm zustehenden Gebührenanteile bei den Abrechnungen mit der für ihn nach Landesrecht zuständigen Stelle (zum Beispiel Kasse) vorläufig zu errechnen und einzubehalten. [2] Er darf über diese erst nach Ablieferung der Gebühren verfügen, die der Landeskasse verbleiben (§ 54 Absatz 2 Satz 2).

(2) [1] Als Entschädigung für den Aufwand bei der Erledigung der Aufträge werden dem Gerichtsvollzieher die von ihm vereinnahmten Auslagen gemäß Nummer 701 bis 716 des Kostenverzeichnisses zum Gesetz über Kosten der Gerichtsvollzieher[2)] (KV-GvKostG) überlassen. [2] Sofern für Auslagen in Eingangsrechnungen ein Vorsteuerabzug erfolgt, erhält der Gerichtsvollzieher auch die Auslagen nach Nummer 717 KV-GvKostG als Entschädigung für die hierauf gezahlte Umsatzsteuer.

(3) [1] Können die Auslagen nach Absatz 2 ohne Verschulden des Gerichtsvollziehers nicht eingezogen werden, so sind sie ihm mit Ausnahme der Wegegelder (Nummer 711 KV-GvKostG) und der Reisekosten (Nummer 712 KV-GvKostG) aus der Landeskasse zu ersetzen. [2] Dies gilt auch für die Ausbuchung von Kleinbeträgen und bei einem Erlass der Gerichtsvollzieherkosten. [3] Wenn Prozess- oder Verfahrenskostenhilfe bewilligt ist, und bei Aufträgen des Gerichts werden darüber hinaus die sonst bei den Kostenschuldnern zu erhebenden Wegegelder und Reisekosten
1. in den Fällen der Nummer 712 KV-GvKostG in voller Höhe,
2. in den übrigen Fällen zur Hälfte

[1)] § 7 Abs. 2 geänd. mWv 1.10.2016 durch Bek. v. 5.9.2016 (JMBl. S. 98); Abs. 2 Satz 2 angef. mWv 1.1.2023 durch Bek. v. 7.12.2022 (BayMBl. Nr. 732).

[2)] **Habersack, Deutsche Gesetze Nr. 123.**

ersetzt, und zwar ohne Rücksicht darauf, ob ein Gericht des eigenen oder ein Gericht eines anderen Landes die Prozess- oder Verfahrenskostenhilfe bewilligt oder den Auftrag erteilt hat. [4] Aufträge der Strafvollstreckungsbehörden und der Gerichtskassen sind nicht als Aufträge des Gerichts anzusehen.

(4) Die Gebührenanteile und Entschädigungen sowie die aus der Landeskasse zu ersetzenden Beträge werden nach § 56 festgesetzt.

(5) Landesrechtliche Bestimmungen über die Abfindung der Gerichtsvollzieher bei Dienstreisen und Dienstgängen in Vollstreckungsangelegenheiten sowie über die Festsetzung von Gebühren und Entschädigung im Sinne der Absätze 1 bis 3 bleiben unberührt.

§ 8 Auslagenvorschuss/Auslagenabschlag. [1] Die Dienstbehörde ist ermächtigt, dem Gerichtsvollzieher auf die in den Spalten 12 und 13 des Kassenbuchs II einzustellenden Auslagen einen angemessenen Vorschuss/Abschlag zu gewähren. [2] Für die Bemessung des Vorschusses/Abschlages bieten die Durchschnittsbeträge der vorangegangenen beiden Vierteljahre einen Anhalt, sofern nicht im Einzelfall durch nachweislich besonders hohe Auslagen ein höherer Betrag gerechtfertigt ist. [3] Für eine Einzelsache soll ein Vorschuss/Abschlag nur dann gewährt werden, wenn die Durchführung eines Auftrages voraussichtlich mehr als 10 Euro Auslagen erfordert.

§ 9[1)] Reisekostenzuschuss. (1) [1] Dem Gerichtsvollzieher kann auf Antrag aus der Landeskasse ein Reisekostenzuschuss gewährt werden, wenn die im Laufe eines Quartals vereinnahmten Wegegelder und Reisekosten die tatsächlichen Aufwendungen für sämtliche notwendigen Dienstreisen und Wege im Sinne der Nummern 711 und 712 KV-GvKostG nicht decken. [2] Über die Gewährung des Reisekostenzuschusses entscheidet die Dienstbehörde; um ein einheitliches Verfahren sicherzustellen, bedarf die Gewährung der Zustimmung des Präsidenten des Landgerichts (Amtsgerichts). [3] Die Festsetzung richtet sich nach § 56.

(2) [1] Die Gewährung eines Reisekostenzuschusses setzt voraus, dass der Gerichtsvollzieher ein Reisetagebuch führt. [2] Anhand des Reisetagebuchs und der Dienstregister ist zu prüfen, ob der Gerichtsvollzieher die für die Gewährung des Zuschusses maßgebenden Grundsätze beachtet hat, insbesondere ob er die einzelnen Reisen und Wege nach den zu erledigenden Dienstgeschäften zweckmäßig eingerichtet, ob er die Zahl der Reisen und Wege möglichst eingeschränkt und darauf geachtet hat, Reisen zur Erledigung von Aufträgen nach dem Justizbeitreibungsgesetz[2)] mit Reisen in anderen Angelegenheiten zu verbinden oder ob der Ansatz einer Pauschentschädigung für die Verwendung des eigenen Kraftwagens gerechtfertigt war.

(3) [1] Die Höhe des Reisekostenzuschusses richtet sich nach dem Quartalsergebnis des Reisetagebuchs. [2] Ergibt ein Vergleich der Summe der im Quartal vereinnahmten Wegegelder und Reisekosten, einschließlich der aus der Landeskasse in Prozess- oder Verfahrenskostenhilfeangelegenheiten und bei Aufträgen des Gerichts zu gewährenden Entschädigung (Spalte 8 und 12 des Kassenbuchs II) mit dem Quartalsergebnis des Reisetagebuchs (Spalte 6e) einen Minderbetrag, so ist dieser als Zuschuss aus der Landeskasse zu gewähren.

[1)] § 9 Abs. 2 Satz 2 geänd. mWv 1.1.2019 durch Bek. v. 23.11.2018 (JMBl. S. 125); Abs. 3 Satz 2 geänd. mWv 1.1.2023 durch Bek. v. 7.12.2022 (BayMBl. Nr. 732).

[2)] **Habersack, Deutsche Gesetze Nr. 122.**

(4) [1]Die Dienstbehörde ist ermächtigt, dem Gerichtsvollzieher einen angemessenen Abschlag auf einen Reisekostenzuschuss zu gewähren, der im Laufe des Vierteljahres voraussichtlich erforderlich wird. [2]Für die Bemessung des Vorschusses sind die Durchschnittsbeträge der vorangegangenen beiden Quartale zugrunde zu legen, sofern nicht im Einzelfall durch nachgewiesene und notwendige Aufwendungen ein höherer Betrag gerechtfertigt ist.

Zweiter Abschnitt. Zuständigkeit

A. Gerichtsvollzieherbezirk

§ 10 Geschäftsverteilung. (1) [1]Der aufsichtführende Richter weist jedem im Amtsgericht beschäftigten Gerichtsvollzieher einen örtlich begrenzten Bezirk (Gerichtsvollzieherbezirk) zu. [2]Bei der Einteilung der Bezirke nimmt er auf eine gleichmäßige Verteilung der Geschäfte und auf die Möglichkeit einer zweckmäßigen Gestaltung der Reisen der Vollstreckungsbeamten Rücksicht. [3]Für jeden Beamten bestellt er im Voraus einen oder, falls es die örtlichen Verhältnisse erfordern, mehrere Gerichtsvollzieher als ständige Vertreter. [4]Mit Genehmigung des Präsidenten des Landgerichts (Amtsgerichts) können die Geschäfte anders als nach örtlichen Bezirken verteilt werden.

(2) [1]Von der Geschäftsverteilung bleiben Eilaufträge (§ 26) unberührt. [2]Der aufsichtführende Richter regelt die Zuständigkeit für die Aufträge. [3]Zur Erledigung dieser Aufträge ist jeder Gerichtsvollzieher des Amtsgerichts ohne örtliche Beschränkung berechtigt und verpflichtet. [4]Der nach Absatz 1 zuständige Gerichtsvollzieher ist von Pfändungen – unbeschadet der Vorschrift des § 826 Absatz 2 ZPO[1)] – in jedem Fall zur Wahrung früherer Pfändungen und zur Berücksichtigung bei Anschlusspfändungen durch Übersendung einer Abschrift der Pfändungsniederschrift zu benachrichtigen.

(3) Die Geschäftsverteilung ist in geeigneter Weise bekanntzumachen.

(4) Die Gültigkeit einer Amtshandlung wird dadurch nicht berührt, dass sie von einem anderen als dem nach der Geschäftsverteilung zuständigen Gerichtsvollzieher vorgenommen worden ist.

§ 11 Amtsgerichte mit einem Gerichtsvollzieher. (1) Ist bei einem Amtsgericht nur ein Gerichtsvollzieher beschäftigt, so ist der Amtsgerichtsbezirk der Gerichtsvollzieherbezirk.

(2) [1]Der Präsident des Landgerichts (Amtsgerichts) bestellt im Voraus einen Gerichtsvollzieher eines benachbarten Amtsgerichts als ständigen Vertreter, wenn auch das benachbarte Amtsgericht seiner Dienstaufsicht untersteht; in allen übrigen Fällen wird der ständige Vertreter von dem Präsidenten des Oberlandesgerichts bestimmt. [2]Falls es die örtlichen Verhältnisse erfordern, können auch mehrere Gerichtsvollzieher je für einen bestimmten Teil des Bezirks als ständige Vertreter bestellt werden. [3]In Eilfällen ist der aufsichtführende Richter des Amtsgerichts oder bei seiner Verhinderung der Geschäftsleiter ermächtigt, die Vertretung durch andere Beamte nach Maßgabe der Notwendigkeit zu regeln und diesen Beamten die für die Erledigung des einzelnen Dienstgeschäfts erforderlichen Weisungen zu erteilen.

[1)] Habersack, Deutsche Gesetze Nr. 100.

§ 12 Amtsgerichte ohne Gerichtsvollzieher. (1) Ist bei einem Amtsgericht kein Gerichtsvollzieher beschäftigt, so teilt, soweit landesrechtlich nichts anderes bestimmt ist, der Präsident des Oberlandesgerichts den Amtsgerichtsbezirk dem Bezirk eines, ausnahmsweise unter zweckmäßiger Aufteilung auch den Bezirken mehrerer Gerichtsvollzieher benachbarter Amtsgerichte zu (zugeschlagener Bezirk).

(2) Eigener Gerichtsvollzieherbezirk und zugeschlagener Bezirk bilden den Gesamtbezirk des Gerichtsvollziehers.

(3) Name, Bezirk und Amtssitz des zuständigen Gerichtsvollziehers sind im Gebäude des Amtsgerichts des zugeschlagenen Bezirks durch ständigen Aushang oder in sonst geeigneter Weise mit dem Hinweis bekanntzumachen, dass Aufträge, Anfragen und Mitteilungen nach Möglichkeit unmittelbar an den Gerichtsvollzieher zu richten sind, aber auch in der Geschäftsstelle des Amtsgerichts zur Übermittlung an den Gerichtsvollzieher angebracht werden können.

(4) [1] Die Geschäftsstelle des Amtsgerichts des zugeschlagenen Bezirks leitet die bei ihr eingehenden, für den Gerichtsvollzieher bestimmten Schriftstücke täglich an diesen weiter. [2] Dies gilt nicht, wenn mit Sicherheit zu erwarten ist, dass der Gerichtsvollzieher an dem betreffenden Tage auf der Geschäftsstelle anwesend sein wird.

(5) [1] Ist der Gerichtsvollzieher am Sitz des Amtsgerichts des zugeschlagenen Bezirks anwesend, so hat er sich stets in der Geschäftsstelle zur Entgegennahme seiner Eingänge und zu etwa erforderlichen Dienstbesprechungen einzufinden. [2] Von der Einrichtung bestimmter Sprechtage ist regelmäßig abzusehen.

(6) [1] Für Eilaufträge, die im zugeschlagenen Bezirk zu erledigen sind, bestellt der aufsichtführende Richter des Amtsgerichts des zugeschlagenen Bezirks im Voraus einen oder, falls es erforderlich ist, mehrere geeignete Beamte des Amtsgerichts als ständige Vertreter des Gerichtsvollziehers für die Wahrnehmung einzelner Gerichtsvollziehergeschäfte. [2] Die Bestimmungen über die Regelung der ständigen Vertretung des Gerichtsvollziehers (§§ 10, 11) werden hierdurch nicht berührt. [3] Macht ein eiliger Auftrag eine weitere nicht mehr dringliche Amtshandlung erforderlich, so sind die Vorgänge nach Erledigung des dringlichen Teils an den zuständigen Gerichtsvollzieher abzugeben.

§ 13 Zuteilung eines zugeschlagenen Bezirks in Sonderfällen. [1] Soweit landesrechtlich nichts anderes bestimmt ist, kann der Präsident des Oberlandesgerichts den Gerichtsvollzieherdienst eines Amtsgerichtsbezirks oder eines Bezirksteils auch in anderen als den in § 12 Absatz 1 bezeichneten Fällen einem Gerichtsvollzieher eines benachbarten Amtsgerichts übertragen. [2] Die Bestimmungen in § 12 Absatz 2 bis 6 gelten in diesem Fall entsprechend.

B. Örtliche Zuständigkeit

§ 14 Allgemeines. (1) Die örtliche Zuständigkeit des Gerichtsvollziehers beschränkt sich, soweit nichts anderes bestimmt ist, auf den ihm zugewiesenen Gerichtsvollzieherbezirk.

(2) Eine Amtshandlung ist nicht aus dem Grund unwirksam, weil der Gerichtsvollzieher sie außerhalb seines Gerichtsvollzieherbezirks vorgenommen hat.

§ 15 Freiwillige Versteigerungen. [1] Für freiwillige Versteigerungen ist der Gerichtsvollzieher zuständig, in dessen Bezirk sich die zu versteigernde Sache befindet. [2] Die Weitergabe des Auftrags an einen zur Übernahme bereiten Gerichtsvollzieher ist möglich. [3] § 191 der Geschäftsanweisung für Gerichtsvollzieher (GVGA)[1)] bleibt unberührt.

[§ 16 bis 31.5.2023:]

§ 16[2)] Zustellungen durch die Post. Für Zustellungen durch die Post ist der Gerichtsvollzieher zuständig, in dessen Gerichtsvollzieherbezirk der Auftraggeber (Partei, Prozessbevollmächtigter) oder ein Zustellungsempfänger seinen Wohnsitz, Geschäftssitz, Amtssitz, Sitz der Niederlassung oder Aufenthaltsort hat.

[§ 16 ab 1.6.2023:]

§ 16[3)] Zustellungen. *(1) Für Zustellungen ist der Gerichtsvollzieher zuständig, in dessen Bezirk der Schuldner oder in Ermangelung eines solchen der Zustellungsempfänger seinen allgemeinen Gerichtsstand hat.*

(2) [1] Persönliche Zustellungen darf der Gerichtsvollzieher nur in dem ihm zugewiesenen Gerichtsvollzieherbezirk ausführen. [2] Bei gerichtlichen Pfändungsbeschlüssen mit mehreren Drittschuldnern kann der für die persönliche Zustellung (§ 840 Absatz 3 Satz 2 ZPO[4)]) an den im Pfändungsbeschluss zuerst genannten Drittschuldner zuständige Gerichtsvollzieher auch die persönliche Zustellung an die anderen in demselben Amtsgerichtsbezirk ansässigen Drittschuldner vornehmen. [3] Zudem kann er sämtliche elektronisch durchführbaren Zustellungen vornehmen.

§ 17[5)] Ermittlung des Aufenthaltsortes. (1) [1] Die Ermittlung des Aufenthaltsortes, der gegenwärtigen Anschriften, des Ortes der Hauptniederlassung oder des Sitzes des Schuldners nach § 755 ZPO[4)] obliegt dem für die letzte bekannte Anschrift des Schuldners zuständigen Gerichtsvollzieher. [2] Ist keine solche Anschrift bekannt, obliegt die Ermittlung dem für den Wohnsitz des Gläubigers zuständigen Gerichtsvollzieher.

(2) Für die Einholung von Drittstellenauskünften (§ 802l ZPO) gilt Absatz 1 entsprechend.

(3) Ist aufgrund des Ergebnisses der Ermittlung ein anderer Gerichtsvollzieher zuständig, gibt der Gerichtsvollzieher den Vollstreckungsvorgang von Amts wegen an diesen ab.

§ 18 In mehreren Gerichtsvollzieherbezirken zu erledigende Aufträge.

(1) Für die Erledigung eines Auftrags, der eine Tätigkeit in mehreren Gerichtsvollzieherbezirken des gemeinsamen Landgerichtsbezirks erfordert, ist der Gerichtsvollzieher eines jeden der beteiligten Gerichtsvollzieherbezirke zuständig.

(2) Die Zuständigkeit ist auch gegeben, wenn der Gerichtsvollzieher zur Durchführung der in seinem Gerichtsvollzieherbezirk begonnenen Amtshandlung die Grenze dieses Bezirks (auch über die Landesgrenze hinaus) überschreiten muss.

---

1) Nr. **109**.
2) § 16 Satz 2 aufgeh. mWv 1.1.2019 durch Bek. v. 23.11.2018 (JMBl. S. 125).
3) § 16 neu gef. mWv 1.6.2023 durch Bek. v. 7.12.2022 (BayMBl. Nr. 732).
4) **Habersack, Deutsche Gesetze Nr. 100.**
5) § 17 Abs. 1 Satz 1 geänd. mWv 1.1.2019 durch Bek. v. 23.11.2018 (JMBl. S. 125); Abs. 2 eingef., bish. Abs. 2 wird Abs. 3 mWv 1.1.2023 durch Bek. v. 7.12.2022 (BayMBl. Nr. 732).

Dritter Abschnitt. Aufträge

A. Ablehnung und Abgabe von Aufträgen

§ 19 Rechtliche oder tatsächliche Verhinderung. [1] Ist der Gerichtsvollzieher von der Ausübung seines Amts kraft Gesetzes ausgeschlossen, so gibt er den Auftrag unter Angabe des Grundes seiner Verhinderung an seinen ständigen Vertreter ab. [2] Ist auch der ständige Vertreter verhindert, so zeigt dieser die Sachlage unverzüglich der Dienstbehörde an. [3] Die Dienstbehörde sorgt für die Bestellung eines besonderen Vertreters zur Durchführung des Dienstgeschäfts. [4] Der übernehmende Beamte (Satz 1 und 3) teilt dem Auftraggeber die Übernahme des Auftrags unverzüglich mit. [5] Die Mitteilung kann unterbleiben, wenn sie bei dem Auftraggeber nicht früher als die Nachricht über das Ergebnis der Amtshandlung eingehen würde. [6] Ist der Gerichtsvollzieher an der Erledigung eines Auftrags tatsächlich verhindert, so gelten die Bestimmungen in den Sätzen 1 bis 5 entsprechend.

§ 20 Örtliche Unzuständigkeit bei Erteilung des Auftrags. (1) Ist der Gerichtsvollzieher für die Erledigung eines mündlich erteilten Auftrags örtlich unzuständig, so verweist er den Auftraggeber an den zuständigen Gerichtsvollzieher.

(2) [1] Ist der Gerichtsvollzieher für einen ihm schriftlich erteilten Auftrag nicht zuständig, so gibt er ihn nach Eintragung in das Dienstregister

1. falls der Auftrag im eigenen Amtsgerichtsbezirk oder in einem zugeschlagenen Bezirk des Amtsgerichts zu erledigen ist, unverzüglich an den zuständigen Gerichtsvollzieher ab, der den Auftraggeber umgehend von der Übernahme des Auftrags zu benachrichtigen hat;
2. falls der Auftrag in einem anderen Amtsgerichtsbezirk zu erledigen ist, unter Benachrichtigung des Auftraggebers an das zuständige Amtsgericht weiter; ist dies nicht angängig oder zweckmäßig, so ist der Auftrag dem Auftraggeber mit entsprechender Mitteilung zurückzusenden; § 802e ZPO[1)] bleibt unberührt.

[2] Der Verbleib des Auftrags ist im Dienstregister unter Angabe des Tages der Abgabe und der vollen Anschrift des Empfängers zu vermerken.

§ 21 Eintritt der örtlichen Unzuständigkeit nach Auftragserteilung. Tritt die örtliche Unzuständigkeit infolge Veränderung der tatsächlichen Verhältnisse nach Annahme des Auftrags ein, so verfährt der Gerichtsvollzieher nach § 20 Absatz 2, auch wenn der Auftrag durch die Verteilungsstelle vermittelt ist.

(Fortsetzung nächstes Blatt)

---

1) Habersack, Deutsche Gesetze Nr. 100.

unter Bezeichnung der Nummern der Quittungsblöcke. [3]Die Amtsgerichte melden ihren Jahresbedarf an Quittungsblöcken dem Präsidenten des Oberlandesgerichts bis zum 15. September jeden Jahres.

§ 37[1)] Schriftverkehr. Der Gerichtsvollzieher führt den Schriftverkehr und den elektronischen Rechtsverkehr unter eigenem Namen mit Amtsbezeichnung.

Fünfter Abschnitt. Aktenführung

§ 38 Generalakten. (1) [1]Über die Verwaltungsbestimmungen, die den Gerichtsvollzieherdienst betreffen, sind Generalakten zu führen. [2]Sie sind wie folgt aufzugliedern:

1. Gerichtsvollzieherdienst im Allgemeinen,
2. Kostenwesen,
3. Zustellungen,
4. Zwangsvollstreckungen,
5. Wechsel- und Scheckproteste,
6. öffentliche Versteigerungen,
7. Einziehung von Gerichtskosten und Geldbeträgen nach § 1 Absatz 1 der Einforderungs- und Beitreibungsanordnung (EBAO),
8. Elektronische Datenverarbeitung.

(2) Die Generalakten sind entsprechend zu beschriften.

§ 39[2)] Sonderakten und Verzeichnisse. (1) Über jeden in das Dienstregister II einzutragenden Auftrag sind Sonderakten zu führen; dies gilt nicht für die in § 20 Absatz 1 bezeichneten Aufträge, wenn für sie keine Kosten entstehen.

(2) [1]Aus den Sonderakten muss sich der Stand der Angelegenheit jederzeit vollständig ergeben. [2]Über die im Einzelnen vorgeschriebenen Protokolle oder Aktenvermerke hinaus ist alles festzuhalten, was zum Verständnis und zur rechtlichen Wertung der Amtshandlungen des Gerichtsvollziehers, zur Begründung des Kostenansatzes und der Steuerpflichten, zur Überprüfung der Dauer der einzelnen Verrichtungen und zum Nachweis des Verbleibs von Urkunden und sonstigen Schriftstücken erforderlich ist.

(3) [1]In den Sonderakten sind alle in dem Verfahren entstandenen Schriftstücke der Zeitfolge nach zu ordnen und fortlaufend zu nummerieren. [2]Sonderakten mit mehr als 15 Blättern sind mit einem Umschlag zu versehen. [3]Wird ein zu den Akten gehöriges Schriftstück dauernd oder vorübergehend herausgegeben, so ist dies in den Akten zu vermerken; von Anfragen und ähnlichen Schriftstücken, die urschriftlich zurückgesandt werden, ist eine Ablichtung zu den Akten zu nehmen. [4]Die Herausgabe von Sonderakten ist im Dienstregister, die endgültige Erledigung auf dem Aktendeckel zu vermerken. [5]Wegen der in den Sonderakten zu erstellenden Kostenrechnungen wird auf Nummer 7 DB-GvKostG und § 49 Absatz 5 verwiesen. [6]Die im Zwangsvollstreckungsverfahren mittels Informationstechnik erstellten Schriftstücke sind, soweit sich deren Inhalt nicht aus sonstigem Akten-

[1)] § 37 geänd. mWv 1.1.2019 durch Bek. v. 23.11.2018 (JMBl. S. 125).

[2)] § 39 Abs. 3 Sätze 6 und 7 neu gef., Sätze 8 und 9 angef., Abs. 4 Satz 7 geänd. mWv 1.1.2019 durch Bek. v. 23.11.2018 (JMBl. S. 125); Abs. 4 eingef., bish. Abs. 4–6 werden Abs. 5–7 mWv 1.3.2022 durch Bek. v. 8.2.2022 (BayMBl. Nr. 124); Abs. 2 Satz 2 geänd. mWv 1.1.2023 durch Bek. v. 7.12.2022 (BayMBl. Nr. 732).

inhalt oder Verfügungen ergibt, in lesbarer Form zur Sonderakte zu nehmen; in entsprechender Weise ist mit den im Zwangsvollstreckungsverfahren auf elektronischem Wege bei dem Gerichtsvollzieher eingegangenen Dokumenten und Unterlagen zu verfahren. [7] Die elektronische Speicherung oder ein Ausdruck im XML-Format reicht nicht aus. [8] Das gilt auch für die auf elektronischem Wege bei dem Gerichtsvollzieher eingegangenen Dokumente (§ 298 Absatz 1 ZPO[1)]), die zu speichern sind. [9] § 130a Absatz 6 und § 298 Absatz 2 bis 4 ZPO sind zu beachten.

(4) [1] Bei der Übergabe von Akten an einen anderen Gerichtsvollzieher sind zusätzlich zur Sonderakte die Verfahrensdaten in einem strukturierten, maschinenlesbaren Datensatz im Dateiformat XML, der den nach § 5 Absatz 1 Nummer 2 der Elektronischer-Rechtsverkehr-Verordnung (ERVV) bekannt gemachten Definitions- oder Schemadateien entspricht, vollständig zu übergeben. [2] Die Übergabe dieser Daten muss über das Elektronische Gerichts- und Verwaltungspostfach (EGVP) oder ein nach dem OSCI-Standard oder einem diesen ersetzenden, dem jeweiligen Stand der Technik entsprechenden Protokollstandard eingerichtetes Postfach erfolgen. [3] Eine weitere Verschlüsselung der Daten vor der Übergabe durch die Fachanwendung ist unzulässig. [4] Kann eine Übergabe vorübergehend aus technischen Gründen nicht erfolgen, ist die Übergabe der Daten auf einem nach § 5 Absatz 1 Nummer 4 ERVV bekannt gemachten zulässigen, verschlüsselten physischen Datenträger ausnahmsweise zulässig. [5] Die Verfahrensdaten sind auch in diesem Fall im Format gemäß Satz 1 zu übertragen. [6] Der übergebende Gerichtsvollzieher hat in diesem Fall dem empfangenden Gerichtsvollzieher die zur Entschlüsselung der Daten notwendigen Informationen auf gesondertem Weg mitzuteilen.

(5) [1] Nimmt der Gerichtsvollzieher, der die Erstpfändung durchgeführt hat, eine Anschlusspfändung vor, so trägt er diese und alle folgenden Anschlusspfändungen in ein Verzeichnis der gegen den Schuldner vorgenommenen Anschlusspfändungen ein. [2] Das Verzeichnis enthält folgende Spalten:

1. Laufende Nummern,
2. Dienstregisternummer,
3. Name des Gläubigers,
4. Höhe der beizutreibenden Forderung,
5. Pfändungstag,
6. Versteigerungstermine,
7. Angabe über Fristen, Freigabe und Erledigung,
8. Besondere Bemerkungen.

[3] In der Spalte 8 sind auch die Pfandstücke zu bezeichnen, soweit es erforderlich ist. [4] Bei jeder weiteren Bearbeitung der einzelnen Pfändungen zieht der Gerichtsvollzieher das Verzeichnis heran, um sicherzustellen, dass keine Pfändung übersehen werden kann. [5] Die Anlegung des Verzeichnisses ist auf dem Umschlag der Sonderakten über die Erstpfändung zu vermerken. [6] Die Verzeichnisse sind nach Namen der Schuldner alphabetisch geordnet aufzubewahren. [7] Erledigte Pfändungen sind in Spalte 8 zu vermerken; die entsprechenden Eintragungen können erkennbar abgesetzt werden. [8] Nach der Erledigung sämtlicher Anschlusspfändungen gegen einen Schuldner ist das Verzeichnis gesondert unter „Erledigte Verzeichnisse über Anschlusspfändungen“ abzulegen.

[1)] **Habersack, Deutsche Gesetze Nr. 100.**

(6) Abgeschlossene Sonderakten sind gesondert und nach der Folge der Geschäftsnummern geordnet aufzubewahren.

(7) Der Gerichtsvollzieher hat über die in der Pfandkammer oder anderweitig eingelagerten Gegenstände (Pfandstücke, Räumungsgut etc.) eine jahrgangsweise Liste mit folgendem Inhalt zu führen:

1. Bezeichnung der Parteien und der DR II-Nummer,
2. Ort der eingelagerten Gegenstände,
3. Bezeichnung der eingelagerten Gegenstände und
4. Datum der Einlagerung und deren Beendigung.

§ 40 Sammelakten. (1) Sonstige Schriftstücke, die weder zu Generalakten noch zu Sonderakten gehören, sind nach Abschluss des Verfahrens jahrgangsweise und nach der Folge der Dienstregisternummern geordnet in Sammelakten aufzubewahren.

(2) Die Abschriften von Wechsel- und Scheckprotesten nebst Wechsel- und Scheckvermerken sind nach § 179 GVGA[1] zu besonderen Protestsammelakten zu vereinigen.

(3) Die Behandlungen der Rechnungen und Belegblätter bei Sammelbekanntmachungen richtet sich nach § 93 Absatz 4 und 5 GVGA.

(4) [1] Belege über Kosten für Hilfeleistung, Transport und die Verwahrung eingelagerter Gegenstände sind, soweit sie mehrere Sachen betreffen, zu besonderen Sammelakten zu nehmen. [2] Im Übrigen ist § 93 Absatz 4 und 5 GVGA entsprechend anzuwenden.

(5) Belege über den Eingang und die Weiterleitung von Geldbeträgen, die dem Gerichtsvollzieher nicht gebühren oder die auf das Dienstkonto des Gerichtsvollziehers eingezahlt werden, obwohl sie dem Gerichtsvollzieher persönlich zustehen (§ 49 Absatz 4), sind zu besonderen Sammelakten zu nehmen; auf diesen Belegen ist die Kassenbuchnummer anzugeben.

§ 41[2] Rückgabe von Schriftstücken. (1) [1] Nach Abschluss des Verfahrens gibt der Gerichtsvollzieher die ihm mit dem Auftrag in Papierform überlassenen Schriftstücke an den Auftraggeber zurück, soweit sie nicht dem Schuldner auszuhändigen sind. [2] Den Tag der Rückgabe vermerkt er in den Akten.

(2) Soweit der Schuldtitel dem Gerichtsvollzieher vorliegt, ist er zu den Sonderakten zu nehmen, wenn der Schuldner auf die Aushändigung verzichtet oder wenn sich mehrere Gesamtschuldner, von denen jeder einen Teil des Anspruchs des Gläubigers getilgt hat, über seinen Verbleib nicht einigen; er bleibt von der Vernichtung ausgeschlossen.

§ 42[3] Recht auf Einsichtnahme. (1) [1] Ein Recht auf Einsichtnahme in die Akten des Gerichtsvollziehers steht nur den Beteiligten zu. [2] Abweichend von Satz 1 ist bei Auskunfts- und Unterstützungsersuchen § 757a Absatz 5 Satz 2 ZPO[4] zu beachten. [3] Auf Verlangen sind diesen Personen auch kostenpflichtige Abschriften einzelner Schriftstücke zu erteilen. [4] Die Einsichtnahme muss in An-

[1] Nr. **109**.

[2] § 41 Abs. 1 Satz 1 und Abs. 2 geänd. mWv 1.1.2019 durch Bek. v. 23.11.2018 (JMBl. S. 125).

[3] § 42 Abs. 1 Satz 2 eingef., bish. Sätze 2 und 3 werden Sätze 3 und 4 mWv 1.1.2023 durch Bek. v. 7.12.2022 (BayMBl. Nr. 732).

[4] **Habersack, Deutsche Gesetze Nr. 100.**

wesenheit des Gerichtsvollziehers, dessen Vertreters oder der Dienstaufsicht geschehen.

(2) Der Dienstbehörde und den Prüfungsdienststellen sind die Akten jederzeit, auf Anforderung auch außerhalb des Geschäftszimmers, vorzulegen.

(3) Dem Finanzamt ist auf Verlangen Einsicht in die Akten zu gewähren.

(4) [1] Den Gerichten sind angeforderte Akten über die Dienstbehörde zu übersenden. [2] Sonstigen Behörden und Dienststellen dürfen Akten nur mit Genehmigung der Dienstbehörde auf kurze Zeit gegen Empfangsbescheinigung überlassen werden.

§ 43[1)] Aufbewahrung; Vernichtung. (1) [1] Der Gerichtsvollzieher hat die Akten nach Jahrgängen geordnet und so aufzubewahren, dass jeder Missbrauch, insbesondere eine Einsichtnahme durch Unberechtigte, ausgeschlossen ist. [2] Erfolgt die Aufbewahrung ausnahmsweise in Archivräumen außerhalb des Geschäftszimmers, ist dies der unmittelbaren Dienstaufsicht unter genauer Bezeichnung der Lage anzuzeigen.

(2) [1] Sonder- und Sammelakten sind von dem Gerichtsvollzieher fünf Jahre nach Erledigung des letzten in ihnen enthaltenen Vorgangs zu vernichten oder zur Vernichtung zu verkaufen. [2] Die Vorschriften über die Vernichtung oder den Verkauf des ausgesonderten Schriftgutes bei den Justizbehörden gelten entsprechend.

(3) In der Regel soll der Gerichtsvollzieher seine vernichtungsreifen Sonder- und Sammelakten der Dienstbehörde zur gleichzeitigen Vernichtung mit den gerichtlichen Akten überlassen.

Sechster Abschnitt. Buchführung

§ 44 Arten der Geschäftsbücher. (1) Der Gerichtsvollzieher führt, soweit nachstehend keine Ausnahmen zugelassen sind und landesrechtlich nichts anderes bestimmt ist:

1. Dienstregister I (DR I),
2. Dienstregister II (DR II),
3. Namenverzeichnis,
4. Kassenbuch I (KB I),
5. Kassenbuch II (KB II),
6. Reisetagebuch (RTB).

(2) [1] Jeder Gerichtsvollzieher führt seine eigenen Bücher. [2] Für Dienstgeschäfte aus einem zugeschlagenen Bezirk oder aus einem anderen Gerichtsvollzieherbezirk werden keine besonderen Geschäftsbücher geführt. [3] Bei Versetzungen oder Abordnungen an eine andere Dienstbehörde hat der Gerichtsvollzieher neue Bücher anzulegen; die bisher geführten Bücher verbleiben bei der bisherigen Dienstbehörde (vergleiche auch § 6).

§ 45 Äußere Form der Geschäftsbücher. [1] Die Geschäftsbücher sind in gebundener Form in Heften oder in Lose-Blatt-Form zu führen. [2] Die Dienstregister I und II und die Kassenbücher I und II müssen mit laufenden Blattzahlen versehen sein.

1) § 43 Abs. 1 Satz 2 angef. mWv 1.1.2023 durch Bek. v. 7.12.2022 (BayMBl. Nr. 732).

§ 46[1)] Führung, Aufbewahrung, Vernichtung der Geschäftsbücher.

(1) [1] Die Geschäftsbücher sind nach den folgenden Bestimmungen und den auf der Aufschriftseite der einzelnen Vordruckmuster enthaltenen Anleitungen zu führen. [2] Die Eintragungen sind fortlaufend (ohne Leerzeilen) in leserlicher Schrift mit dunkler, urkundenechter Tinte vorzunehmen. [3] Radieren, Überkleben und Überschreiben ist nicht gestattet. [4] Streichungen sind so vorzunehmen, dass die ursprüngliche Fassung lesbar bleibt.

(2) [1] Beträge, die in den Geldspalten abzusetzen sind, sind dort erkennbar zu buchen. [2] Bei der Aufrechnung der Spalten sind die erkennbar gebuchten Beträge von der Summe der übrigen Beträge abzuziehen. [3] Der Restbetrag stellt die Spaltensumme dar. [4] Sind Beträge an der Stelle, an der sie gebucht sind, in voller Höhe abzusetzen, so genügt es, sie erkennbar zu unterstreichen. [5] Sie sind dann bei der Spaltenaufrechnung unberücksichtigt zu lassen.

(3) Für die Einsichtnahme in die Geschäftsbücher durch Privatpersonen, Behörden und Dienststellen gelten die Bestimmungen in § 42 entsprechend.

(4) [1] Abgeschlossene Geschäftsbücher sind der Zeitfolge nach geordnet aufzubewahren. [2] Sie sind nach fünfjähriger Aufbewahrung, jedoch nicht vor der Vernichtung sämtlicher in den Büchern behandelter Akten, zu vernichten. [3] § 43 Absatz 2 und 3 gilt entsprechend.

§ 47 Dienstregister. (1) [1] Das Dienstregister I wird nach dem Vordruck GV 1 für reine Zustellungsaufträge und Protestaufträge, das Dienstregister II nach dem Vordruck GV 2 für alle sonstigen Aufträge geführt. [2] Bewirkt der Gerichtsvollzieher nur die Zustellung einer Vorpfändungsbenachrichtigung, so ist diese im Dienstregister I einzutragen. [3] Hat ihm dagegen der Gläubiger den Auftrag erteilt, die Benachrichtigung mit den Aufforderungen selbst anzufertigen, ist dieser Auftrag in dem Dienstregister II einzutragen. [4] Stellt der Gläubiger mit einem anderen Auftrag auf Vollstreckung zugleich einen Antrag nach § 845 Absatz 1 Satz 2 ZPO[2)], so vermerkt ihn der Gerichtsvollzieher in dem Dienstregister II unter der Dienstregisternummer des anderen Vollstreckungsauftrages, sobald er die Vorpfändungsbenachrichtigungen zugestellt hat.

(2) [1] Die Dienstregister werden in Jahresheften geführt. [2] Bei Bedarf können Fortsetzungshefte angelegt werden.

(3) [1] Die Aufträge sind am Tag des Eingangs und nach der Zeit des Eingangs hintereinander einzutragen. [2] Die Dienstregisternummer nebst Jahreszahl bildet die Geschäftsnummer (zum Beispiel DR I 405/11 oder DR II 320/11). [3] Der Tag des Eingangs sowie die Geschäftsnummer sind auf den Aufträgen, die Geschäftsnummer ist auch auf den Anlagen zu vermerken. [4] Bei Zustellungsaufträgen muss der Eingangsvermerk gegebenenfalls auch die Zeit der Übergabe enthalten.

(4) [1] Bei Vertretungsfällen kann die Dienstbehörde zulassen, dass eingehende Aufträge, die der Vertretene nicht mehr bis zum Beginn der Vertretung erledigen kann, bis längstens sieben Tage vor Beginn der Vertretung dem Vertreter zur Eintragung in dessen Dienstregister zugeleitet werden. [2] Entsprechend können die Aufträge behandelt werden, die längstens bis zu sieben Tage vor Beendigung der Vertretung eingehen. [3] Eilsachen (§ 5 GVGA[3)]) sind von dieser Regelung ausgenommen.

---

1) § 46 Abs. 2 Sätze 1, 2 und 4 geänd. mWv 1.1.2019 durch Bek. v. 23.11.2018 (JMBl. S. 125).

2) **Habersack, Deutsche Gesetze Nr. 100.**

3) Nr. **109.**

(5) [1]Der Gerichtsvollzieher hat die Dienstregister persönlich zu führen. [2]Er kann die Führung einem Büroangestellten übertragen. [3]Unter der Aufsicht und in Verantwortung des Gerichtsvollziehers kann ein ihm zur Ausbildung überwiesener Anwärter das Dienstregister führen.

(6) [1]Übernimmt ein Gerichtsvollzieher Dienstgeschäfte aus einem anderen Gerichtsvollzieherbezirk, so sind ihm die Akten über die noch nicht vollständig erledigten Aufträge unverzüglich zu übergeben. [2]Der übernehmende Gerichtsvollzieher hat alle noch nicht vollständig erledigten Aufträge in seine Dienstregister zu übernehmen. [3]In den Dienstregistern beider Gerichtsvollzieher sind in den Vermerkspalten entsprechende Hinweise zu fertigen. [4]Bei einer kurzfristigen Vertretung kann die Dienstbehörde den Vertreter von der Übernahme solcher Aufträge in seine Dienstregister befreien, die durch den Vertreter nicht bearbeitet zu werden brauchen. [5]Nimmt ein Gerichtsvollzieher Dienstgeschäfte in mehreren Gerichtsvollzieherbezirken wahr, so kann der Präsident des Oberlandesgerichts die Führung getrennter Dienstregister oder die bezirksweise Kenntlichmachung der Aufträge in den Dienstregistern anordnen.

§ 48 Namenverzeichnis. (1) In dem Namenverzeichnis sind alle dem Gerichtsvollzieher zugegangenen, im Dienstregister II nachgewiesenen Zwangsvollstreckungsaufträge nach dem Namen der Schuldner in der Buchstabenfolge geordnet unter Hinweis auf die Eintragung im Dienstregister II anzuführen.

(2) Die Dienstbehörde kann anordnen, dass die Führung des Namenverzeichnisses unterbleibt, wenn hiervon keine Unzuträglichkeiten zu besorgen sind.

§ 49[1] Kassenbücher; Abrechnungsschein. (1) Das Kassenbuch I wird nach dem Vordruck GV 3 für Einnahmen, die nicht sofort verwendet werden können, in Jahresheften, das Kassenbuch II nach dem Vordruck GV 4 für verwendete Einnahmen in Vierteljahresheften geführt.

(2) [1]Die Kassenbücher dienen zum Nachweis des Eingangs und der Verwendung aller Einnahmen, die bei der Erledigung der in den Dienstregistern verzeichneten Aufträge erwachsen sind. [2]In das Kassenbuch I sind alle Einnahmen einzutragen, die nicht binnen drei Tagen verwendet werden können, zum Beispiel Vorschüsse, Versteigerungserlöse, die nicht sofort abgerechnet werden können und Zahlungen, die sich infolge fehlerhafter oder unvollständiger Angaben nicht sofort verwenden lassen. [3]In das Kassenbuch II sind alle Einnahmen einzutragen, die binnen drei Tagen verwendet werden können. [4]Vorschüsse nach § 4 Absatz 3 in Verbindung mit § 3 Absatz 4 Satz 2 und 3 GvKostG[2] werden abweichend von Satz 2 in das Kassenbuch II eingetragen.

(3) [1]Beträge, die aufgrund eines Auftrags einer Justizbehörde eingezogen wurden, sind über das Kassenbuch II abzuwickeln. [2]Bei der Einziehung einer Kostenforderung aufgrund eines Vollstreckungsauftrags einer für den Amtssitz des Gerichtsvollziehers nicht zuständigen Stelle (zum Beispiel Kasse oder Zahlstelle) führt der Gerichtsvollzieher die in dem Auftrag aufgeführten Beträge einschließlich der Nebenkosten unmittelbar an diese Stelle ab. [3]Die hiernach an die empfangsberechtigte zuständige Stelle (zum Beispiel Kasse oder Zahlstelle) abgeführten Beträge sind in Spalte 11 des Kassenbuches II einzutragen. [4]Die Aufträge sind im Dienstregister II und im Kassenbuch II in der jeweiligen Vermerkspalte durch

---

[1] § 49 Abs. 3 Satz 2 neu gef., Sätze 3 und 6, Abs. 6 Sätze 1, 3 und 5–7 geänd., Satz 8 neu gef. mWv 1.1.2019 durch Bek. v. 23.11.2018 (JMBl. S. 125); Abs. 6 Sätze 1–3, Abs. 8 Nr. 3 und 4 geänd. mWv 1.1. 2023 durch Bek. v. 7.12.2022 (BayMBl. Nr. 732).

[2] **Habersack, Deutsche Gesetze Nr. 123.**

Eintragung des Buchstabens J zu kennzeichnen und in den Fällen einer fruchtlosen Pfändung oder einer Einstellung an die Auftrag gebende Justizbehörde zurückzusenden, im Übrigen zu den Sonderakten zu nehmen. [5]Der Gerichtsvollzieher hat die den Auftrag gebende Justizbehörde wie einen Privatgläubiger zu benachrichtigen; dabei hat er sich des gegebenenfalls bereits von der Justizbehörde beigefügten amtlichen Vordrucks zu bedienen. [6]Über die Kosten der Vollstreckung ist stets mit der für den Gerichtsvollzieher zuständigen Stelle (zum Beispiel Kasse oder Zahlstelle) zusammen mit den Kosten der sonstigen Vollstreckungsaufträge unter Verwendung des Abrechnungsscheins abzurechnen.

(4) In den Kassenbüchern sind auch der Eingang und die Verwendung von Beträgen nachzuweisen, die dem Gerichtsvollzieher in amtlicher Eigenschaft zugehen, ihm aber nicht gebühren oder die auf das Dienstkonto des Gerichtsvollziehers eingezahlt werden, obwohl sie dem Gerichtsvollzieher persönlich zustehen.

(5) Die laufende Nummer der Eintragung in den Kassenbüchern ist bei der Kostenrechnung oder, wenn eine Kostenrechnung nicht zu erstellen ist, auf dem der Eintragung zugrundeliegenden Schriftstück zu vermerken; dies gilt auch für Kostenrechnungen in den Fällen des § 57 Absatz 1.

(6) [1]Die Eintragungen in den Spalten 5, 6 und 9 und gegebenenfalls nach landesspezifischer Regelung Spalte 7 des Kassenbuchs II bilden die Grundlage für die Abrechnung über die in diesen Spalten nachgewiesenen Kosten des Gerichtsvollziehers. [2]Die Spalten sind nach der Anleitung 10 zum Kassenbuch II aufzurechnen. [3]Die Schlusssummen der Spalten 5, 6, 9 und gegebenenfalls 7 sind in den Abrechnungsschein zu übernehmen; sie sind nach Abzug der dem Gerichtsvollzieher zustehenden Gebührenanteile auf Grund des Abrechnungsscheins am Abrechnungstag abzuliefern. [4]Den Abrechnungsschein hat der Gerichtsvollzieher zu unterschreiben und dabei Ort und Tag der Ausstellung anzugeben. [5]Gleichzeitig muss der Gerichtsvollzieher der zuständigen Stelle (zum Beispiel Kasse oder Zahlstelle) eine für die Erteilung der Empfangsbescheinigung bestimmte Durchschrift des Abrechnungsscheins vorlegen. [6]Die Durchschrift mit den Buchungsvermerken der zuständigen Stelle (zum Beispiel Kasse oder Zahlstelle) ist als Abrechnungsbeleg im Kassenbuch II hinter der letzten Seite einzukleben. [7]Die Urschrift des Abrechnungsscheins bleibt bei der zuständigen Stelle (zum Beispiel Kasse oder Zahlstelle). [8]Liefert der Gerichtsvollzieher durch Vermittlung einer weiteren zuständigen Stelle ab, so dient die Quittung dieser Stelle bis zum Eingang der Durchschrift des Abrechnungsscheins als vorläufiger Beleg zum Kassenbuch.

(7) [1]Der Gerichtsvollzieher muss die Kassenbücher persönlich führen. [2]Unter der Aufsicht des Gerichtsvollziehers kann auch ein ihm zur Ausbildung überwiesener Anwärter die Kassenbücher führen. [3]Er kann die Führung der Spalten 5 bis 14 des Kassenbuchs II oder die Führung der gesamten Kassenbücher nach § 33 Absatz 2 Satz 2 einem geeigneten Büroangestellten übertragen. [4]Der Gerichtsvollzieher bleibt für die Führung verantwortlich.

(8) Der jeweilige Kassensollbestand des Gerichtsvollziehers ergibt sich

1. aus der Gegenüberstellung der Beträge im Kassenbuch I Spalte 4 und 5 bis 8,
2. aus den Beträgen des Kassenbuchs II Spalte 4, soweit sie noch nicht in die Spalten 5 bis 11 eingestellt sind (vergleiche auch Anleitung 4 zum Kassenbuch II),
3. aus den Spalten 5, 6, 9 und gegebenenfalls 7 des Kassenbuchs II, soweit die Beträge noch nicht an die Kasse abgeliefert sind (vergleiche Absatz 6 Satz 3),

4. aus den in Spalte 5a, 5b und 5e des Dienstregisters I verzeichneten Beträgen, soweit sie eingegangen, aber noch nicht in das Kassenbuch II übernommen sind (vergleiche auch Anleitung 9 zum Dienstregister I),
5. aus den sonst eingezogenen Beträgen, die noch nicht in die Kassenbücher eingetragen oder im Dienstregister I Spalte 6 als eingegangen vermerkt sind,
6. aus den in Spalte 10a und 11 des Kassenbuchs II eingestellten Beträgen, soweit sie noch nicht bar ausgezahlt sind oder nach dem zuletzt vorgelegten Kontoauszug vom Dienstkonto noch nicht überwiesen worden sind.

§ 50 Reisetagebuch. (1) Das Reisetagebuch bildet die Grundlage für die Prüfung, ob dem Gerichtsvollzieher ein Reisekostenzuschuss gewährt werden kann (vergleiche § 9 Absatz 1 Satz 1).

(2) Das Reisetagebuch wird in Vierteljahresheften nach dem Vordruck GV 6 geführt.

(3) Das Reisetagebuch ist nicht zu führen, wenn der Gerichtsvollzieher auf einen Reisekostenzuschuss im Voraus allgemein schriftlich verzichtet.

Siebenter Abschnitt. Kassenführung

§ 51 Aufbewahrung von Geld, Wertsachen und Kostbarkeiten. Der Gerichtsvollzieher hat fremde Geldbeträge, Wertpapiere und Kostbarkeiten getrennt von seinen eigenen unter sicherem Verschluss (zum Beispiel in einem einbruchsicheren Behältnis) aufzubewahren.

§ 52[1] Zahlungsverkehr. (1) [1] Der Gerichtsvollzieher ist verpflichtet, für den dienstlichen Zahlungsverkehr ein Konto bei einer öffentlichen Sparkasse, einem privaten Kreditinstitut, das dem Einlagensicherungsfonds des Bundesverbandes Deutscher Banken e.V. angehört, oder bei einer Genossenschaftsbank, die der Sicherungseinrichtung des Bundesverbandes der Deutschen Volksbanken und Raiffeisenbanken e.V. angehört, (Kreditinstitut) zu unterhalten; die Einrichtung des Kontos kommt nur bei einem Kreditinstitut in Betracht, das eine Niederlassung innerhalb des Bezirks des Amtsgerichts, bei dem der Gerichtsvollzieher beschäftigt ist, oder innerhalb des zugeschlagenen Bezirks eingerichtet hat. [2] Das Nähere regeln die zur Kontoführung von den Landesjustizverwaltungen jeweils erlassenen besonderen Bestimmungen. [3] Hat der Präsident des Landgerichts (Amtsgerichts) dem Gerichtsvollzieher gemäß § 30 Absatz 1 Satz 2 gestattet, das Geschäftszimmer an einem anderen Ort als dem des Amtssitzes zu unterhalten, kann er sein Dienstkonto auch bei einem Kreditinstitut unterhalten, das eine Niederlassung an dem anderen Ort eingerichtet hat. [4] Der Präsident des Landgerichts (Amtsgerichts) kann in anderen Fällen dem Gerichtsvollzieher gestatten, sein Dienstkonto bei einem Kreditinstitut zu unterhalten, das eine Niederlassung außerhalb der vorgenannten Bereiche eingerichtet hat, wenn besondere Gründe dies rechtfertigen und Belange der Dienstaufsicht dem nicht entgegenstehen. [5] Einzugsermächtigungen für Abbuchungen vom Gerichtsvollzieher-Dienstkonto dürfen nicht erteilt werden.

(2) [1] Das für den dienstlichen Zahlungsverkehr bestimmte Konto wird mit dem Zusatz „Gerichtsvollzieher-Dienstkonto" geführt. [2] Demgemäß muss der Antrag auf Eröffnung eines Kontos ausdrücklich auf die Eröffnung eines „Gerichtsvollzieher-Dienstkontos" gerichtet werden.

[1] § 52 Abs. 4 Satz 1 neu gef. mWv 1.1.2019 durch Bek. v. 23.11.2018 (JMBl. S. 125).

(3) [1] Das Dienstkonto darf nur für den dienstlichen Zahlungsverkehr des Gerichtsvollziehers benutzt und nicht überzogen werden. [2] Dazu gehören zum Beispiel nicht die Zahlungen von Dienstbezügen durch die gehaltszahlende Stelle.

(4) [1] Der Gerichtsvollzieher ist verpflichtet, in seinem Schriftverkehr die IBAN und den SWIFT-BIC mit dem Zusatz „Dienstkonto“ anzugeben und den Zahlungspflichtigen zu empfehlen, auch den Zusatz „Dienstkonto“ anzugeben. [2] Dagegen darf er sein privates Konto im dienstlichen Schriftverkehr nicht angeben.

(5) [1] Die Gutbuchung der Beträge auf dem Dienstkonto wird in den automatisierten Buchungsverfahren grundsätzlich nach der Kontonummer ausgeführt. [2] Sollte eine für das Gerichtsvollzieher-Dienstkonto bestimmte Zahlung auf dem Privatkonto des Gerichtsvollziehers eingegangen sein, so ist der Gerichtsvollzieher verpflichtet, den Betrag unverzüglich auf das Dienstkonto zu überweisen. [3] Auf dem Dienstkonto eingegangene Zahlungen, die für das Privatkonto bestimmt sind, kann der Gerichtsvollzieher auf sein Privatkonto überweisen. [4] Entnahmen der dem Gerichtsvollzieher zustehenden Gelder (Gebührenanteile und Auslagen) sind entweder durch Überweisung vom Konto des Gerichtsvollziehers unter ausdrücklicher Bezeichnung des Entnahmegrundes oder nach Erstellung eines aufzubewahrenden Kassensturzes, auf welchem Datum und Betrag der Entnahme zu vermerken sind und der zu unterschreiben ist, zulässig. [5] Die Landesjustizverwaltungen können abweichende oder ergänzende Bestimmungen treffen.

(6) [1] Über das Guthaben auf dem Dienstkonto darf nur der Gerichtsvollzieher und, falls er verhindert ist (Urlaub, Erkrankung, Dienstunfall, Amtsenthebung, Tod und so weiter), die Dienstbehörde verfügen. [2] Der Gerichtsvollzieher ist verpflichtet, für den Verhinderungsfall bis zu drei von seinem unmittelbaren Dienstvorgesetzten zu bestimmende Beamte des gehobenen Justizdienstes in der Weise zur Verfügung über sein Dienstkonto zu bevollmächtigen, dass ein Widerruf der Vollmacht nur im Einvernehmen mit dem unmittelbaren Dienstvorgesetzten möglich ist. [3] Der Gerichtsvollzieher ist nicht befugt, seine Büroangestellten oder andere Personen hierzu zu bevollmächtigen und deren Unterschriftsproben beim Kreditinstitut zu hinterlegen.

(7) [1] Der dienstliche Zahlungsverkehr ist über das Gerichtsvollzieher-Dienstkonto abzuwickeln. [2] Auszahlungen durch Übergabe von Zahlungsmitteln dürfen nur geleistet werden, wenn der Empfänger kein Girokonto bei einem Kreditinstitut hat.

(8) [1] Aufträge für mehrere Empfänger in Sammelaufträgen (mit Überweisungen, Zahlungsanweisungen oder Zahlungsanweisungen zur Verrechnung) sind zulässig, wenn das beauftragte Kreditinstitut schriftlich bestätigt, dass es den Überweisungsauftrag jedenfalls in seinem Geschäftsbereich ausgeführt hat (Ausführungsbestätigung). [2] Die Ausführungsbestätigung muss allein oder in Verbindung mit anderen bankbestätigten Belegen den Inhalt der Sammelaufträge (Einzelbeträge und Einzelempfänger mit Empfängerkonto) vollständig und zweifelsfrei erkennen lassen. [3] Von den Landesjustizverwaltungen können abweichende oder ergänzende Bestimmungen getroffen werden.

(9) Die zum Kontoauszug gehörenden Belege sind entsprechend der Regelung des § 53 Absatz 5 unterzubringen.

(10) [1] Die Kontoauszüge sind nach Zeitfolge und Jahrgängen in einem Schnellhefter zu sammeln und nach Ablauf des Jahres noch fünf Jahre aufzubewahren. [2] Auf den Kontoauszügen ist neben den einzelnen Buchungsposten die Nummer des Kassenbuches oder des Dienstregisters I anzugeben. [3] Nach Ablauf der Auf-

bewahrungsfrist sind die Kontoauszüge zu vernichten; § 43 Absatz 2 und 3 gilt entsprechend.

(11) Vom Kreditinstitut erhobene Vordruckkosten trägt der Gerichtsvollzieher.

§ 53[1)] Quittung. (1) [1] Über alle Barzahlungen und gepfändeten Beträge hat der Gerichtsvollzieher dem Einzahler unaufgefordert eine Quittung zu erteilen. [2] Bei Versteigerungen kann der Gerichtsvollzieher nach pflichtgemäßem Ermessen von einer Quittungserteilung absehen, wenn im Einzelfall der Ersteher bei einem Zuschlag auf ein Gebot unter 50 Euro die Erteilung einer Quittung nicht verlangt. [3] Der Gerichtsvollzieher lässt sich in diesem Fall die Höhe der Zahlung durch Gegenzeichnung des Einzahlers im Protokoll bestätigen. [4] In der dem Meistbietenden zu erteilenden Quittung ist der Raum für die Bezeichnung des Gläubigers und des Schuldners zu durchstreichen. [5] Die Annahme von Schecks ist ebenfalls zu quittieren, es sei denn, ein vom Auftraggeber ausgestellter Scheck wird zur Begleichung von Gerichtsvollzieherkosten angenommen. [6] Die Verpflichtung zur Erteilung einer Quittung trifft auch jede andere Person, die für den Gerichtsvollzieher eine Zahlung oder einen Scheck annimmt. [7] Ermächtigt der Gerichtsvollzieher einen Büroangestellten oder eine andere Person zur Annahme von Einzahlungen oder Schecks, so bleibt er für den Betrag der Zahlung oder den Scheck verantwortlich.

(2) [1] Für die Quittung sind durchlaufend nummerierte Durchschreibequittungsblöcke nach dem Vordruck GV 7 zu benutzen. [2] Auf dem Umschlag der Blöcke ist der Zeitraum anzugeben, für den sie verwendet werden. [3] Die Urschrift der Quittung ist dem Einzahler oder demjenigen auszuhändigen, der den Scheck übergeben hat. [4] Die erste Durchschrift ist zu den Akten oder sonstigen Vorgängen zu nehmen, die weitere Durchschrift verbleibt im Quittungsblock. [5] Auf den Durchschriften ist die laufende Nummer des Kassenbuchs zu vermerken, unter der die Einzahlung oder der Betrag des eingelösten Schecks gebucht ist. [6] Ungültige Quittungen sind unter Angabe des Grundes zu bezeichnen und im Block zu belassen. [7] Der Gerichtsvollzieher darf, soweit es der Geschäftsbetrieb erfordert, bis zu drei Quittungsblöcke gleichzeitig in Verwendung haben; im Rahmen der Ausbildung von Gerichtsvollzieherbewerbern und während der Geschäftsprüfung darf die Anzahl der Quittungsblöcke um die dafür notwendige Zahl überschritten werden. [8] Die Quittungsblöcke mit den Durchschriften bewahrt der Gerichtsvollzieher nach der Zeitfolge geordnet auf. [9] Sie sind fünf Jahre nach der Erledigung, jedoch nicht vor der Vernichtung der dazugehörigen Sonderakten und Geschäftsbücher, zu vernichten. [10] § 43 Absatz 2 und 3 gilt entsprechend.

(3) [1] Auszahlungen durch Übergabe von Zahlungsmitteln darf der Gerichtsvollzieher nur gegen Quittung leisten. [2] Für diese Quittung ist kein Muster vorgeschrieben. [3] Die Quittungen und sonstigen Zahlungsbeweise (Belege für den Auftraggeber bei Überweisungsaufträgen, Einlieferungsbescheinigungen und so weiter) sind mit der Nummer des Kassenbuchs II zu versehen und zu den Akten oder sonstigen Vorgängen zu nehmen.

(4) Quittungen sind mit Tintenstift oder Kugelschreiber mit dunkler, urkundenechter Tinte auszustellen.

(5) [1] Alle sonstigen Belege über Ein- und Auszahlungen im Geschäftsverkehr des Gerichtsvollziehers (zum Kontoauszug gehörige Belege, Bestätigungen von Banken und so weiter) sind, sofern besondere Akten geführt werden, zu diesen,

---

[1)] § 53 Abs. 2 Satz 7 eingef., bish. Sätze 7–9 werden Sätze 8–10 mWv 1.1.2019 durch Bek. v. 23.11. 2018 (JMBl. S. 125).

sonst zu Sammelakten zu nehmen. [2] Betrifft ein Beleg mehrere Akten, so ist er in den Vorgängen über den zuerst eingegangenen Auftrag unterzubringen; in den anderen Akten ist zu vermerken, wo sich der Beleg befindet.

§ 54 Abrechnung mit der nach Landesrecht zuständigen Stelle; Ablieferung. (1) Der Gerichtsvollzieher liefert die der Landeskasse zustehenden Geldbeträge, sobald sie den Betrag von 500 Euro oder die von der Dienstbehörde etwa festgesetzten niedrigeren Beträge übersteigen, schon vor der Abrechnung an die nach Landesrecht zuständige Stelle (zum Beispiel Kasse) ab.

(2) [1] Die nach Absatz 1 abgelieferten Beträge sind in dem Kassenbuch II nicht als Ablieferung zu buchen. [2] Bis zur Abrechnung mit der nach Landesrecht zuständigen Stelle (zum Beispiel Kasse) gelten die Empfangsbescheinigungen oder sonstigen Zahlungsnachweise (Posteinlieferungsschein, Lastschriftzettel, Kontoauszug) für den Gerichtsvollzieher als bares Geld und sind von ihm als solches zu behandeln.

(3) [1] Der Gerichtsvollzieher rechnet an den von der nach Landesrecht zuständigen Stelle (zum Beispiel Kasse) allgemein bestimmten Abrechnungstagen aufgrund des Abrechnungsscheins mit der Stelle ab. [2] Den Geldbetrag, der nach der Abrechnung der Landeskasse zusteht, liefert er an die Stelle unbar ab. [3] Die Beträge gelten als abgeliefert, wenn der Abrechnungsschein ausgeschrieben und der Überweisungsauftrag erteilt und in dem über die Überweisung zu führenden Übersendungsnachweis eingetragen ist.

§ 55[1)] Abschluss der Geschäftsbücher, Kosteneinziehung und Abrechnung in besonderen Fällen. (1) [1] Endet die Beschäftigung eines Gerichtsvollziehers durch Tod, Entlassung, vorläufige Dienstenthebung, Versetzung, Erkrankung, Beurlaubung, Ablauf des Dienstleistungsauftrags oder aus ähnlichen Gründen, so sind seine Geschäftsbücher unverzüglich abzuschließen. [2] Der Abschluss obliegt in der Regel dem Gerichtsvollzieher selbst, wird aber in besonderen Fällen, zum Beispiel bei Tod, Entlassung, vorläufiger Dienstenthebung, Erkrankung und so weiter von der Dienstbehörde einem anderen hierfür geeigneten Beamten übertragen.

(2) [1] Auf den Abschluss finden die Bestimmungen über den regelmäßigen Abschluss der Geschäftsbücher (Vierteljahres- oder Jahresabschluss) entsprechende Anwendung. [2] Soweit nach diesen Bestimmungen Aufträge oder Geldbeträge in Geschäftsbücher für das neue Vierteljahr oder das neue Haushaltsjahr zu übertragen sind, sind sie in die entsprechenden Geschäftsbücher des Dienstnachfolgers oder Vertreters zu übertragen. [3] Dabei sind die Geldbeträge im Dienstregister I besonders zu kennzeichnen. [4] Das Kennzeichen ist auf der Titelseite des Dienstregisters I zu erläutern.

(3) Die Geldbeträge, die nach dem Abschluss des Kassenbuchs II Spalte 5, 6, 9 und gegebenenfalls 7 der nach Landesrecht bestimmten Stelle (zum Beispiel Kasse) zustehen, sind unverzüglich an die Stelle abzuliefern.

(4) Der nach dem Abschluss des Kassenbuchs I Spalte 9 verbleibende Kassenbestand, die etwa für auswärtige nach Landesrecht bestimmte Stellen (zum Beispiel Kasse), Gerichtsvollzieher oder andere Dienststellen eingezogenen, diesen aber noch nicht übersandten Kosten, die im Besitz des ausgeschiedenen Gerichtsvollziehers befindlichen Wertsachen und Kostbarkeiten sowie die Akten und sonstigen

---

[1)] § 55 Abs. 3 geänd., Abs. 5 neu gef., Abs. 6 Satz 2 geänd. mWv 1.1.2023 durch Bek. v. 7.12.2022 (BayMBl. Nr. 732).

Geschäftspapiere über die in die Geschäftsbücher des Dienstnachfolgers oder Vertreters übertragenen Aufträge sind gegen Empfangsbestätigung zu übergeben.

(5) [1] Der Dienstnachfolger oder Vertreter des ausgeschiedenen Gerichtsvollziehers führt die noch nicht vollständig erledigten Aufträge weiter aus, wickelt die von ihm übernommenen, noch nicht verwendeten Einzahlungen ab und zieht die rückständigen Kosten ein. [2] Er hat unverzüglich zu prüfen, ob die nach Umsatzsteuerrecht erforderliche Meldung und Abführung an die von der Justizverwaltung bestimmte zuständige Stelle erfolgt ist. [3] Die durch die Tätigkeit des ausgeschiedenen Beamten entstandenen Gebühren und Auslagen sind bei der Buchung im Kassenbuch II besonders zu kennzeichnen.

(6) [1] Für die Abrechnung mit der nach Landesrecht bestimmten Stelle (zum Beispiel Kasse) und die Ablieferung der eingezogenen Kostenrückstände an diese Stelle gelten im Übrigen die allgemeinen Bestimmungen. [2] Bei der Aufrechnung des Kassenbuchs II Spalte 5, 6, 9 und gegebenenfalls 7 sind jedoch die besonders gekennzeichneten Beträge (Absatz 5 Satz 2) auch für sich zusammen zu rechnen und von den Schlusssummen der Spalten abzuziehen.

(7) [1] Soweit die eingezogenen Kosten bei ihrem Eingang dem ausgeschiedenen Gerichtsvollzieher zustehen, sind sie an ihn zu zahlen, falls die Dienstbehörde nichts anderes bestimmt. [2] Dasselbe gilt für die Gebührenanteile, die bei den Ablieferungen an die nach Landesrecht bestimmte Stelle (zum Beispiel Kasse) zurückbehalten wurden. [3] Die Art der Abrechnung im Einzelnen bleibt dem Einvernehmen der beteiligten Beamten überlassen.

(8) Beim Abschluss des Dienstregisters I und des Kassenbuchs II des Dienstnachfolgers oder Vertreters sind die besonders gekennzeichneten Beträge und die Beträge der Abrechnungsscheine für den ausgeschiedenen Beamten auch für sich allein aufzurechnen und von den entsprechenden Abschlusssummen abzuziehen.

(9) [1] Soweit beim Abschluss des Dienstregisters I besonders gekennzeichnete Beträge noch ganz oder zum Teil ausstehen und deshalb in das Dienstregister I des neuen Jahres oder im Fall des Absatzes 1 des Dienstnachfolgers oder Vertreters übertragen werden müssen, sind sie auch dort in der bisherigen Weise und unter Beachtung von Absatz 2 Satz 3 kenntlich zu machen. [2] Im Fall des Absatzes 1 gilt dies nicht, wenn der Dienstnachfolger oder Vertreter der Beamte ist, für dessen frühere dienstliche Tätigkeit die Kosten entstanden sind.

(10) [1] Die vorstehenden Bestimmungen sind nicht anzuwenden, wenn der Gerichtsvollzieher nur vorübergehend kurze Zeit an der Ausübung seines Dienstes gehindert ist und deshalb für ihn ein Vertreter nicht bestellt wird. [2] Die Dienstbehörde bestimmt, ob und inwieweit bei Erkrankung oder Beurlaubung des Gerichtsvollziehers von der Befolgung der Bestimmungen in den Absätzen 1, 3 und 4 sowie von der Einziehung der rückständigen Kosten durch den Vertreter abgesehen werden kann, wenn der Beamte seine Dienstgeschäfte bis zum Vierteljahresabschluss voraussichtlich wieder aufnehmen wird.

§ 56[1)] Festsetzung der Entschädigung und Kassenanordnung. (1) Gebührenanteile, Dokumentenpauschale, Wegegelder, sonstige Auslagen und Reisekostenzuschüsse – letztere mit Zustimmung des Präsidenten des Landgerichts (Amtsgerichts) – setzt die Dienstbehörde nach Ablauf eines jeden Kalendervierteljahres fest oder im Laufe des Kalendervierteljahres, wenn die Beschäftigung des Gerichtsvollziehers bei der Dienstbehörde endet.

[1)] § 56 Abs. 2 Satz 1 geänd. mWv 1.1.2023 durch Bek. v. 7.12.2022 (BayMBl. Nr. 732).

(2) [1]Der Gerichtsvollzieher überreicht der Dienstbehörde das abgeschlossene Kassenbuch II nebst Durchschriften der Abrechnungsscheine alsbald nach der letzten Ablieferung der in den Spalten 5, 6, 9 und gegebenenfalls 7 gebuchten Kosten sowie ein etwa geführtes Reisetagebuch. [2]Der Geschäftsleiter oder der hierfür bestimmte Beamte prüft die Aufrechnungen und die Schlusszusammenstellung und bescheinigt nach Aufklärung etwaiger Unstimmigkeiten ihre Richtigkeit. [3]Er überzeugt sich auch davon, dass die Durchschriften der Abrechnungsscheine die vorgeschriebenen Buchungsvermerke der nach Landesrecht zuständigen Stelle (zum Beispiel Kasse) tragen und die einzelnen Abrechnungsscheine richtig in die Schlusszusammenstellung des Kassenbuchs II übernommen worden sind.

(3) [1]Über die Entschädigung des Gerichtsvollziehers wird eine Auszahlungsanordnung nach dem von der Landesjustizverwaltung festgestellten Vordruck erlassen. [2]Die Grundlage für die Festsetzung bilden die in der Anleitung zu dem Vordruck bezeichneten Geschäftsbücher. [3]Festsetzung und Kassenanordnung sollen regelmäßig alsbald nach Eingang der dazu erforderlichen Unterlagen vollzogen werden.

(4) [1]Alsbald nach dem Jahresabschluss überreicht der Gerichtsvollzieher der Dienstbehörde ferner das Kassenbuch I, das Dienstregister I und die Kassenbücher II der ersten drei Vierteljahre. [2]Der Geschäftsleiter oder der hierfür bestimmte Beamte prüft die Aufrechnungen im Kassenbuch I und im Dienstregister I, die richtige Übertragung der Seitensummen des Dienstregisters I in das Kassenbuch II und die richtige Übertragung der in Spalte 9 des Kassenbuchs I eingestellten Beträge in das Kassenbuch I des neuen Jahres. [3]Nach Aufklärung etwaiger Unstimmigkeiten bescheinigt er die Richtigkeit. [4]Zur Prüfung der richtigen Übertragung legt der Gerichtsvollzieher auch das Kassenbuch I für das neue Jahr vor, das ihm sofort zurückzugeben ist.

§ 57 Kostenvermerke; Antrag auf Beitreibung rückständiger Kosten.

(1) [1]Soweit Auslagen nach § 7 Absatz 3 aus der Landeskasse zu erstatten sind, sind die nach dem GvKostG entstandenen Kosten in voller Höhe in den Sonderakten zu vermerken. [2]Dort sind auch die Vermerke nach Nummer 6 Absatz 5 DB-GvKostG zu fertigen. [3]Bei Aufträgen, die im Dienstregister I eingetragen werden, sind diese Vermerke in Spalte 8 des Dienstregisters I zu machen (vergleiche auch Anleitung 8 zum Kassenbuch II und Anleitung 7 zum Dienstregister I).

(2) Für die Mitteilung der Gerichtsvollzieherkosten nach Nummer 6 Absatz 2 und 3 DB-GvKostG ist der Vordruck GV 10, für den Antrag auf Einziehung rückständiger Kosten nach Nummer 9 Absatz 2 DB-GvKostG der Vordruck GV 9 zu verwenden.

§ 58 Abführung von Kosten an den Gerichtsvollzieher. [1]In den Fällen der Nummer 6 Absatz 2 Satz 2 und Absatz 3 sowie Nummer 9 Absatz 2 DB-GvKostG werden die durch die Kasse oder eine andere landesrechtlich dafür bestimmte Stelle eingezogenen Gerichtsvollzieherkosten an den Gerichtsvollzieher abgeführt. [2]Er behandelt sie so, als ob er sie selbst eingezogen hätte. [3]Im Falle der Bewilligung von Prozess- oder Verfahrenskostenhilfe (Nummer 6 Absatz 2 Satz 1 DB-GvKostG) verbleiben die nachträglich von der Kasse oder einer anderen landesrechtlich dafür bestimmten Stelle eingezogenen Gerichtsvollzieherkosten in voller Höhe der Landeskasse.

Achter Abschnitt. Auszahlung von Kleinbeträgen; Bewilligung von Prozess- oder Verfahrenskostenhilfe

§ 59[1)] Auszahlung von Kleinbeträgen. (1) Kleinbeträge bis zu 3,00 Euro sind nicht auszuzahlen, sofern die Auszahlung nicht ohne besondere Kosten geschehen kann; sie sind im Dienstregister I Spalte 5b oder im Kassenbuch II Spalte 6 gesondert einzutragen und im Dienstregister I in Spalte 8, im Kassenbuch II in Spalte 14 durch den Buchstaben K als Kleinbetrag zu kennzeichnen.

(2) Kleinbeträge von weniger als 5,00 Euro, die aus Gründen, die in der Person des Empfangsberechtigten liegen, nicht ausgezahlt werden können, sind im Dienstregister I Spalte 5b oder im Kassenbuch II Spalte 6 gesondert einzutragen und im Dienstregister I in Spalte 8, im Kassenbuch II in Spalte 14 durch den Buchstaben M als Mehrbetrag zu bezeichnen.

(3) [1] Kleinbeträge nach den Absätzen 1 und 2 sind auf Verlangen des Empfangsberechtigten auszuzahlen. [2] Ist der Betrag bereits an die Kasse abgeliefert, so ist die Sache erneut in das laufende Dienstregister I oder Kassenbuch II einzutragen und der Betrag in Spalte 5b des Dienstregisters I oder in Spalte 6 des Kassenbuchs II mit erkennbar abgesetzt (vergleiche § 46 Absatz 2) zu buchen.

(4) Die Behandlung von Kleinbeträgen bei der Kosteneinziehung richtet sich nach Nummer 8 Absatz 1 DB-GvKostG.

§ 60[2)] Bewilligung von Prozesskostenhilfe nach der ZPO und Verfahrenskostenhilfe nach dem FamFG. (1) [1] Die einer Partei für ein Erkenntnisverfahren bewilligte Prozesskostenhilfe oder Verfahrenskostenhilfe erstreckt sich auch auf die Zustellung eines in dem Verfahren erwirkten Titels an die Gegenpartei, jedoch nicht auf die Zwangsvollstreckung. [2] Ist der Partei auch für die Zwangsvollstreckung Prozess- oder Verfahrenskostenhilfe bewilligt, so darf der Gerichtsvollzieher von der Partei für seine Tätigkeit Kosten nicht erheben (§ 122 Absatz 1 Nummer 1 Buchstabe 3 ZPO[3)], § 76 des Gesetzes über das Verfahren in Familiensachen und in den Angelegenheiten der freiwilligen Gerichtsbarkeit (FamFG)[4)]).

(2) Der Gerichtsvollzieher kann verlangen, dass ihm die Bewilligung von Prozess- oder Verfahrenskostenhilfe durch Vorlegung der darüber ergangenen gerichtlichen Entscheidung nachgewiesen wird.

(3) Auch wenn der Partei Prozess- oder Verfahrenskostenhilfe noch nicht bewilligt ist, muss der Gerichtsvollzieher Zustellungsaufträge, die von einem Rechtsanwalt oder Kammerrechtsbeistand (§ 16 Absatz 3 Satz 3 GVGA[5)]) erteilt werden, auf Verlangen vorläufig unentgeltlich erledigen, wenn der Rechtsanwalt oder Kammerrechtsbeistand sich bereit erklärt, die Kosten aus eigenen Mitteln zu zahlen, falls die Prozess- oder Verfahrenskostenhilfe nicht mit rückwirkender Kraft bewilligt werden sollte.

§ 61 Behandlung der Anwaltskosten bei Bewilligung von Prozesskostenhilfe oder Verfahrenskostenhilfe. [1] Zahlt der erstattungspflichtige Gegner einer Partei, der Prozess- oder Verfahrenskostenhilfe bewilligt ist, bei der Vollstreckung aus dem Kostenfestsetzungsbeschluss freiwillig auch die in dem Kostenfestsetzungs-

---

[1)] § 59 Abs. 3 Satz 2 geänd. mWv 1.1.2019 durch Bek. v. 23.11.2018 (JMBl. S. 125).
[2)] § 60 Abs. 1 Satz 2 geänd. mWv 1.1.2023 durch Bek. v. 7.12.2022 (BayMBl. Nr. 732).
[3)] **Habersack, Deutsche Gesetze Nr. 100.**
[4)] **Habersack, Deutsche Gesetze Nr. 112.**
[5)] Nr. **109.**

beschluss abgesetzte oder ihm von dem Urkundsbeamten der Geschäftsstelle mitgeteilte Vergütung, die der Anwalt der Partei, der Prozess- oder Verfahrenskostenhilfe bewilligt ist, aus der Staatskasse erhalten hat, so hat der Gerichtsvollzieher sie anzunehmen und an die Kasse abzuführen. [2] Zieht der Gerichtsvollzieher nur den nach Abzug dieser Vergütung verbleibenden Restbetrag ein, so hat er dies zu den Gerichtsakten mitzuteilen, damit der auf die Staatskasse übergegangene Betrag eingezogen werden kann.

Neunter Abschnitt. Pflichten zur Sicherung des Aufkommens aus Steuern und Abgaben

§ 62 Steuerabzug vom Arbeitslohn. (1) Lässt die Bezeichnung des Streitgegenstandes in einem Urteil oder der sonstige Inhalt eines vollstreckbaren Titels erkennen, dass es sich um die Beitreibung einer Arbeitslohnforderung handelt, so benachrichtigt der Gerichtsvollzieher das für den Vollstreckungsort zuständige Finanzamt nach dem als Anlage 3 beigefügten Muster, wenn der an den Gläubiger abzuführende Betrag höher als 40 Euro ist.

(2) [1] Gleichzeitig benachrichtigt der Gerichtsvollzieher den zuständigen Sozialversicherungsträger des Gläubigers nach dem als Anlage 4 beigefügten Muster, wenn er diesen von dem Schuldner erfährt. [2] Andernfalls erfragt er bei dem Gläubiger den zuständigen Sozialversicherungsträger. [3] Erst wenn ihm dieser bekannt ist, führt er den beigetriebenen Betrag an den Gläubiger ab und benachrichtigt zugleich den Sozialversicherungsträger.

(3) Von den Benachrichtigungen nach Absatz 1 und (oder) 2 kann der Gerichtsvollzieher absehen, wenn ihm nachgewiesen wird, dass die zu benachrichtigenden Stellen bereits Kenntnis von der Beitreibung der Arbeitslohnforderung haben.

§ 63[1)] Hinweispflicht. [1] Werden im Wege der Zwangsvollstreckung Sachen öffentlich versteigert oder freihändig verkauft und fällt die Veräußerung beim Schuldner in den Rahmen seines Unternehmens (§ 2 Absatz 1 Satz 2 UStG; zum Beispiel weil die Sache zum Unternehmensvermögen gehört), so unterliegt die Veräußerung beim Schuldner gemäß § 1 Absatz 1 Nummer 1 UStG der Umsatzsteuer. [2] Das gleiche gilt für den Auftraggeber bei freiwilligen Versteigerungen, Pfandverkäufen und Versteigerungen auf Grund gesetzlicher Ermächtigung, wenn im Wege einer Versteigerung oder eines Pfandverkaufs Sachen abgesetzt werden und die Veräußerung in den Rahmen des Unternehmens des Auftraggebers fällt. [3] Der Gerichtsvollzieher weist in den Fällen des Satzes 1 den Schuldner und in den Fällen des Satzes 2 den Auftraggeber darauf hin, dass die Veräußerungen der Umsatzsteuer unterliegen und dass die Umsätze in den Umsatzsteuervoranmeldungen und Jahreserklärungen anzugeben sind.

§ 64 Einkommensteuer und Körperschaftssteuer. [1] Verwertet der Gerichtsvollzieher Anteile an einer Kapitalgesellschaft (zum Beispiel durch Versteigerung), weist er den Schuldner darauf hin, dass die daraus resultierenden Einkünfte der Einkommen- oder Körperschaftsteuer[2)] unterliegen können und gegebenenfalls in der entsprechenden Steuererklärung anzugeben sind. [2] Anteile an einer Kapitalgesellschaft sind Aktien, Anteile an einer Gesellschaft mit beschränkter Haftung, Genussscheine oder ähnliche Beteiligungen und Anwartschaften auf solche Betei-

---

[1)] § 63 Überschrift neu gef., Satz 1 geänd. mWv 1.1.2023 durch Bek. v. 7.12.2022 (BayMBl. Nr. 732).
[2)] Richtig wohl: „Körperschaftssteuer".

ligungen. [3] Der Gerichtsvollzieher übersendet dem in § 19 oder § 20 der Abgabenordnung (AO) bezeichneten Finanzamt (Wohnsitzfinanzamt des Schuldners, wenn der Schuldner eine natürliche Person ist; wenn der Schuldner eine Körperschaft, Personenvereinigung oder Vermögensmasse ist, dem Finanzamt, in dessen Bezirk sich die Geschäftsleitung befindet) alsbald, spätestens aber binnen zwei Wochen vom Tage der Verwertung ab gerechnet, eine beglaubigte Abschrift des Protokolls über die Art der Verwertung. [4] Sie soll mit der Steuernummer gekennzeichnet sein, unter welcher der Schuldner, der die verwerteten Anteile an der Kapitalgesellschaft innehatte, steuerlich geführt wird. [5] Die Übersendung einer Abschrift des Protokolls kann unterbleiben, wenn die Übertragung der Anteile der notariellen Form bedarf. [6] Der Gerichtsvollzieher ist berechtigt und verpflichtet, den Vollstreckungsauftrag ohne Rücksicht auf das Steuerfestsetzungsverfahren nach den für ihn geltenden Dienstvorschriften abzuwickeln.

§ 65 Einfuhrabgaben. [1] Will der Gerichtsvollzieher Waren versteigern oder freihändig verkaufen, die der zollamtlichen Überwachung unterliegen, zum Beispiel im Falle

1. einer vorübergehenden Verwahrung (Artikel 50 bis 53 Zollkodex),
2. eines zollrechtlichen freien Verkehrs zur besonderen Verwendung (Artikel 82 Zollkodex, gegebenenfalls in Verbindung mit § 1 Truppenzollgesetz, Artikel I und XI NATO-Truppenstatut),
3. eines Versandverfahrens (Artikel 91 bis 97, 163 Zollkodex, Übereinkommen über ein gemeinsames Versandverfahren vom 20. Mai 1987),
4. eines Zolllagerverfahrens (Artikel 98 bis 113 Zollkodex),
5. einer aktiven Veredelung (Artikel 114 bis 129 Zollkodex),
6. einer vorübergehenden Verwendung (Artikel 137 bis 144 Zollkodex),

so zeigt er dies der zuständigen Zollstelle rechtzeitig an. [2] Im Fall von Satz 1 Nummer 5 ist die Anzeige nur erforderlich, wenn die eingeführten Waren selbst verwertet werden sollen. [3] Die Zollstelle veranlasst das Erforderliche wegen der Erhebung der Einfuhrabgaben. [4] Der Gerichtsvollzieher darf die Waren nur mit Einverständnis der Zollstelle wegschaffen und veräußern. [5] Kann im Einzelfall das Einverständnis der Zollstelle vor der Wegschaffung nicht eingeholt werden, ohne dass die Zwangsvollstreckung gefährdet würde, so hat der Gerichtsvollzieher die Waren einstweilen im Betrieb des Schuldners, bei Waren, die sich in einem Zolllager befinden, innerhalb des Zolllagers, zu sichern, zum Beispiel durch Verbringen in einen von ihm zu verschließenden Raum oder durch Bestellung eines Hüters. [6] Ist dies nicht möglich, so können die Waren ohne vorheriges Einverständnis der Zollstelle weggeschafft werden. [7] Die Zollstelle ist in diesem Fall unverzüglich über den Verbleib der Waren zu unterrichten. [8] Kommen die Waren zur Versteigerung oder freihändigen Veräußerung, so hat der Gerichtsvollzieher auf Ersuchen der Zollstelle in die Versteigerungs- oder Veräußerungsbedingungen aufzunehmen, dass die Waren für einen von der Zollstelle dem Gerichtsvollzieher anzugebenden Einfuhrabgabenbetrag haften und der Erwerber über die Waren erst verfügen darf, wenn die darauf ruhenden Abgaben entrichtet sind oder die Zollstelle sich mit der Verfügung einverstanden erklärt hat.

§ 66 Verbrauchssteuern (Tabak-, Branntwein-, Mineralöl-, Kaffee-, Bier-, Schaumweinsteuer) (1) [1] Will der Gerichtsvollzieher

1. Tabakwaren (Zigaretten, Zigarren, Zigarillos, Rauchtabak),
2. Branntwein (Branntwein und branntweinhaltige Erzeugnisse),

3. Mineralöle (zum Beispiel Benzin, Kerosin, Petroleum, Dieselkraftstoff, Heizöle, rohes Erdöl, Flüssiggas, Erdgas),
4. Kaffee (Röstkaffee, löslicher Kaffee, kaffeehaltige Waren),
5. Bier, Schaumwein und Zwischenerzeugnisse

versteigern oder freihändig veräußern, so hat er die Anberaumung des Versteigerungstermins oder die Veräußerungsabsicht dem Hauptzollamt, in dessen Bezirk die Ware lagert, rechtzeitig anzuzeigen. [2] Wird, nachdem eine solche Anzeige erfolgt ist, der Versteigerungstermin aufgehoben oder die Veräußerungsabsicht aufgegeben, so hat er hiervon ebenfalls dem Hauptzollamt Nachricht zu geben. [3] In der Anzeige ist die Ware ihrer Menge nach (Kilogramm, Stück, Liter, Flaschen) und, soweit möglich, auch ihrer Beschaffenheit nach näher zu bezeichnen. [4] Bei Branntwein und Trinkbranntweinerzeugnissen ist auch der Alkoholgehalt in Raumhundertteilen (% Vol) anzugeben, falls sich dieser aus der Rechnung oder sonstigen Unterlagen oder bei Flaschen aus dem Etikett ersehen lässt. [5] Gegebenenfalls ist das Hauptzollamt um Feststellung des Alkoholgehalts zu ersuchen.

(2) [1] Befinden sich die genannten Waren in einem Steueraussetzungsverfahren (Steuerlager, Versand unter Steueraussetzung) oder im Besitz eines Inhabers einer Erlaubnis zur steuerbegünstigten Verwendung, so ist die Wegschaffung dem Gerichtsvollzieher verboten. [2] Ist dadurch im Einzelfall die Zwangsvollstreckung gefährdet, so hat der Gerichtsvollzieher die Waren einstweilen innerhalb der betreffenden Betriebs- oder Lagerstätte zu sichern, zum Beispiel durch Verbringung in einen von ihm zu verschließenden Raum oder durch Bestellung eines Hüters.

(3) Kommen die Waren zur Versteigerung oder freihändigen Veräußerung, so hat der Gerichtsvollzieher auf Ersuchen des Hauptzollamts in die Versteigerungs- oder Veräußerungsbedingungen aufzunehmen, dass die Ware für einen vom Hauptzollamt dem Gerichtsvollzieher anzugebenden Steuer- oder Abgabenbetrag haftet und der Erwerber über die Ware erst verfügen darf, wenn die auf der Ware ruhende Steuer oder Abgabe entrichtet ist oder das Hauptzollamt sich mit der Verfügung einverstanden erklärt hat.

(4) [1] Nach § 106 des Gesetzes über das Branntweinmonopol (BranntwMonG) darf Branntwein zu Trinkzwecken und Trinkbranntwein nicht zu einem Preis angeboten, gehandelt oder erworben werden, der niedriger ist als der Regelsatz nach § 131 Absatz 1 BranntwMonG, der am Tage des Angebots, Handels oder Erwerbs gilt. [2] Den im Einzelfall maßgeblichen Mindestpreis kann der Gerichtsvollzieher selbst berechnen, indem er je Behältnis oder Partie zuerst die Alkoholmenge errechnet und dann diese mit dem vollen Steuersatz je Liter Alkohol vervielfältigt. [3] Für die Alkoholmenge gilt die Formel

$$\text{Alkoholmenge} = \frac{\text{Raummenge in Liter} \times \text{Alkoholgehalt in \% Vol}}{100}$$

[4] Bei einer 0,7-l-Flasche Likör mit einem Alkoholgehalt von 30 % Vol würde sich die Alkoholmenge auf

$$\frac{0{,}7 \times 30}{100} = 0{,}21 \text{ Liter Alkohol}$$

errechnen, aus dem derzeitigen vollen Steuersatz von 13,03 Euro/Liter Alkohol ergibt sich dann der Mindestpreis von 0,21 [l] × 13,03 [Euro/l] = 2,74 Euro. [5] Dieser Preis ist ein Nettopreis, das heißt er enthält keine Umsatzsteuer. [6] Die Besteuerung alkoholischer Getränke nach Volumen-Prozenten des Alkoholgehalts ist nur zulässig, sofern sie in Fertigpackungen (Behältnissen) bis zu 10 Litern abgefüllt sind. 7 Bestehen wegen der Berechnung des Mindestpreises Bedenken, so hat sich der Gerichtsvollzieher an das zuständige Hauptzollamt zu wenden. 8 Ist eine Verwertung zum vorgeschriebenen Mindestpreis nicht möglich (zum Beispiel wegen Minderwertigkeit), so ist bei der Bundesmonopolverwaltung für Branntwein über das zuständige Hauptzollamt die Einwilligung nachzusuchen, den Branntwein unter dem vorgeschriebenen Mindestpreis zu verwerten. 9 Im übrigen bleiben die Vorschriften über das Mindestgebot bei der Versteigerung gepfändeter Sachen (§ 817a ZPO[1)]) unberührt.

(5) 1 Tabakwaren, deren Packungen mit vorschriftsmäßigen Steuerzeichen versehen sind, dürfen nach § 26 Tabaksteuergesetz (TabStG) nicht unter dem auf dem Steuerzeichen angegebenen Packungspreis oder dem sich daraus ergebenden Kleinverkaufspreis abgegeben werden. 2 Die Abgabe von Tabakwaren zu einem höheren als dem auf dem Steuerzeichen angegebenen Preis ist nach § 28 TabStG unzulässig. 3 Der Preis darf gemäß § 27 TabStG unterschritten werden, sofern die Verwertung sonst nicht möglich oder der Wert der Tabakwaren gemindert ist, wenn die Preisermäßigung bis zu einem Gesamtsteuerwert von 2.556 Euro vom zuständigen Hauptzollamt, sonst von der zuständigen Oberfinanzdirektion genehmigt worden ist.

(6) Sind Brennvorrichtungen, die zur Erzeugung oder Reinigung von Branntwein geeignet sind, versteigert oder freihändig veräußert worden, so hat der Gerichtsvollzieher dem örtlich zuständigen Hauptzollamt Namen, Wohnort und Wohnung des Erwerbers unverzüglich anzuzeigen.

(7) Rohes Erdöl darf nur an angemeldete Mineralölherstellungsbetriebe, an den Erdölbevorratungsverband oder an Verwender, die eine vom Hauptzollamt ausgestellte Bescheinigung vorlegen, abgegeben werden.

§ 67 Amtshilfe. Die Gerichtsvollzieher sind den Finanzämtern und Hauptzollämtern gegenüber gemäß §§ 6, 93, 97 und 111 AO zur Auskunft und zur Amtshilfe verpflichtet.

§ 68 Anzeigepflicht bei Steuerstraftaten. Der Gerichtsvollzieher ist verpflichtet, alle ihm dienstlich bekannt gewordenen Tatsachen, die den Verdacht einer Steuerstraftat begründen, dem Finanzamt mitzuteilen (§ 116 AO).

§ 69 Aktenvermerk; Auslagen. (1) Der Gerichtsvollzieher muss die Einhaltung der Pflichten, die ihm nach den vorstehenden Bestimmungen obliegen, aktenkundig machen.

(2) Eine Dokumentenpauschale und Entgelte für Postdienstleistungen mit Ausnahme der Entgelte nach Nummer 701 KV-GvKostG (Zustellung) dürfen für die in diesem Abschnitt genannten Benachrichtigungen und Abschriften nicht berechnet werden.

Zehnter Abschnitt. Übersichten über Diensteinnahmen und Geschäftstätigkeit

§ 70 Übersicht über die Diensteinnahmen. (1) 1 Die Dienstbehörde führt eine Jahresübersicht nach Vordruck GV 11 über die Diensteinnahmen aller Beamten, die bei ihr als Gerichtsvollzieher beschäftigt gewesen sind. 2 Die Übersicht ist

[1)] **Habersack, Deutsche Gesetze Nr. 100.**

zu Beginn des Haushaltsjahres anzulegen. [3] Die Einnahmen sind im Anschluss an die Festsetzung der Entschädigungen, in der Regel also vierteljährlich, in die Übersicht zu übernehmen.

(2) [1] Nach Ablauf des Haushaltsjahres sind die Spalten 5 bis 16 der Übersicht aufzurechnen, sobald die Entschädigungen der Beamten für das letzte Vierteljahr des Haushaltsjahres festgesetzt sind. [2] Eine besondere Darstellung der Schlusssummen für jeden einzelnen Gerichtsvollzieher ist nicht erforderlich.

(3) Die Dienstbehörde teilt dem Präsidenten des Landgerichts das Jahresergebnis der einzelnen Spalten bis zum 25. Februar mit; sie verwendet hierbei den Vordruck für die Übersicht.

(4) Die Jahresergebnisse der Amtsgerichte werden beim Landgericht zusammengestellt und aufgerechnet.

(5) Der Präsident des Landgerichts reicht die Zusammenstellung bis zum 5. März dem Präsidenten des Oberlandesgerichts ein; dieser überreicht sie mit einer aufgerechneten Zusammenstellung der Schlussergebnisse der einzelnen Landgerichtsbezirke bis zum 20. März der obersten Landesjustizbehörde.

(6) Die Richtigkeit der Zusammenstellung und Aufrechnungen (Absätze 2, 4 und 5) ist von dem zuständigen Beamten zu bescheinigen.

§ 71 Übersicht über die Geschäftstätigkeit. (1) Der Gerichtsvollzieher führt eine Jahresübersicht über seine Geschäftstätigkeit nach dem Vordruck GV 12.

(2) [1] Nach Ablauf des Haushaltsjahres reicht der Gerichtsvollzieher die abgeschlossene Übersicht bis zum 25. Januar der Dienstbehörde ein. [2] Die Dienstbehörde kann die Aufstellung der Geschäftsübersicht auch für kürzere Zeiträume anordnen.

(3) [1] Die Schlusszahlen der Übersichten der Gerichtsvollzieher werden bei dem Amtsgericht zusammengestellt. [2] Vorher sind die einzelnen Übersichten von dem Geschäftsleiter des Amtsgerichts oder von dem hierzu bestimmten Beamten rechnerisch und nach Stichproben auch sachlich anhand der Geschäftsbücher zu prüfen. [3] Die rechnerische Feststellung hat der Beamte unter den Aufrechnungen zu bescheinigen.

(4) Die Schlusszahlen der Zusammenstellung sind in der Form der Übersicht bis zum 25. Februar dem Präsidenten des Landgerichts anzuzeigen.

(5) Die Übersichten der Amtsgerichte überreicht der Präsident des Landgerichts mit einer Zusammenstellung der Geschäftszahlen der einzelnen Amtsgerichte für den Landgerichtsbezirk bis zum 5. März dem Präsidenten des Oberlandesgerichts; dieser leitet sie mit den Zusammenstellungen für die Landgerichtsbezirke und einer Zusammenstellung der Schlussergebnisse der Landgerichtsbezirke für den Oberlandesgerichtsbezirk bis zum 20. März an die oberste Landesjustizbehörde weiter.

(6) Die Zusammenstellungen sind aufzurechnen und nach der Buchstabenfolge der Gerichtsbezirke zu ordnen.

(7) Die Präsidenten der Land- und Oberlandesgerichte können für ihre Zwecke die Einreichung von weiteren Stücken der Übersichten anordnen.

Elfter Abschnitt. Geschäftsprüfungen

§ 72 Ordentliche Geschäftsprüfung. (1) [1] Der aufsichtführende Richter des Amtsgerichts oder ein besonders bestimmter Beamter des gehobenen Justizdienstes überprüft die Geschäftsführung des Gerichtsvollziehers vierteljährlich. [2] Die Prüfungen, die auch ohne Ankündigung zulässig sind, können bei allen oder bei einzelnen Gerichtsvollziehern auch in kürzeren Zeitabständen durchgeführt werden.

(2) Die ordentliche Geschäftsprüfung kann unterbleiben, wenn in dem maßgebenden Zeitraum (Absatz 1) eine außerordentliche Prüfung (§ 79 Absatz 1) stattfindet.

§ 73 Beschränkung der Zahl der Geschäftsprüfungen. [1]Der Präsident des Landgerichts (Amtsgerichts) kann die Zahl der ordentlichen Geschäftsprüfungen für bestimmt bezeichnete Gerichtsvollzieher widerruflich bis auf eine Prüfung jährlich beschränken. [2]Die Anordnung ist rückgängig zu machen, wenn sie im Einzelfall zu Unzuträglichkeiten führt.

§ 74[1)] Unterlagen für die Geschäftsprüfung. (1) Der Gerichtsvollzieher legt dem Prüfungsbeamten zur Prüfung vor:

1. die Dienstregister, die noch nicht erledigte oder nicht übertragene Aufträge enthalten, mit den dazugehörigen und einem Verzeichnis der fehlenden Sonderakten,
2. die Kassenbücher mit den Durchschriften der Abrechnungsscheine zum Kassenbuch II,
3. die überlassenen Quittungsblöcke, soweit sie nicht schon bei früheren Geschäftsprüfungen vorgelegen haben und keine unbenutzten Vordrucke mehr enthielten,
4. die zugehörigen Kontoauszüge über das Dienstkonto,
5. das Reisetagebuch, falls es geführt wird,
6. die Sonderakten, die bei der letzten Geschäftsprüfung gefehlt haben, sowie das Dienstregister und die Quittungsblöcke hierzu,
7. die Kassenstürze nach § 52 Absatz 5,
8. die Erfassungs- und Meldelisten über umsatzsteuerbare Geschäfte.

(2) Bei den Geschäftsprüfungen sind auch die Sonderakten und Dienstregister über die Geschäfte vorzulegen, die bei den vorangegangenen Geschäftsprüfungen noch nicht erledigt waren.

(3) [1]Bei zwei von der Dienstbehörde bestimmten ordentlichen Geschäftsprüfungen in jedem Jahr sind auch die Protestsammelakten vorzulegen. [2]Die Vorlegung dieser Akten kann auch zu jeder Geschäftsprüfung angeordnet werden.

(4) Die Unterlagen für die Geschäftsprüfung sind dem Gerichtsvollzieher nach Beendigung der Prüfung unverzüglich zurückzugeben, soweit sie nicht für die nach dem Ergebnis der Prüfung erforderlichen Maßnahmen benötigt werden.

(5) Soweit die Prüfung hierzu Anlass gibt, ist dem Prüfungsbeamten Einsicht in die dem Gerichtsvollzieher elektronisch zugegangenen und von ihm gespeicherten Dokumente zu gewähren.

§ 75[2)] Zweck und Durchführung der Geschäftsprüfung. (1) [1]Die Prüfung soll feststellen, ob der Gerichtsvollzieher seine Dienstgeschäfte während des Prü-

[1)] § 74 Abs. 5 angef. mWv 1.1.2019 durch Bek. v. 23.11.2018 (JMBl. S. 125); Abs. 1 Nr. 7 geänd., Nr. 8 angef. mWv 1.1.2023 durch Bek. v. 7.12.2022 (BayMBl. Nr. 732).

[2)] § 75 Abs. 2 Satz 8 neu gef., Satz 9 eingef., bish. Sätze 9 und 10 werden Sätze 10 und 11, Abs. 3 Satz 2 geänd., Satz 3 eingef., bish. Satz 3 wird Satz 4 mWv 1.1.2019 durch Bek. v. 23.11.2018 (JMBl. S. 125); Abs. 1 neu gef. mWv 1.1.2023 durch Bek. v. 7.12.2022 (BayMBl. Nr. 732).

fungszeitraums ordnungsgemäß erledigt hat. [2] Sie umfasst daher den gesamten Inhalt der Geschäftsbücher und Akten. [3] Die dienstlichen Daten in den vom Gerichtsvollzieher genutzten Fachsoftwares sind ebenfalls von der Geschäftsprüfung erfasst. [4] Bei der Prüfung ist besonders darauf zu achten, ob

1. die Aufträge vollzählig in die Dienstregister eingetragen und die geleisteten Vorschüsse richtig gebucht sind,
2. die Aufträge rechtzeitig erledigt sind,
3. die Kosten einschließlich Umsatzsteuer richtig angesetzt und eingetragen sind,
4. die eingezogenen Geldbeträge richtig und rechtzeitig an die Auftraggeber und sonstigen Empfangsberechtigten ausgezahlt oder an die Kasse abgeliefert sind,
5. die im Dienstregister I Spalte 8 und im Dienstregister II Spalte 5 eingetragenen Vermerke zutreffen,
6. die Eintragungen in den Sonderakten, den Dienstregistern, den Kassenbüchern, dem Reisetagebuch, den Quittungsblöcken und den Kontoauszügen des Kreditinstituts miteinander übereinstimmen,
7. die Kassenbücher richtig und sauber geführt und die Geldspalten richtig aufgerechnet sind,
8. die Sonderakten ordentlich geführt sind und die Belege über die Auslagen enthalten,
9. unverhältnismäßig viele Vollstreckungsverfahren erfolglos geblieben sind,
10. die Vollstreckungskosten in auffallendem Missverhältnis zu dem Ergebnis der Vollstreckung stehen,
11. die Meldepflichten gemäß § 82 in Bezug auf die Abführung der Umsatzsteuer eingehalten werden.

(2) [1] Die Geschäftsprüfung beginnt mit der Prüfung des Kassenbestandes. [2] Sodann ist festzustellen, ob die in § 74 bezeichneten Prüfungsunterlagen vorhanden sind; bei den Sonderakten genügt diese Feststellung für eine ausreichende Anzahl in lückenloser Reihenfolge. [3] Ferner ist durch eine ausreichende Anzahl von Stichproben zu prüfen, ob die dem Gerichtsvollzieher nach § 36 Absatz 6 überlassenen Quittungsblöcke ordnungsgemäß verwendet worden und die noch nicht in Gebrauch genommenen Quittungsblöcke vollständig vorhanden sind. [4] Fehlen Sonderakten, Quittungsblöcke oder einzelne Quittungsvordrucke, so sind die Gründe hierfür festzustellen. [5] Haben bei der vorhergehenden Geschäftsprüfung Sonderakten gefehlt, so ist festzustellen, ob sie jetzt zur Prüfung vorliegen. [6] Sodann ist eine ausreichende Zahl von Sonderakten, von Eintragungen in den Geschäftsbüchern, von Durchschriften des Quittungsblocks und von Posten in den Kontoauszügen zu prüfen und zu vergleichen. [7] Dabei sind die Richtlinien in Absatz 1 zu beachten. [8] Die im Dienstregister I Spalte 7 und im Kassenbuch II Spalten 12 und 13 eingestellten Auslagen sind stichprobenhaft zu prüfen und mit dem Inhalt der Sonderakten zu vergleichen; daneben ist festzustellen, ob die Beträge bei Eingang der Kosten erkennbar abgesetzt wurden. [9] Bei festgestellten Verstößen gegen die Erfassungen im Dienstregister I und im Kassenbuch II sind weitere Überprüfungen möglich. [10] Die richtige Aufrechnung der Geldspalten im Kassenbuch ist nach Stichproben zu prüfen. [11] Schließlich ist, um einen genauen Einblick in die Arbeitsweise des Gerichtsvollziehers zu erhalten, bei jeder Geschäftsprüfung eine ausreichende Zahl von Sonderakten eingehend daraufhin zu überprüfen, ob der Gerichtsvollzieher das Verfahren nach den bestehenden Bestimmungen sachgemäß durchgeführt hat, insbesondere, ob er die einschlägigen Verfahrensvorschriften und die Geschäftsanweisung für Gerichtsvollzieher beachtet hat.

(3) [1]Die Prüfung umfasst in der Regel auch dann nur die Geschäftsführung des vorangegangenen Vierteljahres, wenn die Zahl der Geschäftsprüfungen nach § 73 beschränkt worden ist. [2]Der Prüfungsbeamte muss jedoch die im Dienstregister I Spalte 5b oder im Kassenbuch II Spalte 6 ausgebuchten Kleinbeträge (vergleiche Nummer 8 Absatz 1 DB-GvKostG) und eine angemessene Anzahl der im Dienstregister I Spalte 7 und im Kassenbuch II Spalte 12 und 13 gebuchten Auslagen für die Zeit seit der letzten Geschäftsprüfung überprüfen und nach Stichproben mit dem Inhalt der Sonderakten vergleichen. [3]Daneben hat er festzustellen, ob ersetzte Auslagen beim Eingang der Kosten erkennbar abgesetzt wurden (Nr. 7 Satz 5 der Anleitung zum Dienstregister I, Nr. 8 Satz 5 und 6 der Anleitung zum Kassenbuch II). [4]Es bleibt ihm ferner unbenommen, auch die übrige Geschäftsführung seit der letzten Prüfung zu überprüfen.

(4) Die Prüfung erstreckt sich auf die zweckmäßige Einrichtung des Geschäftsbetriebs und auf die Beschäftigung von Büroangestellten im erforderlichen Umfang (§ 33 Absatz 1 Satz 1).

(5) Nach Abschluss der Prüfung trägt der Prüfungsbeamte in die Dienstregister, die Kassenbücher, das Reisetagebuch und die geprüften Sonderakten einen Prüfungsvermerk ein.

(6) Zwischen dem Prüfungsbeamten und dem Gerichtsvollzieher soll eine Schlussbesprechung stattfinden, bei der dem Gerichtsvollzieher Gelegenheit zu geben ist, sich zu etwa festgestellten Mängeln zu äußern oder etwaige Unstimmigkeiten aufzuklären.

§ 76 Niederschrift über die Geschäftsprüfung. (1) [1]Der Prüfungsbeamte legt die Ergebnisse der Prüfung in einer Niederschrift nach Vordruck GV 13 nieder. [2]In der Niederschrift müssen auch die Geschäftsnummern der

1. bei der Prüfung fehlenden Sonderakten,
2. für die Akten- und Registerführung als nicht erledigt geltenden Sachen,
3. nach § 75 Absatz 2 eingehend geprüften Sonderakten angegeben werden.

(2) [1]Hat der aufsichtführende Richter des Amtsgerichts die Prüfung nicht selbst vorgenommen, so ist ihm die Niederschrift unverzüglich vorzulegen. [2]Er versieht sie mit einem Sichtvermerk.

§ 77 Maßnahmen der Dienstaufsicht. [1]Gibt eine Geschäftsprüfung Anlass zu Beanstandungen oder Bedenken hinsichtlich der Geschäftsführung, so trifft die Dienstbehörde die erforderlichen Maßnahmen. [2]Es empfiehlt sich, die bei den Geschäftsprüfungen gewonnenen Erfahrungen auch zu Hinweisen an die anderen Gerichtsvollzieher zu verwerten.

§ 78[1)] Überlange Verfahrensdauer. [1]Bei den Geschäftsprüfungen ist eine angemessene Anzahl von Sonderakten mit einer langen Verfahrensdauer zu prüfen und mit den Eintragungen in den Geschäftsbüchern zu vergleichen. [2]Zu prüfen sind in erster Linie Verfahren mit einer Dauer von mehr als sechs Monaten, in jedem Fall solche von mehr als 14 Monaten.

§ 79 Außerordentliche Geschäftsprüfung. (1) [1]Mindestens einmal im Haushaltsjahr muss der aufsichtführende Richter des Amtsgerichts unvermutet eine außerordentliche Geschäftsprüfung im Geschäftszimmer des Gerichtsvollziehers durchführen oder durch einen Beamten des gehobenen Justizdienstes durchführen

---

[1)] § 78 neu gef. mWv 1.1.2019 durch Bek. v. 23.11.2018 (JMBl. S. 125).

lassen. [2]Der Zeitpunkt hierfür ist unter Berücksichtigung der örtlichen und persönlichen Verhältnisse zu wählen. [3]Die Prüfung soll möglichst nicht über 19 Uhr ausgedehnt werden. [4]Eine Geschäftsprüfung in späteren Abendstunden oder an Sonntagen und allgemeinen Feiertagen ist nur zulässig, wenn besondere Umstände es rechtfertigen. [5]Ist die Zahl der ordentlichen Geschäftsprüfungen nach § 73 beschränkt worden, so ist für die außerordentliche Geschäftsprüfung ein Monat zu wählen, in dem keine ordentliche Geschäftsprüfung stattfindet.

(2) [1]Die Prüfung beginnt mit der Feststellung des Kassenbestandes. [2]Anschließend ist die Geschäftsführung des Gerichtsvollziehers seit der letzten außerordentlichen Geschäftsprüfung nach Stichproben zu überprüfen. [3]Dabei sind die Richtlinien in den §§ 74 bis 77 zu beachten. [4]Es ist auch darauf zu achten, ob der Gerichtsvollzieher etwa überlastet ist. [5]Ferner ist festzustellen,

1. ob das vorgeschriebene Schild angebracht ist und ob das Geschäftszimmer für seinen Zweck geeignet und ausreichend eingerichtet ist,
2. wie das Dienstsiegel (Dienststempel) und der amtliche Kassenbestand aufbewahrt werden,
3. ob zur Ausübung einer ordnungsgemäßen Geschäftstätigkeit ausreichende Kommunikationsmittel und Büroausstattung vorhanden sind,
4. ob die Generalakten ordnungsgemäß geführt werden,
5. ob die Sonderakten geordnet aufbewahrt werden,
6. ob die erforderlichen Gesetze und Dienstvorschriften vorhanden sind,
7. ob Büroangestellte beschäftigt sind.

(3) Die Niederschrift über die außerordentliche Geschäftsprüfung ist nach Vordruck GV 13 zu fertigen.

(4) [1]Ob gelegentlich des Abschlusses der Geschäftsbücher bei Tod, Entlassung oder vorläufiger Dienstenthebung des Gerichtsvollziehers oder in anderen Fällen auch eine außerordentliche Geschäftsprüfung vorzunehmen ist, bestimmt die Dienstbehörde. [2]Wird eine außerordentliche Geschäftsprüfung nach dem Tod eines Gerichtsvollziehers angeordnet, so soll einem Vertreter seiner Erben Gelegenheit gegeben werden, hierbei anwesend zu sein.

(5) Die vorstehenden Bestimmungen sind bei den Geschäftsprüfungen entsprechend anzuwenden, die nach besonderen Vorschriften von dem Bezirksrevisor oder einem sonst zuständigen Beamten durchgeführt werden.

Zwölfter Abschnitt. Vordrucke

§ 80 Einführung von Vordrucken. Die verbindliche Einführung von Vordrucken, die durch die Gerichtsvollzieher zu verwenden sind, sowie deren Ausgestaltung ist der obersten Landesjustizbehörde vorbehalten, soweit sie dies nicht einer anderen Stelle übertragen hat.

Dreizehnter Abschnitt. Hilfsbeamte des Gerichtsvollziehers

§ 81 Hilfsbeamte. (1) Zur Aushilfe im Gerichtsvollzieherdienst, und zwar als Vertreter oder als Verwalter von Plan- oder Hilfsstellen, sind vorwiegend Beamte zu verwenden, die die Gerichtsvollzieherprüfung bestanden haben.

(2) Beamte, die sich in der Ausbildung für die Gerichtsvollzieherlaufbahn befinden oder sie bereits erfolgreich abgeschlossen haben, und Beamte, die die Befähigung für das Rechtspflegeramt haben, dürfen zur Aushilfe im Gerichtsvollzieher-

dienst herangezogen werden, soweit sie sich in geordneten wirtschaftlichen Verhältnissen befinden.

(3) Den Dienstleistungsauftrag für den Hilfsbeamten erteilt der Präsident des Oberlandesgerichts.

(4) Der Hilfsbeamte führt seine bisherige Amtsbezeichnung mit dem Zusatz „als Gerichtsvollzieher".

(5) [1] Für Hilfsbeamte, die nur befristet beschäftigt werden, können Ausnahmeregelungen vom unmittelbaren Dienstvorgesetzten getroffen werden. [2] Ein Arbeitsplatz im Amtsgericht kann gegen Zahlung einer angemessenen Entschädigung zur Verfügung gestellt werden.

(6) Im Übrigen gelten die Vorschriften des ersten bis elften Abschnitts entsprechend.

Vierzehnter Abschnitt.[1] Behandlung steuerbarer Geschäfte

§ 82[1] Meldung an die jeweilige Organisationseinheit. (1) [1] Der Gerichtsvollzieher meldet die für die Umsatzsteuerbemessung maßgeblichen Entgelte sowie Umsatzsteuerbeträge und umsatzsteuerbaren Geschäfte innerhalb der festgelegten Meldefrist an die nach dem Umsatzsteuergesetz zuständige Organisationseinheit oder an eine von dieser bestimmte Stelle. [2] Wenn keine umsatzsteuerbaren Geschäfte angefallen sind, ist eine Nullmeldung zu erstatten.

(2) [1] Die Meldung enthält eine Einzelauflistung der im vergangenen Monat für

a) im Inland steuerbare Leistungen in Rechnung gestellten Netto-Entgelte und Umsatzsteuerbeträge,
b) nicht steuerbare sonstige Leistungen ins EU-Gemeinschaftsgebiet nach § 18a Absatz 2 UStG in Rechnung gestellten Netto-Entgelte sowie die Umsatzsteueridentifikationsnummer des Leistungsempfängers,
c) übrige nicht steuerbare Umsätze in ein Drittland in Rechnung gestellten Netto-Entgelte sowie
d) in Abzug zu bringende Vorsteuerbeträge und
e) eventuelle Berichtigungen zu bereits erfolgten Meldungen

unter Angabe der jeweiligen Rechnungsnummer nach Vordruck GV-ML. [2] Sofern die Meldung elektronisch erfolgt, ist sie gemäß § 130a Absatz 3 ZPO[2] einzureichen.

§ 83[1] Anforderung an die Kostenrechnung. (1) Die Kostenrechnung des Gerichtsvollziehers hat die sich aus § 14 Absatz 4, § 14a Absatz 1 UStG ergebenden Angaben zu enthalten.

(2) Die nach § 14 Absatz 4 Satz 1 Nummer 4 UStG erforderliche Rechnungsnummer wird durch die Geschäftsnummer in Verbindung mit der laufenden Nummer der Rechnung in dem jeweiligen Verfahren und einen Zusatz nach landesspezifischer Vorgabe gebildet.

Anlagen 1–5

(vom Abdruck wurde abgesehen)

---

[1] 14. Abschnitt (§§ 82 und 83) angef. mWv 1.1.2023 durch Bek. v. 7.12.2022 (BayMBl. Nr. 732).
[2] **Habersack, Deutsche Gesetze Nr. 100.**

Für handschriftliche Notizen

Für handschriftliche Notizen

Für handschriftliche Notizen

Für handschriftliche Notizen

Für handschriftliche Notizen

Für handschriftliche Notizen

Für handschriftliche Notizen

Für handschriftliche Notizen